U0596286

中國史學基本典籍叢刊

十國春秋

一

〔清〕吴任臣 撰

徐敏霞 周瑩 點校

中華書局

圖書在版編目(CIP)數據

十國春秋/(清)吴任臣撰;徐敏霞,周瑩點校.—北京:中華書局,1983.12(2025.1重印)
(中國史學基本典籍叢刊)
ISBN 978-7-101-07573-1

Ⅰ.十… Ⅱ.①吴…②徐…③周… Ⅲ.中國-古代史-五代十國時期-紀傳體 Ⅳ.K243.042

中國版本圖書館CIP數據核字(2010)第176314號

特約編輯:王 勖
責任編輯:胡 珂
封面設計:周 玉
責任印製:管 斌

中國史學基本典籍叢刊
十國春秋
(全四册)
〔清〕吴任臣 撰
徐敏霞 周 瑩 點校
*
中華書局出版發行
(北京市豐臺區太平橋西里38號 100073)
http://www.zhbc.com.cn
E-mail:zhbc@zhbc.com.cn
北京新華印刷有限公司印刷
*
850×1168毫米 1/32 · 59⅜印張 · 8插頁 · 1019千字
1983年12月第1版 2010年9月第2版
2025年1月第9次印刷
印數:23901-24500册 定價:230.00元

ISBN 978-7-101-07573-1

點校說明

從公元九〇七年前後到九六〇年前後，在中國歷史上稱作「五代十國」時期。這是一個分裂割據的時代。在這五六十年的時間內，戰爭頻繁，朝代更迭迅速，封建王朝的統治極爲短促，所謂「於此之時，天下大亂，中國之禍，篡弒相尋」（歐陽修《新五代史》卷六一《吴世家》）。五代夾在唐、宋兩個朝代中間，給人們的印象，似乎只是一個由統一走向分裂，又由分裂走向統一的過渡階段。而在這半個世紀之内，軍閥混戰，政治腐敗，社會動盪不安，生産力受到極大破壞，似乎這個時代只是一片黑暗。由於這些原因，過去對五代史的研究，好像詞是詩之餘這種傳統説法那樣，只不過在研究唐代之後附帶加上一節而已，用力是很不够的，而對於十國的研究，比起中原地區的五代來，則更顯得薄弱。

關於五代十國史事的記述，北宋前期是一個高潮。對於北宋人來説，五代是近代史，不少人對此是記憶猶新的。他們有濃厚的興趣，用多種文體，如紀傳體、編年體、筆記小説體，以及用碑誌傳狀的形式，從各個方面記載那一時期的歷史事件和人物的活動。但這一高潮很快就過去了，除了南宋還有少數幾種史書以外，在這之後的很長歷史時期内，就再也没有五代十國史研究的高潮。連正史之一的薛居正《舊五代史》，也長期湮没無聞，終至散佚，直至清代修《四庫全書》，才從《永樂大典》内輯集其殘存的部分。

關於十國史的記載，宋初倒有不少種，但它們大多只記一個國、一個地區，如《南唐近事》、《江南野史》、《江表志》、《蜀檮杌》、《錦里耆舊傳》、《吴越備史》、《三楚新録》、《湖湘故事》、《閩書》，等等，很少把十國作爲總體，加以系統的記述。宋無名氏有《五國故事》二卷，記吴楊行密、南唐李昪、前蜀王建、後蜀孟知祥、南漢劉巖、閩王知審事。所謂五國，是合前後蜀爲一，應當算是六國。但即使如此，也只不過六國，而且數量單薄，不足以自成一書（清鮑廷博刻入《知不足齋叢書》）。北宋真宗時，路振著《九國志》，才是有關十國的總體史書。《九國志》以吴、南唐、吴越、前蜀、後蜀、東漢（即北漢）、南漢、閩、楚爲次，後來路振的孫子路綸增入荆南高氏，合爲十國。據《宋史・藝文志》和馬端臨《文獻通考・經籍考》的記載，其書共五十一卷，此後即散佚。今傳十二卷本是清人邵晉涵從《永樂大典》中録出，並經周夢棠重加編次而成的。正因如此，各國的記載就極不均衡，如吴有三卷，南唐則僅有周本一傳。另外，新舊《五代史》是記有十國的歷史的，但編撰者以中原的五代爲正統，視十國爲旁支，如《舊五代史》把向中原政權修歲貢、奉正朔的荆南、楚、吴越列入「世襲列傳」，而將獨自立國的吴、南唐等七國列爲「僭僞列傳」；《新五代史》則一律列之爲「世家」，都含有褒貶之意。

今天我們從歷史發展的實際出發，應當抛開封建的正統觀念，把十國提到應有的地位。十國的範圍，除北漢偏於山西一隅外，其他九國佔有西起四川、東至江淮、南達兩廣的廣大地區，它們的總面積，不比五代的實際統轄區小，恐怕還要大一些。如果從當時南北的經濟和文化發展的對比來看，則十國的重要性就更加顯然。這一點，范老《中國通史簡編》第三編有些話説得非常精辟，他説：「唐末和梁、唐、晉、漢四朝，黄河南北廣大地區遭受嚴重的戰争破壞。唐末楊行密割據淮南，阻止北方的戰亂波及長江流域，南方諸國得以穩定内部，發展經濟，雖然不免也有戰争和暴君，比起北方來，却顯得較爲安寧。全中國政治統一是符合人民基本利益的好事，但在五代大亂的情況下，南方立國分治，並不是壞事。南方民衆受統治者的禍害輕一些，這就是諸國暫時存在的理由，一切以廣大民衆的利益爲標準，不能單憑統一與分治的形式來判斷好壞。」（人民出版社一九七八年六月版第四八三頁）在另一處范老又説：「從此以後，南方人口超過北方，經濟和文化的重心也確實轉移到長江流域。」（同上第五一七頁）當時在經濟上，南方的繁榮富庶與北方的蕭條貧困形成鮮明的對照。如果從文學上來看，就更爲清楚。五代文學的代表，是新興的詞，五代詞在中國韻文學發展上是起着承上啓下的作用的。而當時詞的創作，主要是在西蜀和南唐，花間詞的綺麗繁縟和南唐詞的清秀俊逸，一直爲後代的詞人所豔稱。這種風格的詞不可能在當時戰亂頻仍的黄河流域産生，其道理是十分明白的。

正如清初古文家魏禧在爲《十國春秋》所作的序中説：「歐陽修《五代史》亦於事爲略，至十國尤不備。任臣生七八百年之後，傳聞闊絶，書籍散亡，毅然起而補之，其功甚鉅，事亦最難。」我們從五代史書編撰的歷史，以及十國本身經濟文化的發展來看，吴任臣的這部《十國春秋》確實應受到今天研究者的重視。

吴任臣，字志伊，一字爾器，初字征鳴，號託園，浙江仁和人。康熙十八年（公元一六七九），應博學鴻儒試，列二等（見李元度《國朝先正事略》卷二十七）。由内閣中書王縠振薦舉，授檢討（見秦瀛《己未詞科録》卷二）。充纂修《明史》官。據《清史列傳》卷六十八的記載，《明史·曆志》即出於吴任臣之手。他精於「天官奇壬之術，射事多中，時人比之管、郭，亦精樂律」（王晫《今世説》）。在北京時，他與當時的一些學人交往，友人中有李因篤、毛奇齡、吴錦雯等（見《文獻徵存録》卷二）。顧炎武是清初著名的學者，他在《廣師》一文中，曾就其「同學之士」，「輒就所見評之」，其中就有吴任臣，説是「博聞强記，羣書之府，吾不如吴任臣」（見四部叢刊本《亭林文集》卷六）。顧炎武在當時號稱淹博，而他却對吴任臣的博聞强記至爲傾倒。另外，吴任臣與黄宗羲也有交誼，爲了寫作《十國春秋》，他還特地寫信給黃宗羲，商借當時已極難見到的薛居正《舊五代史》。《南雷文定》附録收有吴任臣的書札一通，其中説：「拙著《十國春秋》，專竢薛居正《舊五代史》畧爲校讐，遂爾卒業。前已承允借，今因仇滄兄之便，希慨寄敝齋，一月爲期，仍從滄兄處璧上，斷不敢浮沈片紙隻字。」雖然全祖望曾説黄宗羲未將薛史借吴（見《鮚埼亭集》外編之《二老閣藏書記》及《移明史館帖子》），但李詳《媿生叢録》不同意全祖望的説法，認爲「夫南雷自定其文，既附吴札於後，必經借與吴者」。

吴任臣的著作有《周禮大義補》、《禮通》、《春秋正朔考辨》、《山海經廣注》、《字彙補》、《託園詩文集》，以及這部《十國春秋》。《十國春秋》和《山海經廣注》都曾收入清朝的《四庫全書》。當然，在他的多種著作中，仍以《十國春秋》爲最著名，他的史才在當時即爲人所稱道，《清史稿》卷四八四《文苑・潘耒傳》中説：「當時詞科以史才稱者，朱彝尊、汪琬、吴任臣及耒爲最著。」他的史學才能與朱彝尊相並提，可見當時人對他的推許。

《十國春秋》共一百十四卷，計吴十四卷，南唐二十卷，前蜀十三卷，後蜀十卷，南漢九卷，楚十卷，吴越十三卷，閩十卷，荆南四卷，北漢五卷，最後則是《十國紀元世系表》一卷，《地理表》二卷，《藩鎮表》一卷，《百官表》一卷。這樣的篇幅，已遠超過宋人的《五國故事》和《九國志》。馬令和陸游的《南唐書》號稱詳贍，吴任臣著《十國春秋》時充分利用了馬、陸兩書的材料，但馬書和陸書終究是南唐一國之史，吴書的規模是比馬、陸凋大得多的。通觀全書，可以看出，吴任臣在寫十國君主的事跡以及一些大的歷史事件，主要依據司馬光的《資治通鑑》和薛、歐二史，《通鑑》五代紀出於劉恕、范祖禹之手，叙事和考證都稱詳確，吴任臣在這方面的取材，着眼點是對的。但《十國春秋》的衆多人物傳記，則採自五代、兩宋時期的各種雜史、野史、地志、筆記、類書、文集；單以《地理表》而論，所採材料注出書名的，就有《新唐書·地理志》、《宋史·地理志》、《新五代史·職方考》、《册府元龜》、《輿地廣記》、《太平寰宇記》、《九域志》、《順存録》、《五代會要》，以及明清時期的一些地方志。清朝人對此書的廣採博收是很稱許的。洪亮吉在其所著《北江詩話》中特地提到：「吴任臣撰《十國春秋》，搜採極博。」（卷一）晚清時的李慈銘，看書極廣博，評論很苛刻，但他對吴任臣此書，也十分佩服。他在光緒癸未（公元一八八三）三月十九日的日記中説：「此書三過閲矣，丙辰（公元一八五六）讀之尤細，甚薄其體裁之疏；至壬申（公元一八七二）復閲，始歎其博不可及也。」他在同治壬申九月十八日的日記中就説到「志伊採取極博，後之考據家，多不能知其出處」（以上皆據《越縵堂讀書記》）。吴任臣除了正文外，還用小注的形式，引用了不少史料，有些是對正文的補充，有些是備異聞，資考證，有些是辨駁舊史的謬誤，其體例頗似裴松之之注《三國志》。關於此書的優點，《四庫提要》有一個概括的評論，是較爲確切的，説：「任臣以歐陽修作《五代史》，於十國做《晉書》例爲載記，每畧而不詳，乃採諸霸史、雜史以及小説家言，並證以正史，彙成是書」；又説：「其諸傳本文之下，自爲之注，載别史之可存者。……其間於舊説虚誣，多所辨證，如田頵擒孫儒，年月則從《吴録》，而不從薛史；吕師周奔湖南，年月則從《通鑑》，而不從《九國志》；南唐烈祖世家則從劉恕《十國紀年》及歐史，而不從《江南野史》、《吴越備史》，皆確有所見，其他類是者甚多。五表考訂尤精，可稱淹貫。」（卷六六史部載記類）王鳴盛也盛贊《十國春秋》的表，他在《十七史商榷》中説：「此書佳處在表，《地理表》與歐陽氏《職方考》參觀，則五代十國全局如見。至十國之官制，雖大抵沿唐，而一時增改，亦已紛冗不可爬梳，任臣爲作《百官表》，甚便考覽，尤其妙者也。」（卷九十八）清代人搜輯現存的零散材料，加以排比整理，修撰前代史書，作出成績的，有謝啓崑的《西魏書》，周春的《西夏書》，周濟的《晉略》，陳鱣的《續唐書》；吴任臣的《十國春秋》是可與這幾部書並稱的。

《十國春秋》的整個思想觀點，當然是封建主義的，自不待言。對於一些開國君主，在記述中往往符會祥瑞，渲染神異，過多地採録小説家言，顯得怪誕不經。編撰者抱着以多爲貴的態度，對史料缺乏鎔鑄剪裁，因此有些地方就使人感到冗雜支蔓。前人對此書的缺失也提出過批評，現在引舉王鳴盛和李慈銘的意見以供參考。

王鳴盛《十七史商榷》卷九十八：「顧其爲書之體，每得一人，卽作一傳，凡僧道及婦人之傳，每篇只一二行者甚多，乃徐鉉《騎省文集》三十卷，其後十卷係入宋後所作，而前二十卷則皆在南唐時作也。其中碑志，若岐王仲宣、馬仁裕、劉崇峻、陳德成、江文蔚、喬匡舜、韓熙載，志伊雖皆有傳，而徐所叙事蹟，遺漏者已甚多，若賈潭、方訥、陶敬宣、周廷構、苗延禄、包謂、趙宣轉、劉鄗，皆有事蹟，志伊皆無傳。」

李慈銘《越縵堂讀書記》：「如楊渥追號爲烈宗，而誤作烈祖，不特《通鑑》諸書所載皆同，且使渥果號烈祖，南唐何以肯襲其號以尊先主？此必不然者也。後主分賜諸臣金，自首於曹彬者乃張洎，而誤以爲張佖。佖於後主始終不失臣節，安得有此？女冠耿先生，馬令言其事鄭文寶親得之徐率更，率更則目睹者，然但云元宗殂後不知所終而已，其攝去宋太后與道士酣飲之事，惟陸務觀書載之，至爲無稽，或存之附注亦可，而竟入正文。徐鉉求見後主，遂以悔殺潘佑之言奏於太宗，此出宋人小説，蓋誣善之辭。」（同治壬申九月十八日日記）

除王、李二氏指出的以外，書中也還有疏誤之處，這裏不妨再舉數例。如卷四十四前蜀列傳有《趙蕤傳》，云：「趙蕤，梓州監亭人。博學韜鈐，長於經世。夫婦俱有節操，不受交辟。乾德時著《長短經》十卷行世。」乾德爲前蜀王衍年號。但實際上趙蕤乃是唐玄宗時人。《新唐書》卷五十九《藝文志》三著録趙蕤《長短要術》十卷，並云：「字太賓，梓州人。開元召之不赴。」李白年青時在蜀曾與趙蕤爲友，開元中他曾作詩懷念趙蕤，有《淮南卧病書懷寄蜀中趙徵君蕤》（王琦注《李太白全集》卷十三），其中説道：「故人不可見，幽夢誰與適？寄書西飛鴻，贈爾慰離析。」東蜀楊天惠《彰明遺事》也載有趙蕤事：「太白隱居戴天大匡山，往來旁郡，依潼江趙徵君蕤。蕤亦節士，任俠有氣，善爲縱横學，著書號《長短經》。」這些，都可確證趙蕤與李白同時，而絶非五代時人。所以致誤的原因，也畧可窺見。吴任臣這裏所記趙蕤事，並未注明出處，現經查核，乃出自《北夢瑣言》。《北夢瑣言》卷五之末歷載西蜀文士之著稱於時的，最後一個是趙蕤，《十國春秋》所載趙蕤事，文字與《北夢瑣言》幾乎全部相同，但《北夢瑣言》只説趙蕤「撰《長短經》十卷」，吴任臣以意爲之，加「乾德」二字，就誤把趙蕤當作前蜀時人，時間相差了將近二百年。

又如書中卷四十《韋莊傳》，説莊曾祖少微，宣宗時中書舍人。這當採自《唐詩紀事》（卷六十八）。查《新唐書·宰相世系表》，韋莊父韞，韞父徹，徹父厚復，厚復祖卽詩人韋應物。其間並無少微其人。而且唐宣宗時韋莊年已二十餘歲，也不應及見其曾祖。又如卷五十二有《歐陽迴傳》，卷五十六又有《歐陽炯傳》，實則卽爲一人（按此兩點夏承燾先生《韋端己年譜》已談及，見《唐宋詞人年譜》）。這些，都説明吴任臣在史料的採擇上有顧此失彼，疏於考證之處。這裏只能舉一些明顯的例子，類似者尚有，我們今天利用這部書時應當加以細心的審核。

《十國春秋》完成於康熙八年（公元一六六九），大約在康熙年間鋟板問世。乾隆五十三年（公元一七八八），周昂又據初板刻印，並改正了若干錯字。這次點校，即以周昂的重刻本作爲底本。此書的校勘，版本校無甚意義，因此我們把重點放在他校上，據以參校的史籍，主要爲新、舊《五代史》，《通鑑》，馬、陸《南唐書》，路振《九國志》，《宋史》，遇有疑問，還核查了其他書籍。現把校勘的情況大致交代如下：

原書有漏字、誤字的，參校他書加以補正，並出校記。如卷七吴《周本傳》：「累遷至淮南馬步使。」《九國志》卷四《周本傳》作「馬步軍使」，義較順，據以補「軍」字。卷十七南唐《後主本紀》載開寶五年二月，改「翰林院爲文館」，「文館」不辭，查李燾《續資治通鑑長編》卷十三作「修文館」，補「修」字。錯字的校改，主要限於表示時間、地點及其他的實義詞。如卷一《吴太祖世家》載景福元年冬十月，「廬州刺史蔡儔發行密父祖墓」。按此事文字全據《通鑑》卷二五九所載，《通鑑》明繫於是年十一月，《十國春秋》顯係誤十一月爲十月，今據以改正。同樣的情況，同卷載光化二年楊行密與朱瑾將兵數萬攻徐州，軍於呂梁。此事亦據《通鑑》卷二六一所載，《通鑑》繫於光化三年，今據以改正。又如卷五吳《陶雅傳》有小注謂「雅典黔川二十餘年，民感其化，生男以陶爲字。」按陶雅任歙州刺史凡二十年，有德政，而黔川與歙州不相及，查《九國志》卷一《陶雅傳》，作「黟川」，則是。又如卷十六南唐《元宗本紀》載保大十四年周軍南征，周世宗「至壽州城下，營於巴水之陽」。巴水與壽州也不相及，而據《通鑑》卷二九二載此事，作「淝水之陽」，「巴」即「淝」之形訛。這些都加以校改。

有時雖懷疑有誤，但無確切把握的，則出校記而不改字。如卷五十七後蜀《彭曉傳》小注「有擣駕之模範」，查《續金華叢書》本之《周易參同契真義後序》所載，此句「駕」作「寫」，於文義似作「寫」爲是，但爲審慎起見，仍不改字。又如卷八十五有《王眪傳》，而《圖繪寶鑑補遺》作「王畊」，字形相近，未詳孰是，也就出校而不改。至於有異説的，則更不改，只出校記以備參考，如卷十三吳《徐温傳》：「徐温字敦美。」而馬令《南唐書》卷八《徐温傳》則作字端美，仍出校，備一説。

現行本《十國春秋》還有不少地方留有空缺，這大約是吳任臣在寫作時，一時查不到材料，就暫時空缺，以備將來補入的，而終於未補，周昂重刻時也未予補入。這次整理，凡能有確切依據的，就據以補入，不易確定的，不補而出校，實在無法找到材料的，只好照舊，用空缺號□□標出。如卷五吳《李遇傳》，原作：「李遇，□□人也。」籍貫空缺。查《九國志》卷一《李遇傳》載遇爲合肥人，因就補「合肥」二字。卷九吳《楊迢傳》：「楊迢，唐□□敬之之孫也。」查《新唐書》卷一六〇《楊憑傳》附《楊敬之傳》，載敬之字茂孝，唐文宗時人，以時間而論，迢可爲其孫，故據以補「茂孝」二字。又如卷二十四南唐《陳晦傳》：「建隆三年七月卒。」「建隆三」三字原也爲空缺，據陸游《南唐書》卷九《陳晦傳》補。卷四十九後蜀《後主世家》載廣政二十年孟昶致書與周世宗，有云「審□君北歸」，空缺處據宋周煇《揮麈後録》卷五所載孟昶書補「遼」字。也有空缺不補字，在校記中加以説明的，如卷九吳《陳祐傳》，末云「累官□□□□卒」，空缺四字。查《九國志》卷二《陳祐傳》載陳祐討平周郊後，「授黑雲都尉」，又云「以功加檢校司空，太和元年授饒州刺史，卒於任，年六十五。」以無合適之字可補，故只出校而不補字。

至於書中因避清諱而省字的，就補入，並出校説明。如卷四十四有《刁光傳》。據《益州名畫録》卷中、《圖畫見聞誌》卷二，應作「刁光胤」，此當係周昂重刻時避雍正諱而省去的，這次就加補入。

這裏還應説明的是，周昂重刻此書時，又就其平時瀏覽所及，隨筆劄記，得有關史事三百餘條，因輯爲《拾遺》、《備考》兩卷，並作爲全書的第一百十五卷和一百十六卷。周昂所輯的這兩卷，也有缺字和錯字，這次也一併作了校補。如卷一一五引羅隱《嚴陵釣臺》文，「如晚蒼苔以言之」，「蒼苔」二字原爲空缺，今據羅隱《讒書》卷五所載此文補。又同文「朝爲一旅人，暮爲九品官」，「人」字漏略，也未注明空缺，現在也予補入。同卷又引黄滔詩「寺寒三伏雨」，「寺」字原爲空缺，今據《全唐詩》卷七〇四黄滔《遊東林寺》詩補。同卷又載杜光庭《紀道德賦》「人中多自惑」，「惑」原作「得」，依文義作「惑」爲是，今據《全唐文》卷九二九杜光庭文校正。

原書目録與傳文有一些不相吻合之處，故今重新編製。書後另附本書的人名索引，按四角號碼排列，以便讀者檢索。

徐敏霞

一九八一年十二月

十國春秋序

寧都魏　禧冰叔撰

錢塘吴任臣撰十國春秋成，以示寧都易堂魏禧而屬之序。禧不敏，不敢辭，於是序之曰：史才之難也久矣，世之言史者，率右司馬遷而左班固。禧嘗以謂遷當以文章雄天下，史之體則固爲得，蓋史主記事，固詳密，於體爲宜，遷則主於爲文而已。文欲畧而後工者則勢不得更詳，而歐陽修五代史亦於事爲畧，至十國尤不備。任臣生七八百年之後，傳聞闊絶，書籍散亡，毅然起而補之，其功甚鉅，事亦最難。禧讀其書，采擇詳博而精於辨覈，爲文明健有法，自史記、漢書、五代史而外，豈亦有能先之者哉！禧惟天下之勢，分之久則必合，合之久則必分，而其自合而分之也，天下魚潰肉爛，不可收拾。當時所號爲豪傑者，非有殊尤絶異之才，其德力皆不能相一，峻法重斂，戰爭不休，生民之苦，於是爲極。然吾嘗觀分崩之際，其人才每爲特盛。蓋天下之治，禮法明而風俗厚，人心安和，雖有奇才異能，皆帖首抑志以就繩墨。及其亂也，憤鬱而思動，鋌而走險，上焉者紀綱法度不立，而其下得肆志妄作，以自盡其才。故自周、秦之末以及五代，莫不有特起之英，踔厲沈深自奮於功名，王侯將相皆以智力相取，而非有倖得。當其時，有大力者出而驅之則合，無大力者驅之則分，彼帝制自爲角立爭雄長者，要皆韓、彭、馮、鄧、秦、李、曹、石之流亞，然後知天下蓋無時而無才，顧所以用之者何如耳。分崩之際，最不足數，莫如後五代，而十國中人才炳烺可觀者既已如是，任臣是書豈獨補古史之闕、取備見聞云爾哉！士不幸生其時，當思所以自奮，毋徒碌碌以苟全性命爲自得。且觀其得，則知十國之能分者何在；觀其失，則知十國之終於分而不能合者何故。夫能以智力爭城畧地，而不知定天下之有規模，能屈志協力以得將士之用，而不能深仁厚澤以得民心。嗚呼！此有志之士所爲掩卷長太息者也。任臣志行端慤，博學而思深，著有山海經廣注、字彙補，已版行，而是書關係古今尤大，惜無有能授之梓人以傳於世者。傳曰「人之欲善，誰不如我」，吾知其必有望也已。

康熙十一年辛亥八月望日。

十國春秋序

古作史有二體，曰編年，曰紀傳，而紀傳實創始於司馬遷。自史記暨前、後漢書以迄遼、金、元史，凡二十一部，藏諸內府，布之學省都邑，亦云盛矣。然古史於正統爲特詳，至偏霸人物，事實恒畧而不備，晉書僅列劉、石、慕容等於載記。魏崔彥鸞譔十六國春秋以補之，今雖殘闕非全書，而視晉史已稍稍加詳。若歐陽五代史附十國世家於末，中間敘事雅稱簡潔，然頗多遺漏，立傳者獨孫晟、劉仁贍數人而已。又於十國事時有未覈，如閩世家，以閩主昶弟繼恭爲其子，楚世家載彭師暠奉衡山王事不及廖偃，吳越世家言自鏐世常重斂其民以事奢侈之類，讀史者或有所不足焉。任臣以孤陋之學，思取十國人物事實而章著之，網羅典籍，爰勒一書，名曰十國春秋，爲本紀二十，世家二十二，列傳千二百八十二。人以國分，事以類屬。又爲紀元、世系、地理、藩鎮、百官五表，總一百一十四卷。雖世遠人湮，書册難考，乃鑑覩諸邦，畧得而論。大抵南唐敦文事，江左以興；吳越效恭順，國祚克永。楚以侈靡喪厥家，閩以淫暴傾其國；楊氏孱弱而隨失，高氏無賴而倖存。前、後蜀之恃險無備，其迹同也；南、北漢之先滅後亡，其勢異也。知乎此，而十國君臣之得失，政治之盛衰，傳世長短之數，國勢順逆之形，夫固可以槩見而得其要領矣。或謂李茂貞據岐兩世，父子相傳，以諸國相衡，是爲荆南之匹也，兹進南平而黜岐者何？蓋史從前文，亦仍十國世家之舊云爾。至於書名春秋者，墨子云「吾見百國春秋」，春秋，古史名也。前此有楚漢春秋、魏氏春秋，今則仿彦鸞之書而繫以「春秋」也，若云孔子嘗修魯春秋矣，愚又奚敢上儗聖人筆削而甘蹈僭亂之罪哉！書成，聊著纂述之大指如此。

康熙八年己酉孟夏，仁和吴任臣譔。

凡例

宋初路振編九國志，不列南平，以南平止江陵一隅，不予其爲國也。後振孫綸作荆南志續之，或稱十國志焉。神宗時劉恕又著十國紀年，蓋從五代史例也。今十國仍以歐史爲斷，而南平易曰荆南，則從温公通鑑之稱。東漢今稱北漢，亦從通鑑。

帝稱本紀，王稱世家，古史家體也。後世非天子而遽列本紀，誤矣。卷中帝則斷爲本紀，王則降於世家，間有子孫卽帝位而追崇祖考，如吴太祖、烈祖、高祖，閩太祖，南漢烈宗，尊謚則從後日，而叙事猶號世家，所以紀其實也。南唐後主降江南國主，而猶列本紀者，循馬、陸二書之稱，唐餘紀傳黜爲國紀，古史又無其例，故姑從南唐書云。

是編本紀、世家中，本國稱帝稱王者，辭從主人也，他國稱某主某王者，重内而畧外也。至於唐昭帝、昭宣帝，宋藝祖、太宗，獨稱帝以異之，亦春秋尊王朝大居正之義。帝與后稱殂，王與妃、夫人稱薨，太子、世子亦稱薨，諸王亦稱薨。帝后不稱崩者，仿通鑑紀曹魏諸君之法也。

馬令南唐烈祖本紀，先書名，繼書王，繼稱帝，至元宗本紀末年稱國主，後主本紀稱國主，此後人述前代之史，與臣子執筆者較殊也。愚竊取其義，以爲本紀、世家書法。

改元易號，自昔傳聞異辭，本書所紀年號，一以碑文是正。如吴越天寶、寶大、寶正，雜見墓碑、寶幢，而北漢天會紀年，則取證於李惲千佛樓銘。蓋金石遺文，往往足糾前史譌謬，故愚於卷中多録廟碑、墖文於注，以佐史書闕漏，而考覈不至無稽云。

崔鴻十六國春秋、陸游南唐書，每年必冠以年號，所以標正朔，防參錯也。本書具遵其法，即無事，必書曰某年，庶幾綱舉目張，有條而不紊耳。

十國本紀、世家中間，師曰我師，官曰我某官，皆各就本國而稱也。史記田齊世家云：「魯伐我，入陽關」，「晉伐我，至博陵」。趙世家云：「秦拔我榆次。」南史宋高祖傳曰：「鞏縣人宗曜於其田所獲嘉禾九穗同莖，帝以獻，晉帝以歸於我，帝冲讓，乃止。」蘇轍古史楚世家曰：「嬰齊伐鄭，欒書救鄭，遇於繞角，我師還。」古人書法原有此例，據此可釋後人稱前代爲我之嫌矣。

十國列傳，首后妃，次太子、世子，次諸王、公主，次諸臣，而以方外終篇。人因國分，各爲經緯。大抵與承祚之三國、彦鸞之十六國先後部署，略從同焉。

劉道原既作紀年，又擬作十國藩鎮、百官諸志，竟未卒業，至今闕如。愚於卷末勒成五表，而諸國年號、方輿之不齊，宗支、官秩之崖略，已瞭然可概睹已。

五代距今六七百年，世代久遠，正史故多遺失，而歐史載十國事尤缺畧。是編所采古今書籍，無慮數百餘種，若册府元龜、太平御覽、資治通鑑、通鑑考異、文獻通考、續文獻通考、玉海、説郛、朝野雜記、津逮秘書、史纂左編、新舊唐書、唐會要、薛氏舊五代史、歐陽五代史、王溥五代會要、陶岳五代史補、尹洙五代春秋、五代史闕文、五代通史、梁編遺録、九國志、五國故事、十國紀年、宋史、東都事畧、李燾續資治通鑑長編、吴録、稽神録、江淮異人録、妖亂志、淝上英雄録、范成大吴郡志、馬令南唐書、陸游南唐書、陳彭年江南別録、龍衮江南野史、鄭文寶南唐近事、唐餘紀傳、江表志、釣磯立談、史外小録、耿先生傳、南唐拾遺記、蜀檮杌、錦里耆舊傳、李昊蜀書、蜀國春秋、全蜀藝文志、成都見聞録、何光遠鑑戒録、北夢瑣言、三楚新録、湖湘故事、楚紀、吴越備史、順存録、錢氏家乘、葆光録、吴越改元辨、兩朝貢奉録、家王故事、吴興藝文志、兩浙名賢録、武林舊事、楓窗小牘、閩王事蹟、何氏閩書、林諝閩中記、晉安逸志、閩海叢書、榕陰新簡、陳鳴鶴閩中考、章仔鈞族譜、金鳳外傳、嶺南文獻、吴萊南海古蹟記、江陵志餘、晉陽見聞録、遼史、郡縣釋名、歐陽忞輿地廣記、樂史太平寰宇志、祝穆方輿勝覽、茅山志、洞霄宮志、兩廣名勝志、金陵志、一統志、廣輿記、湖廣通志、八閩通志、梁克寬三山志、廣東通志、浙江通志、杭州府志、西湖志餘、紹興府志、嚴州府志、淳安縣志、肇慶府志、海鹽圖經、中都志、武林梵志、名山記、合璧事類、海録碎事、七修類藁、職官分紀、鄭氏書日、國史經籍志、日涉編、天下碑記、王象之碑目、五燈會元、高僧傳、列仙通鑑、劍俠傳、圖繪寶鑑、宣和畫譜、譚子化書、彭曉參同契註、東國通鑑、馭交記、輟耕録、實賓録、容齋三録、太平廣記、青箱雜記、二老堂雜志、玉堂清話、太平清話、廣博物志、清異録、洪遵泉志、文苑英華、宋文鑑、宋文選、計敏夫唐詩紀事、金荃集、花間集、詞品、花蕊夫人宫詞有二本，所載畧異。徐散騎集、徐寅集、黄滔集、羅昭諫集、韋莊集、杜光庭集、貫休集、齊己集、方蛟峯集、曾子固集、王荆公集、宋潛溪集、升菴外集，愚輙薈萃成書，都爲一部。倘臆説杜撰，率爾無徵，實所未敢。

十國典故散佚，捃摭滋艱，卷中偶獲瑣事纖語，不忍遽棄，時復登載，用資見聞。雖延壽繁猥之譏，知所不免，而心期廣搜，珍惜片羽，後有同志，當鑒微懷。吴任臣識。

吴氏十國春秋，博採諸史，成一家言，其體裁雅近李延壽南史，余最心愛之，漁獵時輙丹黄其佳處。惜外間印本甚少，嘗欲重鋟，以廣流傳，鹿鹿一生，恨未果也。疾亟，以剞劂之役囑家人，蓋重文藝，輕死生，書淫結習，固衆人所爲憫笑者。朝聞夕死，後之同好，幸鑒予衷焉。

乾隆五十三年歲次戊申夏四月，少霞周昂跋。

十國春秋目録

卷六 吴六 列傳

卷七 吴七 列傳

卷八　吳八　列傳

卷九　吳九　列傳

卷十　吴十　列傳

卷十一　吴十一　列傳

卷十二　吴十二　列傳

卷十三　吴十三　列傳

卷十四　吴十四　列傳

卷十五　南唐一

卷十六　南唐二

卷十七　南唐三

卷十八　南唐四　列傳

卷十九　南唐五　列傳

卷二十　南唐六　列傳

卷二十一　南唐七　列傳

卷二十二　南唐八　列傳

卷二十六　南唐十二　列傳

卷二十七　南唐十三　列傳

卷三十　南唐十六　列傳

卷三十二 南唐十八 列傳

卷三十三 南唐十九 列傳

卷三十八　前蜀四　列傳

卷三十九　前蜀五　列傳

卷四十　前蜀六　列傳

卷四十一　前蜀七　列傳

卷四十二　前蜀八　列傳

卷四十三　前蜀九　列傳

卷四十四　前蜀十　列傳

卷四十七　前蜀十三　列傳

卷四十八　後蜀一

卷四十九　後蜀二

卷五十　後蜀三　列傳

卷五十一　後蜀四　列傳

卷五十二　後蜀五　列傳

卷五十三　後蜀六　列傳

卷五十七　後蜀十　列傳

卷五十八　南漢一

卷五十九　南漢二

卷六十二　南漢五　列傳

卷六十三　南漢六　列傳

卷六十四 南漢七 列傳

卷六十七　楚一

卷六十八　楚二

卷六十九　楚三

卷七十　楚四　列傳

卷七十一　楚五　列傳

卷七十二　楚六　列傳

卷七十三　楚七　列傳

卷七十四　楚八　列傳

卷七十五　楚九　列傳

卷八十二　吳越六

卷八十三　吳越七　列傳

卷八十四　吴越八　列傳

卷八十八　吴越十二　列傳

卷八十九　吴越十三　列傳

卷九十　閩一

卷九十五　閩六　列傳

卷九十八　閩九　列傳

卷九十九　閩十　列傳

卷一百三　荆南四　列傳

卷一百四　北漢一

卷一百五　北漢二

卷一百六　北漢三　列傳

卷一百七　北漢四　列傳

十國春秋卷第一

吳一

太祖世家

太祖姓楊，名行密，字化源，廬州合肥人也。十國紀年云：楊行密，六合人。莊宗列傳云：行密，壽州壽春人。今從吳録、新、舊五代史、五國故事。父名怤，世爲農家。怤音夫。見十國紀年。行密初名行愍，爲人長大有力，能手舉百斤，册府元龜云：行密少孤貧，有臂力。五國故事云：力舉三百斤。今從歐陽史。日行三百里。居常獨處，必見黑人侍其側，心竊異之。

唐乾符中，江淮羣盜起，行愍以爲盜見獲，刺史鄭棨奇其貌，曰：「爾且富貴，何爲作賊？」釋縛縱之。北夢瑣言又云：鄭棨常典廬州，楊行密爲本州步奏官，因有遺闕而笞責之。與五代史不同。後應募爲州兵，戍朔方，遷隊長。歲滿戍還，而軍吏惡之，復使出戍。册府元龜曰：秦宗權擾淮右，廬、壽郡將募能擒賊者，計級賞之。行密以膽力應募，往必有獲。通鑑曰：行愍本廬州牙將，勇敢，屢有戰功。都將忌之，白刺史郎幼復遣使出戍於外。〔一〕行愍將行，過軍吏舍。軍吏陽爲好言，問其所須，行愍奮然曰：「惟少公頭耳！」卽斬其首，擕之而出，因起兵爲亂，併將諸營，自稱八營都知兵馬使，時中和三年三月也。刺史郎幼復不能制，薦於淮南節度使高駢，請以自代。駢以行愍爲淮南押牙，知廬州事。歐陽史言幼復棄城走，行密遂據廬州，非是，今從通鑑。唐卽除行愍廬州刺史。

是時駢惑於方士呂用之，用之與軍使俞公楚、姚歸禮不相能，詐謂行愍曰：「二人將有事於廬州。」行愍遽發兵掩之，二將殲焉。用之以公楚等謀亂告駢，賞行愍有加。明年，駢以從子濵知舒州事。會羣盜陳儒攻舒州，濵乞援廬州，行愍謀於牙將李神福，神福請不用寸刃而逐之。遂以舒州兵多建廬州旗幟，若結大陳然，賊懼而宵遁。久之，羣盜吴逈、李本復攻舒州，濵棄城走，爲駢所殺，行愍乃遣將陶雅、張訓等將兵擊逈、本，擒斬之。卽以雅攝舒州刺史。已而黄巢之黨秦宗權遣其弟將兵寇廬州，據舒城，行愍命將田頵擊却之。

光啟二年冬十二月，壽州刺史張翱吴録作「張激」，妖亂志作「張敖」。今從十國紀年。遣其將魏虔將萬人來寇廬州，行愍令田頵、李神福、張訓拒之，敗虔于褚城。是月，滁州刺史許勍襲舒州，陶雅奔還廬州。高駢命行愍更今名。

三年，淮南左廂都知兵馬使畢師鐸自稱行營使，與軍使鄭漢章、高郵鎮遏使張神劍十國紀年云：張雄，淮南人，善劍，號張神劍。今欲別于前蘇州刺史張雄，故但稱神劍。興兵討呂用之，陷揚州，用之亡走，師鐸執高駢而幽之。時用之詐爲駢牒，署行密行軍司馬，追兵入援。〔三〕廬江人袁襲說行密曰：「此天以淮南授明公也，趣赴之。」行密乃悉發廬州兵，復借兵於和州刺史孫端，合數千人往援。五月，行密至天長，用之引兵來歸。會張神劍求貨於畢師鐸，師鐸不即與，神劍亦以其衆來屬。未幾，海陵鎮遏使高霸、曲溪人劉金、盱眙人賈令威悉以其衆歸行密，行密衆至萬七千人。張神劍運高郵糧以給之。

先是，師鐸遣其屬孫約與其子詣宣州，乞師於觀察使秦彥，且許以克城日迎之爲帥。彥心動，亟命牙將秦稠率兵三千至揚子，以應師鐸，師鐸復召彥渡江。是月甲午，彥遂將宣歙兵三萬餘人，乘竹筏沿江而下，趙暉邀擊於上元，殺溺殆半。丙申，彥入廣陵，自稱權知淮南節度事，仍以師鐸爲行軍司馬，補池州刺史趙鍠爲宣歙觀察使。戊戌，行密抵廣陵，不得入，屯兵蜀岡，爲八寨於城下以守之。彥閉城自守。妖亂志云：六月癸卯朔，秦彥令鄭漢璋等守諸門。今從通鑑。六月戊午，彥遣師鐸與秦稠統兵八千自城西出戰，稠敗死，士卒死者十之八。城中乏食，樵採路絕，宣州軍始有食人者。時，前蘇州刺史張雄兵於諸軍爲稍強，秋八月，彥以僕射告身授雄，又以尚書告身三通授裨將馮宏鐸等。廣陵人競以金玉珠繒詣雄軍貿食，通犀帶一得米五升，錦衾一得糠五升。唐書云：以銀二斤易斗米，逮糠粃以差爲直。雄軍既益富，不復肯戰，久之反陰助我兵。

丁卯，彥乃悉衆萬二千人，遣師鐸及其黨鄭漢章出陳於城西，延袤數里。行密安卧帳中，曰：「賊近告我。」命先積金帛䴵米於一寨，使羸弱守之，而多伏精兵於其旁，爲三覆以待彥。及兵交，行密自將千人衝其陳，陽不勝，棄營走。彥兵饑，乘勝爭入營取軍實。伏發，行密反兵擊之，俘斬畧盡，積尸十餘里。師鐸、漢章大敗，單騎走入城。

九月甲戌，彥命將劉匡時殺高駢，并子弟甥姪無少長皆死，同坎瘞之。時有尼王奉仙言於秦彥曰：「揚州分野極災，必有一大人死，自此喜矣。」又畢師鐸先幽高駢於道院，至是出師屢敗，疑駢爲厭勝，又恐駢黨有內應者，故殺駢。乙亥，行密聞駢死，縞軍向城，哭三日。冬十月，彥遣漢章擊張神劍、高霸寨，破之，神劍奔高郵，霸奔海陵。

行密之圍廣陵也凡半載，與彥、師鐸大小數十戰。城內無食，米斗直錢五十緡，草根木實都盡，以堇泥爲餅食之，餓死者過半。宣軍多掠人詣肆售之，或夫婦父子自牽繫就屠門相鬻，屠者輒刲剔如羊豕然。外圍日益急，彥、師鐸計無所之，行密亦以城久不下，欲引還。己巳夜，會大風雨，呂用之部將張審威帥麾下士三百，晨，伏於西壕，俟守者易代，潛登城，啟關納其衆，守者竟不鬭而潰。〔三〕初，彥、師鐸信重妖尼王奉仙，戰陳時日，多取決焉，至是復咨之，奉仙曰：「走上策也！」遂自開化門出奔東塘。行密統諸軍合萬五千人入揚州，自稱淮南留後，以駢從孫愈攝副使，改殯駢及其族。責駢舊將不盡節於高氏者，殺梁纘於戟門之外，韓問以投井死。

是時遺民裁數百家，饑羸非復人狀，行密不能守，欲走。會蔡州秦宗權遣弟宗衡畧地淮南，與行密爭揚州，以孫儒爲之副，而張佶、劉建鋒、馬殷、秦彥暉實從焉。十一月辛未，宗衡至廣陵城西，據行密故寨，輜重未入城者悉爲蔡人所有。彥及師鐸還自東塘，與宗衡合。彥、師鐸至東塘，張雄不納；將趣宣州，宗衡召之，乃引兵還。行密閉城，不敢出。已而宗權召宗衡還蔡，拒吳興郡王朱全忠，儒稱疾不時行，宗衡屢趣之，儒大怒，甲戌，手刃宗衡於酒間，傳首於汴。宗衡將安仁義降於我。行密悉以騎兵相委，列於田頵之上。儒是時分兵掠鄰州，與彥、師鐸輕兵襲高郵。辛巳，高郵鎮遏使張神劒帥麾下兵逃揚州。丙戌，儒屠高郵。戊子，高郵殘卒七百人潰圍來奔。行密慮其變也，一夕分隸諸將，盡阬之。明日，殺神劒於其第。壬寅，勒令海陵鎮遏使高霸帥兵民入廣陵，有違命者族之。戊戌，霸與弟晊及部將余繞山、前常州刺史丁從實至揚州，行密郊迎霸、晊，約爲兄弟，置其將卒於法雲寺。已而用袁襲言，閏月己酉，因犒軍，伏甲擒霸、繞山、從實，殺之，併掩殺其黨於寺，死者數千人。是日大雪，寺外地數里皆赤。晊出走，詰旦，爲邏騎所獲，殲焉。

先是，呂用之之在天長也，紿行密曰：「用之有白金五萬錠，瘞於所居，克城日，願備戲下一醉。」至是，行密大閱士卒，顧用之曰：「僕射許此曹銀，何食言邪！」呼牽下，命田頵鞫之。用之叩首服罪，自言：「與鄭杞、董瑾謀中元夜，邀高駢至第，建黄籙齋，縊殺之，因令莫邪都帥諸軍推己爲節度使。」庚戌，腰斬用之於市，怨家刳裂立盡，併誅其族黨。軍士發其中堂，得桐人，與駢姓名於胸，桎梏而釘之。居數日，袁襲以廣陵饑弊，不可守，勸徙兵以避蔡賊。甲寅，行密遣和州將延陵宗以衆二千人歸和州。乙卯，令指揮使蔡儔將兵千人、輜重數千兩，歸廬州。

是時，唐以淮南久亂，命吴興郡王朱全忠兼淮南節度使、東南面招討使。全忠遣内客將張廷範致朝命，除行密淮南節度副使，又以宣武行軍司馬李璠爲淮南留後，遣牙將郭言將兵送之。行密初遇廷範甚厚，及聞璠來，怒，有不受之色。廷範遣人白全忠：「宜以大軍赴鎮。」未幾，廷範遁歸，曰：「行密未可圖也。」後李璠言徐軍遮道，竟不至淮南。文德元年，春正月，孫儒殺秦彦、畢師鐸，併其兵。彦等之歸秦宗衡也，衆猶二千餘人，後稍稍爲儒所奪。裨將知其必及禍，乃誣告彦等潛召汴軍。儒既殺彦等，乃以宏爲馬軍使。是月，行密執張守一，誅之。守一初與呂用之來歸，久之，爲諸將合丹藥，復欲干軍府政，故行密怒焉。

二月，全忠奏以行密爲淮南留後。夏四月壬午，孫儒陷揚州。按妖亂志，四月癸未朔，甲申，儒陷揚州。新唐書云四月戊辰。實録云：五月，儒陷揚州。吴録、十國紀年俱云四月，無日。今從舊唐書月日。行密出走。儒自稱淮南節度使。行密將奔海陵，袁襲勸回廬州，再爲進取之計，乃走廬州。

秋八月，行密欲輕兵襲洪州，袁襲言：「鍾傳未易圖。趙鍠新得宣州，其爲人非公敵，此可取也。」行密使蔡儔守廬州，乃引兵濟糝潭，攻鍠，大敗鍠將蘇塘、漆朗於曷山，進圍宣州。鍠兄乾之自池州帥衆來援，行密別遣將陶雅逆擊於九華，破之。乾之奔江西，以雅爲池州制置使。

龍紀元年，夏六月，宣州城食盡，人相啗，指揮使周進思據城逐趙鍠；鍠將奔廣陵，田頵追擒之。未幾，宣州城執進思以降。行密入宣州，表言於唐，詔以行密爲宣歙觀察使。東平王全忠按薛史、歐陽史皆云龍紀元年三月全忠封東平王，舊唐書則云龍紀元年四月，惟通鑑作天復元年封東平王。今據歐、薛諸史，竟於龍紀年間稱東平王。與鍠有舊，遣使求鍠，行密乃斬鍠首以遺之。歐陽史以爲鍠棄城走，追及殺之，非。南唐書又云鍠出降，亦非。鍠額上常有肉隱起，及其死，破額得珠，識者曰：「此人珠也，既死不可復用。」

孫儒兵來攻廬州，蔡儔以州降之。冬十月，行密遣馬步都虞候田頵等攻常州。時錢鏐將杜稜守常州。十一月，頵圍常州，使宣州偏將李友一作「宥」爲地道入城，中宵，旌旆甲兵出於制置使杜稜之寢室，遂鹵稜而出。頵以兵三萬戍常州。十二月戊寅，孫儒自廣陵引兵度江；壬午，逐田頵，取常州，以劉建鋒守之。儒還廣陵，建鋒又逐成及，取潤州。時及爲錢氏守潤州。

大順元年春正月，汴將龎師古等衆號十萬，度淮，聲言來援，攻下天長。壬子，下高郵。二月，師古兵入淮南，與孫儒戰於陵亭，師古兵敗而還。是月，行密遣將馬敬言帥兵五千，乘虛據潤州，李友帥兵二萬屯青城，將攻常州。安仁義、劉威、田頵敗劉建鋒於武進，復取常州。敬言、仁義、威兵屯潤州。

三月，唐賜宣歙軍號寧國，以行密爲節度使。

夏六月，孫儒求好於東平王全忠，全忠表爲淮南節度使。未幾，汴人殺其使者，復爲讎敵如初。秋八月，儒來攻潤州。是月，李友攻蘇州，拔之，制置使沈粲奔於孫儒。粲歸錢鏐，鏐欲誅之，因投儒。九月，行密以牙將張行周爲常州制置使。閏月，孫儒遣劉建鋒攻陷常州，行周死之，遂圍蘇州。吴録：十一月，孫儒攻破望亭、無錫諸屯，遂至蘇州。今從吴越備史及通鑑。冬十二月己巳，孫儒陷蘇州，殺我鎮將李友，安仁義等聞之，焚潤州廬舍，夜遁。儒使沈粲守蘇州，又遣其將歸傳道守潤州。

二年春正月，孫儒盡舉淮、蔡之兵濟江，癸酉，自潤州轉戰而南。田頵、安仁義屢爲所敗，我軍戍守者多望風奔潰。儒將李從立奄至宣州東溪。時守備未固，衆心頗危懼，行密遣將臺濛帥五百人屯溪西。濛令邏卒往反傳呼，如大衆駢至狀，從立心疑之，遽引去。行密又使都指揮使李神福拒儒前軍於溧水。神福陽退兵示怯，儒軍殊不設備，神福夜率精兵襲其營，俘斬以千計。

夏四月，行密遣劉威、朱延壽將兵三萬擊孫儒於黃池，我師敗績。儒遂軍黃池之上。

五月，大水，諸營皆没，儒還揚州，使其將康暀據和州，安景思據滁州。是月，行密命李神福攻和、滁，克之，暀乞降，景思出走。秋七月，東平王全忠約與我共攻孫儒。儒恃兵强，移檄藩鎮，數行密及全忠罪，且曰：「俟平宣、汴，當引兵除君側之惡。」於是悉焚揚州廬舍，驅丁壯婦女度江，殺老疾以餉軍。行密别將張訓、李德誠潛入揚州，滅餘火，得穀數十萬斛以賑饑民。時泗州刺史張諫貸數萬斛給軍，訓以行密之命餽之，諫由是德於我。乙未，儒自蘇州出屯廣德，行密率兵拒之。儒圍行密寨，李簡統百餘人力戰，破寨，拔行密以出。

冬十二月，儒焚掠蘇、常，引兵逼宣州，錢鏐復遣兵據蘇州。儒屢破我兵，旌旗亙百餘里，號兵五十萬。行密求救於錢鏐，鏐稍稍以兵食助我。

景福元年春正月，行密欲退保銅官，牙將戴友規力諫而止。二月，孫儒圍宣州。先是，劉建鋒爲儒守常州，至是將兵從儒行，甘露鎮使陳可言乘虛率部兵千人據之。行密將張訓引兵奄至城下，可言倉猝出迎，訓手刃之，遂取常州。是時别將又取潤州。

三月，徐州時溥遣兵三萬南侵，至楚州。夏四月，張訓、李德誠敗徐兵於壽河，俘斬三千級，遂取楚州，執其刺史劉瓚。新唐書作三月乙巳執瓚，今從十國紀年。

五月，行密屢敗孫儒兵，破其廣德營。張訓屯安吉，斷其糧道。儒食盡，士卒大疫，遣其將劉建鋒、馬殷分兵掠諸縣。六月，行密聞儒疾瘧；戊寅，大雨晦冥，縱兵擊之，儒軍大敗。安仁義連破儒五十餘寨，田頵擒儒於陳，斬之，傳首京師。儒衆多降於我。按薛氏五代史：大順二年，儒攻行密，屬江淮疾疫，師人多死，儒亦卧病，爲部下所執，送於行密，殺之。舊唐書云：大順二年三月，淮南節度使孫儒爲宣州觀察使楊行密所殺。唐補紀云：大順二年六月，孫儒兵敗於宛陵城下，楊行密進首級於西京。惟吴録曰：景福元年六月六日，太祖盡率諸將晨出擊儒，田頵臨陳擒儒以獻，斬儒於市。似屬可据，今從其説。丁酉，行密帥衆歸揚州，過常州，謂左右曰：「常州大城也，張訓以一劍下之，豈不壯哉！」按吴録及唐烈祖實録：光啟三年十月，秦彦、畢師鐸出奔，行密入揚州。十一月，孫儒圍揚州。文德元年四月，儒陷揚州，行密奔廬州。八月，自廬州帥兵攻宣州，龍紀元年六月，陷宣州，殺趙鍠。大順二年七月，孫儒再渡江，攻宣州。景福元年，執斬儒，復歸揚州。其紀年月最確，今悉從之。

秋七月丙辰，至廣陵，表田頵守宣州，安仁義守潤州。秋八月，唐命行密爲淮南節度使、同平章事，以頵知宣州留後，仁義爲潤州刺史。孫儒降兵多蔡人，行密選其尤勇健者五千人，厚其稟賜，以皁衣蒙甲，號「黑雲都」，常以爲親軍，使之先登陷陳，四鄰畏之。

冬十一月，〔四〕廬州刺史蔡儔發行密父祖墓，與舒州刺史倪章連兵，遣使送印於汴以求救。東平王全忠惡其反覆，納其印，不救，且牒報於我。行密謝之，遣行營都指揮使李神福將兵討儔。

二年夏四月，神福圍廬州。甲午，行密自將詣廬州，田頵自宣州引兵會之。秋七月丁亥，克廬州，執蔡儔，斬之。八月丙辰，遣田頵將宣州兵二萬攻歙州，歙州刺史裴樞城守，不可下，久而取之。時諸將爲刺史多貪暴，獨池州團練使陶雅寬厚得民，歙人請得雅爲刺史，行密卽以雅爲歙州刺史。雅盡禮見樞，送之還朝。冬十月，倪章棄舒州走，行密取舒州，以李神福爲舒州刺史。

乾寧元年春三月，黄州刺史吴討舉州附於我。夏五月，武昌節度使杜洪攻黄州，洪，鄂州人，光啟二年乘虚入鄂，自爲節度使。行密遣行營都指揮使朱延壽救之。按唐杜洪傳：永興民吴討據黄州，駱殷據永興，二人皆隸土團者也，故軍剽甚。洪雖得節制，而附朱全忠。乾寧初，身自將擊討，乞師淮南，楊行密遣朱延壽救之，洪引還。延壽拔黄州，俘討獻京師，〔五〕駱殷棄永興走，行密取其地。與此畧異。今從通鑑所載。

冬十一月，泗州刺史張諫舉州來降。時朱全忠遣使至泗州，諫不堪其陵忽，故附於行密。十二月，吴討畏杜洪之逼，納印請代，行密以先鋒指揮使瞿章權知黄州。或作「翟章」、「瞿璋」，皆非，今從吴録，見後註。是冬，行密遣押牙唐令回持茶萬餘斤如汴宋貿易，全忠執令回，盡奪其茶，我始與汴有隙。

二年春二月，行密表東平王全忠罪惡於唐，請會易、定、兖、鄆、河東兵討之。三月，行密浮淮至泗州，防禦使臺濛盛供帳以迎，不悦而去。已而攻濠州，拔之，執其刺史張璲。丁亥，遂圍壽州。

夏四月，行密攻壽州，不克，將引還。庚寅，朱延壽請往更攻，一鼓拔之，執其刺史江從昂。行密卽以延壽知壽州團練使。未幾，汴兵數萬來攻壽州，州兵少，吏民恟懼。延壽命黑雲隊長李厚拒之，厚殊死戰，都押牙柴再用復爲之助，延壽悉衆乘之，汴兵敗走。是月，行密又命將襲陷漣水，令張訓守之。遣使詣錢鏐，言董昌已改過，宜釋其罪。董昌本末見吳越武肅王世家。亦遣使如昌，趣其朝貢於天子。未幾，唐加行密檢校太傅、同中書門下平章事，封弘農郡王。按沈顏宣州重建小廳記，末云「乾寧二年乙卯秋九月八日記」，中間有曰「弘農王方作淝水」，又曰「弘農王允懷是誠」，又曰「弘農王去寧揚土」，是乾寧二年九月之前，行密已賜爵爲王矣，其不見於傳紀者，蓋史失之也。顏係吳臣，且當乙卯年所作廳記，必無差誤可知。後楊渥亦授弘農郡王，其本乃父之爵明已。況光啟二年三月朱全忠進爵沛郡王，大順二年二月李克用賜爵隴西郡王，景福元年董昌封隴西郡王，俱是乾寧以前故事，何獨於行密而疑之。時滁人呼「荇溪」曰菱溪，揚州人呼「蜜」曰「蜂糖」，諱行密名也。

秋九月，遣泗州防禦使臺濛攻蘇州，以救董昌；且表昌於朝，言昌引咎，願修職貢，請復官爵。又遺彭城郡王錢鏐書，稱：「昌狂疾自立，已畏兵諫，執送同惡，謂昌送首謀者吳瑤及巫覡數人於鏐也。不當復伐之。」冬十月，遣寧國節度使田頵、潤州團練使安仁義攻杭州鎮戍，以救董昌，昌使湖州將徐淑會我偏將魏約共圍嘉興，鎮海將顧全武統兵救之。我別將柯厚進破蘇州水寨。

乾寧三年春正月辛未，安仁義至湖州，欲渡江以援董昌，時顧全武等守西陵，禦我師，仁義不克渡。

二月，唐帝從王請，赦董昌，復其官爵，彭城郡王錢鏐不從。

夏四月，我兵與鎮海兵戰於黄天蕩，鎮海兵敗績，我師遂圍蘇州。是時，鏐與鍾傳、杜洪畏我之逼，皆乞援於東平王全忠。全忠遣許州刺史朱友恭統兵萬人渡淮，聽以便宜行事。癸未，蘇州常熟鎮使陸郢等舉城來附，鹵其刺史成及，王遂取蘇州，署及行軍司馬。及引刀欲自裁，王執其手止之，館於府舍。及邸中頗有劍甲兵仗，王每單衣詣之，與共飲膳，無所疑。及亦時時抵王内室，常遇王起盥漱，右手擎沙鑼，可百餘兩，實水其中以洗項，因服王力舉三百斤爲不虚云。是月，朱延壽破蘄州，降其大將賈公鐸及刺史馮敬章。光啟三年敬章陷蘄州，爲刺史。王以敬章爲左都押牙，公鐸爲監門衞將軍。延壽進拔光州，殺其刺史劉存。是時王命田頵守宣州，安仁義守潤州，已而昇州刺史馮宏鐸來附，分遣頵等攻掠，自淮以南、江以東諸州皆下之，於是始全有淮南之地。

冬十一月戊子，湖州刺史李師悦卒。先是，師悦求旌節於唐，唐詔置忠國軍於湖州，以師悦爲節度使，賜告身、旌節者未入境而師悦已死。王表師悦子彦徽知州事。彦徽前爲綿州刺史。昭宗實録云：乾寧二年四月，忠國節度使李師悦卒，以其孫彦徽知留後。今從十國紀年、新唐書。是月，遣安仁義攻婺州。

乾寧四年春正月，兩浙將杜稜救婺州，安仁義移兵攻睦州，不克而還。

二月，兗州朱瑾來奔。初，瑾爲汴人所攻，求救於河東，河東將史儼、李承嗣將勁騎數千助瑾，瑾敗，因與擁州民俱來。王逆之於高郵，表瑾領武寧軍節度使。我兵皆江淮人，輕弱善水戰，不任騎射，至是得河東、兗、鄆兵，而軍聲益振。儼、承嗣故河東驍將，晉王李克用深惜之，遣使間道來請，王許之，亦遣使詣河東修好。是月，唐詔王爲江南諸道行營都統，以討武昌節度使杜洪。朱全忠圍鳳翔，昭宗遣使者東出道武昌，洪皆殺之，洪又附全忠，絶東南貢獻路，故命行密討之。

夏四月辛亥，兩浙將顧全武等將兵三千自海道救嘉興；己未，至城下，我兵大敗。是月，杜洪乞師於汴，汴將聶金掠泗州，朱友恭攻黄州，以撓我師。王遣右黑雲都指揮使馬珣等救黄州。黄州刺史瞿章聞友恭至，棄城，擁衆南保武昌寨。癸亥，兩浙將顧全武等破我兵十八營，鹵將士魏約等三千人以去。時田頵屯驛亭埭，兩浙兵乘勝逐之。甲戌，頵自湖州奔還宣州，兩浙兵追之，頵衆大敗，死者千餘人。

五月辛巳，朱友恭爲浮梁於樊港，進攻武昌寨；壬午，拔之，執我刺史瞿章，遂陷黄州。

按薛史梁紀：五月丁丑，朱友恭上言大破淮寇於武昌，收復黃、鄂二州。新唐書云：壬午，全忠陷黃州，刺史瞿璋死之。朱友恭傳作「翟章」。吳録曰執刺史瞿章，十國紀年亦云「瞿章」，今從之。馬珣等敗走。

秋七月庚戌，兩浙遣將顧全武來取蘇州。乙未，陷松江。戊戌，陷無錫。辛丑，陷常熟、華亭。是月，吉州刺史周琲爲鍾傳所攻，率衆來奔。

九月，湖州刺史李彦徽欲舉州來附，其衆不從，彦徽遂奔於我。都指揮使沈攸以州歸錢鏐。是月，東平王全忠大舉入寇，遣龐師古以徐、宿、宋、滑之兵七萬壁清口，將趣揚州，葛從周以兗、鄆、曹、濮之兵壁安豐，將趣壽州，全忠自將屯宿州，境內震恐。

冬十月，王與朱瑾將兵三萬拒汴軍於楚州，別將張訓自漣水引兵會焉，王以爲前鋒。龐師古營於清口，或言：「營地汙下，不可久處。」師古不聽，恃衆輕敵，居常以弈棋爲樂。瑾壅淮上流，欲灌之。有奔告師古者，師古以惑衆斬之。

十一月癸酉，瑾與裨將侯瓚將五千騎潛度淮水，用汴人旗幟，自北來趣其中軍，張訓踰柵而入，士卒蒼黃拒戰，淮水大至，汴軍殊駭亂。王自引大軍濟淮，與瑾等夾攻之，汴軍大敗，斬師古及將士首萬餘級，餘衆悉潰。時葛從周營壽州西北，壽州團練使朱延壽擊破之，退屯濠州，聞師古敗，奔還。王與瑾、延壽乘勝追之，及於渒水。五代史作「淠河」。從周方半濟，我兵合擊之，殺溺殆盡，從周僅走免。遏後都指揮使牛存節棄馬步鬭，諸軍稍得濟淮，凡四日不食，會大雪，汴卒緣道餓死，還者不盈千人。五代史又云牛存節收其散卒八千以歸，今從通鑑。東平王全忠聞敗，亦奔還。王遺書誚之曰：「龐師古、葛從周，非敵也，公宜自來淮上決戰。」王既獲勝，置酒大會諸將，顧行軍副使李承嗣曰：「始吾欲趣壽州，副使謂當先向清口，師古敗，從周自走。今果如副使筭。」賚以錢萬緡，表承嗣領鎮海軍節度使。王自是保據江、淮之間，汴人不能與我争矣。

乾寧五年春正月，兩浙、江西、武昌、淄青各遣使詣闕，請以東平王全忠爲都統，致討於我，唐帝不許。

三月，周本救蘇州，爲兩浙將顧全武所敗。秦裴以兵三千人拔崑山而戍之。

秋七月，忠義節度使趙匡凝聞汴人有清口之敗，陰附於我。東平王全忠遣宿州刺史氏叔琮將兵伐之。

八月甲子，唐赦天下，改元光化。

九月，顧全武攻蘇州，城中及援兵食皆盡，刺史臺濛及李德誠等棄城走，援兵亦遁，全武遂陷蘇州，追周本於望亭，我師敗績。五代史云：周本戰於白方湖，本敗，蘇州復入於越。獨秦裴堅守崑山不下，全武檄裴令降，裴不聽。全武復益兵攻城，引水灌之，城壞，食盡，裴率羸兵以降，時兵不盈百人之數云。

冬十月己亥，汴將朱友恭自黄州還，過安州，或言刺史武瑜與我連謀，友恭攻而殺之。閏月，婺州刺史王增爲浙軍所伐，以抗命故也。

十一月，衢州刺史陳岌請降，兩浙將顧全武帥兵討之。是月，東平王全忠以奉國節度使崔洪交通於我，遣其將張存敬攻洪；洪懼，以弟賢質於汴，且言：「將士不受節制，請遣二千人詣麾下，從征伐。」許之。十國紀年云：洪託以將士不受節制，遣兄賢質於汴。按舊唐書：張存敬以兵襲蔡州，刺史崔洪納款，請以弟賢質於汴。昭宗實録亦云弟賢，今從其説。

十二月，遣成及歸兩浙，以易魏約等，彭城王鏐許焉。

光化二年，〔六〕王與朱瑾將兵數萬攻徐州，軍於吕梁，東平王全忠遣騎將張歸厚救之。歐陽氏牛存節傳云：朱瑾召吴兵攻徐、宿，存節謀曰：「淮兵必不先攻宿，然宿溝壘素固，可以禦敵。」乃夜以兵急趣徐州，比傅城下，瑾兵方至，望其塵起，驚曰：「梁兵已來，何其速也！」不能攻而去。即此時事。是月，全忠遣崔賢還蔡州，發兵二千詣大梁。

二月，蔡將崔景思等殺賢，刼崔洪，悉驅兵民度淮來奔於我；中途兵民多遁歸，至廣陵者不滿二千人。東平王全忠自將援徐州，王聞之，引兵還，汴人追及於下邳，殺我兵千餘人。全忠至輝州，聞我兵已退，乃引去。

三月，婺州爲兩浙所圍，刺史王壇乞師於寧國節度使田頵。

夏四月，頵遣行營都指揮使康儒等救之。

五月庚戌，儒等敗兩浙兵於龍丘，擒其將王球，通鑑注云主將，吴越備史云偏將，未詳孰是。遂取婺州。景福元年王壇得婺，至是失之。

秋七月，海州戍將陳漢賓請降於我。海州，朱全忠所轄。淮海游奕使張訓以漢賓心未可知，與漣水防遏使王綰將兵二千直趣海州，據其城，遂取海州。王以臺濛爲刺史，綰爲副使。

九月，淄青節度使王師範以沂、密内叛，乞師於我。

冬十月，王遣海州刺史臺濛、副使王綰將兵助之，拔密州，歸於師範。將進攻沂州，先使人詗其虛實，告曰：「城中皆偃旗息鼓矣。」綰曰：「此必有備，而救兵近，不可擊也。」諸將曰：「密已下，沂何能爲？」綰不能止，乃伏兵於林中以待。已而諸將攻沂州不克，聞救兵至，引退，州兵乘之；綰發伏擊，敗其軍。

光化三年春正月，宣州將康儒攻睦州，彭城郡王錢鏐使其從弟銶拒之。

秋八月，儒食盡，自清溪遁歸。

冬十一月，唐中尉劉季述幽天子於少陽院，而立太子裕。

是歲，唐加王兼侍中。

光化四年春正月朔，唐劉季述等皆伏誅，天子復位，黜太子裕爲德王。

夏四月丁丑，唐大赦天下，改元天復。

秋八月，王遣步軍都指揮使李神福等將兵攻杭州，兩浙將顧全武等列八寨以拒之，王聞流言彭城王鏐爲盜所殺也。

冬十月，神福與全武相拒，陽言中夜班師，縱杭俘歸告全武。至暮，神福先行，命行營都尉呂師造設伏青山下。九國志作「青山路」。已而全武來追，神福、師造夾擊，大破之，斬首五十級，生擒全武。神福進攻臨安，兩浙將秦昶帥衆三千降於我。

十二月，李神福知彭城王鏐不死，臨安城猝不可拔，即欲歸，慮千秋嶺諸險爲浙兵所邀，乃遣人守錢氏祖考丘壟，禁樵採，又使顧全武得通家信。彭城王鏐感其意，遣使謝之。未幾，神福多設虛寨爲疑兵，浙人以爲我兵大至，遂請和，神福受其犒賂而歸。

天復二年春正月，天子在鳳翔。上年十一月爲韓全等所刧。

三月，天子以金吾將軍李儼爲江淮宣諭使，書御衣賜王，拜王東面行營都統、中書令，歐陽史作檢校太師、中書令，今從通鑑。進爵吴王，以討朱全忠。以朱瑾領平盧軍節度使，馮宏鐸領武寧軍節度使，朱延壽領奉國軍節度使。凡淮南、宣歙及湖南等道立功將士，聽用都統牒承制遷補，然後表聞。王改牙城南門爲天興門。

夏四月，王歸顧全武於杭州，以易秦裴。彭城王鏐大喜，遣裴還。時馮宏鐸以昇州介居宣、揚間，常不自安，然頗恃樓船之彊，不事兩道。寧國節度使田頵欲圖之，募宏鐸工人造戰船，工人曰：「馮公遠求堅木，〔七〕故其船堪久用，今此無之。」頵曰：「第爲之，吾止須一用耳。」宏鐸將馮暉、顏建説宏鐸先擊頵，宏鐸從之，帥衆南上，聲言攻洪州鍾傳，實襲宣州也。王使人止之，不聽。

是月辛巳，頵統舟師逆擊於曷山，或作「葛山」，非，今從新唐書。大破之，我兵遂取昇州。宏鐸收餘衆，將入海，王恐其爲後患，遣使犒軍，且招之，左右皆慟哭聽命。宏鐸至東塘，王自乘輕舟迎之，升宏鐸舟，慰藉良厚，署爲淮南節度副使，館給有加等。乃以李神福爲昇州刺史。

是月，王發兵討汴，以副使李承嗣權知淮南軍府事。已而進攻宿州，不克，竟以糧運不繼引還。先是，軍吏欲以巨艦運糧，都知兵馬使徐溫曰：「運路久梗，葭葦堙塞，請用小艇，庶幾易通。」及軍至宿州，會久雨，重載不能進，士有饑色，而小艇獨先至，王由是奇溫，始與議軍府事。

秋八月，兩浙軍亂。

九月，兩浙叛將徐綰等乞師於宣州，田頵引兵赴之。是月，顧全武同越王子傳璙來求昏，且曰：「使田頵得志，必爲王患。」王如召頵歸，錢王請以子傳璙爲質。」王許之，卽以女妻傳璙。

冬十月，李儼至揚州，王始建制敕院，每有封拜，輒以告儼，於紫極宮玄宗像前陳制書，再拜，然後下。

十一月，田頵急攻杭州，仍具舟將自西陵渡江；越王鏐遣其將盛造、朱郁拒破之。

十二月，王召頵還宣州。庚辰，頵徵犒軍錢於兩浙，且求質子，遂與徐綰等引兵歸。

是歲，昇州大風發屋，飛大木。

天復三年春正月，王承制加朱瑾東面諸道行營副都統、同平章事。以昇州刺史李神福爲淮南行軍司馬、鄂岳行營招討使，舒州團練使劉存副之，率舟師萬人以討杜洪。洪將駱殷戍永興，棄城走，縣民方詔據城降。神福得詔，大喜曰：「永興壯縣，饋運所仰，吾已得鄂之半矣！」

三月，神福進圍鄂州，洪嬰城請救於汴。

夏四月，平盧節度使王師範爲汴兵所攻，乞援於我。乙未，王遣將王茂章以步騎七千救之，又遣別將將兵數萬攻宿州。梁王全忠命將康懷貞救宿州，我兵引還。康懷英傳云：楊行密攻宿州，太祖遣懷英擊走之，拜宿州刺史。懷英即懷貞也。

是月，汴將韓勍率萬人屯灄口，以爲杜洪之援。梁王全忠復馳使語荆南節度使成汭、武安節度使馬殷、武貞節度使雷彦威，令出兵救洪。汭畏汴之彊，且欲侵江、淮地以自廣，發舟師十萬沿江東下。汭爲巨艦，堂皇悉備，命曰「和州載」，其餘復有「齊山」、「截海」、「劈浪」之名甚衆。掌書記李珽諫曰：「我舟緩急不可動，而吴兵剽輕，難與逐角。武陵、長沙，皆吾讎也。豈得不爲反顧之慮乎？不若遣驍將屯巴陵，大軍與之對岸，堅壁不戰，不過一月，吴兵食盡自遁，鄂圍解矣。」汭不聽。行至公安，卜不吉，欲還，親吏楊師厚曰：「公舉全軍，中道還，何以見百姓？」汭乃行。

五月，汭未至鄂渚，馬殷遣許德勳帥舟師萬餘人，雷彦威遣歐陽思帥舟師三千餘人，會於荆江口，襲陷江陵，大剽掠而去。汭諸將亡其家，無鬬志。李神福壁沙橋，望汭軍曰：「戰艦雖盛，首尾斷絶，易制也。當急擊之！」壬子，遣裨將秦裴、楊成將衆數千逆擊於君山，〔八〕敗之，火其船，衆大潰，汭投江死。按新唐書、十國紀年皆云壬子，汭敗死。壬子，此月十二日也。獲其戰艦二百艘。韓勍聞之，亦走還。

是月，汴將朱友寧屠博昌，進拔臨淄，抵青州城下，遣别將攻登、萊。王茂章會王師範弟萊州刺史師誨攻密州，拔之，斬其刺史劉康乂，以淮海都遊奕使張訓爲刺史。

六月乙亥，汴兵拔登州，師範帥登、萊兵拒友寧於石樓，爲兩柵。丙子夜，友寧擊登州柵，茂章不爲動。頃之，登州柵已破，進攻萊州柵。比明，茂章度其兵力罷矣，與師範合兵出戰，大破之。友寧旁自峻阜馳騎走，馬仆，青州將張士梟斬之，傳首廣陵。茂章於是合兩鎮兵，逐北至米河，俘斬萬計，魏博之兵殆盡。

秋七月壬子，梁王全忠自將兵二十萬至臨朐，命諸將攻青州。師範出戰，敗績。茂章陽閉壘不出，伺汴兵氣稍懈，毁柵疾戰，如是者再，至晡，汴兵乃退。茂章度衆寡不敵，是夕，引軍還。梁王全忠遣曹州刺史楊師厚追及於輔唐。〔九〕時先鋒指揮使李虔裕將五百騎殿後，爲師厚所執，死焉。張訓聞茂章歸，植旗幟密州城上，封府庫以走。未幾，汴左踏白指揮使王檀攻密州，望旗幟，疑有伏兵，不敢進。逾數日，入城，見府庫城邑皆完，遂按兵不追。訓全軍而還。

是月，兩浙睦州刺史陳詢叛，舉兵攻蘭溪。

八月，寧國節度使田頵、潤州團練使安仁義同舉兵反。十國紀年云：朱全忠聞田頵等叛，矯制削奪王官爵，命頵及杜洪、鍾傳、錢鏐充四面招討使，布制書於境上，王知其詐妄。案此事諸書不載，今刪之。仁義悉焚東塘戰艦。頵遣二使詐爲商人，詣壽州約奉國節度使朱延壽，道遇尚公，迺疑之，殺一人，得頵書以告王。王召李神福於鄂州，使討頵。己丑，安仁義襲常州，以刺史李遇有備，隨引去。壬辰，以王茂章爲潤州行營招討使，擊仁義。未幾，茂章攻潤州，不克，王遣徐温將兵會之。温易其衣服、旗幟如茂章兵，仁義不知復益兵，出戰，温奮擊，大破之。奉國節度使朱延壽素狎侮於王，頗懷怨望，陰與田頵通。是月，頵遣前進士杜荀鶴至壽州，與延壽相結，又遣至大梁告梁王全忠。全忠大喜，遣兵屯宿州以爲聲援。

九月，王召延壽至廣陵，迎及寢門，執殺之，部兵驚擾，徐温諭以大義，皆聽命，遂斬延壽兄弟，黜朱夫人。夫人，延壽姊也。頵襲昇州，得李神福妻子，善遇之；又遺神福書，以其妻子招之。神福斬使者而進。丁未，敗頵將王檀、汪建於吉陽磯。戊申，又戰於皖口，檀、建僅以身免，獲徐綰以遺兩浙。頵聞檀、建敗，自將水軍逆戰。神福請王發步兵斷頵歸路，王遣漣水制置使臺濛將兵應之。時王茂章攻潤州，久未下，王命茂章移兵會擊頵。頵聞濛將至，留將郭行悰及檀、建水軍於蕪湖以禦神福，而自將步騎來與濛戰。

冬十月戊辰，濛與頵遇於廣德，先以王書徧賜頵將，頵將下馬拜受；濛因其挫伏，縱兵擊之，頵兵遂敗。又戰於黄池，濛陽走，頵追之，伏發，大敗，奔還宣州，濛引兵圍之。頵亟召蕪湖兵還，不得入。行悰、檀、建及當塗、廣德諸戍皆帥其衆以降。王復命茂章領兵攻潤州。是時王乞師於兩浙，越王鏐命方永珍屯潤州，從弟鎰屯宣州，以援我。

十一月乙亥，田頵帥死士數百出戰，臺濛陽退以示弱，頵兵踰濠而鬬，濛急擊之。頵不勝，還走城，橋陷墜馬，斬之。其衆猶戰，以頵首示之，乃潰。濛遂克宣州，王以濛爲宣州觀察使。初，王與頵同閭里，少相善，約爲兄弟；及頵首至廣陵，王視之，泣下；赦其母殷氏，王與諸子皆以子孫禮事之。

是歲，宣州有鳥如雉而大，尾有火光如散星，集於戰門。明日大火，曹局皆盡，惟兵械存。王以秦裴爲昇州刺史，置德勝軍於廬州。唐詔所在宦官皆賜死，王匿清海監軍程匡柔，斬它囚以應。

天復四年春正月，梁王全忠屯河中，表請天子遷都。壬戌，車駕發長安。

二月乙亥，至陝。

三月丁巳，唐帝遣間使以絹詔告難於我及西川、河東等，令糾率藩鎮以圖匡復。詔有云：

「朕至洛陽，則爲全忠所幽閉，詔勑皆出其手，朕意不得復通矣。」十國紀年：楊行密三月、王建四月得詔。王以李神福爲鄂岳招討使，復將兵擊杜洪。梁王全忠遣使請捨鄂岳，復修舊好。王報曰：「俟天子還長安，始敢聞命。」

是月，王遣女與錢傳璙併顧全武歸錢塘。先是，王與錢氏不相能，常命以大索爲錢貫，號曰「穿錢眼」，兩浙亦歲以大斧科柳，謂之「斫楊頭」，至是二姓通昏，兩境漸睦焉。

夏閏四月乙巳，唐改元天祐，大赦天下。

秋八月，李神福攻鄂州未下，會得疾，還廣陵。王以舒州團練使劉存代爲招討使，神福尋卒。是月，宣州觀察使臺濛卒，王以子牙内諸軍使渥代之。

冬十月，光州叛，降於汴，王遣兵圍之。光州與鄂州皆告急於梁王全忠。

十一月戊辰，梁王全忠率兵五萬自潁濟淮，軍於霍丘，分兵救鄂州。我兵釋光州之圍，還廣陵，按兵不戰。全忠分命諸將大掠淮南，以困我師。

冬十二月，兩浙衢州刺史陳璋殺羅城使葉讓，請降於我。是月，王遣黑雲指揮使馬賨歸長沙。

天祐二年春正月，梁王全忠遣將進兵逼壽州。甲辰，有彗出於北河，貫文昌，其長三丈餘。王茂章穴地入潤州，遂克之。安仁義得士心，攻之踰年不克，至是城陷見執，倂其子斬於廣陵市。兩浙兵圍陳詢於睦州，王遣西南招討使陶雅帥兵救之。兩浙將錢鎰、顧全武、王球來禦我師，爲雅所敗，鹵鎰、球以歸。是月，梁王全忠圍壽州，州人閉壁不出，全忠乃自霍丘引歸。

二月，梁王全忠遣其將曹延祚將兵與杜洪共守鄂州。新唐書云：汴兵不利，引還，使別將吳章以三千兵解圍。又云：時全忠方與河東軍薄戰，故不能救洪，洪乃求助於馬殷，殷不答，洪計窮，復走全忠，全忠遣曹延祚合吳章兵萬三千救洪。今從通鑑止書延祚一人。時招討使劉存濬坎傅城，洪將駱殷爲洪謀曰：「淮兵深入，仰永興以濟，若奇兵取之，賊不戰而潰。」洪乃以精兵合汴人間道掩永興，三十里而舍。存以裨將方詔、苗璘當之。汴亡卒走璘壁，言軍虛實，曰：「鄆軍懦，可取，開道軍不可當也。」璘曰：「殺强則弱者撓矣。」乃自擊開道軍，敗之，禽汴士三百人狥城下，洪軍皆氣奪。存使辨士臨説百端，洪恃汴方强，無降意。或勸存急擊援兵，則城自下，存曰：「擊之，賊入，則城固矣。不如縱之遁，城可取也。」俄而汴軍走。庚子，城陷，執洪、延祚及汴兵千餘人送廣陵。王詰責洪曰：「爾同逆賊弒主，與孤爲讎，吾軍還而復爲賊後拒，今定何如？」洪謝曰：「不忍負朱公。」與延祚等駢斬於市。王以存爲鄂岳觀察使。

夏四月，陶雅會衢、睦兵攻婺州，兩浙將錢鏢將兵救之。

五月乙丑，彗星長竟天，出軒轅大角，及於天市垣。

秋八月，梁王全忠以襄州趙匡凝與我交通，及聯姻西川，乙未，遣武寧節度使楊師厚將兵擊之。己亥，全忠以大軍繼之。是月，兩浙將方永珍救婺州。

九月甲子，汴兵攻破襄州。是夕，趙匡凝舉族來奔。陶雅、陳璋拔婺州，執刺史沈夏以歸。王以雅爲江南都招討使、歙婺衢睦觀察使，璋爲衢婺副招討使。璋攻暨陽，爲兩浙將方習所敗。習進攻婺州。是月，濠州團練使劉金卒，命金子仁規知濠州。

王寢疾，遣使召子渥於宣州，以潤州團練使王茂章爲宣州觀察使。

冬十月辛卯，梁王全忠自襄州帥衆二十萬趨光、壽。壬辰，至棗陽，遇大雨，遂由申州抵光州，刺史柴再用嚴設守備，遜辭以謝。全忠留城東旬日，不能克。庚子，渥至於廣陵。辛丑，王承制以渥爲淮南留後。戊申，梁王全忠發光州，及至壽州，壽人清野以待之，全忠退屯正陽。

十一月丙辰，梁王全忠度淮而北，柴再用抄其後軍，斬首三千級，獲輜重萬計。

庚辰，王薨，按舊五代史行密傳云天祐三年卒，而沈顔武忠王神道碑、殷文圭武忠王墓誌、游恭威王墓誌，皆云天祐三年丙寅二月十三日丙申王薨。至史官王振撰太祖本紀，則繫死日於天祐二年十一月庚辰。顔等四人皆仕吳，而記録各異。考之墓志云：「十一月，吳王寢疾，付長子後事，授淮南使。」豈本紀誤以武忠疾甚之時，遂據爲彌留之日邪？抑楊渥幼弱嗣位，不由朝命承襲，或始死未敢發喪，赴以明年二月，顥等因從而書之，事亦未可知也。又按十國紀年注、徐鉉吴録、莊宗功臣列傳、唐烈祖實録、資治通鑑諸書，皆與王振所載年月同，而敬翔梁編遺録云：天祐三年，潁州獲河東諜者，言去年十一月持李克用絹書往淮南，十二月至揚州，方知楊行密且死。歐陽氏吴世家亦云天祐二年十一月行密卒。今互證諸説，始以王氏本紀爲斷云。年五十四。諡曰武忠，武義初改諡曰孝武王，廟號太祖，乾貞元年追尊爲武皇帝，陵曰興陵。

太祖馳射武伎皆非所長，而寬簡有智畧，善撫御將士，與同甘苦，推心待物，無所猜忌。常早出，從者斷馬鞦，取其金，知而不問，他日復早出如故，人服其度量。蔡儔叛於廬州，悉毁太祖祖、父墳墓，及儔敗，左右請發其先墓以報之，太祖歎曰：「儔以此爲惡，吾豈復爲也。」常使從者張洪負劍而侍，洪拔劍擊太祖，不中，洪死，復用所善陳紹貞負劍，不疑。性又儉約，不事奢靡。淮南被兵六年，士民轉徙幾盡，太祖初至，賜與將吏帛不過數尺，錢不過數百。非公宴，未嘗舉樂。常服故時補綻衣於內，自言不敢忘本。輕徭薄賦，招撫流移。未及數載，幾復成平之舊。太祖起自盜賊，而其下皆驍武雄暴，一時樂爲之用者以此。吴太祖雖起草澤，愼於刑法，既僭僞號，詔修格令，有删定格令五十卷。

論曰：唐末，强藩分據，海內雲擾。太祖以三十六英雄，起自草間，殲孫儒，禽趙鍠，破杜洪，滅田頵，聲罪汴疆，耀兵越徼，江淮南北，以次削平，抑亦可謂非常之傑，不世出者矣。

五代史言其爲人寬仁雅信，能得士心，卒之開國廣陵，傳世四主，蓋有以也夫。

校勘記

〔一〕遣使出戍於外　「遣」原作「連」，義不可通，今據通鑑卷二五五改。

〔二〕追兵入援　周昂校語云：「『追兵入援』，原本同。『追』字應是『徵』字，見後袁襲傳。」

〔三〕不聞而潰　通鑑卷二五七「聞」作「鬪」，似是。

〔四〕冬十一月　原作「冬十月」，今據通鑑卷二五九補「一」字。

〔五〕俘討獻京師　原無「獻」字，今據新唐書卷一九〇杜洪傳補。

〔六〕光化二年　「二」原作「三」。按據通鑑卷二六一，此年所述皆光化二年事，今據改。

〔七〕馮公遠求堅木　「遠」原作「還」，今據通鑑卷二六三改。

〔八〕楊戎　通鑑卷二六八作「楊戎」。

〔九〕輔唐　原作「輔厚」，今據通鑑卷二六四改。

十國春秋卷第二

吴二

列祖世家〔一〕

列祖名渥，字承天，太祖長子也。初爲牙内諸軍使，素無令譽，軍府輕之。及太祖病，出渥爲宣州觀察使。右牙指揮使徐温私謂渥曰：「王寢疾，而嫡嗣出藩，此必奸臣之謀。他日相召，非温使者及王令書，慎無應命。」渥泣謝而去。

天祐二年冬十月，太祖病甚，命判官周隱作符召渥。隱慮渥幼弱不任事，薦大將劉威代主軍政，太祖未許。會温與嚴可求問疾，太祖以謀告之，温等大驚，遂詣隱所，見隱作召符在案，亟取遣之。渥見温使者，乃行。既至廣陵，拜淮南留後。及太祖薨，將佐共請宣諭使李儼承制授渥淮南節度使、東道諸道行營都統、〔二〕兼侍中、弘農郡王。

是歲十二月，河東以帛書潛約攻汴。睦州刺史陳詢爲浙兵所逼，棄州來奔，招討使陶雅入據其城取之。湖南兵入寇，牙内指揮使楊彪擊却之。王命馬步都指揮使李簡等襲王茂章於宣州。

天祐三年春正月，宣州觀察使王茂章出奔杭州。是時，李簡兵奄至城下，茂章度不能守，帥衆南行。親兵刁彦能辭以母老不從，登陴諭衆曰：「王府命我招諭汝曹，大兵行至矣。」衆由是定。陶雅畏茂章斷歸路，遽引兵還歙，復失睦州。庚辰，越王鏐至睦州。陳璋聞雅已還，自婺州退保衢州。兩浙將方永珍等取我婺州，進攻衢州。是月，遣先鋒指揮使陳知新攻湖南。

三月乙丑，知新拔岳州，逐其刺史許德勳，王以知新爲岳州刺史。

夏四月癸未朔，日有食之。鎮南節度使、潁川郡王鍾傳卒，軍中立其子匡時爲留後。傳養子江州刺史延規恨不得立，遣使來降於我。王以昇州刺史秦裴爲西南行營都招討使，將兵擊匡時。按昭宣帝實録云：鍾傳養上藍院僧爲子，曰延圭，補江州刺史；傳卒，遂召淮師陷其城。又新唐書鍾傳傳云：天祐三年，傳卒，子匡時自立爲節度觀察留後。次子匡範爲江州刺史，怨兄立，挈州附淮南，因言兄結汴人圖揚州，楊渥使秦裴攻匡時。今從十國紀年作「延規」。

秋七月，裴執江西將劉楚，遂圍洪州，饒州刺史唐寶請降。

八月，兩浙兵圍衢州，衢州刺史陳璋來告急，王遣左廂馬步都虞候周本將兵迎璋。兵還，浙人躡我師，本設伏，大破之。

九月，秦裴拔洪州，大掠三日，鹵匡時及其司馬陳象等五千人以歸。王切責匡時，匡時請死，哀赦之，斬象於市。先是，謡言云：「楊老抽嫩鬐，堪作打鐘搥。」至是應焉。五國故事又有「搥折」之讖。溫、顥害渥而立其弟渭，蓋冥符也。王自兼鎮南軍節度使，以裴爲洪州制置使。

天祐四年春正月，王既得江西，驕侈益甚，以舊憾殺其節度判官周隱。

是月，黑雲都指揮使呂師周將兵屯上高，遂出奔於湖南，副指揮使綦章縱其孥，使逸去。按九國志師周自言「三世將家，不可保富貴」，每恣爲盃酌，醉必起舞，或擊節狂歌，慷慨泣下。行密聞而疑之，密使人偵其動靜。師周不自安，乃謀於綦章而奔湖南。今從通鑑，載出奔於丁卯年下。

王居喪作樂，然十圍之燭以擊毬，一燭費錢輒數萬。或單騎出遊，從者奔走道路，不知所之。左、右牙指揮使張顥、徐溫泣諫，王怒曰：「汝謂我不才，何不殺我自爲之！」二人懼，潛謀作亂。初，内營有親軍數千屯於牙城之内，王悉遷出於外，以其地爲射場，顥、溫由是無所憚。已而王選壯士號東院馬軍，廣署親信，以爲將吏。所署者恃勢驕横，往往多陵蔑勳舊。未幾，王又召宣州指揮使朱思勍、范思從一作「范遇」、陳璠將故時所隸親兵三千歸廣陵。顥、温忌思勍等侵其權，陽令三將從秦裴擊江西，因戍洪州，誣以謀叛，遣別將陳祐往誅之。祐間道兼行，六日至洪州，微服懷短兵徑入裴帳中。裴大驚，祐告之故，遂召思勍等飲酒，數以罪，執斬之。王聞三將死，益不平於顥、温，欲誅之。丙戌，王晨視事，顥、温帥牙兵二百人，露刃直入庭中，王曰：「爾果欲殺我邪？」對曰：「非敢然也，欲去王左右亂政者耳！」因曳下王親信十餘人，數其罪，以鐵撾擊殺之，號曰「兵諫」，王不能止。歐陽史云：初渥之入廣陵也，留帳下兵三千於宣州，以其腹心陳璠、范遇將之。既入立，惡徐温典牙兵，召璠等爲東院馬軍以自衞，而温與左衙都指揮使張顥皆行密時舊將，又有立渥之功，共惡璠等侵其權。天祐四年正月，渥視事，璠等侍側，温、顥擁牙兵入，拽璠等下，斬之。按璠等自死於洪州，今從十國紀年及通鑑。自是諸將不與同者，顥、温稍稍以法除之，軍政悉歸二人矣。

夏四月，梁代唐，改元開平。王仍稱天祐，與蜀王移檄諸道，將會兵復唐。

五月，以鄂岳觀察使劉存爲西南面都招討使，岳州刺史陳知新爲岳州團練使，廬州觀察使劉威爲應援使，別將許元應爲監軍，將水軍三萬以伐楚。楚王殷命在城都指揮使秦彥暉將水軍三萬浮江而下，水軍副指揮使黃璠帥戰艦三百屯瀏陽江口。

六月，存、知新遇雨退兵於越堤北，彥暉乘勢來追，存數與之戰，不利。彥暉夾水爲陳，頃之，鼓譟而進，存等走，璠乃自瀏陽絶江，與彥暉合擊我兵。我兵大敗，存、知新被禽，不屈而死，遂失岳州。是役也，裨將死者百餘人，士卒死者以萬計，亡戰艦八百餘艘，他物稱是。威引餘衆遁歸。按敬翔梁遺録云：天祐四年四月，湖南軍陳邵告捷。淮南、朗州水陸合勢，奔衝其境，馬殷出舟師於瀏陽口，大破賊黨，生擒僞鄂州節度使劉存。十國紀年則言劉存攻楚在五月，敗在六月。舊五代史梁紀亦云馬殷奏破淮寇在六月，今從之。監軍許元應，王腹心也，常預政事，顥、温因其敗，收斬之。

是月，楚王殷遣兵會吉州刺史彭玕攻我洪州，不克。

秋九月，武貞節度使雷彦恭來附。

冬十月，荆南將倪可福會楚兵攻朗州，彦恭遣使乞降，且告急。王遣將泠業帥水師屯昌江，李饒將步騎屯瀏陽以救之，楚將許德勳迎拒我師。業進屯朗口，德勳遣兵夜襲業營，軍中驚擾，楚人以大軍繼之，師敗。業奔鹿角鎮，被執；楚人已又破瀏陽寨，禽饒，二人皆死焉。

十一月，遣右都押牙米志誠等將兵度淮襲梁潁州，破其外郭。刺史張實據子城守之，不能克。

十二月甲子，梁發步騎五千救潁州，志誠等引兵還。丁卯，遣兵攻信州，刺史危仔倡乞師於吴越。

是歲，命洪州制置使秦裴署鄂州知州，以廬州觀察使劉威爲鎮南軍節度使。

天祐五年春正月，吴越兵寇甘露鎮，以救信州。

夏四月，遣兵攻石首，與梁襄州兵戰於瀺港，我師敗績。又遣將李厚帥水軍萬五千侵荆南，我師敗於馬頭。

五月乙亥，楚兵寇鄂州，知州秦裴擊破之。戊寅，張顥、徐温遣其黨紀祥、陳暉、黎璠、孫殷等弑王於寢室，歐陽史云執王縊殺之。詐云暴薨，時年二十三，謚曰威。自顥、温專制軍政，王心積不平，欲去之而未能。二人益不自安，因謀弑王，約分其地，以臣於梁。時羣盜入寢中，王説盜，能反殺温等，皆爲刺史，羣盜皆諾，惟祥不從。徐鉉吴録云顥使紀祥等執渥于寢室，弑之，不言徐温。薛氏舊五代史因之。而江南别録有獨用左衙兵之説。歐陽史亦言温、顥兵遣盜殺渥。五國故事云：温與顥同謀害渥，議既定，其夕將暝，顥已先入，而温使告顥曰："今非番直，不欲俱入。"慮其謀漏泄，請顥獨訖其事，然後見報。顥諾之。按温、顥分掌牙兵，非協謀安能弑主。吴録不言温者，特鉉爲之諱耳，不足信也。五國故事又言渥死在戊辰歲夏六月，與諸書小異。今從通鑑月日。

武義初，改謚景王，廟號烈祖。乾貞元年，追尊爲景皇帝，陵曰紹陵。稽神録曰：軍吏徐彦成恒主市木，丁卯歲往信州汭口場，無木可市。一日，遇少年云："吾有木在山中，明當令出也。"居一二日，果有杉木大至，良而價廉，復出大杉板四枚，曰："君至吴，當獲善價。"彦成回，始至秦淮，會吴帥殂，納杉版爲棺以求材之尤異者，獲錢數十萬。彦成廣市珍玩，復往汭口以酬少年。更三返，獲其厚利。間一歲以往，但見村落如故，了無所見，詢其里中，竟無能知之者。吴帥，謂烈祖也。

高祖世家

高祖名隆演，字鴻源，太祖第二子也。一云第三子。初名瀛，又名渭。薛史及九國志、五國故事皆以「隆演」爲「渭」。先是張顥、徐温之弑烈祖也，謀分地送款於梁，及烈祖遇害，顥欲自立。十國紀年云：張顥欲稱淮南留後，送款于梁，以淮南易蔡州節制。徐温曰：「揚州距汴州，往返約三千里，軍府踰月無主必亂，不若有所立，然後圖之。」温患之，問其客嚴可求，可求曰：「顥雖剛愎，而闇於成事，此易爲也。」

夏五月己卯，顥集將吏於府庭，夾道列劍戟白刃，自大將朱瑾而下，令悉去衞從然後入。顥厲聲問諸將：「誰當立者？」諸將莫敢對。顥三問，氣色益怒。可求前陳密語，大約言：「軍府至大，非公主之不可。然在今日，劉威、陶雅、李遇、李簡，皆先王一等人也，公雖自立，此輩能降心以事公否？不若立幼主輔之爲便。」顥不能答。可求亟趣出書一紙，乃太夫人史氏教也，率諸將跪讀之，辭氣慨慷，中言嗣王不幸，隆演以次當立，告諸將無負楊氏而善事之，聞者感動。顥氣色皆沮，卒無能爲，遂奉隆演稱淮南留後、東面諸道行營都統。

初，温常夜夢入宫，見白龍繞殿柱，詰旦見隆演衣白衣擁柱而立，心異之，至是得嗣立，故温授指於可求也。既罷，副都統瑾詣可求居，曰：「瑾年十六七即横戈躍馬，衝犯大敵，未常畏懾，今日對顥，不覺流汗。公面折之如無人，乃知瑾匹夫之勇，不及公遠矣。」因以兄事之。顥自此與温不相能，諷隆演出温爲浙西觀察使，鎮潤州。可求復以計留温。行軍副使李承嗣與顥善，覺可求有附温意，諷顥使盗夜刺殺之。已而盗掠財以報命，曰：「捕之不獲。」顥怒曰：「吾欲得可求首，何用財爲！」可求遂詣温謀先殺顥，陰遣左監門衛將軍鍾泰章選壯士三十人圖之。

丁亥旦，直入斬顥於牙堂，并親近數人，始暴其弑君之罪，轘紀祥等於市。先是，顥、温謀逆時，温曰：「參用左、右牙兵，心必不一，不若獨用吾兵。」顥不可。温曰：「然則獨用公兵。」顥從之。至是，窮治亂黨，皆出於左牙，人皆以温爲實不知謀也。按五國故事云：温請顥獨訖其事，然後見報。其夕，顥既殺渥，遂召温，温乃詣城門大哭，曰：「張顥弑逆，殺害老令公郎君矣！」軍衆皆爲之哭。其夕，遂殺顥，立楊渭。其事未確，今不從。

隆演以温爲左、右牙都指揮使，軍府事咸取決焉。以可求爲揚州司馬。當顥用事，刑獄酷濫，縱親兵剽掠市里。温謂可求曰：「今大事已定，吾與公輩當力行善政。」乃立法度，禁强暴，政舉大綱，軍民安之。

是月，楚兵陷朗州，武貞節度使雷彦恭輕舟來奔。中和元年，雷滿據朗州，至彦恭而亡。按梁太祖實録：丁酉，朗州軍前奏捷，彦恭没溺于江。十國紀年又云：彦恭輕舟奔廣陵。今從之。隆演以彦恭爲淮南節度副使。

秋七月壬申，將吏請於李儼，承制授隆演淮南節度使、東面諸道行營都統、同平章事、弘農王。

八月，遣步軍都指揮使周本、南面統軍使呂師造擊吴越。

九月，圍蘇州。是月，吴越將張仁保入寇，取常州之東洲，我兵死者萬餘人。命池州團練使陳璋充水陸行營都招討使，帥裨將柴再用等救之，大破仁保於魚蕩，復取東洲。

冬十月，梁從吴越之請，八月，吴越王鏐獻攻淮南之策，見吴越春秋。以亳州團練使寇彦卿爲東面行營都指揮使，入寇。

十一月，彦卿帥衆二千襲霍丘，土豪朱景擊敗之；又攻廬、壽二州，皆不克。王遣滁州刺史史儼拒之，彦卿引去。

是歲，遣軍將萬全感齎書間道詣晉及岐，告以嗣位。

天祐六年春二月丁酉朔，日有食之。

三月，徐温以金陵形勝，戰艦所聚，乃自以淮南行軍副使，領昇州刺史，留廣陵，遣假子元從指揮使知誥爲昇州防遏使兼樓船軍使一作「副使」往治之。

夏四月，周本等攻蘇州，爲吴越將孫琰所拒，不能克。辛亥，蘇州兵内外合擊，我師大敗，軍將何朗等三十餘人被執，失戰艦二百艘。本夜遁，追兵及之，復敗於皇天蕩。鍾泰章將精兵二百爲殿，多樹旗幟于菰蔣中，吴越兵不敢追而還。是月，初置選舉，以駱知祥掌之。

夏六月，撫州刺史危全諷自稱鎮南節度使，帥撫、信、袁、吉之衆，號十萬，寇洪州。節度使劉威守兵財千人，置酒宴飲以疑敵。全諷不敢逼，屯兵象牙潭。是月，楚苑玫等圍高安，以爲全諷聲援。王命周本爲西南面行營招討應援使，將兵七千救高安。本謂全諷敗，援兵必還，乃舍高安，疾趣象牙潭。過洪州，劉威欲犒軍，本不肯留。或言：「敵兵甚强，君宜觀形勢然後進。」本曰：「賊衆十倍於我，我軍聞之必懼，不若乘其鋭而用之。」

秋七月，全諷在象牙潭營栅臨溪，亘數十里。庚辰，本隔溪布陳，先使羸兵嘗敵；全諷兵涉溪來追，本乘其半濟，縱兵擊之，全諷兵大潰，自相蹂藉，溺水死者無筭，本分兵斷其歸路，禽全諷及將士五千人。按釣磯立談云：叟常記危全諷以十萬衆據象牙潭，楚人爲圍高安以爲之聲援，朝廷旰食。嚴可求薦周本可以爲將，本堅辭不肯起，徐自建白曰：「往年長洲之戰，非不敵也，特以上將權輕，下皆專命，互相觀望，以至軍不克振。今必見委，倘不設偏裨，老臣願出死力以報厚恩。」朝廷許之。本乃具選兵七千人，計食齎糧，晨夕兼馳。朝貴或有追送者，不肯少留，且曰：「兵事神速，停營信宿，衆寡情見，則不可用也。吾欲及其鋭而使之。」是時高安危急，人皆謂當先策援，本曰：「不然。楚人非有戰心也，姑欲牽綴我師，使全諷得畢力爾。我必先擒此賊，彼自當解。」遂直擣象牙潭，突其壘，疾攻之。全諷少其衆，且笑本率易，殊不顧答。本先遣勁卒穿出其後，乘高疾呼，撫人大崩，矢石未及接，争赴水以死。本建大將旗鼓，徐驅而薄之。全諷據牀瞪視，不及指揮而就擒。我軍大譟，楚人果宵遁矣。中間所載，與通鑑小有異同，今悉從通鑑。乘勝克袁州，鹵其刺史彭彦章，進攻吉州。

是月，歙州刺史陶雅遣其子敬昭及都指揮使徐章將兵襲饒、信二州，信州刺史危仔倡請降，饒州刺史唐寶棄城走。行營都指揮使米志誠、都尉吕師造等敗苑玫於上高。吉州刺史彭玕帥衆數千人奔楚。未幾，王命左先鋒指揮使張景思知信州，遣兵送之。仔倡聞兵至，遂奔于吴越。全諷至廣陵，諸將議曰：「昔先王攻趙鍠，全諷屢餽給吾軍。」王命釋之，資給甚厚。通鑑云：王以其常有德于武忠王，釋之。

八月，虔州刺史盧光稠以州來附，時光稠亦遣使附于梁。我於是始盡有江西之地。

九月，王遣使修好於福建，閩主審知殺我使者張知遠，遂與之絶。

冬十月戊辰，吴越高澧以湖州來附。

是歲，擢鍾泰章爲滁州刺史。

天祐七年春二月，萬全感自岐歸，岐王承制加王兼中書令、嗣吴王。王大赦境内。高澧乞師於我，常州刺史李簡等將兵應之，湖州將盛師友、沈行思閉城不内，澧帥麾下五千人來奔。

夏五月，徐温母周氏卒，將吏致祭，爲偶人高數尺，衣以羅錦。温曰：「此皆出民力，奈何施於此而焚之，宜解以衣貧者。」是月，温免官治喪，未幾，起復爲内外馬步軍都軍使，領潤州觀察使，以徐知誥爲昇州副使。

六月，水軍指揮使敖駢圍彭瑊於赤石。瑊爲吉州刺史彭玕弟。楚兵救瑊，鹵駢去。

冬十二月，虔州刺史盧光稠有疾，以位傳譚全播，全播不受。光稠卒，其子韶州刺史延昌來奔喪，全播立而事之。王遣使拜延昌虔州刺史，延昌受之，已而復因楚通梁，曰：「我受淮南官，以緩其謀耳，終當爲朝廷經畧江西。」丙寅，梁以延昌爲鎮南留後。延昌表其將廖爽爲韶州刺史，梁許之。

是冬，淮南節度判官嚴可求請置制置使於新淦縣，遣兵戍之，以圖虔州。每更番，輒潛益其兵，虔人不之覺也。

天祐八年春正月丙戌朔，日有食之。

夏五月甲申朔，梁改元乾化。

冬十月辛亥朔，吴越湖州刺史錢鏢殺都監潘長、推官鍾安德，來奔。

十二月，百勝軍指揮使黎球一作「求」殺盧延昌而代之。丙辰，梁以球爲虔州防禦使。未幾，球卒，牙將李彦圖代知州事，譚全播稱病篤獲免。是時，洪州賈石于越王山下昭□觀前，長七八尺，圍三丈餘。節度使劉威命舁入觀中，七日内漸縮小如數尺狀，已又長尺許，後止七寸，識者以爲活石也。

天祐九年春三月，宣州觀察使李遇與鎮南節度使劉威、歙州觀察使陶雅、常州刺史李簡常憤徐温用事，而遇尤不平，温怒，拜淮南節度副使王壇爲宣州制置使，數遇不朝之罪；遣都指揮使柴再用帥昇、潤、池、歙兵，納壇於宣州；又命昇州副使徐知誥副之。遇不受代，再用攻宣州，踰月不克。

夏五月，温執遇少子至城下示之，復使與客何蕘入城説遇，遇不忍戰，乃開門請降。温諷再用伺其出斬之，族其家。

是月，徐知誥以功遷昇州刺史，辟洪州進士宋齊丘爲推官，與判官王令謀、參軍王翃專主謀議，以牙吏馬仁裕、周宗、曹悰爲腹心。時諸州長吏多武夫，專以軍旅爲務，不恤民事，知誥在昇州，獨選用廉吏，修明政教，招延賢才，傾家貲無所愛，四方士大夫多歸之。

六月，梁郢王友珪弑其主晃而自立。

秋七月，劉威、陶雅詣廣陵，徐温待之甚恭，威等悦服，由是人皆重温。未幾，温與威、雅率將吏請於李儼，承制加王太師、吴王，以温領鎮海軍節度使、同平章事，淮南行軍司馬如故。隨遣威、雅還鎮。

冬十一月，淮南節度副使陳璋襲楚岳州，執其刺史苑玫，進攻荆南。王遣撫州刺史劉信將江、撫、袁、吉、信五州兵屯吉州，爲璋聲援。

是歲，虔州防禦使李彦圖卒，州人奉全播代之，附於梁。

天祐十年春正月，陳璋攻荆南不克，引還。荆南與楚兵會江口以邀我，璋聞之，駢舟二百艘爲列，夜過荆江，追者不能及。

二月，梁均王友貞起兵討賊，友珪伏誅，友貞自立於大梁。友貞更名鍠，已又名瑱。

三月，行營招討使李濤帥衆二萬出千秋嶺，攻吴越衣錦軍。

夏四月，我軍爲錢傳瓘所敗，濤被執，鹵我士卒三千餘人。

五月，遣宣州副指揮使花虔將兵會廣德鎮遏使渦信屯廣德，以攻衣錦軍。

六月，錢傳瓘陷廣德，虔、信復爲所鹵。

秋八月，楚寧遠節度使姚彦章寇鄂州，王命池州團練使呂師造充水陸行軍應援使，〔三〕未至，楚兵解去。

九月，吴越王鏐遣其子傳瓘等寇常州，營於潘葑。徐温曰：「浙人輕而怯，易破也。」率諸將倍道赴之。至無錫，裨將陳祐請以所部兵自它道出敵後。祐既去，温以大軍夾擊之，大破吴越軍，斬獲甚衆。

冬十一月，梁以寧國節度使王景仁爲淮南西北行營招討應援使，將兵萬餘寇廬、壽。

十二月，徐温與平盧節度朱瑾率諸將拒之，遇景仁於趙步。時徵兵猶未集，温以四千餘人與之戰，不勝而却。景仁直前薄温，左驍衞大將軍陳紹擊退之。已而兵既集，大敗梁兵於霍丘，景仁以數騎殿後，我師遂不敢逼。初，梁人之渡淮也，先表其可涉之津，會我霍丘守將朱景浮表於木，徙置深淵以誤之，至是梁兵敗還，望表而涉，溺死者過半。温命聚其尸於霍丘之上，築爲京觀。

天祐十一年夏四月，袁州刺史劉崇景叛附於楚。楚將許貞將萬人來援，王遣都指揮使柴再用、米志誠帥諸將討之。是月，楚岳州將王環夜襲黄州，執我刺史馬鄴。

五月，柴再用等大破劉崇景、許貞于萬勝岡，崇景、貞棄城遁去，復取袁州。

秋八月，梁以福王友璋爲武寧軍節度使。前節度使王殷不受代，以徐州來附於我，殷故友珪所置也。按五代春秋作乾化三年九月，徐州蔣殷叛附于吴，姓與年月小異。

九月，梁命淮南西北面招討應接使牛存節、開封尹劉鄩將兵討殷。

冬十月，遣平盧節度使朱瑾等救徐州，敗歸。

天祐十二年春二月，梁牛存節等陷彭城，王殷舉族自燔死。按莊宗列傳，殷死在上年十一月，今從舊五代史及五代通録。〔四〕

夏四月，徐温以其子牙内都指揮使知訓爲淮南行軍副使、内外馬步諸軍副使。

秋八月庚戌，王以鎮海節度使徐温爲管内水陸馬步諸軍都指揮使、兩浙都招討使、守侍中、齊國公，鎮潤州，以昇、潤、常、宣、歙、池六州爲巡屬，留其子知訓居廣陵秉政，而軍國大事温遥決之如故。

冬十一月乙丑，梁改元貞明。是冬，濬東塘楊林江，水中出火，可以然物。九國志作武義二年冬十月。

天祐十三年春二月，辛丑夜，宿衛將馬謙、李球作亂，劫王登樓，發庫兵討徐知訓。知訓將出走，嚴可求止之。壬寅，謙等陳於天興門外，諸道副都統朱瑾自潤州至，視之，曰：「不足畏也。」返顧外衆，舉手大呼，亂兵皆潰，禽謙、球，斬之。

秋七月甲子，潤州牙將周郊一作「周交」作亂，入府，殺大將秦師權等，一作「秦進忠」。大將陳祐等討斬之。稽神録曰：天祐丙子歲，浙西軍士周交作亂，殺大將秦進忠、張胤，凡十餘人。進忠少時常怒一小奴，刃貫心，殺而埋之。末年恒見此奴捧心而立。其日將出，乃在馬前左右皆見之。入府遇亂兵，傷胸而卒。張胤前月餘每聞呼其姓名者，聲甚清越，其日若在對面，入府而斃。

九月，光州將王言殺刺史戴肇，王遣楚州團練使李厚討之。廬州觀察使張崇不俟命，引兵趣光州，言棄城走。以厚權知州事。

冬十月，晉王存勗遣使來約，會兵伐梁。

十一月，以行軍副使徐知訓充淮北行營都招討使，及朱瑾等將兵趣宋、亳，與晉相應。既渡淮，移檄州縣，進圍潁州。

天祐十四年春正月，梁命宣武節度使袁象先救潁州，我軍引還。

三月，楚馬存寇上高。

夏四月，昇州刺史徐知誥治城市府舍甚盛。五月，徐温行部至昇州，愛其繁富。潤州司馬陳彦謙勸温移鎮海軍治所於昇州，温從之。徙知誥爲潤州團練使。知誥因求宣州，不許，意殊不樂。宋齊丘密言於知誥曰：「三郎驕縱，三郎謂知訓也。敗在朝夕。潤州去廣陵，隔一水耳，此天授也。」知誥悦，卽之官。釣磯立談曰：初，烈祖雅不欲京口之行，丐爲宣城，而義祖不之許，尚遲徊若有所待。客有宋齊丘者，私勸烈祖曰：「昔項羽叛約，王沛公以漢中之地，時皆謂失職左遷，惟蕭何贊之，以爲語有天漢，其稱甚美。今明使君中有大志，而忽得京口，其名殆不可失也。且西朝拱己，知訓童昏，老臣宿將，不甘詬辱，度其勢亂在旦暮。蒜山之津，曾不一昔而可以定事。更舍此利而求入宣城山中，卒卒度歲月，其亡聊奈何？」烈祖驚起，執其手曰：「善哉子嵩，非吾子無所聞之。」中夕促駕而之官。

冬十月，越主巖遣客省使劉瑄來聘，告卽位，且勸王稱帝。是歲，王遣使遺猛火油於契丹，且曰：「攻城用油然火，焚其樓櫓，敵人以水沃之，火愈熾。」契丹主大喜。

天祐十五年春正月，以右都押牙王祺爲行營都指揮使，將洪、撫、袁、吉之兵擊譚全播于虔州。嚴可求以厚利募贛石水工，我兵奄至城下，虔人始知之。

夏六月，内外馬步都軍使、昌化節度使、同平章事徐知訓爲副都統朱瑾所殺。初，徐氏專權，王幼懦不能自持，而知訓尤陵侮之，無君臣禮。常與王爲優，自爲參軍，使王爲蒼鶻以從。又泛舟濁河，王先起，知訓以彈彈之。又賞花禪智寺，知訓使酒罵坐，語侵王，王懼而泣。知訓常召徐知誥飲，知誥不時至，知訓怒曰：「乞子不欲酒，欲劍乎！」一日，與知誥宴會，謀伏甲誅之，弟知諫躡知誥足，遂遁去。至是瑾與知訓有隙，積不能平，既已殺知訓，提首入府門，王障面入内，瑾爲府兵所攻，遂自剄死。

是日，知誥聞變，卽引兵濟江，撫定軍府。按十國紀年：六月乙卯，瑾殺知訓，踰城自殺。戊午，知誥入揚州代知訓執政。己未，誅瑾黨。又廣本：戊午，知誥親吏馬仁裕聞知訓死，自蒜山渡，白知誥。知誥卽日帥兵入揚州，撫定吏民。徐鉉江南録無日，但云：先主聞亂，卽日以州兵渡至廣陵，會瑾自殺，因撫定其衆。揚、潤相去至近，豈得越四日方爾聞變，今從江南録。

時徐温諸子皆弱，温乃以知誥代知訓執政，命沈瑾尸于雷塘而滅其族。復疑唐宣諭使李儼及泰寧節度使米志誠通謀，先後殺之。

秋七月，温入朝于廣陵，欲大行誅戮。知誥、嚴可求具陳知訓過惡，温怒稍解。馬令南唐書云：温意潤州預謀，就知訓廨，有土室繪畫温像身被五木，諸弟皆執縛受刑，而畫知訓衮冕正座，皆署其名。温見之，唾曰：「狗死遲矣！」知誥因得疏其罪惡。責知訓將佐不能匡救，皆抵罪，以刁彦能屢有諫書，賞之。又知訓與僧修睦親狎，至是得僞讖數紙，皆其手書，乃求修睦殺之。葬瑾於雷塘之側。先是，李德誠有客能言天文，一日謂德誠：「昨夕天象大異，揚州當流血無限，朝貴多陷首穴骨。」

後考其日，正瑾殺知訓之夕也。

戊戌，以知誥爲淮南節度行軍副使、內外馬步都軍副使、通判府事、兼江州團練使。以徐知諫權潤州團練事，代知誥也。温還鎮金陵，總軍國大綱，自餘庶政，皆決於知誥。知誥悉反知訓所爲，事王盡恭，接士大夫以謙，御衆以寬，約身以儉。以王命盡蠲天祐十三年以前逋稅，餘俟豐年乃輸之。謂天祐十四年逋稅。求賢才，納規諫，除奸猾，杜請託。於是士民翕然歸心，雖宿將悍夫無不悦服。知誥欲進用宋齊丘，徐温心惡之，以齊丘爲殿直軍判官。

是月，攻虔州之兵軍中大疫，王祺病，虔州險固不可下，以鎮南節度使劉信爲虔州行營招討使。未幾，祺卒。譚全播乞師於鄰境，吴越、閩、楚皆出師救之，楚將張可求將萬人屯古亭，閩兵屯雩都，吴越錢傳球帥兵二萬圍信州。信州兵財數百，逆戰，不利，刺史周本開門宴飲，飛矢雨集，安坐不動。吴越疑有伏兵，解圍去。王命前舒州刺史陳璋充東南面應援招討使，將兵侵蘇、湖，以牽制吴越之兵。傳球自信州南屯汀州。晉王存勗遣間使持帛書會兵伐梁，王辭以虔州之難。

八月，劉信遣其將張宣夜襲楚兵，與張可求戰於古亭，大破之；又遣梁詮等擊吴越及閩兵，二國聞楚兵敗，隨引去。

九月，信攻虔州不克，取質而歸。徐温怒，益兵使更攻之。

冬十一月，信還擊虔州，先鋒始至，虔兵皆潰，遂拔虔州，追執譚全播于雩都。王以全播爲右威衛將軍，領百勝軍節度使。梁開平初，盧光稠以虔、韶二州請命于梁，梁太祖爲置百勝軍。初，徐温自以權重位卑，説王曰：「今大王與諸將皆爲節度使，雖有都統之名，不足相臨制。請建吴國，稱帝而治。」王不許。至是嚴可求詣金陵説温，當先建吴國以自立，温深然之，留可求參總庶政，兼草禮儀。

武義元年春三月，吴越錢傳瓘自東洲入寇，王遣百勝軍使彭彦章及裨將陳汾拒之。徐温帥將吏藩鎮請王卽天子位，不許。

夏四月戊戌朔，温奉玉册、寶綬尊王卽吴國王位，改天祐十六年爲武義元年，大赦境内，建宗廟社稷，設百官，宫殿之物皆用天子禮。以金繼土，臘用丑。改謚武忠王曰孝武王，廟號太祖，威王曰景王，廟號烈祖，尊母太夫人史氏爲太妃。以徐温爲大丞相、都督中外諸軍事、諸道都統、鎮海寧國節度使、守太尉兼中書令、東海郡王，以徐知誥爲左僕射、參政事兼知内外諸軍事，仍領江州團練使，以揚府左司馬王令謀爲内樞使，營田副使嚴可求爲門下侍郎，鹽鐵判官駱知祥爲中書侍郎，前中書舍人盧擇爲吏部尚書兼太常卿，掌書記殷文圭、沈顔爲翰林學士，館驛巡官游恭爲知制誥，前駕部員外郎楊迢爲給事中，李宗、陳璋爲左、右雄武統軍，柴再用、錢鏢爲左、右龍武統軍，拜江西劉信、鄂州李簡、撫州李德誠、廬州張崇、海州王綰五人爲征南、鎮西、平南、安西、鎮東大將軍。文武以次進位，改文散諸大夫爲大卿，御史大夫爲御史大憲，避祖諱也。按鄱陽浮州開福院有吴武義二年銅鐘，安國寺有順義三年鐘，皆刺史吕師造題，官稱曰光禄大卿、檢校大保、兼御史大卿，是大憲亦或稱大卿。容齋三筆云："鄂州城北鳳凰山之陰有佛刹興唐寺，其小閣有鐘，題誌云「大唐天祐二年三月十五日新鑄」，勒官階姓名者兩人，一曰金紫光禄大檢校尚書左僕射兼御史大陳知新，一曰銀青光禄大檢校尚書右僕射兼御史大楊琮，「大」字之下皆當有「夫」字，而悉削去，觀者莫能曉。五代新、舊史、九國志並無其説，惟劉道原十國紀年載楊行密之父名怤，怤與夫同音，是時行密據淮南，方破杜洪于鄂，而有其地，故將佐爲諱之。

乙巳，彭彦章與錢傳瓘戰于狼山江，裨將陳汾按兵不救，彦章軍敗，死之。

五月，荆南爲楚人所攻，乞援於我，王遣鎮南節度使劉信等率洪、吉、撫、信步兵，自瀏陽趣楚潭州，武昌節度使李簡等統水軍攻楚復州。信等至潭州東境，楚兵釋荆南引歸。簡等入復州，執其知州鮑唐。

六月，我師敗吴越兵於沙山。

秋七月，吴越錢傳瓘寇常州，徐温帥諸將拒之，右雄武統軍陳璋以水軍下海門出其後。壬申，戰於無錫。時久旱草枯，我兵乘風縱火，大破吴越軍，殺其將何逢、吴建，傳瓘遁去，追至山南，復敗之。璋敗吴越兵於香彎，指揮使崔彦章獲叛將陳紹以歸。是日，叛將曹筠復歸我軍。徐知誥請率步卒二千，易吴越旗幟鎧仗，躡敗卒而東，襲取蘇州。温曰：「爾策固善，然吾且求息兵，未暇如汝言也。」諸將又謂：「吴越所恃者舟楫，今大旱，水道涸，此天亡之時也，宜盡步騎之勢，一舉滅之。」温歎曰：「天下離亂久矣，民困已甚，錢公亦未易可輕，若連兵不解，方爲諸君之憂。不如戰勝以懼之，戢兵以懷之，使兩地百姓安業，君臣高枕，豈不樂哉！多殺何爲！」遂引還。丙戌，王立其弟濛爲廬江郡公，溥爲丹陽郡公，潯爲新安郡公，澈爲鄱陽郡公，子繼明爲廬陵郡公。

是月，大封王躬乂遣佐良尉金立奇入貢。躬乂本高麗石窟寺眇僧，天祐初據開州稱王，國號大封。按新舊五代史、唐餘録皆云唐末高麗國自立王，前王姓高氏，後王王建。今從十國紀年。

八月，歸無錫之俘於吴越，遣客省使歐陽江往聘修好，吴越亦遣使請和，自是三十餘州民樂業者二十餘年。王及徐温屢遺吴越王書，勸其自王國中，無受梁朝之命，吴越王不從。

冬十月，徐温出廬江公濛爲楚州團練使。

十一月，武寧節度使張崇侵梁安州。

十二月，團結民兵，從御史臺主簿盧樞言也。是時有童謡云：「東海鯉魚飛上天。」又有謡云：「江北楊花作雪飛，江南李樹玉團枝，李花結子可憐在，不似楊花無了期。」徐知誥本姓李，後遂應此謡。

武義二年春正月，張崇攻安州，不克而還。

夏四月，王寢疾。

五月，大丞相徐温自昇州入朝。是時徐知誥密聞于王曰：「温雖臣父，忠孝有素，而節鎮入覲，無以兵仗自從之例，請以臣父爲始。」爲叩温悉去兵仗以入。議當爲嗣者。或希温意，言曰：「蜀先主謂武侯：『嗣子不才，君宜自取。』」温正色曰：「吾果有意取之，當在誅張顥之初，豈至今日邪！使楊氏無男，有女亦當立之。敢妄言者斬！」按徐鉉吴録、路振九國志之書載「有女當立」之語于誅張顥時，今從舊五代史。乃以王命迎丹陽公溥監國。十國紀年云：王疾病，大丞相温來朝，議立嗣君。門下侍郎嚴可求言王諸子皆不才，引蜀先主顧命諸葛事，温以告知誥，知誥曰：「可求多知，言未必誠，不過順大人意爾。」温曰：「吾若自取，非止今日。張顥之亂，嗣王幼弱，政在吾手，取之易于反掌。然思太祖大漸，欲傳位劉威，吾獨力争，太祖垂泣，以後事託我，安可忘也。」乃與内樞密使王令謀定策，稱隆演命，迎丹陽公溥監國。今從薛史及司馬氏通鑑。徙溥兄濛爲舒州團練使。

己丑，王薨，年二十四，謚曰宣。乾貞元年尊爲高祖宣皇帝。通鑑目録稱惠帝，不知何據。陵曰肅陵。王重厚恭恪，徐温父子專政，未常有不平之意形於言色，温以是安之。及建國稱制，尤非所樂，常怏怏酣飲，希復進食，遂至疾革而終。

校勘記

〔一〕烈祖世家　清李慈銘越縵堂讀書記曾考楊渥謚號應爲烈宗，其説詳見本書點校説明，可供參考。

〔二〕東道諸道行營都統　「東道」，通鑑卷二六五作「東南」，卷二六六作「東面」，似當以通鑑爲是。

〔三〕水陸行軍應援使　「軍」，通鑑卷二六八作「營」，似是。

〔四〕五代通録　「録」原作「鑑」，誤，今據通鑑卷二六九考異所引改正。

十國春秋卷第三

吴三

睿帝本紀

睿帝名溥，冊府元龜作「浦」，今從五代史。太祖第四子也。五國故事又云第十七。武義元年，封丹陽郡公。五國故事作丹陽王，非。二年，宣帝既薨，六月戊申，溥即吴王位，尊母王氏曰太妃。秋七月，改昇州大都督府爲金陵府，拜徐温金陵尹。冬十二月，金陵城成，建紫極宫於冶城故址。

順義元年春正月，王遣使勸晉王稱帝。

二月，改元，赦境内。

三月，歸錢鏐於吴越，吴越亦遣李濤來歸。是月，以濤爲右雄武統軍。

夏五月丙戌朔，梁改元龍德。

六月乙卯朔，〔一〕日有食之。

冬十月，徐温勸王南郊，或言：「禮樂未備，且唐祀南郊，其費巨萬，今未能辦。」温曰：「安有王者而不事天乎？吾聞事天貴誠，多費何爲？唐每郊祀，啟南門，灌其樞，用脂百斛，此乃季世奢泰之弊，又安足法！」甲子，王祀天於南郊，配以太祖。乙丑，御天興樓，大赦。拜徐温太師，嚴可求右僕射；加徐知誥同平章事，領江州觀察使。尋以江州爲奉化軍，以知誥領節度使。徽壽州團練使崔太初爲右雄武大將軍。

順義二年□月，命官興版簿，定租税，厥田上上者每頃税錢二貫一百文，中田一頃税錢一貫八百文，下田一頃税錢一貫五百文，皆輸足陌見錢，若見錢不足，許依市價折以金銀，并計丁口課調，亦科錢以爲率守。員外郎宋齊丘上策曰：「江、淮之地，自唐季以來，爲戰爭之所。今兵革乍息，甿黎始安，而必率以見錢，折以金銀，斯非民耕桑可得也，將興販以求之，是教民棄本而逐末耳。乞虛升時價，悉收穀帛本色爲便。」

是時絹每匹市價五百文，紬六百文，綿每兩十五文；請匹絹升爲一貫七百文，紬爲二貫四百文，綿爲四十文，皆足錢。又請蠲丁口錢。朝議喧然沮之，以爲如此則縣官歲失錢億萬計。齊丘曰：「安有民富而國家貧者邪？」乃致書於徐知誥，謂：「明公總百官，理大國，督民見錢與金銀，求國富庶，所謂擁篲救火，撓水求清，欲火滅水清，可得乎？」知誥得書曰：「此勸農上策也。」卽行之。自是不十年間，野無閒田，桑無隙地。按通鑑：天祐十五年，知誥以宋齊丘爲謀主。先是，吳有丁口錢，又計畝輸錢，致錢重物輕，民甚苦之。齊丘以爲錢非耕桑所得，使民輸錢，是教之棄本逐末也，請蠲丁口錢，自餘稅悉輸穀帛，紬絹匹直千錢者當稅三千。知誥從之。由是江、淮間曠土盡闢，桑柘滿野，國以富彊。今從許載吳唐拾遺錄，採入順義年中。

是歲，以同泰寺之半置臺城千福院，改瓦官寺爲昇元寺，一作吳興寺。閣爲昇元閣。大封王躬乂爲海軍統帥王建所弒，建自立爲王，復稱高麗。

順義三年夏四月己巳，晉王卽皇帝位，國號唐，改元同光。

冬十月辛未朔，日有食之。己卯，梁亡。戊戌，唐以滅梁來告，始稱詔，我國不受；唐主隨易書，用敵國禮，曰「大唐皇帝致書於吳國主。」按來聘者爲引進副使楊彥詢。王遣司農卿盧蘋獻金器二百兩、銀器三千兩、羅錦一千二百疋、龍腦香五斤、龍鳳絲鞻一百事於唐。又遣使張景報聘，稱「大吳國主上書大唐皇帝」，辭禮如牋表。徐知誥以王命遣滁州刺史王稔巡霍丘，因代鍾泰章爲壽州團練使，左遷泰章饒州刺史。時有告泰章侵市官馬，故有是命。已而徐溫言：「吾非泰章，死張顥久矣，今日富貴，安可負之？」命知誥爲子景通娶其女以解之。

冬十二月甲申，復遣盧蘋獻方物於唐，上唐太后金花、銀器、衣段。是時嚴可求預料唐主之言，教蘋應對；既至，皆如可求所料。唐主歷問我國大臣，尤多周本，以爲忠勇。江表志云：「嚴球爲相，王慎辭奉使北朝。球在病請告，烈祖授以論答，凡數百事，皆中機務，更就球宅訪之，球覽畢稱美，請更添數事，『北朝問黑雲長劍多少，來時及五十指揮皆在都下，柴再用不曾赴鎮』。既而果首問黑雲長劍並柴再用，所云，慎辭依前致對。」按志所載，即此事之譌也，誤以嚴可求爲球，盧蘋爲王慎辭。

順義四年春三月，王遣右衛上將軍許確進賀郊天銀二千兩、錦綺羅一千二百疋、細茶五百斤、象牙四株、犀角十株于唐。

夏四月丙寅，遣使獻唐方物。

秋八月，遣右威衛將軍雷峴獻新茶于唐。

九月壬寅，以唐太妃喪，獻慰禮銀絹二千。

冬十月，王如白沙觀樓船，太學博士王轂上書請改白沙爲迎鑾，略曰：「日月所經，星辰盡爲黃道；鑾輿所止，井邑皆爲赤縣。」王命更其名曰迎鑾鎮。徐溫自金陵來朝。

十二月，遣賀正使王權進唐金花、銀器、綿絲千段，洎太后禮物。是歲，徐温建興教寺於石頭城。

冬十二月，吴越王鏐遣使者沈瑫以受唐玉册、封吴越國王來告，王以其國名相同，與之絶。

順義五年夏四月癸亥朔，日有食之。

六月，鎮海節度判官、楚州團練使陳彦謙卒。

閏月乙卯，遣雷峴獻賀正禮幣于唐。

是歲，唐遣諫議大夫薛昭文使福州，假道江西，鎮南節度使劉信宴於郊次，信宿而去。是時，唐遣通事舍人薛仁謙，凡三聘於我。

順義六年春二月辛亥，遣右驍衛將軍蘇虔獻金花、銀器、錦綺於唐。

三月，以左僕射、同平章事徐知誥爲侍中，右僕射嚴可求兼門下侍郎、同平章事。

夏四月丙午，唐主殂，李嗣源卽皇帝位。甲寅，改元天成。是月，王遣使獻新茶于唐。

五月丁卯，詔爲同光王輟朝七日。

秋七月，北海前進士韓熙載來歸。熙載上行止狀云：「熙載本貫齊州，隱居嵩岳，雖叨科第，且晦姓名。今則慕義來朝，假身爲賈，既及疆境，合貢行藏。愚聞釣巨鰲者不投取魚之餌，斷長鯨者非用割雞之刀，是故有經邦治亂之才，可以踐股肱輔弼之位。得之則佐時成績，救萬姓之焦熬，失之則遁世藏名，卧一山之蒼翠。某妄思幼稚，便異諸童，竹馬蒿弓，固罔親于好弄；杏壇槐里，寧不倦于修身。但勵志以爲文，每棲身而學武。得麟經于泗水，寧怪異圖；授豹略于邳圯，方酣勇戰。占惟奇骨，夢以生松。敢期隧印之文，上媿擔簦之路。於是攖龍頷，編虎鬚，繕獻捷之師徒，築受降之城壘。争雄筆陣，決勝詞鋒。運陳平之六奇，飛魯連之一箭。場中勍敵，不攻而自立降旗；天下鴻儒，遥望而盡摧堅壘。横行四海，高步出羣。姓名遽列於烟霄，行止遂離於塵俗。且口有舌而手有筆，腰有劍而袖有鎚。時方亂離，迹猶飄泛。徒以術精韜略，氣激雲霓，箕口張而陰電摇，怒吻發而暑雷動。神驅鬼殿，天蓋地車。鬭霹靂於雲中，未爲蹻捷；喝摴蒲於筵上，不是口豪。藴機權而自有英雄，仗勁節而豈甘貧賤。但攘袂叱咤，拔劍長嗟，不偶良時，孰能言志？既逢昭代，合展壯圖。伏聞大吴肇基，聿修文教，聯顯懿于中土，走明恩于外方。萬邦咸貞，四海如砥。燮和天地，巖廊有禹、稷、皋、陶；洒掃烟塵，藩翰有韓、彭、衛、霍。豈獨漢稱三傑，周舉十人。凝王氣於神都，吐祥光於丹闕。急賢共理，侔漢氏之懸科；待旦旁求，類周人之設學。而又鄰邦接畛，敵境連封，一條雞犬相聞，兩岸馬牛相望。彼則待之以力，數年而頻見傾亡；此則禮之以賢，一坐而更無騷動。由是見盛衰之勢，審吉凶之機，得不上順天心，次量人事。且向陽背暗，捨短從長，聖賢所圖，古今一致。然而出青山而裹足，渡長淮而棄繻，派遥終赴於天池，星遠須環於帝座。是擕長策，來詣大朝。伏惟司空，楚劍倚天，秦松發地，言雄武則平窺絳灌，語兵機則高掩孫吴。經受素王，書傳玄女，莫不鞭撻宇宙，驅役風雷。勞愁積而脞肉生，憤氣激而臂鬱起，一怒而豺狼竄攝，再呼而神鬼愁驚。搥蠻鼓而簸朱旗，雷奔電走；掉燕鎚而揮白刃，斗落星飛。命將拉龍，使兵合虎，可以力平鯨海，可以拳擊鰲山。破堅每自於先登，敵無不克；策馬常時于後殿，功乃非矜。國家賴如股肱，邊境用爲堡障。勳藏盟府，名鏤景鐘。今則化舉六條，地方千里，示之以寬猛，化之以溫恭。繕甲兵而耀武威，綏户口而郵農事。漫洒隨車之雨，洗活嘉田；輕摇逐扇之風，吹消殄氣。可謂仁而有斷，謙而逾光，賢豪向義以歸心，姦宄望風而屏迹。佇見秉旄仗鉞，列土分茅。修我貢以勤王，控臨四海；率諸侯而定霸，彈壓八方。遐邇具瞻，威名洽著。況復設庭燎以待士，開雪宫以禮賢，前席請論其韜鈐，危坐願聞于興廢。古今英傑，孰可比方？某才越通洩，已覩至化，及陳上謁，罔棄謏才。是敢輒述行藏，鋪盡毫幅。況聞鳥有鳳，魚有龍，草有芝，泉有醴，斯皆嘉瑞，出應昌期。某處士倫，謬知人理，是以副明君之奬善，恢聖代之樂賢。昔婁敬布衣，上言于漢祖；曹翽草澤，陳謀于魯公。失范增而項氏不興，得吕望而周朝遂霸。使遠人之來格，實至德之克昭。謹具行止如前，伏請准式。」順義六年七月歸口進士韓熙載狀。」

八月乙酉朔，日食。

是歲，追爵大丞相徐温四代祖考，立廟於金陵。

乾貞元年春正月，馬軍都指揮使柴再用戎服入朝，爲御史所彈，再用恃功不服。徐知誥陽於便殿通起居，退而自劾，王優詔不許，知誥固請奪俸一月，以肅朝綱。

三月，唐劉訓、楚許德勳會兵侵荆南，南平王季興乞師於我，王遣水軍援之。

夏四月，遣雷峴進白金、羅綺於唐，修重午之禮。

五月，南平王季興請舉鎮來附，徐温曰：「洛陽去江陵不遠，唐人襲之甚易，我泝流救之甚難。夫臣人而勿之救，能無媿乎！」乃受其貢物，聽其稱藩於唐。

秋八月己卯朔，日有食之。

九月，遣使如唐獻應聖節，金器百兩，金花銀器千兩，雜色綾錦千疋。

冬十月丁亥，唐主至滎陽，民間訛言唐主自將入寇。唐宣武節度判官孫晟來奔，江南錄作孫忌，今從周世宗實錄及通鑑。徐知誥客之。

辛丑，大丞相、都督中外諸軍事、諸道都統、鎮海寧國節度使、兼中書令、東海王徐溫卒。先是，溫子行軍司馬、忠義節度使、同平章事知詢數欲代知誥執政，嚴可求、徐玠亦以爲請，溫以知誥孝謹不忍，謂知詢曰：「汝曹不如也。」陳夫人亦曰：「知誥乃貧賤時養之，奈何富貴棄之！」五國故事云：徐溫常入覲于王，至知誥之第，侍奉彌謹。初更，溫睡覺，見有侍於牀前者，問之，曰知誥，溫因遣其休息，知誥不退，及再寤，又見之，乃曰：「汝自有政事，不當如此以廢公家務。」知誥乃退。及溫中夕而興，見一女子侍立，問之，曰知誥新婦，亦勞而遣之。它日，謂諸子曰：「事在二哥矣，當善事之。」可求等言之不已。會溫欲帥諸藩鎮入朝，勸王稱帝，將行，有疾，乃遣知詢奉表勸進，因留代知誥執政。知誥草表，欲求洪州節度使，俟且上之，是夕溫凶問至，乃止。知詢亟歸金陵。王贈溫齊王，謚曰忠武。

十一月庚戌，王御文明殿卽皇帝位，追尊孝武王曰武皇帝，景王曰景皇帝，宣王曰宣皇帝，廟號高祖。甲子，大赦，改元。丙子，尊太妃王氏曰皇太后，以徐知詢爲諸道副都統、鎮海寧國節度使兼侍中，加徐知誥都督中外諸軍事，封潯陽公。陸游張延翰傳以知誥領江州時封潯陽侯，今從馬令南唐書。未幾，改豫章公。

是月，唐臣安重誨議乘徐温之死來入寇，且問舉大號之罪，唐主不從。

十二月，帝立兄廬江公濛爲常山王，弟鄱陽公澈爲平原王，兄子南昌公珙爲建安王。

乾貞二年春正月丁巳，帝立皇子璉爲江都王，璘爲江夏王，璆爲宜春王，宣帝子廬陵公玢爲南陽王，封東海爲廣德王，江瀆廣源王，淮瀆長源王，馬當上水府寧江王，采石中水府定江王，金山下水府鎮江王。

二月丁丑朔，日食。庚辰，遣通事舍人劉傳忠使于唐，唐臣安重誨以我國抗禮，遣使窺覘，拒不受，遂與之絶。

夏四月，遣右雄武軍使苗璘、静江統軍王彦章攻楚岳州。丙戌，至君山，進軍荆江口。丁亥，與楚人戰於道人磯，我師大敗，璘、彦章皆被執。戊戌，徙封常山王濛爲臨川王。

五月，遣使求和於楚，楚以苗璘、王彦章來歸。

六月辛巳，南平王季興復請稱藩，帝進季興爵秦王。

秋八月乙未，大赦。

閏月，皇太后殂。先是，潤州有氣如虹，五彩奪目，有首如驢，長數十丈，環聽事而立，行三周而滅。占曰：「廳中將有哭聲，然非州府之咎也。」至是以國哀發喪於此堂，遂應之。

九月辛巳，荆南敗楚兵於白田，獲其岳州刺史李廷規等三十四人來獻俘。

冬十二月丙辰，秦王季興薨。帝以其子從誨爲荆南節度使兼侍中。〔二〕

太和元年秋八月，武昌節度使兼侍中李簡以疾求還江都；癸丑，卒於采石。徐知詢表薦簡子彦忠繼任，徐知誥以龍武統軍柴再用代之。

冬十月，知詢與知誥争權，召知誥詣金陵除父温喪，知誥稱帝命不許。是時知詢握兵據上流，行多驕恣，吴越王鏐遺知詢金玉鞍勒、器皿，皆飾以龍鳳；知詢不復爲嫌，竟乘用之。路振九國志以爲錢弘佐所遺，非也。由是意輕知誥，内相猜忌。知詢典客周廷望説知詢曰：「公誠能捐寶貨以結朝中勳舊，使皆歸心於公，則彼誰與處！」知詢從其言，使廷望如江都諭意。廷望與知誥親吏周宗善，密輸款於知誥，亦以知誥陰謀告知詢。宗常語廷望：「人言侍中有七事，宜亟來朝謝。」至是廷望歸。

十一月，知詢入朝，知誥誣其有反狀，留之不遣，遷統軍，領鎮海軍節度使，翕廷望斬之，遣右雄武都指揮使柯厚徵金陵兵還江都，〔三〕知誥始專國政。以徐知諤爲金陵尹。壬辰，帝加尊號曰睿聖文明光孝皇帝，大赦，改元。

十二月，加徐知誥兼中書令，領寧國軍節度使。

太和二年春正月，徙封平原王澈爲德化王。

二月乙卯，唐改元長興。

三月癸酉，立王子江都王璉爲皇太子。荆南高從誨遣使告絶，表言墳墓在陜州，恐唐人致討，我兵援之不及。帝遣兵擊荆南，不能克。

夏六月癸巳朔，日有食之。

秋八月己亥，海州都指揮使王傳拯叛降唐，團練使陳宣死之。按五代史明宗紀：長興元年八月戊申，海州將王傳拯殺其刺史陳宣，叛于吴來降。與通鑑小異，今悉從通鑑。先是傳拯有威名，得士心，會宣罷歸，徐知誥許以傳拯代之；既而復遣宣還海州，徵傳拯還江都。傳拯怒，以爲宣實毁之，遂帥麾下入辭，因斬宣，焚掠城郭，帥其衆五千出奔。知誥曰：「是吾過也。」免其妻子。唐漣水制置使王巖將兵入海州，遂以威衛大將軍知海州事。傳拯季父輿爲光州刺史，傳拯遣間使至輿所，輿執之以聞，因乞罷歸；知誥以輿爲控鶴都虞候。時政在徐氏，典兵宿衛者尤難其人，知誥以輿重厚慎密，故用之。

冬十月丙辰，左僕射、同平章事嚴可求卒。按江表志以可求謂爲球，言球常宿金山上，有詩云：「淮船分蠟點，江市聚蠅聲。」南唐烈祖性嚴忌，宋齊丘因而興譖，以竹籠盛之沉江口。此言不足信也。

是月，徐知誥以其長子大將軍景通爲兵部尚書、參政事。知誥將出鎮金陵故也。以徐延休爲江都少尹。九國志云：「李昪輔政，庶事詳悉，因謂延休曰：『府中白事，見少尹署事，更不復省也。』」

太和三年春二月，徐知誥欲以中書侍郎、内樞使宋齊丘爲相，齊丘自以資望淺薄，陽退讓爲高，謁歸洪州葬父，因入九華山，止於應天寺，啟求隱居。帝下詔徵之，知誥亦以書招之，皆不至。知誥復遣子景通敦諭，始還朝，除右僕射致仕，更命應天寺曰徵賢寺。

秋九月，鎮海節度使徐知詢命句容令黄鸞重建靈寶院於茅山。賜紫道士王栖霞靈寶院記曰：靈寶院者，梁天監歲貞白陶先生宏景所創也。始本昭真其號焉。紫陽觀卽長史宅界于東，小茅嶺雷平山列于南，鍾山西朝焉，良常北衞焉，其餘聖槩羣阜，若衆星之環拱，不可殫論。先是迴臺層漢，悠閣亙雲，秘三洞瑶文，集丹丘羽客，門人周仙君子良勤修。於是崇習玄風，鍊金石身，騰烟霞轍，時移代變，瓦木之功寖泯。及唐大和中，太尉贊皇李公，每瞻遺躅，屢搆遐緣。門師道士孫智清復討前址，再建是院，尋諸舊號，須曰靈寶。爾後既偶兵焰，盡致煨燼，荆棘相森，凡材圍長，狐兔往焉，芻蕘往焉，弗芟弗薙，歷五十載矣。栖霞冑叨素業，幼專不息，雖童丱獲名，而屢厄兵難，跡不遑處，遺栟殆空，斷梗沓泊。自北徂南，幸託玄化，遐欽兹境，聿諧所適。乃勵畚鍤，忘蹔勞，砌壇植松，結茆庇拙，紉蘭餌朮，願言終遁。俄奉先齊王旨，再琯再籥，是埏是鎔。洎我公移鎮是邦，自以風痹，厥躬告從。谷隱公遂捨俸錢一百萬，俾于舊基，別崇利有。稟命之際，亹亹勉勵，夙夜匪懈，思竭克勤，冀荷恩教。噫！事難謀始，智寡周防。且虎視非一雀之圖，而雀終噪；蟾盈非片雲可同，而雲或掩。時哉理非□也非。台曜覽幽，幾止終廢。由是度揆經營，月期日就，博邀執斲，量材取制，牆茨必襄，圖蔓必薙。平瓦礫以等阜，屏豺狼而斷羣。力工約萬，綿歲靡期。剞劂督奇，丹雘□妙。造正殿三間，中塑靈寶天尊，景崇砌壇三級，三門三間，環統廊廡一十六間，并葺壞整頹，降真堂續連於內，重新沼池，再築垣牆。東北隅即忠義太保公之季弟，先於舊閣基建瑞像殿三間兩厦，中塑羊角山應現老君，西南隅向曰三官堂三間，塑像岌岌其狀，亭亭其勢，金碧其飾，輪奐其映。瓦疊鴛翠，甍差鳳翹。睟容禮而若眄，侍衛瞻而乍慢。旌幢翻翻，雲鶴翀翀。對倖崛起，異疑飛來。非我公願力斯應，象教斯感，卽荒菑之域，安歘諸壯麗乎？是使真風永布，靈致恒芬，配天地而齊壽，總山川而介福。亹亹烈烈，可久可大。栖霞智惭絕妙，才非述作，蓋受恩于始，受命于此，竭誠竭慮，迨兹成功，聊實紀於貿文，呈台覽而刊於將來也。時太和三年重光單閼歲九月乙酉朔九日癸巳謹記。

是月，鎮南節度使、同平章事徐知諫卒，以其兄知詢代之，賜爵東海郡王。

冬十一月甲申朔，日食。是月，太尉、中書令徐知誥表稱輔政歲久，請歸老金陵；帝乃以知誥爲鎮海、寧國諸軍節度使，鎮金陵，餘官如故，總録朝政如徐温故事。加其子兵部尚書、參政事景通爲司徒、同平章事，知中外左右諸軍事，留江都輔政；以內樞使、同平章事王令謀爲左僕射兼門下侍郎，以宋齊丘爲右僕射兼中書侍郎，並同平章事兼內樞使，以佐景通。賜德勝節度使張崇爵清河王。

十二月癸亥，知誥至金陵。

太和四年春二月，徐知誥作禮賢院於府舍，聚圖書以延士大夫，孫晟、陳覺多與密議。秋八月，知誥廣金陵城周圍二十里。

冬十一月，拜知誥大丞相、太師，加領德勝軍節度使，諸道都統如故；知誥辭丞相、太師。

是歲，鍾山之陽積飛蝗尺餘厚，有數千僧白晝聚首，啗之盡。

太和五年夏五月，宋齊丘勸徐知誥徙帝都金陵，知誥乃營宫城於金陵。

秋七月，閩建州土豪吴光帥衆來奔，且請兵。

九月甲戌朔，立德妃王氏爲皇后。

是月，唐吏部侍郎張文寶使杭州，舟壞，泊於天長，帝厚禮之，資以從者儀服錢幣數萬。文寶辭曰：「本朝與吴久不通問，既非賓客，又非君臣，今拜嘉命，何辭以謝！」乃獨受飲食，餘悉返之。帝嘉其有體，命移文吴越，俾得境上迎候。文寶竟達命杭州而還。辛丑，徐知誥以國中水火屢災，兵民困苦，安可獨樂，悉縱遣侍妓，取樂器焚之。

冬十一月，信州刺史蔣延徽擅引兵會吴光攻建州。

是歲，進封徐知誥爲東海王。按知誥既賜爵東海，知誥又封此地，不應一時有兩東海王，今姑從歐陽史吴世家。封東嶽三郎爲雄武將軍，建廟金陵。或云南唐昇元中事，今從薛史。

太和六年春正月，徐知誥治私第於金陵。乙未，遷居之，虚府舍以待車駕。

是月，蔣延徽擊閩兵於浦城，敗之，進圍建州，會知誥召延徽歸，延徽聞福州及吴越兵將至，隨引兵還。閩人追擊之，我師大敗，死亡無筭，遂歸罪於都虞候張重進，斬之。知誥貶延徽爲右威衛將軍，遣使求好於閩。

閏月，唐安州王任全等謀殺安遠節度使苻彦超以降於我，〔四〕事敗，爲副使李端所殺。

二月，都押牙周宗以遷都爲未便，語於知誥曰：「主上西遷，公復須東行，不惟勞費甚大，且違衆心。」時國人多不欲遷都者。丙子，帝使宋齊丘如金陵，諭知誥罷遷都之議。

是月，周宗諷帝禪位於知誥，齊丘請斬宗以謝，帝命黜宗爲池州團練副使。已而，鎮海節度副使李建勳、行軍司馬徐玠復陳知誥功業，宜早從民望，知誥召宗復爲押牙，齊丘由是忤意。己卯，詔知誥還居府舍。甲申，金陵大火；乙酉，又火。知誥疑有變，勒兵自衛。

夏四月甲戌，唐潞王稱皇帝；乙酉，改元清泰。

五月，鎮南節度使、守中書令、東海王徐知詢卒。是時江西館驛巡官黄極子婦生男子，一首兩身相背，四手四足。連昌縣民家生牛，每一足更附一足，投之江中，翼日浮水上。南昌新義里地陷，長數十步，廣者數丈，狹者七八尺。人以爲知詢實應之。

六月丙子，降封昭武節度使、兼中書令、臨川王濛爲歷陽公，徐知誥命控鶴軍使王宏將兵二百幽之和州。

秋七月，知誥召宋齊丘還金陵，以爲諸道都統判官，加司空，給南園居之，不令預國事。

冬十月，加知誥大丞相、尚父、嗣齊王、九錫，辭不受。

十一月，知誥召其子司徒、同平章事景通還金陵，爲鎮海寧國節度副大使、諸道都統、判中外諸軍事，以次子牙内馬步都指揮使、海州團練使景遷爲左右軍都軍使、左僕射、參政事，留江都輔政。是月，加王令謀司徒。

是歲，故東海王徐温諸孫景運建報先院於金陵。

天祚元年春三月，加徐景遷太保、同平章事、知左右軍事，徐知誥令尚書郎陳覺輔之。

夏六月，德勝節度使兼中書令柴再用卒。

秋八月，潤州團練使徐知諤荒縱無度，徐知誥怒之，或曰：「忠武王最愛知諤，而以後事傳公。借使知諤有能名，於公何利？」知誥待之加厚。

九月，帝加尊號曰睿聖文明光孝應天宏道廣德皇帝。丙申，大赦，改太和七年爲天祚元年。

冬十月，加中書令徐知誥尚父、太師、大丞相、天下兵馬大元帥，進封齊王，備殊禮，以昇、潤、宣、池、歙、常、江、饒、信、海十州爲齊國；知誥辭尚父、丞相，殊禮不受。

天祚二年春正月，徐知誥始建大元帥府，以幕職分判吏、户、禮、兵、刑、工部及鹽鐵。

三月，知誥以其子景通爲太尉、副元帥，宋齊丘、徐玠爲元帥府左、右司馬。

夏四月，荆南高從誨奉牋勸知誥卽帝位。

六月辛酉，太保、同平章事徐景遷以疾罷，命其弟景遂代爲門下侍郎、參政事。

冬十一月癸巳，詔齊王知誥置百官，以金陵府爲西都。按歐陽史吳世家：天祚三年，以金陵爲西都，廣陵爲東都。五國故事云：徐氏將移楊氏之祚，以昇州爲大吴西都，揚爲東都。非也，蓋西都改于天祚二年，而東都則知誥受禪後改云。丁酉，契丹立石敬塘爲天子於柳林，國號晉，改元天福。

十二月辛丑，唐安遠節度使盧文進棄鎮來奔。

是月，徐知誥以鎮南節度使太尉兼中書令李德誠、德勝節度使兼中書令周本位望隆重，欲使帥衆推戴，本曰：「我受先王大恩，恨不能救楊氏危，忍爲此乎！」其少子弘祚强之，不得已，與德誠率諸將入江都，陳知誥功德，又詣金陵勸進。宋齊丘謂德誠子建勳曰：「尊公，太祖元勳，今日掃地矣！」十國紀年云：宋齊丘遺宗信書，令宗信諷止德誠勸進。於是江都宮多妖，帝曰：「吴祚其終乎！」左右曰：「此天意，非人事也。」

是歲，立韓將軍廟金陵城西，報功也。失其名。高麗與新羅、百濟戰，大敗之。

天祚三年春正月乙卯，日食，初出三分，至卯復。太子璉納齊王知誥女爲妃。

是月，閩、吴越皆遣使勸進知誥，知誥始建齊國，立宗廟、社稷，改金陵爲江寧府，牙城曰宮城，廳堂曰殿，以左、右司馬宋齊丘、徐玠爲左右丞相，馬步判官周宗爲内樞判官，周廷玉爲内樞使，自餘百官皆如天子之制。置騎兵八軍，步兵九軍。

二月，以盧文進爲宣武軍節度使兼侍中。戊子，帝使宜陽王璪如西都，册命齊王知誥，知誥受册，赦境内。册王妃曰王后。

三月，齊王知誥立其子景通爲王太子，固辭不受。尊考忠武王温曰太祖武王，妣明德太妃李氏曰王太后。壬申，更名誥。

夏五月，齊王誥欲取中原，遣使汎海通好於契丹，以美女、珍玩結之，契丹主亦遣使來報聘。

六月，諸道副都統徐景遷卒。

秋七月，晉右衞大將軍尹暉謀叛，事泄將奔於我，爲人所殺。晉安州威和指揮使王暉大掠本州來奔，部將胡進邀殺之。是月，同平章事王令謀如金陵勸齊王誥受禪，誥讓不受。

八月甲子，歷陽公濛殺守衞軍使王宏，亡抵廬州周本，本子弘祚執送江都，齊王誥遣使迎殺於采石，稱詔廢爲悖逆庶人，絶屬籍。侍衞軍使郭悰殺濛妻子於和州，誥諉罪於悰，坐貶池州。是月，帝下詔禪位於齊，李德誠復詣金陵勸進，宋齊丘不署表。

九月癸丑，王令謀卒。丙寅，命江夏王璘奉璽綬於齊。

冬十月乙酉，齊主遣右丞相徐玠奉册詣帝，稱受禪老臣誥謹拜稽首上皇帝尊號曰高尚思玄弘古讓皇帝。按歐陽氏五代史、馬令陸游南唐書、陳霆唐餘紀傳皆作高尚思玄弘古讓皇帝，惟通鑑作讓皇，無「帝」字，今從諸書之稱。又五國故事作高尚思玄崇古讓皇帝，以「弘」爲「崇」，疑宋人因廟諱而改也。宮室、乘輿、服御皆如故，宗廟、正朔、徽章、服色悉從吴制。己丑，齊主表請改江都宮殿名，皆於仙經内取之。帝常服羽衣，習辟穀術。丙申，帝以齊主上表，致書辭之，齊主謝而不改。

昇元二年，帝屢請徙宮。五月，齊主改潤州牙城爲丹楊宮，以李建勳充迎奉讓皇使，徙帝居丹楊宮；一作「丹陽」。命馬思謙爲丹楊宮使，〔五〕以嚴兵守衛之。五國故事載楊溥渡江賦詩，畧曰：「烟凝楚岫愁千點，雨滴吳江淚萬行。兄弟四人三百口，不堪端坐細思量。」又江表志言讓皇常賦詩：「江南江北舊家鄉，三十年來夢一場。吳苑宮闈今冷落，廣陵臺榭亦荒涼。」云云。按南唐書，此李後主詩也，後人誤以爲吳睿帝作。

冬十一月辛丑，〔六〕帝殂，年三十八歲。〔七〕是日，有使命來徙所，帝方誦佛書于樓上，使者趨前，帝以香爐擲之，俄而報晏駕矣。按九國志云：溥能委運受終，不罹篡弑之禍，深于機者也。江表志云：讓皇既遷，數年未卒，每有枯楊生枝葉，及五歲，有中使賜衫笏，加官，即日而終。薛史、唐餘録皆云溥禪位逾年而幽卒，歐陽史但云卒。十國紀年曰：辛丑，唐人弑讓皇。五國故事云：營室於茆山，遷溥居之；及將遇弑，使者前趨，俄而見害。今取十國紀年諸家之說。齊主廢朝二十七日，追謚曰睿皇帝，葬平陵。

六年，唐遷其宗族於泰州，號永寧宮，令刺史褚仁規嚴兵防護，絶不通人。十國紀年云：唐人遷讓皇之族于泰州，號永寧宮，守衛甚嚴，不敢與國人通昏姻，久而男女自爲匹偶。歐陽五代史云：李昪遷溥子孫於海陵，久而男女自爲匹偶，國人多哀憐之。通鑑考異云：讓皇子及五歲，遣中使拜官賜服，即日而卒。

顯德三年，周世宗征淮南，下詔撫安楊氏子孫，唐元宗聞之，遣園苑使尹廷範江南野乘作延範。迎置京口。時道路已亂，廷範慮有變，執其二弟、六十餘人殺之，以其婦女渡江。元宗大怒，腰斬廷範，罵曰：「小人以不義之名累我！」楊氏遂絶。周先鋒都部署劉重進得其玉硯、馬腦椀、翡翠瓶以獻。

太祖以唐景福元年再入揚州，至天祚三年爲南唐所篡，蓋晉天福二年也。歷傳四主，凡四十六年。舊唐書、舊五代史皆云大順二年入揚州，至被篡，四十七年。今據徐鉉吴録、龔穎運歷圖所紀。鉉與穎故仕江南，稽考宜得實也。

論曰：楊氏自紀祥等之亂，祭則弘農，政由東海，大權久爲它人竊矣。逮平陵越次以立，號爲共主，若贅疣然，改元稱尊，徒擁虚器，卒假禪讓之名，致移鼎祚之實。跡其由來，良非一日，勢使然也，要豈睿帝之罪哉！

校勘記

〔一〕六月乙卯朔　「卯」原作「酉」，據通鑑卷二七一改。陳垣朔閏表亦載此年六月朔日爲乙卯。

〔二〕荆南節度使　「荆」原作「鎮」，據通鑑卷二七六、新五代史卷六九南平世家改。

〔三〕柯厚　「厚」原作「原」，據通鑑卷二七六改。

〔四〕王任全　通鑑卷二七八作「王希全」。

〔五〕馬思謙　通鑑卷二八一作「馬思讓」。

〔六〕冬十一月辛丑　原無「一」字，今據通鑑卷二八一、新五代史卷六二南唐世家補。

〔七〕年三十八歲　「三」原作「二」，今據通鑑卷二八一、新五代史卷六一吳世家改。

十國春秋卷第四

吳四　列傳

太祖太妃史氏　夫人朱氏　太后王氏

睿帝讓皇后王氏

太妃史氏，家世齊魯，或云雁門史建瑭族姑也。唐僖宗時，太祖納之，生烈祖、高祖，已而封武昌郡君。烈祖嗣王位，尊爲太夫人。及紀祥之變，嚴可求假太夫人教，令諸將宜無負楊氏，高祖遂得立。未幾，徐温暴張顥弑君罪，詣西宫白其事，太夫人恐懼泣曰：「吾兒幼沖，禍難如此，願保百口歸廬州，公之惠也。」温曰：「顥弑逆，不可不誅，太夫人宜自安。」武義元年，尊爲太妃；無何，薨。按九國志：渥母史氏封武昌郡君，渥嗣位後尊爲太夫人。通鑑又云：隆演尊母爲太妃。一云讓皇尊爲皇太后者，非也。

夫人朱氏，奉國節度使延壽姊。少以黠慧侍太祖，會延壽被誅，并夫人出之。朱氏，唐封燕國夫人，制曰：「全燕列壤，大國疏封，式示寵榮，以旌賢淑。」

太后王氏，睿帝其所出也。武義二年六月，睿帝卽王位，尊爲太妃；未幾稱帝，尊爲皇太后。乾貞二年八月殂。

讓皇后王氏，初事睿帝爲德妃，太和五年九月册立爲后。及南唐受禪，睿帝殂於丹楊宫，后不知所終。

太祖子臨川王濛　新安公潯　德化王澈

臨川王濛，太祖第三子。五國故事云第十六。九國志曰：濛字志龍，常持節册徐温大丞相，温見曰：「此子瞻顧特異，恐難其下。」武義元年，封廬江郡公。時徐温秉政，濛内不能平，居恒撫膺歎曰：「我國家竟爲它人所有乎！」温聞而惡之。是冬，出爲楚州團練使；明年，徙舒州。及高祖卽世，濛以次當立，而温不欲長君，且忌濛，乃奉睿帝嗣吴王位。未幾，睿帝稱尊號，進濛常山王。明年，改封臨川，累加昭武軍節度使，兼中書令。

已而齊王知誥將謀受禪，遣人告濛藏匿亡命，擅造兵器，以搆其罪，降爲歷陽郡公，令守衞軍使王宏帥兵二百，幽之和州。居二年，濛知國將亡，遂破壁殺宏，宏子勒兵攻濛，濛射殺之，引二騎詣廬州德勝節度使周本畫策，爲本子弘祚所執，已見殺於采石，追廢爲悖逆庶人。濛妻子在和州，悉爲侍衞軍使郭悰所殺。南唐昇元元年，追封臨川王，謚曰靈，以禮改葬。

新安公潯，太祖第五子也。高祖開吳國，封郡公，尋卒。

德化王澈，太祖第六子也。武義元年，封鄱陽郡公。睿帝卽皇帝位，封平原王，已又徙封德化。不知所終。又按實賓録云：楊行密有一子，病瘖，鄉里號爲「不語楊家」。未知爲太祖第幾子，附記于此。

論曰：語云「芳蘭當户，不得不鉏」，其濛之謂乎？一奮而死，邦家淪喪，所由過於江夏諸王貪生者遠矣。

高祖子南陽王玢

睿帝子太子璉　江夏王璘　宜春王璆

從子建安王珙　宜陽王璪

南陽王玢，高祖子也。初名繼明，武義時封廬陵郡公，已而改今名。乾貞元年，封南陽王。南唐禪代，降爲公。

太子璉，睿帝長子也。乾貞二年，封江都王。太和初，立爲皇太子。天祚中，納齊王知誥女爲妃。及南唐受禪，降封弘農郡公，領平盧軍節度使，兼中書令。已又改康化軍節度使。昇元四年，璉謁平陵還，至竹篠口，維舟大醉，一夕暴薨。或曰左右承唐主指，實置之死也。追封弘農王，謚曰靖。

江夏王璘，睿帝第二子也。乾貞初，與宜春、南陽諸王同封，累加太尉。禪代時，奉璽綬於齊，南唐主遷官增邑，降封爲郡公。

宜春王璆，睿帝第三子。乾貞初，封王宜春。不知所終。

建安王珙，睿帝兄子也。初封南昌郡公，乾貞元年，進封爲王。南唐受禪，降珙等十二人爲公，或作「十一人」。珙領康化軍節度使，兼中書令。居無何，稱疾罷官，歸永寧宫終焉。

宜陽王璪，亦睿帝從子。天祚元年，璪賫册寶册徐知誥爲齊王，及南唐禪代，降封郡公。

太子妃李氏

太子妃李氏，齊王知誥第四女也。賢明温淑，容儀絶世。天祚中，册立爲皇太子璉妃。及南唐受禪，宋齊丘請離其昏，唐先主不許，封永興公主。妃自以爲吴家冢婦，而國亡，中懷憤悒，聞人呼公主，輒悲傷流涕，左右爲之慘戚。諸兄多惡之。唐先主曰：「内夫家而外父家，婦人之德也，何罪之有！」已而從太子璉至池州。璉既薨，妃還居金陵宫，終身縞素，斥去容飾，不茹葷血。自稱未亡人，焚香對佛誓曰：「願兒生生世世莫作有情之物！」年二十四歲，無疾坐亡，有光如剪，長丈餘，自口而出，凡五夕始滅。至斂，温軟如生。唐先主悼痛，詔李建勳勒碑宫中，紀其異云。

論曰：婦人内夫家，義之正也。史言妃聞呼公主，必流涕而辭，其志操亦何異黄皇室主邪？良可哀矣！

睿帝女上饒公主

上饒公主者，睿帝愛女也。太和末，下嫁左僕射徐景遷，會景遷死，公主亦繼亡。南唐禪代，追封景遷爲高平郡王，公主爲燕國君，謚曰貞莊。

十國春秋卷第五

吴五　列傳

袁襲　高勗　戴友規

袁襲，廬江人。太祖爲廬州刺史，襲仗策從軍，料事多中。畢師鐸之攻廣陵也，吕用之詐爲高駢牒，署太祖行軍司馬，徵兵入援。襲説太祖曰：「高公昏惑，用之姦邪，師鐸悖逆，凶德參會，而求兵於我，此天以淮南授明公也。」太祖遂率廬州兵赴之。

會師鐸殺高駢，太祖入據揚州，而孫儒之亂復熾。太祖閉空城，不無内怯。襲曰：「吾以新集之衆守孤城，而諸將多高氏舊人，非有厚恩素信，力制而心服之也。今儒兵方盛，所攻必克，正諸將持彼此因强弱、擇嚮背之時也。海陵鎮使高霸，駢之舊將，此必不爲吾用者。」因勸太祖以軍令召霸，霸卽率所部兵來。太祖欲遣其屯天長以拒儒，襲曰：「霸常挾兩端，我勝則來，不勝則叛。今處之天長，是自絶其歸路也。且吾能勝儒，無所用霸，不幸不霸，得其兵數千。

勝，天長豈吾有哉！公以疑霸而召之，其可復用乎？不如殺之以併其衆。」太祖因伏甲誅

襲又言廣陵饑弊已甚，蔡賊復來，民必重困，莫如避之便。太祖但遣延陵宗、蔡儔將兵分屯，而身留揚州不發。明年，儒果攻揚州，克其外郛，太祖倉皇出走，將奔海陵，襲曰：「海陵難守，而廬州吾舊治也，城廪完實，可爲後圖。」太祖乃走廬州。久之，未知所向，問襲曰：「吾欲卷甲倍道，西取洪州，可乎？」襲曰：「鍾傳定江西已久，兵强食足，勢未可圖。趙鍠新得宣州，怙亂殘暴，衆心不附。公宜卑辭厚幣，説和州孫端、上元張雄，使自采石濟師，侵其境，彼必來逆戰，公自銅官渡江會之，取鍠必矣。」太祖大悦，乃走諸將攻鍠。〔一〕會孫端、張雄先爲鍠所敗，鍠將蘇塘、漆朗統兵二萬屯曷山，襲曰：「公領兵急趨曷山，堅壁自守。彼求戰不得，謂我實怯，因其怠而乘之，可破也。」太祖用其言，塘等大敗，遂禽鍠，入宣州。鍠已而朱全忠與鍠有舊，遣使來求鍠，太祖謀於襲，襲曰：「不如斬首遺之，以杜後患。」鍠由是被殺。未幾，襲卒。太祖哭之曰：「天不欲成吾大功邪，何爲折吾股肱也！吾好寬，而襲每勸吾以殺，此其所以不壽與！」

高勗，舒城人。太祖起淮南，辟掌書記。時軍興事繁，用度不足，太祖欲以茶鹽易民布

帛，勗諫曰：「兵火之餘，十室九空，又漁利以困之，將復離叛。不若盡我所有，易鄰道所無，足以給軍。選賢守，令勸課農桑，數年之間，倉庫自實。」太祖以其言爲然，悉從之。田頵聞之，曰：「仁人之言，其利溥矣，正勗之謂也。」

戴友規，廬州人也。居太祖幕中爲賓客。太祖鎮宣州時，與孫儒戰失利，欲退走，召諸將畫策。友規曰：「儒來氣鋭而兵多，蓋其鋒不可當，而可以挫；其衆不可以敵，而可久以敝之。若避而走，是就禽也。淮南士民，從公度江，及自儒軍來，降者甚衆。公宜遣將先護送歸淮南，使復生業。儒軍聞淮南安堵，皆有思歸之心；人心既摇，安得不敗？」太祖從其計，遂大破儒兵。

論曰：袁襲運謀帷幄，舉無遺筭，殆良、平之亞邪？以嚴濟寬，事非得已，蓋時會有固然爾。高勗志務農桑，仁者之言藹如也。戴友規數言決策，獨探本原，可謂謀臣之傑出矣。

李神福　張訓　陶雅　劉威　臺濛　李遇　李簡

李神福，洺州人。隸上黨軍籍。唐高駢兼諸道行營都統，神福隨州將戍淮海，因投太祖爲親校，從至廬州。會羣盜攻舒州，張甚，神福請多齎旗幟，間道入舒州；頃之，舒州兵建廬州旗幟而出，指畫地形，若布大陳狀。賊懼，皆解去。積功至都指揮使。

大順中，孫儒盡舉淮蔡兵濟江，軍至溧水，太祖使神福拒之。神福陽退以示弱，儒軍以爲我實怯也，不設備，神福率精兵夜襲之，俘斬千計。已而攻和、滁，降康晊，走安景思，神福功爲多。景福初，儒兵復盛，引兵逼宣州，太祖謂諸將曰：「儒衆十倍於我，吾欲退保銅官如何？」神福同劉威對曰：「儒掃地遠來，利在速戰。宜屯據險要，堅壁清野，以老其師，時出輕騎抄其饋餉，奪其俘掠。彼前不得戰，退無資糧，可坐禽也。」未幾，蔡儔之亂作，神福討儔有功，遷舒州刺史。

已復戰臨安，執浙將顧全武。神福計臨安難猝拔，慮彭城王鏐截其歸路，於是遣人衛鏐先壠以媚鏐，復多張旗鼓爲虛寨，以疑敵心，卒受和而還。轉昇州刺史，俄充鄂岳行營招討使，以擊杜洪。兵次鄂州城，神福望城中積荻纍纍，顧監軍尹建峯曰：「今夕爲公焚之。」建峯漫應，而未之信。時洪方求救於梁王全忠，神福遣部將秦臯至灄口，舉炬於樹杪。洪以爲汴兵已至，焚荻以應之。其機畧多此類。久之，荆南成汭及馬殷、雷彥威之兵疊至救洪，神福聞其至，乘輕舟覘之，謂諸將曰：「彼戰艦雖多，而不相屬。急擊之，汭成禽矣。」明日，逆擊於君山，大破之，因風縱火，汭赴水死，衆軍皆引去。是役也，洪雖未滅，而諸鎮氣奪，兵聲爲之大振。

會田頵叛於宣州，太祖密召神福討頵。神福恐洪邀其前，宣言奉命攻荆南，勒兵具舟楫；及暮，遂沿江東下，始告將士以討頵之令。神福妻、子故在金陵，頵襲破昇州，執其妻、子以招神福，且遣使謂之曰：「公見機，與公分地而王；不然，妻、子無遺！」神福曰：「吾以卒伍從吴王起事，今爲上將，義不以妻、子易志。頵有老母，不顧而反，三綱且不知，烏足與言乎？」斬其使以自絶，軍士聞之皆感奮。頵遣將王壇、汪建將水師逆戰，行至吉陽磯，壇、建執神福子承鼎示之。神福叱左右射子，已而語諸將：「彼衆我寡，當以奇取勝。」逮暮合戰，神福陽敗，引舟泝流而上，壇、建追之，神福復還，順流擊其下。時壇、建樓船大列火炬，神福令軍中望火炬輒攻之，壇、建軍皆滅火自匿，旗幟交雜，我兵乘風揚火，燔其艦。壇、建大敗，士卒死者甚衆。頵聞壇等敗，自將水軍來戰。神福曰：「賊棄城來，此天亡也。」臨江堅壁不戰，遣使詣太祖，請發步兵斷其歸路，太祖别遣臺濛擊頵。頵敗死，卽命神福爲寧國軍節度使；神福以江西未平，固辭不拜。明年，復充招討使，將兵攻鄂州。未下，會疾發，還廣陵，尋卒。

初，頵陰畜異志，神福數言于太祖曰：「頵必反，宜早圖之。」太祖曰：「頵有大功，反狀未露，殺之人人自危矣。」後果如其言，人多以神福有先見。

張訓，其先廣陵人。祖昇，唐末官清流令，卒葬滁，遂爲清流人。訓勇悍，多膽畧，時人謂之「大口張」。太祖據合肥，訓往見，甚歡，授親兵。已遷黄頭都虞候，擊舒州盜吴迥等，知名。揚州之役，訓潛入城，滅餘火，得穀數十萬斛以賑饑民。明年，擊殺甘露鎮使陳可言，遂取常州。已復屯安吉，斷孫儒糧道，有功，授常州刺史。

乾寧初，駐軍漣水，備北師。一云是時授刑部尚書。時汴將龐師古屯兵清河口，訓率舟師與戰，斬師古，汴軍駭亂。遷淮海都遊奕使。一云加兵部尚書。海州戍將陳漢賓請降，訓以漢賓心叵測，與戲下王綰等將兵直趣其城。漢賓倉皇出迎，訓入其壘高坐。漢賓張樂大宴，飲酣，訓忽拔劍叱曰：「吾衆已布，欲歸卽歸，無貽後悔！」漢賓唯唯，解甲聽命。轉尚書左僕射、拔山都指揮使。天復初，唐昭宗遣李儼間道封太祖爲吴王，得承制封拜，訓以功擢司徒。

未幾，王茂章破密州，以訓爲密州刺史。會茂章爲汴兵所追，解兵去，諸將請焚城大掠而歸，訓不可，乃封府庫，植旌旗於城上，遣羸弱居前，自以精兵殿後。頃之，汴將王檀來攻，遥望見旗幟，不敢逼；居數日，乃敢入，遂不復追，訓竟全軍還。太祖薨，訓謝病，再徙黄州刺史，亦卒，贈太傅、清河郡公。

孫原泌，登南唐保大中進士，累官户部侍郎、知制誥，歸宋，歷大理寺卿。

陶雅，合肥人。生故與太祖同邑，太祖用爲將。討定舒州盜吴迥、李本等，命雅攝舒州刺史。未幾，爲許勍所襲，奔還廬州。已而擊趙乾之于九華，破之，授池州置制使，改團練使。雅治池州有惠政，寬厚得民。景福初，田頵攻歙州久不下，歙人相與持城下曰：「得陶雅爲刺史，請聽命。」太祖卽命雅爲歙州刺史，歙人納之。雅盡禮見故刺史裴樞，送之還朝。久之，加檢校司空、潯陽公。高祖時遷觀察使。會李遇與徐溫不相能，誅死，雅懼，與劉威偕詣廣陵，布腹心，溫慰藉良厚，俾還歙州，累加都團練使。雅治歙凡二十年，卒。子敬昭將兵襲饒、信，有功，官至□□□□。

雅鎮靜寡言，善用兵。天祐中，充西南招討使，援陳詢于睦州。一夕，軍中夜驚，士卒多逾壘亡去，裨將韓球奔告之，雅安臥不動，須臾自定，亡者皆還。無何，大敗浙兵，鹵王球、錢鎰歸，世咸服其有應變之畧。九國志云：雅典黟川二十餘年，〔二〕民感其化，生男女以「陶」爲字。

劉威，慎縣人。仕太祖爲牙將。武進之役，與安仁義等破劉建鋒，有顯功。已而孫儒屢勝太祖，太祖欲退守銅官，威言賊倍道遠來，背城堅栅，可以不戰疲之，太祖以爲然。久之，儒兵饑，且大疫，儒遂爲我所禽。將死，仰顧見威，曰：「聞公爲此策以敗我，使我有將如公者，其可敗邪！」未幾，授廬州刺史，已又遷觀察使。

是時四郊多壘，井邑蕭然，威内撫百姓，外禦寇兵，廬州以寧。會太祖寢疾，判官周隱以威從起細微，必不相負，不若使權領軍府，董其事，太祖卒用徐温言，威坐是不得召。俄擢鎮南軍節度使。撫州危全諷帥兵十萬來攻洪州，時守兵裁千人，將吏聞之多失色，威密遣使告急于廣陵，而日召僚佐奏樂宴飲，神氣閒暇，旁若無人。全諷懷疑，不敢進。及周本將兵救高安，全諷被執，而洪州獲全，實威之力也。

天祐九年，徐温既族李遇，常内忌威，欲興師致討。威用幕客黄訥言，與陶雅輕舟詣廣陵，以明無二心。温相待如事太祖禮，優加官爵，隨遣還鎮。居數年，卒。

威自廬州移鎮江西，時既去任，而廬州大火，往往有持火夜行者；或射之，殪，皆櫬版腐木及敗帚類也。數月，除張崇爲刺史，火災乃止。

子崇景，官袁州刺史，叛附於楚，爲柴再用所破，棄袁州遁去。

臺濛字頂雲，合肥人，或言前趙特進臺彦臯之後也。初從太祖起廬州，下廣陵，驍勇善戰，積功至泗州防禦使。龍紀初，董昌作亂，唐命鎮海節度使錢鏐討之。昌求救于太祖，太祖遣濛攻蘇州以牽其師。久之，遷漣水制置使。

會田頵變作，太祖檄李神福自鄂州東下，別遣濛將兵應之。頵聞濛至，自將步騎逆戰，留其將郭行悰以精兵二萬及王壇、汪建水軍屯蕪湖，以拒神福。已而覘者言濛兵營寨褊小，裁可容二千人，頵易之，不復徵外兵。濛入頵境，番陳而進，營壘俱按規度。軍中或笑其怯，濛曰：「頵宿將，未易忽也，不可不備。」居無何，與頵遇于廣德。濛以頵麾下皆太祖故時部曲，可以計取，陽出太祖書徧賜頵將，頵將果下馬拜受。濛乘其挫伏，縱兵擊之，頵兵遂敗走。已又戰于黃池，濛先爲三覆以待兵交，濛僞走，頵以爲實怯，追之，伏發，大敗，倉卒還宣州城守。濛隨引兵圍之。頵趣召蕪湖兵還，不得入。居數日，頵不勝其忿，率敢死士數百出戰。濛復陽退示弱，頵兵踰濛而鬭，濛亟擊之。頵奔回，橋陷馬躓，濛乃就斬頵首，頵衆大潰，遂克宣州。

是役也，濛以弱爲彊，以退爲進，深得兵家虛實之秘，言兵者多取以爲法。以功表授檢校太保、宣州觀察使。天祐元年八月，卒于官。

先是，濛在泗州日，太祖浮淮過濛，濛盛飾供帳，太祖頗不悅。既行，濛于卧内得補綻衣，馳使歸之，太祖笑曰：「吾少貧賤，不敢忘本耳。」濛甚慚，由是服食爲之少損。

李遇，合肥人也。〔三〕從太祖起兵，累功授常州刺史。安仁義叛，焚東塘以襲常州，遇出戰，望仁義大罵，仁義曰：「遇敢辱我如此，必有伏兵。」遂引去。已而遷宣州觀察使。

高祖嗣王位，徐温秉政，遇内不能平，常言：「徐温何人，吾未嘗識面，一旦乃當國邪！」館驛使徐玠使吴越，道過宣州，温令玠説遇入見新王，遇初許之，玠曰：「公不爾，人謂公反。」遇變色，曰：「君言遇反，殺侍中者，獨非反邪！」侍中，謂景皇也。温聞之大怒，即署王壇爲宣州置制使，數遇不朝之罪，别使柴再用帥昇、潤、池、歙兵納之。遇不受代，再用圍之逾月，不下。温復遣典客何蕘諭遇，使自歸。蕘因以王命説之，曰：「公本志果反，請斬蕘以狥；若本無反心，何不隨蕘納款。」時遇少子爲廣陵牙將，遇絶愛之，温執其子示宣州城下，其子啼號求生，遇由是不忍戰，遂隨蕘出，再用迎斬之，并及其家。自遇死，諸將多畏温之威，而高祖僅具位矣。

先是，遇部將朱從本家廄中畜猴子數頭，一夕，圉人秣馬，見有物如驢，黑而毛，手足皆如人，據地食猴幾盡。未幾，遇族誅。宣州故老云：「郡中常有此怪，軍府有變輒出，出則有臭氣。」田頵將敗，巡夜者見之于街，不敢逼，旬月禍及。

李簡，上蔡人。事太祖爲親將。會孫儒屯廣陵，太祖出兵拒之，爲儒所困，幾不得脱，簡帥敢死士百人拔太祖出重圍，有功，後歷官至常州刺史。高祖時，簡與李遇等頗不平于徐溫，及遇誅死，除簡武昌軍節度使。武義元年，加鎮西大將軍兼侍中。太和元年，以疾求還江都，中道卒于采石。徐知詢，故簡壻也，輒留簡親兵二千人於金陵，表薦簡子彥忠代父鎮鄂州。時徐知誥輔政，不許，知詢大怒曰：「劉崇俊，兄之親，三世爲濠州。彥忠，吾妻族，獨不得武昌邪！」由是漸與知誥異。

論曰：李神福戰無不克，義在忘私，匪獨以勇畧勝也。張訓用兵以斷，陶雅輯民以寬，劉威静以待動，臺濛柔以禦彊，視古名將何讓焉。李遇一言之失，遂發禍機，李簡時懷内憤，而卒獲考終，其亦有幸不幸也夫！

校勘記

〔一〕乃走諸將攻鍠　周昂校語云：「『走』應是『引』字。」

〔二〕黟川　原作「黔川」，誤，據路振九國志卷一陶雅傳改正。

〔三〕合肥人也　「合肥」二字原缺，據路振九國志卷一李遇傳補。

十國春秋卷第六

吴六 列傳

柴再用 秦裴 劉金子仁規 李友 李厚 劉存陳知新

柴再用，汝陽人也。始名存，隸孫儒戲下。與小校某者結爲死友。有告小校反，儒斬之，并執存至，詰何故反，不對。又問，曰：「與彼結死友，反則同反耳。公誅之，復何問焉？」儒大奇之，曰：「汝果不反，吾再用汝。」因令改今名。已而儒敗，歸太祖，爲都押牙。勇敢善戰，所向克捷。

乾寧二年，助李厚擊却汴兵，授壽州團練副使，説降賈公鐸、馮敬章，論功尋遷光州刺史。天祐二年，梁王全忠過光州，謂再用曰：「下，我以汝爲蔡州刺史；不下，且屠城。」再用嚴設守備，戎服登城，見全忠，謬爲禮拜伏甚恭，曰：「光州城小兵弱，不足以辱王之威怒。王苟先下壽州，敢不從命。」全忠遂留旬日而去。既而全忠逾淮，再用掠其後軍，俘斬數千計，鹵輜重財貨無算。未幾，改指揮使。

五年，破吴越將張仁傑于魚蕩，先登陷陳，恢復東洲。是日交戰時，再用舟忽壞，長稍浮之，僅得濟。家人爲飯僧千人以酬冥福，再用悉取其食犒兵，曰：「士卒濟我，僧何力焉！」頃之，宣州觀察使李遇不受代，再用帥兵納王壇，且徵遇來朝，卒以計殺遇。已又將兵討劉崇景，大破楚師于萬勝岡，復有功。武義元年，高祖建吴國，拜左龍武統軍。居數年，除武昌軍節度使，已又改馬軍都指揮使。以戎服入朝，被劾。久之，累加德勝軍節度使，兼中書令。太和七年夏六月，病卒。

先是史官王振詢其戰功，再用曰：「鷹犬微效，皆社稷之靈，余何功之有！」竟不報。又常按家樂于後苑，有人竊於門隙窺之，再用召至後苑曰：「隙風恐傷爾眸子。」其爲人長者類如此。或云再用爲牙將時，會天大雷電，家人皆伏匿，再用獨危坐不動。俄見襦袴者四人舁再用坐敗牀出庭中，已復大震屋折，有龍出焉。又武義時再用常在廳事獨坐，忽有鼠至庭下，拱立如拜揖狀。再用怒呼左右，左右皆不至，卽自起逐之，而屋梁頓折，所坐牀几盡糜碎。人莫不奇其事。九國志云：再用累歷藩鎮，敦尚儉素，〔一〕車馬導從不過十人，亦一時之良將。

秦裴初從太祖爲牙校，引兵三千攻崑山，拔之，戍其地。光化元年，浙將顧全武攻陷蘇州，裴獨守崑山，不可下。裴常使羸兵執旗幟，壯者彀弓弩，每發矢，必洞中重鎧，全武爲之卻者數矣。已而食盡乃降。彭城王鏐詰其久拒狀，裴對曰：「力屈而降，非心降也。裴義不敢負楊公。」王善其言而釋之。居浙四年，得復還。未幾，授昇州刺史。

烈祖時，充西南行營都招討使，將兵擊鍾匡時於江西。裴既至洪州，軍於蓼洲，諸將請阻水立寨，裴不許。俄匡時將劉楚至，果據其地。諸將以咎裴，裴曰：「匡時驍將，獨楚一人。若師衆守城，不可猝拔，吾正欲以要害誘致之耳。」頃之，破寨執楚，進圍洪州。饒州刺史唐寶請降，裴遂陷洪州，鹵匡時及其司馬陳象以歸。論克敵功，改洪州制置使。以指揮使朱思勍、范思從、陳璠從戍江西，三人者故烈祖腹心也。會徐溫等内忌三人，遣別將至裴所殺之，裴由是鬱鬱不自得，無何卒。

劉金，曲溪人。一云楚州山陽人。太祖引兵至天長，金與高霸等悉衆來屬，居三十六英雄之一，官濠州團練使，威名大震，爲濠人所稱。天祐二年十一月卒。太祖以其子仁規知濠州。仁規頗苛刻用事，未協衆心，官至清淮軍節度使，卒。子崇俊復刺史濠州，凡三世典濠梁，爲一時之盛。滁州菱谿傍爲金故宅址。

李友，吴越備史作「宥」。合肥人。太祖起淮南，友隸戲下，有膽勇，善撫士卒。大順元年，將兵二萬屯青城，畧地常州，已進拔蘇州，走浙將沈粲，争先排陳，勇冠一軍。遷尚書、蘇州刺史。無何孫儒陷蘇州，友見殺，贈太保。

李厚，蔡州人，故孫儒遺兵也。太祖收儒兵數千，蒙甲以皁衣，號「黑雲都」，厚爲黑雲隊長，以驍勇名。朱延壽知壽州，厚實在兵間。會汴兵數萬臨城下，甚急。延壽軍制，軍中每旗二十五騎，命厚統十旗往擊，不勝，將斬之。厚稱：「衆寡不敵，願益兵更往，不勝則死。」都押牙柴再用亦爲之請。乃益以五旗，厚殊死戰，汴兵遂披靡敗走。是時厚兵不滿千，而破汴之勁卒數萬，淮南人無不駭服。厚官至楚州團練使。天祐十三年，光州王言作亂，高祖命厚討平之，卽以厚權知光州事。久之，卒。

劉存，泌陽人也。〔三〕驍悍，善用兵。事太祖，積功至舒州團練使。天復三年，副李神福攻杜洪于鄂州，不能下。天祐元年，神福還廣陵，存代爲招討使。明年，將兵迫鄂城下，焚其城，城中兵突圍而出，諸將請亟擊之。存曰：「擊之復入，則城愈固；聽其去，城可取也。」是日城破，禽洪送廣陵，太祖乃以存爲鄂岳觀察使。未幾，充西南面都招討使，取岳州，乘勝與岳州刺史陳知新將舟師伐楚，大敗于瀏陽，存、知新皆見執。楚武穆王數聞二人名，欲活之，存與知新大罵曰：「昔歲宣城脱吾刃下，今日之敗乃天亡我，我肯事汝以求活邪！我豈負楊氏者！」武穆王知不可屈，乃殺之。岳州復入于楚。

知新時以刺史爲團練使，積官光禄大夫、檢校尚書左僕射、兼御史大夫。

存在舒州時，常辟儒生霍某爲團練判官，已而以讒言縊之于獄。至是存征湖南，有舒州人夢霍生自司命祠中出，撫掌大笑曰：「吾罪得雪矣。」時霍生婦兄馬鄴爲黄州刺史，有夜叩齊安門者，曰：「舒州霍判官將往軍前，與使君借馬。」守陴者以告，鄴歎曰：「劉公枉殺霍生，今此人往矣，寧無禍乎！」數日，存果敗績死焉。

論曰：柴再用厚以持躬，有功不居，社稷之臣也。秦裴力屈降敵，不忘故主，卒還本國，辟土江西，其品有足嘉者。二劉、二李，一時雅稱名將，而殺身成仁，義無苟免，存尤合于聖賢之道矣。

吕珂　賈令威　瞿章　賈公鐸　李濤　袁禎　丁裗　周隱

吕珂，揚州人。事太祖，以勇敢聞，累有戰功，擢黑雲都指揮使。其卒也，子師周代其職，奔于湖南，別有傳。

賈令威，盱眙人也。驍果有勇名。太祖官廬州日，發兵至廣陵，令威與劉金帥其所部中道來屬，隸戲下，爲親軍，太祖兵遂日益盛焉。

瞿章，事太祖，積功至先鋒指揮使。乾寧初，權刺史黃州。會汴將朱友恭引兵來攻，章棄城保武昌寨；未幾，爲友恭所執，遂失黃州。

賈公鐸，九國志作賈鐸。上蔡人也。初從秦宗權，已而叛宗權，度淮，遇故人馮敬章，導之襲破蘄州，推敬章爲帥，公鐸自爲牙將，塹城厲兵以自固。乾寧中，朱延壽奄至城下，圍蘄州。會公鐸方獵，不得還，伏兵林中，命勇士二人衣羊皮夜入延壽所，掠羊羣潛入城，約夜半開門舉火爲應，復衣皮反命。公鐸如期至城南門，門中火舉，力戰突圍而入。延壽曰：「吾常恐其潰圍而出，今反潰圍而入邪？如此，城安可猝拔？」乃白太祖，求軍中與公鐸有舊者，持誓書金帛往說之，許以昏。壽州團練使柴再用請行，臨陳與語，爲陳利害，公鐸及敬章請降。太祖以敬章爲左都押牙，公鐸爲右監門衛將軍。

李濤，趙州人。太祖時署濤爲牙將。秦彦之攻太祖也，軍勢甚盛，親校李宗禮言：「衆寡不敵，請堅壁自守，徐圖還師。」濤時在行間，怒曰：「吾以順討逆，何論衆寡！大軍至此，去將安歸？濤願帥所部爲前鋒，保爲公破之。」太祖壯其志，多伏精兵爲三覆以待之，卒破彦師，鹵獲無算，濤一言之力也。天祐十年，充招討使，攻吳越于臨安，戰敗被執。順義元年，復歸，授右雄武統軍，卒。

袁禎，陳州人。初從太祖爲銀槍都使。太祖之克蔡儔也，張顥來歸，分隸禎帳下。禎以顥反覆，請誅之以杜後患，不聽。顥後卒以弑逆死，時人皆多禎有先見。

丁衫字德祥，金壇人也。太祖擊秦宗權，衫以勇應募，論功授都押牙。從禽孫儒，遷都知兵馬使。會太祖多猜忍，衫不自安，乞病歸。衫不貪財，不嗜酒，不掩人善，寧静自守，泊如也。至宋乾德初，年九十一而終。

周隱，舒州人也。性戇直，忠于所事，而不識物情。太祖時，官淮南節度判官。太祖疾革，命隱召烈祖，隱直前曰：「宣州司徒輕易信讒，喜擊毬飲酒，非保家主也。餘子皆幼，未能駕馭諸將。廬州刺史劉威，從王起細微，當不負王，不若使權領軍府，俟諸子長以授之。」太祖不應。左右牙指揮徐温、張顥言于太祖曰：「王平生出萬死，冒矢石，爲子孫立基業，安可使它人有之！」太祖曰：「吾死瞑目矣。」乃命隱趣召長子渥來。及烈祖得嗣立，大罵隱曰：「君賣人國家，復何面目見楊氏乎！」遂殺之。由是將佐皆不自安。

論曰：呂珂、賈令威、瞿章、賈公鐸、李濤諸人，皆興陵從戎之傑也。袁禎識悖主之姦，丁裕擅保身之哲，可謂知幾其神矣。周隱謀之不臧，直言賈禍，惜哉！

校勘記

〔一〕敦尚儉素　「儉素」原作「素儉」，據九國志卷一柴再用傳乙正。

〔二〕泌陽人也　按，九國志卷一劉存傳載存爲陳州人。

十國春秋卷第七

吳七　列傳

劉信　呂師造　王綰　王茂章　米志誠　苗璘

劉信，兗州中都人也。初爲羣盜，戰敗奔廣陵，事太祖，數有功，太祖遇之厚。常召信計事，醉不能言，太祖嫚罵之，信卽仗一劍棄去。左右請追之，太祖曰：「信豈負我者邪！醉而去，醒當復來。」明日，果至。累官至鎮南軍節度使。

天祐十五年，王祺攻虔州譚全播，久不下，會祺病，高祖命信充虔州行營招討使代之。信晝夜急攻，不能克，使人說全播，取質納賂而還。時徐溫同平章事，怒曰：「信以十倍之衆，攻一城不得，而反用說客降之，何以威敵國？」笞其使者而遣之曰：「吾以笞信也。」且授信子英彥兵三千，謂：「若父居上游之地，統雄兵，不能克敵，是反也。汝可以此兵往，與父同反。」又使昇州內指揮使朱景瑜與之俱，曰：「全播守卒皆農夫，饑窘逾年，妻子在外，重圍既解，相賀而去。聞大兵再往，必皆逃遁，全播所守者空城耳。往必克之。」信大惶懼，濟師，遂破虔州。人有誣信逗留，陰縱全播，將反者。信聞之，因自獻捷，至金陵見溫。溫與信博，信斂骰子，厲聲祝曰：「劉信背吳，願爲惡彩；苟無二心，當成渾花。」溫遽止之。一擲六子皆赤，溫慚，自以巵酒飲信，然終疑之。已而楚攻荆南，荆南來求救，命信帥步兵趣潭州，荆南兵解去。武義元年，加征南大將軍。

唐莊宗滅梁，遣諫議大夫薛昭文使閩，假道洪州，信燕勞之，謂昭文曰：「皇帝知有信否？」昭文曰：「主上新平河南，未熟公名。」信曰：「漢有韓信，吳有劉信，一等人也。君還語天子，當來較射於淮上。」因指牙旗鎞首，百步外舉酒屬昭文曰：「幸而中此，願爲我飲！」一發中之。未幾，唐師伐蜀，溫急召信至廣陵，以爲左統軍，託以內備，而實奪其地。居無何，卒。南唐受禪，以舊故贈太師。

長子彥英，事高祖，掌親兵；第四子彥貞，仕南唐，有傳。

呂師造，揚州人。從太祖起淮南，爲都將。天復元年，李神福攻杭州，浙將顧全武列八寨以待之，神福使師造伏兵青山下，陽退兵以誘全武。伏發，全武被執。天祐初，復從周本援衢州刺史陳璋，會浙兵來取衢州，師造謂本曰：「敵去我咫尺，而陳不動，是輕我也。必擊之。」本雖不盡用其言，是日中道破浙軍，師造實與有力焉。未幾，充南面都統軍使，攻蘇州，無功。已又從周本南伐，敗苑玫于上高，遷池州團練使。久之，楚寇鄂州，高祖命師造爲水陸行營應援使以拒楚師。未至，楚師解去，改饒州刺史。

師造歷事太祖父子，南北征伐，多在行間，所嚮輒摧鋒排陳。累官光禄大卿、檢校太保、兼御史大卿。師造在池州日，頗事聚斂。常嫁女於揚都，資裝甚厚，使家人送之。夜泊竹篠江上，有道人忽躍入舟中，穿舟而過，隨其所經，火卽大發，復越後舫，火亦從之。惟一老婢，髮尺餘，人與舟了無所損，道士亦復不見，人咸異之。

王綰，合肥人。仕太祖，爲漣水防遏使，遷海州副使。天復中，青州王師範以沂、密内叛，乞師太祖。太祖遣臺濛及綰將兵援之。已拔密州，將進攻沂州，城諜者偵城中盡偃旗息鼓，綰謂：「此不可擊也。」諸將堅欲攻之，綰不能止，乃設伏林間以待。頃之，攻沂者果不克，敵兵乘勢追之，綰伏發，得以濟師。其用兵多此類。武義元年，加鎮東大將軍，已遷百勝軍節度使，卒。

王茂章，廬州合肥人也。幼從太祖起淮南，常侍左右，爲親校。爲人驍果剛悍，質畧無威儀。臨敵務以身先士卒，太祖壯之。

梁王全忠遣從子友寧攻王師範于青州，師範乞兵太祖，太祖遣茂章帥步騎七千救之。師範以兵背城爲兩柵，友寧夜擊其一柵，柵中告急，趣茂章出戰，茂章按兵不動。友寧已破一柵，連戰不已。遲明，茂章度友寧兵已困，乃出戰，大敗之，遂斬友寧，以其首報太祖。是時梁王全忠方攻鄆中，聞友寧死，以兵二十萬倍道而至。茂章閉壘示怯，伺汴兵怠，毁柵而出，驅馳疾戰。戰酣退坐，召諸將飲酒，已而復戰。全忠登高望見之，得青州降人，問飲酒者爲誰，曰：「王茂章也。」全忠歎曰：「使吾得此人爲將，天下不足平矣！」汴兵又敗，茂章軍還，汴兵急追之。茂章度不可走，遣裨將李虔裕以衆一旅設覆於山下以待之，留軍不行，解鞍而寢。虔裕疾呼曰：「追兵至矣！宜速走！虔裕以死遏之。」茂章曰：「吾亦戰于此也。」虔裕三請，茂章乃行，而虔裕卒戰死，汴兵以故不能及，茂章得全軍以歸。

茂章累官潤州團練使。太祖薨，烈祖自宣州入立，以茂章代守其地。烈祖之去宣州也，欲取帷幕及親兵以行，一云：襲位後，反求宣州故時物。茂章惜不與。烈祖怒，既襲王位，以兵攻之。茂章奔于杭州，吴越武肅王以爲鎮東節度副使，避梁王全忠家諱，梁王曾祖名茂琳。更其名曰景仁。已而領寧國節度使。未幾，梁王稱帝，素知景仁名，遣人召之。景仁問道歸梁，路過撫州，危全諷方與我治兵相攻，乃陳兵與景仁登城望之。景仁曰：「我素事吴，吴兵三等，如公此衆，可當其下將爾。非得益十萬不可。」而全諷卒以此敗，人皆稱景仁爲知兵。

景仁既至汴，仍以爲寧國軍節度使，加同中書門下平章事。久之，未有以用，使參宰相班，奉朝請而已。居數年，梁太祖以爲北面招討使，與晉人戰，大敗于柏鄉。梁太祖曰：「吾亦知之，蓋韓勍、李思安輕汝爲客，而不受節度爾。」梁末帝立，以景仁爲淮南招討使，使攻廬、壽。軍過獨山，山有武皇帝祠，景仁再拜號泣而去。戰于霍山，梁兵敗走，景仁殿而力戰，以故梁兵不甚敗。景仁歸汴，病疽卒，贈太師。

米志誠，事太祖爲牙校，勇敢有膂力。時朱瑾以善槊名，志誠以善射名，軍中同推爲驍將。安仁義叛，與王茂章執仁義于潤州。久之，爲都押牙。高祖時，充行營都指揮使，敗楚將苑玫有功。已又同柴再用破劉崇景等于萬勝岡，累遷泰寧軍節度使。朱瑾之殺徐知訓也，志誠從十餘騎至天興門，問瑾所向，聞瑾已死，乃引歸。徐温疑其助瑾，必欲殺之。嚴可求懼事不克，詐稱袁州大捷，召將吏入賀，伏甲禽志誠斬之，并其諸子。

苗璘，不知其世系。太祖時，以裨將從劉存攻杜洪于鄂州。時汴將曹延祚等將兵援洪，兵勢頗盛。有降卒言汴軍虚實，謂鄆軍易與爾，開道軍未易當也。璘乃帥敢死士自擊開道軍，破之，鹵其將士三百人，徇鄂州城外。洪氣沮，遂以此敗。乾貞初，累官右雄武軍使，同静江軍使王彦章攻楚岳州，與楚將許德勳戰于道人磯，師敗，爲楚所執。未幾，求和于楚，復歸國，病卒。

論曰：劉信、吕師造、王綰，皆桓桓如虎如貔之臣也。王茂章有專閫才，而不竟其用，畏禍出亡，事非得已。米志誠横羅屠戮，刑匪其罪，東海之惡，可勝數邪！若苗璘者，鄂州之役，其功固不可没云。

周本子鄴　李德誠　王安　王輿

周本，舒州宿松人，漢南郡太守瑜之後。瑜葬宿松，即墓爲祠，子孫居其旁者猶數十家。本少孤貧，有膂力，常獨格虎，殺之。初爲宣州節度使趙鍠將，勇冠軍中。太祖既破鍠，獲本釋之，即隸帳下爲牙將。每奮躍先登，攻堅摧鋒，蒙犯矢石，身無完膚；戰罷，輒自燒鐵烙其創，飲啗言笑自若。累遷至淮南馬步軍使。〔一〕兩浙將陳璋據衢州歸款，爲浙兵所困，不得出。太祖遣本迎璋，既至，浙人解圍出璋，而列兵不動，本遂以璋還。裨將呂師造以浙兵近而不動，請擊之，本曰：「吾受命迎陳使君，陳君至，吾事訖矣，何戰爲？且彼近而不動，必有以待我也，擊可勝乎？待其先動，擊未晚也。」頃之，浙人躡我軍，至中道宿。夜半，本陽驚，棄輜重走，而設伏于旁。浙人果急追，伏發，前後夾擊，盡殲其衆。

天祐六年，撫州刺史危全諷率諸州兵十萬來寇洪州，屯象牙潭，楚人圍高安以援全諷。〔二〕江西守將劉威警書至，高祖謀可將者于列官，嚴可求薦本，時本方帥軍攻蘇州不能下，恥之，稱疾臥家。可求自往強起本，本曰：「姑蘇之役，非彼彊我弱也，徒以我將帥權輕，下皆專命，故無功。今必見用，勿置副貳乃可。」許之。得精兵七千，晨夜兼行。高祖初命其解高安圍，本曰：「楚人非欲取高安，第爲全諷聲援爾。今先敗全諷，楚人必棄高安走，何足擊哉！」乃馳至象牙潭，亟擊之，大破其軍，禽全諷，楚人亦遁。吉州刺史彭玗、信州刺史危仔昌皆棄城去，江西之地始定。

本之初至也，卽揮兵進，劉威欲留宴犒，不許。或曰：「敵兵盛，宜審觀形勢，何遽如此？」本曰：「賊衆加我十倍，使我兵知之戰，先奪氣矣。急乘其鋒用之，乃可有功。」已而果如所料。高祖奇其能，遂用爲信州刺史。居數年，閩、楚、吳越將兵二萬來攻信州，信州兵不滿數百，逆戰不利。吳越兵圍之數匝，本命啟關，張虛幕于門內，召僚佐登城，數作樂宴飲。飛矢雨集，畧不爲動。吴越疑有伏兵，解圍去。其臨陳決策，多此類也。

唐莊宗入洛，高祖遣司農卿盧蘋往聘，還，言唐主問我國名將存否，而本預焉，由是召入爲雄武統軍。俄出鎮壽州，改德勝軍節度使。後加安西大將軍、太尉、中書令、西平王。本不知書，然能尊崇儒士，遇僚屬以禮，士民愛之。性朴拙，無它才，惟軍旅之事若生知者。

齊王誥將受禪，徐玠、周宗等以本及李德誠名位隆重，諷之使率羣臣勸進。本已昏老，其少子弘祚懼家禍，代署表上之。本初不知，猶謂所親曰：「我受吴室厚恩，老矣，復能推戴異姓乎？」臨川王濛既降爵爲公，廢居和州，聞將傳禪，乃殺監守者，與親信兩騎走詣本，本即欲出見之，弘祚固執不可，本怒曰：「我家郎君也，奈何不使我一見！」弘祚拒閉中門，令外執濛告之，濛遂誅死。本隨衆至建康勸進，由是愧恨屬疾，數月卒，年七十七。本晚好飲酒，樂施予。或謂：「公春秋高，宜少儲積，爲子孫計。」本曰：「吾繫芒屩事武皇帝，位至將相，何人所遺乎？」既死，太常準令廢朝三日。南唐先主以本舊將，宜講求優典。禮官言前朝常爲汾陽王郭子儀廢朝五日，命即用其禮。謚曰恭烈，葬給鹵簿。

本刺史信州時，入覲揚都。一夕遇私諱日，獨宿外舍，張燈而寐未熟，聞室中有聲，視之見火爐冉冉而上，直抵于室，良久乃下，飛灰勃然。明日，浮埃覆物，亦無它怪。廣陵人傳爲異事。

鄴，本長子也。少驍勇，從本征討，有戰功。本在信州，畧地至建州，道徑險阨，被圍垂困。鄴躍馬救之，手刃數十人，翼本而出，建人駭懼潰去。及臨川王濛被執，歎憤逾月。國人以此稱其有義。已而仕南唐，典親軍，累官滁州刺史、廬州節度使。暴猛狠戾，常蓄飛揚之志，南唐先主以本故，特優容之。昇元六年卒。

李德誠，廣陵人也。一云西華人。少事宣州節度使趙鍠爲給使。太祖攻宣州，鍠既敗，左右皆散，惟德誠與韓球從之不去，城中復推立裨將周進思拒太祖。鍠使德誠入城，說進思降。將行，暴得疫疾，委頓不克往，乃改命球。球至進思所，進思斬之，擲其首城外，德誠是日卽愈，人咸異之。鍠死，太祖義其人，妻以宗女。常從征討，積功爲江南馬步軍使。與諸將圍安仁義于潤州，諸將每見仁義臨城督戰，必嫚罵之，德誠獨否。及城陷，仁義操弓矢坐城上，忽見德誠至，曰：「汝見我不失禮，且有奇相，它日必大貴，吾以爲汝功。」因擲弓矢就執。太祖卽拜德誠潤州刺史。〔三〕未幾，徙江州，已轉撫州節度使。武義元年，加平南大將軍、中書令；頃之，改百勝軍節度使。太和中，又爲鎮南軍節度使。

南唐受禪，拜太師，封南平王，進封趙王。德誠事楊氏最久，至南唐爲佐命臣，首率百官勸進。初無大功勞，特以際會至高位，富貴壽考，世罕及者。然爲人謙恭沉厚，終始如一。自洪州覲金陵，南唐先主遣内夫人逆勞于道，百官班謁于都門。入對日，朝堂設次以待。昇元四年卒，年七十八。南唐先主廢朝五日，謚曰忠懿。有子二十八人。〔四〕建勳爲相，建封爲將，妻楊氏，封滕國君，當世榮焉。初，南唐信王景達先娶德誠女，先主復姓，有司以同姓非禮，先主制曰：「南平王，國之元老，昏不可離。信王妃可氏南平。」亦異數云。

王安，廬州廬江人。少事太祖，隸戲下。太祖常臨戰，升高冢望敵，安捧唾壺侍側。左右皆注目前視，忽有武士持矟徑趣太祖，莫能禦者。安置壺于地，引弓射之，一發而殪，徐納弓弢中，復捧壺立，色不變。太祖喜，撫其背曰：「汝器度如此，它日必富貴。」積功至袁州刺史。南唐禪代，用爲百勝軍節度使。虔州與嶺南地接，南漢使者往來，節度使當燕勞問遺，而安名犯漢主祖諱，南唐先主乃更賜名會。昇元五年卒，年七十有三。

王輿，或作璵。鎮東大將軍綰之弟也。初爲小校，從周本攻危全諷。臨戰，本視賊水栅，部分諸將，指旁山頭一小營，謂輿曰：「爾往爲我取彼。」輿唯唯，不卽往。本曰：「爾憚往邪？」輿曰：「公必不以輿爲不武，請得此栅攻之，舍而趣彼何爲！」本大喜，曰：「爾亦知此爲必争之地邪？」乃命之。輿乘輕舟，襲破其前鋒，遂排栅入，諸軍繼進，賊大潰。積功遷至諸軍都虞候。

睿帝時，甚見倚任，久乃出爲光州刺史。先是，兄綰子傳拯爲海州都指揮使，叛附唐，聞輿在光州，遣使通問。輿執其使以聞，因求罷郡，進控鶴都虞候。已爲左宣威統軍，歷鎮海節度留後、金吾衞大將軍。

南唐禪代，輿從睿帝至潤州。移鎮鄂州，雅與監軍甄廷堅不相得。會廷堅被誣告有二志，南唐先主遣使械廷堅。屬吏未至，輿刺知之，密告廷堅，因爲謀曰：「今獨可即日歸闕待罪，毋與中使遇。」廷堅恐懼，不暇爲它謀，遂從其計，獲免，由是人推其長者。中主時，加同平章事。保大二年卒，年七十四。

輿少從軍攻潤州，爲巨弩所射，中右耳，矢自左耳出，復中旁一人，猶立死，輿扶歸營，卧百餘日，故無恙，至老不聵。又攻潁州，夜夢道士告之曰：「但有流星下墜，能避，當富貴。」及倚營門，驅士卒登城，城上機石發，中營門，及鎧之半，皆糜碎，而輿不傷。輿曰：「所夢流星是也。」世莫不奇之，輿亦頗以此自負。

論曰：周本、李德誠俱楊氏勛臣，位列通顯，或則抱徐廣流涕之心，或則效范雲勸進之術，迹雖不殊，而其志亦畧異焉。王安以器度稱，王輿以長厚見，歷仕二姓，功績爛然，要未可與南平同日語矣。

校勘記

〔一〕淮南馬步軍使　「軍」字原缺，據九國志卷四周本傳補。

〔二〕以援全諷　「援」原作「授」，據九國志卷四周本傳改。周昂校語亦謂「應是援字」。

〔三〕刺史　馬令南唐書卷九李德誠傳作「留後」。

〔四〕二十八人　陸游南唐書卷六李德誠傳同，馬令南唐書卷九李德誠傳作「二十人」。

十國春秋卷第八

吴八　列傳

馮宏鐸　朱瑾　李承嗣子禪　彭彦章

馮宏鐸，泗州漣水人也。善騎射，侃侃若儒者。與里人張雄同爲武寧軍偏將，并見疑於節度使時溥。二人懼禍，乃合兵三百度江，壁白下，取蘇州據之，稍稍嘯會，戰艦千餘，兵五萬，乃自號天成軍。

鎮海節度使周寶之敗，奔常州，聞高駢將徐約兵鋭甚，誘使擊雄，與之蘇州。雄與宏鐸匿衆海中，使别將趙暉據上元，資以舟械。寶兵散，多降暉，衆至數萬。雄卽以上元爲西州，欲治臺城爲府，旌旗衣服，僭擬王者。太祖圍揚州，畢師鐸厚賫寶幣以啗雄，與連和。雄率軍浮海屯東塘。時秦彦在揚州，以僕射告身授雄，又以尚書告身授宏鐸。已而不戰，解兵歸。暉數剽江道，雄擊殺之，坑其衆，自屯上元。大順初，唐以上元爲昇州，詔授雄刺史。

未幾，卒。雄善馭衆，人多思之，爲立廟。

景福二年，宏鐸代爲刺史。乾寧二年，舉州附太祖。久之，表授武寧軍節度使。宏鐸外雖納好，然倚兵艦完利，謀取潤州，遣客尚公迺進説太祖，太祖不從。會大將田頵在宣州募工治艦，陰圖宏鐸，宏鐸介宣、揚之間，益内疑不自安。而州數有怪，大風發屋，巨木飛舞。州人駭曰：「州且易主矣！」師鐸乃帥軍南嚮以襲頵，頵逆戰于曷山，宏鐸大敗，收殘士欲入海。太祖懼復振，遣人迎犒東塘，好謂曰：「勝負，用兵常事也。今衆尚彊，一戰之衂，何苦自棄海島？吾府雖隘，足容君，使將吏各得其所。若欲揚州，我且讓公。」宏鐸舉軍盡哭。太祖從十餘人，摇飛艫，常服，不持兵，入其軍，執手慰勉，遂以宏鐸歸，表爲淮南節度副使，宏鐸由是不復叛。

朱瑾，宋州下邑人，唐天平節度使宣之從父弟也。瑾少從宣居鄆州，補軍校，倜儻有大志。兖州節度使齊克讓愛其爲人，以女妻之。瑾行親迎，乃選壯士爲輿夫，伏兵於輿中，夜至兖，兵發，遂鹵克讓，自稱留後。唐僖宗卽拜瑾泰寧軍節度使。

瑾與宣已破秦宗權於汴州，朱全忠責瑾誘宣武軍卒以歸，遣朱珍攻瑾，取曹州，又攻濮州，而全忠自攻宣于鄆。瑾兄弟往來相救，凡十餘年，大小數十戰，與全忠屢相勝敗。全忠得宣將賀瓌、何懷寶及瑾兄瓊，乃將瓊等至兗城下，告瑾曰：「汝兄敗矣，今瓊等已降，不如早自歸。」瑾僞曰：「諾。」乃遣牙將胡規持書幣詣軍門請降。全忠悦，自就延壽門與瑾語。瑾曰：「願得瓊來，送符印。」全忠信之，遣客將劉捍送瓊至。瑾伏壯士董懷進橋下，單騎迎瓊，揮手語捍曰：「請瓊獨來。」瓊前，懷進突出禽之，遂閉門，責瓊先降，斬之，擲其首城外。瓊江南野史作珙，今從五代史。全忠度不可下，遂留兵圍之而去。

瑾嬰城自守，而宣亦敗于鄆州，乃乞師于河東。河東將李承嗣、史儼以騎兵五千救之。全忠已破宣還，急趣兗。瑾城中食盡，與承嗣等掠食豐、沛間。汴兵奄至，瑾將康懷貞等以城降。瑾引麾下兵走沂州，沂州刺史尹處賓不納；次走海州，汴兵急追之，遂同承嗣、儼奔太祖。淮南人壯之，呼其小字爲朱愍哥。

太祖聞瑾來，大喜，逆之高郵，解玉帶贈之，表瑾領武寧軍節度使，以爲行軍副使。而瑾妻竟爲全忠所得，後爲尼。時我兵多淮人，淮人輕弱，不任戰，得瑾勁騎，而兵益振。是歲，汴將葛從周、龐師古攻壽州，太祖用瑾大破其兵于清口，斬師古。累表瑾行營副都統，領平盧軍節度使，同中書門下平章事。

太祖薨，烈祖及高祖相繼立，皆年少，徐温與其子知訓專政，畏瑾，欲除之，瑾亦時時謀殺知訓。常以月旦遣愛妾候知訓，知訓强通之，妾歸自訴，瑾殊不平，屢勸高祖誅徐氏以去國患，高祖不能爲。既而知訓惡瑾位加己上，以泗州建静淮軍，出瑾爲節度使，瑾益恨之。將行，召之夜飲。明日，知訓過瑾謝，瑾復置酒自捧觴，命寵妓以歌侑酒，且獻所愛馬爲壽。知訓喜，瑾延之升堂，呼其妻出拜。知訓方答拜，瑾以笏擊踣之，伏兵自户突出，殺之。初，瑾以二惡馬繫庭中，知訓入而釋馬，使相踶鳴，故外人莫聞其變。瑾攜其首馳示高祖曰：「今日爲吴除患矣！」高祖懼，以衣掩面曰：「舅自爲之，瑾與太祖朱夫人同姓，故呼爲舅。此事非吾敢知！」遽起入内。瑾忿然曰：「婢子！不足與成大事。」以知訓首擊柱，提劍而出，府門已闔，因逾垣，折其足。瑾顧路窮，大呼曰：「吾爲萬人去害，而一身死之！」遂自刎。

徐知誥在潤州，聞亂，以兵趣廣陵，族瑾家。瑾妻陶氏臨刑而泣，其妾曰：「何爲泣乎？今行見公矣！」陶氏收淚，欣然就戮。聞者哀之。陶，故潯陽公雅之女也。瑾名重江淮，人畏之，其死也，尸之廣陵北門，路人私共瘞之。是時民多病瘧，皆取其墳上土，以水服之，云病輒愈，更易新土，漸成高墳。徐温等惡之，發其尸，投于雷公塘。後温病，夢瑾挽弓射之。温懼，網其骨葬塘側，立祠其上。先是，瑾常患疽，醫工視之，色懼。瑾曰：「但理之，吾非以病死者！」於是果然。卒年五十二。韻府云：瑾兵黥雙雁于頰，號「雁子都」。

李承嗣，雁門人，故河東驍將也。爲汴兵所逼，同史儼從朱瑾南奔，太祖署爲淮南行軍副使。是時汴將葛從周屯壽州，扈師古營清口，侵淮，淮人大恐。太祖欲先趣壽州，承嗣言不如先向清口，師古敗，從周自走，此制敵之上策也。已而果如所料。太祖置酒高會，賞承嗣錢萬緡，表領鎮海軍節度使。

天復二年，太祖引兵攻汴，以承嗣權知淮南軍府事，境内無擾，承嗣之力也。高祖時，改淮南行軍副使，參預軍府之事，已出爲楚州刺史。太祖待承嗣及儼甚厚，第舍、姬妾咸擇其尤者賜之，故二人爲太祖父子盡力，屢立功，竟先後死，不復歸。儼累官滁州刺史。

承嗣常與淮南副使陸洎友善。天祐二年九月，承嗣過洎，洎因言夕夢騎兵召至一大府，署曰陽明府，入門，趣階下，一紫衣秉笏取書，宣云：「洎三世爲人慈孝，可陽明府侍郎，判九州都監事，來歲季秋十有七日蒞任。」隨遣騎送歸。明年九月，承嗣復詣洎，曰：「君比當上事，何無恙也？」洎曰：「府中已辦，詰朝當行。」承嗣曰：「吾素以長者重君，今無乃近妄乎？」洎曰：「惟君與我有緣，它日必當卜鄰。」承嗣嘿然去。俄而洎卒，葬于茱萸灣。後數年，承嗣葬于洎墓之北，其言遂驗。

禪，承嗣少子也。和雅練達，有父風。居廣陵宣平里中。一日晝寢，庭前有白蝙蝠繞庭而飛，家童輩以帚撲之，不能中，久之出户外，忽不見。是年禪妻卒，輀車出入之路，卽飛翔所至處也。人咸異之。

彭彥章，廬陵人，吉州刺史玗之弟也。天祐初，彥章爲袁州刺史，與撫州危全諷等連兵攻洪州。大將周本既擊敗全諷，遂乘勝攻袁州，執彥章以歸。高祖署爲百勝軍使。武義元年，吴越兵自東洲入寇，命彥章與裨將陳汾拒之。已而戰浪山江，彥章師敗績，汾擁兵不之救，彥章死焉。高祖爲誅汾，籍没家貲，命以其半賜彥章家，稟其妻子終身。

李儼 趙匡凝 鍾匡時 雷彥恭 譚全播

李儼，唐宰相張濬少子也。初名休，一名播。仕昭宗，起家校書郎，歷官左金吾將軍。天復二年，賜今姓名，以爲江淮宣諭使，賫御札自巫峽間道潛行，拜太祖東面行營都統、中書令，進爵吴王，以討朱全忠。已而全忠克鳳翔，又殺濬于長水，儼遂留廣陵，不敢歸。儼在廣陵，太祖甚尊崇之，待以王人之禮。始至時，太祖建制敕院，凡國有封拜，輒先告於儼，然後下。太祖即世，諸將復詣儼承制授烈祖爲弘農郡王。久之，貧困無所依，寓居海陵，頗與朱瑾交好。徐知訓之死也，徐温疑儼通謀，遂被殺，國人寃之。按九國志云：李儼本左僕射張濬之少子，名播。起家校書郎。昭宗賜其姓名，來使，欲徵兵復讐。行密與全忠書云：「選張述於諫省，俾銜命於敝藩。授秩執金，賜編屬籍。」李昊蜀書張格傳云：弟休，仕唐爲御史，奉使揚州。聞長水之禍，改姓名曰李儼。今以九國志爲允。

趙匡凝字光儀，蔡州人也。父德諲，事秦宗權爲申州刺史，宗權反，德諲攻下襄陽，已而以山南東道七州降朱全忠，全忠表爲行營副都統，河陽、保義、義昌三節度行軍司馬，會其兵以攻蔡，破之，德諲功多。未幾，卒，匡凝因自立。

時成汭死，雷彦恭襲取荆南，匡凝遣其弟匡明逐彦恭。全忠表匡凝荆襄節度使，以匡明爲荆南留後。是時唐衰，藩鎮不復奉朝廷，獨匡凝兄弟貢賦不絶。

匡凝爲人，氣貌甚偉，性方嚴，喜自修飾。頗好學問，聚書數千卷，爲政有威惠。汴人攻兖州，朱瑾求救于河東，河東將李承嗣、史儼將兵救瑾，瑾敗，與承嗣等俱南奔。晉王李克用遣人以書幣假道于匡凝來聘，求歸承嗣等。晉王使者爲汴人所得，全忠大怒。是時汴兵已破兖州，遣氏叔琮、康懷貞等攻匡凝。叔琮取泌、隨二州，懷貞取鄧州。匡凝懼，請盟，乃止。全忠已弑昭宗，將謀代唐，畏匡凝兄弟不從，遣使告之。匡凝對使者流涕答曰：「受唐恩深，不敢妄有它志。」全忠遣楊師厚攻之，而自以兵殿漢北。匡凝戰敗，以輕舟奔太祖。師厚進攻荆南，匡明遂奔于蜀。

匡凝至廣陵，太祖見之戲曰：「君在鎮時，輕車重馬，歲輸于梁，今敗乃歸我乎？」匡凝曰：「僕世爲唐臣，歲時職貢，非輸賊也。今以不從賊之故，力屈歸公，惟公生死之耳。」太祖厚遇之。及太祖薨，烈祖稍不禮之。烈祖方宴食青梅，匡凝顧烈祖曰：「勿多食，發小兒熱。」諸將以爲倨慢，遷匡凝海陵，後爲徐温所殺。匡明卒于蜀。

鍾匡時，洪州高安人。父傳，爲鎮南軍節度使。會危全諷、韓師德等分據諸州，傳皆不能節度，以兵攻之，稍聽命。獨全諷守撫州不可下，乃自率兵攻其城。城中夜火起，諸將請急攻之，傳曰：「吾聞君子不迫人之危。」乃掃地祭天，嚮城再拜，祝曰：「全諷不降，非民之罪，願天止火。」全諷聞之，明日，乃亦聽命，請以女妻匡時。傳居江西三十餘年，累官太保、中書令，封南平王。

天祐三年，傳卒，匡時自稱留後，請命于唐。全諷曰：「聽鍾郎爲節度三年，吾將自爲之。」已而傳養子延規與匡時争立，乞兵烈祖，烈祖遣秦裴等攻匡時。匡時敗，被執，歸于廣陵。未幾，全諷起兵江西，謀復鍾氏故地。全諷爲大將周本所敗，江西遂入于境内。

雷彦恭，武貞節度使滿之子也。滿據朗州，引沅水塹其城，上爲長橋，爲不可攻之計。又鑿深池，府中客有過者，召宴池上，指池水曰：「蛟龍、水怪，皆窟於此，蓋水府也。」酒酣，取坐上器擲池中，因裸而入，取其器嬉水上，久之乃出，治衣復坐，意氣自若。其無賴剽掠，固天性然也。

天祐初，滿卒，彥恭嗣爲節度使，附于太祖。亦常攻刼，爲荆湖患。已而楚王馬殷發兵攻彥恭，彥恭恃塹爲阻，逾年不能破。五年夏，楚兵陷朗州，彥恭以輕舟來奔，高祖以爲淮南節度副使。楚人禽其弟彥雄等十人送梁，斬于汴市，澧、朗遂入于楚。彥恭後卒廣陵。

譚全播，南康人也。常與同邑盧光稠雅相愛，光稠狀貌雄偉，無它材能，而全播勇敢有識畧，然獨奇光稠爲人。唐末，羣盜起南方，全播謂光稠曰："天下洶洶，此真吾等之時，無徒守此貧賤爲也。"乃相與聚兵爲盜。衆推全播爲主，全播曰："諸軍徒爲賊乎，而欲成功也？若欲成功，當得良帥。盧公堂堂，真君等主也。"衆陽諾之。全播怒，拔劍擊木，三斬之，曰："不從吾令者，如此木！"衆懼，乃立光稠爲帥。

是時王潮攻陷嶺南，全播攻潮，取其虔、韶二州，又遣光稠弟光睦攻潮州。光睦好勇而輕進，全播戒其持重。不聽，度其必敗，乃爲奇兵，伏其歸路。光睦果敗走，潮人追之，全播以伏兵邀擊，大敗之，遂取潮州。是時劉隱起南海，擊走光睦，以兵數萬攻韶州。光稠大懼，謂全播曰："虔、韶皆公取之，今日非公不能守也。"全播曰："吾知劉隱，易與爾。"乃選精兵萬人，伏山谷中，陽治戰地於城南，告隱戰期，以老弱五千挑戰。戰酣僞北，隱急追之，伏兵發，隱遂大敗。光稠第戰功，全播悉推諸將，光稠心益賢之。

天祐六年，光稠來附于高祖，亦以虔、韶二州請命于梁。梁太祖爲置百勝軍，以光稠爲防禦使，兼五嶺開通使；又建鎮南軍，以爲留後。未幾，光稠病，以符印屬全播，全播不受。光稠卒，全播立其子延昌而事之。延昌好遊獵，其將黎球閉門拒延昌，延昌見殺，球因謀殺全播。全播懼，稱疾不出。已而梁拜球防禦使，球暴病死，其將李彥圖自立。全播益懼，遂稱疾篤，杜門自絶。彥圖疑之，使人覘其動静，全播陽爲病劇狀以自免。彥圖死，州人相率詣全播第，叩門請之，全播乃起，遣使請命于梁，拜防禦使。

全播治虔州七年，有善政。高祖遣劉信攻破虔州，獲全播于雩都，遂以之歸廣陵，命爲右威衛將軍，領百勝軍節度使。未幾卒，年八十五。

十國春秋卷第九

吳九　列傳

王稔　骨言　陳祐　陳紹　方從訓　蔣延徽　王壇

王稔，廬州人也。中和三年，太祖爲廬州刺史，聞州人王曷賢，召欲用之，固辭；問其子弟，曰：「子潛好學愼密，可任以事；弟子稔，有氣節，可爲將。」太祖因召潛置門下，而以稔爲騎將，後積功累官滁州刺史。

順義三年，有言鍾泰章在壽州侵市官馬者，睿帝命稔巡霍丘，代泰章爲壽州團練使，俄遷節度使。未幾，自壽州罷歸揚都，爲統軍。一日，坐聽事，與客語，忽有小赤蛇自屋墜地，向稔而蟠。稔令以器覆之，良久發視，惟一蝙蝠飛去。是年稔加同平章事，咸以爲其應也。

骨言，唐骨儀之後也。高祖用兵江西，以言爲行營都虞候。言驍勇果毅，雅善治兵。時危仔倡舉信州請降，高祖以張景思代之，命言率兵五十人送景思入境。仔倡聞言兵至，棄州奔吳越。言偕景思入信州，從容經畫，人服其有定亂才。

陳祐，少有勇力，高祖署爲黑雲都將。天祐十年，錢傳瓘等帥吳越兵入寇常州，徐溫將兵拒之，至無錫，祐白于溫曰："彼謂我遠來罷倦，未能決戰。今乘其無備，請以部下兵擊之，傳瓘可禽也。"乃引兵繞它道出吳越兵之後，溫由是以大軍薄其前，內外夾攻，吳越兵大敗，斬獲無筭。已而擢爲大將，鎮潤州。會牙將周郊作亂，祐帥衆討平之，有功，累官□□卒。〔一〕

陳紹，宛丘人。驍果善戰，勇而多謀。歷官至左驍衞大將軍。梁將王景仁入犯，紹從徐溫將兵禦之。溫遇景仁于趙步，戰小却，景仁擁師乘之，將及于隘，諸吏士皆失色，紹忽援槍大呼曰："誘敵太深，可以進矣！"躍馬還鬭，左右衝突，衆兵隨之，摧鋒陷陳，當者辟易，梁兵乃退。溫拊其背曰："非子之智勇，吾幾困矣。"賜金帛加等，紹悉以分麾下。又戰霍丘，梁兵大敗，遂聚梁尸爲京觀，是役爲高祖時戰功第一。未幾，叛走吳越。武義元年，陳璋敗吳越兵于香灣，徐溫愛其勇，募生獲紹者賞錢百萬。指揮使崔彥章應募鹵歸，溫復使之典兵。

方從訓，父虔爲太祖守將，總兵戍寧國以備兩浙，已而爲吳越所禽，從訓遂代虔守寧國，頗以扞禦著功。子孫世爲寧國人。

蔣延徽者，太祖壻也，與臨川王濛素相善，中書令徐知誥頗畏忌之。太和時官信州刺史。會建州土豪吳光爲閩臣薛文傑所逼，帥衆萬人來奔，且請兵。延徽幸其功，不俟朝命，輒引兵會攻建州，已而敗閩兵于浦城，遂圍建州。城垂克矣，知誥恐得城後延徽奉濛以圖興復，遣使趣之歸。閩人乘勢追之，師敗，延徽左遷右威衛大將軍。

王壇，故孫儒隊將也。儒敗，率其黨三千人奔睦州陳晟，晟頗疑之，處於外城。未幾，壇同三河鎮將陳嚴攻婺州，婺州刺史蔣環奔會稽，壇遂有其地。已而與東陽鎮將王永相攻，吳越武肅王時爲鎮海鎮東節度使，諭其罷兵，不從，興師討之。光化三年，師敗，奔宣州，田頵用爲親將。頵敗，壇降于太祖，除淮南節度副使。天祐九年，出爲宣州制置使，數李遇不朝之罪。居數年，卒。

張崇　張宣　崔太初　曹筠

張崇，愼縣人也。官至廬州觀察使。天祐十三年，光州將王言作亂，崇不俟命引兵討定，高祖獎賚有加。久之，擢德勝軍節度使；武義改元，加安西大將軍。崇居官好爲不法，士庶苦之。常入覲廣陵，廬人意其改任，皆相幸曰：「渠伊不復來矣！」崇歸聞之，計口徵「渠伊錢」。明年，再入覲，人多鉗口不敢言，惟捋髭相慶。歸，又徵「捋髭錢」。其貪縱多此類。會廬江民訟縣令受賕，侍御史知雜事楊廷式欲并崇按之，徐知誥謝之而止。未幾，領武寧軍節度使，已又仍鎭廬州。太和三年，賜爵清河王。崇在廬州，厚以貨結權要，由是常得還鎭，爲民患者二十餘年。

張宣字致用。少從太祖爲軍校，隸大將柴斐。斐愛人戢下，諸將化焉，惟宣頗肆暴戾，部下苦之。劉信圍虔州，虔人乞師於楚，信遣宣及高審思分兵禦之，大敗楚師。累遷諸軍都虞候，徙左街使，皆以嚴酷爲理。最後領武昌軍節度使，置地室以鞠罪人，罪無問大小，人之則無全活。久之境内大治，道不拾遺。會雪中炭肆有鬬者，録問之，言市炭一秤，而輕不及數。宣使秤之，信然，乃斬鬻炭者，梟首懸炭于市，由是炭率以十五斤爲秤，而售者無敢輕重。南唐昇元中卒。

崔太初，雄西人。〔三〕事太祖父子，官至壽州團練使，在官頗以誅求苛刻爲事。順義元年，罷爲右雄武大將軍。先是，徐溫聞太初失民心，欲徵至廣陵，徐知誥曰：「壽州邊隅大鎮，恐爲變。」溫怒曰：「崔太初不能制，如它人何！」卒徵之。

曹筠，仕高祖爲馬軍指揮使。衣錦軍之役，筠叛奔吴越，徐溫厚遇其妻子，且招之曰：「吾使汝不得志而去，汝無以妻子爲念。」武義元年，吴越兵敗于香灣，筠乘勢復歸，溫自數昔日不用筠言者三，而不問筠去來之罪，歸其田宅，復其軍職。未幾，筠内媿卒。

李戴　盧擇　楊迢　徐善　盧蘋　楊彦伯　賈潭

李戴，唐平章事蔚從孫也。唐末，舉進士第。爲人簡畧，無威儀。唐亡來奔，授起居郎，因家于廣陵。子貽業，見南唐春秋。

盧擇，醴泉人。仕烈祖爲中書舍人。高祖時，進吏部尚書。是時政在徐氏，擇充位而已，無所短長。後以病卒。

楊迢，唐茂孝敬之之孫也。〔三〕仕烈祖、高祖，至駕部員外郎。武義元年，遷給事中，終于其職。

徐善，洪州人也。秦裴拔洪州，善有女弟擅殊色，爲軍校所得，强納幣焉，已竟挾之去。善詣廣陵，白其事。是時烈祖府庭甚嚴，布衣遊士經歲不得一見，而善始至白沙，烈祖夜夢神告曰：「江西秀才徐善見公，今在白沙逆旅矣。其人良士也，且有情事未申，宜厚遇之。」烈祖旦卽遣騎迎善，既至，禮遇優渥，因具述女弟被掠狀，烈祖命購贖歸善。歙州刺史陶雅聞而異之，辟善爲從事。高祖時，官中書舍人。

盧蘋，洛陽人。博學，善應對。歷官至司農卿。順義三年，唐以滅梁來告，睿帝命蘋使于唐。嚴可求預度唐朝所問，密書數事，授之以行，最後復增黑雲都長劍多少及五十指揮使在都下諸條。蘋至唐，悉依可求疏記次第以應。唐莊宗大喜，餽賚加等，遣蘋歸。蘋還，言唐主荒于遊畋，嗇財拒諫，内外皆怨，不數年亡矣。已而果如蘋所說。

楊彦伯，新淦人也。唐時童子科及第。已而從昭宗至鳳翔，走還鄉里。吉州刺史彭玕厚遇之，累攝縣邑。天祐中，江西平，彦伯仕于高祖，累官户部侍郎。睿帝時，臨軒策命齊王知誥，詔彦伯攝門下侍郎行事。

初，彦伯謁選長安，一夕，抵華陰旅舍，有店媪能知方來休咎。彦伯將行，忽失所著履，詰責童僕甚喧。媪曰：「將行而失鞵，事不諧矣。京國有亂，爾當備歷百艱。君爵禄皆在江淮，官至門下侍郎。」彦伯未之信也。至是思其言，忽忽不樂，數月卒。

賈潭爲人有器度，不與物競。高祖時歷官至兵部尚書。潭常見嶺南節度使獲一橘，大如升，破之得小赤蛇，長數寸，亦異事云。

校勘記

〔一〕累官□□□□卒　「累官」下空四字。按據九國志卷二陳祐傳，載祐討平周郊後，「授黑雲都尉」，又云「以功加檢校司空，太和元年授饒州刺史，卒於任，年六十五」。録以備考。

〔二〕雄西人　「雄西」二字原爲空格，今據九國志卷二崔太初傳補。

〔三〕唐茂孝敬之之孫也　「茂孝」二字原爲空缺。按新唐書卷一六〇楊憑傳附楊敬之傳，載敬之字茂孝，唐文宗時人。楊迢當卽其孫。今據新唐書敬之傳補「茂孝」二字。

十國春秋卷第十

吳十　列傳

尚公迺　黄訥

尚公迺，丹徒人。初爲昇州馮宏鐸牙將，宏鐸遣詣太祖求潤州，太祖未之許，公迺大言曰：「公不見聽，恐終不敵樓船也！」及宏鐸敗歸太祖，太祖戲公迺曰：「頗憶求潤州時否？」公迺下席謝曰：「將吏各爲其主，但恨無成耳！」太祖笑曰：「爾能事楊叟如馮公，吾無憂矣。」後公迺發田額反書以告，卒不負太祖云。

黄訥，蘇州人也。天祐時爲鎮南節度使劉威幕客。太祖既薨，威爲帥府所忌，或譖之于徐温，温將圖之。訥説威曰：「公受謗雖深，反本無狀，若輕舟入覲，則嫌疑頓亡矣。」威從其言，温果待威甚恭。威得還鎮，訥與有功焉。

嚴可求　駱知祥　陳彦謙

嚴可求，同州人也。九國志云：可求本馮翊人。父實，仕唐爲江淮水陸轉運判官，因家于江都。可求少通敏，有心計，以徐温客爲太祖幕僚，遇事多所籌畫。太祖疑朱延壽，欲殺之，温用可求謀，教太祖陽爲目疾以紿延壽。事成，温遷右牙指揮使，而可求亦以獻策得與謀議。

太祖彌留之際，温與可求入問疾，獨目送可求，凝注者久之。衆出，可求曰：「王若不諱，如軍府何？」太祖曰：「吾命周隱召長子渥，今忍死待之。」可求同温遽詣隱，隱未出，而見隱作召符猶在案上，急取遣之，烈祖乃得嗣立。及張顥共温弑烈祖，約中分其地以臣梁，烈祖殁，而顥欲背約自立，厲聲問諸將曰：「嗣王已薨，軍府誰當主者？」三問莫應，可求陰爲温地，前密啓曰：「方今四境多虞，非公主之不可；然今日則恐太速。」顥變色曰：「何謂速也？」可求曰：「廬州劉威、歙州陶雅、宣州李簡、常州李遇，皆先王故等行也。公雖自立，此曹肯爲公下乎？不若立幼主，漸以歲時，諸將孰敢不從！」顥默然。可求急趣出書一教，内袖中，麾同列往使宅賀，衆莫測其所爲；既出教，宣之，乃烈祖母史太夫人教也。大畧言「先王創業艱難，嗣王不幸早世，隆演次當立，諸將宜無負楊氏」，辭旨激切。顥氣色皆沮，以其義正，不敢奪，高祖乃得立。

顥由此與温有隙，諷高祖出温潤州。可求見温曰：「公舍牙兵而就藩郡，禍行至矣！」温患之，可求因説顥曰：「公遷徐公潤州，人皆言欲奪其兵權而殺之，信乎？」顥曰：「右牙欲之，非吾意也。業行矣，奈何？」可求曰：「易耳。」是時行軍副使李承嗣預軍府之政，可求詣承嗣曰：「顥凶惡如此，今出右牙于外，意不徒然，恐亦非公之利。」明日邀顥與承嗣過温，陽瞋目責之曰：「古人不忘一飯恩，況公楊氏宿將。今幼嗣新立，多事時，乃欲求自安於外邪！」温亦陽謝曰：「公等見留，不願去也。」由是不行。

顥知爲可求所賣，夜遣盜刺之。可求度不免，請爲書辭府主；盜執刀臨之，可求操筆無懼色。盜粗能辨字，見其辭氣忠壯，曰：「公長者，吾不忍殺。」遂掠其財以去。頃之，温令鍾泰章斬顥于牙堂。温得除顥而獨專國政，可求力也。事平，授揚州司馬。

已而温鎮潤州，留子知訓與可求居廣陵秉政。宿衞將馬謙、李球作亂，知訓將出走，可求曰：「公棄衆自去，衆將何依？」乃闔户而寢，鼾息聞于外，府中以安。及朱瑾之變，温遣使殺米志誠，可求恐其拒命也，以計禽斬之。而温以瑾故，欲大行殺戮，可求則與徐知誥具陳知訓致禍之由，温怒得稍解。未幾，改營田副使。武義元年，高祖即吴國王位，遷門下侍郎。順義中，拜尚書右僕射，已而兼同平章事。

先是，唐與梁戰，來徵兵，温欲持兩端，發兵循海助其勝者，可求固争不可。至是唐以滅梁來告，温尤之曰：「公前沮吾計，今將若何？」可求笑曰：「聞唐主始得中原，志氣驕滿，不出數年，必内變。吾但卑辭厚禮，保境以待，足矣。」于是遣司農卿盧蘋報使，可求密條數事授之。蘋如洛陽，凡所問者，悉依所授以對，大厭莊宗心而歸。無何，莊宗遇害，可求之言遂驗，温益重焉。

時知誥秉鈞，以四郊多壘，待將校頗事姑息。而將校從禽聚飲，搔擾民庶，知誥欲糾以法，復惜其才力，患之，問于可求。可求曰：「無煩繩之，易絶耳。請檄泰興、海鹽諸縣罷採鷹鸇，可不令而止。」知誥從其計，匝月間羣校無有游墟落者。俄進左僕射。太和二年卒。可求之死也，後温三年。

可求素忠于温，居恒以知誥非徐氏子，數勸温以次子知詢代知誥輔政。知誥内切忌之，天祐末，謀出可求爲楚州刺史。是時高祖尚守藩鎮，可求知温意殊未慊，既受命，卽趣金陵説温曰：「唐亡于今十二年，而吴猶不改天祐，可謂不負唐矣。然吴所以征伐四方而建基業者，常以興復爲辭。今聞河上之戰，梁兵屢衄，朱氏日衰，李氏日熾，一日李氏有天下，吾能北面爲臣乎？不若於此時先建吴國，以繫民望。」温果大悦，復留可求不遣，使草具禮儀。知誥知可求不可去，乃以女妻其子續。

可求微時爲陽邑吏，陽邑令器之，待以賓禮，每曰：「卿當自愛，他日極人臣之位，幸以遺孤留意。」後可求登公輔，令子理遺命走謁可求，可求贈以擔石束帛，若不爲意者；俄密遣人賫黄金數十斤伺于逆旅門，謝之曰：「非陽宰之子乎？相君使奉金以備行李。」又㪚一第宅，僕馬畢爲之置。令子他日詣門謝，可求曰：「聊報尊府君夙昔之遇耳。」一見後，終身謝絶。其權畧有如此。

駱知祥，合肥人也。雅能治金穀，遇事輒辦。初事田頵爲宣州長史，太祖既殺頵，以知祥爲淮南支計官，勵精爲理，事無留滯。天祐中，徐温秉國，知祥與嚴可求左右協力，可求任軍旅，知祥司財賦，一時稱之曰「嚴駱」。已而初置選舉，命知祥董其事，任用得人，世多服其精覈。久之，授鹽鐵判官。武義元年，高祖卽吴國王位，遷中書侍郎。知祥與徐知誥甚密，知誥常欲出可求于楚州，知祥實與其謀。後數年，以病卒。

陳彦謙，常州人。爲人多智畧，善理煩劇。高祖時，官潤州司馬，酷爲徐温所親信。温行部昇州，常喜其繁盛，彦謙勸温徙鎮海軍治焉。温從其説，卽以彦謙爲鎮海節度判官。温于軍國事但舉其大綱，細務悉委彦謙主之，江、淮稱治。武義元年，温與吴越兵戰于無錫，温病熱，不能治軍，彦謙遷中軍旗鼓于左，取貌類温者，擐甲胄，號令軍事，温得少息。其臨機御變，皆此類也。

未幾，兼楚州團練使。疾革時，徐知誥恐其遺言及繼嗣事，醫藥、金帛相屬于道，以結其心。彦謙密留書于温，卒勸以所生子爲嗣，時皆多其有義。先是，金陵工成，彦謙上費用之籍于温，温曰：「吾既任公，何以此相溷也？」竟不復會計。温始終推心腹用之，故彦謙亦以此報温。

論曰：可求善謀而多中，運機莫測，握算若神，豈非其智有過人者邪！知祥精心錢穀，一心佐理，得與可求齊稱，宜矣。彦謙劻勷庶務，終始不渝其志，亦可云東海之功臣也。

盧樞　王濳　楊廷式　徐融　汪台符　江夢孫

盧樞，□□人。高祖時官御史臺主簿。武義元年，高祖禁民間私畜兵器，盜賊益繁，樞上言：「今四方分争，宜教民戰。且善人畏法禁，而奸民弄干戈，是欲偃武，而反招盜也。宜團結民兵，使之習戰，自衛鄉里。」從之。

王潛，廬州人。初居太祖幕府，及事高祖，歷官左司郎中，典選事。時喪亂之後，官失其守，甲簿湮落，潛雍容款接，坐客常滿，隨才而使，人人自以爲得。徐知誥爲相，掄選有序，潛之力也。

楊廷式字憲臣，泉州人。正直不畏强禦。武義初，官至侍御史、知雜事。時張崇爲德勝節度使，貪暴不法。會廬江民訟縣令受賕，徐知誥遣廷式往訊，廷式曰：「雜端推事，其體至重，職業不可不行。」知誥曰：「何如？」廷式曰：「械繫張崇，使吏如昇州簿責都統。」知誥曰：「所按者縣令，何至于是？」廷式曰：「縣令微官，張崇使之取民財，轉獻都統耳。豈可舍大而詰小乎？」都統者，謂徐温也。知誥謝曰：「固知小事不足相煩。」以是益重之。

廷式雅善占夢，縣令毛貞輔者謁選廣陵，一夕，夢口中吞日，既寤，腹猶熱，問于廷式。廷式曰：「此夢甚大，非君所能當。若以君而言，宜得赤烏，場官也。」已而果然。

徐融，不知何地人。齊王徐知誥秉國政，融與宋齊丘、曾禹、張洽、孫魴輩同爲知誥賓客。剛方率直，少所曲狥。身處齊幕，而實乃心楊氏。知誥既畜異志，且欲諷動僚屬。一日大雪，酒酣，知誥言行酒無以爲樂，義取雪與古人名巧合者爲口令，因舉巵曰：「雪下紛紛，便是白起。」宋齊丘繼曰：「著屐登階，必須雍齒。」融意欲折知誥，遽曰：「詰朝日出，争奈蕭何。」知誥大怒，是夜，收融投之江。自是與謀者，惟齊丘而已。

汪台符，歙州人。少好學，博貫經籍，善爲文章，不逐浮末，有匡王定霸之才。天復初，爲陶雅幕客，已而見天下苦兵戰，遂居鄉里，執耒力田。睿帝時，徐知誥鎮金陵，台符自草間上書，陳民間九患及利害十餘條。書上，爲宋齊丘所沮，謂：「雖有其言，必無其行。」知誥猶豫未之信。齊丘始字超回，台符乃貽書誚之曰：「聞足下齊先聖以立名，超亞聖而稱字。」齊丘慚而更其字曰子嵩。由是大怒台符，密使人誘其乘舟痛飲，至石頭蚵蛂磯下，沉殺之。知誥聞而嗟歎久之，頗憾焉。

台符常請括定田賦，每正苗一斛，别輸三斗，官授鹽一斤，謂之鹽米，入倉則有廢米。太和末，知誥使民入米請鹽，卽其法也。南唐昇元中，限民田物畜高下爲三等，科其均輸，以爲定制。又貨鬻有征税，舟行有力勝，皆用台符之言云。

台符有歙州汪王廟記，文辭奇奥，甚見稱于時。記曰：天不欲蓋，地不欲載；兩曜不欲凝，萬根不欲生。玉石一塵，賢愚一血；則神人不得不降，聖人不得不作，我唐不得不興，越公不得不起。起而不生，進退存亡者，越公得之矣。隋鹿無主，羣雄率舞，公嬌翅一鳴，聲著千古，提山掬海，沃沸塡危。掃平反側之源，歸我唐虞之際。武德四年，高祖下制曰：「汪華往因離亂，保據州郡，静鎮一隅，以待寧晏。識機慕義，遠送款誠。宜從褒寵，授以方牧。可使持節歙、宣、杭、睦、婺、饒等六州諸軍事。」感天人知己，瞻玉闕言懷，龍劍一沉，死而不朽。貞觀二十三年也，有棠樹之詩，無良人之嘆。固得父老，請建祠堂，在廳之西。大曆十年，刺史薛邕遷于烏聊東峯。元和三年，刺史范傳正又遷于南阜，即今廟是也。中和四年，刺史吴公圓克荷冥應，復修棟宇。迄今司空、潯陽公景慕英塵，經始靈宫，凡三遷飾物，不告勞民，惟求舊濟，於時死於國功，宣教化，則祭之，其餘不在祀典。狄梁公按察江、淮，焚淫祠七百所，朝野韙之，所謂能執干戈以衛社稷。越公欲蓋而彰，雖焚不可得矣。且湯不乾，堯不濕，曷顯聖人之政。唐歷十有九帝，二百八十年，其時間有□□僕醉，觸破王化。洎僖皇歲庚子，盜起曹南，逆塵犯蹕，我淮王大叫義聲，千里奔命，宣、池、濠、壽、滁、和九郡，統我馬箠，分我君憂。苟無將將之雄，莫破錚錚之膽。我司空、潯陽公獨危仁義禮樂，餌舒、池、常、潤於歙，最爲政第一，慰本城之人，築久常大本，豈矜莊嚴一祠，企望六郡，直在乎開物成務，遺民金石者也。台符，越公之裔，潯陽之吏，祖能神，主能賢，辭或不直，作神之羞，辱主之命，召我邦人，同歸典實，庶可與言文論政矣。龍集壬戌十二月十有一日謹記。「獨危」一作「陶雅」。

江夢孫字聿修，潯陽人也。博綜經史，立行高潔。太和中，中書令徐知誥表爲秘書郎。夢孫數自言迂儒，無裨益，平生讀書欲小試於治民，求爲縣令。方是時，士客于知誥者率以功名富貴自許，而夢孫獨無奢望，知誥以爲不情，未之許也。久之，累求不已，遂補天長令。知誥先持告身示之曰：「今日受此，〔一〕明日趣走庭下矣！」曰：「此素志也，庸何傷！」及至天長，吏白：「縣署聽事有淫厲，不可居。」夢孫曰：「長吏不坐堂皇，非禮也。」是夕果有怪並出，夢孫起焚香曰：「夢孫受命爲令，當治事于此，鬼神有祠廟丘壟，何不各歸其所？吾行不欺暗室，奚畏君等！」語訖，皆斂迹。

夢孫治縣寬簡，吏民安之。逾年，棄官去，縣人號泣，送之數十里。還家，事繼母盡孝，早暮潔衣冠，視饍羞，母食既徹，爲諸生講禮釋經義，凡至疑處，輒斂袵曰：「此科先儒猶多異同，夢孫安敢輕言，諸君自擇所長可也。」南唐保大中卒，年八十五，贈國子司業。葬之日，自遠方至者千人，而服衰者百許。

論曰：盧樞一言，而團結民兵，可謂慮深遠矣；王潛之司銓衡，楊廷式之居臺職，皆能不媿其官者也。融以諷言賈禍，台符以獻策喪軀，其人足嘉，而周身之智少昧焉。若夢孫者，進退不失，卑以自牧，殆所云盛德之士乎。

鍾泰章　翟虔　韋建　高審思　李章　王令謀

鍾泰章，吴録作鍾章。合肥人。爲人勇敢有膽畧。烈祖時，官左監門衛將軍。高祖初襲位，徐温與張顥争權，欲刺顥而難於其人，嚴可求語温曰：「非鍾左衛不可。」温乃使親將密諭泰章。泰章私心喜，選壯士三十輩，椎牛享之，夜刺血相飲爲誓。温猶疑其怯，夜半止之曰：「僕母老，懼事不成，徐圖之如何？」泰章勃然曰：「言已出口，豈可已之！」明日，遂誅顥，溫由是暴顥弑君之罪。未幾，論誅叛功，泰章賞獨薄，每酒酣恃功，頡頏與諸將爭。或言泰章觖望，徐知誥疑其難制，溫曰：「是吾過也。昔者吾赤族之禍，間不容髮，使無泰章，豈有今日富貴邪！奈何以薄物細故疑之。」稍擢爲滁州刺史。

已而隨周本圍蘇州，本敗于黃天蕩，泰章將精兵三百爲殿，多樹旗幟菰蔣中，追兵不敢逼而還。久之，遷壽州團練使。

順義中，人有告其侵市官馬者，知誥以王命遣王稔代之，改泰章饒州刺史。溫召至金陵，使陳彥謙三詰之，皆不對。或謂泰章何不自辨，泰章曰：「吾在揚州，十萬軍中，號稱壯士。壽州去淮數里，步騎不下五千，苟有它志，豈王稔單騎所能代乎？我義不負國，雖黜爲縣令亦行，況刺史乎？何爲自辨，以彰朝廷之失。」時知誥欲以法繩諸將，請收泰章治罪，溫不可，乃命以泰章次女配知誥長子，是爲南唐光穆皇后。

翟虔，彭城人。起家閤門使，素爲徐溫所親任。鍾泰章之刺張顥也，溫實使虔通密謀，已而閉牙城門，遂克成功。稍遷王府子城使。一云宮城使。朱瑾殺徐知訓，虔閤府門，勒府兵討之，瑾死。未幾，改武備使，使察睿帝起居。虔防制甚急，殊不堪。順義四年，睿帝巡迎鑾鎮，温自金陵來朝。睿帝對温，輒名雨爲水，温請其故。曰：「翟虔父名，吾諱之熟矣！」因謂温曰：「公忠誠，我所知也，然虔無禮，宫中及宗室所須多不獲。」温頓首謝罪，請斬之。睿帝曰：「斬則太過，遠徙可也。」乃徙撫州，卒。

韋建，少居太祖軍中，常從征討，以膂力聞。後隸虔州王綰爲裨將，郡境曠遠，旁接谿洞，羣盜充斥，建率勵勇士，所至捕獲，百姓賴之。累遷諸軍都虞候、左街使，出爲袁州刺史。建不知書，而性渾厚，清静自處，無所侵撓，郡中大治。居數年，入爲統軍，事睿帝甚謹。南唐禪代，出爲武昌軍節度使。卒，年八十。

高審思，少事太祖，以驍勇名于軍中。劉信平虔州，審思爲裨將，屢立戰功。審思爲人厚重寡言，齊王徐知誥奇之，常使綜領親兵。及禪代，拜壽州節度使，加中書令。增修城隍，守備甚嚴。或謂曰：「以公威畧，守此堅城，何懼而過爲畏懦也？」審思曰：「兵機多變，不可不懼，有備無患，策之上也。」後周師南侵壽州，未能卒破，人咸思審思遺績云。年七十八，卒于鎮，謚曰忠。初，術者言審思位不至刺史，常受命刺史常州，固辭不行，而其後位兼將相，終始富貴，術之不足信如此。

李章，廬州廬江人也。一作季章，定遠人。中和三年，與王稔同爲太祖騎將，已而與朱瑾相悦。高祖時，瑾殺徐知訓，自剄，徐温入，誅瑾黨，章與同事六人當斬，五人已斬，次至章，厲聲曰：「四郊多壘，而斬壯士耶！」時馬仁裕監斬，壯其言，聞于徐知誥，釋之。已隸洪州爲軍校，累遷雄武軍都虞候、左街使。章雖老，而心尚壯，善撫士卒，勤于職務。睿帝時，出爲百勝軍節度使，爲理嚴重，禁戢左右，賓禮僚屬。南唐受禪，會周本死，移章鎮廬州，加中書令。昇元四年秋八月，卒，年九十。

王令謀，故徐知誥客也。初爲昇州判官，已而改揚府左司馬，轉内樞使。乾貞中，徐知詢握兵金陵，與知誥相猜忌，知誥頗患之。令謀説知誥曰：「公輔政日久，挾天子以令境内，誰敢不從。知詢年少，恩信未洽于人，無能爲也。」未幾，遷同平章事。太和三年，進左僕射、兼門下侍郎，與宋齊丘同平章事。六年，拜司徒，已又領忠武軍節度使。天祚三年，令謀如金陵勸知誥受禪，辭不受。九月癸丑，卒。

令謀素柔猾，鮮志操。老病無齒，或勸其致仕，令謀曰：「齊王大事未畢，吾何敢自安？」疾亟，屢上書勸進。是歲十月禪代，令謀竟先死，不能償其志。

校勘記

〔一〕今日受此 「今」原作「令」，誤，今據馬令南唐書卷十五江夢孫傳改正。

十國春秋卷第十一

吴十一　列傳

杜荀鶴　殷文圭　楊夔　沈文昌

沈顔　徐延休　游恭　王振

信都鎬　陳濬　朱滑周延禧　張翊

杜荀鶴，素有詩名，自號九華山人。登唐大順中進士第，一云：荀鶴，牧之微子也。牧于會昌末自齊安移守秋浦，時年四十四，有妾懷妊，出嫁長林鄉正杜筠而生荀鶴，擢第時年四十六矣。以世亂還歸九華山。田頵在宣州，甚重之，遂處頵幕府爲賓客。頵起兵，陰令以牋問至壽州結納朱延壽，復至汴通梁王朱全忠，全忠頗厚遇之。頵敗，全忠表授荀鶴翰林學士、主客員外郎、知制誥。恃勢侮易縉紳，衆怒欲殺之而未及。天祐時卒。

荀鶴初謁全忠，會雨作而天無行雲，全忠曰：「此謂天泣，是何祥也？」荀鶴賦無雲詩獻上，全忠大悅。詩曰：「同是乾坤事不同，雨絲飛灑日輪中。若教陰翳都相似，爭表梁王造化功。」

殷文圭，池州人，一云陳州西華人。小字桂郎。居九華山苦學，所用墨池，底爲之穴。唐末詞場，請託公行，文圭與游恭獨步場屋。乾寧中，昭宗幸三峯，文圭攜東平王全忠表薦及第，尋爲裴樞宣諭判官。至汴州，全忠復表薦之。既而文圭投啟於公卿曰：「於菟獵食，非求尺璧之珍；鵷鶵避風，不望洪鐘之樂。」及南歸，爲多言者所發，全忠大怒，遣吏捕之不及，由是屢言措大率負心，每援文圭以爲證。時寧國節度使田頵雅重儒士，置田宅迎文圭母，以甥事文圭。文圭感頵意，爲之盡力。頵死，事太祖父子，掌書記。以文章著名，太祖墓誌銘蓋其手出也。武義元年，拜翰林學士。一云終左千牛衞將軍。有登龍集十卷，從軍藁二十卷，筆耕二十卷，冥搜集二十卷。

子崇義，仕南唐爲宰相。

先是，文圭舉進士，道遇老叟，目文圭久之，謂人曰：「向者若人眉綠，拳必入口，神仙狀也。如學道，當沖虛；不爾，有大名于天下。」而文圭拳實入口，後顯名當時，果符其言。唐詩紀事又云：「文圭中途遇一叟，鬢白眉綠，拳文入口，神仙狀也，曰：「如學道，當沖虛；爲儒，當大有名於天下。」云云。又常經大澤中，驟雨震雹，衆駭躓，文圭獨安詳如不聞。雨定，傍人見其兩耳中鬼神以泥封之，其異徵有如此。文圭晚年頗急于貲財，一日，草司空李德誠麻，潤毫久不至，作詩督之，因爲時論所少。詩曰：「紫殿西頭月欲斜，曾草臨淮上將麻。潤筆已曾經奏謝，更將章句問張華。」

楊夔，有雋才，與殷文圭、杜荀鶴、康軿、一作「駢」。夏侯淑、王希羽等同爲宣州田頵上客。夔知頵不足抗太祖，著溺賦數百言以戒之，頵不用，竟至于敗。夔有紀梁公對、原晉亂說，當世爭傳其文。

沈文昌，湖州人也。爲文精工，有如宿搆。常居田頵幕中，代頵草檄詈太祖，極加醜詆；及頵敗，太祖赦其罪，用爲節度牙推。頗以通敏見于時。

沈顏字可鑄，湖州德清人，唐翰林學士傳師之孫也。天復初，舉進士第，授校書郎。屬亂離，奔湖南馬氏，未幾來歸，爲淮南巡官，累遷禮儀使、兵部郎中、知制誥、翰林學士。常撰太祖神道碑，時人推爲鉅手。順義中卒。

顏少有詞藻，琴弈皆臻神境，時人爲之語曰「下水船」，言爲文精速，無不載也。性閒澹，不樂世利。常疾當世文章浮靡，倣古著書百篇，曰聱書，凡十卷，自序云：「孟軻以後千餘年，儒者咸未有聞焉，天厭其極，付在鄙子。」其誇誕如此。

又有解聱書十五卷，大紀賦一卷，登華、旨象、刑解、時辨、讒國諸文，及宣州重建小廳記行世。

記曰：界江南宣州，實爲奧區，凡厥貢之盛，厥土之饒，則古所良也。暨鉅盜起芒碭，環弊於四方，是邦載罹窘阨，雖城隍僅免，而外無孑遺矣。兵部裴公餘慶去任，竇常侍聿自池牧來臨，涖事未幾，遽爲秦彥所據，姦連鄰懟，一旦擁兵渡江，引黨趙鍠以代己任。是歲南滁劉顒作亂，揚州繼喪師律，二境流離，人不堪命。弘農王方作自泗水，爰奮義旗，詢于同盟，則田公司空首決弘謀。及維揚克定，秦彥就誅，宣人有言曰：「何獨後予，徯其來蘇。」弘農王允憫是誠，我公復勵兵進討，鍠悉銳逆戰，亟爲崩之。及追蹙保壘，兵食內空，而外不絕商，市無改肆。鍠知人和在彼，乃冒闇宵奔，我公追擒之，自此江表略定。大順元年建子月，孫儒大據維揚，又來寇我。舉不以義，自老厥師，復爲我公擒之，其衆盡潰。弘農王去寧揚土，我公嗣總藩條，天子嘉公之勳，就轉左僕射，命觀察。於是明年建寧國節度，又明年加司空。宣城薦屬戎事，便廳久缺，司署者進言曰：「盍葺諸？」公曰：「民室未完，民逃未復。」於是用文德以來之，既而來安之，不期歲，車者闐闐，舟者聯聯，比屋滯貨，盈市溢鄽。司署者復進言曰：「民室完矣，民逃復矣。」公曰：「倉廩未實，田野未闢。」於是薄其賦而省其徭，給其乏而賑其飢，不期歲，荷耰秉耒，撬蟠於泥，如雲之稼，穰穰在畦。司署者復進言曰：「倉廩實矣，田野闢矣。」公乃許。然後度林相址，不僁匠事，橫梁虹亘，山節峯峙，嵲嵲崇崇，觀者改視。公喜，退顧人曰：「凡事之治不治，無賢愚貴賤，顯然知異。觀此當其未治，人咸慊之，及其治也，人咸榮之。則吾於爲政也，豈不榮乎治哉！我今欲刊成績，宜付所能，則沈氏子以文售，子其何可辭焉？」乾寧二年乙卯秋八月八日記。

徐延休字德文，會稽人。博物多學，風度淹雅。唐乾符中進士。昭宗狩石門，無學士草詔，延休未調官，適在旁近逆旅，左右言其工文辭，卽召見命視草，昭宗善之。及還長安，不得用。樞密使蔣元暉辟爲僚佐，延休惡其人，棄去，依鍾傳于洪州。烈祖時取江西，得延休，歸授義興縣令。累官至光祿卿、江都少尹，卒。九國志：延休爲少尹，時吳將祀南郊，以爲鹵簿使，于是法物始備。

初，義興有漢太尉許馘廟，廟碑卽許劭所立，字久磨滅，開元中許氏諸孫再刻之，題八字碑陰，曰「談馬礪畢，王田數七」，時人不能曉。延休一見，爲之解曰：「談馬言午，言午，許也。礪畢石卑，石卑，碑也。王田爲千里，千里，重也。數七是六一，六一，立也。乃『許碑重立』四字耳。」

延休二子：鉉、鍇，有傳。

游恭，建安人。登唐進士第。博學能文辭，有名於世。初爲鄂州杜洪掌書記，洪死來歸，署館驛巡官。武義改元，遷知制誥，無何卒。恭常奉命撰烈祖墓誌，詞極體要，時輩稱之。有小東里集三卷，廣東里集四卷。

子簡言，仕南唐，別有傳。

王振，□□人。仕高祖兄弟，爲史官，嫺熟典故，博通事蹟。所著太祖等本紀及討論諸將戰功，皆詳核而不誣，切實而不靡，世稱良史才。

信都鎬，隋信都芳之後也。少以著作自負。當太祖入廣陵，功臣三十九人，而同時佐將吏實五十人焉，鎬録其名氏、功績，爲淝上英雄小録二卷。文獻通考云：信都鎬撰淝上英雄小録，中録楊行密將吏有勳名者四十人，其二十四人皆淝人，餘諸道人，又有僧道漁樵之屬十人，録其小事，故名小録。

陳濬，廬陵人。父岳，仕唐爲南昌觀察判官，著唐統紀一百卷。濬有史才，能世其學。事睿帝爲中書舍人、翰林學士。撰吴録二十卷。官終尚書。子喬，仕南唐，有傳。濬又有揖讓集七卷。

朱潯，素以文章名家，所撰啟霸集三十卷，爲當世所重。同時有周延禧者，亦號通才，自名其集曰百一集。

張翊，其先世爲京兆人。唐末，翊父授任番禺，屬劉隱將據廣南，棄官北還，至潭、衡間，馬氏已有潭、澧，挈家來奔江南，過廬陵禾川，僦屋居焉。翊與弟惟彬善讀書，克承先業。高祖時，徐知誥輔國政，翊入廣陵，以射策中第，授武騎尉。及知誥移鎮金陵，隨度江，見知于宋齊丘，置府中從事。南唐禪代，擢虔州觀察判官、西昌令，假道還廣陵，里人榮之。已而恃才褊躁，凌暴左右，被鴆卒。

翊文辭婉麗，禾山大舜二妃廟碑、廬陵紫陽觀碑、新興佛閣碑文，皆翊所撰。

論曰：殷文圭諸人，皆彬彬文章之選也，或則典贍得體，或則精簡擅長。江南故多才士，而文圭等實有篳路藍縷功焉。荀鶴雖唐臣，以常居宣州幕府，亦得載吳人之列云。

汪少微　支戩　奚超　淮南畫工

汪少微，歙州人也。常于順義元年撰歙硯銘云：「松操凝煙，楮英鋪雪，毫穎如飛，人間四絕。」

支戩，餘干人。世爲小吏，至戩獨好學，能文章。睿帝時，歷仕金陵觀察判官、檢校司空。先是，戩未遇時，戲祝于箕仙曰：「請卜支秀才他日何官。」箕仙畫曰：「年五十餘，位司空。」至是遂驗。年五十一，卒于任。箕仙者，蓋取飯箕衣之，因名。

奚超，易水人。父鼐與弟鼎善製墨，稱爲能品，唐末遷居歙州，超得其法。高祖、睿帝時，以造墨名家。至南唐，賜姓李氏。李廷珪、廷寬、廷宴，即超子也。廷宴之子文用，文用之子仲宣，皆能世其業。

淮南畫工者，失其姓名。晉王李克用之有河東也，太祖恨不識其狀貌，密使畫工詐爲商人，入其境寫之。及至河東，有發其謀者，禽之。晉王初甚怒，既而謂曰：「吾素眇一目，試召使圖之，觀其所爲如何。」俄畫工至，晉王按膝厲聲曰：「淮南使汝來繪吾真，必畫家之尤也。寫吾不及十分，堦下卽汝畢命地矣。」畫工再拜下筆。時方盛暑，晉王執八角扇，因寫扇衣半障其面。晉王曰：「是諂吾也。」遽使別圖之，又應聲下筆，繪其背弓撚箭之狀，仍微合一目，以審箭之曲直。晉王大喜，厚賂金帛而還。

十國春秋卷第十二

吴十二 列傳

糁潭漁者 張軍師 錢亮 董紹顔 李攻 柳翁 黄冠道人〔一〕 虔州少年 劉通微

糁潭漁者，不知所從來。太祖初起廬州，稱八營都知兵馬使，巡警至糁潭，憩于江岸，有漁父鼓舟直至前，饋魚數頭，曰：「此猶公子孫，鱗次而霸也。」因四指曰：「是皆公之山川。」太祖異之，將遺以物，不顧而去。

張軍師者，史失其名，雅善占筭。景福元年六月，孫儒圍太祖于宣州，前一日，軍師語太祖曰：「明日當大水，亭午儒授首矣。」時烈日曦赫，儒兵方張甚，軍中頗嗤其言。及詰旦，西北有雲，大如箕，漸漸彌漫，俄而澍雨，大水暴作。儒謂衆曰：「城中大水，將及我諸營，自顧無相救也。」頃之，水深丈餘，城內徑出兵邀擊儒營，因獲儒斬之。軍師言遂驗。

錢亮，江淮布衣也，人皆稱爲錢處士。天祐中寓居昇州，宿楊姓家。中夜忽起曰：「地下兵馬相鬨，云接令公，聒我不得眠。」人莫之測。明日徐温至金陵，時無有豫知者。江淮異人録又云：處士止于金陵楊某家。初，吴以金陵爲州，築城西臨江，東至潮溝，處士指城西荒蕪之地，勸楊市之。及建爲都邑，所市地正值繁會之處，遂製層樓爲酒肆焉。又常見一人，謂之曰：「爾天罰將及。」其人告以昨棄食溝中，處士曰：「爾亟取穢者滌之而食，可免罪。」俄而雷電大震，其人如其言，雷電遂息。

又語人曰：「金陵王氣復興，當有申生子應運于此。」及徐知誥爲昇州刺史，亮謁之，退謂左右曰：「建業之地，復興帝都，即郡侯是也。」後温徙知誥于潤，因廣修廨署，闊布城隍，期己當之。亮曰：「此故修道主也。」至南唐禪代，先主實生于戊申，與亮言合，封亮爲霸國先生。時有圖亮之貌者，亮見曰：「吾反不若此，常對聖人。」未幾，一僧取圖置誌公塔中，已而南唐先主復取入宮，陳于內寢，其言遂驗。亮又善爲讖語，說將來事，末年言李氏之祚曰「髣髴之間倍」。蓋楊氏有淮南四十六年，而李氏三十九年，髣髴不遠也。或謂楊氏自改元至易姓止二十年，故云倍之耳。

董紹顏，善能知人。常詣鄂州節度使李簡，簡出諸子視之。時平頭小兒何敬洙侍側，紹顏曰：「諸子皆有功名，然不若平頭極貴也。」後敬洙累授節鎮，爲時名將。徐温鎮潤州，令紹顏徧閲牙内將校，有藍彦思者，遥謂曰：「若多言，或中也。」紹顏曰：「君勿言，郎君非善終者。」彦思曰：「軍校死于鋒刃，吾事也。」紹顏曰：「汝寧能好鋒刃死乎？」未幾，州有火災，牙兵盛造木桶以貯水，軍人因持桶刀作亂，彦思遂死于難。

李玫，天祐時爲舒州倉官。自言少時因病遂見鬼，爲人言禍福多中。高祖初襲位，大將張顥操廢立之權，威震中外。玫時宿于鬻山司命真君廟，翼日與道士崔綽然輩偕行。方數武，忽止同行于道側，自蔽大樹窺之，曰：「向見一人，桎梏甚嚴，吏卒數十人衞之，是必爲真君所考召也。」問爲誰，良久乃言曰：「張顥也。」不匝月，而顥果誅死。左雄武統軍李宗造開元寺成，大會文武僧道于寺中。既罷，玫復謂綽然曰：「向二吏縶坐中客而去，其人當不永矣。」言其容貌、衣服，則團練巡官陳絳也；未幾，絳暴卒。其神驗皆斯類。

柳翁，饒州人。常乘小舟釣鄱陽江中，妻子亦不見其飲食，凡山川深遠與水族之類，無不周知。鄱人有漁釣者，咸諮訪後行。天祐中，吕師造爲饒州刺史，修城掘壕，至城北則雨，止役則晴。或問翁，翁曰：「此下龍穴也，震動其土，則龍出穴而雨矣。掘之不已，霖雨行將爲患。」已而畚鍤及數丈，其下霧氣衝人，不可入，果霖雨連旬不止。呂氏諸子將網魚於鄱陽江，召問翁，翁指南岸一處：「今日惟此有魚，然有一小龍在焉。」是日果大獲，舟中以瓦器貯之。中有鱓魚長二尺許，雙目精明，繞器而行，羣魚皆翼從之。將至北岸，遂失所在。

黃冠道人，無名氏，自云鍾離人也。高祖改元開國時，廣陵殷盛，士庶駢闐，道人狀如病狂，手持一竿，竿首懸一木，刻爲鯉魚形，行歌于市曰：「盟津鯉魚肉爲角，濠梁鯉魚金刻鱗。盟津鯉魚死欲盡，濠梁鯉魚始驚人。」又云：「橫排三十六條鱗，箇箇圓如紫磨真。爲甚竿頭挑着定，世間難遇識魚人。」其類此意者凡數十章，時人莫能曉。後徐知誥禪代，復姓李氏，其言始應。

虔州少年，不詳其姓氏。高祖時，虔州將鍾某之廣陵，道經太和戍，遇少年，求同往，鍾許之。會屠肆有豕首，欲市之，而不攜一錢，少年曰：「小事易易耳。」及還，已出豕首袖中，因解囊中錢，復償其直。及至廣陵，有輕俠數人來逆旅，少年指青衣者曰：「此必今夕爲盜耳。」鍾未之信。中夜聞穴壁聲，伺其引首過竇，急持之，卽青衣客也。居無何，忽謂鍾曰：「不可久處。」趣之歸。鍾如其言，逮至白沙，而朱瑾被殺，廣陵果大擾焉。

劉通微，精術數，素爲宋齊丘所知。乾貞初，徐知誥執政柄，徐温將佐忌之，屢請以温子知詢爲代，中外岌岌，人無固志。齊丘夜召通微同宿，而徵其事。坐久，聞鼓聲，通微投袂起曰：「子嵩，事必中變，政事僕射安若泰山，不足多慮也。彼懷惡志者，行當受禍。金鼓之聲澌澌然，殆有大喪與？」夕未曙，捷步至，白温死矣。

褚雅

褚雅字元道，錢唐人。武義時，來隱于茅山。樂施輕財，拯物無厭。嘗田既穫，以與貧者。與人共居，常旦起灑掃，取水以給采薪之人。夏月移瓜，恣人來取，當時暑，行道無暍者，人咸以爲難。

申漸高

申漸高，不知何地人。事睿帝爲樂工，常吹三孔笛，賣藥于廣陵市。乾貞時，按籍編括，而關司斂率尤繁，商人苦之。會都城亢旱，中書令徐知誥謂左右曰：「近郊頗得雨，都城不雨，何也？得非刑獄有冤乎？」漸高作諧語進曰：「雨畏抽税，不敢入京耳。」知誥大笑，明日下教，弛額外税，信宿大雨霑洽。太和中，知誥與弟知詢不相能，一日，手金巵引鴆賜知詢曰：「願弟壽千歲。」知詢心疑之，取它器均酒之半，跽進曰：「與兄分享五百歲。」知誥色變，左右莫知所從。漸高舞袖升堂，掠二酒併飲之，懷金巵趣出。知誥密遣人以良藥解之，已腦潰卒。

徐仲寶

徐仲寶，長沙人。順義時爲舒城令，已又改樂平令，皆有能名。仲寶在舒城日，與家人見白氣斜飛而去，中若有物。仲寶婦以手攫之，得玉蛺蝶一枚，製作精工，人莫能測。及在樂平，家人復于厠竈鼠穴中得錢甚多，仲寶帥人掘其處，深數尺，有白雀飛出，止于庭樹，其下獲錢至百萬，錢盡，白雀乃去。當時傳爲異事。

朱延壽妻王氏　張訓妻某氏

朱延壽妻王氏，當太祖以計召延壽，詭言欲與以揚州，延壽信之，將行，王曰：「今若得揚州，成宿志，是興衰在時，非繫家也。然此行吉凶未可知，願日發一介慰我。」一日，介不至。王曰：「事可知矣。」乃部分僮僕，授兵器。方闔扉，而捕騎至，遂出私帑施民，發百燎焚壽州牙舍，曰：「我誓不以皎然之軀，爲讎人所辱！」赴火死。

張訓妻，故劍俠也，未詳其所由來。太祖常在宣州，給諸將鎧甲，訓得故敝者，不如意。妻謂之曰：「此不足介意，第司徒不知耳。」明日，太祖問訓曰：「爾所得甲如何？」訓以告，乃易之。後太祖移鎮揚州，常賜諸將馬，訓所得復駑弱不任，形于顏色，妻復言如前。明日，太祖又問之，訓以爲言，太祖曰：「爾家事神邪？」訓曰：「無之。」太祖曰：「吾頃在宣州，賜諸將甲，是夜夢一婦人衣真珠衣告予曰：『公賜張訓甲甚敝，當易之。』今賜諸將馬，復夢前珠衣婦人告予曰：『張馬非良馬。』其故何哉？」訓亦莫之測。

訓妻有衣篋，常自啟閉，不爲人所見。會妻出，訓竊啟之，得珠衣一襲，異焉。及妻歸，顧謂訓：「君啟吾衣篋，何也？」先是，妻每食，必待訓，一日，訓歸，妻已先食，語訓曰：「今日嘗異味，遲君者數矣。」俄發甑，訓見蒸人首一具，心惡之，欲殺其妻。妻逆知訓意，曰：「君欲負我邪？然君方爲數郡刺史，我不能殺君。」因指一女使曰：「殺我，必先殺此婢；不爾，君必不免。」訓遂殺妻及其婢。

校勘記

〔一〕黄冠道人　傳目原作「黄寇」，傳文作「黄冠」，似當作「黄冠」爲是，今據改。

十國春秋卷第十三

吴十三　列傳

田頵　安仁義　朱延壽

田頵字德臣，廬州合肥人。安仁義者，沙陀之叛將也。頵粗通書傳，沉果有大志。與太祖生同里，約爲兄弟。應州募屯邊，稍稍遷軍將。太祖據廬州，頵從之，謀畧爲多。攻趙鍠于宣州，鍠出東溪，乘暴流以逸，阻水解甲，謂追騎不能及。頵乘輕船追之，鍠驚，遽見禽。太祖表頵爲馬步軍都虞候。會仁義從秦宗衡寇淮南，孫儒既殺宗衡，仁義來奔太祖。太祖大喜，屬以騎兵，使在頵右，兩人名冠軍中，交相得也。共攻常州，鹵刺史杜稜。

居無何，儒畧地南來，頵等屯丹陽。儒火揚州，壁廣德，頵破其屯，與戰，頵走。太祖怒，奪其兵。或諫太祖曰：「强敵傅壘，不用頵，非計也。」太祖乃復將頵。儒畏仁義名，陽貽書通好以疑太祖。太祖待仁義益厚，署行軍副使，卒用二人功禽儒，乃遂表仁義爲潤州刺史，頵爲宣州留後。已而授頵寧國軍節度使，累遷檢校太保、中書門下平章事，除仁義團練使，至檢校太保。

頵已平馮宏鐸，至揚州謝太祖，左右求貲不已，獄吏亦有請，頵怒曰：「吏覬吾入獄邪！」又求池、歙爲巡屬，不許。頵始怨，將還，指府門曰：「吾不復入此！」是時兩浙將徐綰叛，越王錢鏐入杭州逐綰，綰屯靈隱山迎頵，頵遣客何饒一作「曉」詣鏐曰：「王宜退保會稽，無爲虛屠士衆也。」鏐曰：「軍中小叛常然，公爲人長，奈何助逆邪？」頵攻北門，鏐登城與語，射中麾下。頵築壘，絶往來道。鏐患之，出金幣十轝，募能奪地者。陳璋以死士三百，免胄馳擊，奪其地。頵攻城，未能克，將濟江絶西陵，爲浙將所却，圍益急。鏐于是遣其子傳鐐求昏于太祖，且告之曰：「頵得志，爲患必大。請以子爲質，願召還頵。」太祖使人謂頵曰：「不還，我遣人代守宣州。」頵不從。浙人輸錢二百萬緡犒軍，又請以王子傳瓘出質，頵乃與綰引兵還。然内怨太祖與浙人，因移書太祖曰：「侯王守方，以奉天子，譬百川不朝于海，雖狂奔澶漫，終爲涸土，不若順流無窮也。東南揚爲大，刀布金玉積如阜，願公上天子常賦，頵請悉儲特，單車以從。」太祖答曰：「貢賦由汴而達，適足資敵爾。」于是頵絶太祖，大募兵。

昇州刺史李神福爲太祖言頵必叛，宜早爲計，太祖不可。頵遣使通好于梁王朱全忠，全忠喜，屯宿州須變。頵有良將康儒者，與頵議多不合，太祖特授儒廬州刺史以間之。頵以儒爲貳于己，族其家。儒曰：「田公亡無日矣。」

天復三年八月，頵遂與仁義同舉兵反。頵攻昇州，刼神福妻息，厚養之。神福方與劉存攻鄂州，太祖召之討頵，頵遣其將王壇等逆之，又遣李皐遺書神福曰：「公家在此，苟從我，當分土而王。」神福斬皐，謝絶之，遂敗壇兵于吉陽，頵乃自將來戰。神福瀕水，堅壁不戰，請太祖以兵塞頵走道。時仁義焚東塘以襲常州，常州刺史李遇出戰，仁義知其有備，遂引軍却。而伏兵發，轉戰至夾岡，仁義立二幟，解甲而息，追兵莫敢嚮，仁義復入潤州。太祖濳令王茂章、李德誠等圍之。軍中推朱瑾槊、米志誠射，皆爲第一，而仁義常以射自負，曰：「志誠之弓，不當瑾槊之一；瑾槊之十，不當仁義弓之一。」每與茂章等戰，必命中而後發，以此外軍畏之，不敢近。太祖亦遣使謂曰：「吾不忘公功，能自歸，當復爲行軍副使，但不可處兵。」仁義猶豫未決。

先是，太祖得神福檄，趣臺濛，泣語曰：「人常告頵必反，我不忍負人，頵果負我。吾思爲將者非公莫可。」濛頓首謝，率騎度江，一戰于廣德，再戰于黃池，三戰于宣州城下，橋陷，頵爲濛所殺，年四十六。其下猶鬭，示以頵首，乃潰。蓋是年十一月也。仁義守潤州，百端攻之不下，茂章乘其怠，穴地而入。仁義以家屬保城樓，兵不敢登，召德誠曰：「汝可以委命。」且以愛妾贈之，乃抵弓矢就縛，斬于廣陵，蓋後頵死一年云。

始頵以傳瓘歸，戰不勝，輒欲殺之，賴頵母殷氏及頵婦弟郭從師護免。及城下之戰，頵曰：「今日不勝，必殺錢郎。」已而頵死，不及禍。頵傳首揚州，太祖泣下，以庶人禮葬之，赦其母，并葬康儒。

頵居恒畜死士數百人，號曰「爪牙都」，所向無前，得其死力。又善爲治，通利商賈，民愛之。尤善遇士，以是杜荀鶴等多爲之用。頵將作亂時，向暮有鳥色如雉而大，尾有火光，如散星狀，自外飛入，止戟門不見。翼日府中大火，曹局皆盡，惟甲兵存焉，頵資之以起事。仁義初欲降，其子固以爲不可，乃止，至是子亦斬揚州市。

朱延壽，舒城人。事太祖破秦彦、畢師鐸、趙鍠、孫儒，功居多。太祖欲以寬恕結人心，而延壽敢殺。時揚州多盜，捕得者，太祖輒賜所盜物遣之，戒曰：「勿使延壽知也。」已而陰許延壽殺之。

初壽州刺史高彦温舉州降于汴，太祖襲之，諸將憚城堅不可拔，延壽一鼓而拔其城，卽表爲淮南節度副使。汴兵猶屯壽春，延壽以新軍出，每旗五位爲列，命黑雲都隊長李厚將十旗擊西偏，不勝，將斬之，已又益五旗，殊死戰，汴兵引去。於是取黄、蘄、光三州，以功遷壽州團練使。

唐昭宗在鳳翔，詔延壽圍蔡，以分汴人之勢，擢奉國軍節度使。汴兵每至延壽境，延壽開門不設備，而不敢逼。延壽用法嚴，常以寡鬭衆，不勝，反者必盡戮之。一日，與汴人戰，遣二百人持大劍斫陳，有一人應留者請行，延壽以違命立斬焉。

田頵之叛，遣使詣延壽布腹心，延壽陰約曰：「公有所爲，我願執鞭。」頵與安仁義及延壽既謀絶太祖，太祖心疑之，而未有以發，乃陽爲目疾，每接延壽使者，必錯亂其所見以示之。常行，故觸柱而仆，太祖夫人朱氏，延壽姊也，掖之，太祖泣曰：「吾業成而喪其目，是天廢我也。吾兒子皆不足以任事，得三舅代我，無憂矣。」遣辨士趣召之。延壽疑，不肯赴。朱夫人遣婢報之，故延壽疾走揚州。至，則太祖迎之寢門，刺殺之，黜朱夫人。先是，延壽於浴室中窺見牖外二人，青面朱髮，執公牒二函，一人曰：「我受命來取。」一人曰：「我亦受命來取。」俄而不見。是年遂被殺。

張顥

張顥，蔡人也。初以驍勇事秦宗權，已而從孫儒，儒敗，又歸太祖。太祖厚遇之，使將兵戍廬州。蔡儔叛，顥更爲之用。及太祖攻廬州，圍急，顥又踰城來降，太祖復置之親軍，署爲左牙指揮使。烈祖嗣位，以顥與徐温專政，心頗不平。顥與温不自安，共謀弑烈祖，而顥以左牙兵行逆，遂詐稱烈祖暴薨。已而顥欲自立，嚴可求以計止之，顥氣沮，事具烈祖本紀中。未幾，温令鍾泰章除顥，顥伏誅，并及其黨。

徐温子知訓　知詢　知誨　知諫

徐温字敦美，〔一〕海州朐山人也。沉毅寡言，罕與人交，衆中凜然可畏，人目之曰徐瞋。會唐末大亂，以販鹽爲盜。太祖起合肥，隸部下。時太祖勁兵數萬，號其軍爲「黑雲長劍」，所與舉事者劉威、陶雅之徒，稱三十六英雄，惟温未常有戰功。太祖之入宣州也，諸將争取金帛，温獨據米囷，爲粥以食饑者，太祖已心異之。及太祖欲殺朱延壽等，温稍稍以計進，事成，遷右牙指揮使，始預謀議。太祖病，出長子渥爲宣州觀察使，卽烈祖也，温私致慇懃，烈祖涕泣，謝温而行。太祖病甚，平生舊將皆以戰守在外，而温居帳下，遂預立嗣之功。

初，烈祖鎮宣州，命指揮使朱思勍、范思從、陳璠將親兵三千，及入立，惡温與張顥典牙兵，召思勍等以自衛。而温、顥忌之，陽使三將從擊江西，誣以謀叛，誅焉。烈祖内不平。一日，温與顥驟擁牙兵，露刃入庭中，數烈祖所親信十餘人罪，曳下斬之。烈祖由是失政，而心憤未能發。温、顥不自安，共遣羣盜縊烈祖于寢室。久之，温與顥復有隙，使鍾泰章殺顥。高祖時，温遂專政，乃自以淮南行軍副使領昇州刺史，留廣陵，而以假子知誥爲昇州防遏使，治舟師于金陵。

大將李遇怒溫跋扈，出嫚言，溫使柴再用族遇于宣州。太祖舊將，人人皆自疑，溫因僞下之，恭謹如見太祖，諸將乃安。天祐八年，溫領鎮海軍節度使、同平章事。十年，遣招討使李濤攻吳越，裨將曹筠往奔，溫間遣人語筠曰：「吾用汝爲將，汝軍有求，吾不能給，是吾過也。」赦筠妻子不誅，厚遇之。是秋，吳越攻常州，溫戰于無錫，筠感前言，奔歸，遂敗吳越兵。

十二年，高祖封溫齊國公兼侍中，充水陸馬步諸軍都指揮使、兩浙都招討使，始就鎮潤州，以昇、潤、常、宣、歙、池六州爲巡屬。溫城昇州，建大都督府。十四年，徙治之，以子知訓輔政於廣陵，而大事溫遥決之。知訓爲朱瑾所殺，知誥自潤州先入，遂得政。

十六年，溫請高祖稱皇帝，不許；又請卽吳國王位，乃許，遂建國，改元，拜溫大丞相、都督中外諸軍事、諸道都統、鎮海寧國等軍節度使，守太尉、兼中書令，進爵東海郡王。高祖既薨，溫越次立睿帝。順義十年，溫又請睿帝卽皇帝位，未許而溫病死，年六十六，追封齊王，謚曰忠武。天祚三年，齊王知誥尊爲太祖武王，及受禪，謚武皇帝。已而南唐復李姓，廟號義祖，名其墳曰定陵。

溫目不知書，使人讀獄訟之詞而決之，皆中情理。尤喜爲智詐殘狠，然雅善用人，頗得國人之心。先是，劉威爲左右所譖，温幾欲討之，威詣温布心腹，卽遣之還鎮不疑。劉信以說客降譚全播，温陽怒以激之，而虔州頓平。其能御將士，多此類也。又絶有器度，常自迎鑾鎮還至百家灣，暴風起，舟人相顧失色，温乃徐袒裼，以帛繫養孫景通之首，顧謂妾御曰：「吾善游，倘溺不暇相救，幸保此子。」言訖，風浪漸息。

温居恒好服白袍子，知誥每遇温誕生日，必以獻。會坐客有諂温者，曰：「白袍不如黄袍好。」知誥遽斥之，謂温曰：「令公忠孝之德，朝野所仰，一旦或諂佞之説聞于中外，無乃頓損夙望乎？願令公無惑其言。」温雖頷之，而心實未忘竊位也。蓋知誥以己非其嫡，慮温急于取國，不得嗣，故以是爲言云。

温妻白氏、李氏，夫人陳氏。李故知誥養母，南唐昇元元年十二月上尊謚曰明德皇后。合葬定陵，附太廟。白氏，宋理宗時追封爲仁壽仙妃，明成祖加封淑善仙妃，憲宗加封安寧護國恭靖元君，賜廟額曰洪恩。子知訓、知詢、知誨、知諫、知證、知諤六人；知證、知諤見南唐春秋。

知訓，温長子也。按宋齊丘呼知訓爲三郎，似非長子，今姑從馬氏南唐書。少學兵法，不能竟，尤喜劍士角觝之戲。怙温權勢，多爲不法。温出鎮潤州，留知訓輔政，朝廷譽之，稱爲昌華相公。平日陵辱諸將，對高祖無君臣禮。高祖幼懦，常飲酒樓上，命優人高貴卿侍酒。知訓爲參軍，高祖鶉衣髽髻爲蒼鶻。知訓因使酒罵坐，語侵高祖，高祖愧恥泣涕，而知訓愈狎侮之，左右扶高祖起去，知訓殺一吏乃止。李德誠有女樂，知訓求之，德誠曰：「此輩皆有所生，且復年長，不足以接貴人，俟求少妙者進之。」知訓對德誠使者言曰：「吾殺德誠，并取其妻，亦易爾。」

初學兵於朱瑾，瑾力教之，後因索馬于瑾，瑾不與，遂不相能。夜遣壯士刺瑾，瑾手刃數人瘞舍後，知訓隱而不問。未幾，出瑾爲静淮節度使。知訓過瑾，瑾殺之，事具瑾傳。先是，宿衛將李球、馬謙作亂，挾高祖登樓，取庫兵以誅知訓，陳于門橋，知訓與戰，頻却，瑾適自外來，以一騎前視其陳，曰：「是不足爲也。」因反顧一麾，外兵争進，斬球、謙，亂兵悉潰。瑾故有德於知訓，及其凶終，國人皆謂曲在知訓。

知詢，温第二子也。温養子知誥既操國柄，威權寖盛，金陵行軍司馬徐玠諷温曰：「居中輔政之重，不宜假於他人，當以親子代之。」温卽遣知詢入覲，謀代知誥秉鈞。會温暴死，知詢奔還金陵，拜諸道副都統、鎮海寧國等軍節度使、兼侍中、輔國大將軍、檢校太尉、守中書令、金陵尹。

知詢素暗懦，遇諸弟頗薄，玠知其必敗，反持其短，輸誠于知誥。由是知詢内爲諸弟所搆，外爲玠所賣，而不知也。自以控强兵，居重地，去知誥如舉手易耳。温喪未終，屢請知誥來金陵。知誥有心計，陰使人趣其入朝，俄知詢至廣陵，知誥疏其罪狀，謫授統軍，領鎮海軍節度使。知詢面數知誥曰：「先王之喪，若爲人子，而不親臨，反罪我邪？」知誥曰：「聞爾懸劍待我，我亦不憚，獨迫于君命，不得往也。爲人臣而畜乘輿，非反何！」周廷望者，知詢親吏也，常僞貢款于知誥，亦時刺知誥之謀以告知詢。及入朝廷，望諫止，不從；既行，廷望曰：「公有往日，而無還日。」涕泣再拜送之。至是，知詢以廷望之言質知誥，知誥曰：「以爾所爲告我者，卽廷望也。」遂取廷望斬之。

知詢既失金陵，往時幕府皆散去，獨李建勳一人隨之。及至潤州，常會僚佐，談宴終日，永絶顧望。未幾，移鎮洪州，賜爵東海郡王。一云封武陵王，疑是改封，未審是非。太和六年，卒，謚曰康。

知誨，温第三子也。知詢繼温守金陵，所爲多不道。知誨時時伺其陰事以告義兄知誥。知詢之敗，知誨搆之爲多，知誥甚德之，後以爲鎮南軍節度使。

知誨先娶太祖功臣吕師造女，非嫡出，以是常切齒吕氏，因醉，刺殺之。妻以不良死，數爲厲，知誨心惡之，延名僧誦梵經爲陳因果，吕氏忽見形曰：「吾不解此，但報冤爾。」及鎮江西歲餘，呂氏不復見，知誨喜甚。有家人自淮南來，道遇呂氏乘綵舟而至，招家人曰：「爲我謝相公，善自愛，我今它適矣。」且貽繡履與知誨。已而家人至江西，首語其事，方陳履，知誨熟視未畢，輒見呂氏在側，曰：「爾謂我真不來邪！」頃之，知誨暴卒。

子景遼、景遊。南唐受禪，待知誨後特優。

知諫，溫第四子也。幼爽悟，喜文墨。徐氏諸子，知諫最爲雅循。初，知訓輔國政，無所醞藉，溫留知諫陰助之。諸將常惡知訓陵己，而以知諫爲長者。溫假子知誥自潤州入覲，知訓會飲山光寺，縱飲號呼，意在以醉飽過殺知誥，知諫陰洩之知誥，知誥獲免。太和改元，知諫領鎮南軍節度使、同平章事。三年九月，卒于官。先是，知誥誘知詢入朝，知諫實與其謀，及知詢代鎮洪州，遇其喪于塗，撫棺泣曰：「弟用心如此，我亦無憾，然何面目見先王于地下乎！」聞者傷之。

校勘記

〔一〕字敦美　馬令南唐書卷八徐溫傳作「字端美」。

十國春秋卷第十四

吴十四　列傳

僧祖肩　石頭大師　僧令遵

僧祖肩，善陰陽五行之術，常居太祖軍中。太祖將攻杭州，潛令祖肩至城下偵險易，祖肩反曰：「是腰鼓城也，擊之終不可得。」又聞其鼓角聲，曰：「錢氏子孫當貴盛，未易圖也。」後悉如其言。

石頭大師者，夙與徐温交善，温頗加禮遇。是時宋齊丘亦寓於精舍，齊丘既在徐知誥賓席，温甚疑之，一日，謂石頭曰：「宋措大在兒子門下，甚非純信之人，慮其近習，不以忠孝爲務，師其察之。」石頭乃伺齊丘所爲。而齊丘已知石頭意，自是晨出暮歸，必大醉，或以艷曲駢辭示之。石頭乃語温曰：「宋措大，狂漢耳，不足爲慮。」由是温不復介意。

僧令遵，東平人，翠微禪師無學之法嗣也。高祖時，來居鄂州清平山，應對敏疾，化導無方。或問如何爲大乘，曰「井綆」。又問如何爲小乘，曰「錢貫」。武義元年，終于本山，謚法喜禪師。

王居巖　吴法通　聶師道　劉得常　陳金　張武　宣州軍士

王居巖，當塗人。仕唐爲驍衞長史，遭亂棄官，居青山。太祖據淮南，使人以兵迫起之。居巖散遣其家人，束身來歸，授以□州判官，不遣。一日，太祖大會，忽失居巖，急使人掩其家，無一人在者。後有人於嵩山見石室空者，詢其旁，或云有道人王居巖常居此，莫知所往。

吴法通，潤州丹陽人。有文學，試舉子業，不利，入茅山爲道士。乾符二年，唐僖宗遣使受大洞籙，尊爲度師，賜號希微先生。天祐四年，潛入巖洞，不知踪跡，時年八十三，爲烈祖嗣位之三年。

聶師道，歙州人也。少好道。唐末，于濤爲州刺史，其兄方外爲道士，結廬郡南山中，師道往事之。濤常詣方外，且時時咨以郡政，因名其山爲問政山。師道居是山久，國人號曰問政先生。

唐給事中裴樞刺史歙州，田頵、陶雅舉兵圍之累月，食盡援絶，議以城降，而城中殺外軍過多，無敢將命出者。師道力疾請行，樞曰：「君道士，豈可遊兵革中邪？」令易服以往，師道曰：「吾已受道法科教，不容易服。」乃縋城而出。頵、雅初亦怪之，及與語，大喜曰：「真道人也。」隨約誓遣還。及期，樞復欲更日令師道再往，戲下多爲危之，師道了無難色，復見二將，皆曰：「無不可，惟給事命。」州人獲全，實師道力也。

歙州平，太祖聞其名，召至廣陵，建紫極宮居之。一夕，羣盗淹至，舉什器盡取之，師道謂曰：「若爲盗，取吾財以救饑寒，持此將安用乎？」乃引于曲室，盡括金帛與焉，仍屬之曰：「當從某地出，無邏卒，可逸去。」盗如其指，得不敗。居數年，師道奉太祖命，設醮龍虎山，道遇暴客掠之，將加害，中一人熟視師道，謂同黨勿犯先生，因曰：「我即紫極宫盗也，感先生至仁之心，今以相報。」久之，卒于廣陵。時方遣使湖湘，使還，遇師道于途，問之，師道曰：「朝廷遣我醮南岳耳。」及入境，知師道已卒數月矣。相傳以爲奇。

劉得常，昇州人。十七歲作大道歌，詣茅山見國師吴法通，法通曰：「賢者能飲茅山泉一月，當十倍今日聰明，一年特生光慧，十年聞仙道矣。」得常乃作冷泉吟。法通又曰：「吾有玉經妙旨，子若斂華就實，可以混合天人，離情理識。」得常再拜執弟子禮，居紫陽觀廿年，不逾户閾。高祖時，華姥山一夕有童子歌曰：「靈菌長，金刀響。」山中人數聞之，慮有兵。是年盛産黄芝，經月枯悴，得常遂逝焉。

陳金者，少爲軍士，隸鎮南節度使劉信戲下。從圍虔州，私與其徒五人發一大冢，啟棺見白髯老叟，面如生人，時卽有白氣衝天，視棺上散物如粉，微作硫黄氣。金掬取歸營，且輙汲水浸食至盡。城平，入舍僧寺，問爲諸僧述其事，僧曰：「此本州富人遠祖也。子孫相傳其祖好道，數餌硫黄，云數盡當死，死後三百年墓開，是卽解化之期也。今正三百年矣。」金因復視其處，棺中惟存衣裳，若蟬蜕狀。金自是無病。後爲清海軍將，年七十餘，輕健如少時。

張武，始仕太祖，爲廬州小將，頗以拯濟行旅爲事。常有老僧過其所，武止之宿，鎮將聞而怒曰：「方今南北交戰，間諜如林，何可輕留人宿邪？」僧求去，武曰：「師但止此，無苦也。」武室中貯一榻，卽以奉僧，武自席地臥，盥濯皆自具焉。夜數起視之，至漏五下，僧起而歎息，謂武曰：「少年乃能如是，吾贈汝藥十丸，每正旦吞一丸，可延壽十齡。」出門，忽不見。武服其藥，後爲常州團練副使，年已百歲，宋時猶有見之者。

宣州軍士，失其姓名。徐知證鎮宣州時，軍士有夫婦二人，一旦夫自外歸，索水沐浴，易新衣，坐繩牀上，冥然而逝。妻見之大驚，曰：「君死邪！」於是亦沐浴更衣，與夫對坐而卒。知證異之，因並塚葬焉。

十國春秋卷第十五

南唐一

烈祖本紀

烈祖姓李，名昪，字正倫，小字彭奴，徐州人也。世本微賤。父榮，性謹厚，喜從浮屠遊，多晦迹精舍，時號李道者。彭奴以唐光啟四年十二月二日生於彭城。相傳先主家有赤梨樹，結一實，大如升，會鄰里共食剖之，有赤蛇在實中，大驚，已而蛇走先主之母榻下，未幾孕，生先主。六歲而孤，遇亂，伯父球攜之濠州。未幾，母劉氏卒，遂託迹於濠之開元寺。乾寧二年，吳太祖攻濠州，得之，奇其貌，養以爲子。而楊氏諸子不齒爲兄弟，吳太祖乃以與大將徐溫，曰：「是兒狀貌非常，吾度渥等終不能容，故以乞汝。」遂冒姓徐氏，名知誥。龍袞江南野史云：先主，唐憲宗子建王恪之後。祖志，授署徐州判官，卒於任所。父榮，有器度，不事產業，每交結豪傑，以任俠爲事。屬時離亂，羣盜蜂起，朱梁統制天下，而楊行密專據淮南，榮乃感憤，欲圖興復之志，然無少康一旅之衆、數十里之地。久之，聞海賊夏詔衆甚盛，欲因之以成大事，往説詔曰：「僕大唐之後，少失怙恃，遭世多難，先祖基業，蕩然横流，爲人所有。自料以高祖、太宗之遺德，宗祧社稷，必未杜絶，其間子孫，必有興者。吾雖不調，夙蘊壯志，聞公英雄，士卒勇勁，吾欲因公立事，共取富貴。苟成霸業，古賢魚水，未足爲遇。」韶感其言，於是從之，遂率衆自海入淮，轉掠沿岸郡邑。至濠、梁間，衆至數千人。行密因自帥師攻之，數敗，乃爲所擒，因捕其家，盡誅之。時先主方數歲，且異常兒，濠上一桑門與行密有故，乞收養爲徒弟。後行密大將徐温出師濠上，見先主方額豐頤，隆上短下，乃攜歸爲己子。李昊蜀後主實録云：唐嗣薛王知柔爲嶺南節度使，卒於官，其子知誥流落江、淮，遂爲徐温養子。吴越備史云：李昪本潘氏，湖州安吉人。父爲安吉砦將，吴將李神福攻衣錦軍過湖州，虜昪歸，爲僕隸。徐温常過神福，愛其謹厚，求爲養子。以讖言「東海鯉魚飛上天」，昪始事神福，後歸温，故冒李氏以應讖。又周世宗實録、薛居正五代史稱昪爲唐玄宗第六子永王璘苗裔，而江南録則云憲宗第八子建王恪玄孫。陸游南唐書、陳霆唐餘紀傳亦云建王恪生超，早卒；超生志，仕爲徐州判司，卒官，因家焉，志生榮。元人趙世延南唐書序因云李昪系出憲宗四世。馬令南唐書但曰先主唐宗室裔也，不言何王後。按劉恕十國紀年云：昪復姓附會祖宗，故非唐後。而吴越與唐人讎敵，備史亦非。實録：昪少孤遭亂，莫知其祖系。昪曾祖超，祖志，乃與義祖之曾祖、祖同名，知其皆附會也。歐陽史曰：昪世本微賤，父榮，遇唐末之亂，不知其所終，今從之。

温常夢水中黄龍十數，已獲一龍而寤，翼日得知誥，甚喜。釣磯立談云：義祖常夢立大水，水有黄龍無數，旁有古丈夫，冠服如節服氏之形，荷一丈戟而立，語義祖曰：「汝可隨意捉之。」義祖祖身而入，捉得一龍而出，未幾掠得烈祖，養爲子。

知誥天資穎悟，詩話類編載烈祖年九歲詠燈詩，有「主人若也勤挑撥，敢向尊前不盡心」句。奉温盡子道，温妻李氏又以同姓故，鞠養備至。常從温出，不如意，輒杖而逐之；及歸，拜迎於門，温驚曰：「爾在此邪！」知誥曰：「爲人子，舍父母奚適？父怒而歸母，子之常也。」温由是愛之。逮壯，身長七尺，方顙隆準，修上短下，語聲如鐘。江南野史又云：姿貌瑰特，目瞬如電，語言厚重，望之儼人，與語可愛。每緩步，而從者疾行莫能及。相工云：「此龍行虎步也。」温有疾，與其婦晨夜侍旁不去，温益以親子待之，令主家務。江南野史曰：先主十餘歲，温知其必能幹事，遂試之以家務，凡食邑采地，夏秋所入，及月俸料，或頒賜物段，出納府稟，雖有專吏主職，先主能於晦朔總其支費存留，自緡疋之數，無不知其多少。及四時代臘，薦祀特腊，醼饌餚蒸，賓客從吏之費，槩量皆中其度。逮嬪婢孌姹，寒燠衣御，純綺幣帛高下之等，皆取其給，家人之屬，且亡間言。吴太祖亦謂温曰：「知誥儁傑，諸將子皆不及也。」

天祐六年六月，自元從指揮使遷昇州防遏使，兼樓船軍使，治戰艦於昇。七年五月，授昇州副使，知州事。九年，副柴再用平宣州，以功遷昇州刺史。時江淮初定，州縣吏務賦斂爲戰守，知誥獨褒廉能，課農桑，求遺書，招延賓客，傾身下之。雖以節儉自勵，而輕財好施，無所繫吝。以宋齊丘、王令謀、王翃、曾禹、張洽、徐融爲賓客，馬仁裕、周宗、曹悰爲親吏。

十一年，加檢校司徒，始城昇州。十四年夏，城成，温來觀，喜其制度宏麗，徙治焉，而遷知誥爲檢校太保、潤州團練使。知誥初不欲往，屢求宣州，温不與。既而温子知訓以内外馬步都軍副使專制揚州，驕淫失衆，宋齊丘以知訓且暮且敗，爲言是行故天所贊也，知誥乃行。

十五年，朱瑾殺知訓，馬仁裕自蒜山渡馳告知誥，即日以州兵入廣陵定亂，遂代知訓爲淮南節度行軍副使、內外馬步都軍副使。勤儉寛簡，盡反知訓之政。常使人察視民間，有昏喪匱乏者，往往賙給之。盛暑未常張蓋、操扇，左右進蓋，必却之曰：「士衆尚多暴露，我何用此！」以故温雖遥秉大政，而吴人頗已歸屬於知誥。

武義元年，拜左僕射，參知政事。南唐近事云：烈祖輔吴之初，未逾强壯，以爲非老成無以彈壓，遂服藥變其髭鬚，一夕成霜。國人謂之政事僕射。五國故事以徐知訓爲政事僕射，非。知誥於府署內立亭，號曰延賓，以待多士，命齊丘爲之記，由是豪傑翕然歸之。間因退休之暇，親與宴飲，咨訪缺失，問民疾苦，夜央而罷。是時中原多故，名賢耆舊皆拔身南來，知誥豫使人於淮上賞以厚幣，既至，縻之爵禄，故北土士人聞風至者無虚日。

順義初，加同平章事，領江州觀察使；尋以江州爲奉化軍，即以知誥領節度使。有徐玠者，事温爲金陵行軍司馬，工揣摩捭闔之術，數勸温以親子知詢輔政，不宜假之他姓。知誥刺知皇恐，表乞罷政事，出鎮江西。表未上而温疾亟，遂止。温死，知詢嗣爲金陵節度使、諸道副都統，數與知誥争權，知誥乃使人誘之來朝，留爲左統軍，悉奪其兵。而知誥加都督中外諸軍事，封潯陽公。按後唐户部尚書李鏻得淮南，諜言都督知誥欲舉吴國稱藩，願得安公一言爲信。安重誨見之大喜，遂以玉帶遺知誥，其直千餘緡。知誥不答，鏻坐貶行軍司馬。正此時事也。已又改封豫章公。

太和三年，以太尉、中書令領鎮海寧國諸軍節度使，出鎮金陵，如温故事，留其子景通爲司徒、同平章事，以王令謀、宋齊丘爲左、右僕射，同平章事。未幾，封東海郡王。天祚元年，加尚父、太師、大丞相、天下兵馬大元帥，進封齊王，以昇、潤等十州爲齊國。已而辭尚父、丞相殊禮。明年，開大元帥府，置僚屬，閩、吴諸國皆遣使勸進。

昇元元年春三月，王改名誥。

冬十月，吴主禪位於王。甲申，王卽皇帝位，改吴天祚三年爲昇元元年，國號大齊。通鑑以是年卽號唐國，今從南唐書，先號齊。以十二月二日爲仁壽節，是日白雀翔於中庭。乙酉，尊吴主爲高尚思玄弘古讓皇帝，上册稱「受禪老臣」。誥追尊考温爲太祖武皇帝。

丙戌，以吴平章事張延翰爲右僕射兼門下侍郎、同平章事，吴門下侍郎張居詠、中書侍郎李建勳皆爲同平章事，以建康爲西都，廣陵爲東都，改尚書省爲尚書都省，東都尚書省爲留守院，改齊明門爲朝元門。

丁亥，封弟知證爲江王，知諤饒王。戊子，降吴太子璉爲弘農郡公。辛卯，降吴建安王珙、江夏王璘等十一人爵一等，而加官增封邑。詔獄訟未經本處論決者，毋得詣闕訴。甲午，立王后宋氏爲皇后。

乙未，降吴公主爲國君。

丙申，封女弟杞國君爲廣德長公主。丁酉，加宋齊丘大司空。〔一〕

庚子，遣使如漢、閩、吴越、荆南，告卽位。辛丑，追封吴歷陽公濛爲臨川王，謚曰靈，以禮改葬。

戊申，以皇子景通爲諸道副元帥、判六軍諸衛事、太尉、尚書令，封吴王。

十一月庚戌朔，改東都舊地爲崇德宫。癸丑，改承宣院爲宣徽院。乙卯，吴王景通更名璟。

丙辰，追册故妃魏國君王氏爲順妃。丁巳，追封次子景遷爲高平郡王，長女爲豐城公主。改辭狀司爲清訟院。封從子景邁爲晉陵郡公，景遜上饒郡公，景逿桂陽郡公，景逸平陽郡公，封女五人爲盛唐、太和、永興、建昌、玉山公主。戊午，封子景遂爲吉王，景達壽陽郡公，以景遂爲東都留守、江都尹，帥留司百官赴東都。烈祖倣盛唐兩都之制，置留臺百司於江都。

己未，升東都海陵縣爲泰州，割鹽城、泰興、如皋、興化縣屬焉。以海陵制置使褚規爲刺史。丁卯，荆南高從誨表請置邸建康，從之。己巳，吴越使將軍袁韜來賀卽位。乙亥，追封故高平王景遷妻楊氏爲燕國君。

十二月己卯朔，有白虹二。庚寅，上太祖武皇帝陵曰定陵，追尊高祖以下皆爲公王，而稱宗配皆稱國君，及妃墓皆稱陵，惟武皇帝之配李氏曰明德皇后。丙午，有星孛於北方。是時餘干民以母抱其子墜地，拔刃斫母，刃未及母，自腰以下忽陷地中，帝命作闊刃鏟之。

昇元二年春正月己酉朔，日有食之，帝避殿，停朝賀。德勝節度使、兼中書令、西平王周本薨。甲子，荆南使龐守規來賀卽位。丙寅，命侍中吉王景遂參判尚書都省。甲戌，詔臣僚三品以上追贈父母，將相贈三世。

二月壬戌，閩使内客省使朱文進來賀卽位。

三月壬子，日有白虹二。壬申，大星流於東方。

夏四月，讓皇屢請徙居，南平王李德誠等亦引漢、隋故事以請。

五月戊午，改潤州牙城爲丹楊宫，一作丹陽。以平章事李建勳充迎讓皇使。己未，漢使集賢殿學士鄒禹謨來賀卽位。壬戌，以左宣威副統軍王輿爲鎮海軍留後，〔二〕客省使公孫圭爲監軍使，親吏馬思讓爲丹楊宫使，徙讓皇居丹陽宫，以嚴兵守之。丁卯，廣濟倉災，焚米三十萬石。作渾天儀。

六月庚辰，月入太微西華門，犯右執法。辛巳，犯東垣、上相。壬午，有人獻毒酒方，帝曰：「犯法自有常刑，奚用此爲！」東都留守判官楊嗣請更姓爲「羊」，羣臣亦請改府寺州縣名有吴及楊者，帝不許，既而詔改吴興閣爲昇元閣，瓦官寺爲昇元寺。甲申，升池州爲康化軍。

是月，高麗使正朝廣評侍郎柳勳律貢方物。所上書稱牋，畧云：「今年六月内當國中原府入吴越國使張訓等回，伏聞大吴皇帝已行禪禮，中外推戴，卽登大寶者。伏惟皇帝陛下道契三無，恩涵九有。堯知天命已去，卽禪瑶圖；舜念歷數在躬，遂傳玉璽。建夙惟庸陋，獲託生成，所恨沃日波遥，浮天浪闊。幸遇龍飛之旦，用申燕賀之儀。無任歸仁戴聖鼓舞激切之至。」儀式如表，而不稱臣。帝御武功殿，設細仗受之，命學士承旨孫晟宴其使於崇英殿，奏龜茲樂，作番戲以爲樂。

秋七月壬申，以左丞相宋齊丘爲平章事。

八月戊寅，升洪州灨灘鎮爲清江縣，不隸州。丁亥，契丹主遣梅里捺盧古來聘。

九月壬戌，太府卿趙可封請帝復李姓，立唐宗廟，不許。

冬十月丙子，立太學，命删定禮樂。癸未，新羅來朝貢。壬辰，命吴王璟勒步騎八萬講武銅駞橋；未幾，徙封璟爲齊王。

十二月辛丑，讓皇殂，訃聞，詔不視朝，二十七日，率百官素服舉哀。

是歲，契丹主之弟東丹王亦遣使以羊馬入貢，別持羊三萬口、馬二百匹來鬻，以其價市羅紈茶藥。於是翰林院進二丹入貢圖，詔中書舍人江文蔚作贊以美之。

昇元三年春正月庚戌，江王知證、饒王知諤表請帝復姓李氏，不許。癸亥，左丞相宋齊丘、平章事張居詠、李建勳、樞密使同平章事周宗等表請復姓，帝謙抑不敢忘徐氏恩。甲子，下其議百官。乙丑，齊丘等議宜如所請，從之。先是，江南童謡有云：「東海鯉魚飛上天。」鯉者，李也；東海，徐之望也；蓋言李氏起自徐氏而爲君也。至是遂驗。江南野史又云：初，先主有受禪意，忽夜半寺僧撞鐘，滿城皆驚。逮旦召問，將斬之，云：「夜來偶得月詩。」先主令白，乃曰：「徐徐東海出，漸漸入天衢。此夕一輪滿，清光何處無。」先主聞之，私喜而釋之。按釣磯立談，賦月詩者爲僧范志嵩。按江鄰幾雜志：南唐一詩僧賦中秋月詩云：「此夜一輪滿。」至來秋方得下句云：「清光何處無。」喜躍半夜起撞鐘，城人盡驚。李後主擒而訊之，具道其事，得釋。南唐近事云：詩僧乃金寺僧謙□。亦與江説同。此爲烈祖時事，未知孰是。

又是時江西楊花爲李，臨川李樹生連理，人以爲還宗之兆。丙寅至壬申，齊王璟等三上尊號，曰應乾紹聖文武孝明皇帝，帝曰：「尊號虛美，且非古。」遂不受。厥後子孫皆踵其法，不受尊號。詔曰：「廼者干戈相尋，地茀而不藝，桑隕而弗蠶，衣食日耗，朕甚閔之。民有嚮風來歸者，授之土田，仍給復三歲。」按馬令南唐書，是年春正月丙申詔曰：「比者干戈相接，人無定主，地易而弗藝，桑隕而弗蠶，衣食日耗，朕甚憫之。其嚮風面内者，有司計口給食，願耕植者授之土田，仍復三歲租役。於嘻！仁不異遠，化無泄邇，其務宣流，以稱朕意。」今從陸游南唐書、陳霆唐餘紀傳所載。

二月乙亥，改太祖廟號曰義祖。己卯，帝御興祥殿，改國號曰大唐，復姓李氏，爲考妣發哀，與皇后服斬衰，居廬，如始喪禮，持考妣喪各二十七日，凡五十四日不視朝，旦暮臨。辛巳，詔國事委齊王璟，陸氏南唐書云：壬午，詔以國事委宋齊丘。今從通鑑。惟軍旅以聞。羣臣固諫，詔以墨縗聽政。江王知證、饒王知諤請亦服斬衰，不許。廣德長公主假衰絰，入哭盡禮，如父母之喪。帝初欲更名昂，以犯文宗諱，乃名晃；或云朱全忠名也，又更名坦；御史王鵠言：「字從旦，犯睿宗諱。」庚寅，詔更名昪。下詔議二祚合享禮。辛卯，宋齊丘等議以義祖居七室之東。帝命居高祖於西室，太宗次之，義祖又次之，皆爲不祧之主。羣臣言：「義祖諸侯，不宜與高祖、太宗同享，請於太廟正殿後別建廟祀之。」帝曰：「吾自幼託身義祖，非義祖安能啟中興之業乎？」帝欲祖吴王恪，或言恪誅死，不若祖鄭王元懿。帝命有司考二王苗裔，以吴王孫禕有功，禕子峴爲宰相，遂祖吴王，云自峴五世至父榮，榮父志，志父超，早卒，志爲徐州判官，卒官，其名率皆有司所撰。帝又以歷十九帝三百年，疑十世太少，有司曰：「三十年爲世，陛下生於文德，已五十年矣。」乃從之。

甲午，月犯南斗第六星。乙未，契丹使曷魯來，以兄禮事帝。蜀使來賀卽位。

三月庚戌，追尊高祖吳王恪曰定宗孝静皇帝，貞妃程氏曰貞静皇后；曾祖超曰成宗孝平皇帝，配崔氏曰平貞皇后；祖志曰惠宗孝安皇帝，配盧氏曰安莊皇后；考榮曰慶宗孝德皇帝，配劉氏曰德恭皇后。陸游南唐書：曾祖超爲成宗孝平王，配崔氏爲平貞妃；祖志爲惠宗孝安王，配盧氏爲安莊妃。然四代並尊，不應中二代獨詘爲王，今從歐陽五代史及馬氏南唐書。又唐餘紀傳作孝平皇、平真妃，孝安皇、安莊妃，疑亦有誤。

庚午，作南郊行宫千間，詔公卿以下議定郊祀。平章事張居詠、李建勳等議曰：「孔子云，郊祀后稷，以配天宗，祀文王於明堂，以配上帝，此萬世不易之法也。昔長孫無忌請祀高祖於圜丘，以配昊天上帝，祀太宗於明堂，以配上帝，義爲得之。今國家嗣興唐祚，追尊孝德，而以神堯爲肇祀之祖，宜以神堯配天於圜丘，孝德皇帝配上帝於明堂，禮也。其服物制度，古有常儀，願罷一切僞飾。」奏可。大司徒宋齊丘請依春秋郊以四月上辛，禮部員外郎常夢錫駁曰：「按禮，天子郊以冬至，不卜日；魯侯郊以仲春，卜上辛。今之四月，非郊時。」齊丘固争，遂用夏四月，議者哂焉。詔曰：「禮莫重於享帝，孝莫重於隆親，事實重大。承以輕眇，無其德而用其事，祇加畏焉。於戲！爾公爾侯，各揚厥職，不供迺事，國有常典。」

夏四月庚辰，朝享於太廟。辛巳，有事於南郊，以高祖神堯皇帝配。是夜月當以子初沒，升壇之際，皎然如晝，衆咸異之。江南野史云：圜丘祭天，是時上旬月，當三更而沒，升壇之際，皎然如日，禮畢而落。釣磯立談云：毖祀之夕，太史奏言，月延三刻。癸未，大赦境内，百官進位，將士勞賜有差。民三年藝桑及三千本者，賜帛五十疋，每丁墾田及八十畝者，賜錢二萬，皆五年勿收租税。又春明退朝録云：江南有國，時田每十畝蠲一畝半，以充瘠薄。羣臣請上尊號，詔曰：「朕以眇躬，託於民上，常懼弗類，以墜高祖、太宗之遺業。羣公卿士，顧欲舉上尊號之禮，朕甚不取，其勿復以聞。」州郡言符瑞者十數，帝曰：「讁告在天，聰明自民，魯以麟削，莽以符亡。常謹天戒，猶懼失之，符瑞何爲哉！」江王徐知證等請附姓爲李，不許。戊子，進封李德誠趙王，徐知證韓王，知諤梁王。

五月辛亥，徙景遂爲壽王，立景達爲宣城王。乙卯，鎮海節度使兼中書令、梁王徐知諤薨。詔遷讓王之族於泰州，號永寧宮，防衛甚嚴。康化節度使楊珙稱疾，罷歸永寧宮。乙丑，改楊璉爲康化軍節度使，璉固辭請終喪，從之。丙寅，以齊王璟爲諸道兵馬大元帥、判六軍諸衛、〔三〕守太尉、録尚書事、昇揚二州牧。時帝欲立璟爲太子，璟力辭，因有是命。丁未，吴越使左武衛上將軍沈韜文、荆南高崇誨使王崇嗣來賀南郊。

是月，作北郊於玄武湖西。熒惑犯月。

秋七月丙午，放諸州所獻珍禽奇獸於鍾山。命有司作昇元格，與吳令並行，中外遵守。

甲寅，木星晝見，自五月不雨至於閏七月。

八月，武昌節度使張宣卒，以潤州留後王輿代。金吾衞大將軍馬仁裕出爲鎮海軍留後。

冬十月丁丑，御後樓閱戰馬。

是歲，高麗又遣廣評侍郎柳勳律來朝貢。有司上五代同居者江州陳氏以下七家，詔旌表門閭，復其家。江州陳氏，元和給事中京之後，宗族七百口，每日設廣席，長幼以次坐而會食。有犬百餘，共一牢食，一犬不至，諸犬爲之不食。建書樓於別墅，延四方之士，肄業者多依焉。

昇元四年春正月，詔罷營造力役，毋妨農事。

三月丁未，頒中正曆，曆官陳承勳所撰也。丙戌，漢人、閩人來聘。

夏四月，樞密使周宗出爲奉化軍節度使。

五月，晉安遠節度使李金全請降，命鄂州屯營使李承裕、段處恭將兵三千逆之。癸卯，承裕入據安州。甲辰，晉馬全節破承裕於城南。承裕掠安州南走。丙午，晉安審暉追敗我兵於黃花谷，處恭死焉。丁未，又敗我兵於雲夢，鹵承裕及都監杜光鄴。未幾，晉斬承裕及士卒千五百人，遣光鄴歸，帝拒之不受。光鄴，通鑑作光業。時馬全節斬李承裕于安州城下，送監軍杜光業等五百七十人於大梁，晉主曰：「此曹何罪。」皆賜馬及器服而歸之。光業等至唐，先主以其違命而敗，不受，復送於淮北，遺晉書曰：「邊校貪功，乘便據壘。」又曰：「軍法朝章，彼此不可。」晉復遣之歸。使者將自桐墟濟淮，先主遣戰艦拒之，乃還晉，悉授唐諸將官，以其士卒爲顯義都，命舊將劉康領之。先是，盧文進之奔吴也，先主命祖全恩將兵逆之，戒無入安州城，陳於城外，俟文進出，殿之以歸，無得剽掠。及李承裕逆李金全，戒之如全恩；承裕貪剽掠，與晉兵戰而敗，失亡四千人。先主惋恨累日，故責其違命，不受光業云。

六月癸亥，罷宣州歲貢木瓜雜果。太師、中書令趙王李德誠薨，以徐玠爲鎮南軍節度使。李金全至西都，帝待之甚薄，命爲宣威統軍。詔客省使尚全恭如閩，和閩主曦及王延政。

秋八月，廬州李章卒，以潤州馬仁裕代，以天威統軍盧文進爲鎮海軍節度使。丁巳，立齊王璟爲皇太子，仍兼大元帥，録尚書事。璟固讓，從之。

九月乙丑，詔中外致牋齊王，如太子禮。〔四〕丁卯，月掩木星。戊辰，契丹使梅里掠姑米里來聘，獻狐白裘。

冬十月癸巳朔，日熒惑填，歲星聚於南斗。壬寅，以齊王璟讓儲位，赦殊死以下，京師賜酺，内外諸軍優給。禁表奏言「聖」「睿」二字，違者以大不敬論。術士孫智永以四星聚斗，分野有災，勸帝東巡。乙巳，詔幸東都，命齊王璟監國。丙午，罷泰州刺史褚仁規爲扈駕都部署，光政副使、太僕少卿陳覺以私憾譖仁規在州貪殘，因有是命。庚戌，帝自保德門御舟。辛亥，次迎鑾鎮。甲寅，至東都，入建元門，感念疇昔，泫然流涕。丁巳，遣使問東畿士民不能自存者。己未，高麗使廣評侍郎柳兢質來貢方物。唐餘紀傳作柳兢。

十一月乙丑，宴羣臣於崇德宮，故第也。馬令南唐書又云：存省故老，宴於舊宅。以聽事爲光慶殿。庚辰，改東都文明殿爲乾元殿，英武殿爲明光殿，應乾殿爲垂拱殿，朝陽殿爲福昌殿，積慶宮爲崇道宮，西都崇英殿爲延英殿，凝華内殿前爲昇元殿，後爲雍和殿，興祥殿爲昭德殿，積慶殿爲穆清殿。又有玉燭殿，見金陵志。王士性廣志繹云：南唐宋行宮在今内橋，直對鎮淮，爲御街。乙酉，賜東畿高年疾苦、惸獨米人二斛。漢使都官郎中鄭翺、閩使客省使葛裕、吳越使刑部尚書楊巖來賀仁壽節。帝欲遂居東都，以水涷，漕運不給，乃還。

十二月丙申，至自東都。右僕射馬令南唐書作「左」兼門下侍郎同平章事張延翰卒。契丹主遣使獻馬百匹。是時建學館於白鹿洞，置田供給諸生，以李善道爲洞主，掌其教，號曰「廬山國學」。吉州民龍民鬻穀不售，禱神祠求旱，爲震雷殛死。

昇元五年春二月己未，殺前泰州刺史褚仁規。

夏四月，以陳覺、常夢錫爲宣徽副使。遣通事舍人、副四方館事假鴻臚少卿秩歐陽遇聘契丹，假道於晉，不能達，及境而反。是月，漢遣使來約伐楚，中分其地，帝不許。

秋七月戊辰，詔曰：「右僕射兼中書侍郎、同平章事、監修國史李建勳，幸處台司，且聯戚里，靡循紀律，敢黷彝章。其罷歸私第。」先主自以專權取吴，尤忌宰相權重，以李建勳執政歲久，欲罷之。會建勳上疏言事，意其留中，既而先主下有司施行，建勳自知事挾愛憎，密取所奏改之，事發，因罷建勳。

吴越國大火，羣臣請乘弊可以得志，帝曰：「奈何利人之災！」遣使厚持金帛唁之。釣磯立談曰：錢塘大火，宫室器械爲之一空。宋齊丘乘間進言曰：「夫越與我，唇齒之國也。我有大施，而越人背之，虔劉我邊陲，污濁我原泉，股不附髀，終不我用。今天實棄之，我師晨出，而暮踐其庭。願勿失機，爲後世憂。」烈祖愀然久之，曰：「疆域雖分，生齒理一，人各爲主，其心未離，横生屠戮，朕所弗忍。且救災睦鄰，治古之道。朕誓以後世子孫付之于天，不願以力營也。大司徒其勿復以爲言。」於是特命行人厚遺之金粟繒綺，車蓋相望於道焉。

八月，有星孛於天市，長數尺，七十日没。遣使賑貸黄州旱傷户口。

冬十一月，定民田税。通鑑云：分遣使者按行民田，以肥瘠定其税，民間稱爲平允。自是江、淮調兵興役及他賦斂，皆以税錢爲率。內侍王紹顔上書，言：「今春以來，羣臣獲罪者衆，中外疑懼。」帝手詔解釋，仍令紹顔告諭中外。時先主勤於聽政，以夜繼晝，還自東都，不復宴樂，頗傷躁急，故紹顔及之。

是歲，吴越水，民就食境内，遣使賑邮安集之。是時於闐國貢瑞玉天王。

昇元六年春正月甲子，月犯填星，退行在畢。

閏月甲申朔，改天長制置使爲建武軍。庚寅，漢使區延保來聘。癸巳，閩使尚食使林宏嗣來聘。都下大水，秦淮溢。東都火，焚數千家。

二月，罷侍中壽王景遂判尚書省，更領中書、門下省。己丑，以左丞相、太保宋齊丘知尚書省事。初，齊丘累求預政，許入中書視事；又以兩省事多委給事、舍人，劇務多在尚書省，又求知省事，許之。其三省事並取齊王璟參決。

三月，廬州馬仁裕卒。以滁州刺史周鄴爲保信軍節度留後。

夏四月，壽州高思審卒，以侍衛諸軍都虞候姚景爲清淮軍節度使。宋齊丘稱疾，請罷省事，從之。

五月丙午，宋齊丘出爲鎮南軍節度使，以洪州徐玠爲司徒、侍中。帝曰：「豫章，大司徒維桑也。衣錦晝行，古人所貴。」以錦袍賜之。齊丘至鎮，衣以視事。

六月，常、宣、歙三州大雨漲溢。漢使蕭規來告哀，廢朝三日。庚午，契丹使掠姑米里來聘，獻馬五駟。大蝗自淮北蔽空而至。辛未，命州縣捕蝗，瘞之。庚辰，熒惑犯房次將。辛巳，禁節度、刺史給攝署牒。

秋八月甲申，漢使法物使公孫惠來告襲位。

九月庚寅，頒昇元删定條。先主自爲吴相，興利除害，變更舊法甚多，及卽位，命法官及尚書删定爲昇元條三十卷，至是行之。

冬十月，詔曰：「前朝失御，四方崛起者衆。武人用事，德化壅而不宣，朕甚悼焉。三事大夫其爲朕舉用儒吏，罷去苛政，與民更始。」馬令南唐書載先主詔曰：「前朝失御，强梗崛起，大者帝，小者王，不以兵戈，利勢弗成，不以殺戮，威武弗行，民受其弊，蓋有年也。或有意於息民者，尚以武人用事，不能宣流德化。其宿學巨儒，察民之故者，巖巖之下，往往有之。彼無路光亨，而進以拊傴爲嫌，退以清寧爲樂，則上下之情，將何以通，簡易之政，將何所議乎？昔漢世祖，數年之間，被堅執鋭，提戈斬馘，一日晏然，而兵革之事，雖父子之親，不以一言及之，則兵爲民患，其來尚矣。今唐祚中興，與漢頗同，而眇眇之身，坐制元元之上，思所以舉而錯之者，縈縈在疚，罔有所發。三事大夫，可不矜乎？自今宜舉用儒者，以補不逮。」今從陸氏南唐書。

十二月，閩使徐宏績、漢使滕紹英、吴越使右武衛大將軍蔣璠來賀仁壽節。

是歲，溧水天興寺桑生木人，長六寸，形如僧，右袒而左跪，衣裓皆備，國人號曰「須菩提」。帝迎置宮中，奉事甚謹。占者云，木人生桑，有大喪。

昇元七年春正月，契丹使達羅千等二十七人來聘，獻馬三百，羊二萬五千。

二月，帝服方士史守沖等金丹，疽發於背，秘不令人知，密令醫治之，聽政如故。通鑑云：唐主常夢吞靈丹，旦而方士史守沖獻丹方，以爲神而餌之，浸成躁急。左右諫，不聽。常以藥賜李建勳，建勳曰：「臣餌之數日，已覺躁熱，况多餌乎？」唐主曰：「朕服之久矣。」羣臣奏事，因是往往暴怒。然或有正色論辨中理者，亦斂容慰謝而從之。庚午，疾亟，太醫吴廷紹一作「廷裕」遣信召齊王璟馳入侍疾。詔曰：「迺公迺侯，越百執事，欽承嗣命，命爾保元子璟，祇肅天鑒，社稷宗廟永有終，我不敢知，曰其基永昌，我亦不敢知，曰墜命罔後，天不爾諶，祐於有德，厥位艱哉！」是夕，殂於昇元殿，年五十六，謚曰光文肅武孝高皇帝，廟號烈祖。

十一月壬寅，葬永陵。

帝瀕殂，謂齊王璟曰：「德昌宮儲戎器金帛七百餘萬，汝守成業，宜善交鄰國，以保社稷。又云：「不可襲煬皇之迹，恃食阻兵，自取亡覆。苟能守吾言，汝爲孝子，百姓謂汝爲賢君矣。」釣磯立談云：馮延巳等常言興王之功，當先事於吳越、閩、楚三國。上曰「常觀劉德輿乘累捷之威，羣臣歛袵之際，不得據有中原，乃留弱子，而狼狽東歸，朕甚陋之。及聞李密勸玄感鼓行入關，意壯其言。至密自王，亦不能決意以西也。近徐敬業起江、淮之衆，鋒銳不可當，不能因人之心，直趨河、洛，而反游兵南渡，自營割據，識者知其不能成事矣。此皆已事之驗也。錢氏父子，動以奉中國爲辭，卒然犯之，其名不祥。閩土險瘠，若連之以兵，必半歲乃能下，恐所得不能當所失也。況其俗怙彊喜亂，既平之後，彌煩經防。惟諸馬在湖湘間，恣爲不法，兵若南指，易如拾芥。孟軻謂齊人取燕，恐動四鄰之兵，徒得尺寸地，而享天下之惡名，我不願也。孰若悉輿稅之入，君臣共爲節儉，惟是不腆圭幣以奉四鄰之歡，結之以盟詛，要之以神明，四封之外，俾人自爲守。是我之存三國，乃外以爲蔽障者也。數年國內殷足，兵旅訓練，積日而不試，其氣必倍，有如天啟其意，而中原忽有變故，朕將起而爲天下倡」云。吾服金石，欲求延年，反以速死，汝宜視以爲戒。」又嚙齊王指，至血出，屬之曰：「他日北方當有事，勿忘吾言。」

帝生長兵間，知民厭亂，諸臣多言：「陛下中興，宜出兵恢拓舊土。」帝歎息曰：「兵爲民害深矣，誠不忍復言。使彼民安，吾民亦安矣，又何求焉。」由是在位七年，兵不妄動，東與吳越連和，歸其所執將士，錢氏亦歸我敗將，遂通好不絕，境內賴以休息。江南野史曰：先主末年，慇敦慈恕，山林藪澤禁止以時，常曰：「民各生父母，安用爭城廣地，使之膏血塗于草野乎？」自握王權至禪位，凡數十年，止一拒越師，蓋不得已而爲之。

性節儉，常躡蒲履，有載後主好着蒲靸者，恐誤。用鐵盆盎，暑月寢殿施青葛帷，左右宮婢裁老醜數人，服飾樸陋。建國始即金陵治所爲宮，惟加鴟尾、設闌檻而已，終不改作。清異錄云：烈祖素儉，寢殿燭不用脂蠟，灌以烏臼子油，但呼烏舅。按上捧燭鐵人高尺五，云是楊氏馬廄中物，喚爲「金奴」。

又天資明察，不受欺妄。常遣宦者祭廬山，比還，宦者自言臣奉詔即蔬食至今，帝曰：「卿某處市魚爲羹，某日市肉爲胾，何爲蔬食？」宦者慚服。倉吏歲終獻羨餘萬石，帝曰：「出納有數，苟非掊民刻軍，安得羨餘邪？」著令外戚不以輔政，中官不得預事，死國事者給祿三年，皆他國所弗及，有古賢主風云。

論曰：烈祖煢煢一身，不階尺土，託名徐氏，遂霸江南。挾莒人滅鄫之謀，創化家爲國之事，凡其巧於曲成者，皆天也。然息兵以養民，得賢以闢土，蓋實有君德焉。東海鯉魚，兆雖有自，要豈得謂竟非人力也邪？

校勘記

〔一〕大司空　通鑑卷二八一作「大司徒」，似是。

〔二〕鎮海軍留後　新五代史卷六二南唐世家作「浙西節度使」。

〔三〕判六軍諸衞　「諸」原訛作「請」，今據通鑑卷二八二改正。

〔四〕如太子禮　「如」原作「加」，據通鑑卷二八二改。

十國春秋卷第十六

南唐二

元宗本紀

元宗名璟，字伯玉，烈祖長子。母元敬皇后。初名景通。陳彭年江南別録云初名景，非是。五代史、宋史稱景者，蓋從顯德時改名耳。風度高秀，工屬文。年始十歲，官駕部郎中，累進諸衛將軍，拜司徒、平章事、知中外諸軍事、都統。烈祖爲齊王，立爲王太子，固讓；及受禪，封吴王，徙封齊王，爲諸道兵馬大元帥。

昇元四年八月，立爲皇太子，復固讓，曰：「前世以嫡庶不明，故早建元良，示之定分。如臣兄弟，稟承聖教，實爲敦睦，願寢此禮。」烈祖下詔，稱其「守廉退之風，師忠貞之節，有子如此，予復何憂」。釣磯立談云：烈祖一日晝寢，夢一黄龍出殿之西楹，矯首内向，如窺伺狀。烈祖驚起，使人偵之，顧見元宗方倚楹而立，遣人候上動静。于是立嫡之意遂決。南唐近事又云：齊王凭檻而立，皆符所夢。上曰：「天意諄諄，信非偶爾，成吾家者其惟子乎！」旬月之間，遂正儲位。

七年二月，烈祖晏駕，秘不發喪，而下制命王監國，大赦，頒賚有差。丙子，始宣遺詔。

保大元年春三月己卯朔，烈祖殂已旬日，王猶未嗣位，方泣讓諸弟，奉化節度使周宗偕侍中徐玠至柩前，手取袞冕衣王曰：「大行皇帝付殿下以神器之重，殿下固守小節，非所以遵先旨、崇孝道也。」

是日，卽皇帝位，大赦境內，改元保大。太常博士韓熙載上疏曰：「逾年改元，古制也。事不師古，弗可以訓。」時雖可其奏，而制書已行，識者非之。百官進位二等，將士皆有賜。蠲民逋負租稅，賜鰥寡孤獨粟帛。尊皇后爲皇太后，立妃鍾氏爲皇后。以鎮南節度使宋齊丘爲太保兼中書令，馬氏南唐書作左丞相，今從陸游南唐書。奉化節度使周宗爲侍中，馬氏作右丞相。元帥府掌書記馮延巳爲諫議大夫、翰林學士。徙封壽王景遂爲燕王，宣城王景達爲鄂王，進封長子東平公弘冀爲南昌王。閩使來弔祭。升濠州爲定遠軍。

夏四月，中書侍郎、同平章事李建勳罷爲昭武軍節度使，鎮撫州。

五月，司徒兼侍中徐玠卒。

秋七月，徙燕王景遂爲齊王，鄂王景達爲燕王，仍命景遂爲諸道兵馬元帥、太尉、中書令，居東宮，景達爲副元帥。詔示中外以兄弟傳國之意，歐史南唐世家云：「景盟于昇柩前，約兄弟世世繼立。」景遂固讓，不許。給事中蕭儼上疏曰：「夏、商之後，父子相傳，不易之典。惟仰循古道，以裕後昆。」疏奏，不報。以元子南昌王弘冀爲江都尹、東都留守。

八月乙卯，封弟景逷爲保寧王。

冬十月庚戌，有星孛於東方。嶺南妖賊張遇賢犯虔州，遇賢兵皆絳衣，時謂之赤軍子。詔遣洪州營屯都虞候嚴恩帥師討之。馬令南唐書作「嚴思禮」，五代史作「嚴思」，今從通鑑、陸游南唐書、唐餘紀傳。以通事舍人邊鎬監其軍，擒遇賢及其黨黄伯雄、曹景全，斬於金陵市，餘賊悉平。以恩爲海州刺史，鎬爲洪州屯營諸軍虞候，貶百勝節度使賈浩爲監門衛將軍，〔一〕池州安置，以饒州刺史李翺爲百勝軍節度留後。

十二月，以太保、中書令宋齊丘爲鎮海軍節度使。齊丘請歸九華舊隱，許之。通鑑云：侍中周宗年老，恭謹自守，中書令宋齊丘廣樹朋黨，百計傾之。宗泣訴于中主，中主由是薄齊丘。既而陳覺被疎，乃出齊丘爲鎮海節度使。齊丘忿懟，表乞歸九華舊隱，中主知其詐，一表，卽從之，賜書曰：「明日之行，昔時相許。朕實知公，故不奪公志。」仍賜號九華先生，封青陽公，食一縣租税。齊丘乃治大第于青陽，服御、將吏，皆如王公，而忿邑尤甚。

是歲，遣公乘鎔航海使于契丹，以繼舊好。鎔既至契丹，契丹主述律遺元宗書曰：「大契丹天順皇帝謹致書大唐皇帝闕下：貴朝使公乘鎔等自去秋已達東京海岸，適遭國禍，今年正月二十六日部署一行，并諸儀物兵鎧已至燕京。茲蒙敦念先朝，踐修舊好，既增摧痛，又切感銘。貴國長直官王朗、陳篆取間道先回，用附咨報。公乘鎔等已遣伴送使陳植等同回，止俟便風，即令引道。」

保大二年春正月，侍中周宗罷爲鎮南軍節度使，左僕射兼門下侍郎、同平章事張居詠罷爲鎮海軍節度使。辛巳，勑：「齊王景遂總庶政，惟樞密副使魏岑、查文徽得白事，餘非召對不得見。」初烈祖尤愛景遂，元宗奉先志，欲傳以位，且及燕王，翰林學士馮延巳因之欲隔絶中外以擅權，故有此詔。江南録此敕在元年十二月，今從十國紀年。給事中蕭儼上疏極論曰：「元帥開府，人猶驚駭，況委之大政，而羣臣不得時見。臣恐中外隔絶，姦人得志，非陛下利也。」不報。十國紀年、陸氏南唐書俱云宋齊丘亦極諫，江南野史載齊丘疏云：「臣事先朝迨三十年，每議論之際，常恐朝廷百官之中有忠赤苦口之人，壅蔽不得達其意懇。今始卽位，而不與羣臣朝見，是陛下偏專獨任，自聖特賢而已。是以古帝王一人不能獨聞，假天下耳以聽；一人不能獨明，假天下目以視，故無遠邇，羣情世態，不必親見躬聞，而可得知之。蓋能延接疏越異方之人，未常隔絶也。今深居邃處，而欲聞民間疾苦，猶惡陰而入于墜道也。然臣老矣，墓木亦既拱矣，桑榆之景，而可待以旦乎？」今不取。侍衛都虞候賈崇叩閤切諫，涕下嗚咽。帝感悟，遂諭儼等曰：「旻天不弔，降此鞠凶，越予小子，常恐弗類厥德，用災于厥躬。故退處恭默，思底于道。而壅隔之弊，以爲卿憂。惟予小子，實生厲階。」由是所下之令遽寢。

二月辛卯，日有白虹二。

三月，左衛上將軍范陽王盧文進薨。

夏五月，閩人朱文進弑其君曦，自稱閩王，遣使來告。帝囚其使，將討之。議者謂閩亂由王延政，當先討。乃釋閩使，遣還。

秋七月，鄂州王輿卒，以神武統軍韋建爲武昌軍節度使。壽州姚景卒，以濠州劉崇俊代，以楚州刺史劉彦貞爲濠州觀察使。

八月，幸飲香亭觀蘭。清異録云：中主賞新蘭，詔苑令取滬溪美土爲馨烈侯擁培之具。

九月庚午朔，日有食之。

冬十二月，樞密使查文徽請伐殷，詔以文徽爲江西安撫使，俾覘建州。文徽固請濟師，乃以邊鎬爲行營招討諸軍都虞候，共攻殷，敗績于蓋竹。待詔臧循屯兵邵武，被執死焉。

保大三年春二月，以何敬洙爲福建道行營招討，祖全恩爲應援使，姚鳳爲諸軍都監，會查文徽進討，敗閩兵于赤嶺。

夏五月，李仁達以福州來附，詔以仁達爲威武軍節度使、同平章事，賜名弘義。己未，閩許文稹敗我兵于汀州，軍將時厚卿被執。

秋七月，星見而風雨。邊鎬拔鐔州。

八月甲子朔，日有食之。丁亥，克建州，執閩主王延政歸金陵，拜羽林大將軍。升建州爲永安軍，松源鎮爲松源縣。

九月，許文稹以汀州、王繼勳以泉州、王繼成以漳州來降。詔以延平津立劍州，以建州之劍浦、汀州之沙縣隸焉。

冬十月，皇太后宋氏殂。以百勝節度使王崇文爲永安軍節度使。是月，遣燕王景達召宋齊丘于青陽。

保大四年春正月，以宋齊丘爲太傅兼中書令，封衛國公，但奉朝請，不預政事。以昭武節度使李建勳爲右僕射兼門下侍郎，與中書侍郎馮延巳皆同平章事。

二月壬戌朔，日有食之。命建州製的乳茶，號曰京挺臘茶之貢。毛先舒南唐拾遺記云：南唐時建陽進茶油花子，大小形製各別，宫嬪縷金于面，皆淡粧，以此花餅施額上，時號北苑粧。談苑云：江左李氏別令取茶之乳作片，或號京鋌的乳及骨子等名。始罷貢陽羨茶。

夏五月，李弘義遣弟弘通伐泉州，泉州都指揮使留從效廢王繼勳而代之，攻退福州兵。帝命從效爲泉州刺史，召繼勳還金陵。徙漳州刺史王繼成爲和州刺史，汀州刺史許文稹爲蘄州刺史。

六月，以樞密使陳覺爲宣諭使，使諭李弘義入朝，不克。

秋八月，陳覺擅發汀、建、撫、信州兵趣福州，帝遂命王崇文、魏岑、馮延魯攻福州，克其外郭。李弘義改名達，稱臣于吴越以乞師。

九月，淮南蟲食稼，除民田税。

冬十月，漳州將贇堯作亂，殺監軍使周承義、劍州刺史陳誨。泉州刺史留從效舉兵逐之，以裨將董思安權知州事。帝卽命思安爲漳州刺史；思安以父名章，辭州務，詔改漳州爲南州。

是月，我兵據福州東武門，以諸將争功，不能克。帝以江州觀察使杜昌業爲吏部尚書，判省事。

保大五年春正月丁亥朔，大雪。帝召齊王景遂等登樓，賜宴賦詩。清異録云：保大五年元日大雪，李主命太弟以下展燕賦詩，令中人就私第賜李建勳繼和。時建勳方會中書舍人徐鉉、勤政學士張義方于溪亭，卽時和進。乃召建勳、鉉、義方同宴，夜艾方散。侍臣皆有詩詠，徐鉉爲前後序。仍集名手圖畫，書圖盡一時之技：真容，高冲古主之；侍臣法部絲竹，周文矩主之；樓閣宫殿，朱澄主之；雪竹寒林，董源主之；池沼禽魚，徐崇嗣主之。

圖成，皆絶筆也。立景遂爲皇太弟。徙燕王景達爲齊王，領諸道兵馬元帥；徙南昌王弘冀爲燕王副元帥。晉密州刺史皇甫暉、棣州刺史王建來歸。

是月，契丹以滅晉來告捷，且請會盟于境上，辭不赴。江南野史、馬氏南唐書載契丹遣二使來告曰：「晉少主逆命背約，自貽廢黜。吾主欲與唐繼先世之好，將册君爲中原主。」嗣主曰：「孤守江淮，社稷已固，與梁宋阻隔。若爾主不忘先好，惠賜行人，受賜多矣。其它不敢拜命之辱。」已而嘆曰：「閩役憊矣，其能抗衡中國乎？」遣工部郎中張易聘之。江南野史云：命兵部尚書賈談入契丹報聘。馬令南唐書又作兵部侍郎賈潭。遂請差官如長安，修奉諸陵；契丹不許。陳桱通鑑綱目續篇云：唐遣使賀契丹滅晉，且請詣長安修復諸陵。

三月己亥，吴越救福州兵自海道至，我師與之戰，敗績，諸營皆潰。東南守將劉洪進等請俟吴越兵去而取城，留從效不欲城平，王建封忿陳覺等專恣，遂燒營而遁。辛丑，從效還泉州，遣我戍兵而據之，謂戍將曰：「比年軍旅屢興，冬徵夏斂，僅能自贍，豈勞大軍久戍。」帝不能制，加從效檢校太傅。宣州徐知證薨。

夏四月，詔卽軍中斬陳覺、馮延魯，赦諸將不問。御史中丞江文蔚彈馮延巳、魏岑同罪異誅，坐貶江州司士參軍。是月，復詔械覺、延魯還都，既至，貸死，覺流蘄州，延魯流舒州。知制誥徐鉉、史館修撰韓熙載論宋齊丘、馮延巳朋黨，帝罷延巳爲太子少傅，貶岑太子洗馬。未幾，帝命岑復故官。齊丘譖熙載嗜酒，貶和州司士參軍。丙子，太白晝見。以皇甫暉爲神衛軍都虞候。

五月，帝聞蕭翰棄大梁遁歸，詔曰：「乃眷中原，我之故地。」以李金全爲北面行營招討使。

六月，聞漢入汴，兵遂不出，而金全猶帶銜不革。

秋閏七月丁丑，夜有彗出東方，近濁，其尾掃太微及長垣，至次月壬辰乃没。

八月，太傅兼中書令宋齊丘罷爲鎮南軍節度使。

是歲，以羽林大將軍王延政爲安化軍節度使、鄱陽王，鎮饒州。

保大六年春正月，以太子少傅馮延巳爲昭武軍節度使。

夏四月，保信軍留後周鄴卒。

六月戊寅朔，〔二〕日食。

秋九月，漢伐河中，護國節度使李守貞遣從事朱元、李平表乞師。表曰：「臣之先世，乃唐遠裔，錫侯命將，代不絶人，茂績殊勳，著于簡册。昔日巢寇犯闕，僖、昭失御，宗社板蕩，爲人所有。臣雖生于梁末，幼失怙恃，零丁孤苦，遭世多難。迨能執戈，捐身事晉，征討攻伐，粗立戰功。高祖見擢，俾典禁衛，頗著勞績。尋屬顧命，出守蒲津。洎少主厄運，遂殁戎□，晉鼎覆餗，天下横流，强守無主。臣不勝忿惋，痛心疾首，欲效愚忠，誅鉏虵豕，恢復先業，庶安宇内。功未及立，因黨俄臨，衆寡不敵，遂罹危迫。臣雖躬當矢石，以帥羣下，悉力固守，冀殄□□，殞首不顧，臣之分也。然預防不虞，有備不敗，古之善教也。臣遠聞君王霸有江左，雄跨淮甸，禁暴弭亂，推亡固存，有王者之風。將繼巨唐有土者，非君而誰？况臣忝宗盟，敢罄誠款。苟君王察臣忠勇，憐顧本支，救患恤鄰，遏强附順，爰遣偏師，出爲東援，則五伯之風，不讓桓、文之主。苟護全濟，實君之惠。」云云。諫議大夫查文徽、兵部侍郎魏岑請出兵應之。詔以鎮海節度使李金全爲北面行營招討使，清淮節度使劉彦貞副之，文徽爲監軍使，岑爲沿淮巡檢使，救河中。師次沂州。

冬十一月丙寅，退保海州。是月，遺漢主書，求復通商，且請赦李守貞罪，不報。

保大七年春正月，淮北盜起，以神衛都虞候皇甫暉、將軍張巒、蕭處賓、監軍散騎常侍張義方帥師萬人出海、泗招降，納漢亳州蒙城鎮將咸師朗等以歸。江南野史曰：「時中原無主，寇盜縱横，嗣主乃嘆曰：『孤不能因其危運，命將興師，抗衡中國，恢復高、太之土宇，而乃勞師于海隅，孤實先代之罪人也。』至于悔恨百端，不能自弭。召大臣、宗室赴内香宴。凡中國、外域，名香以至，和合煎飲，佩帶粉囊，共九十二種，皆江南所無也。

夏六月癸酉朔，日有食之。

秋七月，殺天威都虞候王建封、户部員外郎范仲敏。〔三〕是月，帝聞河中破，以朱元爲駕部員外郎，待詔文理院李平爲尚書員外郎。

八月，以永安節度使王崇文鎮廬州，以諫議大夫查文徽爲永安軍節度留後。

冬十月，我師度淮，攻正陽，敗績。

十二月，日暈三重。丁酉，漢密州刺史王萬敢寇荻水鎮。

是歲，南州副使留從願酖殺刺史董思安，據南州以附其弟從效。帝不能問，詔升泉州爲清源軍，以從效爲節度使。馬令南唐書載保大三年升泉州爲清源軍，非是，今從陸游南唐書。

是歲，命倉曹參軍王文炳摹勒古今法帖上石。按馬傳慶言後主命徐鉉以所藏法帖入石，名曰昇元帖，卽此帖也。

保大八年春正月，詔曰：「春秋，日食、地震、星孛、木冰，感召靡爽。比災異頻仍，豈人君不德以致之邪？抑亦天心仁愛，而譴告之也？朕甚惕焉。曩者兵連閩、越，武夫悍將，不喻朕意，務爲窮黷，以至父征子餉，上違天意，下奪農時。咎將誰執？在予一人。其大赦境内，窮民無告者咸賜粟帛。」李金全始罷北面行營招討使。

二月，清淮軍將士訛傳漢將大舉南侵，詔燕王弘冀爲潤、宣二州大都督，鎮潤州；周宗爲東都留守。甲申，福州遣諜者詣永安留後查文徽，告吳越戍卒作亂，殺李弘義，棄城去。文徽信其言，襲福州，大敗被執；別將劍州刺史陳誨以戰棹敗福州兵，執吳越將馬先進、葉仁安等，俘于西都。

夏四月，以陳誨爲永安軍節度使。

秋七月，歸馬先進等於吴越，以求查文徽。

八月，尚書郎周濬等三人奔漢。

九月，楚武平節度使馬希萼來乞師。表曰：「昔先王早以勛業，基有楚國。不幸即世，顧命之夕，顯令兄弟以天倫紹立，庶奉宗廟，獲享國祚。無何，嗣君不延永命，奄棄社稷。訃告至日，臣不勝痛切膚骨，血泣頤睫，卽時奔走哀庭，冀處苫山，用竭臣子之孝。不圖天未殄禍，孽豎搆隙，間離我戚屬，汩亂先序，濳阻兵戈，將謀勦絶。苟不更圖，殞在朝夕。故臣敢遠遣行价，殫布腹心。惟君存先王之昔好，軫大國之武威，許出兵援，以附不腆，庶俾盗黨，免弄凶器。」云云。詔加同平章事，賜以鄂州今年租税。命楚州團練使何敬洙帥師援之。

冬十月，吴越歸查文徽。

十一月甲子朔，日有食之。

十二月，馬希萼攻陷潭州，弑其君希廣，自稱楚王。楚將李彦温、劉彦瑫各以千人來歸。

是歲，齊王景達改長慶寺曰奉先，以資烈祖冥福。

保大九年春正月，議北征周。韓熙載奏曰：「郭氏姦雄，雖有國日淺，而爲理已固。兵若輕舉，非獨無成，亦且有害。」乃命李金全耀兵于淮上而止。先是，契丹侵河南，晉主北遷，熙載上書曰：「陛下有經營天下之志，定在今時。若契丹遁歸，中原有主，安輯稍定，則未可圖也。」至是又上書云。

二月甲辰，楚馬希萼使掌書記劉光輔來貢方物。

三月壬戌朔，册希萼爲天策上將軍，武安、武平、靜江、寧遠等軍節度使兼中書令，楚王；以右僕射孫晟、客省使姚鳳爲册禮使。又以洪州營屯都虞候邊鎬爲湖南安撫使，便宜進討。淮南飢。

夏五月辛未，有星大如五升器，自西南流墜西北，光燭地，聲如雷。

六月，楚靜江指揮使王逵執武平節度使馬光惠歸于金陵，推辰州刺史劉言爲武平軍留後，來請命。

秋七月，樂安公弘茂薨。

九月，楚將徐威等廢其君希萼。命邊鎬出萍鄉以討楚亂。

冬十月壬寅，武安留後馬希崇請降。甲辰，鎬入潭州，詔以鎬爲武安軍節度使；辭，不許。癸丑，武昌節度使劉仁贍帥舟師取岳州，湖南遂平，以將軍宋德權爲岳州刺史，以客省引進使任鎬爲監軍使，以馬光惠爲武平軍留後。

十一月，遷楚王希萼及希崇于金陵。禮官請祠郊廟，帝言候天下一家，然後告。

十二月，漢泰寧節度使慕容彦超來乞援師，許之。以鎮南節度使兼中書令宋齊丘爲太傅。馬希萼爲江南西道觀察使，鎮洪州，仍賜爵楚王；馬希崇爲永泰軍節度使，鎮舒州。南漢内侍省丞潘崇徹、將軍謝貫敗我兵于義章，遂陷郴州。

是歲，以安化節度使、鄱陽王王延政爲山南西道節度使，改封光山王。

保大十年春正月，置筠州于高安縣，以清江、萬載、上高三縣隸焉，以湖南行營糧料使王紹顔爲刺史。庚申，夜，孫朗、曹進作亂，攻邊鎬，不克，奔朗州。甲子，援兗州之師敗績于沭陽，周人執我指揮使燕敬權。

二月甲辰，周人歸敬權，使來言曰：「爾國助叛，得無非計？」且使潁州郭瓊遺我壽州劉彦貞書，言：「自古有國，皆惡叛臣，貴邦何爲常事招誘？」帝頗媿其言，命先所得中原人皆禮而歸之。以翰林學士江文蔚知禮部貢舉，放進士王克貞等三人及第。旋復停貢舉。此後凡十七榜。

三月，以太弟太保昭義節度使馮延巳爲左僕射，前鎮海節度使徐景運爲中書侍郎，及右僕射孫晟並同平章事。南漢初乘楚亂，據桂、宜等州，帝以知全州張巒兼桂州招討使，進圖桂州。

夏四月丙戌朔，日食。遣統軍使侯訓帥五千人會繼攻桂州，〔四〕敗績于城下，訓死之，繼收餘衆保全州。周興順指揮使白進福以族來歸。遣李建期屯益陽，以圖朗州。

五月，致仕司徒李建勳卒。

秋九月，召朗州劉言入朝。

冬十月，劉言將王逵、周行逢攻潭州。壬辰，拔益陽寨，李建期死之。丙申，武安節度使邊鎬棄城遁。辛丑，劉言將蒲公益攻岳州，刺史宋德權、監軍任鎬棄城遁。

十一月，〔五〕劉言盡據故楚地。詔流邊鎬于饒州，斬宋德權、任鎬于太社，斬裨將申洪泰、尹建于都門外。以張繼爲信州刺史，平章事馮延巳、孫晟皆罷爲左右僕射。

十二月，雩都令趙暹奔周。洪州大都督、楚王馬希萼來朝，留不遣。

是歲大旱。南海獻龍腦漿。江淮異人録云：能補益元氣。

保大十一年春閏正月，草澤邵棠上言：「北朝恭儉修德，恐其南征，宜爲備。」

三月，復以左僕射馮延巳同平章事。金陵大火逾月，焚廬舍營署殆盡。陸游南唐書云：焚官寺民廬數千間。

夏六月至秋七月，不雨，井泉竭涸，淮流可涉，旱蝗，民饑，流入北境者相繼。以鄂州劉仁贍爲神武統軍、侍衛都指揮使；江南野史作天威軍都虞候。以濠州觀察使何敬洙爲武清軍節度使。

冬十月，築楚州白水塘以溉屯田，遂詔州縣陂塘湮廢者，皆修復之。於是力役暴興，楚州、常州爲甚，帝使近侍車延規董其役，發洪、饒、吉、筠州民牛以往。吏緣爲姦，强奪民田爲屯田，江、淮騷然。百姓以數丈竹去節焚香于中，仰天訴冤，道路以目。知制誥徐鉉因奏事白之，帝曰：「吾國兵數十萬，安能不食捍邊！事關大利，舉國輒排之，奈何？」乃遣鉉行視利害。鉉至楚州，悉取所奪田還民，詰責車延規，欲搒之。或譖鉉擅作威福，帝大怒，趣歸，將沈之江；既至，怒少解。

十二月，流鉉舒州，白水塘竟不成。命少府監馮延魯巡撫諸州，右拾遺徐鍇表延魯無才多罪，不宜奉使。鍇坐貶校書郎，分司東都。

是歲，復行貢舉。

保大十二年春正月，有大星霣于西北，聲如雷。周主殂，晉王嗣位。漢泰寧節度使慕容彥超來乞師以拒周，詔出兵數千應之。至淮北，爲北師所敗，俘我將校于汴州。已而釋之，且諭曰：「歸諭爾主，朕誅逆命，何苦來援！」帝亦悔焉。漢末遣使潭州市茶，會邊鎬平馬氏，例俘于金陵，由是引對慰勞，以上茗萬斤遣之。

二月，命吏部侍郎朱鞏知貢舉。鞏素無學術，元宗常言從臣賦詩，鞏惟進一聯，不能終篇，曰：「好物不在多。」左右掩口。

自十一年六月一作八月不雨，至於今年三月，大饑疫。命州縣鬻糜食餓者。

夏五月丁亥，月重輪。

秋七月，契丹使其舅來聘，夜宴清風驛，盜斬其首亡去，捕之不得。或以爲周將荆罕儒所遣。先是昇元時，宋齊丘謀間晉，會契丹使燕人高霸來聘，歸至淮北，陰遣人刺殺之，而匿霸之子乾於濠州，至是周亦殺契丹以間唐與契丹。於是契丹遂不至。

保大十三年春二月，以中書侍郎、知尚書省嚴續爲門下侍郎、平章事。

夏四月，以壽州劉彦貞爲神武統軍、侍衛諸軍都指揮使，以劉仁贍爲清淮軍節度使。

六月，周人侵秦、鳳，蜀遣間使來告難。馬氏南唐書作：七月，蜀使來聘。

冬十月，壽州監軍吴廷紹罷緣淮把淺兵，清淮節度使劉仁贍争之不得。東都留守周宗乞罷鎮，詔曰：「崧嶽降靈，誕生良弼，佐我先朝，施及朕躬。尚賴保釐，底于成績，乃遽爾請罷，豈朕不能優禮勳舊而致然也。昔蕭何守巴蜀，高祖無西顧之患；寇恂守河内，光武無分民之嫌。今任公以何、恂之事，宜强飯扶力，爰副朕意。」宗以老病，三表乃許，守司徒致仕。以中書舍人馮延魯爲工部侍郎、東都留守，以侍衛諸軍都虞候賈崇爲東都屯營使。

十一月乙未朔，周下詔南侵，詔曰：「蠢爾淮甸，敢拒大邦，盗據一方，僭稱僞號。晉、漢之代，寰海未寧，而乃招納叛亡，朋助兇逆。金全之據安陸，守貞之叛河中，大起師徒，來爲應援。迫奪閩、越，塗炭湘、潭。至于應接慕容，馮陵徐部。沭陽之役，曲直可知。勾誘契丹，入爲邊患；結連并壘，實我世讎。罪惡難名，人神共憤。」釣磯立談云：周世宗侵淮之歲，孟貫有「不伐有巢樹，多移無主花」之句。世宗宣見，問貫曰：「朕伐罪弔民，何有巢無主之有？」遣將李穀、王彦超、韓令坤等侵淮南，自攻壽州。帝卽拜神武統軍劉彦貞爲北面行營都部署，帥師二萬趣壽州；奉化節度使、同平章事皇甫暉爲北面行營應援使；常州團練使姚鳳爲應緩都監，帥師三萬屯定遠縣。召鎮南節度使宋齊丘入朝謀難。以翰林承旨、户部尚書殷崇義爲吏部尚書、知樞密院。

冬十二月，以安定郡公從嘉爲沿江巡撫。甲戌，周將王彦超敗我兵二千人于壽州城下。己卯，周先鋒都指揮使白延遇敗我兵千人於山口鎮。五國故事云：壬子、癸丑間，有狂人遍揚市，訴駡市人曰：「待顯德三年總殺之！」又曰：「不得韓白二人，殺之無噍類。」俄而周改元顯德，三年遂入淮南。時韓侍衛令坤、白太師重遇並爲戎帥，師將屠城，而二公戢兵，淮人得過江而南者尤衆，悉如狂人之言。

是歲，天裂東北，其長二十丈。

保大十四年春正月丁酉，周將李穀敗我兵千人于上窰。壬寅，周主率師南侵。劉彥貞與周師戰于正陽，敗績，彥貞戰死，裨將咸師朗等被擒。江南野史云：時周師棄營退據浮橋，以俟我師。劉彥貞議追之，劉仁贍以爲恐其設伏，不如養鋭以俟隙。彥貞將家子，少長富貴，惟貪惏聚斂爲務，莫知兵法，莫經戰鬥，多喜虛譽，能射帖子，俗謂之劉一箭，乃曰：「敵聞吾至，則先遁走，不追何待！」裨將咸師朗等恃勇寡謀，貪功輕敵，夜發晨食，至正陽，争據其橋，數戰不利，爲周師所敗，諸將皆没，凡喪師徒七萬。歐史南唐世家曰：景以劉彥貞、劉仁贍拒周師，李穀曰：「吾無水戰之具，而使淮兵斷正陽浮橋，則我背腹受敵。」乃焚其芻糧，退屯正陽。是時世宗親征，行至圉鎮，聞穀退軍，曰：「吾軍卻，唐兵必追之。」遣李重進急趨正陽，曰：「唐兵且至，宜急擊之。」劉彥貞等聞穀退軍，果以爲怯，急追之。比至正陽，而重進先至，軍未及食而戰，彥貞等遂敗。彥貞之兵施利刃于拒馬，維以鐵索，又刻木爲獸，號揵馬牌，以皮囊布鐵蒺藜於地。周兵見而知其怯，一鼓敗之。

帝欲親拒周師，中書舍人喬匡舜極諫，貶匡舜臨川；親行之議亦寢。丙辰，周主至壽州城下，營於淝水之陽，〔六〕命諸軍圍壽州，徙正陽浮梁于下蔡鎮。唐將林仁肇争之不得。丁巳，周徵宋、亳、陳、潁、徐、宿、許、蔡等州丁夫數十萬，以攻壽州，晝夜不息。李贄疑耀云：宋太祖爲周殿前都虞候，時率兵圍壽州，常乘皮船入壽春，不知皮船之制何似。又壽春城上發連弩射之，矢大如椽，不知其弩之大亦何似。庚申，周趙匡胤敗我兵于渦口，都監何延錫戰死。

是月，周命武平節度使王逵攻鄂州。帝詔武昌節度使何敬洙徙民入城，爲固守計；敬洙不從，除地爲戰場，曰：「敵至，則與兵民俱死耳！」帝壯之。

二月戊辰，周廬壽光黄巡檢使司超敗我兵于盛唐，都監高弼被執。周師遂倍道襲清流關，皇甫暉敗，保滁州；周師破城，俘暉及姚鳳以歸。時周將趙匡胤擁馬頸突陳而入，大呼曰：「吾止取皇甫暉，他人非吾敵也！」手劍擊暉，中腦，生擒之，并擒姚鳳，遂克滁州。刺史王紹顔遁去。壬戌，有星孛于參芒東南指。遣泗州牙將王知朗南唐書作「承朗」。奉書至徐州，求成于周，稱：「唐皇帝奉書大周皇帝，願以兄事，歲輸方物。」太弟景遂亦移書周將帥，皆不報。

己卯，遣翰林學士户部侍郎鍾謨、工部侍郎文理院學士李德明使周，奉表至下蔡行在，稱臣，請罷兵，畧曰：「拾短從長，乃推通理；以小事大，著在格言。伏惟皇帝陛下，體上聖之姿，膺下武之運，協一千而命世，繼八百以卜年。大駕天臨，六師雷動，猥以遐陬之俗，親爲跋履之行。循省伏深，兢畏無所。豈因薄質，有累蒸人。今則仰望高明，俯存億兆，虔將下國，永附天朝。冀詔虎賁而歸國，用巡雉堞以迴兵。萬乘千官，免馳驅于原隰；地征土貢，常奔走于歲時。質在神明，誓諸天地。」別貢金器千兩，銀器五千兩，錦綺綾白千疋，及御衣、犀帶、茶藥，又奉牛五百頭，酒二千石犒軍。

乙酉，周師陷東都，執副留守馮延魯。〔七〕五國故事云：侍中周宗既阜于家財，輒在淮上通商，以市中國羊馬。世宗將謀度淮，乃使軍中人蒙一羊皮，人執一馬，僞爲商旅，以度浮橋，繼以兵甲，遂入臨淮。丁亥，左神衛使徐象等十八人自壽州奔周。天長制置使耿謙以城降周。遣園苑使尹延範護遷讓皇之族于潤州，延範殺其男子六十人。命腰斬延範以謝國人。江南野史曰：先是，讓皇一族徙居泰州，至是命尹延範迎置京口。時道路已亂，延範慮有變，執其二弟、六十餘人殺之，以其婦女渡江。嗣主大怒，腰斬延範，楊氏遂絕。既而嗣主泣謂左右曰：「延範之死，乃成濟之徒與。孤非不知之，不得已也。」

周師陷泰州，刺史方訥棄城遁。帝遣間使求援于契丹，至淮北，爲周人所執；復命陳處堯至契丹乞師，竟不返。吴越侵常州、宣州，静海制置使姚彦洪奔吴越。

三月丙午，遣司空孫晟、禮部尚書王崇質如周，請比兩浙、湖南奉正朔，表云：「朝陽委照，爝火收光；春雷發聲，蟄户知令。伏念天祐之後，率土分摧，或跨據江山，或革遷朝代，皆爲司牧，各拯黎元。臣由是克嗣先基，獲安江表。誠以瞻烏未定，附鳳何從。今則青雲之候明懸，白水之符斯應，仰祈聲教，俯被遐方，豈可遠動和鑾，上勞薄伐。倘或首于下國，許作外臣，則柔遠之風，其誰不服，無戰之勝，自古獨高。」别進金千兩、銀十萬兩、羅綺二千疋，宣給軍士。周主猶未許。光州兵馬都監張延翰以城降於周，刺史張紹遁還。

丁酉，周師陷舒州，刺史周宏祚赴水死。蘄州將李福殺知州王承雋，降於周。戊戌，天成軍使蔡暉自壽州奔周，周師陷和州。

周遣供奉官安弘道送李德明、王崇質歸國，其詔書畧曰：「朕擅一百州之富庶，握三十萬之甲兵，農戰交修，士卒樂用。苟不能恢復内地，申奏邊疆，便議班旋，直同戲劇。至于削去尊稱，願輸臣節，孫權事魏，蕭詧奉周，古也固然，今則不取。但存帝號，何爽歲寒。倘堅事大之心，必不迫人于險。」又曰：「俟諸郡之悉來，卽大軍之立罷。言盡于此，更不煩云。苟曰未然，請從茲絶。」又遺將相書，期熟議以復。

帝命斬德明于都市，以私許割地也。吳越陷常州之郛，執團練使趙仁澤。燕王弘冀遣龍武都虞候柴克宏救常州。壬子，大敗吳越兵於常州，斬獲萬計，俘其將數十，至潤州，弘冀悉斬之，擢克宏爲奉化軍節度使。

己未，王崇質歸國。帝復遣使奉表于周，云：「聖人有作，曾無先見之明；王祭弗供，果致後時之責。六龍電邁，萬騎雲屯，舉國震驚，羣臣惴悚。遂馳下使，徑詣行宮，乞停薄伐之師，請預外臣之籍。天聽懸邈，聖問未回。由是繼飛密表，再遣行人，敍江河羨海之心，指葵藿向陽之意。」

壬戌，壽州軍校陳廷貞等十三人奔周。

是月，命諸道兵馬元帥齊王景達拒周。

夏四月，復泰州。

五月，周主北還。

秋七月，諸郡屯田相率起義，以農器爲兵，襞紙爲鎧，羣相保聚。爲之「白甲子」。亦號「白甲軍」。周人苦之。復東都、舒、蘄、光、和、滁州，惟壽州圍愈急。

冬十月，周害我行人孫晟，從者二百人皆死，惟貸鍾謨以爲耀州司馬。

是月，詔省淮南屯田之害民者。

十二月，遣陳處堯如契丹乞兵。十國紀年作兵部郎中段處常。

是歲，小溪場監詹敦仁請清源節度使留從效奏場爲縣，賜名曰清溪。

保大十五年春正月，齊王景達遣許文稹、邊鎬、朱元救壽州，屯紫金山，築甬道餉之，爲周將李重進所敗。

二月乙亥，周主復帥兵南侵。

三月己丑，夜，周主抵壽州城下。庚寅，齊王景達用監軍使陳覺言，謀奪朱元兵，以楊守忠代之。辛卯，元遂舉寨降周，裨將時厚卿獨不從，見殺。壬辰，周師盡破我諸寨，執許文稹、邊鎬、楊守忠，餘衆悉奔潰，景達亦遁歸金陵。是役也，喪士卒殆四萬人。詔誅朱元妻、子。丁未，壽州劉仁贍病革，副使孫羽等代仁贍署表降于周。通鑑云周廷構等作劉仁贍表降。

辛丑，晝晦，雨沙如霧。仁贍卒。

夏四月，周主北還。

冬十一月，周主仍南侵。

十二月，濠州團練使郭廷謂、泗州刺史范再遇皆舉城降周。辛酉，周師追敗我兵于楚州，應援使陳承昭被執。乙丑，知漣水縣事崔萬迪降周。庚午，帝知東都必不守，遣使悉焚官私廬舍，徙其民于江南，周師遂入揚州。丁丑，泰州陷，周師水陸齊進，軍士作「檀來」之歌，聲聞數十里。五國故事曰：周師未南征時，淮南市井小兒普唱曰：「檀來也。」人頗怪之。及揚州建春門有鼉，而俗謂之檀，出于水次，衆以爲應矣。未幾，周師入，先鋒騎兵皆唱蕃歌，其首句曰「檀來也」，方明其兆。

是月，都城大火，一日數發。

中興元年春正月，改元中興。丙戌，周師陷海州。壬辰，周師陷靜海軍。乙巳，周主率諸將攻楚州，宿于城下。丁未，楚州陷，防禦使張彥卿、兵馬都監鄭昭業死之。歐史云：彥卿、昭業城守甚堅，攻四十日不可破，世宗親督兵，以洞屋穴城而焚之，城壞。江南野史云：城破之日，彥卿與軍十萬戰而没，無一生還者。周師屠城，焚廬舍殆盡。

是月，升天長縣爲雄州，以建武軍使易文贇爲刺史。

二月甲寅，周師次雄州，文贇舉城降。丁卯，周主至揚州。癸酉，次瓜州。五代史南唐世家云：初，師南征，無戰之具，已而屢敗景兵，獲水戰卒，乃造戰艦數百艘，使降卒教之水戰，命王環將以下淮。景之水軍多敗，長淮之舟皆爲周師所得。又造齊雲船數百艘，世宗至楚州北神堰，齊雲舟大不能過，乃開老鸛河以通之，遂至大江。乙亥，周黄州刺史司超、控鶴都指揮使王審琦陷舒州，刺史施仁望被執。

三月壬午朔，周主次泰州。丁亥，復次揚州。帝大赦境内，改元交泰。馬令南唐書作正月改元交泰，非。封皇太弟景遂爲晉王，加天策上將軍、江南西道兵馬元帥、洪州大都督、太尉、尚書令；以齊王景達爲浙西道元帥、潤州大都督，已又改撫州大都督；立燕王弘冀爲皇太子，參治朝政。辛卯，周主至迎鑾鎮。壬辰，周耀兵江口。帝懼其南渡，遣樞密使陳覺按周世宗實録載唐中主表云：「今遣左諫議大夫、兵部侍郎臣陳覺躬聽勑命。」蓋常時所假之官也。今從十國紀年。奉表貢方物，請傳位太子弘冀，以國爲附庸。馬令作遣鍾謨等請傳位。周主始采唐回紇可汗故事，答我璽書，稱「皇帝致書敬問江南國主」。宋史云：周臨汴水置懷信驛以待唐使。帝遣閤門承旨劉承遇上表，稱唐國主，盡獻江北郡縣之未陷者，鄂州漢陽、汊川二縣在江北，亦割獻焉，歲輸土貢數十萬；而乞海陵鹽監南屬，不許，後歲給贍軍鹽三十萬石。庚子，周貽書於我，允奉正朔，罷兵，而止其傳位。

甲辰，遣同平章事馮延巳、給事中田霖使周，獻銀、絹、錢、茶、穀共百萬，以犒軍及買宴，表云：「臣聞孟津初會，仗黃鉞以臨戎；銅馬既歸，推赤心而服衆。皇帝量包終古，德合上元，以其執迷未復，則薄賜徂征；以其向化知歸，則俯垂信納。仰荷含容之施，彌堅傾附之念。然以淮海遐陬，東南下國，親勞玉趾，久駐王師，以是憂漸，不遑啓處。今既六師返旆，萬乘還京，合申解甲之儀，粗表充庭之實。」辛亥，又遣臨汝郡公徐遼、客省使尚全恭上買宴錢，表云：「伏以栢梁高會，展極居尊，朝臣咸侍于冕旒，天樂盛張于金石。莫不競輸寶瑞，齊獻壽盃。而臣僻處偏隅，迥承乃睠，雖心存于魏闕，奈日遠于長安。無由親咫尺之顏，何以罄勤拳之意。遂令戚屬，躬拜殿廷，納忠則厚，致禮甚微。誠慚野老之芹，願獻華封之祝。」

夏五月，下令去帝號，稱國主，去交泰年號，稱顯德五年。唐餘紀傳云：聘獻于周，用其顯德年號，在本國則仍舊稱。今從通鑑用其正朔。凡天子儀制皆從降損；改名景，以避周廟諱。周信祖諱也。遣官告于太廟。金陵大霧，通夕不解。丁未，左僕射、同平章事馮延巳罷爲太子太傅，門下侍郎、同平章事嚴續罷爲太子少傅，樞密使、兵部侍郎陳覺罷守本官。以行營應援使林仁肇爲浙西節度使，前廬州孫漢威爲奉化軍節度使。己酉，周遣我使臣太僕卿馮延魯、〔八〕衛尉少卿鍾謨餉國主御衣、玉帶、錦、帛、羊、馬及犒軍帛十萬，并今年欽天曆，士卒俘于周者皆追還，凡五千七百五十人。五代史周世宗本紀作：六月辛未，放降卒四千六百于唐。贈劉仁贍太師，封衛王；孫晟太傅，追封魯國公；劉彥貞中書令，張彥能侍中，其餘將士死國難者，追贈有差。

秋八月，始置進奏院于大梁。辛丑，馮延魯、鍾謨復至周，國主手表謝恩，畧曰：「天地之恩厚矣，父母之恩深矣。子不謝父，人何報天，惟有赤心，可酬大造。」又乞比藩方，賜詔書。

九月丁巳，遣吏部尚書、知樞密院殷崇義使周，賀天清節。

冬十月甲午，周歸我馮延魯、許文稹、邊鎬、周廷構，國主皆不復用。禮部侍郎常夢錫卒。

十一月己亥，暴宋齊丘、陳覺、李徵古罪，放齊丘歸九華山，覺安置饒州，徵古削官爵；覺、徵古尋皆賜死。

十二月，以信王景遏爲百勝軍節度使。昇元初，括定民賦，每正苗一斛，别輸三斗於官廩，授鹽二斤，謂之鹽米。至是淮甸鹽場皆入于周，遂不支鹽，而輸米如初，以爲定式。

是月，周兵部侍郎陶穀來聘。按南唐拾遺記：陶穀使江南，甚欲假書。韓熙載令館伴驛中謄六朝書，半年乃畢。穀見伎秦蒻蘭，以爲驛吏女也，遂敗慎獨之戒，作長短句贈之。明日，中主燕穀，穀毅然不可犯。中主持觥立，使蒻蘭出歌「續斷弦」之曲侑觴，穀大慚而罷。詞名風光好，云：「好姻緣，惡姻緣，祇得郵亭一夜眠，别神仙。琵琶撥盡相思調，知音少。再把鸞膠續斷弦，是何年？」又按沈遼任社娘傳以此事爲穀使吳越事，而女伎則社娘，非蒻蘭也。且云：穀贈歌之明日，吳越王召使者曲宴于山亭，命倡進，社之班在下，其服之裒博，陶頗不能別也。王既知之，從容謂陶曰：「昔稱吳越之女善歌舞，今殊無之。」陶曰：「在北時，聞有任氏者，今安在？」王乃使社出拜，陶熟視而笑，知其爲王所蠱也。社遂歌其詞，飲酒甚樂。社前謝王，王大悅，賜之千金。諸書所載不同如此。

顯德六年春正月，宋齊丘幽死。按江表志：齊丘至青陽，絕食數日，家人亦菜色。中使云：「令公捐館，方始供食。」家人以絮塞口而卒。江南録、通鑑、十國紀年則云縊死。畢命時，嘆曰：「吾昔獻謀幽讓皇族于泰州，宜其及此！」

夏六月，遣紀公從善與鍾謨入貢于周。及還，周主謂曰：「吾與江南，大義已定，然慮後世不能容，可及吾世修城隍，治要害，爲子孫計。」國主乃城金陵，及諸州增戍兵。

秋七月，國主議徙都洪州，曰：「建康與敵境隔江而已，今吾徙都豫章，據上流而制根本，上策也。」羣臣多不欲，惟樞密使唐鎬贊成之。

是月，用鍾謨言，鑄大錢，以一當十，文曰「永通泉寶」，〔九〕與舊錢並行。洪遵泉志云：此錢有三品，字八分書者徑寸五分，重八銖七參，背面肉好，皆有周郭，篆文者徑寸三分，重五銖七參，輪郭重厚，銅色昏暗；又有面爲篆文，背爲龍鳳形者，又八分書，文曰「永通泉寶」，篆書，文曰「永通泉貨」。大定録又云：江南李氏鑄「永通泉貨」、「永安五銖」。又事物紺珠云：「永通泉寶，右文曰貨，左文曰泉。」已又鑄「唐國通寶」錢，一當「開通」錢之一。十國紀年曰：元宗以周師南侵，及割地，歲貢方物，府藏空竭，錢貨益少，遂鑄「唐國通寶」錢，二當「開元」錢一。馬令南唐書曰：元宗卽位，兵屢起，德昌帛布既竭，遂鑄「唐國」錢。泉志曰：「唐國」錢五種，制度大小各殊。按元宗又鑄「大唐通寶」錢，與唐國錢通用，數年漸弊，百姓盜鑄，極爲輕小。

九月丙午，太子弘冀薨。

冬十月，周命御厨使張延範來弔祭。流鍾謨饒州，貶張巒爲宣州副使。

十一月，建洪州爲南都南昌府。

十二月，罷鑄大錢。

建隆元年是年唐餘紀傳稱交泰三年，疑周、宋革命，南唐或仍本國舊稱，今姑從馬、陸兩南唐書稱建隆年號。春正月，遣使蒞誅鍾謨于饒州，誅張巒于宣州。宋受周禪，改元建隆，放降將周成等三十四人來歸。

二月，始鑄鐵錢。泉志云：小「唐國」鐵錢，形製肖銅錢之小者。

三月，遣使貢絹二萬匹、銀萬兩如宋，賀卽位。宋史作二月，今從南唐書。

夏四月，太子太傅馮延巳卒。

秋七月，貢宋金器五百兩，銀器三千兩，羅紈千匹，絹五千匹；又遣禮部郎中龔愼儀朝宋，貢乘輿、服御。自是貢獻尤數，歲費以萬計。

冬十月，宋揚州節度使李重進舉兵求援，拒之。

十一月丁未，宋平揚州，國主遣右僕射嚴續犒軍。蔣國公從鎰朝行在所。又遣户部侍郎馮延魯貢金買宴，并伶官五十人作樂上壽；又貢金玉、鞍勒、銀裝、兵器。

是歲，小臣杜著、彭澤令薛良以罪奔宋，獻平南策。宋帝惡其不忠，斬著，配良爲牙卒。

國主誕日，宋遣使饋羊萬口、馬三百匹、橐駞三十，自後歲以爲常。

建隆二年春二月，國主遷于南都，立吴王從嘉爲太子，留金陵監國。壬午，發行旌麾仗衛六軍百司，凡千餘里不絶，所過勞問高年疾苦，大宴于當塗。江南野史云：次于廬山，從臣遊山中寺觀，徧覽勝景，賦詩談宴，旬日而行。至宋家洑，暴風飄龍舟幾至北岸，翼日，從官皆乘輕舟奔問。

三月，國主至南都。宋以我遷都，遣通事舍人王守貞來勞問。南都迫隘，上下不能容，羣心思歸。國主退朝之暇，北望金陵，恒鬱鬱不樂，澄心堂承旨秦承裕常引屏風障之。唐鎬慚懼，發瘍卒。江南野史又云：嗣主怒鎬阿旨，欲致極法，鎬懼，縊死。復議東遷，未及行，國主寢疾，不復進膳，惟啜蔗漿，嗅藉華。江南野史云：嗣主至南都，常不自安，將宴百寮于殿上，忽見故太傅宋齊丘自陛而趨進，遂惡之，入而得疾。

六月己未，疾革，親書遺令，留葬西山，累土數尺爲墳，且曰：「違吾言，非忠臣孝子。」夕有大星霣于南都。庚申，殂于長春殿。馬令南唐書云：大漸之際，羣鶴翔于空，雙龍據殿屋。年四十六。後主不忍從遺令，迎梓宮還。

秋八月，至金陵。丁未，殯于宮中萬壽殿，告哀于宋，且請追復帝號，許之。宋史云：景卒，其臣桂陽郡公徐邈奉遺表來上，太祖廢朝五日。子煜又遣其臣馮謐奉表願追尊帝號，許之。乃謚曰明道崇德文宣孝皇帝，宋史無「宣」字。廟號元宗。五國故事作至道文宣孝皇帝，廟號太宗，非是。明年正月戊寅，葬順陵。

帝音容閒雅，眉目若畫。詩話類編云：元宗神采清暢。湖南使至，歸與親友言曰：「東朝官家，南岳真君不如也。」好讀書，能詩。元宗春恨浣溪紗詞及帝臺春詞，稱爲絕倫。浣溪紗詞：「風壓輕雲貼水飛，乍晴池館燕爭泥。沈郎多病不勝衣。沙上未聞鴻雁信，竹間時有鷓鴣啼。此情惟有落花知。」「一曲新詞酒一盃，去年天氣舊亭臺。夕陽西下幾時回。無可奈何花落去，似曾相識燕歸來。小園香徑獨徘徊。」帝臺春詞：「芳草碧色，萋萋遍南陌。飛絮亂紅，也似知人，春愁無力。憶得盈盈拾翠侶，共攜賞鳳城寒食。到今來，海角逢春，天涯行客。愁旋釋，還似織。淚暗拭，又偷滴。謾倚遍危欄，儘黃昏，也正是暮雲凝碧。拚則而今已拚了，忘則怎生便忘得。又還問鱗鴻，試重尋消息。」

多才藝，便騎善射。少喜棲隱，築館于廬山瀑布前，蓋將終焉，迫于紹襲而止。然自附唐室苗裔，誅于斥大境土之說，及保大中再喪師，始知攻取之難，江南野史云：天性儒懦，素昧威武。

議弭兵務農。或曰：「願陛下十數年，勿復問兵。」帝曰：「兵可終身不用，何十數年之有！」會北師大舉，郡縣屢失，竟致蹙國降號，賫志以殁云。唐餘紀傳云：中主接羣臣如布衣交，間御小殿，以燕服見學士，必先遣中使謝曰：「小疾，不能著幘，欲冠褐可乎？」其待士有禮如此。先是，烈祖將受禪，有善相者，烈祖出諸子見之，相者指齊王景達曰：「此雖不及公，然善持守者也。」及相帝，曰：「只恐不了公家事。」又帝在位，常搆一小殿，謂之「龜頭」，居常處以視事，左右偵其所在，必問曰：「大家何在龜頭裏？」及後有内附之事，人始悟其先兆。

論曰：元宗在位幾二十年，史稱其慈仁恭儉，禮賢愛民，裕然有人君之度。然兵氣方張，旋經敗衂，國威損矣。卒之淮南震驚，奉表削號，豈運會有固然與？抑任寄非才，以至此也。治亂顧不係於人哉！

校勘記

〔一〕賈浩　通鑑卷二八三作「賈匡浩」。按新五代史卷六二南唐世家亦作「賈浩」，無「匡」字。

〔二〕戊寅朔　「戊」原作「庚」，據通鑑卷二八八改。陳垣二十史朔閏表亦作戊寅朔。

〔三〕范仲敏　通鑑卷二八八作「范沖敏」。

〔四〕統軍使侯訓　原無「使」字，據通鑑卷二九〇補。

〔五〕十一月　通鑑卷二九一載以下諸事，皆在十月。此處似衍「一」字。

〔六〕淝水之陽　「淝」原誤作「巴」，據通鑑卷二九二改正。

〔七〕馮延魯　「魯」原誤作「巳」，據通鑑卷二九二改正。

〔八〕太僕卿馮延魯　「僕」原作「府」，據通鑑卷二九四改。

〔九〕永通泉寶　通鑑卷二九四作「永通泉貨」。

十國春秋卷第十七

南唐三

後主本紀

後主名煜，字重光，初名從嘉，元宗第六子也。母光穆聖后鍾氏。爲人仁惠，有慧性。雅善屬文，工書畫，清異録云：後主善書，作顫筆樛曲之狀，遒勁如寒松霜竹，謂之金錯刀。一云：後主作大字，不事筆，卷帛書之，皆能如意，世謂撮襟書。宣和畫譜云：後主丹青，自稱鍾峯隱居。太平清話云：後主善墨竹。知音律。廣額豐頰，駢齒，一目重瞳子。文獻太子惡其有奇表，從嘉避禍，惟覃思經籍。歷封安定郡公、鄭王。文獻太子薨，徙吴王，五代史云：自太子冀已上五子皆早亡，煜以次封吴王。以尚書令知政事，居東宫。

建隆二年，元宗南遷，立爲太子，留金陵監國。以嚴續、殷崇義輔之，張洎主牋奏。六月，元宗晏駕，嗣立于金陵。五國故事作七月二十九日襲位。更今名，居喪哀毁，幾不勝。大赦境内。五國故事云：煜襲位，因登樓，建金雞以肆赦。太祖聞之怒，問進奏使陸昭符，昭符素辨給，是日對曰：「此非金雞，乃怪鳥耳。」太祖大笑，因不問。尊母鍾氏曰聖尊后，以后父名泰章，故不稱太后。立妃周氏爲國后，徙信王景逷爲江王，鄧王從善爲韓王，留守南都。封弟從鎰爲鄧王，從謙爲宜春王，從信爲文陽郡公，楚定王子從度爲昭平郡公。令諸司四品至九品無職事者，日二員待制于内殿。以右僕射嚴續爲司空、同平章事，餘進位有差。

遣中書侍郎馮延魯如宋，表陳襲位，凡奉朔稱號等禮，悉遵周舊。宋史云：煜遣户部尚書馮謐貢金器二千兩、銀器二萬兩、紗羅繒綵三萬匹。且奉表陳紹襲之意，曰：「臣本於諸子，實愧非才，自出膠庠，心疎利祿。被父兄之蔭育，樂日月以優游，思追巢許之餘塵，遠慕夷齊之高義。〔一〕既傾懇悃，上告先君，固非虚詞，人多知者。徒以伯仲繼没，次第推遷，先世謂臣克習義方，既長且嫡，俾司國事，遽易年華。及乎暫赴豫章，留居建業，正儲副之位，分監撫之權，懼弗克堪，常深自勵。不謂奄丁艱罰，遂玷纘承，因顧肯堂，不敢滅性。然念先世君臨江表垂二十年，中間務在倦勤，將思釋負。臣亡兄文獻太子從冀將從内禪，已決宿心，而世宗敦勸既深，議言因息。及陛下顯膺帝籙，彌篤睿情，方誓子孫，仰酬臨照。則臣向於脱屣，亦匪邀名，既嗣宗枋，敢忘負荷。惟堅臣節，上奉天朝。若曰稍易初心，輒萌異志，豈獨不遵于祖禰，實當受譴于神明。方主一國之生靈，遐賴九天之覆燾。況陛下懷柔義廣，煦嫗仁深，必假清光，更逾曩日。遠憑帝力，下撫舊邦，克獲晏安，得從康泰。然所慮者，吴越國鄰於敝土，近似深讎，猶恐輒向封疆，或生紛擾。臣即自嚴部曲，終不先有侵漁，免結釁嫌，撓干旒扆。仍慮巧肆如簧之舌，仰成投杼之疑，曲搆異端，潛行詭道。願迴鑒燭，顯諭是非，庶使遠臣，得安危懇。」宋帝賜詔答之，自是始降詔而不名。

罷諸路屯田使，委所屬令佐與常賦俱征，隨所租入十分錫一，謂之率分，以爲禄廩，諸朱膠牙税視是。初屯田，置使專掌，至此罷其官，而屯田佃民絶公吏之擾。

秋八月，鄂州王崇文卒，以南都巡檢使黄延謙爲武昌軍留後。

九月，宋遣鞍轡庫使梁義來弔祭，贈賻絹三千匹。

冬十月，以韓王從善爲司徒兼侍中、諸道兵馬副元帥，鄧王從鎰爲司空、南都留守。宋遣樞密承旨王文來賀襲位。初，元宗雖臣於中原，惟去帝號，他猶用王者禮，至是國主始易紫袍見使者，使退如初服。

十二月，置龍翔軍以教水戰。清源節度使留從效遣子紹基來貢。

是歲，宋葬昭憲太后，國主遣户部侍郎韓熙載、太府卿田霖會葬。

建隆三年春三月，遣馮延魯入貢於宋。清源節度使、中書令、晉江王留從效薨，子紹鎡自稱留後。

夏四月，泉州將陳洪進執紹鎡歸金陵，推副使張漢思爲留後。句容尉張佖上封事，召爲監察御史。

六月，遣客省使翟如璧入貢於宋。宋放降卒千人南還。以神武統軍朱匡業爲寧國軍節度使，潤州林仁肇爲神武統軍。

秋七月，建州陳誨卒。禮部尚書潘承裕卒。以宣州何敬洙爲左武衛上將軍，封芮國公。改朱匡業鎮江州，以林仁肇爲寧國軍節度使。

十一月，遣水部郎中顧彝入貢于宋。壬午，宋頒建隆四年歷。

建隆四年春正月，宋遣使餉羊、馬、橐駞。

三月，宋出師平荆湖，國主遣使往軍前犒師。

夏四月，泉州副使陳洪進廢張漢思，自稱權知軍府，來告國主，即以洪進爲清源軍節度使。左武衛上將軍何敬洙卒。

秋七月，以兵部尚書游簡言知尚書省，遷右僕射。宋詔國主遣還顯德以來中朝將士在江南者及今揚州民遷江南者，還歸故土。宋史又云：詔煜應詔横海、飛江、水門、懷順諸軍親屬有在江表者，悉遣令渡江。

冬十一月，宋改元乾德。

十二月，國主表宋乞罷詔書不名之禮，不從。初，金陵殿闕皆用鴟吻，自乾德後宋使至則去之，使還復設。是歲有二日相觸。

乾德二年春三月，始行鐵錢，陶岳貨志録曰：韓熙載請以鐵爲錢，其錢之大小一如「開元通寶」，文亦如之。徐鉉篆其文，比于舊錢稍大，而輪郭深闊。既而鐵錢大行，公私便之。每十錢以鐵錢六權銅錢四而行，逮民間止用鐵錢，遂藏銅錢靳弗出，末年銅錢一直鐵錢十，比國亡，諸郡所積銅錢累六十七萬緡。江南野史云：初，嗣主鑄「唐國」錢，其眉曰「唐國通寶」，約一千重三斤十二兩，至數年而弊，百姓盜鑄僅至一斤餘，以一文置水上不沉，雖嚴禁不止。至是有鐵錢之議。既行，至數年物價漸增，諸郡盜鑄者頗多而輕小，環外芒刺，不及官場圓淨。國家雖以法繩之，犯者配遠郡，民罹之益衆而不止。

命吏部侍郎、修國史韓熙載知貢舉，放進士王崇古等九人；既又命中書舍人徐鉉覆舒雅等五人，雅等不就，乃御殿命題親試，以中書官涖其事，五人皆見黜。鄂州黄延謙卒，以林仁肇爲武昌軍節度使。

夏五月，賀宋文明殿成，進銀萬兩。

秋八月，宋於江北置折博務，禁商旅過江。按宋史，乾德二年，詔江北許諸州民及諸監鹽亭户緣江採捕及過江貿易。先是，江北置榷場，禁商人渡江及百姓緣江樵採，是歲，以江南洊饑，特弛其禁。今據南唐書則言禁商旅過江，豈弛禁在八月之後，抑陸游所記年月有異耶？

九月，拜韓熙載兵部尚書，充勤政殿學士承旨。封子仲寓清源郡公，仲宣宣城郡公。

冬十月甲辰，仲宣薨，追封岐王。

十一月，國后周氏殂，宋遣作坊副使魏丕來弔祭。是時，左僕射殷崇義上言泉布屢變，亂之招也，且豪民富商，不保其貲，則日益思亂；累數百言，不報。

乾德三年春正月壬午，葬昭惠后于懿陵。以江州朱匡業爲神武統軍、侍衛都軍使，以虔州留後柴克貞爲奉化軍節度使。

夏五月，司空、同平章事嚴續罷爲鎮海軍節度使。

秋九月，雨沙。聖尊后鍾氏殂。召南都留守、鄧王從鎰還都，以鄂州林仁肇爲南都留守、南昌尹。

冬十月，宋遣染院使李光圖來弔祭。是冬，葬光穆皇后于順陵。宋許元宗追復帝號，故光穆稱皇后。遣使獻宋銀二萬兩、金銀龍鳳茶酒器數百事。

乾德四年夏五月，以吉州刺史楊守忠爲武昌軍留後。馬令作「武清」，誤。

秋八月，遣龔慎儀持書使南漢，約與俱事中朝。

九月，慎儀至番禺，被執。

冬十月，神武統軍朱匡業卒。

十二月，司空嚴續卒。

乾德五年，春，命兩省侍郎、諫議、給事中、中書舍人、集賢勤政殿學士更直光政殿，召對咨訪，率至夜分。

開寶元年春三月戊申，以樞密使、右僕射殷崇義爲左僕射、同平章事。知制誥張泊言崇義非經綸才，不宜處鈞衡之地，不從。境内旱。宋餉米麥十萬石。

夏，江王景逷薨。

冬十一月，立周氏爲國后。

開寶二年春三月，以游簡言爲左僕射兼門下侍郎、同平章事。夏五月，簡言卒。冬，國主較獵于青龍山，還憩大理寺，親録囚，原貸甚衆。中書侍郎韓熙載奏：「獄訟有司之事，囹圄之中非車駕所至，請捐内帑錢三百萬充軍資庫用。」江南野史作給事中蕭儼與熙載同彈奏。國主從之，曰：「繩愆糾繆，熙載有焉。」

是歲，普度諸郡僧。江南野史曰：後主罔恤政務，曉于禁中，卧聽内道場童行撞鐘有節數，喜而召之，與剃度爲僧。而童子姦猾，對曰：「不敢獨受恩澤，願陛下如佛慈悲，廣覃諸郡。」于是普度焉。左僕射、同平章事殷崇義罷爲鎮海軍節度使、同平章事。

開寶三年，春，命境内崇修佛寺。馬令南唐書云：建康城中僧徒迨至數千，給稟米緡帛以供之。改寶公院爲開善道場，國主與后預僧伽帽衣袈裟，誦佛經，拜跪頓顙，至爲瘤贅。

夏四月，太白晝見。江南野史云至秋方没。二日相觸。

開寶四年，春，遣使如宋，貢占城、闍婆、大食國所送禮物。夏四月，齊王景達薨。

冬十月，國主聞宋滅南漢，屯兵于漢陽，大懼，遣太尉、中書令韓王從善朝貢，稱江南國主，請罷詔書不名，許之。宋史云：煜以將郊祀，遣從善來貢。會嶺南平，煜懼，上表，遂改唐國主爲江南國主，唐國印爲江南國主印，又上表請所詔呼名。有商人來告宋造戰艦數千艘巇于荆南，請密往焚之，國主懼，不敢從。

開寶五年春二月，下令貶損儀制，改詔爲教，中書、門下省爲左、右内史府，馬令南唐書作内侍府。尚書省爲司會府，御史臺爲司憲府，翰林院爲修文館，〔二〕一作藝文院。樞密院爲光政院，大理寺爲詳刑院，客省爲延賓院；官號亦從改易，以避中朝；始去殿闕鴟吻不復設。降封子弟封王者皆爲公：從善南楚國公，從鎰江國公，從謙鄂國公。內史舍人張佖知禮部貢舉，放進士楊遂等三人。清耀殿學士張洎言佖多遺才，國主命洎考覆遺不中第者，又放王倫等五人。國主以宋長春節，貢錢三十萬緡。

是月，殺南都留守林仁肇。

閏月癸巳，宋命進奉使南楚國公從善爲泰寧軍節度使，留汴京，賜第汴陽坊，示欲徵國主入朝。國主遣户部尚書馮延魯謝從善爵命；延魯至汴京，疾病，不能朝而歸。

開寶六年夏四月，宋學士盧多遜來聘。求江東諸州圖經。

五月，國主聞欲興師，遣使上表，願受爵命，不許。以司空殷崇義知左右內史事。

冬十月，內史舍人潘佑上書切諫。佑素與户部侍郎李平交厚，國主以爲事皆由平，先以平屬吏，遣使收佑。佑自殺，平縊死獄中，皆徙其家外郡。

是歲，江南饑，宋餽米麥十萬斛。廬陵曾某將娶婦，忽化爲女。後嫁而生子。

甲戌歲，秋，遣使求南楚國公從善歸國，不許。宋遣閤門使梁迥來，從容言曰：「天子今冬行柴燎之禮，國主宜往助祭。」國主不答。江南野史云：初，流言謂北使竊伺後主至船，必載之北度，自是後主懼，不敢登使者船。宋復遣知制誥李穆爲國信使，持詔來曰：「朕將以仲冬有事圜丘，思與卿同閱犧牲。」且諭以將出師，宜早入朝之意。國主辭以疾，且曰：「臣事大朝，冀全宗祀，不意如是，今有死而已。」時宋已遣潁州團練使曹翰率師，先出江陵，宣徽南院使曹彬、侍衛馬軍都虞候李漢瓊、賓州刺史田欽祚率舟師繼發。宋通鑑云：曹彬將兵伐江南，太祖戒之曰：「江南之事，一以委卿，切勿暴掠生民，務廣威信，使自歸順，不須急擊也。」又曰：「城陷之日，慎無殺戮，設若困鬭，則李煜一門不可加害。」及是，又命山南東道節度使潘美、侍衛步軍都虞候劉遇、東上閤門使梁迥率師，水陸並進，與國信使李穆同日行。宋史云：以宣徽南院使、義成軍節度曹彬爲西南面行營都部署，山南東道節度潘美爲都監。

冬十月，國主遣江國公從鎰貢帛二十萬疋、白金二十萬斤；宋史作茶二十萬斤，今從南唐書。又遣起居舍人潘慎修貢買宴帛萬疋、錢五百萬。築城聚糧，大爲守備。

閏十月，宋師陷池州，國主於是下令戒嚴，去開寶紀年，稱甲戌歲。辛未，宋師陷蕪湖及雄遠軍，吳越亦大舉兵犯常、潤。國主遺吳越王書曰：「今日無我，明日豈有君？一旦天子易地賞功，王亦大梁一布衣耳。」吳越王表其書于宋。宋師次采石磯，破我兵二萬人，擒龍驤都虞候楊收，獲馬三百匹。江表無戰馬，及是所獲，觀其印文，皆宋歲賜之馬也。

先是，池州人樊若水一作「若冰」。舉進士不第，詣宋闕獻策，請造浮梁以濟師。宋遣高品石全振往荆湖造黄黑龍船數千艘，又以大艦載巨竹絚，自荆渚而下。及命曹彬等出師，乃遣八作使郝守濬等率丁匠營之。議者以爲古未有作浮梁度大江者，乃先試于石牌口，〔三〕移置采石，三日而成，長驅度江，遂至金陵。若水先常夜釣采石，以絲繩量江之廣狹，故尺寸脗合。又江南野史云：北朝俾僧于采石磯下卓菴，乃陰鑿穴及壘石爲塔，闊數圍，高迨數丈，而夜量水。及王師克池州，浮梁遂繫于塔穴，且度南北，不差毫釐。初，後主聞作浮梁，語侍臣張洎，洎對曰：「載籍已來，長江無爲梁之事。」後主曰：「吾亦以爲兒戲耳。」及宋師度江，竟若履平地焉。每歲大江春夏暴漲，謂之黄花水，及宋師至而水皆縮小，國人異之。

國主以軍旅委皇甫繼勳，機事委陳喬、張洎，又以徐元楀、刁衎爲内殿傳詔。遽書警奏，日夜狎至，元楀等輒屏不以聞。宋師屯城南十里，閉門守陴，内庭猶不知也。初，烈祖有國，凡民產二千以上出一卒，號義軍；馬氏南唐書作義師，今從陸游南唐書。分籍者又出一卒，號新擬生軍；新置產亦出一卒，號新擬軍；客户有三丁者出一卒，謂之團軍，一作團軍。後作拔山軍。保大中，許郡縣村社競渡，每歲重午日，官閱試之，勝者給綵帛、銀椀，江南野録云：勝者加以銀盆。謂之打標，舟子皆籍姓名，至是盡蒐爲兵，號凌波軍。又率民間傭奴贅婿，號義勇軍；募豪民以私財招聚無賴亡命，號自在軍。又大括境内，白老弱外皆募爲卒，號排門軍。民間又有自相率拒敵，積紙爲甲，農器爲兵，號白甲軍。馬令南唐書云：并屯田白甲之類。凡十三等，皆使捍禦，然實不可用，奔潰相踵。

是歲，金陵苑中鹿作人語，叱牧者：「明年今日，汝等作鬼物！」又云：「苑囿荒涼，焉能拘我！」有神首見于城樓，大如車輪，額有珠光，燦如日月，數日而没。江南野史又云：北朝兵將至吉州，子城上有神見，頭如車輪，額上有珠，今俗呼爲天王樓。時城外沿江列大樓航，皆有將軍之號，忽一艘吼聲如雷，聞十數里，國主降杖決之。又梟雁自北來者千羣，至城側叫嘯，悲鳴遺矢，率白而臭，月餘乃止。又衛士秦友登壽昌堂榻，覆其𩌏而坐，訊之風狂不寤，識者曰：「𩌏者，履也，履與李同音，友與有同音，而趙則與秦並出者也。李氏其將覆而爲趙所有乎？」

乙亥歲春二月壬戌，宋師拔金陵關城。

三月丁巳，吴越兵攻常州，權知州事禹萬誠以城降。誅神衛都指揮使皇甫繼勳。宋師傅城下，後主猶不知。一日，登城，見列栅於外，旌旗遍野，始大懼，知爲近習所蔽，遂殺繼勳。彗出五車，色白，長五尺。夏六月，轉見西方，犯太微，六十日滅。宋師及吴越兵圍潤州，留後劉澄以城降，事聞，收其家誅之。吴越遂會宋師圍金陵。

秋，鎮南節度使朱令贇帥勝兵十五萬赴難，時後主以書招南都留守劉克貞代鎮湖口，克貞以病留，令贇亦未進，後主累趣之，乃至。旌旗、戰艦甚盛，編木爲栰，長百餘丈，大艦容千人。令贇所乘艦尤大，擁甲士，建大將旗鼓，將斷采石浮梁。至皖口，馬令南唐書作虎蹲洲。與宋師遇，傾火油焚北船，適北風，反焰自焚，軍遂大潰。宋史南唐世家云：令贇將斷浮梁，未至，爲劉遇所破。又募勇士五千餘人謀襲官軍，皆素不習戰，以暮夜人秉一炬來攻襲北砦。宋師縱其至，擊之，殲焉。令贇及戰櫂都虞候王暉皆被執。

外援既絶，金陵益危蹙。宋師百道攻城，晝夜不休。城中米斗萬錢，人病足弱，死者相枕藉。國主兩遣徐鉉等厚貢方物，求緩兵，〔四〕守祭祀，皆不報。歐史南唐世家曰：太祖之出師南征也，煜遣徐鉉朝于京師。鉉居江南，以名臣自負，欲以口舌馳説存其國。及其將見也，大臣亦先入，言鉉博學有辨，宜有以待之。太祖笑曰：「第去，非爾所知也。」明日，鉉朝于廷，仰而言曰：「李煜無罪，陛下師出無名。」太祖徐召之升，使畢其説。鉉曰：「煜以小事大，如子事父，未有過失，奈何見伐？」其説累數百言。太祖曰：「爾謂父子者，爲兩家可乎？」鉉無以對而退。後山詩話載鉉來宋，欲以口舌解圍，盛稱其主博學多藝，使誦其詩，曰：「秋水之篇，天下傳誦。」太祖大笑曰：「寒士語爾，吾不道也。」因自言微時自秦中歸，道華山下，醉卧，覺而月出，有句曰：「未離海底千山黑，纔到天中萬國明。」鉉大驚服。宋通鑑云：逾月復遣鉉乞緩師，以全一邦之命。鉉見太祖，反復論辨不已，太祖怒曰：「不須多言，江南亦有何罪，但天下一家，卧榻之側豈容他人鼾睡邪！」

冬十一月，白虹貫日，晝晦。金陵志云：李繼隆善馳驛，日走四五百里，宋征江南，常往來覘兵勢。太祖謂曰：「昇州平，持捷書來，當厚賞汝。」繼隆奏曰：「金陵破在旦夕，臣在途中遇大風，天地晦暝，城破之兆也。」翼日捷書果至。

乙未，城陷，將軍咼彥、馬誠信及弟承俊帥壯士數百，力戰而死。馬令南唐書云：諸將戰没者猶數十人。時後主在圍城，作長短句「櫻桃落盡」一闋，未就而城已破。勤政殿學士鍾蒨朝服坐于家，亂兵至，舉族就死不去。右内史侍郎陳喬請死，不許，自縊死。國主帥司空、知左右内史事殷崇義等四十五人肉袒降于軍門。江南野史云：初，後主既拒朝命不行，常謂人曰：「他日王師見討，孤當躬擐戎服，親督士卒，背城一戰，以存社稷；如其不獲，乃聚室自焚，終不作他國之鬼。」太祖聞之，謂左右曰：「此措大兒語耳，徒有其口，必無其志。渠能如是，孫晧、叔寶不爲降虜矣。」至是果然。時昇元寺閣高可十丈，士大夫及豪民富商婦女避難于上者殆數百人，吴越兵舉火爇之，哭聲動天。宋將曹彬整軍而入，彬諭國主，以：「歸朝俸禄有限，費用日廣，當厚自齎裝，一歸有司之籍，卽無及矣。」乃聽國主入治裝。禆將梁迥、田欽祚力爭，以爲：「苟有不虞，咎將誰執？」彬笑曰：「彼能出降，安能死乎？」王陶談淵云：曹彬、潘美先登二舟，召煜飲茶。船前設一獨木板，道煜嚮之，徘徊不能進。曹命左右翼而登焉。既一啜，曹謂：「李郎辦裝，詰旦會于此，同赴京師。」潘甚惑之：「詎可放歸？」曹曰：「獨木板尚不能進，畏死甚也。既許其生赴中國，焉能取死？」衆服其識量。已而彬遣健卒五百人爲津，致輜重登舟；一卒荷籠道躓，彬立斬之。是日，後主以黄金分遺近臣辦裝，張佖得金二百兩，詣彬自陳不受，請奏其事。彬以金輸官，而不以聞。馬令南唐書云：煜舉族冒雨乘舟，百司官屬僅千艘。煜渡中江，望石城泣下，賦詩云：「江南江北舊家鄉，三十年來夢一場。吴苑宫闈今冷落，廣陵臺殿已荒涼。雲籠遠岫愁千片，雨打歸舟淚萬行。兄弟四人三百口，不堪閒坐細思量。」至汴口，登普光寺，擎拳讚念久之，散施繒帛甚衆。

明年春正月辛未，至汴京。春明退朝録云：開寶八年，江南平，留汴水以待李國主，舟行盛寒，河流淺涸，詔所在爲壩閘，瀦水以過舟。官吏擊凍，督役稍稽，則皆荷校，甚者劾辠，以次被罰州縣，降黜而杖之者十餘人。

乙亥，曹彬上平江南露布。日涉録載：昇州打營擒李煜露布曰：曹彬等于十一月一十七日齊驅戰士，直取孤城，姦臣無漏于網中，李煜生擒于麾下。千里之氛霾頻息，萬家之生聚尋安。其在城官吏、僧道、軍人、百姓等，久在偏方，困于虐政，喜逢盪定，皆遂舒蘇，望天朝而無不涕漣，樂皇化而惟皆鼓舞。有以見穹旻助順，海嶽知歸，當聖明臨御之期，是文軌混同之日。卷甲而兵鋒永戢，垂衣而帝祚無窮。臣等俱乏將材，謬司戎律，遥稟一人之睿略，幸成九伐之微勞。其江南國主李煜並僞署臣僚已下若干人，既就生擒，合將獻捷。」宋太祖御明德樓，以江南常奉正朔，詔有司勿宣露布，止令國主等白衣紗帽至樓下待罪，詔並釋之，賜賚有差。

詔曰：「上天之德，本於好生；爲君之心，貴乎含垢。江南僞主李煜，聚兵峻壘，包蓄日彰，勞鋭旅以徂征，傅孤城而問罪。洎聞危迫，累示招攜，何迷復之不悛，果覆亡之自掇。昔者唐堯克宅，非無丹浦之師；夏禹泣辜，不赦防風之罪。朕以道在包荒，恩推惡殺，在昔騾車出蜀，青蓋辭吴，彼皆閏位之降君，不預中朝之正朔，乃頒爵命，方列公侯。爾實爲外臣，戾我恩德，比禪與晧，又非其倫，特升拱極之班，賜以列侯之號。式優待遇，盡捨尤違。可光禄大夫、檢校太傅、右千牛衛上將軍，仍封違命侯。」

太宗卽位，始去違命侯，加特進，封隴西郡公。太平興國二年，後主自言其貧，宋太宗命增給月奉，仍予錢三百萬。太宗常幸崇文院觀書，召後主及南漢後主令縱觀，謂後主曰：「聞卿在江南好讀書，此簡策多卿舊物，歸朝來頗讀書否？」後主頓首謝。

三年七月辛卯薨，一云：宋太宗使徐鉉見後主于賜第，後主忽吁嘆曰：「當時悔殺潘佑、李平。」鉉不敢隱，遂有賜後主牽機藥之事。蓋餌其藥則病，前却數十回，頭足相就如牽機狀也。又後主在賜第，七夕，命故伎作樂，聲聞于外。太宗聞之大怒，又傳「小樓昨夜又東風」，又「一江春水向東流」句，併坐之，遂被禍云。又南唐拾遺記云：後主歸宋後，鬱鬱不自聊，常作長短句「簾外雨潺潺」云云，情思悽切，未幾下世。年四十二，是日七夕也。按徐鉉吴王墓誌作七月八日，今姑從陸游南唐書。後主蓋以是日生。

贈太師，封吴王，葬洛陽北邙山。宋追封吴王隴西公墓誌銘云：「盛德百世，善繼者所以主其祀；聖人無外，善守者不能固其存。蓋運歷之所推，亦古今之一貫。其有享蕃錫之寵，保克終之美，殊恩飾壤，懿範流光，傳之金石，斯不誣矣。王諱煜，字重光，隴西人也。昔庭堅贊九德，伯陽恢至道，皇天眷祐，錫祚于唐。祖文宗武，世有顯德。載祀三百，龜玉淪胥。宗子維城，蕃衍萬國。江淮之地，獨奉長安。故我顯祖，用膺推戴。烜耀前烈，載光舊吴。二世承基，克廣其業。皇宋將啟，元貺冥符。有周開先，太祖歷試，威德所及，寰宇將同。故我舊邦，祗畏天命，貶大號以稟朔，獻池圖而請吏。故得義動元后，風行域中，恩禮有加，綏懷不世。魯用天王之禮，自越常鈞；酅存紀侯之國，曾何足貴。王以世嫡嗣服，以古道馭民。欽若彝倫，率循先志。奉蒸嘗，恭色養，必以孝；賓大臣，事耆老，必以禮。居處服御必以節，言動施舍必以仁。至於苟全濟之恩，謹蕃國之度，勤修九貢，府無虛月；祗奉百役，知無不爲。十五年間，天眷彌渥。然而果於自信，怠於周防，西鄰起釁，南箕搆禍。投杼致慈親之惑，乞火無里媼之辭。始營因壘之師，終後塗山之會。太祖至仁之舉，大賚爲懷，録勤王之前効，恢焚謗之廣度。位以上將，爵爲通侯，待遇如初，寵錫斯厚。今上宣猷大麓，敷惠萬方，每侍論思，常存開釋。及飛天在運，麗澤推恩，擢進上公之封，仍加掌武之秩。侍從親禮，勉諭優容。方將度越等彝，登崇名數，嗚呼！閱川無舍，景命不融，太平興國三年秋七月八日，遘疾薨于京師里第，享年四十有二。皇上撫几興悼，投瓜軫悲。痛生之不逮，俾歿而加飾，特詔輟朝三日，贈太師，追封吳王，命中使涖葬。凡喪祭所須，皆從官給。即其年冬十月日，葬于河南府某縣某鄉某里，禮也。夫人鄭國夫人周氏，勳舊之族，是生邦媛，肅雍之美，流詠國風。才實女師，言成閫則。子左千牛衛大將軍某，襟神俊茂，識度淹通。孝悌自表於天資，才畧靡由於師訓，日出之學，未易可量。惟王天骨秀穎，神氣清粹，言動有則，容止可觀。精究六經，旁綜百氏。常以爲周、孔之道，不可暫離，經國化民，發號施令，造次於是，始終不渝。酷好文辭，多所述作。一游一豫，必頌宣尼。載笑載言，不忘經義。洞曉音律，精別雅鄭，窮先王制作之意，審風俗淳薄之原。爲文論之，以續樂記。所著文集三十卷，雜説百篇。味其文，知其道矣。至於弧矢之善，筆札之工，天縱多能，必造精絶。本以惻隱之性，仍好竺乾之教，草木不殺，禽魚咸遂。賞人之善，常若不及；掩人之過，惟恐其聞。以至法不勝姦，威不克愛。以厭兵之俗，當用武之世。孔明罕應變之畧，不成近功；偃王躬仁義之行，終于亡國。道有所在，復何媿與？嗚呼哀哉！二室南峙，三川東注，瞻上陽之宮闕，望北邙之靈樹，旁寂寂兮迴野，下冥冥兮長暮。寄不朽於金石，庶有傳于竹素。其銘曰：天鑒九德，錫我唐祚。綿綿瓜瓞，茫茫商土。裔孫有慶，舊物重覩。開國承家，彊吳跨楚。喪亂孔棘，我恤疇依。聖人既作，我知所歸。終日靡俟，先天不違。惟藩惟輔，永言固之。道或汚隆，時有險易。蠅止于棘，虎遊於市。明明大君，寬仁以濟。嘉爾前哲，釋茲後至。亦覯亦見，乃侯乃公。沐浴元澤，徊翔景風。如松之茂，如山之崇。奈何不淑，運極化窮。舊國疏封，新阡啟室。人謚之謀，卜云其吉。龍章驥德，蘭言玉質，邈爾何往，此焉終畢。儼青蓋兮祥祥，驅素虯兮遲遲。卽隧路兮徒返，望君門兮永辭。庶九原之可作，與緱嶺兮相期。垂斯文於億載，將樂石兮無虧。」按湖廣總志言李後主墓在通山縣翠屏山北，且言李煜卒，以五十二棺同日出葬，爲疑冢。此志之誤也。

後主天資純孝，事元宗盡子道，居喪哀毀，杖而後起。嗣位之初，屬軍興之後，國勢削弱，帑庾空竭，專以愛民爲急，蠲賦息役，以裕民力。按邵訥聞見録：李主國用不足，民間鵝生雙子，柳條結絮，皆稅之。此亦傳言者過也。尊事中原，不憚卑屈，境內賴以少安者十有餘年。論決死刑，多從末減，有司固爭，乃得少正，猶垂泣而後許之。然性尚奢侈，常于宮中製銷金紅羅幕壁，而以白金釘瑇瑁押之；又以綠鈿刷隔眼中，障以朱綃，植梅花於其外。清異録云：後主每春盛時，梁棟、窗壁、柱栱、階砌，並作隔筒，密插雜花，榜曰錦洞天。又云：廬山僧舍有麝囊花一叢，色正紫，號紫風流。後主詔取數十根，植于移風殿，賜名「蓬萊紫」。又詩話類編云：後主常微行倡家，乘醉大書石壁曰：「淺斟低唱偎紅倚翠大師，鴛鴦寺主，傳風流教法。」其蕩侈不羈也如此。每七夕延巧，必命紅白羅百餘疋，以爲月宮天河之狀，一夕而罷，乃散之。

自入宋，忽忽不樂，常與金陵舊宮人書詞，甚悲惋，不可忍。有云：「此中日夕以眼淚洗面。」又念嬪妾散落，賦虞美人詞以見志。又作長短句云：「無限關山，別時容易見時難。」故臣聞之，有泣下者。凶問至江南，父老多有巷哭者。

又素溺竺乾之教，度僧尼不可勝筭，以崇佛故，頗廢政事。更置澄心堂于内苑，引能文士及徐元楀、元機、元榆、元樞兄弟居其間，中旨由之而出，中書、密院乃同散地。兵興之際，降御札移易將帥，大臣無知者。皇甫繼勳誅死之後，夜出萬人斫營，招討使但署牒遣兵，竟不知何往，蓋皆澄心堂直承宣命也。長圍既合，内外隔絶，城中惶怖無死所。後主方幸淨居室，聽沙門德明、雲真、義倫、崇節講楞嚴圓覺經。用鄱陽隱士周惟簡爲文館詩易侍講學士，延入後苑，講易否卦，賜惟簡金紫。舉國皆知亡在旦暮，而光政副使張洎猶謂北師已老，將自遁去，後主益甘其言，晏然自安，命户部員外郎伍喬於圍城中放進士孫確等三十八人。一作「張確」。其所施爲多此類。釣磯立談曰：後主天性喜學問，常命諸臣分夕于光政殿與相劇談，至夜分乃罷。其論國事，每以富民爲務。好生戒殺，本其天性。羣臣議論，率不如旨，一日歎曰：「周公、仲尼，忽去人遠，吾道蕪塞，其誰與明？」乃著爲雜説數千萬言，曰：「特垂此空文，庶幾百世之下，有以知吾心耳。」

南唐自丁酉年烈祖改元昇元，至後主乙亥歲國滅，歷三主，凡三十九年。初，江南民間服玩侈靡者，問之，必曰「此物屬趙寶子」。後主時宮中貯雨水，染淺碧爲水，號「天水碧」。又五國故事云：建康市中染肆之牓，多題曰天水碧。南唐拾遺記云：江南李重光染帛多爲天水碧。宋史云：煜伎妾常染碧，經夕未收，會露下，色愈鮮明。煜愛之，自是宮中競收露水染碧以衣之，謂之天水碧。趙，宋姓也；寶，宋年號也；天水，趙之望也。天水碧者，時謂逼迫之徵。及歸宋，人始悟其先兆。又後主常造念江山破及振金鈴曲，其聲噍殺，辭多不祥。又潯陽有海鰌，形如大堤，長數十丈，食其肉者多死，以脅骨爲橋脊，骨爲臼，識者曰：「鰌者鯉類，今死，則國亡矣。」釣磯立談云：後主時，潯陽潮退，有一大鰌環體于洲上，時時舉首險喁，水自腦而出，數日乃死。瀕江之人饜食其肉。世說以爲海神盤腦取珠，因以致斃。建隆初，汴京士庶樂工少年競唱歌曰「五來子」。自建隆以後，荆湖、蜀漢及江南五國果盡朝於宋。又開寶中，江南得一石凡數百字，隸書，連寫「從他痛」三字，至末云「不爲石子盡」，金陵志又云：新修營一石記，連寫「從他痛」，至末云「不爲石子盡，更出千萬箇。從他痛，從他痛」。皆其預識也。

先是，元宗保大中，伏龜山圮得石函，長二尺，廣八寸，中有鐵銘，云「惟天監十四年秋八月葬寶公于是」。銘有引曰「寶公常爲偈，大字書于版」，用帛羃之。是時名士陸倕、王釣、姚察而下，皆莫知其旨。或問之，云「在五百年後」。至卒，乃歸其銘同葬焉。銘曰：「莫問江南事，江南自有馮。乘雞登寶位，跨犬出金陵。子建司南位，安仁秉夜燈。東鄰家道闕，隨虎遇明徵。」其字皆小篆，體勢完具，徐鉉、徐鍇、韓熙載皆不能解。及後主降宋，好事者謂後主生於丁酉，又辛酉年襲位，卽「乘雞」也。開寶甲戌歲宋師圍金陵，是「跨犬」也。當圍城時，曹彬營其南，是「子建」也。潘美營其北，是「安仁」也。厥後吳越忠懿王舉國入覲，卽「東鄰」也。「家道闕」，意無錢也。「隨虎遇」，戊寅也，又忠懿王小字虎子。一時以爲絕解。

論曰：後主恂恂大雅，美秀多文，鄉使國事無虞，中懷兢業，抑亦守邦之主也。乃運丁百六，晏然自修，譜曲度僧，晷無虛日，遂至京都淪喪，出涕嗟若，斯與長城之「玉樹後庭」、賣身佛寺以亡國者，何其前後一轍邪？悲夫！

校勘記

〔一〕夷齊　「夷」原作「夸」，今據宋史卷四七八南唐世家改正。

〔二〕修文館　原無「修」字，據李燾續資治通鑑長編卷十三補。

〔三〕石牌口　「牌」原作「脾」，據宋史卷四七八南唐世家改正。

〔四〕求緩兵　「緩」原作「援」，據周昂校語改，周校謂「援」應作「緩」。

十國春秋卷第十八

南唐四　列傳

烈祖順妃王氏　元敬皇后宋氏　夫人种氏

元宗光穆皇后鍾氏　吴國太夫人凌氏

順妃王氏，烈祖之故配也。父戎，官吴昇州刺史，義祖使烈祖委禽焉。性純孝。義祖常卧疾牀蓐間，烈祖夜不解帶，或聞謦欬聲，必率妃與偕往。義祖問何人至，烈祖曰：「知誥在斯。」又問：「彼更何人？」對曰：「知誥之婦。」累封魏國君。未幾薨，義祖爲感嘆者久之。及開國，追封順妃。

元敬皇后宋氏，小名福金。父韞，江夏人。后幼流離亂兵中，歸昇州刺史王戎。烈祖娶戎女，后爲媵，得幸，生元宗。順妃早死，義祖命烈祖禮爲繼室。馬令南唐書云：后幼爲亂兵畧取，義祖得之，常置帳下。會先主喪正室，義祖指宋氏謂先主曰：「是必有福，今以乞汝。」先主御之，遂生嗣主及景遷、景達。江南野史云：先主婦卒，徐温持侍右一姬謂先主曰：「此必有福，自歸吾家，而門户長益，不啻數倍。汝可婦之，奉汝箕帚。」今從陸游南唐書。封廣平郡君，進晉國君。

治内有法，不妄言笑。義祖殁于金陵，烈祖時在廣陵，將奔喪，后從容諫曰：「移孝爲忠，臣子之常。況權重身危，而輒罷所執，何異太阿倒持，柄不在我矣！」烈祖大悟，止焉。天祚二年，烈祖爲齊王，封王妃；俄受禪，立爲后。左右裨贊，多所宏益。烈祖常曰：「吾思有未達，后已悟矣。」

昇元末，烈祖服金石藥，多暴怒，賴后以免譴者甚衆。及晏駕，中書侍郎孫晟懼魏岑、馮延巳、延魯以東宫舊僚用事，欲稱遺詔奉后臨朝聽政，后不許，曰：「此武后故事，吾豈爲之！」元宗卽位，尊爲皇太后。每元宗來朝，惟勞其良苦而已，無一言及于治理，曰：「婦人預外事，非國之福也。」保大三年十月殂，祔葬永陵，謚元敬。馬氏作「元恭」。按宋謣者，后之姪也，後爲參軍，以國戚故，官不甚大云。

种氏名時光，江西良家女。性警悟，通書計。常靚粧去飾，而態度閒雅，宛若神仙。年十六，入宫，隸樂部。江表志曰：樂部中之宫伎也。俄得幸，生景逷。馬令南唐書云：久不得幸，宋后憐之，爲數數荐引。既承恩寵，服御輒亞于后，而諸宮罕得進御；及生遏，僭侈尤甚。烈祖以受禪後所得子，甚愛之。种氏寵日盛，封夫人。

烈祖性嚴重，常大怒，聲如乳虎，殿陛金環爲震動，左右皆喪膽褫魄。种氏左手持食，右手進匕，從容如平時，烈祖怒亦頓解。他日，烈祖幸齊王宮，遇王親理樂器，大怒切責。數日，种氏負寵，輒乘間言景遏才過齊王，烈祖正色曰：「子有過，父教之，常理也。若何敢爾？」叱下殿，去簪珥，幽于別宮。數月，命度爲尼。景遏愛亦弛，終烈祖世，獨不加封爵。烈祖晏駕，种氏泣曰：「人彘、骨醉，復見於此矣！」元宗卽位，景遏始封保寧王，許种氏居景遏宮就養，進封王太妃。江表志云封國太妃。元敬皇后挾舊怨，屢欲甘心，賴元宗力解乃免，竟以壽終。

光穆皇后鍾氏。父泰章，事吳，爲義祖裨將，以計殺張顥有功，義祖命以泰章次女配元宗，卽后也。義祖初見歎曰：「非此兒不敵此女。」始封縣君，累加國夫人。昇元中，封齊王妃。元宗卽位，立爲皇后。

后少長富貴，不事玩好，副笄大練，澹如也。既居大位，歲時賜予，必先諸娣姒，然後及宮中。淮上兵起，后爲損常膳，不舉樂者數月。後主嗣立，爲太后，以父名改稱聖尊后。后寢疾，後主朝夕侍側，衣不解帶，藥必親嘗乃進。乾德三年十月殂。是日雨沙於金陵，後主毁瘠骨立，杖而後起，哀動左右。祔葬順陵，謚光穆。江表志作「光穆順聖」。

淩氏，元宗後宮，生韓王從善，隨後主北遷，封爲吴國太夫人。

後主昭惠國后周氏　繼國后周氏　保儀黄氏　宫人流珠　喬氏秋水窅娘

昭惠國后周氏，小字娥皇，司徒宗之女。十九歲歸皇宫。通書史，善歌舞，尤工琵琶，嘗爲壽元宗前，元宗歎其工，以燒槽琵琶賜之，蓋元宗寶惜之器也。后於采戲、弈棋，靡不妙絶。經籍志：周后有擊蒙小葉子格一卷。元宗幸南都，詔音存問，以令婦稱。後主嗣位，册立爲國后，寵嬖專房。創爲高髻纖裳及首翹鬢朵之粧，人皆效之。常雪夜酣燕，舉杯請後主起舞，後主曰：「汝能創爲新聲，則可矣。」后卽命牋綴譜，喉無滯音，筆無停思。俄頃譜成，所謂「邀醉舞破」也。毛氏填辭名解云：邀醉舞破調，今不傳。又有「恨來遲破」，亦后所製。故唐盛時，霓裳羽衣最爲大曲，亂離之後，絶不復傳；后得殘譜，以琵琶奏之，於是開元、天寶之遺音，復傳於世。内史舍人徐鉉聞之於國工曹生，鉉亦知音，問曰：「法曲終則緩，此聲乃反急，何也？」曹生曰：「舊譜實緩，宫中有人易之，非吉徵也。」後主以后好音律，因亦躭嗜，廢政事。監察御史張憲切諫，賜帛三十疋，以旌敢言，然不爲輟也。

未幾，后卧疾，後主朝暮視食，藥非親嘗不進，服不解體者累夕。后疾已革，猶不亂，謂後主曰：「婢子多幸，託質君門，竊冒華寵十載矣。女子之榮，莫過於此。所不足者，子殤身歿，無以報德。」親取元宗所賜琵琶及平時約臂玉環，爲後主别，又作書請薄葬。越三日，沐浴糚澤，自內含玉，殂于瑶光殿之西室，時乾德二年十一月甲戌也。年二十有九。葬懿陵，謚曰昭惠。

後主哀苦傷神，扶杖而起，自製誄，刻之石，與后所愛金屑檀槽琵琶同葬。又作書燔之，自稱「鰥夫煜」，其辭數千言，皆極酸楚。誄曰：「天長地久，嗟嗟蒸民，嗜欲既勝，悲歎糾紛。緣情攸宅，觸事來津，貲盈世逸，樂尟愁殷。沉烏逞兔，茂夏凋春，年彌念曠，得故亡新。闕景頹岸，世閲川奔，外物交感，猶傷昔人。詭夢高唐，誕誇洛浦，搆屈平虚，亦悯終古。況我心摧，興哀有地，蒼蒼何辜，殲予伉儷。窈窕難追，不禄于世，玉潤珠融，殞然破碎。柔儀俊德，孤映鮮雙，纖穠挺秀，婉孌開揚。艷不至冶，慧或無傷，盤紳奚戒，慎肅惟常。環珮爰節，造次有章。含顰發笑，擢秀騰芳。鬢雲留鑒，眼彩飛光。情瀾春媚，愛語風香。瓌姿稟異，金冶昭祥。婉容無犯，均教多方。茫茫獨逝，捨我何鄉？昔我新昏，燕爾情好，媒無勞辭，筮無違報。歸妹邀終，咸爻協兆，俛仰同心，綢繆是道。執子之手，與子偕老，今也如何，不終往告！嗚呼哀哉！志心既違，孝愛克全。殷勤柔握，力折危言。遺情眄眄，哀淚漣漣。何爲忍心，覽此哀編。絶艷易凋，連城易脆，實曰能容，壯心是醉。信美堪餐，朝飢是慰，如何一旦，同心曠世。嗚呼哀哉！豐才富藝，女也克肖，采戲傳能，弈棋逞妙。媚動占相，歌縈柔調，兹𣪍爰質，奇器傳華。翠虬一舉，紅袖飛花，情馳天降，思棲雲涯。發揚掩抑，纖緊洪奢，窮幽極致，莫得微瑕。審音者仰止，達樂者興嗟，曲演來遲，破傳邀舞。利撥迅手，吟商逞羽，制革常調，法移往度。剪遏繁態，藹成新矩，霓裳舊曲，韜音淪世。失味齊音，猶傷孔氏，故國遺聲，忍乎湮墜。我稽其美，爾揚其秘，程度餘律，重新雅製。非子而誰，誠吾有類，今也則亡，永從遐逝。嗚呼哀哉！該茲碩美，鬱此芳風，事傳遐禩，人難與同。式瞻虛館，空尋所蹤，追悼良時，心存目憶。景旭雕甍，風和繡額，燕燕交音，洋洋接色。蝶亂落花，雨晴寒食，接輦窮歡，是宴是息。含桃荐實，畏日流空，林彫晚籜，蓮舞踈紅。烟輕麗服，雪瑩修容，纖眉範月，高髻凌風。輯柔爾顏，何樂靡從，蟬響吟愁，槐凋落怨。四氣窮哀，萃此秋晏，我心無憂，物莫能亂。絃爾清商，艷爾醉盼，情如何其，式歌且宴。寒生蕙幄，雪舞蘭堂，珠籠暮捲，金爐夕香。麗爾渥丹，婉爾清揚，厭厭夜飲，子何爾忘。年去年來，殊歡逸賞，不足光陰，先懷悵怏。如何倏然，已爲疇曩。嗚呼哀哉！孰謂逝者，荏苒彌踈。我思姝子，永念猶初。愛而不見，我心毀如，寒暑斯疚，吾寧御諸。嗚呼哀哉！萬物無心，風烟若故，唯日唯月，以陰以雨。事則依然，人乎何所？悄悄房櫳，孰堪其處。嗚呼哀哉！佳名鎮在，望月傷娥，雙眸永隔，見鏡無波。皇皇望絕，心如之何！莫樹蒼蒼，哀摧無際。歷歷前歡，多多遺致。絲竹聲悄，綺羅香杳。想渙乎切怛，怳越乎憔悴。嗚呼哀哉！歲云莫兮，無相見期；情瞀亂兮，誰將因依？維昔之時兮亦如此，雜今之心兮不如斯。嗚呼哀哉！神之不仁兮，斂怨爲德；既取我子兮，又毀我室。鏡重輪兮何年，蘭襲香兮何日？嗚呼哀哉！天漫漫兮愁雲曀，空曖曖兮愁烟起。娥眉寂寞兮閉佳城，哀寢悲氛兮竟徒爾。嗚呼哀哉！日月有時兮龜蓍既許，簫笳淒烟兮旂常是舉。龍輴一駕兮無來轅，金屋千秋兮永無主。嗚呼哀哉！水交枸兮風索索，鳥相鳴兮飛翼翼。弔孤影兮孰我哀，私自憐兮痛無極。嗚呼哀哉！應寤皆感兮何響不哀，窮求弗獲兮此心隳摧。號無聲兮何續，神永逝兮長乖。嗚呼哀哉！杳杳香魂，茫茫天步。抆血撫櫬，邀子何所？苟雲路之可窮，冀傳情於方士。嗚呼哀哉！」

或謂后寢疾，小周后已入宮中，后偶褰幔見之，驚曰：「汝何日來？」小周后尚幼，未知嫌疑，對曰：「既數日矣。」后恚，至死面不外向，故後主過哀，以掩其迹云。

繼國后周氏，昭惠后女弟也。警敏有才思，神彩端靜。昭惠后殁，后未勝禮服，待年宮中。明年，後主居尊聖后喪，故中宮久虛。開寶元年，始議立后爲繼室，命太常博士陳致雍考古今沿革，草具昏禮，又命學士徐鉉、知制誥潘佑參定。鉉曰：「昏禮古不用樂。」佑以爲今古不相沿襲，請用樂。鉉曰：「按古房中樂無鐘鼓。」佑引詩「窈窕淑女，鐘鼓樂之」，則房中樂宜有鐘鼓。后初見君，後魏書有先拜後起，帝後拜先起之文，鉉舉此以爲夫婦之禮，人倫之本，請答拜。佑以爲王者昏禮不與庶人同，請無答拜。議久不決。後主令文安郡公徐遊評其異同，遊多是佑議，遂施用之。逾月，遊病疽，鉉歎其不主己議，戲語人曰：「周、孔亦能爲厲乎？」

將納采，後主命校鵝代白雁，被以文繡，使銜書，特舉親迎之禮。民庶觀者盈數萬人。馬氏南唐書云：或登屋極，至有墜瓦而斃者。

后少以戚里，間入宮掖，聖尊后絕憐愛之。後主製樂府，艷其事，有「衩襪金縷鞵」之句，辭甚狎昵，頗傳于外。至納后，乃成禮而已。翼日，大燕羣臣，韓熙載以下皆作詩諷焉，而後主不之譴也。古今風謡載：後主時，江南童謡曰：「索得娘來忘卻家，後園桃李不生花。猪兒狗兒都死盡，養得猫兒患赤瘕。」「娘來」，謂再娶周后也。「猪狗死」，謂盡戊亥年也。「赤瘕」，目病，猫有目病，則不能捕鼠，謂不見丙子之年也。

后被寵過于昭惠后。時後主常於羣花中作亭，羃以紅羅，押以玳牙，雕鏤華麗，而極迫小，僅容二人，每與后酣飲其間。又柔儀殿設玉太古、容華鼎、金鳳口罌諸器，皆金玉爲之，璀璨奪目，清異録云：李煜長秋周氏居柔儀殿，有主香宮女，其焚香之器曰把子蓮、三雲鳳、折腰獅子、小三神山五字、金鳳口罌、玉太古、容華鼎，凡數十種。貯后于中。

國亡，隨後主北遷，封鄭國夫人。例隨命婦入宋宮，爲燕樂，進輒數日裁出，出必大泣，詈後主，聲聞於外，後主多宛轉避之。太平興國二年，後主暴殂，后悲哀不自勝，亦薨。

保儀黄氏，世爲江夏人。父守忠，遇亂流徙湘湖，事馬氏，爲偏裨。恭孝王之難，守忠死焉。邊鎬入長沙，得黄氏，甫數歲，奇其貌，内後宮。後主卽位，選爲保儀，容態冠絶一時，顧盼顰笑，無不妍姣。以工書札，使專掌宮中書籍。二周后相繼專房燕暱，故黄氏雖見賞識，終不得數幸御。

元宗父子俱善書法，元宗學羊欣，後主學柳公權，皆得十九，購藏鍾、王以來墨帖至多，黄氏實掌之。馬氏南唐書云：宮中圖籍萬卷，尤多鍾、王墨蹟。城將陷，後主謂之曰：「此皆先帝所寶，城若不守，汝卽焚之，無爲它人所得。」及城陷，悉焚無遺者。黄氏亦從北遷，卒于大梁。

流珠，後主嬪御也。性通慧，工琵琶。後主常製「念家山破」，昭惠后製「邀醉舞」、「恨來遲」二破，流傳既久，樂籍多忘之。後主追念昭惠后，理其舊曲，顧左右無知者，流珠獨能追憶無失，後主特喜。後不知所終。

喬氏，亦後主宮人。善書，居宮中，常出家奉佛，後主手書金字心經賜之。國亡，入宋禁中。聞後主薨，乃出經捨相國寺，以資冥福，書其卷後云：「故李國主宮嬪喬氏，伏遇國主百日，謹捨昔時賜妾所書般若心經在相國寺塔院。伏願彌勒尊前持一花而見佛。」字整潔而詞愴惋。後江南僧持歸故國，置天禧寺塔相輪中，見者悲之。按徐鍇集南唐制誥有宮人喬氏出家誥，豈斯人邪？

又有秋水、窅娘兩宮人。秋水喜簪異花，芳香拂鬢，常有蝶遶其上，撲之不去。窅娘纖麗善舞，後主作金蓮，高六尺，飾以寶物細帶，纓絡蓮中，作品色瑞蓮，命窅娘以帛繞足，令纖小屈上作新月狀，素韤舞蓮花中，回旋有凌波之態，由是人皆效之。唐鎬詩云：「蓮中花更好，雲裏月長新。」爲窅娘作也。又南唐拾遺記載：宋伐江南時，獲後主寵姬，夜見燈燭輒閉目，云宮中本閣每至夜懸大寶珠，光照一室，如日中也。其名氏不可考。

十國春秋卷第十九

南唐五　列傳

烈祖子楚定王景遷　晉文成王景遂　齊昭孝王景達　江昭順王景遏子季操

烈祖從子晉陵公景邁　上饒公景逷　桂陽公景邈　平陽公景逸

景遷，烈祖第二子也。幼警敏，讀書一覽輒不忘。及長，美姿儀，風度和雅。尚吴上饒公主，爲駙馬都尉。服用素儉，不尚華侈。歷銜内馬步軍都指揮使、海州團練使、左右軍都軍使，遂以左僕射參政事，留廣陵輔政，時甫成童。尋加同平章事、知左右軍使。馬令南唐書云：宋齊丘每忌元宗，欲自結于景遷，乃薦陳覺爲景遷教授，以賈其聲聞。齊丘參決時政，多爲不法，輒歸過于元宗，而盛稱景遷之美。烈祖于是召元宗至金陵，授鎮海節度副使，即以景遷爲太保、平章事，代秉國政，有奪嫡之漸。寢疾，罷歸金陵，爲諸道副都統，以景遂代輔政。景遷病逾年，竟卒，年十九。謚曰定。葬飲馬池之陽。

初，術士皆謂景遷貴不可言，且壽最永，故烈祖在諸子中尤愛之，及是始悟其妄。昇元元年，追封高平郡王。保大初，元宗改封諸弟，追封楚王，命江文蔚爲碑表其墓。以其早死無子，故後主亡國詩有「兄弟四人三百口」之句，謂元宗、景遂、景達、景逷也，景遷不與焉。

景遂，烈祖第三子。仕吴爲門下侍郎。烈祖受禪，自吉王進封壽王，除東都留守、江都尹。性純厚恬澹，雅有士君子風。讓皇之喪，景遂受命往護喪事，望柩哀慟，觀者聳歎。烈祖晏駕，元宗以位讓景遂，大臣固持之而止。徙封燕王，已又改封齊王，加諸道兵馬元帥。明年，命景遂總庶政，已降詔矣，僉謂不可，乃收所下詔。久之，立爲太弟，凡太子官屬皆改爲太弟官屬。景遂固辭不得，乃取老子「功成名遂身退」之意，易字曰退身，以示不處之志。

平居好客，善屬文，燕集無虚日。贊善大夫張易峭直喜盡言，景遂常賦詩織麗，易面規之，景遂敬納；又常怒碎玉盃于坐，景遂亟推謝，無迕色。及易出使契丹，景遂手疏言：「易國士，宜夙夜納誨，不宜使汎不測之淵。」元宗報曰：「易奇士也，海神當畏之。」竟遣行。

景遂在東宫十三年，屢乞歸藩。交泰時始改授天策上將軍、江南西道兵馬元帥、洪州大都督、太尉、尚書令，封晉王，以樞密副使李徵古爲鎮南軍節度副使佐之。徵古習驕嫚，至鎮，專恣尤甚。景遂積不能堪，欲斬之而自拘有司，左右諫止。初，景遂之出鎮也，弘冀爲太子，一日被讒于元宗，有復立景遂意。景遂在鎮，亦頗忽忽多躁忿，常以忤意殺都押衙袁從範子。江表志云：昭慶宮使袁從範子幹，爲遂嬖臣，宋何九譏搆，遂寘之法。從範乃懼而且怨。弘冀刺知之，乃使親吏持酖遺從範，使毒景遂。景遂擊鞠而渴，索漿，從範毒漿進之，暴薨，年三十九。〔一〕未殮時，體已潰。元宗素友愛，聞訃悲悼，左右欲慰釋之，因妄言太弟初得疾，忽語人曰：「上帝命我代許旌陽。」元宗始少解，故被酖事竟不之知。廢朝七日，贈太弟，謚文成。

景達字子通，陸游南唐書以子通爲景遷字，非。烈祖第四子。生于吳順義四年。是歲大旱，烈祖方輔政，極于焦勞。七月既望，雩祀得雨，景達以是日生，烈祖喜，因小名雨師。稍長，神觀爽邁，異于他兒。烈祖深器之。受禪，封壽陽郡公，已封宣城王。一作初封信王。烈祖欲以爲嗣，難于越次，故不果。及晏駕，景遷已先死，元宗稱疾，固讓景遂，欲以次及景達，承先帝遺意。既迫于羣下，議不得行。進封景達鄂王，加侍中，已又封燕王。及立，景遂爲太弟，乃以景達爲諸道兵馬元帥、中書令，徙封齊王。

景達孝友純至，常從遊後苑，泛舟池中，元宗舟覆，景達在他舟，初不善泅，遽躍入水中，負元宗出，人以爲精誠所感。又性剛疾惡，朝廷嚴憚之。元宗每召宗室近臣曲宴，馮延巳、延魯、魏岑、陳覺輩憑寵笑呼，旁若無人，景達屢訶詰之，復極諫。元宗他日宴于東宮，延巳媿二弟之命不出于己，欲以虛辭爲德，陽醉，撫景達背曰：「爾勿忘我！」景達不勝忿，拂衣入，奏請斬延巳，元宗諭解久之乃已。張易語景達曰：「羣小搆扇，其禍不細。大王力未能去，自宜隱忍。」景達悟，自是畏禍，遇曲宴，輒以疾辭。

景達雖剛毅，而不歷軍容。保大末，淮南交兵，以元帥督師，陳覺爲監軍使，軍政一切皆決于覺，景達署牘尾、主畫諾而已。朱元之叛，壽州陷，皆覺爲之，景達不能問。初出師五萬，而俘、死、亡叛者四萬，景達及覺引殘兵歸金陵，上還印綬。元宗恐其無功自媿，乃拜天策上將軍、浙西節度使。景達不敢當要鎮，力辭，改撫州大都督、臨川牧。自淮南敗績，日事酣飲，在鎮十餘年，委心寮屬，怠于視事。後主嗣位，加太師、尚書令，甚尊禮之。開寶四年薨于鎮，年四十八。馬書作四十七，今從陸書。在烈祖諸子中最爲永年。贈太弟，謚昭孝。〔二〕遺命留葬江州廬山。

先是，景達好神仙道家之説，記室徐鍇獻述仙賦以諷，遂絶所好，其勇于從善如此。烈祖五子，元敬皇后生元宗、楚定王、晉文成王及景遂，江昭順王則种夫人出也。

景逷字宣遠。烈祖初受禪，以十二月二日爲仁壽節，景逷以是日生，故小名仁壽。烈祖甚愛之。母种夫人得譴，元敬皇后鞠養景遏如己出。〔三〕元宗嗣位，封保寧王，徙封信王，出爲百勝軍節度使，簡易節儉，虔人安其政。時諸王大臣皆喜浮屠，獨景遏非毁佛書，專以六經、名教爲事。贛令卒，尉邵繼良攝令事，以令成喪日張樂宴飲，景遏立奏黜之。每有小過，掌書記孫峴苦言規正，景遏爲之加禮。峴卒，言及必流涕，厚卹其孤。後主立，進封江王，就拜侍中。在鎮十一年，開寶元年薨，年三十一。馬書作三十二，今從陸書。贈中書令，謚昭順。

子季操，官宗正卿。從後主歸宋，爲右神武將軍，累遷左衛大將軍，領康州刺史，出爲單州都監，歷知淮陽漣水二軍、蔡舒二州。大中祥符四年卒。

景邁，烈祖從子也。昇元元年十一月丁巳，以推恩封晉陵郡公。

景逖，亦烈祖從子。昇元元年，與景邁同日封上饒郡公。

景邈，失其父名，故烈祖兄子也。昇元元年，封桂陽郡公。

景逸，烈祖從子也。昇元元年，加恩同姓，封平陽郡公。

元宗子文獻太子弘冀　慶王弘茂　南楚國公從善子仲翊　仲猷　江國公從鎰　鄂國公從謙子仲偃　邵平郡公從度　文陽郡公從信

文獻太子弘冀，元宗長子也。母爲光穆皇后。故唐末民間相傳讖曰：「有一真人在冀州，開口張弓向宗邊。」元宗欲其子應之，乃名之曰弘冀。

初封東平郡公，徙王南昌。元宗卽位，以弟景遂爲兵馬元帥，〔四〕景達爲副元帥，誓于烈祖梓宮前，約兄弟相傳，而出弘冀留守東都。及景遂爲太弟，又徙鎮潤州，封燕王。

弘冀爲人沉厚寡言，周師陷廣陵，吴越亦攻常州，元宗念弘冀尚少，不習軍旅事，遣使召還都。部將趙鍔曰：〔五〕「王雖富于春秋，然元帥之重，衆心所恃，一御足則部下摇矣。」弘冀乃奏：「多壘之秋，義無就逸，乞効用以死報國。」元宗許之，遣龍武都虞候柴克宏、右衛將軍陸孟俊救常州。至潤州，樞密副使李徵古白以神衛統軍朱匡業代克宏歸，弘冀察克宏有才略，謂曰：「君但前戰，吾當拒守。」表言：「克宏決可破賊，常州危在旦暮，臨敵易將，兵家所忌。臣請以身保其功。」克宏亦感激思奮，馳至常州，果大破吴越兵，斬首萬級，獲其將佐數千人，俘于潤州。弘冀以時方艱危，悉驅出轅門斬之，人皆壯其能斷；而元宗以專殺故，不悦者久之。

及太弟景遂請歸藩，景達爲元帥，又奔潰南歸，獨弘冀有功，遂立爲太子，參决政事。元宗仁厚，羣下多縱弛，至是弘冀以剛斷濟之，紀綱頗振起。元宗謂其所爲逾法，一日怒甚，以打毬杖笞之，曰：「吾行召景遂矣！」景遂以是遇酖死，語在景遂傳。

元宗既請盟于周，以在位久，恥于降屈，屢遣使如周，欲傳位弘冀，俾爲大國附庸。周世宗賜書力止之，其詞曰：「皇帝致書敬問江南國主。玆覩來章，備形縟旨。敍此日傳讓之意，述向來高尚之心，仍以數載以來，交兵不息，爰陳追悔之事，無非克責之詞。雖古者省咎責躬，因災致懼，亦無以過也。况君血氣方剛，春秋鼎盛，爲一方之英主，得百姓之驩心，豈可高謝君臨，輕辭世務。與其慕希怡之道，孰若懷康濟之誠。且天災流行，國家代有，昔之聖哲所不能逃。苟盛德之日新，斯景福之彌遠。諒惟英敏，必照誠懷。」元宗乃已。周遣使至，亦别賜弘冀國信以爲常。

顯德六年七月，弘冀屬疾，數見景遂爲厲。江表志云：太子冀數見太弟遂爲祟于昭慶宫中。九月丙午薨。有司以其靖難之功，謚宣武。句容尉張洎，弘冀所薦士也，上書言：「世子之德，在視膳問安，今標顯武功，垂示後世，非所以防微杜漸也。」元宗善之，下其議，改謚曰文獻。洎由是知名。

弘茂字子松，元宗第二子。幼穎異，善歌詩，格調清古。馬令南唐書云：容貌秀徹，有成人風。年十四，爲侍衞諸軍都虞候，封樂安公。〔六〕騎射擊刺皆精習，又領兵職，然不喜戎事，每與賓客朝士燕遊，惟以賦詩爲樂。初，文獻太子剛果，人多憚之，故時望歸弘茂。保大九年七月薨，追封慶王，葬金陵城南五里，命韓熙載作碑文以表之。碑在金陵城南婁湖橋，徐鉉篆額。時人皆稱慶王墓云。南唐近事云：慶王茂未冠而薨，上深軫悼，每顧侍臣曰：「子夏喪明，不爲異也。」或對曰：「臣聞仁而不壽，仙經所謂煉形于太陰之中。然慶王必將侍三后于三清，友王喬于玉除，伏望少寢矜念。」上泫然焉。弘茂幼時，元宗使木平和尚視之，曰：「餘不足問，所不知者壽耳。」木平手書九十一以獻。及薨，年一十九。

從善字子師，元宗第七子，後主同母弟也。器度凝遠，尤喜武略。初封紀國公，進封鄧王。宋史作鄭王，今從南唐書。使周，會宋太祖受禪，厚其禮，遣翰林學士王著送歸。初，從善與鍾謨相附結，謨即請以從善爲嗣，元宗雖不從，然意亦頗愛從善。其遷南都也，使主扈從諸軍。元宗殂，未御梓宮，從善輒從徐遊求遺詔；遊厲色拒之，至金陵，具以事聞。後主素友愛，略不介意，愈加輯睦。徙封韓王，累遷太尉、中書令。及貶制度，降南楚國公。

開寶四年，奉方物朝宋。是時後主以銀五萬遺趙普，普以白宋太祖，太祖曰：「此不可不受。」普辭，太祖曰：「大國之體，不可自爲削弱，當使之弗測。」及從善朝宋，常賜外，密賚白金如遺普之數，人皆服太祖偉度。宋太祖拜從善泰寧軍節度、兗海沂等州觀察使，留京師，賜甲第汴陽坊。因命從善貽書後主，督之入覲。從善曰：「臣兄以菲材嗣守宗廟，陛下垂覆載之恩，許其歸闕，實千載一遇，敢不奉詔。」遂爲書喻以宋帝意。而後主不從，復手疏求從善歸國。宋太祖以疏示從善，加恩慰撫，幕府將吏皆授常參官以寵之。宋史從善傳云：開寶七年，推恩將佐，以掌書記江直木爲司門員外郎、同判兗州，衙内指揮使兼左都押衙崔光習爲右千牛衞將軍，衙内都虞候于再興爲右千牛衞中郎將，並同正。而後主愈悲，每憑高北望，泣下霑襟。由是歲時遊燕，多罷不講。常製却登高文以見意，其略曰：「玉斝澄醪，金盤繡餻，茱房氣烈，菊蕊香豪。左右進而言曰：『維芳時之令月，可藉野以登高。矧上林之伺幸，而秋光之待褒乎？』余告之曰：昔時之壯也，情槃樂恣，歡賞忘勞，悁心志于金石，泥花月于詩騷。輕五陵之得侶，陋三秦之選曹。量珠聘伎，紉綵維艘。被牆宇以耗帛，論丘山而委糟。豈知忘長夜之靡靡，累大德于滔滔。愴家艱之如燬，縈離緒之鬱陶。陟彼岡矣企予足，望復闕兮睇予目。原有鴒兮相從飛，嗟予季兮不來歸。空蒼蒼兮風淒淒，心躑躅兮淚漣洏。無一歡之可作，有萬緒以纏悲。於戲噫嘻！爾之告我，曾非所宜。」

從善妃屢詣後主號泣，後主聞其至，輒起避去。妃憂憤而卒，國人哀之。

國亡，宋改授右神武大將軍。雍熙初，再遷右千牛衞上將軍。四年，出爲通許監軍，薨，年四十八。

子仲翊，大中祥符賜同進士出身。二年，復召試，除楚州推官，累遷殿中丞，坐事免。次子仲猷，景德中，特録爲三班借職。

從鎰，五代史、馬令南唐書作「從益」，今從陸游南唐書、唐餘紀傳、宋史。元宗第八子也。警敏，能文章。初封舒國公，改封蔣國。宋太祖征李重進，從鎰奉命詣行在。後主嗣位，封鄧王，五代史作鄭王，今從南唐書。已而留守南都。開寶初，出鎮宣州。後主率近臣賦詩餞綺霞閣，而自爲序以送之。序略云：「秋山滴翠，暮壑澄空。愛公此行，暢乎遐覽。」後主詩有云：「咫尺湮江幾多地，不須懷抱重淒淒。」徐鉉詩有云：「滿坐清風天子送，隨車甘雨郡人迎。」最爲佳句。及貶制度，降江國公。

宋以不朝致討，後主遣從鎰貢帛二十萬疋、白金二十萬斤，宋兵悉已南渡，從鎰留汴京，館懷信驛。捷奏至宋，宋百僚稱賀，闔門趨，隨班入。邸吏亦謂當有貢獻。其介潘慎修以爲國被討瀕亡，使者旅賀，非禮，但奉方物，以待罪爲宜。宋太祖嘉其知禮，爲易供帳，加賜牲餼上尊。命知制誥李穆送從鎰歸國，諭旨令後主亟自歸，仍命曹彬等緩攻以竢之。而後主卒不行，以至城陷。從鎰隨後主歸宋，授左領軍衞大將軍。一云：宋帝詰後主不從從鎰之旨，拒命勞師，後主懼，僞對以不聞其命。宋帝怒，遂降從鎰于南班。無何，病薨。陸游南唐書載從鎰改名從浦，疑誤。

從謙，元宗第九子，後主母弟也。數歲，爲弈碁詩，有思致，後主賞歎之。馬令南唐書云：後主常與侍臣弈，從謙侍側，命爲觀碁詩，曰：「竹林二君子，盡日竟沉吟。相對終無語，争先各有心。恃强斯有失，守分固無侵。若筭機籌處，滄滄海未深。」歷封鄂國公、宜春王，進吉王，出鎮江州。及貶制度，仍降鄂國公。

歸宋，爲右領軍衞大將、神武統軍，遷右龍武大將。陸游南唐書作右神武大將軍，今從宋史。歷知隨、復、成三州。上表改名從誧。淳化五年，上言貧不能自給，求外任，以本官充武勝軍南唐書作安遠軍行軍司馬，月給奉錢三萬。

子仲偃，舉宋大中祥符八年進士。又宋譯經鴻臚少卿光梵大師惟淨，亦從謙子也，通敏有先識，解五竺國梵語。

從謙風采整峭，而興頗豪，舉倜儻。清異録載從謙常春日與妃侍遊宫中後圃，妃侍覩桃花爛開，意欲折而條高，小黄門取綵梯獻。時從謙乘駿馬擊毬，乃引鞚至花底，痛採芳菲，顧謂嬪妾曰：「吾之緑耳梯何如？」又材性夙成，雅善書法。南唐拾遺記云：宜春王從謙學晉二王楷法，用宜城葛筆一枝，酬十金，勁妙甲于當時，從謙號爲「翹軒寶帚」。製撰多不具藁，常戲作夏清侯傳，甚稱于時。傳云：侯姓干氏，諱秀，字聳之，渭川人也。曾大父仲森，碧虛郎；大父挺，凌雲處士；父太清，方隱于幽閒，輒以卓立卿自名。衣綠綬，佩玉玦。秦聞之，就拜銀綠大夫。秀始在胚胞，已有祖父相。生而操持，面目凌然，僉曰：「鳳雛而文，虎鞹而斑斑，秀之謂也。」不日問，昂霄聳壑，姿態猗猗，遠勝其父。久之，材堅可用。時秦王病暑，席溫爲下，常侍不稱旨，有言秀甚忠，能碎身爲王，得之必如意。王亟召，使者駕追鋒車，旁午于道。既至引對，王大悅，詔柄臣金開剖喻秀以革故鼎新之義，然後剖析其材，刮削其麄，編度令合，又教其方直縝密，于是風采德能一變。有司奏上殿，王宣旨云：「恨識卿之晚。」賜姓名爲平瑩，封夏清侯，實食蠏谷三百户。瑩以賜姓名，改字少覃。自此槐殿虛敞，玉窗邃深，瑩專奉起居，往往屏疎妃嬪，以身藉瑩，向之喘雷汗雨，隱不復見，如超熱海，登廣寒宮。王病良愈，謂左右：「瑩每近吾，則四體生風，神志增爽，雖古清卿、清郎，何以尚茲。」寵遇益隆。偃曹侍郎羽果、支頭使沉水、養足功臣添憑，皆出其下。瑩暇日沐浴萬珠水，醺酣百穗香，辟穀安居，咏籜弓之詩以自娛，感子猷此君之稱，嫌牧之大夫之謗，回眎作甲者勞于魏武，爲冠者小于漢高，白虎殿之虛名，童子寺之寡援，未嘗不傷其類而長太息也。不懈于位，前後五年秋，歸田園。夏直軒闥，功日大。無何，秦王有寒疾，不可以風席溫再幸，兼拜羅大周爲斗園監，蒙厚中爲邊幅將軍，同司卧起，瑩絶不占踪跡，卷而不舒，潦倒塵埃中。每火雲排空，日色如惔，則憶昔悲今，淚數行下。乃上表乞骸骨，得請以便就第，終王世不用。子嗣節，襲國，有罪，除其封，人以凝秋叟呼之。既不契風雲，但以時見于士庶家，亦得人之歡心。後世尚循瑩業流落遍于四方，惟西北地寒，故轍迹所不至云。

從度或作從慶，江表志、馬陸兩南唐書皆作從慶，而五代史、宋史但有從度，無從慶，則從度與從慶爲一人明矣。又陸游書後主紀云：封景遷子從度爲昭平郡公。按景遷早夭，無子，蓋元宗以從度爲景遷後，而實元宗所出。亦元宗子也。

長爲楚定王後，後主時封昭平郡公。江表志作「邵平」，誤。北遷，授左監門衛大將軍、神武左廂都指揮使。

從信，元宗少子也。後主時封文陽郡公，歸宋爲右監門衛大將軍。

元宗十子：文獻太子、弘茂、後主、從善、從鎰、從謙、從度、從信，凡八人可見，其二人遂逸其名。予嘗讀閩志，中載後主弟良佐修道武夸山，後主勑有司建會仙觀，封良佐爲演道沖和先生。豈良佐卽二人中之一，而史籍或不傳云。

後主子清源郡公仲寓子正言　岐懷獻王仲宣　後主從子仲遠

仲興　仲偉　仲康仲宣

仲寓或作「寓」，非。字叔章，後主長子也。有文藝。初封清源郡公，國亡北遷，授左千牛衛大將軍。一作右千牛衛，一云原授神武右廂都指揮使，至汴授今官。居後主喪，哀毁逾制；終喪，賜積珍坊第一區。久之，自言族大家貧，求治郡，拜郢州刺史。在郡以寬簡稱。淳化五年八月薨，葬于汴京，年三十七。仲寓雅好蒲博飲宴，張洎切諫之，仲寓謝過。後數月，有言仲寓蒲博如故者，洎與之絶。至是仲寓死，洎竟不往弔，江南故臣多薄洎焉。

子正言，好學，亦早卒，後主之後遂絶。

仲宣，後主次子也，小字瑞保。與仲寓同日受封，仲宣封宣城公。三歲，讀孝經，不遺一字。聞奏樂，輒審音調。宮中燕侍，合禮度，出見士大夫，改容顧揖，有若成人。昭惠后絶愛之。乾德二年，仲宣裁四歲，一日，戲佛象前，有大琉璃燈爲猫觸墮地，劃然作聲，仲宣因驚癇得疾，竟薨。追封岐王，謚曰懷獻。清異録云：「時詔徐鍇爲墓志，鍇謂兄鉉曰：『此文雖不引猫事，此故實兄頗憶否？』鉉爲疏二十餘事。鍇曰：『適已記七十餘事。』鉉曰：『楚金大能記。』明旦又云：『夜來復得數事。』鉉撫掌而已。」時昭惠后已疾甚，聞仲宣夭，悲哀，更遽數日而絶。

初，仲宣殁，後主恐重傷昭惠后心，常默坐飲泣，因爲詩以寫志。詩曰：「永念難消釋，孤懷痛自嗟。雨深秋寂寞，愁重病增加。咽絶風前思，昏朦眼上花。空王因念我，窮子正迷家。」吟咏數四，左右爲之泣下。又後主挽昭惠后辭曰：「珠碎眼前珍，花凋世外春。未銷心裏恨，又失掌中身。玉笥猶殘藥，香奩已染塵。前哀將後感，無淚可沾巾。」「艷質同芳樹，浮危道略同。正悲春落實，又苦雨傷叢。穠麗今何在，飄零事已空。沉沉無問處，千載謝東風。」皆并其母子悼之。

仲遠，後主從子也。累官户部尚書。隨後主歸宋，授右驍衛將軍。

仲興，後主從子也。後主時官刑部尚書。國亡入宋，授右武衞將軍。

仲偉，後主從子。歷仕禮部尚書。歸宋，授右屯衞將軍。

仲康，後主從子。官殿中監。降宋，爲右領衞將軍。又有殿中監仲宜，亦後主從子。北遷，爲宋監門衞將軍。

烈祖諸女　元宗女太寧公主　芳儀

烈祖七女，永興公主其第四女也。傳見吴春秋。餘豐城、盛唐、太和、建昌、玉山五公主，皆不知所出。又有興國公主，下嫁功臣馬仁裕，亦未詳其行次。

太寧公主，元宗女也。定遠節度使劉崇俊子節尚之。

芳儀者，亦元宗女也。失其行次、封號。後主失國，隨族北遷，寓汴京，嫁爲宋供奉官孫某妻。孫出任武疆都監，挈之行。宋太宗下太原，遂欲乘勝取幽州，已而契丹兵大至，宋師潰歸，河北郡縣被兵，武疆失守，芳儀爲所鹵。遼聖宗得之，悦其都美，且詢知家世，遂納之宮中，俾隸樂部，封芳儀，蓋遼人內職名也。芳儀在遼生公主一人，見趙至忠北庭雜記。

聞元宗享國日常修廬山九天使者觀，陸游避暑漫抄云廬山真風觀。刻施財者氏名于石內，列太寧公主、永寧公主，一作永禧公主。芳儀疑卽永嘉公主云。宋晁補之爲北都教官，覽北庭雜記而悲之，與顏復長道作芳儀曲云：「金陵宮殿春霏微，江南花發鷓鴣飛。風流國主家千口，十五年來粉黛稀。滿堂詩酒皆詞客，奪錦揮毫在瑤席。後庭一曲風景改，收淚臨江悲故國。令公獻籍朝未央，勑書築第優降王。魏俘曾不輸織室，供奉一官奔武疆。秦淮潮水鍾山樹，塞北江南易懷土。雙燕清秋夢柏梁，吹落天涯猶並羽。相隨未是斷腸悲，黃河應有却還時。寧知翻手□朝事，咫尺山河不可期。蒼黃三鼓滹沱岸，良人白馬今誰見。國亡家破一身存，薄命如雲信流轉。芳儀加我名字新，教歌遣舞不由人。採珠拾翠衣裳好，深紅暗盡驚胡塵。陰山射虎邊風急，嘈雜琵琶酒闌泣。無言數偏天河星，只有南箕近鄉邑。當年千指渡江來，千指不知身獨哀。中原骨肉又零落，黃鵠寄意何當回。生男自有四方志，女子那知出門事。君不見李陵椎髻泣窮邊，丈夫漂泊猶堪憐。」

校勘記

〔一〕年三十九　陸游南唐書卷十三景遂本傳同，馬令南唐書卷七本傳作「年三十七」。

〔二〕昭孝　馬令南唐書卷七本傳作「孝昭」。

〔三〕元敬皇后　馬令南唐書卷七本傳作「元恭皇后」。

〔四〕景遂　原作「景遷」。陸游南唐書卷十三弘冀本傳作「景遂」，是，據改。本卷景遂傳亦言爲兵馬元帥事。

〔五〕趙鍔　馬令南唐書卷七、陸游南唐書卷十三弘冀傳均作「趙鐸」。

〔六〕樂安公　馬令南唐書卷七弘茂傳作「安樂公」。

十國春秋卷第二十

南唐六　列傳

徐知證　徐知諤　徐遊

徐知證，義祖第五子也。事吴，歷州刺史至節度使。烈祖封拜徐氏，與李氏同。知證初封江王，改魏王。徐氏諸子，知證最爲長年，及元宗之世，尤見優禮，内宴輒用家人禮，起舞拜跪爲壽。知證亦以叔父自處，無所讓。年四十二薨。〔一〕

徐知諤，義祖第六子。吴時起家太子中舍，累遷刺史、節度使，代兄知詢爲金陵尹。烈祖受禪，封饒王，已又進封梁王，鎮潤州，兼中書令。好奇寶怪物，所畜不可計。有蜀估持鳳首至，自言得之徼外南蠻，狀如雄雞，廣五寸，冠上正平，可用爲枕，朱冠翠尾，金喙星眼，文彩焕爛如生，人咸異之。一日，遊蒜山，除地爲場，聯虎皮爲大幄，號虎帳，與賓僚會飲其中。忽暴風至，裂帳盡碎如飛蝶。知諤懼而歸，屬疾，數日卒。平生常語人曰：「人生七十爲大限，吾生長王家，窮極歡樂，一日可敵世二日，年三十五其死乎？」至是如其言。烈祖悲悼，廢朝七日，已而復詔不視朝者七日，斂以衮冕及尚方祕器，謚曰懷。十子皆貴顯國中。所著文賦歌詩十卷，號閣中集。何氏閩書云：閩縣梁山一名金鰲峯，五代徐知證、知諤平閩屯兵處也。二人常下江平閩，閩民慕戴，相率建生祠山北，圖像奉之。一日謂衆曰：「不忍汝違，來歲當別。」及期，相繼化去。未幾，神降于人，言並奉帝命，列職斗宮，以祐下土。于是閩人立靈濟廟祀之，稱知證曰九天金闕明道遠德大仙、顯靈博濟真人、江王，知諤曰九天玉闕宣化扶教上仙、昭靈博濟真人、饒王。祀禮既虔，禱無不應。任臣按，知證、知諤死閩中，正史不見，姑存此，竢考。又永樂十五年，成祖寢疾，夢神自海濱來見，尋愈。禮官上言：「閩有靈濟廟二真君，應禱有靈。」上迎神京師，作洪恩靈濟宫于城西南，復加知證曰清徹洞元沖虛妙應慈惠洪恩真人，知諤曰高明宏静沖澹妙應仁惠洪恩真人；正統二年加爲真君，成化二年加稱二神，爲金玉二闕，上帝復封徐温爲高上神主慈悲神父聖帝，母與妃皆稱元君。孝宗即位，用禮部尚書周洪謨言，革去二真君，併其父母妻帝號，而封號仍舊，云云。

論曰：義祖生六子，昇元開國時惟知證、知諤在，得僭爵受封，與李氏諸王比幸矣。後永樂中以靈佑功，用錫殊稱美號。越四百餘年，而精爽不衰，殆所謂取精多而用物宏者邪？亦異矣。

徐遊，知誨子也。以義祖故于朝家爲宗室，封文安郡公。初名景遊，宣和畫譜圖有李景遊談道圖，即徐景遊也。又有李景道會友圖，亦景遊伯仲行也。後避元宗名，去「景」字。知誨遇元宗有恩，故元宗待遊及遊兄汝南郡公遼尤親厚。汝南一作臨汝。出入宮省，專典宮室營繕事。

遊雖家世崇貴，然頗尚文學，居恆與文士輩時時過從。元宗創清暉殿于北苑，命遊與張洎爲學士，入直其中。尋進太子太保。後主嗣立，喜爲文章，遊復以屬文見昵，遇宴飲，輒流連酣咏，更相唱和。昭惠后好音律，時度新聲及故唐遺曲，遊間從旁稱美，有狎客風。乾德初，繼立國后周氏，徐鉉、潘佑議婚禮不決，後主命遊評兩家是非。時佑方寵用，遊希旨奏佑議爲長，其將迎多此類也。後主常于清暉殿後建澄心堂，爲朝廷內地，遊與遼居中用事，卽以從子元楀爲員外郎，凡機事密畫，中旨多出其間。宋師圍城，分兵署字，皆出澄心堂直承宣命，謂之「澄心堂承旨」，率遊等主之。

先是，元宗好浮屠，雖供佛度僧，未至甚溺，逮後主酷佞佛，都下贍僧逾萬人，造塔建寺，日不暇給。遊投合主好，專董其事，緣是帑藏空虛，坐成罷敝，遊不能無責焉。性多巧思，攲器久不傳，遊獨以意創製，動合古法。太平興國中，宋學士蘇易簡得之，試于玉堂，太宗取視，歎賞不已。金陵之將亡也，徐鍇屬疾，夜夢巨人持大鐵篰取己及兄鉉并遊，納篰中多篩之，鍇與遊俱墜地，而鉉獨否。俄鍇、遊以疾卒，竟符其兆。

宋齊丘

宋齊丘字子嵩，齊丘初字昭回，歙人。汪台符獻書于烈祖，齊丘忌其才名相逼，排斥之，台符因貽書侮之曰：「聞君齊大聖以爲名，昭亞聖以爲號。」齊丘惶恐，始易字子嵩。世爲廬陵人。江南野史云：世爲廬陵淦陽阜山人。好學，有大志，尤喜縱橫短長之説。少時夢乘龍上天，頗以此自負。父誠爲洪州鍾傳副使，卒于任，齊丘遂依傳家焉。傳敗，齊丘窮困不能存活，隨衆東下，餬口于倡家魏氏。烈祖爲昇州刺史，延攬四方賓客，齊丘因魏將姚克贍往謁，暇日陪燕遊，託鳳凰臺詩見志，烈祖奇其才，以國士遇之。從鎮京口，入定朱瑾之變，常參秘畫，因説烈祖講典禮，明賞罰，禮賢能，寬征賦，多見聽用。烈祖爲築小亭池中，以橋度，至則撤之，獨與齊丘議事，率至夜分。或居高堂，不設障幄，中置火爐，以鐵箸畫灰爲字，隨滅去，故密謀人莫得而知也。隨欲大用齊丘，而義祖惡其爲人，乃以爲殿直軍判官，凡十年。

義祖殁，始擢右司員外郎，累遷右諫議、兵部侍郎，居中用事，行且爲相矣。齊丘自以資望淺，不爲遠近所服，謁告歸洪州葬父，因入九華山，連徵不至。江南野史載齊丘讓表曰：「昔高宗之夢傅説，西伯之獲非熊，況臣非築岩之相，釣渭之賢，禄位彌重，宜居山野」云云。時元宗已爲大將軍，烈祖以吴主命，令往敦迫之，乃起，除中書侍郎，遷右僕射、平章事。烈祖出鎮金陵，以元宗輔政，委齊丘左右之，齊丘益樹朋黨，潛自封殖。

是時烈祖權位日隆，中外皆知有禪代之勢，而烈祖慮羣下不協，陽爲退抑，以代嗣君，齊丘亦盛贊其說爲名高。會都押牙周宗微以傳禪意諷吴主，且告齊丘，齊丘疾其先己也，請斬宗以謝吴主，烈祖由是不平。而楚王景遷者，吴主婿也，美姿儀，風度和雅，烈祖絶愛之；齊丘揣得其意，使其黨陳覺爲景遷教授，極稱景遷才，諸所參決，時政不法者，輒歸過元宗以傾之。蓋齊丘私計，烈祖他日得國，授于景遷，景遷和柔易制，己爲元老，威權無上矣。烈祖稍稍覺之，召爲都統判官，加司空，江南録又云：遥兼申蔡節度使。無所關預，從容而已。

俄而齊國建，猶以勳舊爲左丞相，而不與事。李德誠等持禪詔至，百官詣金陵勸進，齊丘獨稱疾卧家，不署表，烈祖心銜之。及卽位，徐玠爲侍中，李建勳爲中書侍郎、同平章事，周宗爲樞密使，齊丘止進司徒一官。齊丘自悼失計，復恥無功，不勝忿。及宣制，至「布衣之交」句，忽抗聲曰：「臣布衣時，陛下乃一刺史爾！今日爲天子，可不用老臣矣！」拂衣而出，闔門待罪。烈祖但遜辭諭之，不爲改官。

常夜宴天泉閣，李德誠曰：「陛下應天順人，惟宋齊丘不悦。」因出齊丘諷止勸進書。十國紀年云：遺宗信書，令宗信諷止德誠勸進。烈祖却之曰：「子嵩三十年故人，豈負我者！」齊丘頓首謝。自是爲求媚計，請遷讓皇他郡，降爲公侯，以絶人望。又請絶吴太子璉昏，略云：「非獨婦人有七出，夫有罪亦可出。」聞者莫不大噱。久之，表言備位宰相，寧得不聞國政，復自陳爲人所間，烈祖大怒。齊丘歸第，白衣待罪，而烈祖怒已解，謂左右曰：「宋公有才，特不識大體耳，孤豈忘舊臣者！」命元宗持手詔召見，遂以丞相同平章事，寢復委任兼知尚書省事，與張居詠、李建勳更日入閣議政。

契丹遣燕人高霸來聘，齊丘陰謀間契丹使與晉人相攻，則江淮益安，密請厚其原幣遣還，至淮北，潛刺殺之。霸有子乾，匿之濠州，于是契丹頗信以爲霸之死出于晉人。契丹與晉人果成嫌隙。

未幾，齊丘親吏夏昌圖盜官錢六百萬，齊丘特判貸其死，烈祖切責所司，坐昌圖斬。齊丘慚，稱疾求罷省事，許之，遂卧疾不復朝謁。烈祖遣壽王景遂勞問，且許以鎮故鄉，始入朝，因召與宴飲，爲布衣歡。齊丘本不無觖望，忽出怨言曰：「陛下中興，臣之力也，奈何忘之？」烈祖作色曰：「公以遊客干朕，今爲三公，亦足矣！」齊丘曰：「臣爲遊客，陛下乃偏裨耳！」一云：烈祖曰：「汝與人言朕鳥喙如句踐，難與共樂，有之乎？」齊丘詞色愈厲，曰：「臣實有是言！」明日，烈祖手詔慰謝曰：「朕褊性，子嵩所知，少相親，老相怨，可乎？」乃以齊丘爲鎮南軍節度使。

至洪州，改所居舊里愛親坊爲錦衣坊，大啓第宅，窮奢極麗，民不堪命。初赴鎮，烈祖曰：「衣錦晝行，古人所貴。」賜以錦袍，親爲著之，遂服錦袍視事。

元宗立，召拜太保、中書令，與周宗並相。而齊丘之客陳覺、魏岑等深相附結，內主齊丘，共爲造飛語傾宗，宗泣訴元宗，而岑與覺又有隙，譖覺于元宗，左遷少監。齊丘亦罷爲鎮海軍節度使，怱怱不自得，請復歸九華山，賜號九華先生，封青陽公，食青陽一縣租稅。會元宗欲傳位齊王景遂，詔景遂總庶政，國人大駭。齊丘自九華山上疏，極論不可，且言者頗衆，元宗乃收所下詔。

有謝仲宣者，詣燕王景達言：「齊丘先帝勳舊，不宜久棄山澤。」元宗乃遣馮延巳召之，不起；又遣燕王再持詔往，乃起，拜太傅、中書令，封衞國公，賜號國老，奉朝請，然不得預政。益輕財好客，識與不識，皆附之。薦陳覺使福州諭李弘義入朝。覺至福州，不敢言，而專命出兵，敗事，僉謂必坐誅，齊丘上表待罪，置不問，覺亦不死。修撰韓熙載請斬覺等以中國法，齊丘惡之，誣以被酒猖狂，謫和州參軍。當是時，齊丘、覺與馮延巳、延魯、李徵古、魏岑、查文徽爲一黨，熙載與孫晟、常夢錫、蕭儼、江文尉、李德明爲一黨。齊丘剛愎自用，一言不同，必被排擯，正人多爲切齒。元宗心弗善也，復使鎮洪州。

未幾，周侵淮北，起齊丘爲太師，領劍南東川節度使，進封楚國公；齊丘固讓，仍爲太傅。建議發諸州兵屯淮泗，擇偏裨可任者將之，周人未能測虛實，不敢輕進，逮春水生，轉饟道阻，彼師老食匱，自當北歸，然後遣師乞盟，庶可無大喪敗。元宗惶惑不能用。又力陳割地無益，與朝論頗異。及明年暑雨，周棄所得淮南地北歸，議者謂扼險要擊，可以有功，且懲後。齊丘乃謂擊之怨益深，不如縱其歸以爲德。由是周兵皆聚于正陽，而壽州之圍遂不可解，終失淮南。

時陳覺、李徵古同爲樞密副使，躁妄專肆，無人臣禮，自度事定必不爲羣臣所容，若齊丘執大柄可無患，乘間言：「天位宜禪太弟，而以國事一委宋公。」語具陳喬傳中。卒用是敗。元宗嘗謂近侍曰：「齊丘才安能當此大難，不過率國中以降，自爲功爾。」

顯德五年，鍾謨自周還，屢陳齊丘乘國危殆，竊懷非望，且黨與衆，謀不可測。元宗遂命殷崇義草詔曰：「惡莫大于無君，罪莫深于賣國。」于是賜覺、徵古死，而放齊丘于青陽，敕鎖其第，穴牆給食。齊丘不堪其辱，明年春，自縊死。唐餘紀傳云：家衆坐餒，因謫于其妻，共縊殺之。瀕縊，歎曰：「吾昔獻謀幽讓皇之族于泰州，宜其及此！」年七十三，謚曰醜繆。齊丘微時，有日者決之曰：「君貴不可言，然亞夫下獄相也。」又自洪州來奔時，投騎將啓事曰：「有生不若無生，爲人不若爲鬼。」又曰：「豈堪憂挹萬端，無奈饑寒二字。」識者占其必殍死，至是遂驗。

齊丘初館于魏氏，藉其資給，因以爲妻，累封國夫人，無子，以從子摩詰爲嗣。久之，元宗燕居，輒見齊丘爲厲，叱之不退，遂遷南都。江表志云：元宗暮年往往見宋齊丘、陳覺、李徵古如生，叱之不去，甚惡之。後主立，召其妻子還金陵，廩給甚厚，連坐者皆獲宥。

齊丘爲文，語發天然，而學問不廣，恆自謂古今獨步。又書札不甚工，亦自矜衒，頗以虞、歐爲嗤。馮延巳書法雅勝齊丘，陽乞師授以媚之，齊丘謂曰：「子書非不善，然不能精意，往往似虞世南，其何堪也！」性好術數，凡挾象緯青烏姑布壬遁之術居門下者，率數十輩，厚以資之。文武百官，多布私黨，國家有善政，同黨輒言「宋公爲之」，或有不協人望者，則曰「不用宋公言也」，其縱恣狂誖如此。有文集六卷，宋史藝文志：宋齊丘祀元集三卷。增補玉管照神經十卷，化書六卷。或曰化書譚峭所作，齊丘特竊而有之。

論曰：齊丘任計，數喜機變，故縱横捭闔之士也。乘時干主，化家爲國，可不謂有功焉。而躁悻熱中，植黨自用，迭起迭廢，卒以不良死。史謂其狃于要君，闇于知人，其信然哉。

校勘記

〔一〕年四十二　馬令南唐書卷八徐知證傳作「年四十三」。

十國春秋卷第二十一

南唐七　列傳

周宗　李建勳　徐玠　馬仁裕子文義

周宗字君太，廣陵人。馬氏南唐書作秣陵。少遇亂，孤窮，事烈祖爲給使，嫺于擯相辭令。時方艱難，宗使四方，輒稱職，端敏可仗，恩顧日洽。

義祖殁金陵，知詢語宗曰：「僕射望高履危，無西渡。」僕射，謂烈祖也。宗堅請知詢手札示信，遽得故茗紙，書曰：「不必奔赴。」南唐近事云：義祖薨于廣陵，康王以下諸公子謂宗曰：「幸聞兄長家國多事，宜抑情損禮，無務西渡也。」宗度王非本意，堅請報簡示信于烈祖，康王以匆遽爲辭。宗袖中出筆，復爲左右取紙，得故茗紙帖乞手札。康王不獲已，作札曰：「幸就東府舉哀，多壘之秋，二兄無以奔喪爲念。」既而徐氏諸子果以不奔赴讓烈祖，烈祖因出所書茗帖示之，知詢語塞。

及烈祖鎮金陵，宗爲都押牙。時因宋齊丘議迎吴讓皇都金陵，繕府治爲宮，馬步都虞候蔡宏業爲宮城營奉使，徙都統府于古臺城，令都教練使孔昌祚營之。都統府成，凡二千四百間，環一千五百步。烈祖已徙居，且迎讓皇矣，宗諫曰：「若主上西巡，則公當東駕，勞費方始，怨嗟日聞，非便也。」烈祖納之，託以歲不利而止。自是宗益預密議，齊丘漸忌之。一日，烈祖臨鏡理白髭，太息曰：「功業成而吾老矣，奈何？」宗適侍側，悟其指，乃請如廣陵諷讓皇以禪代事，亦請諭齊丘意。齊丘心忌大議自宗發，及其將還，留與飲酒，而遣騎以手疏切諫。烈祖得之，大悔懼。後數日，齊丘馳至金陵，爲險語動烈祖，請斬宗以謝國人。烈祖將從之，馬仁裕、徐玠固争，事得已，但黜宗爲池州副使。玠又與李建勳等言天人之望已集，密定大計，復召宗還舊職。

俄而烈祖謂宗曰：「吾夜夢爲人引劍斷吾頸，意甚惡之。」宗遽下堦拜賀曰：「當策立耳。」居數日，而烈祖内禪，宗躐進至内樞使、同平章事，遷侍中。時以樞密爲内樞者，猶避吴武忠王諱也。烈祖常於崇英院召宗及宋齊丘、馬仁裕歡燕，它將相不得預，然待宗尤親厚，不甚以職務嬰之。宗亦能淳謹自守，居家節儉，俸賜積不用，馬氏南唐書云：宗連歷將相，奉法循理，然貲産巨億，儉嗇愈甚，論者鄙之。故齊丘黨卒不能害。久之，罷爲鎮南軍節度使。

有俞文貞者，早遊烈祖幕府，宗及馬仁裕皆趨走，執事左右。及宗出鎮，文貞仕宦偃蹇，猶爲其州巡官，方旅見，輒越次問曰：「馬押牙亡恙？」宗曰：「馬相公已鎮廬州。」文貞顧同列匿笑而退。它日預公設，宗勸以酒，文貞挽手曰：「下官碁局、飲量，令公所知也。」一座愕然，而宗不之罪，其寬厚如此。

徙寧國軍節度使。入覲，賜宴，元宗親爲褶襆頭脚，以表殊禮。復出留守東都，請老，以司徒致仕。未幾，周師起，馮延魯代爲留守，竟自髡而逃，被執于周，時人以宗有厚福。無何病卒，年七十餘。宋齊丘撫其棺哭曰：「君大黠，來亦得時，去亦得時！」元宗聞之不平。宗娶繼室，生二女，皆國色，相繼俱爲後主后。

李建勳字致堯，趙王德誠第四子也。少好學，能屬文，尤工詩。德誠在潤州，常秉燭夜出，候者以告義祖，疑有變，徙江州。德誠猶不自安，遣建勳入謁，義祖見之，歎曰：「有子如是，非惡人也。」卽以女妻建勳，所謂廣德長公主也。建勳先世將相，又壻于徐氏，爲國貴游，然杜門不預世事，所與交皆寒畯士，裘馬取具而已。

起家昇州巡官，徐知詢鎮金陵，建勳仍佐幕府，及知詢被徵，寮屬皆受譴，獨建勳能自全。烈祖出鎮金陵，用爲副使，預禪代之謀。拜中書侍郎、同平章事，加左僕射、監修國史，領滑州節度使。自開國至昇元五年，猶輔政，比他相最久。

烈祖鑒吳之亡，由權在大臣，意頗忌之，而建勳無引退意。會建議政事當更張者，且言：「事大體重，不可自臣下出，請以中旨行之。」烈祖雖從之，未有命也，建勳遽召中書舍人草制。給事中常夢錫劾奏：「建勳擅造制書，歸怨于上。」烈祖得奏，適會本意，乃降制放還私第。廣德長公主入謂烈祖曰：「吾父亡恙時，兄亦常求見與李郎書，今何見負？」烈祖曰：「此自國事，吾與李郎骨肉之情，固無間也。」召見，慰勉有加，未幾復相。

元宗嗣立，以開國勳勞，又聯姻戚，尊遇之與宋齊丘埒，每謂爲史館而不名。元宗聽朝之暇，多開延英殿，召公卿議當世事，皆欣然望治，建勳獨謂所親曰：「上寬仁大度，優于先帝，但性習未定，宜得方正之士，朝夕獻替，不然恐未必能守先朝基業也。」

出爲昭武軍節度使。南唐近事云：建勳鎭臨川，方與寮屬會飲郡齋，有送九江帥周宗書至者，訴以赴鎭日近，器用儀注或闕，求發于臨川。建勳無復報簡，乘醉大批其書云：「偶罷阿衡來此郡，固無閑物可應官。憑君爲報羣胥道，莫作循州刺史看。」

建州之役，諸將無復紀律，建勳請官出金帛贖俘掠還其家，見聽。江表志云：後馮延魯、陳覺出師閩中，徵督軍糧，急于星火。建勳以詩寄延魯曰：「粟多未必爲全計，師老須防有援兵。」既而福州之軍果爲越人所敗。及出師平湖南，國人相賀，建勳獨以爲憂曰：「禍始此矣！」召拜司空。乃營亭榭于鍾山，適意泉石，累表稱疾乞骸骨，以司徒致仕，賜號鍾山公，妻亦自號鍾山老媪。

或謂之曰：「公年齒未衰，無大疾苦，遽爲此舉，欲復爲九華先生邪？」建勳曰：「吾平生笑宋公輕出處，何至效之！自知不壽，欲求數年閒適爾。」時爲詩見志曰：「桃花流水須相信，不學劉郎去又來。」疾革，遺令曰：「時事如此，吾得全歸，幸矣。吾死，斂以布素，勿封樹立碑，貽它日毁斷之禍。」保大十年五月卒，贈太保，謚曰靖。國亡時，公卿塋域，吴越人發掘殆盡，惟建勳不知葬所獲免。宋齊丘當國，深忌同列，少所推遜，獨稱建勳曰：「李相清談，不待潤色，自成文章。」建勳博覽經史，少時詩涉浮靡，晚年頗清淡平易，見稱于時。

有女名進暉，捨身潤州本起寺爲女僧，宋咸平初其人猶存。

徐玠字藴圭，彭城人。敏幹有辭辨，事郡帥崔洪爲軍吏。洪避朱全忠南奔，遣玠先見吴武忠王，因得事吴，累居右職。師出江西，爲糧料使，江西平，授吉州刺史。

時烈祖輔政，以玠治郡貪猥不治，罷之，而義祖悦其善事人，引爲副使，遂見親狎。玠挾宿怨，且希義祖意，乘間言：「居中輔政之重，不可假異姓，宜以嫡子知詢代。」事垂行而義祖薨，知詢繼立。玠本詭譎多智，善揣摩，非能爲徐氏計也，至是察知詢必敗，反持其長短，自結于烈祖。烈祖亦遂愛之，盡忘前事。鎮金陵，以爲行軍司馬，與周宗、李建勳、孫晟等參代吴秘計，遂以佐命拜右丞相。

昇元初，東都留守判官楊嗣請改羊姓，玠白烈祖曰：「陛下自應天順人事，非逆取，而謟邪之人專事改更，咸非急務，不可從也。」烈祖深然之。已而出爲寧國軍節度使，徙鎮南軍，兼中書令，復召爲司徒、右丞相。然徒祟以名位，不復預政。老而益貪鄙，所至人患苦之。好修養服餌，常以賤價市丹砂之最下者治丹，人以爲笑。保大元年五月卒，年七十六，贈南平郡王。

妻楊氏，吴武忠王女也，先適宣州節度使李遇子，遇族誅，楊氏以王女免，改適玠。玠鎮宣州日，楊氏感憤，一夕而卒。

馬仁裕字德寬，徐州人，故唐北平王燧裔孫，世爲武寧軍校。仁裕母方娠，夢傳呼北平王來歸，及生，紫氣充庭。數歲學兵法，通解若素習。遇亂南奔，與周宗、曹悰同事烈祖爲牙吏。

烈祖領潤州，仁裕監蒜山渡，首聞朱瑾之亂，馳入白之烈祖，卽日度江定亂，以功遷左領軍將軍，歷楚州刺史、右金吾衛大將軍。烈祖以女妻之，是爲興國公主。禪代後，拜鎮海軍節度使，徙昭順軍。爲政寬簡廉平，甚得民心。昇元六年，卒于鎮，年六十，〔一〕謚曰匡。

初，烈祖左右小臣親信者惟周宗、仁裕兩人，任遇畧等。仁裕既與宗力贊革命事，烈祖心德之，眷賚益厚，常宴勳舊于天泉閣，仁裕以舊恩特預，禮數恩命與李建勳輩埒。未幾，復宴宋齊丘、周宗于英崇院，獨仁裕與俱，道舊爲樂，餘將相都不及。然仁裕能避遠形迹，斥外權勢，終烈祖世，退然安于外鎮，過咎不聞，晚益貧窶，不悔也。子文義。

文義以廕授千牛備身。建州之役，將吏争入府庫取金帛，文義獨收民籍歸幕。遷讚善大夫。歿之日，子禹昌裁二齡。同官贈賻，妻朱氏一無所受，人謂文義能化其妻如此。

論曰：周、李、徐、馬，號左右親臣，託肺腑，皆以預謀禪代，驟躋顯榮，可謂曠世之遇矣。至建勳、仁裕，澹泊寡營，退然自抑，古云知足不辱、知止不殆者，非邪！

刁彥能子衎　游簡言　杜業　孫漢威　張居詠　張延翰

刁彥能字德明，上蔡人。父禮，遇亂徙家宣州。彥能少孤貧，事母以孝聞。初隸節度使王茂章，茂章叛吴歸吴越，彥能以帳下當從，乃使家人扶其母俟于路，彥能至，抱母泣，告茂章曰：「老母在此，不能捨而從公，敢請死！」茂章哀其意，許之，乃馳還宣州。而城中已亂，彥能登城，以劍招之，紿曰：「我從王府來，大軍且至，爾輩無妄動。」衆信之，稍定。義祖聞而嘉之，以爲軍校，事其子知訓于廣陵。

知訓狂恣，彥能每以書切諫，不聽，然亦不加罪。牙將馬謙以衆擁吴主登宫門，將殺知訓，彦能從朱瑾入，手斬謙以獻，賞賚甚厚。然彦能警敏，料知訓必敗，而人望在烈祖，心常附焉。知訓忌烈祖，數欲害之，常與烈祖飲酒，而伏劍士室中。彦能行酒，以手爪掐烈祖，烈祖悟，亟起去。又常從知訓宴烈祖於山光寺，復欲加害，弟知諫摘語烈祖，烈祖亦馳去。知訓取佩刀授彦能追殺之，及于途，舉刀示烈祖，乃還，以不及告。既而知訓見殺，義祖稍知其罪惡，將吏多被譴責，見彦能諫書，獨善之，復使事知諫于潤州，遷裨將。

烈祖代吴，入爲環衛，遷至天威軍都虞候、左街使。金陵數大水，秦淮溢，東關尤被害，彦能請築堤爲斗門疏導之，水患稍息。元宗嗣立，出爲永平軍節度使。徙信州，馬令南唐書作饒、信二州刺史。又徙建州留後、昭武軍節度使。

彦能好讀書，在鎮委任文吏，頗有治稱。好作詩，間與李建勳相贈答。建勳因燕見及之，元宗笑曰：「殊不知彦能乃西班學士也。」性矜莊，燕處容服不少惰，所居雖傳舍，一日必葺。時貴會飲，若周宗、何敬洙輩，或蓬首裸袒，彦能在坐，則肅然。保大末卒，年六十八。子衎。

衎字元賓，後主時用廕爲秘書郎、集賢校理，衣五品服。以文翰入侍，甚被親昵。後主常令直清輝殿，閲中外章奏。國亡入宋，獻聖德頌，仕至兵部郎中、直秘閣、崇文院檢討。上言淫刑酷法，非律文所載者，望悉禁止，從之。衎淳淡怡曠，恬于仕進，暇日鼓琴圍碁，不交人事，人雅尊愛之。按陸游南唐書「不交人事」下云：衍孫約，亦名士，久在三館，晚築室潤州，號藏春塢。王安石、蘇軾皆尊愛之。此削之者，以其爲宋時人、宋時事也。

游簡言字敏中，吴知制誥恭之子也。恭卒于任，簡言因僦居廣陵。少孤力學，起家秘書省正字，以薦入烈祖幕府。烈祖鎮金陵，署户曹參軍，典元帥府書檄，稍遷觀察推官。馬令南唐書作巡官。齊國建，職内史舍人，一時典册，皆出其手筆，事任與殷崇義等。

烈祖代吴，以舊恩擢翰林學士。元宗立，晉禮部侍郎，獨不附權要，國家事非其任者，未嘗肯言，蓋不欲侵官也。元宗雅重其爲人，命判中書省，兼吏、兵二部選事，裁抑僥倖，憎疾者滋衆，選人邵唐試判不中，上書言：「簡言父恭，常爲杜洪掌書記，洪獎成朱温篡弑，恭之謀也；簡言逆臣子，當斬。」元宗怒唐挾私忿謗讟，決杖流饒州。及淮南交兵，吴越亦伺釁攻常州，執團練使趙仁澤歸錢塘。仁澤不屈，吴越王決其口至耳。方議遣使詰責，羣臣畏慴莫敢往，元宗乃命簡言，簡言不辭，請其子孫爲千牛備。身將發，拜中書侍郎，未出境召還。

及還南都，立吴王爲太子，留都監國，命簡言爲輔。簡言力辭，言：「久備近臣，不忍去帷幄。」馬氏南唐書又云：辭以不能事少貴。元宗嘉其一心事主，無儌後福意，即從其請，更用嚴續，而後主亦由是賢之。拜吏部尚書，知省事。

簡言親治簿書，督責嚴峻，人或以事請託，必固違咈，雖直亦不得申，議者譏其過。未幾，拜左僕射兼門下侍郎、同平章事。疾已篤，不及視事，卒，年五十六。〔三〕謚曰宣靖。唐餘紀傳又云：簡言徒以舊人薦登揆席，在位循默充位而已。與它書略異。

杜業，江表志作「杜光鄴」，今從南唐近事、唐餘紀傳。不知其家世。初仕吳未顯，入唐，漸膺事任。昇元時，以兵部尚書兼樞密使。業有心計，優權變，兵籍、民賦，指之掌中，烈祖甚寵任之。妻張悍妬殊甚，室絕姬媵，業憚之如嚴親，然烈祖常命元敬皇后召張至内庭，諭之曰：「業今位望通顯，得置側室，何拘忌如此？豈婦道所宜耶！」張涕泣言曰：「業本狂生，遭時遇主，陛下所藉者駑力未竭耳。況其早衰多病，縱之必致深損，將懈于任，使有負朝廷，此誠難奉旨也。」烈祖大以爲賢，亟加奬賞，以銀盆綵段賞之。業後仕亦不遠至，竟以勞悴卒。

孫漢威，□□人。初事烈祖，爲小校。烈祖輔吳，日與諸鎮臣會射延賓亭，時劉信擎牙注矢揖擬四坐，漢威疑不利于烈祖，忽引身障烈祖，以己當之，自是益加寵遇。累官侍中、奉化軍節度使。

張居詠，□□人。仕吳，累官至門下侍郎。昇元元年，烈祖以居詠爲中書侍郎，與張延翰、李建勳皆同平章事。未幾，表請烈祖復姓，進左僕射兼門下侍郎、同平章事。居詠淳厚寡言，爲人長者，於朝廷無所表見。元宗立，罷爲鎮海軍節度使。無何，卒，賜號順天翼運功臣，特贈守太子太傅、上柱國、清河郡開國公。謚曰懿。金陵志云：張懿公墓在上元縣金陵鄉石頭後，有神道碑。

張延翰，字德華，宋州睢陽人。馬令南唐書作碭山人，今從陸游南唐書。故唐末，仕爲陝州司馬。從父慎思權徐州留後，延翰往省之，告以北方將亂，欲避地江、淮，以全宗祀；慎思是其言，慨然遣之。入吳，爲鹽城令，有治績。遷楚州行軍司馬。烈祖以平章事領江州，表延翰爲觀察巡官，通判軍府事云。烈祖輔政，以潯陽爲封邑，乃以延翰爲工部郎中，判江州。

烈祖受禪，入爲侍御史，判臺事。張宣爲左街使，恃功驕暴，延翰廷劾之，强豪屏跡。進禮部侍郎，自以起疏遠，遭時被知，得盡己才，感慨自奮。時未設貢舉，士有獻書論事者，第其優劣選用，烈祖悉以委延翰，號爲精覈稱職。兼知選事，務進孤貧，不附權勢，吏畏之如神明，不敢爲奸利。元宗輔政，謂人曰：「張君議論公正，處事有條理，至于簿領，無不明析，吾得傾心聽之。」由是六司綜領殆遍，時望歸重，拜中書侍郎、同平章事，時年裁五十，餘人猶以謂柄用晚。屬疾亟，寖不復能治事，烈祖方一意任之，不許其去，遣使勞問，賜良藥，相望于道。卒，年五十七，贈太師。

論曰：彦能託永陵于險，知廢知興，其識有過人者。簡言參贊幕府，業經畫財賦，漢威扞衛左右，皆開國之舊臣也。居詠有淳謹名，無咎無譽。延翰綜理六司，卓然奏績，晚登揆席，未竟厥用，惜哉！

校勘記

〔一〕年六十　陸游南唐書卷三馬仁裕傳作「年六十三」。

〔二〕年五十六　馬令南唐書卷十游簡言傳作「年五十七」。

十國春秋卷第二十二

南唐八　列傳

王崇文　王彥儔　何敬洙　柴克宏

王崇文字光福，吴功臣綰之子也。爲人重厚儒雅，博綜經史。以門第婿于義祖，出爲歙、吉二州刺史。廬陵民尚氣喜訟，以先止爲怯，號難治，崇文一以法治之，不少貸，訟爲衰息。遷百勝軍節度使。建州初平，以崇文爲永安軍節度使，所在安輯，民忘其亂。福州之役，雖爲大將，然罪在陳覺輩，元宗置崇文弗問。頃之，移鎮廬州。入爲神武侍御統軍，復出鎮鄂州，治亦如初。

崇文自開國來三十年間，出更藩任，内典禁兵，位兼將相，終始富貴，而平居裒衣博帶，與士大夫譚宴，風度蕭散，時人親重之。臨武昌日，方閲騎士于鞠場，傍古屋數十間崩壞，聲震數里，聞者莫知所爲，崇文指揮使令，訖事不失常度，竟亦不問。

後主立，上疏歷陳朝政，或諫曰：「公名位既崇，地屬勳舊，盡言賈怨，在古人不免，況嗣君新服，嫌間易生，謂宜少默。」崇文不爲止。後主亦賜書褒答，加中書令，未拜而卒。

王彦儔，蔡州上蔡人也。少爲州軍校，後唐同光末，諸郡多亂，彦儔亦樂禍思奮，會同列六人者來與謀曰：「天下恟恟，能者得富貴，我輩不可後人。」彦儔許諾，紿曰：「今夕吾直府中，公等可持兵來，吾亦衷甲爲内應。」既夜，六人如約至，彦儔伏劍盡斬之，持其首叩帳門，呼刺史曰：「姦盜竊發，幸伏其罪矣。請公亟號令以安衆心。」刺史驚喜出，彦儔又斬之，乃委罪於六人，自領州事。唐兵來討，彦儔自計不能守，匿妻子於村舍，奉父母南奔。烈祖輔吴，以爲都押牙，歷和州刺史，始遣間使迎妻子來歸。

彦儔有政績，善撫境，以報最，入拜天威統軍。自以發迹兇亂，於是務爲小心謹恪。烈祖嘉之，常升堂拜其父。元宗時，擢康化軍節度使。時給事中常夢錫用直諫左遷判官，彦儔待之盡禮，如在朝廷，人士稱之。居數年，卒於鎮。

何敬洙，廣陵人。軀貌短陋，而趫捷有力。幼遇亂，吴楚州刺史李簡得之，給事左右。簡性殘忍，僕廝有小過，率置之死。敬洙與其伍手搏階下，有持簡所寶硯過者，戲曰：「誰敢破此？」敬洙時被酒，厲色曰：「死生有命！」乃一擲碎之。翼旦，簡視事，退閱硯毁，詰主者，具以實對，卽命擒至，皆謂必死矣。簡妻素奇敬洙，匿之堂奥。旬日，簡謂已逃去，亦置不問。會有烏逐簡而噪，避之輒隨至，大怒曰：「恨何敬洙不在此！」敬洙善射，命中無所遺，故思之。語未畢，敬洙挾朱彈鐵丸拜於前，拜起，一發斃之。簡大喜，不復治毁硯事。有董紹顔者，善相術，簡使視諸子，曰：「雖皆善，然無及公者。」獨指敬洙曰：「此奇相也，殆過公。」簡由是益愛之，及長，用爲軍校。

簡卒，事烈祖爲裨將，進天威軍都虞候。建州之役，爲行營招討步軍都指揮使，會查文徽進討，敬洙堅謂閩地僻陋，不足勞大兵，文徽開譬之，不得已而行。及平建州，敬洙功最諸將，然以功推王建封，無吝色。拜楚州團練使。

敬洙自以初事李簡於是州，尤自感勵，常微服游里巷，察民疾苦。有科條，輒先爲經畫，民不知勞。坐聽事，與賓坐譚讌，民有訴事者，立引入，親自剖折曲直，皆厭服而出。

保大八年，楚馬希蕚來附，且乞師，元宗命敬洙援之，遷武昌軍節度使。南唐近事云：建隆初，何敬洙自江西移鎮鄂渚，下車之日，小亭中見一烏顧何而鳴，何曰：「昔日全吾之命，得非爾乎？」乃取食物，自置諸掌。烏翻然而下，食何掌中。周侵淮南，命武安節度使王逵領所部州師入江南境。逵奉周詔行，且遣部將潘叔嗣爲先鋒，取鄂州長山寨，殺三千人。元宗命敬洙清野入保。敬洙格詔出城，除地爲戰場，曰：「敵至，吾與兵民俱死於此。大丈夫豈能惴惴閉門自守耶！」會叔嗣自長山回戈襲朗州，逵狼狽而去，人重其決。加鎮國將軍、中書令。

後主嗣位，以病足，乞解官，授右衛上將軍，封芮國公，致仕。南唐近事作太師致仕。給全俸，門第列戟。乾德二年二月卒，年七十七。後主廢朝三日，命樞密使、中書侍郎朱鞏持節册贈鄂州大都督、左衛上將軍，謚威烈。

柴克宏，吴功臣再用子也。以父廕爲郎將，遷宣州巡檢使，改泗州刺史，罷歸爲龍武軍都虞候。克宏好施予，不事産業，故家常窮空；然性豪舉，博弈縱酒，自若也。

時元宗自謂唐後，欲規取中原，復舊業，羣臣多爲大言，以迎合主意。克宏雖職當偏裨，而未常一語及軍旅，人亦不以爲知兵，以故久不遷。久之，出爲撫州刺史。

會淮南交兵，吴越伺間侵常州，克宏乃請效死行陳。元宗嘉其志，授右衛將軍，遣與右衛將軍、袁州刺史陸孟俊同救常州。時精兵悉在江北，克宏所將裁羸卒數千，樞密副使李徵古給戈甲皆朽鈍。克宏入白徵古曰：「卒已非素練，得器械堅利，猶可用，奈何所給乃此等？」徵古素輕其爲人，嫚駡之，見者皆忿。克宏知徵古狂生不足較，怡然不爲少動。至潤州，徵古終不快，奏召克宏歸，以神武衛統軍朱匡業代之。燕王弘冀獨争克宏可任，卒遣行。一云克宏母自表子可爲將，李徵古抑之；母又言克宏有父風，苟不勝任，分甘孥戮，元宗始用焉。

克宏至常州，徵古猶馳使趣其歸，克宏按劍起曰：「吾剋日破敵，爾何爲者，必錢氏姦人也！」命斬之。使者告以受李樞密命來，克宏曰：「軍容在我，李樞密來，吾亦斬之！」遂斬使者以徇。是時常州有隋將陳杲仁祠，夜夢杲仁見告曰：「吾帥陰兵助公。」及戰，有二黑犉衝突吳越兵，吳越兵輒披靡，克宏乃勒兵繼進，大破之，俘馘甚衆。自保大來，邊事大起，克敵之功，莫先克宏者。克宏奏封杲仁爲武烈大帝。按常州志：杲仁字世威，晉陵人。生梁太清朝，舉進士，仕隋官監察御史。大業五年，被詔討賊，平洞寇于長白山。九年，勦樂伯通叛衆十萬。累授銀青光祿大夫。義寧間，東陽婁世幹叛，奉詔斬之，拜大司徒。沈法興陰與李子通謀據晉陵，杲仁娶于沈，偵知其謀，法興置鴆酒殺之。後人憐其忠，建祠祀焉。即今所爲甘露寺也。元宗拜克宏奉化軍節度使。復上疏請援壽春。行至泰興，發瘍，數日卒。謚曰威烈。

克宏治宣州，初至，城塹皆堙圮不治，吏云自田頵、王茂章、李遇相繼叛，無敢爲守備者。克宏笑曰：「時移事異，安有是哉！」大加營繕。厥後吳越兵至，賴以得全，郡人德之。

論曰：崇文度量宏雅，有儒將風。彥儔恪慎小心，而優禮謫臣，尤人所難也。敬洙以厮養致位上公，當其奮臂擲研時，氣槩已越人遠矣。柴克宏奏效行間，常州之役，相傳其母表子可任，智寧出趙奢妻下耶！

邊鎬　王建封　劉崇俊　劉彥貞　朱匡業

邊鎬，昇州人。初生時，父夢宋永嘉守謝靈運來謁，願託爲父子，已而貌類夢中，因小字曰康樂。長事烈祖爲通事舍人，以通敏稱。

保大初，循州賊張遇賢度嶺襲虔州，節度使賈浩閉門登陴，不敢出。遇賢據白雲洞，衆十餘萬。元宗遣洪州營屯都虞候嚴思率所部討之，鎬爲監軍。虔有書生白昌裕，沉密有謀，鎬引與定計，刊木開道，襲白雲洞，賊衆遂潰，其裨將李台執之以降。策功遷洪州營屯諸軍都虞候。

二年，查文徽以樞密副使出師攻建州，詔鎬爲行營招討、洪撫饒信歙等州諸指揮都虞候，從文徽行。然衆裁數千，戰敗退舍。元宗聞之，遣何敬洙、祖全恩、姚奉來援。敬洙與鎬奪其險要，自崇安進次赤嶺，與建兵方相持爲背水陣，文徽使騎繞出建兵後，與敬洙、鎬夾擊，大破之，遂取建州，降王延政，復取鐔州。事平，諸將皆爭功，鎬獨無一言。

七年，楚馬氏兄弟相攻，希蕚雖勝而尤無道。元宗知楚難方殷，以鎬爲信州刺史，領屯營兵，兼湖南安撫使，駐袁州萍鄉，有警許便宜從事。楚人果復廢立，鎬自萍鄉帥師入潭州，陸游南唐書云：馬希崇率弟姪輩出降，鎬下馬稱詔勞之；希蕚亦來見，鎬以禮遣。遷馬氏之族及文武將吏於金陵。時湖南饑饉，鎬大發廩賑之，楚人大悅。先是，元宗欲取湖南，以鎬多藝，常使詐爲僧遊長沙，弄鈸行乞，盡得其虛實，至是用爲將，竟平湖南。進鎬武安軍節度使。會南漢潘崇徹攻郴州，鎬出兵争之，敗績，遂失郴州。鎬懼南漢寇邊未已，請除道、全二州刺史，張巒權知全州。詔以廖偃爲道州刺史，張巒權知全州。未幾而孫朗之亂作。

朗故奉節軍校也，初成師朗來歸，以其所部爲奉節軍，從鎬入楚，廩給薄於楚之降卒，偶語怨望，而糧料使王紹顔每給料輒刻削之。朗與諸卒恟恟，欲殺紹顔，紹顔匿困下得免。官屬請斬紹顔以謝將士，鎬不聽。朗乃謀殺鎬及紹顔，夜率所部焚府門，火輒不發，良久，傳漏者覺之以告，鎬出牙兵與鬭，亟令吹角以亂之。朗等以爲將旦，斬關奔朗州，盡以潭州虛實告劉言。言素懷叛志，得朗大喜，遣王逵、周行逢來攻長沙。時戲下多稱言忠順，鎬不爲備，及言兵已拔益陽，遂狼狽遁走，竟喪楚地。坐削官，流饒州，它將棄城者皆斬。湘中謠言「馬去不用鞭」，至是而驗。

鎬御下無法，初平建州，兵所鹵獲，惟以全活爲務，閩人德之。且行師常載佛事以行，人皆謂之「邊羅漢」。及克湘潭，市不改肆，日飯沙門以希福，時人稱「邊佛子」，又稱「邊菩薩」。繼後政出多門，優柔不斷，紀綱頽弛，遂號爲「邊和尚」。

十四年，周師入犯，齊王景達爲元帥，出兵援壽州，起鎬爲大將，偕許文稹從行。會朱元叛去，諸軍皆潰，鎬與文稹被執，周世宗命爲右千牛衛上將軍。及割淮南請盟，乃歸鎬。元宗置而不用，後卒金陵。

王建封，上元人。少從軍，以任俠驍勇知名。保大時，取建州，建封爲先鋒橋道使，焚建州外郛，克之，閩王延政降。何敬洙功最諸將，建封忿曰：「我縱火先登，諸軍乃能入，我功當第一！」敬洙因推之，具以聞諸朝，第賞，拜信州刺史，人皆多敬洙而薄建封。

未幾，陳覺、馮延魯、魏岑攻福州李宏義，圍之，敗吴越援兵，福州援絶危蹙，且拔矣，而覺、延魯、岑各欲功在己，不相應接，偏裨莫肯用命，故未克。覺奏請建封濟師，建封率五千人會之，破福州版寨，入東武門。而建封亦與諸將争功，遽斂兵先退，宏義乘之，軍復敗，遂潰而歸。元宗深銜建封，顧方治覺等擅興師，未及治也。建封内不自安，元宗乃召爲天威軍都虞候，付以親軍。建封自是泰然，恃恩僭侈，無復忌憚。

户部員外郎范沖敏疾魏岑、鍾謨、李德明用事，訹建封上書歷詆岑等，請更用正人。元宗遂發怒，謂建封握兵柄，敢干國政，謀進退朝臣，漸不可長，流池州，未至殺之，棄沖敏於市。岑長見沖敏爲厲，請道士上章訴天，數月，岑竟死。

建封故武人，不識文義。族子有著動植疏者，其載鴒事，譌寫「鴒」爲「人日鳥」，建封據爲故事，每人日開筵，必首進之，聞者無不竊笑。

劉崇俊字德修，楚州山陽人。祖金，父仁規，世典濠州。崇俊繼之，盡反仁規之政，人懷其惠。居數年，漸專恣不法，多畜不逞，使過淮剽掠獲美女、良馬以自奉。元宗升濠州爲定遠軍，拜崇俊節度使，以其子節尚太寧公主。然元宗亦惡其爲人。會壽州姚景死，崇俊厚賂權貴，求兼領壽州。元宗陽若不解其意，命移鎮壽州，而遣楚州刺史劉彥貞馳入濠州代之。崇俊自悼失計，頗革心循法度。未幾，得疾卒，年四十。贈太尉，謚曰威。

劉彥貞，吳功臣信第四子也。以父任爲大理評事，遷屯田員外郎。父喪，起復將軍，連刺海、楚二州。善騎射，矢不虛發，軍中號曰劉一箭。吏事亦以强濟見稱。遷定遠軍節度使，移壽州，始黷貨自殖，市肆不問貧富，槩出資貸之，而收其贏。州有安豐塘，溉田萬頃，以故無凶歲，彥貞託以浚城壕，決水入壕中，民田皆涸，而督賦益急，皆賣田去。彥貞擇尤膏腴者，以下價售之，乃復瀦塘水如初，歲入不可勝計。時國家用事者多貪墨，彥貞廣賂遺，以釣聲譽，於是魏岑等交口推爲一面長城。在位久，疑當受代，輒妄造邊遽，以固其位。久之，入爲神武統軍。

周師侵淮南，拜北面行營都部署，帥三萬人援壽州。次來遠鎮，兵車旗幟亘數百里，戰艦銜尾，蔽淮而上。周將李穀慮師斷浮橋，腹背受敵，燒營退保正陽。彦貞雖名將家子，生長富貴，初不嫻兵事，裨將武彦暉、張延翰、成師朗皆闒將，無籌畧，見周師退，以爲怯，謂追之可大獲，戰士未及朝食，即督以進。遇周將李重進掠正陽東，彦貞置陳，横布拒馬，聯貫利刃，以鐵繩維之，刻木爲猛獸攫拏狀，飾以丹碧，立陳前，號捷馬牌；又以革囊貯鐵蒺藜布於地。周兵見而知其怯，一鼓而戰，彦貞師大敗，師朗等皆被鹵，彦貞死焉。

初彦貞鼓行，劉仁贍曰：「未戰而奔，必有伏兵，我師遇之，無遺類矣！」前軍張全約亦曰：「未交戰而敵退，不可追也。」彦貞曰：「若輩何知，沮吾事者斬！」至是果敗。惟全約帥所部奔壽州。淮南喪地千里，其敗實自彦貞始，雖死國事，議者不與也。交泰元年，贈中書令，謚曰壯，不復録其孤。

朱匡業，吴奉國節度使延壽子也。延壽以謀叛誅，匡業時尚幼。稍長，嗜酒使氣。烈祖輔吴，拔爲軍校，積功至諸軍都虞候。昇元中，出爲歙州刺史，有政績，改建州留後；還朝，授神衛統軍。

周侵淮南，中外震駭，盜乘間多竊發，以匡業爲内外巡檢使，嚴而無私，犯令無所貸，四郊肅然，夜户不閉。正陽喪師，朱元叛，元宗議親征，召匡業及統軍劉存中南唐近事作「存忠」，今從陸游南唐書。問方畧，匡業輒對曰：「運數之興，天地皆助；大事若去，雖英雄亦無如之何。」南唐近事載匡業對語云：「時來天地皆同力，運去英雄不自由。」存中從旁贊之。忤旨，貶匡業撫州團練使，流存中饒州。後主襲位，召拜神武統軍，加中書令，卒。

匡業妻鍾氏，有膽畧，匡業酷畏之。常醉後恣意殺人，無敢見者，鍾褰幃一呼，慴然而止。有子崇俊，短陋羸瘠，而妙於騎擊，馳突若神，先匡業死。

論曰：邊鎬、王建封號稱一時能將，而皆有初鮮終，何哉？二劉繼鎮濠州，其事蹟畧同焉。至彦貞師衄正陽，固自取之也。朱匡業戇言獲戾，未竟厥用，要與希旨取容者異矣。

十國春秋卷第二十三

南唐九　列傳

嚴續　常夢錫

嚴續字興宗。父可求，爲吴相。續年十餘歲，以父廕補千牛備身，遷秘書郎。烈祖以女妻之。少長富貴，性恭恪，循循如也。烈祖受吴禪，官兵部侍郎、尚書左丞。元宗即位，進禮部尚書、中書侍郎。

時宋齊丘專國，公卿多附之，惟續持正不爲屈。翰林學士常夢錫數言齊丘姦黨，元宗謂夢錫曰：「吾觀大臣中惟嚴續中立，然才短，恐不能勝其黨，卿宜助之。」夢錫退，諭旨于續，續善遇之，而不盡用其言，卒爲黨人所排。夢錫罷宣政院，續亦出爲池州刺史。江文蔚揚言于朝曰：「嚴續，國之勳戚，位爲大臣。今以不附憸邪，横遭斥逐，則餘可知矣。」于是羣黨迫公論，召還，復拜中書侍郎、兼三司使，已又出爲奉化軍節度使。數年，仍入知尚書省，遂爲門下侍郎、同平章事。割地後，罷爲少傅。元宗南遷，拜左僕射，使輔太子居守。後主立，改司空，同平章事。續自以肺腑，盡忠不貳，然寡學識，聽用多非其人，不能稱職。或作螃蠏賦以譏之。一云賦乃江文蔚所作，畧曰：「外視多足，中無寸腸。口裏雌黄，每失途於相沫；胸中戈甲，常聚衆以横行。」是時以軍興，百官政事往往歸樞密院，續言多不見用。求罷，拜鎮海軍節度使。逾年，稱疾歸，卒于私第，年五十七。謚曰懿。

初，續以少貴倦學，頗事遊讌，南唐近事云：嚴續相公歌姬，唐鎬給事通犀帶，皆一代之尤物。雨夜相府有呼盧之會，唐適預焉。嚴命出妓解帶，較勝于一擲，六骰數巡，唐彩大勝，唐乃酌酒，命美人歌一曲以别相君。宴罷，拉而偕去，相君悵然遣之。晚歲尤屈身下士。見輕同列，因力教羣從子弟，砥礪儒業，諸子及孫舉進士者累累不絶。壽春人劉奂，性方言直，續薦爲監察御史、起居舍人，時論善之。續疾革時，與賓客譚論如平時。後主使内夫人問之，續遺託國事，辭氣慷慨，言不及私，歷陳羣臣邪正，某當退、某當進者，凡若干人。

常夢錫字孟圖，扶風人，或曰京兆萬年人也。岐王李茂貞不貴文士，故其俗以狗馬、馳射、博弈爲豪。夢錫少獨好學，善屬文，累爲秦、隴諸州從事。茂貞死，子從儼襲父位，承制補寳鷄令。

後唐長興初，從儼入朝，以夢錫從。及鎭汴，爲左右所譖，遂南奔。烈祖輔吴，召置門下，薦爲大理司直，隨至金陵，改觀察推官；及受禪，擢殿中侍御史，徙禮部員外郎。每從容奏事，烈祖以爲有識量，益見獎遇，遂直中書省，參掌詔命，進給事中。時以樞密院隸東省，故機事多委焉。

夢錫重厚方雅，多識故事，數言：「朝廷因楊氏霸國之舊，尚法律，任俗吏，人主親決細事，煩碎失大體，宜修復舊典，以示後代。」烈祖納其言，頗議簡易之法。又言宋齊丘、陳覺姦邪，馮延巳、魏岑並小人，不宜左右春宮。元宗居藩邸，有過失，夢錫輒盡言規正無所撓。始雖不悦，終以諒直多之。及卽位，首召見慰勉，欲用爲翰林學士，齊丘黨惡其不附己，坐封駁制書，貶池州判官。未幾，齊丘出鎭，召爲户部郎中，遷諫議大夫，卒以爲翰林學士。復置宣政院于内庭，以夢錫專掌密命。而魏岑已爲樞密副使，善迎合，外結馮延巳等，相爲表裏。夢錫終日論諍，不能勝。罷宣政院，猶爲學士如故，乃稱疾縱酒，希復朝會。南唐近事云：夢錫爲翰林學士，剛直不附，貴近側目。或謂曰：「公罷直私門，何以爲樂？」常曰：「垂幃痛飲，面壁而已。」蓋馮、魏擅權之際也。

鍾謨、李德明分掌兵、吏諸曹，以夢錫人望，言于元宗，求爲長吏以自重，除户部尚書、知省事。夢錫恥爲小人所推薦，固辭不得，惟署牘尾，無所可否。夢錫無子，以婿王繼沂理家務。或言繼沂亂内，夢錫一日盡出妻妾，奏黜繼沂于虔州，室爲之一空。會延巳爲相，因文致其罪，貶饒州團練副使。夢錫時以醉得疾，元宗憐之，留處東都留守。周宗力勸夢錫止酒治疾，從之，得少瘥。召爲衛尉卿，改吏部侍郎，復爲學士。交泰元年，方與客坐談，忽奄然卒，年六十一。死後裁逾月，齊丘黨與敗，元宗歎曰：「夢錫平生欲去齊丘，恨不使見之。」贈右僕射，謚曰康。

夢錫文章典雅，有承平之風；歌詩亦清麗，然絶不喜傳於人。剛褊少恕，恒以直言忤物。常與元宗苦言延巳浮誕，不可信，元宗曲爲辨解。夢錫詞窮，乃頓首曰：「大姦似忠，陛下若終不覺悟，家國將爲墟矣！」元宗不答，而心善之。及割地降號後，公卿在坐，有言及周以爲大朝者，夢錫笑曰：「羣公常言致君堯、舜，何故今日自爲小朝耶！」釣磯立談云：上巳日，朝貴出秦淮游讌，坐中有詆大朝事者，夢錫睁目戟手曰：「諸公平時每言致君如堯、舜，今返自爲小朝耶！」今從南唐書。衆皆默然散去。每公卿會集，往往喑嗚大咤，驚其坐人，以故不爲時所親附。然既殁，皆以正人許之，雖其仇讎，不敢訾也。

論曰：嚴續以正自持，不附私黨，雖才詘于德，庶幾末流之底柱焉。常夢錫負氣剛峭，侃侃弗撓，中主業知其人，而屢經顛躓，未展鴻猷，昔人所以致歎于郭公也。

蔣廷翊　姚景　陳起　賈崇

蔣廷翊，爲人廉介不苟。昇元時，烈祖召文武官觀内藏，命隨意取金帛以去，百官重載歸，廷翊獨手持一縑，餘無所取，時人以此多之。終尚書郎。

姚景孫氏職官分記作「景鍾」。始事劉金爲廐卒，金暇日至廐中，見景晝瞑，有二赤蛇蟠景面，少頃，入鼻竅而寤。金由是奇之，引爲裨將，妻之以女。居數年，烈祖重其爲人，使典親兵，歷制置使、刺史，拜清淮軍節度使。壽春爲江、淮重鎮，民不堪供億之苦，景至，一切罷去。澣衣敝冠，漠然古風。初，吏請家諱，景大署牘尾曰「諱贓吏」。於是屬僚皆勵廉隅，貪墨者稍稍斂迹。景嘗登城，見其長子導從甚盛過市，市人廢業辟路，召其子杖之。未幾，卒於鎮。

陳起，蘄州人。性剛鯁，尤惡妖異。昇元中，以進士起家爲黄梅令。時縣境獨木村有妖人諸佑，諸音查，佑一作祐。挾左道，自言數世不食肉，能使富者貧，貧者富，俚民稍稍從之。初有徒數十人，積數年，從者至數百，男女無别，號曰「行辱」，〔一〕夜行晝伏，取貲於盜。相與倡言，佑有神術，能升虛空，入水火。州縣亦憚之，不敢問。起到官，邑人畢賀，佑獨偃蹇不至。起乃按户籍，取佑爲里正，不服，嫚言曰：「吾斷令頭！」起告巡檢使周鄴出兵捕佑等，獲之，沃以豕血，佑迄不能神，皆執縛。搜其家，得乘輿服器，遂斬之。鄴欲宥其婦女、童稚，起曰：「此皆瀆亂人倫，不可使有遺育。」乃併斬之。起由是知名，官至監察御史，卒。

賈崇少勇果，俗謂之賈尉遲。事烈祖，積官至侍衛都虞候。元宗嗣立，詔齊王景遂總庶政，惟魏岑、查文徽得奏事，餘非召不得見。崇叩閤請見曰：「臣事先朝三十年，見先帝所以成功業者，皆用衆賢之謀，故孜孜詢察下情，猶患壅隔。今陛下始卽位，所委何人，而頓與臣下疎絕。臣老矣，不得復奉顏色。」因嗚咽流涕。元宗感悟，命坐賜食，遂收所下詔。未幾，擢神武統軍，已而爲東都屯營使，周師未及境，盡焚其井邑，棄壘而歸。元宗責其奔潰之由，且曰：「朝野謂卿爲賈尉遲，朕甚賴卿，一旦敵兵未至，棄甲宵遁，何施面目至此耶？」崇叩首言：「朱元既叛，大軍失律，城孤氣奪，無數旅以禦要害，雖真尉遲，亦無所施其勇。惟陛下裁之。」以忤旨釋罪，長流撫州。

論曰：蔣廷翊寶不貪之風，姚景履儉約之節，可云清矣。陳起殄滅祆類，與西門豹投巫何異焉？賈崇排閤直諫，義形於色，而棄師宵遁，卒以辱國，何前後之不相侔耶？

公乘鎔　王仲連

公乘鎔，相州人。先世有錫爵公乘者，遂以爲字焉。元宗卽位，命鎔與伴送使陳植航海修好于契丹。明年，鎔進蠟書于元宗曰：「臣鎔自去年六月離罌油，七月至鎭東關，遣王朗奉表契丹。九月，乃有番官彝離畢部牛車百餘乘及鞍馬沿路置頓。十月至東京，留三日，契丹主遣閑廐使王廷秀稱詔勞問，兼述泰寧王、燕王九月同行大事。兀欲卽世，母妻併命。又遼東以西，水潦壞道數百里，車馬不通，今年方至幽州，館于愍忠寺。先迎御容入宮，言先欲見唐皇帝面。乃引見如舊儀，問國書中機事，臣卽述奕世歡好，當謀分裂之事。契丹主喜，問復有事否。臣曰：『軍機別有密書。』契丹主接至袖間，乃云：『吾與唐皇帝一如先朝往來。』因置酒合樂，又諭臣曰：『使人泛巨海而至，不自意變起骨肉，道路有聞，亦憂恐。』手斟一玉鍾酒先自啜，乃以勸臣令飲釂，自旦至日餔始罷。自時數遣使宣勞，三日一賜食。謹遣王朗賫骰號子歸聞奏。」「骰號子」，不知何等語也。時以鎔有古使臣風。

王仲連，北方人也。仕烈祖爲御史，元宗時改左散騎常侍。元宗常謂曰：「自古及今，江北文人不及江南之盛。」仲連對曰：「誠如聖諭，陛下聖祖元元皇帝降于亳州真源縣，文宣王生于兗州曲阜縣，亦不爲少矣。」元宗有愧色。仲連後官少府監。

校勘記

〔一〕行辱　「行」，陸游南唐書卷十一陳起傳作「忍」。又周昂校語云「辱」疑「蓐」。

十國春秋卷第二十四

南唐十　列傳

李金全　盧文進

李金全，其先吐谷渾人。事唐明宗爲厮養，以驍勇善騎射，常從征伐，積功至刺史。天成中，官龍武節度使，務爲貪暴。罷歸，獻馬數百匹，〔一〕居數日，又獻。明宗謂曰：「卿馬何多邪？卿在涇州治狀如何，乃以馬爲事乎？」晉高祖時爲安遠軍節度使。金全素戇直，不奈煩劇，中門使五代史作「左都押衙」。胡漢榮稍稍用事，〔二〕以貪橫聞。高祖徵漢榮還闕，欲治其罪，金全將護不遣。五代史云：高祖選廉吏賈仁沼代之，且召漢榮。漢榮教金全留己而不遣，金全客龐令圖諫曰：「仁沼昔事王晏球，晏球攻王都於中山，都遣善射者登城射晏球，中兜牟，仁沼從後引射善射者，一發而斃。晏球求其人，欲厚賞之，仁沼退而不言，此天下之忠臣也。都敗，晏球遣仁沼獻捷于京師，凡所賜與甚厚，悉以分故人、親戚之貧者，此天下之廉士也。爲人如此，豈有爲人謀而不善者乎？宜納仁沼而遣漢榮。」漢榮聞之，夜使人殺令圖而酖仁沼，仁沼舌壞而死。

高祖疑金全有他志，乃以馬全節代之，且召金全還，將有處分。馬令南唐書云：賈仁沼二子欲詣闕訴父冤，漢榮懼，紿告曰：「邸吏劉珂密遣人馳報朝廷，召公有異處分。」金全懼，遣從事張緯奉表歸附。烈祖納之，命鄂州屯營使李承裕、段處恭帥兵三千逆金全，陳於城外，俟金全出，殿之。金全行至泌川，五代史作「汊川」。引領北望，涕泣而訣。承裕等至安州之夕，輒違命大掠城中，得金帛不可計。及還，晉將安審暉一作「輝」追及于馬蝗谷，馬令南唐書作「馬黃谷」。處恭死于陳，承裕帥餘兵扼雲夢橋，復爲審暉所敗，執而殺之。金全至，拜天威統軍，出爲鎮海軍節度使。

漢隱帝時，李守貞以河中叛，來乞師，魏岑、查文徽建議往赴。時劉彥貞以攻取自任，元宗欲藉金全宿將威望，以爲北面行營招討使，救河中，彥貞副之，文徽爲監軍使，岑爲沿淮巡檢使。師出沭陽，次沂州，金全曰：「諸君以河中在何處，而欲自此轉戰以前耶？勢必不能及，徒爲國生事耳。」方會食帳中，候騎告北兵數百並澗，皆羸弱，諸將欲掩擊之，金全下令曰：「敢言過澗者斬！」及暮，伏兵四起，旗幟蔽日，金鼓聲聞十餘里，諸將乃服金全善料敵。逾月，保海州，遂引歸。金全曰：「吾全師而還，不得爲無功矣。」拜右衛聖統軍，領義成軍節度使，兼侍中。

保大八年，卒于金陵，金陵志：李順公墓在上元縣金陵鄉七里鋪，高越撰碑文。年六十多。內寵子女凡三十二人。朝遣少府監王仲連持節册贈中書令，謚曰順。

盧文進字大用，范陽人也。初爲劉守光騎將，已而降後唐莊宗，拜蔚州一作壽州刺史，莊宗以屬其弟存矩。存矩時爲新州團練使，統山後八軍，知文進有女少而艷，求爲側室，文進不得已與之，而内常切齒，欲甘心焉。因與亂軍襲殺存矩，攻新、武二州，不克，奔契丹，娶契丹公主，爲其平州刺史。

明宗時，復率衆數萬歸唐，仕至安遠節度使。晉高祖立，與契丹約爲父子，文進懼不自安，且本燕人，尚氣，不能屈于晉，乃決計歸吴，遂殺其行軍司馬馮知非、五代史作「馮知兆」，馬令南唐書作「姚知兆」，今從陸游南唐書。副使杜重貴，送款烈祖。

時烈祖輔吴爲齊王，將受禪，乃遣將祖全恩以兵二千迎之。文進居數鎮，頗有善政，兵民愛之。其將行也，從數騎按營壘，别其裨將李藏機等，將士皆拜泣爲訣。烈祖以文進爲天威統軍、寧國節度使，改鎮海軍節度使。委任賓佐，政績甚美。潤州市大火，文進使馬步救之，益熾，文進怒，自出府門斬馬步使，傳聲火止。九國志云：「使召馬步使，將斬之；聲至，火卽滅。」人皆異之。召還，授左衛上將軍，兼中書令，封范陽郡王，奉朝請，猶給藩鎮俸。居無何，卒。

文進身長七尺，狀貌偉然。自其奔契丹，時數引契丹掠幽薊境，又教契丹以中國織紝工作，無不備，由是契丹益强。及其南奔，始晦迹，務恭謹，禮接文士，謙謙若不足。其所談論，祇朝廷儀制，臺閣故事，而口未常言兵。馮延巳素惡文進，文進亦于延巳不少下，殁後延巳誣以陰事，盡收文進諸子，欲籍其家。訾田判官高越，文進女夫也，乃上書訟文進冤，指延巳過惡，詞氣甚厲。時延巳方用事，人頗壯之。元宗怒，以越屬吏，貶蘄州司士參軍，而盧氏亦賴以得全。

先是，文進攻新州，不利，夜走墜塹，一躍而出，遲明視之，故黑龍潭也，絶岸數丈，深不可測。又常有大蛇徑至坐間，引首及膝，文進取食飼之而去，由是自負，反復南北，終無挫衂焉。文進在金陵時，爲客言往陷契丹，常獵于郊，遇晝晦如夜，星象燦然，大駭，偶得一土人問之，曰：「此謂之笪日，何足異，頃自當復。」良久，果如其言，日方午也。又曾至無定河，見人脛骨大如柱，長可七尺，皆異事云。

論曰：李金全、盧文進，故北方之虎臣，負釁來歸，咸稱名將，乃援師不進，全軍而還，倘兵法所云「知彼知己」，非與？至文進奏績宣、潤，折節禮賢，抑亦可謂善保功名者矣。

孟堅　陳誨子德誠　林仁肇　皇甫暉子繼勳

孟堅，始事閩爲建州裨將，驍勇多智畧。與閩景宗有隙，堅知其必敗，會查文徽討王氏之亂，堅降焉，文徽卽以兵付之，出奇鏖擊，所向有功。及馮延魯攻福州，堅亦在兵間。吴越援兵自海道至，阻淖不得登岸。延魯不知兵，急於破敵，欲歛兵誘而蹙之，堅諫曰：「吴越兵進退俱不能，方致死於我，使得至平地，未見可勝也。」延魯大言曰：「吾自擊之，無預君事！」吴越兵得平地，果不可制。李宏義兵自城中出，盡鋭夾擊，延魯大敗，棄軍遁，堅力戰以死。

陳誨，建安人。始生數月，足脛能履，父異之，因小字阿鐵。及長，趫捷有勇力，時人呼爲陳鐵。事閩富沙王爲將。保大初，元宗遣將攻建州，傅其城，誨數出挑戰。先鋒橋使王建封克外郛，擒誨，將斬之，已解衣伏鑕，忽脱身絶馳，追者數十百輩，莫能及，自歸于大將查文徽。文徽駭異，用爲戰棹指揮使，領故部曲。

已而從攻福州，馮延魯敗走，諸營皆潰，死者萬計，委軍實戎器不可勝計，誨獨殿後，收所棄金帛二十萬以歸。

文徽鎮建州，誨爲劍州刺史。諜者告吴越戍兵棄福州遁歸，文徽暗而貪功，卽率誨俱進。誨以戰艦入閩江，適秋雨，水暴漲，一夕七百里抵城下，與吴越水軍遇，遂戰于江中。

誨素善水，没入江，鑿吴越樓船，沉之，仍以木作蛟龍形湧于江面。吴越兵驚潰　乃大呼擊之，禽其將馬先進、葉仁安，降鄭彦華，始知福州未常有變。城中多誨親故，方遣間使招之，文徽勒步騎繼至。福州僞迎，文徽傳令入城，誨以所聞告，且曰：「僕，閩産也，豈不能料閩人之情。閩人譔信，閩音以無信爲譔信。未可速進。宜先立寨整衆，俟所招親故來，得其實，徐圖之。」文徽曰：「狐疑且生變，乘機據城，上策也。」麾兵遽入。誨料爲必敗，植旗鳴鼓，列兵江干以須之。文徽入，果被執。誨全軍還劍州，獻先進于金陵，釋彦華等，用爲將。福州兩交兵，皆大敗塗地，誨在兵間獨有功，號名將，遂遷永安軍節度使，南唐近事云：陳誨嗜鴿，馴養千餘隻。誨自南劍牧拜建州觀察使，去郡前一月，羣鴿先之富沙舊所，無孑遺矣。又常因早衙，有一鴿投誨之懷袖中，爲鷹鸇所擊，故誨感之，自是不復食鴿。兼侍中。江南野史云：後累至同平章事。訓兵積穀，隱然爲大鎮。常破福州兵于南臺江，軍聲大震。由是朝廷委以南方，而名其軍曰「忠義」。周兵入淮南，誨遣子德誠率鎮兵赴難。誨在鎮十餘年，多薦舉儒學，甄升將校，時議多之。後主初，引疾求罷，乃以其弟謙爲留後，召誨還都。後主親臨其弟，視問慰勞。建隆三年七月卒，〔三〕封閩國公，謚忠烈。閩之亂，士民幾殲，惟誨之宗族益盛，諸子悉至顯官，當世榮焉。

德誠少好學，才兼文武，有能詩名。周師南侵，元宗遣潘承祐詣泉、建召募驍勇，承祐奏言陳誨子德誠有材畧可用，因命德誠引卒數千赴壽春。時諸將戰多不利，惟德誠出入堅敵，未嘗少挫鋒鋭，班師日，特旌其軍曰「百勝」以榮之。拜和州刺史，有政績。後與叔父謙繼領建州節旄，世稱其有父風云。

林仁肇，建陽人。閩臣林仁翰弟。剛毅多力，身長六尺餘，姿貌偉岸，文身爲虎形。事閩爲裨將，與陳鐵齊名，軍中謂之林虎子。一作「虎兒」。閩亡，未有所附。會周攻淮南，潘承祐薦之，拔爲將，率偏師援壽州，攻城南大寨，有功，又破濠州水柵，擢淮南屯營應援使。時周人正陽浮橋初成，扼援師道，仁肇率敢死士千人，以舟實薪芻，乘風舉火焚橋。周駙馬都尉張永德來争，會風回，火不得施，勢少却。永德鼓噪乘之，南軍遂敗，仁肇獨騎回殿。永德故猿臂，善射，引弓射之，矢至仁肇所，輒爲格去。永德大駭曰：「敵有人，未可逼也。」陸游南唐書作「此壯士，不可逼也」。舍之歸。及割地許平，元宗以爲鎮海軍節度使，已而移鎮武昌。

開寶時，李重進舉兵揚州，宋討平之，而淮南諸郡所守各不過千人，仁肇密言于後主曰：「宋淮南諸州戍守單弱，而連年出兵，滅西蜀，平荆朗，今又取嶺表，往返數千里，師旅罷敝，此在兵家爲有可乘之勢。請假臣兵數萬，出壽春，渡淝、淮，據正陽，因其思舊之民，累年之粟，復取淮甸，勢如轉丸。臣起兵日，仍馳聞北朝，言臣據兵竊叛，事成歸國，否則請族臣，以明陛下無二。」後主驚曰：「無妄言，宗社斬矣！」未幾，以仁肇爲南都留守、南昌尹。仁肇素起家行伍，雖任將帥，恒與士卒均食同服，以故多得士心。又與皇甫繼勳、朱令贇輩不協，因搆仁肇求援宋朝，欲自王江西，而宋太祖忌仁肇名，亦賂其侍者，竊取仁肇像懸別室。南唐書云：令人密往武昌僧院，竊仁肇畫象歸。時南楚國公從善質于汴，引從善觀之，曰：「仁肇行且降，先持此爲信耳。」江南野史云：太祖欲平江南，患仁肇勇畧，私于仁肇左右竊取其存神，俟江南朝貢至，以示其使曰：「汝以斯圖何如？」對曰：「此似本國林仁肇。」因曰：「仁肇且將至矣。」又指空館曰：「將以此賜仁肇。」後主聞之，不知其行間也，潛使人酖仁肇。仁肇少罹風疾，有口過，醫工云法得之肺掩不正。及遇酖，而口穢頓減，翼日卒。

初仁肇見知于陳喬，雅器重之，曰：「令仁肇將外，喬居中掌機務，國土雖蹙，未易圖也。」至仁肇死，喬曰：「事勢如此，而殺忠臣，吾不知死所矣！」爲嗟嘆累日。

皇甫暉，魏州人。初事唐、晉，事具五代史。契丹入中原，暉時爲密州刺史，與棣州馬令南唐書作秦州。刺史王建俱南奔，元宗遣舟楫迎之。將至，念本起兇賊，懼不爲時所容，至秦淮赴水求死，舟人亟援出之，自言如履大石。入朝，歷歙州刺史、神衛軍都虞候、奉化軍節度使，加同中書門下平章事。

周師攻淮南，爲北面行營應援使，會劉彥貞、姚鳳兵以行。彥貞舉動躁撓，人測其必敗；暉獨持重，部分甚整，士亦樂爲用，周人頗憚之。及彥貞敗死，暉、鳳退保清流關。周世宗親帥衆盡鋭攻壽州，而分兵襲清流。暉陳山下，周兵出山後邀擊，暉大敗，猶收兵，且戰且行，入滁州。滁州刺史王紹顏已委城遁，暉無所歸，方斷橋自守。周兵涉水，逾城而入，執暉、鳳，送壽州行在。按史纂左編：李璟命大將皇甫暉、監軍姚鳳提兵十萬扼滁州。宋太祖以周軍數千與暉遇于清流關隘路，周師大敗，暉整全師入憩滁州城下。會翊日再出，太祖兵聚關下，且虞暉兵再至，因問計于村中趙學究。學究即普也。學究曰：「我有奇計，所謂因敗爲勝，轉禍爲福者。今關下有徑路，人無行者，雖牌軍亦不知之，乃山之背也。可以直抵城下，方阻西澗，水大漲之時，彼必爲我既敗之後，無敢躡其後者。誠能由山背小路率兵浮西澗水至城下，斬關而入，彼方戰勝而驕，解甲休衆，心不爲備，可以得志。」太祖即令誓師，夜出小路行，三軍跨馬浮西澗以迫城。暉果不爲備，奪門以入。既入，暉始聞之，率親兵擐甲，與太祖巷戰，三縱而三擒之，既而主帥被擒云。與南唐書所載小異，附記于此。

暉見世宗曰：「臣力憊，欲暫坐。」及坐，曰：「欲暫卧。」不俟命而卧，神色自若，仰而言曰：「暉自貝州卒伍起兵佐李嗣源，遂成唐莊宗之禍；後率衆投江南，位兼將相。前後南北二朝，大小數十戰，未常敗。而今日見擒者，乃天贊大朝之盛，亦南北勇怯不敵耳。」史纂左編又云：暉言：「今日見擒于趙點檢者，乃天贊趙點檢，豈臣所能及。」因盛稱宋太祖之神武。世宗賜以金帶、鞍馬。數日，創甚，暉不肯治而死。周拜姚鳳左屯衛將軍。後滁人感暉意，一日輒五時鳴鐘以資薦暉云。子繼勳。

繼勳少從暉兵間，爲偏將。滁州之役，暉力戰甚急，繼勳欲遁，暉操戈擊之，弗及，遂逸。以父死難，擢將軍，歷池、饒二州刺史，以吏事稱，入爲神衛統軍都指揮使。一作諸軍都虞候。時諸老將死亡畧盡，繼勳年尚少，且無戰功，徒以家世，遂拜大將軍。貲産優贍，名園甲第，冠絶金陵。多畜聲伎，厚自奉養，珠翠環列，儗于王者。

開寶中，宋師傅城，繼勳保惜富貴，無效死之意，第欲後主亟降。宋史云：繼勳姪紹傑亦以繼勳故爲巡檢。繼勳令紹傑入見，陳歸命之計，會有風雹，又密陳滅亡之兆。聞諸軍敗績，則怡愉竊喜。偏裨有募死士謀夜出奮擊者，輒鞭而囚之。由是軍情忿恚，百姓切齒。繼勳自度罪惡日聞，希復進見，後主召議事，亦辭以軍務不至。又内結傳詔使，一切軍情皆蒙蔽不奏。及後主登城，見宋師旌旗壘柵，彌徧四郊，始大駭失色，誘繼勳入宫，責其流言不用命狀，遂以屬吏。方出宫門，軍士雲集，臠割之，頃刻而盡。宋史云：姪紹傑亦被誅，煜皆赦其妻子。

論曰：孟堅、陳誨、林仁肇，皆閩故將也，先後歸唐，行間效力，豈非所云楚材晉用邪？

然誨以功名顯，堅以血戰亡，而仁肇傾心謀國，反用間死。夫固有幸不幸哉！皇甫暉以亂卒位刺史，拔身南奔，滁州之敗，義不求生，庶幾可爲晚蓋者矣。

李平　朱元

李平本姓名曰楊訥，少爲嵩山道士，與汝陰布衣舒元共學數年；業成，同遊蒲中，客于河中節度使李守貞。守貞叛漢，使兩人懷表間行乞師于金陵，元宗出師數萬爲之聲援。甫出境而守貞死，兩人無所復命，且元宗遇之厚，因留事元宗，而訥始自稱李平，元亦易姓朱，皆以爲尚書郎。

吳越侵常州，平言已有武畧，因以爲將，固辭。遷衞尉少卿，使領偏師巡江北。周兵取蘄州，不能有，復棄而歸，乃以平爲刺史。朱元叛，元宗以平本與元同來，慮其不自安，召還都，使者失指，械平以歸。元宗大驚，慰勉之，拜永安軍節度使。召爲衞尉卿。

初，潘佑好老、莊，平爲道士時，習神仙修養之説，而動多怪妄，常言仙人神鬼，與通接，佑因與遊，且交好。平又稍稍言佑父處常今已爲仙官，而己與佑亦名在仙籍。家置静室，人莫能窺。後主時，佑既獲用，平亦上書請復井田法，豪民有買貧户田者，勒令還之。又依周禮，造民籍，復造牛籍，課民種桑。後主本好古務農，甚悦其言，使判司農寺。平亟于成功，施設無漸，人不以爲便，後主亦中悔，罷之。而佑歷詆一時公卿，獨薦平可大用，請以判司會府，羣議益不平。會佑以直諫得罪，因坐以與平淫祀鬼神事，繫平大理獄，縊死獄中，妻子徙虔州。明年，宥其家，廩給之。

朱元，潁川沈丘人，江南野史作蒲津人。即舒元也。少倜儻，辨捷彊記，通左氏春秋。元既與李平留事元宗，以駕部員外郎待詔文理院。數上書論事，言今幸中原多故，苟支歲月，非所以爲國，當取湖湘、閩越、錢塘以固根本，且請專任軍旅，以次討定。用事者嫉其言，共譖之，以爲遠人謀握兵，包藏莫測，遂罷待詔。元失意，與平時時縱酒不事事，朝廷亦優容之。

保大末，周師入淮南，元請對言兵事，元宗大悅，命從齊王景達救壽州。元善撫士卒，與同甘苦，每臨戰誓衆，辭旨慷慨，流涕被面，聞者皆有奮志。初復舒、和、蘄州，以功加淮南北面行營應援都監，繼與邊鎬、許文稹柵紫金山，軍聲頗振，益柵且及壽州。元恃功，時或違景達節制。監軍使陳覺素與元有隙，且妬其能，屢表元本學術縱橫，不可信，不宜付以兵柄。元宗乃命楊守忠代之。守忠至元帥府，景達檄元計事。元憤恨欲自殺，其客宋洎曰：「大丈夫何往不富貴，何必爲妻子死乎！」遂舉寨萬餘人降周，江南野史云：元將叛，其裨將時廷厚死不從，元殺之。至紫金山戰，遂以所部降于世宗。由是諸軍皆潰，鎬、文稹、守忠皆被擒。事聞，元宗大怒，族其家。元在江南，娶查文徽女爲妻，文徽累表乞其命，元宗署疏尾曰：「只斬元妻，不知查女。」竟坐戮。文徽以珠襡覆屍于市，哭之隕絶，觀者垂涕。

元歸周，復姓舒。世宗愛其驍果，以爲蔡州團練使。其母猶在沈丘，遂迎養焉。宋太祖受禪，遷汀州防禦使，改白皮兵馬都監。太平興國二年卒，年五十五，贈武秦軍節度使。次子知雄，歷官供備庫使、知處州。真宗時請入道，隱嵩山，賜號崇元大師，常獻字母圖，有詔褒獎。

論曰：李平、朱元負才知兵，近世之能臣也。然平酷嗜左道，元義昧和衷，以斯免禍，難矣！譖人罔極，或死或奔，蓋不能不爲二人慨云。

校勘記

〔一〕獻馬數百匹　「百」，新五代史卷四八李金全傳作「十」。

〔二〕胡漢榮　「榮」，舊五代史卷九七本傳作「筠」。

〔三〕建隆三年七月卒　「建隆三」字原缺，今據陸游南唐書卷九陳誨傳補。

十國春秋卷第二十五

南唐十一 列傳

張易 蕭儼 張義方 江文蔚 李貽業 歐陽廣 喬匡舜 張泌 汪焕

張易字簡能，魏州元城人。高祖萬福，故唐金吾將軍，後徙萊州掖縣。易性豪舉尚氣，少讀書於長白山，又徙王屋及嵩山，苦學自勵，食無鹽酪者五歲。齊有高士王達靈，居海上，博學精識，少許可，易從之遊。數年，入洛，舉進士，不中。以昇元二年南歸，授校書郎、大理評事。

時方重赤縣，除上元令。元宗立，以水部員外郎通判歙州。刺史朱匡業平居甚謹，而醉則使酒虐人，果於誅殺，無敢犯者。易至，赴其宴，先已飲醉，就席，酒甫一再行，擲盃推案，攘袂大呼，詬責鋒起。匡業尚醒，愕然不敢對，惟曰：「通判醉甚，不可當也！」易巍峩喑嗚自若，俄引去。匡業使吏掖就馬。自是見易加敬，不復敢使酒，郡事亦賴以濟。

太弟景遂初立，高選宮僚，召爲贊善大夫。景遂召飲，以玉杯行酒，因與坐客傳玩。至易，忽大言曰：「殿下有重寶輕士之意，何耶！」抵於柱礎碎之，坐皆失色。南唐近事云：易常侍宴昭愛宮，儲后持所愛玉杯親酌易酒，捧玩勤至，有不顧之色。易張目排座，抗音而讓曰：「殿下輕人重器，不止虧損至德，恐垂聖人慈儉之旨！」言訖，碎玉杯于殿柱。景遂不以爲忤，避席謝之，待易益厚。釣磯立談云：易當使海東，景遂驚促入白上，以爲朝臣如張易不可多得，奈何遠使使之，冒犯風濤也。上曰：「無憂也，如易爲人，海神豈敢侮之耶！」遷刑部郎中，判大理寺。

周師南侵，時江、淮久安，人不知戰，師徒屢北，上下震恐。易獨揚言朝路曰：「國家被山帶海，守奕世之業。昔者夫差以無道之兵，威陵齊、晉；孫權以草創之國，勢遏曹、劉。今若上下併力，敵何足畏哉！」元宗聞而異之，召使宿直禁中議事，然亦不能用也。陳覺、李徵古方用事，朝野側目。易一日朝退，歎曰：「吾忝廷尉，職誅邪孽，當手斃二豎，以謝曠官！」俄以吳越犯邊，出爲宣歙招諭使，判宣州。前刺史方築州城，役徒數萬，一切罷遣之，曰：「自守者弱，遠圖者强，何以城爲！」吳越聞之懾伏，不敢復犯。

後主封吳王，召易爲吳王司馬；東宮建，又爲左庶子。後主卽位，遷諫議大夫，復判大理寺；尋乞解大理，改勤政殿學士，判御史臺。采武德至寶曆君臣問對及臣下論奏骨鯁者七十事，爲七卷，曰諫奏集，上之。註太玄經，未成，卒，年六十一。

蕭儼，廬陵人。甫十歲，詣廣陵，以童子科擢第。及長，志量方正，交不苟合。授秘書省正字。

烈祖受禪，遷大理司直，除刑部郎中，以明允稱。昪元格，盜物直三緡者處極刑。是時豪民甲曝衣篋庭中，俄失去衾服，直數十千，疑鄰民乙竊之，白邑令，誣服爲盜，詰其贓，則云鬻市中，蓋不勝楚掠也。已將行刑，呼冤動人。長吏具以聞，烈祖命儼覆案之。儼受命，卒不得其要領，因素食沐浴，禱于神。翼日，忽雷雨自西北起，至甲家，震死一牛，剖腹得所失衾服，故牛所噉，猶未盡潰也。遂赦乙，而儼聲大著。

烈祖晚服金石藥，多暴怒，近臣數被譴罰。宣徽副使陳覺不自安，稱疾在告者數月，及聞遺詔，即以其日造朝。儼劾奏覺傾耳私室，以俟升遐，請案其罪；不報。

烈祖輔吳，設法禁以良人爲奴，至是馮延巳、延魯欲廣置伎妾，輒矯制託稱民貧，許賣子女，儼駁曰：「昔延魯爲東都判官，已有此請，大行以訪臣，臣對曰：『陛下納麓之初，出庫金贖民，孰不歸心？今寶運中興，人仰德澤，奈何欲使鬻子女資豪家役使乎？』大行以臣言爲然，請罪延魯。臣曰：『此但智識淺陋耳，非有他也，罪之且塞言路。』大行乃斜封其奏，抹三筆，持入宮，願求之宮中。」既而果得延魯奏，會大臣方以豪侈相尚，利于廣聲色，因共謂遺制已宣行，不當追改，遂已。

元宗初以國讓諸弟，羣下持不可，乃以齊王景遂爲諸道兵馬元帥，燕王景達副之，宣告國人以兄弟相傳之意。儼極諫，謂夏、殷以來，天下爲家，父子相傳，不易之典也。景遂、景達亦固辭不敢當。然元宗意愈確，不之聽。江文蔚、韓熙載典太常禮儀，議烈祖稱宗，儼獨建言：「帝王己失之，己得之，謂之反正；非己失之，自己復之，謂之中興。中興之君，廟宜稱祖。先帝興已墜之業，不應屈而稱宗。」文蔚亦以儼議爲當，遂用之。保大二年，元宗終欲傳位景遂，下詔命總庶政，惟魏岑、查文徽得奏事，餘非特召，不得對。儼上疏力爭，會宋齊丘、賈崇俱以爲不可，遂收詔不行。

其後元宗于宮中作百尺樓，召近臣入視，皆歎其宏麗，儼獨曰：「恨樓下無井。」元宗問其故，對曰：「以此不及景陽樓耳！」一云：儼曰：「比景陽但少一井耳！」元宗怒，貶爲舒州判官。節度使孫晟遣州兵給儼，實防衛之。儼謂晟曰：「僕以諫諍獲罪，非有他志。顧命之日，君持異議，幾危社稷，君之罪不重於僕邪！今反見防，何也？」晟慚，卽撤去。俄召還爲大理卿。一作兼給事中。按馬令南唐書：是時儼因斷獄失入，用事者欲誅之，賴宰相馮延巳固争，以謂赦前失入，罪不當死，遂貶南昌令。因歸葬廬陵，幞巾素裙，詣郡廳設拜，敬守桑梓，言談服御，不改鄉俗。會燕故老姻舊，語笑雍穆。俄復舊官。此事陸游書不載。

後主初嗣位，數與嬖幸弈碁，儼入見作色，投局于地。後主大駭，詰之曰：「汝欲效魏徵邪？」儼曰：「臣非魏徵，則陛下亦非太宗矣！」後主爲罷弈。儼秉身方直，彈奏不阿，百官貴戚，斂袵避之。後歸宋，以老病居鄉里。因訟至郡，言辭舛錯，郡倅不知其疾，以爲愚謬，曰：「江南用汝輩爲正卿，不亡何待！」卒年七十五，一作七十。至無一金。

張義方，不知其所以進。烈祖受吴禪，用爲侍御史。義方既就職，即上疏曰：「古之任御史者，非止平獄訟、肅班列也。有怙威侮法，棄忠賊義，樹朋黨，蔽聰明者，得以糾彈。至於人主好遊畋聲色，説奢侈佞媚，賞非功，罰非罪，得以論爭。使諸侯不敢亂法，百司不得盜權，則御史爲不失職。今文武材行之士固不爲乏，而貪墨陵犯，傷風教，棄仁義者，猶未革心。臣欲奉陛下德音，先舉忠孝潔廉，請頒爵賞，然後繩糾乖戾，以正典刑，小則上疏論刑，大則對仗彈奏。臣每痛國家之敗，非獨人君不明，蓋官卑者畏罪而不言，位尊者持祿而不諫，上下苟且，至於淪亡。今臣誠不忍忘君親之義，有所不盡，惟陛下幸赦之。」疏奏，烈祖大加稱賞，制曰：「孤始任義方以風憲，乃能力振朝綱，辭皆讜切，可宣示朝野。」賜義方衣一襲，以旌直言。義方始名元達，烈祖方倚以肅正邪慝，取前朝王義方名以易之，故義方得盡忠焉。

義方常令道士陳友合丹于牛頭山，未成，會遘疾，命子弟發丹竈，取一丸餌之，遂病瘖而卒。南唐近事云：丹竈下有巨虺，火吻錦鱗，蜿蜒其間，若爲神物護持。義方取丹自餌，瘖瘂而終，識者以爲氣未盡服之，陰者不壽也。

江文蔚字君章，建安人。馬令南唐書作許人。博學，工屬文。後唐長興中舉進士，爲河南府館驛巡官。偶雋云：文蔚長興二年盧華榜下進士八人，與張沆、吴承範、殷鵬、范禹偁爲學士。坐秦王重榮事奪官，南奔。烈祖輔吴，用爲宣州觀察巡官，歷比部員外郎、知制誥。國初，改主客郎中，拜中書舍人。

時國家禮儀草創，文蔚撰述朝覲會同、祭祀宴饗、禮儀上下，遂爲一代紀綱。烈祖殂，元宗以文蔚知禮，宜董治山陵事，除文蔚工部員外郎，判太常卿事，與韓熙載、蕭儼共議葬禮，稱爲精練。

保大初，遷御史中丞，持憲平直，無所阿枉。馮延巳當國，與弟延魯、魏岑、陳覺竊弄威福，及用師敗績，詔斬覺及延魯以謝國人，而延巳、岑置不問。文蔚對仗彈曰：

賞罰者，帝王所重。賞以進君子，不自私恩；罰以退小人，不自私怒。陛下踐阼以來，所信重者馮延巳、延魯、魏岑、陳覺四人，皆擢自下僚，驟升高位，未常進一賢臣，成國家之美，陰狡圖權，引用羣小。陛下初臨大政，常夢錫居封駮之職，正言讜論，首罹譴逐，棄忠拒諫，此其始也。奸臣得計，欲擅威權，於是有保大二年正月八日敕公卿庶僚，不得進見，履霜堅冰，言者恂恂，再降御札，方釋羣疑。御史張緯論事，忤傷權要，其貶官敕曰：「罔思職分，傍有奏論。」御史奏彈，尚爲越職，況非御史，孰敢正言？嚴續，國之戚里，備位大臣，不附奸險，尚遭排斥。張義方上疏，僅免嚴刑。自是守正者得罪，朋邪者信用。上之視聽，惟在數人，雖日接羣臣，終成孤立。

陛下深思遠慮，始信終疑，復常夢錫宥，密擢蕭儼侍從，授張緯赤令。羣小疑懼，與酷吏司馬正彝同惡相濟，迫脅忠臣。高越之於盧氏，義兼親故，受其寄託，痛其侵陵，訴於君父，乃敢蔽陛下聰明，枉法竄逐。羣凶勢力，可以回天，在外者握兵，居中者當國。師克在和，而三凶邀利，迭爲前却。天生五材，國之利器，一旦爲小人忿爭妄動之具，使精鋭者奔北，饋運者死亡，穀帛戈甲，委而資寇，取弱鄰邦，貽譏海內。同列之中，有敢議論，則馮、魏毁之于中，正彝持之于外，搆成罪狀，死而後已。

今陳覺、延魯雖已伏辜，而魏岑猶在，本根未殄，枝幹復生。馮延巳善柔其色，才業無聞，憑恃舊恩，遂階任用，蔽惑天聰，斂怨歸上。高審知累朝宿將，墳土未乾，逐其子孫，奪其居第，使輿臺竊議，將帥狐疑。陛下方以孝理天下，而延巳母封縣太君，妻爲國夫人，與弟異居，捨棄其母。作爲威福，專任愛憎，咫尺天威，敢行欺罔。以至綱紀大壞，刑賞失中，風雨由是不時，陰陽以之失序。傷風敗俗，蠹政害人，蝕日月之明，累乾坤之德。天生魏岑，道合延巳，蛇豕成性，專利無厭，逋逃歸國，鼠奸狐媚，讒疾君子，交結小人，善事延巳，遂當樞要。面欺人主，孩視親王，侍燕諠譁，遠近驚駭。進俳優以取容，作淫巧以求寵；視國用如私財，奪君恩爲己惠。上下相蒙，道路以目。征討之柄，在岑折简，帑藏取與，繫岑一言。先帝卑宫勤儉，陛下守之勿失，而岑營建大第，廣役丁夫，孽子之居，過于内殿，亭觀之侈，逾于上林。前年建州勞還，文徽入覲，西苑會燕，捨爵策勳，岑披猖無禮，狂悖妄言，與延巳用意多私，行恩不當，俾軍士懷恨怒之志，受賞無感勵之心，將校争功，諠動京邑。奸謀詭計，誑惑國朝，致漳州屠害使者，福州違拒朝命，百姓肝腦塗地，國家帑藏空虚。福州之役，岑爲東面應援使，而自焚營壁，縱兵入城，使窮寇堅心，大軍失勢。軍法逗遛畏懦者斬，律云主將守城，爲賊所攻，不固守而棄去，及守備不設，爲賊掩覆者皆斬。昨敕赦諸將，蓋以軍威政令，各非己出。岑與覺、延魯更相違戾，互肆威權，號令並行，理在無赦。

烈祖孝高皇帝櫛風沐雨，勤勞二紀，成此慶基，付之陛下，比諸鄰邦，我爲强國，奈何賞罰大柄，肆奸宄之謀；軍國資儲，爲凶狡所散？昨天兵敗衄，統内震驚，將雪宗廟之羞，宜醢奸臣之肉。已誅二罪，未塞羣情，盡去四凶，方袪衆怒。一作「二公移去，未稱民情，四罪盡除，方明國典」，疑誤。今民多饑饉，政未和平，東有伺隙之鄰，北有霸强之國。市里訛言，遐邇危懼。陛下宜軫慮殷憂，誅鉏虺蜮。延巳不忠不孝，在法難原，魏岑同罪異誅，觀聽疑惑，請行典法，以謝四方。

文蔚將上疏，先具小舟載老母，以待左降。元宗果怒，貶江州司士參軍，而覺、延魯以宋齊丘救解，復皆不死。延巳雖暫罷，旋復柄用。方宣延巳制，百官在廷，常夢錫大言曰：「白麻雖佳，要不如江中丞疏耳！」是時文蔚直聲震江左，傳寫彈文，爲之紙貴。逾年，召還。昪元建國以來，言事遇合，卽隨材進用，不復設禮部貢舉，至是始命文蔚以翰林學士知舉，畧用唐故事，放進士廬陵王克貞等三人及第。元宗問文蔚：「卿知舉取士，孰與北朝？」文蔚曰：「北朝公薦、私謁相半，臣一以至公取才。」元宗嘉歎。中書舍人張緯，後唐應順中及第，大銜其言，執政又皆不由科第進，相與排沮，貢舉遂復罷。保大十年卒，年五十二，謚曰簡。

文蔚雅善作賦，天窗賦云：「一竅初啟，如鑿開混沌之時；兩瓦欹飛，類化作鴛鴦之後。」土牛賦云：「飲渚俄臨，訝監軍之捧塞；度關倘許，疑函谷之丸封。」皆稱一時佳句。

李貽業，一作「彝鄴」。吴起居郎李戴子也。戴卒官，因家廣陵。貽業，昇元中官翰林學士。烈祖晏駕，大臣欲奉元敬皇后監國，命中書侍郎孫晟草遺詔，貽業曰：「此必姦人詐爲者。大行皇帝常云婦人預政，亂之本也，安肯自爲厲階！且嗣君春秋已長，明德著聞，今安得有此亡國之言？若果宣行，貽業當對百官毁之！」由是監國議得寢。元宗立，語貽業曰：「疾風勁草，於卿見之。」陸游南唐書又云：「疾風知勁草，此之謂也。」獎慰有加焉。保大中，進兵部尚書，一作侍郎。卒，謚曰簡。

貽業性率易，好飲酒，不拘小節。一日，召親友宴飲，過從者甚衆。貽業已醉，扣尊中曰：「本用相待，酒與輒來，自倒之矣！」其踈豁類如此。

歐陽廣，吉州吉水人。保大中薄遊湖湘，時邊鎬下湖南，將遂取桂州，廣策其必敗，詣闕上書曰：「臣近遊潭州，伏見節度使邊鎬，初非將材，偶逢聖代，加之任使，措置乖剌，大失人心，致奉節兵士，乘夜大呼，共焚譙門，會明而遁散，不然幾致大變，是仁不足惠下也。朗陵近在肘腋，曾不爲虞，乃圖桂林，以取奔走，是智不足謀遠也。與監軍使吕延恭不相協和，動輒疑阻，是義不足和衆也。堂堂幕府，空無才賢，是禮不足得士也。軍中號令，朝出暮更，是信不足使人也。五者無一長，考之前古，未或不敗。請擇帥濟師，以全境土。」書人，不省。及失湖南，元宗思廣言，命授以官。執政請召試，廣言非人主尊賢待士之意，不肯就試。乃授本縣令，後亦不顯。

喬匡舜字亞元，高郵人。弱冠能屬文，以典贍稱。烈祖輔吳，用爲秘書省正字；及開國，宋齊丘辟置幕中十餘年，歷大理評事、屯田員外郎。齊丘喜人諛己，而匡舜特真率，故雖賞其文藝，未嘗薦拔。烈祖獨知之，常詔公卿舉可親民者，意齊丘且舉匡舜，奏上，竟不及。烈祖喟然謂常夢錫曰：「吾不意其捨匡舜也。」夢錫與韓熙載素惡齊丘，每相語曰：「宋公誤識亞元，正可怪也。」久之，齊丘出鎮洪州，始表爲節度掌書記。保大中，召爲駕部郎中、知制誥、中書舍人。

周侵淮南，諸將無功，元宗議親率六軍死之，匡舜切諫，元宗怒，坐以沮國計，動人心，流于撫州，然亦卒不能親行也。後主嗣位，復起爲司農少卿，歷侍中、監脩國史、給事中，兼獻納使。知貢舉，放及第樂史輩五人，多見滯名場者，時稱得人；而少年輕薄子嘲之，謂之「陳橘皮牓」。遷刑部侍郎。老病，乞骸骨。後主閔其貧，給俸終身。開寶五年卒，年七十五，謚曰貞。

張泌，事元宗父子，官句容縣尉。建隆二年七月，憤國事日非，上書後主，幾數千言，略云：

我大唐之有天下也，造功自高祖，重熙于太宗，聖子神孫，歷載三百，丕祚中否。烈祖紹興，大勳未集，肆我大行嗣之，德則休明，降年不永，襲唐祚者，非陛下而誰？臣聞昔漢文帝承高祖之後，天下一家已三十年，德教被於物也久矣，而又封建子弟，委用將相，合朱虛、東牟之力，陳平、周勃之謀，宋昌之忠，諸侯之助，由中子而入立，可謂正矣。及即位，戒慎謙讓，服勤政事，躬行節約，思治平，舉賢良，賑鰥寡，除收孥相坐之法，去誹謗妖言之令，不貴難得之貨，不作無益之費，其屈己愛人也如此。晁錯、賈誼、賈山、馮唐之徒，猶上書進諫，言必激切，至于痛哭流涕者，蓋懼靡不有初，鮮克有終也。而文帝優容不咈，聖德充塞，幾至刑措。

今陛下當數歲大兵之後，鄰封襲利之日，國用匱竭，民力罷勞，而野無劉章興居之人，朝無絳侯曲逆之佐，可謂危矣。設使漢文帝之才，處今日之勢，何止於寒心消志而已也！臣惟國家今日之急務，一曰舉簡大以行君道，二曰略繁小以責臣職，三曰明賞罰以彰勸善懲惡，四曰慎名器以杜作威擅權，五曰詢言行以擇忠良，六曰均賦役以恤黎庶，七曰納諫諍以容正直，八曰究毀譽以遠讒佞，九曰節用以行克儉，十曰克己以固舊好。亦在審先代之治亂，考前載之褒貶，纖芥之惡必去，毫釐之善必爲。密取與之機，濟寬猛之政。進經學之士，退掊克之吏。察邇言以廣視聽，好下問以開閉塞。斥無用之物，罷不急之務。此而不治，臣不信矣。

詩曰「敬之敬之，天維顯思」；書曰「儆戒無虞，罔失法度」；易曰「其亡其亡，繫于苞桑」；言君人者必懼天之明威，遵古之令典，作事謀始，居安慮危也。臣觀今日下民期陛下之致治，如百穀之仰膏雨，願陛下勉强行之，無俾文帝專美于漢。臣死罪死罪，謹言。

後主覽書大悅，優詔慰答；然亦未竟用其言，遂至于亡。

汪煥，歙州人。開國時第進士。初，元宗、後主皆佞佛，而後主尤酷信之，莊嚴施捨，齋設持誦，月無虛日。宮中造寺十餘，都城建塔創寺幾滿，廣出金錢，募民爲僧，所供養逾萬人，悉取于縣官，不計耗竭。上下狂惑，國事日非。時有二臣極諫，一徙一流。最後煥死諫，且曰：「昔梁武事佛，刺血寫佛書，捨身爲佛奴，屈膝爲僧禮，散髮俾僧踐。及其終也，餓死於臺城。今陛下事佛，未見刺血踐髮，捨身屈膝，臣恐他日猶不得如梁武也。」後主得諫書，云：「此敢死士也。」不之罪，擢校書郎，而言卒不用。

論曰：二張侃直，蕭儼忠戇，李貽業之議寢監國，歐陽廣之伏闕上書，喬匡舜之力沮親征，汪焕之死諫佞佛，皆江南骨鯁臣也。若江文蔚抗疏四罪，張泌陳列十事，詞累千言，亹亹不倦，雖漢之賈山、賈誼，唐之陽城、劉蕡，又何以加焉。

十國春秋卷第二十六

南唐十二　列傳

陳覺　李徵古　魏岑　馮延巳　馮延魯　查文徽子元方

陳覺，海陵人也，後海陵升泰州，遂爲泰州人。烈祖輔吴，作禮賢院，聚圖書萬卷，及琴弈遊戲之具，以延四方賢士，政事之暇，多與講評古今，覺亦預焉。烈祖居金陵，以次子景遷留東都輔政，用宋齊丘薦，命覺爲之佐，謂曰：「吾早暮與賢士相接，今老矣，尚未達天下事。景遷年少當國，故屈君子，無憚也。」一云：烈祖謂覺曰：「知卿可任，幸悉心輔吾子。至于禄位遷次，孤心簡在卿，無庸慮也。」已而景遷寢病，徙爲東南諸道副都統，尋卒，覺還朝爲宣徽副使。昇元四年，烈祖東巡，覺預侍從。

先是，覺有兄居故里，泰州刺史褚仁規以其犯法笞之，至是，覺挾私怨，乘間譖仁規貪殘，御史王仲連主其言，亦上章劾之。烈祖薄其罪，止罷職。仁規忿，上書自訴。烈祖卽命覺馳往鞫之，仁規皇恐伏罪，詔賜死。覺之竊弄威權始此。

烈祖晚年多暴怒，近臣頗獲譴，覺心懼，稱疾家居累月。迨宣遺詔，卽以是日入朝。判大理寺蕭儼露章劾覺罪，元宗不納。遷光政院副使、太僕少卿。

覺故齊丘客也，齊丘告歸九華，逾年不召，覺與李徵古諷齊王景達言于元宗，齊丘乃得復起，益以腹心寄覺，欲使立功取柄任。時唐兵初得建州，諸將請乘勝取福州，齊丘獨薦覺爲宣諭使，俾召李宏義入朝，可不勞寸刃，盡得閩地。元宗意方向覺，遂遣之。既至，宏義倨甚，覺氣折，不敢言。歸至劍州，恥于無功，遂遣使矯詔召宏義，自稱權知福州事，擅興汀、建、撫、信州兵及戍卒，命馮延魯將之，攻福州。敗績，衆潰而歸，死者萬計，亡失金帛戈甲之類無筭。朝論謂覺必死，元宗亦怒，欲寘軍法。齊丘上表待罪，且援覺等甚力，馮延巳復助之，於是裁貶蘄州。逾年復起任事，始與李徵古爲死黨，相倡和出一口。

淮南兵興，元宗度不可支，遣鍾謨、李德明、孫晟、王崇質使周，請獻壽、濠、泗、楚、光、海六州以罷兵。周世宗不許，乃遣德明、崇質先還。德明至金陵，盛稱北兵之强，請必盡割淮南地，元宗不悅。覺與徵古素惡晟及德明，乃摘語崇質，使異其辭，覺、徵古因極言德明賣國。德明褊忿，知見排，益攘袂，大言北師必克。元宗怒，斬德明于市。覺與徵古勢焰益薰灼，道路以目，不復議請盟事矣。元宗乃命齊王景達率大兵拒周，而以覺爲監軍使。軍政皆出覺，聚兵五萬，無決戰意。

朱元數有功，覺忌之，奪其兵，元遂叛降周，諸軍悉潰。覺歸，爲樞密使如故。方與徵古挾齊丘爲耐久計，會司天言天文變異，人主宜避位祈禳，元宗曰：「此固吾意，第不知孰可付耳。」覺與徵古以爲誠言，輒曰：「天命如此，宜使宋公攝政，陛下深居禁中，臣時得入奉，從容間譚釋、老，俟國事定，歸政未晚。」中書舍人陳喬固諫，以爲不可，元宗嘻笑而止。

周師益進，世宗駐迎鑾鎮，元宗遣覺奉表貢方物。覺至迎鑾，見周戰艦陳列江津，且南渡，大懼，請使人取本國畫江爲界表，世宗可之。覺頓首謝退，遣其屬劉承遇南還以告，畫江稱藩、奉正朔之議遂決。周亦班師，遣覺還，錫賚豐渥。覺將發，獻詩一章敍感別，錫金器百兩。

初，覺等以德明請割地爲賣國誅死，及是，覺身自爲之。使還，以兵部尚書致仕。覺常傳周世宗之語告元宗曰：「聞江南拒命謀出其相嚴續，當殺續以謝我。」元宗知覺與續有宿怨，疑之。先是，鍾謨自周回，屢言覺等罪不可容，謨因請至周覆實其事。元宗遣謨行，以手表引咎，且言非續之罪。世宗省表，大驚曰：「嚴續能拒命，乃忠臣；朕爲天下主，其肯教人殺忠臣乎？」謨歸具奏，元宗大怒。齊丘既敗，覺謫授國子博士，饒州安置，遣使誅於其路。

覺妻李，以妬悍名，時覺已貴，李親執庖爨，不置妾媵。齊丘常選三婢予之，頗有容質，李亦無難色。奉事三婢，禮如姑嫜，晨夕承侍，未嘗輒離左右。或問其故，則曰：「此令公寵幸之人，見之若面令公，敢倨慢耶？」三婢不自安，求歸，覺唯唯聽從而已。

李徵古，袁州宜春人。昇元末，舉進士第。南唐近事云：徵古少時賤游，常宿同郡潘長史家。是夜，潘妻夢門前有儀注鞍馬，擁劍鍔鏤衙隊約二百人，或坐或立，且云「太守在此」，洎見，乃寓宿秀才。覺後，言于潘曰：「此客非常人也，妾來晨畧見。」餞酒一鍾，贈之金扼腕，曰：「郎君他日富貴，慎勿相忘。」明年至京，成名，不二十年，自樞密副使除本州刺史。離闕日，元宗賜内庫酒二百瓶。於宋齊丘有中外戚。事齊王景達爲宫官。齊丘告歸九華，逾年不召，徵古使其僚謝仲宣諷景達言于元宗曰：「齊丘先帝布衣之舊，雖不用，不當棄之。」齊丘既得召，徵古遂與陳覺結爲朋黨。已而改樞密副使，同覺掌機密，益相與挾齊丘以自固。議事元宗前，橫甚，無人臣禮。

淮甸兵敗，元宗感慨泣下，徵古遽進曰：「陛下涕泣何爲？飲酒過量邪？乳保不至邪？」元宗色變，左右股栗，而徵古驁然自若。又與陳覺從臾元宗國事盡付齊丘，元宗心不平，以戎事未戢，未有以發也。及畫江罷兵，鍾謨自周歸，判尚書三省，尤切齒齊丘黨與，常曰：

「人臣竊國，理不可容！」會覺矯周世宗命欲殺宰相嚴續事覺，齊丘黨敗，徵古削奪官爵，置洪州，賜死。

魏岑字景山，鄆州須城人。篤學强識，而拙於屬文。常遊覽四方，凡天下山川勝勢，風土美惡，無所不知。避亂淮南，署郡從事，久不得志。數以計策干宋齊丘，薦授校書郎。尤工諂諛，善揣摩人意。保大中，驟進至諫議大夫。

元宗自以唐子孫，慨然有定中原、復舊都之意，有司請行南郊禮，元宗曰：「俟天下爲一，然後告謝天地。」岑遂與陳覺、馮延巳、延魯輩更相倡和，以斥大境土勸元宗。常侍宴，自言：「臣少遊元城，樂其風物，陛下還長安日，臣獨乞任魏博節度使。」元宗欣然許之，岑趨墀下再拜謝，侍衞皆竊笑。

岑初與覺善，既而不相能，乃譖覺於元宗，左遷少府監，時謂岑謀叵測。未幾，覺矯命發兵攻福州，岑方安撫漳、泉，聞覺舉事，恐其專有功，亦擅發兵會覺。元宗以勢不可中止，遂以岑爲東南面應援使，與馮延魯、王崇文及覺四面進攻，彼此爭功，進退不相應。而岑尤躁倖，輒自焚營壁，縱兵入城，爲福人所殲。會吴越兵至，延魯與戰敗，諸軍皆潰。元宗初欲按軍法誅覺、延魯而貸岑，御史中丞江文蔚對仗彈奏，請行典法，於是貶岑太子洗馬，俄復還故官。

李守貞叛漢來乞師，岑力請出兵赴救，元宗從之，即以爲沿淮巡檢使，無功而還，罷爲屯田使。已而入爲兵部侍郎，拜樞密副使。岑自復進，姦諂彌甚。時鍾謨、李德明亦用事，其趣向與岑異，而誤國則均。户部員外郎范沖敏內不能平，怵大將王建封上疏，請盡逐之。元宗怒，寘沖敏、建封於死。岑自謂得主眷，益無所憚。清淮節度使劉彦貞以厚賂結岑爲奥援，岑所得滋多，遂肆言彦貞御兵治民合韓、白、龔、黄爲一人，其敢爲欺誕，多此類也。一日，忽見沖敏爲厲，請道士上章訴天，數月竟死。

馮延巳一名延嗣，字正中，廣陵人也。父令頵，事本郡爲軍吏，烈祖署爲歙州鹽鐵院判官。裨將樊思藴作亂燔營，火及令頵第，叛卒皆釋兵救火，其得人心如此。時刺史骨言病甚，或傳言已死，人情洶洶。延巳年十四，以父命入問疾，出以言命謝將吏，外賴以安。及長，以文雅稱。白衣見烈祖，授秘書郎。元宗以吴王爲元帥，用延巳掌書記。與陳覺善，因覺以附宋齊丘，同府位高者悉以計出之，於是無居己右者。元宗亦頗悟其非端士，而不能去。馬令南唐書云：元宗愛其多能，而嫌其輕脱貪求，特以舊人，不能離也。延巳負其材藝，狎侮朝士，嘗謂孫晟曰：「君有何所解而爲丞郎？」晟憤然答曰：「僕山東書生，鴻筆藻麗，十不及君；

恢諧飲酒，百不及君；諂佞險詐，累劫不及君。然上所以寘君於王邸者，欲君以道規益，非遣君爲聲色狗馬之友也。僕固無所解，君之所解者，適足以敗國家耳。」延巳慚，不得對。馬令南唐書：孫晟面數延巳曰：「君常鄙晟，晟知之矣。晟文筆不如君也，技藝不如君也，談諧不如君也，諛佞不如君也。然上置君於親賢門下者，期以道藝相輔，不可誤邦國大計也。」聞者韙其言。今從陸游南唐書。給事中常夢錫屢言延巳小人，不可使在王左右。烈祖感其言，將斥之，會晏駕不果。

元宗立，延巳喜形於色，未聽政，屢入白事。元宗方哀慕，厭之曰：「書記自有常職，餘各有司存，何其繁也！」乃少止。

保大初，拜諫議大夫、翰林學士，遷户部侍郎、翰林學士承旨，又進中書侍郎，復與其弟延魯交結魏岑、陳覺、查文徽，侵損時政，時人謂之「五鬼」。四年，同平章事、集賢殿大學士，罷爲太子少傅。頃之，除昭武軍節度使，以母憂去，起復冠軍大將軍，召爲太弟太保，領昭義軍節度使，俄以左僕射同平章事。

延巳數居柄任，揣元宗不能察其奸，遂謂己之才畧，經營天下有餘，而人主躬覽庶務，大臣備位，安足致理。元宗果悉委以政，凡事奏可而已。延巳初以文藝進，實無他長，紀綱頽弛，吏胥用事，軍旅一切屬邊帥，無所可否，愈欲以大言壓衆而惑人主，至譏笑烈祖戢兵，以爲齷齪無遠畧，常曰：「安陸之敗，喪兵數千，輟食咨嗟者旬日，此田舍翁，安能成天下事！今上暴師數萬於外，宴樂擊鞠，未嘗少止，此真英雄主也。」

九年，湖南平，而朗州劉言叛，勢張甚。元宗亦知用兵之難，謂延巳與孫晟曰：「湖湘之役，楚人求息肩，吾之出師，不得已耳。今若授劉言旄節，使和其民，吾亦得休養衡湘之民，國其庶幾乎？」晟卽欲奉行，延巳方以克楚爲功，乃曰：「本朝出偏師平一國，宇縣震動。今一旦三分棄其二，傷威損重，非所以示天下。且諸將行奏功矣。」持不下。又不欲緣軍興取資內帑，乃遣使于長沙調兵賦。由是重失民心，言遂取長沙，盡據故楚地，

周人亦伺釁而動，朝論籍籍，延巳力求去，元宗待之如初。及周師大入，盡失江北地，始罷延巳相位，猶爲太子少傅。數月復相，會疾，改太子太傅。建隆元年五月乙丑卒，年五十八，一作五十七。謚忠肅。

延巳工詩，雖貴且老不廢，如「宮瓦數行曉日，龍旗百尺春風」，識者謂有元和詞人氣格。尤喜爲樂府詞。延巳著樂章百餘闋，其鶴沖天詞云：「曉月墜，宿雲披，銀燭錦屏圍建章。鐘動玉繩低，宮漏出花遲。」又歸國謠詞云：「江水碧，江上何人吹玉笛。扁舟遠送瀟湘客，蘆花千里山月白。傷行色，明朝便是關山隔。」見稱于世。元宗常因曲宴內殿，從容謂：「『吹皺一池春水』，何干卿事？」延巳對曰：「安得如陛下『小樓吹徹玉笛寒』，特高妙也。」時喪敗不支，稽首稱臣於敵，以苟安歲月，而君臣相謔乃如此。

延巳自爲相後，動多狥私，故人親戚，殆于謝絕。與弟延魯雖同黨齊丘，而內忌實如仇讎。延魯所生故延巳後母也，亦至疎隔。晚年稍自厲爲平恕。蕭儼常廷斥其罪，及爲大理卿，斷軍吏李甲妻獄，失入坐死，議者皆以爲當死，延巳獨揚言曰：「儼爲正卿，誤殺一婦人，即當以死，君等今議殺正卿，他日孰任其責？」因建議儼素有直聲，今所坐已更赦宥，宜加宏貸，儼遂免。人皆韙之，以謂裴冕損怨，無以加此。

馮延魯字叔文，一名謐，延巳異母弟也。少負才名，烈祖時與延巳俱事元帥府。元宗立，自禮部員外郎爲中書舍人、勤政殿學士。時江州觀察使杜昌業聞之，歎曰：「封疆多難，駕御賢才，必以爵禄。延魯一言合指，遽寘高位，後有立大功者，當以何官賞之？」然元宗愛其才，不以爲躐進。常內宴，出寶器，貯龍腦數斤賜羣臣。延魯曰：「臣請效陳平均分之。」比遍賜，猶餘其半，輒曰：「敕賜録事馮延魯。」拜舞懷之，元宗爲懽笑而罷。

延魯銳進取，常欲用事四方，以要功名。延巳詰曰：「勤恪居職，則寵光至矣，何用行險而圖禄利？」延魯曰：「弟不能愔愔循資爲宰相也！」保大中，師出平建州，以延魯爲監軍使。諸將欲乘勝遂取福州，樞密使陳覺將自爲功，請銜命宣慰召李宏義入朝，既見宏義，不敢發，還至劍州，矯詔起邊兵，命延魯將之。元宗雖怒覺專兵，業已行，因命延魯爲南面監軍使。與覺及王崇文、魏岑會攻福州，取其外郛。馬令南唐書云：延魯、魏岑、王崇文等各領兵萬數，四面俱至，圍城數匝，聲動天地。有國以來，出師之盛，未之有也。會吳越將余安援兵自海道至白蝦浦，將捨舟，而濘淖不可行，方布竹簀登岸，延魯軍中集射之，舟人戢矢如蝟。延魯曰：「宏義不降，恃此援耳。若麾我軍稍退，使吳越兵至平地，盡勦之，城立降矣。」裨將孟堅曰：「援兵已陷死地，將盡力與我戰，勝負未可知。」延魯不聽。頃之，吳越兵至岸，鼓噪奮躍而前，與城中夾擊延魯兵。延魯敗走，堅戰死，諸軍大潰，死者萬計，委軍實戎器數十萬，國帑爲之虛耗。延魯引佩刀自刺，人救之免。朝廷議卽軍中斬延魯及覺，既有命矣，會宋齊丘以常薦覺使福州，因引咎力解，乃詔械延魯、覺還金陵屬吏，皆止流竄，延魯流舒州。

延魯初至自福州，身被五木鎖鑰甚固，延巳歎曰：「弟不肯爲循資宰相，一至于此！」兄弟由是有隙。

遇赦，復少府監。元宗擇廷臣爲巡撫使分按諸州，延魯在焉。右拾遺徐鍇上疏論其多罪無才，不足辱臨遣，不聽。使還，遷中書舍人，以工部侍郎出爲東都副留守。周師南侵，分兵下東都，延魯窘蹙，自髡衣僧服而逃。被執時，誚之曰：「執節分符，始作大軍之帥；被緇削髮，潛爲行脚之僧。」南唐近事又云：或譏之曰：「昔日旌旗，擁出坐籌之將；今朝毛髮，化爲行脚之僧。」周世宗釋之，賜衣冠，授給事中，宋史作太常卿。問江南事，占奏詳明，賜予加厚。留大梁累年，遷刑部侍郎，放還，爲户部尚書。

宋興，周淮南節度使李重進舉兵，宋太祖親平之。元宗遣延魯朝于行在，太祖將乘兵鋒南渡，旌旗戈甲皆列江津，厲色詰延魯曰：「爾國何爲敢通吾叛臣？」延魯色不變，徐曰：「陛下徒知其通謀，未知其事之詳也。重進之使館于臣家，國主令臣詰之曰：『大兵北征，君不以此時反，今内外無事，乃欲以數千烏合之衆，抗天下精兵，吾能相助乎？』太祖初意延魯必恐懼失次，及聞其言，乃大喜，因復問曰：「諸將力請渡江，卿以爲何如？」延魯曰：「重進自謂雄傑，無與敵者，神武一臨，敗不旋踵，況小國其能抗天威乎？然而亦有慮者，本國侍衞數萬，皆先王親兵，誓同死生，固無降理，大國必捐數萬人乃可。況大江天塹，風濤無常，若攻城未下，饟道不繼，事誠可虞。」太祖大笑曰：「朕本與卿戲耳，豈聽卿遊説哉！」陳彭年江南别録又云：太祖笑曰：「聊戲卿耳，吾與江南大義已明，何至于此。」會捕重進叛卒，日戮數十人，延魯因奏事次，言曰：「叛者獨一重進乎，亦衆人乎？謂衆人，則陛下應天順人，烏有此理；獨一重進，則脅從者何罪！」太祖感悟，後貸不誅，厚賜遣延魯歸；南渡之議，由是亦寢。

後主嗣位，延魯頗自伐奉使功，内殿曲宴，後主親酌酒賜之，飲固不盡，誦詩及索琴自鼓以侑之，延魯猶自若，後主優容不責也。建隆三年，入貢于宋，因表求舒州田宅，詔賜之。

後楚國公從善朝宋，太祖授旄節，留之闕下，後主復遣延魯入謝，疾作，不能朝。太祖待之素厚，至是尤憐之，遣使挾太醫護視，命放還金陵。卒于家。宋史云：後改常州觀察使而卒。子僎，韓熙載知貢舉，放及第，覆試被黜。後與其弟侃、儀、价、伉入宋，繼取名第，南唐公卿家莫有及者。

延魯內躁競而喜外言高退事，常早朝，集漏舍，歎曰：「元宗賜賀監鏡湖三百里，非僕敢望，今但賜後湖數曲，亦遂素志。」徐鉉笑答曰：「上于近臣，豈惜一玄武湖，恨無知章爾！」延魯默然。

查文徽字光慎，歙州休寧人。幼好學，能自刻苦，手寫經史數百卷。稍長，任氣好俠，聞人困乏，雖不識，必濟之。家本富，坐是窮空，不悔也。或遺以金帛，一夕，盜入其家，盡取去，文徽不言，雖鄰里莫知者。久之，盜敗于旁邑，移文訊驗，人始知之，咸推其量。烈祖輔政，初入謁，烈祖召與語，偉其論，宋齊丘亦稱薦之。徐知諤領浙西節鎮，以文徽爲判官。或獻玉盃，知諤喜，酬以錢百萬，趣開宴，出盃行酒，至文徽，偶墮地碎，一坐皆驚，而文徽自若。烈祖受禪，入爲監察御史。元宗立，改諫議大夫、中書舍人，遷樞密副使。元宗閩主延羲與其兄延政相攻，延政以建州建國，稱殷，而延羲爲其將朱文進所殺。

欲討文進，文徽以爲延政首亂，當先致討。有翰林待詔臧循者，與文徽同里巷，少常爲賈入閩，習知其山川險易，爲陳進兵之策。文徽本好言兵，遂請行，元宗乃以爲江西安撫使，令至境上審觀可否。文徽銳于成功，至上饒復命，盛言必克。詔發洪州屯兵，以邊鎬爲將，從文徽攻建州。建人厭王氏之亂，伐木開道以迎師。行次蓋竹，遇建州兵至，又聞泉、漳、汀州皆歸延政，恐懼，退保建陽。時臧循亦爲别將，屯邵武，延政襲破之，獲循，斬于建州，軍聲大衄。元宗遣何敬洙等來援。敬洙、鎬與建州兵相持，文徽得建之降將孟堅，使潛師出其後擊之，建州兵大敗潰去，遂傅其城。建州雖下，然諸軍無紀律，殺掠不禁，民始失望，有叛志矣。元宗知而不問，策功遷撫州觀察使，又拜永安軍留後，由是文徽益自用。

保大八年，吴越僞遣諜來告福州亂，文徽喜，遣劍州刺史陳誨赴之。誨將舟師至福州城下，擊敗其兵，執吴越將馬先進等三人。久之文徽以步騎至，吴越知威武軍吴程陽令數百人出迎，而設伏西門以待。誨以爲未可速進，文徽曰：「疑則生變。」傳令徑入其城。陷伏中，大敗墜馬，被執送杭州，將士死者萬人。元宗遣使歸先進于吴越，而求文徽。吴越忠懿王遣還，將發，爲舉酒，寘毒；歸至金陵，毒始作。元宗使醫視之，醫以珠置口中，有頃珠色變黑。醫曰：「疾不可爲，然猶十年乃死。」文徽遂病痟，以工部尚書致仕。朱元北降，坐親黨，安置宣州，卒，年七十，距遇毒之歲正十年云。謚曰宣。

文徽初善陳覺，因覺以附宋齊丘，轉相汲引，遂習爲柔媚便辟，取人主委信，與齊丘輩結死黨。元宗嗣位初，詔齊王總庶政，惟文徽與魏岑得言事，舉朝駭愕，而文徽晏然當之，不辭也，其恣肆如此。子五人：元方、元規、元素、元範、元賞。

元方事後主爲水部員外郎，吉王從謙辟掌書記。從謙朝宋，宋太祖命知制誥盧多遜燕從謙于館。多遜弈棋次，顧元方曰：「江南竟何如？」元方斂衽曰：「江南事大朝十餘年，極君臣之禮，不知其他。」多遜推枰媿謝曰：「勿謂江南無人。」使還，通判建州。盧絳據歙州，傳檄至建，元方立斬其使。及絳平，宋太祖聞元方所爲，大悦，擢殿中侍御史，知泉州，卒官。

論曰：陳覺等六人，皆宋齊丘黨也。蟠據中外，遞相柄任，卒與正人爲讐，兵連禍結。故唐時牛、李兩黨動揺國是，區區江南，不務遠畧，而仍尋往轍，國隨以亡。嗚呼，豈不悲哉！

鍾謨　李德明

鍾謨字仲益，其先會稽人，徙閩之崇安，江南野史作建安，今從唐餘紀傳。已而僑居金陵。博學，能屬文。元宗朝爲翰林學士，進户部侍郎。

保大中，周師南侵，淮右危急，元宗遣謨偕李德明使軍前，奉表并獻御服、金銀器、茶藥及牛酒犒師，請息兵脩好，周世宗不許；既又願獻濠、壽等六州以求成，世宗復不納。謨請遣德明歸取表，盡獻淮甸十四州之地，國爲附庸，世宗始許之。德明還白，朝議以爲賣國，元宗怒，斬德明，自是不復議割地矣。謨因留周，不得歸。

孫晟之死，謨亦在召中，已而貶爲耀州司馬。及元宗割地稱臣，如謨、德明初議，于是周世宗徵謨至汴，授衞尉少卿，賜黃金五百兩，遣諭指于元宗，往復數四。謨既矜肆，以爲周世宗聽其言，江左可藉無恐，元宗亦方賴其力，心雖憾之，體貌皆厚，以爲禮部侍郎。謨極言宋齊丘、陳覺、李徵古亂政之罪，三人緣是皆敗。又請雪德明冤，贈官，賜謚。明年，入貢于周，賦詩世宗前，有「歸去老陪臣」之句，元宗聞而惡焉。世宗常問謨：「江南比亦修守備乎？」對曰：「既恭附大國，安敢復爾。」世宗曰：「不然。吾與爾國大誼已定，保無他虞，但後世事不可知，當及吾世脩城隍，治要害，爲子孫計。」謨還具言，乃命繕治金陵城壁，以謨知尚書省事，而三省之事靡不預聞。時文獻太子參總庶政，謨薦其客閻式爲司議郎，百司關啟必由之，勢燄赫然，人多切齒。

俄周世宗殂，謨自揆無所恃，忽忽若失，元宗遇之寖薄。左軍都虞候張巒者，謨素所善也，每至謨所，屏人共語，或至夜分，又常請巒率帳下兵巡都城。給事中唐鎬與謨有隙，一云德明之死，鎬預其事，至是鎬懼脩怨，不自安。會鎬以納賄聞，謨面詰其狀，鎬愈懼。廉得謨與巒交搆狀，因密言謨往來兩國，挾周人以脅朝廷，今又與典兵者密相結，輒敢請令巡徼輦下，其心殆不可測。謨微聞之，念無以爲奇貨，會文獻太子薨，後主以嫡弟當立，而謨常與元宗愛子從善同使周，相與親厚，乃上言後主器輕志放，無人君度。因盛稱從善才，不知建儲意元宗已素決，更以此忤旨，遂盡暴其交結張巒罪，貶國子司業，再貶著作佐郎，饒州安置，遣中使率侍衛軍十人卽日督趣上道。謨時方病風眩，在途賦詩十章，語極悽愴。改貶宣州副使。建隆元年正月，宋受周禪，元宗聞之，遣使卽所在賜死，謨望拜曰：「臣無負國！」使者曰：「詔問卿昔與孫晟同使周，晟死，而卿獨得官，卒又生還，何也？」謨復拜曰：「臣聞命矣。」遂就縊。巒亦坐誅。

謨性好古碑，奉使中原，遇道旁碑碣，必駐馬歷覽。常見碑趺大碣半沒水中，謨欣然解衣，以手捫揣，默記其文，他日水涸，以所録本就證之，無差，其爽邁如此。

謨有女，感家禍，不嫁，博通孔、老書，尤善講說，後爲洞真宫女道士，名守一。

李德明，失其家世。落魄負大節，敏于占對。陸游南唐書云：爲人性褊切，而有才辨。初爲兵部員外郎，與鍾謨仕同時，雅相友善，元宗絶愛重之。而德明與謨天資皆浮躁，沾沾自衒，反覆險巇；朝士側目，號之曰「鍾、李」。軍帥王建封既以詆德明、謨等見殺，德明與謨愈益縱肆，旁若無人。德明常奏事別殿，取元宗所御筆記事，元宗不能堪，曰：「卿他日自可持筆來！」德明亦自若。

保大中，遷工部侍郎、文理院學士。周世宗南侵，元宗初遣泗州牙將王承朗賫書抵徐州，請以兄事周，歲輸財貨以助軍費，願息兵修好，世宗不報。元宗乃遣德明副謨使軍前，獻服御、金銀器具、繒錦及牛酒犒師，且請稱臣奉朔。世宗知二人素辨口，詭欲游說以和解，乃大陳兵衞戈戟以見之，厲色謂曰：「爾主既唐室苗裔，宜知禮義，異於他國。朕止隔一水，未常遣一介通好，惟航海通契丹，此何禮也！且汝輩欲說我令罷兵邪？我非六國愚主，豈汝口舌能移也。歸語爾主，亟來見朕，再拜謝過，則無事矣；不然，朕欲往觀金陵城，借府庫以勞軍，汝君臣得無悔乎！」德明與謨戰栗不敢言，惟曰：「寡君震畏天威，願獻濠、壽、泗、楚、光、海六州，更輸金帛百萬。」一云：歲輸方物。世宗欲盡得江北之地，意不可止。德明見兵勢日加，國事不支，因與謨定議，請歸取本國表，盡以江北地割獻周，與唐畫江爲界。世宗始許之，遣德明與王崇質還。五代史云：遣供奉安宏道押德明、崇質南還。崇質蓋與孫晟繼使周者也。

周以書諭江南君臣，語多誚讓陵肆，國中已不堪，德明方盛稱周主威德，請必割地，而崇質受宋齊丘之怵，竟與德明異辭。陳覺等激怒元宗曰：「德明銜命出使，不能伸國威，斡鄰好，顧迺輸情于敵，宣國之弱。且請盡棄屏蔽，坐捐要害，是賣國也。」德明徧知爲衆所排，遂攘袂大言，謂周師必克。元宗大怒，詔斬德明于都市，妻子徙外郡。及謨自北歸，理德明冤，請治誣枉者之罪，於是齊丘等皆抵誅殛，贈德明光禄卿，謚曰忠。

十國春秋卷第一百二十七

南唐十三 列傳

潘佑 廖居素 趙仁澤 段處常

潘佑，幽州人。祖貴，事劉仁恭爲將，劉守光殺之。父處常，脱身南奔，事烈祖爲散騎常侍。佑生而氣宇孤峻，閉門苦學，不營資産，文章議論，見推流輩。中書舍人陳喬、户部侍郎韓熙載交薦于元宗，起家秘書省正字。

後主在東宫，開崇文館以招賢，佑預其選；及嗣位，除虞部員外郎、史館修撰。未幾，後主命博士陳致雍議納后禮，又使徐鉉與佑參議其間，佑援據精博，立論以沮之，文采斐然。後主奇其議，頗見施用，由是恩寵日隆。改知制誥。已又詔草勸南漢書，文不加點，累數千言，最後畧云：「皇帝宗廟垂慶，清明在躬，冀日廣徽猷，時膺多福，徒切依仁之戀，難窮報德之情。望南風而永懷，庶幾撫我；指白日以自誓，夫復何言。」情辭款洽，識者稱之。遷中書舍人。後主時時呼曰「潘卿」。

酷喜老、莊家言，常作文名曰贈别，其辭曰：「莊周有言，得者時也，失者順也，安時處順，則哀樂不能入也。僕佩斯言久矣。夫得者如人之有生，自一歲至百歲，自少得壯，自壯得老，歲運之來，不可却也，此所謂得之者時也。失之者亦如，一歲至百歲，暮則失早，今則失昔，壯則失少，老則失壯，行年之去，不可留也，此所謂失之者順也。凡天下之事皆然也。達者知我無奈物何，物亦無奈我何也。其視天下之事，如奔車之歷蟻垤也，值之非得也，去之非失也。燕之南，越之北，日月所生，是爲中國。其間舍齒戴髮、食粟衣帛者，是爲人；剛柔動植、林林而無窮者，是爲物。以聲相命是爲名，倍物相聚是爲利，彙首而芸芸是爲事。事往而記於心，爲喜爲悲，爲怨爲恩，其名雖衆，實一心之變也。始則無物，終復何有？而於是强分彼我，彼謂我爲彼，我亦謂彼爲彼；彼自謂爲我，我亦自謂爲我，終不知孰爲彼邪，孰爲我邪。而世方狥欲嗜利，繫心於物，局促若轅下駒，安得如列禦寇、莊周者，焚天下之轅，釋天下之駒，浩浩乎復歸于無物與？」

開寶五年更官名，改内史舍人。時國家日衰削，用事者充位無所爲，佑憤切上疏，極論時政，歷詆大臣將相，詞甚激訐。詞品載佑常應後主令作詞，有云：「已失了東風一半。」蓋諷其地漸侵削也。後主雖數賜手札嘉歎，終無所施用。

佑七疏不止，自請歸田廬，乃命佑專修國史，悉罷他職。而佑復上疏曰：「三軍可奪帥也，匹夫不可奪志也。臣乃者繼上表章，凡數萬言，詞窮理盡，忠邪洞分。陛下力蔽奸邪，曲容諂僞，遂使家國愔愔，如日將暮。古有桀、紂、孫皓者，破國亡家，自己而作，尚爲千古所笑，今陛下取則姦回，敗亂國家，不及桀、紂、孫皓遠矣。臣終不能與姦臣雜處，事亡國之主。陛下必以臣爲罪，則請賜誅戮以謝中外。」辭既過切，張洎輩復從旁擠之，後主遂發怒，以佑素與李平善，意佑之狂直多平激之，而平又以建白造民籍爲諸臣所排，乃先收平屬吏，併使收佑。佑聞命自殺。陸游南唐書云佑自縊死。馬令南唐書云佑自剄。徙其家饒州。處士劉洞賦詩弔之，國中人人傳誦，爲泣下。及宋師南征，下詔數後主殺忠臣，蓋謂佑也。

佑自言其母方娠，夢古衣冠人告曰：「我顏延之也，乞夫人爲子。」逮生七年始能語，曰：「兒誤傷白龍，爲上帝所罰。」因吟句曰：「只因騎折玉龍腰，謫在人間三十六。」至是果以三十六歲畢命。有滎陽集三十卷。子華，仕宋至屯田員外郎。李燾長編載李平語佑曰：「六朝塚墓多寶劍、寶鑑，佩之可以辟鬼。」會張洎亦好其說，乃共買雞籠山古塚地，遇休沐則具畚鍤破塚，得古器必傳之，良久曰：「未知此生發得幾塚！」

廖居素，將樂人。仕於昇元、保大之時。爲人堅正，不爲當國者所喜，困校書郎二十年，始得大理司直。後主嗣位，稍遷至瓊林光慶使、檢校太保，判三司。後主孱昏，而羣臣方充位保富貴，國益削。居素獨慷慨驟諫，冀後主一悟，終不見聽，乃閉門却食，服朝衣冠，立死井中。已而得大字于篋，曰：「吾之死，不忍見國破而主辱也。」徐鍇爲文弔之，以比屈原、伍員云。

趙仁澤，仕元宗爲常州團練使。周人南侵，吳越乘間出兵攻常州，仁澤戰敗被執，歸之杭州。仁澤見吳越忠懿王，不拜，責之，曰：「我烈祖皇帝中興，首與先王結好，質諸天地。王今見利忘義，將何面目入先王廟乎？」忠懿王怒，以刀抉其口至耳。吳越丞相元德昭嘉仁澤之忠，以良藥傅創獲愈。後不知所終。

段處常，失其鄉里家世。保大中爲兵部郎中。周侵淮南，元宗命處常浮海使契丹乞援，處常爲契丹陳利害甚辨。契丹雖通本國，徒持虛辭，利南方茶藥珠貝而已，至是了無出師意，而留處常不遣。處常怨其無信，誓死國事，數面誚契丹主，契丹主亦媿其言，優容之。以病卒於其地。

論曰：潘佑歷疏國姦，卒用譖死，或謂其以狂殞軀者，何邪？廖居素沉井致命，趙仁澤抉口不撓，段處常誓死遐陬，要皆可云忠矣。

孫晟

孫晟初名鳳，一云鳳其字。又名忌，高密人也。篤學，善文辭，晟有讀古闕文一卷。尤工於詩。少舉進士，如洛陽。時名進士者類修邊幅，尚名檢，晟豪舉跌宕，不能蹈繩墨，遂棄去，南遊廬山，爲道士於簡寂宮。常繪唐詩人賈島象置壁間，晨夕事之，道衆以爲妖，驅之出。乃易儒服，北走趙、魏，謁後唐莊宗於鎮州。莊宗建號，以豆盧革爲相，革雅知晟，辟爲判官，遷著作佐郎。

天成中，朱守殷鎮汴州，辟爲判官。守殷反，伏誅，晟棄妻子，亡命陳、宋間。安重誨惡晟，謂教守殷反者晟也，圖其形購之，不可得，族其家。陸游南唐書云：晟，天成中與高輦同事秦王從榮，從榮敗，晟亡命。今從歐陽五代史。晟逃至正陽，未及渡，邏騎奄至，疑其狀偉異，睨之。晟不顧，坐淮岸，捫敝衣嚙虱，邏者乃舍去。渡淮，至壽春，節度使劉金得之，延與語。晟伴瘖不對，授館累日，忽謁漢淮南王安廟。金先使人伏神座下，悉聞其所禱，送詣金陵。時烈祖輔吳，方招納四方豪傑，得晟甚喜。晟爲人口吃，造次不能道寒暄，而坐定辨論風生，上下今古，聽者忘倦。烈祖酷愛之，使出教令，輒合指，因預禪代秘計。每入見，移時乃出，尤務謹密，人莫窺其際。

烈祖受禪，歷中書舍人、翰林學士、中書侍郎。元宗立，齊王景遂排之，出爲舒州節度使。治軍嚴，有歸化二卒求殺晟，不得，歸化卒二人，正晝挺白刃求殺晟，入自府西門，吏士倉卒莫能禦。適晟閒行在東門，聞亂，得民家馬乘之，奔桐城。遂刺死都押牙李建崇而逸。晟坐貶光禄卿。元宗素重之，不以爲罪，累遷左僕射，與馮延巳並相。金陵志云：鳳臺山西岡壠之間有孫晟宅，韓熙載見其門巷卑陋，謂曰：「湫隘若此，何當爲相第邪！」明年果拜相。晟常輕延巳爲人，曰：「金椀玉盃而盛狗矢，可乎？」然爲延巳排侮，卒先罷，進位司空。晟事烈祖父子二十餘年，家益豪富，每食不設几案，使衆伎各執一器，環立而侍，號「肉臺盤」，江南貴人多效之。

周師南侵，圍壽春，破滁州，擒皇甫暉，江左大震，以晟使周奉表，請得内附。晟見延巳曰：「公今當國，此行當屬公。然晟若辭，是負先帝也。」既行，中夜歎息，語其副禮部尚書王崇質曰：「吾行，必不免，然吾終不負永陵一坏土也！」已而至周，周遣崇質歸而留晟。會暑雨班師，晟從至大梁，館都亭驛。世宗待之良厚，遇朝會，使班東省官後，召見，必飲以醇酒，慰藉甚至。問江南事，晟但言「寡君實無二心」。

未幾，周兵數失利，盡喪所得諸州，周世宗憂形于色，召晟問江南虛實，晟不對，世宗怒之，未有以發也。會周將張永德與李重進不相能，〔一〕倡言重進且反；金陵聞之，以爲有間可乘，遣蠟書招重進，重進上其書，中多斥周過惡，由是發怒曰：「晟來使我，言景畏吾神武，願得北面稱臣，保無二心，安得此指斥之言乎！」陸游南唐書云：時鍾謨亦奉使在館，俱召見責讓，晟正色請死，無撓詞。趣召侍衞軍虞候韓通收晟下獄，及其從者二百餘人，皆殺之。畢命時，周世宗猶遣都承旨曹翰護至右軍巡院，問之，與飲酒數行，晟終不對。翰乃謂曰：「有敕賜相公死。」晟神色怡然，索鞾笏，正衣冠，南望而拜曰：「臣謹以死報國。」乃就刑。晟既死，周世宗憐其忠，頗悔殺之。元宗聞晟死，哀甚流涕，贈太傅，追封魯國公，謚文忠。厚恤其家，擢其子爲祠部郎中，賜名魯嗣。

初晟之使周也，世宗遣中使以樓車載晟詣壽州城下，諭劉仁贍降。晟望城中，改其辭，呼曰：「無隳臣節，援兵即至矣！」一云：仁贍望見晟，拜城上，晟遥語之曰：「君受國恩，不可開門納寇。」世宗怒，詰之。晟曰：「臣備員唐宰相，豈可教節度使叛邪！」仁贍故純臣，而晟亦有以激之云。

論曰：保大末，敵兵壓境，摇蕩邊疆，孫晟以大臣奉使，慷慨不撓，捐生取義，侃侃之節，誠云死有重于泰山者矣。以視鍾、李輩懾服彊鄰，稽首恐後，風烈不較殊哉！

劉仁贍

劉仁贍字守惠。按劉金，曲溪人，歐史以仁贍爲淮陰洪澤人，未審是非。父金，事吳武忠王爲濠州團練使。陸游南唐書云：歷官節度使。長子仁規，娶忠武王女，貴於其國；仁贍，其季子也。仁贍爲將，輕財重士，法令嚴肅，畧通兵家言。事烈祖爲左監門衛將軍，黃、袁二州刺史，所至稱治。元宗時，拜武昌軍節度使。平楚之役，仁贍以舟師克巴陵，撫納降附，甚得人心。未幾，湖南戍兵潰歸，楚地全失，上書者多謂周人有南侵之謀，淮上石偶作人言，元宗聞而惡之，命斷其首。時值亢旱，長淮可涉，百姓流入周境，遮殺之不能禁，由是增修邊備，以壽州最爲要害，徙仁贍清淮軍節度使。

先是，每歲淮水淺涸，分兵屯守，名曰「把淺」。監軍吳廷紹以爲境上幸無事，徒糜餉無益，悉罷之，仁贍力争不可。未及報，而周師猝至，州人大恐。仁贍神氣閒暇，部分守禦，有若平常，羣情乃安。是時統周師來者爲李穀，而率兵以拒周者爲神武統軍劉彦貞。穀退守正陽浮橋，彦貞意其怯，麾兵而進。仁贍以爲敵狃我也，獨按兵城守。彦貞不聽其言，敗死正陽。陸游南唐書云：伏尸三十餘里，亡戈甲三十萬。仁贍卒用周饒計，破城南大寨，鹵獲無算。

周世宗至壽州，則圍之數匝，徵丁夫數十萬，備攻擊雲梯，洞屋下臨城中，數道進攻，填塹陷壁，晝夜不少息。如是者累月，鼓角聲震，牆壁皆動，援兵屢敗，仁贍意氣彌壯。周人以方舟載礮，自淝河中流擊其城，又編巨竹數十萬爲柂，上施版屋，號爲「竹龍」，覆甲士以攻之；仍決其水砦，俾入淝河。自正月至于四月，攻之百端，不能下。周世宗益忿怒，坐城下，督攻愈急。仁贍數善射，引弓射世宗，矢至胡牀前數尺輒墮，世宗命移牀進前，矢至數尺前復剽去。仁贍投弓于地，曰：「天果不佑唐邪？若然，吾有死耳！」世宗遣中使諭曰：「知卿忠義，然士民何罪！」又親臨城招之，仁贍不顧。會歲大暑，霪雨積旬，淮、淝暴漲，周營寨水深幾尺許，礮舟竹龍多漂南岸，爲南兵所焚，周兵死者十之三。周世宗于是東趣濠梁，以李重進爲廬、壽都招討使。元宗亦遣元帥齊王景達等列砦紫金山，下爲夾道，以屬城中。時重進與其副帥張永德不協，仁贍屢請乘機出戰，齊王景達不許，由是憤惋成疾，蓋保大十四年也。

明年正月，〔二〕周世宗復至淮上，盡破紫金山砦，壞其夾道，南兵大敗，諸將往往見禽，而守臣東都馮延魯、光州張經、〔三〕泰州方訥、泗州范再遇等，或走或降。元宗及左右大僚亦皆震懾，奉表稱臣，願割地輸貢賦，以贖罪息兵，而仁贍獨堅守危城，不可下。少子崇諫幸父病，夜度淮北以降，爲小校所執，仁贍立命斬之。監軍使周廷構哭於中門救之，不得，士卒由是皆感泣，誓以死守。此事或作十四年事，今從五代史。

三月甲辰，周耀兵城北，仁贍病甚，已不知人，副使孫羽遂詐爲仁贍書以降。一作周廷構、孫羽等爲之署表請降。周世宗命舁仁贍至帳前，歎嗟久之，賜以玉帶、御馬，復使入城養疾，制曰：「劉仁贍盡忠所事，抗節無虧，前代名臣，幾人可比！予之南伐，得爾爲多。」乃拜仁贍檢校太尉、兼中書令、天平軍節度使。仁贍不能受命而卒，年五十八。卒時晝晦，雨沙如霧，州人皆哭，偏裨及士卒自剄以狥者數十人。周世宗遣使弔祭，追封彭城郡王，以其子崇讃爲懷州刺史，賜莊宅各一區。壽州故治壽春，世宗以其難克，遂徙城下蔡，而復其軍曰忠正，曰：「吾以旌仁贍之節也。」元宗聞仁贍卒，哭之慟，亦贈太師、中書令，謚曰忠肅，加封衞王，焚其誥曰：「魂兮有知，鑒周惠邪，歆吾命邪！」夜夢仁贍拜墀下，若受命然。後主立，進封越王。

開寶中，仁贍子崇諒爲進奉使，宋太祖嘉其忠臣之後，特命爲都官郎中。越百餘年，政和時，列仁贍于祀典，賜祠額曰忠顯，累世廟食不絕。唐餘紀傳云：仁贍死後，家世零落，獨一裔孫賣藥新安，市仁贍生前告身，爲一金姓者所得。

論曰：陸游南唐書言劉仁贍斬崇諫時，監軍使求救于仁贍妻薛氏，薛曰：「崇諫，吾幼子，固所不忍；然貸其死，則劉氏爲不忠之門。」趣命斬之，然後成服。又言仁贍死，夫人不食五日而卒。今傳記多不載。由是以觀，微獨仁贍爲忠臣，其婦亦烈女子也哉！嗚呼！足以媿人臣之懷二心以事主者矣。

張彦卿

張彦卿，不知何郡縣人。保大末爲楚州防禦使。周世宗南侵，師鋭甚，旬日間連破海、泰二州及静海軍。元宗下令，命焚東都官寺民廬，徙其民度江。周世宗親御旗鼓攻楚州，自城以外皆已下，發州民濬老鸛河，遣齊雲戰艦數百自淮入江，勢如震霆烈焰，彦卿獨不爲動。及梯衝臨城，鑿城爲窟室，實薪而焚之，城皆摧圮，遂陷。彦卿猶列陣城内，誓死奮擊，謂之巷鬬。日暮，轉至州廨，長短兵皆盡，彦卿取繩牀搏戰，與兵馬都監鄭昭業等千餘人皆死之，無一人生降者。周兵喪傷亦甚衆。周世宗怒，盡屠城中諸民，焚其室廬，然得彦卿子光祐，不殺也。元宗嘉彦卿忠，詔贈侍中。天長縣時升爲雄州，刺史、建武軍使易文贇亦固守，聞楚州陷，乃降。

論曰：張彦卿以孤壘當百倍之師，寧碎身而志不可渝，殆與劉仁贍伯仲間邪！若其副守昭業等視死同歸，則又過孫羽遠矣。彦卿，馬氏書以爲彦能，卒莫得而詳其孰是。

李延鄒　周宏祚　陳喬　鍾蒨　咼彥　廖澄　張雄　胡則

中屠令堅　劉茂忠

李延鄒，鄱陽人。元宗時官濠州録事參軍。周師攻城急，團練使郭廷謂謀送款，令延鄒草降表，延鄒責以忠孝，不爲具草。廷謂媿其言，然業已降，必欲得表，以兵脅之。延鄒投筆詬曰：「大丈夫死耳，終不負國爲叛臣作降表！」遂遇害。元宗聞之悼惜，召見其子，命以官。

周宏祚，吴德勝節度使本之少子也。烈祖受吴禪，徐玠、周宗輩率諸臣勸進，本已老，又重念楊氏恩，不復與事。宏祚爲門户計，代署名上表。保大時累官舒州刺史。周師大舉南侵，陷舒州。是時泰、蘄、光諸州文武相繼奔降，宏祚獨慷慨不屈，赴水死。時人比之嵇紹死晉云。

陳喬字子喬，廬陵玉笥人。父濬，仕吴官翰林學士，烈祖代吴，進兵部尚書。喬幼敏悟，文辭清麗，事親以孝聞。濬歿，收恤族黨，均財給之，親疎靡間。以廕授太常奉禮郎，烈祖頗器重之，遷屯田員外郎，轉中書舍人。

保大末，淮南兵興，元宗憂躄，不知所爲。陳覺、李徵古請以宋齊丘攝政，覺等啟元宗曰：「宋齊丘常贊烈祖變家爲國，終成大業，是社稷之臣也。今若委以國事，輯寧邊鄙，而陛下優游邃處，以養喬松之壽，遵鼎湖之躅，亦千載一遇也。」元宗乃召喬草詔如覺、徵古所請。喬請對，排宮門入見，泣曰：「社稷之重，焉可假人！今陛下署此，則百官朝請皆歸齊丘，尺地一民，俱非己有，陛下縱脫屣萬乘，獨不念中興大業之艱難乎？臣見淖齒李兌復作，而讓皇幽囚於丹陽，是陛下所親見者，一旦垂涕求爲田舍翁不可得矣！」元宗愕然曰：「微卿幾落賊人彀中！」引喬入見后及諸子，曰：「此忠臣也。他日國家急難，汝母子可託之，我死無恨矣。」及齊丘暨黨與皆死，喬與齊丘素善，獨得不坐。

建隆二年，元宗遷南都，留喬輔太子監國。後主嗣位，歷吏部侍郎、翰林學士承旨、樞密副使，遂以門下侍郎兼樞密使；貶制度，改右內史侍郎，兼光政院使，輔政。喬風度淹雅，小心守法，時譽歸之。宋太祖遣使徵後主入朝，後主且發矣，以喬爲介。喬曰：「陛下與臣同受先帝顧命，委以宗社大計。今往必見留，則國非己有，悔將何及；即死，實靦顏于先帝。臣請獨任稽緩之責，以拒宋命。」後主由是連年不朝，皆喬爲之主也。

已而宋師圍金陵，太祖又遣進奉使江國公從鎰諭指，欲後主自歸，且命曹彬緩攻以俟之，喬堅持不可。劉澄以潤州降，後主方惶惑，欲置其家不問，喬憤切曰：「人臣受重寄，開門延敵，此豈可容！」悉取其父母妻子斬之。常語後主：「勢雖迫蹙，臣節故不墮也。」及城垂陷，後主親爲降款，屬喬與清源郡公仲寓詣曹彬。喬遽歸府，以款投承霤間，略無降意。後主趣之急，喬入見曰：「自古無不亡之國，降亦無由得全，徒取辱耳。臣請背城一戰而死。」意欲與後主同殉國，而口不忍言。後主握喬手涕泣，不能從。喬曰：「如此，則不如誅臣，歸臣以逆命之罪。」後主又不從。乃掣手而去，至政事堂，召二親吏，解所服金帶與之，曰：「善藏吾骨。」遂自縊。二吏撤榻瘞之。

喬爲人孝弟廉介，家無餘財。先喪其妻，後主爲娶國戚，喬曰：「臣家素貧，不能具六禮。」後主勅官帑貸之，俾就昏成禮焉。金陵平，家人謀收葬，求屍不得，或見一丈夫衣黄，半臂舉手障面，及得瘞所發視，如所見，咸以爲喬魄不泯云。

鍾蒨字德林，世爲□□人，隨兄懷建家豫章。屬辭敦行，綽有時譽。起家藩府從事，與二徐鉉、鍇等遊。累登臺郎，遷集賢殿學士。保大九年，爲東都少尹。交泰時，齊王景達都督撫州，朝廷慎選僚佐，除觀察判官，檢校屯田郎中。後主時，官勤政殿學士。宋師入金陵，蒨朝服坐于家，兵及門，舉族死之。蒨妻王氏，太原人，交泰元年先卒。蒨工詩，有賦山、別知己與新鴻諸篇，甚稱于世。

咼彥，史失其世系，或云媯氏之後，去女爲姓也。後主時官池州刺史，已而入爲將軍。金陵陷，百官多送款迎降，彥獨與馬承信、承俊帥壯士數百巷戰，力屈而死。

廖澄，順昌人也。少負忠義，舉梁開平二年進士，邅迍不顯。烈祖時南奔，累官至大理評事。宋曹彬圍金陵急，校書郎林特勸澄同降，澄曰：「吾久仕唐，君臣之義，不可廢也。」乃豫以身後事遣蒼頭歸報。城陷，從容更衣，仰藥死。

張雄，或云李姓，淮人也。周侵淮南，民自相結爲部伍以拒周師，謂之義軍，而雄所將最有功，元宗命爲義軍首領。及割地，徙之江南，歷袁、汀二州刺史。後主嗣位，進爲統軍使，仍守二州。宋師入江南，金陵危急，雄謂諸子曰：「吾必死國難，爾輩不從吾死，非忠孝也。」諸子泣受命。一云後主徵雄兵，語具許逖傳。雄乃糾兵東下以救之。至溧陽，猝遇宋師，遂與田欽祚戰，失利，與其子力戰俱死，不同行者亦死于他陳。父子八人，無生存者，國人哀之。

胡則，保大末爲軍校。後主立，進爲諸軍使，未幾，官江州指揮使。金陵陷，曹彬迫後主以手書命郡縣悉降。書至江州，刺史謝彦賓集將佐視之，謀納款；則憤形于色，亟出，謂其下曰：「吾屬世受李氏恩，安可負之！且都城久受圍，此書真僞不可辨。刺史不忠，欲汚吾州，爾輩能從我死忠義乎？」衆皆曰「善」。乃率同列宋德明等大譁，入攻彦賓，彦賓懼，匿簷霤中，執而殺之。衆推則爲刺史，號令肅然，莫敢不聽。

則常從劉仁贍爲壽州裨將，盡得其城守方畧，于是日夜閱丁壯，勒部伍，爲堅壁死守計。宋太祖命南面行營招安巡檢使曹翰攻之，城帶江負山，樓櫓高險，不可破。屢遣使諭降，則誓死不從。翰軍死傷者無筭，詔書切責督戰。會則疾革，不能起，城始陷。一云：則守江州，曹翰以兵圍之，三年，城堅不可破。一日，則怒饔人鱠魚不精，欲殺之，其妻遽止之，曰：「士卒守城累年，暴骨滿地，奈何以一食殺士卒邪！」則乃舍之。是夜，饔人縋城走投翰，具言城中虛實。先是，城西南依險，素不設備，饔人引宋師攻之，城遂陷，胡則一門無遺類。衆猶巷鬬，雪涕奮擊，不少退。則僵卧牀上，翰執之，數其違命之罪。對曰：「犬吠非其主，爾何怪也。」卽舁置木驢上，將磔之；俄死，腰斬其屍以狥。殺宋德明，而隳其城七尺，使後不可守。

時宋右補闕張霽被命知江州，與翰偕行，既入城，翰軍士掠民家，民訴于霽，霽按法誅軍士。翰因發怒，屠城，死者數萬人，取屍投江流及井坎皆滿，因奏霽擅殺罪。宋太祖徙霽知饒州。民間貲貨鉅萬，翰掩而有之，凡發大艦十餘艘，悉載金帛，置廬山鐵羅漢象于上，號曰押綱羅漢。初，宋太祖以則盡忠所事，聞江州垂破，遣使持詔諭翰盡赦拒命之人。使者至獨樹浦，大風斷渡，比至，已無噍類矣。當翰攻城，莫能破，有善視地者言于翰曰：「城形爲上水龜，攻其腹脇，則破矣。」至是陷從西南，果城之脇云。

申屠令堅，山東人。少無賴，勇敢絶人。晉、漢間常爲盜，被獲，因市酒與守吏飲，乘守者醉，破械南奔。元宗保大末，禦周師于壽春，破城南大砦，有功，擢神武都虞候。開寶時，官吉州刺史。時吉州安福人劉茂忠者爲袁州刺史，茂忠故名徹，或謂曰：「劉徹乃漢武帝也，非人臣所得名。」遂改焉。少亦爲羣盜，會赦書募盜爲兵，茂忠出應募，且請禽盜自洗湔。乃詐亡命入盜中，自言工風雲占，盜信之，於是密約吏爲内應，悉禽戮無遺者。獨廬陵鷓鴣洞賊帥吴先狡有謀，據巖險不可捕。茂忠鞭二卒，使佯爲得罪奔先，月餘斬先，其黨悉潰。州里慶之，呼爲劉小僕射。積功歷吉州兵馬都押牙至今官。

金陵破，後主降宋，兩人者相約不以主存亡易節，誓死報國。前二年，令堅寐則夢與人鬭，大呼而寤，乃聚侍婢歌舞，喧笑達旦，始能寐。至是若與人搏擊於帳中者，逾時而卒。

茂忠度不能獨奮，遂降。將行，悉燔州縣軍興科斂文籍，所留田税簿而已，袁人德之。江南野史云：茂忠在江南日，雖軍務煩劇，處置無滯，然延接下士，揖讓周旋，詢訪時務，無不盡禮。刺袁日，郡君一女，金陵城陷，爲兵人所掠。茂忠使女僕入諸營部，託鬻衣而竊求之，遂表聞取還。既至，皆喜。因暑夕與庭下月坐，茂忠方據拐，忽見人自外躍劍刺之，茂忠以拐自捍，會左右執而訊之，乃昔掠女兵也，遂按斬焉。入宋，舟次淮口，謁關吏，稱袁州刺史。吏擲刺於地，曰：「此亡國之俘，何刺史也。」叱令執杖庭參。至汴京，授登州刺史。關吏抵罪，適編管登州，茂忠見之曰：「乃汝邪？」日責拜謁兩衙，必令植立庭下，吏慚憤死。茂忠還朝，病金創卒。江南野史云：茂忠微時，常所持鍋，將有鬬戰，必宿而鳴，即至殺戮。乃與潭帥戰，親持奮擊，前無堅敵，左右中者皆洞胸脇，殆百餘輩，因敗。其膊時遇陰霾，即加痛楚，至是疾作，臂不舉，病數日卒。

論曰：延鄒擲筆，宏祚赴水；陳喬以宰執投繯，鍾蒨以侍從盡節；咼彦之巷戰而死，廖澄之仰藥以亡；張雄之父子殺身，胡則之一門殉難，要皆李氏忠臣也。若令堅與茂忠，誓死報國，志足嘉矣，而茂忠力屈納降，昔人所以致歎于鮮終者與！

校勘記

〔一〕李重進　「重」字原無，據周昂校語補。李重進又見下文。

〔二〕明年正月　「正」原作「二」，據新五代史卷三二劉仁贍傳、馬令南唐書卷十六劉仁贍傳改正。

〔三〕光州張經　馬令南唐書劉仁贍傳同，新五代史劉仁贍傳「經」作「紹」。

十國春秋卷第二十八

南唐十四　列傳

韓熙載　徐鉉　徐鍇　高越兄子遠　殷崇義

韓熙載字叔言，濰州北海人。少隱嵩山，後唐同光中擢進士第。父光嗣，平盧節度副使。徐鉉昌黎韓公墓銘云：考光嗣，秘書少監、淄青觀察支使。軍中逐其帥符習，推光嗣爲留後。明宗即位討亂，光嗣坐死，熙載懼罪南奔。初與李穀相善，至是穀送至正陽，酒酣臨訣，熙載謂穀曰：「江左用吾爲相，當長驅以定中原。」穀亦曰：「中國用吾爲相，取江南如探囊中物爾。」及至吴，自狀云：「得麟經于泗水，授豹略于邳垠。運陳平之六奇，飛魯連之一箭。」又云：「失范增而項氏不興，得吕望而周朝遂霸。」語多涉誇大。烈祖輔吴，方修明法令，熙載年少放蕩，不拘名檢。初補校書郎，已而出爲滁、和、常三州從事。是時中土人士至者多不次擢用，而熙載在京洛早負才名，乃獨落魄不偶，亦不以介意。烈祖受禪，召爲秘書郎，使事元宗于東宮，諭之曰：「以卿早奮名場，踈雋未更事，故使歷州縣之勞，行用卿矣，宜善自修飭，輔吾兒也。」熙載亦不謝。在東宮談笑而已，不嬰世務。元宗嗣位，拜虞部員外郎、史館修撰，賜緋，乃慨然曰：「先帝知我而不顯用，是以我爲慕容紹宗也。」始數言朝廷事所當施行者，又吉凶禮儀不如式者，隨事舉正無隱，大爲宋齊丘、馮延巳等所忌。

烈祖將葬，以熙載知禮，令兼太常博士。時議者以孝高繼昭宗之後，廟合稱宗，熙載建議，以爲「古者帝王，己失之，己得之，謂之反正；非我失之，自我復之，謂之中興。中興之君，廟號稱祖。先帝興既墜之業，請上廟號曰烈祖。」元宗嘉納之。俄擢知制誥，書命典雅，有元和之風。

契丹入汴，晉主北遷。熙載上疏曰：「陛下有經營天下之志，恢復祖業，今也其時。若契丹已歸，中原有主，則不可圖矣。」不省。陳覺、馮延魯喪師福州，初議寘軍法，齊丘爲請，止削官遷外郡。熙載奏請無赦，又數言齊丘黨與必基禍亂。熙載雅不能飲，齊丘誣以酒狂，貶和州司士參軍。徙宣州節度推官，復入爲虞部員外郎，遷郎中、史館修撰，賜紫。未幾，除中書舍人，建鐵錢之議，即拜户部侍郎，充鑄錢使。

周既有中原，用事者多議北伐，熙載曰：「北伐，吾本意也，但今則不可耳。郭氏奸雄，曹、馬之流，雖有國日淺，守境已固，我兵妄動，豈止無功邪？」言雖切，而朝廷竟搆兵不已，周人果以藉口，兵入淮南。齊王景達以兵馬元帥臨邊，陳覺爲監軍使。熙載言：「出師，大事也，當先正名，莫信於親王，莫重於元帥，安用監軍使哉！」亦不從。後主踐阼，改吏部侍郎，俄徙秘書監，不逾年，復舊官。新錢既行，詔賜錢二百萬，拜兵部尚書，充勤政殿學士承旨。

熙載才氣逸發，多藝能，善談笑，衣冠常製新格，爲當時風流之冠。清異録云：熙載在江南造輕紗帽，匠帽者謂爲韓君輕格，人多傚之。尤長于碑碣，他國人遠數千里輦金帛求之。然性忽細謹，老而益甚，蓄妓四十輩，縱其出入，與客雜居，帷箔不修，物議鬨然。熙載密語所親曰：「吾爲此以自汚，避入相爾。老矣，不能爲千古笑端。」熙載又常著衲衣負筐，令門生舒雅執手板，於諸姬院乞食，以爲笑樂，其不羈如此。坐託疾不朝，謫授太子右庶子，分司南都，熙載盡斥諸妓。後主喜，留爲秘書監，俄復爲兵部尚書如故。方欲大用熙載，而去妓悉還，後主歎曰：「孤亦無如之何矣！」已而上格言五篇，宋史云：乾德丁卯年，五星連珠於奎。是歲，熙載著格言五卷，自序其事云：「魯無其應，韓子格言成之。」人多笑之。手詔慰納。拜中書侍郎，充光政殿學士承旨。先是，後主選近侍臣直宿禁中，常御光政殿召對，夜分乃罷，故命此職以寵異之。

開寶二年，卧疾于城南戚家山，上表畧云：「無横草之功，有滔天之過。老妻伏枕以呻吟，稚子環牀而坐泣。」明年遂卒，墓誌銘云：庚午歲秋七月二十七日，没于京鳳臺里之官舍。年六十九。〔一〕後主賜衾被以斂，謂侍臣曰：「吾竟不得相熙載，欲贈平章事，古有是否？」潘佑對曰：「晉劉穆之贈開府儀同三司，故事也。」乃贈右僕射、同平章事，廢朝三日，謚文靖，命葬梅嶺岡謝安墓側，徐鉉爲之銘。子八人：疇、伉、佩、份、儼、侹、儔、俛。疇官奉禮郎，伉官校書郎。墓銘云：韓公夫人隴西郡君李氏，繼室北海縣君蔣氏。所著擬議集五十卷，定居集二卷。

熙載素高簡，無所卑屈，江左稱爲韓夫子。嚴續請撰其父可求神道碑，遺珍貨巨萬。文既成，但敘其譜裔品秩而已，續慊之，封還熙載，熙載便却其贈。宋齊丘自署碑碣，輒求熙載書之，熙載以楮塞鼻曰：「文穢何堪也。」然性喜提獎後進，見文有可采者，手自繕寫，仍爲播其聲名。熙載隸書及畫皆雋絶一時，尤名知人。使周歸，元宗歷問周之將相，熙載曰：「趙點檢顧視非常，殆難測也。」已而宋太祖果代周，人服其有先識。

徐鉉字鼎臣，世爲會稽人。父延休，爲吴江都少尹，遂家廣陵。鉉十歲能屬文，長與韓熙載齊名江南，謂之韓、徐。起家吴校書郎，已事烈祖父子，試知制誥。與宰相宋齊丘不協，時有得軍中書檄者，鉉與弟鍇評其援引不當。檄故殷崇義筆也，由是崇義與齊丘誣鉉、鍇洩機事，鉉坐貶泰州司户掾，鍇貶烏江尉。

俄遷祠部郎中，復知制誥。上言貢舉初設，不宜遽罷，元宗用其言，卽令再行貢舉。未幾，元宗命内臣車延規、傅宏營屯田於楚州，人不堪其苦，羣起爲盜，遣鉉乘傳巡撫。鉉至，輒奏罷屯田，切責内臣不少貸，又捕得賊首，卽斬於軍前。坐專殺，流舒州。周師南侵，元宗徙鉉饒州；已召爲太子右諭德，復知制誥，遷中書舍人。後主時，除禮部侍郎，通署中書省事，歷尚書右丞、兵部侍郎、翰林學士、御史大夫、吏部尚書。

宋師圍金陵，後主遣鉉求援兵。時朱令贇將兵十餘萬自上江來援，後主以鉉既行，欲止令贇勿東下。鉉曰：「今社稷所賴，惟此援兵爾，奈何止之？」後主曰：「方求和解而復決戰，豈利于汝乎？」鉉曰：「臣此行未必能紓國難，置之度外可也。」宋史載鉉曰：「要以社稷爲計，豈顧一介之使。」云云。後主泣下，授鉉左僕射、參知左右内史事。鉉固辭，乃以隱士周惟簡假給事中爲鉉副。

鉉等至宋，宋太祖知鉉有口辯，不欲使炫其能，特以班行武弁之懵書者爲館伴。鉉詰論終日，卒無以對，未如之何。既入見便殿，鉉言江南事大禮甚恭，且無王祭不共之罪，徒以被病未任朝謁，非敢拒詔，乞緩兵以全一邦之命。宋太祖與語，反覆數四，鉉辭氣愈壯，曰：「李煜無罪，陛下出師無名。」宋太祖大怒，命畢其説。鉉曰：「陛下如天如父，天乃能蓋地，父乃能庇子。煜效貢賦二十餘年，以小事大，如子事父，未有過失，何以見伐？」宋太祖曰：「爾謂父子者爲兩家可乎？」鉉語塞。久之，復隨後主歸宋，宋太祖責之，聲甚厲。鉉對曰：「臣爲江南大臣，國亡，罪當死，不當問其他。」宋太祖歎曰：「忠臣也！事我當如李氏。」命爲太子率更令，歷左散騎常侍。後奉勑與湯悦同撰江南録，至于南唐亡國之際，不言其過，但以歷數存亡論之，君子有取焉。

太平興國中，宋太宗問鉉：「卿見李煜否？」對曰：「臣安敢私謁。」宋太宗曰：「卿第往，且言朕有命可矣。」鉉遂徑詣，門者以朝禁拒之，鉉言：「我乃奉旨來，願見太尉。」門者爲通，使俟庭下。後主遽引其手以上。鉉固辭。後主曰：「今日豈有此禮。」因庭坐，鉉引席少偏處之。後主起，持鉉大笑，已而默不言，忽復長吁曰：「當時悔殺却潘佑！」鉉無語辭出。頃之，有旨詢後主何言，鉉具言其事，宋太宗銜之。又聞其「故國不堪回首」之詞，加怒焉，遂令秦王移具過飲，賜以牽機藥而没，蓋太宗於諸降王多不能相容，而後主之禍，則鉉一見啟之也。後主下世，宋太宗詔侍臣撰碑文。時有與鉉争名者，欲中傷之，因言知吴王事跡莫若徐鉉，太宗詔鉉爲之。鉉遽請對，泣曰：「臣舊事李煜，陛下容臣存故主之義，乃敢奉詔。」許之。鉉爲碑文，有云：「投杼致慈親之惑，乞火無里媼之談。始勞因壘之師，終後塗山之會。」太宗覽讀歎賞，每對宰臣稱鉉忠義。

居數歲，鉉貶靜難軍行軍司馬。初，鉉至汴京，見被毛褐者輒哂之，至是邠州苦寒，終不御毛褐，致冷疾。一日晨起，方冠帶，遽索筆手疏約束後事，又別署曰：「道者，天地之母。」書訖卒，年七十六。

鉉簡淡寡欲，質直無矯飾。好李斯小篆，臻其妙，隸書亦工。南唐拾遺記云：鉉兄弟工翰染，崇飾書具，常出一月團墨，云值價三萬。入宋後，受詔與句中正、葛湍、〔二〕王惟恭等校說文。有文集三十卷，質疑論若干卷。又有吳録二十卷。所著稽神録多出于客蒯亮，非鉉作也。鉉不喜釋氏，而好神怪。蒯亮尤夸誕，年逾九十，鉉延門下，談神異之事。鉉博學，能讀異書，常與弟鍇隸猫事，至七十餘條。又宋人剖象而亡其膽，咸以爲異，鉉云：「象膽在四足，今春時，當于前左足索之。」果如其言。

徐鍇字楚金，鉉之弟也。生四歲而孤，母方教鉉就學，未暇及鍇，鍇自能知書，稍長，文辭與鉉齊名。昇元中，議者以文人浮薄，多用經義法律取士，鍇恥之，杜門不求仕進。鉉與常夢錫同直門下省，出鍇文示之，夢錫賞愛不已，薦于烈祖，未及用而烈祖殂。元宗嗣位，起家秘書郎，齊王景達奏授記室。未幾，貶烏江尉，歲餘召還，授右拾遺、集賢殿直學士。論馮延魯有罪無才，人望至淺，不當爲巡撫使，重忤權要，以秘書郎分司東都。然元宗愛其才，復召爲虞部員外郎。後主立，遷屯田郎、知制誥、集賢殿學士；改官名，拜右内史舍人，賜金紫，宿直光政殿，兼兵、吏部選事，與兄鉉俱在近侍，時號「二徐」。

初，鍇久次當遷中書舍人，游簡言當國，每抑之。鍇乃詣簡言，簡言從容曰：「以君才地，何止一中書舍人。然伯仲並居清要，亦物忌太盛，不若少遲之。」鍇頗怏怏。簡言徐出妓佐酒，所歌詞皆鍇所爲，鍇大喜，起謝曰：「丞相之言，故鍇意也。」歸以告鉉，鉉歎息曰：「汝癡絶，乃爲數闋歌换中書舍人乎？」

鍇凡四知貢舉，號得人。鍇常著質論十餘篇，後主爲丹黄校定，復裒己所製文，命鍇爲之序，士以爲榮。鍇酷嗜讀書，隆冬烈暑，未常少輟。後主一日得周載齊職儀，江東初無此書，人無知者；以訪鍇，一一條對，無所遺忘，其博記如此。談苑云：江南時，吴淑爲校理古樂府，中有摻字者，淑多改爲操字，蓋章艸之變。鍇曰：「此非可一例言，若漁陽摻者，三撾鼓也。禰衡行漁陽撾，古歌云『邊城晏聞漁陽摻，黄塵蕭蕭白日暗。』」淑歎服。摻，七鑒反。又後主患清暑閣前艸生，鍇令以桂屑布磚縫中，宿艸盡死，謂呂氏春秋「桂林之下無雜木」故也。既久處集賢，書册不去手，非暮不出。少精小學，故所讎書尤審諦。每指其家語人曰：「吾惟寓宿于此耳！」江南藏書之盛爲天下冠，鍇力居多。後主常歎曰：「羣臣勤其官，皆如徐鍇在集賢，吾何憂哉！」宋李穆來使，見鍇及鉉，歎曰：「二陸之流也。」

常夜直，召對天下事，因及用人才行孰先，後主曰：「多難當先才。」鍇曰：「有人才如韓、彭而無行，陛下敢以兵十萬付之乎？」後主稱善。時國勢日削，鍇憂憤得疾，謂家人曰：「吾今乃免爲俘鹵矣！」開寶七年七月卒，年五十五，贈禮部侍郎，謚曰文。著説文解字係傳四十卷，説文通釋四十卷，方輿記一百三十卷，又古今國典、賦苑、歲時廣記及他文章凡若干卷。又有說文隱音四卷，說文韻譜十卷。歷代年譜二卷。

先是，宋師伐江南，金陵將陷，有夢四角女子行空中，以巨篚簸物散落如豆，著地皆成人，或問之，對曰：「此當死于難者。」後見一金紫貴人墜地，云：「此徐舍人也。」既寤異之，及旦，則聞鍇死矣。事物紺珠云：南唐徐氏二龍。蓋謂鉉與鍇也。

高越字沖遠，少舉進士，精詞賦，有名燕、趙間。馬令南唐書云：精警有才思。盧文進鎮上黨，具禮幣致之。初以客從，及文進鎮安州，越又從之，遂爲其掌書記。文進仲女有才色，能屬文，號「女學士」，因以妻越。

文進南奔，越與俱行。先投鄂帥張宣，久不見知，越題鷹詩以誚之。馬令南唐書載越以鷹詩誚張宣云：「晴空不礙摩天翮，未肯平原淺艸飛。」鄭文寶南唐近事又云：鄂帥李公待越以殊禮，將妻以愛女。越竊喻其意，因題鷹一絶書于屋壁曰：「雪爪星眸衆鳥歸，摩天專待振毛衣。虞人莫謾張羅網，未肯平原淺艸飛。」遂不告而去。所說不同，今從陸游南唐書及唐餘紀傳。遂至廣陵，吴以爲秘書郎。烈祖愛其文章，時齊國立制，凡禱祀燕餞之文多越爲撰之。及烈祖受禪，遷水部員外郎，改祠部、浙西營田判官，與江文蔚俱以能賦擅名江表，時人謂之江、高。南唐近事云：江南士人言體物者以江、高爲稱首。越雅好釋氏，著有舍利塔記一卷。

保大初，文進卒，有欲傾其家者，越上書訟之，黜爲蘄州司士參軍，就遷軍事判官。與隱士陳曙爲物外交，淡然不志榮利。久之，仍移廣陵令，還判吏部銓，歷侍御史知雜、元帥府掌書記、起居郎、中書舍人。淮南交兵，書詔多出越手，援筆立成，辭采温麗。元宗以爲稱職，眷待與二徐等，不徙官者累年。後主立，始遷御史中丞、勤政殿學士、左諫議大夫，兼户部侍郎、修國史。以末疾廢，久之竟卒，年六十二，謚曰穆。貧不能葬，後主爲給葬費，世歎其清。金陵志云：越墓在栖霞寺舊門外山之麓。

兄子遠。遠字攸遠。父操，袁州別駕。遠少孤，爲人淳雅沖淡，而遇事有奇節。杜門力學，不交人事。烈祖受禪，招來四方秀傑，以遠爲秘書省正字。保大初，遷校書郎兼太常修撰，遂爲太常博士。淮南兵興，元宗召見，賜金紫，使典戎府書檄。歷禮部員外郎、樞密判官、侍御史知雜、史館修撰、起居郎、知館事，遂爲勤政殿學士。

國初，命兵部尚書陳濬修吴史，未成而卒，其後領史職者多貴游，或新進少年，纂述殆廢。遠自保大中預史事，始撰烈祖實録二十卷，敘事詳密。後主嗣位，遠與徐鉉、喬匡舜、潘佑共成吴録二十卷，又自撰元宗實録十卷。唐餘紀傳云：編緝昇元以來故事爲一家之言。未及上，會屬疾，取史稿及他所著書悉燔之。卒，年五十七，贈給事中，謚曰良。後主欲修國史，訪稿于其家，無復存者。

遠有精識，方邊鎬入潭州，湖南悉平，百官入賀，遠獨曰：「我乘楚亂，取之甚易；觀諸君之才，守之實難。」聞者愕然以爲過，及後如所料，乃皆服其先見。按馬令南唐書載諸將取潭衡，舉朝稱慶，高越謂「潭衡一時之凶亂，取之甚易，觀諸將之才，善守爲難」，云云。今從陸游南唐書入遠傳。

殷崇義，陳州西華人。父文圭，爲吴翰林學士。崇義博洽能文章。一統志云：崇義自少穎悟，常見飛星墮水盤中，掬而吞之，文思日麗。仕元宗，官至學士，歷樞密使、右僕射。常撰揚州孝先寺碑，周世宗親征淮南，駐蹕于寺，讀其文，嗟歎久之。及畫江請平，元宗使崇義入貢，世宗待之有加禮。自淮上用兵，凡書檄教誥皆崇義任之，特爲典瞻，切于事情。周世宗覽江左章奏，輒擊節稱賞。元宗遷南都，命以樞密使與嚴續輔太子，留守金陵。

後主初立，令民間行鐵錢，物價騰涌，崇義上言：「泉布屢變，亂之招也。且豪民富商，不保其貲，則日益思亂。」累數百言，不報。未幾，進右僕射、同平章事。開寶二年五月，罷爲潤州節度使，仍同平章事；已而改官名，以司空知左右内史事。國亡入宋，避宣祖廟諱，易姓名曰湯悦。宋太宗勑撰江南録十卷，自言有陳壽史體，當世頗稱之。是時諸降王死，多出非命，其故臣或宣怨言，太祖俱録之館中，俾修太平御覽等書，豐其廩餼，諸臣多卒老于中，崇義其一也。

論曰：韓熙載制誥有元和風，而議論宏正，淹洽體要，洵經國之華也。鉉、鍇競爽，越、遠聯鑣，雖吳之二陸何加焉。殷崇義文采斐然，工於述作，其以陳壽自命，有以也夫。

蒯鼇　郭昭慶　盧郢　章僚

蒯鼇，宣城人。工屬文，江南承唐末文體纖麗之弊，士率不能自振，鼇獨不事華藻，以理趣爲本，得承平餘風。鼇嘗曰：「夫文章者，所以達道德之本，發才智之蘊，使旨勝于辭，理過于文，爲得之矣。其餘摘裂章句，鉤校屬耦，綺麗悅目，清新沃耳，則吾不知也。」聞者善之。然居鄉飲博無行，不爲人士所容，乃去入廬山國學，亡賴尤甚。晚乃勵風操，尚信義，一言之出，必復而後已。常蓄龍尾硯，友人欲之而不言，鼇亦心許之，未及予也。一日，友人不告而歸，鼇悔恨，徒步數百里，追及，授硯而還。猶以素行爲有司所擯，至後主未始登仕版，迨國亡銓授未及，遂不復謀仕。宋開寶中，薄遊汴京，樊若水欲薦于朝，鼇恥之，亟歸隱廬山，數年卒。一云：歸宋，擢進士第，以殿中丞致仕，隱于廬山。

郭昭慶，禾川人也。父鵬，保大初進士，官至大理司直。或告故南平王鍾傳夫人與僧通姦，大理卿蕭儼按法議徙，鵬以法行自貴始，曲法誅之。會宋齊丘得罪，鵬坐黨免官卒。

昭慶博學善著作，常擬元經，〔三〕撰唐春秋三十卷。元宗時獻所著治書五十篇，俾就進士舉，昭慶不平，上書言補綴雕蟲，臣自少恥而不爲，因得召對，授揚子尉，辭不受，復歸禾川。邑令修謁通問，昭慶不與之見，令銜之，會閱編户，乃籍昭慶爲新擬軍。時後主嗣立，昭慶復走金陵，再獻經國治民論，大抵指述池州采石諸要害之處，及東海隅可恢拓之畧，擢著作郎。

是時方奉中朝，凡歲慶賀貢方物，牋表及廷勞宴餞之辭，率命昭慶爲之。昭慶與徐鍇兄弟不相能，鍇前通謁而不署名銜，昭慶怒詬而擲之。會客將李師義與昭慶爲鄰，而師義者故鍇姻婭也，鍇陰令師義召昭慶飲，置鴆于酒毒之。明日晨起造朝，暴卒。昭慶治書內有禁絶三篇，多天文、孫吳之術，及經國論等，皆行于世，惟唐春秋爲鉉、鍇所匿，不得見云。

時又有何晦著唐摭言十五卷，亦爲當世所稱。

盧郢，金陵人。能文章，有勇力，好吹鐵笛。乾德中，後主命韓德霸爲都城烽火使，警察非常，怙權暴横，國人望其前驅，莫不奔避。郢遇之，調笛自若，德霸叱左右捕執，郢奮臂擊十餘人，皆顛躓直前，捽德霸墜馬毆之，敗面傷目。德霸忿忿入訴，後主叱之出，顧近侍笑曰：「戎帥遇一措大，不能自全面目，尚敢訴耶！」遂罷其職。馬令南唐書載：德霸出，郢調笛不輟，使數卒捕郢，郢奮肱搏之，卒不能逼，郢遂去。後與黃夢錫等自國學出，遇德霸，不避其呵導。德霸駐騎訴曰：「汝等乞索輩，不知憲制，敢無禮耶！」因叱左右收之。郢等投瓦石擊走其導從，毆德霸傷面。德霸詣後主訴之；後主讓曰：「國子監，先帝教育賢材之地，孤亦賴此輩與之共治。汝闖監前，是必越分凌辱士人。」所記與此畧異云。

明年，郢舉進士，試王度如金玉賦，擢第一。徐鉉爲郢姊壻，常受後主命，撰文累日未就，郢曰：「當爲君抒思。」適庭下有石，十夫不能舉，郢戲弄之；有頃，索酒頓飲數升，復弄如初，忽顧筆吏，口占使書，不竄易一字。鉉服其工，遂以郢文進。後主謂鉉曰：「語勢遒俊，似非卿作。」鉉以實對，郢由是知名。一云擢任近職。國亡入宋，知全州，卒。

章僚，雅善著述。後主時充如京使，奉使高麗，具得其國山川、事蹟、物產，撰海外使程廣記三卷，春秋續演繁露作海外行程記，云中間引保大初徐弼使事爲證。史虛白爲之序。大抵言高麗有二京、六府、九節度、百二十郡，內列十省四部官，朝服紫丹、緋綠、青碧。俗喜匾頭，生男旦日按壓其首。又言高麗多銅，田家鑪具皆銅爲之。有温器名服席，狀如中國之鐺，其底方，其蓋圓，可容七八升。地志家多稱其書爲博洽云。章僚，程大昌亦作「張僚」。

校勘記

〔一〕年六十九　馬令南唐書卷十三韓熙載傳作「年六十三」。

〔二〕葛湍　「湍」原作「端」，據宋史卷四四一徐鉉傳改正。

〔三〕元經　「元」原訛作「九」，據馬令南唐書卷十四郭昭慶傳改正。

十國春秋卷第二十九

南唐十五　列傳

魯崇範　毛炳　邵拙　黄載　朱存　朱弼

魯崇範，廬陵人。家故貧，竈薪不屬，而讀書自若，意豁如也。九經子史，廣貯一室，皆手自校定。會烈祖初建學校，典籍殘闕，下詔旁求郡縣，吉州刺史賈皓就取崇範本進之，以私緡償其直。崇範笑曰：「墳典，天下公器，世亂藏於家，世治藏於國，其實一也。吾非書肆，何酬價爲？」皓赴闕，與崇範俱至金陵，表薦之，授太子洗馬。崇範復守廉儉，惟以月俸自給，凡四時錫賚及非次優與，悉頒諸親舊之貧者。元宗即位，尤重之，除東宮使。卒於官。

毛炳，洪州豐城人。好學，不能自給，因隨里人入廬山，每爲諸生曲講，得錢即沽酒盡醉。時彭會好茶，而炳好酒，或嘲之曰：「彭生説賦茶三斤，毛氏傳經酒半升。」炳聞之，微哂而已。自後遊螺川諸邑，遇酒輒飲，不醉不止。常宿於酒家，醉甚，誤坐爐炭，翼日尻痛，疑爲所笞撻，訊之乃知其故。又常醉卧道旁，有里正掖起之，炳瞋目呵之曰：「醉者自醉，醒者自醒，亟去，毋撓予睡！」馬令南唐書云：里首張谷掖炳而起，炳曰：「毛炳不干於張谷，張谷不學於毛炳。醉者自醉，醒者自醒。」後徙居南臺山。數年，忽書齋壁曰：「先生不住此，千載惟空山。」因大醉，一夕卒。

邵拙，宣城人。孤峭不撓，博通經史。飲酒至百杯不醉，一日，偶沉酗過度，遂覆觴絶飲。有詩百篇，曰廬嶽集，又有手鈔史傳文集三百卷。及卒，門人袁氏買地葬之。

黄載字元吉，其先江夏人，世爲農。載釋耒耜，就學于廬山，師事虔人劉元亨，精究經史，能文章。一舉不中第，歎曰：「士規模於蹇淺之文，去取於有司之手，其去道不甚遠乎！」遂不復進取，以教授爲業。

載事母有孝名，性嗜酒，函丈之間，多置罌缶，興來輒飲，而義理不亂。常釋禮經若干卷，其直百千，爲人取去，笑曰：「彼無貲者也，將藉此以成家，亦我之德。」了不介意。諸生有釀會市羊者，是夜夢一羊，望載乞命。載出己緡酬直，而畜其羊；又飼一犬，亦頗馴，每出入，則羊犬聯隨，時人號曰「犬羊仙」，且紀其事云。金陵陷，載以隱居獲免。宋天禧末，一夕醉死，年七十。妻與子皆先卒。

朱存，金陵人。保大時，常取吴大帝及六朝興亡成敗之迹，作覽古詩二百章，章四句，地志家多援以爲證。

朱弼字君佐，建州人。舉明經第一，授國子助教，知廬山國學。盧絳、蒯鼇、諸葛濤飲博不逞，患苦諸生，學官依違無敢問者，及弼至，一切繩以禮法，升堂講説，座下肅然，絳等亦媿服引去。生徒自四方來者，數倍平時。國亡歸宋，補衡山主簿；秩滿，求爲南嶽令，卒。

沈彬　史虚白　陳陶　陳貺　鄭元素　廖凝　洪文用

沈彬，洪州高安人。唐末應進士，不第，雅言參述云：彬常夢錦衣貼月飛，識者謂身不入月，不及第也。遂浪迹衡、湘。會楚武穆王稱霸湖南，彬獻頌德詩，武穆王欲辟署幕府，以有足疾而止，由是隱雲陽山。好神仙，喜賦詩，句法精美。江南野史云：與浮圖輩虚中、齊己以詩名，互相吹嘘。尋歸鄉里。

烈祖輔吴，表授秘書郎。江南野史云：彬知先主欲取楊氏，因獻觀畫山水圖詩「須知手筆安排定，不怕山河整頓難」。先主夙聞其名，覽之而喜，遂授秘書郎。與元宗遊，俄乞骸骨還山，以吏部郎中致仕。元宗遷南都，彬年八十餘，來見，曰：「臣久處山林，不預世事。臣妻曰：『君主人郎君今爲天子，何不一往。』臣遂忘衰老而來。」元宗命無拜，厚賜粟帛，以其子元爲秘書省正字。彬先歲常指鍾山雷擊栢木四片曰：「此天所以賜吾也。」亟命工治爲櫬，諸子不敢違。已又策杖郊原，手植一樹識之，語其子曰：「吾當藏骨于此。」及卒，伐樹掘地，至丈餘，得一石槨，製作精麗，光潔可鑒，蓋上有篆云「開成二年壽槨」。按馬令南唐書、鄭文寶南唐近事皆云蓋上刊八篆字云「開成二年壽槨一所」，今從陸游南唐書。又江南野史云：彬將葬，穴其處，乃古冢也。其間見一石燈臺，上有漆一盆，塘頭獲一銅牌，上鐫篆文，又云「佳城今已開，雖開不葬埋。漆燈猶未爇，留待沈彬來」。所紀與此畧異。舉棺就之，廣袤中度。彬有都門送客再過金陵諸詩，盛稱於世。

次子廷瑞，有道術，人皆呼爲沈道者。嗜酒却粒，寒暑一單褐，數十年不易。跣行日數百里，林棲露宿，多在玉笥、浮雲二山。死之日，有人見乘舟江上而去，後視其墳，陷裂尺餘矣。江南野史載：廷瑞常醉，至縣治，直造階上。縣令戲之曰：「沈道者何日道成？」廷瑞應聲奪筆，就几而書曰：「何須問我道成時，紫府清都自有期。手握藥苗人不識，體含仙骨俗争知。」云云。令乃慚謝。

史虛白字畏名，世家齊魯。南唐近事云北海人。虛白隱居嵩少著書，中原喪亂，與韓熙載南渡。時烈祖輔吴，方任用宋齊丘，虛白誦言曰：「吾可代彼。」齊丘不平，欲窮其技能，召與宴飲，設倡樂弈碁博戲，酒數行，使製書檄詩賦碑頌。虛白方半醉，命數人執紙，口占筆不停輟，俄而衆篇悉就，詞采磊落，坐客驚服。因説齊丘以五可十必然之論，多引湯、武、伊、吕事。齊丘謝曰：「子道大，吾不能了此。」引見烈祖。烈祖曰：「江南地如覆甌，子何以教我？」虛白爲言中原方横流，獨江、淮豐阜，兵食俱足，當長驅以定大業，毋失事機，爲他日悔。釣磯立談載虛白對曰：「昔關中父老語劉德輿曰：『長安千門萬户是公家百姓，五陵聯絡是公家墳墓，捨此將欲何之。』故小人亦以是爲使君願，倘不能拓定中土，王有京雒，終不足言也。」烈祖喜其言而不能用，擢爲校書郎，稍遷州從事以羈縻之。虛白恥初言失，謝病去。南遊至九江落星灣，因家焉。常乘雙犢版轅，挂酒壺車上，山童總角負一琴一酒瓢以從，往來廬山，絶意世事。

保大初，熙載爲史館修撰，薦虛白可用。元宗召見，訪以國事，對曰：「草野之人，漁釣而已，安知國家大計。」賜宴便殿，醉溺於殿陛。元宗曰：「真隱者也。」賜田百頃，〔一〕放還山。

及淮甸不寧，元宗獻江北地求成，虛白乃爲割江賦以諷曰：「舟車有限，沿汀島以俱閒；

魚鼈無知，尚交遊而不止。」已而遷都南昌，元宗舟次蠡澤，虛白鶴裘藜杖迎謁道旁。元宗駐蹕勞問曰：「處士居山，亦曾有所賦乎？」曰：「近得谿居詩一聯。」使誦之，曰：「風雨揭却屋，渾家醉不知。」元宗變色，厚頒粟帛，又知其嗜酒，別賜御醞數壺。徐鉉、高越謂之曰：「先生高不可屈，可使二子仕乎？」虛白曰：「野人有子，賢則立功業以道事明主，愚則負薪捕麋以養其母，僕未常介意也，不敢以累公。」鉉、越媿歎。

卒年六十八。〔三〕將終，謂其子曰：「官賜吾美酒，飲之畧盡，尚留一榼。吾死，置藜杖及此酒於棺中，四時勿用祭享，無益死者，吾亦不歆。」子皆從之。南唐近事曰：虛白卒，其子每因節序，必修奠詑，爇紙鏹於靈座，紙皆不化，用意焚之，火則自滅，遂不復更祭奠云。著有釣磯立談一卷，言江南廢興事頗備。宋天聖中，虛白孫温官虞部員外郎，獻虛白文集，仁宗愛之，追號虛白沖靖先生。

陳陶，劍浦人。少學長安，昇元中南奔，將詣金陵見烈祖，自度與宋齊丘不合，隱居洪州西山，常曰：「世豈無麟鳳，國家自遺之耳！」陶少與水曹任畹相善，寓之詩云：「好向明時薦遺逸，莫教千古弔靈均。」又自咏云：「近來世上無徐庶，誰向桑麻識卧龍？」陶博物，海録碎事云：陶以詩名，兼釋老學，自號三教布衣。善知歷象。保大末，有星孛於參芒，指東南，陶語人曰：「國其幾亡乎！」已而果失淮南。元宗遷南都，至落星灣，將訪以天象，恐陶不肯盡言，以其素嗜鮓，使人僞言售鮓，至門，陶出啗鮓，喜甚，售鮓者曰：「官舟至落星矣，處士知之乎？」陶笑曰：「星落不還。」元宗聞之不懌。既至南都，殿前得殘獸一足，無有知其故者，遣使問陶。陶曰：「是夜乃貪狼星直日，故爾。」元宗歎曰：「真鴻儒也。」將召見，會元宗晏駕，遂絕意仕進，以修養燒煉爲事。西山産靈藥，陶與妻曰：「斸而餌之。」二子，小字相、棃。陶有詩云：「磻溪老叟無人問，閒列相棃教六韜。」蓋指二子也。或問其優劣，答曰：「味雖不同，皆可於口。」久之，變姓名徙去，不知所終。

開寶中，南昌市有老翁丫髻被褐，與老媼賣藥，得錢則沽酒市鮓，相對飲啗；既醉，歌舞道上。其歌曰：「藍采和，藍采和，塵世紛紛事更多。何如賣藥沽美酒，歸去青崖拍手歌。」或疑爲陶夫婦云。

陳貺，一作「況」。閩人。性淡漠，孤貧力學，積書至數千卷。隱廬山幾四十年，慶弔人事，都未暫往，衣食乏絕，不以動心。有季父爲桑門，時時賴其資給。苦思於詩，得句未成章，已播遠近。江南野史云：貺有詩數百首，骨格强梗，出于常態。學者多師事之。元宗聞其名，以幣帛往徵。貺入見，幞巾絛帶，布裘鹿鞾，進止閑雅有度。時方祁寒，元宗見其衣單薄，降手札曰：「欲以綾綺衣賜卿，卿必不受；今賜朕自服紬縑衣三十事，卿其領之。」貺獻景陽宮懷古詩，元宗稱善，詔授江州士曹掾，固辭，乃賜粟帛遣還山。卒，年七十五。旣五十方娶，有慶之者曰：「處士新昏宴爾安乎？」答曰：「僕少處山谷，莫預世事，不知衣裾下有寧馨事。」及就徵，或問：「細君置之何所？」對曰：「暫寄師叔禪院。」曰：「婦人年少，何可不防閑？」答曰：「扃錮之矣。」曰：「如水火何？」曰：「鑰匙亦以付之。」其淳質如此。

鄭元素，華原人。少習詩禮。避亂南奔，隱居廬山青牛谷四十餘年，樵蘇不爨，弦歌自若。搆一室於舍後，會集古書千餘卷，遂終其身焉。元素，溫韜之甥也，自言韜發昭陵，從埏道下見宮室閎麗，不異人間，中爲正寢，東西列石牀，牀上石函中有鐵匣，悉藏前代圖書及鍾、王墨蹟，韜盡取之。韜死，元素得之爲多。

廖凝字熙績，衡山人。少隱居南嶽，時登祝融峯頂，觸思成韻語，一時詩人盡屈其下。元宗習其名，數往聘之。初不赴詔，後江南賊起，凝曰：「與其抱道而死，孰與就義以存吾宗。」遂出爲彭澤令，慕陶處士爲人，已而笑曰：「淵明不以五斗折腰，吾寧久爲人役！」卽解印歸衡山。廣輿記云：凝秩滿，但攜詩卷、酒瓢而去。久之，復起爲連州刺史，與張居詠輩爲詩友；未幾，復辭歸，隱衡山。有詩集七卷。一云凝卽匡圖弟，楚亡遷金陵，累官水部員外郎、建昌縣令、江州團練副使，未知孰是也。

洪文用，爲□□主簿。後主時與族人澤隱泉州文圃山，人咸多其不爲世屈。

何溥　謝銓　李元清

何溥字令通，袁州宜春人。天資穎異，識雲氣，善地理家言。元宗聞其賢，累詔起之，因上言天經地義之實，擢國子祭酒。一云官僕射。按溥休寧縣基記云「職任國師」，又方回有輓祭酒何公像詩，今從之。保大中，鄒廷翊相皇陵於牛頭山，溥言不利，極表諫諍，忤旨，謫休寧令。溥至邑，卽改縣基吴王墓後，倚松蘿山前，名真武下壇形。未幾，卜地縣東南隅居焉。舍前削石，按太極、八卦諸圖，茂林修竹，時時披襟嘯傲其間，以爲常。

後主時，復徵，不起。國亡，溥大哭嘔血，轉隱芙蓉山，剃髮爲頭陀，禮昭禪師，别號慕真，又號紫霞山人。溥雖假迹禪門，絶不譚釋語，每誦道德經，必歎曰：「真聖人也，孔子豈欺我哉！」由是專修長生煉化之術。宋天禧初，以火解。所著論氣正訣一卷傳世。

謝銓，會稽人。仕元宗父子，官銀青光禄大夫、金吾大將軍。國亡，銓守義不辱，挈家遁居祁門，士論高之。

李元清，濠州人。周師侵淮南，元清父聚鄉里義士，襞紙爲鎧，號「白甲軍」，與官軍同守濠州水寨。兵潰，元清徙金陵。趫捷善走，能及奔馬，常步入汴、洛刺事。後主嗣位，以吉州永新與湖南聯境，命元清爲永新制置使。每數月一託疾不坐衙，微服入湖南境，人無知者。敵人動息，元清常預知之。治境累年，邊障寧晏。先是，夏賦準貢見緡，民以變直折閱爲苦，元清奏請納帛一疋，折錢一貫，爲定制，又常隨宜科率，民甚便之。歲總諸科物十餘萬數，轉運入金陵，國用賴以少濟。國亡，以故官起發入汴，元清心誓不復仕二國，因僞稱失明。召驗之，揮刃將及頸，目不爲瞬，乃放歸濠州，卒。

盧珖　許光大

盧珖，世爲閩人，王氏建國，避地尤溪。保大四年，置劍州於延平津，以陳誨爲刺史，又取尤溪隸劍州。尤溪故有戍卒禦山寇，至是以珖爲守將。及李仁達亂閩，使其將陳匡弼襲尤溪，珖拒之於東郊水亭，戰甚力，邑人得奔竄不死。珖兵敗，乃曰：「吾受人邑爲之守，邑不守，何用生爲！」大呼而前，爲匡弼將劉掉刀所殺。邑人相與葬珖于杉嶺。珖五子，四子從戰俱歿，季子幼棄草中，鄰媪訪其母，送歸金陵。元宗下詔褒邮，授季子總管，復其家。

許光大，保大時爲沿海都巡檢，居寧德縣硯江。江寇至，光大持短兵接戰，遂歿于陳，江水如血者三日。尸隨潮歸，鄉人立廟祀之。

陳褒　顏詡　許規子遜　歐陽彬　鍾離君

陳褒，江州德安人，故唐給事中京之後也。十世同居，長幼七百口，不置奴婢，日會食堂上，男女異席，未冠笄者别爲一席。畜犬百餘，共以一船貯食飼之，一犬不至，羣犬亦皆不食。褒又築書樓，延四方學者。鄉鄰化德，獄訟稀少。有彭李者，世爲其傭，父久喪明，常聞褒子弟言舜至孝，舐瞽叟目復明，李歸效之，不數日，父目開朗。其感人有如此。昇元初，詔復其家，表門閭。同時見旌者尚數家，皆五世同居云。

顏詡，禾川人，故唐魯公真卿之後也。詡少孤，兄弟數人事繼母以孝聞。雅擅辭翰，修飾禮度。及末年，一門百口，家法肅然，聞子弟有與賓客戲者，未常面責，手寫韋昭博弈論署於屋壁，使其自媿。詡季父以非禮據鄉人桑，詣縣求治，邑令下詡評之，詡償以己緡，訟遂止。卒，年七十餘。

許規，南陽人。祖儒，義不食粱粟，南奔，隱歙州山谷中，終身不出。儒生稠，稠生規。規好道家言，爲人慷慨尚義，常羈旅宣、歙間，聞旁舍生呻呼狀，就訊之，曰：「我某郡人，察君長者，且死，願以骸骨屬。」因指橐中黄金十斤，曰：「以是交長者。」規許諾，經紀喪事畢，負其骨千里，并黄金寘死者家。死者有父，自内出，驚問狀，感規之義，因獻金如亡兒言以爲壽。蓋亡靈先至家，囑以金酬規也。規不顧，竟去。

規子邀。邀字景山。爲人慷慨自喜，有清節。後主時，數上書言事，得校書郎，遷監察御史。宋師圍金陵，統軍使張雄即李雄擁兵數萬駐上江，後主命邀召雄兵，邀走上江告之故。雄素忠義，即聽命。已而後主以蠟書止雄於溧陽。一作溧水。邀曰：「此非栅兵之地，留之必敗。」乃戒雄曰：「兵來，愼無動，待我一夕。吾當入白，可與公兵俱入城。」邀去，宋師挑之，雄輒出戰，果敗死。邀至，收其敗卒千人而還，人以是謂邀爲知兵。國亡入宋，召試爲汲縣尉，官至司封員外郎。

歐陽彬字可封，吉州人。仕元宗父子，爲武昌令、吉州軍事衙推官，至檢校右散騎常侍，兼御史大夫。性至孝，兄弟相友愛。有紫芝一莖兩葩生於楹，鄉人以爲孝德所感，爲著賦頌。年九十有四。

鍾離君，失其姓名。按東軒筆録註鍾離名瑾，合肥人；又續文獻通考亦作鍾離瑾，似鍾離爲姓，非邑名矣。今始從南唐書。保大中爲鍾離縣令，與鄰邑許令締姻。鍾離女將出適，置一媵婢。一日使執箕帚治地，至堂皇之窪處，忽泫然淚下。鍾離君見之，詰其故。婢曰：「幼時妾父於此穴地爲毬窩，導妾戲。歲久矣，而窪處未改也。」鍾離君驚問曰：「而父何人？」婢曰：「妾父前兩政縣令也。身死家破，妾遂落民間，更賣爲婢。」鍾離君遽呼牙儈及老吏質之，具得其實。是時許令子納采有日，鍾離君急以書抵許曰：「吾買婢而得前令之女，吾特憐之，義不可久辱，當以吾女賫裝先求婿以歸此女。更竢閱歲，別辦裝以遣吾女，可乎？」許令答書曰：「蘧伯玉恥獨爲君子，君何必自專高義，願以前令女配吾子，然後君別求良奧，以嫁君女，何如？」於是前令女遂歸許氏。一云前令女配次子，一云鍾離女配次子。

吳媛　聶氏　龔氏二女

吳媛，浚儀人，唐史臣兢之後。〔三〕父志野，義不爲梁民，來奔江南，遂於廬陵僑居焉。媛適段甲，生子未周晬而段卒。父母以媛少而艷，議嫁之。媛務面自誓，事舅嫜極備敬謹，親操井臼匜虆，教所生子爲善士。韓熙載使江西，録其事以表於朝。

聶氏，太平鄉民女也。父蚤歿，與母居。一日，隨母入山採薪，母爲虎攫去，蹲踞方食。聶持柴刀，自虎後躍登其背，用手按頭，連劄其項。同樵見者，呼噪助斫之，虎奮擲不得脱，自囤死。聶捨歸告鄰里，共收母屍，時年十三歲也。衆咸異之。

龔氏二女，父慎儀爲盧絳所殺，事見慎儀傳。二女被鹵以行，至邵武王堂里名香嚴寺，絳置酒恣飲，二女遂縊於寺後之小墩，後人名其所曰烈女臺。一云，絳攜二女去，弗忍殺。比入閩中，二女猶記憶鄉里，至香嚴寺，徘徊不前，曰：「此是我家，就死足矣。」絳遂殺之。

校勘記

〔一〕賜田百頃 「百」，馬令南唐書卷十四、陸游南唐書卷四史虛白傳，皆作「五」，似是。

〔二〕卒年六十八 「八」，馬令南唐書史虛白傳作「七」。

〔三〕唐史臣兢 「兢」原訛作「競」，今據馬令南唐書卷六、陸游南唐書卷十四吴媛傳改正。

十國春秋卷第三十

南唐十六　列傳

郭廷謂　朱令贇　陳大雅　盧絳

郭廷謂字信臣，彭城人。父全義，仕爲濠州觀察使。廷謂幼好學，工書，善騎射。補殿前承旨，出爲濠州中門使。全義卒，擢莊宅使，即爲州監軍。

周侵淮南，廷謂與州將黄仁謹宋史作「仁謙」，今從南唐書。約以死守。周遣諜以鐵券，及其壘，廷謂拒之。籍州民不逞者聚于僧寺，嚴兵守之，日給食，隨所能使造守具。故周師終不知城中虚實，久不可下。元宗歎其忠，因大發戰櫂，命與林仁肇援壽州。周世宗聞之，從下蔡浮橋于渦口，築壘東西以護橋，命張從恩、焦繼勳守焉。廷謂語仁謹曰：「此濠、壽之患也。彼以騎士勝，利於陸，我以舟師勝，便於水。今夏久雨，淮流泛溢，願假舟兵二千斷其橋，屠其城，直抵壽春。」仁謹從之。即輕櫂泝流，急趨渦口，麾兵斷笮，悉焚之。周師大衂，死者不可計。燔其貲糧而還，以功授武功殿使。

周師退保定遠。又募壯士爲負販狀，入定遠偵軍多寡及守將之名，還曰：「武行德、周務勍也。」廷謂曰：「是可圖也。」迺籍鄉兵萬餘，洎卒五千，日夕訓練。依山銜枚，設伏以破之，斬首數百，行德挺身遯。時有以玉帛子女餉廷謂者，盡卻之，唯取良馬二百匹以獻。以功遷滁州刺史，兼上淮巡檢應援兵馬都監。

及紫金山之戰，將帥多降于周，廷謂獨還軍守濠州，追不能及。時濠守臣欲棄城走，廷謂止之。俄加濠州團練使，治壁壘，繕戈甲，常若敵至。世宗復南征，廷謂表金陵請援，且言周師日張，願卑辭請和，以俟機會。夜出敢死士千餘，襲破周營，焚雲梯洞屋。周人大驚，相蹂躪死者甚衆。既而援師不至，世宗親攻城，焚戰艦數百艘，殺二千人；進攻羊馬城，又殺數百人。遣諜持詔諭降廷謂，廷謂度不能支，奉表於周，懇言：「世受本國爵命，家在江南，欲遣使稟命國主。」世宗許之，爲緩攻。及廷謂使還，知金陵卒不能救，集將士於壘門，南嚮慟哭再拜，乃降。至山陽見世宗，特賜宴勞之，曰：「兵興以來，江南敗亡相踵，惟卿能犯渦口浮橋，破定遠寨，足報國矣。濠州小城，使汝主自守，豈能固哉！」〔一〕賜襲衣、金帶、良馬及器皿萬餘，拜亳州防禦使，以其弟本州馬步都校廷讚爲和州刺史。廷謂又有兄廷諭，元宗時官太子洗馬致仕。廷諭子廷澤，字德潤，元宗時試秘書省正字。因命帥濠州兵攻下天長軍，宋史云降其將馬贇。遷樓櫓戰櫂左右廂都監。入宋，官至靜江軍節度觀察留後，知梓州，代歸，賜第汴京。開寶五年卒，年五十四。子廷濬。

初廷謂之降，元宗諒其力屈，異於他叛者，故免其家。廷謂性恭謹，事母以孝聞，朝夕束帶立侍，寒暑不變。爲政亦有惠愛，百姓稱之。

朱令贇，大將軍匡業從子。椎額鷹目，趫捷善射，軍中號爲「朱深眼」。積遷至神衞軍都虞候，已又代林仁肇爲鎮南軍節度使。

開寶中，後主見討，宋師已圍金陵，召令贇赴難。軍至湖口，與諸將謀曰：「今爲前進，則北軍據我後。上江阻隔，進未破敵，退絶餽饟，奈何？」乃檄南都留守劉克貞赴軍，欲遲其至，使代拒湖口。及發，而後主危急飛書督兵者接踵，令贇不能守初議，乃與戰櫂都虞候王暉乘流而前。自潯陽湖編木爲大栰，長百餘丈，大艦至容千人，將突下斷采石浮梁。會江水涸，舟栰艱阻，而宋師密樹長木於洲渚間，若帆檣狀。令贇疑有伏，不卽進。比至虎蹲洲，合戰，令贇所乘艦尤大，建大將旗鼓，宋師舟小，聚攻之。先是，令贇創巨舟，實葭葦，以膏沃之，名曰火油機。至是以火油縱燒，宋人不能支。會北風，反焰自焚，水陸諸軍十五萬不戰皆潰。令贇惶駭，投火死。江南野史云：其子脱身在南昌。糧米戈甲俱焚，無孑遺，煙焰不止者浹日。自是金陵外援遂絶，以至於亡。

初軍至石碑營子，苦霧晝集，如幕覆營上，不復見營外。人望其氣如虹，上亘於天，不祥之兆也。不數日遂敗。釣磯立談云：時宋師上有氣如翔鸞鳳舞狀。

陳大雅字審己，後主時官衛尉卿。宋師圍金陵，陳喬欲遣使冒圍趣上流援兵，後主謂大雅曰：「審己，儒者也，平時尚急人之急，能强爲孤一行乎？」大雅再拜言曰：「陛下十餘年來焦心養士，羣臣不能報稱萬一，倉卒之際，臣合萬死。然愚以爲覆水之勢，殆於難圖，雖承威靈，恐不克辦。」後主曰：「孤平生喜躭禪學，世味澹如也。先帝棄代時，冢嫡不天，越升非次，雅非本懷。自割江以來，屈身中朝，常恐獲罪，每想脱屣，顧無計耳。今竟煩天討，孤亦安能惜一日之辱，正以旅拒既久，將不見納，是以欲起上江征戍，以爲聲援。」大雅復言上江大帥朱令贇愎諫自用，無遠謀，恐不足恃。後主作色曰：「諸臣平日高談稷、卨，目前但欲爲任蠻奴計，孤亦何所託命也！」是夕，詔大雅發令贇等軍。

大雅便疾馳至軍，勸令贇倍道勤王。令贇知勢不敵，謂大雅曰：「僕頭顱決爲家國效一死，與卿俱没，無益也，卿爲先事入白，可乎？」由是犯矢石，潛入金陵，與後主相持泣下，曰：「令贇軍必無成矣。」城陷日，大雅投殿角井中，衣挂井幹，不得死，兵人引之出。宋將曹彬命從後主入宋，拜太子洗馬。歲餘，忽忽而卒。

盧絳字晉卿，宜春人，自言歙州刺史肇之後，初名衮，慕晉魏絳，更焉。讀書稍通大旨，喜論當世利病，然脱畧繩檢，每以博弈角觝爲事。舉進士不中，遂棄去，爲吉州回運務。計吏盜庫金，事覺，當伏法，乃更儒服，亡命江湖間。

至新淦，客於土豪陳氏，與其子弟共學。絳好縱橫兵家言，日夜射獵。陳氏察其非士流，謂曰：「朝廷方求賢豪，吾子其可久留此乎？」因厚具裝遣行。絳將還宜春，中途飲博，盡費其橐中裝，比至家，母及兄弟咸鄙誚之。絳乃入廬山白鹿洞書院，猶亡賴，以屠販爲事，多脅取同舍生金，又持摧貨挺賈於山中，持人短長索賕謝，人皆患苦之。與諸葛濤、蒯鼇號「廬山三害」。朱弼爲國子助教，將捕治其罪，復亡去，往來金陵、丹陽間。遇大寒，平地躍起，拆簷桷爲薪以自濟。守倉吏歸，更躍倉簷，自氣樓入倉中盜米，一夕往返數十。

久之，乃上書論事，未報，詣樞密使陳喬，口陳所上書，詞辨縱横。喬聳然異之，用爲本院承旨，授沿江巡檢。募亡命習水戰，使馬雄、王川等分將之，要吴越兵於海門，屢獲舟艦，以善戰聞。開寶中，密說後主曰：「吴越仇讎，腹心之疾也，他日必爲北兵羽翼以攻我。臣屢與之角，知其易與，不如先事出不意滅之。」後主曰：「然則大朝且見討，奈何？」絳曰：「臣請詐以宣、歙叛，陛下深言討賊，且賂吳越乞兵。吳越兵勢須爲出，俟其來，拒擊之，而臣躡其後，國可覆也。滅吳越，則國威大振，北兵不敢動矣。」後主不聽。

及宋師南侵，絳爲凌波都虞候、沿江都部署，守秦淮水柵，戰屢勝。諸將忌其能，共説後主遣絳出援潤州，乃授昭武軍節度留後，帥八千人陳於潤州城下，北軍不敢逼，入城拒守。而節度使劉澄謀因計事斬絳以城降，絳覺之。澄乃謂絳曰：「都城危甚，萬一不守，守此何爲？」絳曰：「君爲守，不可棄城；宜赴難者，絳也。」是夕，澄遣裨將出送降款。絳帥部下馳出，欲冒圍入金陵，圍堅，不可入，乃走保宣州。

金陵城陷，諸郡皆下，絳獨不降，謀南據閩中。過歙州，刺史龔慎儀閉城拒之，殺之而行。宋太祖使絳弟襲招絳，絳初欲殺襲以明不屈，已而卒降。至汴京，授冀州團練使。遇慎儀兄子贊善大夫潁於朝，詬絳曰：「是殺我季父者！」執至殿陛訴冤，詔屬吏。樞密使曹彬言其才畧可用，願宥其死。太祖曰：「是貌類侯霸榮，何可留也！」斬於西市。江南野史云：絳既出，呼延贊當視行事，絳曰：「萬乘帝王斬一偽署節度使，可無褻溽乎？」贊使馳奏，上遂賜之。霸榮，河東將，常降而叛歸，殺其主劉繼恩者，故太祖惡之。絳臨刑大呼曰：「陛下獨不記以鐵券誓書招臣乎！」

初，絳未遇時，遘熱病，彌日夢白衣女子被真珠衣，持蔗漿勸之飲，一云持蔗，一本令絳盡食。且歌菩薩蠻詞以侑。絳寤，而憶其「玉京人去」之闋，每曰：「他日富貴，相見於固子坡。」江南野史作孟家陂。至是有婦人耿玉真者以淫亂罪同斬，姿貌宛如所夢，問其受刑之地，卽固子坡云。絳孫器，有文學，登宋進士第。按鄭瑗井觀瑣言曰：「南唐史，盧絳仕江南，至昭武節度使。及金陵陷，募驍勇敢死千餘，由宣、歙長驅入福建，循海聚兵，以圖興復，不果而敗。今句容縣東陽鎮市東有盧大王廟，志云卽絳祠。馬令南唐書乃云金陵既平，絳獨不順，殺歙州刺史龔愼儀云云，後斬于固子坡。據舊史，則絳爲忠于所事而死，據馬書，則絳爲仇人所訟而死。瑗謂絳聚兵爲唐興復，歙既降宋，則殺其守臣，乃勢所宜然。以宋藝祖追贈韓通，錄用衞融、張洎事觀之，則龔穎雖爲季父訟冤，藝祖未必遽肯殺絳，句容之人必不爲絳立祠。舊史當得其實，姑記于此，以備考云。

論曰：郭廷謂屢挫勁敵，力窮而降，要與背主取榮者異矣。朱令贇覆軍身歿，將畧雅非所長，而死事故不可泯也。陳大雅懷申屠之志，貶節受職，其初念詎及此乎？盧絳鮮克有終，而才畧縱橫，倔强不屈，殆亦有足取者焉。

吴仲舉　陸昭符　潘愼修

吴仲舉字太沖，永興人也。有文學，通春秋三傳。後主時爲彭澤主簿。宋師南侵，曹彬檄江南郡縣納款，彭澤令已望風迎降，仲舉以大義責之，乃殺彬使者。已而爲彬所執，仲舉曰：「吾世祿李氏，國亡而死，職也。」彬義而釋之。入宋，累官零陵令，卒。

陸昭符，初名匡符，金陵人也。保大中，官常州刺史。當吳越之衝，屢交兵，城邑荒殘，匡符爲政寬簡，招納逋亡，未幾，遂富實。一日，坐聽事，雷雨暴至，電光如金蛇遶案，吏卒皆震仆，匡符撫案叱之，雷電頓止。及舉案幃，得鐵索重數百斤，匡符亦不變色，徐命舉索貯庫中。交泰元年，元宗既稱藩於周，是秋命匡符爲進奏使，置邸大梁。宋受周禪，匡符避太祖名，乃更名曰昭符。

後主嗣位，御宮門立金雞竿，降赦如天子禮。太祖聞而怒，召昭符詰之，色甚厲。昭符徐以鄙語對，太祖爲笑而不問。是時潘慎修爲入貢使，而昭符亦常往來金陵。會帑藏空竭，物數難辦，昭符請市于富民石守信家，得絹十萬疋，後主大悅。宋太祖已遣李穆徵後主入朝，因問昭符曰：「汝度若主來否？」對曰：「君命召，不俟駕，安有不來。」及後主稱疾，宋師致討，昭符又言于太祖曰：「臣主必死社稷。」已而後主降，罷置邸，不得調，卒。

潘慎修字成德，尚書承祐子也。以父任，仕後主爲起居舍人。宋師南侵，後主遣慎修從江國公從鎰貢買宴錢，求緩師，留館懷信驛。及金陵已下，邸吏趣從鎰入賀，慎修謂：「國且亡，何賀也；奉表請罪而已。」宋太祖嘉其得體，命爲太子右贊善。後主表求慎修掌書記，許之。後主已殁，改太常博士，直秘閣，累官至翰林侍讀學士。真宗時，江南舊臣多有言後主闇懦，真宗以問慎修，對曰：「煜或懵理，何得享國十餘年。」真宗深加獎歎。慎修風度蘊藉，博涉文史，多讀道書，善清談，士大夫與遊者，咸推其素尚云。

張佖　龔慎儀　周惟簡　張洎

張佖，常州人。後主朝仕爲考功員外郎，進中書舍人。開寶五年，貶損制度，改內史舍人。後主雅好文事，雖當末運，猶留意於科第，以佖有文，使知禮部貢舉。揭榜之前夕，有程員者，夢人報己與王倫等五人及第，員驚喜，詣省門，遇楊遂、張觀、曾顗，謂曰：「榜在雞行街，何忽忽至此？」既寤，則聞遂等三人中選。其夏，後主疑佖頗任私意，命張洎覆試，遂再放王倫等五人。乃知洎雖矯佖之弊，然前定固如此。明年癸酉附榜，則「雞行」之應也。

佖隨後主入宋，以故臣見敘。太宗朝，佖在史館，一日，問曰：「卿家每食多客，敘談何事？」佖曰：「臣之親舊，多客都下，困窮乏食。臣累輕而俸優，故常過臣飯，臣不得拒焉；然止菜羹而已。」明日，太宗遣快行者伺其饌客，卽坐問取食以進，果止糝飯菜羹，仍皆陶器。太宗喜其不隱，遷官郎中。佖第宅在故里，人稱「菜羹張家」云。

佖爲人長者，後官河南，每寒食，必親拜後主墓，哭之甚哀。李氏子孫陵替，常分俸贍給焉。

龔慎儀，仕後主爲給事中。開寶三年，宋太祖欲討南漢未決，詔後主諭其奉正朔，後主乃命潘佑撰書，遣慎儀持書使南漢。漢得書大怒，囚慎儀不遣。後主表聞，太祖遂決意興師，南漢平，乃得歸。青箱雜記云：慎儀奉使嶺表，劉主囚之，逾年不遣。慎儀乃然頂禱佛，願捨宅建寺，庶遂生還。未幾，劉主女病，譫語云：「且急遣龔慎儀歸國，不然我即死。」劉主懼，遣之歸，尋以宅爲寺，即邵武王堂里香嚴寺是也。按此則慎儀之歸先于漢亡之日已。今從唐餘紀傳。

江南之亡也，慎儀爲歙州刺史。會昭武留後盧絳聞國破，謀起義，提兵入閩，道經歙，慎儀閉城拒守。絳怒曰：「慎儀，吾故人，何爲見拒！」遣裨將馬雄攻之。慎儀朝服而出，爲雄所害。

周惟簡，饒州鄱陽人。隱居，好學問，明易義。後主召至金陵，起布衣爲國子博士、集賢殿侍講，頃之以虞部郎中致仕還山。金陵受圍，間道召還，入後苑講否卦，賜金紫。後主思得奇士能使兵間者，張洎薦惟簡可以談笑和解，乃授給事中，副徐鉉使宋。後主手疏言惟簡「託志妙門，存心道典，伴臣修養，不預公途」，蓋爲之聲價，冀動朝聽。比至宋，太祖召見詰責，惟簡惶恐，反言曰：「臣本野人，未嘗仕宦，李煜强遣來耳。伏聞終南山多靈藥，願得棲隱。」太祖許之。

金陵平，官宋國子周易博士，判監事。或問曰：「終南之言不訓，且得罪。」惟簡不得已，表求解官，以遂初志；改虞部郎中致仕，授其子繕鄠縣主簿，使就養。太平興國初，惟簡自終南至闕下，求入見，有司以致仕官非有詔召無求對之制，乃還。歲餘，復上表求仕，除太常博士，遷水部員外郎，卒。

張洎字師黯，改字偕仁，南譙人也。宋史云：全椒人。曾祖旼，〔二〕澄城尉；祖蘊，泗上轉運巡官；父煦，滁州司法掾。少有俊才，博通墳典。舉進士，起家句容尉。宋史云：解褐上元尉。以議文獻太子謚，爲元宗所識，擢監察御史。

洎自以論事稱旨，遂肆彈擊無所忌，大臣游簡言等嫉之。會元宗遷南都，留後主居守，卽薦洎爲後主記室，不得從。未幾，元宗宴駕，後主立，擢工部員外郎、試知制誥；滿歲，爲禮部員外郎、知制誥，遷中書舍人，與徐、游同爲清輝殿學士。澄心堂建，洎亦參機密于中，恩寵第一。後主每兄弟宴飲，作伎樂，洎獨得預。爲建大第宮城東北隅，及賜書萬餘卷。後主常至其第，召見妻子，賜予甚厚。

洎初與潘佑並官西省，情好甚篤，既而所趣漸異，佑歎曰：「堂堂乎張也，難與並爲仁矣！」後佑抵罪死，洎頗有力焉。後主附宋，貢奉事興，洎奉使汴京，中朝公卿喜其有文，甚加愛賞。宋師圍金陵逾年，洎勸後主勿降，每引符命云：「玄象無變，金湯之固，未易取也。北軍旦夕當自退。苟或不虞，卽臣當先死。」及城陷，洎攜妻子及橐裝，自便門入止宮中。

時洎爲光政院副使，給光政使陳喬同升閣，欲與俱死。喬自經氣絶，洎反下見後主曰：「臣與喬同掌樞務，國亡當俱死，又念主在，誰能爲主白其事？不死，將有以報也。」李燾續通鑑長編云：國史張洎傳言洎與陳喬同升閣，喬自經，洎視喬氣絶，乃下。而談苑載喬縊于視事廳，洎猶不知。國史蓋因九國志陳喬傳所云，恐九國志未可信也。洎既已背約不死，亦何待喬氣絶乃下閣。談苑又言國主求喬不得，或告洎，以爲喬已北降，明日乃得喬尸。按此則所云同升閣者，繆甚矣。大抵城破時洎與喬猶同見國主，請如前約，喬遂死，而洎不死爾。洎固不能死，所以同見國主，度國主必不許其死也。

歸宋，太祖召責之曰：「汝教煜不降，使至今日！」因出帛書示之，〔三〕乃圍城日洎所草詔，召上江救兵蠟丸書也。洎神色自若，徐曰：「當危急之際，望延歲月，亦何計不爲。臣所作帛書甚多，此特其一耳。」宋史載洎頓首請罪曰：「實臣所爲也。犬吠非其主，此其一爾，他尚多有。今得死，臣之分也。」今從南唐書。太祖奇之，授太子中允。

太宗時，累遷禮、户二部郎中。時秦國錢王俶薨，太常定謚忠懿，洎時判考功，爲覆狀，經尚書省集議。

虞部郎中張佖奏駁曰：「按考功覆狀一句云『亢龍无悔』，實非臣子而言者。況錢俶夙爲荒服，未嘗畧居尊位，終是藩臣，故名不可稱龍，位不可爲亢。其『亢龍无悔』四字，請改正。」洎對狀曰：「謹按易乾之九三云云。王弼云『處下卦之極，愈于上九之亢』。正義云『九三居下體之極，是人臣之體也。其免亢龍之咎者，是人臣之極，可以慎守免禍。故云免亢極之禍也』。漢書梁商傳贊云『地居亢滿，而能以謹厚自終』。楊植許由碑云『錙銖九有，亢極一夫』。杜鴻漸讓元帥表云『禄位亢極，過逾涯量』。盧杞郭子儀碑云『居亢无悔，其心益降』。李翰書霍光傳云『有伊、周負荷之明，無九三亢極之悔』。張説祈國公碑云『一無目牛之全，一无亢龍之悔』也。況考功狀内止稱云『受寵若驚，居亢无悔』，卽本无『亢龍无悔』之語。」詔曰：「張洎援引故實，皆有依據。張佖學識甚淺，敷陳失實，可罰一月俸。」

未幾，拜右諫議大夫，判大理寺；又充史館修撰，判集賢院事。初，洎將命入貢，作十詩以詆訾汴京風物，至有「一堆灰」之句。蘇易簡得其親書，及是與易簡同事，不相能，語人曰：「清河更作異，卽以『一堆灰』之詩進呈矣。」洎爲少屈。然以巧宦，竟至參知政事。至道三年，病卒，年六十四。贈刑部尚書。二子：安期、方回。

洎風儀灑落，文采清麗，兼覽道釋書，通禪寂虚無之理。終日清談，亹亹可聽。尤險詖刻薄。後主既歸宋，貧甚，洎尤丐索之，後主以白金頮面器與洎，洎尚未滿意。時潘慎修掌後主記室，洎疑慎修教後主，素與慎修善，自是稍稍疏之。清源郡公仲寓雅好蒲博飲宴，洎切諫之，仲寓謝過。後有言仲寓蒲博如故者，洎遂與之絶。及仲寓死郢州，葬京師，洎亦不赴弔。常同張佖議事不協，竟爲讎隙，始以從父禮事佖，既而不拜。洎先爲寇準所薦，奉之甚謹，未幾揣内指，奏準誹謗。性鄙吝，雖親戚無所霑，及江表故舊，罕登其門。與徐鉉素厚善，後因論事相忤，至絶交，然手寫鉉文章，訪求其筆札，藏篋笥，甚于珍玩。洎有文集十五卷，〔四〕賈氏談録一卷，傳世。

鄭彦華子文寶　劉澄

鄭彦華，福州人。祖、父世爲福、建諸州刺史。彦華少隸節度使李弘義帳下，常射殺乳虎，以勇聞。元宗出師攻福州，大將王崇文遣卒李興登樓車罵弘義，弘義不勝忿，募生得興者。彦華請行，夜縋出城外，伏壕傍，詰旦，興猶嫚罵不已，華操鈎得興，挾以登城，城上皆鼓譟，弘義得興而甘心焉。崇文遂遁還。歲餘，劍州刺史陳誨以水軍攻閩，彦華適出屯候官，會吴越兵被誨敗，彦華遂以本部降誨。誨與語，奇之，署軍校。

已而周侵淮南，彦華大小百餘戰，身被五十餘創。累遷至鎮海軍節度使，加同平章事。後主末，宋師自采石作浮梁渡江，後主命彦華督舟師萬人，又遣別將杜貞一作「真」。率步兵萬人同逆戰。後主親遣行，戒之曰：「水陸兩軍相表裏，則吾事濟矣。」比與宋師遇，貞以所部力戰，彦華擁兵不救，貞敗。金陵聞之喪氣，遂閉壘自守，以至國破，竟不能正彦華之罪。

彦華從後主入宋，爲右千牛衛將軍，從征太原及幽州，皆無功，猶歷諸衛將軍，至左千牛衛大將軍。卒年七十三。

子文寶。文寶初仕後主，以文學選爲清源郡公仲寓掌書記，未幾，遷校書郎。後主歸宋，羣臣皆從北遷，宋詔江南故臣皆許録用，文寶獨不肯言，以是羈栖汴梁，不預仕列。後主以環衛奉朝請，禁絶賓謁，文寶乃披蓑荷笠，作賣魚者以見，寬譬久之，後主爲之感歎。及後主已薨，文寶乃始舉進士第，仕至兵部郎。

文寶工詩，其過緱山及題緑野堂爲晏殊、歐陽修所膾炙。有南唐近事三卷傳于世。

劉澄者，後主藩邸舊人也。後主末，吴越克常州，兵勢日逼，朝議以潤州最要害，當得良將以守，乃以澄爲節度使鎮之。臨行，後主諄諭曰：「卿本未合離孤，孤亦難與卿别，但此非卿莫可委付，勉副孤意。」澄洒淚而别。還家，罄輦金寶以往，謂人曰：「此皆前後所賜，今國家當難，蓄此何爲？當散之以圖勳伐。」及吴越兵初至，營壘未成，左右請掩之。澄時已懷向背，堅曰：「兵出則不可勝，須救至更圖可也。」會盧絳援兵入城，澄謀因事斬絳以城降，絳覺之，互相猜防。是時絳怒一裨將，澄私語裨將：「盧公怒爾，爾不生矣。」因諭以殺絳降敵，裨將曰：「奈家在都城何？」澄曰：「事急矣，當身爲之謀，我家百口亦不暇顧。」既而絳不可殺，則謂絳曰：「都城萬一不救，守此何爲者？」絳乃自拔而出。是夕，澄遣使送款；明日，偏召諸將，告曰：「澄守城數旬，志不負國，事勢如此，須作計，諸君謂何如？」衆皆大哭。澄懼生變，亦泣曰：「澄受恩固深于諸君，且有父母在都下，寧不知忠孝乎？但力不能抗耳。」于是率將吏開門降，金陵聞之益震。後主方惶惑，欲置其家，陳喬憤切曰：「人臣受重寄，一旦降敵，此豈可容！」悉收其父母妻子斬之。澄一女許嫁未適，有司議宥之，女曰：「叛逆之餘，生世何顏！」乃亦就戮。

李德柔　劉承勳

李德柔字子懷，鄱陽人也。起家小吏，善伺人陰私以爲能。捕獲亡命，所至必得，人號曰「李猫兒」。元宗時，累遷大理卿。持法苛峻，凡獄未成者，悉以蘆蓆裹囚，倒置之，死者甚衆。德柔本無學術，妄矜博洽，每呼馬爲「韓盧」，染工爲「伶倫」，縉紳無不掩口。初，元宗欲置北寺獄，德柔諫曰：「世豈乏士，而俾閹豎得以舞文墨邪！」其議遂寢，論者亦以是節取之。

劉承勳，失其鄉里。以善心計事烈祖爲糧料判官，遷德昌宫使。德昌宫者，故内帑别藏也。自楊氏建國，撫有江淮，比他國最爲富饒，山澤之利，歲入不貲。烈祖勵以節儉，一金寸物不妄費，其積如山。太子常欲一杉木作版障，有司以聞，烈祖署奏後曰：「杉木不乏，但欲作戰艦，以竹代可也。」然德昌宮簿煩委，不克盡勾校，承勳獨任其事，資用無筭。保大後貢奉日繁，愈得以爲姦利。畜伎數十百人，每置一伎，價盈數十萬，教以藝，又費數十萬，而服飾、珠犀、金翠稱之。江南李德誠、皇甫繼勳輩最號豪侈，未能過也。

宋太祖平荆湖，詔沿江具舟，漕其米入汴京。承勳欲預自結中朝爲異時地，乃請行，督巨艦，自長沙抵迎鑾，千柁相銜，太祖覺其意而惡之。國亡，承勳歸宋，首自陳漕米事。太祖曰：「此汝主勤王耳，汝安得有勞！」叱出，特命無敘用。久之，客處無資，裸袒乞食，不勝凍餒而死。

校勘記

〔一〕豈能固哉　「固」原訛作「國」，據陸游南唐書卷十一郭廷謂傳改正。

〔二〕曾祖旼　「旼」原訛作「改」，據宋史卷二六七張洎傳改正。

〔三〕帛書　「帛」原訛作「常」，據宋史卷二六七張洎傳改正。

〔四〕文集十五卷　「十五」，宋史卷二六七張洎傳作「五十」。

十國春秋卷第三十一

南唐十七　列傳

孫魴　周彬　胡元龜　伍喬
康仁傑　余瓘　劉洞夏寶松　舒雅
陳元亮　張惟彬　邱旭　羅穎
吴淑　陳彭年　魏羽　洪慶元

孫魴字伯魚，性聰明好學。故唐末都官員外郎鄭谷避亂江、淮，魴從之遊，盡得其詩歌體法。吴時文雅之士駢集，魴遂與沈彬、李建勳爲詩社。彬好評詩，建勳常與彬議，時魴不在席，以魴詩詰之，彬曰：「此非有風雅製度，但得人間煙火氣多爾。」魴遽出，讓彬曰：「非有風雅，固然；而謂得人間煙火氣，何邪？」彬笑曰：「子夜坐句云：『劃多灰雜蒼虯跡，坐久煙消寶鴨香。』非鑪上作而何？」一坐大笑。魴有題金山寺詩，與張祐詩前後並稱，一時以爲絕唱。金山寺題詠，衆咸稱張祜「僧歸夜船月，龍出曉堂雲」之句，多爲閣筆。魴復吟云：「山載江心寺，魚龍是四鄰。樓臺懸倒影，鐘磬隔囂塵。過櫓妨僧定，驚濤濺佛身。誰言題詠處，流響更無人。」烈祖召見，授宗正郎，卒。有詩百篇行世。

周彬，禾川人。杜門讀書，不事家人生產。妻讓之曰：「君兄弟皆力田畝，致豐羨，乃獨玩故紙以自困，寧有益邪？」彬笑曰：「耕田不如耕道，非兒女子所知也。」烈祖鎮金陵，招辟儒生，彬往依之。禪代後，制度草創，會有事於南郊，彬著郊望論數千言，廣陳前古得失，上之，署諸衞巡官。元宗與壽王景遂貽書交辟，賜予優渥。俄告歸，以所得金玉繒幣列庭中，顧其妻曰：「伯叔田畝竟孰愈？」彬素爲鄉里所輕，至是有言及者，彬曰：「昔魯人俚孔子爲東家丘，况庸人乎！」置不問。久之，授大理司直，歷本縣令，累遷尚書郎，卒。

胡元龜，世爲廬陵人，居永新。少有俊才，常謁本邑令，見其風貌瓌傑，因障間繪戲珠龍，屬元龜詠之。時邑令多所受貽，元龜題句曰：「翻身騰白浪，探爪攫元珠。」蓋諷之也。令爲設飲食，盡歡而罷。會有發其意者，令大怒，追捕之，元龜亡入金陵，館吏曹郎徐某家，爲其子作催粧詩，立就。而徐有同舍郎，雅自用，欲以詞賦窘元龜，元龜裂牋據案，爲迴文體嘲之，郎一辭莫措，謝去，由是知名。未幾，徐薦于宋齊丘，射策入官，授文房院副使。居數年，以省親歸。天威都虞候張巒征桂林班師，與元龜有舊，訪其第，登堂拜母，盤桓信宿。其爲巒所重如此。俄授臨川令，頗著政績。

是時齊王景達出鎮撫州，而元龜朔望起居有慢色，又常庭辱王府公佐。元宗將代之，已而坐娶訟者生人婦，免官，徙廣陵。久之，會赦，求敍理，不報，遂撰怨詞三十篇；元宗聞而鴆之，時年方四十。

伍喬，廬江人。性嗜學，以淮人無出己右者，遂渡江，居廬山國學，苦節自奮。一夕，見人掌自牖隙入，署「讀易」二字，忽不見。喬大歎異，輙取易讀之，探索精微。越數年，山中浮屠夢仰視見大星芒色甚巨，傍有人指之，曰：「此伍喬星也。」既覺，訪得喬，傾貲奉之，使入金陵應進士舉。及試畫八卦賦、〔一〕霽後望鍾山詩。故事，中選者主司必延之升堂置酒。時有宋貞觀者，首就坐，張泊續至，主司賢泊文，揖貞觀南坐，引泊坐于西。酒數行，喬始上卷，主司歎爲傑作，乃徙貞觀處席北，泊處席南，而以喬居賓席。無何，覆考榜出，喬得第一，泊、貞觀次之，時稱主司精衡鑑焉。元宗大愛喬文，命勒石，以爲永式。仕至考功員外郎，卒。有集一卷，行世。

康仁傑，泉州人。少祝髮爲僧，喜儒學，頗自勵。陳德誠爲池州刺史，仁傑遊江、淮，以詩投之，德誠勉令就仕，薦于朝，仁傑乃易儒服至金陵。會朝貴宴飲昇元閣，仁傑造席，和登閣詩，一坐大驚。後主聞其名，召見，徧問風土民俗，仁傑對答無滯，詳言陳洪進據漳、泉本末，仍獻所業。授鄂州文學，補溧陽主簿。素性清儉，門無私謁。已而出吉州，括量屯田，視肥磽以爲高下，人多允服。遷汾陽令。金陵敗，仁傑亦卒。

余璀字崑美，一名賜，古田人也。仕元宗爲左拾遺。璀善唐律，有拾遺集若干卷。

劉洞，廬陵人。少遊廬山，學詩于陳貺，精思不懈，或至浹日不盥。居廬山二十年，長於五字唐律，自號「五言金城」，得賈島遺法。後主嗣位，尤屬意詩人，或以洞言者，洞遂獻詩百篇，卷以石城篇爲首，其詞「石城古渡頭，一望思悠悠，幾許六朝事，不禁江水流」，後主讀之，感愴不怡者久之，因棄去，洞亦不復見省。

金陵受圍，洞猶在城中，署于道旁云：「千里長江皆渡馬，十年養士得何人？」國亡，洞過故宮闕，徘徊賦詩，多感慨悲傷，不以不遇故作怨懟語。開寶八年卒，有遺集行世。同時夏寶松亦隱廬山，相與爲詩友。洞有夜坐詩，寶松有宿江城詩，皆見稱一時。百勝節度使陳德誠常作詩美之，號曰劉夜坐、夏江城云。

寶松，吉陽人。少學詩江爲，爲羈旅卧病，寶松躬嘗藥餌，夜不解帶，爲德之，與處數年，盡發其秘。寶松雖善詩，而性黷貨，每授弟子，未常會講，唯貲帛厚者私爲指授，且紿曰：「詩之旨訣，我有一葫蘆兒，將以待賈。」由是多私賂焉。

時又有張迥者，苦吟咏，一夕夢呑五色雲，遂精雅道。

舒雅字子正，宣城人。姿容秀發，以才思自命。保大時，隨計金陵，懷所業獻于吏部侍郎韓熙載，熙載一見如疇昔，館給之。雅性巧黠，應答如流。熙載定爲忘年交，常與雅易服燕戲，猱雜侍婢，以爲笑樂。居數年，熙載知貢舉，擢雅高第，朝野素服雅才，無間言。會後主命中書舍人徐鉉覆試雅等五人，雅不就試。後入宋爲將作監丞，已而充秘閣校理，與吳淑齊名。久之，出知舒州，見山水奇秀，有終焉之志。秩滿，掌靈仙觀，卒，年七十餘。雅有山海經圖若干卷。雅入宋後有十九代史目二卷。

陳元亮，永春人。與兄保極同仕後主，閩書云：「保極登天成三年進士，仕南唐爲大理評事，充武義節度掌書記、尚書左司員外郎。誥詞美其「含華葆光，握蛇吐鳳」。俱以才學名，後主稱爲「二英」。

張惟彬，西昌令翊之弟也。幼以通誦二經中童子科，有文章名。及長，授蘄州黄梅尉；未幾，改武昌崇陽主簿；復入選，除廬陵令。既代，未行，而金陵陷，疾作卒。

邱旭字孟陽，宣城人。旭本農家子，弱冠始讀書，習爲辭章，俄隨計金陵，凡九舉，而曳白者六七。旭自勵彌篤，不爲恥，由是學益進。後主時試德厚載物賦，擢第一人。國亡歸宋。吕蒙正判銓，久習旭名，問曰：「若非能爲賦者乎？」旭曰：「江南獻賦，適爲第一。」蒙正曰：「聞名舊矣，謂爲古人，乃並世邪？」薦授令録，遷京秩，卒於衡州。常纂古名賢遺言爲賓朋宴語，行世。其詞賦得故唐程度體，時人取以爲法。

羅穎，南昌人。涉獵經傳，與里人彭會同以辭賦稱。開寶中詣金陵，試銷刑鼎賦、儒術之本論，有司以鄧及爲第一，穎居末牓，既上，後主遷穎第二，手筆圈其名。是夕，穎夢黑氣環身，有長人自上挽而出之。及宋師下金陵，穎再舉不第，道經漢高祖廟，作詩誚之，頃之，輒自免冠，鞠伏數日卒。

吴淑字正儀，潤州丹陽人。父文正，仕吴至太子中允。好學，多自繕寫書籍。淑幼俊爽，屬文敏速。韓熙載、潘佑以文章著名，一見淑，深加器重，自是每有滯義難于措詞者，必命淑賦述。以校書郎直内史。國亡歸宋，久不得調，後以近臣薦授大理評事，與修太平御覽、文苑英華，又作事類賦以獻。又有秘閣閒談五卷，江淮異人録三卷。累官職方員外郎，卒。

陳彭年字永年，撫州南城人。父省躬，鹿邑令。彭年幼好學，母惟一子，絶愛之，禁其夜讀書，彭年篝燈密室，不令母知。年十三，著皇綱經萬餘言，爲名輩所賞。後主聞之，召入宫，令幼子仲宣與之遊。金陵陷，彭年師事徐鉉爲文，舉宋太平興國中進士，後附王欽若、丁謂，仕至兵部侍郎，事具宋史。大中祥符九年卒。

彭年博聞强記，所著文集一百卷，唐紀四十卷，江南别録若干卷。又彭年諳於典故，入宋後又有閤門儀制十卷，儀制敇書德音十卷，諸路轉運司編敇三十卷，宋朝重修廣韻五卷。

魏羽字垂天，歙州人。少能屬文，上書後主，署弘文館校書郎。時建當塗縣爲雄遠軍，以羽爲判官。宋師渡江，出其境，以城降。擢爲太子中舍，累官禮部侍郎，卒。

又有劉式者，袁州人，亦後主時舉三傳中第。歸宋，歷任至刑部員外郎。

洪慶元，江寧人。祖勳，烈祖時崇文館直學士；父壽，桐城令。慶元喜讀書，善文章。獻書後主，授奉禮郎，補新喻令。國亡歸宋，爲宛句令。

應用王文秉　朱澄高太沖　陶守立　顧閎中

梅行思　曹仲元　周文矩　顧德謙

厲昭慶　董源　徐熙　解處中韓幹

董羽　衛賢王齊翰　蔡閏　竹夢松

應用以書法名江南，善寫細字，微如毛髮，常於一錢上寫心經，又於粒麻上寫「國泰民安」四字。

時又有王文秉者，善小篆，字畫遠過徐鉉，所書紫陽石磬銘、千字文傳於世。

朱澄，事元宗爲翰林待詔。工畫屋木，常與高太沖等合畫雪景宴圖，時稱絶手。

太沖工傳寫，寫元宗真，得其神思，亦爲待詔。

陶守立，池州人。保大間應舉不第，退居齊山，以詩筆丹青自娛。工畫佛道、鬼神、山川、人物。後主金山水閣有十六羅漢像，故守立所繪也。

顧閎中，事元宗父子爲待詔，善畫人物。是時韓熙載好聲伎，專爲夜飲，賓客猱雜，無復拘制。後主惜其才，置不問，然欲見其尊俎鐙燭間觥籌交錯之態度，不可得，乃命閎中夜至其第竊窺之，目識心記，圖繪以上，故世傳有韓熙載夜宴圖云。

梅行思，一作再思。江夏人。繪人物牛馬妙絶，而最工於雞，以此知名，世號爲「梅家雞」。仕後主爲待詔，品目甚高。

曹仲元，豐城人也。後主時爲待詔，善畫道釋鬼神。初學吳道玄，不成，棄其法，別作細密，以自名家。尤工傅彩，常於建業寺畫上下壁，八年不就。後主責其緩，命周文矩校之，文矩曰：「仲元繪上天本樣，非凡工所及，故遲遲如此。」後主乃加慰諭焉。

周文矩，句容人。以繪事爲後主翰林待詔，工道釋、鬼神、車服、樓觀，尤精士女，而彩色纖麗。後主常令文矩畫南莊圖，覽之，歎其精備。開寶中，進其圖於宋。文矩有遊春、搗衣、熨帛、繡女等圖，傳於世。

顧德謙，江寧人。善繪人物，風神清劭，舉無與比。後主愛重之，常謂曰：「古有愷之，今有德謙，二顧相望，繼爲畫絶矣。」

厲昭慶，豐城人。工畫人物，官翰林待詔。隨後主入宋，受圖畫院祇候。

董源，一作元。善畫，後主時爲後苑副使。畫多作山水龍離蟄出洞，升降自如，又工人物。一日，後主坐碧落宮，召馮延巳論事，至宮門，逡巡不敢進，後主使趣之，延巳云：「有宮娥著青紅錦袍，當門而立，未敢竟進。」使隨共諦視之，乃八尺琉璃屏畫夷光於上，葢源筆也。

徐熙，江寧人。世爲江南仕族，識度閒放，以高雅自任。善畫花木、禽魚、蟬蝶、蔬果，後主絶愛重其蹟。熙常於雙縑幅素上畫叢艷疊石，傍出藥苗，雜以禽鳥蜂蟬之妙，乃供後主宮中掛設之具，謂之「鋪殿花」，次曰「裝堂花」。

解處中，事後主爲翰林司藝，特於畫竹盡嬋娟之態。

又有韓幹者，工畫水，官畫院學生，皆有名一時。

董羽字仲翔，常州人。口吃，不能疾談，俗號董啞子。善繪龍水海魚，事後主爲翰林待詔。鍾陵清涼寺有元宗八分題名，李蕭遠草書，羽畫海水，爲三絶。羽又畫後主香花閣圖屏，大被稱賞。後歸宋，宋太宗常令畫端拱樓下龍水四壁，極其精思。一日，太宗與嬪御登樓，時皇子尚幼，見畫壁，驚啼，亟令圬墁，羽卒不受賞云。

衛賢，爲内供奉，長於樓臺、人物，常作春江圖，後主爲題漁父詞於其上。

又有王齊翰，善繪佛道、鬼神。金陵陷，步卒李貴入佛寺，得齊翰所畫羅漢十六幅以出。

又蔡潤工畫船水，始隨後主歸宋，隸八作司，彩畫匠人。後因畫舟車圖貢上，遂補畫院之職。

時又有竹夢松，事後主，官別駕，工畫人物、宮殿，巧絶冠代。夢松，溧陽人。

校勘記

〔一〕試畫八卦賦　「賦」字原缺，據馬令南唐書卷十四、陸游南唐書卷十二伍喬傳補。

十國春秋卷第三十二

南唐十八　列傳

裴長史　徐幼文　占夢僧　吴廷紹　李延珪

裴長史，失其名，新羅國人，慕華來歸，居之建州城中，長史則其本國官稱也。後主朝金陵危困，建州通守查元方知其有伎術，遣赴金陵。五月，行至歙州，長史託疾不進，密告刺史龔慎儀、監軍軫鎬曰：「有狀託之附奏。」中言金陵事者五：一，金陵立春節後有災，寧謐無事；二，潤州城九月當陷；三，朱令贇氣候不過池州；四，江州血氣覆城；五，明年春末夏初，血塗原野。已而皆如其言。

徐幼文，得索紞占夢之法，爲人斷休咎，多奇中。馮延魯子僎舉進士，一夕夢登崇孝寺幡刹極高處，打方響，詣幼文叩之。幼文曰：「雖有聲價，至下地耳。」明年，僎成名。或有誚其無驗者，幼文曰：「誠如吾語，後當知之。」未數日，中書奏主司取士不當，遂追牓御試，僎果覆落。

占夢僧，不知何地人。馮延巳鎮臨川，聞朝議已有除替，一夜夢通舌生毛，僧解之曰：「毛生舌間，不可薙也。相公其未替乎？」旬日間果寢命。

吴廷紹，爲太醫令。烈祖因食飴，喉中噎，國醫皆莫能治。廷紹尚未知名，獨謂當用楮實湯，遂進一服，疾失去。馮延巳苦腦中痛，數日不減，廷紹密詰厨人曰：「相公平日嗜何等？」對曰：「多食山雞、鷓鴣。」廷紹曰：「吾得之矣。」投以甘豆湯，亦愈。羣醫默識之，他日取用，多不驗。或叩之，答曰：「噎因甘起，故以楮實湯治之。山雞、鷓鴣皆食烏頭、半夏，故以甘豆湯解其毒耳。」聞者大服。

李廷珪，工造墨。與父超自易水來江南，定居歙州。初姓奚，後賜姓李氏。廷珪弟廷瑋，子文用，皆襲其業，輟耕録又言廷珪有弟廷寬、承宴，文用爲承宴之子。然多不及廷珪。江南以澄心堂紙、龍尾硯按龍尾硯，元宗時硯官李少微造，見潛溪集。及廷珪墨爲文房三寶。當其時有貴族常誤遺廷珪墨一丸於池中，疑爲水所壞，因不復取，既逾月，臨池飲，偶墜金器，乃令善泅者下取之，併得所遺墨，光色不變，表裏若新，緣是世多知寶藏云。又南唐拾遺記載韓熙載延歙工朱逢燒墨，命其所曰化松堂，墨曰「元中子」，又自名麝香月篋而寶之。又輟耕錄紀南唐墨工，李氏外有耿文政、耿文壽、盛通、盛真諸人，附記於此。

御厨　楊花飛楊名高　李家明　王感化　李冠

御厨，失其姓名，故唐長安舊人也。從中使至江表，聞崔胤誅北司，遂亡命，而御厨留事吴。及烈祖受禪，御膳宴設賴之，畧有中朝承平遺風。其食味有鷟鸞餅、天喜餅、駞蹄餤、春分餤、密雲餅、鐺糟炙、瓏璁餤、紅頭簽、五色餛飩，子母饅頭諸法，一時稱爲精絶。

楊花飛者，保大初居樂部。元宗初嗣位，春秋鼎盛，留心内寵，宴私擊鞠，畧無虛日。常乘醉命花飛奏水調詞進酒，花飛惟歌「南朝天子愛風流」一句，如是者數四。元宗悟，覆盃大懌，厚賜金帛，以旌敢言，且曰：「使孫、陳二主得此一語，固不當有銜璧之辱也。」馬令南唐書以此事屬王感化，今從陸游南唐書。翼日，罷諸宴賞，勵精庶事，圖閩弔楚，幾致强霸。

時又有楊名高者，本名復，名高其優名也。寓黄幡綽，著笑林，頗行於時，辭鄙不載。

李家明，廬州人，與楊花飛爲同伍，善詼諧滑稽。保大初，晉王景遂等皆以皇弟加爵，而恩未及臣下。家明因曲宴日俳戲，爲翁媪列坐，諸婦進飲食，拜禮頗繁，翁媪怒曰：「自家官自家家，何用多拜邪！」元宗笑曰：「吾爲國主，恩不外覃。」由是百官進秩有差。常從元宗遊後苑，元宗登臺望鍾山曰：「雨卽至矣。」家明曰：「雨雖來，必不敢入城。」元宗怪而問之，家明曰：「懼陛下重稅。」元宗遂命榷務減征之半。宋齊丘止一子輒死，悲哭逾月，齊王景達勉之不肯止，家明曰：「是易喻爾。」作紙鳶，大書其上曰：「一子不能捨，如讓皇百口何！」縱之墜其庭中，齊丘取觀，抆淚而出。

鄱陽王延政至金陵，公卿宴於邸第，延政吝賜予，家明謔之曰：「賤工無伎，告大王乞賜一物，大殷平天冠今已無用，家明敢取爲優服。」延政默然，因怏怏病薨。又江南野史云：嗣主于苑中命元僚臨池而釣，諸臣皆屢引其鱗，惟嗣主無所獲。家明見其猶豫，乃曰：「臣昧死敢上芻蕘。」曰：「玉甃金鈎興正濃，碧池春暖水悠溶。凡鱗不敢吞香餌，知道君王合釣龍。」嗣主大喜。又家明母死，會嗣主聽政之暇，坐于便殿，書草字。家明因詐曰：「臣每竊學人署字，與之不疑。」嗣主曰：「卿能學孤否？」家明曰：「臣雖愚魯，願效神蹤。」嗣主乃于麻紙上大押字，命試學焉。家明得之，輒於草字上書云：「宜州于上供庫錢二百千付家明安母親。」嗣主見之大笑，因而賜焉。

元宗失江北，遷南都，龍舟至趙屯，舉酒望皖公山曰：「好青峭數峯不知何名？」家明對曰：「此舒州皖公山也。」因獻詩曰：「皖公山縱好，不落御觴中。」元宗太息，爲罷酒。馬令南唐書載家明詩云：「龍舟輕颺錦帆風，正值宸遊望遠空。迴首皖公山色翠，影斜不到壽盃中。」與此不同。後主時，家明老而無寵。又南唐拾遺記載金陵有樂官山，南唐樂官所葬處也。宋初下南唐，諸將置酒作樂，樂人大慟，殺之，聚瘞此山，因名。附記于此。

王感化，建州人。善謳歌，聲韻悠揚，清振林木。初隸光山樂籍，後入金陵，繫樂部爲歌板色。保大中絕有寵。元宗暑月曲宴相臣嚴續等于北苑，有老牛息大樹之陰，命樂工詠之，感化遽進曰：「困臥斜陽噍枯草，近來問喘更無人。」續等有慚色。江南野史又以此詩爲李家明所詠。元宗常作浣溪紗二闋，手書賜感化，「菡萏香銷翠葉殘」與「手捲珠簾上玉鈎」是也。後主卽位，感化以詞札上，後主感動，優賞之。詩話類編曰：李嗣主宴苑中，有白野鵲飛集，嗣主令感化賦詩，應聲曰：「碧山深洞恐遊遨，天與蘆花作羽毛。要識此來棲宿處，上林瓊樹一枝高。」嗣主大悅，手寫浣溪紗賜之，云云。又曰：感化少聰敏，未曾執卷，而多識，善爲詞。建州節帥萬代餞別，感化獻詩曰：「旌旆赴天臺，溪山曉色開。一家悲更喜，迎佛送如來。」又題「怪石」一聯云：「草中誤認將軍虎，山上曾爲道士羊。」

李冠者，散樂也。善吹洞簫，悲壯入雲。元宗將召隸教坊，會軍旅事興，不暇。未幾，元宗殂，國家多故，音樂之事遂成衰減。初，司徒李建勳號知音，遇冠，絶歎賞之。建勳死，冠無所依，因渡北遊，流落梁、宋間。每醉，輒登市樓作數曲，聽者慘沮，人以比李龜年丁天寶之末云。冠一作冠子。　又南唐近事云：進士李冠子善吹中管，妙絶當代。上饒郡公常聞于元宗，元宗甚欲召對，屬淮甸多故，盤桓期月，戎務日繁，竟不獲見。出關日，李建勳贈一絶云：「韻如古澗長流水，怨似秋枝欲斷蟬。可惜人間容易聽，新聲不到御樓前。」以冠子爲進士，未識所據。

彭利用

彭利用，廣陵人也。周師下淮南，利用南奔，僑居廬陵。性朴鄙，雖燕居，對家人稚子必據書史，斷章破句以代常譚，俗謂之「掉書袋」，因目爲「彭書袋」。時有問其姓者，對曰：「隴西之遺苗，昌邑之餘胄。」又問其居處，對曰：「生自廣陵，長僑螺渚。」其僕夫常有過，利用責之曰：「始我以爲紀綱之僕，人百其身，賴爾同心同力，左之右之。今乃中道而廢，侮慢自賢，而今而後，過而勿改，予當循公滅私，撻諸市朝，任汝自西自東，以遨以遊而已。」又利用喪父，客過唁之，對曰：「家君不幸短命，諸子餬口四方。歸見相如之壁，空餘仲堪之棺。實可痛心疾首，不寒而慄。」遂大慟。會鄰家火，利用往救，徐望之曰：「煌煌然，赫赫然，不可嚮邇。自鑽燧而降，未有若斯之盛，其可撲滅乎？」又常偕賓客遠遊，俄不告而返，詰旦復至。問之故，利用曰：「忽思朱亥之椎，猶倚陳平之户，切恐數鈞之重，轉傷六尺之孤。」其言類俳諧多如此。利用雖舉進士，坐是六上不第。年六十，一夕宴寢而卒。利用故腐儒，以其語涉俳笑，姑依馬氏附談諧之末。

十國春秋卷第三十三

南唐十九　列傳

僧休復，北海王氏子也。幼出家，十九納戒。烈祖創清涼道場，延居之。保大元年十月朔，致書辭元宗，取三日夜子時入滅。元宗令本院至時擊鐘，及期衆集，休復端坐警衆曰：「無棄光影。」語絶而逝。時元宗聞鐘聲，登高臺遥禮，深加哀慕，收舍利建塔焉。

僧無殷，福州人，俗姓吳氏。七歲從雪峯出家，後往吉州禾山，學徒雲集。元宗召而問曰：「師從何處來？」無殷曰：「禾山來。」曰：「山在甚處？」無殷曰：「人來朝鳳闕，山岳不曾移。」元宗重之，詔居東都祥光院；復乞入山，以翠巖棲止焉。建隆元年卒，謚法性禪師。

僧緣德，臨安人，俗姓黃氏。少事東山勤公，薙髮爲沙門，已而至襄州清谿修道，久之住洪州上藍精舍。會宋齊丘至，衆僧趨迎，緣德閱經自若。齊丘傍立睨之，緣德不甚顧，齊丘問：「上座看甚經？」緣德舉示之，齊丘異焉，歷請住舍利、幽谷、雙嶺諸剎。緣德去留所至，頹然默坐，而學徒自成規矩。平生著一衲裙，以繩貫其褶處，夜中其裙以爲衾。後主聞其名，召入禁中，問佛法大意，敕建寺於廬山。

宋師南侵，胡則據守江州，宋將曹翰部曲度江入寺，僧皆驚走，緣德正坐如平時。翰至，不起不揖，翰怒，呵曰：「長老不聞殺人不眨眼將軍乎？」緣德熟視曰：「汝安知有不懼生死和尚邪！」翰大奇之，曰：「禪者何故而散？」緣德曰：「擊鼓自集。」翰命裨校擊之，僧無至者。翰曰：「不至何也？」緣德曰：「公有殺心故爾。」乃自起擊之，僧人咸集。翰再拜問決勝之策，曰：「非禪者所知也。」太平興國二年十月七日，登堂曰：「脱離世緣，乃在今日。」屬門人累青石爲塔，曰：「他日塔作紅色，吾再至也。」言訖而逝，謚道濟禪師。

木平和尚，保大中至金陵，知人禍福死生，所言多中。元宗召見于百尺樓，木平指樓曰：「此宜望火。」初不喻其意，及淮甸交兵，龍安山置烽堠應江北，常登樓以觀動靜，其言遂驗。又慶王尚幼，元宗問壽命幾何？木平曰：「郎君聰明智哲，預知九十年事。」遂書九十乙字予之。後慶王薨，得年十九。其書九十而繼以乙字者，乃乙其九十而爲十九也。南唐近書載：木平云「壽當七十」，是歲疾終，年十七，蓋反語以對之也。今從南唐書。一云，木平見元宗時，拄木鉼於杖頭，忽引鉼自蔽，元宗不能見，後爲置寺宮側，遂名木鉼寺云。

僧應之，本王姓，其先閩人也。能文章，習柳氏筆法，以善書冠江左。初舉進士，一黜於有司，投册罵曰：「吾不能以區區章句取程於庸人！」遂削髮爲浮屠。保大中賜紫，命寫楞嚴經，既成上之，元宗曰：「是深得公權之法者也。」應之書名，由是益振。遷右街僧録，固辭，求居奉先禪院，許之。應之多著述，尤喜音律，嘗以讚禮之文寓諸樂譜，其聲少下，而終歸梵音，讚念協律，自應之始。著有臨書關要一卷。

僧文益，餘杭魯氏子也。七歲，依睦州僧全偉落髮，已而旁通儒典，又詣明州希覺聽講釋書。希覺曰：「我門之游、夏也。」元宗重其人，延住報恩院，賜號淨慧禪師。常有獻畫障子者，文益問曰：「汝是手巧心巧？」曰：「心巧。」文益曰：「誰是汝心？」其人默然無對。隨機善誘，皆此類也。

保大末，政亂國危，上下不以爲意，文益因覲牡丹，獻偈以諷曰：「髮從今日白，花是去年紅。何須待零落，然後始知空。」元宗頗悟其意。交泰元年得疾，元宗親加禮問。未幾，剃髮澡身，跏趺而逝，顔貌如生，年七十四。公卿以下素服奉全身於江寧縣丹陽起塔，諡大法眼禪師，塔曰無相。後主命文益弟子行言爲導師開法，再諡文益曰大智藏大導師。按五代史補載僧謙光素有才辨，飲酒茹葷，不殊于衆。常與國主對食，從容語及釋氏果報，因問：「吾師亦有志願否？」謙光對曰：「但得鵞生四足，鱉加兩裙，願足矣。」或以爲謙光卽文益也。疑文益不應有此事，姑識於此。

僧深，居金陵說法。元宗常置綵一篋，劍一具，謂深及文益曰：「高座若問答得當，賜雜綵，否則賜劍。」文益升座，深曰：「今日奉敕參問，師還許不？」文益曰：「許。」深曰：「鷂子過新羅。」捧綵便行。一日，同智明過淮，見漁人布網，有魚從網出者，深曰：「此却與衲僧相似。」智明曰：「争如當時不入網羅。」深曰：「公少悟矣。」智明至中夜方省。

僧慧朗，居廬山化城寺。宋齊丘常請開堂説法，一時稱爲法眼宗高座。

僧智明，住金陵清涼禪院。後主延之登座，有僧問：「言句盡落方便不落方便？」智明曰：「國主在此，不敢無禮。」其玄機多如此。

行因禪師，居廬山佛手巖學道。後主禮重之，詔居棲賢寺。一夕大雪，忽逃歸舊隱，託巖立化。

僧清稟，泉州人。常參雲門印悟。後主迎居光睦，未幾，召入澄心堂，集諸方語要，凡十年，出住瑞州之洞山。

僧行言，泉州人。後主建報慈院，令行言大闡宗風，會衆二千餘人，署號曰元覺導師。行言升堂，有云：「示生非生，應滅非滅，生滅洞己，乃曰真常。」又曰：「言假則影散千途，論真則一空絶迹。」皆爲見道之言。

僧智筠，河中王氏子也。精通禪理。初住棲賢，後主創淨德院於金陵，延居之，署號曰達觀禪師。常曰：「吾不能投身巖谷，滅迹市廛，而出入禁庭，以重煩世主，吾之過也。」屢請還山。後主錫以五峯棲玄禪院。

僧文遂，杭州人。本陸姓。常爲楞嚴經註釋，就謁于師文益，述己所業。文益曰：「楞嚴豈不有八還義邪？」文遂曰：「然。」曰：「明還何處？」對曰：「明還日輪。」曰：「日還何處？」文遂懵然無對。文益戒令焚所註之文。自是始忘知解，禪學日進。後主署雷音覺海大導師。

僧匡逸，明州人，爲文益高座弟子。後主詔居金陵報恩院，署號凝密禪師。

僧守訥，字妙空。嗣法于雪峯，住嘉佑禪院。後主時三詔不起，國人高之。

僧元寂，姓高氏，故唐節度使騈族子也。棄家祝髮，博極羣書，善講説，而脱畧跌宕，無日不醉，嘗自號爲「酒秃」云。後主召講華嚴梵行一品，賚金帛甚厚，元寂卽日盡送酒家，日夜劇飲，醉則從小兒數十，浩歌道中，歌曰：「酒秃酒秃，何榮何辱。但見衣冠成古丘，不見江河變陵谷。」一日，醉死石子岡。

小長老者，淮北僧也；或云卽江南江氏子。宋咸笑談録云：李煜有國日，樊若水與江氏子共謀，江年少而黠。時李主重佛法，卽削髮投法眼禪師爲弟子，隨逐出入禁苑，因遂得幸。法眼示寂，代其住持建康清涼寺，號曰小長老，凡國中虛實盡得之。先令若水走闕下，獻下江南之策，江爲内應。又鄭毅夫江氏書目云：江氏名正，字元叔，江南人。太祖時，同樊若水獻策取李氏。又龍衮江南野史云：北朝聞後主崇奉釋氏，陰選少年有經業口辨往化之，號爲小長老。其説不同如此。

自言慕化遠至，朝夕入論六根四諦之説，後主大喜，謂之一佛出世。身被紅羅銷金衣，後主誚其大奢，答曰：「陛下不讀華嚴經，寧知佛富貴乎？」因説後主廣施梵刹，又請於牛頭山大起蘭若，廣聚僧徒，日設齋饌食，有不盡者明日再具，謂之折倒。識者謂折倒乃敗徵也。金陵被圍，後主召小長老問禍福，對曰：「臣當以佛力禦之。」乃登城大呼，周回數四。後主令僧俗軍士念救苦菩薩，滿城沸涌。未幾，四面矢石交下，復召小長老麾之，稱疾不起，始疑其誕，遂鴆殺之。按揮塵後録引笑談録云：其後李主既俘，各命以官，江後累典名州，家于安陸。據此，則所鴆者非真，又以計免歸宋也。

先是，淨德尼院凡八十餘人，皆宫人入道者。都城將陷，亦積薪于院庭，後主與約曰：「如有不虞，宫中舉火爲應，吾與汝輩俱焚死。」及保儀黄氏燔積書于宫，淨德院遥望見烟燄，遂爇積薪赴火死，無一人肯脱者。時城中有僧千人，數表乞披堅執鋭以死國難，後主不許。

初，後主與周后酷信浮屠法，僧帽袖衣，課誦釋典，親削僧徒，厠簡試之，以頰少有芒刺，則加以修治，兩手常作佛印而行。募道士爲僧者，予二金；僧人犯姦者，令禮佛百拜，便釋之。由是姦濫公行，無所禁止。諸郡斷死刑，必先期奏牘，幸遇齋日，則於宫内對燃佛燈，以達旦爲驗，謂之命燈，火滅則依法，不滅則貸死。富商大賈犯法者，往往厚賂左右，輒續其燈，獲免者甚多。羅泌路史云：釋有所謂造天地經云：儒童菩薩號曰孔丘，今溧水縣南七十五里有儒童寺者，本孔子祠。唐景福二年，遂以爲孔子寺，以孔子適楚經此，南唐改曰儒童寺。故予常謂江南之亡，非文之罪，用浮屠之過。

十國春秋卷第三十四

南唐二十　列傳

王棲霞　陳允升　史守沖　譚峭
潘扆　陳曙　許堅　聶紹元
耿先生　楊保宗

王棲霞一名敬真，字元隱，生于齊魯。七歲以神童及第，天祐時避亂南渡，從道士聶師道傳道法，已又居茅山，從鄧啟遐受大洞經訣。烈祖輔吳，召至金陵，館于元真觀。昇元初，加金印紫綬，賜號元博大師。表請還山，詔不允，又加號真素先生。時烈祖餌史守沖丹藥，頗躁急暴怒，一日，問棲霞曰：「何道可致太平？」對曰：「王者治心治身，乃治家國。今陛下尚未能去饑嗔飽喜，何論太平。」元敬皇后自簾中聞之，歎爲至言。棲霞常建醮上章，烈祖命築壇達之，辭曰：「國用方乏，何暇及此？俟焚章不化，當徐請耳。」凡烈祖所賜予，悉不受。保大元年四月卒，年六十二。賻錢二十萬，奉冠劍歸葬雷平山，徐鉉撰碑。

陳允升，饒州人也，時人謂之陳百年。少而静默好道，家世弋獵，允升獨不食其肉，亦不與人交言。十歲，詣龍虎山入道，棲隱深邃，罕覩其面。天祐末，有人見允升於撫州麻姑山，計其去家七十年矣，而顔貌如初。刺史危全諷素知其異，迎置郡中，獨處一室，時忽失之。常燕坐，全諷謂之曰：「豐城橘美，頗思之。」允升曰：「方有一船橘，泊牢城港，今爲取之。」港距城十五里，少選便還，提一布囊，可數百顆，因共食之。全諷有姻禮，市黄金郡中不足，輒呵責其下。允升曰：「無怒。」第取厚紙，以藥塗之，投火中，皆成黄金。後全諷與吴師戰，允升去之，曰：「愼勿入口中。」全諷不悟，果敗于象牙潭。昇元時，允升猶往來撫州山中，不知所終。

史守沖，不知何許人。烈祖常夢得神丹，既覺，語左右欲物色之，而守沖適詣宫門獻丹方，潘扆亦以方繼進。烈祖皆神之，以爲仙人，使煉金石爲丹，服之，多暴怒。羣臣奏事，往往厲聲色詰讓。常以其藥賜李建勳，建勳乘間言：「臣服甫數日，已覺炎躁，豈可常進哉？」烈祖曰：「孤服之已久，寧有是事！」俄而疽發，遂至大漸，臨終，謂元宗曰：「吾服金石求長年，今反若此，汝宜以爲戒也。」

譚峭字景昇，故唐國子司農洙之子也。洙訓以進士業，而峭酷好黃老書，師嵩山道士十餘年，得辟穀養氣之術。沈份續仙傳載峭謂父曰：「茅君昔爲人子，亦辭父學仙，今峭慕之，冀其有益。」夏則服烏裘，冬則綠布衫。或臥於風雪中經日，人謂已斃，視之氣騰騰然。久之，煉丹南嶽，成，能入水火，隱形不見。因躡屩遊三茅山，道過金陵，見宋齊丘有仙骨，雖溺機智，而異於衆人，出所著化書授齊丘曰：「是書之化，其道無窮，曷序而流于後世。」齊丘遂奪而傳之。一云齊丘利其書，虐峭以酒，醉而縫以革囊，投諸深淵。有漁人剖之，峭鼾睡正濃，呼問，曰：「我譚景昇也。齊丘奪我化書，沉我于淵。化書已行，吾不復人世矣。吾睡囊中得大休歇。」又五色線載譚峭詩有「蓬萊信道無多地，只在譚生拄杖前」，云云。後入青城山仙去。

潘扆者，大理評事鵬之子也。馬、陸南唐書俱不言扆爲潘鵬子，今從江淮異人録。少居和州，樵採雞籠山以養其親。常過江至金陵，泊舟秦淮口，有老父求同載，扆敬其老，許之。時大雪，扆市酒與同飲。及江中流酒盡，老父解巾，於髻中取小葫蘆子傾之，極飲不竭。扆驚，益敬之。至岸，老父謂扆曰：「子事親孝，復有道氣，可教也。」乃授以道術。扆由是往來江、淮間，屢著奇異，自稱野客，世或號爲潘仙人。能置水銀于手中，掬之卽成白金。常入人家，見池有落葉甚多，謂主人曰：「此可爲戲。」令漉取之，散于地，隨葉大小皆爲魚，更棄于水，葉復如故。又能覆本誦所未曾見書，或束而緘之，其間點竄塗乙，悉能知之無誤。江淮異人録云：有蒯亮者嘗至所親家，同坐者數人，見扆過于門，主人召之，因謂扆曰：「請先生出一術以娛賓。」扆顧見門有鐵砧，乃出一小刀子細細切之至盡，既而合聚之，砧復如初。又于袖出一幅舊方巾，謂人曰：「勿輕此，非一人有急，不從余假之也。」乃舉以蔽面，退行數步，則不復見。

常依海州刺史鄭匡國，金陵志作鄧匡圖。不甚見禮，館之馬廐旁。一日，從匡國獵近郊，匡國妻行至廐中，因視扆所居，四壁蕭然，葦席竹笥而已。發笥，覩二錫丸，亦頗怪之。扆歸撿視，大驚曰：「何物婦人，觸吾劍！賴吾攝其光芒，不然身首殊矣。」或以告匡國，匡國竦然曰：「劍客也。」求學其術。扆曰：「姑一試之。」乃俱至靜院，探懷出二錫丸置于掌，俄而氣出指端，如二白虹，旋繞匡國頸，錚然有聲。匡國汗下如雨，曰：「先生之術神矣，觀止矣！」扆笑引手收之，復爲錫丸。匡國表薦于烈祖，且獻丹方，召居紫極宮。數年卒。扆臨歿上言，乞桐棺，葬近地，後當尸解。烈祖從之，使中貴人護葬于金波園。保大中，元宗發冢觀之，迄無異焉。

陳曙，蘄州善壇觀道士也。按南唐書、唐餘紀傳以曙爲蜀常舉進士，唐末避地淮南，多遯于蘄州山中。今從江淮異人録。人謂爲百歲，實亦不知其年。步行日數百里。鄉人有會集，或祭神，曙不待召而至，醉飽乃辭去，由是人多虛席設醴以竢之，同日或至數家。舍中惟一榻，素書數卷。與蛇虎雜居，不設窗户，雨雪滿室，亦自若。人有乘其出，往闚之者，曙必自外來。凡數十年，顔鬢不少異。烈祖聞而召之。使者未至，忽歎息曰：「吾老矣，何益於國，而枉見召！」後數日，使者再召之，竟不行。南唐書云：元宗命中書舍人高越召之，不肯起。保大中，常至夜獨焚香於庭，仰天拜祝，退而慟哭。俄而淮上兵興，人以爲預知也。後過江，居永興景星廢觀，邑人罕有見者。南唐書云：後徙居鄂渚及洪之西山。及卒數日，方棺斂，而徧體發汗焉。

許堅，失其家世，或云晉長史穆之裔也。形怪而陋，嘗往來雲泉寺，所居地重巒喬木，人號小蔣山。堅喜作詩，夢中多吟詠詩句。旦則負一布囊遊廬阜白鹿洞、茅山九華間。性嗜魚，輒炙之火上，不去鱗而食。每和巾帶入溪澗中浴，出而嘆之。或問其故，堅言：「天象昭布，晝日亦常參列，其可裸裎乎？」堅有異術，太虛觀有池，堅放所炙魚于池中，頃之化生魚逝去。

保大時，以異人召，堅恥其名，不起。常題幽栖觀云：「仙翁上昇去，丹井寄晴壑。山色接天台，湖光照寥廓。玉洞絶無人，老檜猶栖鶴。我欲掣青蛇，他時沖碧落。」居數年，至陽羨，人不之識。一日，涉西津，凌波闊步，若平地然，衆莫不神之。素與樊若水友善，若水北渡後轉輓江南，遇堅于簡寂觀，勉之以仕。堅默然不答，後不知所在。

聶紹元字伯祖。母程有娠，夢天人指其腹曰：「此子當證道果。」及生而穎達，有異羣兒。長好書史，尤精老、莊、文、列。一日，詣金陵，師道士高朗昭受戒籙。是夕，夢入一城，有朱衣者凭几謂紹元曰：「此司録之所也，可自閱籍。」籍云「聶紹元十八入道，二十授上清畢法，二十六又往南嶽」，遂掩卷而寤。久之，還問政山，築室以居，自號「無名子」。作無名草堂記。時後主酷好浮屠學，黄冠輩多落鬚髪以趣之。紹元上疏切諫。居無何，病卒。卒之日，四鶴集于屋，又神光從空而下，望見者疑爲火所焚。是日，有人見紹元與三道士衣緋緑乘馬，從者數十輩南去。紹元回首曰：「吾往南嶽矣。」常撰宗性論、修真秘訣。學士徐鉉、徐鍇見之，稱歎曰：「吴筠、施肩吾無以加焉。」吴淑有聶鍊師傳一卷。

耿先生者，軍大校耿謙女也。南唐書云：父雲，軍大校。今從江淮異人録。少而明慧，有姿色。頗好書善畫，稍爲詩，往往有佳句。雅通黃白之術，能拘制鬼魅，奇瑰恍惚，莫知其所由來。史外小録云：得道于鄧仙翁。已而爲女道士，自稱天自在山人。保大中，因宋齊丘以入宮，元宗處之別院，號曰先生。常被碧霞帔，精采卓異，言辭調暢。手如鳥爪，南唐書云玉貌鳥爪。不利用，飲食皆仰于人。復不喜行，宮中使人抱持之。間題詩牆壁，又自稱比大先生，或云其比於天也。

元宗暇時從容問黃白事，已試之，皆驗，顧謂耿曰：「此皆因火成之，苟不須火，其能成乎？」耿曰：「亦可。」元宗乃取水銀，以硾紙重複裹之，題封甚密。耿先納於懷中，良久忽若裂帛聲。元宗起視，題處如舊，發之已爲銀矣。又常大雪，擁罏，索金盆貯雪。耿取雪削之爲銀錠狀，投熾炭中，過食頃，乃持以出，赫然洞赤，置之于地，爛然盡白鋌也，而刀迹具在。南唐書云指痕猶在。反視其下，若垂酥滴乳之狀，蓋初爲火所融釋也。於是耿所作雪銀甚多。元宗誕日，每作器用以爲壽。又常見宮婢持糞埽，謂元宗曰：「此物可惜，勿令棄去。」取置鐺中烹煉，少選皆成白金。開寶中，金陵內庫猶有耿先生糞壤銀也。

元宗嘗購真珠數升，欲得圓者，耿曰：「易致也。」就取小麥，以銀釜熠之，皆成圓珠，光彩奪目。大食國進龍腦油，鄭文寶耿先生傳云：南海常貢奇物，有薔薇水、龍腦漿。上實寶之，以龍腦調酒服，香氣連日，亦以賜近臣。元宗秘惜，耿視之曰：「此未爲佳者。」迺以夾練囊貯白龍腦數斤懸之，有頃，瀝液如注，香味愈於所進。

未幾，得幸元宗，有娠，謂左右曰：「我子非常産，時當有異。」一夕，雷電繞室，大雨傾澍，及霽，娠已失矣。元宗驚問之，對曰：「夜來雷電中生子，已爲神物將去。」久之，宮中忽失宋太后所在，耿亦隱去幾月餘，中外大駭。有告者云：「在都城外二十里方山寶華宮。」元宗亟命齊王景達往迎太后，見與數道士方酣飲，乃迎還宮，道士皆誅死，耿亦不復得入宮。或言其往來江、淮，賣藥于市云。一云：徐國太者，幼得仙術。先與烈祖往來，後烈祖即位，取入宮，以其同姓，不復納之，因稱之曰國太。耿先生入宮時，國太猶在，年裁五十許。後挾宋太后至寶華宮，與羣道士飲。元宗大索，迎太后歸，自是太后若中疾然，不數年而殂。

楊保宗，不知何許人。自幼爽秀，及笄，許聘矣，忽有感悟，遂乞爲女道士。入廬山，棲于上霄峯崇善觀，却粒煉形，頓忘塵念。時以丹藥符籙救人疾苦。元宗聞之，特召赴闕，延入禁中，命妃嬪樂道者見之，捨金錢千萬，令新其宇，仍賜觀額，敕尚書郎韓熙載撰記。又賜保宗紫衣，詔臣下作詩送之。保宗年已老，而色如孺子。既殁，容貌如生，舉棺甚輕，人以爲尸解。

中國史學基本典籍叢刊

十國春秋

二

〔清〕吴任臣 撰
徐敏霞 周 瑩 點校

中華書局

十國春秋卷第三十五

前蜀一

高祖本紀上

高祖姓王，名建，字光圖，許州舞陽人也。爲人隆眉廣顙，龍睛虎視，機畧拳勇，出於流輩。先世故爲餅師。建少年無賴，以屠牛、盜驢、販私鹽爲事，里人謂之「賊王八」。常葬父，發地數尺而瘞，棺輒躍出，有神人語之曰：「此天子地，汝小民何容卜葬！」建不聽，竟葬之，棺復躍出，如是者三，乃克葬。未幾，被罪繫許昌獄，吏縱之去，亡匿武當山。遇僧處洪，以相術奇建曰：「子骨法甚貴，盍從軍自求豹變。」建感其言，因隸軍於忠武。

久之，節度使杜審權拔爲列校，從討王仙芝，有功。會建所乘馬死，剖之得一小蛇於心間，私自異之。五國故事云：建爲忠武軍部將，討尚君長於山東，力戰馬斃，剖之得蛇於馬腹，由是自負。今從蜀檮杌。黃巢陷長安，唐僖宗走成都，忠武軍將鹿晏宏以兵八千屬監軍楊復光討賊，巢敗走，復光以其兵爲八都，都將將千人，建與晏宏皆爲一都頭。通鑑云：楊復光瀝酒爲盟，分忠武軍八千人爲八都，遣牙將鹿晏宏、晉暉、王建、韓建、張造、李師泰、龐從等八人將之，復光帥之以擊朱温，敗之，遂克鄧州。十國紀年曰：上云八都，而下止有七人姓名，其一人諸書不可見故也。

復光死，晏宏率八都兵西迎僖宗于蜀，所過剽略。行至興元，逐節度使牛勗，一作牛叢。自稱留後，以建等領屬州刺史，時中和三年十二月也。明年，建與晉暉、韓建、張造、李師泰等各率一都赴行在，僖宗得之大喜，以屬十軍觀軍容使田令孜。令孜養建等爲假子，賜與巨萬，拜諸衛將軍，號「隨駕五都」。冬十一月，唐遣禁兵討晏宏，晏宏棄興元，轉掠襄、鄧，還據許州，詔遂以爲忠武節度使。光啟元年，僖宗還長安，使建與晉暉等將神策軍宿衛。

會河中王重榮與令孜爭鹽池，重榮召晉兵犯京師，僖宗復出奔鳳翔。二年春三月，移幸興元，以建爲清道斬斫使，負玉璽以從行。至當塗驛，李昌符等焚棧道，棧道幾斷，建控僖宗馬冒煙焰中過，宿坂下。僖宗枕建膝寢，既覺，涕泣解御袍賜之，曰：「以其有淚痕也。」錫以金券。及至興元，命建遥領壁州刺史。故事，將帥無遥領州鎮者，實自建爲始云。

是時令孜以天子播越，由己致之，懼且得罪。西川節度使陳敬瑄，令孜同母弟也，令孜因求爲西川監軍，薦樞密使楊復光代爲觀軍容使。頃之，復光斥令孜之黨，出建爲利州刺史。〔一〕

〔一〕蜀檮杌作防禦使，今從通鑑。又五代史云建攻利州，刺史王珙棄城走。與此畧異。

三年，山南西道節度使楊守亮忌建驍勇，數數召建往。建不從，乃召集亡命及溪洞彝落，有衆八千人，沿嘉陵江而下，以襲閬州，逐其刺史楊茂實，五代史作執其刺史楊行遷，蜀檮杌云攻陷閬州，殺楊行遷。今從通鑑。自稱防禦使。守亮寖不能制。牙將張虔裕説建曰：「公乘天子微弱，專據方州，若唐室復興，公無種矣。宜遣使奉表天子，仗大義以行師，事無不濟。」部將綦母諫亦説建養士愛民，以觀天下之變。建皆嘉納之。

會東川節度使顧彦朗與建相親，敬瑄恐其相暱也，謀于令孜，令孜曰：「王八，吾兒也，以一介召之，可置麾下。」乃折簡招建曰：「中原多故，惟三蜀可以偷安。陳公恢廓無疑，吾父子輔之，萬全必矣。」建聞命大喜，因至梓州，謂彦朗曰：「十軍阿父召我，我欲至成都見陳公，以求一鎮。」卽以其家屬託彦朗，選精兵二千與從子宗鐬、假子宗瑤、宗弼、宗侃、宗弁等馳之成都。

行至鹿頭關，西川參謀李乂謂敬瑄曰：「王建，虎也，奈何延之入室？」蜀檮杌載李乂曰：「建，今之梟雄，狼顧久矣，必不爲人下。若爲將校，亦非公之利。」今從通鑑。敬瑄悟，亟遣人止之，且增修守備。建大怒，破關而進，敗漢州刺史張頊於綿竹，遂取漢州。彦朗聞之，出兵相助，列軍于學射山。敬瑄命偏將句惟立逆戰，建擊敗之於蠶北，又拔德陽。敬瑄遣使來讓，對曰：「十軍阿父召我，未及門而拒之，重爲顧公所疑，退無歸矣。」令孜登樓慰諭，建與諸將截髮羅拜曰：

「今既無歸，且辭阿父作賊。」是時彥朗以其弟彥暉爲漢州刺史，發兵助攻成都，三日不克而退，還屯漢州。敬瑄告難於朝，僖宗命中使和解之，又令李茂貞以書來諭，皆不從。

文德元年春三月，建將兵攻彭州，敬瑄救之，乃解還，於是大掠西川十二州，皆被其患。是月，昭宗卽位，建與敬瑄方相攻，貢賦中絶。建謂部將曰：「吾在軍中久，觀用兵者不依天子之重，則衆心易離。今不若疏敬瑄之罪，表請朝廷，命大臣爲帥而佐之，則功庶可成。」乃使周庠草表，請討敬瑄以贖罪，因求卭州，而彥朗亦表請赦建罪，移敬瑄他鎮，以靖兩川。昭宗新立，方憤藩鎮多跋扈，會得奏，夏六月，以韋昭度兼中書令、充西川節度使，兼兩川招撫制置等使，蜀檮杌云乃詔宰相韋昭度爲成都尹，今從通鑑。徵敬瑄爲龍武統軍。敬瑄益治兵講武，治黄頭軍三都。

是時建軍新都，綿竹土豪何義陽、安仁、費思懃等所在擁兵自保，衆或萬人，少者千人；建遣假子宗瑶説之，稍稍率衆來附，給以資糧，建軍復振。秋七月，昭度至成都，備旌節于城下，敬瑄不受代。昭度謂之曰：「新使在此，何閉門爲？」敬瑄令左右詬城下曰：「有鐵券具在，寧可違先帝命乎？」費著器物譜曰：敬瑄券文，承旨樂朋龜作，其畧曰：「烹巨鼇者，鼎大於滄海；斬長鯨者，劍倚於青天。既立異勳，克膺殊寵。李晟免其十死，子儀成其九功。鎮以金鏞，賜其鐵券。」又田令孜券文畧曰：「人臣之績，古今莫儔，爵位不足以答元勳，竹帛不足以紀大節。式遵盛典，用表殊庸。宣賜駱谷扈從定難中興社稷功臣，仍恕十死。」敬瑄以中和三年十月受賜，令孜以四年十一月受賜。

冬十二月丁亥，唐署韋昭度爲行營招討使，以山南西道節度使楊守亮副之，東川節度使顧彦朗爲行軍司馬，割邛、蜀、黎、雅置永平軍，拜建節度使，治邛州，充行營諸軍都指揮使，蜀檮杌云：建發兵於劍門，敬瑄不受代，昭度於城東置行府，以建爲衙内都指揮使。今從錦里耆舊傳及通鑑。以討敬瑄。戊子，削敬瑄官爵。

龍紀元年春正月戊申，建大破眉州刺史山行章於新繁，鹵獲萬餘人，横尸四十里，行章僅以身免。先是，田令孜以故將楊晟假威戎節度使，使守彭州，建再攻彭州，敬瑄遣行章將兵五萬屯新繁以救之，至是戰敗，晟亦懼，徙屯三交。敬瑄復發兵七萬益行章，與建相持濛陽百餘日。錦里耆舊傳載是年五月三交軍敗，退歸府城，王司徒據漢州城，出軍把斷北路，又彌牟鎮下先鋒寨，新都縣下中軍寨。今從通鑑。

冬十二月甲子，建敗行章及西川騎將宋行能於廣都，行能奔還成都，行章退守眉州；壬申，請降于建。

大順元年春正月壬寅，建攻邛州，敬瑄遣其將楊儒助刺史毛湘守之。未幾，儒來降，建録以爲子，更其姓名曰王宗儒。乙巳，建留永平節度判官張琳爲邛南招安使，引兵還成都。敬瑄分兵布寨於犀浦、郫、導江等縣，發城中民户一丁，晝則穿壕運石，夜則登城擊柝。唐行營招討使韋昭度營於唐橋，鑑戒録云：昭度於城南荷聖寺置行府。建營於東閶門外，建事昭度甚謹。辛亥，簡州將杜有遷執刺史員虔嵩來降，建以有遷知州事。

二月己未，資州將侯元綽執刺史楊戡來降，建以元綽知州事。

夏四月乙丑，敬瑄遣蜀州刺史任從海將兵二萬救邛州，戰敗，欲以蜀州來附，敬瑄殺之，以徐公鉥代爲蜀州刺史。丙寅，嘉州刺史朱實舉州來降。丙子，僰道土豪文武堅執戎州刺史謝承恩來降。

六月丁巳，茂州刺史李繼昌帥衆救成都，己未，建擊斬之。辛酉，資簡都制置應援使謝從本殺雅州刺史張承簡，舉城來降。

秋八月，建退屯漢州。

九月，邛州食盡，刺史毛湘謂都知兵馬使任可知曰：「吾不忍負田軍容，吏民何罪？爾可持吾頭歸建也。」壬戌，可知斬湘及二子來降。甲戌，建持永平旌節入邛州，以張琳知留後。

冬十月，建引兵還成都，蜀州將李行周逐徐公鉥，舉城來降。

二年春二月，唐以韋昭度討陳敬瑄三年不克，且聚諸道兵十餘萬，饋運不繼，議欲息兵。

三月乙亥，制復敬瑄官爵，十國紀年作二月乙巳，今從通鑑。令建與顧彦朗各帥衆歸鎮。是時敬瑄置徵督院，括富民財以供軍，逼以桎梏捶楚，民不聊生。又城中乏食，民有潛入行營販米入城者，截筒徑寸半，深五分，每筒百餘錢。餓殍狼藉，死者相繼。軍民彊弱相陵，將吏斬之勿能禁，乃更爲斷腰邪劈酷法，而爲者不止，民多謀出降，敬瑄悉捕其族黨殺之。至是建見罷兵制書，曰：「大功垂成，奈何棄之！」因密謀于幕僚周庠，庠力勸建請韋公還朝，獨取成都，克而有之，上策也。建遂表稱：「陳敬瑄、田令孜罪不可赦，願畢命以圖成功。」十國紀年載是年四月朝議以建不奉詔，而不能制，更授西川行營招討制置使。按此命蓋在昭度還朝之後也，今不從。昭度無如之何。建乘間說昭度曰：「公以數萬之衆，困兩川之人，而師久無功，罪將安歸？且唐室多故，東方諸鎮迭相吞噬，兵接都畿，真腹心之疾也。相公當歸相天子，靜中原以固根本。敬瑄，疥癬耳，責建可辦。此西蠻之國，不足以留公。」昭度遲疑未決。

庚子，建陰令東川將唐友通等擒昭度親吏駱保，錦里耆舊傳作駱別鶴，北夢瑣言作駱志，今從五代史、蜀檮杌。蒼頭保祿於軍門，臠而食之。建入白曰：「軍士饑，須此爲食爾。」一云誣其盜軍糧。昭度大恐，遽留符節與建，牒建知三使留後兼行營招討使，卽日東還。建送至新都，跪觴馬前，泣拜而別。

昭度方去，建卽以兵扼劍門，兩川由是阻絶。建還攻成都，環城烽塹亘五十里。有狗屠王鷂者，請詐得罪亡入城中，見敬瑄、令孜，謬言建兵罷食盡，將遁去；已而鬻茶於市，又陰爲吏民稱建英武，軍勢彊盛。由是敬瑄等懈於守備，而衆心多危懼。

秋八月，建攻敬瑄甚急，顧謂牙將韓武曰：「城破，我與公遞爲節度使。」武等益力戰。敬瑄出兵輒敗。時威戎節度使楊晟數數饋以食，〔三〕建乃分兵據新都，彭州道絶。辛丑，令孜登城呼建曰：「老夫與八哥相厚，何嫌而至此？」建曰：「軍容父子之恩，心何可忘！然兵討不受代者，天子命也。太師改圖，建復何求！」於是令孜夜入建軍，以節度觀察印牌授建，建泣謝，請爲父子如初。

壬寅，敬瑄開門出迎。癸卯，建入城，自稱西川留後，安撫軍人百姓，放敬瑄歸花林坊宅，令孜歸碧雞坊宅。已而表敬瑄子陶爲雅州刺史，以令孜爲監軍使，敬瑄隨陶之官。癸丑，分遣士卒就食諸州。

九月，東川節度使顧彥朗卒，軍中推其弟彥暉知留後。敬瑄將佐有器幹者，建皆禮而用之。

冬十月癸未，唐遣少師薛廷珪命建爲檢校司徒、成都尹、劍南西川節度副大使、知節度事、管内觀察處置雲南八國招撫等使。通鑑作西川節度使，今從五代史及蜀檮杌。甲申，廢永平軍。建既得西川，留心政事，容納直言，好施樂士，謙恭簡素，用人各盡其才。然多忌好殺，諸將有功名者，多因事誅之。

十二月，唐以顧彥暉爲東川節度使，遣中使宋道弼賜旌節。楊守亮令綿州刺史楊守厚五代史作常厚，今從通鑑。因道弼，以攻梓州。癸卯，彥暉求救于建。甲辰，建遣華洪、李簡、王宗侃、王宗弼討守厚。自彥朗死，建欲圖并東川而未有以發，及洪等行，密戒曰：「兵已破守厚，彥暉必出犒師，汝曹於行營報宴，挾與俱來，無煩吾再舉也。」宗侃破守厚七砦，守厚走歸綿州，以唐旌節還道弼而出之。彥暉已得節，具犒禮，諸將報宴。會宗弼以建謀洩之彥暉，彥暉辭疾不出；建計不得發，而圖彥暉之心愈益迫矣。

景福元年，威戎節度使楊晟與楊守亮等約興兵來攻。

二月丁丑，晟出兵掠新繁、漢州之境，使其將呂蕘將兵二千會楊守厚攻梓州。建遣行營都指揮使李簡擊蕘，斬之。辛丑，建遣族子嘉州刺史宗裕、雅州刺史王宗侃、威信都指揮使華洪、茂州刺史王宗瑶將兵五萬攻彭州，晟逆戰而敗，宗裕等圍之。守亮遣其將符昭救晟，徑趨成都，營三學山。建亟召洪還。洪疾驅而至，後軍尚未集，以數百人夜去昭營數里，多擊更鼓，昭以爲建軍大至，引兵宵遁。

三月，守亮假子左神策勇勝三都都指揮使楊子實、子遷、子釗自渠州引兵救晟。子實等知守亮必敗，壬子，帥衆二萬來降。

是月，晟遣楊守貞、楊守忠、楊守厚書，使攻東川以解彭城之圍，守貞等從之。時神策督將竇行實戍梓州，守厚密誘之爲内應，及守厚至涪城，行實事泄，顧彦暉斬之，守厚遂遁去。俄守貞、守忠軍至，無所歸，盤桓綿、劍間。建遣親校吉諫襲守厚，破之。癸亥，李簡邀守忠於鍾陽，斬獲三千餘人。

夏四月，簡又破守厚於銅鉾，斬獲三千餘人，降萬五千人，〔三〕守忠、守厚皆走。

秋八月辛丑，李茂貞攻拔興元，楊復恭、楊守亮、楊守信、楊守貞、楊守忠、滿存奔閬州。

冬十二月壬午，建遣華洪擊守亮于閬州，破之。是歲，陳敬瑄同子陶自雅州罷歸，寓居新津，以一縣租賦贍焉。

二年春正月，東川留後顧彦暉既與建有隙，李茂貞欲撫之，請唐更賜彦暉節，唐詔彦暉爲東川節度使。茂貞又奏遣知興元府事李繼密救梓州。未幾，建軍敗東川、鳳翔之兵於利州，彦暉求和，請與茂貞絶。

二月甲戌，唐加建同平章事。建屢請殺陳敬瑄、田令孜，昭宗不許。

夏四月乙亥，建使人告敬瑄謀作亂，殺之新津。又告令孜通鳳翔書，下獄死。蜀檮杌云：敬瑄廢處雅州，以其子爲刺史。既行，建遣殺于三江。令孜仍監其軍，復以令孜陰附鳳翔擒下獄，餓死。錦里耆舊傳曰：景福元年春，有詔貶田令孜，授湖南監軍，陳敬瑄于雅州安置。王司徒慮其生變，縊令孜于府城，斬敬瑄于新津，具表疏其惡。今從通鑑。

乾寧元年夏五月，建久攻彭城不下，城中人相食。錦里耆舊傳云：彭城内窘蹙，初年米每斗五千，第二年十千，三年糧盡，百姓遞相啗食。彭州内外都指揮使趙章出降。建用王先成言，築龍尾道，屬于女牆。丙子，建兵登城，楊晟猶帥衆力戰，刁子都虞候王茂權斬之。錦里耆舊傳：五月庚申，楊晟自刎，城門開。今從通鑑。又錦里耆舊傳云：自景福元年五月二十日圍城，至三年五月二十三日，首尾三年。獲彭州馬步使安師建，建欲使爲將，師建泣謝曰：「師建誓與楊司徒同生死，不忍復戴日月。」北夢瑣言：師建曰：「某受楊司徒提拔，不敢惜死。」乃殺之，禮葬而祭之。更趙章姓名曰王宗勉，王茂權名曰宗訓。

秋七月，綿州刺史楊守厚卒，其將常再榮舉城來降。

二年春三月，建創徵雜稅，綾一疋一百文，絹一疋七十文，布一疋四十文，豬每頭一百文。

夏五月，三鎮舉兵犯闕。王行瑜、李茂貞、韓建也。

秋九月，遣簡州刺史王宗瑶等將兵往援。甲戌，軍綿州。

冬十一月，雅州刺史王宗侃拔利州，執刺史李繼顒，斬之。

十二月甲申，鳳翔將閬州防禦使李繼雍、蓬州刺史費存、渠州刺史陳璠各帥所部兵來奔。建起自利閬，親騎軍四百餘人，皆拳勇之士，執紫旗，各有名號，凡戰不利，輒麾紫旗以副之，莫不披靡。又中軍有隱語，劍曰奪命龍，刀曰小逡巡，槍曰肩二，斧曰鐵餻糜，甲曰小斤使，弓曰潘尚書，弩曰百步王，箭曰飛郎，鼓曰聖牛兒，鑼曰響八，旂曰愁眉錦，鐵蒺藜曰冷尖。西川一軍，紀律精嚴，所向無敵。時楊晟既死，建復有事于東川，表言顧彥暉不發兵赴難，而掠奪輜重，且遣瀘州刺史馬敬儒以斷峽路，請興兵致討。戊子，華洪大破東川兵於楸林，斬其將羅璋，鹵獲數萬，遂拔楸林寨，進圍梓州。丙申，建攻東川，別將王宗弼爲東川兵所擒，九國志曰：王宗弼掠地飛烏，爲顧彥暉所獲。彥暉畜以爲子。戊戌，通州刺史李彥昭將兵二千來降。

三年春正月，王宗夔攻拔龍州，殺其刺史田昉。

閏月丁亥，果州刺史張雄來降。

夏五月，昭宗命宦者袁易簡來梓州和解兩川，建雖奉詔還成都，然猶連兵未解。時荆南節度使成汭與其將許存泝江盡取濱江州縣，武泰節度使王建肇歐陽五代史作黔南節度使王肇，今從通鑑。棄黔中退保豐都，存復引兵拔渝、涪二州。汭以其將趙武爲黔州留後，存爲萬州刺史。武數攻豐都，建肇不能守，與存皆降于建。未幾，建更許存姓名曰王宗播。

秋八月癸丑，唐以建爲鳳翔西面行營招討使。

四年春二月戊午，建遣邛州刺史華洪、彭州刺史王宗祐將兵五萬攻東川，以戎州刺史王宗謹爲鳳翔西面行營先鋒使，敗鳳翔將李繼徽等於玄武。繼徽本姓楊，名崇本，李茂貞假子也。庚申，建以決雲都知兵馬使王宗侃爲應援開峽都指揮使，〔四〕將兵八千趣渝州；決勝都知兵馬使王宗阮爲開江防送進奉使，將兵七千趣瀘州。辛未，宗侃取渝州，降其刺史牟崇厚。癸酉，宗阮拔瀘州，斬其刺史馬敬儒，峽路始通。鳳翔將李繼昭救梓州，留偏將守劍門，王宗播擊擒之。

夏四月，唐以右諫議大夫李洵、判官韋莊爲兩川宣諭使，和解顧彦暉及建，詔建罷兵。五月丙戌，建以節度副使張琳守成都，自將兵五萬攻東川，更華洪姓名曰王宗滌。六月，李茂貞表：「建侵伐鄰封，連兵累歲。」甲寅，唐貶建南州刺史。乙卯，以覃王嗣周爲鳳翔節度使，一作鄴王。徙茂貞爲西川節度使。癸亥，建克梓州南寨，執其將李繼寧。丙寅，宣諭使李洵等至梓州，己巳，見建於張把砦。建不奉詔，指執旗者曰：「戰士之情，不可奪也。」建與彦暉五十餘戰。

九月癸酉朔，遂圍梓州。是月，茂貞不受代，唐復以建爲西川節度使、同平章事。

冬十月壬子，知遂州侯紹帥衆二萬，乙卯，知合州王仁威帥衆千人，戊子，鳳翔將李繼溥以援兵二千，皆降於建。建攻梓州益急。初，彦暉假子瑶一作顧彦瑶，疑誤。顧城已危，謂諸將吏曰：「事公當生死以之。」指其所佩賓鐵劍曰：「事急而有叛者，當齒此！」至是城將破，庚申，彥暉聚宗族、將吏及瑤共飲，遣王宗弼自歸于建；酒酣，命瑤殺己及同飲者，瑤然後自殺，城遂陷。錦里耆舊傳作九月平定東川，今從通鑑。建入梓州，城中兵尚七萬人，乃命王宗綰分兵狗昌、普等州，以王宗滌爲東川留後，於是并有兩川之地。

十二月壬戌，建自梓州還。戊辰，至成都。是歲，南詔蒙隆舜爲其臣楊登所弒，子舜化立，遣使款黎州修好，唐欲報以詔書，建曰：「小彝不足辱詔，臣在西南，彼何敢犯塞！」從之。

五年春正月，唐以兵部尚書劉崇望同平章事，充東川節度使。

夏五月，昭宗聞宗滌已爲東川留後，召崇望還，仍以宗滌爲留後。

秋八月甲子，唐改是年爲光化元年。己丑，王宗滌言東川封疆五千里，文移往來，動逾數月，請分遂、合、瀘、渝、昌五州別爲一鎮，建爲表請于朝。

冬十月丁巳，唐詔王宗滌爲東川節度使。是歲，江濱池魚死者無筭，令以車運之郭外。

二年夏五月甲午，唐詔置武信軍於遂州，以遂、合等五州隸之。

六月，唐以王宗佶爲武信節度使，從建請也。

秋八月，建遣決雲軍使田師侃帥三指揮使收獲閬州，進克巴、蓬、璧三州。

三年春二月庚申，唐詔建私門立戟，加兼中書令。

三月，移師佀軍鎮渝州。

夏六月癸亥，唐加王宗滌同平章事。

秋七月甲寅，唐命建以西川節度使兼東川、武信軍兩道都指揮制置等使。

是歲，賜爵瑯琊王。

光化四年春三月，東川節度使王宗滌以疾求代，王表族子馬步使宗裕爲留後。唐改封王爲西平王。

夏四月丁丑，唐改元天復。閏六月，道士杜從法以妖妄誘昌、普、合三州民作亂，王遣王宗黯將兵會東川、武信兵往討。未幾，龍臺鎮使王宗侃等擊滅之。

冬十一月，韓全誨等劫唐帝如鳳翔，東平王朱全忠引兵至鳳翔，問罪于岐王李茂貞，會全誨徵兵於我，而全忠亦來乞師，王外修好于全忠，罪狀茂貞，復陰遣人勸茂貞堅守，許以出兵爲援。以武信節度使王宗佶、前東川節度使王宗滌等爲扈駕指揮使，將兵五萬，聲言迎駕，實襲山南諸州也。

天復二年春二月，我兵至利州，昭武節度使李繼忠棄鎮奔鳳翔。〔五〕王以劍州刺史王宗偉爲利州制置使。

三月，發舟師一萬五千人以鎖峽口。

秋八月，王宗佶等假道於興元，山南西道節度使李繼密五代史作繼業，今從通鑑。遣兵戍三泉以拒我師。辛丑，前鋒將王宗播攻之，不克，退保山寨，已而令兵卒曰：「吾與汝曹決戰，取功名，不爾，死於此！」遂破金牛、黑水、西縣、褒城四寨。時軍校秦承厚攻西縣，矢貫左目，達于右目，鏃不出，王自舐其創，濃潰鏃出。宗播屯兵馬盤寨，繼密戰敗，奔還漢中。我軍乘勝至城下，王宗滌帥衆先登，遂克興元，繼密請降，得兵三萬人，馬五千匹。宗滌入屯漢中，唐詔宗滌爲山南西道節度使。是日，王疑宗滌得衆心，命親隨馬軍都指揮使唐道襲縊殺之，以指揮使王宗賀權興元留後。

九月戊申，武定節度使李思敬以洋州來降。亦作拓拔思敬，蓋賜姓李也。

冬十月，拔興州，以軍使王宗浩爲興州刺史。王于是并有山南西道。

是歲大水，嘉州漂蕩尤甚。

天復三年春正月，唐帝還長安，王貢茶布等十萬。是月，唐令所在收捕宦官，王殺他囚以應詔，于是西川監軍魚全禋、致仕樞密使嚴遵美獲全。

夏四月，王出兵秦、隴，乘岐王茂貞之弱也。先是，王遣判官韋莊入貢于唐，亦修好于梁王全忠，至是全忠使押牙王殷報聘，王與之宴。殷言：「蜀甲兵誠多，但乏馬耳。」王作色曰：「當道江山險阻，騎兵無所施。然馬亦不乏，當共閱之。」乃集諸州馬，大閱於星宿山，官馬八千，私馬四千，部隊甚整，殷大歎服。王以騎將起家，故得蜀之後，於文、黎、維、茂等州多市蕃馬，十年之間，遂及茲數。

秋八月庚辰，唐加王守司徒，進爵蜀王。

冬十月，王乘江陵成汭之變，命王宗本爲開道指揮使，攻下夔、忠、萬、施四州。議者以瞿唐爲蜀險要，王乃棄歸、峽，屯軍夔州，于是并有三峽之地。以王宗本爲武泰留後，徙武泰軍治涪州，從本請也。

天復四年春二月，梁王全忠表請唐帝遷都，帝遣間使以御札告難于王。通鑑考異載昭宗賜王建詔云：「正月二十日，朕登樓。二十二日，東軍兵士擁脅朕東去」，云云。王以邛州刺史王宗祐爲北路行營指揮使，將兵會鳳翔兵迎車駕至興平，遇汴兵，不得進而還。王始自用墨制除官，言俟車駕還長安表聞。

夏四月，梁王全忠劫遷唐帝于洛陽。閏月，唐帝御光政門，赦天下，改元天祐。王與唐絶而不知，故仍稱天復年號。

五月，山南東道節度使趙匡凝遣水軍攻我夔州，知渝州王宗阮擊敗之。萬州刺史張武作鐵絙絶江中流，立栅於兩端，謂之曰「鏁峽」。

六月，王及岐王茂貞、李繼徽合兵討朱全忠，全忠拒之河中。是時諸將多勸王攻取鳳翔，王以問節度判官馮涓，涓曰：「兵者凶器，殘民耗財，不可窮也。今梁、晉虎争，勢不兩立，若併而爲一，舉兵向蜀，雖孔明復生，不能敵也。鳳翔，蜀之藩蔽，不若與之和親，結爲昏姻，無事則務農訓兵，保固疆埸，有事則覘其機事，伺釁而動，可以萬全。」王曰：「茂貞雖庸才，然有强悍之名，與全忠力争則不足，自守則有餘，爲吾屏障，所利多矣。」由是與茂貞結好。丙子，茂貞遣判官趙鍠來聘，爲其從子天雄節度使繼崇乞昏，王以女妻之。茂貞數求貨及甲兵於我，王皆與焉。

秋八月，朱全忠弑唐帝於椒殿，太子子祝即位。王率將吏百姓舉哀制服。

是歲大旱，褒梁之境赤地數千里，民有相食者。山中竹無巨細皆放花結實，民采之舂米而食，賴以存活。

天復五年夏五月甲申，忠義節度使趙匡凝遣使修好于我，以抗梁王全忠。

秋八月，王遣前山南西道節度使王宗賀等將兵擊昭信節度使馮行襲於金州，行襲時附全忠也。

九月丁卯，荆南節度使趙匡明爲汴兵所逼，帥衆二萬棄城西奔。是月，王宗賀等所向皆捷。丙子，馮行襲棄金州，奔均州，其將全師朗以城降。李昊蜀書高祖紀作全行思，後主紀、林思諤、王宗播、王承規傳俱作全行宗，桑宏志傳又作全行朗，新唐書馮行襲傳復作金行全，今從十國紀年爲全思朗。按孟蜀後主實録云金州招安指揮使全師郁世居金州，疑即師朗之族昆弟也。王更師朗姓名曰王宗朗，補金州觀察使，割渠、巴、開三州以隸之。

冬十月，唐改昭信軍爲戎昭軍。唐原置昭信軍于金州，是時已爲蜀所有。十一月，唐遣告哀使司馬卿來宣昭宗之喪，至是始入蜀境。掌書記韋莊爲王謀，使武定節度使王宗綰諭之曰：「蜀將士世受唐恩，去歲聞乘輿東遷，凡上二十表，皆不報。尋有士卒自汴來，聞先帝已罹全忠弑逆，蜀將士方日夕枕戈，思爲先帝報仇。不知今兹使來以何事宣諭？舍人宜自圖進退。」卿乃還。

是月壬申，趙匡明至成都，王以客禮遇之。

十二月，馮行襲復取我金州，王宗朗不能守，焚其城邑，奔于成都。

天復六年秋八月乙酉，岐王茂貞遣其子侃爲質於我，王以侃知彭州。

冬十月丙戌，王始立行臺於成都，東向舞蹈，號慟，稱：「自大駕東遷，制命不通，請權立行臺，用李晟、鄭畋故事，承制封拜。」仍以牓帖告諭所部藩鎮州縣。是時置鎮江軍於忠州，領夔、忠、萬三州。一曰以夔、忠、萬、施四州爲屬郡。

天復七年春三月，唐帝昭宣帝禪位于梁。

夏四月壬戌，梁王全忠更名晃。薛史云：時將受禪，下教以本名二字異帝王之稱，故改名。甲子，稱皇帝，改元開平，遣使來諭。王拒而不納，與弘農王楊渥馳檄諸道，欲與岐王李茂貞、晉王李克用會兵討梁，四方知其非誠實，皆不應。是時巨人見青城山。

夏六月，鳳凰見萬歲縣，黄龍見嘉陽江，諸州各上言甘露、白鹿、白雀之瑞，又會昌廟岸側穴中生四龜，各三二寸，背有金書王字大吉。王遺書晉王，請各帝一方；晉王復書不許，曰：「誓於此生，靡敢失節。」

秋九月，王會將佐議稱帝，皆曰：「大王雖忠于唐，唐已亡矣，此所謂天與不取者也。」判官馮涓獨勸王以蜀王稱制，王不從，用安撫副使、掌書記韋莊之謀，帥吏民哭三日。己亥，卽皇帝位，按歐陽五代史、劉恕十國紀年皆云天復七年九月卽位，明年改元。宋庠紀年通譜亦云天祐四年秋稱帝，次年改元。今從之。若九國志則云此年七月卽帝位，明年改元；蜀檮杌則云天復七年僭卽僞位，改元武成，薛史、唐餘傳則云天祐五年建自帝于成都，年號武成，俱誤也。國號大蜀。帝以卯年生，至是丁卯卽位，左右獻兔子上金牀之讖。帝命飾金爲坐，詔蜀人以金德王，用承唐運。

辛丑，以前東川節度使兼侍中王宗佶爲中書令，韋莊爲左散騎常侍、判中書門下事，閬州防禦使唐道襲爲内樞密使，五代史作唐襲，今從通鑑、蜀檮杌。任知己、潘峭爲宣徽南北院使，鄭騫爲御史中丞，張格、王鍇爲翰林學士，周博雅爲成都尹。立次子秘書少監宗懿爲遂王，以族子宗裕爲太傅，王宗侃爲太保兼侍中，以唐觀軍容使嚴遵美爲内侍監，授唐室舊臣王進等三十二人官爵有差，又宋玭等百餘人咸見信用。帝雖目不知書，而好與儒生談論，頗解其理。是時唐衣冠之族多避亂在蜀，帝禮而用焉，使修舉政事，故典章文物有唐之遺風。

冬十月，下詔，改堂宇廳舍爲宫殿，其畧曰：「帝君之居，上應辰象，朝貢臻集，華夏會同。宫闕殿閣之深嚴，臺省府事之弘壯，須分名號，以美一作『正』觀瞻。況我肇啓丕圖，類有嘉瑞，允協上元之貺，式光萬世之基。至于厨廄之標題，倉庫之曹列，並宜從革，用永維新。」遂以大衙門爲宣德門，獅子門爲神獸門，大廳爲會同殿，毬場門爲神武門，毬場廳爲神武殿，蜀王殿爲承乾殿，清風樓爲壽光閣，西亭子廳爲咸宜殿，九頂堂爲承乾殿，會仙樓爲龍飛樓，西亭門爲東上閤門，亭子西門爲西上閤門，節堂南門爲日華門，行庫角門爲月華門，萬里橋門爲光夏一作下門，笮橋門爲坤德門，大東門爲萬春門，一作萬里春門。小東門爲瑞鼎門，大西門爲乾正門，小西門爲延秋門，北門依舊大元門，子城南門爲崇禮門，一作宗禮。中隔爲神雀門，東門爲神政門，西門爲興義門，鼓角樓爲大定門，北門爲大安門，中隔爲玄武門，昌橋爲應聖橋，舊宅爲昭聖宮，堂爲金華殿，摩訶池爲龍躍池，摩訶池乃陳人蕭摩訶所開。設廳爲韶光殿，或作韻光，似誤。軍資庫爲國計庫，衙庫爲内藏庫，衙内麴佑庫爲齊天庫，衙内雜庫爲廣潤庫，賞設庫爲常盈庫，賞設行庫爲殿前庫，南倉爲天富倉，贍軍東庫爲左金藏庫，北倉爲大倉，甲仗庫爲天武庫，舊三使院爲彰信門，尚書省於舊使院置，御史臺於府司置，府城爲皇城，使防城使司依舊，兩馬步使爲左右街使，廂虞候爲街巡使，後槽爲飛龍廐，客使爲客省使，樂營爲教坊，使厨爲御食厨，戟門添置三十六戟，神策營爲糧料司，六軍爲支計院。〔六〕成都府移于子城外，從便處置立府，所司新西宅爲天啓宮，堂爲玉華殿。

是歲，遣官祭鹽井玉女之神，其神出半面享之。初，帝見倮體婦人于鹽井，告曰：「若當爲吾國土地主，富貴至矣。」故有是命。

校勘記

〔一〕出建爲利州刺史　「利州」，舊五代史卷一三六王建傳、新五代史卷六三前蜀世家皆作「壁州」。

〔二〕威戎　「戎」原作「武」，據通鑑卷二五八改。

〔三〕五千人　「千」原作「百」。按此處記事實本於通鑑卷二五九，通鑑作「千」，今據改。

〔四〕開峽　「開」原訛作「關」，據通鑑卷二六一改正。

〔五〕李繼忠　「忠」原作「志」，據通鑑卷二六三改正。

〔六〕神策營爲糧料司六軍爲支計院　按此二句疑當作「神策營爲六軍，糧料司爲支計院」。

十國春秋卷第三十六

前蜀二

高祖本紀下

武成元年春正月癸酉朔，帝登興義樓。有僧抉一目以獻，帝命飯萬僧報之。學士作一户部侍郎張格曰：「小人無故自殘，赦其罪幸矣，不宜復崇奬以敗風俗。」帝乃止。丁丑，以韋莊爲門下侍郎、一作吏部侍郎。同平章事。辛巳，郊祀天地。壬午，大赦境内，改元武成。赦文曰：圓蓋方輿，萬彙共資其覆載；春生夏長，四時不息于推遷。所以茂成歲功，寧遂物性。帝王取象，文質遞興，遵革故之令猷，敷鼎新之至理。朕上膺睠命，俯狥樂推，宗廟告虔，孝思卽展。郊丘備禮，嚴配式遵。欽成享國之符，允叶奉天之道。祀羣咸秩，有感必通。雲龍方覩于在天，雷雨須聞於作解。且湯開三面，延景祚六百餘年；漢革五刑，繼丕圖二十四世。皆以恤辜宥罪，勸善興仁，特行滌蕩之恩，用致治平之化。自唐朝運改，土德數終，初乃召寇以纏兵，竟至遷都而滅國。賢良塗炭，朝市丘墟，生人既失其所天，大事須歸于有土。遂至蠻夷瀝款，士庶傾心，謂蜀都同章武之時，兼漢嗣絶山陽之號。共陳天命，屬在朕躬。一從踐位以來，益軫臨深之懼。每念生民塗炭，刑政猶繁，因告類於穹旻，合流恩於屬縣。紀年定曆，既□鴻名；布澤行春，式和均氣。可大赦天下，改唐天復八年爲大蜀武成元年。正月十日昧爽已前，大辟罪已下，罪無輕重，已發覺未發覺，已結正未結正，見繫囚徒，常赦不原者，咸赦除之。惟十惡五逆，屠牛鑄錢，故意殺人，捏窠造印，結聚徒黨，逃走背軍，合和毒藥，私鹽茶麴，持仗行劫，官典犯枉法贓，兼渝濫身名，冒授官爵，囹圄之內，官吏用情，致令冤濫，不問有贓，不在赦限。左降官不問罪輕重，並與量移；其有情無狡蠹，事不□邪者，委中書門下酌量矜貸，使與矜復授官。州縣典吏及諸色人配流在遠，已經懲斷者，並宜釋罪放歸。兼有軍人百姓，先因公事關連，逃避諸州縣鎮不敢歸還者，亦任却歸本貫所在，不得勘問擾攪。朕自援旗誓衆，仗鉞平戎，廓定封疆，安保生聚，克成帝業，實用武功。每思將帥之勞，宜獎初終之效，其在城及東川、山南、武定、武信、武泰等道并兩路前軍諸鎮都頭節級將士等，一時卽位日，雖已各有頒賜，既經大禮，更示殊恩。應都知兵馬使已下至節級官健，今有優給，各有等第處分。稼穡雖登，黎元未泰，每於旦夕，常所焦勞。將漸致於昭蘇，已累行其矜放。但念方屯師旅，難闕賦征，緣同切於乂安，宜共資其贍給。自去年八月已後、十月已前，繼有指揮，併蠲逋欠，非無惠澤，下及蒸人，尚慮疲羸，未息艱苦，畿內諸州及諸州府應徵今年夏税，每貫量放二百文；今年正月九日已前應在府及州縣鎮軍人百姓，先因侵欠官中錢物，或保累填賠官中收没屋舍莊田，除已有指揮及有人經管收買外，餘無人射買者，有本主及妻兒見在無處營生者，並宜給還却，據元額輸納本户税賦。冬選之人，例聞羈旅，常思任用，以救棲遲。兼勸進官僚，人數不少。朕昨纔登寶位，更布優恩，或擢在班行，或委之州縣，凡選用署盡，搜羅其間，或有謬給前銜，妄稱入仕，既未辨其真僞，又可哀其困窮，是用銓衡，冀分玉石，切在精研選士，摭實推公，自執規繩，勿隨請託。但曾經赴任，委不敗官，不犯刑章，又無贓污，告身周備，考課分明，便仰依次注官，銓司不得稽滯。如有失墜告身，無以自明，但有失墜時公憑及于本任官處取得文解者，並准例參選。然則自唐朝兵革之後，逾濫尤多，附勢力者未必有材，抱孤直者或聞無位。自今已後，委有司博求幹濟，慎擇端良，諳熟吏途，詳明法律，先能潔己，方可理人，就中令録之尤難，切在銓衡之精選。或有節度刺史，上表論薦，皆須審諸行事，顯著才能，保無苛虐之心，方允奏陳之命。如聞失舉，必罪所知。諸州府或有賢良方正，能直言極諫，達於教化，明於吏才，政術精詳，軍謀宏遠，韜光待用，藏器俟時，或智辨過人，或辭華出格，或隱山林之跡，或聞鄉里之稱，仰所在州府奏聞，當與量材敘用。自唐室傾淪，梁園篡奪，上國俄成於茂草，中原莫有其遺民，三百年之文物一空，數千里之生靈無主。星辰既紊，運祚俄遷，指王氣之東沉，聽頌聲之西起。率土之黔黎老幼，競獻臣心；滿朝之文武忠賢，皆陳天意。克隆基業，合重獎酬。應內外文武官等，或賜功臣名號，或與一子出身，兼勸進官資以旌勳業，並當續有處分。朕頃事唐臣，常居親衛，受藩鎮封崇之貴，著册書鐘鼎之勳，至于朝右公卿，方面侯伯，皆契忘家之誓，俱同許國之誠。其歿身王事之中，遇禍賊庭之內，言念及此，痛憤良深。應自僖宗朝，凡在有功文武大臣顯忠孝者，並委中書門下追贈，仍搜訪骨肉，量材録用。又在閬州起義之日，應有隨駕大將，効命功臣，或遘疾以淪亡，或當鋒而夭枉，皆是捐軀爲主，臨難喪生，殊功無日而暫忘，遺烈千年而不泯，並委中書門下抄録次第，各與追贈，有子孫者特授官榮，所冀澤被幽明，仁霑存没。又自朕剖符之始，分閫已來，副予委用之心，匡贊勳庸之士，同共甘苦，竭節輸誠，推公不避于流言，臨事唯思於盡瘁，則有故武信軍節度使張琳，故山南節度使王宗滌，故茂州刺史張造，故蜀州刺史李師泰，故邛州刺史李簡，故眉州刺史張勍，故漢州刺史宗裕，都知兵馬使劉璋，奉禮蓋獲、張全真、張行立、韓在、田威等，並宜追贈。朕自臨蜀國，實庇齊民，皆資先哲之威靈，獲王故都之城邑，方憑幽贊，以永天休，上答元功，宜尊舊號。先主昭烈皇帝宜委中書門下追崇尊號，虔備册儀；忠武侯諸葛亮別加美謚，追贈王爵。應有名山大川，靈祠聖跡，皆豐凶所係，水旱是司，並宜追贈公侯，用酬元貺。朕爰自統臨，八國同心，諸藩部落首領已下，宜差使臣各賜詔敕，分物宣諭，其見在鴻臚禮院入朝藩客等，各賜分物，續有敕旨處分。刺史、縣令，身皆受職，寵在分憂，非惟效答于恩榮，亦在保全于終始，將申保國，只計安人。其有徭役不均，刑法不中，鄉縣凋弊，稅賦逋懸，必當分命使臣，大明黜陟；若清廉可獎，課績有聞，或就轉官資，或超加任用，並舉勸懲之命，以彰悔過之名。太倉及諸州縣受納斛斗，並仰太府寺准舊例校勘，逐年給付所司，除本分耗剩外，不得加一升一合，致百姓積累逋懸，如有固違，必行朝典。其有外州遠縣官吏等輒徵估價，並許百姓詣闕論訴，不計官職高卑，並正刑名處分。在京百司禁囚徒推劾業成，皆招本罪，本官詳斷，只據所申，倘陷深文，便行極法。或恐推司人吏，抑遏代書，既不坐其本情，實慮遭其枉法，自今後委御史臺常加覺察，若有冤濫，便具奏聞，必當別遣推窮，重行懲斷。致理之源，無先養老；化民之本，尤在恤孤。或矜黄髮之年，或念白華之節，衰老者宜加矜卹，孤惸者亦在撫安。應國内有耆老年八十已上，賜米二石；九十已上，賜米三石；百歲已上，賜米五石，兼綿絹酒肉有差，並仰所在長吏切加安存。其有不幸者，量與津置殯送，仍撫其孤弱。義夫節婦，孝子順孫，並加旌表門閭，終身優假。國之教化，庠序爲先；民之威儀，禮樂爲本。廢之則道替，崇之則化行。其國子監正令有司約故事速具修之，兼諸州應有舊文宣王廟，各仰崇釋，以時釋奠。應是前朝舊制，或有開國新規，制敕之所未該，教化之所未備，或刑法不中，或倫序有乖，則諫臣不可不言，宰執不可不奏。且謗木之設，本俟諍臣，匭函所收，先覽冤狀，所以凡關利病，悉要聞知。自今已後，或事有便宜，理非允當，並須旋具論奏，共議改更，必當留折檻以旌賢，無或懼觸鱗而避事。應南郊行事亞獻終獻攝事行禮官吏等，改轉優賜，並候續敕處分。應飛龍閑廄内作器仗諸雜工巧，黄衣三衛四色細仗，掌扇黄鍾典彭等，亦各委所司，分析姓名申奏，當議優賞。駙馬都尉普恩之後，仍各賜一子八品正員官。赦内有未該恩例及合條事件，各仰所司，咨請施行。開國之初，既勤行于德惠，改元之後，尤企望於樂推。惟是革弊從新，去華務實，有利於民者，不得不用，有害於政者，不得不除。公平必致于民安，富庶自成于國霸。恩雖不吝，法且無私。赦宥者各仰自新，釐革者皆宜共守，俾從滌蕩，永致清平。敢以赦前該恩事相告者，以其罪罪之。挾藏軍器，亡命山澤，百日不前，復罪如初。赦書准日行五百里，仍付所司，牒至准賜敕故牒。

二月甲辰，以張格爲中書侍郎、同平章事，帝謂曰：「不恃權，不行私，惟至公是守，宰相之事也。」格爲相，輒迎合主意，勝己者必以計排去之。以王宗佶爲太師，罷政事。宗佶於帝假子爲最長，恃功驕恣，多樹黨友，帝心惡之，故罷。甲子，我兵入歸州，執梁刺史張瑭。

三月癸巳，王宗佶既罷相，怨望，陰畜死士，謀作亂。上表以爲：「臣官預大臣，親則長子，國家之事，休戚是同。今儲貳未定，必生厲階，陛下若以宗懿才堪繼承，宜早行册禮，以臣爲元帥，兼總六軍。倘以時方艱難，宗懿沖幼，臣安敢持謙不當重事！陛下既正位南面，軍旅之事宜委之臣下。臣請開元帥府，鑄六軍印，征戍徵發，臣悉專行。太子視膳於晨昏，微臣握兵於環衛，萬世基業，惟陛下裁之。」帝隱忍未發。會唐道襲以語激帝怒，己亥，宗佶入見，辭色悖慢，帝再諭之不退，叱衛士撲殺之，貶其黨御史中丞鄭騫爲維州司户，衛尉少卿李鋼爲汶川尉，皆賜死於路。

夏五月，遣將將兵會岐兵五萬攻梁雍州，晉張承業亦將兵應之。

六月丙辰，梁將劉知俊及祐國節度使王重師大破岐兵於幕谷，我兵及晉兵皆引歸。是月，立遂王宗懿爲皇太子，羣臣上帝尊號曰英武聖皇帝。灌州奏武部郎中張道古卒。

秋七月，騶虞見武定。

八月丙子，册立皇后周氏。

冬十月，立後宫張氏爲貴妃，徐氏爲賢妃，其妹爲德妃。庚戌，講武於星宿山，步騎三十萬。

是歲，帝以降生日爲壽春節。諸僧進辟支佛牙，道士獻武成混元圖。佑聖國師光業、道門威儀楊德輝是日以此事相嘲。詔重建百神廟於梓橦縣。先是，唐大將軍吴行魯置百神之廟于路側，已而燬於火，及帝登極，夢神大求祠宇，遂有是命。

武成二年秋七月，梁平淮指揮使李洪自立爲襄州留後，以附於我；房州刺史楊虔亦舉城來附。

八月，命皇太子宗懿判六軍，創天武神機營，開永和府，妙選朝士爲僚屬。辛酉，梁均州刺史張敬方克我房州。以御史中丞王鍇爲中書侍郎、同平章事。

九月丁酉，梁將陳暉陷襄州城，執我降將李洪、楊虔送洛陽，殺之。

冬十月甲子，司天監胡秀林獻永昌曆，詔行之。

冬十二月，蜀州刺史王宗弁稱疾罷歸，杜門不出。

是歲，廣都嘉禾合穗。昌明縣道士李懷杲謀亂，伏誅。

武成三年春三月，皇太子與內樞密使唐道襲有隙，互訴於帝。帝恐其交惡，乃以道襲爲山南西道節度使、同平章事。道襲薦宣徽北院使鄭頊爲內樞密使，頊受命日，卽欲按道襲昆弟盜用內庫金帛；道襲懼，奏頊褊急，不可大任。丙午，出頊爲果州刺史，以宣徽南院使潘炕爲內樞密使。

夏五月，岐王李茂貞求巴、劍二州，帝曰：「吾奉茂貞，勤亦至矣；若與之地，是棄民也。」乃以絲茶布帛七萬與之。

六月，下詔勸農桑曰：「昔劉先主入蜀，武侯勸其閉關養民，十年而後舉兵，震搖關內。朕以猥眇，託居人上，爰念蒸民久罹干戈之苦，而不暇力於農桑之業。今國家漸寧，民用休息，其郡守縣令務在惠綏，無侵無擾，使我赤子樂於南畝，而有豳風七月之詠焉。」

六月癸亥，漢州刺史孟彥暉奏金龜徑寸遊於西湖蓮葉之上，畫圖以聞。

秋七月，門下侍郎兼吏部尚書、同平章事韋莊卒。

八月，洵陽水中有龍五十，如牛馬驢羊之形，行入漢江，五色相間。

冬十月，麟見壁州。

十一月，更皇太子宗懿名曰元坦。庚戌，封從子宗鐬爲昌王，族子宗壽爲嘉王，假子宗範爲夔王，宗翰爲集王；諸皇子宗仁爲普王，宗輅爲雅王，宗紀爲褒王，宗智爲榮王，宗澤爲興王，宗鼎爲彭王，宗傑爲信王，宗衍爲鄭王，追封族子宗裕爲通王。

十二月庚午，以御史中丞周庠、户部侍郎判度支庾傳素爲中書侍郎、同平章事。辛巳，大赦，改明年元曰永平。

是歲，檄渭井土刺史羅元楚申飭監務。

永平元年春正月丙戌朔，日食。李昊蜀書作丁亥朔日食，今從梁太祖實録。初，帝女普慈公主嫁岐王從子秦州節度使李繼崇，已而遣宦者宋光嗣以絹書言：「繼崇驕矜嗜酒，醉害賢良，民心思亂，願歸侍省，免死危邦。」帝亟召公主歸寧。辛亥，公主至成都，帝留之不遣，始與岐絶。

三月，岐王聚兵臨東鄙，帝謂羣臣曰：「自茂貞爲朱温所困，吾常振其乏絶，今乃負恩爲寇，誰爲吾擊之？」兼中書令王宗侃請行。帝以宗侃爲北路行營都統，以兼侍中王宗祐、太子少師王宗賀、山南節度使唐道襲爲三招討使，左金吾大將軍王宗紹爲宗祐之副，帥步騎十三萬伐岐。壬辰，宗侃等發成都，旌旗數百里。

夏四月乙卯朔，岐兵寇興元，唐道襲擊却之。

五月，帝如利州，命皇太子監國。

六月癸丑朔，至利州。諸將擊岐兵，屢破之。

秋七月，帝西還，留御營使昌王宗鐬屯利州。

八月庚申朔，帝至於成都。甲子，岐王使劉知俊、李繼崇將兵擊我。乙亥，王宗侃、王宗賀、唐道襲、王宗紹與之戰于青泥嶺，我師敗績。馬步使王宗浩奔興州，溺死于江。道襲奔興元。先是，步軍都指揮使王宗綰城西縣，號安遠軍，至是宗侃、宗賀等收散兵走保其地，知俊、繼崇追而圍之。衆議欲棄興元，道襲曰：「無興元則無安遠，利州遂爲敵境矣。吾必以死守之。」帝以昌王宗鐬爲應援招討使，定戎團練使王宗播爲四招討馬步都指揮使，〔一〕將兵救安遠軍，壁於廉、讓之間，與唐道襲合擊岐兵，大破之於明珠曲。明日，又戰於龛口，斬其成州刺史李彥琛。

九月，築柳堤。

冬十月，帝如利州，以援宗侃等，命皇太子監國。決雲軍虞候王琮敗岐兵，執其將李彥太，俘斬三千五百級。乙卯，捉生將彭君集破岐二寨，俘斬三千級。王宗侃遣裨將林思諤自中巴間行至泥溪見帝告急，帝命開道都指揮使王宗弼將兵救安遠，及劉知俊戰于斜谷，破之。

十一月，太保、中書令周德權卒。壬辰，王宗弼敗岐兵於金牛，拔十六寨，俘斬六千餘級，擒其將郭存等。丙申，昌王宗鐬、王宗播敗岐兵於黄牛川，擒其將蘇厚等。丁酉，帝自利州如興元。援軍既集，安遠軍望其旗，宗侃等鼓譟而出，與援軍夾攻岐兵，大破之，拔二十一寨，斬其將李廷志等。己亥，岐兵解圍遁去。唐道襲先伏兵於斜谷邀擊，又破之。庚子，帝西還。

十二月丁巳，帝至成都，羣臣加上尊號曰英武睿聖光孝皇帝，加皇后尊號曰昭聖皇后。

是歲，始作新宮。命集四部書，選名儒專掌其事。以内樞密使潘炕爲武泰軍節度使。炕從弟宣徽南院使峭爲内樞密使。鑄「永平元寶」錢。錢文自上至右順行，後「通正」等錢皆同。

永平二年春正月，羣臣又加上尊號曰英武睿聖神功文德光孝皇帝。封漢張魯爲扶義公，諸葛亮爲安國公。

二月□□朔，帝幸龍華禪院，召僧貫休坐，賜茶藥綵段。丁巳，梁遣光禄卿盧玭、閤門副使少府少監李元來聘，通鑑作正月辛酉，今從五代史梁太祖本紀。推帝爲兄，書曰：「夫唐、虞致治，遵禪讓之明文，湯、武開基，允人神之至願。必有神器，是膺皇圖。況古今迭代之期，英傑興隆之數，莫不上關天命，下順人心，啓王霸之宏基，爲子孫之大計。咸遵軌轍，並載簡編。且念與皇帝八兄，頃在前朝，各封異姓。土茅分裂，皆超將相之尊；魚雁往來，久約弟兄之契。歡盟甚固，功業相推。俄隔絶于音塵，止因緣于間諜。以至時衰土德，運應金行。雖手足胼胝，粗平多難，而星辰符瑞，謬付厥躬。當百辟之羣情，極四方之積患。受都河洛，用答乾坤。尋聞皇帝八兄奄有西陲，盡朝三蜀，別尊位號，復統高深。一時皆賀於推崇，兩國願通於情好。徵曹、劉之往制，各有君臣；追楚、漢之前蹤，常分疆宇。所冀同清華夏，俱活生靈。載籍具存，恢張無爽。去歲密聞風旨，遐慰寤思，憤岐、隴之猖狂，逼褒、斜之封徼。欲資牽制，用速掃除，遂委永平軍節度使劉鄩全蜀藝文志作劉闢，今從錦里耆舊傳。特遣行人，先道深意，旋已徑差精甲，將擊妖巢，合數鎮之梟雄，鼓六師之威勢。尋聞退遁，殆至滅亡，允諧犄角之謀，尤得輔車之利。近併覽同、華奏報，皆進呈褒、祥書題，具悉事機，良多歎沃。今專馳卿列，備達衷懷，重論金石之交，別卜塤篪之分。山河共永，日月長懸。瞻佇好音，言不盡意。」別幅云：馬一十匹，計紅耳叱騤馬一匹，金玉鬧裝四垂，鞍轡一副；紫叱騤馬一匹，白玉裝鞍轡一副；白驄馬一匹，金鍍鬧裝鞍轡一副；烏叱騤馬一匹，金鍍龍鳳五垂，銀鞍轡一副；烏叱騤馬一匹，金鍍銀鬧裝鞍轡一副；白驄馬一匹，金鍍銀鬧裝鞍轡一副；青叱騤馬一匹，裹花五垂銀鞍轡一副；青叱騤馬一匹，陷金玉五垂，鞍轡一副；騮叱騤馬一匹，金鍍鬧裝五垂，銀鞍轡一副；紅耳叱騤馬一匹，金鍍五垂，鬧裝銀鞍轡一副。又玉犀腰帶雜物等，計黃排方珮琳腰帶一條，頭尾順鉠十二事，通牡丹犀排方腰帶一條，頭尾順鉠十二事，金香一十斤，麝香五十劑，犀一十株，琥珀二十斤，玳瑁二百斤，金稜琉璃椀十隻，銀稜秘色鈔鑼二面，金花銀裝厨子一對，金花渾銀裹龍鳳儀注槍四條，金花銀裹龍鳳儀注槍四十條，金銅甲二副，并副膊兜鍪金。又藥物十三味，計茯苓一十斤，茯神一十斤，酸棗仁五十斤，玉鹽五斤，新羅人參一十斤，牛膝一十斤，枳殻一十斤，五味子五斤，赤箭一十斤，鹿茸一十對，顆棗一千枚，羚羊角五對，牛黄一百銖。右件藥物等或來從燕市，或貢自炎方。或馨香能助於熏爐，或華妙可資於寶玩。光涵星斗，藥有君臣。願申兩國之情，重固千年之約。愧非縟禮，粗達深衷；特希檢留，幸甚。謹白。

是月，尚食使歐陽柔治田令孜故第，穿地得玉璽以獻，其文曰「有德承天，其祚永昌」。初令孜盜唐國寶至蜀而瘞之，至是爲柔所得。

三月，詔中書侍郎、同平章事張格編纂開國以來實録。

夏四月，維州羌董琢反，遣保鑾軍使趙綽討平之。

五月，劍州木連理。丙寅，門下侍郎、同平章事王鍇罷爲兵部尚書。己丑，大赦境内。

六月，麟見文州。遣梁使盧玭等還汴，帝答梁主書曰：「大蜀皇帝致書于大梁皇帝閤下：竊念早歲與皇帝共逢昌運，同事前朝，俱榮倚注之恩，並受安危之寄。豈期王室如燬，大事莫追，横流泛濫於八方，衰釁淩夷於九廟。此際與皇帝同分茅土，共統邦家，扶危者力既不宣，握兵者計無所出。建忝列同盟之分，幸居平蜀之功，所宜治兵甲以固封疆，聚征賦以修進貢。望皇使而經年不至，指雲鄉而就日無期。遠聞皇帝應天順人，開基立極，拯生靈於塗炭，示恩信於豚魚。東南之王氣咸歸，河洛之殊祥畢至。四門盡闢，百度惟貞。竟無意於興邦，止施仁而濟物。以此内量分限，不在經綸。七十州自可指揮，八千里半因開拓。遂至萬民叶議，八國來朝。爰徵史册之文，亦有變通之説。且東漢亂離之後，三國齊興；西州微弱之時，六雄競起。俱非恃强逼禪，皆以行道濟時，雍容於揖讓之前，輕重於英雄之内。況西蜀開山之國，燒棧爲謀，稱雄雖處于一隅，避□曾安于二帝。鼎峙之規模尚在，山呼之氣象猶存。永言梁、蜀之歡，合認弟兄之國。今蒙皇帝遠尋舊好，專降嘉音，俱無間諜之嫌，再敘始終之約。疑慮則春冰共泮，開通則東海可歸。光榮遽破於子孫，暢遂咸敷于朝野。今則盡焦勞而勵己，用勤儉以帥賢，常瞻偃草之風，以繼用天之道。又蒙厚加賜貺，别降珍奇，十驥聯鑣，六龍並駕。稱德曾參於萬乘，呈才皆過於千金。載觀戀主之心，益勵懷恩之志。寶帶輟異方之貢，名香加遠國之琛；奇鋒利逾於雪霜，雅器價齊于金玉。入用多慚于未識，捧持方喜于初觀。望恩而一日三秋，仰德而跬步千里。自此榮遵天路，繼遣星槎，緘章不候於飛鳶，裂帛豈勞於繫雁。忻榮慰喜，併集此時。敬以專使盧卿等回，畧陳所志，幸望開覽。」又謝信物等曰：右件鞍馬及腰帶、甲冑、槍劍、麝臍、琥珀、玳瑁、金稜椀、越瓷器并諸色藥物等，皆大梁皇帝降使賜貺。雕鞍撼玉，堅甲爍金。十圍希世之珍，六轡絶塵之用。槍森蛇槊，劍耀龍鋒。金稜含寶椀之光，秘色抱青瓷之響。上藥非蜀都所紀，名香從外國稱奇。遠有珍華，並由惠好。顧酬謝而增媿，仰渥澤以難勝。捧閱品名，實慚祗受。

是月，梁主晃爲其子友珪所弒。

秋八月，漢州什邡縣獲古銅牌一，蜀檮杌作銅牌石記，今不從。上有「王建王元膺」以下六十二字。歐陽史云有文二十餘字，今從五國故事及全蜀藝文志。縣民郭迴持以獻帝。改什邡縣曰通計，更太子元坦名曰元膺，字昌美，以符銅牌膺昌之文。歐陽史云：建以爲符讖，因取以名其諸子。今不從。又通鑑載此事在七月，今從蜀檮杌繫于八月之下。識者曰：「膺者胸也，胸者凶也，非爲吉兆。」帝以元膺年少，又命學士爲文誡之，曰：「吾提三尺劍，化家爲國，親決庶獄，人無枉濫。恭儉畏慎，勤勞慈惠，無一事縱情，無一言傷物。故百官吏民愛朕如父母，敬朕如天地。汝襁褓富貴，不知創業之艱難。更汝之名，上應圖讖，勿驕勿矜，勿盈勿忌，惟敬惟誡，惟謙惟和；內睦九族，外安百姓；赤心待羣臣，恩信愛士卒。刑罰，人之命也，無狥愛憎；奸邪，國之賊也，無信讒構。絕畋游之娛，察聲色之禍。然後能保我社稷，君我民臣。吾蚤莫戒勗，恐汝遺忘，當置於几案，出入觀省。」

九月辛巳，改劍南東川曰武德軍。

十二月，黃龍見富義江，又見大昌池。戊寅，行營都指揮使王宗汾攻岐文州，拔之，守將李繼夔走。是時，升雲安監爲安州。詔行正象曆。

永平三年春正月，麟見永泰。

二月壬午，大赦。丙申，唐道襲自興元歸，復爲樞密使。皇太子元膺廷疏其惡，以爲不應復典機要，帝不悦。庚子，以道襲爲太子少保。

是月，梁朱友珪伏誅，均王友貞立于大梁，更名瑱。

夏四月，以兵部尚書王鍇爲中書侍郎、同平章事。遣將作監李紘如梁弔喪，印文曰「大蜀入梁之印」。先是盧玭來聘，其印文曰「大梁入蜀之印」，特刻印以報之。

五月，騶虞見壁山，有二鹿隨之。

是月，天狗墮于成都，鷄鳴時有聲如雷，電光流數丈，或明或滅。占曰「其下殺萬人」。

二十三日丑時。

六月丙子，以道士杜光庭爲金紫光禄大夫、左諫議大夫，封蔡國公，進號廣成先生。

秋七月丙午，皇太子元膺召諸王大臣宴飲，集王宗翰、内樞密使潘峭、翰林學士承旨毛文錫不至。丁未，太子入白于帝，帝命逐峭、文錫，以前武泰節度使兼侍中潘炕爲内樞密使。會唐道襲誣太子作亂，徵兵入宿衛。太子帥徐瑶、常謙等攻道襲于清風樓下，逐至城西，斬之。帝召兼中書令王宗侃、王宗賀、前利州團練使王宗魯，發兵討亂，陳於西毬場門。兼侍中王宗黯自大安門梯城而入，與瑤、謙戰于會同殿前，瑤敗死。按十國紀年：丁未，元膺令軍使喻全殊帥天武兵自衛。戊申、徐瑤、常謙及左大昌軍使王承燧等各帥所部兵奉元膺攻唐道襲。道襲自私第被甲乘馬，過王宗賀門邀之，宗賀曰：「兵起無名，且不奉詔，公宜緩行。」元膺遣天武將唐據帥親兵逐道襲至城西斬之。又歐陽史云：元膺召大將徐瑤、常謙率兵出拒襲，與襲戰神武門，襲中流矢墜馬死。又九國志曰：建將七夕出游，先一日，元膺召諸軍使及諸王宴飲邸第中，且議七夕從行之禮，而集王宗翰等不至。詰朝，元膺入白建曰：「潘峭、毛文錫離間兄弟，將圖不軌。」又曰：及聞唐襲徵兵，乃遣伶官安悉香諭軍使全殊率天武甲士以自衛。明日，徐瑤、常謙與懷勝軍使嚴璘等協謀，以所部兵挾元膺以逐唐襲。又曰：建急召宗侃、宗賀及諸軍使，令以兵討寇，乃逐唐襲至城西斬之，盡殺屯營兵。又自大安門登陴以入，攻瑤、謙等。三書都有異同，今從司馬氏通鑑。

己酉，太子爲衛士所殺，詔追廢太子元膺爲庶人。庚戌，贈唐道襲太師，謚忠壯。復以潘峭爲内樞密使。

冬十月，潘炕請立太子。賢妃徐氏及飛龍使唐文扆、宰相張格合謀立鄭王宗衍。甲午，立宗衍爲皇太子。受册畢，潘炕以朝廷無事，稱疾請老，許之，國有大疑，仍遣使就問。

是歲，白龍見邛州江；又犀浦縣田中有小龍一，青黑色，剖爲兩片，尋失去。

永平四年春正月丙子，命皇太子判六軍，開崇勳府，蜀檮杌作崇賢府，今從通鑑。置僚屬，後更名天策府。荆南兵寇夔州，刺史王成先擊却之。時鎮江節度使嘉王宗壽鎮忠州，成先請甲，宗壽但以白布袍給之。成先帥之逆戰，渤海王高季昌縱火舟焚浮橋，招討副使張武舉鐵絙拒之，舟不得進。會風反，荆南兵溺死者甚衆，渤海王乘小舟而遁。成先密遣人奏不給甲之狀，宗壽獲其人，召成先，斬之。

夏四月，帝徙鎮江軍治夔州。

秋八月，武泰節度使王宗訓鎮黔州，貪暴不法，擅還成都。庚辰，宗訓入見，多所邀求，帝命衞士毆殺之。戊子，以內樞密使潘峭爲武泰軍節度使、同平章事。翰林學士承旨毛文錫爲禮部尚書，判樞密院。或勸帝乘夏秋江漲，決峽堰以灌江陵，文錫固諫以爲不可，帝乃止。九月，帝幸寶曆寺，后妃皆從。是日重陽節，宮女四人爲僧所匿，明日得於民家，與僧二十二人同斬龜化橋下。張儀築小城，不能立，忽有一龜圜旋，巫依龜行巡築得立，故其地有龜化橋。蜀成都城一云龜城，亦因此。

冬十月，前內樞密使潘炕卒。

十一月，麟見昌州。乙巳，長和驃信鄭仁旻入寇黎州，帝遣夔王王宗範、兼中書令王宗播、嘉王宗壽爲三招討以擊之。丙辰，敗之于潘倉嶂，斬其清平官趙嵯政。壬戌，又敗之于山口城。

十二月乙亥，破其武侯嶺十三寨。辛巳，又敗之于大渡河，俘斬數萬級。錦里耆舊傳云：殺退溺河者不知其數，歸降者三千餘人，斬獲坦綽、布燮、清平官等，收奪器甲馬牛軍資財用八千餘事。宗範將作浮梁濟河，帝召令還成都。癸未，興州刺史兼北路制置指揮使王宗鐸攻岐階州及固鎮，破細砂等十一寨，斬首四千級。甲申，指揮使王宗儼破岐長城等關四寨，斬首二千級。是時大足縣南産龍馬，日行千里。後因名其地爲藏馬巖。

永平五年春，正月己亥，帝御得賢門受蠻俘，大赦。初，黎雅蠻劉昌嗣、郝玄鑒、楊師泰號㓨金堡三王，名雖内屬，而潛通南詔，卽長和蠻。爲之詗導。帝數以漏泄軍謀，斬于成都市，毁㓨金堡，自是南詔不復犯邊。

秋八月，〔三〕以兼中書令王宗綰爲北路行營都制置使，兼中書令王宗播爲招討使，攻秦州；兼中書令王宗瑶爲東北面招討使，同平章事王宗翰爲副使，攻鳳州。

冬十一月己未，夜，宫中火。自得成都以來，寶貨貯于百尺樓，悉爲煨燼。諸軍都指揮使兼中書令王宗侃等率衛兵入救，帝閉門不内。庚申旦，火猶未熄。帝出義興門見羣臣，命有司斂太廟神主，分巡都城，言訖，復入宫閉門。將相皆獻帷幕飲食。壬戌，大赦。

己巳，王宗翰引兵出青泥嶺，克固鎮，與秦州將郭守謙戰于泥陽川。我兵敗，退保鹿臺山。辛未，王宗綰等敗秦兵於金沙谷，擒其將李彥巢，乘勝趨秦州。王宗鐸克階州，降其刺史李彥安。甲戌，宗綰克成州，擒其刺史李彥德。我軍至上染坊，秦州節度使李繼崇遣其子彥秀奉牌印迎降。鑑戒録云：遂迎駙馬及降無敵王劉知俊并戰將郭守遷、郭守存、聶瓚、孫禮、陳彥詞、毛昌業、邵雲等五十餘員，馬三千餘匹，兵士九千，户六萬，悉歸于蜀。宗綰入秦州，表排陳使王宗儔爲留後。是時梁叛將劉知俊在岐，攻邠州，半歲不克，聞秦州已降，知俊妻子皆遷成都，隨解圍還鳳翔，夜帥親兵七十人斬關而出。庚辰，奔于我軍。十國紀年云：知俊奔秦州，庚戌來降。今從通鑑。宗綰自河池、兩當進兵，會王宗瑶攻鳳州。癸未，克之。我于是有秦、鳳、階、成四州之地。

十二月丁未，帝御大安門，受秦、鳳、階、成之俘，大赦境內，改明年元曰通正。置武興軍於鳳州，割文、興二州隸之，以前利州團練使王宗魯爲節度使。時大霖雨，帝禱于奇相之祠，震蒙氏女，竊黄帝元珠沈江而死，爲此神。

是歲，起壽昌殿於龍興宮，繪帝象於壁，又起扶天閣，繪諸功臣象。

通正元年春正月，以李繼崇爲武泰軍節度使，兼中書令、隴西王。梁遣使來聘。太平廣記：梁祖使封舜卿聘于蜀。時岐陽睚眦，關路不通，遂泝漢江而上，路出全州，全帥致筵于公署。舜卿素輕其山川，多所傲睨，及執罤索令，曰：「麥秀兩歧。」伶人駭爲未聞，以他曲代之。舜卿摇首曰：「不可。」又再呼「麥秀兩歧」。主人慚怒，杖其樂將。次至漢州，伶人已知全州事，憂之。及飲會，又曰：「麥秀兩歧。」如是三呼，不能應。有樂將王新殿前曰：「畧乞侍郎一唱。」舜卿唱未遍，已入樂工之指下矣。其樂工白師曰：「此是大梁新翻，西蜀未有，請寫譜一本。」飛遞入蜀，具言經過二州事。洎舜卿至蜀，長吹「麥秀兩歧」于殿前，施芟麥之具，引數十輩貧兒，襤褸衣裳，挈筐籠而拾麥，仍合聲唱，其詞悽楚。舜卿慚恨而退。及復命，歷梁漢、安康等道，不敢更言兩歧字。今詞譜有此調。

二月，翰林學士庾傳昌卒。

三月，弘農郡王晉暉薨。鑄「通正元寶」錢。

秋八月，以王宗綰爲東北面都招討，武信節度使劉知俊爲第一招討，天雄節度使王宗儔爲第二招討，匡國軍使唐文裔爲第三招討，將兵十萬出秦州以伐岐。建文思殿，命清資五品正員官購羣書實之，以内樞密使毛文錫爲文思殿大學士。黄龍見大昌池。

九月庚申，新宫成，在舊宫之北。

冬十月甲申，宗綰等出大散關，大破岐兵，俘斬萬計，遂取寶雞。己丑，宗播等出故關，至隴州。庚寅，岐保勝節度使李繼岌帥其衆二萬棄隴州來奔。我兵進攻隴州，以繼岌爲西北面行營第四招討。知俊會宗綰等圍鳳翔，岐兵不出。時大雪，帝召知俊等軍還成都，復李繼岌姓名曰桑宏志。以唐文裔爲天雄軍節度使，鎮秦州。己亥，大赦。

十二月戊申，再大赦，改明年元曰天漢，國號大漢。以廣成先生杜光庭爲户部侍郎。是歲，有大秃鶖鳥翔于摩訶池上，或云卽鶢鶋。又溝港城隍悉開白蓮花，識者以爲不祥。

天漢元年春正月，封張儀爲昌化王，張飛爲靈應王，鄧艾爲彰順王。鑄「天漢元寶」錢。

夏五月，祀黄帝於南郊；翼日，祀地祇於方丘。

六月，賜百官飛雪丸。

是月，導江令黄璟奏天大雷雨，江神忽成巨堰。羣臣入賀。杜光庭賀牋曰：「伏覩導江縣令黄璟奏六月二十六日江神移堰事，伏以大禹濬江，發洪源于龍冢；李冰創堰，分白浪于龜城。道彼靈津，資乎民用。而泅脛泛肩之誓，表則有常；若懷山沃日之災，崩騰難制。立虞墊溺，必害蒸黎。昨者夏潦渤興，狂波未息，顧岷江之下瀨，便逼帝都；當灌口之上游，遽彰神力。於是震霆薨地，白雨通宵，驅陰兵而鼓譟連天，簇靈炬而熒煌達曙。迴山轉石，巨堰俄成，浸涌頓減於京江，奔衝盡移於硤路。仰由聖感，仍假英威。見天地之合符，睹神明之致祐。編於簡册，冠彼古今。叨奉奬私，宏增抃躍。」

秋七月庚戌，以桑宏志爲西北面第一招討，王宗宏爲東北面第二招討。己未，以兼中書令王宗侃爲東北面都招討，武信節度使劉知俊爲西北面都招討。

八月庚寅，貶司徒、判樞密院事毛文錫茂州司馬，流其子司封員外郎詢于維州，籍沒其家。貶文錫弟翰林學士文晏爲滎經尉，罷左僕射兼中書侍郎、同平章事庾傳素爲工部尚書。以翰林學士承旨庾凝績權判內樞密院事。先是，飛龍使唐文扆居中用事，張格附之，與文錫爭權。會文錫將以女適傳素子，宴親族於樞密院，用樂，不先表聞。帝聞樂聲怪之，文扆從而譖焉，故有是命。

冬閏十月戊申，以庾凝績爲吏部尚書、內樞密使。

十一月丙子朔，日南至，祀昊天上帝於圜丘。大風拔木，幙帷皆裂。劉知俊既爲都招討使，諸將皆舊功臣，多不用知俊命，故伐岐無功。帝陰忌其才，唐文扆又數毀之，因誣以謀叛。

十二月辛亥，斬知俊于炭市。癸丑，大赦，改明年元曰光天。

是歲，戎州蠻胡連等反，七州捕盜使王球討平之。

光天元年春正月，乙亥朔，大赦，復國號曰蜀，鑄「光天元寶」錢。皇太子宗衍嗜酒色遊戲，帝嘗自夾城過，聞太子與諸王鬭鷄擊毬喧呼之聲，歎曰：「吾百戰以立基業，此輩其能守乎！」由是惡張格，而賢妃爲之內主，竟不能去。

二月癸亥，信王宗傑暴薨。宗傑有才畧，屢陳時政，帝內懷廢立意，其死也帝深疑之。

三月，西城番僧滿多三藏來游峨眉山，旋歸西國。

夏四月癸卯朔，立皇子宗平爲忠王，宗特爲資王。岐王復遣使求好於我。有狐見寢室，鵂鶹鳴于帷中。是時峨眉山婆羅花色盡白。

五月，召北面行營招討使兼中書令王宗弼回成都，以爲馬步都指揮使。帝自永平末得疾昏瞀，至是增劇，以宗弼沉静有謀，故召還。文州進白鷹，茂州進白兔。羣臣議曰：「陛下本命爲兔鷹。兔相刑，未可並處，請退鷹留兔，帝疾必痊。」不從。

乙亥，帝召大臣入寢殿，示手書曰：「朕比遭亂離，以干戈定秦、蜀，賴卿等忠勤夾輔，遂正名號，奄有神器。兢兢業業，懼不負荷。幸賴天地之靈，廟社之貺，方隅底定，民黎樂康，二氣叶和，五穀豐稔。然萬幾之大，夙夜勤勞，遘此篤疾，藥石勿救。太子雖幼有賢德，次不當立，卿等固請于外。妃后篤愛，朕未能違，立爲儲君，勉力匡襄，無墜我邦家之休命。」又謂曰：「太子若不堪大業，當置諸別宮，幸勿殺之。王氏子弟，諸公可擇而輔也。徐妃兄弟止優以俸禄，勿令掌兵，以速其禍。」時唐文扆久典禁兵，欲乘變去諸大臣，遣人守宮門。王宗弼等三十餘人日至朝堂，不得入。會文扆黨內皇城使潘在迎洩其謀于宗弼，宗弼等排闥入，言文扆之罪，以天策府掌書記崔延昌權判六軍事，召皇太子入侍疾。丙子，貶文扆爲眉州刺史，翰林學士承旨王保晦坐附會文扆，削職流瀘州。丙申，詔中外財賦、中書除授、諸司刑獄案牘，悉委庾凝績處分；都城及行營軍旅之事，委宣徽南院使宋光嗣主之。丁酉，奪文扆官爵，流雅州。辛丑，以宋光嗣爲內樞密使，與兼中書令王宗弼、宗瑤、宗綰、宗夔並受遺詔輔政。初，帝因唐制置樞密使，專用士人，及文扆得罪，帝以諸將多許州故人，恐不爲幼主用，故以光嗣代之，自是宦者始用事。

六月，帝復病痢痛楚，日坐錦囊中。壬寅，帝病中顧左右曰：「朕見百姓無數，列牀前訴曰：『重賦厚斂，以至傷害而死，今已得訴于帝矣。』朕實不知下民如此，今若之何？」按五國故事：蜀中每三月爲蠶市，至時貨易畢集，闤闠填委。建常登樓望之，見鬻桑者不一，顧左右曰：「條桑甚多，儻稅之，必厚獲利。」由是言出于外，民懼盡伐其桑柘焉。此亦重賦厚斂之一端。蜀中春月，村市聚爲歡樂，謂之蠶市。眉之二月，鬻蠶器於市，因作樂縱觀之，謂之蠶市。頃之而殂，時梁貞明四年也。一曰，帝疑信王暴死，徐妃及張格陰使尚食進鷄燒餅，帝中毒而逝。北夢瑣言云：曹處琪言建疑信王暴卒，唐文扆與徐妃、張格使尚食進鷄燒餅，因寘毒。按劉恕據舊史，貶文扆後二十七日蜀主始殂，孫氏之言似誤。

帝故武人，而雅好儒臣，禮遇有加。居恒謂左右曰：「吾爲神策軍將時，宿衞禁中，見天子夜召學士，出入無間，非將相可及。今我恩顧比當時裁十分之一耳。」又自奉雖儉素，頗性愛整潔。有西川衛前軍將李思益者，衣服鮮麗，左右咸怪之，帝曰：「思益要爲我光揚軍府。」隨與江貨場勾當，以助衣裝之費。常於作院見匠人裹小朵帽子，前如鷹觜，後露腦枕，卽命截去其帽。又或登樓見行人戴襤毿蓆帽，輒鄙之曰：「破頭爛額，是何佳事！」其好尚多此類也。帝崇尚文學，留意書籍，有書目一卷傳於世。在位十二年，年七十有二。謚神武聖文孝德明惠皇帝，廟號高祖，葬永陵。

論曰：先主負驍雄之資，奮不世出之略，智驅田、陳，力併楊、顧，北問罪于岐隴，南禦侮于長和，功綦茂矣。而釁起蕭牆，戮及嗣子，何遇之酷也。卒之豔妻方處，母愛子抱，舍長立少，不再傳而失國，豈所稱貽厥孫謀，以燕翼子者乎？嗚呼！廢立之際，顧不重與？

校勘記

〔一〕四招討馬步都指揮使　周昂校語謂「四」字下疑有「面」字。

〔二〕秋八月　「八」原作「九」，據通鑑卷二六九改。

十國春秋卷第三十七

前蜀三

後主本紀

後主名衍，字化源。舊名宗衍，及卽位，去「宗」名衍。高祖十一子，衍爲最幼，蓋賢妃徐氏所生也。爲人方頤大口，垂手過膝，顧目見耳。頗知學問，童年卽能屬文，甚有才思，尤酷好靡麗之辭，常集艷體詩二百篇，號曰煙花集。又有坤儀令一卷。凡有所著，蜀人皆傳誦焉。初封鄭王，爲左奉鑾軍使。元膺死，徐妃與宦者唐文扆教相士言衍相極貴，又諷宰相張格贊成之，宋居白幸蜀記云：衍母徐氏以金百鎰遺宰相張格，言上已許衍爲太子，願相公助之。由是得立爲皇太子。

高祖既晏駕，光天元年六月癸卯，嗣皇帝位，時年十八。尊母賢妃幸蜀記作貴妃，今從五代史爲順聖皇太后，徐淑妃爲翊聖皇太妃，册立高氏爲皇后。蜀檮杌云立妃周氏爲皇后。按通鑑綱目，乾德三年春正月，蜀廢其后高氏，則此爲高后明矣。以宋光嗣判六軍諸衞事。

乙卯，殺唐文扆、王保晦，命西面招討副使王全昱殺唐文扆于秦州，免左保勝軍使領右街使唐道崇官。時文扆既死，太傅、門下侍郎同平章事張格內不自安。或勸格稱疾俟命，禮部尚書楊玢自恐失勢，謂格曰：「公有援立功，不足憂也。」庚午，貶格茂州刺史，玢榮經尉，吏部侍郎許寂、户部侍郎潘嶠皆坐格黨貶官。格尋再貶維州司户。庾凝績奏徙格于合水鎮，令茂州刺史顧承郾伺格陰事。王宗侃妻以格同姓，欲全之，謂承郾母曰：「戒汝子，勿爲他人報仇。」承郾從其言。凝績憾之，因公事抵承郾罪。

秋七月，封兼中書令王宗弼爲鉅鹿王，宗瑤爲臨淄王，宗綰爲臨洮王，宗播爲臨潁王，宗裔、宗夔及兼侍中宗黯皆爲琅琊郡王。江左以琅琊之王爲衣冠巨族，故三人皆封于琅琊。甲戌，封王宗侃爲樂安王。丙子，以兵部尚書庾傳素爲太子少保兼中書侍郎、同平章事。帝不親政事，內外遷除皆出宗弼。宗弼納賄多私，上下咨怨。宋光嗣通敏善希合，帝寵任之，國由是衰。

八月，以諸王爲軍使。甲子，昭聖皇后殂。乙丑，以內給事王廷紹、歐陽晃、李周輅、宋光葆、宋承藴、田魯儔等爲將軍及軍使，干預國政，司徒周庠切諫不聽。晃患所居之隘，縱火焚西鄰軍營，明旦召匠廣其居，帝不問。上大行皇后尊謚曰順德。九月，內樞密使宋光嗣以判六軍讓王宗弼，許之。

冬十月，詔選良家女二十人備後宮。

十一月壬申，葬神武聖文孝德明惠帝于永陵，廟號高祖。

十二月，謁永陵。辛酉，詔來年正月有事于南郊，改明年元曰乾德。

是歲，麟見于青神縣長泉里，帝以爲己祥，卽其地命建院焉。

乾德元年春正月辛巳，帝祀南郊，大赦國內，羣臣上尊號曰聖德明孝皇帝。

二月，雲南遣使來朝。

三月丙戌，北路行營都招討、武德節度使王宗播等自散關擊岐，渡渭水，破岐將孟鐵山，會大雨而還，分兵戍興元、鳳州及威武城。戊子，天雄節度使、同平章事王宗昱攻隴州，不克。以仗內教坊使嚴旭爲蓬州刺史，旭强取士民女子內宮中，以是得官。帝奢縱無度，日與太后、太妃遊宴貴臣之家，及遊近郡名山，所費不可勝紀。太后、太妃各出教令賣刺史、令、錄等官。

夏四月，召天策府諸將無得擅離屯戍。

五月丁卯朔，左散旗軍使王承愕、承勳、承會違命，帝皆原之。自是禁令不行。

夏六月，雙虹入福感寺後堂，光徹廊宇，良久而沒。

秋七月庚辰，應聖節。十五日爲後主誕生日。堋口鎮將王彦徽得白龜于羅真人宫内以進。

冬十二月，雄武節度使兼中書令王宗朗有罪，削奪官爵，復其姓名曰全師朗，命武定節度使兼中書令桑宏志討之。

是歲鑄「乾德通寶」錢。泉志作「乾德元寶」。改龍躍池爲宣華苑。即摩訶池也。蜀檮杌云改龍躍池爲宣華池。路振九國志曰：蜀主乾德元年改龍躍池爲宣華苑。今從之。

乾德二年春正月戊辰，桑宏志克金州，執全師朗獻于成都，帝釋之。

三月，築子城西北夾寨堤，引水入大内御溝，東流出仁政樓。

夏六月，以司徒兼門下侍郎、同平章事周庠同平章事，充永平軍節度使。

閏月庚申朔，立高祖原廟於萬里橋，〔一〕帝帥后妃、百官用褻味作皷吹祭之。華陽尉張士喬上疏以爲非禮，帝怒，欲誅之，太后以爲不可，削官流黎州，士喬赴水死。乙卯，下詔北巡。以禮部尚書兼成都尹韓昭爲文思殿大學士，位在翰林承旨上。昭無文學，以便佞得幸，遂擢是職。

秋八月戊辰，帝發成都，以同平章事王鍇判六軍諸衛事。帝被金甲，冠珠帽，執戈矢而行，旌旗戈甲，連亘百餘里不絶，百姓望之謂爲灌口祆神。后妃餞於昇仙橋，遂以宫女二十人從行。至漢州，駐西湖，與宮人汎舟奏樂，飲宴彌日。雒縣令段融上言：「不宜遠離都邑，當委大臣征討。」不從。

九月，次安遠城。蜀檮杌云九月駐軍西縣，按西縣即安遠軍也。

冬十月，帝如武定軍，數日復還安遠。

十一月戊子朔，以兼侍中王宗儔爲山南節度使、西北面都招討、行營安撫使，天雄節度使同平章事王宗昱、永寧軍使王宗晏、左神勇軍使王宗信爲三招討以副之，將兵伐岐，出故關，壁於咸宜，入良原。丁酉，宗儔攻隴州，岐王自將萬五千人屯汧陽。癸卯，裨將陳彥威出散關，敗岐兵於箭筈嶺，我兵食盡引還。宗昱屯秦州，宗儔屯上邽，宗晏、宗信屯威武城。庚戌，帝發安遠城。蜀檮杌云自西縣還至益昌，泛舟巡閬中。

十二月庚申，至利州，閬州團練使林思諤來朝，請幸所治，從之。癸亥，浮江而下，龍舟畫舸，照耀江水，所在供億，人不堪命。壬申，至閬州。舟子皆衣錦繡，帝自製水調銀漢之曲，命樂工歌之。州民何康女美，而將嫁，帝取之，賜其夫家帛百疋，夫一慟而卒。癸未，至梓州。

是歲，漢主巖通好于我。

乾德三年春正月甲寅，帝還成都，廢其后高氏。帝荒淫無度，創爲流星輦，凡二十輪，以牽駿馬。又雅好蹴鞠，引錦步障以翼之，往往擊毬其中，漸至街市而不知。常爇諸名香，晝夜相繼，久而厭之，更爇皂角以亂其氣。結繒爲山，及宮殿樓觀於其上，又別立二綵亭於前，列諸金銀錡釜之屬，取御厨食料烹燀於其間。帝乃凭綵樓視之，號曰當面厨。爲風雨所敗，則易新者。或樂飲繒山，陟旬不下。山前穿渠通禁中，間乘船夜歸，令宮女秉蠟炬千餘照之，水面如晝。

是月，井監使馬全義復開陵州焰陽洞。錄異記曰：焰陽洞，古老相傳在陵州陽山之上，從來隱蔽，人莫知處。乾德元年辛巳，正月十六日癸卯，井監使、保義軍使、太保馬全章中夜夢一人，紫衣束帶，巍冠古服，狀若道流，揖之俱行。至崖壁所，告之曰：「此焰陽洞也，閉塞多年，能開發護持，可以福利邦國。」又指其地：「近開小徑，亦可斷之，勿使常人踐踏。」及旦，全章往尋其所，果見土勢微陷，以杖導之，深不可測。卽令本軍節級侯廣之勾當人夫斸掘，見三重石門，其內並是細砂。其洞自東入西，深三丈九尺，闊五尺三寸，其洞完全是石。洞門第一重高六尺，闊五尺二寸，第二重門高五尺五寸，闊三尺七寸，第三重門高四尺七寸，闊三尺五寸。第三重門內從頂至尺一向高六尺一寸。其門三重，相去各三四尺，鐫鑿精巧，殆非人功。第三重門內南畔石房闊七尺四寸，高四尺八寸，深四尺二寸。其後別有一小洞，元有一片石遮掩其門，旁通其縫，以燈燭照之，深不知其底。北畔石房深四尺二寸，闊四尺六寸，高五尺。其房內有石牀一所。西畔小石房深二尺，闊二尺五寸，高三尺一寸。西北畔石牀長三尺八寸，闊八尺二寸。西北畔石竈樸長二尺三寸，門額闊七寸，竈深八寸，周圍三尺五寸。從洞門向東一直至鹽井面，相去四十一丈八尺。洞門面正東。全章召得當井監天師院主內大德道士費省真顧問，云天師院見有元和年刺史李正卿著天師聖德碑，云天師以東漢建安二年自沛遊蜀，占乾爲分野，見陽山氣象，指門弟子曰：「此山直下有鹹泉焉。」今驗此洞，正當井上，卽是焰陽洞也。

夏五月，命宣華苑内延袤十里，搆重光、太清、延昌、會真之殿，清和、迎仙之宫，降真、蓬萊、丹霞、怡神之亭，飛鸞之閣，瑞獸之門，土木之功窮極奢巧。帝時與諸狎客婦人嬉戲其中，爲長夜之飲。

六月，避暑大慈寺，觀唐明皇、僖宗御容，宴羣臣于華嚴閣。

秋七月，帝以七夕，與宫人乞巧於丹霞樓。

乾德四年春二月，帝御文明殿試制科，策文曰：「炎漢致治，始策賢良；巨唐思皇，爰求茂異。講邦國治亂之體，陳天人祥祲之原，豈角虚文，蓋先碩德。朕念守器之重，識爲君之難，思得奇才，以凝庶績，因舉故事，以紹前修。子大夫抱道逢時，投書應詔，必有長策，以副虚懷。何以使三農樂生，五兵不試，刑獄無枉，賦斂無加？以何策可以定中原？以何道可以卜長世？朕當親覽，汝無面從。」白衣蒲禹卿對策切直，執政皆切齒，欲誅之。帝以其言有益，擢爲右補闕。

三月，命士民皆著大裁帽。蜀人富而喜遨，俗競爲小帽，而帝好戴大帽，五國故事云：人謂泥首包羞之兆。酒肆倡家，無所不到，索筆題曰「王一來」。惡人識之，故有是令。

夏四月，奪軍使王承綱女，承綱請之，帝怒，流之茂州。蜀檮杌云：潘昭與承綱有隙，奏其出怨言，故被貶。承綱女剪髮贖父罪，不許，遂自殺。

秋七月，肥遺見于紅樓。辛寅遜修王氏開國記，以肥遺爲旱魃，非也。肥遺，蛇名，見則大旱。出山海經。紅樓，蜀端門樓也。

九月，帝以重陽節，曲宴羣臣于宣華苑，夜分未罷。帝唱韓琮柳枝辭。内侍宋光溥咏胡曾詩，聲節悽惋，帝聞之不樂，遂罷宴。

是歲自五月不雨，至九月林木皆枯，千里赤地，所在盜起。

乾德五年春正月，雲南進江豬。

三月，帝以上巳節，宴怡神亭，自執板唱霓裳羽衣，内臣嚴凝月等競歌後庭花、思越人之曲，婦女雜坐，履舄交錯，酣飲達旦。

夏四月，幸浣花溪，龍舟綵舫，十里綿亘。自百花潭至萬里橋，遊人士女，珠翠夾岸。日正午，暴風驟起，雷電冥晦，有白魚躍起，變爲蛟形，騰空而去。溺者數千人。帝懼，車駕還宮。時帝以文思殿大學士韓昭、内皇城使潘在迎、武勇軍仗顧在珣爲狎客，陪侍遊宴，或爲艷歌相唱和，談嘲詼浪，鄙俚褻慢，以是爲常。復命大内造村坊市肆，令宮嬪著青衫，縣帘饕食，男女雜沓，交易而退，帝與妃嬪輒爲笑樂。鑑戒録云：帝或晝作鬼神，夜爲狼虎，潛入諸宫内，驚動嬪妃，老小奔走，往往致卒。又樞密使宋光嗣等專斷國事，恣行威虐，務狥主之欲，以盜國權。宰相王鍇、庾傳素各保持寵禄，無敢規正。在迎每勸誅諫者，無使訕謗。

是月，晉王存勗稱皇帝，國號唐，改元同光。

秋七月，天富倉米中生蟲如小蜂，尾後如米粒，曳之而行。

八月，嘉州司馬劉贊獻陳後主三閣圖，帝雖不罪，亦不能用。

是月，帝受道籙于苑中，以杜光庭爲傳真天師、崇真館大學士，起上清宫，塑王子晉像，尊爲聖祖至道玉宸皇帝，又塑高祖及帝像侍立于左右。又於正殿塑玄元皇帝及唐諸帝，備法駕朝之。五國故事云：蜀人以爲朝唐之列聖，蓋歸中原之兆。時後主躬自享薦，城中士女遊觀闐咽，謂之「召唐魂」。

九月，詔置賢良方正、博通經史、明達吏治、識洞兵機、沉滯丘園五科，令黄衣選人、白衣舉人投策就試。庚戌，重陽節，宴近臣於宣華苑。酒半行，嘉王宗壽乘間言社稷將危狀，繼以隕涕，韓昭輩共以諧笑溷之。

冬十月，以韓昭爲吏部侍郎，判三銓。昭受賂狥私，選人詣鼓院撾鼓上訴，又爲嘲語曰：「嘉、眉、邛、蜀，侍郎骨肉。導江、青城，侍郎親情。果、閬二州，侍郎自留。巴、蓬、集、壁，侍郎不惜。」帝聞言召問，昭對曰：「此皆太后、太妃、國舅之戚，非臣之親。」帝默然。彗星見輿鬼，長丈餘。司天監言國有大災，詔於玉局化置道場以答天變。右補闕張雲疏言：「百姓怨氣，上徹于天，故彗星見。此乃亡國之徵，非祈禳可弭。」帝怒，流雲黎州，卒於道。

是歲梁亡。

乾德六年春正月，禁民戴危腦帽。其製狹中，僅可覆額，俛首即墜，在位者以爲不祥，多惡之。

三月己亥朔，宴近臣於怡神亭，君臣酣飲，喧譁自恣。知制誥李龜禎切諫，不聽。

夏四月己巳朔，唐遣客省使李嚴來聘。嚴朝見，笏記曰：「伏自朱温肆逆，運屬昭宗，三年痛别于西秦，一旦逼遷于東洛。誅殘南北，焚爇宮闈，雖列藩悉是其唐臣，無一處不從其僞命。由是大唐中興皇帝念高祖、太宗之業倏爾隳張，憤朱温、崔胤之徒同謀篡弑，遂乃神機迥發，心鼎獨燃，竭滄溟而誓戮鯨鯢，芟林莽而決除虎兕。十年對壘，萬陣交鋒。慮久困于生靈，乃選挑其死士，纔過汾水，縛王彦章于馬前；旋及彝門，斬朱友貞于樓上。劍霜未匣，槍雪猶輝。段凝統八萬雄師，倒戈伏死；趙嵒知一人應運，引頸待誅。遂使賊將寒心，謀夫拱手，取乾坤只勞于八日，救塗炭遂定于四維。備振皇威，咸遵帝力。今則秦庭貢表，兩浙稱臣，淮南陳附拜之儀，回紇備朝天之禮。甫安宇宙，便息干戈。未盡梟兇，方議除剪。豈謂大蜀皇帝柔懷遠邇，居安慮危，嘉我帝祚中興，羣妖悉滅，特遣蘇、張之士，來追唐、蜀之歡。吾皇迴感于蜀皇，復禮遠酬于厚禮。則叨承元造，獲奉皇華，載馳得面于天顏，戰汗不任于地跼。」

嚴與後主語，盛稱唐主威德，有混一天下之志，且言朱氏篡竊，諸侯曾無勤王者。王宗儔以其語侵我，請斬之，帝不從。是時帝令樞密使宋光嗣置酒召嚴，從容問中國事，嚴對曰：「前年皇帝建大號于鄴宮，自鄆趨汴，定天下不旬日，而梁之降兵猶三十萬，東漸于海，西極甘、涼，北懾幽陵，南逾閩嶺，四方萬里，莫不臣妾。而淮南楊氏承累世之彊，鳳翔李公恃先朝之舊，皆遣子入侍，稽首稱藩。至于荆湖、吴越，修貢賦，效珍奇，願自比于列郡者，至無虚日。皇帝方懷之以德，而震之以威，天下之勢，不得不一也。」光嗣曰：「荆湖、吴越，非予所知。若鳳翔，則蜀之姻親也，其人反覆，其可信乎？又聞契丹日益强盛，大國其可無慮乎？」嚴曰：「契丹之强，孰與僞梁？」光嗣曰：「比梁差省耳。」嚴曰：「唐滅梁如拉朽，況其不及乎？唐兵布天下，發一鎮之衆，可以決勝旦夕，天子存而不論者，蓋不欲窮兵黷武也。」國人聞嚴應對，愈益奇之。

宣徽北院使宋光葆上言：「晉王有憑陵我國家之意，宜選將練兵，屯戍邊鄙，積糗糧、治戰艦以待。」帝乃以光葆爲梓州觀察使，充武德軍節度留後。

五月戊申，帝遣李嚴還。唐莊宗實録：同光二年七月戊午，蜀遣歐陽彬朝貢。十月癸巳，遣客省使李嚴充蜀川回信使。三年戊辰，嚴自西川迴。鑑戒録云：同光初，莊宗滅梁，將行大禮，蜀遣翰林學士歐陽彬持禮入洛，顧太尉遠爲之副焉。莊宗復遣李客省嚴銜厥命以通好。又錦里耆舊傳：歐陽彬通聘洛京，莊宗遣李嚴來修好。故笏記有云「吾皇迴感於蜀王，復禮遠酬於厚禮」。是李嚴未至之前，蜀已有入洛之使。今從李昊蜀書。

初，唐因嚴來，以馬市珍玩錦繡，而國法禁錦綺珍奇不得入中國，其粗惡者乃聽往易，謂之「入草物」。嚴還以聞，唐主怒曰：「衍豈免爲入草人乎！」嚴來時，帝與嚴俱朝上清宮，而成都士庶，簾帷珠翠，夾道不絶。嚴見其人物富盛，君臣驕盈，至是因言：「帝實童騃荒縱，昵比小人，用事之臣王宗弼、宋光嗣等，諂諛專恣，黷貨無厭，大兵一臨，瓦解土崩，可翹足而待。」唐主深以爲然，遂堅攻取兩川之計。

秋七月，以禮部尚書許寂爲中書侍郎、同平章事。

八月戊辰，以右定遠軍使王宗鍔爲招討馬步使，帥二十一軍屯洋州。乙亥，以長直馬軍使林思鍔爲昭武軍節度使，戍利州，以備唐。己亥，唐遣李彦稠來使。蜀檮杌云：乾德六年九月，唐莊宗遣李稠來通好，市珍玩錦繡，衍不許，以馬落草。莊宗怒曰：「衍豈免落草乎？」今不取。又按十國紀年作李彦稠。庚戌，前山南節度使兼中書令王宗儔以帝失德，與王宗弼潛謀廢立，不克，憂憤而卒。宗弼謂樞密使宋光嗣、景潤澄等曰：「宗儔教我殺爾曹，今無患矣。」光嗣輩俯伏泣謝。宗弼子承班承班官太尉，工小辭。曰：「吾家難乎免矣！」乙卯，以前鎮江軍節度使張武爲峽路應援招討使。

冬十月，置左右龍武四十軍爲親軍，以驍勇萬二千人充之，兵械給賜皆優異他軍。命宣徽北院使王承休爲龍武軍馬步都指揮使，裨將安重霸副之，舊將無不憤恥。

十一月乙未，命翰林學士、兵部侍郎歐陽彬爲唐國通好使。唐莊宗實録：同光二年七月戊午，蜀主遣户部侍郎歐陽彬來使，致書用敵國禮。今從蜀書。辛丑，遣李彦稠東還。丙午，以唐修好，罷威武城戍，召關宏業等二十四軍還成都。戊申，又罷武定、武興招討劉潛等三十七軍。辛酉，罷天雄軍招討，命王承鶱等二十九軍還成都。

十二月乙丑朔，復以右僕射張格兼中書侍郎、同平章事。初，格之得罪，中書吏王魯柔乘危相迫，至是用事，杖殺之。罷金州屯戍，命王承勳等七軍還成都。庚午，以宦者王承休爲天雄軍節度使，封魯國公，以龍武軍爲承休牙兵。先是，承休言秦州多美女，請擇以獻，因有是命。乙亥，以前武德節度使兼中書令徐延瓊爲京城内外馬步都指揮使。延瓊以外戚代王宗弼居舊將之右，衆多不平。辛卯，改明年元曰咸康。

是歲，徙普王宗仁爲衞王，雅王宗輅爲豳王，褒王宗紀爲趙王，榮王宗智爲韓王，興王宗澤爲宋王，彭王宗鼎爲魯王，忠王宗平爲薛王，資王宗特爲莒王，宗輅、宗智、宗平皆罷軍使。

咸康元年春正月，甲午朔，受朝賀，大赦，鑄「咸康元寶」錢。洪遵泉志曰：通正、天漢、光天、乾德錢皆重三銖，獨咸康重三銖三參。李孝美錢譜曰：五錢並徑七分，重五銖，形製粗惡。

三月，帝謁永陵，自爲夾巾，或裹尖巾，其狀如錐，民庶皆效之。還宴怡神亭，妃嬪皆戴金蓮花冠，衣道士服。酒酣免冠，其髻髽然，更夾面連額，渥以朱粉，號醉糚。

夏四月，帝曲宴羣臣，忽舉觴不悅曰：「北有後唐，南有蠻詔，朕不能弔伐，是所憂也。」特進顧在珣曰：「朝廷有十臣在，陛下何憂。」太子洗馬林罕因著十在文以進。

六月，詔增閏十二月，曆紙印造施行。初頒曆無閏月，及是見唐曆置閏，遂續補焉。

秋七月丙午，帝應聖節，列山棚得賢門下，有暴風摧折，隕於地。明日，雷震應聖堂，傾其兩柱。

九月，帝奉太后、太妃禱青城山。宮人皆衣雲霞之衣，帝自製甘州曲，令宮人唱之，其辭哀怨，聞者悽慘。辭曰：「畫羅裙，能結束，稱腰身，柳眉桃臉不勝春。薄媚足精神，可惜許淪落，在風塵。」後主之意，本以神僊而在凡塵耳，後降中原，宮伎多淪落人間，始驗其語。又歷丈人觀、玄都觀、丹景山金華宮、至德寺，朝上清宮設醮祈福，謁高祖塑像，帝與太后、太妃各製辭勒石。遊丹景山金華宮，太后詩云：

「碧烟紅霧撲人衣，露宿蒼苔石徑危。風巧解吹松上曲，蝶嬌頻採臉邊脂。同尋僻境思攜手，暗指遥山學畫眉。好把身心清淨處，角冠霞帔事希夷。」太妃詩云：「丹景山頭宿梵宫，玉輪金輅駐遥空。軍持無水注寒碧，蘭若有花開晚紅。武士盡排青嶂下，内人皆在講筵中。我家帝子傳王業，積善終期四海同。」遂至彭州陽平化、漢州三學山，薄暮觀聖燈，賦詩而還。太后看聖燈詩云：「虔禱遊靈境，元妃夙志同。寶香焚静夜，銀燭炫遼空。泉漱雲根月，鐘敲樹杪風。印金標聖迹，飛石顯神功。偶望天涯極，臨看日脚紅。猿來齋室上，僧集講筵中。頓覺超三界，渾疑澄六通。願成修偃事，社稷保延洪。」太妃詩云：「聖燈千萬炬，旋向碧雲生。細雨灑不暗，好風吹更明。磬敲金地響，僧唱梵天聲。若説無心法，此光如有情。」及天苴驛，各又賦詩。太后詩曰：「爲尋靈境散幽情，千里江山暫得行。所恨煙光看未足，却驅金輦入龜城。」太妃詩云：「翠驛江亭近玉京，夢魂猶自有青城。比來出看江山景，却被江山看出行。」帝歲常獵子來山，至是又徧幸諸山爲樂。

天雄節度使王承休請帝東遊，帝將如秦州，羣臣諫者甚衆。王宗弼亦上表諫，帝投其表於地；太后涕泣不食，止之，不能得。前秦州節度判官蒲禹卿上疏極諫，凡二千言，亦不聽。承休妻嚴氏有殊色，帝私焉，故鋭意欲行。

庚子，唐以魏王繼岌充西川四面行營都統，郭崇韜充東北面行營都招討制置等使，帥李令德、李紹琛、張筠、毛璋、董璋、李嚴等將兵六萬入寇，又以任圜、李愚參預軍機。通鑑載：庚子，以魏王繼岌爲都統，郭崇韜爲都招討，伐蜀。又以荆南節度使高季興充東南面行營都招討使，鳳翔節度使李繼曮充都供軍轉運應接等使，同州節度使李令德充行營副招討使，陝州節度使李紹琛充蕃漢馬步軍都排陳斬斫使兼馬步軍都指揮使，西京留守張筠充西川管内安撫應接使，華州節度使毛璋充左廂馬步都虞候，邠州節度使董璋充右廂馬步都虞候，客省使李嚴充西川管内招撫使。都統置中軍，以供奉官李從襲充中軍馬步都指揮監押，高品李廷安、呂知柔充魏王牙通謁。辛丑，以工部尚書任圜、翰林學士李愚並參預都統軍機。

冬十月庚申朔，召百官賞紅梔花于芳林園，花出青城山，其瓣六出，而紅青特爲異種。癸亥，帝發成都。蜀檮杌作甲子，今從通鑑。甲子，至漢州。武興節度使王承捷飛驛言東朝興聖令公統兵西上，帝疑羣臣同謀沮己，大言曰：「吾方欲耀武！」遂東行。有羣鴉泊于旗杆，其鳴甚哀。又親禱張惡子廟，探籤得「逆天者殃」四字，張惡子廟，始後秦姚萇時。帝殊不爲意。在道，與成都尹韓昭、翰林學士李浩弼、中書舍人王仁裕酬答唫咏無虛日。王氏見聞録：上梓潼山，少主有詩云：「喬巖簇冷烟，幽逕上寒天。下瞰峨嵋嶺，上窺華岳巔。馳驅非取樂，按幸爲遊邊。此去將登涉，歌樓路幾千。」宣令從官繼和，中書舍人王仁裕和曰：「綵仗拂寒烟，鳴騶在半天。黄雲生馬足，白日下松顛。盛德安疲俗，仁風扇遠邊。前程問成紀，此去尚三千。」至劍州西二十里，夜過一磦山，忽聞軍人振革鳴金，聲動磦谷，有鷙獸自叢林間躍出，千萬人中，躩取一夫而去。少主至行宫，尋命從臣賦詩，王仁裕詩曰：「劍牙釘舌血毛腥，窺筭勞心豈暫停。不與大朝除患難，惟于當路食生靈。從教户口資饞口，未委三丁税幾丁。今日帝王親出狩，白雲岩下好藏形。」翰林學士李浩弼進詩曰：「巖下年年自寢訛，生靈飡進意如何？爪牙衆後民隨減，溪壑深來骨已多。天子紀綱猶被弄，客人窮獨固難過。長途莫怪無人蹟，盡被山王税殺他。」少主覽詩大笑。過白衛嶺，韓昭進詩曰：「吾王巡狩爲安邊，此去秦亭尚數千。夜照路岐山店火，晚通消息戍瓶烟。爲雲巫峽雖神女，跨鳳秦樓是謫仙。八駿似龍人似虎，何愁飛過大漫天。」少主和曰：「先朝神武力開邊，畫斷封疆四五千。前望隴山登劍戟，後憑巫峽鎖烽烟。軒王尚自親平寇，嬴政徒勞愛學仙。想到隗宮尋勝處，正應鶯語暮青天。」王仁裕和曰：「龍旆飄飖指極邊，到時猶更二三千。登高曉躡巉巖石，冒冷朝衝斷續烟。自學漢王開土宇，不同周穆好神仙。秦民莫到無恩及，大散關東別有天。」帝次梓橦，大風發屋。太史曰：「此風發，當千里外有破國稱臣者。」帝不省。

時唐排陳斬斫使李紹琛與李嚴將驍騎三千、步兵萬人爲前鋒，招討判官陳乂至寶雞稱疾乞留，學士李愚厲聲曰：「乂見利則進，懼難則止，可斬也！」由是唐軍無敢顧望者。冊府元龜載繼岌檄曰：「捨過論功，王者示好生之道；轉禍爲福，聖人垂善變之文。矧彼蜀民，代承唐德，玄宗朝以兵興河塞，久駐金鑾，僖宗時以盜起中原，曾停玉輅。蜀之乃祖乃父，或士或民，而皆內稟忠貞，外資驍果，武負關、張之氣，文傳揚、馬之風。迎大駕以涉岷峨，合諸軍而定關輔。忠義冠乎日月，勳業著乎山河。凡在幽遐，皆所傳達。不幸龜龍忽去，蛇豕尋生，逐此匪人，據斯重地。蜀主先父出身陳、許，擁衆巴庸，接王室之頻遷，保邊隅而自大。蓋屬昭宗皇帝方茲播越，正切撫綏，洗彼瑕疵，潤之雨露。綰紅旗碧幢之蓋，兼鳳池雞樹之榮。狂兕逢山，漸展橫行之志；鳴梟出穴，曾無返哺之聲。拔本塞源，見利忘義。加以結連同惡，聚集羣凶，當天步多艱，莫展扶持之節；及坤維暫絶，却爲僭僞之謀。烈士聞之撫膺，懦夫見之攘臂。洎茲餘裔，益奮殘妖，閹豎擅權，而勛賢結舌。不稼不穡，奢侈者何啻千門；內淫外荒，塗炭者已餘萬室。而更納其短見，侮我大朝，輒橫拒轍之臂，擬舉投羅之翼。我皇帝仰膺元讖，再造皇圖，四時順而玉燭明，萬彙安而金繩正。維茲蜀土，敢隔朝風，連營虧恤養之恩，比屋困煩苛之政。每聞殘酷，深所憫傷。是命車徒，以申弔伐。步卒則矗如山列，騎車則迅若雷奔。振雄聲而聒動乾坤，騰銳氣而動搖河嶽。彼若率兵赴死，我則無陣不摧；彼若據壘偷生，我則無城不拔。却慮高低士庶，遠近封巡，不早迴翔，終同覆滅，故今曉示，貴在保全。應三川管內有以藩鎮降者，即授之節度；有以州郡降者，即授之刺史；有以鎮縣降者，即付之主守。有能見機知變，誅斬僞命將帥，以其藩鎮城池降者，亦以其官授之。如列陣交鋒之際，有以萬人已上降者，授之節度；五千人已上，授之大郡；三千人已上，授之次郡；一千人已上，授之主將。有蜀城將校誅斬僞主守領降者，授以方鎮。如蜀主王衍首過自新，以三川歸國，即授之方面，其同謀將校，當加列爵。有舊在本朝文武官或負罪流落在蜀者，苟能率衆歸朝，一切不問。大軍所行之處，不得焚燒廬舍，剽掠馬牛。所有降人，倍加安撫。所罪者一人僭僞，所救者萬姓瘡痍。況蜀主宗枝，成都父老，較其罪狀，良可矜寬。只如僞梁，挾我皇威，竊吾大寶，爲四十年之巨寇，覆十九葉之丕基，昨國家平定中原，只誅元惡，列藩牧伯，咸不替移，閫境生靈，一無搔擾。蜀中遐僻，亦合傳聞。各宜審計變通，速謀歸向。」云云。

丁丑，紹琛寇威武城，指揮使唐景思、城使周彦禋叛降于唐。冊府元龜云：康延孝至故鎮，威武城指揮使唐景思、吴鐸、王權思部下兵四百降于延孝。其軍吏鄒彦諲、都指揮使李璠見城危，方出歸投，初無降意，皆伏誅。紹琛掠威武糧二十萬斛，縱我敗兵萬餘人，因倍道趣秦州。是日，郭崇韜至散關，指其山曰：「我輩進無成功，不復得還于此，今日當盡力一決。且饋運將竭，計惟先取鳳州，因其糧爲便。」諸將皆言蜀地險固，宜按兵觀釁，李愚曰：「蜀人苦其主荒淫，莫爲之用；乘其人情崩離，風驅霆擊，彼自破膽，勢不可緩也。」會紹琛捷至，崇韜乃麾兵大進。

戊寅，王承捷以鳳、興、文、扶四州印節叛降于唐，唐得兵八千人，糧四十萬斛。崇韜大悦曰：「平蜀必矣。」即以都統牒命承捷攝武興軍節度使。

己卯，帝至利州，威武敗卒奔還，始信唐兵之來。王宗弼、宋光嗣言于帝曰：「東川、山南兵力尚完，陛下但以大軍扼利州，唐人安敢懸兵深入。」從之。庚辰，以隨駕清道指揮使王宗勳、王宗儼、兼侍中王宗昱爲三招討逆戰。是時從駕兵自綿漢至深渡，千里相屬，皆怨憤曰：「龍武軍糧餉倍於他軍，他軍安能禦敵！」紹琛等兵過長舉，興州都指揮使程奉璉將所部兵五百叛降于唐，且請先治橋棧以待，由是唐兵無險阻之患。

辛巳，興州刺史王承鑒棄城走。唐莊宗實録：甲申，魏王至故鎮，康延孝收興州。十國紀年：辛巳，承鑒出奔；甲申，繼岌、郭崇韜至威武城。今從之。紹琛遂克興州，崇韜以唐景思攝興州刺史。乙酉，成州刺史王承朴棄城走。三招討與紹琛等遇于三泉，大戰，我兵敗績，斬首五千級。歐陽史云爲先鋒康延孝所敗。唐得三泉糧十五萬斛，軍食遂優足。

帝聞宗勳等之敗，自利州倍道西走，斷桔栢津浮梁，由綿谷還，留中書令、判六軍諸衛事王宗弼將大軍守利州，且詔斬三招討宗勳等。紹琛晝夜兼行，趣利州。是時武定留後宋光葆遺郭崇韜書，「請唐兵不入境，當舉巡屬內附；苟不如約，當背城決戰，以報本朝」。崇韜撫納之。

乙丑，魏王繼岌至興州，光葆以梓、綿、劍、龍、普五州，武定節度使王承肇以洋、蓬、壁三州，山南節度使王宗威以梁、開、通、渠、麟五州，階州刺史王承岳以階州，皆送款降唐。崇韜致書宗弼等，爲開陳利害。紹琛將及利州，宗弼棄城西歸，宗勳等三招討追及于白芀，宗弼探詔書示之曰：「宋光嗣令我殺爾曹。」因相持泣，共合謀降于繼岌。

十一月庚寅朔。丙申，帝至于成都，百官及後宮迎謁七里亭，帝雜宮人作回鶻隊以入。丁酉，御文明殿，與羣臣相對涕泣，無一言以救國患。戊戌，紹琛至利州，修桔栢浮梁。昭武節度使林思諤先棄城奔閬州。甲辰，魏王繼岌至劍州，武信節度使兼中書令王宗壽以遂、合、渝、瀘、昌五州降唐。

乙巳，宗弼馳歸成都，登太玄門，嚴兵自衛。通鑑作甲辰，今從錦里耆舊傳。帝及太后往勞之，宗弼驕慢，無復人臣禮。是夜，刦遷帝與太后、後宮諸王于西宮，一作天啟宮。收帝璽綬，別遣人取內庫金帛器玩并諸王節相宅內寶物。丙午，自稱權西川兵馬留後。〔二〕紹琛進至綿州，倉庫民居已爲我兵所燔，又斷綿江浮橋，無舟楫可渡。紹琛謂李嚴曰：「吾懸軍深入，利在速戰，乘蜀人破膽之時，但得百騎過鹿頭關，彼且迎降不暇。若俟修繕橋梁，必留滯數日，或教王衍堅閉近關，折吾兵勢，倘延旬浹，則勝負難料矣。」乃與嚴乘馬浮度江，遂入鹿頭關。丁未，進據漢州。居三日，後軍始至。宗弼遣使以幣馬牛酒勞軍，且以帝手書召李嚴曰：「公來，吾卽降。」或謂嚴公：「首建伐蜀之策，至成都，禍且不測。」嚴不從，欣然馳入京城，撫諭吏民，告以大軍繼至。

戊申，宣唐主勅曰：「朕以蜀部封疆，本是我唐境土，爰從兵革，遠阻江山。當僞梁簒弑之時，致宗廟震驚之難，遂滋割據，益逐便安。雖行建號之謀，乃是從權之道。況復蜀主先父，素是本朝舊臣，常懷忠孝之心，每俟興隆之運。惟期恢復，却效傾輸。朕以初殄寇讎，重興社稷，撫諭之恩既廣，憂勤之意常深，須務綏和，貴諧混一。遂令元子，兼命宰臣，遠安徯后之心，既協來王之願。遐想王師行李，已及彼地城池，遠降詔書，明行示諭。料其素志，必契夙心，當符魚水之歡，永保山河之誓。僞蜀文武官僚等，或本朝舊族，或當代英賢，或抱節于軍戎，或著名于鄉曲，久從暌隔，常軫情懷，宜知乃睠之恩，各勵輸誠之節。今以降敕命誡，約諸道兵帥，如西川果決歸降，到城不得驚擾，但思効順，勿致懷疑。」

帝引嚴見太后，以母妻爲託。宗弼猶乘城爲守備，嚴悉命撤去樓櫓。

己酉，魏王繼岌至綿州，帝命翰林學士李昊草降表。表曰：「臣聞滄海澄波，納百谷朝宗之水；皇風扇物，來萬方向化之人。蓋由負罪不誅，銜寃獲免，鄭伯沐焚棺之惠，許男荷解縛之仁。得不頂戴穹旻，仰祈渥澤。恭惟皇帝陛下，承乾啓運，握鏡開圖，發機而上應天心，恤物而下從民欲。繼十八祚崇隆之德，高步泰階；應一千年挺持之風，廣施王道。混車書于天下，走聲教于域中。而臣僻在遐方，遠居蜀郡，承先父經營之業，爲巴人主者之司。但荒聾瞽之迷，罔顧危亡之患。玉帛既乖于正朔，苞茅是闕于薦羞。殊不知唐德維新，元功再造，致王師之遠辱，勞雄武以遐臨。太陽出而冰雪自消，睿澤敷而黔黎盡泰。臣自知罪釁，不敢逭逃，命戎士以倒戈，挈壺漿而塞路。遂卽舁棺麾下，束手馬前，向丹闕以馳竃，掩黄沙而聽命。豈謂魏王布惠，真宰垂仁，入臣境無犯纖毫，問臣罪不加一二。傳陛下好生之旨，闡堯天宥惡之文。釋殘生于撲蛾之燈，全必死于戲魚之鼎。使肌骨重生於聖日，焦枯再沐於天波。然則盡節輸誠，安足以贖臣之罪；塗肝碎膽，不足以報君之恩。幸得捧日傾心，歸誠向化，積懼而鋒鋩聚首，推忠而丹赤貫心。今則已違龜城，將趨鳳闕，雖亡家國，喜歸有道之朝；縱別鄉園，幸在太平之化。臣以正月二日與母親并姨舅兄弟骨肉等，發離當道，奔赴京師。攀望聖慈，無任瞻天仰德，惶懼戰越，死罪之至。」表稱乙酉年，不書年號。

又命中書侍郎、同平章事王鍇草降書，曰：「臣先人受職坤維，作藩唐室，一開土宇，垂四十年。屬梁孽挺災，皇綱解紐，不能助逆，遂至從權，勉狥輿情，止王三蜀。逮臣纂紹，罔敢怠遑，自保土疆，以安生聚。皇帝陛下嗣唐、虞之業，興湯、武之師，廓定中區，奄征不服。梯航畢集，文軌大同。臣方議改圖，便期納款，遽聞致討，實抱驚危。今則委千里封疆，盡歸王土；冀萬家臣妾，咸沐皇恩。輿櫬有歸，負荆請罪，望播日月之照，特寬斧鉞之誅。顒佇德音，用安反側。」遣兵部侍郎歐陽彬奉之，以迎魏王繼岌及都招討郭崇韜。册府元龜載衍上繼岌牋曰：「衍叩頭言：伏以五帝三王，竟歸於代謝，有家垂國，孰免其廢興。苟大命之革新，願轉禍而爲福。衍誠惶誠恐叩頭。伏以衍先人頃以受唐封册，列土坤維，自霸一方，於茲三紀。乃者因夷門之搆逆，偶中國以喪君，勉副推崇，遂開興業。衍謬爲世子，獲紹舊基，而以幼沖，不得負荷。尋遇大唐皇帝中興聖運，再造鴻圖，輝赫□明，照臨下土。存修嘉好，仰恃恩明。感覆燾於堯天，將驅馳於禹貢。忽審王師討伐，部内震驚，靡敢當鋒，幸思歸命。伏惟殿下位尊上嗣，德寶元良，騰少海之波瀾，動前星之秀彩。親乘象輅，勢履劍關，已得萬民之歡心，坐恕斯人之死罪。今則完全府庫，守遏邑居，率文武以陳誠，輿棺櫬而納款。伏惟殿下特宏哀鑒，保證奏聞，亦存諸典刑，貯在肺腑。庶幾先人之靈，猶享血食之祀，免支離于眷屬，得敬養於庭闈。惟聖君之明慈，係殿下之元造。衍無任危迫殆越，戰懼激切之至，謹差私署檢校司空行尚書兵部侍郎歐陽彬、軍使韓知權等奉牋以聞。」

宗弼稱我國君臣久欲歸命，而內樞密使宋光嗣、景潤澄、宣徽使李周輅、歐陽晃熒惑少主，皆斬之，函首送魏王軍前；又責文思殿大學士、禮部尚書、成都尹韓昭佞諛，梟於金馬坊門。錦里耆舊傳：齊王宗弼斬東院開府宋光嗣、西院開府景潤澄、北院開府歐陽晃、成都尹韓昭等，出牓示奉魏王教令：宋光嗣等久居內庭，恣行權柄，幻惑少主，減削三軍，仰處斬訖奏。而內外馬步指揮使徐延瓊、果州團練使潘在迎、嘉州刺史顧在珣及諸貴戚多惶懼，傾家貲伎妾以賂宗弼，得免死。

辛亥，魏王至德陽，宗弼遣使奉牋，稱已遷少主於西第，安撫軍城，敬俟王師；册府元龜云：宗弼遣顏守倫上牋云：「蜀主衍已出府第，舉家遷西宅，宗弼權稱西川兵馬留後，安撫軍城，以候王師。」又使子承班載宮人珍寶獻魏王繼岌及崇韜，求節鎮，繼岌留其物而遣之。是時李紹琛留漢州八日，以待都統。

甲寅，繼岌至漢州，宗弼迎謁。乙卯，至成都。舍于王宗弼之別墅。是時中書令夔王宗範上牋曰：「臣生居潁、許，因先父建光啓中討陳敬瑄，在蜀。」司空平章事王鍇上牋曰：「臣因天復三年奉使西川，遇車駕却還洛陽，因留蜀部。」俱見册府元龜。

丙辰，李嚴引帝及百官儀衞出降於升仙橋。蜀檮杌云：魏王至七里亭，衍備亡國禮以降。按舊五代史云升仙橋在成都北五里。又册府元龜作降於昇仙橋。帝白衣、銜璧、牽羊，草繩縈首，百官王楷等衰絰、徒跣、輿櫬，號哭俟命。繼岌受璧，崇韜解縛，焚櫬，承制釋罪；君臣東北向拜謝。丁巳，唐大軍入城，繼岌居東内，崇韜止天策府。崇韜禁軍士侵掠，市不改肆。

是役也，唐舉兵凡七十日，莊宗實録及薛氏五代史皆云自興師出洛至定蜀城，計七十五日。按唐兵九月戊申離洛城，十一月丁巳入成都，實七十日也。得節度十，州六十四，縣二百四十九，兵三萬，鎧仗、錢糧、金銀、繒錦以千萬計。又繼岌選苑中馬，得二十許匹，曰麝香騟，曰錦耳驄，曰駱十二，曰趂日驄，曰偏界王，曰陷冰騟，曰長命騧，曰孫兒驄，曰籠葱白，曰八百哥，曰掠地雲，曰錦地龍，曰雪面娘，曰月影三，曰玉尾騟，曰撒沙騮，曰天花落，曰旋風白，曰窣地嬌，曰六尺金，曰銜蟬奴。初，帝有馬數百，皆上駟也，至是比選，更爲逸足之尤者。又得南詔俘蠻數十人，及故唐判官徐藹曾使南詔者，魏王因遣藹持金帛招撫南詔，悉還所俘，諭以威德。

十二月己巳，錦里耆舊傳作閏十二月己丑朔，今從通鑑。崇韜白繼岌收王宗弼、宗勳、宗渥，一作宗偓。斬之，并殺宗弼子駙馬都尉承班，牓曰：「竊以前件人等，擅廢本主，專殺内臣，潛取資財，將爲己物，爰自收降城邑，又無犒賞三軍，俱是元凶，須加顯戮。」

閏十二月丁酉，唐主詔我國所署官四品以上降授有差，五品以下悉縱歸田里。按五代會要云：後唐同光三年閏十二月，敕：初平僞蜀，應僞署官員等官至太師、太傅，及三少，并太尉、司徒、司空、侍中、中書令、左右僕射已上，並宜降至六尚書，臨時更約高卑，爲六行次第；階至開府、特進、金紫者，文班降至朝議大夫，武班降至銀青，爵如是。舊署將相已上與開國男三百户，餘并不許有封爵。其有功臣名號，並須削去。如檢校官至郎中、員外郎兼侍御史已下，如是。僞署節鎮，率先向化，及立功效者，委行營都統緣事迹奬任。如刺史除停罷外，有見任政績可稱者，但許稱使君，不得更有檢校及兼官。其僞署班行正官四品已上，依此降絀；五品已下如不曾經本朝授官，又無族望可稱者，材智有聞，即許於府縣官中量材任使，如無材智可録者，並宜放歸田里。若西班有稱統軍上將軍者，若本是功臣子孫及將相之後，並據人材高下，與諸衞小將軍、率府副率、中郎將次第授任；如是小將軍以下堪任使者，委西川節度使補衙前押衙已下職。所有歸降官，除軍前任使，下並稱前銜，續據才行任使。今本文姑從通鑑。又下詔慰帝曰：「固當裂土而王，必不薄人於險。三辰在上，一言不欺。」帝捧詔欣然曰：「不失爲安樂公！」

唐同光四年春正月戊午朔，前戎州刺史蕭懷武、眉州刺史鮮于皐舉兵被誅。庚申，魏王遣李繼曮、李嚴部送帝與宗族及宰相王鍇、張格、庾傳素、許寂、翰林學士李昊等，并將佐家族數千人以東。

三月乙巳，帝至長安，唐莊宗有詔止之。是月，伶人景進白莊宗曰：「魏王未至，康延孝初平，王氏族黨不少，聞車駕東征，恐驟爲變，盍除之。」莊宗乃遣中使向延嗣齎勑害帝，勑曰：「王衍一行，並從殺戮。」已印畫矣，樞密使張居翰覆視，就殿柱揩去「行」字，改「家」字，由是百官及王氏僕役獲免者千餘人。

夏四月丁亥朔，己丑，嗣延至長安，殺帝及宗族於秦川驛，因盡得蜀中珍寶。帝時年二十八也。時有蜀僧遠公傷廢國詩云：「樂極悲來數有涯，歌聲才歇便興嗟。牽羊廢主尋傾國，指鹿姦臣盡喪家。丹禁夜涼空鎖月，後庭春老謾開花。兩朝帝業都成夢，陵樹蒼蒼噪暮鴉。」

六月，百官至洛陽，平章事王鍇等皆量授諸州府刺史、少尹、判官、司馬，惟永平節度使馬全不食而卒。

天成三年，王宗壽上唐明宗書，求王氏宗族葬之。明宗嘉其忠，封後主順正公，許以諸侯禮葬長安南之三趙村。初，高祖立後主爲嗣，鑄銅鐘於佛寺，謂其下曰：「吾立此鐘，爲太子故也。令其洪遠，必東宮將來之慶。」裁及八日，而鐘隕於地，龍首摧落。後主果八年而亡。北夢瑣言又云：先是，司天監胡秀林進曆，移閏正月，近臣曰：「宜用唐國閏月。」因改閏十二月。街衢賣曆者云：「只有一日也。」是冬蜀果滅。

高祖以唐大順二年入成都爲西川節度使，天復七年九月建號，明年改元。按舊五代史，王建以龍紀元年入成都，天祐五年建號改元，此薛氏之誤也。今悉以九國志、前蜀書、運曆圖爲據。後主以咸康元年國滅。父子二世，凡三十五年。

論曰：予作前蜀後主紀，而深有感於興亡之際焉。夫莊宗非司馬文王之比，繼岌、崇韜非會、艾儔也。且是時唐僅得天下之半，强藩割據，經畧未遑。假後主勤修政事，輯睦鄰封，啗以貨財，結以情好，尚可遷延國祚，更待真主。奈何閹人秉鈞於外朝，母后司晨於閫內，嬉遊山川，宣淫郡國；秦川之變，驟罹非辜。自古蜀亡未有如王氏禍之烈者也。可不哀哉！

校勘記

〔一〕萬里橋　「里」原作「歲」，據通鑑卷二七一改。本卷下文亦作「萬里橋」。

〔二〕西川　「川」原作「州」，據通鑑卷二七四改。

十國春秋卷第三十八

前蜀四　列傳

高祖順德皇后周氏　順聖皇太后徐氏　翊聖皇太妃徐氏　貴妃張氏　夫人蕭氏　後主廢后高氏　皇后金氏　元妃韋氏　貴妃錢氏　順妃蘇氏　昭儀李氏李玉簫　宮人劉氏

順德皇后周氏，許州人也。武成元年，高祖即帝位，册立爲皇后。永平初，加尊號曰昭聖。天光元年，高祖晏駕，后哀毁骨立，後數月而殂。合葬永陵，謚曰順德，升祔太廟。母弟德權，以后故起家刺史，積功至太保、中書令，有傳。

順聖皇太后徐氏，唐眉州刺史徐耕女也。耕性仁恕，當田令孜、陳敬瑄守成都日，耕爲內外都指揮使，所全活常至數千人。令孜謂之曰：「公掌生殺而不刑一人，有異志邪？」耕不得已，夜戮俘囚數人以復命。耕有二女，皆國色。相工語耕曰：「公不久當大富貴。」因出二女相之，相工曰：「青城山王氣徹天，不十年有真人承運，此女當作后妃。君貴由二女致也。」長女卽太后。鑑戒録作長女爲太妃，次女爲太后，非是。

太后事高祖爲賢妃，與妹淑妃皆以色進，專房用事，交結宦官唐文扆等，干與外政。太子元膺之死，高祖以雅王宗輅類己，信王宗傑才敏，擬擇一人立之，而賢妃欲立其子鄭王，卽後主是也，使文扆諷宰相張格贊成之，後主遂得立。及嗣皇帝位，尊賢妃爲順聖皇太后，淑妃爲翊聖皇太妃，耕亦累官驃騎大將軍。太后、太妃各出教令賣官，自刺史以下，每一官闕，必數人並爭，而入錢多者得之。又日挾後主遊宴貴臣之家，或周覽近郡名勝，如丈人觀、金華宫、三學山諸地，飲酒賦詩，所費不貲。常遊青城山，宫人衣服皆畫雲霞飄然，望之若仙。後主自作甘州曲以述其狀，卒用是敗。唐師入漢州，後主馳驛召唐臣李嚴，引太后見之，且以爲託。已而歸唐，唐莊宗遣向延嗣族誅王氏於秦川驛。太后臨刑呼曰：「吾兒以一國迎降，反以爲戮，信義俱棄。吾知爾禍不旋踵矣！」

翊聖皇太妃徐氏，耕次女也。高祖時進位淑妃，宫中稱爲花蕊夫人，亦曰小徐妃。光天元年夏六月，尊爲皇太妃。咸康元年，隨後主降唐。明年，李繼曮等部送入洛，行至天回驛，太妃與太后賦詩，悽惋不可聽聞。已而秦川之禍，與太后同畢命焉。

貴妃張氏，梓州郪縣人。太子元膺，其所出也。武成中，進號貴妃。一云元膺母爲白氏。高祖後宮又有馬姬、宋姬、陳姬、喬姬、褚姬，不具述。

夫人蕭氏，高祖之後宮也。容態明悟，絕有寵愛。鳳翔將李彥來降，署指揮使，更姓名曰王丞弁，以蕭氏賜之。無何，丞弁死，蕭氏寡而無子。唐轉運接應使李繼曮，故岐王子，隨魏王入成都。陳昭符者密求蕭氏以獻，抱衾之夕，繼曮隔屏窺之，驚爲妍妙，詰其由來，則已爲王丞弁所偶，亟止之曰：「丞弁背恩投蜀，誠不可容；然向者吾從子行，於義不可。」遂令送之歸。

廢后高氏，兵部尚書高知言女也。後主爲太子時，高祖册立高氏爲皇太子妃，久而無寵。後主嗣帝位，立爲皇后。乾德初，韋妃入宮，后尤被疎薄，不見答於後主，遂坐是廢，遣還家。知言驚仆，不食而卒。

皇后金氏，名飛山，成都人也。父業農，家頗饒。無子，與媪相敬如賓；媪懷孕十餘月，娩身時，忽大風雨，見赤龍繞庭而生后。是日有山飛至后家，因名焉。年十六，姿容絶世，兼擅繪事。乾德初，選入掖庭。及高后廢，册立爲皇后。尋亦坐廢。貴妃錢氏爲力辨，復正位中宫。咸康元年，隨後主降唐，死之。

元妃韋氏，故徐耕女孫也。有殊色。後主適徐氏，見而悦之，太后因納之宫中。後主不欲娶於母族，託言韋昭度孫。初爲婕妤，累封至元妃。

貴妃錢氏，事後主，累封貴妃。皇后金氏以復位故，深德之。未幾，從後主降唐而死。

順妃蘇氏，未詳其家世。後主時累封至順妃。

昭儀李氏，名舜弦，梓州人。酷有辭藻，後主立爲昭儀，世所稱李舜弦夫人也。所著蜀宫應制詩、隨駕詩、釣魚不得詩諸篇，多爲文人賞鑒。

同時宫人李玉簫者，寵幸亞於舜弦。後主常宴近臣於宣華苑，命玉簫歌己所撰月華如水宮詞，侑嘉王宗壽酒，聲音委婉，抑揚合度，一座無不傾倒。宗壽懼禍，亦爲之盡觴。詞曰：「輝輝赫赫浮五雲，宣華池上月華新。月華如水浸宮殿，有酒不醉真癡人。」

宮人劉氏，不知何地人。鬒髮如雲而有色。秦川之變，行刑者將免之，劉氏曰：「家國喪亡，義不受辱。」遂就死。

高祖子衛王宗仁　庶人元膺　豳王宗輅　趙王宗紀　韓王宗智　宋王宗澤　魯王宗鼎　信王宗傑　薛王宗平　莒王宗特

宗仁，高祖之長子也。生母爲馬氏。幼以疾廢，累官校書郎。武成三年，封普王；乾德六年，徙封衛王。

元膺字昌美，高祖第二子，貴妃張氏所生也。初名宗懿。起家秘書少監，封遂王。歐陽史作簡王，今從蜀國春秋。已而立爲皇太子。未幾更名元坦。永平中，得銅牌於什邡，高祖以爲符讖，又命改名曰元膺。元膺爲人猳喙齙齒，蛇眼黑色，目視不正，性猜忍。頗多材藝，能射錢中孔。常自抱畫毬擲馬上，馳而射之，無不中。當爲太子時，年方十有七歲，判六軍，創天武神機營，開永和府，置官屬，號爲貴重。高祖以元膺年少任大，命道士廣成先生杜光庭爲之師，且屬其選純静有德者使侍東宮。光庭薦名儒許寂、徐簡夫二人。元膺未常與交言，日與樂工羣小嬉戲無度。

内樞密使唐道襲者，高祖之嬖臣也，元膺心易之，屢譏於朝。高祖懼其不相能，乃出道襲爲興元節度使。已而道襲罷歸，復典機要，元膺廷疏其過失，高祖殊不悦。會七夕前一日，元膺召諸王大臣置酒，道襲亦在坐。間而王宗翰及潘峭、毛文錫不至，元膺怒曰：「集王不來，峭與文錫教之耳。」集王謂宗翰也。大昌軍師徐瑶、常謙素爲元膺所親信，酒行，屢目道襲，道襲懼而走。明日，元膺入白高祖：「峭、文錫離間諸王。」高祖怒，命貶逐峭與文錫。頃之，元膺出而道襲入，高祖以其事告之，道襲曰：「太子謀作亂，欲召諸王諸將，以兵錮之，然後舉事爾。」高祖疑之。道襲請召屯營軍入衛。元膺初不爲備，聞召兵，以爲將誅己，乃與伶官安悉香、軍將喻全殊率天武兵自衛，捕峭、文錫至，撾之幾死，囚諸東宫。又捕成都尹潘嶠，囚諸得賢門。

明日，徐瑶、常謙與懷勝軍使嚴璘等協謀，以所部兵挾元膺以逐道襲。元膺介馬麾兵，過王宗賀之門，召與同進。宗賀曰：「兵起無名，不敢奉命。」由是元膺攻道襲於清風樓。道襲帥屯兵拒戰，中流矢，逐至城西見殺。高祖乃遣王宗侃、宗賀、宗黯等發兵討爲亂者。瑶戰死，兵皆潰去，謙與元膺匿躍龍池艦中。明日出丐食，國人識之，以告，高祖遣宗翰往招諭之，未至，而元膺同謙已爲衞士所殺。高祖疑宗翰殺之，大慟不已。會張格呈慰諭軍民牓，讀至「不行斧鉞之誅，將誤社稷之計」，收涕曰：「朕何敢以私害公。」追廢元膺爲庶人。宗翰奏誅手刅太子者，元膺左右坐死數十人。

初，梓橦縣祠蛇神曰張惡子，元膺被誅之夕，司祝者忽夢爲惡子所責言：「我久淹成都，今始方歸，何祠宇荒穢如是！」由是蜀人相傳元膺爲廟蛇之精。

宗輅，高祖第三子，一云第四子。爲後宮宋氏所生。武成三年，封雅王。元膺之死，高祖以宗輅貌類己，及宗傑有敏才，欲擇一人立之，已而不果。乾德六年，徙封豳王，罷軍使。

宗紀，高祖第四子也。一云第三子。武成時封褒王，乾德中改封趙王。

宗智，高祖第五子也，母爲陳妃。初封榮王，後徙封韓王。

宗澤，高祖第六子也，一云第九子，爲後宮褚姬所生。武成三年封興王，乾德時改封宋王，罷軍使。

宗鼎與宗澤、宗平同母，或云出自翊聖太妃，高祖第七子也。一作第八子。武成中封彭王。後主繼立，諸王皆爲軍使，宗鼎謂昆弟曰：「親王典兵，禍亂之本。今主少臣强，讒間將興，繕甲訓兵，非吾輩所宜爲也。」因固辭軍使，經營書舍，植松竹自娱而已。乾德六年，徙封魯王。後與宗輅、宗紀、宗智、宗澤、宗平、宗特俱死于秦川驛。

宗傑，高祖第八子，一作第七子。喬妃故其母也。武成三年封信王。元膺之死，潘炕屢請立太子，高祖以宗傑於諸子最材賢，頗欲立之，會順聖太后有寵，後主卒得逾諸兄而立。光天元年，宗傑屢陳時政，高祖賢其才，陰懷廢立之意。無何暴薨，高祖深疑之。

宗平，高祖第九子，宗澤同母弟也。光天元年封忠王，乾德時改封薛王，罷軍使。

宗特，高祖第十子。一作第六子。與宗智同母。光天元年封資王，乾德六年徙封莒王。

高祖凡十一子，後主其最少子也。名字見於史册者，宗智或作宗獻，宗平或作宗賢，宗特或作宗時與宗霸，今一以歐陽氏蜀世家爲據云。

高祖從子宗鐬　族子宗壽　宗裕

宗鐬，高祖從子也。少有智勇，隸高祖戲下爲親校。當西川之亂，田令孜馳驛召高祖西上，宗鐬與王宗瑤等實帥兵從焉。已而陳敬瑄中悔，遂進兵破鹿頭關，拔漢州，陷德陽，攻成都，宗鐬之力居多。武成中，賜爵昌王，久之領御營使。永平元年，蜀師與岐戰，大敗於青泥嶺，退保安遠軍，高祖命宗鐬爲應援招討使。黄牛川之役，大殲岐兵，執其將蘇厚，高祖以爲能，甚嘉賞之。居無何，以病死。

宗壽字永年，王氏族人也。一云許州民家子。高祖以同姓，録爲子。宗壽工琴弈，爲人恬退，喜道家之術。武成中，賜爵嘉王。久之，領鎮江節度使。後主嗣立，進太子太保，奉朝請，以煉丹養氣自娱。

後主爲淫亂，宗壽獨切諫之。常於九日侍酒宣華苑，乘間極言社稷將危，流涕不已。潘在迎、韓昭等曰：「嘉王從來酒悲。」乃與諸狎客共以謾言詭嘲之，坐上喧然。後主不能省，復命宮人李氏歌己所撰新詞侑宗壽酒，宗壽一飲而盡，蓋懼禍也。在迎請卽以宮人賜宗壽，後主曰：「王必不納，無多瀆耳。」遂止。

未幾，改武信軍節度使。唐師入寇，所在迎降，魏王繼岌以書招之，宗壽初不肯降，已而以遂、合、渝、瀘、昌五州送款，繼聞後主銜璧，大慟，從後主東遷。至岐陽，以賄賂守者，得入見後主，後主泣下霑襟曰：「早從王言，豈有今日！」

後主死，宗壽至澠池，聞唐莊宗遇弒，亡入熊耳山。明宗天成二年，詣洛，上書求葬後主宗族。明宗以爲忠，署宗壽保義軍行軍司馬，〔一〕追封後主爲公，許葬以諸侯禮。宗壽悉得王氏十八喪而葬之，出葬日，宗壽步行以從。尋爲淄州刺史，復爲平盧節度使，以壽終。

宗壽頗能文，居恆與能仁院僧卯書札二十餘帙，墨蹟多貯沖妙觀中。又宗壽常得古鐵鑑於江原，下有篆文十二字，曰「龍宮寶藏神和子鑄永年萬歲」。平時晦不可睹，一日忽光彩照見市舍，一青衣小兒丱角蹲酒家樓，亟令人訪之，小兒隨至曰：「此神物也，吾失此已百年，君當見還。」因剖腹納鏡，長揖而去，人咸以爲鏡妖。後宗壽善辟穀延年法，或謂得之青衣云。

宗裕，亦高祖族子。唐昭宗時從高祖鎮西川，官嘉州刺史。已而與王宗侃等圍楊晟於彭州，攻城畧地，爲戰功之最。未幾，領馬步使。天復元年，代王宗滌爲東川留後，已又改漢州刺史。居無何，卒。宗裕性謙謹，高祖平東川時，諸將多争功，宗裕立枯樹下，未常自伐，時號「枯樹太保」。枯樹本枯松，見鄧志譔古事苑。一云：宗裕黷貨，以白金作鋌，牛革裹之。其子諫曰：「牛革著物難開。」宗裕叱之曰：「何更開也！」武成三年追封通王。

後主子承祧　承祀

承祧，後主長子也。失其封爵。與豳王宗輅等同死秦川驛。

承祀，後主次子也。亦失其封號。與承祧同死。

高祖女普慈公主

普慈公主，高祖女也。幼而敏慧，高祖絶憐愛之。天復時，岐王遣判官趙鍠來聘，爲其從子繼崇求昏，高祖遂以公主妻焉。導從鮮麗，相望千里。久之，繼崇驕矜嗜酒，多無禮於公主，公主遣宋光嗣以帛書上高祖求還。高祖乃詐言后殂，馳使召公主哭臨。永平元年，公主至成都，留之不遣。岐王怒，遂與高祖交惡。青泥嶺之戰，實公主有以啓之。

校勘記

〔一〕保義軍行軍司馬　「行軍司馬」，九國志卷六王宗壽傳作「節度使」。

十國春秋卷第三十九

前蜀五　列傳

王宗佶，本姓甘氏，洪州人也。高祖爲忠武軍卒時，掠得之，養以爲子。已而以軍功，累遷武信軍節度使。天復初，充扈駕指揮使，將兵五萬聲言迎駕，進襲山南諸州。久之，進太師，封晉國公。

及皇子元懿等稍長，宗佶以養子，心不自安，與鄭騫等謀求爲大司馬，總六軍，開元帥府，凡軍事便宜行而後聞。高祖以宗佶創業功多，優容之。唐道襲者，本以舞童見幸，宗佶尤易之，後爲樞密使，猶名呼道襲；道襲不堪其辱，雖内恨而外奉宗佶愈謹。高祖聞之，怒曰：「宗佶名呼我樞密使，是將反邪！」會宗佶求大司馬，章三上，高祖以問道襲，道襲因激怒高祖曰：「宗佶功臣，其威望可以服人心，陛下宜卽與之。」高祖心益疑。宗佶入奏事，自請不已，高祖叱衛士撲殺之，并賜騫死。

王宗侃，本姓田，雅州人，〔一〕高祖假子也。高祖入西川時，宗侃從與俱西，先登署陳。已而救梓州，破楊守厚七砦，表遷雅州刺史。從攻彭州，用軍士王先成言，白行七事。居數年，攻拔利州，執斬刺史李繼顒。未幾，充決雲都知兵馬使，俄領應援關陝都指揮使。進取渝州，降其刺史牟崇厚。已又轉龍臺鎭使，會兵討杜從法，有功。天復七年，進秩太保，兼侍中。武成初，拜兼中書令。

永平元年，高祖與岐交惡，宗侃請效力行間，卽命爲北路行營都統。是役也，步騎十二萬人，旌旗綿亘數百里。及青泥嶺之戰，侃兵大敗，退保安遠軍。高祖召責之曰：「汝今又狂率，豈不畏赫雷乎？」「赫雷」，高祖刀名也。宗侃懼，遂無功而還。後主嗣立，封樂安王，加尚父，已又進封魏王，卒。

承肇，宗侃第三子也。生於雅州，小字獦獠兒。初，宗侃妻崔氏疑當作張，或宗侃前妻。夢一人莪冠褒袖，自稱周公山神，牽五色獸，逼其衣，遂孕承肇。居數年，有異人崔和尚者，見承肇，撫其背曰：「老僧所居周公山，佳氣減半，乃孕靈於此耶！此子麒麟之精也，必爲王者之瑞。」承肇頗通兵法，後累官武定節度使，加太尉。國亡，降唐爲行軍司馬。

王宗滌，本姓華，名洪，潁川人也。從高祖爲威信都指揮使。與李簡等拒楊守厚於梓州，功居多。又攻彭州，破楊晟軍，擊楊守亮於閬州，先登陷陳。已又敗顧彥暉楸林，遷卭州刺史，復將兵攻東川。高祖嘉其功，更姓名曰王宗滌，與諸子齒。未幾，命爲東川留後。明年，宗滌言東川封疆五千里，文移往還，動淹時日，請分遂、合、瀘、渝、昌五州別爲一鎮。高祖表其説於朝，後卒置武信軍於遂州，宗滌之力也。居數月，唐授宗滌爲東川節度使。久之，加同平章事。未幾，破李繼密於興元，唐卽詔爲山南東道節度使。

宗滌有勇畧，得將士心，高祖頗内忌之。會成都作府門，繪以朱丹，國人謂之畫紅樓。高祖以宗滌姓名應之，而王宗佶等疾其功，復爲搆飛語，高祖召宗滌詰責之，宗滌曰：「三蜀畧平，大王聽讒殺功臣，可矣。」高祖令親隨指揮使唐道襲飲以酒，縊殺之，成都爲之罷市，涕泣如喪親戚。

武成元年，高祖即位，赦境内詔曰：「故山南節度使王宗滌，早膺寵任，累著勳勤，征行不憚於風塵，陳敵常先於士卒。論其實效，可謂勞臣。無何以富貴生驕，災殃自掇，不守初終之節，遽萌悖慢之心。驗人情而共憤滿盈，定國法而難私斷割，遂行典憲，深用矜傷。當景運之初興，在故臣之可念，宜加洗雪，用慰幽冥。」於是宗滌在身官爵，並敕還如故。

王宗翰，本姓孟氏，高祖之姊子也。高祖畜爲子，賜姓名。武成三年，封集王，俄加同平章事。永平五年，充東北面招討副使，攻岐、鳳州，已而引兵出青泥嶺，克固鎮，與秦州將郭守謙戰於泥陽川，敗績，退保鹿臺山。明年，復爲第一招討使，將兵伐岐，無何卒。

王宗弼，本姓魏，名宏夫，高祖録爲假子，更今姓名。楊守厚之攻梓州也，高祖遣華洪等救顧彦暉，謀因犒師執之，宗弼乃以密語泄之彦暉，高祖殊不爲意，待之如初。已而從高祖攻東川，爲東川兵所擒，彦暉念舊恩，畜爲子。及彦暉敗，復自歸於高祖。積功至兼中書令，充北面行營招討使。高祖病且劇，以宗弼沉静多謀，召爲馬步都指揮使，同諸臣受遺詔。後主繼立，命宗弼守太師兼中書令、判六軍，輔政。已又封鉅鹿王，進封齊王。

是時後主不親政事，內外遷除皆自宗弼出，納賄行私，上下咨怨。唐兵入境，會王宗勳等師至三泉，望風退走，後主詔宗弼守綿谷，且令誅宗勳等，宗弼反與宗勳等合謀送款。歸至成都，登太元門，嚴兵自衛；後主及太后自往勞之，宗弼驕慢，無復人臣禮。已而刦遷太后、後宮諸王於西宮，收璽綬，又使親吏於義興門邀取內庫金帛。子承涓遽仗劍入宮，取後主寵姬數人以去。宗弼乃殺宋光嗣、景潤澄、韓昭輩，函首送唐，凡素所不快者皆借端誅之，而潘在迎諸人多竭家財以賂宗弼得免。宗弼益自恣，稱權西川兵馬留後，遣使奉牋於魏王繼岌，求爲西川節度使。繼岌曰：「此我家物也，何用獻爲？」居數日，宋光葆自梓州來訴宗弼誣殺光嗣等，又郭崇韜徵犒軍錢數萬於宗弼，宗弼靳不與，士卒怨怒，夜縱火諠譟。崇韜欲殺宗弼以自明，白繼岌，收宗弼及宗勳、宗渥，數其不忠之罪，族誅焉，籍沒其家，國人爭食宗弼之肉。

先是乾德中，童謠云：「我有一帖藥，其名爲阿魏，賣與十八子。」蓋魏氏賣國與李之兆也，宗弼實應之。

王宗黯，本姓吉，名諫，隸高祖帳下爲牙將，景福元年破楊守厚有功，賜姓名曰王宗黯。

天復初，杜法從反於昌、普、合三州，高祖命宗黯充行營兵馬使，會東川、武信兵討平之。未幾，進秩兼侍中。太子元膺之亂，宗黯自大安門逾城入，與徐瑶等戰於會同殿前，瑶竟敗死。是役也，事起倉卒，微宗黯，變幾不可測。後主卽位，論功封琅琊郡王。

王宗弁，本姓鹿，名弁，高祖賜今姓名以爲子。初從高祖與宗瑶、宗弼、宗侃同入西川，積功至蜀州刺史。一日稱疾請罷歸成都，高祖疑其矜功觖望，加檢校太保，固辭不受。宗弁常謂人曰：「廉者足而不憂，貪者憂而不足。吾小人，致位至此，足矣，豈可求進不已乎！」高祖嘉其志而許之，竟獲善終。

王宗本，本姓謝，名從本，事陳敬瑄爲資、簡都制置應援使。高祖攻成都，從本殺雅州刺史張承簡，舉城來降，高祖録其功。及敬瑄平，養以爲子，改姓名曰王宗本。久之，擢渝州刺史，無何罷官，歸成都。天復三年，宗本請出兵取荆南，高祖署宗本開道都指揮使，將兵下峽，降夔州刺史侯矩，遂定夔、忠、萬、施四州。已而遷武泰留後。武泰軍舊治黔州，宗本以其地多瘴癘，請徙治涪州，高祖因許焉。

王宗阮，本僰道土豪文武堅也。善舞劍器，時號爲文大劍。高祖攻陳敬瑄，時武堅執戎州刺史謝承恩來降。及成都平，更其姓名曰王宗阮，遂領決勝都知兵馬使。未幾，充開江防送進奉使，將兵七千趣瀘州。頃之，破瀘州，殺刺史馬敬儒。峽路故東川門户，至是始通，宗阮之力也。高祖卽命宗阮知渝州。天復四年，趙匡凝攻夔州，宗阮帥師擊之，匡凝敗走。宗阮後以病卒。

宗阮常經瀘州，賽神方山廟，會夜分，牲腸爲犬子所食，俄聞雷震聲，有白衣冠人升堂涖事，獠鬼十數輩奔走堦下，執一黄衫者責之曰：「若非竊祭牲者乎？」命抶之十五。明旦，見犬子斃潰，宛轉血肉中，莫不驚以爲異。

王宗播，本姓許，名存，故荆南節度使成汭將也。汭與存泝江畧地，盡取濱江州縣，因以存爲萬州刺史。存不得志，乾寧中降於高祖。高祖忌存勇畧，頗欲殺之，掌書記高燭曰：「公方總攬英雄，以圖霸業，彼窮來歸我，奈何殺之？」高祖因遣存戍蜀州，陰使知蜀州王宗綰察焉。宗綰密言存忠勇謙謹，有良將才，高祖信之，乃更其姓名曰王宗播，與諸子齒。久之，爲前鋒將，攻李繼密於三泉。孔目官柳修業謂宗播曰：「公舉族歸人，不爲之死戰，何以自保？」宗播因令兵衆曰：「吾與汝曹決戰取功名，不爾死於此！」遂破金牛等四寨，繼密敗還漢中。修業又數勸宗播慎静以免禍。後宗播遇彊敵，輒以身先之；卽有功，稱病不伐，由是得以功名終。

子承傑本黔使君實之子，從母嫁宗播，遂爲子。驕貴僭越，鮮有倫比。每修書題印章，微有瀆，輒命改换，書佐苦之。歷任茂州刺史，爲蕃人所害。

王宗儔，高祖養子也。累有戰功，起家爲排陳使。武成時授秦州留後，已而授天雄軍節度使，兼侍中。乾德三年，擢山南節度使，充西北面都招討行營安撫使；將兵伐岐，進攻隴州，復屯上邽，師久無功。未幾，唐遣客省使李嚴來聘，嚴盛稱唐威德，有混一天下之志，且言朱氏篡竊，諸侯曾無興勤王師者。宗儔以其語涉譏刺，請斬之，後主不從。已而後主荒淫日甚，宗儔憂宗社不祀，密與王宗弼約爲伊、霍之舉，謀廢立，宗弼猶豫未决，宗儔憂憤卒。宗弼謂樞密使宋光嗣、景潤澄等曰：「宗儔屬我除爾曹，今無患矣。」光嗣等伏泣謝。宗弼子承班聞之，謂人曰：「吾家難其免乎？」

宗儔伐岐時，常還至白石鎮，副招討王宗信宿普安禪院，方擁伎女十餘人，各據牀而寢。忽見一姬躍入火爐中，宛轉熾炭之上，宗信遽起救之，履服悶畧不焦灼。已又一姬飛入如前，復救之。諸伎或出或入，皆迷懣失音。有親吏驚告宗儔，宗儔至，則提臂而出之，衣裾都無所損。隨訊其故，皆驚寤云「被番僧提入火中爲戲」。宗信大怒，悉索諸僧立於前，令伎識之。有周和尚者，身長面髯，羣指曰：「此是也。」宗信疑有幻術，笞之百，殊爲不解。宗儔廉知其枉，命釋去，訖不知何怪云。

王宗謹，本名釗。乾寧元年攻彭州，有功，高祖即軍中録爲子，更其名曰宗謹，與諸兒列，遂授戎州刺史。已而領鳳翔四面行營使，敗鳳翔將李繼徽於元武。

王宗綰，本姓李，名綰，乾寧元年與王釗等同爲高祖義兒，更今姓名。累官知蜀州。高祖破東川，命宗綰分兵狥昌、普等州，頃之領武定軍節度使。會司馬卿來告唐昭宗之喪，高祖命宗綰責以大義，詰問弑逆之由，辭氣激烈，卿竟不敢入境。事具高祖紀中。永平時，高祖與岐搆兵，宗綰充馬步都指揮使，豫城西縣，爲安遠軍，利州一面多恃此以爲捍蔽。未幾，詔兼中書令，復充北路行營都制置使，以攻秦州。已而敗岐兵於金沙谷，擒岐將李彥巢；再克成州，鹵刺史李彥德；隨陷秦州，拔鳳州。高祖因遂有秦、鳳、階、成之地，宗綰實爲首庸焉。通正元年，又領東北面都招討，將兵伐岐。師出大散關，大破岐兵，進取寶雞，圍鳳翔，岐人爲之震恐。光天時，與王宗瑶等同受顧命輔政。後主嗣位，封臨洮王。

宗綰爲人寬厚謹慎，功高不矜，常密言許存忠勇無他志，存得不死，而竟不使存知其免已。其生平行事，多此類也。

王宗儒，本姓楊，名儒，彭城人也。初事陳敬瑄爲大將，高祖攻邛州，敬瑄遣儒將兵三千助刺史毛湘守之。湘出戰屢敗，儒登城見高祖兵强甚，歎曰：「唐祚盡矣。王公治衆，嚴而不殘，殆可以庇民乎！」遂帥所部出降，高祖録爲假子，更其姓名曰王宗儒。

王宗浩，高祖義子也。有拳勇，善騎射。從高祖入西川，爲軍使。天復二年，高祖克興州，擢宗浩爲刺史。青泥嶺之戰，宗浩時充馬步使，兵敗，奔興州，溺江死焉。

王宗朗，本姓全，名師朗，金州人也。唐昭信節度使馮行襲據金州，師朗居戲下爲親校。及王宗賀攻行襲，行襲奔均州，師朗遂以其城降。高祖嘉其功，賜姓王氏，名宗朗，與諸子輩連文。補金州觀察使，割渠、巴、開三州以隸之。居三月，金州復爲行襲所取，宗朗不能守，奔成都；已而蜀兵又克金州，仍以宗朗爲刺史。

武成三年，宗朗奏洵陽縣洵水畔有青煙廟，數日廟上煙雲昏晦，晝夜奏樂，忽水波騰躍，有羣龍出於水上，行入漢江，大者數丈，小者丈餘，或黃、或黑、或赤、或白、或青，有如牛馬驢羊之形，大小五十，纍纍相次行入漢江，却回廟所，往復數里，或隱或見，三日乃止。俄改金州爲雄武軍，宗朗領本軍節度使兼中書令。後主時以罪削奪官職，復其姓名，命桑宏志將兵往討，已而執歸成都，釋其罪。久之，病卒。

王宗渥，本姓鄭，名渥，京兆人也。初事高祖爲牙校，高祖攻成都，令渥詐降以覘城中虛實。陳敬瑄爲人戇而愚，遽納其降，署渥大將，且使守陴以拒我師。已而乘間復以詐脱歸，悉得成都聲息。高祖嘉賞之，列爲義子，賜姓王氏，名宗渥。咸康元年，爲魏王繼岌所殺。

王宗範，不知何地人。母張氏，故高祖之後宫也。一作周氏，封貴妃。通鑑又云宗範本姓張，母周氏爲蜀主妾。宗範初隨母歸高祖，冒母姓爲張，高祖畜爲子，賜今姓名。從高祖討陳敬瑄，累立戰功。已而封夔王。長和蠻入寇黎州，宗範帥衆往討，敗其兵於潘倉嶂，又敗於山口城，已又破其武侯嶺十三寨，復敗之於大渡河，西南震恐，無不人人懾服。後數年卒。

王宗瑶，高祖義子也。高祖圍成都，時宗瑶與王宗弼等俱西上，破鹿頭關，拔漢州，陷德陽，宗瑶之功爲多。已高祖軍屯新都，土豪安仁、費思懃、何義陽等所在擁兵不服，高祖使宗瑶説以利害，仁等皆率衆來附，且餽以貲糧，一軍爲之大振。景福初官茂州刺史，將兵攻彭州，敗楊晟於城下。未幾，徙簡州。乾寧二年，三鎮犯闕，宗瑶帥師赴難，屯兵於綿州，軍容甚盛，國人莫不嘖嘖稱之。高祖卽皇帝位，詔宗瑶兼中書令。永平五年，充東北面招討使，攻鳳州，遂克其地。已而受遺詔輔政。後主嗣立，論功封臨淄王。

王宗訓，本名茂權。初爲刁子都虞候，高祖攻彭州，茂權斬楊晟於陳前，論功受上賞，賜名宗訓，與諸子比。永平中，累官武泰軍節度使，鎮黔州。宗訓恃恩貪暴，驕縱逾制，不奉詔，輒回成都，多所邀求。高祖見宗訓，大怒，命衛士撲殺之。

王宗勉，本姓趙，名章，從楊晟爲内外都指揮使。彭州之圍，章率衆出降，高祖與李綰等同録爲子，更其姓名曰王宗勉。

王宗鍔，少饒技勇，從高祖入西川，録爲假子。後主嗣位，歷官定遠軍使。乾德末，充招討馬步使，帥二十一軍屯洋州以備唐師，後不知所終。

王宗夔，故高祖養子也。初隸高祖戲下爲親校，進拔龍州，殺刺史田昉，有功，累官至兼中書令。高祖彌留之際，與王宗弼、宗瑶、宗綰等同受遺詔輔政。後主即位，封琅琊郡王。

王宗裔，亦高祖養子，歷官兼中書令。後主初立，封琅琊郡王。

王宗矩，易州人也。本姓侯，名矩。天復時官夔州刺史，從荆南節度使成汭將兵救鄂州，汭死奔還。會王宗本統軍下三峽，矩舉城以降。高祖嘉其功，復命爲夔州刺史，改其姓名曰王宗矩，得齒諸子之列。

王宗祐，事高祖爲假子。從入西川，授彭州刺史，已而將兵攻東川有功，改邛州刺史。唐昭宗之東遷也，高祖命宗祐爲北路行營指揮使，將兵迎車駕。累官兼侍中。永平元年，興師伐岐，宗祐與王宗賀、唐道襲爲三招討使。青泥嶺之役，蜀兵敗績，宗祐竟無功而歸。無何卒。

王宗汾，亦高祖義子。永平時充行營都指揮使以伐岐，進拔文州，岐將李繼㜪敗走。

王宗信，高祖假子也。積功至左神勇軍使。高祖時無顯績。後主嗣位，命宗信與王宗昱、宗晏爲三招討，副王宗儔以伐岐，進屯威武城，厲兵秣馬，竟無所成功而還。宗信性殘毒，酷喜殺人。常鎮鳳州，有角觝人蘇鐸者，委之巡警，與麾下孫延膺素不相能。一日，鐸被錦袍束帶，若有遠行狀，宗信登樓見之，顧延膺問：「鐸何往？」鐸本岐人也，延膺因譖曰：「鐸受公畜養，包藏禍心，久欲逃歸敵境耳。」宗信大怒，令執鐸至，斷其舌，臠斬焉，將士無不冤之。明年延膺謀叛，亦被殺。

王宗賀，不知其所自起，事高祖，賜姓名以爲子，官指揮使。天復二年，山南西道節度使王宗滌以罪死，高祖命宗賀權興元留後。居數年，將兵擊馮行襲於金州，所向克捷。永平元年，與王宗祐等充招討使伐岐，青泥嶺之戰，師盡殲焉。俄加中書令。會太子元膺之變，宗賀與有定亂功。久之，卒。

王宗紹，高祖養子也。歷官至左金吾大將軍。高祖與岐王茂貞交惡，命王宗祐等爲三招討使以伐之，而以宗紹爲之副，帥步騎兵十二萬人，軍容甚盛。已而青泥嶺之役，大軍敗績，竟無成功。後數年，復會劉知俊圍鳳翔，隨召還。未詳其所終。

王宗宏，史失其爵里，亦高祖之養子。天漢元年爲東北面第二招討以伐岐，後事闕。

王宗鐸，少從高祖爲假子，起家興州刺史。永平四年，兼北路制置指揮使，攻岐、階州及固鎮，連破細砂等十一寨，鹵獲無筭。明年，拔階州，降其刺史李彦安。是時高祖始得秦、鳳、階州之地，宗鐸實與有功。

王宗魯，□□人也。高祖養以爲子，從入成都，已而攻拔龍州，殺刺史田昉；久之，授利州團練使。太子元膺之變，宗魯發兵陳西毬場門，頗有平亂功。永平末，置武興軍於鳳州，宗魯遂領節度使。

王宗昱，不知其世系所出，高祖録爲假子，賜姓名，與諸子等。歷官天雄軍節度使、同平章事。光天時，充西面招討副使。是歲進攻隴州，不克。明年，同王宗儔等伐岐，屯兵泰州。俄進秩兼侍中。後主東遊，會唐師入寇，以宗昱領招討使，逆戰於三泉，爲唐將康延孝所敗，後降唐。

王宗勳，事高祖爲義子，賜姓名。乾德中，後主東巡，命宗勳爲清道指揮使。已而唐師入境，與王宗儼、宗昱爲三招討以拒之。三泉之戰，兵既大敗，後主令王宗弼卽軍中誅宗勳等以作士氣，會宗弼遁歸，宗勳追及於白芀，宗弼探詔書示之，遂降於唐。未幾，爲魏王繼岌所殺。

王宗晏，高祖時賜姓名爲子，官永寧軍使。乾德二年，同王宗儔伐岐，師次威武城，無功。後事不具見。

王宗汭，高祖假子也。後主時充招討副使，屯秦州。唐師入境，成都路絶，宗汭與王承休由文、扶而南，經越不毛之地，且戰且行。比至茂州，餘衆裁二千而已。未幾，歸成都，爲魏王繼岌所殺。

王宗偉，少隸高祖帳下爲養子。天復初，官劍州刺史，已而遷利州制置使。

王宗憲，本姓許，高祖賜姓名，録爲子。天復初，官鎮江軍節度使。又按九國志：王宗銖謫授司户參軍，曰：「若要頭，便斬去，何能作措大官邪！」宗銖疑亦高祖養子，存以竢攷。

王宗儼，未詳何郡縣人，高祖畜以爲子，起家指揮使。永平中，破岐、長城等關四寨，有功。乾德中，後主幸秦州，署宗儼隨駕清道指揮使。及唐師入寇，與王宗勳、宗昱爲三招討使，已而降唐，見殺。

王宗威，爲高祖義子，累官至山南節度使、兼侍中。唐兵入境，宗威以梁開通渠臨五州迎降。

王承檢，事高祖，賜姓名，與諸孫齒。乾德時，官秦州節度使，築防蕃城。至上邽山下獲瓦棺，內無尸，惟存舌一片，肉色紅潤，堅如鐵石。復有髑髏一，中藏古錢一枚，有二蠅振然飛去。下得石刻篆字，曰：「大隋開皇二年渭州刺史張崇妻夫人王氏，年二十五嫁於崇，三年而娠，惡其妊娠，遂卒。」銘曰：「車道之北，邽山之陽，深深送玉，鬱鬱埋香。刻斯貞石，焕乎遺芳。地變陵谷，嶮列城隍。乾德丙年，壞者合郎。」是歲爲乾德六年丙子歲，合郎故承檢小子也。

論曰：唐末，中官典兵，常養壯士爲子以自衛，諸將往往多效之。沙陀氏至設義兒一軍，盛矣。史言高祖假子凡百二十人，皆功臣，雖冒姓連名，而不禁婚姻。今録其顯名者宗佶以下四十有一人著於篇，餘固不可得而概見云。

校勘記

〔一〕雅州人　九國志卷三九王宗侃傳作「許昌人」。

十國春秋卷第四十

前蜀六　列傳

馮涓　周庠　韋莊

馮涓字信之，先世爲婺州東陽人，唐吏部尚書宿之孫也。一曰信都人。登唐大中四年宏辭科進士，有聲。是歲暹羅國築高樓，遣使厚齎金寶奏請撰記，當世咸以爲榮。起家京兆府參軍。會宰相杜審權有江西之拜，制未出，密召涓，語以延辟之命，戒勿泄。涓漏其言於友人鄭賓，賓捧刺遽謁賀審權，審權鄙涓淺薄，不復與選。車發之日，涓候別灞橋，審權畧不展分，惟長揖道勉旃而已。由是隱商山數年。

昭宗時官祠部郎中，擢眉州刺史。時田、陳拒朝命，不令之任。涓於成都墨池灌園自給，著懷秦賦及蜀馱引以見志。高祖分藩西川，表涓節度判官。天復中，兩川賦重，人多囁嚅不敢發，涓因獻生日頌，先述功德，繼言生民重征之苦。高祖媿謝曰：「如君忠諫，功業何憂！」賚金帛加等。

又是時諸將多勸高祖乘岐王茂貞之衰，攻取鳳翔，涓曰：「梁、晉虎争，勢不兩立，若并而爲一，舉兵向蜀，雖諸葛不能敵也。鳳翔，蜀之藩籬，不若與和親爲便。」鑑戒録載馮涓曰：「臣聞興師者，殘兵力，虛府庫，斃羣畜，損弓甲，衰農桑，動德義，興詐僞。故損國害人，莫先于用兵也。方今梁王朱全忠霸盛，强據兩京，料其先取河東。河東，梁之敵國也，勢不兩立。儻一處爲雄，率天下之衆，一舉西來，縱諸葛重生，五丁復出，無以泥封大散，石鏁劍門。今秦庭，實蜀之巨屏也。去其屏，窺見庭館焉。莫若與秦王和親，稍稍以麻布茗草給之，不傷于大義，濟之以小利。蜀但訓兵秣馬，因敵料强，足可以保天禄于三川，固子孫於萬葉。潛令公主探其機密，窺彼室家，俟便攻之，一舉而獲可也。」高祖善其言，竟與茂貞連和。

梁主篡唐，將吏皆詣高祖勸進，謂「天與不取，反受其咎，大王宜正皇帝位以號令西川」。涓獨獻議，請以蜀王稱制，曰：「朝興則未爽稱臣，賊在則不與爲惡。」高祖卒自立爲帝，而見涓之辭嚴義正，亦無以難也。涓由是杜門不出。

永平初，高祖屢興兵旅，涓上疏曰：「古之用兵，非以逞威暴而肆殺戮，蓋以安民爲先，豐財爲本。湯、武無忿怒之師，高、光有魚水之士，故能應天順人，弔民伐罪。今自土德云衰，朱梁逞虐，雍都洛邑，盡是荆榛；江南山東，各有割據。鬬力則人各有力，用兵則人各有兵。陛下欲以一方之强，舉萬全之策，臣恐陛下之憂，不在於秦、雍，而在於肘腋之下也。」

歷官至御史大夫，卒。所著有南冠集、龍唫集三卷、長樂集十卷，又撰檄龍文、大蟲牓、嶮竿歌，皆有文采。

涓性滑稽，語多譏誚。高祖常問：「擊掄之戲，創自何人？」涓對曰：「丘八所製。」高祖爲大笑。又與司空王鍇等小酌，鍇舉令一字三呼，兩物相似，曰：「樂樂樂，冷淘似餺飥。」涓曰：「已已已，驢糞似馬矢。」坐中大噱，涓但長嘯而已。生平尤工於章奏。先是景福間，高祖殺陳敬瑄、田令孜，命涓草表曰：「開匣出虎，孔宣父不責他人；當路斬蛇，孫叔敖蓋非利己。專殺不行于閫外，先機恐失於轂中。」一時爲中朝所誦。涓子羣玉，唐昭宗時爲山陽令。

周庠，故唐龍州司倉也。高祖爲利州刺史，庠以客從。時楊守亮鎮山南西道，屢召高祖，高祖懼不往，謀于庠，庠曰：「唐祚將終，藩鎮互相吞噬。公勇而有謀，得士卒心，立大功者，非公而誰？然葭萌四戰之地，難以久安。閬州地僻人富。楊茂實，陳、田之腹心，不修職貢。若表其罪，興兵討之，可一戰擒也。」路振九國志作周博雅說王建云云，今從通鑑。高祖從其言，卒逐茂實而據之，守亮不能制。

已而高祖與陳敬瑄相攻，以成都尚彊，退無所掠，欲罷兵，庠以爲不可，且曰：「邛州城塹完固，食支數年，足據以爲根本。」高祖乃使庠草表，請討敬瑄以贖罪，因求邛州，得報可。居無何，唐僖宗命韋昭度討敬瑄，三年不能克，朝議以息兵便。高祖見罷兵制書，曰：「大功垂成，奈何棄之？」庠遂勸高祖請韋公還朝，獨取成都而有之，則兩川不足平。由是昭度東還，而高祖得奄有兩川，庠之謀爲多。累官御史中丞。武成三年，拜中書侍郎、同平章事。後主踐阼，内給事王廷紹等用事，庠切諫不聽。俄進司徒、同平章事，領武平軍節度使。未幾，病卒。

子仁矩，官駙馬都尉，粗有才藻，而庸劣特甚。國亡後，與貧丐者伍，令一人先道爵里於市肆間，有哀之者，日獲錢數百，相與飲噉爲樂，成都人皆嗟嘆之。

韋莊字端己，杜陵人，唐臣見素之後也。曾祖少微，宣宗中書舍人。莊疎曠，不拘小節。幼能詩，以艷語見長。應舉時，遇黄巢犯闕，著秦婦吟云：「内庫燒爲錦繡灰，天街踏盡公卿骨。」人稱爲「秦婦吟秀才」。莊後作家戒，不許垂秦婦吟障子。乾寧□年登進士第，爲判官，晉秩左補闕。高祖爲西川節度副使，昭宗命莊與李洵宣諭兩川，遂留蜀，同馮涓並掌書記，文不加點，而語多稱情。時有縣令擾民者，莊爲高祖草牒曰：「正當凋瘵之秋，好安凋瘵；勿使瘡痍之後，復作瘡痍。」一時以爲口實。尋擢起居舍人。

天復間，高祖遣莊入貢，亦修好於梁王全忠，談言微中，頗得全忠心，隨使押牙王殷報聘。昭宗既遇弒，全忠遣告哀使司馬卿宣諭蜀土。興元節度使王宗綰馳驛上白，高祖頗內懷興復，莊以兵者大事，不可倉卒而行，乃爲高祖答宗綰書曰：「吾蒙主上恩有年矣，衣襟之上，宸翰如新；墨詔之中，淚痕猶在。犬馬尚能報主，而況人之臣子乎？自去年三月東還，連貢二十表，而絕無一使之報。天地阻隔，叫呼何及。聞上至穀水，臣僚及宮僚千餘人皆爲汴州所害，至洛果遭弒逆。自聞此詔，五內糜潰，方枕戈待旦，思爲主上報讎。今使來，不知以何宣告？」且令宗綰以此意諭之，卿乃惶懼而返。

明年，高祖立行臺於蜀，承制封拜，以莊爲安撫副使。未幾，梁篡唐改元，莊與諸將佐詣高祖勸進曰：「大王雖忠於唐，唐已亡矣。此所謂天與不取也。」於是帥吏民哭三日，擁高祖即皇帝位。進左散騎常侍，判中書門下事。凡開國制度號令，刑政禮樂，皆由莊所定。頃之，梁復通好高祖，推高祖爲兄。莊得書笑曰：「此神堯驕李密之意也。」其機敏多此類。

累官至門下侍郎、吏部尚書、同平章事。武成三年，卒於花林坊，葬白沙之陽。是歲，莊日誦杜甫「白沙翠竹江村暮，相送柴門月色新」之詩，吟諷不輟，人以爲詩讖焉。謚曰文靖。有集二十卷，箋表一卷，蜀程記一卷，又有峽程記一卷。又有浣花集五卷，乃莊弟藹所編，以所居即杜氏草堂舊址，故名。

莊有美姬，善文翰，高祖託以教宮人爲詞，强奪去。莊作謁金門辭憶之，姬聞之不食而死。辭云：「空相憶，無計得傳消息。天上嫦娥人不識，寄書何處覓？新睡覺來無力，不忍把伊書跡。滿院落花春寂寂，斷腸芳草碧。」

莊又常取唐人麗句，勒成又玄集，其自序云：「謝玄暉文集盈編，止誦『澄江』之句；曹子建詩名冠古，惟唫『清夜』之篇。是知美稼千箱，兩歧奚少；繁弦九變，大濩殊稀。入華林而珠樹非多，閱衆籟而紫簫唯一。所以擷芳林下，拾翠巖邊，沙之汰之，始辨辟寒之寶；載雕載琢，方成瑚璉之珍。故知頷下採珠，難求十斛；管中窺豹，但取一斑。思食馬留肝，徒云染指；豈烹魚去乙，或至傷鱗。自慚乎鼯鼠易盈，非嗜其熊蹯獨美。然則律者既采，繁者是除，何知黑白之鵝，强識淄澠之水。左太沖十年三賦，未必無瑕；劉穆之一日百函，焉能盡麗？班、張、屈、宋，亦有蕪辭；沈、謝、應、劉，猶多累句。雖遺妍可惜，而備載斯難。亦由執斧伐山，止求嘉木；挈瓶赴海，但汲井泉。等同於風月煙花，各是其樝梨橘柚。魚兔雖存，筌蹄是棄。金盤飲露，惟挹沆瀣之精；花界食珍，僅享醍醐之味。」莊文詞甚多，不具録。

論曰：馮涓、韋莊，皆翩翩藝苑之雄也。或請以蜀王稱制，或勸以帝位抗梁，議論較殊，而其爲主之心同矣。周庠參贊帷幄，雍容風議，直言無隱，卒秉國鈞，殆所謂社稷臣者非邪。

晉暉　李師泰　張造　綦毋諫　張虔裕　張琳　張劼　周德權　李簡　山行章　李稠

晉暉，許州人。少有膽勇，不務家人生業。初與高祖爲盜，潛攻許昌民家，事發夜遁，伏武陽古墓中，聞人呼墓中鬼曰：「潁州設無遮會，盍同往乎？」墓中應曰：「蜀王在此，不得相從。」二人私心獨喜，曰：「是誰爲蜀王者？」已而有人將飯獻高祖前曰：「只此爲御飯也。」高祖愈益喜，暉呼高祖小字曰：「行哥狀貌異人，必有非常之舉。」由是傾心事之。

唐僖宗幸蜀，暉與高祖及韓建、張造、李師泰等各率一都奔行在，僖宗得之大喜，號隨駕五都。已而還長安，使暉與高祖爲神策軍使，將神策軍宿衛。光啟二年，僖宗復幸興元，高祖既以長劍五百前驅奮擊，負玉璽以行，而暉亦與俱西，同爲清道斬斫使。未幾觀軍容使楊復恭斥田令孜之黨，出暉爲集州刺史。高祖卽位，暉積功封宏農郡王。高祖常與飲極歡，把臂敍舊事，暉頓首曰：「武陽墓中言，果不誣也。」高祖笑曰：「始念不及此。」通正元年卒。高祖親臨弔，恩禮有加。晉暉一云姓王。

李師泰，初與高祖及晉暉等爲唐僖宗隨駕五都，久之出爲忠州刺史，最後從高祖於西川，歷官蜀州刺史、節度判官，加司徒，卒。武成元年，高祖敕有司議追贈禮。

初乾寧時，師泰治第成都之錦浦里，有巨冢甎甓甚固，於甎外得金錢數十枚，各重十七八銖，徑寸七八分，圓而無眼；去緣二分，有規文隱起，規内兩面各鑄蕃書二十一字。亟遣使至青城山問道士杜光庭，度其地形，當石笋之南百步所，即知石笋故此墓之闕矣。自後累見靈顯。高祖改置祠堂，以龍神享之，遂無他異云。

張造，龍州人。事唐僖宗，拜衛將軍，蓋隨駕五都之一也。已而授神策軍使。僖宗幸興元時，遣高祖帥兵屯三泉，復命造與晉暉領四都兵屯黑衣，修棧道以通往來。未幾爲楊復恭所忌，斥爲萬州刺史。時秦宗權黨常厚屯白帝，爲成汭將許存所破，奔萬州，造百計拒之。厚走綿州，萬州以是得全。後從高祖官茂州刺史，無何卒。武成元年，高祖録舊功，敕有司追贈加恩。

綦毋諫，荆南人，漢廷尉綦毋參、唐著作郎綦毋潛之後也。高祖入蜀時，諫隸戲下爲親校。光啟中，高祖破閬州，據其地，諫説高祖養士愛民，以待天下之變。已而高祖與陳敬瑄相攻，久持不下，高祖欲罷兵歸，諫與周庠固以爲不可，卒用成功。後累官至□□□□卒。

張虔裕，從高祖入西川爲部將。光啟時，高祖襲閬州，逐刺史楊茂實而據之，自稱防禦使，軍勢頗日盛，虔裕勸高祖宜遣使奉表天子，仗大義以號令西土，事蔑不濟。高祖納其言，由是所向皆捷，遂啟偏霸之業。

張琳，許州人也。唐末官眉州刺史，修通濟堰，溉田一萬五千頃，民被其惠，歌曰：「前有章仇後張公，疏決水利秔稻豐。南陽杜詩不可同，何不用之代天工。」已而事高祖，爲永平節度判官。大順初，領邛南招安使。及邛州殺刺史毛湘來降，以琳知留後，繕完城隍，撫安彝獠，經營蜀雅，琳之功居多。未幾，奏授節度副使，將兵五萬人攻東川。論平東川功，累升武信軍節度使。無何卒於官。

武成元年，高祖卽皇帝位，詔曰：「張琳操持勁直，才術縱横，成今日之鴻基，自斯人之懿績。不享朝天之禄，遽興失手之悲。言念前功，常思厚報。宜追贈太尉，以報幽魂。其嗣子更加正官，仍賜章綬。」

張劼，初事高祖爲牙校。高祖入成都時，署劼都虞候，戒軍士曰：「吾業已命張劼爲虞候矣，汝等無犯其令。幸劼執而見我，我尚活汝，使其殺而後白，吾亦不能詰也。」一云高祖戒諸子曰：「入城之後，但管富貴，即不得恣横。我適差張劼作斬斫馬步使，汝輩無得輒犯。」及入城，軍士剽掠，劼殺百人而後止。後累官眉州刺史，卒。武成元年，與張造等同加追贈。

劼爲人勇斷强項，果於殺戮，居恒剚鞭人之胸。典眉州日，有女僧姿容明悟，講無量壽經，劼欲逼辱之，女僧以死拒，因而詬詈。劼命折其齒，與父同沉於蟇頤津，其暴横有如此。

周德權，許州人，蜀檮杌又作汝南人。順德皇后弟也。從高祖至西川，以戰功遷眉州刺史。乾寧中，高祖與顧彦暉奪東川，凡五十餘戰不決，德權言於高祖曰：「公與彦暉争東川三年，士卒罷於矢石，百姓困於輸輓。東川羣盗多據州縣爲外應，彦暉懦而無謀，欲爲偷安之計，啗以厚利，恃其救援，故堅守不下。今若遣人諭賊帥，以禍福來者賞之以官，不服者威之以兵，則彼反爲我用矣。」高祖從之，彦暉遂勢孤而敗。久之，改眉州刺史。

梁既篡唐，德權上表曰：「案讖文：『李祐西王逢吉昌，土德兑興丹莫當。』李祐者，唐亡也；西王者，王氏興於西方也；逢吉昌者，逢字如殿下之名也。土德，坤維也；兑興，亦西方也；丹莫當者，丹，朱也，言朱梁不敢與殿下抗也。願稽合天命，仰膺寶籙，使天地有主，人神有依。」高祖大悦曰：「成我者，叔舅也。」高祖即位，累遷太保、中書令。永平元年卒，贈太師。

李簡，故高祖牙將也。大順二年，楊守厚攻梓州，顧彦暉乞師于高祖，高祖命華洪與簡等帥師往援，署行營都指揮使。景福元年，斬楊晟將吕蕘有功，已而遮擊楊守忠於鍾陽，又破楊守厚於銅鉾，斬獲無筭。後官邛州刺史，卒。武成元年，敕加追贈。

山行章，一名章，自言晉山濤之裔。唐末，官眉州刺史。州舊無羅城，行章合五縣之力城之，周遭八里有奇，名曰卧牛城。四川名勝志云：計一千八百六十五丈。又大順二年，盧拯撰眉州創羅城記，畧曰：「象耳鎮於後，峩眉列乎前。」云云。據此，則行章以龍紀元年降蜀，築城當在降蜀之後已。然考之□傳，大順時眉州刺史乃徐耕，非行章也。此必行章創功于大順之前，而撰文在于後人畢功之日，理或然也。陳敬瑄之亂也，行章拒高祖于新繁，師敗，復爲高祖破于廣都，未幾請降，隸高祖帳下，有戰績。高祖圍成都日，忽夢一青衣神大張其口，問于行章，行章對曰：「青衣，蜀地名也。壘内故有青衣祠。今成都易子而食，守陴而哭，祠廟不祀久矣。神張口者，是土地求饗於公，亦啟唇齒而露心腹之兆也。」已而逾十日，成都果降。

乾寧四年，授都押牙，出鎮黎州。先是黎、雅間有淺蠻曰劉王、郝王、楊王者，西川歲給繒帛三千匹，使詷南詔虛實，久之邊將多與諸蠻相表裏，挾以爲重。至是高祖絶其舊賜，頗廉得行章與交通狀，遂斬以狗。

李稠，其先京兆人。父逢，故唐左衛兵曹參軍。稠初事梁爲商州刺史，未幾來蜀。會高祖開國，預佐命功臣，官左衛將軍。

論曰：晉暉等諸人皆一時從龍，爲國家腹心爪牙，其半不及見太平之盛者，命也。高祖故將尚有奉禮劉璋、田威、張全真、蓋獲、張行立、韓在，其人事蹟缺畧，今不復載之于篇。

十國春秋卷第四十一

前蜀七　列傳

鄭頊　潘峙　李紘

鄭頊，延陵人。高祖建節西川，以頊爲節度押牙，言論風采，傾動一時。景福元年，朱全忠時爲宣義節帥，高祖命頊使於全忠。全忠問劍閣道路險易，頊極言其危峻，全忠曰：「賢主人何以過得？」頊曰：「若不上聞，恐誤令公軍機耳！」全忠大笑遣之。武成初，官宣徽北院使。未幾，授内樞密使。輙擬發唐道襲奸盜狀，道襲以計去之，出爲果川刺史。

潘峙，蜀人也。博學，善持論，美風儀。高祖鎮西川時，署爲押牙。天復元年，東平王全忠初兼四鎮，高祖使峙往聘，以通彼我之懷。峙至汴，言辭宛轉，飲酒一石不亂，每過飲，禮容益莊。全忠愛之，酒酣，謂峙曰：「押牙尚能作豪飲乎？」峙謝不敢。全忠乃簇席間叵羅尊罍器皿，次第注酌，屼一飲而盡，愈益温克，全忠卽徹諸物賜之。意其歸館應傾寫委頓，已令人偵屼，屼方簪笏韡冠子，徐理所得酒器，滌而藏之，一時號爲雅量。

李紘，仕高祖爲將作監。梁太祖殂，命紘如汴弔之。先是梁使來聘，其印有「大梁入蜀之文」，至是遂鏤其印曰「大蜀入梁之印」。紘有專對才，國人頗稱其不辱君命。

論曰：鄭頊文藻壯美，應對有餘。潘屼三爵悠然，德將無醉，皆足稱皇華之選。若李紘弔問鄰邦，不抗不墜，要於二子無媿矣。

張格　許寂　王鍇　庾傳素

張格字義師，或云其小字，世爲河間人，唐左僕射濬之次子也。少負才俊邁，而尚矯譎，有父風。乾寧三年，濬致仕，居長水縣别墅。德王廢立之際，濬寓書諸蕃，圖匡復，及青州王師範起兵，欲竄取濬爲謀主，事雖不果，而梁王全忠將謀篡代，密諷張全義圖焉。乃令楊麟率健卒圍其墅殺之，時天復三年十二月也。永寧縣吏葉彦者，張氏待之素厚，當麟來，彦偵知之，奔告格曰：「相公之禍不可免，郎君宜自爲計。」格與濬父子持泣，濬謂之曰：「留則併命，去則遺種，汝勿以吾爲累。」格拜辭以行，彥乃統義士三十人送渡漢江而旋。

格由荆江上峽，入成都，高祖擢爲翰林學士。是時唐亂，人士多依兩川以避難，高祖雖起戎伍，爲人饒智畧，善待士，故所用皆唐名臣世族，而待格恩禮尤異。武成元年，拜中書侍郎、同平章事，累加右僕射、太傅。

梁使盧玭等來聘，推高祖爲兄，印文有曰「大梁入蜀之印」。格白高祖曰：「唐故事，奉使四裔，其印文類此。今梁以兄事陛下，奈何以外域卑我。」高祖欲殺使者，格曰：「梁有司過也，不可絶兩國歡。」格由是益見信任。

居無何，太子元膺之變起，時後主封鄭王，年最幼，而順聖太后爲賢妃，有寵，陰令飛龍使唐文扆以金百鎰貽格，諷格請立鄭王爲皇太子。格心動，以爲是可術取也，乃夜爲表示功臣王宗侃等，詐言受密旨，衆皆署名，而後主遂得立。是時文扆居中用事，格附比於外，與司徒毛文錫等争權，勢若水火。會高祖聞太子喧呼聲，心惡格而未有以發，以賢妃内爲之主，竟不能去也。及後主嗣皇帝位，文扆既獲罪死，王宗弼方柄用，貶格茂州刺史，楊玢、許寂、潘嶠輩皆坐格黨謫官。頃之再貶格維州司户，自是格勢漸詘矣。乾德六年，復以格爲中書侍郎、同平章事，在位無所短長。國亡，隨唐工部尚書任圜入洛，感葉彥舊恩，訪之，彥已歿，厚卹其家。

格弟播，小字興師，長水之難作，奔於鳳翔。唐昭宗賜姓名曰李儼，命宣諭淮南，亦異數也。

許寂，會稽人。少棲四明山，學易于晉徵君。天復五年，趙匡明來奔，寂與俱行，高祖聞其名而館之。及開國，以爲左諫議大夫，判門下省。

武成初，上求賢書曰：「歷朝之君，乘時啓運，莫不博訪髦士，詳求碩畫，以武定禍亂，以文致康義。故軒皇命六相，虞舜舉八元，伯禹拜昌言，成湯師一德。周有多士，文王以寧。此前代之大經，求賢之極摯也。今百辟之中，有謀可以策國，勇可以盪寇，或博究治體，或精知化源，未擢穎於明廷，尚含光於庶位者。伏望恢明聖之畧，開户牖之圖，親賜顧問，以觀其能，寘之列位，盡其獻替。俾官無敗政，人無滯才。」高祖嘉納之。

俄以廣成先生杜光庭薦，與徐簡夫同侍東宫，不爲元膺所禮。未幾，擢吏部侍郎。天光時，後主即位，坐張格黨貶官。久之，復爲禮部尚書。乾德六年，拜中書侍郎、同平章事。是時格再爲宰相，以宿憾杖殺中書吏王魯柔，寂謂人曰：「張公才高而識淺，戮一魯柔，他人誰敢自保？此取禍之端也。」唐師入境，同王鍇等降唐。至洛，以尚書致政，葺園館，引水爲溪，架巨竹爲浮梁，謂竹可化龍，號曰會龍橋。後以疾卒。

寂初在四明山時，被道服，往還其間。一日，見有夫婦者提壺，醞云：「今日離剡縣，甚瘁。」寂曰：「道路頗遥，安得一日及此？」心竊異之。俄而丈夫出一拍板，抗聲高歌，已而談劍術，自臂間推出二物，展喝之，卽二口劍也，躍起在寂頭上盤旋交擊。寂驚懼。尋爲匣之，飲畢就寢。及旦，乃空榻也。日中復有頭陀來訪夫婦，寂具道其事，頭陀曰：「我亦其人，道士能學之乎？」寂辭曰：「少尚玄教，不願爲此。」頭陀傲然而笑，取寂淨巾拭足，徘徊間已不見矣。後再於華陽遇之，始知三人皆劍俠云。

王鍇字鱣祥，□□人。天復時奉使西川，因留蜀，官翰林學士，已而遷御史中丞。武成二年，除中書侍郎、同平章事。

永平元年，高祖作新宮，集四部書於中，鍇因勸高祖興用文教，上奏記曰：「伏以羲王演卦，神農造書；陶唐克讓，是昌禮樂；有虞濬哲，乃正璿璣。禹、湯、文、武，功濟天下，故能卜世延遠，垂裕無窮。逮乎六國，諸侯力征。秦滅墳典，以愚黔首，遂使聖人糟粕，掃地都盡。漢承秦弊，下武尊文，蕭何入關，唯收圖籍，文帝修學校，舉賢良，海内晏然，興崇禮義。景帝躬履節儉，選博士諸儒，以備顧問。麟書鳳紀，填溢于未央；玉版金繩，克牣於秘府。班固曰周稱成、康，漢稱文、景，宜哉！武、宣之世，乃從禮官開金馬石渠之署，以議典禮，樂置協律之官，以分雅、鄭。公卿大夫間作于世，或紓下情，以通諷諭；或宣上德，以盡忠孝。孝成之世，奏御者千有餘篇，獻納論思之盛，夐古罕比。世祖承喪亂之餘，龍驤宛葉，去暴誅亂，拯溺救焚，寬以用人，明以率下。兵革既息，寰海乂寧，乃起立太學，招致鴻碩，羣臣每有奏議，必令史官撰集，以傳後世。數引公卿，講論經義，夜分乃寐，不以爲勞。孝明師事桓榮，躬親文墨，朝誦夜講，明達過人。孝章崇尚文儒，有太宗之遺風，常於白虎殿會集羣儒，推演乾坤，考合陰陽，上申聖人，下述品物，參於傳記，內別六經，若披浮雲而覩白日，設華鐙而入闇室。詔玄武司馬班固纂集其事，名曰白虎通。魏武博覽羣書，特好兵法，鈔畧書史，名曰節要，又注孫子十三篇；尤好篇詠，動爲典則。文帝八歲能屬文，淹通古今，貫穿經史，及居帝位，益尚謙和，坐不廢書，手不釋卷。晉宣博學洽聞，服膺儒教，當曹氏中微，總攝伯揆，萬機之暇，未嘗廢卷。景、文之間，咸盡儒術。宋高祖豁達大度，涉獵典墳，討伐之中，亦重文墨。文帝廣覽經史，雅善隸書，每誡諸子，率以廉儉。南齊高帝深沈大量，清儉寬厚，嗜學好文，曾無喜慍，常曰：『學然後知不足，余恨無老成人得與周、孔比德。』兼善草隸，有飛動之勢。梁武該博多聞，有文武之畧。在位冬月秉火執筆，手爲皴裂。諸子悉有文藝，聚書討閱，晝夜忘疲。元帝好易，韋編三絕，東閣聚書十四萬卷，象牌玉軸，輝映廊廡。陳武倜儻，雄傑過人，窮究兵書，耽玩史籍。文帝留意經典，舉動端雅。後魏道武立臺省，興儒學，五經各置博士，講問如市，塾序成林。北齊有文林學館。周武帝保定中書盈萬卷，平齊所得，裁至五千卷，置麟趾殿學士以掌著述。隋平陳之後，牛弘分遣搜訪異書，經史漸備，凡三萬餘卷。煬帝於東都觀文殿東西廂貯書，寫正副各五十，分爲三品，除秘書所掌，而禁中之書在焉。唐高祖統一區宇，剗革暴隋，六合宅心，四海歸德，躬行仁義，以息亂階。太宗神睿聖文，天資英武，嘗在藩邸，命博學之士房玄齡、杜如晦等一十八人爲秦府僚佐，大較儒術，廣聚經史；及居帝位，隨才擢用，於是弘文館皆置學士。玄宗開元五年於乾元殿置修書使，召學士張説等讌於集仙殿東廊下寫四部書以充内庫，麗正殿名集賢，其修書使爲集賢殿學士。自是圖籍不獨秘書省，弘文、崇文館皆有之。集賢所寫則御書也，分爲四部：一曰甲，爲經；二曰乙，爲史；三曰丙，爲子；四曰丁，爲集。兩京各一本，共二萬五千九百六十卷。經庫書白牙軸、黄帶、紅牙籤，史庫書青牙軸、縹帶、青牙籤，子庫書紫檀軸、紫帶、碧牙籤，集庫書緑牙軸、朱帶、白牙籤，以爲分別。以大學士專掌之。歷代以來，咸有祖述，廢置沿革，或有差異，今但畧舉帝王故事及秘書之職，幸冀垂覽焉。」

乾德中，鍇與庾傳素同爲宰相。是時韓昭、潘在迎輩日導後主宴遊無度，而鍇等無所匡救，依違而已。及後主東巡，還自閬州，浮江而下，糜費不貲，羣臣多有直諫者，鍇方判六軍諸衛事，從後主周遊，不能拂衣去位。唐師入成都，李昊草降表上軍門，而降書則鍇實爲之。

鍇至洛陽，唐授以□州刺史。鍇與諸臣上表乞後主骸骨，歸葬蜀山，有云：「生爲萬乘之君，死在匹夫之手。」不允。人頗稱之。鍇家藏異書數千本，多手自丹黄，又親寫釋藏經若干卷。每趨朝，於白藤擔子内鈔書，書法絶工，其好學亦有足取者。

庾傳素，仕高祖，起家蜀州刺史，累官至左僕射，兼中書侍郎、同平章事。天漢元年，爲宦者唐文扆所譖，罷爲工部尚書；未幾，改兵部。後主即位，加太子少保，復兼中書侍郎、同平章事。傳素再秉國鈞，無顯績。國亡降唐，授刺史。傳素領蜀州時，有唐興縣郎吏楊會者，事傳素甚謹。及傳素爲相，除長馬以酬之，會堅辭曰：「會之吏役，遠近皆知，忝冒爲官，寧掩人口？且捨數千家供侍，而博一虛名長馬，無益也。」時人稱其有識。

論曰：張格援立寵嗣，深結宫闈，於大臣有慚德焉。許寂温和而儒素，王鍇淹洽而有文，黼黻太平，宜矣，迺社稷傾危，勿之能救，其罪均也。庾傳素保位曠官，一籌莫展，豈所云端揆之佐哉！嗚呼！擇相顧可不慎邪？

毛文錫　毛文晏　潘炕　潘峭　庾凝績　楊玢

毛文錫字平珪，高陽人，唐太僕卿龜範子也。年十四，登進士第，已而來成都，從高祖官翰林學士承旨。永平四年，遷禮部尚書，判樞密院事。

先是，峽上有堰，或勸高祖宜乘江漲決之，以灌江陵，文錫諫曰：「高季昌不服，其民何罪？陛下方以德懷天下，忍以鄰國之民爲魚鱉食乎！」高祖乃止。通正元年，進文思殿大學士，已又拜司徒，判樞密院如故。

天漢時，宦官唐文扆同宰相張格爲表裏，與文錫争權。會文錫以女適僕射庾傳素子，宴親族於樞密院，用樂不先奏聞，高祖聞鼓吹聲，怪之，文扆因極口摘其短，貶文錫茂州司馬，子詢流維州，籍其家。

及國亡，隨後主降唐；未幾，復事孟氏。與歐陽炯等五人以小辭爲後蜀主所賞。文錫有前蜀紀事二卷，茶譜一卷。尤工艷語，所撰巫山一段雲詞，當世傳詠之。辭曰：「雨霽巫山上，雲輕映碧天。遠風吹散又相連，十二晚峯前。暗濕啼猿樹，高籠過客船。朝朝暮暮楚江邊，幾度降神仙。」

毛文晏，文錫母弟也。有文才，善制誥。天漢間歷官翰林學士。坐兄文錫黨，貶榮經尉。久之，復晉秩至兵部侍郎。有西園集十卷，昌城後寓集十五卷；復纂咸通後麻制一卷，東壁出言三卷行世。

潘炕字凝夢，其先河西人也。爲人有器量，家人未常見其喜怒。高祖時累授武泰節度使，兼侍中。永平三年，炕弟峭罷内樞密使，高祖命以炕代之。未幾，太子元膺與唐道襲戰清風樓下，中外恇擾，一時鼎沸。炕白高祖曰：「太子與道襲争權耳，實無他志。陛下宜面諭以安社稷。」高祖卒如其言，而大亂始定。元膺既死，炕屢請立東宮爲國本計，其禦變慮危，多此類也。及後主得立爲太子，炕遂稱疾告老，國有大疑，特遣使就問之。國亡入唐，官蜀州刺史。子在迎爲後主狎客，別有傳。

炕有妾解愁者，負殊色，善爲新聲。高祖常至炕第見之，謂曰：「朕宫無此人。」意固屬之。而炕輒對曰：「此臣下賤人，不敢以塵至尊。」弟峭語炕曰：「獨不戒緑珠之禍邪？」炕曰：「人生貴適意，豈能愛死而自不足於心也！」人多服其有守。

潘峭，炕之弟也。高祖卽皇帝位，以峭爲宣徽北院使，俄遷内樞密使。永平二年，太子元膺召羣臣宴會，峭與翰林學士毛文錫不時至，高祖命逐文錫與峭。及元膺變作，復峭内樞密使如故。明年，領武泰節度使、同平章事。久之病卒。

庾凝績，傳素再從弟也。仕高祖爲翰林學士承旨。天漢元年，拜吏部尚書、內樞密使。是歲高祖病劇，命中外財賦、中書除授及諸司刑獄之事，悉委凝績主之。後主卽位，宰相張格既再謫維州司户，凝績與格素不協，至是奏徙格合水鎮，令茂州刺史顧承鄺伺之。承鄺不用命，凝績中以公事抵罪，其急睚眦有如此。

楊玢，□□人。高祖時附宰相張格，累官至禮部尚書。後主嗣位，格既貶茂州，玢坐黨，謫榮經尉。乾德中，復爲太常少卿。會應聖節，列山棚於得賢門，有暴風摧隕于地，又明日雷震應聖堂，摧兩柱。玢上言曰：「陛下誕聖之日，而山摧者，非不騫不崩之義也。在於得賢門者，示陛下所用不得賢也；應聖堂柱震摧者，示陛下柱石非材也。」後主殊不爲意，遂至于亡。

論曰：二毛文采炳然，多所撰述；兩潘敏於吏事，頗知大體，洵所謂玉友金昆者也。凝績以修却爲能，度量不無少損。若玢始以朋比蒙譏，終以直言補闕，庶乎獲晚蓋之休與。

十國春秋卷第四十二

前蜀八　列傳

王萬宏　李彥德　劉知俊　桑宏志

王萬宏，一作萬洪。□、□人。岐王茂貞養以爲子，更姓名曰李繼密。景福初，茂貞發兵破興元，表繼密權知興元軍府事。天復二年，王宗滌破漢中，繼密出降，遷之成都。高祖曰：「繼密助李茂貞爲虐，殘賊三輔，唐之罪人也。」以其來降，不忍殺，遂復其姓名，不時召見。諸將稍陵易之。萬宏縱酒自解，俳優輩復加戲狎，萬宏不勝憂憤；一夕，醉投池水而死。

李彥德，初事岐王茂貞爲成州刺史。永平五年，王宗綰克成州，鹵彥德送成都，署爲大將。彥德素驍勇，常冠牛革帽，披漆甲，跨黑馬，執斫刺刀，軍中目爲「薄地鴉」。或云彥德本姓吕，姓名故茂貞所賜也。

劉知俊字希賢，徐州沛人也。少事時溥，溥與梁王全忠相攻，知俊與其戲下二千人降全忠，全忠以爲左開道指揮使。知俊姿貌雄傑，能被甲上馬，輪劍入敵，勇出諸將右，當是時劉開道名重軍中。歷海、懷、鄭三州刺史，從破青州，以功表匡國軍節度使。邠州楊崇本以兵六萬攻雍州，屯於美原，時全忠方與諸將攻滄州，知俊不俟命，與康懷貞等擊敗崇本，斬馘二萬，獲馬三千匹，執其偏裨百人。

頃之，全忠即皇帝位，拜知俊西路行營招討使，敗邠岐兵於幕谷。會延州高萬興叛崇本降梁，梁主遣知俊同萬興攻下丹、延、鄜、坊四州，加檢校太尉，兼侍中，封大彭郡王。一作彭城王。知俊功益高，梁主性多猜忌，屢殺諸將，王重師無罪見殺，知俊益内懼不自安。無何，梁主命知俊乘勝取邠州，知俊辭以軍食不給未行。

已而將興師征河東，使宣徽使王殷徵知俊入朝，欲以爲行營都統。知俊弟知浣爲親軍指揮使，間遣人止知俊不宜來，知俊遂以同州叛附於岐。知俊制置同州日，因築營牆，得一物重八千餘斤，狀若油囊，召賓幕問之，或曰地囊，或曰飛廉，或曰金神七煞，獨參謀劉某曰：「此冤辱也。古者囹圄之地有此。昔王世充修河南獄，亦獲此物，乃是囚人死魂入地，凝結不消所致。宜以酒食，許之申冤，當有黑氣衝天，斯實竄逐之徵。」

未幾，知俊果有背梁附秦之事。將兵攻雍、華，執劉捍於鳳翔。梁主使人謂之曰：「朕待卿至矣，何相負邪？」知俊報曰：「王重師不負陛下而族滅，臣非背德，但畏死爾！」隨以兵斷潼關。梁遣劉鄩攻知俊，復命知俊姪嗣業招之。知俊欲輕騎詣謝，弟知偓又止之，遂舉族奔岐王茂貞。

茂貞地狹，無以處之，加知俊中書令，使之西攻靈武。朔方節度使韓遜告急於梁，梁遣康懷貞等攻邠寧救之，知俊大敗懷貞於昇平。茂貞喜，以知俊爲彰義節度使，鎮涇州，使攻興元，取興鳳，圍西縣。已而岐將李彥康通鑑作李保衡，今從蜀書。殺李彥魯，以邠、寧二州附梁，茂貞命知俊攻邠州，梁使霍彥威守焉，久攻不下。會秦州已歸高祖，知俊妻子皆已遷成都，而茂貞左右忌知俊功，復以事間之，知俊乃夜帥親兵來奔，高祖以爲武信軍節度使，充第一招討，命返攻茂貞。明年，又詔爲西北面都招討，伐岐，無功。

高祖雖待知俊厚，然亦陰忌其才，常謂左右曰：「吾老矣，吾且死，知俊非爾輩所能制，不如早圖之。」而國人亦共嫉之。

知俊爲人黔色，其生歲在丑，高祖之諸子皆以「宗」「承」爲名，乃於里巷搆爲謠言曰：「黑牛出圈棧繩斷。」一云：黑牛無係絆，棧繩一時斷。高祖益惡之。會中官唐文扆數毀其短，遂與判官石欽若同殺於炭市。畢命時，惶懼乞命，行刑者嗟笑之。時天漢元年十二月也。按朝野僉載童謡云：「貓貓引黑牛，天差不自由。但看戊寅歲，揚在蜀江頭。」蓋王建殺知俊，粉其骨，揚入蜀江，正戊寅歲也。據此則知俊死當在光天元年。今從通鑑年月，未審是非。貓，食竹鼠也，狀如野貍，生山谷無人之境。岐、梁睚眦之年，秦、隴間遍地皆是。貓、劉同音，爲之兆也。

桑宏志，黎陽人也。岐王茂貞養爲義兒，賜姓名曰李繼岌。唐昭宗天復時，欲解岐、汴之兵，亟召繼岌講和，實與李繼遠、繼忠等同密議焉。繼岌有拳勇，饒戰畧，事茂貞累官保勝軍節度使、兼侍中。通正元年，王宗綰取寶雞，繼岌以茂貞多猜忌，頗内不自安，帥其衆二萬人來降。蜀兵進攻隴州，即以繼岌爲西北面行營第四招討。高祖召軍還命，復繼岌姓名。久之，領武定軍節度使，兼中書令。金州全師朗有罪，後主令宏志率兵討之，已而城破，執師朗以獻。金州之役，以宏志功爲最。

張道古　陳翔　鄧元明　王先成　張扶　李道安　竇雍　劉隱辭

蔣詔恭　李景

張道古，滄州蒲臺人。一作青州臨淄人。少有文辭，慕朱雲、梅福之節。唐乾符時居王鐸幕府。景福中舉進士，釋褐爲著作郎，遷右拾遺。播遷之後，方鎮阻兵，道古上疏言五危二亂七事，中云：「祇今劉備、孫權，已生於世矣！」謫施州司户參軍。通鑑載乾寧四年張道古上疏，稱：「國家有五危二亂。昔漢文帝卽位未幾，明習國家事，今陛下登極已十年，而曾不知爲君馭臣之道。太宗内安中原，外開四裔，海表之國，莫不入臣。今先朝封域，日蹙幾盡。臣雖微賤，竊傷陛下朝廷社稷，始爲奸臣所弄，終爲賊臣所有也。」上怒，貶道古施州司户，仍下詔罪狀道古，宣示諫官。

未幾，以左補闕徵。陳、田之亂，西南路塞，復懼爲高祖所憾，乃變姓名，賣卜導江青城市中。韋莊習其名，薦爲節度判官。

道古又上高祖詩，敍五危二亂事，詩曰：「封章才達冕旒前，黜詔俄離玉座端。二亂豈由明主用，五危終被佞臣彈。西巡鳳府非爲固，東播鑾輿卒未安。諫疏至今如可在，誰能更與讀來看？」爲同僚所疾，遣茂州安置。

高祖開國，召爲武部郎中。至玉壘關，謂所親曰：「吾唐室諫臣，終不能拳跽與雞犬同食，雖召必再貶。死之日，當葬我於關東不毛之地，題曰『唐左補闕張道古墓』。」入朝，果不爲時所容，復貶茂州。武成元年，卒於灌州。鑑戒録云：王太祖誅之，瘞於五墓之地。似誤。鄭雲叟在華州聞其死，作詩弔之。一云道古遇害，妻亦繼亡，高祖憫之，俾祔葬焉。北夢瑣言又曰：道古常自筮，遇凶卦，預造一穴，題表云「唐左補闕張道古墓」。後果遇害而瘞之。

道古深於彖象，著易題數卷，行於世。後人有得其上高祖書藁，極言幕僚掩其才學，不爲延譽，故同官多忌之。

陳翔，博州人。高祖鎮西川，辟翔掌書記，已而出爲新井令。梁既篡唐，高祖欲自立爲皇帝，翔反復以逆順禍福譬之，不聽，遂棄官隱閬州之西水終焉。

鄧元明，梓州人也。貲産鉅億，以富雄於鄉。光啟中，高祖自朗來圍成都，軍食不繼，元明時時開帑廩給之，前後以數百萬計。高祖欲官之，元明辭曰：「不願也，願公安輯一方，不然兩川皆魚肉矣。」高祖欣然納之，官其子宏忠州刺史。宏生隆，後蜀時爲資州刺史。

王先成，蜀州新津人。本書生也，世亂爲兵。當高祖入西川、圍彭州時，諸寨日出俘掠，謂之淘虜，先成心切閔之，度諸將惟北寨王宗侃最賢，乃叩軍門説之曰：「彭州本西川之巡屬也，陳、田召楊晟割四州以授之，與之共拒朝命。今陳、田已平，而晟猶據之。州民皆知西川乃其大府，而司徒乃其主也，故大軍始至，民不入城而入山谷，以竢招安。今軍至累日，未聞招安之命，軍士復從而奪其貲財，驅其畜産，分其老弱婦女以爲奴婢，使父子兄弟流離愁怨，其在山中者暴露於暑雨，殘傷於蛇虎，孤危饑渴，無所歸訴。彼始以楊氏非其主而不從，今司徒不加恤，彼更思楊氏矣！」宗侃矍然移牀近先成，問計將奈何。先成請條列七事以白高祖：其一，乞招安百姓；其二，乞禁諸寨軍士及子弟無得一人出淘虜，仍表諸寨之旁七里内聽樵牧，敢越表者斬；其三，乞置招安寨，中容數千人，以處所招百姓；其四，招安之事，須委一人總領，庶免百姓驚疑，降帖付宗侃專掌其事；其五，乞嚴勒四寨指揮使悉索前日所掠彭州男女老幼集於營場，有父子兄弟夫婦自相認者，卽使相從，有私匿一人者斬；其六，乞置九隴行縣於招安寨中，以前南鄭令王丕攝縣令，設治曹局，撫理百姓，擇其子弟之壯者給帖，使入山自招親戚，彼知嚴禁侵掠，前被虜者皆獲安堵，相帥下山，如子歸母，不日盡出；其七，彭州土地宜麻，百姓未入山時多漚藏者，宜曉令各歸田里，出所漚麻鬻之以爲資糧，必漸復業。高祖得之大喜，卽行之，悉如所申。三日，民競出赴招安寨，稍稍得次第反業矣。

乾寧元年，高祖攻彭州，猶未下，先成請築龍尾道屬于女牆，遂循城而登，楊晟被殺，彭州以平。後論功，先成累官夔州刺史。

永平四年，荆南兵寇夔州，先成擊却之。時嘉王宗壽領鎮江軍節度使，以先成伐功侮慢，頗切齒於先成。會先成請甲，以白布袍給之。未幾，荆南兵敗走，先成密遣人奏不給甲之狀。宗壽獲其人，輙召先成斬之而後奏。高祖由是大怒宗壽。

張扶字子持，廣都人。博學，善文辭。武成初，凡幕府書奏牋檄，皆屬扶具草。官至兵部郎中。是時王宗佶恃高祖養子，驕縱不法。一日，高祖宴羣臣，謂左右曰：「得一二人如韓信而將之，中原不足平也。」宗佶跪曰：「臣雖不才，自顧可鞭箠取天下。」扶進曰：「陛下雄才大畧，尚不能得岐隴尺寸之土，宗佶小子狂妄，願陛下無以中原爲意。」宗佶大慚恨，陰令庖人置堇毒殺之。後宗佶死，贈扶諫議大夫。

李道安，不知其爵里。高祖時，倉庾爲蟲所食，道安上疏曰：「倉廩者，國之本；糧食者，人之命。固其本則邦寧，重其命則人富。今粒食中皆生蜂蠆，切疑在位貪鄙，奪民農時，戕害人命，故天生災異以爲警告。又蟲皆曳米而行，恐邊鄙不寧，干戈忽起，饋輓相繼，人不堪命。伏願少精聖慮，與大臣恐懼修省，以消災異。」一云乾德五年事，今從歷代名臣奏議。

竇雍，□□人。少負清節高名，歷官給事中。内侍監嚴遵美物故，例有册贈，朝命雍主之。雍恥爲宦官册贈使，堅不肯承命。時人皆服其有守。

劉隱辭，□□人。事高祖，累官員外郎。王宗憲鎮寧江日，辟隱辭爲節度掌書記。宗憲起家武人，頗務誅求，多爲恣横，隱辭數數進諫。宗憲頗不平，無復賓客之禮，對將吏咄責之。隱辭求退職，又不許，遂詠白鹽山、灧澦堆詩刺之。宗憲聞而發怒，忽一日于江干飲酣，仰視白鹽，斜睨灧澦，曰：「剛有破普忽反措大欲於此死。」遂令壯士拽隱辭離席，縶手足于砂石上暴之。護軍賓幕多方救之，不可得。宗憲顧左右曰：「待吾飲罷，投入水中！」隱辭厲聲曰：「昔鸚鵡洲致溺禰處士，今灧澦堆欲害劉隱辭。我雖不及禰衡，足下爭同黃祖。豈有不敬天子，塗炭賢良，但得留名，死亦宜矣！」宗憲怒漸解，良久舍之。明日軍府請宗憲召隱辭引謝，隱辭竟託疾遁歸。白鹽山詩曰：「占斷瞿塘一峽煙，危峯迥出衆峯前。都緣頑梗揎浮世，者莫峥嵘倚半天。有樹只知因鳥雀，無雲不易駐神仙。假饒峽屼高千丈，争及平平數畝田。」灧澦堆詩曰：「灧澦崔嵬百萬秋，年年出没幾時休？未容寸土生纖草，能向當江覆巨舟。無事便騰千丈浪，與人長作一堆愁。都緣不似磻溪石，難使漁翁下釣鉤。」

蔣詔恭，蘇州人也。性耿直，有逸才。永平間流落入西川，每有吟咏，輒涉譏刺。高祖末年，臣僚多尚權勢，侈敖無節，詔恭因作詩諷之。高祖見詩大喜，曰：「敢言之士也。」特授名山令；又善蒞事，賜銀緋。按鑑戒録：蔣貽恭，本江淮人。無媚世之諂，有詠人之才。孟祖霸蜀，搜訪遺材，蔣亦遇時，數蒙見用。唐詩紀事云：蔣貽恭，江淮人。唐末入蜀，巧於譏刺，蜀人畏之。孟氏時卒官，止令佐。又北夢瑣言：蔣貽恭好嘲詠，頻以此痛遭夏楚。近聞官至令佐而卒。豈詔恭即貽恭字畫相譌邪？抑別有一貽恭也？存以闕疑。

李景，故布衣。當高祖時，上封事數千言，切中機宜，擢爲眉山主簿。制曰：「旌其忠藎之心，委以鬢髯之職。」後不知所終。

論曰：張道古持堅剛之節，百折不撓。陳翔力爭稱帝，頗與馮涓意合，亦蜀漢費詩之流亞也。鄧元明慷慨樂輸，不貪官爵。王先成仗策軍門，敷陳利弊。張扶面斥强臣，李道安直談災變，竇雍固辭册贈中官之命，其人皆表表有足紀者。劉隱辭强項取禍，得免虎口，幸矣。以蔣、李之譏時刺主，竟受敢言之賞，何與二張所遇異也？豈非天乎！

劉纂　崔善　仲廷預　李仁表　姜誌　韋巽　劉檀　杜何　温顗

房諤　費宗陶　王朴

劉纂，桐廬人，一云長沙人，唐左拾遺蜕之子也。蜕以言事與令狐綯相忤，遂僑居潼川。纂事高祖父子，歷任禮部尚書。蜕常臨終述父訓戒纂：「窮達不望於汝，没後慎勿祭祀。」纂心傷蜕意，頗以恬淡終其身。國亡後，復依孟氏。天成四年，撰遂州文宣王廟記碑，蜀人皆稱道之。

崔善，武成中爲閬州刺史，有惠政，州人建德政碑於官署之東，過者多欣慕焉。

仲廷預，未詳何郡縣人。貫通墳典，不務生産，常厄於饑寒。爲嘉王宗壽塾師，無顯名，未爲宗壽所禮。會天寒，嘉王府以故火器給學院，廷預方獨坐，偶以箸畫灰得金火箸二事，遽求見宗壽。宗壽意别有所求，不時見，固請乃勉見之。廷預出金箸袖中，具述本末。宗壽曰：「吾家失此物已十年所矣，公得之，仍以相還，真古人也。」命厚贈之。未幾，薦授榮州録事參軍。

李仁表，少以詩詠擅長。唐末寓居許州，時尚書薛能爲節鎮，仁表將繕所業詩以爲贄，方憑几撿録，有戴勝自簷飛入，舒翼而舞，仁表心異之。明日，投能詩，大加禮待；居數日，以女妻之。高祖開國，仁表來成都，累官至刑部侍郎，卒。

姜誌，許田人也。幼爲黃巢兵所掠，亡失父母。從高祖征伐，屢立戰功，官至武信軍節度使，加太師。先是，國人姜春者事誌多年，頗罹笞扑，後年老不任鞭箠，因泣告誌妻，乞放歸田里。誌妻愍之，詰其鄉貫姻戚，則云本許昌人，有一男被鹵入川，莫知存亡，且言其小字，又足上有一黑子，蓋卽誌父也。誌知之大哭，密遣人送於劍門外，奏高祖曰：「臣父近自關東來。」遂將金帛車馬迎入宅，父子如初，復授父杖俾笞己背，以贖夙昔之過。由是齋僧數萬，終身不撻從者。

韋巽，唐太尉昭度之子。賦性不慧，高祖以昭度故多優容之。歷仕至卿監，或爲同列所譏，云：「三公門前出死狗。」巽答曰：「死狗門前出三公。」其蒙鈍皆此類。

劉檀，本名審義，事高祖，累官員外郎，有廉能聲。已而去職，夢有人縗服引上檀香樹，謂曰：「君速登。」出懷中緋衣令服之，因改今名。未幾，蜀州刺史某奏補評事杜克倅職，敕授克兼殿中侍御史內供奉，賜緋。會克丁外艱不行，舉檀以自代。是時檀閒居困頓，官服不具，克輒遺以緋袍一襲，竟與夢相協云。

杜何，唐駙馬悰之子也。無他才藝，以貴胄仕高祖爲博士。常恥其官卑，詣執政陳啟，自述門閥，云：「昔年入貢，仕在花樹韋吏部先德之前；即韋莊。今日通籍，班在新津馮長官小男之後。即少常鋭也。」執政閔而慰之。

温顗，唐助教廷筠之孫也。父憲，光啟中爲山南從事。李巨川草薦憲表，盛述廷筠之屈，曰：「娥眉先妬，明妃爲去國之人；猿臂自傷，李廣乃不侯之將。」顗克繼其業，善以隱僻繪事爲能。仕高祖，官至常侍，卒。

房謬，唐宰相玄齡九世孫也。父重，官新都令。謬事高祖父子，累官太常少卿。子四人。

費宗陶，廣都人也。世爲成都巨族。武成時與弟叔熊同爲顯官。

王朴，綿州魏城人。父助，舉唐進士，善文章，常撰魏城縣道觀碑文，爲刺史薛逢所賞，後竟以瞽廢。朴亦能文，仕高祖，官至翰林學士。

趙雄武　王鄂　劉隱

趙雄武，蜀人，累典名郡，豪侈爲一時之冠，飲食不用膳夫，六局之中，各有二婢子執役，當厨者十餘輩，皆鮮衣窄袖。每延客，必水陸畢具，率以爲常。又善造大餅，約取三斗麵製一枚，如數間屋大。或大内宴聚，及豪家有廣筵，輒獻一枚，剖用不盡。時人因號雄武爲趙大餅。

王鄂，唐尚書鄑弟也。鄑以長安亂離，挈家來蜀，沿嘉陵江，經利州百堂寺前。鄂時生七歲矣，忽云：「我曾有經一卷藏寺内石龕。」令家人隨往取之。寺僧曰：「此我童子也。」計其夭死年月，與鄂誕生日正相符。鄂後仕高祖，至令録，卒於雅州。

劉隱者，成都人也。自言少時常賷西川監軍使書於黔巫之南，謂之南州；州多山險阻，道路荆棘，貴賤皆策杖而行。將至南州，州官致書迓之，有一人背籠而來，將隱入籠内，掉手前往。凡登山入谷，俱絶高深，用指爪扳緣，寸寸而進。至則謁諸大校，逢迎意良厚。於是烹一犢兒，先取犢兒結腸細糞置盤器間，徐以箸調入醯中，方餐犢肉。彼人謂細糞爲聖齏，非此味，則賓筵不具也。諸味將半，然後下麻蟲裹蒸。裹蒸者，乃取麻蕨蔓上蟲，如今之刺猱者，以荷葉裹而蒸之，故名。其他風俗多與蜀中殊。

十國春秋卷第四十三

前蜀九 列傳

張武 王暉 林思諤 蕭懷武

張武，石照人。父雍，本合州武金壩渡子，武其第三子也。少時身長七尺，面紫黑色，不務家人産業，里中豪多畏憚之。一日，有楚僧泝流至武金渡頭，顧同舟生曰：「此間山水絶佳，結穴在南山之腹，法當出貴子，握兵萬人，受禄八旬。」武時假寐竊聽，是夜潛葬父於其處。先是天色晦霾，忽覺數丈内冉冉有光，遂平其土而去，人莫之識也。及長，勇敢善戰。事高祖爲破浪都頭，大敗荆南兵於夔州，累官鎮江軍節度使。乾德中，遷峽路應援招討使。荆南武信王常欲取三峽，畏武威名，不敢逼。及唐兵入寇，乃乘勢將水軍進峽，攻施州。武作鐵絙，斷江中流，立栅於兩端，謂之鎖峽，不可上。武信王遣勇士斫之，會大風暴起，荆南舟絓於鏁，難爲進退，武矢石交下，荆南兵敗衂奔還，死者無算。

既而聞北路陷敗，遂以夔、忠、萬三州詣魏王繼岌降。武復仕後蜀，加秩侍中，統飛棹諸營，爲峽路行營招收討伐使，進取渝州，降唐刺史張環，分兵趣黔、涪。未幾，卒于渝州，年八十餘歲。

武每統師下峽，經過故林，未常不屏去旌旗，獨步奠父葬之處。渝、合之間，以楚僧言有驗，相傳爲異事。

王暉，高祖時累有戰功。後主踐阼，官集州刺史。集州故乏水泉，會岐兵攻城急，斷水道，城且暮下矣。暉中夜禱神，忽夢一老父告曰：「州獄之下，當有靈泉涌出。」暉驚寤，遲明亟命操鍤於所示之處，果得泉引水，蒙活者甚衆。岐兵初以暉師絶水，坐俟其斃，暉命汲水于城上揚之，皆驚異解去。未幾，遷秦州節度使。國亡入唐，爲陵州刺史。後攻殺董璋，降孟氏。久之，終老於咸陽。

林思諤，不知其世系。爲人柔順，善揣人意。乾德中，官閬州團練使。是時後主北巡，思諤朝于利州，請幸所治，後主于是泛江而下，畫舸綵舟，綿亘不絶。閬中驛騷，實思諤爲禍階也。俄充長直軍馬使，已又命爲昭武軍節度使，戍利州，以備唐。及唐將李紹琛至利州，修桔柏梁，思謬先棄城奔閬州，遂遣使詣魏王繼岌降。

蕭懷武，有心計，長于兵事。仕後主爲小院使，故軍巡之職也。凡隸懷武部下者，名尋事團，亦曰中團。中團百餘人，每人各畜私人十餘輩，偵察動静，以告密爲能，由是懷武積金鉅萬，第宅伎樂爲一時冠。又時時殺人以示威福。有術士着緑衫，售藥金成都市中，懷武欲丐其術，堅不與，遂於馬院杖死之，其横恣皆此類也。積功至戎州刺史。及後主降唐，懷武與眉州刺史鮮于皐謀亂，無少長俱戮于市。

論曰：張武峽江之戰，卽古名將，何加焉。王暉默禱而得水泉，雖曰至誠感神，抑亦天實助之乎。思謬誘主周游，泥首敵國；懷武凶惡性成，不良于死。四人皆王氏之武臣，所由薰蕕不同器者矣。

張士喬　段融　蒲禹卿　林罕　劉贊　張雲　李龜禎　周彦章　馬全

張士喬，乾德初官華陽縣尉。是時立高祖原廟於萬歲橋，後主帥后妃百官往祭之，祭用鼓吹及褻味。士喬以非禮之祭，先帝勿饗，上疏争之。後主大怒，欲誅士喬，順聖太后力勸得免，奪職流黎州。尋赴水死。

段融，事後主爲雒縣令，在邑多惠政，漢州推廉吏第一。乾德二年，後主下詔北巡，戴兜鍪，挾弓矢，旌旗連百餘里，朝臣絶無有諫阻者。道經漢州，融輒上言：「陛下萬乘之尊，不宜遠離都邑，當委大臣征討。」後主不從。不數年，竟以是敗。

蒲禹卿，成都人也。當布衣時，慷慨好直言，不肯以嚅囁事人。後主乾德四年，用制科對策，大約言：「今朝廷所行者，多一朝一夕之事；公卿所陳者，非乃子乃孫之謀。暫偷目前之安，不爲身後之慮。衣朱紫者咸盜跖之輩，在郡縣者悉狼虎之人。奸佞滿朝，貪淫如市。以是求治，是謂倒行。」執政切齒，欲誅之，後主以其言有益，擢爲右補闕。

已出爲秦州節度判官。會安重霸等請後主東遊，禹卿上表幾二千言，其略曰：「先帝艱難創業，欲傳之萬世。陛下少長富貴，荒色惑酒。秦州人雜羌苗，地多瘴癘，萬衆困於奔馳，郡縣罷於供億。鳳翔久爲仇讎，必生釁隙。唐國方通歡好，恐懷疑貳。先皇未常無故盤遊，陛下率意頻離宫闕。秦皇東狩，鑾駕不還；煬帝南巡，龍舟不返。蜀都彊盛，雄視鄰邦，邊庭無烽火之虞，境内有腹心之疾。百姓失主，盜賊公行。昔李勢屈於桓温，劉禪降於鄧艾，山河險固，不足憑恃。」又曰：「天水之地，遠惡難行，險棧欹雲，危峯插漢。石崖微雨則摧，閣道稍泥則滑。那堪叱馭，豈可鳴鑾。且蜀國從來創業，多乏永謀，或德不及于兩朝，或祚不延於七代，皆爲不恤直言，以致亡國。」何光遠鑑誡録載禹卿全表云：「臣某頓首死罪。臣聞堯有敢諫之鼓，舜有誹謗之木，湯有司過之士，周有戒慎之鞀。蓋古者明君，克全帝道，欲知己罪，要納讜言，將引咎而責躬，庶理人而修德。陛下自承祧秉籙，正位當天，愛聞悦耳之忠言，每許犯顏而直諫。且先皇帝許昌振跡，閬苑興師，歷艱辛於草昧之時，受危險於虎爭之際。胼胝戈甲，寢寐風霜。中武力而助中原，立戰功而平多壘。亡軀致命，「事主勤王，方得成家，至於開國。今日鴻基霸盛，大業推崇，地及雍、岐，界連荆、楚，信通吳越，威定蠻陬。郡府頗多，關河甚廣。人物秀麗，土產繁華。當四海幅裂之秋，成萬代龍興之業。陛下生當富貴，坐得乾坤，但好歡娛，不思機變。臣欲望陛下以名教而自節，以禮樂而自防；修道德之規，受師傅之訓；知社稷之不易，想稼穡之最難；惜高祖之基模，似太宗之臨御。賢賢易色，孜孜爲心。無稽之言勿聽，弗詢之謀勿用。聽五音而受諫，以三鏡而照懷。少止宿於諸處林亭，多歷覽於前王書史。別修上德，用卜遠圖。莫遣色荒，無令酒惑。常親政事，勿恣閑遊。臣竊聞陛下欲出成都，看於邊壘。且天雄地遠，路惡難行，險棧欹雲，危峯插漢。稍雨則吹摧閣道，微泥則阻滑山程。豈可鳴鑾，唯堪叱馭。又復秦州，敵境咫尺，塞邑荒涼，人雜羌戎，地多疫瘴。別無風華異境，不可選勝尋幽。隴水聲清，邊笳韻咽。營中只帶甲之士，城上宿枕戈之人。看烽火於孤峯，朝朝疑慮；覩望旗於絕嶺，日日隄防。是多山足雲之鄉，即易動難安之境。麥積崖無可瞻戀，米谷峽何足聞知。縱過嵯山，須通怨水。秦穆圉馬之地，隗囂僭位之邦。其次一人出行，百司參從，千羣霧擁，萬衆星馳。當路州縣凋殘，所在館驛隘小。止宿尚猶不易，供需固是極難。縱若宮中指揮自破，屬省錢物，未免因依擾踐，觸處凌持。以此細論，不合輕動。其類蒼龍出海，雲行雨施，豈合浪靜風恬，必見傷苗損物。所以鑾輿須止，天步難移。況頃年大駕只到山南，猶不下關，進發兵士；此時直至天水，未審制置如何？當初打破梁原城池，鹵掠義寧户口，截腕者非一，斬首者倍多。匪惟生彼人心，而亦損兹聖德。今去洛京不遠，復聞大駕重來，彼則預有計謀，此則便須征討。況鳳州久爲讐敵，必貯姦謀，切慮妄措妖詞，致生釁隙。又陛下與唐國方申歡好，信幣交馳，但慮聞道聖駕親行，别懷疑忌其事，專差使命，請陛下境土會盟，未審聖躬去與不去。若去，則須似秦、趙争强，彼此難屈；若不去，則便同魯、衛不睦，戰伐滋興，酌彼未萌，料其先見。願陛下思忖。臣伏聞自古帝王，省方巡狩，弔民伐罪，展義觀風，然後便歸九重，别安萬姓。陛下累曾遊歷，未聞一件教條，止於踐履山川，驅馳人馬，閬苑則舟船幾溺，青城則嬪婇將沉，自取驚憂，爲何切事。及還京輦，並不説於軍民，迫鬱衆情，莫彰帝德。憶昔先皇帝在日，未有無故巡遊。陛下纂承已來，樂意頻離宫闕，此時依前整蹕，又擬遠别宸居。昔秦王之鑾駕不迴，煬帝之龍舟不返，陛下聖逾秦帝，明勝隋皇，且無北築之虞，焉有東遊之弊。陛下寬仁大度，廣孝深慈，知稼穡之艱難，識古人之成敗。自防得失，不縱襟懷，豈忍致却宗祧，□□道斷，使蒸民以何託，令慈母以何辜。若不慮于危亡，實恐乖于仁孝。況玉京金闕，寶殿珠樓，内苑上林，瑶池瓊圃，香風滿檻，瑞露盈盤，鈞天之樂奏九韶，迴雪之舞呈八佾，簇神僊于紫禁，耀珠翠於皇宫。如論萬乘之君，便是三清之境。人間勝致，天下所無。時或追遊，足覩奇趣。何必顧于遠塞，看彼荒山，不惜聖躬有何裨益。方今中原有人，大事未了，但當國生靈受敝，盜賊横行，縱邊庭無烽火之虞，而内地有腹心之患。陛下千年膺運，一國稱尊，文德武功，經天緯地；孝逾於舜，仁甚於湯；百行皆全，萬幾不撓；聰明博達，識度變通。深負規模，獨懷英鑒。方居大寶，正是少年。既承社稷之基，復抱山河之險。何不視遠聽察，居安慮危；闢四門以求賢，總萬幾而行事。咸修一德，端坐九重。使恩威並行，賞罰必當，平分兩路，偏療瘡痍。庶表裏寬奢，保子孫昌盛。布臨人之惠化，蓋救物之元功。選揀雄師，思量大計，振彼鴟張之勢，壯兹虎視之威。秣馬訓兵，豐糧利器。彼若稍有微釁，此則直下平吞。正取時機，大行王道。自然百靈垂祐，四海歸仁，衆心成城，天下治理。今則蜀都强盛，諸國不如，賢士滿朝，聖人當極。臣願百姓樂於貞觀，萬乘明於太宗，採藥石之言，聽芻蕘之説。愛增社稷，醫療君民。同武王諤諤而昌，鄙商紂唯唯而滅，無飾非拒諫之事，有面折廷諍之人。固我春朝，保我皇化。陛下莫見居人稠疊，謂言京輦繁華，蓋是外郡凌殘，住止不得，所以競來湊集，暫且偷安。今諸州虐理既多，百姓失業欲盡；荒田不少，盜賊成羣。伏乞陛下稍布腹心，卽當聞見。蜀國從來創業，多乏永謀，或德不及於兩朝，或祚不延於七代。劉禪俄降於鄧艾，李勢遽歸於桓温。皆謂不取直言，不恤政事，不行王道，不念生民，以至國亡，人心何保。山河之隘，不足可憑。陛下至聖至明，如堯似舜，豈後主而相匹，豈子仁而比倫。有寬慈至孝之名，有遠見長明之策。不信倡媚，不躭荒淫。出入而所在防微，動静而無非經久。必致萬年之業，終爲四海之君。願陛下且駐鑾輿，莫離京國，候中原無事，八表來王，天下人心，咸歸我主，若羣流赴海，衆蟻慕羶，有道自彰，無思不服，匪惟要看天水，直可便坐長安。是微臣之至懇，舉國之深願也。臣聞昔者天子有爭臣七人，雖無道不失其天下。是以輒傾丹懇，仰諫聖明，不藉官榮，不謀名譽。情非訕上，理切愛君。雖無折檻之能，但有觸鱗之罪。不避誅殛，爰叩天庭。臣死如萬類之中，去一螻蟻，陛下或全無忖度，須向邊陲，遺聖母以憂心，令庶寮以懷慮。全迷得失，自取疲勞。倘有不虞，悔將何及？臣願陛下稍開諫路，微納臣言，勿違聖后之情，且允國人之望。俯存大計，莫去邊陲。干犯冕旒，無任憂惕。冒死待罪，激切屏營之至。謹奉表直諫以聞。臣某誠惶誠恐，頓首頓首，死罪死罪，謹言。」

韓昭得禹卿表，大怒，叱之曰：「俟主上西歸，當使獄吏字字問汝！」未幾，唐師大至，從後主歸唐。及後主被誅，禹卿慟哭曰：「蜀人自此重不幸也！」題詩於驛門而逃，不知所終。

詩曰：「我王銜璧遂稱臣，何事全家併殺身？漢捨子嬰名尚在，魏封劉禪事猶新。非干大國渾無識，都是中原未有人。獨向長安儘惆悵，力微何路報君親。」

林罕字仲緘，西江人也。落魄不羈，博通經史，而爲文多譏刺，執政者往往忌之。初除温江主簿，稍遷太子洗馬。一作員外郎。

咸康元年，後主忽舉觴不悦曰：「北有後唐，南有蠻詔，朕既不能弔伐，是所憂也。」時特進、檢校太傅顧在珣奏曰：「朝廷有十臣在，陛下何憂！」退而屬罕著十在文以進曰：「興土木於禁中，選驍雄於手下；爰持斧鉞，出鎮藩籬；飾宫殿於遐方，命鑾輿而遠幸；爲釁之端，爲禍之原，有王承休在。摧挫英雄，吹揚佞媚；全無才智，謬處腹心；斷性命於戲玩之間，戮仇讎於樞機之下；有功勞而皆棄，非賄賂而不行，有宋光嗣在。受先皇之付託，爲大國之棟梁；既不輸忠，又不知退；恣一門之奢侈，任數力之驕矜；徒爲貪饕之人，實非社稷之器，有王宗弼在。妄陟雲霄，殊非謇諤；興亂本則違章程之妙，恣姦謀則事頰舌之能；心口傾危，尚居左右，有韓昭在。性懷慘毒，心恣貪殘；焚爇軍營，恢拓私第；不顧喧騰於衆口，惟思自任於忿懷，有歐陽晃在。酷毒害民，市井聚貨；叨爲郡守，實負天恩；瘡痍已徧於陽安，蒙蔽半由於内密，有田魯儔在。爲君王之元舅，受保傅之尊官；但務奢華，不思輔弼；第宅迥同於上苑，金珠求滿於貪心，有徐延瓊在。出爲留守，入掌樞機；無謇諤以佐君，但唯唯而狥旨，有景潤澄在。搜求女色，取悦宸襟；常叨不次之恩，每冒無厭之寵；敷對惟誇於便捷，佐時不識於經綸；素非忠勤，實爲忝竊，有嚴凝月在。唱亡國之音，衒趨時之侈；每爲巫覡，以翫聖明；致君爲桀、紂之昏，使上乏唐、虞之化，有臣在。陛下任臣如此，何憂社稷不安！」鑑戒録云：有唐十在著自簡編爲古今之美談，顯君臣之强盛。故林罕亦著前蜀十在，明其禍亂之胎，示以君臣之醜。後主覽之大笑，賜在珣綵五百段，加右金吾衛將軍、開府儀同三司、檢校太尉，仍令所司編入國史。在珣以其半遺罕。在珣故後主狎客，而謬假罕文以沽直，罕竟不得用而卒。

罕尤善六書之學，常註說文二十篇，目曰林氏小說，刻石蜀中。

劉贊，□□人。幼文思遲鈍，日禱天乞文才，忽夢吞小金龜一枚，文章大進。乾德時，官嘉州司馬。後主荒淫無節，日與近臣潘在迎輩宴飲褻慢，贊獻陳後主三閣圖，并作歌以諷。後主雖不之罪，而亦不能用也。未幾，遷學士，有玉堂集若干卷，又編蜀國文英八卷。一日吐金龜投水中，無何卒。

張雲，唐安人。立朝謇諤，不爲苟容。歷官右補闕。咸康元年，彗星見井鬼之次，司天言宜修德以弭大災，後主詔於玉局化置道場禳之。雲上疏言：「百姓怨氣上徹於天，故結爲彗星。彗者除舊布新之義，斯乃亡國之兆，豈祈禳所可免！」後主怒，流之秦州。雲直言不避，恆自比朱雲，權幸多嫉之。宣徽使景潤澄常謂曰：「昔朱雲請斬馬劍以腰斬張禹，今尚方惟有斷雞刀，卿欲用乎？」雲曰：「雞刀雖小，亦可斬羣狗也！」潤澄憾之，至是奏雲謗國，遂罹貶謫。雲多病，行至臨邛，卒。

李龜禎，京兆人也。乾德末，官知制誥。爲人切直，不畏權貴。後主常宴近臣於怡神亭，酒酣，脱冠露髻，男女無別，雜坐讙呼，不復有上下之禮。龜禎諫曰：「君臣沈湎，不憂國政，臣恐啓北敵之謀，禍至無日矣！」後主殊不爲意。未逾年而國亡。

周彦章，成都人也。本姓王。以軍功官金吾衞使。後主采掠宫伎，彦章女有殊色，亦在選中，彦章按劍對使者曰：「彦章是先皇帝令與周氏作義兒，家世實出於王，衆所聞也。豈有王氏女而事王氏者乎？」因召左右小軍無婦者，卽以女衣襟結之，使爲夫婦。後遇國變，王宗弼勒兵誅韓昭等，彦章亦與有力焉。其强鯁有如此。

馬全，從高祖父子，歷官至永平軍節度使，兼侍中。已而隨後主歸唐。唐同光四年，後主既罹秦川之禍，六月，蜀百官皆詣洛陽，宰相王鍇以下拜官有差，全慨然曰：「國亡至此，生不如死！」因不食卒。

論曰：乾德、咸康間，朝鮮蹇蹇之風，野乏矯矯之節，若段融叩馬，張士喬湛身，蒲禹卿荒遯，可不謂烈哉！林、劉、張、李，或寓言以託諷，或批鱗而逆諫，要皆乃心忠公，無忝臣誼。至周彥章鯁介不移，馬全捐生殉主，誠云疾風之知勁草矣。

十國春秋卷第四十四

前蜀十　列傳

侯翮　王保晦　盧延讓　庾傳昌　楊義方　王仁裕　李珦　尹鶚　張蠙　牛嶠　牛希濟　趙熲　鄭藝

侯翮，成都人也。風儀端秀，善文辭，尤工奏記表章。唐光啓中，以拔萃出身爲邠寧從事。僖宗幸蜀，拜中書舍人、翰林學士，已而歸隱導江卧龍館不出。高祖鎮西川時，翮素於馮涓有恩，涓力薦，高祖辟爲節度判官、掌書記，終於其官。翮常上書高祖，有云：「翮可以行修牋表，坐了檄書。」其自負如此。

王保晦，閬州人也。雅擅文才，酷無體式，而辭致曉暢，善達人意旨。高祖辟置幕府，與馮涓同掌書記。是時岐王茂貞用王超牋奏，言僞而辨，超有洋源集二卷。高祖絶愛之，頗以保晦與之匹，稱曰「二王」。武成時，官翰林學士承旨。光天元年，坐附會宦官唐文扆，奪職流瀘州。後主嗣位，伏誅。

盧延讓字子善，范陽人。唐光化中進士，受朗陵雷滿之辟，滿敗歸高祖。高祖卽皇帝位，授水部員外郎，俄遷給事中。

初延讓獻高祖詩有云：「栗爆燒氈破，貓跳觸鼎翻。」至是高祖與同平章事潘峭夜論邊事，旋命宮人爇栗，已而爆栗㷡坐間繡褥。又高祖性猜疑，常於爐間置金鼎，令二妃親侍茗湯，是夜宮貓相逐，誤覆其鼎。高祖良久曰：「栗爆氈破，貓觸鼎翻，憶得盧延讓卷中有此語，乃知先輩裁詩，信無虛境。」明日超拜工部侍郎。按北夢瑣言：盧有詩云「不同文賦異，爲是者之乎」。復入翰林，閣筆而已。同列戲之曰：「不同文賦易，爲是者之乎。」竟以不稱職，數日而罷。是延讓曾官翰林矣。今從唐詩紀事。轉刑部侍郎，卒。

延讓詩師薛能，不尚奇巧，人多誚爲淺陋，獨吳融重其作，盛稱於時，且云：「語不尋常，後必垂名。」延讓凡三十五舉方登第，所業詩有「狗觸店門開」，「饑貓臨鼠穴」，「嚵犬舐魚砧」諸句，甚爲張濬、成汭所賞。及高祖時，復以詩語巧合擢用。延讓謂人曰：「平生投謁公卿，不意得力於貓兒、狗子。」聞者大噱。

庾傳昌，義成人，北周庾信之後也。富文藻，工著述。起家永和府判官，累升中書舍人、翰林學士。撰玉堂集二十卷，青宮載筆記二十卷，金行啓運録二十卷。通正元年卒。

傳昌文才敏贍，傷於冗雜。官舍人時，詣謁宰相張格，不時見，傳昌怒，歸草啓事約數千字，投於謁者而去。他日，格謂朝士曰：「庾舍人見示長牋，不可多得，然曾聞其草角觝牒詞，動乃數幅。」蓋譏其無體要之用也。時又有中書舍人庾樸，誥命塡委，皆有典則，人服其敏。

楊義方，眉山人。少舉進士第，已而還蜀，仕高祖爲秘書郎。性强毅，長於吟咏，自謂才過羅隱。常有春詩云：「海邊紅日半離水，天外暖風輕利花。」爲時人所稱許。後主時，九頭鳥見成都，義方作詩有「好惜羽毛還鬼窟，莫留災害與蒼生」之句，宋光嗣疑其刺己，恨之，奏譴於沉黎。

王仁裕字德輦，天水人也。少不知書，以狗馬彈射爲樂。年二十五始就學，而爲人儁秀，以文辭知名秦、隴間，秦帥辟爲秦州節度判官。仁裕因入成都，事後主爲中書舍人。後主東巡，仁裕與翰林學士李浩弼等從行，在路酬答吟咏，無有虚日。國亡降唐，歷晉、漢，累官翰林學士承旨、户部尚書。乾祐初知貢舉，放榜得士二百一十四人，因題詩以榮之。已罷爲兵部尚書、太子少保。周顯德三年卒，年七十七，贈太子少師。

仁裕性曉音律，清泰中同幕僚餞朝客於梁苑折柳亭，樂作，仁裕訝之曰：「今日必有講張之事。樂舉羽而有宫聲，羽水宫土，水土相克，得無憂乎？」少時筵散，范延光引賓客大獵，爲奔馬所墜。又晉高祖初定雅樂，宴羣臣於永福殿，奏黄鐘，仁裕聞之曰：「音不純肅，而無和聲，當有争者起於禁中。」頃之兩軍校鬭昇龍門外，聲聞於内。人以爲神。

仁裕喜爲詩，其少也，嘗夢剖其腸胃，以西江水滌之，顧見江中沙石皆成篆籒之文，由是文思日進。生平作詩滿萬首，蜀人呼曰「詩窖子」。所著紫閣集、乘軺集、西江集、王氏見聞録、玉堂閒話、入洛記、開元天寶遺事諸書，傳於世；又輯國風總類五十卷，時多稱道之。

李珣字德潤，梓州人，昭儀李舜弦之兄也。珣以小辭爲後主所賞，常製浣溪紗詞，有「早爲不逢巫峽夜，那堪虚度錦江春」，詞家互相傳誦。所著有瓊瑶集若干卷。夜字原本係夢字。

尹鶚，成都人也。工詩詞，與賓貢、李珣友善。珣本波斯之種，鶚性滑稽，常作詩嘲之，珣名爲頓損。鶚累官至翰林校書。昂按花間集稱鶚爲參卿，是鶚累官不止翰林校書矣。鶚有滿宮花詞云：「月沉沉，人悄悄，一炷後庭香裊。風流帝子不歸來，滿地禁花慵掃。離懷多，相見少，何處醉迷三島。漏清宮樹子規啼，愁鎖碧窗春曉。」疑亦有所寄慨而作。

張蠙字象文，清河人。唐乾寧中進士，歷任校書郎、櫟陽縣尉，遷犀浦令。高祖開國，拜膳部員外郎，已出爲金堂令。後主踐阼，奉太后遊大慈寺，見壁間題句云：「牆頭細雨垂纖草，水面回風聚落花。」太后深加欣賞，顧問寺僧，僧以蠙對，乃賜霞光牋五百幅，令寫所業詩以進，蠙攟篋中藏，得詩二百章獻焉。後主善之，將召爲知制誥，内侍宋光嗣以其輕傲沮之，止賜白金獎勞而已。

蠙生而穎秀，性喜爲詩。咸通時，與張喬、許棠、喻坦之、劇燕、任濤、吴宰、周繇、鄭谷、李棲遠、温憲、李昌符謂之「十哲」。十哲本十二人。童年有「白日地中出，黄河天上來」之句，盛爲當世所稱。

牛嶠字松卿，一字延峯，隴西人也，唐相僧孺之後。博學有文，以歌詩著名。乾符五年登進士第，歷官拾遺、補闕、校書郎。高祖以節度使鎮西川，辟爲判官，及開國，拜給事中，卒。

有集三十卷，歌詩三卷。自言竊慕李賀長歌，舉筆輒效之。尤善製小辭，女冠子云：「繡帶芙蓉帳，金釵芍藥花。」菩薩蠻云：「山月照山花，夢回燈影斜。」皆嶠佳句也。

牛希濟，後主時累官翰林學士、御史中丞。國亡入洛，唐明宗宣宰相王鍇、張格、庾傳素及希濟各賜一韻，試蜀主降唐詩五十六字，鍇等皆諷後主僭號，荒淫失國，獨希濟得川字，詩意但述數盡，不謗君親。明宗得詩歎曰：「如希濟才思敏妙，不傷兩國，迺存忠孝者，罕矣。」即拜雍州節度副使。詩曰：「滿城文物欲朝天，不覺鄰師犯塞煙。唐主再懸新日月，蜀王還却舊山川。非干將相扶持拙，自是吾君數盡年。古往今來亦如此，幾曾歡笑幾潸然。」

希濟素以詩辭擅名，所撰臨江仙一闋，有云：「月斜江上，征棹動晨鐘。」又云：「皆道勝人間，須知狂客，拚死爲紅顏。」特爲詞家之雋。牛希濟臨江仙詞共七闋，其首作云：「峭碧參差十二峯，冷煙寒樹重重。瑶姬宫殿是仙蹤。金爐珠帳，香靄晝偏濃。一自楚王驚夢斷，人間無路相逢。至今雲雨帶愁容，月斜江上，征棹動晨鐘。」其第四闋云：「江繞黄陵春廟閒，嬌鶯獨語關關。滿庭重疊綠苔斑。陰雲無事，四散自歸山。簫鼓聲稀香燼冷，月娥斂盡彎環。風流皆道勝人間，須知狂客，拚死爲紅顏。」傳内載「皆道勝人間」，此句未全，故備録之。又次牛嶠女冠子四闋，時輩嘖嘖稱道。「女冠子」，故唐駱賓王代王靈妃贈李榮長篇，因以爲名。

趙蕤，梓州鹽亭人。博學韜鈐，長于經世。夫婦俱有節操，不受交辟。乾德時著長短經十卷行世。

鄭藝，仕後主爲翰林學士。文辭敏贍，筆不加點。其最著有武德軍節度使趙國公徐延瓊碑銘，蜀人往往傳誦焉。碑文曰：「臣常讀唐書，竊覩太宗每以爲將致治平，必先仁誼，得賢則理，失人則危。可鑒格言，足徵邃古。豈不以化馴易服，威束難齊哉！然農戰交修，德刑共舉。將亂也，其政必荒；將弊也，其風必佻。欲圖九合之威，亦賴五臣之佐。苟虞害衆，莫若任賢，視今可以知昔矣。高祖皇帝以汴賊弒君，唐朝絕嗣，左祖罕聞其歸漢，同聲皆倣於吠堯，上下相蒙，酣爲醉國，寰區之内，億兆無依。競陳推戴之誠，願正君臣之位。難違衆欲，遂啓丕圖。戡禍亂而俟中興，協會盟而歸大國，爲蜀之帝，報唐之恩。明孝皇帝受命之六年，天清地寧，珠聯璧合，肇修人紀，於變時雍。至若皇墳帝典之精，河圖洛書之奥，步驟於羲軒之際，損益於文獻之間，不然何其盡善盡美之如是也。遂使蠻彝向化，吴越輸珍，麟鳳效祥，草木呈瑞。矧復英賢間出，俊乂羅生。上獨以爲未也，方且思聖父勤求，登用才哲，循名責實，較德論功。沮勸有謀，黜陟不濫。鑿乾締搆，允歸睿作之功；壽國陶鎔，必有挺生之佐。式扶昌運，對越上元。由是中外文武將相公卿，洎庶尹庶史，各率厥職，奉若天旨。越正月，武德軍將校吏民緇黄耆艾等列狀詣護軍使，請以節度使徐延瓊德政上聞，願勒碑紀，且以借留爲請。上憂勤庶政，以百姓爲心，凝旒稱歎者久之，謂翰士藝曰：『朕司牧元元，將開壽域，使國内郡縣治行皆如梓潼，朕何憂哉！夫吏久於官，古之道也，況衆欲之乎？朕既俞其請矣，卿爲我摭其懿實，播無窮之聞，以塞民望。』微臣奉詔恐懼，敍曰：臣聞龍飛九五，山川效雲將之靈；鵬擊三千，風水運波臣之化。雖復同心同德，雅資十亂之功；乃聖乃神，永賴八元之佐。內則皋夔協贊，外則方召專征。神謀且貞，師律具有。兼膺注意，宜屬宏材。此我皇帝之御宇也。丕顯帝圖，顧兹天曆。四神踐雪，五老飛星。投綸負鼎之賢，争伸宏業；委輅請纓之士，競奮深機。蕙帳空而明月常孤，蒲輪至而清風自激。猗歟雖居宣武之間，未若我朝得人爲盛也。其或家連戚里，身涉齋壇，益揚諫損之風，靡見驕矜之色。功超賈、鄧，政邁黄、韓，有若武德軍節度使徐公，斯可謂一時之英也。公名延瓊，字敬明，東海剡人，即國之元舅也。世緒標奇，門風襲焕，鎮爲峯鼎，用作雄鋋。父子則貴比金、張，兄弟則政同魯、衛。騰八龍之聲價，齊一鳳之羽儀。阮竹皆芳，田荆並茂。金相玉印，各炫晨葩；虎節師壇，共觀晝錦。徒思徧舉，抑亦倦譚。公王父唐京兆武功縣令，追贈尚書左僕射、太師、高平王，政績頻彰，勳華早振。自激封侯之志，夙垂濟世之名。並西晉殊功，榮聯邸第；南朝雅望，地顯官婚。貽謀各著於承家，致用皆光其佐命。朱輪華冕，豈獨推恩，甲令門風，實先種德。是賢奕葉，孰與提衡。歷佐昌期，宜鍾異氣。公中邱會秀，大爽炳靈，幼挺英姿，夙彰雅操。稟説禮敦詩之教，藴經文緯武之才。欲紹家聲，遂參戎右。敵國相吞之候，決在毫釐；陰符必勝之機，制於掌握。琱戈寶鼎，門崇八命之榮；玉帳金壇，神授六韜之妙。故能名高大國，業嗣良弓，輕鎮北之無文，恨征南之不武。圯橋靈叟，謂謀畧之可傳；汶水神翁，知功名之必立。自繼膺睿睠，兩踐涣符，四封無刁斗之音，千里有袴襦之詠。政成剖竹，擁重執金。掌領孤兒，每驚巡於晝夜；扈隨大駕，遠鎮定於邊陲。纔復六飛，將分雙節。上以鄴城奥壤，漳水名區，粤自艱難，久罹瘡痏，獄市無寄，杼柚皆空。羣盜猖狂，幸寇恂之去日；遺黎憔悴，望郭伋之來時。不有改張，何期俾乂。爰求賢帥，式愬雄藩，乃授公武德軍節度使。攬轡遄征，下車畢理。彈壓豪鶩，封植疲癃。窮本尋源，提綱振領。害於人者，雖大必去；利於人者，雖小必行。嘗謂人曰：『法者政之要也，不可以不峻其隄防；禮者，教之本也，不可以不謹其律度。食者，民之命也，不可以不勤其稼穡；兵者，戰之器也，不可以不肅其號令。率是四者，盡其一心，上可以翼衛朝廷，下可以儀刑藩翰。吾得之矣，爾其觀焉。』公以管内數多亡命，姑務偷生，久聚萑澤，常爲虺蜴。狡穴皆依於窮谷，妖巢各恃於幽林，化之不悛，來而復叛。郡邑虞其蹂躪，路岐苦于欿歡。公密運良籌，周旋峭格，盡投私罟，皆挾禍胎。益其戎兵，誡其强吏。商旅無滯，貢奉罔艱。王尊申京兆之威，龔遂去潢池之患。勞徠罕倦，蕩析咸歸。動有常規，賞無横費。上勤時貢，下贍軍須。月未及其授衣，士已忻於挾纊。賑其匱乏，釋彼愁顔。幸夜犬不驚，宵魚自放。哀矜庶獄，慎恤惟刑。赭衣盡服其神明，丹筆立分其情僞。絶加等之聚斂，革無名之征徭。平衡不謬於錙銖，加量罔欺於圭撮。公又仰稽前古，俯瞰遺踪，思秉祇闢地之謀，味韓浩屯田之計。膏腴靡棄，黍麥頻豐。夢果應于牧人，利可資于寡婦。貢賦加倍，獻賦相望。又歲别進軍食，因沃潤之鄉，置牢盆之務。商徒繁會，官帑委輸。檢吏通民，機能制用。矯時阜俗，儉以率先。貫天錢而已靡星文，認寶氣而已有雄劍。缺文來奏，課連最聞。薤本可留，是表富人之術；芋區難並，咸知濟物之方。公以鳴社嘉辰，繞樞令節，祈聖壽有莊嚴之懇，祝宗祧於降誕之期。自捨俸金於惠義寺，搆華嚴大閣。向者公府未完，軍衛莫稱，於是載修輪奐，别創規模，庭架虹梁，門羅虎戟。層樓燕賀，偏增鼓吹之雄；廣夏翬飛，益動旌旗之色。路當衝要，地控都畿。使車晝夜以交馳，候館往來而宿餉。每傾公帑，用飫賓筵。休聲洽聞，靈貺昭感。紫芝三秀，黄犢並生。天唯發祥，地不愛寶。迴掩得禾之異，果符登麥之文。歌德詠仁，言將不足；含和吐氣，樂固難名。大矣哉，公之問俗觀風，阜財述職，焉可得而稱也。爵賞既行，中外同嘉，遂册拜中書令、趙國公，加食一千户，通前五千户。公嶽降標奇，星精稟異，温如珪璧，郁若椒蘭。智合韜鈐，言無鉤距。運籌決勝，荀攸可比於良平；仗鉞祓威，謝艾足同於方召。研機照理，植操資忠，允武允文，多材多藝。軍中講學，馬上註書，揮刀則立覩飛泉，盤弰則惟聞折樹。而又貴不自滿，謙而益光，饗士投醪，延賓比飦。帳下之犀渠貝冑，咸感吮瘫；樓中之螓首蛾眉，寧矜笑嬖。閨門密行，簪組美譚。里巷相觀，風雲動色。宸中風注，寵詔已行。致闔境之允諧，固本朝之是衞。況家豊懿戚，治陟殊尤，心膂連甞，蓄雷霆於北落；股肱重鎮，寄柱石於東川。克副分憂，合膺異渥。宜其珉麗德瑩，檢圖功懋，續著擁旄，化行偃草。比屋而乞留侯霸，叫閽而願借耿純。詎可使螭首翠碑，未披文而相質；麟臺彩筆，不寫照以傳神。臣志慕陽秋，工非潤色，仰遵睿旨，敢述殊勳。曾無少女之詞，預怯中郎之鑒。所冀陵遷谷變，尚窺沉水之文；地久天長，永覩生金之字。謹爲銘曰：金行啓運，鼎業鑿乾。麟御瑞紀，鳳舞昌年。層潤浩注，國祚遐延。光凝寶匣，福藹祥編。上喆繼文，皇圖增煥。得一踐義，登三轢漢。懿綱牢籠，大鑪真覩。宗社還資，微明接旦。大虛寥寥，中有元精。麗物爲瑞，麗人爲英。英英徐公，爲旽而生。脂膏不染，獄市無驚。智勝兵强，化行民附。屢立奇功，繼膺寵數。帝念徐公，聿齊其務，迺騰梓潼，并有饒賦。公至若何，時雨霧霈，枯苗耀穎，涸轍騰波。推奸禁暴，劉弊止訛。襁負而至，動植興歌。八政何先，以食爲天。卧鼓勸農，免胄服田。耒耜接肘，簦笠摩肩。閭閻風靡，稼穡雲連。衆害既去，纖惡皆除。頌宣化育，慎恤刑書。徽纆自朽，囹圄常虚。輕徭薄斂，政協蒲盧。老安少懷，遠至邇肅。風雨時若，家給人足。户溢版籍，賦登公櫝。儲峙孔多，貢輸相屬。神明之正，誰爲之師。公之俱美，福禄攸宜。位隆鳳沼，恩注龍墀。梓人頌德，天子嘉之。爰命荒墟，奉揚馨烈。揚子神疲，江生思絶。浩水東注，銅山西揭。帶礪無期，永旌賢哲。」

論曰：侯翮、王保暉有飛書草檄之才，延讓、傳昌、義方、仁裕、珣、鶚、嬪、嶠諸君子，皆文苑名流，允爲國華者也。牛希濟應詔賦詩，不謗故君，可云得風人之體。趙蕤素以節操見，而著作鬱然，故不可没。鄭藝辭采贍麗，雖間有諛筆，事或過情，要亦文士之常態矣。

刁光胤　滕昌祐　房從眞　宋藝　高道興　杜齯龜

刁光胤，〔一〕長安人。天復初來蜀，工畫湖石花竹貓兔鳥雀之類。愼交遊，所與率佳士。黄筌、孔嵩皆師事之。議者謂孔類升堂，黄得入室。年逾八十，益不廢學。成都僧寺多有光遺筆云。

滕昌祐字勝華，本吴人，後遊兩川，遂爲蜀人。志趣高潔，不昏不宦。常卜築幽閒之地，栽花竹杞菊，觀植物之榮悴以寓意焉。久而得其形似，因善繪花鳥蟬蝶，後又以畫鵝得名。歷前、後蜀，年八十餘卒。

房從眞，成都人。工畫人物蕃馬。事高祖爲翰林待詔。常於宫中版障上繪諸葛武侯渡瀘水圖，人馬甲冑，生動如神。高祖過此，輒駐駕不進，怡然歎曰：「壯哉甲馬！」兼善潑筆鬼神。有寧王射獵、陳登斫鱠、常建冒雪入京等圖傳世。

宋藝，蜀州人。工寫貌。後主時官翰林待詔。常寫唐朝列代御容及道士葉法善、禪僧一行、沙門海會、内臣高力士等像於大慈寺。

高道興，成都人。光天、乾德間官内圖畫庫使。工佛道雜畫，用筆神速，觸類皆精。時諺云：「高君墜筆亦成畫。」

杜齯龜，其先世本秦人，避安禄山之亂，遂居於蜀。齯龜少博學，涉獵經史，丹青之伎，妙出人意。始師常粲寫貌雜畫，尤工於佛像羅漢。乾德時，後主以高祖受唐恩，乃改唐道襲私第爲上清宫，搏王子晉像爲遠祖於上清祖殿，命齯龜寫唐二十一帝御容於殿堂之四壁，又命齯龜寫高祖貌及太后、太妃真於青城山金華宫，又寫杜天師光庭像於君平觀，祐聖天師光業像於大聖慈寺。齯龜官翰林待詔，賜紫金魚袋。蜀人繪像者，以齯龜稱首。

校勘記

〔一〕刁光胤　原無「胤」字。益州名畫録卷中、圖畫見聞誌卷二皆作「刁光胤」。「胤」字當係周昂重刻時避雍正諱省，今補正。

十國春秋卷第四十五

前蜀十一　列傳

胡秀林　馬處謙　趙温珪　何奎孫雄　趙延乂　馮見鬼
韓伸　石濂

胡秀林，□□人。妙精曆法，多所糾正。唐景福初爲司天少監，會宣明曆浸差，與太子少詹事邊岡、均州司馬王墀同改新法上之，賜名景福崇元曆。光化中，遷司天監。宦官劉季述廢昭宗，將殺秀林以立威，秀林曰：「軍容幽囚君父，更欲多殺無辜乎？」季述憚其言正而止。已而事高祖。高祖卽位，仍官司天監。累著武成永昌曆二卷，正象曆經一卷，後人咸取法焉。

馬處謙，扶風人也。幼病瞽，鬻筮安陸市中。有謁筮者，忽進謂處謙曰：「子筮未臻其妙，盍從我受秘法乎？」處謙唯唯，隨往陶仙觀，密授星筭之訣，凡一十七行，因請謁筮者氏籍。對曰：「胡其姓而恬其名。」且戒云：「子有官祿，終五十二。慎勿道我於王侯之門。」處謙自是筮易極精。未幾，從趙匡明來蜀。高祖習其名，密令廣成先生杜光庭問年壽幾何，處謙曰：「主上受元陽之氣，四斤八兩。」高祖後七十二歲而殂，蓋計數爲七十二兩也。

處謙累官中郎，賜金紫，年五十二卒。

趙温珪，秦州人。祖省躬，通數術，避亂於蜀。温珪善相人，兼精三式，成都謂之趙聖人。高祖時，官司天少監。

永平元年，高祖與岐交惡，王宗侃請統師前進，温珪諫曰：「李茂貞未犯邊，諸將貪功深入，糧道阻遠，恐非國家之利。」高祖不聽，果有青泥嶺之敗。武人王暉者，一日遇温珪於朝門，温珪屏人語之曰：「君面有殺氣，得無懷兵刃以圖人邪？然君自是晚達，三爲郡守，一爲節制，不宜害人以取殃禍。」暉大駭，探懷中匕首擲地，泣曰：「暉爲此子所擠，今日不勝其憤，欲刺殺之，便爾引決。不期逢公爲開釋耳，請從此止。」拜謝而退。暉尋爲刺史，遷秦州節度使，一如温珪言。

温珪常爲高祖占吉凶，小不中，輒加詰責。及病革，戒其子孫曰：「數術吾世業，然吾仕亂國，得罪而幾死者數矣。子孫能以他道仕進者，不必爲也。」

何奎，閬州人。不知其何術，而言事多顯驗，時人號爲何見鬼。公卿近貴皆嚮慕之。成都銀工有患白癩者，傳兩世矣，奎謂曰：「爾所苦，我已知之。爾家佛幢罘罳，乃異時得之祀鬼故物，冥魂無依，作祟耳。第速去之，疾無害也。」銀工歸，遽令撤去，病良已。其餘奇中者無筭。奎不汲汲仕宦，末年以術進，自布衣賜金紫，除興元少尹，不之任，意豁如也。一夕，預刻死期，急歸閬州，卒。

又有夾江孫雄者，人稱孫卯齋，言事亦亞於奎。後主歸唐，時宦者宋愈昭及將軍數員叩其往洛吉凶，雄俛首曰：「諸官識之，此去無災無福，但行及野狐泉，新舊使頭皆不見矣。」逮後主罹秦川之禍，隨聞莊宗亦遇鄴都之變，實其地也。悉如雄所說。

趙延乂歐史作延義，今從蜀檮杌通鑑。字子英，温珪子也。仕後主爲司天監，亦以數學顯，尤善星緯風角之術。乾德六年，後主詔巡秦州，發成都日，天地冥晦，有羣鴉泊於旗杆，其鳴甚哀。次梓橦，大風發屋拔木。延乂進曰：「此貪狼風也。千里外必有破軍殺將之凶。」未幾，唐師至三泉，三招討皆棄寨宵遁，是其驗也。

國亡入唐，爲星官。清泰時官翰林天文，與端明殿學士李專美等更直中興殿庭，大被恩遇，每語至夜分。廢帝欲徙石敬瑭於鄆州，延乂力言天象失度，宜安静以弭災，事得止。未幾，復用薛文遇言，遂至激變。延乂已而仕晉，契丹滅晉，隨契丹至鎮州。李筠白再榮謀逐麻答歸漢，延乂假術數以贊成之。

無何，仕漢爲司天監。隱帝卽位，宮中數見怪物，投瓦石撼門扉，帝詢延乂禳除之法，延乂對曰：「臣職司天象，禳除之事，非臣所知。然臣所聞，殆山魈也。」周太祖自魏至京師，召延乂問：「漢祚短促者，天數邪？」延乂言：「王者撫天下當以仁恩德澤，而漢法深酷，天下稱冤，此其所以亡也。」因事周爲太府卿，判司天監，以疾卒。

馮見鬼，失其名，遂州人也。目中似有所睹，知人吉凶。時陳絢爲武信軍留後，中書令劉知俊來代任，頗摭其舊事，疊有奏論。馮謂絢曰：「府主雖號元戎，前無旗節，所引殆不久乎？幸勿憂也。」未逾歲，知俊果伏誅。有官人林泳者，本閩人，常謂同僚曰：「安有生人而終日見鬼乎？無聽其妄。」馮聞之甚不平，一日，對衆謂之曰：「公爲官多不克終，蓋曾枉殺一女子爲祟也。我能具言其姓名。」泳由是慚服，且求爲解其冤。

韓伸，渠州人。善飲酒，長於龜卜，遊謁王侯之門。常懷一龜甲，先期卜來日之兆，吉則博，凶則否。又或占某方吉，卽往取人錢，如徵責焉。性落魄不羈。一日，聚博豪飲，其妻率女僕自後擊伸首，伸不知，方唱「池水清」辭，宛轉繞梁，世因戲呼伸爲「池水清」。

石潨，故唐樂工也，別號石司馬，亦云「琵琶石潨」。少時爲宰相令狐綯所賞，俾與諸子涣、溵連水邊作名。亂後來蜀，多遊諸顯官家，以賓客待之。一夕與軍將數人飲酒，潨以琵琶擅場，在坐非審音者，殊不傾聽。潨乃撲槽而詬曰：「潨曾爲中朝相國供奉，今日與健兒彈，而不蒙我聽，何其酷也！」於時識者皆歎訝之。

黃崇嘏　李夫人

黃崇嘏者，居恒爲男子裝，遊歷兩川。周庠從高祖於邛南，權知邛州，會臨邛縣送失火人於州，崇嘏卽其人也。庠令頌繫獄中，崇嘏上詩，得召見。詩曰：「偶離幽隱住臨邛，行止堅貞比澗松。何事政清如水鏡，絆他野鶴向深籠。」稱鄉貢進士，年三十許，祗對詳敏，隨命釋放。後數日，復獻長歌。庠益奇之，召於學院，與諸子姪同遊。雅善琴弈，妙書畫。未幾薦攝司户參軍，胥吏畏服，案牘一清。

庠既重其英明，又美其風采，居一歲，欲以女妻之，崇嘏乃爲謝狀，仍貢詩一章以見意。詩曰：「一辭拾翠碧江湄，〔一〕貧守蓬茅但賦詩。自服藍衫居板掾，永抛鸞鏡畫蛾眉。立身卓爾青松操，挺志鏗然白璧姿。幕府若容爲坦腹，願天速變作男兒。」庠覽詩殊驚駭，亟召見詰問，故黄使君女也。幼失父母，與老嫗同居，元未字人。庠益嘉其貞潔。已而乞罷歸臨邛，不知所終。

李夫人，蜀人也。善屬文，尤工書畫。唐郭崇韜帥兵來取蜀，掠得之。夫人以崇韜武人，悒悒不樂，月夕獨坐南軒，竹影婆娑，輒起濡毫，摹寫窗楮上。明日視之，生意具足。世人效之，多有墨竹云。

校勘記

〔一〕一辭拾翠碧江湄　「湄」原作「淮」，據全唐詩卷七九九辭蜀相妻女詩改。

十國春秋卷第四十六

前蜀十二　列傳

唐道襲　徐瑶　韓昭　潘在迎　徐延瓊　安重霸

唐道襲，按歐陽五代史作唐襲，而北夢瑣言亦云唐峯二子道、襲，官皆至節將，是道與襲爲二人也。然通鑑爲複名，王象之碑目載閬州有唐道襲碑，似又非單名已。今從之。閬州人也。始以舞童事高祖，美眉目，便佞有心計。已而寖預謀畫，爲馬軍都指揮使，俄遷樞密使。王宗佶之死，道襲與有力焉。高祖嘉其能，寵眷日甚，旌其所居鄉曰烈士鄉。

永平元年，岐王茂貞兵臨東鄙，高祖命道襲爲招討使，帥兵以伐岐。臨發，高祖御大安樓，製詩送之。詩有「卅歲便將爲肘腋，二紀何曾離一日」句。未幾兵敗青泥嶺，會王宗播將兵救安遠軍，岐軍始解去。久之，進太子少保。居無何，太子元膺與道襲有隙，遂率天武甲士殺道襲於城西，時三年七月也。事具元膺傳中。是月，高祖贈道襲太師，謚忠壯，命立碑閬州。

先是，道襲父峯以負販起家，其祖塋在茂賢草市，有術士相之曰：「此墓法當子孫至公相，恐君家不勝福，合爲盜賊，不令終耳。」至是峯已爲刺史，而道襲果以貴顯，不良死。道襲常夏日，會大雨，見所畜猫戲水於簷滴下，忽爾雷電交至，化爲龍而去，識者以爲不祥，後竟罹元膺之禍。

徐瑤字伯玉，長葛人。從高祖入蜀，勇猛善格鬬。高祖初鎮西川時，兵皆文身黧黑，衣裝詭異，衆目爲鬼兵，稱瑤爲鬼魁。及克成都，瑤多污辱衣冠士女。富人李希妻俞氏有異色，瑤掠而逼之，俞曰：「吾夫常爲鄉貢進士，爾鬼兒也，焉得無禮於我！」瑤壯而釋之。一云瑤以劍示俞，俞曰：「吾寧死！」瑤乃杖而遣之。積功至大昌軍使。太子元膺之變，瑤與常謙素爲元膺所親信，元膺既以天武甲士作亂，而瑤、謙亦帥所部兵奉太子以攻唐道襲。頃之王宗黯兵入，瑤遂死會同殿前，餘衆皆潰。

韓昭字德華，長安人也。性便佞，善窺迎人意。與潘炕子在迎、顧彦朗子在珣同爲後主狎客。後主起宣華苑，昭與諸近臣日夜侍後主酣飲，其中男女雜坐，褻慢無所不至。昭素無品望，特以嬖幸得出入宫掖，累官禮部尚書，兼成都尹。乾德二年，後主下詔北巡，進昭文思殿大學士，位在翰林承旨上。昭恃寵無厭，乞賣通、渠、巴、集數州刺史以爲營第費，後主悉報可。而昭復與王承休、安重霸盛稱秦州山川土風之美，勸後主臨幸，以爲姦。會秦州判官蒲禹卿極諫，昭得表大怒，謂禹卿曰：「吾收汝表，當徐令獄吏問汝。」頃之，唐師入蜀，後主方與羣臣相對泣，王宗弼遽自綿谷馳歸，登大元門，責昭以佞諛僨事，梟斬於金馬坊門，已而函首送魏王繼岌。

昭粗有文章，至於琴弈書筭射法，悉皆涉獵。有朝士李台瑕譏之曰：「韓八座事藝如拆襪線，無有寸長。」時人韙之。海録碎事載李台瑕云：「韓昭凡事如僧剃髮，無有寸長。」與此小異。

潘在迎，兼侍中炕之子也。歷官内皇城使，已而貶雅州。及後主北巡，復充馬步使。在迎以柔順侍後主遊宴，或爲艷歌唱和，沉湎無虚日。又時時勸後主誅諫臣，無使謗國。未幾，遷果州團練使。國亡降唐，官至左都押衙、金紫光禄大夫、檢校司空，守蜀州刺史、上柱國。外史檮杌云：潘在迎以財賄交結權貴，永典樞要，常謂所親曰：「權勢之家，未皆仗其爲援，但不欲其冷語冰人耳。」

徐延瓊字敬明，順聖太后弟也。蜀檮杌作太后兄。以國戚授武德軍節度使，兼中書令，封趙國公，食邑五千户。未幾，與弟延珪皆加太師。乾德末，充京城内外馬步指揮使，代王宗弼握兵，怙權倚勢，衆將爲之不平。唐師入境，宗弼徧殺後主諸幸臣，延瓊與潘在迎等用家貲賂宗弼，得免死。

先是，延瓊經營土木，搆第於錦水應聖橋西，橫亘數坊，務極奢麗。成都絶少牡丹，延瓊聞秦州董成村僧院有牡丹一株，遂厚持金帛，歷三千里取植新苑。是時詔宣内外皇親暖宅，後主亦親幸其第，忽於壁上戲書孟字以謿之，蓋蜀語以孟爲不佳也。延瓊重其事，爲製紅綃籠字以示寵異。及國亡，後蜀高祖館於其第，其先兆有如此云。僧院乃紅牡丹，固異種也。

安重霸，雲州人。初事晉王存勗，已得罪，奔於梁，未幾又奔高祖。重霸爲人狡譎多智，善事人。高祖以爲親將。後主立，官簡州刺史。宦者王承休用事，重霸深結承休以自託，因勸承休求鎮秦州，後主乃以承休爲節度使，重霸爲其副使。

重霸與承休多取秦州花木上獻，請後主東游。及唐兵臨境，承休大恐，以問重霸，重霸曰：「劍門天下之險，雖有精兵，不可過也。然公受國恩，聞難不可不赴，願與公俱西。」承休素親信之，以爲然。整軍將發，秦人送之，帳飲城外。酒罷，承休上道，重霸立承休馬前辭曰：「秦、隴不可失，願留爲公守。」承休雖知爲所賣，業已上道，無如之何。唐軍既入成都，重霸卽以秦、成、階三州降唐。明宗時官閬州團練使，罷爲左衞大將軍，久之以爲匡國軍節度使。廢帝時，爲京兆尹、西京留守，徙鎭大同。以病告歸，卒於潞州。

重霸黷貨無厭，在簡州時，州民有油客鄧生者，能弈棋，家頗饒。重霸召令對局，終朝傍侍，每落一子，輒命退立西北牖下，俟其筭路進子，竟日不過下十數子。鄧生倦立，且饑甚，殆不可堪。次日復召如前。或諷之曰：「刺史嗜賄，本不爲棋也，何不進賂求退？」竟獻金十鋌乃免。

嚴遵美　唐文扆　宋光浦　宋光嗣弟光葆　王承休

嚴遵美，父季實，爲唐掖庭局博士。大中時，有宮人謀弑宣宗，是夜季實直咸寧門下，聞變，入射殺之。明日，宣宗勞曰：「非爾，吾危不免。」擢北院副使，終内樞密使。遵美歷左神策觀軍容使，常歎曰：「北司供奉官以袴衫給事，今執笏過矣。樞密使無廳事，唯三楹舍藏書而已，今堂狀帖黄決事，此楊復恭奪宰相權之失也。」遵美蓋疾當時中官横肆，故云。

後從昭宗播遷鳳翔，求致仕於梁州。光化四年，徵遵美爲兩軍中尉、觀軍容處置使。遵美曰：「一軍猶不可爲，況兩軍乎！」固辭不起。天復二年，蜀軍拔興元，遵美從徙成都。明年，唐詔所在宦官皆賜死，遵美及西川監軍魚全禋爲高祖所匿獲免。時唐詔誅宦官，惟西川不奉詔。高祖卽位，除內侍監，禮遇有加。久之告歸青城山下，卜別墅居之，年八十餘而終。子□仕高祖，至閤門使。

遵美忠正謙約，居寵不驕，鄙叟庸夫，皆得親狎。所著有北司治亂記八卷，備載閹宦忠佞，傳於世。

唐文扆，高祖時以宦者爲內飛龍使，與宰相張格比。後主之得爲太子也，文扆實挾順聖太后之寵，諷格贊成其事，由是順聖太后內德之，而格亦附會爲奸。逐毛文錫，左遷庾傳素，文扆力爲多。是時高祖年老昏耄，文扆典禁兵，參預機密，事無大小，皆取決於手。及高祖疾，以兵入宿衞，謀盡去諸大臣，遣人守宮門。王宗弼輩三十餘人日至朝堂，不得入見，復令其黨皇城使潘在迎偵外事。在迎慮事敗，以其謀洩於宗弼，宗弼等排闥入，言文扆欲爲變。明日，貶文扆眉州刺史，未幾削官流雅州。後主嗣位，伏誅，弟天雄節度使文裔亦見殺。

宋光浦，唐詩紀事作光溥，今從蜀檮杌。事後主爲內侍監。乾德中，後主宴飲無度，常以重陽日宴羣臣於宣華苑，夜半酒酣，後主唱韓琮柳枝詞，詞曰：「梁苑隋堤事已空，萬條猶舞舊春風。何須思想千年事，誰見楊花入漢宮。」光浦意欲以諷爲諫，遂咏胡曾詩曰：「吴王恃霸棄雄才，貪向姑蘇醉緑醅。不覺錢塘江上月，一宵西送越兵來。」後主聞之，不樂而罷。

宋光嗣，福州人。爲人通敏有心計。故爲宦者，給事普寧公主。公主爲岐王從子繼崇妻，不見容於夫而歸，光嗣隨公主至成都，高祖留之不遣，以爲閤門南院使。天光中，轉宣徽南院使。高祖病革，謂大將大臣多許昌故人，必不爲太子用，思擇人而未得，乃以光嗣爲樞密使，與王宗弼等同受顧命輔政。後主踐阼，即以光嗣判六軍諸衛事。

光嗣既得柄用，善希合後主意，後主頗寵任之，由是與內給事王廷紹、歐陽晃、李用暭、宋承藴、田魯儔等上下行私，多所朋比，國政遂日衰。及唐兵來，後主引兵至利州，光嗣與王宗弼言於後主曰：「東川、山南兵力尚完，陛下但以大軍扼利州，唐人安敢懸軍深入。」後主以爲然，殊不爲意。已而唐師日逼，宗弼有異志，棄利州西歸，三招討追及於白芀，宗弼探詔示之曰：「光嗣令我殺爾曹。」遂合謀降唐。未幾宗弼稱我君臣久欲歸命，而光嗣等熒惑幼主，皆斬之，函首送唐軍前。光嗣掌樞衡時，凡斷國章，多同兒戲，判語畧用謔辭韻句，其藐玩軍機，皆此類也。

時光嗣有從弟光葆者，字季正，隨光嗣爲閹，給事黄門，官宣徽北院使，累遷東川節度使。先是唐使李嚴來聘，光葆與語終日，服其機辨，料嚴東還必爲鄧艾之謀，乃白後主曰：

「先皇承天正命，惠養全蜀，有鼎足之勢。今察嚴辭氣，竟以姦雄相喻，是鄙我也。請斬嚴以威天下。」後主不從。既而光葆聞嚴還急於圖蜀，復上疏請爲守備，後主亦不能用。國亡後，託疾居閬州。唐明宗時安重霸官閬州團練使，光葆乃爲所殺。

王承休，事後主爲宣徽北院使，用便佞得後主心。承休請擇諸軍驍勇者萬二千人置駕下，爲左右龍武軍，後主卽以承休爲都指揮使統之。裨將安重霸者以狡黠事承休，承休奏爲己副，舊將無不人人憤恥。已欲得建節秦州，未有以發也，乘間進言後主曰：「秦州多美婦人，請爲陛下采擇以獻。」因遂命爲天雄軍節度使，封魯國公。先是唐昭宗世宦官雖盛，未有建節一方者，宦者得爲節度使，自承休始也。

承休到官，卽毁府署，作行宮，大興力役，强取民間子女，教以歌舞，且圖形遺韓昭，使言於後主；又獻花木圖，盛稱秦州山川土風之美，請車駕東行。於是後主心動，決志東巡，道路驛騷，不堪其苦。居無何，唐兵深入，承休自文扶南歸，士卒凍餒死者無筭，餘衆裁可二千。未幾，同王宗汭至成都。是時魏王繼岌已入蜀，詰責之良久，謂坐擁强兵，既不戰，又不降，何也？復問兵入羌者幾何人，歸者若干人，承休對以萬二千人出，今得二千人歸。繼岌曰：「是可以償萬人之死矣。」與宗汭俱被殺。

承休妻嚴，有殊色，後主絕加寵愛，秦州之行，後主頗以嚴故臨幸焉。至則賜以粧鏡，銘曰：「鍊形神冶，瑩質良工。當眉寫翠，對臉傳紅。如珠出匣，似月停空。綺窗繡幌，俱涵影中。」其褻昵有如此。

十國春秋卷第四十七

前蜀十三　列傳

僧智廣　僧貫休　僧子朗　掃地和尚　段義宗

僧智廣，俗姓崔氏。初居雅州開元寺，善救病，以竹片爲杖，拍其痛處決之，無不立愈，聽者便申，跛者能行，其餘疾苦，應手痊損。乾寧二年，高祖延智廣於成都寶曆寺，爲人療病，所得資財，卽用修造，遂於本寺天王閣居止。於是病者競來，日有數千百人，貧者不復施錢，時號聖僧。

僧貫休，字德隱，俗姓姜氏，婺州蘭谿人也。七歲，父母絶憐愛之，投本邑和安寺圓貞禪師，出家爲童侍，日誦法華經一千字，耳所蹔聞，不忘於心。與僧處默隔籬論詩，時人多爲驚異。受具之後，詩名大震，乃往洪州傳法華經起信論，皆精奥義。刺史王慥見之，雅相欽重。已而□□蔣瓌開洗懺戒壇，命貫休爲監壇。

乾寧中，謁吴越武肅王，獻詩云：「滿堂花醉三千客，一劍霜寒十四州。」武肅王命改爲四十州，乃可相見，貫休曰：「州亦難添，詩亦難改，閒雲孤鶴，何不可飛！」一云貫休投詩於武肅，甚愜旨，遺贈亦豐。王立功臣碑，列平越將校姓名，遂刊貫休詩於碑陰，見重如此。由是思登南嶽，遂擔簦遊荆南，與吴融相遇，往復酬答，心相得也。

會節度使成汭以誕生日，得歌詩百餘章，而貫休詩與焉。汭令幕僚鄭準評高下，準害其能，置貫休詩第三，貫休怒曰：「藻鑑如此，其可久乎！」已而汭問筆法於貫休，答曰：「此事須登壇而授，豈容草草。」汭不勝其忿，遞放黔中，因爲病鶴詩云：「見説氣清邪不入，不知爾病自何來。」

久之再至荆南，高季昌館之龍興寺，感時政，作酷吏辭，復被疏遠。鬱悒中題硯子曰：「入匣始身安。」或以爲匣者蜀也，相勸來蜀，遂至成都，上陳情頌云：「有叟有叟，居岳之室，忽振金湯，下彼巉崒。聞蜀風景，地寧得一，富人侯王。旦奭摩詰。龍角日角，紫氣盤屈，揭日月行，符湯武出。天步孔艱，横流犯蹕。穆穆蜀俗，整整師律。髯髮垂雪，忠貞貫日。四裔蘇活，萬里豐謐。無雨不膏，有露皆滴。有叟有叟，無實行實。一瓶一衲，既朴且質。幸蒙顧盼，詞緩思鬱。軒鏡光中，願如善吉。」又獻詩有云：「一瓶一鉢垂垂老，萬水千山得得來。」高祖大悅，呼爲得得和尚，留住東禪院，賜賚優渥，署號禪月大師。已而建龍華道場，令居之。

高祖常命誦近所撰詩，時貴戚滿坐，貫休欲諷之，乃舉公子行云：「錦衣鮮華手擎鶻，閒行氣貌多輕忽。稼穡艱難總不知，五帝三皇爲何物？」高祖稱善，貴倖多有怨者。壽春節，貫休進堯銘、舜頌二章。堯銘曰：「金册昭昭，列聖孤標。仲尼有言，巍巍帝堯。承天眷命，罔厥矜驕。四德炎炎，堦蓂不凋。永孚於休，垂衣飄飄。吾皇則之，小心翼翼。秉陽亭毒，不遑暇食。土堦苔緑，茅茨雪滴。君既天賦，相亦天錫。德輶金鏡，以聖繼聖。漢高將將，太宗兵柄。吾皇則之，日新德盛。朽索六馬，罔墜厥命。熙熙蓼蕭，瑰潤風調。舞擊干羽，囿人芻蕘。既玉其葉，亦金其枝。葉葉枝枝，百王允釐。享國如堯，不疑不疑。」舜頌曰：「高高歷山，有黍有粟。皇皇大舜，合堯元德。五典克從，四門伊穆。大道將行，天下爲公。臨下有赫，選賢用能。吾皇則之，無斁無逸。綏厥品彙，光光得一。千幅臨頂，十在隨蹕。大哉大同，爲光爲龍。吾皇則之，聖謀隆隆。納隍孜孜，孜孜切切。六宗是禋，五瑞斯列。排麟環鳳，披香立雪。四方納賮，九圍有截。昔救世師，降生竺乾。壽春亦然，萬年萬年。」高祖復加獎賞。永平二年卒，年八十一。明年，爲浮圖於成都北門外葬焉。

貫休累加龍樓待詔、明因辨果功德大師、翔麟殿引駕內供奉、經律論道門選練教授、三教元逸大師、守兩川僧籙大師，食邑三千户，賜紫大沙門。一作龍樓待詔、明因辨果功德大師、祥麟殿首座引駕內供奉、講唱大師、道門弟子仗選錬校授、文章應制大師、兩街僧籙，封司空、太僕卿、雲八國鎮國大師、左右街龍華道場對御講讚大師，兼禪月大師，食邑八千户，賜紫大沙門。

工篆隸草書，好事者多號曰「姜體詩」。與僧齊己並名。有寶月集一卷，西嶽集四十卷，吴融爲之序。又繪羅漢一十六身，并一佛二大士像，皆作古野之貌，不類人間。或曰夢中所覩，覺後圖之，謂之應夢羅漢。一云貫休常自夢得十五羅漢梵相，尚缺一，有告曰：「師之相乃是也。」于是遂爲臨水圖以足之。翰林學士歐陽炯常作詩述其事。

貫休體充而形短，其像讚則宰相王鍇爲之。性落落不拘小節，每於通衢徒步，行嚼果子。初來蜀時，過詣韋莊，而馮涓適至，遂與相見，欣然撫手曰：「我與爾叔有分。」涓怒，拂衣去；他日過從，竟不逢迎。貫休謂人曰：「我得得和尚爲渠入蜀，何意見怪！」其率畧多如此。又好俳諧，一日與杜光庭並轡道中，貫休馬忽奔躓，光庭連呼大師，數珠落地。貫休曰：「非數珠，蓋大還丹耳。」光庭有慚色。

貫休弟子曇域，戒學精嚴，能詩善篆，重集許氏説文行於蜀。貫休詩集皆出曇域所校輯者。

僧子朗，高祖時梁州大旱，祈禱無驗，子朗詣州，言立能致雨。乃具十石甕貯水，身坐其中，水滅頂者凡三日，而雨足。州將王宗儔優禮之，竟莫知所往。有僧令藹者，他日於興州遇之，因叩其術。答曰：「此閉氣法耳。習之一月，就本法於湫潭中作觀想，與龍相繫，龍爲定力所制，必致驚動，因而得雨。然不如甕中爲之，保無他害。」

掃地和尚，不知何許人。高祖開國後，有一僧常持大帚，遇官府宅第寺觀，卽加汛掃，人以掃地和尚目之。掃畢，輒書云：「水行仙，怕秦川。」及後主罹秦川之禍，方悟「水行仙」爲「衍」字，故後主名云。

段義宗，本南詔布燮也。布燮卽宰相。乾德中，與判官贊衛、姚岑等來聘，義宗不欲朝拜，削髮爲僧，號曰大長和國左街崇聖寺賜紫沙門銀鉢。及至成都，羣臣奏僧自有膜拜之法，宜令下拜，義宗不得已，遂行屬國禮焉。義宗雅善詞章，有詠大慈寺芍藥、三學院經樓及題判官贊衛聽歌伎洞雲歌諸詩，言論風采，傾動一時。國師常瑩、辨廣、光業輩酬酢偈語，頗爲所屈。久之告歸，遇鴆卒。

爾朱先生　杜光庭　崔無斁　楊勳　王帽仙　青城道士

爾朱先生，成都人也。字通微，亦號歸元子。唐僖宗時隱鍊於金雞關下石室，居久之，有異人與藥一丸，且戒曰：「子見浮石而服之，仙道成矣。」自是遇石必投之水間，視其浮沉，人皆笑以爲狂。一日遊峽上，有叟艤舟相待，叩其姓氏，對曰：「涪州石姓也。」遂豁然悟曰：「異人浮石之言，斯其應乎？」因服藥輕舉而去。時天復末年也。先生有還丹歌傳於蜀中。一云先生後自果州至合州，賣丹於市，價十二萬。刺史召問其直，更增十倍，怒其反覆，以篋籠沉之江，遇漁人白石者救之，授以丹，俱仙去。

杜光庭字賓至，縉雲人，一曰長安人。爲人性簡而氣清，量寬而識遠。方干見之，謂曰：「此宗廟中寶玉大圭也。」唐咸通中應九經舉，不第，遂入天台山學道。長安有潘尊師者，道術甚高，雅爲僖宗所重，時時以光庭爲言。僖宗因召見，大悦。已而從幸興元，竟留於蜀，事高祖爲金紫光禄大夫、諫議大夫，封蔡國公，賜號廣成先生。一云先主封杜天師爲青城先生。

光庭博學，善屬文，高祖常命爲太子元膺之師。光庭薦儒者許寂、徐簡夫以侍東宫，頗與議政事，相得甚懽。久之，遷户部侍郎。後主立，受道籙於苑中，以光庭爲傳真天師、崇真館大學士。未幾解官，隱青城山，號登瀛子。或作東瀛。建飡和閣，奉行上清紫虚吞日月氣法，年八十五卒，顔貌如生，人以爲尸解，葬於清都觀後。

有文集三十卷，皆本無爲之旨。其序毛仙翁畧云：「世之得道者，鍊陰而全陽，陰滓都盡，陽華獨存，故能上賓於天，與道冥合。則黄帝駕龍而騰躍，子喬控鶴而飛翔，赤松乘雨而飄飖，列寇御風而上下。史簡昭著，又何疑焉。嘗試論之。真一既判，元精肇分，清氣爲人，謂之三才，皆稟於妙無，成於妙有。人之生也，參天而兩地，與氣爲一。天地所以長存者，無爲也；人之所以生化者，有爲也。情以動之，智以役之，是非以感之，喜怒以戰之，取舍以弊之，馭努以勞之。氣耗於内，神疲於外，氣竭而形衰，形凋而神逝，以至於死矣。故曰委和而生，乘順而死，率以爲常也。修道之士，黜嗜慾，隳聰明，凝然無心，淡然無味，收視反聽，萬慮都冥。然後虚室生白，脗合自然，觀化之初，窮物之始，浩然動息，與道爲一。則恣心所之，從心所欲，是非不能亂，勢利不能誘，寒暑不能變，生死不能干。指顧乎八極之外，逍遥乎六虚之表，無所不察，無所不知，目能洞視，耳能洞聽，亦能視聽不由乎耳目。何者？神鑒於未然，智通於無他也。毛仙翁則其人矣。」序作於通正元年三月七日辛酉。他文多類此，不具録。

又著洞天福地記一卷，録異記八卷，陰符經注一卷，廣成義八十卷，東瀛子一卷，青城山記一卷，武夷山記一卷，墉城集仙録集古今女子成仙者一百九人十卷，崇道記一卷，混元圖十卷，傳受年載記一卷，元門樞要一卷。又有道門樞要一卷，續成都記一卷，名賢姓氏相同録一卷，兼明書十二卷，仙傳拾遺四十卷，老子常清淨經註一卷，道德經廣聖義三十卷，緱嶺會真王氏神仙傳五卷，規書一卷，道教靈驗記二十卷，歷代帝王崇道記一卷，古今類聚年譜圖一卷。至道門諸科醮儀，始自光庭，所著凡十餘種。又瀘州劉真人碑記、青城縣重修沖廟觀碑記、雲昇宮廣雲外尊師碑記、三學山功德碑文，皆光庭所撰。光庭初入蜀時，曾於梓潼遇異僧，僧與縣令周樂有舊，忽云：「今日自興元來，頗瘁。」光庭奇其言。明日僧去，樂謂光庭曰：「此僧乃鹿盧蹻，故劍俠也。」爲嗟異者久之。又光庭居恒持驕龍杖一條，紅如猩肉，重若玉石，絶非藤竹所爲。相傳遇仙人留賜云。

崔無斁，成都道士也。老而得瞶疾，往往託算術，預知吉凶。高祖時道士李暠者，故唐宗室，居陽平化中，内懷不軌。時設齋，密召玉局道士楊德輝赴之，德輝詣無斁問北行何如，無斁令畫地作字，德輝乃書「北千」兩字，無斁云：「以千插北，便成乖形，公去卽乖耳。」德輝遂不果去，而暠於就齋日竟罹禍。又高祖時有道士王僑，精於玄學，或謂度人經是其所造。然柳公權已書度人經，則非僑作也。

楊勳，不知其家世，自號僕射，能於空中請自然還丹，其丹立降；又能召九天玄女、后土夫人，經宿而去。後主以其妖妄，折其一足，戮之西市。畢命時，咏詩言失國事。不數歲，國果亡。詩曰：「聖主何曾識仲都，可憐社稷在須臾。市西便是神仙窟，何必乘槎泛五湖。」唐明宗朝有術士楊遷卽，善使鬼神，觸物變化，已而被誅，蓋勳從子也。

王帽仙，蜀人也，失其名，居常出入闤闠，爲人飾敝冠，號曰王帽子。性落魄，忘爾我，暮則卧涪州天慶觀。一夕間暴死，道士斂貲葬之。甫匝月，王自果州貽書來，始知其爲尸解。

青城道士者，未詳其姓氏。能幻術，恒於僻處作法，凡西王母、巫山神女，及麻姑、鮑姑諸仙姬，皆應召而至。又忽於城中化出金樓惑衆。後主知其妖，密使人擒之，累月不獲。後追及於青城道上，以犬豕血沃之，下獄考訊，自言歷採民間處子，恣行容成之術，死者無算，遂伏誅。

十國春秋卷第四十八

後蜀一

高祖本紀

高祖姓孟，名知祥，字保胤，邢州龍岡人也。以唐咸通十五年四月二十一日誕生。時火光照室，鄰里多異之，有僧見而撫曰：「此武臺山靈也。」弱冠，補太原衞指揮使。一云始爲郡衞史。

知祥温厚知書，勇於樂善。當唐末，叔父遷據邢、洺、磁三州，爲晉所鹵。通鑑又云知祥，遷之弟子。今從歐陽史。晉王李克用以遷守澤潞，汴兵攻晉，遷以澤潞降梁。知祥父道獨留事晉而不顯。晉王鎮太原，謂知祥爲才，以其弟克讓女妻之，累遷親衞軍使。唐莊宗嗣晉王位，改馬步軍左教練使，出知嵐州，召爲中門使。莊宗與梁太祖夾河頓兵，知祥參謀應變，事無留滯。前此爲中門使者多以罪誅，至是知祥懼禍，求他職。莊宗喻知祥薦可代己者，知祥因舉郭崇韜自代，崇韜德之，知祥遂補馬步軍都虞候。莊宗建號，以太原府爲北京，以知祥爲太原尹、北京留守。

魏王繼岌伐蜀，郭崇韜爲招討使。崇韜臨訣，白莊宗曰：「卽臣等平蜀，陛下擇帥以守西川，無如孟知祥者。」已而唐兵破蜀，因以知祥爲同中書門下平章事、成都尹，充劍南西川節度副大使。知祥馳至洛陽，莊宗戒有司盛供帳，多出内府珍奇諸物以宴勞之。酒酣，語及平昔，以爲笑樂，歎曰：「繼岌前日乳臭兒爾，乃能爲吾平定兩川。吾徒老矣，孺子可喜，然益令人悲爾。吾憶先帝棄世時，疆土侵削，僅保一隅，豈知今日奄有天下，九州四海，奇珍異產，充牣吾府。」且指以示知祥曰：「吾聞蜀土之富，〔一〕無異於此，以卿親賢，故以相付。」

既而莊宗疑崇韜，戒知祥誅之。知祥曰：「崇韜，國之勳舊，必無二心。俟臣至蜀觀之，苟無他志，卽遣歸闕。」及知祥抵石壕，會中使馬彥珪言往誅崇韜，知祥遂倍道兼行。自洛之蜀凡十有七日，至成都，而崇韜已死，時同光四年正月甲戌也。五代史作戊辰，今從錦里耆舊傳。諸將多恟恟，至則承制宣慰，人心稍定。戊寅，魏王以知祥詣大慈寺拜唐僖宗御容，已又過延祥院見蜀後主王衍真容，並令撤去，別塑北方天王一軀。

先是蜀人擊拂，以初入爲孟入，紀異録又云：先是蜀人打毬，一棒便入湖子者，爲猛入，語訛爲孟入得蔭一籌。後孟氏盡得兩蜀，一籌者一子昶也。或云，此毬子從太原將來。又王氏宮殿皆題「太匠孟德姓名，德與得同音。蜀檮杌作孟得，今從五國故事、鑑戒録。及知祥來成都，人以爲先兆。是時魏王駐蜀宮，知祥乃館於徐延瓊之第。前蜀後主常於延瓊壁上書「孟」字以戲之，語具前蜀傳中。知祥見而笑曰：「竦狂霸豎，亦豫知與吾交代邪？」

未幾，魏王引軍東還，先鋒李紹琛即康延孝反，攻破漢州，知祥遣大將李仁罕會任圜、董璋等兵擊敗之，追執紹琛於綿竹。知祥自至漢州犒軍，與圜、璋置酒高會，引紹琛檻車至座中，自酌大卮飲之，謂曰：「公何患不富貴，而求入此邪？」紹琛曰：「郭侍中佐命功第一，一旦無罪族誅，如紹琛輩安保首領？以此不敢歸朝耳。」知祥乃得其將李肇、侯宏實及其兵數千以歸，即以肇爲衙内馬步都指揮使，而宏實副之。時蜀中羣盜猶未息，知祥擇廉吏，除横賦，安集流散，下寬大之令，與民更始。遣將趙廷隱、張知業率兵分討，諸盜悉平。

頃之莊宗遇弑，魏王繼岌自殺，明宗入立，改是年爲天成元年，知祥乃訓練兵甲，陰有王蜀之志。秋七月，開庫中，得鎧甲二十萬，益置義勝、定遠諸軍，左右牙等兵，凡十六營，共萬六千人，營於牙城内外。又，崇韜初分左、右驍鋭等六營，凡驍兵三千人；左、右寧遠等二十營，凡步兵二十萬人，〔三〕至是八月，增置左、右衝山等六營，凡六千人，營於羅城内外；置義寧等二十營，凡萬六千人，分營内州縣就食；又置左、右牢城四營，凡四千人，分戍成都境内。九月壬戌，又置左、右飛棹兵六營，凡六千人，分戍濱江諸州，習水戰以備夔、峽，命李仁罕及廷隱、知業等分領之。

初，魏王及崇韜率蜀中富民輸犒賞錢五百萬緡，聽以金銀繒帛充納，晝夜督責，至有自殺者，給軍之餘，猶二百萬緡。任圜自蜀入爲相，兼判三司，素知成都所餘錢。冬十月，明宗加知祥太尉，蜀檮杌作檢校太傅，今從李昊羊馬城記。兼侍中，封平原公，乃以鹽鐵判官、太僕卿趙季良爲官告國信兼三川都制置轉運使，督蜀犒軍餘錢送京師，且制置兩川征賦。知祥怒不奉詔，曰：「府庫他人所聚，輸之可也。州縣租税，以贍鎮兵十萬，決不可得。」季良但發蜀庫金帛十億於洛陽，不敢復言制置轉運職事。知祥素與季良有舊，遂留之不遣。

樞密使安重誨頗疑知祥與東川節度使董璋據險擁兵，久將難制，且知祥爲莊宗近姻，思有以圖之。初知祥之鎮蜀也，莊宗以宦者焦彥賓爲監軍，明宗立，悉誅宦者，罷諸道監軍，至是彥賓已罷客省使，泗州防禦使李嚴自請爲西川監軍，必能制知祥。是月己酉，重誨遂以嚴爲西川都監，文思使朱宏昭爲東川副使。嚴前使蜀，既歸而獻策伐蜀，蜀人皆惡之。其母謂嚴曰：「汝前啓滅蜀之謀，今再往，必以死報蜀矣。」

二年春正月，知祥聞嚴來，果怒曰：「焦彥賓以例罷，而諸道皆廢監軍，獨吾軍置之，是嚴欲以蜀再爲功也。」掌書記毋昭裔等皆請止嚴無内，知祥曰：「吾有以待之矣。」遣吏至綿、劍迎候。會武信節度使李紹文卒，知祥自言常受密詔許便宜從事。壬戌，以西川節度副使、內外馬步都指揮使李敬周爲遂州留後，趣之上道，然後表聞。是歲三月甲寅，明宗卽以敬周爲武信留後，從知祥請也。

嚴至境上，遣使持書諭意，知祥自以與嚴有舊恩，初嚴與知祥同事莊宗，時知祥爲教練使，嚴常有過，莊宗怒甚，命斬之，知祥戒行刑者少緩，徒跣諫莊宗曰：「彊敵未滅，嚴小過，大王不宜以喜怒殺嚮義之人，恐失士大夫心。」莊宗怒稍解，命知祥監笞嚴二十而釋之。盛陳兵甲見之，冀其懼而不來，嚴聞之自若。已而至成都，知祥禮遇嚴甚厚。一日，置酒召嚴。是時焦彥賓猶在蜀，嚴於懷中出詔示知祥以誅彥賓，知祥不聽，因責嚴曰：「公前奉使王衍，歸而請兵伐蜀，遂致兩國俱亡。今公復來，蜀人懼矣。且諸方鎮皆廢監軍，公獨來監吾軍，何也？」嚴惶怖求哀。知祥曰：「衆怒不可遏也！」遂揖下，目客將王彥銖執斬之。鑑戒録云：李嚴於天成初復來臨護，孟祖加之禮分，從容乃言曰：「吾聞利口之覆邦家，辨言之亂刑政。故少正卯言僞而辨，孔子誅之。子今巧言如簧，勿矜細行，有大罪者五，自知之乎？只如初與王衍折箭爲誓，及其降也，復又誅之，遂使天道惡盈，二國俱滅，其罪一也。其次平蜀之際，先入禁闈，取內藏之珠金，選宮庭之嬪婇，其罪二也。頃者詐諭三川，減釋兩税，及其得地，倍更加徵，其罪三也。而又誑惑朝廷，妄陳利害，說三川之形勢，創二鎮之節旄，控扼我咽喉，覬覦我土地，其罪四也。今又來爲我監護，坐握兵權，傀我藩維，承我爵位。人神豈恕，天意爭容。爾之再來，機亦謬矣，其罪五也。」言訖，遂令武士把下階簷。嚴亦倉皇失其節操，乃叩頭曰：「嚴之五罪，一死宜然，願乞殘骸，爲洛中鬼。」高祖不聽，命劍斬之。

隨以嚴尸屬左廂馬步都虞候丁知俊曰：「昔嚴奉使，而汝爲副，是故人也，爲我瘞之！」

因誣奏：「嚴詐宣口敕，云代臣赴闕，又擅許將士優賞，臣輒已誅之。」内八作使楊令芝以事來蜀，至鹿頭關，聞嚴死，奔還，而明宗竟不復問也。朱宏昭在東川，聞之，亦懼，謀歸洛，會董璋有軍事使之入奏，宏昭僞辭然後行，由是得免。時知祥方遣牙内指揮使武漳迎家屬於晉陽，行至鳳翔，鳳翔節度使李從曮聞嚴被殺，以爲知祥反矣，遂留而不發。唐主既不能詰，而猶欲以恩信羈縻之，詔聽知祥家屬歸蜀，乃遣客省使李仁矩慰諭知祥及吏民。三月甲戌，至成都。丙申，瓊華公主及子仁贊至自晉陽。知祥因表請趙季良爲副使。

夏四月，唐以季良爲西川節度副使。知祥事無大小，皆與季良參決。是時李昊歸成都，以爲觀察推官。秋七月，知祥遣僧五人貢佛牙於唐，長一寸六分，云僖宗幸蜀所留，今屬應聖嘉節，唐明宗以九月九日誕生，號應聖節。願資萬壽。唐主命宣示羣臣。冬十二月，築羊馬城於羅城之外。羅城故高駢所廣。壬辰，西南方有赤氣如火燄，約二千里。

三年春三月，知祥屢與董璋争鹽利，璋誘商旅販東川鹽入西川，知祥患之，乃於漢州置三場重征之，歲得錢七萬緡，商旅自是不復之東川。唐徙趙季良爲果州團練使，以何瓚爲西川節度副使。知祥得制書，匿之，表留季良，不許。乃遣將雷廷魯至京師論請，唐主不得已從之。是時瓚行至綿谷，懼不敢進，知祥因奏瓚爲行軍司馬。

是歲，唐師伐荆南，詔以我兵下峽，知祥遣左肅邊指揮使毛重威率兵三千戍夔州。已而荊南高季興死，其子從誨請命，知祥請罷戍兵，不許。知祥諷重威以兵鼓譟，潰而歸。唐以詔書劾重威，知祥奏請無劾。由是唐大臣益以知祥爲必反。

四年春，大饑，米斗錢四百文。

夏五月，唐主將有事於南郊，遣客省使李仁矩責知祥助禮錢一百萬緡。知祥覺唐謀困己，辭不肯出。久之，請獻五十萬。先是魏王繼岌東還，留精兵五千戍蜀，自安重誨疑知祥有異志，聽言事者用己所親信分守兩川管內諸州，每除守將，則以精兵爲其牙隊，多者二三千，少者不下五百人，以備緩急。至是唐以夏魯奇爲武信軍節度使。冬十月辛亥，割閬、果二州置保寧軍，以李仁矩爲節度使；又以武虔裕爲綿州刺史。仁矩故爲東川董璋所詬，與之有隙，而虔裕復於重誨爲外兄，仁矩日詗璋反狀，增飾而奏之。唐主又使魯奇益治遂州城隍，繕修甲兵。璋已大懼，時道路傳言又將割綿、龍爲節鎮，知祥亦懼。知祥本與璋不協，未嘗通問，璋以爲唐將致討，始遣人來求婚以自結，而知祥心恨璋，欲不許，趙季良謂宜合從拒唐，知祥乃許以其女適璋子。

長興元年春正月，董璋築七寨於劍門。辛巳，趙季良如梓州修好。二月乙未朔，季良還成都，謂知祥曰：「董公貪殘好勝，志大謀短，終爲西川之患。」丁酉，腰斬軍校都延昌、王行本。是時都指揮使李仁罕、張知業欲置宴召知祥，先一日，有尼告二將謀以宴日作亂，已而詰之無狀，推始言者得延昌、行本，因加刑焉。戊戌，知祥獨詣仁罕第就宴，於是諸將皆親附而服之。壬子，知祥與璋連表，言：「聞朝廷於閬中建節，綿、遂益兵，無不憂恐，請罷還所遣節度、刺史等。」唐主優詔慰諭之。是月，唐南郊，加知祥兼中書令。通鑑作四月戊戌，今從蜀檮杌。

夏四月甲午朔，董璋恐武虔裕伺其所爲，表兼行軍司馬，囚之府廷。五月，璋閱集民兵，皆剪髮黥面，復於劍門北置永定關，布列烽火。是月，知祥累表請割雲安等十三鹽監隸西川，〔三〕以鹽直贍寧江屯兵。辛卯，唐主許之。先是知祥與璋俱有異志，而安重誨信言事者，猶欲倚璋以圖知祥，至是璋先畜謀反，遣兵掠遂、閬鎮戍。

秋七月，璋與子宮苑使光業書曰：「朝廷割吾支郡爲節鎮，屯兵三千，是殺我必矣。汝見樞要，爲言朝廷更發一騎入斜谷，吾必反，與汝訣矣。」未幾，唐又遣別將荀咸乂將兵戍閬州，璋遂反。九月癸丑，西川進奏官蘇愿白知祥云：「朝廷將發兵討兩川。」知祥謀於副使趙季良，季良請以東川先取遂、閬，然後併兵守劍門，則大軍雖來，吾無内顧之憂矣。知祥從之，遣使約璋同舉兵。璋移檄利、閬、遂三鎮，數其離間朝廷，引兵擊閬州。

是月，應聖節，知祥開宴東北望，再拜，俯伏嗚咽，泣下沾襟，士卒爲之欷歔。明日庚午，遂舉兵於成都，以都指揮使李仁罕爲行營都部署，漢州刺史趙廷隱副之，簡州刺史張知業爲先鋒都指揮使，將兵三萬攻遂州，別將牙内都指揮使侯宏實、先登指揮使孟思恭將兵四千會璋攻閬州。牓示諸州曰：「蓋聞皇王御下，恩信乖而叛離；臣子事君，猜忌生而權變。固不可刮席以忍恥，膠柱而移音，開户牖以啓戎，長根芽而稔患。以至舉戈問罪，誓衆言征，旁庇齊民，式求多福。知祥國朝懿戚，受命莊宗，自節制於西川，遇鼎移於東洛。且以時變則變，喪君有君，因盡節而傾誠，遂梯航而入貢。五年之内，發運無虛，積數五十萬緡，粗給中朝之費，此則勵勤勞於天子，欲表率乎諸侯，宇内皆知，人誰不見。至於屢加官秩，亦荷寵光。不幸間諜潛興，窺覦顯露於閬中，而立節就列，鎮以益兵，摇動我軍民，控扼我吭背。頻將異議，累具上聞，冀少軫於懷柔，希稍安於方面。而朝廷不以爲德，轉深其疑，竟乖魚水之歡，自絕雲龍之契。知祥與東川相公已聯姻好，況密封圻，朝聞雞犬之聲，暮接笳鼙之響，地里雖分於兩鎮，人心何異於一家。勢比同舟，事資共濟。今與東川點檢馬步軍十五萬，人騎分路，往武信利、閬、路、黔、夔等州，問逐制置之由，與興屯集之衆。其行師法令，別載條章，務期宴寧，必無侵虐。況王氏開國，久霸成都，東則鐵鎖於瞿塘，北則泥封於大散。自是子孫失守，將相離心，合在蜀之蒸人，固未忘於霸主，因衆多之感舊，奮武旅以開疆。佇遣四民，各安其業，然後花林步月，錦水行春，繁華何讓於往年，爵禄重新於此日。」

東川兵至閬州，唐諸將多言宜深溝高壘以挫之。李仁矩曰：「蜀兵懦弱，安能當我精卒！」遂出戰，兵未交而潰歸。董璋晝夜攻之。庚辰，城陷，殺仁矩，滅其族。

丙戌，唐主下制削董璋官爵，興兵討之。知祥以收下閬州牓示西川。牓曰：昨者兩川以朝廷自生疑貳，不體忠良，信讒賊之間言，致諸侯之離德。始則閬州節度使李仁矩兩來奉使，頻此覘窺，謂於果、閬之間，便是控臨之地，妄興謀畫，濫置節旄。及奸計之遂心，猶陰邪而未已，數聞奏報，背請兵師，欲結禍階，自爲戎首。所以東川相公慮其稔惡，須議推兇，連興貔武之師，共破豺狼之窟。自今月二十九日酉時，得東川相公來書云：「二十五日夜三更三點，親領兩川大軍，四面圍裹，攻打閬州城池，至其日平明打破，斫到李仁矩首級，并捉到都指揮使姚洪、馬軍指揮使王景、步軍指揮使費暉等訖。餘城下見機來投，指揮使都頭已下便與賞給安存，兼本城軍人百姓並不傷動，外餘拒敵黨類，殺戮無餘。」此則天贊兵威，人叶勇力，遂至元兇斬首，同惡就擒。我師四合以環圍，逆壘一攻而瓦解。捷書雷迅，喜氣山横。想與士民，同多慶快。見便乘勝前進，攻收利州，只期反掌之間，更俟克敵之捷。

丁亥，唐以知祥兼西南面供饋使，以天雄節度使石敬瑭爲東川行營都招討使，以夏魯奇爲之副。璋使孟思恭分兵攻集州，思恭輕進，敗歸；璋怒，遣還成都，知祥免其官。戊子，唐以敬瑭權知東川事。庚寅，又以右武衛上將軍王思同爲西都留守兼行營馬步都虞候，爲伐蜀前鋒。是秋，唐改封瓊華公主爲福慶長公主，命秘書監劉岳爲册使。行至鳳翔，聞知祥稱兵，乃旋。

冬十月癸巳，李仁罕圍遂州，夏魯奇嬰城堅守。知祥命都押牙高敬柔帥資州義軍二萬人築長城環之。魯奇遣馬軍都指揮使康文通出戰，文通聞閬州陷，遂以其衆降仁罕。戊戌，董璋引兵趣利州，遇雨，糧運不繼，還閬州。知祥聞之驚曰：「比破閬中，正欲徑取利州，其帥不武，必望風遁去。吾獲其倉廩，據漫天之險，北軍終不能西救武信。今董公僻處閬州，遠棄劍閣，非計也。」欲遣兵三千助守劍門，璋以有備固辭。丁未，唐族誅董光業。知祥以故蜀鎮江節度使張武爲峽路行營招收討伐使，將水軍趣夔州，以左飛棹指揮使袁彦超副之。癸丑，東川兵陷徽、合、巴、蓬、果五州。

十一月戊辰，武至渝州，降其刺史張環，遂取瀘州，遣先鋒將朱偓分兵趣黔、涪。

是月，唐都招討使石敬瑭入散關，階州刺史王宏贄、瀘州刺史馮暉，與前鋒馬步都虞候王思同、步軍都指揮使趙在禮引兵出人頭山後，過劍門之南，還克劍門，殺東川兵三千人，獲都指揮使齊彦温，據而守之。蜀高祖實録云：十八日，北軍自白衞嶺人頭山後過，從小劍路至漢源驛，出頭倒入劍門，打破關寨，掩捉齊彦温及將士五百餘人。甲戌，宏贄等破劍州，已而唐軍不繼，乃焚廬舍，取資糧，仍保劍門。乙亥，唐主詔削知祥官爵。己卯，董璋遣使來告急。知祥聞劍門失守，大懼曰：「董公果誤我！」庚辰，遣牙内都指揮使李肇將兵五千往赴，戒曰：「爾晝夜兼行，先據劍州，北軍無能爲也。」又遣使詣遂州，令趙廷隱將萬人會屯劍州，復命故蜀永平節度使李筠將兵四千趣龍州，守要害。

時璋自閬州統兩川兵屯木馬寨以備唐師，會唐師趣劍州，爲我指揮使龐福誠、謝鍠所擾，復退保劍門，十餘日不出。知祥聞之喜曰：「吾始謂宏贇等克劍門，徑據劍州，堅守其城，或引兵直趣梓州，董公必棄閬州，奔還；我軍失援，亦須解遂州之圍，如此則內外受敵，兩川震動，勢可憂危。今迺焚毀劍州運糧，東歸劍門，頓兵不進，吾知其易與矣。」唐兵分道趣文州，將襲龍州，定遠指揮使潘福超、義勝都頭沙延祚擊敗之。

甲申，張武卒於渝州，知祥命袁彥超代將其兵。朱偓將至涪州，唐武泰節度使楊漢賓棄黔南，奔忠州；偓追至豐都，還取涪州。知祥命成都支使崔善權武泰留後，仍牓示軍民。牓曰：今月二十一日，據峽路行營討伐招收使狀報，黔南節度使去今月二十七日將手下元戎兵士拋本州，下水奔竄。尋差衙隊指揮使朱偓部領左右飛棹并諸指揮兵士，乘戰船十五隻，往黔南安慰，至今月二日午時回。其黔南節度使今見在梁溪，團點元隨兵士及旋添水軍却有五百餘人，排比小戰船，候寧江接應兵士到却，欲歸復本州。其朱偓當日辰時部領戰船往渠溪襲逐，至午時與賊軍相見交戰，趂下水約百餘里至酆都壩頭，殺獲賊軍一百餘人，斬黔南內外都指揮使郭太尉、吳近思、張瓊等三十餘人，奪得衣甲器械不少，收獲牌印四副。其黔南節度使則攜餘黨乘小舟沿流直下忠州。竊以大舉舟師，遠征峽路，旗鼓纔聞，其下瀨雲檣尋指於上游，連降郡城，繼收營監，勢且捷於破竹，聲有類於爇蓬。今則更聞捷書，屢聞勝策。況寧江軍以黔南爲肘臂之地，以渝、合爲饋運之衢，我已斷之，彼何望矣。節帥棄城而竄遁，裨將兼隊而追擒，數俘馘以既多，收鎧甲而亦衆。指期蕩定，以固封隅。凡曰軍民，攸同快慰。

未幾，董璋遣前陵州刺史王暉將兵三千會李肇等分屯劍州南山。

十二月壬辰，石敬瑭至劍門。乙未，進屯劍州北山。趙廷隱陳於牙城後山，李肇、王暉陳於河橋。敬瑭引步兵進擊廷隱，廷隱擇善射者五百人伏敬瑭歸路，按甲待之，矛稍幾相及，乃揚旗鼓譟擊之，唐軍退步，顛墜下山，俘斬百餘人。敬瑭又使騎兵衝河橋，肇以彊弩射之，騎兵不能進。薄暮，敬瑭引去，廷隱引兵躡之，與伏兵合擊，大敗之。敬瑭還屯劍門。是時唐軍涉險，以餉道爲艱，自潼關以西，民苦轉饋，每費一石不能致一斗，道路嗟怨。而敬瑭師出無功，唐主憂之，遂切責安重誨。重誨遽自請行。癸丑，發洛陽，日馳數百里。敬瑭本不欲興師，及重誨離唐主側，乃累表奏論，以爲兩川不可伐，唐主頗然之。我兵先戍夔州者千五百人，至是唐悉縱之歸。

二年春正月壬戌，知祥奉表謝唐。庚午，李仁罕陷遂州，夏魯奇自殺。癸酉，石敬瑭復引兵至劍州，屯於北山。知祥梟魯奇首以示之。魯奇二子從敬瑭於軍中，泣請取父首葬之。敬瑭曰：「知祥長者，必葬而父，豈不愈身首異處乎！」既而知祥果收葬焉。敬瑭與我將趙廷隱戰不利，復回劍門。是月，唐主用敬瑭及朱宏昭、孟漢瓊言，召安重誨還京。

二月己丑朔，敬瑭以遂、閬既陷，〔四〕糧運不繼，遂燒營北歸。我兵與東川兵追至利州。壬辰，唐昭武節度使李彥琦棄城走。甲午，我兵同東川兵陷利州，知祥命趙廷隱爲昭武軍留後。廷隱遣使密言：「董璋可與同憂，不可與同樂，他日必爲公患，請因其至劍州勞軍而圖之。」知祥不許。庚子，知祥以武信留後李仁罕爲峽路行營招討使，使將水軍東畧地。乙巳，趙廷隱、李肇自劍州引還，留兵五千戍利州。丙午，董璋還東川，留兵三千戍果、閬。丁巳，李仁罕陷忠州。三月己未朔，仁罕陷萬州。庚申，又陷雲安監。仁罕至夔州，唐寧江節度使安崇阮與楊漢賓自均、房遁去。壬戌，仁罕陷夔州。

夏閏四月，唐殺其臣安重誨。唐主以爲致我興兵者由重誨失策，及重誨死，五月己亥，乃下詔以離間知祥及董璋、錢鏐爲重誨罪。丙午，唐遣進奏官蘇愿、進奉軍將杜紹本歸，諭重誨專命興兵，今已伏辜，具言知祥甥姨在京師者皆無恙，亦遣東川軍將劉澄還本道。知祥聞重誨既死，唐又厚待其家屬，邀璋欲同謝罪。璋曰：「孟公家屬皆存，而我子孫獨見殺，何謝爲？且詔書在蘇愿腹中，劉澄安得與聞？」乙未，李仁罕自夔州引兵還成都。

十二月，昭武留後趙廷隱言利州城塹已完，請兵取興元及秦、鳳。知祥不許。廷隱又以頃在劍州，與牙内都指揮使李肇同功，願以昭武讓之，知祥亦褒諭不允；已而廷隱三讓。癸酉，召回成都，以肇代守利州。

三年春正月，知祥以朝廷恩意優厚，而董璋塞綿州路，不聽使者入謝，與節度副使趙季良等謀欲發使自峽江上表，掌書記李昊曰：「公不與東川謀而獨遣使，則異日負約之責在我矣。」乃復命使語之，璋不從。是月，福慶長公主李氏薨。二月，趙季良與諸將議，遣昭武都監高彥儔將兵攻取壁州，以絶山南兵轉入山後諸州者。知祥謀於僚佐，李昊曰：「朝廷遣蘇愿等西歸，未常報謝，今輒興師侵逸，公如舍墳墓、甥姝，自可傳檄舉兵直取梁、洋，安用壁州乎？」知祥乃止，季良由是惡昊。是時知祥三遣使説董璋，謂不奉表謝唐，恐復致討；璋皆不聽。三月辛丑，又令李昊詣梓州，極論利害；璋益疑知祥賣己，因發怒以語侵昊。昊歸，言璋不通謀議，且有窺西川之志，勸知祥備之。

夏四月，璋謀襲我成都，璋諸將皆云必克，獨王暉曰：「劍南萬里，成都爲大。時方盛夏，師出無名，功必不成。」知祥聞之，乃遣馬軍都指揮使潘仁嗣將三千人詣漢州詗之。璋入境，破楊林鎮，執我戍將武宏禮。知祥頗有憂色。趙季良勸知祥自出以禦璋，趙廷隱以季良言爲然，且曰：「璋輕而無謀，舉兵必敗，當爲公擒之。」辛巳，以廷隱爲行營馬步軍都部署，將兵三萬拒璋。

五月壬午朔，廷隱入辭，會璋檄書至，又有遺季良、廷隱及李肇書，誣其與己通謀。廷隱不視，擲之地，再拜而行。知祥曰：「事必濟矣。」肇素不知書，視之，曰：「璋教我反耳。」因其使者，然亦擁衆爲自全計。璋兵至漢州，仁嗣與戰於赤水，師敗，爲璋所執，璋遂陷漢州。癸未，知祥留季良及高敬柔守成都，自帥兵八千人趣漢州。至彌牟鎮，廷隱陳於鎮北。甲申，遲明，廷隱陳於雞蹤橋。按薛史孟知祥傳云：知祥親帥其衆與趙廷隱等逆戰於金雁橋，璋軍大敗。今從通鑑。義勝、定遠都知兵馬使張公鐸陳於其後。知祥得璋降卒，衣以錦袍，使持書招降璋。璋曰：「事已及此，不可悔也。」時軍中暑熱，知祥巡行撫問，三軍忻然，如熱而濯。一云如濯而風。

俄而璋望見我兵甚盛，退陳於武侯廟下。璋帳下驍卒大譟曰：「日中徒曝我何爲，何不速戰！」璋卽麾軍戰。兵始交，璋右廂馬步都指揮使張守進來降，言：「東川兵盡此，無復後繼，當急擊之。」知祥登高冢督戰。左明義指揮使毛重威、左衝山指揮使李瑭守雞蹤橋，爲東川兵所殺。時廷隱三戰不利，牙内都指揮副使侯宏實兵亦却，知祥懼，以馬箠指後陳。張公鐸帥衆大呼而進，東川兵大敗，死者數千人，擒璋中都指揮使元璝、牙内副指揮使董光演等八十餘人，奪甲馬五百餘匹。璋拊膺曰：「親兵皆盡，吾何依乎！」與數騎遁去，餘衆七千人皆降，遂復得潘仁嗣。

知祥引兵追璋至五侯津，降其馬步都指揮使元瓌。我兵入漢州府第，求璋不得，時士卒争璋軍資，故璋得走免。趙廷隱追至赤水，又降其卒三千人。是夕，知祥宿雒縣，命李昊草牓諭東川吏民，及草書勞問璋，且言將如梓州詢負約之由，請見伐之罪。乙酉，知祥會廷隱於赤水，遂西還，命廷隱將兵攻梓州。

璋先至梓州，肩輿而入，王暉迎問曰：「太尉全軍而出，今還無十人，何也？」璋涕泣不能答。及至府第，方食，暉與璋從子牙内都虞候延浩帥兵三百大譟而入，璋急引妻子登城。初，璋奔回，過金雁橋，麾其子光嗣使降我以保家族，光嗣哭曰：「自古豈有父殺而求生者乎！寧同就死。」因與璋俱走，至是自縊死。璋至北門樓，呼帳下指揮使潘稠討亂，稠反引十卒登城，斬璋首及斷光嗣首以授暉，暉舉城降於廷隱。

是役也，凡得璋梓、綿、龍、劍、普、果、閬、蓬、渠九城。廷隱入梓州，封府庫以待知祥。

李肇聞璋敗，始斬其使以聞。

丙戌，知祥入成都。丁亥，復將兵八千如梓州，牓示曰：「蓋聞皇天無親，惟德是輔，明神不昧，稔惡則亡。逆賊東川節度使董璋，包藏禍心，負背盟約，暴興士馬，急寇封圻。迎鋒而尋滅全軍，單馬而竄歸本府。昭武司徒統領大衆，追襲餘妖，則有前陵州刺史王暉覩其將亡，因圖轉福，梟璋父子，雙獻其元，克保軍城，待余旌旆。念其智勇，足可嘉稱。且謀不自於衆人，罪止歸於元惡，既除心腹之患，永固邦國之基。」知祥至新都，廷隱獻璋首。己丑，發玄武，廷隱帥東川將吏來迎。壬辰，知祥有疾。癸巳，李仁罕來自遂州，廷隱迎於板橋，仁罕不稱東川之功，頗加侵侮，廷隱大怒。乙未，知祥疾瘳。丁酉，入梓州，舉子勾龍逢獻賀捷詩，知祥嘉納之。詩曰：「脣齒論交歲月長，豈其率意忽顛狂。元戎統領三軍戰，巨業奔衝一陣亡。莫訝潼江剛入寇，都緣錦浦合興王。武功蓋世光前後，堪向青編萬古揚。」

戊戌，大賚將士，既罷，知祥顧仁罕、廷隱曰：「二將誰當鎮此？」仁罕曰：「令公再與蜀州，亦行耳。」廷隱不對。知祥愕然，退，命李昊草牒，俟二將有所推，則命一人爲留後。昊曰：「昔梁祖、莊宗皆兼領四鎮，今二將不讓，惟公自領之便。公宜亟還府，與趙僕射更議之。」知祥因命仁罕歸遂州，留廷隱東川巡檢，以昊行梓州軍事。昊曰：「二虎方争，不敢受命，願從公還。」乃以都押牙王彦銖爲東川監押。

癸卯，知祥至成都，廷隱尋亦引兵還。知祥謂昊曰：「吾得東川，爲患益深。」昊請其故，知祥曰：「自吾發梓州，得仁罕七狀，皆云『公宜自領東川，不然諸將不服』。而廷隱言『本不敢當東川，因仁罕不讓，遂有争心耳』。君爲我曉廷隱，復以閬州爲保寧軍，益以果、蓬、渠、開四州，往鎮之。吾自領東川，以絶仁罕之望。」廷隱猶不平，請與仁罕鬬，勝者爲東川，昊深解之，乃受命。

六月，以廷隱爲保寧軍留後。戊午，趙季良帥軍府將吏等請知祥兼鎮東川，許之。季良等又請稱王，權行制書，賞賜功臣，不允。知祥自是遂并有兩川。然自璋死，知祥卒不遣使謝唐。唐樞密使范延光曰：「知祥雖已破璋，然士卒皆東方人，恐其思歸爲變，亦欲借朝廷之勢以威其衆，自非屈意招之，彼亦不能自歸也。」唐主曰：「知祥，吾故人，本因間諜，致此危疑。撫吾故人，何屈意之有？」先是，李克寧妻孟氏，知祥妹也，唐莊宗已殺克寧，孟氏歸於知祥，其子存瓌留事唐爲供奉官，唐主卽遣存瓌來省母，因賜知祥詔曰：「董璋狐狼，自貽族滅。卿丘園親戚皆保安全，所宜成家世之美名，守君臣之大節。」

秋七月庚寅，存瓌至成都，知祥見存瓌，頗傲慢，已而拜泣受詔。乙未，知祥遣存瓌還，附表謝罪，且告福慶長公主之喪。自是復稱藩，然益驕倨矣。按何氏鑑戒録載唐明宗詔及孟知祥奏狀，與通鑑、五代史畧異。録云：明宗遣供奉官李僕射馳騎入川，賜孟蜀高祖詔曰：「朕知卿近與逆賊董璋小問交兵，已敕軍前，俾其犄角。」高祖請記室李昊條其章奏，備陳本末，其奏狀曰：「伏以故東川節度使董璋與臣爲鄰，從初不睦，常厚誣於表疏，每深間於朝廷。欲肆爪牙，來并土宇，及審聖聽不或，物論難從。臣合此時奮擊驍雄，掃除姦宄。尋屬陛下翠華外駐，黃屋未安，舍亦何傷，克之不武。誠恐益勞宵旰，因議寢停。雖隱忍以累年，且參商而終日。其後故臣安重誨特承君寵，恣弄國權，窺劍外之有萌，示寰中之無畏。臣亦竊料聖君之意，必推亡以固存，其如侍臣之言，恐怒甲而難犯。臣是與董璋暫以愛合，和而不同。雖玉帛之交馳，豈心貌之相類。誠知蘊蓄，且務包容。儻感飛颺，必當掃殄。其董璋至今年四月二十八日暴興兵甲，五月一日驟入漢州。臣其日先差昭武軍節度兵馬留後兼左廂步軍都指揮使趙廷隱總領三萬人騎發次新都，臣自統領衙內親軍二萬人騎繼之，俱列營於彌牟鎭北。至三日詰旦，結其大陣，俟勦元兇。其董璋至午時敢領妖徒，來當鋒鋭。臣則親驅戈甲，趙廷隱手奮鼓旗，一擊而魚潰鳥離，四合而豕分蛇斷，斬首一萬餘級，執俘八千餘人，生擒賊中都指揮使元瓌、牙內副都指揮使董光演及已下指揮使都頭八十餘員，奪下馬甲五百餘匹，收獲衣甲器械十萬餘事。其餘逆漏之徒，尋令搜捉併盡。其董璋只與親男牙內都指揮使董光嗣併從騎二人磬馬而奔，棄甲而遁，撫隻輪而掩泣，視亂轍以咸哀。烏江之死所不逃，赤壁之慚顏更厚。臣幸以疾雷之勢，破其急電之機。臣便統領大軍，壓背追襲。其董璋至四日巳時走入東門，至午時有前陵州刺史王暉知窠巢之已傾，驗城池之不守，梟斬董璋父子首級，相次迎獻軍門。徑進師徒，收下城壘，平定一方之衆，止於四日之間。莫不遐仗皇威，戡除鄰患。臣方以自違君命，未達臣誠，捷音雖審其風馳，奏疏未遑其羽插。豈謂皇帝陛下才聆動静，遽軫憂勞，𨔛降使臣，特頒明詔，諭董璋之姦罪，勉微臣以削平，仍勑軍前，俾施犄角，並得暗合廟畧，顯應神機。更無唇齒之虞，永荷股肱之寄。」今本文多從通鑑歐段。

八月甲子，知祥令李昊爲武泰留後趙季良、武信留後李仁罕、保寧留後趙廷隱、寧江留後張知業、昭武留後李肇等草表，請以己爲蜀王，行墨制，仍自求旌節。昊曰：「比者諸將攻取方鎮，卽有其地，今又自求朝廷節鉞及明公封爵，然則輕重之權，皆在羣下矣。」知祥大悟，更令昊爲己草表，請行墨制，得自補授兩川刺史以下；又表請以季良等五留後爲節度使。九月，知祥以子仁贊攝行軍司馬、兼都總轄兩川牙内馬步都軍事。是月，葬福慶長公主於星宿山。

冬十月己酉朔，唐復遣李存瓌來成都，詔劍南自節度使、刺史以下官，聽知祥差署訖奏聞，朝廷更不除人。又遣閤門使劉政恩爲宣諭使，來歸福慶長公主之賻，且爲發哀，册贈晉國雍順長公主。先是李嚴被誅之後，唐除刺史，輒以東兵衞送之，夏魯奇、李仁矩、武虔裕各有牙隊數千人，及我兵克遂、閬、利、夔、黔、梓六鎮，得東兵無慮三萬人，知祥厚給其衣食，并表請家屬。至是唐主詔諭不許，然亦不復徵兵還。未幾，政恩復命知祥遣將朱滉朝唐。

四年春二月戊申，知祥以墨制署趙季良等爲五鎮節度使。癸亥，唐命知祥以檢校太尉兼中書令，行成都尹、劍南東西兩川節度、管內觀察處置、統押近界諸蠻、兼西山八國、雲南安撫制置等使，封蜀王。是月，王遣官修故蜀主王建墓，禁樵採。三月，宴府僚於王氏宣華苑，謂左右曰：「使衍不荒於政，有賢臣輔之，繼岌小子，豈能遽至此邪！」趙季良曰：「亦天時也。不有所廢，君何以興？」王大喜。乙酉，唐始下制除趙季良等爲五鎮節度使。

秋七月，唐以工部尚書盧文紀、禮部郎中吕珂爲册禮使，賜王一品朝服，册文曰：「朕祇受天眷，虔荷帝圖，敷大信而仰法昊穹，秉至公而俯臨億兆。彰善癉惡，必分涇渭之流；崇德報功，敢忘山河之誓。其有榮聯戚里，任重侯藩，佐白水而中興，爲皇家而盡節，雖旁緣詿誤，而竟保忠貞。疏鑿未通，潮海之波瀾暫阻；氛霾既定，拱辰之光耀如初。表章皆驗於推誠，琛賮遠修於述職。得不顯其丹赤，懋以旌醻，益敦魚水之歡，永契君臣之道。爰求吉日，乃降徽章。爾孟知祥五緯佐天，三山鎮地，七年乃辨，真爲梁棟之材；十德俱全，信是琮璜之器。先皇帝經綸八極，濟活兆人。李通首述其緯書，鄧禹常參於霸業。同心同德，竟扶歸馬之朝；不伐不矜，罔恃濯龍之寵。洎朕纂承鳳紀，緊爾鎮守龍城，鐵石彌堅，菁茅不匱。山川險絶，每虔向日之心；玉帛駿奔，來助郊天之禮。有臣若此，當代何加。董璋久作厲階，終萌逆節，既辜恩於覆載，欲嫁禍於勳賢。疊以封章，疏其鄰道，虔劉我生聚，離間我忠良。爾外示叶同，潛懷憤激，衷罄言而誘諭，彼既不回；伺良便以誅鋤，乃期自雪。以至敢驅叛黨，徑逼仁封，吹虺毒以傷人，奮豺牙而暴物。爾則妙施成筭，竟出全師，鼙鼓纔鳴，旋聞落爪；窠巢自潰，已致噬臍。梓州之妖氣風驅，涪州之狂波鏡淨。解吾宵旰，賴爾韜鈐。固當銘在景鐘，豈止光於信史。況復備輸懇款，益驗傾虔，敍魯館之夤緣，述沛中之事舊。深心可見，亮節期彰。不有疾風，焉知勁草。倘無異數，曷報崇庸。由是並築將壇，顯陞王爵，兼兩藩之奧壤，啓一字之真封。仍循益地之通規，別改旌功之懿號。賜之旌鉞，册以輅車。雖加等之寵光，爾皆不忝；在睦親之義分，予亦無慚。於戲！天鑒甚明，爲善者降之福祉；君恩不黨，立勛者厚以獎酬。惟敬慎乎始終，可延長于富貴。勉承兑澤，來鎮坤維。可授依前檢校太尉兼中書令，行成都尹、劍南東西兩川節度使、管内營田觀察處置、統押近界諸蠻、兼西山八國、雲南安撫制置等使，仍封蜀王，加食邑一千五百户，實封二百户，改賜忠貞匡國保大功臣，散官勳如故。仍令所司擇日備禮册命，主者施行。」

八月乙巳朔，文紀等至成都。

先是王自作九旒冕、九章衣，車服旌旗，皆擬王者。戊申，王遂服衮冕，備儀衛，詣驛降階，北面受册，升玉輅至府門，乘步輦而歸。王下教境内曰：「取威定霸，乃公侯權變之方；捨爵策勳，乃皇王敍酬之典。其或兵屯萬旅，地廣三川，周環列國之山河，奄有全蜀之封部。儻不從權而狥衆，則稽録效以報功。今禀命於中朝，得專制而行賞。但念承世家之餘慶，受旌鉞之殊榮，自領成都，於兹半紀，窮奢極侈，固斷意而不爲；講武教民，在安邊而有作。往歲方勤述職，務保永圖，不幸諸藩，搆成深隙。此際主兵將帥，争陳排難之功；運策賓僚，咸展出奇之畧。因興武旅，分蕩渠魁。累破竹以焚枯，連開疆而拓土。其次諸司奉職，庶吏推誠，咸著勳勞，豈忘奬答。又昨聖上以顯分忠佞，遂降册封，礪岳帶河，銘大君之異寵；輅車珠冕，表列國之殊榮。仍示優崇，俾行墨制。上自藩方之任，下及州縣之官，凡黜陟幽明，許先行而後奏，自可保不僭不濫之典，賞立功立事之人。必無患於不均，庶有覬於允當。布告遐邇，咸使聞知。」九月，立三廟。

冬十一月，唐主殂。十二月，王聞訃，制服大臨，謂僚佐曰：「宋王幼弱，爲政者皆胥吏小人，其亂可坐視也。」是時蠻人高曩閣藏楊夾失朶兒只率衆歸附，置碉門黎雅長河西魚通寧遠六軍民安撫司，賜閣藏「世勳」二字，世襲安撫。

明德元年春正月，黄龍見犍爲，白鵲集玉局化，白龜遊於宣華苑。武泰節度使趙季良上表陳符瑞，率文武百官勸進。王曰：「德薄不足辱天命，以蜀王而老，於孤足矣。」季良曰：「將士大夫盡節效忠於殿下，皆望攀鱗附翼，今不正大統，無以副軍民推戴之心。」

閏月己巳，蜀檮杌云二十八日。王乃卽皇帝位於成都，國號蜀。是日大風晝暝。

二月癸酉，以趙季良爲司空兼門下侍郎、同平章事，領武泰節度使如故；中門使王處回爲樞密使；李仁罕爲衞聖諸軍馬步軍指揮使，仍領武信節度使；趙廷隱爲左匡聖步軍都指揮使，仍領保寧節度使；張業爲右匡聖步軍都指揮使，仍領寧江節度使；張公鐸爲捧聖控鶴都指揮使；侯洪實爲奉鑾肅衞指揮副使；掌書記毋昭裔爲御史中丞；掌書記李昊、觀察判官徐光溥爲翰林學士。

三月，追尊曾祖佚爲孝元皇帝，廟號太祖；祖察爲孝景皇帝，廟號世祖；考道蜀檮杌作巘，歐史後蜀世家有云知祥父道，今從之。爲孝武皇帝，廟號顯宗。遣使持書至洛，稱大蜀皇帝。唐潞王從珂擧兵於鳳翔，唐主遣西京留守王思同討之。護國安彥威與山南西道張虔釗、武定孫漢韶、彰義張從賓、靜難康福五節度使合兵攻鳳翔，官軍敗潰。

夏四月庚午朔，地震，張虔釗、孫漢韶以興元、武定兩鎭來降，帝命奉鑾肅衞馬步都指揮使、昭武節度使李肇將兵五千還利州，右匡聖馬步都指揮使、寧江節度使張業將兵一萬屯大漫天以迎之。辛巳，受玉册玉寶，御得賢門，大赦，改元曰明德。錦里耆舊傳云改唐長興五年爲明德元年。追册晉國雍順長公主李氏爲皇后，册夫人李氏爲貴妃。唐興州刺史劉遂清盡撤三泉、西縣、金牛、桑林戍兵以歸洛，我兵因進取散關以南城鎭。甲申，張業將兵入興元洋州。

五月丁未，唐階州刺史趙澄來降。己酉，虔釗、漢韶舉族遷成都。壬戌，取唐成州。先是，趙廷隱獻取山南之計，帝以兵罷民困，不許，至是乘勢進逼，漸次略地山南。

六月，幸大慈寺避暑，觀唐明皇、僖宗御容，宴羣臣於華嚴閣下。唐文州都指揮使成延龜舉州來附。是月，帝宴勞張虔釗等，虔釗奉觴爲壽，帝手緩不能舉觴。初，帝得風疾逾年，至是遂病。

秋七月，置永平軍於雅州，以孫漢韶爲節度使，復以虔釗爲山南西道節度使、同平章事，虔釗固辭不行。

乙巳，帝以七夕宴丹霞樓，觀宮人乞巧，病遂增劇。甲子，立皇子東川節度使、同平章事、親衞馬步都指揮使仁贊爲太子，仍監國，召司空同平章事趙季良與李仁罕、趙廷隱、王處回、張公鐸、侯洪實同受遺詔輔政。是夕殂，二十六日。年六十一，謚文武聖德英烈明孝皇帝，廟號高祖，陵曰和陵。

先是，有僧一作道者，非。自號醋頭，手攜一燈檠，所至處卓之，呼曰「不得燈，燈便倒」。及帝登極數月，卽宴駕，人以爲驗。又帝初入蜀時，有輓車過者，問曰：「爾所載者幾何？」對曰：「盡力不過兩袋。」帝深惡之。後果傳兩世云。帝撫民以仁惠，馭卒以恩威，接士大夫以禮。殁之日，蜀人甚哀之。

論曰：同光之末，莊宗罹禍，明宗入立，中原非復沙陀氏有也。高祖雄據西蜀，肇造丕基，庶幾乘時之英傑，議者輒以葭莩之戚，君臣之誼，責其不勤王，不謝罪，過矣。若乃叱斬李嚴，不動聲色，驅除董璋，舉無遺筭，克定東川，奄有山南，倘亦所謂天授威武者與。

校勘記

〔一〕蜀土之富　「土」原訛作「王」，今據新五代史卷六四前蜀世家改正。

〔二〕凡步兵二十萬人　通鑑卷二七五作「二萬四千人」，似是。

〔三〕十三鹽監　「十」原訛作「下」，據通鑑卷二七七改正。

〔四〕遂閬既陷　「閬」原作「闔」，據通鑑卷二七七改正。

十國春秋卷第四十九

後蜀二

後主本紀

後主昶，字保元，初名仁贊，高祖第三子也。長子本瓊華公主子，在唐不得立，史失其名。母貴妃李氏，以天祐十六年十一月生仁贊於太原。按花蕊夫人宮詞：「法雲寺裏中元節，又是官家降誕辰。」是七月十五日爲後主生辰矣。然五國故事言十一月誕日，號明慶節，非七月也。今姑從之。

幼時聰悟才辨，有日者周元豹相之，謂高祖曰：「此兒骨法非常，宜愛之。」後又遣元豹熟視仁贊於戲劇處，既而告曰：「四十年偏霸之主，非等閒也。」由是高祖特加愛念。起家西川節度行軍司馬。

高祖稱皇帝，進檢校太保、東川節度使、同中書門下平章事，充崇聖宮使。一云衙內馬步都指揮使。及高祖病革，立爲皇太子，權監軍國事。頃之，高祖晏駕，秘不發喪。樞密使王處回夜啓義興門，過司空趙季良涕泣，季良曰：「泣無益也，當速立嗣君，以絶非望。」處回收淚謝之，遂與季良宣遺制，命太子仁贊更名昶，葢明德元年七月丙寅也。

丁卯，昶於柩前嗣皇帝位，時年十六。錦里耆舊傳作年十四，非。不改元，仍稱明德。

明德元年秋九月，加趙季良司徒，張業檢校太尉，李肇、王處回俱兼侍中。癸卯，唐命鳳翔益兵守東安鎮以備我。甲寅，詔加衛聖諸軍都指揮使、武信節度使李仁罕兼中書令，判六軍事；以左匡聖都指揮使、保寧節度使趙廷隱兼侍中，爲六軍副使。仁罕自恃宿將有功，求判六軍，令進奏吏宋從會以意諭樞密院，又至學士院偵草麻，帝不得已，有是命。帝自置殿直四番，取將家及死事孤子爲之，乃命李仁罕子繼宏、趙季良子元振、張業子繼昭、侯洪實子令欽、趙廷隱子崇韜分爲都知領焉。

冬十月，奉鑾肅衛都指揮使、昭武節度使兼侍中李肇不時入朝。庚午，始至成都，稱足疾，見帝不拜。戊寅，捧聖控鶴都指揮使張公鐸與醫官使韓繼勳、豐德庫使韓保貞、茶酒庫使安思謙等譖李仁罕有逆志，錦里耆舊傳又云王處回、趙廷隱慮其難作，請殺之。帝令繼勳等與趙季良、趙廷隱謀，命武士執仁罕，殺之。丙午，詔暴仁罕罪，并其子繼宏及宋從會錦里耆舊傳作宋讓數人。等皆伏誅。源州都押牙文景琛據城叛，果州刺史李延厚討平之。戊子，勒李肇以太子少傅致仕，徙邛州。時左右以肇倨慢，請加誅，遂有是處分。

唐雄武節度使張延朗圍文州，李延厚將果州兵屯興州，遣先登指揮使范延暉將兵却之。是時唐階州刺史郭知瓊拔尖石寨，興州刺史馮暉屯乾渠，皆引兵歸。時階、興二州皆已入蜀，唐蓋使知瓊、暉領二州刺史進取，而不克。

十二月，頒勸農桑詔曰：「刺史縣令，其務出入阡陌，勞來三農，望杏敦耕，瞻蒲勸穡。春鶬始囀，便具籠筐；蟋蟀載吟，即鳴機杼。」甲申，葬文武聖德英烈明孝皇帝於和陵，上廟號曰高祖。

是歲，析鹽亭縣雍江草市置招葺院。院或作縣。

明德二年春二月丙寅朔，大赦。戊寅，尊母李氏爲皇太后。

夏四月庚午，以御史中丞毋昭裔爲中書侍郎、同平章事。

六月，賜江原縣孝子張元帛三十段，并米酒等物。

秋七月，閬州大雨雹如雞子，鳥雀皆死，暴風飄船上民屋。巫者言灌口神與閬州神交戰所致。

九月，金州防禦使全師郁攻唐金州，拔水寨，都監陳知隱託他事將兵三百遁去。防禦使馬全節出奇拒我，我兵乃退。帝雅好擊毬，茂州録事參軍幸寅遜上書諫止，帝雖不從，頗優容之。

明德三年春三月，地震，熒惑犯積尸。帝以積尸，蜀分也，欲禳之。司天少監胡韞請不必禳，乃寢其事。帝酷喜走馬，未幾馬蹶，皇太后曰：「奈何以馳騁爲樂，貽吾之憂。」帝由是稍止。又爲方士房中之術，多採良家子以充後宫。樞密副使韓保貞切諫，帝卽日出之，賜保貞金數斤。有上書者言臺省官當擇清流，帝歎曰：「何不言擇其人而任之。」左右請以其言詰上書者，帝曰：「吾見唐太宗初卽位，獄吏孫伏伽上書言事，皆見納，奈何勸我拒諫邪？」

夏四月，吴越遣使來聘。

冬十月，遣使如吴越報聘。

十一月，晉主卽皇帝位於柳林；己亥，改元天福。

十二月丁亥，申嚴錢禁。

明德四年春正月乙卯朔，日有食之。按晉高祖實録，正月甲寅朔，乙卯日食。十國紀年云蜀乙卯朔日食。蓋晉人避三朝日食改曆耳。

三月，晉遣使告卽位，且敍姻好，其書曰：「大晉皇帝奉書大蜀皇帝：伏自中原多故，大憝繼興，朱氏不道，而皇天不親；沙陀背義，而蒼天失望。不期景運，猥屬眇躬。方鼎足以分疆，宜鄰好之講睦。況有姻親之舊，敢交玉帛之歡。機務方殷，保攝是望。」帝復書用敵國禮。

冬十月，蜀人譙本詈母，忽化爲虎奔城上，兼侍中趙廷隱射殺之，因見帝曰：「虎，山林之獸，而人化之，入於城市。虎旅中慮有不軌之士。」是夜衞軍張洪謀叛，翼日爲其黨所告，伏誅。洪，太原人，剛勇絕倫，軍中號爲張大蟲，咸以爲虎上城之驗。

十二月丁酉，帝耀兵太元門。戊申，大赦，改明年元曰廣政。

是歲，晉人侵利州，至劍門，趙廷隱領兵拒退之。

廣政元年春正月，帝謁和陵。自後歲以爲常。以武信節度使、同平章事張業爲左僕射、兼中書侍郎、同平章事，樞密使、武泰節度使王處回兼武信節度使、同平章事。

三月，上巳節，遊大慈寺，宴從官於玉溪院，分韻賦詩，優人以前蜀後主爲戲，命斬之。

是月，民謌言後宮産蛇，取人心肝爲食，百姓驚恐，逾月乃止。

秋八月，大水。

冬十月，地震，屋柱盡搖，凡三日。

十一月，以誕生日爲明慶節，帝幸佛寺散香。

是歲，鑄「廣政通寶」錢。洪遵泉志曰：廣政錢，徑九分，重三銖，銅質渾厚，字八分書。

廣政二年夏六月，地震，洶洶有聲。

秋八月，楚溪州刺史彭仕然引獎錦州蠻焚掠辰、澧鎮戍，遣使乞師於我。帝以道遠不許。

是歲，太白晝見，國中大水，祖廟壞。四川總志云：廣政二年，蜀大水，孟氏廟壞。

廣政三年春正月，上元節，帝觀燈露臺，召舞倡李艷娘入宫，賜其家錢十萬。

夏四月，太保兼門下侍郎同平章事趙季良請與門下侍郎同平章事毋昭裔、中書侍郎同平章事張業分判三司。癸卯，命季良判户部，昭裔判鹽鐵，業判度支。

五月，地震。帝問羣臣曰：「頃年地何頻震？」羣臣對曰：「地道静而屢動，此必强臣陰謀之事，願以爲慮。」

六月，教坊部頭孫延應、王彦洪等謀逆，伏誅。延應，故趙廷隱伶人，以技選入教坊，有妖尼語之曰：「君貴不可言。」至是謂其徒胡圭云：「今王氏苦竹開花，侯侍中家馬作人言，銀槍營中井水湧出，地又數震，正叛亂之兆也。」於是合十二人，期以晏日持杖爲俳優，盡殺諸將而奪其兵。爲其黨趙廷規所告，盡禽焉。

冬十月，地震，從西北來，聲如暴風急雨之狀。

廣政四年春二月丙辰，加衛聖馬步都指揮使武德節度使兼中書令趙廷隱、樞密使武信節度使同平章事王處回、捧聖控鶴都指揮使保寧節度使同平章事張公鐸檢校官，並罷其節度使。

三月甲戌，以翰林學士承旨李昊知武寧軍，散騎常侍劉英圖知保寧軍，諫議大夫崔鑾知武信軍，給事中謝從志知武泰軍，將作監張讚知寧江軍。先是節度使多領禁兵，或以他職留成都，委僚佐知留務，專事聚斂，政事不治，民無所訴。左編陳恕傳云：孟氏舊政，賦稅輕重不均，閬州稅錢千八百爲一絹，果州六百爲一絹。帝知其弊，因使諸臣各知節度事，畧與正帥有異。

夏四月，蝗。丁亥，晉山南東道節度使安從進謀反，遣使乞師於我，請出兵金、商以爲聲援。帝謀於羣臣，皆曰：「金、商險遠，少出師則不足制敵，多則漕輓不繼。」乃辭之。

五月，帝著官箴，頒郡縣，曰：「朕念赤子，旰食宵衣，託之令長，撫養安綏。政在三異，道在七絲，驅雞爲理，留犢爲規。寬猛得所，風俗可移，無令侵削，無使瘡痍。下民易虐，上天難欺，賦輿是切，軍國是資。朕之爵賞，固不逾時，爾俸爾祿，民膏民脂。爲人父母，罔不仁慈，勉爾爲戒，體朕深思。」後宋太祖摘其中四句爲戒右銘，令郡縣刻石置公座前。

帝好學爲文，皆本於理，居恆謂李昊、徐光溥曰：「王衍浮薄，而好輕艷之辭，朕不爲也。」常敕史館集古今韻會五百卷。按後主亦善辭，有相見歡詞。

廣政五年春正月，地震。

二月，湖南遣使來聘。

三月，帝宴牡丹苑。牡丹譜云：孟氏於宣華苑廣植牡丹，名之曰牡丹苑。牡丹花凡雙開者十，黄者白者三，紅白相間者四，又有深紅、淺紅、深紫、淺紫、淡黄、鏂黄、潔白、正暈、倒暈、金含稜、銀含稜、旁枝、副搏、合歡、重臺，每朶至五十，葉面徑七八寸；復有檀心如墨者，香聞至五十步。從官皆賦詩賞之。

閏月甲申，西域番僧來朝。

冬十月，地震，摧民居百數。

廣政六年春正月癸卯，以宣徽使兼宮苑使田敬全領永平節度使。敬全，故宦者，引前蜀王承休爲比而命之。

是歲大選良家子以備後宮，限年十三以上、二十以下，州縣騷然，民多立嫁其女，謂之「驚婚」。新津縣令陳及之疏諫，帝嘉其言，賜白金百兩，然采擇卒不止。於是後宮位號列十四品，有昭儀、昭容、昭華、保芳、保香、保衣、安宸、安蹕、安情、修容、修媛、修娟等秩，比公卿大夫士焉。

廣政七年春正月戊戌，復以將相遥領節度使。唐遣使來聘，副以六鶴。帝命少府監黄筌寫六鶴於便坐之壁，名曰六鶴殿。

二月，晉階州義軍指揮使王君懷帥所部來降，請爲鄉導以取階、成。蜀人復失階、成，史失載。甲子，遣兵攻晉階州。

三月，晉秦州兵救階州，出黄階嶺，我兵敗於西平。

秋七月，晉改元開運。

是歲，門下侍郎、同平章事毋昭裔按雍都舊本九經，命平泉令張德釗書而刻諸石，以貯成都學宮。

廣政八年秋九月，保寧節度使、同平章事張公鐸卒。

廣政九年秋八月，司徒趙季良卒。

冬十一月，施州刺史田行皋叛，遣供奉官耿彦珣將兵討之。

是歲，析導江縣立灌州，置石氏屯田務於梁山縣。自六年至於今年，歲大有。

廣政十年春正月，晉雄武節度使何重建殺契丹使者，以秦、階、成三州來降。癸丑，命左千牛衛上將軍李繼勳爲秦州宣慰使。

二月壬戌，李繼勳與興州刺史劉景攻固鎮，拔之。何重建請我兵與階、成兵共扼散關以取鳳州。丙寅，帝發山南兵三千七百赴之。辛未，重建遣宫苑使崔延琛攻鳳州，不克。癸未，加重建同平章事。是月，晉劉知遠稱帝於晉陽。

三月癸巳，詔山南西道節度使孫漢韶詣鳳州行營。先是，翰林承旨李昊謂王處回曰：「敵復據固鎮，則興州道絶，不能復援秦州矣。請移興元兵救之。」因有是命。丙午，漢韶將兵二萬攻鳳州，軍於固鎮，分兵扼散關以絶援路。

夏四月乙亥，晉鳳州防禦使石奉頵以鳳州來降，我於是盡有秦、鳳、階、成之地，悉復前蜀王氏疆土。

六月，晉主知遠改國號曰漢。

秋八月，諸王宮侍讀劉保乂卒。是月，漢州奏孝子范文通廬父墓，羣虎見之避服，帝命賜以羊酒束帛。

冬十月，晉昌節度使趙匡贊遣使來降，請自終南山路出兵應援。

十二月，帝遣雄武都押牙吴崇惲賫樞密使王處回書，招鳳翔節度使侯益。庚寅，以山南西道節度使兼中書令張虔釗爲北面行營招討安撫使，雄武節度使何重建副之，宣徽使韓保貞爲都虞候，共將兵五萬，虔釗出散關，重建出隴州，以擊鳳翔，脅侯益也。奉鑾肅衛都虞候李廷珪將兵二萬出子午谷，以援長安，從趙匡贊之請也。諸軍發成都，旌旗數十里。乙未，侯益以鳳翔降，與趙匡贊請出兵定關中。吴崇惲持兵籍糧帳西還。

是歲，帝始行郊祀禮。

廣政十一年春正月，趙匡贊復遣判官李恕請降於漢，侯益亦請附漢。丙子，匡贊入朝於漢。李廷珪將兵至長安，聞匡贊朝漢，欲引歸，漢將王景崇邀擊之，我兵大敗於子午谷。

張虔釗至寶雞，諸將議不協，按兵未進。侯益聞廷珪西歸，因閉壁拒我軍，虔釗勢孤宵遁。景崇乃帥鳳翔、隴、邠、涇、鄜、坊之兵追及於散關，我師敗績，漢俘我將卒四百人。

二月，韓保貞、龐福誠引兵自隴州還，要何重建俱西。是日，保貞等至秦州，分兵守諸門及衢路，重建遂入於成都。癸卯，張虔釗自恨無功，至興州，慚忿而卒。

三月，漢鳳翔軍校趙思綰據長安城作亂。

夏四月，漢鳳翔巡檢使王景崇爲侯益所毁，遺鳳州刺史徐彥書，求通互市。壬戌，帝使彥復書招之。

六月乙酉，王景崇請降。時景崇亦受河中李守貞官爵。

秋七月，司空兼中書侍郎同平章事張業、樞密使保寧節度使兼侍中王處回奢豪專恣；甲子，帝命壯士擊殺業於都堂，籍沒其家，處回聽歸私第，黜爲武德節度使兼中書令。以普豐庫使高延昭、茶酒庫使王昭遠爲通奏使，知樞密院事；府庫金帛聽昭遠取與，不復會計。戊辰，以翰林承旨、尚書左丞李昊爲門下侍郎兼户部尚書，翰林學士、兵部侍郎徐光溥爲中書侍郎兼禮部尚書，並同平章事。安思謙密告衞聖都指揮使兼中書令趙廷隱謀反，夜發兵圍其第，會山南西道節度使李廷珪入朝，極言廷隱無罪，得免。甲戌，廷隱稱疾，請解軍職，許之。

八月甲申，以趙廷隱爲太傅，賜爵宋王，國有大事，就第問之。戊子，改鳳翔曰岐陽軍。己丑，以王景崇爲岐陽軍節度使、同平章事。辛丑，王處回請老，以太子太傅致仕。自是故將舊臣殆盡，帝始親政事於朝堂。

九月，我兵援王景崇於散關。漢趙暉遣都監李彥從襲擊我兵，我兵潛遁。己未，始置匭函。帝以張業、王處回執政，事多壅蔽，因立此法以通下情。未幾，改曰獻納函。

是月，王景崇盡殺侯益家屬七十餘人以報怨。

冬十月，王景崇與趙思綰連兵拒漢。景崇遣其子德讓，思綰遣其子懷乂，見帝於成都。戊寅，景崇遣兵出西門，漢趙暉擊破之，遂取西關城，景崇退守大城不出。帝遣山南西道節度使安思謙將兵救鳳翔，左僕射毋昭裔上疏切諫，以爲不可，不聽。帝又命雄武節度使韓保貞引兵出汧陽，以分漢兵之勢。景崇遣李彥舜等逆我兵。丙申，思謙屯右界，漢兵屯寶雞，思謙遣眉州刺史申貴將兵二千趣模壁，設伏於時家竹林。丁酉旦，貴以兵數百壓寶雞而陳，漢兵逐之，遇伏敗績，我兵乘勢逐北，破寶雞寨。已而我兵去，漢兵復入寶雞。己亥，思謙進屯渭水，漢益兵五千戍寶雞。思謙畏之，謂衆曰：「糧少敵彊，宜更爲後圖。」辛丑，退保鳳州，尋歸興元。

十二月，王景崇累表告急，帝命安思謙再出兵救之。壬午，思謙自興元引兵屯鳳州，請先運糧四十萬斛，乃可出境。帝曰：「觀思謙意，安肯爲朕進取！」然亦發興州、興元米萬斛以饋之。戊子，思謙進屯散關，遣馬步使高彦儔、眉州刺史申貴擊漢箭筈安都寨，破之。庚寅，思謙敗漢兵於玉女潭，漢兵退屯寶雞，思謙進屯模壁，食盡而還。按十國紀年云：廣政十二年正月甲寅，思謙以軍食匱竭，自模壁退次鳳州，上表待罪。今考周太祖實録，冬末已退軍，明年表始至成都耳。韓保貞出新關。壬辰，軍於隴州神前，漢兵不出，保貞亦不敢進，已而聞思謙去，遂退保弓川寨。丁酉，中書侍郎兼禮部尚書、同平章事徐光溥坐以艷詞挑前蜀安康長公主，罷守本官。是時，命民間納麴錢。文獻通考云：川、陝承僞制，賣麴價重。昂按：麴錢之制，行自中朝，蜀特倣而行之耳，納後聽其釀酒。

廣政十二年春正月甲寅，帝得安思謙鳳州待罪表，釋不問。置吏部三銓、禮部貢舉。

秋七月壬子，漢將郭從義執趙思綰，斬於市。錦里耆舊傳作十三年事，今從歐史。

八月，帝遊浣花溪，御龍舟觀水嬉。時百姓饒富，夾江皆創亭榭，都人士女傾城遊玩，珠翠羅綺，名花異卉，馥郁十里，望者有若神仙之境。帝謂左右曰：「曲江金殿鎖千門，殆未及此。」兵部尚書王廷珪賦詩曰：「十字水中分島嶼，數重花外見樓臺。」帝稱善久之。

九月，貶眉州刺史申貴爲維州司户，至宰浦，賜死。貴，潞州人，聚斂貪恣，陰諭獄吏，令賊徒引富民爲黨，以入其賂，常指獄門曰：「此吾家錢穴。」死之日，民皆相賀。

冬十月，賞紅梔花於芳林苑，大宴百官。花本青城山叟所貢，初進紅梔子三粒，種之成樹，其花爛紅六出，清香如梅，當時最重之。

十二月，漢趙暉攻鳳翔，王景崇幕客周璨謂景崇曰：「公鄰與蒲、雍相表裏，今二鎮已平，蜀兒不足恃，不如降也。」景崇猶未決，待我兵不至，城陷，自焚死。

廣政十三年夏五月，皇第三子元寶薨，時生七年矣。元寶幼而奇異，既齔，誦詩書萬言。至是帝不勝悲悼，追封遂王，贈青州大都督。

秋八月庚子，帝立其弟仁毅蜀檮杌又作仁殷。爲夔王，仁贄蜀檮杌又作仁資。爲雅王，仁裕爲彭王，仁操爲嘉王。五代史作仁裕嘉王，今從通鑑。己酉，立皇子玄喆爲秦王，判六軍事，玄珏爲褒王。帝爲箴誡，令諸子刻坐隅，號曰「斑令」。

九月，命城上芙蓉盡覆以帷幙。是時蜀中久安，斗米三錢，國都子弟不識菽麥之苗，金幣充實，弦管歌誦盈於閭巷，合筵社會晝夜相接。野人閒話云：後主時，城內人生三十歲，有不識米麥之苗。每春三月、夏四月，多有遊花院及錦浦者，歌樂掀天，珠翠填咽。貴門公子，華軒彩舫，共賞百花潭上。至諸王、功臣已下，皆各置林亭，異果名花充溢其中。城頭盡種芙蓉，秋間盛開，蔚若錦繡。帝語羣臣曰：「自古以蜀爲錦城，今日觀之，眞錦城也。」

冬十一月，左丞歐陽彬卒。甲子，太師、中書令宋王趙廷隱薨，謚曰忠武。施州刺史田行皐奔荆南，荆南執之歸於我，遂伏誅。

是歲，帝加尊號曰睿文英武仁聖明孝皇帝，道號玉霄子。

廣政十四年春正月，郭威卽皇帝位，國號周，改元廣順。

三月，帝晏於後苑，放士庶人入觀，俳優有唱康老子者，帝顧李昊等，問曲所由名，昊不能對。徐光溥曰：「康老老而無子，故製此曲。」張唐英曰：老子卽長安富家子，開元中拓落不事生業，好與梨園樂工游，一旦窮悴而卒。樂工歎之，因爲此曲。又名曰得至寶。光溥蓋不知而妄對也。任臣按，樂府雜錄載康老子與國樂狎蕩，偶有一老嫗持舊錦褥貨鬻，乃以半千獲之。尋有波斯見之，驚曰：「何處得此至寶？是冰蠶絲所織，夏月置座間，一室清涼。」卽以千金酬之。還與國樂追歡，不經年蕩盡。康卒，樂工製此，亦曰得寶子。張氏似亦未詳。

夏四月壬辰，通奏使高延昭固辭知樞院。丁未，以前雲安榷鹽使伊審徵爲通奏使，知樞密院事。審徵貪侈回邪，與王昭遠相表裏，國政由是寖衰。是月，太子太傅致仕王處回卒。

秋九月壬申，以吏部尚書、御史中丞范仁恕爲中書侍郎兼吏部尚書、同平章事。

冬十月，彭山副將頭楊富獲銅印一於江岸進上，凡篆文八十字，帝命嚴築作瑞篆記。元費著器物譜云：廣政十四年冬十月十五日，彭山縣副將頭楊富獲銅印於江岸，印有六面，方各寸許，皆有篆文，兩面共通一竅，竅中三虛一實。其直可貫，其圓可規。六面篆文，共八十。二十分夾其竅，六十均在四旁，各成文章。一面「天國老君生萬民治中國外國人和壐」凡十五字，其相對一面云「老君授生輔天下國安平受道人長生」凡十五字，又一面「虛無自然明日月星辰光」凡十字，其相對一面云「元女致和氣玉女致天醫」凡十字，又一面「上國僊師天師老君道成明天地政壐」凡十五字，其相對一面云「上召吾拜無爲大昊通天下治氣同壐」凡十五字。

是月地震，民居摧毀者百餘所。

是歲，詔勒諸經於石，秘書郎張紹文寫毛詩、儀禮、禮記，秘書省校書郎孫朋古寫周禮，國子博士孫逢吉寫周易，校書郎周德政寫尚書，簡州平泉令張德昭寫爾雅，字皆精謹。容齋三筆云：成都石本諸經，題云廣政十四年，蓋孟昶時所鐫。

廣政十五年春正月，下詔勸農。

三月，以趙廷隱別墅爲崇勳園，幅員十餘里，臺榭亭沼，窮極奢侈。

夏六月乙酉朔，大宴羣臣，教坊優人作灌口神隊二龍戰鬬之象，須臾天地皆暝，大雨雹，明日灌口奏岷江大漲，鎖塞龍處鐵柱頻撼。丁酉，大水入成都，壞延秋門，蜀檮杌作六月朔，其夕大水漂城。錦里耆舊傳作大水入京城，漂蕩五門。今悉從通鑑。漂没千餘家，溺死五千餘人，衝毁太廟四室及司天監。戊戌，大赦境内，賑水災之家，命宰相范仁恕禱青羊觀，又遣使往灌州，下詔罪己。

七月，十三日。青城縣鬼城山崩，暴水大至，忽見東有數峯，崖澗中多石版篆文，凡六七處，人多不識。或云是蒲仙上昇之所。辛丑，梓州監押王承丕殺工部尚書、判武德軍郭延鈞。初，延鈞不禮於承丕，承丕擊殺之，矯詔開府庫，出繫囚，發屯戍，將吏畢集，指揮使孫欽謂承丕曰：「今延鈞已伏辜，公宜出詔示衆。」承丕曰：「我能使公富貴，勿用詔書。」欽始知承丕反，因紿曰：「今内外未安，請爲公巡察。」即躍馬出，帥兵入府，攻承丕，斬之，傳首成都。癸卯，遣客省使趙季札如梓州，慰撫吏民。

九月，山南西道節度使李廷珪奏周人聚兵關中，請益兵爲備。帝遣奉鑾肅衛都虞候趙進將兵趣利州；既而聞周人聚兵以備北漢，乃引還。

冬十一月，地震。

十二月，天雨毛。

廣政十六年春三月，地震。

夏五月，重午節，帝奉皇太后游凌波殿競渡。前蜀宣華苑也。是月，宰相毋昭裔出私財百萬營學館，且請鏤版印九經，以頒郡縣，從之。

秋八月，以翰林學士范禹偁兼簡州刺史。

九月，鵜鶘集瑞鼎門，觀者多憂之。

冬十二月，中書舍人劉光祥進蟠桃核酒盃，命賜帛五十疋。光祚云得於華山隱士陳摶。

廣政十七年春正月，周主殂，晉王榮嗣皇帝位，改元顯德。周聽邊吏通商於我。

二月，左匡聖馬步都指揮使、保寧節度使安思謙既譖殺張業，廢趙廷隱，帝使將兵救王景崇，逗撓無功，內慚懼不安。會業誅之後，宮門守衛加嚴，思謙以爲疑己，言多不遜。又典宿衛，多殺士卒以立威。帝閱衛士，有年尚壯而爲思謙所斥者，復留隸籍，思謙殺之，帝不能平。而思謙三子㕲、嗣、裔，倚父勢暴橫，爲國人患。翰林使王藻屢言其怨望將反。丁巳，思謙入朝，命壯士擊殺之，及其三子。藻坐擅啓邊奏，并擒斬焉。

三月乙亥朔，加捧聖控鶴都指揮使兼中書令孫漢韶武信軍節度使，賜爵樂安郡王，罷軍職。帝懲安思謙跋扈，命山南西道節度使李廷珪等十人分典禁兵。

廣政十八年春正月戊子，置威武軍於鳳州。

二月，夔王仁毅薨，謚恭孝。

三月，周人謀取秦、鳳，帝遣客省使趙季札按視邊備。季札素以文武才自任，還奏：「雄武節度使韓繼勳、鳳州刺史王萬迪非將帥才，不足以禦大敵。」帝亦曰：「繼勳豈足以當周師邪！」因問：「誰可往者？」季札請自行。丙申，以季札爲雄武監軍使，仍以宿衞精兵千人隸部曲。

夏四月丙辰，命知樞密王昭遠按行北邊城塞及甲兵以備周。是月，周遣鎮安節度使向訓、鳳翔節度使王景、客省使昝居潤入寇秦、鳳。

五月戊辰朔，王景出兵自散關趣秦州，隨拔黃牛八寨。戊寅，帝以捧聖控鶴都指揮使、保寧節度使李廷珪爲北路行營都統，左衞聖步軍都指揮使、武定節度使高彥儔爲招討使，武寧節度使呂彥珂爲副招討使，客省使趙崇韜爲都監，拒周師。時趙季札至德陽，聞周人入境，懼不敢進，上書求解邊任還奏事，先遣輜重及伎妾西歸。丁亥，單騎馳入成都，衆以爲奔敗，多震恐。帝問以機事，不能對；帝怒，繫之御史臺，庚午，斬季札於崇禮門。

六月壬寅，李廷珪敗周兵於威武城，鹵其排陳使胡立。宋史云濮州刺史胡立。是時我軍皆繡斧形衣，號曰「破柴都」，以周主本柴姓也。丁未，遣使如唐及北漢，約共出兵伐周。二國皆許之。

秋八月，周將王景等大敗我兵，獲我將卒三百。己未，帝遣通奏使、知樞密院、武泰節度使伊審徵撫慰行營，仍督戰。

九月，李廷珪遣先鋒都指揮使李進據馬嶺寨，又遣奇兵出斜谷，屯白澗，又分兵出鳳州之北唐倉鎮唐一作堂及黃花谷，絕周糧道。閏月，周王景遣裨將張建雄將兵三千抵黃花，又遣千人趣唐倉，扼我兵歸路。染院使王巒將兵出唐倉，與建雄戰於黃花谷，我師敗績，奔唐倉，復遇周兵，又敗。巒及將士三千人爲周人所執，馬嶺、白澗兵皆潰。李廷珪、高彥儔等退保青泥嶺，雄武節度使韓繼勳棄秦州，奔還成都。觀察判官趙玭召官屬謂之曰：「敵兵甚銳，今朝廷所遣勇將精兵，不死卽逃。我輩不能去危就安，禍且至矣。」遂舉秦州城以降。五代通録云：秦州節度使高處儔引兵往拔鳳州，中塗聞黃花之敗，奔秦州。趙玭與城中將校閉門不納，處儔遂西奔。玭卽以城歸周。今從十國紀年。斜谷援兵亦潰，成、階二州皆降。國人大震。乙丑，廷珪上表待罪。

冬十月壬申，伊審徵至成都請罪，釋之。帝遂聚芻粟於劍門、白帝，爲守禦之備。募兵既多，用度不足，始鑄鐵錢，榷境內鐵器，以專其利。曾鞏隆平集云：孟昶聞世宗下秦、鳳，愈不自安，多積芻粟，以鐵爲錢，禁民私用鐵，而自鬻器用以專利，民甚苦之。

十一月，周王景圍鳳州，韓通分兵城固鎮，以絕援兵。戊申，遂陷鳳州，鹵我威武節度使王環及都監趙崇溥，崇溥不食而死。於是秦、鳳、階、成之地復入於周。乙卯，周主曲赦四州所獲我國將士，願留者優其俸賜，願歸者給資裝而遣之。

廣政十九年春正月，大赦，免今年夏租，以周師出境也。

三月甲寅，以捧聖控鶴都指揮使李廷珪爲左右衛聖諸軍馬步都指揮使，仍分衛聖、匡聖步騎爲左右十軍，以武寧節度使呂彦珂等爲軍使，廷珪總之，如趙廷隱專總宿衛諸軍故事。

是歲，陵、榮州獠反，弓箭庫使趙季文討平之。錦里耆舊傳：廣政十九年，戎、瀘州獠賊羅住雍反，左街都巡檢趙季文討降之。今從通鑑，作陵、榮二州。是歲，賜詩僧可朋錢十萬、帛五十疋。

廣政二十年夏四月乙亥，周遣懷恩指揮使蕭知遠等將士八百餘人西歸。先是，周克秦、鳳，以我兵爲懷恩軍，至是罷軍遣還。

六月乙丑，加李廷珪檢校太尉，罷軍職。國人多言廷珪爲將敗覆，不宜復執兵柄，故有是命。皇太后亦屢以典兵非人爲言，帝不能從。

秋八月，懷恩軍至成都，帝遣梓州別駕胡立等八十人東還，寓書於周請和，自稱大蜀皇帝，言家世邢臺，願敦鄉里之分。揮麈後録載三朝史孟昶傳云：周世宗既取秦、鳳，昶懼，致書世宗曰：七月一日，大蜀皇帝謹致書於大周皇帝閤下：竊念自承先訓，恭守舊邦，匪敢荒寧，於兹二紀。頃者晉朝覆滅，何建來歸。不因背水之戰争，遂有仇池之土地。洎審遼君歸北，〔一〕中國且空，暫興敝邑之師，更復成都之境。〔二〕實爲下國之邊陲。其後漢主徑自并、汾，來都汴、浚，聞征車之未息，尋神器之有歸。伏審貴朝先皇帝，應天順人，繼統即位。奉玉帛而未克，承弓劍之空遺。但傷嘉運之難諧，適歎新歡之且隔。以至前載，忽勞睿德，遠舉全師。土疆尋隸於大朝，將卒亦拘於貴國。幸蒙皇帝惠其首領，頒以衣衾，偏裨盡補其職員，士伍徧加於糧賜，則在彼無殊於在此，敝都寧比於雄都。方懷全活之恩，非有放還之望。今則指揮使蕭知遠、馮從讜等押領將士子弟共計八百九十三人，已到當國，具審皇帝迥開仁愍，深念支離，厚給衣裝，兼加巾屨，給沿程之驛料，散逐分之緡錢。仍以員僚之迴還，安知所報，此則皇帝念疆場則已經革幾代，舉干戈則不在盛朝，特軫優容，曲全情好。永懷厚義，常貯微衷。載念前在鳳州，支敵虎旅，偶於行陣，曾有拘擒，其排陣使胡立已下，尋在諸州安排，及令軍幕收管，自來各支廩食，並給衣裝。却緣比者不測宸襟，未敢放還鄉國。今既先蒙開釋，已認沖融，歸朝雖愧於後時，報德未稽於此日。其胡立已下，今各給鞍馬衣裝錢帛等，專差御衣庫使李彦昭部領送至貴境，望垂宣旨收管。矧以昶昔在齠齔，即離并都，亦承皇帝鳳起晉陽，龍興汾水，合敍鄉關之分，以陳玉帛之歡。儻蒙惠以嘉音，即佇專馳信使。謹因胡立行次，聊陳感謝，詞莫披述，伏惟仁明洞鑒，垂念不宣。〔三〕癸未，立等至大梁。周以我國講鈞禮，怒不答；帝曰：「朕郊祀天地稱天子時，爾方鼠竊作賊，何得相薄邪！」

冬十二月，旌表蓬州孝子程崇雅門。

廣政二十一年春正月，右補闕章九齡指李昊、王昭遠爲奸佞，貶維州録事參軍。庚戌，置永寧軍於果州，以通州隸之。

三月，唐主盡獻江北地於中原。

夏五月，唐奉周正朔。

六月，荆南高保融遣使勸帝稱藩於周，帝報以前常致書周主，不答乃止。

秋九月，周人謀入寇。甲午，高保融再勸我臣中原，帝集將相議之，李昊曰：「從則君父之辱，違則周師必至，諸將能料抗周必勝乎？」諸將皆頓首曰：「以陛下聖明，江山險固，豈可望風屈服！臣等請以死衞社稷！」丁酉，帝命李昊草書，極言拒絶之。

冬十一月，天雨血。一作十二月。

十二月，周將李玉帥永興兵襲歸安鎮，鎮遏使李承勳據險邀斬之，其衆盡没。乙酉，以右衞聖步軍都指揮使趙崇韜爲北面招討使。丙戌，以奉鑾肅衞都指揮使、武信節度使兼中書令孟貽業爲昭武文州都招討使，左衞聖馬步都指揮使趙思進爲東面招討使，山南西道節度使韓保貞爲北面都招討使，將兵六萬，分屯要害以備周。

是歲，昌州獠反，殺巡檢使趙漢瓊等，左界巡檢使申彦瑭討平之。

廣政二十二年秋八月戊子，帝以李昊領武信軍節度使，右補闕李起言：「宰相無領方鎮事。」帝曰：「昊家多冗費，以厚禄優之耳。」

冬十一月，徐及甫伏誅。初，周人攻秦、鳳，及甫時爲都官郎中，自負才畧，謀奉前蜀高祖孫少府少監王令儀爲主以作亂，至是其黨有告者，收捕之。

十二月甲午，賜令儀死。是時西班將軍黎德昭獻畫鶴圖，詔授雅州刺史。

廣政二十三年春正月乙巳，宋受周禪，改元建隆。丁未，人日節，帝謁和陵。是月，龍見於玉壘關。

夏五月己亥朔，日有食之。

冬十一月，宰相李昊言：「臣觀大宋啓運，不類漢、周，天厭亂久矣，一統天下，其在此乎？若通職貢，亦保安三蜀之長策。」帝曰：「卿且去，朕徐自圖之。」

十二月，皇太后夢青衣神自言宮中衞聖龍神，乞出居於外，乃命建堂於昭覺寺廡下，遷神出居之。人或以爲不祥。

是歲，大理國段思聰覘我國委任非人，欲乘釁入寇，其臣高侯不可，言：「蒙詔强盛時，與吐蕃連兵，尚不能侵奪巴蜀，卒以黷武釀内變，宗社不保。今聞周主英明，削平僭亂，孟氏必爲所併。吾國但當修輯城堡，練兵養民，以觀時變，何必勞師遠征，啓釁召禍乎？」思聰從其言而止。

廣政二十四年，自春至於夏無雨，螟蝗見成都。詔以吏部侍郎承旨歐陽迥爲門下侍郎兼户部尚書、同平章事。

冬十月，漢州什邡縣井中有火龍騰空而去，大風吼天，餘燼墜地，延燒數百家。

十一月，帝書「兆民賴之」四字，誤「兆」爲「趙」。又民間譌傳，國家東遷天水。是歲，有人被髮奔走道中，唱言神人使作「無爺無母救汝」，凡兩日，不知所在。又鵶鵲鳴於庭，射之不中，故老見之曰：「此鳥主少主歸命，咸康時來，前八年來，此時復來，其有興替乎！」

廣政二十五年春正月，立秦王元喆爲皇太子。

二月，壁州白石縣巨蛇見，長百餘丈，徑八九尺。

冬十二月，遣使督諸路累年逋税。龍游令田淳上疏，言「擾民犯天意，聚財損君道」，語甚切直，帝不能用。

是歲，行用鐵錢。初鐵錢多於外郡邊界參用，每錢千凡四石爲銅，〔四〕六百爲鐵。四川總志云：孟氏每錢一兩，直銅錢千七百文；絹一疋，直錢千二百文。至是流入成都，率銅錢十分雜鐵錢一分，大盈庫錢往往有鐵錢相混，蓋鑄之精工與銅錢相類也。按十國紀年後蜀史：廣政二十五年，以屯戍既廣，調度不足，始鑄鐵錢。據此，則鐵錢是歲始鑄矣。今不從。

廣政二十六年春正月，宋改元乾德。

三月，宋師平荆湖。我邸吏將卒先在江陵者，宋帝悉命放還。帝將發使朝貢，知樞密院事王昭遠固止之，乃遣兵屯峽路，增置水軍。宋聞之，遂謀興師，以張暉爲鳳州團練使，暉盡得我國虛實以聞。

夏四月，遂州方義縣雨雹，大如斗，五十里内飛鳥六畜皆死。是時成都人唐季明茅亭客話云失其名，蓋季明其字也。破木中有紫文隸書「太平」二字，時以爲佳瑞。識者云：「須成都破了，方見太平。」後宋有太平興國之號，即應此兆。又軍校張敞一作敵。獲古鏡一枚，闊尺餘，光照室寢，不施燈燭。敞珍藏之，訖無疾病。

廣政二十七年冬十月，山南節度判官張廷偉一作廷韋。説王昭遠曰：「公素無勳業，一旦位至樞近，不自建立大功，何以塞時論。莫若通好并州，令發兵南下，我自黄花谷出兵應之，使中原表裏受敵，則關右之地，可撫而有。」昭遠然其言，即命廷偉立草，遣大程官孫遇及楊蠲、趙彥韜等以臘丸書間行北漢，約出兵以撓中國。因使先入汴覘强弱。彥韜潛發其書以獻宋，其書畧曰：「洎傳弔伐之嘉音，實動輔車之喜色。尋於褒、漢，添駐師徒，只待靈旗之渡河，便遣前鋒而出境。」先是宋帝已有興兵意而未發，及得書，笑曰：「西討有名矣。」於是問蜀中地里，穆昭嗣對曰：「荆南即西川、江南、廣南都會也。今已克此，則水陸皆可趨蜀。」

十一月，宋命忠武軍節度王全斌充鳳州路行營前軍兵馬都部署，武信軍節度、侍衛步軍都指揮使崔彥進充副都部署，樞密副使王仁贍充都監，龍捷右廂都指揮使史延德充馬軍都指揮使，虎捷右廂都指揮使張方友一作萬友充步軍都指揮使，隴州防禦使張凝充先鋒都指揮使，左神武大將軍王繼濤充濠砦使，〔五〕內染院使康延澤充馬軍都監，翰林副使張煦充步軍都監，供奉官田仁朗充濠砦都監，殿直鄭粲充先鋒都監，步軍都軍頭向韜充先鋒都軍頭，寧江軍節度、侍衛馬步軍都指揮使劉光義宋通鑑長編作劉光義，蜀檮杌作劉光乂，宋史作劉廷讓，東都事畧作劉光毅，今從李燾所載。充歸州路行營前軍兵馬副都部署，內客省使、樞密承旨曹彬充都監，客省使武懷節充戰櫂部署，龍捷左廂都指揮使李進卿充步軍都指揮使，前階州刺史高彥暉充先鋒都指揮使，右衛將軍白廷誨充濠砦使，御廚副使朱光緒充馬軍都監，〔六〕儀鸞副使折彥贇充步軍都監，八作副使王令巖充先鋒都監，供奉官郝守濬充濠砦都監，馬步軍都軍頭楊光美充戰櫂左右廂都指揮使，供奉官藥守節充戰櫂左廂都監，殿直劉漢卿充戰櫂右廂都監，率禁兵三萬人，諸州兵二萬人，宋史紀事本末又云將步騎六萬。分路進師。又令孫遇等指畫江山曲折之狀，及兵砦戍守之處、道里遠近，俾畫工圖之，以授全斌等，因謂曰：「西川可取否？」全斌等對曰：「臣等仗天威，遵廟筭，刻日可定。」龍捷右廂都校史延德前奏曰：「西川一方，儻在天上，人不能到，固無可如何；若在地上，以今兵力，至卽平矣。」宋帝壯其言，謂曰：「汝等果敢如此，我何憂乎！」又命全斌曰：「凡克城寨，止籍其器甲芻糧，悉以財帛分給戰士。」又令八作司度右掖門南，臨汴水治第一區，凡五百間，供帳什物皆具，以待帝。是時，全斌及彥進等由鳳州進，光義及彬等出歸州進。帝聞之，以王昭遠爲都統，趙崇韜爲都監，韓保貞爲招討使，李進副之，帥兵拒宋。

十二月，王全斌等入境，克萬仞、燕子二砦，遂取興州，連拔石圖等二十餘砦，獲糧四十萬。先鋒將史延德與韓保貞、李進等戰於三泉砦，我師敗績，保貞及進等被擒，獲我軍糧三十萬。宋師至羅川，我兵依江列陳以待，崔彥進遣張方友奪橋濟師，我兵退保大漫天砦，彥進、方友與康延澤分三道來擊，我兵大敗而潰。昭遠等復引兵迎敵，三戰皆敗。昭遠渡桔栢津，焚梁退保劍門。已而全斌進次益光，都軍頭向韜得降卒言：「來蘇小路，出劍門南青疆店，與官道合。」全斌乃令史延德趣來蘇，而自帥大衆爲浮橋以濟。我兵皆棄寨而遁，全斌遂次青疆。昭遠聞之，留其偏將守劍門，自引衆退屯漢源坡以待。全斌未至漢源，延德已克劍門。昭遠股慄失次，趙崇韜布陣迎戰，昭遠據胡牀不能起。全斌進擊，大破我兵於漢源，斬首萬餘級。昭遠奔匿東川倉舍，爲宋追騎所及，與崇韜俱被執。未幾，全斌陷利州。

帝聞昭遠敗，乃悉出金帛募兵，令太子元喆統之，而使李廷珪、張惠安等爲之副，趣劍門以禦宋師。元喆素不習武，廷珪、惠安皆庸懦無識。元喆輦愛姬，攜樂器、伶人數十輩以從，至綿州，聞已失劍門，遂遁還東川，所至焚掠廬舍倉廩而去。宋帝聞之，曰：「孟昶都無股肱爪牙，其亡不遠矣。」

是月，劉光義、曹彬陷夔州。初，夔州有鏁江爲浮梁，上設敵棚三重，夾江列礮具。光義等行，宋帝示以地圖，指鏁江曰：「我軍泝流至此，慎勿以舟師争勝，當先以步騎陸行襲擊之。俟其勢却，卽以戰櫂夾攻，取之必矣。」至是宋師至夔，距鏁江三十里，舍舟步進，先奪浮梁，復牽舟而上。寧江制置使高彦儔謂監軍武守謙曰：「北軍遠來，利在速戰，不如堅壁待之，可徐圖也。」守謙不從，獨領麾下與光義騎將張廷翰搏戰，敗走。廷翰乘勝登城，彦儔力戰不勝，身被十餘槍，左右皆潰散。彦儔奔歸府第，整衣冠，望西北再拜，投火自焚。死後數日，光義得其骨於灰燼中，以禮葬之。時彬謁武侯廟，謂左右曰：「孔明疲竭蜀之軍民，不能恢復中原萬一，何祠宇之雄觀乎？」意將毁其頹敗者。俄而中殿摧塌，有石碑出土尺許，刻文曰：「知吾心腹事，惟有宋曹彬。」彬讀訖，下拜曰：「公神人也，小子安能窺測哉！」遂命有司新其祠。

廣政二十八年春正月，帝聞宋師深入，大懼，問計於左右；老將石頵宋史作石斌，今從歐陽五代史。謂宜聚兵堅守以敝之。帝歎曰：「吾父子以温衣美食養士四十年，一旦臨敵，不能爲吾東向發一矢，雖欲堅壁，誰與吾守者邪！」

未幾，王全斌次魏城。癸酉，至漢州。帝乃命李昊草表，遣通奏使伊審徵賫表詣全斌請降，畧曰：「臣聞三皇御宇，萬邦歸有道之君；五帝垂衣，六合順無爲之化。其或未知曆數，猶昧存亡，致興天討之師，實懼霆臨之罪。敢祈英睿，俯聽哀鳴。伏念生自并門，長於蜀地，幸以先君之基構，得從幼歲以纂承。只知四序以推遷，不識三靈之改卜。皇帝明光出震，盛德居乾，聲教被於遐荒，慶澤流於中夏。當凝旒玉殿之始，缺以小事大之儀。洎告類圜丘已來，稽執玉持帛之禮。蓋蜀地居偏僻，阻隔徽猷，已慚先見之明，因有後時之責。今則皇威赫怒，聖畧風行，干戈所指而無前，鼙鼓纔臨而自潰。山河郡縣，半入於提封；將卒倉儲，盡歸於圖籍。但念臣中外二百餘口，慈母七十餘年，日承訓撫之恩，粗效孝愛之道，實願克終甘旨，冀保衰齡。其次則子孫之團圓，守血食之祭祀。伏乞容之若地，蓋之如天，特軫仁慈，以寬危辱。臣輒敢徵其故實，上瀆宸聰。竊念劉禪有安樂之封，叔寶有長城之號，背恩歸款，得獲生全。願盼昧之餘魂，得保全而爲幸，庶使先君寢廟，不爲樵採之場；老母庭除，且有問安之便。見今保全府庫，巡遏軍城，不使毀傷，終期臨照。車書混其文軌，正朔奉於靈臺。敢布腹心，恭聽赦宥。」全斌受之，遣馬軍都監康延澤先以百騎入城見帝，諭以恩信，封閉府庫，安撫吏民。十七日。越三日，十九日。全斌大軍至成都，帝具禮納降。宋自興師至滅蜀，凡六十六日，得州四十五，府一，縣一百九十八，户五十三萬四千三十有九。

是月，劉光義、曹彬陷萬、施、開、忠四州，峽中郡縣盡失。知遂州陳愈以城降。時諸將多欲屠戮以逞，獨彬禁止之，故峽路兵始終秋毫無犯。

二月，光義等至成都，四日。帝又遣弟雅王仁贄詣宋闕上表，言：「先臣受命唐室，建牙蜀川，因時事之變更，爲人心之擁迫。先臣卽世，臣方丱年，猥以童昏，繆承餘緒。乖以小事大之禮，闕稱藩奉貢之誠。染習偷安，因循積歲。所以上煩宸筭，遠發王師，勢甚疾雷，功如破竹。顧惟懦卒，焉敢當鋒。尋束手以云歸，止傾心而俟命。今月七日，已令私署通奏使、宣徽南院使伊審徵奉表歸降，以緣路寇攘，前進不得。續遣供奉官王茂隆再賫前表，必料血誠，上達睿聽。臣今月十九日，已領親男諸弟，納降禮於軍門，至於老母諸孫，延餘喘於私第。陛下至仁廣覆，大德好生，顧臣假息於數年，所望全軀於此日。今蒙元戎慰恤，監獲撫安，若非天地之垂慈，豈見軍民之受賜！謹遣親弟仁贄奉表待罪。」又上宋宰臣樞密使狀曰：「竊念頃自北京，即隨先子，洎臨西蜀，嗣守餘基。自量小國之封疆，常阻大朝之正朔。伏自皇帝登位宸極，禮盛郊禋，令預梯航，願同臨照。而以阻遥障險，稍易歲時。今則遠勞王師，恭行天討，有征無戰，詎可抗威。棄甲倒戈，尋皆效順。具陳降款，上達冕旒。所希者存濟活於蒼生，報劬勞於老母，忠惟奉主，孝則養親，固於生平，無所覬望。許男衡璧，已蒙解釋之儀；虞舜垂衣，佇保安全之望。丹誠備寫，雪涕難勝。伏惟某官叶贊萬幾，懷柔入表，迥敷恩信，并及幽遐。願垂前席之言，特加敷奏；冀遂保家之懇，終養晨昏。烏反哺以知恩，竊將比喻；雀銜環而報德，以荷生成。倚賴感銘，陳辭罔盡。退瞻德宇，但瀝虔誠。」

宋帝答詔曰：「朕以受命上穹，臨制中土，姑務保民而崇德，豈思右武以佳兵。至於臨戎，蓋非獲已。矧惟益部，僻處一隅，靡思僭竊之愆，輒肆窺覦之志。潛結并寇，自啓釁端，爰命偏師，往申弔伐。靈旗所指，逆壘自平。朕常中宵憮然，兆民何罪，屢馳驛騎，嚴戒兵鋒，務宣拯溺之懷，以盡招攜之禮。而卿果能率官屬而請命，拜表疏以祈恩，託以慈親，保其宗祀，悉封府庫，以待王師。追咎改圖，將自求於多福；匿瑕含垢，當盡滌於前非。朕不食言，爾無他慮。」又錦里耆舊傳載宋太祖答詔，與宋史畧異，今附記於下。「敕蜀主：省上表率文武見任官等望闕瀝懇歸命事具悉。朕自皇天眷命，率土樂推，將期德報萬方，不恃威加四海。乃眷益部，僻處一隅，苟黎庶之獲安，非經營之在意。憶昨災躔蜀地，釁自并門，既興王者之師，遂授將軍之鉞。事非獲已，須用至兵。我具真辭，彼衆自敗。下劍門而賈勇，指井絡以長驅。中宵火燃，兆庶何罪，徑馳驛騎，嚴戒前鋒，廣宣來者之懷，徧諭弔民之意。果能率官屬而效順，拜表疏以祈恩，託我慈親，述乃寢廟，封府庫而待罪，保生聚以輸誠。朕方示信懷來，不逼人險，保無他慮，當體優隆。國有舊章，不違來請。所宜悉也。」十七日。

帝乃與太后妃嬪合族等及官屬發成都，由峽江而下。時宋取蜀宮殿材造船二百艘，裝載物帛銅錢器皿及銀腰帶十萬應付江南軍前，其珠珍軟細以陸路發付京師。邵氏聞見録云：昶舟過省州湖瀼渡，一宮嬪有孕，昶出之，祝曰：「若生子，孟氏尚存也。」後果生子，今爲孟氏不絶。昶治蜀有恩，國人哭送之，至犍爲別去，因號曰蜀王灘。至江陵，宋帝遣皇城使竇思儼迎勞之。

夏四月，至襄漢，復遣使齎詔賜茶藥，所賜詔不名，仍呼太后爲國母。

五月，將至汴京，宋太祖命晉王勞於近郊。十六日。昧爽，宋太祖御崇元殿，備禮出見。後主率皇弟仁贄、太子元喆等宰臣李昊已下三十二人，自玉津園乘馬至明德門，白冠素服，勒帛立班，宋閤門使李廷憲接降表，後主等伏地待罪。頃之，宋太祖令通事舍人持起，敕曰：「取法上天，廣覆下土，既叶混同之象，永垂臨照之光。方喜來朝，何勞俟罪。體兹睠待，無至兢憂。」後主獻金器八百兩，玉腰帶二條，銀鋌一萬兩。已而賜宴於大殿，又進金酒器一副，通龍鳳犀腰帶一條。明日，宋太祖宣賜後主襲衣、玉帶、黃金鞍勒馬、金器千兩、銀器萬兩、錦綺千段、絹萬疋。錦里耆舊傳云：蜀主朝見，賜蜀主衣一副六件，玉腰帶一條，金鞍轡馬一匹，散馬五匹，絹五千疋，錦綺綾羅紗縠衣著一千疋，錢三千貫文，金鍍銀稜瓷器四百事，銀漆稜器千六百事，素漆器五百事，錦繡被氈褥二副，宅一院，四百八十間，鋪陳售用什物全。又賜太后李氏金器三百兩，銀器三千兩，錦綺千匹，絹千匹，子弟及其官屬等襲衣、金玉帶、鞍勒馬、車乘、器幣有差。又遣使分詣江陵、鳳翔，賜我文武官家屬錢帛，疾病者給以醫藥。時成都人王處瓊少孤，有司籍其金寶，後主至是輦送闕下，宋太祖令計其直還焉。

又以新築臨汴大第第在利仁坊，太平興國中改爲尚書都省。賜後主居之，復爲官屬各營居第。詔曰：「伯禹導川，黑水本梁州之域；河圖括象，〔七〕岷山直井絡之墟。屬中原多故，遠服未賓，遂剖裂於山河，競僭竊於位號。朕削平寓縣，載整皇綱，復周、漢之舊疆，寵綏羣后；采唐、虞之大訓，協和萬邦。六年於兹，百揆時敍。禮樂征伐之柄，盡出朝廷；要荒山澤之君，咸修職貢。憶昨援長庚而授律，法時雨以興師，先申誕告之文，以慰徯來之衆。咨爾僞蜀主孟昶，克承餘緒，保據一隅，擅正朔以自尊，歷歲時而滋久。屬王師之致討，察天道之惡盈，體此綏懷，思於效順，盡率郡吏，降於軍門。抗手疏以陳誠，伏天閽而請命。是用詔示大信，盡滌疵瑕，度越彝章，升於崇秩。冠紫微之近署，以奉內朝；剪鶉首之奧區，爲之食邑。豈比夫魏封劉禪，纔升驃騎之班；隋待蕭琮，惟列莒公之號。率從異數，式洽殊私。爾宜欽承，往踐厥位。可開府儀同三司、檢校太師兼中書令、秦國公，給上鎮節度使奉祿。」餘官除拜有差。李昊工部尚書，毋守素工部侍郎，張元傚工部郎中，歐陽炯左散騎常侍，胡韞司天少監，郭徽膳部郎中，韓保昇殿中監，高諷太府卿，尹文舉駕部郎中，范禹偁鴻臚卿，劉嵩少府少監，韓嶼庫部郎中，鮮于操祠部員外郎，趙元拱虞部員外郎，邱世隆比部員外郎，王昭遠右千牛衛上將軍，李進右千牛衛大將軍，龍處璩左羽林衛大將軍，袁可鈞左屯衛大將軍，高延昭左驍鋭大將軍，蘇廷超清道率府率，李遵皓左監門率府率。

又授後主弟仁贄右神武軍統軍，仁操左監門衛上將軍，仁裕右監門衛上將軍，太子玄喆兗州節度使，次子玄珏左千牛衛上將軍。

越七日，後主薨，時宋乾德三年夏六月也。年四十有七。遺表曰：「臣聞大數有限，萬化無窮。歷觀古今以攸同，在昔賢愚而不免。將啟手以歸土，再瀝懇而聞天。伏念臣謬承父業，竊據坤維，數千里之山河，四十年之統攝。雖有臨深之懼，且無事大之規。是以遠勞王師，恭行天討，上思老母，下念民生，潛收拒轍之心，旋露投戈之請。皇帝納汙道廣，來遠恩寬，遐頒彩鳳之書，遽釋牽羊之罪。伏自遠辭錦里，獲覩瑶墀，帝澤天恩，曾無虛日。皇華驛騎，長是盈門。仍賜官勳，方圖朝謝，不謂偶縈疾疹，遽覺沉微。乃蒙陛下軫睿，念以殊深，降國醫而薦至，比冀稍聞瘳損，何期漸見彌留，將別聖朝，即歸幽壤。絶拜章於雙闕，一息雖存；命易簀於病躬，五神已耗。伏惟皇帝長新鳳曆，永霸鴻圖，鎮居四海之尊，終作兆民之慶。臣之老母，臣之遺孤，仰荷聖恩，夫復何憂。」云云。

宋太祖廢朝五日，素服發哀，賻布帛千疋，發奉義甲士三千人護葬，葬於洛陽之□□。

秋七月，正衙備禮，册贈尚書令，追封楚王，其文曰：「維乾德三年，歲次乙丑，七月己巳朔，越二十日戊子，皇帝若曰：咨爾故檢校太師兼中書令、秦國公孟昶，册贈之典，所以彰世祚而紀勳伐；繼絶之義，所以旌異域而表來庭。苟匪全功，寧兼二者。國家乘乾撫運，括地開圖。稽至德於勳、華，體深仁於湯、禹。既定壺關之亂，復剪淮甸之凶，暨荆及衡，洗蕩逋穢。以爲人君之道，先德而後刑；王者之師，有征而無戰。兵威震疊，寰宇來同。以至薄伐兩川，徂征三峽。惟爾祖襲乃堂構，據有巴庸，而能祇畏皇靈，保全宗緒，知幾識變，委順圖全。馳子牟魏闕之心，奉伯禹塗山之會。朕自聞獻款，良切虚懷。舟車欣至止之初，邸第錫非常之制。封崇異數，祈保永年。景命不融，奄然殂謝。於戲！爾有及親之孝，特異常倫；爾有達上之情，所期終養。何高穹之不祐，與幽壤之同歸。斯朕所以當宁興悲，徹縣永歎。詢於史氏，申命禮官，今遣使起復雲麾將軍、檢校太傅、右神武統軍、兼御史大夫、上柱國、平昌縣開國伯、食邑七百户孟仁贄持節，贈爾爲尚書令，仍追封楚王。於戲！式備哀榮，載光簡牒。南宫峻秩，全楚大邦，併示追崇，夐超彝制。始終之分，朕無愧焉。」仍贈墳莊一區，給守墳人米千石，錢五萬。謚曰恭孝。（蜀檮杌作恭惠，今從宋史。）

初，高祖據有一方，晚年專務奢侈，尚食掌食典至百卷，中有賜緋羊酒骨糟等名。寢室常設畫屏七十張，關百紐而合之，號曰幈宫。又有煌明帳，色淺紅，類鮫綃，於綃文中具十洲三島之象，夜則燦爛如金箔，施之大小牀皆稱。後主初襲位，頗勤政事，寢處惟紫羅帳、碧綾帷，褥無錦繡諸飾，至於盥漱之具，但用白金，雜以黑漆木器。性復仁慈柔懦，（野人閒話云：）

後主性多明敏，孝慈仁義，在位已來，尊儒尚道，貴農賤商。每決死刑，多所矜減。月旦必素飡，酷嗜薯藥，因呼薯藥爲月一盤。初喜走馬，後漸以體重不耐乘馬，內廐惟飼打毬馬一匹。出則乘步輦，蔽以重簾，環結珠香囊，垂於四角，香聞數里，人罕覩其面。居恒巡行宮內，惟銅裝朱漆小輦而已。且數年間一南郊，不放燈火。又費著歲華紀麗譜云：「蜀王孟昶時間放燈，然率無定日。」中歲稍稍以侈靡爲樂，常命一梭織成錦被，凡三幅帛，上鏤二穴，名曰鴛衾。又以芙蓉花徧染繒爲帳幔，名曰芙蓉帳。至溺器皆以七寶裝之。宋太祖見寶裝溺器，撞碎之，曰：「汝以七寶飾此，當以何器貯食？所爲如此，不亡何待！」每臘日，內官各獻羅體圈金花樹，所費不貲。

先是歲除，故事學士爲辭題桃符置寢門左右，前一年，學士幸寅遜撰詞，後主以其非工，自操筆署云：「新年納餘慶，嘉節號長春。」已而以正月納降，宋太祖命呂餘慶知成都府，而「長春」又太祖誕節名，其符合有如此。一云太子玄喆居策勳府，後主以歲終自書桃符云：「天降餘慶，聖節長春。」玄喆拜受，置於寢門之左右。未審是非。又廣政中，民質錢取息者，將徙居，必牓其門曰「召主收贖」，一云後主賦歛無度，射利之家配率尤甚，既乏緡錢，惟仰在質物，乃競書簡札，揭其門曰：「今召主收贖。」識者以爲召者趙也，贖者蜀也。末年，成都文武官競執長鞭，自馬至地，號曰朝天，婦女争治髮爲高髻，呼爲朝天髻；又製新曲曰萬里朝天。未幾後主朝宋，崎嶇川陸，斯其驗矣。

高祖自同光三年乙酉入蜀，至廣政二十八年乙丑國滅，父子二世，凡四十一年。薛氏舊五代史謂同光三年丙戌至乾德三年乙丑四十年者，非是。

論曰：史言後主朝宋時，自二江至眉州，萬民擁道，痛哭慟絶者凡數百人，後主亦掩面而泣。藉非慈惠素著，亦何以深入人心如此哉？跡其生平行事，勸農恤刑，肇興文教，孜孜求治，與民休息，要未必如王衍荒淫之甚也。獨是用匪其人，坐致淪喪，所由與前蜀之滅亡有異矣。

校勘記

〔一〕遼君歸北　「遼」字原空缺，今據揮麈録後録卷五所載補。

〔二〕成都之境　揮麈録後録卷五有注云：「下缺數字。」又「成」字，揮麈録所載作「武」。

〔三〕垂念不宣　「垂」字原缺，今據揮麈録所載補。

〔四〕每錢千凡四石爲銅　「石」字，疑爲「百」字之誤。

〔五〕王繼濤　「繼」字原缺，據宋史卷四七九西蜀世家補。

〔六〕朱光緒　「朱」原作「米」，據宋史卷四七九西蜀世家改。

〔七〕河圖括象　「括」原作「拒」，據宋史卷四七九西蜀世家改。

十國春秋卷第五十

後蜀三　列傳

高祖皇后李氏　太后李氏

高祖皇后李氏，後唐太祖弟克讓之女也。五代會要作後唐武王長女。高祖爲教練使時，太祖奇其才，遂以弟女妻之。莊宗卽位，封瓊華長公主。五代會要云同光三年十二月封。初，高祖鎮西川，后與子仁贊尚留太原，明宗踐阼，高祖遣使相迎。而是時李嚴被殺，后等過鳳翔，鎮臣遂留之不遣，明宗欲以恩結高祖，仍命李仁矩送后歸蜀。已而改封爲福慶長公主。唐有司言前世公主受封皆未出降，無遣使就藩册命之儀，明宗不從，詔有司草具新儀，乃遣秘書監劉岳爲册使。岳行至鳳翔，聞高祖舉兵，乃旋。長興三年薨。唐遣使歸賻，册贈晉國雍順長公主。九月，葬於成都星宿山。高祖登極，追册爲皇后。

後唐之亂，莊宗諸兒多削髮爲僧，間道來成都，高祖以后故厚待之，賜予千計，敕器用局以沉香降真爲鉢，木香爲匙箸，其優禮如此。

后幼畜雌雄二貓，一曰「御花朶」，一曰「麝香騙妲己」，性酷愛之，蜀人多傳其事。

太后李氏，太原人，故唐莊宗嬪御也。莊宗以賜高祖。一云瓊華長公主之媵。一日，夢大星墜於懷，告於瓊華長公主，長公主卽高祖皇后也，謂太后曰：「婢有福相，當生貴子。」遂常令知府舍。未幾生後主。爲人明辨知大體。初封夫人，明德元年進封貴妃。後主踐阼，尊爲皇太后。

太后累從征伐，備歷艱難，由是性尚慈儉，居恒戒後主以固福壽爲務。後主初年頗遵行之。廣政末，典兵者多非其人，太后謂後主曰：「吾昔見莊宗跨河與梁戰，及先帝在并州捍契丹，入蜀定兩川，諸將非有大功，無得主兵，故士卒畏服。今王昭遠出自厮養，伊審徵、韓保貞、趙崇韜皆膏粱乳臭子，素不習兵，徒以舊恩寘於人上。平時誰敢言者，倉卒遇疆場有事，安能禦大敵乎？以吾觀之，惟高彥儔太原舊人，秉心忠實，多所經練，終不負汝。自餘無足任者。」後主不能從。

及歸宋，太祖盛加優禮，賜御衣一襲，金器三百兩，銀器一千兩，絹一千段，綿被氈褥等物稱是，詔書呼爲國母。以禁轝肩至宮庭，命宮嬪扶掖，親酌酒勞之曰：「母善自愛，無戚戚思蜀，他日當送母歸。」太后曰：「妾家本太原，倘得還故鄉，不勝大願。」是時北漢尚在，太祖大喜曰：「俟平劉鈞，當如母願。」後主之殁也，太后不哭，以酒酹地祝曰：「汝不能死社稷，苟生以取羞。吾所以忍死者，以汝在也。吾今何用生爲？」因不食而死。宋太祖聞而傷之，賻贈加等，令鴻臚卿范禹偁護喪事，同後主葬於洛陽。太后在成都時，常夢宮中衛聖龍神乞出居宮外，太后命引像置圓覺寺，人皆謂非吉兆，至國亡乃驗。

後主妃張氏　慧妃徐氏

妃張氏，名太華。少擅殊色，眉目如畫。事後主有專房之寵。廣政初同輦遊青城山，宿九天丈人觀，月餘不返，奉鑾肅衛都虞候李廷珪屢諫不聽。居數日，雷雨大作，白日晦暝，太華被震而殞，乃以紅錦龍褥裹瘞觀前白楊樹下。明日急趣迴鑾，悲悼無已。

後數年，鍊師李若沖於薄暮步白楊樹側，忽見女子吟詩，若有所怨。詩曰：「一別鑾輿今幾年，白楊風起不成眠。常思往日椒房寵，泪滴衣襟損翠鈿。」問曰：「人邪？鬼邪？」女子斂衽言：「妾蜀妃張太華也。因陪駕遊此遇震，乞賜超拔。」若沖乃於中元節修長生金簡以荅之。未幾，夢太華謝曰：「妾已受生人世矣。」壁間以黄土留詩而去。詩曰：「符吏匆匆叩夜扃，便隨金簡出幽冥。蒙師薦拔恩非淺，領得生神九卷經。」後主聞之，厚賚若沖。自是惟花蘂夫人寵冠後宮。

慧妃徐氏，青城人。幼有才色，父國璋納於後主，後主嬖之，拜貴妃，別號花蕊夫人，又升號慧妃。常與後主登樓，以龍腦末塗白扇，扇墜地，爲人所得，蜀人争效其制，名曰「雪香扇」。又後主與避暑摩訶池上，爲作小詞以美之，詞曰：「冰肌玉骨清無汗，水殿風來暗香滿。」云云。國中争爲流傳。

徐氏長於詩詠，居恒倣王建作宫詞百首，時人多稱許之。國亡入宋，宋太祖召使陳詩，誦亡國之由，其詩有「十四萬人齊解甲，可無一箇是男兒」之句，太祖大悦。徐氏心未忘蜀，每懸後主像以祀，詭言宜子之神。張仙挾彈圖，即後主也，童子爲太子元喆，武士爲趙廷隱。一云墓在閬崇安。

論曰：逸史載張太華事至奇，殆漢李夫人之類邪？若花蕊夫人者，有言宋平蜀，別將護夫人入汴京，中道作敗節語，後竟爲晉邸射死；又言以蜀俘輸織室，終得罪，賜自盡，俱非也。前後蜀有兩花蕊夫人，王蜀則導江費氏，孟蜀則徐國璋女。又有南唐宫人雅能詩，歸宋後目爲小花蕊，其稱名皆從同云。

高祖子雅王仁贄　彭王仁裕　嘉王仁操

仁贄字忠美，高祖子也。年少於後主。初爲左威衞將軍同正。廣政十三年封雅王、檢校太傅，二十年領保寧軍節度使，二十四年加檢校太尉。宋師入境，後主遣仁贄詣宋闕上表待罪，宋太祖召見廣德殿，賜襲衣、玉帶、鞍勒馬，俄授雲麾將軍、檢校太傅、右神武統軍、兼御史大夫、上柱國、平昌縣開國伯，食邑七百户。丁母憂，起復，領大同軍節度、西京都巡檢使。開寶四年薨，年四十四，贈太子太傅。

仁裕字鳴謙，亦高祖子，後主弟也。起家左威衞將軍同正，與仁贄同日封彭王、檢校太傅。廣政二十年領武泰軍節度使，二十四年加檢校太尉。歸宋授檢校太傅、右監門衞上將軍，遷右羽林軍。開寶三年薨，年四十四，贈太子太傅。

仁操亦後主弟。初爲右領軍衞將軍同正，與仁贄等同日封嘉王、檢校太傅。廣政二十一年領永寧軍節度使。常侍後主射於梔子園，仁操連中的者三。二十四年加檢校太尉。尤奉釋氏，深究禪理。歸宋授右監衞上將軍，累遷右龍武統軍。雍熙三年薨。

又宋陸游言故蜀燕王宮海棠之盛爲成都第一，燕王不詳其爲何人，姑識其封號，以竢考云。

後主子太子元喆　褒王元珏　遂王元寶

元喆字遵聖，後主之元子也。幼聰悟，善隸書。年十四，封秦王、檢校太尉、同平章事，判六軍諸衛事。常自書姚崇口箴刻諸石，後主賜以銀器、錦綵。廣政二十一年領武德軍節度使，二十四年加兼侍中，二十五年立爲皇太子。宋師將至，後主命元喆爲元帥，精卒萬餘，旌旗皆織文繡爲之，以錦綢其杠。是日微雨，元喆慮霑濕，令解去；俄雨止復旆之，旌旗數千，多倒繫杠上，識者異焉。元喆離成都，攜姬妾、伶人數十輩，晨夜嬉戲，不恤軍政。行至綿州，聞劍門已破，遂奔東川；數日，棄軍遁歸。

入宋，與後主同日宣制拜檢校太尉、泰寧軍節度使。制曰：「朕聞魏將降蜀，君臣俱列於散官；隋帝平陳，子弟不聞於封爵。皇家順景風而行賞，同時雨以濟師。當敵境未賓，霆下戒嚴之令；暨危邦請命，雲垂利澤之恩。矧復降婁古封，掌武崇秩，曲阜是伯禽之國，太尉乃周勃之官。山河距九州之雄，紱冕冠三公之貴。舉爲賞典，斯實異恩。蜀國長子孟元喆，禮法矜莊，神采英秀，駃修途於早歲，播令問於蜀川。正朔未同於列國，而人稱世子；車書既混於大朝，而自是良臣。以爾昔在三川，常居二職，贊厥父之效順，保祖母之高年。予嘉乃心，豈限彝制。是命陟將壇於東夏，整武事於南宮。憲秩封侯，用光殊渥。將表臨戎之寄，更增光禄之勳。爾其分天子之憂勤，出將軍之號令，與其改弦而易調，不若從容以安民。布政頒條，予誠有望；榮家奉國，爾其勉之。」

後主歿，宋太祖賜元喆羊五百口，酒五百壺。元喆獻馬二百匹，白玉水晶鞍勒副之。未幾，移鎮貝州，在鎮凡十餘年。太平興國初，徙定州。三年，加開府儀同三司。

四年，從平太原，就命爲鎮州駐泊兵馬鈐轄。又從征幽州，率所部攻城之西面，會班師，遣與軍器庫使樂可瓊、深州刺史念金鏁、左龍武將軍趙延進、殿前都虞候崔翰、四方館使梁迴、翰林使杜彦圭帥兵歸屯定州。俄與諸將校敗契丹於徐河，以功封滕國公，入爲左龍武軍統軍，判右金吾衛仗。未幾，知滑州。淳化初，以病求小郡養疾，移知滁州。薨年五十五，贈侍中。

元喆在貝州時，凡民輸税者，皆令出商筭，規其餘羨，以備留使之用。景德中，都官員外郎孔揆使河北，表論其事，始除焉。有子十五人，隆記、隆詁、隆説、隆詮並進士及第。

元珏，後主次子也。初封褒王，與元喆並日封拜，仍檢校太保。少端敏，侍後主射雙箭，連中的，奇之，賜錢三十萬。時元珏方就學，爲選起居舍人陳鄂爲教授，至是自陳，願以錢賜鄂，後主嘉而許焉。鄂常倣唐李瀚蒙求、高測韻對，爲四庫韻對四十卷以獻，元珏益賞之。廣政二十三年，元珏領保寧軍節度使，久之，加檢校太傅。歸宋爲千牛衛上將軍。乾德五年遷右神武統軍，代元喆判金吾衛仗。太平興國九年，出爲宋曹兗鄆都巡檢，又改右屯衛上將軍。淳化元年四月，復爲右神武統軍，六月，出知滑州。三年薨。

元寶，後主幼子也。生而奇嶷，數歲，日誦詩書萬言。年七歲而夭。太常言無服之殤，無贈典。後主問於宰相李昊，昊曰：「昔唐德宗皇子評生四歲而卒，贈揚州大都督，封肅王，此故事也。」後主乃贈元寶青州大都督，追封遂王。按蜀檮杌，元寶死於廣政十三年，歐陽史載於二十一年之後，恐誤。

高祖女崇華公主

後主女鳳儀公主　鑾國公主

崇華公主，高祖女也。適太原伊延瓌。一云延瓌尚高祖妹褒國公主，今從宋史。延瓌歷陵、嘉、眉三州刺史，審徵卽公主子。

鳳儀公主，後主女也。宰相李昊子少連尚之。少連累官太常少卿、資州刺史。

鑾國公主，亦後主女，下嫁工部尚書毋守素子克恭。克恭以公主故，初授檢校水部員外郎，累遷光祿少卿。歸宋擢左監門衛將軍。

後主時又有韓崇遂、趙文亮、伊崇度，俱尚公主，史失其封號，不具録。又李心傳朝野雜記載趙普子承煦，初娶仙源郡夫人孟氏，亦後主女也。

十國春秋卷第五十一

後蜀四　列傳

趙季良　趙廷隱　李仁罕　張業　李肇

趙季良字德彰，濟陰人也。初仕後唐莊宗爲魏州司録，魏州税多逋負，莊宗時爲晉王，遣季良督之，季良曰：「殿下方謀攻取，而不愛百姓，一旦百姓離心，恐河北非殿下有矣。」莊宗大加欽重，已而累遷鹽鐵判官、太僕卿。

明宗天成元年，齎官告拜高祖爲侍中，即以爲三川制置使，督蜀犒軍餘錢送京師，且置制兩川征賦。是時高祖鎮西川，頗不奉詔，會與季良有舊，遂留之不遣，因請爲西川節度副使，事無大小，多與參決。久之，唐徙季良果州團練史。高祖得制書，匿之，表留季良，不可得，復遣使至京師論請，明宗不得已，曲從之。自是季良傾身事高祖，布腹心矣。

季良通敏善謀畧，董璋時遣人求昏自結，而高祖心恨璋，未之許也，季良以爲宜合從以拒唐使。長興時，進奏官言唐主欲大發兵討兩川，季良請以東川先取遂、閬，然後併兵守劍門，則大軍雖來，吾無内顧憂矣。未幾，唐將石敬塘因遂、閬已破，燒營北歸，軍前馳驛報高祖，高祖故藏其書，謂季良曰：「北軍漸近，奈何？」季良扣指曰：「不過綿州必遁。」問其故，曰：「我逸彼勞，敵縣軍千里，糧盡，能無走乎？」高祖大笑，出書示之，由是甚服其智。

居無何，高祖疑璋有異圖，遣季良往探之。季良歸，言：「璋爲人豺狼之聲，狗鼠之行；卒徵暴斂，好殺惡生；負志剛强，不量人事；用兵好勝，不達天時；而且朝令夕改，坐喜立嗔；兵有鬭心，將無戰意。方今以小謀大，敝民惠姦，有窺四海之心，終作兩川之患。料其訓練兵師，完葺城壘，招我將健，挫我使臣，必行雷電之機，不顧山河之誓。」已而璋果與高祖交惡，興兵破白楊林，聲勢甚盛，高祖有憂色，季良曰：「璋勇而無恩，士卒不附，城守則難克，野戰則成禽。今不守巢穴，公之利也。璋用兵精鋭，盡在前鋒，公宜以羸兵誘之，以勁兵待之，始雖小衂，終必大捷。又璋素負威名，故西川惶懼，公當自出禦之，則人心自定。」後悉如季良言，而璋遂用是敗。

未幾，季良領武泰軍留後，頃之，高祖以墨制署爲節度使。是年，唐明宗即下制以季良爲武泰軍節度使。高祖即位，拜司空、兼門下侍郎、同平章事。既而高祖病甚，彌留之際，召季良與李仁罕、趙廷隱、王處回等同受顧命。及高祖已晏駕，秘未發喪，處回夜過季良，涕泣不已，季良正色曰：「今彊侯握兵，專伺時變，義當速立嗣君，豈可徒相泣邪！」遂與處回立後主，而後發喪。以擁戴功，加司徒，已又進太保，與毋昭裔、張業分判三司，遂兼户部事。廣政九年秋八月卒，謚曰文肅。

子元振，明德初爲都知殿直。

趙廷隱，開封人。宋史作太原人，今從蜀檮杌。初仕梁爲裨將。王彦章之被鹵也，廷隱與都監張漢傑、曹州刺史李知節、偏將劉嗣彬等俱爲唐莊宗所執，已而隨高祖入西川。廷隱拳勇有智畧，高祖戲下無及者。積功至金紫光禄大夫、檢校司空、守漢州刺史、上柱國，充左廂馬步軍都指揮使。未幾，與唐師戰於劍門，時天寒，士卒觀望不進，廷隱流涕諭之曰：「今北軍勢盛，汝曹不力戰却敵，則妻子爲他人有矣！」衆心乃奮。俄唐將石敬瑭引步兵來擊廷隱，廷隱擇善射者五百人伏敬瑭歸路以待，及矛稍相交，乃揚旗鼓譟，卒敗之。已又副李仁罕攻遂州，先登，會唐將李彦琦棄利州走，遷廷隱爲昭武軍留後。廷隱因馳使白高祖曰：「董璋多詐，必爲公患，乘其至劍州勞軍而圖之，併兩川之衆，可得志於天下。」高祖不許。廷隱歎曰：「不從吾謀，禍未已也。」久之，廷隱以昭武讓李肇，遂還成都。

明年，董璋入寇，命爲行營馬步軍都部署，將兵三萬拒之。時璋造詐書，誣廷隱及趙季良等與璋相通，高祖授之廷隱，廷隱投諸地曰：「不過爲反間，欲令公殺副使與廷隱耳！」未幾，將兵攻梓州。璋爲部將所殺，廷隱取其首以獻。

高祖既據有兩川，復於閬州置保寧軍，授廷隱保寧軍留後。無何以墨制擢節度使，明宗即下制以爲保寧軍節度使。明德元年春，充左匡聖步軍都指揮使。高祖病革，同趙季良等受遺詔輔政。後主立，加兼侍中，爲六軍副使，已又晉秩太傅，國有大事，就第問之。既而李仁罕、張業相繼以罪死，廷隱遂致仕，廢於家。最後官至太師、中書令，封宋王。廣政十一年冬十二月薨，諡曰忠武。

李仁罕字德美，陳留人也。唐同光時，李紹琛反，攻破漢州，高祖遣仁罕會任圜、董璋擊敗之，仁罕遂以此得勇戰名。明宗入立，仁罕積功爲左廂馬步都指揮使，已又進光禄大夫、檢校太保、守彭州刺史、上柱國，充諸軍馬步軍都指揮使。仁罕常與張業置宴召高祖，先期有告二將謀以宴日作亂者，高祖未之信也；至日就宴，盡去左右護衞，獨詣仁罕第。仁罕叩頭流涕曰：「公推赤心置人腹中，老兵惟盡死以報德耳。」

高祖舉兵成都，以仁罕爲行營都部署，將兵攻遂州，城陷，唐將夏魯奇自殺，以功擢武信軍留後。隨爲峽路行營招討使，進拔忠州，又破萬州，陷雲安監，還克夔州。峽江之捷，仁罕功居多焉。已而同趙廷隱争鎮東川，頗與廷隱不相能，高祖命仁罕仍歸遂州。長興四年，高祖以墨制署爲武信軍節度使，已而明宗悉如所署。高祖登極，以仁罕爲衛聖諸軍馬步軍指揮使，仍領武信節鎮。頃之，受遺詔輔政，奉後主嗣皇帝位。

是時諸將多高祖故人，事後主益驕蹇不法，務廣第宅，奪人良田，發其墳墓，而仁罕及張業尤甚。仁罕在高祖時已恣爲奢豪，前蜀主宮嬪有國色，欲娶之，懼爲高祖所責，至是漸有跋扈之志，頗恃功，求判六軍。後主雖曲狥其請，加中書令，判六軍事，而内不勝其忿。會張公鐸、韓繼勳、韓保貞、安思謙等皆事後主於藩邸，素怨仁罕，共譖云：「仁罕有異志。」而廷隱與有隙，亦慫恿之。後主遂因其入朝執殺焉，并族其家。時李肇自鎮來朝，杖而入見，稱疾不拜，及聞仁罕死，遽釋杖而拜。

張業，仁罕之甥也。初名知業，後避高祖偏諱，遂單名業。爲人驍勇善戰，與仁罕同從高祖入蜀，分討諸盜，悉平之。

天成中，官右廂馬步軍都指揮使，金紫光禄大夫、檢校司空、守簡州刺史、上柱國。長興元年，充先鋒都指揮使，將兵三萬攻遂州，有功。久之，拜寧江軍留後。已而高祖以墨制署爲節度使，唐明宗賜高祖爵蜀王，卽詔業領寧江軍節度使。及高祖稱尊號，命業充右匡聖步軍都指揮使，仍管寧江節鎮如故，後主時加檢校太尉。仁罕既伏罪，業是時方掌禁兵，後主懼其反側，乃用爲相以安之，命同平章事。廣政元年，進左僕射、兼中書侍郎、同平章事。未幾，加司空兼判度支。

業性豪侈，强市人田宅，藏匿亡命，又於私第置獄繫負責者，或歷年至於瘐死，蜀人大怨之。而業子繼昭官檢校左僕射，復好擊劍，常與僧歸信訪善劍者。左匡聖都指揮使孫漢韶宿與業不和，密告業父子謀反。後主大怒，廉得其專恣狀，乃與李昊、安思謙謀，俟其入朝執殺之，下詔暴業罪惡，籍其家。時廣政十一年也。業後仁罕死凡十五年。

李肇，汝陰人。初仕後唐爲陝虢都指揮使，高祖於漢州之役，既追獲李紹琛，復得肇與侯宏實二人，奇其才，心相得也，卽署肇牙内馬步都指揮使。

已而唐師破劍門，高祖遣肇將兵據劍州，戒以倍道兼行，唐軍無足畏者。肇既至劍州，屯兵河橋，會唐騎兵來衝陳，肇伏强弩數百射之，唐騎兵不敢進，引去。未幾，肇歸成都，昭武留後趙廷隱以本軍三讓肇，高祖乃命肇代守利州。董璋之興師也，陽致書於肇，若與己連謀者，肇頌繫其使獄中，而亦擁兵爲自衞之計。及璋敗，肇遂斬璋使以獻。長興四年，高祖以墨制署肇昭武軍節度使，唐明宗悉依所署。未幾，兼奉鑾肅衞都指揮使。

後主初立，加兼侍中。肇恃先朝功臣，不時入朝。至漢州，留與親戚燕飲高會，睯逾旬日。久之，扶杖見後主，詐稱疾不拜。後主既誅李仁罕，心頗不平於肇，左右以肇倨慢，請加刑，後主竟罷其軍務，改太子少傅，徙邛州，死。

論曰：文肅等諸人，故高祖創業勛臣，史所號五節度使是也。景從霸主，豹變雲蒸，可不謂盛焉。而運籌敵愾，克保始終，兩趙之功績茂矣。仁罕伏辜，業不良死，肇老臨邛，功高志滿，召禍取尤，蓋無不自己作之者也。

侯宏實　張公鐸　扈福誠　武漳　沙延祚　潘仁嗣　高敬柔　季鎬　李筠　朱偓　袁彥超

侯宏實，千乘人也。鑑戒録云蒲坂人。幼而家貧。年十三，假寐簷下，會暑月大雨，有虹自黄河飲水，俄貫宏實口，良久始没。母見而奇之，及覺，問宏實有異否，對曰：「適夢濡河取水，果腹而歸。」居數月，有蜀僧詣門，謂宏實母曰：「女弟子當九九後福，合得兒子氣力。」母呼宏實請相焉，僧徐視曰：「此蜆龍也。即非真龍，官必顯貴，法當離鄉井，食禄江海。惟欽崇三寶，可獲令終。」

已而宏實仕後唐爲河中都指揮使。同光三年，魏王繼岌入蜀，隸李紹琛部下。紹琛破漢州，高祖將兵執紹琛，而宏實與李肇皆爲高祖所鹵，因命宏實爲牙内馬步指揮副使。未幾，將兵會董璋，攻下閬州，先登陷陳，甚爲一軍所推。彌牟鎮之戰，宏實身在行間。董璋敗，宏實亦論功焉。高祖即位，改奉鑾肅衛指揮副使。是歲，受遺詔，同趙季良等輔政，進秩侍中。

宏實歷官眉州刺史、寧江武泰節度使，一官二鎮，皆近大江。晚年興造禪院，開轉藏經，廣建第宅，竟得善終。母年八十一，後累封太夫人，悉如蜀僧所言。

張公鐸，太原平樂人。高祖初置義勝、定遠諸軍，以公鐸爲都知兵馬使。長興三年，高祖與東川兵戰於彌牟鎮，指揮使毛重威、李瑭皆爲所殺，而趙廷隱等復失利不前。時公鐸居陳後，高祖揚馬箠指之，公鐸麾兵而進，帥衆大呼，所部兵無不一以當百；東川兵殊出不意，蹂躪披靡，死者數千人。是役也，董璋之敗，實以公鐸一戰決勝焉。頃之，遷捧聖控鶴都指揮使。明德元年，與五臣同受顧命。

後主踐阼，加檢校太尉，與李仁罕争權，不相協。仁罕之死，公鐸亦與有力。未幾，領保寧軍節度使，兼同平章事。廣政四年，罷軍使。八年卒。公鐸少涉獵文史，爲政清嚴，所至民受其賜。卒之日，後主哭曰：「嚴而不猛，清而不隘，惟張公而已。」

龐福誠，太谷人也。事高祖爲牙内指揮使。長興初，唐兵來征兩川，福誠與昭信指揮使謝鍠屯閬州來蘇村，十國紀年作來蘇寨。聞劍門失守，相謂曰：「使北軍更得劍州，二蜀勢危矣。」遽引部兵千餘人間道趣劍州，壁千衙城。始至，遇唐軍萬餘人自北山馳下，福誠等趣河橋迎擊之，北軍小却。會日暮，二人謀曰：「衆寡不敵，逮明則吾屬無遺矣。」福誠乃夜引兵數百人升北山顛，轉至唐軍營後，大呼譟，鍠率餘衆操弓弩短兵，自其前急擊之。唐軍驚擾，遂空營遁去。鍠乘勢追襲唐軍，於是進保劍門，人皆稱其有兵畧云。廣政中，同韓保貞擊鳳翔，無功而還。

武漳，文水人。事高祖爲牙内指揮使。天成時漳奉命迎高祖家屬於晉陽，至鳳翔，爲李從曮所留。漳論説百端，不得發，會唐明宗詔聽歸蜀，始放還成都。

沙延祚，太原人。隸高祖戲下爲義勝都頭。長興初，唐兵趣文州，將襲龍州，延祚與定遠指揮使潘福超將兵拒之，唐師敗績而去。

潘仁嗣，浮陽東光人。〔一〕事高祖爲馬軍都指揮使。董璋入寇，仁嗣將兵三千詣漢州詗之，與璋戰赤水之上，師敗，仁嗣爲璋所鹵。頃之，高祖親執旗鼓，東川兵遂大敗，仁嗣復歸。後累官武定軍節度使、源壁等州觀察營田處置等使。

高敬柔，隸高祖爲都押牙。李仁罕之圍遂州，敬柔帥資州義軍二萬人，築長城環之，卒破其城。及高祖拒董璋，敬柔與趙季良實居中鎮守，成都藉以無虞者，敬柔力也。後不知所終。

季鎬，未詳其所自起，居高祖幕府爲判官。時高祖與董璋治兵將戰，高祖故示閒暇，自作書以遺璋，舉筆輒誤書「董」爲「重」字，不悦久之。鎬在側，獨内喜，且引諸將賀馬前。高祖曰：「事未可測，何賀邪？」鎬曰：「大王去草書重，是董已無頭，必勝之兆也。」果一戰而璋敗，人以鎬爲警敏。

李筠，故前蜀永平節度使也，已復事高祖爲大將。唐師來征兩川，筠將兵四千人守龍州要害，敵兵得無侵逸者，筠頗有扞禦功。後累官□□□□卒。

朱偓，□□人。長興初，高祖命張武爲峽路行營招收討伐使，偓以善戰爲先鋒將，分兵趣黔、涪二州。偓至涪，唐武泰節度使楊漢賓棄城出走，遂取黔南，追至豐都，還克涪州。黔涪底定，偓之力居多焉。

袁彥超，善水戰，隸高祖帳下爲左飛棹指揮使。張武征峽江，彥超實爲之副。未幾，武死於渝州，高祖即命彥超代統其衆。水軍之雄，蜀人以彥超爲最。

論曰：宏實循謹而沉毅，公鐸剛勇而清嚴，將相之位，斯云無忝。福誠以奇制勝，殆可謂得孫吳之遺法者邪！武漳而下，皆和陵從龍將士，濟濟多賢，一長足録，固可節取之以著於篇。

校勘記

〔一〕浮陽東光人　「浮陽東光」原缺，據九國志卷七潘仁嗣傳補。

十國春秋卷第五十二

後蜀五　列傳

王處回　毋昭裔　李昊　徐光溥　范仁恕　歐陽迥

王處回字亞賢，彭城人也。性寬厚愛士，頗有機畧。事高祖，起家中門副使。長興三年，高祖如梓州，遘疾，時處回侍左右，庖人進食，必空器而出，以安衆心。已遷爲正使。高祖稱尊號，擢樞密使。是歲與趙季良、李仁罕等同受顧命。高祖既晏駕，處回秘不發喪，夜啓義興門奔告季良，季良教處回詣仁罕，審其詞旨同異，方立嗣君。會仁罕設備而出，處回遂不以實告，竟宣遺制，命太子柩前卽位，其臨變知大體多此類也。

後主初立，加兼侍中，領武泰軍節度使。廣政元年，詔兼武信軍節度使、同平章事。四年，加檢校官，罷軍使。七年，復命遥領保寧節鎮。處回既恃定策勳，位隆使相，遂專權貪縱，賣官鬻獄，四方有饋獻者率先輸處回，次及内府。子德筠亦倚勢驕横，多爲不法。及張業伏誅，後主不忍寘處回於法，處回惶恐辭位，黜爲武德節度使、兼中書令，聽歸私第。未幾請老，以太子太傅致仕。十四年夏四月卒。

先是處回居成都，有道士朱桃椎者，野人閒話云：道士造謁王公於竹葉上，大書道士王桃枝奉謁。今從蜀檮杌。龐眉大鼻，布衣繿縷，謁於堦前，以劍撥土，取花子三粒種之，須臾成三花，謂處回曰：「仙人旌節花也。公富貴之兆。」處回後歷三鎮，果如其言。又相士周元豹常目之曰：「此寶精也，法當大富。」故處回家貲鉅萬，積鏹比内藏三之二。處回少孤貧，寶精之日，時猶未仕也。

毋昭裔字□□，河中龍門人。博學有才名。高祖鎮西川，辟掌書記。唐客省使李嚴來監高祖軍，昭裔請止嚴無内，不聽。高祖卒誅嚴，然亦奇昭裔才，思大用之。及登極，擢爲御史中丞。後主踐阼之明年，拜中書侍郎、同平章事，已又改門下侍郎。廣政三年，分判鹽鐵；久之，以次進左僕射。時漢趙思綰據永興、王景崇據鳳翔反，密送款後主，後主遣安思謙應之。昭裔上疏諫曰：「竊見莊宗皇帝志貪西顧，前蜀主意欲北行，凡在廷臣，皆貢諫疏，殊無聽納，有何所成。只此兩朝，可爲鑒戒。」後主不用其言，竟無功。後數年，以太子太師致仕。

昭裔性嗜藏書，酷好古文，精經術。常按雍都舊本九經，命張德釗書之，刻石於成都學宮。蜀土自唐末以來，學校廢絶，昭裔出私財營學宮，立黌舍，且請後主鏤版印九經，由是文學復盛。又令門人句中正、孫逢吉書文選、初學記、白氏六帖，刻版行之。五代史補云：毋昭裔貧賤時常借文選於交游間，其人有難色，發憤：「異日若貴，當版以鏤之，遺學者。」後仕蜀爲宰，遂踐其言刊之。後子守素齎至中朝，諸書遂大彰於世。所著有爾雅音畧三卷。

李昊字穹佐，自言唐相紳之後。祖乾祐，建州刺史；父羔，容管從事。昊生於關中，幼遇唐末之亂，隨父避地奉天。值昭宗遷洛，岐軍攻破奉天，父及弟妹皆被害。昊時年十三，獨得免，遂流寓新平十餘年。

會劉知俊領岐軍圍州城，昊逾城出，爲候騎所得，知俊召與語，甚器之，寘於門下，妻以女。及知俊歸前蜀爲武信軍節度使，署昊爲從事。未幾，知俊出師鳳翔，令昊主留務。知俊誅死，昊亦坐罷職。前蜀後主時授彭州導江令，歷中書舍人、翰林學士。岐軍之難，昊母獨無恙，至是十九年，昊仕已顯達，乃遣使張金、王彥間道迎母，昊請告於境上奉迎，前蜀後主賜以金勒名馬。昊至青泥嶺見母，母撫昊首號慟，哀感行路。

王氏既亡，昊入洛，唐明宗授檢校兵部郎中，詔高祖及趙季良於榷鹽、度支、户部間授昊一職。昊至成都，久無所授。會高祖奏季良西川節度副使，昊陽辭歸洛，高祖始辟爲觀察推官。

是時築羊馬城告成，吳援筆爲記，畧曰：

粤若蠶叢啓國，魚鳧羽化於湔山；望帝開基，鼈靈復生於岷水。其後兼并梁漢，睥睨巴賨，獵騎奔馳，會秦王於褒谷；石牛來去，闢蜀路於劍門。空驚化玉之微，寧獲糞金之利。爰自朔分秦曆，聲接華風，代有雄豪，迭爲侯伯。運當奇特，子陽乘虎踞之機；時遇非常，玄德負龍蟠之勢。若乃張儀之經營版築，役滿九年；楊秀之壯觀崇墉，功加一簣。張儀、楊秀，皆築成都城者。

洎我唐臨御，聖德昭融，武威雷駭於百王，文德日暉於四海。惟兹益部，扼彼卭關，蒙王肆竊發之心，坦綽苞狡焉之志。時或窺吾卧鼓，覘我韜戎，彎弧學射之山，飲馬沉犀之水。玉帛子女，漂流鑿齒之鄉；珠翠綺羅，散失雕題之域。累朝是忘逸樂，深軫殷憂，夢卜良臣，空彈巨屏。南康王韋臯以儒術柔服，教習詩書；燕國公高駢以將畧威懷，淬磨斧鉞。息波瀾於錦水，創制度於羅城。逾百雉之恆規，補一隅之闕事。往以元穹告變，天禄中微，彝門方轉其斗魁，王氏遂分其鼎足。既而莊宗繼絶，皇祚中興，靈旗西指於巴庸，蜀主東朝於伊洛。

先帝以初復地土，方懷遠人，須仗權謀，迺睠勳戚。於是詔飛丹鳳，召何晏於并門；節立蒼龍，封杜悰於井絡。孟蜀先主尚瓊華公主，故以何晏、杜悰爲比。何尚魏公主，杜尚唐公主。郎我太尉、侍中、平原公分茅金闕，受瑞彤廷，帳移竹馬之邦，輪輾木牛之路。星馳十乘，霧廓三川。公鎮臨之始年，中興之四載也。歲在丙戌，春正月十有一日，杖鉞而至。無何期月，逆帥康延孝自普安竊兵叛亂，矯詔窺覦，犯我鹿頭，營於□縣。衆情憂惱，公意晏如，飛羽檄以會兵，伐林木而立柵。於是精選將領，分部熊羆，電激妖巢，火熏狡窟，一鼓而元兇氣喪，載攻而同惡疲頹。擒鄧艾於檻中，斬龐涓於樹下。

未幾先皇厭世，今上纂圖。指明宗。聖政維新，睿思求舊。明宗遣李存瓌賜詔褒獎。乍改山河之寄，永繫社稷之臣。一年而加珥貂，再歲而昇掌武。將軍幕下，列虎豹之爪牙；丞相府中，非鴻鵠之腹背。猶且力奉國家，勤修職貢，琛賮縈紆於劍棧，包茅旁午於玉京。史不絕書，府無虛月。

公一旦謂將吏曰：「夫華陽舊國，宇內奧區，地稱陸海之珍，民有沃野之利。郛郭則樓臺疊映，珠碧鮮輝；江山則襟帶牽連，物華秀麗。不戒嚴陴，是輕武備。將沮豺狼之志，須營羊馬之城。」封章上奏，揆日量工，分畀繩基，辨方畫址。百城遒壯，呼之響答以雲來；十萬貔貅，令之風行以霧集。杵聲雷震，版級雲排。王猛鬻畚於城隅，傅說飛鍬於巖下。公問日巡撫，役者忘疲，周給米鹽，均頒牢酒。如效五丁之力，不逾三旬而成。公以羅城雖設，智有所虧，重築大敵，鎮於四角。嶔岑挂兔，主屼栖烏。儼樓櫓於泬寥，懸刁斗於天表。其東南也，直分象耳，迴眺蛾眉，雲霞斂吴楚之天，烟水送黔夔之棹。其西南也，旁連玉壘，平視金堤，宵瞻火井之光，曉望雪峯之彩。其東北也，樹遥雲頂，氣鬱金堂，雨收而疊嶂屏新，靄薄而重巒晝暗。其西北也，襟袖廣漢，肘腋天彭，魚龍躍萬歲之池，鸞鶴舞陽平之化。其或碧雞啼曉，金馬嘶風，擁旄戟以登臨，覩山川之形勝。有以見公心同軒鏡，竈讋鬼神，手秉漢鈞，錙銖造化，能於昭代，樹此豐功。鄙金甌爲漏卮，小鐵甕爲凡器。

帝旨咨嗟，王綸獎録。詔書勅知祥，「省所奏，重修葺當府城池興功事具悉。卿寵分王節，榮鎮錦城，守富貴以無疆，慕功名於不朽。特峻金湯之固，以威遐僻之邦。況屬年豐，復當農隙，既暫勞而永逸，亦預備於不虞。益見廟謀，允符朝寄」。公猶歸善於君，讓功於下。李仁罕、趙廷隱、張知業、潘在迎等，或鼎鐘盛族，或書劍名門，佩鞬執弭以從戎，憑軾搴帷而佐理。皆躬臨卒列，統攝庶工。無揚干之亂行，絶趙羅之辭役。明興晦息，日就月將。巨績告終，羣才叶贊。

自天成二年丁亥歲十二月一日起工版築，至三年正月八日畢手，公再飛章上奏。詔曰：「百堵皆興，四旬而畢，亘羅城而雲矗，引錦水以環流。公家之事，相業可觀。備覽奏陳，殊深嘉獎。」於以表綸綍褒揚之寵，知朝廷倚注之恩。四民喧闐于衙閫，萬口號沸於階墀。父老曰：「公侯政洽神明，慈如父母。前年定延孝之亂，今歲防蠻蜑之虞。盡力城隍，務安井邑。功德在民，憂勤報國。安可不敍述休烈，雕篆真珉。」公謂諸賓佐曰：「所修邊備，式耀國威，將欲罄臣節於一時，彰帝猷於萬古。殊非己力，難遏人情。誰當游、夏之才，請紀見聞之事。」

昊相門牢落，堂構蕭條，翁歸文武之材，明時待問；荀息忠貞之志，暗室不欺。寐酣而白鳳昂藏，染翰而墨龍天矯。嗟乎！鄧禹秉鈞之歲，雖慶承家；陸機赴洛之年，不堪觀國。空餘壯節，退卜良知。驅車幸返於故園，提筆謬登於華館。金臺玉帳，敢差俊彥之肩；綠水紅蓮，獲繼鵷鸞之踵。酷慚薄技，莫贊雄猷。杜征南以矜大平吳，沉碑漢水；竇車騎以章明出塞，勒碣燕山。猶能炳著簡書，發揚功業。寧偕巨制，永固坤維。尚乏黄絹之辭，孰拂白圭之玷。受恩稟命，紀事表年。巍巍乎不騫不崩，何患於爲陵爲谷。

自是高祖在蜀，凡表奏書檄，皆出昊手。遷掌書記。高祖即皇帝位，擢爲禮部侍郎、翰林學士。後主立，領漢州刺史，遷兵部侍郎。廣政時，加承旨，知武寧軍。宋史作武德，今從通鑑。後主常欲命昊二子官，昊固讓，且言遂州判官石欽若、蘇涯，故蜀時同在劉知俊幕下，顧回授欽若等子。後主嘉歎許之，仍授昊二子官。俄加尚書左丞，拜門下侍郎，兼户部尚書、同平章事，監修國史。因請置史官，乃以給事中郭廷鈞、職方員外郎趙元拱爲修撰，雙流令崔崇構、成都主簿王中孚爲直館。已加左僕射。會後主詔於高祖真容院圖文武三品以上於東西廊，以昊有參佐功，特畫於殿内。

是時昊輯所代高祖書奏爲百卷，號曰經緯畧，以獻後主，賚珍器錦綵甚厚。未幾，命判度支、户部。十四年，修成後主實録四十卷。後主欲取視之，昊曰：「帝王不閲史，不敢奉詔。」無何丁内艱，裁百日起復。又修前蜀書，命昊與趙元拱、王中孚及諫議大夫喬諷、左給事中馮侃、知制誥賈元珪、幸寅遜、太府少卿郭微、右司郎中黄彬同撰，成四十卷，上之。以判使辦集，封趙國公，頃之，加司空，領武信軍節度使。出判鹽鐵，加宏文館大學士，修奉太廟禮儀使。後主悉召昊四孫，授太子鳳儀郎舍，並賜緋。已又改昊判度支使。

國亡，隨後主降宋，宋太祖優待之，拜工部尚書，賜第。親屬乘舟自峽江，下至彝陵，妻死，昊聞之，悲愴成疾而卒，年七十有五。贈右僕射。

昊前後仕蜀五十年，後主之世，位兼將相，秉利權，資貨歲入無筭，奢侈尤甚，後堂伎妾曳羅綺數百人。常以名花散給僚友，副以興平酥，曰：「俟花彫謝，以牛酥煎食之，謂之花酥。」其風流雅韻皆此類。後主與江南通好，遣使者趙季札往聘，購得李紳武宗朝入相制書，還以遺昊，昊結綵樓置其中，盡召成都聲伎，昊朝服前迎歸私第，大會賓客宴飲，所費不貲，以帛二千匹謝季札。初，前蜀降唐，昊草其表，後主之降也，其表亦昊所爲。蜀人潛署其門曰「世修降表李家」，見者哂之。有集二十卷，目爲樞機應用集；又高祖實録二十卷，後主續成實録八十卷，多散佚不全。

長子孝逢，廣政時官給事中，宋改爲膳部郎；次子孝連，尚鳳儀公主，入宋爲將作少監。孫德鏻，至國子博士；德錞，進士及第。昊又有前蜀書四十卷。

徐光溥，景焕野人閒話作光浦。蜀人也。博學善詩歌。初仕高祖爲觀察判官。長興初，上疏請高祖行墨制，畧言：「我蜀被山帶江，足食足兵，實天下之强國也。我公本仁祖義，允武允文，乃天下之賢主也。以我公之賢，拓土開封，取威定霸，固得其宜矣。而況内則有紅蓮上客，參帷幄之謀；外則仗細柳將軍，專斧鉞之任。率土之内，足可保磐石之固，泰山之安。顧惟冗賤，何補高明。但念智者百慮，必有一失，愚者百慮，必有一得。狂夫之言，聖人擇之；樵童之歌，哲王聽焉。竊以惟賞與刑，國之利器；懲惡勸善，君之要權。不可偏行，尤須具舉。歷觀往典，備考前規，或王命而不通，或公室以多難，列國率聞於專制，諸侯或可以從權。苟有利於生靈，又何辭於通變。昔來歙、鄧禹，擅命於征伐之間；蜀主、岐王，承制於隔絶之間。事俱非己，實欲安人。昨鄰近諸藩，閒諜上國，有虎視狼貪之意，阻君臣魚水之歡，添益兵師，動摇生聚。況我公恆修貢職，不虧楚子之茅；遽搆讒邪，竟擲曾參之杼。以至兩川歃血，合從連衡，列校齊心，奉辭伐罪。今則旋平狁穴，漸拓鴻基，立功者悉望昇榮，向化者皆思敍進。方屬路途有阻，恩信未通，二星不見於雲霄，三蜀久僁於雨雪。將期勸善，卽在報功。酬庸合議於策勳，列爵宜遵於故事。自今以後，若且行墨制以布鴻恩，式副羣情，無虧大體。所冀設爵待功，免授逾時之賞，允協稱霸之宜。」

未幾，高祖稱尊號，進秩翰林學士。後主時，兼兵部侍郎。廣政十一年，改中書侍郎、兼禮部尚書，與李昊並同平章事。時有優人唱康老子曲，後主問曲何由名，光溥以爲康老老而無子所作，後主大加欣賞。居無何，坐以艷詞挑前蜀安康長公主罷相，卒。

光溥有辨才，遇事輒發。會李昊等疾之，後有議論，光溥熟睡而已，時號睡相。官學士時，常與侍郎劉羲叟分直，賦庭中筍詩，羲叟以光溥本蜀士，語涉刺譏，光溥遂切齒，由是終不相協，世或病其隘云。光溥詩曰：「迸出班墀數十株，更添幽景向蓬壺。出來似有凌雲勢，用作丹梯得也無。」羲叟詩曰：「徐徐出土非人種，枝葉難投日月壺。爲是姻緣生此地，從他長養譬如無。」

范仁恕，廣政中官御史中丞。時封建諸王，以仁恕爲夔王册使，仁恕以職居風憲，不宜持節藩邸，請免。俄拜中書侍郎，兼吏部尚書、同平章事。會成都水災，奉詔禱青羊觀，卒。

歐陽迥，成都華陽人。父珏，通泉令。迥少事前蜀後主，爲中書舍人，國亡降後唐，補秦州從事。高祖鎮西川，迥復入蜀；及登極，以爲中書舍人。廣政十二年，除翰林學士。明年，知貢舉，判太常寺，遷禮部侍郎，領陵州刺史，轉吏部侍郎，加承旨。二十四年，拜門下侍郎，兼户部尚書、同平章事、監修國史。常擬白居易諷諫詩五十篇以獻，後主手詔嘉美，賚以銀器錦綵。從後主歸宋，爲右散騎常侍，俄充翰林學士，就轉左散騎常侍。南漢平，議遣迥祭南海，迥聞之，稱病不出。宋太祖怒，罷其職，以本官分司西京。開寶四年卒，年七十六，贈工部尚書。

迥性坦率，末年少檢操。雅善長笛，宋太祖常召於偏殿，令奏數曲。御史中丞劉温叟聞之，叩殿門求見，諫曰：「禁署之職，典司誥命，不可作伶人之事。」太祖曰：「朕常聞孟昶君臣溺於聲樂，迥至宰司，尚習此技，故爲我所擒。所以召迥，欲驗言者之不誣也。」温叟謝曰：「臣愚不識陛下鑒戒之微旨。」自是不復召。迥好爲歌詩，雖多而不工，掌誥命亦非所長。初在成都日，卿相爭尚奢靡，迥獨儉素自守，人頗以此多之。

論曰：王處回處變之才，咸推屹然大臣，乃竟用奢縱敗，何邪？毋昭裔創興文教，李昊出入樞機，宏通贍雅，固有足稱者。徐光溥請行墨制，慷慨敷陳，卒之以靡詞去位，末矣。范仁恕雖秉國鈞，罔所短長，歐陽迥前介後通，貴而能約，要於坐鎮，雅俗無媿焉。

十國春秋卷第五十三

後蜀六　列傳

歐陽彬　李如實　何瓚　賈鶚　范禹偁　毋守素　劉嵩　多岳　劉保乂

李匡遠　韋鍜　王歸　王藻　劉璵　何隨　王贇　卞震　掌聿修

歐陽彬字齊美，衡州衡山人。家世爲縣吏，至彬特好學，工於辭賦。楚武穆王之有湖南也，彬以所著詣府求見，掌客吏按吏爲樊姓。索賄始爲通，彬恥以私進，竟不予。掌客擲名紙於地曰：「安有吏人子欲干謁王侯邪！」彬深恨之，因落魄湖南市中，歌姬酒徒，無所不狎。有歌伎瑞卿者，慕其才，延致於家。瑞卿故歲時供奉武穆王，彬乃作九州歌授之，俾當筵而奏，王竟不之問。彬歎曰：「天下分裂之際，卒徒厮養，咸能自奮。我何負而至此乎！」居頃之，西川圖綱將發，得歌伎所分貲，求爲綱吏僕夫，綱吏許之，遂入成都，獻萬里朝天賦。前蜀後主大悅，擢爲翰林學士。乾德初，答聘唐使，頗能得二國歡心。

王氏亡，復歸高祖。廣政初，後主以爲嘉州刺史。彬喜曰：「青山緑水中爲二千石，作詩飲酒，稱風月主人，豈不佳哉！」累官尚書左丞，出爲寧江軍節度使。既至夔州，寓書楚文昭王，敍疇昔入蜀之由，且以宗族爲託。文昭王得書大慚，悉除彬親友賦役，凡士無賢不肖，進謁盡加賓禮，彬之力也。彬雅有風儀，爲文詞切而理直，竟以是遇。廣政十三年卒。

李如實，初事梁末帝於東宫，素以清直著名。及末帝嗣位，黜遠賢良，比暱小人，如實數數有所規諫。一日，末帝顧如實曰：「卿知天子由誰補乎？」如實從容對曰：「人臣所補。」末帝曰：「朕地據三河，位尊萬有，天實補之，豈人臣可得主邪！」如實曰：「我太祖出身行伍，十死九生，方得節居四鎮，位處一人。陛下身在深宫，長居富貴，仰承餘蔭，嗣守萬方，豈知王業艱難，人臣共致。固須理不忘亂，居安思危，臨泉履冰，責躬省過。況吴門强盛，蜀國繁華，太原有殺兄之讎，秦庭懷負國之怨，得失頃刻，豈是天補者哉！」末帝怒曰：「憨老漢，不足與語！」明日，謫鄭州□□，再宿，貶汝州副使。

如實至汝州，自製一卧車，常於車中置酒一瓢，琴一具，書數卷，命小僮十餘輩載入衢衢，四顧朗吟，觀者多竊笑焉。久之，梁無内召意，如實心頗不平，裁落韻詩以譏之。梁亡後，入成都。高祖知其賢，拜户部侍郎，卒。落韻詩曰：「炎蒸不可度，賴爾生涼風。在物成非器，於人還有功。殷勤九夏內，寂寞三秋中。想君應有語，棄我如秋桐。」

何瓚，閩人也。唐末，舉進士及第。後唐莊宗爲太原節度使，辟爲判官。莊宗每出征伐，留張承業守太原，承業卒，瓚代知留守事。

瓚爲人明敏，通於吏事，外若疎簡，而內頗周密。莊宗卽位，拜瓚諫議大夫，已而求留守北京。瓚與明宗有舊，明宗稱大號，召還，見於內殿，勞問久之。未幾，進秩僕射，以爲西川節度副使。是時高祖方以副使趙季良爲心腹，聞瓚代之，亟奏留季良，遂改瓚行軍司馬。瓚不得已，來成都。高祖在北京爲馬步軍都虞候，而瓚留守太原，高祖以軍禮事瓚，瓚常繩以法。高祖初不樂，及瓚爲司馬，猶勉待之甚厚。高祖舉兵，罷瓚司馬，置之私第，瓚飲恨而死。瓚常有蜀城書事詩云：「到頭須卜林泉隱，自愧無能繼卧龍。」題詩後十旬，遂得篤疾。

賈鶚，青社人也。仕高祖爲御史，剛方嚴正，門無私謁。明德元年，彭州刺史田敬全辟爲本州倅職，已而權刺史事。爲理公清，人多敬憚之。

是時彭州僧號醋頭者，長髭垂髮，以功德燈像納爲三衣，狀若佯狂，言事多中，懼鶚不敢輒入境内。彭州人詣鶚陳狀，請歸之。鶚判狀曰：「出家長頭，未除煩惱。爲衣挂像，豈敬慈尊。向禪室以邪淫，發妖言而惑衆。妄裁曆數，上侮朝廷，謾述災殃，下迷聾俗。況今有漏，未證無生。將修功德以爲名，積聚私財而作賈。但以正人息事，君子含宏，未議剪除，致兹猖熾。所嗟鄙俚，競言妖稱，列狀詣衙，欲希迎請。須行嚴令，以絶風情。所由入界把捉，候到決脊奏聞。」醋頭聞之，越鄰境而去。

范禹偁，九隴人也。父虔，爲衙吏。禹偁少落拓，不事生業，鬬雞走狗，習爲嬉遊。虔死，隨母改適張氏，因冒姓名曰張諤。有道士見之，謂曰：「子骨法異常，苟屈首受書，他日必大貴。」由是遂入丹景山，從師苦學。天成中登第，始復本姓名，上州刺史啟曰：「昔年上第，誤標張禄之名；今日故園，復作范睢之裔。」高祖以爲蒙陽令，入侍太子。後主嗣位，累遷翰林學士。

禹偁性吝嗇，頗以聚貲爲急，求守外郡。後主不聽其出，令兼簡州刺史，歲令州輸錢數千緡於禹偁。俄掌貢舉，賄厚者登高科，面評其直，無有媿色。舉子馮贊堯，故布衣交也，家貧，窘於貲，終不放登第。久之，從後主降宋，授鴻臚卿。時有門下士自陽城詣謁，接晤甚懽，劇談終日，徐曰：「吾近鑿一井水甚甘。」命各進一杯，竟不設具而罷。

毋守素字表淳，宰相昭裔子也。弱冠，起家秘書郎，累遷户部員外郎、知制誥，眞拜中書舍人、工部侍郎，出爲雲安榷監使。後主召見其二子克温、克恭，並賜緋，以克恭尚鑾國公主，恩禮有加。

廣政二十年，拜守素工部尚書。時昭裔判鹽鐵，衰老不任事，遂委其務於判官李匡遠，出入多留滯不發。後主命守素代判使務，父子相代，世頗榮之。俄改判度支，領彭州刺史，又判鹽鐵。守素奉親甚勤至，雖隆暑，暮時必朝服執簡，以申昏定之禮。

國亡入宋，授工部侍郎，籍其成都莊產茶園以獻。宋太祖詔賜錢三百萬緡以充其直，仍賜第汴京。歲餘，爲兄子正己訟其居父喪娶妾，免職。正己時爲岳州司法，亦坐奪一官。開寶初，起爲國子祭酒。太祖征河東，命權知趙州，已而移知容州，兼本管水陸轉運使。先是部民有逋賦者，或縣吏代輸，或於兼并之家假貸，往往納其妻女以爲質，守素表其事，即日降詔禁止。六年卒，年五十三。

大中祥符三年，少子克勤上昭裔所刻文選、初學記、六帖諸版，補三班奉職。

劉曧，□□人。與王昭圖年德俱長，當時號二人爲宿儒。

多岳，天彭人。後主遣使徵之，不就，潛入普□，寓鐵峯，教授生徒，門下多知名士。

劉保乂，青州人。治尚書、左氏家言。廣政初，官户部郎中，充諸王侍讀，賜金紫。後主問以經義，多稱旨。保乂性嚴急，日以夏楚課諸王業，不進者輒抶之。王宫乳媪密諭保乂，宜少假借爲諸王地，保乂曰：「膏粱之性，不過督，則他日皆豚犬也。」其端方不撓多此類。十年八月卒。九國志作劉保義，又云轉給事中。

李匡遠，事後主爲鹽亭令。時盜賊所在充斥，匡遠擒捕無虚日，時人號之曰健令。已而遷鹽鐵判官，代宰相毋昭裔理使務。匡遠性卞急，一日不斷刑，則慘然不樂。常聞捶楚之聲，曰：「此一部肉鼓吹。」年八十二卒。後盜發其墓，分其四支。又有中貴者，歷昌、渝、文、眉四州刺史，貪鄙殘虐，民不勝其苦。常指獄門謂左右曰：「此我家錢爐也。」附記於此。

韋嘏，唐相貽範子也。〔一〕事後主，歷官御史中丞，性多依違，時號「軟餅中丞」。

王歸，簡州人。少聰穎，善屬文。廣政中狀元及第，後不知所終。

王藻，仕後主爲翰林使。時安思謙爲將，多殺士卒以威衆，後主與藻密謀殺之。適邊吏有急奏，藻不以時聞，後主怒，因併殺藻。五代史，「不以時聞」下，有「輒啓其封」句。

劉璵，故唐御史再思之孫。再思從僖宗入蜀，自蜀還長安，留其子孟温居成都；孟温以儒學教授成都中，璵即其長子也。璵精於經術，廣政十年，補石室教授。未幾卒，門人私謚曰寶巾先生。

何隨，郫人。後主時爲安漢令。國亡去官，時巴土饑，送吏多取民芋以自給，隨即以綿繫其處償直。民視芋見綿，相與語曰：「聞何安漢清廉，必此人也。」

王賁，事後主官雅州刺史，稱爲廉吏。子著，廣政時進士及第，授隆平主簿，有政績。國亡降宋，累官殿中侍御史，以書法名。

卞震，成都人。登進士第。廣政時爲渝州判，頗有聲。歸宋，仍舊職。會賊圍州城，震率士卒戰守，同刺史夾攻之，賊遂平。

掌聿修，春秋魯黨氏之後也。性豪縱不羈。歷仕太子左贊善大夫。與同官家述雅相親愛，兩人皆滑稽。聿修一日伺述酒甕將竭，叩門求飲，既而尊罍果罄，聿修書壁曰：「酒客乾喉去，惟存呷大夫。」宋有掌禹錫者，相傳卽其後。

孫漢韶　張虔釗　何重建　石奉頵　侯益　趙匡贊

孫漢韶，振武人也。〔一〕父重進，爲後唐太祖養子，賜姓名李存進，莊宗時與張處球戰歿於陳。漢韶仕明宗爲武定軍節度使，復本姓。潞王從珂之亂也，漢韶與張虔釗等奏合兵討之，已而虔釗會官軍攻鳳翔，留漢韶守興元。虔釗敗歸，遂與漢韶舉兩鎮降高祖。明德元年七月，署爲永平軍節度使。廣政時改山南西道節度使。移兵攻固鎮，扼散關，後主得盡有秦、鳳、階、成之地者，漢韶與有功焉。俄授左匡聖都指揮使，又遷捧聖控鶴都指揮使，兼中書令。十八年，加武信軍節度使，封樂安郡王，罷軍職。年七十餘薨。

張虔釗，仕後唐爲山南西道節度使。虔釗既會護國安彦威等兵攻鳳翔，鳳翔城塹卑淺，衆心危急，潞王從珂登城慟泣曰：「吾未冠從先帝百戰，出入生死，金創滿身，以立今日之社稷。今朝廷信任讒臣，猜忌骨肉，我何罪而受誅乎！」聞者哀之。虔釗性褊急，以白刃麾士卒上城，士卒怒，大詬，反攻之。虔釗走免，遂奔成都。時興元已爲高祖有，高祖復以虔釗爲本軍節度使、同平章事，虔釗固辭不行。

廣政初，加兼中書令。未幾，以侯益在鳳翔，命充北面行營招討安撫使，擊鳳翔以脅之。已而益送款，後主及虔釗至寶雞，按兵未進，會益復中變附漢，拒虔釗軍，虔釗勢孤，竟遁還。至興州，慚忿而死，時十一年二月也。

何重建，仕晉爲雄武軍節度使。晉亡，舉秦、階、成三州降於後主。時北平王劉知遠聞之歎曰：「中原無主，令藩鎮外附。吾爲方伯，良可愧也！」已而重建復遣宫苑使崔延琛進攻鳳州，後主加重建同平章事。頃之，張虔釗征鳳翔，卽命重建爲招討安撫副使。虔釗出散關，重建出隴州，軍容頗甚盛。久之無功，與韓保貞等引兵俱西，未幾遂來成都。居數年，卒。五代史名無重字。

石奉頵，一名頵，晉高祖宗屬也。出帝時官鳳州防禦使，廣政十年，以鳳州降於後主，遂爲蜀中名將。二十八年，宋師入境内，後主問策於羣臣，頵曰：「東軍遠來，勢不能久，聚兵堅壁以敝之，敵兵可立走也。」後主不能從，頵竟不知所在。

侯益，平遥人。以拳勇從唐莊宗，累功遷至馬軍直指揮使。莊宗入汴，爲本直副都校。從明宗討趙在禮於鄴，會諸軍推戴明宗，益脱身歸洛，莊宗撫其背出涕。明宗立，益面縛請罪。明宗曰：「爾盡忠節，又何罪也。」歷羽林軍五十指揮都校，領費州刺史，出爲商州刺史，加西面行營都巡檢使。

晉初爲奉國都校，領光州防禦使。范延光反大名，張從賓據河陽爲聲援，晉高祖命益率禁兵數千人討之。從賓軍萬餘人，夾汜水而陳，益親鼓士乘之，大敗其衆，從賓墮水死。拜河陽三城節度使，遷武信軍節度使、同平章事，仍賜門戟，改鄉里爲將相鄉勳賢里。明年，徙鎮秦州。會蒲帥安審琦移鎮許下，以益爲河中尹、護國軍節度使。契丹入汴，益率僚屬詣契丹主自陳不預北伐之謀，契丹授以鳳翔節度使。漢高祖卽位，加兼侍中。

益自以常受契丹命，聞漢兵入洛，憂之，浚城隍爲備。廣政十年，後主遣人齎王處回書招益，遂與其子請降。時後主已出兵數萬，分道應之。漢高祖知其事，遣左衛大將軍王景崇、將軍齊藏珍將兵經略關西。已趙匡贊遣使降漢，益亦中變，請附焉。會景崇等未行，漢高祖召入卧內敕之曰：「匡贊、益之心皆未可知，汝至，彼已入朝，則勿問；若尚遷延顧望，當以便宜從事。」及景崇至鳳翔，益尚未行，景崇以禁兵分守諸門。或勸景崇殺益，是時漢高祖已殂，景崇以受先朝密旨，嗣主未之知也，或疑專殺，頗尤豫不決。益聞之，不告景崇而去，景崇悔自訴。

十一年二月丙戌，益遂入朝於漢，隱帝問：「何故召我軍？」益無以解，妄對曰：「臣欲誘致殺之耳。」隱帝微哂而已。益厚賂漢臣史宏肇輩，得授開封尹、兼中書令，俄封魯國公。景崇聞之，遂據鳳翔，殺益親屬七十餘口。益入周，進封楚國公，改太子太師，已又改封齊國公。未幾，致仕歸洛。宋乾德中卒，年八十五。子仁矩、仁實知名。

趙匡贊字元輔，本名美，後更今名，幽州薊人也。祖德鈞，後唐盧龍節度使，封北平王；父延壽，尚明宗女，至忠武軍節度使。

匡贊幼聰慧，應神童舉，明宗詔賜童子及第，仍附禮部春牓。清泰末，晉高祖起并州，命延壽將兵屯上黨，德鈞將本軍自幽州來會。時晉高祖以契丹之援，引兵南下，德鈞父子降晉，契丹主盡錮之北去，匡贊獨與母、公主留西洛。未幾，晉高祖命匡贊奉母歸薊門，契丹署爲金吾將軍。數年，契丹以延壽爲范陽節度使，又署匡贊爲牙内都校。開運末，契丹主將謀南侵，委政延壽。及平原陷，匡贊復受契丹署爲河中節度使。延壽從契丹北歸，匡贊得留鎮河中。未幾，漢高祖起晉陽，匡贊奉表勸進，加檢校太尉，仍鎮河中，改京兆尹、晉昌軍節度使。

匡贊懼漢疑己，廣政十年冬十月，奉表降於後主，請自終南山路出兵應援。明年春正月，判官李恕語匡贊：「漢方建國，理難萬全，請先朝漢，爲公申理。跡涉不容尺鯉，公入蜀，非全計也，終必悔之。」匡贊卽遣恕詣漢。恕見漢高祖曰：「匡贊家在燕薊，身受契丹之命，自懷憂恐，謂陛下終不能容，招引西軍，蓋圖苟免。國家甫定，務安臣民，所以令臣乞哀求覲。」高祖曰：「匡贊父子，本吾人也，事契丹出於不幸。今聞延壽落陷穽，吾忍不容匡贊邪？」恕未還，匡贊已離鎮朝漢，漢命爲左驍衞上將軍。已仕周歷左右羽林左龍武三統軍，以戰功累遷保信軍節度使。恭帝卽位，加開府階。宋初，加檢校太師，歷三鎮。太祖討晉陽，以爲行營前軍馬步軍都虞候，弩矢貫足，太祖數勞問，賜以良藥。改鎮鄜州。太宗時封衞國公，卒，年五十五，贈侍中。

匡贊喜爲詩，容止閒雅，接士大夫以禮。後避宋太祖偏諱，遂去「匡」名贊云。

論曰：孫漢韶、張虔釗皆後唐忠藎之臣，兵潰來歸，一則賜爵安樂，一則忿懣喪軀，成與不成，命也。何重建終始不渝，石奉頵歷年罔貳，其人均有足取者。若侯、趙反覆無恆，因人納款，要亦傾危之流也哉，其得保首領以歿，幸矣。

校勘記

〔一〕唐相貽範子也　「貽」字原缺。此云韋㬙爲唐相□範子，查新唐書宰相表，天復二年（公元九〇二年）正月丁卯，給事中韋貽範爲工部侍郎、同中書門下平章事，判度支。三年十一月，韋貽範卒於相位。又貽範拜相事並見新唐書卷一八二盧光啓傳。此缺字當即爲「貽」字，據補。

〔二〕振武人　九國志卷七孫漢韶傳作「太原人」。

十國春秋卷第五十四

後蜀七　列傳

幸寅遜　章九齡　李起　陳及之　田淳

幸寅遜，夔州雲安監人。一云成都人。雲安于古爲湯谿，唐季湯谿有幸希元者，官至上柱國，卽寅遜之先也。寅遜生而穎悟，善屬文。仕後主，起家茂州録事參軍。

後主初嗣位，酷好擊毬馳騁，雖盛暑不已，左右多不敢諫。明德二年，寅遜上疏曰：「臣聞諸召公曰：『玩人喪德，玩物喪志。不作無益害有益，功乃成；不貴異物賤用物，民乃足。』又曰：『不寶遠物則遠人格，所寶惟賢則邇人安。』夫心猶火也，縱則自焚。故文王命周公、召公、太公、畢公輔相太子發。太子嗜鮑魚，太公不進，曰：『鮑魚不登于俎豆，豈可以非禮養太子哉！』由此觀之，飲食必遵禮，況起居玩好乎。高祖皇帝節衣儉食，惠養黎元，化家爲國，傳之陛下。陛下宜親賢俊，去壬佞，視前代書傳，究歷世興廢，選端良之士置於左右，訪時政得失，天下利病；奈何博戲擊鞠，妨怠政事，奔車躍馬，輕宗廟社稷？昔陶侃藩臣，猶投摴蒲于江，況萬乘之主乎？前蜀王氏，覆車不遠矣。臣又聞食君之禄，懷君之憂。臣雖爲外官，每聞陛下賞一功，誅一罪，未常不振衣踴躍，以爲再覩有唐貞觀之風也。今復聞陛下或採戲打毬，雖宫禁無事，止於釋悶，亦可一兩月時爲之。臣慮積習生常，不唯勞倦聖體，復且妨于庶務。諸司中覆，因之淹滯，其次奔蹄失馭，奄有驚蹶。陛下雖自輕，奈宗廟社稷何？」後主得疏，雖不能盡從，亦優容不之罪也。

遷新都令，已又拜司門郎中、知制誥、中書舍人。出知武信軍府，加史館修撰，改給事中，與修前蜀書。寅遜常夢掌中抽筆，占者曰：「君必作學士矣。」楊伯巖六帖補又云：孟蜀翰林，夢掌中生草不絶，果掌制草數年。未幾，遷翰林學士，加工部侍郎，判吏部三銓事，領簡州刺史。國亡，隨後主降宋，授右庶子。無何，上疏諫獵，宋太祖嘉之，召見賜帛。開寶五年，爲鎮國軍行軍司馬。罷職，年九十餘，尚有仕進意，治裝赴闕，未登路而卒。所著有王氏開國記□卷。

寅遜六七十歲時居青城山道院，院有塑像黄姑者，一夕見夢於寅遜，謂曰：「汝可食杏仁，令汝聰利，老而彌壯。汝故有道性，又不終在此山，須出山佐理當代。」寅遜夢間拜請其法，則與怡神論所載略同。及寤，檢其方，遂日服之，以至延上壽。

章九齡，事後主，累官右補闕。慷慨好直言，不避權貴。廣政中，上言政事不治，由奸佞在朝。後主問奸佞爲誰，九齡指宰相李昊、知樞密使王昭遠以對。後主怒，以九齡毁斥大臣，謫維州録事參軍。

李起，性婞直。廣政中亦官右補闕。時後主加李昊領武信節度使，起言故事宰相無領方鎮者，反復辨論不已。昊常謂之曰：「以子才，苟能慎默，當爲翰林學士。」起曰：「喉無舌，乃不言耳。」

陳及之，廣政時爲新津縣令。會後主大選良家子以充後宫，郡邑騷然，婦女驚逸；及之上疏切諫，請止采擇之令。後主雖不從其言，頗嘉及之剴直，賜白金百兩旌之。

田淳，成都人。廣政中，官龍游縣令。好談治亂大略，屢陳朝廷得失。是時後主與周世宗交惡，疊興師旅，淳上疏曰：「伏見三年以來，民頗怨嗟，謂陛下求賢失道，爲政不平，重纂組，奪女工，貴雕鏤，損農事；法令不信，賞罰無誠；納諫之心，微自滿假；馭朽之年，漸乖始卒。載舟覆舟，不可不懼。而况北有大敵，方藉支禦，若失人心，其何以濟。臣又見頻發士卒，遠戍邊庭，人心動摇，莫測其故，家搆異議，如臨湯火，人且憂駭，將何撫寧。若夫舉動興師，須明利害，況關大事，豈可容易。必若金鼓一鳴，前鋒稍節，一敗一成，疾如反掌。願陛下先事而計，無貽後患。今之動静，頗涉因循，臣不知所發之兵爲防邊乎？爲赴敵乎？若云防邊，不當驟有徵發；若云赴敵，則須先決便宜。師出無名，三軍必怨；三軍既怨，何以成功？以我朝之甲兵，擬柴氏之士馬，以我朝之將領，比柴氏之師帥；以我朝之帑藏，比柴氏之囷廩；至於法律刑名，聲明文物，彼長此大，差等不同，須用權奇，以謀拒捍。若二國交鬭，恐未十全。況我天府之邦，用武之地，一夫守隘，萬旅無前，假使柴師由於野戰，攻城奪壘，利在平川；儻入隘途，如無手足。願陛下以短兵自固，扼塞要衝，分布腹心，把斷細徑，精加號令，老彼敵師。縱柴氏親來，未敢便謀深入。以日繼月，以月繼年，敵勢自羸，我師彌鋭，不折一戟，不失一卒，而柴氏自疲，信所謂彼竭我盈，以逸待困，此爲上計，符合天機。」

未幾，後主鑄鐵錢，又分遣使者徵諸路歷年逋課，淳復言擾民聚財，實犯天意而損君道，語多剴摯。又常言王昭遠、伊審徵、韓保貞不可當大任，皆爲朝臣所深恨。或勸以遜辭取貴仕，淳曰：「大丈夫寧能附狗鼠求進哉！」其侃直多此類。李燾續通鑑：淳每謂所親曰：「吾觀僭僞改紫綬爲黄服，何如稱成都尹，無滅族之禍！」

論曰：幸寅遜明德一疏，兢兢乎得防微杜漸之意焉。章、李直言，陳、田讜議，皆廣政之諍臣也。路氏九國志略及之與淳章疏，棄而不録，君子以爲有遺憾焉。

張元　范文通　程崇雅

張元，江原縣人。母死，負土成墳，有白兔馴繞其廬，及羣烏銜土置墳上。縣令異之，奏其事於朝。明德二年，後主賜金帛酒米，以旌其孝，仍付史館編録。

范文通，父羲，官西水縣令。羲死，文通居喪以孝聞。有盜發羲冢，羣虎逐之。時文通廬墓側，虎見之弭耳而去。廣政時，賜羊酒束帛於其家。時有太子賓客李鄲，年七十，享祖考必親滌器，謂非此無以達追慕之誠。

程崇雅，蓬州人。父疾劇，崇雅常割股陷父。已，又冬月，母疾，崇雅泣竹林，得竹筍以療母，人皆稱爲孝子。後主聞之，廣政二十年，敕有司表其閭。

孫欽　王環　趙崇溥　高彥儔

孫欽，幽州安次人。爲人果幹，多權略。事高祖及後主，歷官左奉聖都指揮使。廣政中，郭延鈞判武德軍，與監押王承丕不相協，承丕陰謀作亂，會欽以部兵戍邊，過辭承丕，承丕挾與俱見延鈞，至則稱詔，命左右擊殺延鈞，屠其家。欽遽請出詔紙示衆，承丕輒言：「我能致公富貴，何問詔書爲！」欽知其反也，因紿曰：「今内外未安，我當以部兵爲公巡察。」即麾鞭躍馬而出，承丕連呼之不至。欽至營，諭其部曲曰：「承丕不道，枉殺府公，非反而何！當與衆共誅之。」遂帥兵入府攻承丕，承丕左右欲拒戰，欽直前叱之，皆棄兵走，執承丕，斬於堦下，并其親黨，傳首成都。

王環，鎭州真定人也。以勇力事高祖爲御者，及高祖建國，使典衛兵。廣政初，秦、鳳、階、成皆屬後主，後主益置威武軍於鳳州，以環爲威武節度使。

未幾，周世宗遣王景、向訓等侵秦、鳳，數爲環所敗。周大臣皆請罷兵，世宗曰：「吾欲一天下以爲家，而聲教不及秦、鳳。今兵已出，無功而還，吾有慚焉。」乃決意來攻。周兵糧道頗艱。時後主命李廷珪爲都統，廷珪遣王巒將兵五千出唐倉，抵黄花谷以争糧道。王景先知之，命排陳使張建雄以兵二千當谷口，别遣裨將以勁卒千人出繼後，爲三伏於唐倉以待繼兵之歸。繼兵前遇建雄，戰不勝，退走唐倉，伏發，盡殪焉，繼被執。由是別兵守諸城堡者皆潰，而秦州與成、階二州相繼降周，獨環堅守百餘日，然後爲周所陷。世宗召見環，歎曰：「三州已降，環獨堅守，吾數以書招，而環不答，至於力屈就擒，雖不能死，亦忠其所事也，用之可勸事君者。」乃拜環右驍衛將軍。

周師征淮，卽以環佐侯章爲攻取賊城水砦副部署。及再征淮，使環將水卒數千自蔡河以入淮。環忽忽不自得，居周軍中，未常有戰功。已而南唐將許文縝、邊鎬等皆被擒，世宗悉以爲將軍，與環等列第京師，歲時賜與甚厚。無何，世宗至淮南，又以環從，遇疾卒於泗州。

趙崇溥，史失其世系。廣政中爲威武軍都監。時周將王景等連營圍鳳州，而韓通復分兵城固鎮，以絶西川援兵。未幾城陷，節度使王環既被執，而崇溥及將士五千盡爲周兵所鹵。崇溥堅不肯降，餓數日而死。

高彥儔，太原人也。父暉，宣威軍使。彥儔從高祖來蜀，歷軍校，爲昭武軍監押。後主嗣位，遷卭州刺史，改馬步軍使。會漢兵入大散關，陷安都砦，彥儔以所部先進。漢人燒砦毁閣避去，彥儔盡鋭追之，復其砦而還。未幾，彥儔領趙州刺史，俄爲奉鑾肅衞都指揮副使，改右驍鋭馬軍都指揮使，加匡聖馬軍都指揮使，真拜武定軍節度使。

周顯德初，王景、向訓攻鳳州，後主令彥儔出兵解圍。未至，聞敗軍於唐倉，因潰歸。觀察判官趙玭閉關不納，以城歸周，彥儔遁歸成都。後主不之罪，以爲右奉鑾肅衞都指揮使，改功德使。廣政二十二年，出授寧江軍都巡檢制置招討使，加宣徽北院事、昭武軍節度使。

及宋師至夔州，彥儔謂副使趙崇濟、監軍武守謙曰：「北軍遠來，宜堅壁待之，爲上策。」守謙不從其言，獨領部下兵出戰。宋將劉光義、曹彬頓兵白帝廟西，遣騎將張廷翰等引兵與守謙戰猪頭鋪，守謙敗走。廷翰等乘勝登城，光義率大軍繼至。彥儔以所部將出拒戰，宋師已乘城而入。彥儔惶駭失次，不知計所出，判官羅濟勸令單騎歸成都，彥儔曰：「我昔已失天水，今復不能守夔州，縱人主不忍殺我，我亦何面目見蜀人哉！」濟又勸其降，彥儔曰：「老幼百口在成都，若一身偷生，舉族何負，吾今日止有死耳！」卽解符印授濟，具衣冠望西北再拜，登樓縱火自焚死。後數日，光義得其骨灰燼中，以禮葬之。九國志云：王師壞門入，彥儔挺劍拒之，殺十餘人，乃焚死。

論曰：孫欽果毅而善謀，倉卒討亂，社稷之功臣也。王環雖不死節，堅守孤城，力屈就縛，亦五季之表表者乎。王崇溥餓死，高彥儔自焚，孟氏傳國，當首推二人爲忠烈焉。後主母常言緩急惟彥儔可任，太后誠知人哉。

十國春秋卷第五十五

後蜀八　列傳

趙崇韜　韓保貞　李廷珪　伊審徵　龍景昭

趙崇韜，宋王廷隱子也。少驍果，有父風。後主初嗣位，常自置殿直四番，取將家暨死事孤子充之，乃命崇韜及李繼宏、趙元振、張繼昭、侯令欽分爲都知領焉。後累遷至客省使。周世宗陷秦、鳳，將深入蜀境，爲崇韜拒退。歷左右衞聖步軍都指揮使。廣政末，選其子文亮尚公主，加崇韜領武定軍節度、山南武定緣邊諸砦都指揮副使。漢源之戰，獨策馬先登，及軍敗，猶手擊殺十數人，爲宋師所擒。

韓保貞字永吉，潞州長子人。父昭運，從高祖入西川，及高祖稱大號，署珍州刺史。保貞初事高祖爲押牙，及登極，以爲豐德庫使，兼廣義庫使。後主嗣立，累遷眉州刺史、樞密副使，已復爲漢州刺史，拜宣徽北院使。後主爲方士房中之術，多採良家子充後宫，保貞切諫，後主大悟，卽日出之，賜保貞金數斤。未幾，鳳翔侯益歸款，命保貞充北路行營都監，以圖岐陽。時晉昌節度使趙匡贊亦謀來歸，爲王景崇所逼，棄城東奔，會大將李廷珪師敗於子午谷，保貞兵次陳倉，與張虔釗、龐福誠謀議不協，由是益亦中變，保貞遂還成都。俄爲雄武軍節度使，領兵出新關。至隴州，漢兵固守，保貞無功而還，復屯雄武。

廣政十四年，赴成都，有親吏楊虔範者，訟保貞不法，後主令斬虔範以謝，保貞釋不問。無何，改寧江軍節度使。李昊讓度支，詔以保貞代之。已又加宣徽南院使，山南節度、左衛聖步軍節度指揮使，遷奉鑾肅衛馬步軍都指揮使。又選其子崇遂尚公主。未幾，荆南高繼沖納土于宋，後主聞之，詔保貞爲峽路都指揮制置使，屯夔州，以經畫邊事，遷檢校太尉，兼侍中。

已而聞宋舉兵，以保貞爲山南節度、興元武定緣表諸砦屯駐都指揮使。及王全斌至，保貞棄興元，保西縣。宋師進圍之，保貞懦懼不敢出，遣人依山背城，結陳以自固，爲宋將史延德所破，獨以麾下遯。延德追擒之，送王全斌，驛置汴京。宋太祖召升殿勞問，賜袍笏、金帶、茵褥、鞍勒馬，仍賜甲第。未及命官而卒，贈右千牛衛上將軍。

李廷珪，太原人也。七歲，隸高祖帳下，後從入成都。高祖建國，補軍職。後主時，累遷奉鑾肅衛都虞候。嘗拔階州之功，領眉州刺史。會圖取鳳翔，令廷珪領兵二萬出子午谷赴援。始出谷，聞趙匡贊爲王景崇所逼，遂退軍，已而遇景崇軍，廷珪師敗績。後主以廷珪權知興元，俄召歸，授捧聖控鶴都指揮使，領蜀州刺史。未幾，拜永平軍節度使，改右匡聖都指揮使，領山南西道節度使；已又改保寧軍節度使、護聖控鶴都指揮使。

周師攻秦州，廷珪充北路行營都統，秦、成、階三州竟爲周所取。廷珪奉章待罪，後主釋不問，仍以爲左右衛聖諸軍馬步軍都指揮使。廣政十七年，分衛聖匡聖步騎爲左右十軍，以武寧節度使呂彥珂等爲之使，並隸廷珪總領之。時論以廷珪不能救援階州，不當復總兵柄，廷珪亦自陳求解，許之。俄加兼侍中，充成都巡檢使，改武信軍節度使，領本鎮及保寧軍都巡檢使。

宋王全斌之下劍門也，後主遣廷珪與太子元喆將兵以拒宋師，至綿漢，與全斌遇，狼狽而還。元喆與廷珪謀所經州縣盡焚其儲蓄，及全斌等入成都行營，都監王仁贍按籍詰所在軍須，廷珪懼，以告馬軍都監康延澤，延澤曰：「王公志在聲色，苟得其所欲，則置而不問矣。」廷珪素儉約，不畜伎樂，遂求於姻戚家，得女伎四人，復假貸金帛直數百萬以遺仁贍，由是獲免。歸宋，爲右千牛衛上將軍。乾德五年卒。先是，廷珪及王昭遠、韓保貞川中各有田宅，後主降宋後奉表上獻，宋太祖詔賜錢三百萬以償其直。

伊審徵字申圖，太原人。父延瓌，隨高祖入成都，尚崇華公主。審徵幼以孝聞，母病，割股肉啖之。以父任歷蜀州刺史、雲安榷監使。廣政十四年，高延昭求解機務，急召爲通奏使、知樞密院事。久之，秦、鳳興師，命檢校城砦，俄領武泰軍節度使。後主選其子崇度尚公主，又改寧江軍節度使、同平章事，領宣徽南院使，與王昭遠俱掌機務。審徵故公主所出，少與後主相親狎，至是事無大小，一以咨之。常自以康濟經畧爲己任，及宋師入境，審徵首奉降表詣軍前，時人多竊笑焉。無何，宋太祖授以静難軍節度使。乾德六年，移鎮延安。開寶末改右屯衛上將軍，太平興國二年判右金吾衛仗。雍熙五年卒。

龍景昭，夔州奉節人。少有武勇。事後主爲義軍裨校，以功遷戰櫂都將，久之擢施州刺史。廣政末，宋師大至，分兵由峽路入，將壓境。景昭率官吏以牛酒犒師，迎入城。宋太祖聞之甚悦。景昭朝汴京，卽授永州刺史；秩滿，改右千牛衛將軍。開寶三年卒。

後主降宋時，右羽林將軍龍處塘等四人隨行，卒於道。宋太祖憫之，以其男補供奉官殿直。處塘卽景昭弟。

趙玭　高諷　羅濟　孫降衷　李稠　李遵懿　曹光實

趙玭，澶州人。家富於財，晉天福中以納粟助邊用，補集賢小史，調濮州司戶參軍。刺史白重進以其年少，欲試以事，因以滯獄授之，玭爲平決，悉能中理。重進移刺虢、成二州，連辟爲從事。會契丹搆難，雄武節度使何重建來獻地，廣政中後主命韓繼勳領雄武軍節鎮，而成州則其支郡也，因署玭秦、成、階等州觀察判官。

周將王景等侵秦、鳳，繼勳師敗，棄秦州，奔還成都。是時高彥儔援兵方潰歸秦州，玭閉門不納，輒召官屬諭之曰：「今中朝兵甲無敵於天下，自用師西征，戰無不勝。蜀中所遣將皆武勇者，卒皆驍鋭者，然殺戮逃遁之外，幾無孑遺。我輩安忍坐受其禍？去危就安，當在今日。」衆皆俯首聽命，玭遂舉城降周，周世宗欲命以藩鎮，宰相范質不可，乃授鄆州刺史。歷汝、密、澤三州刺史。周亡，復降宋，爲宗正卿。乾德初，出爲秦州刺史；二年，改左監門衛大將軍，判三司。

玭狂躁婞直，後以詆趙普販木規利，王溥等奏玭誣罔大臣，宋太祖大怒，命武士撾之，黜爲汝州牙校。太平興國三年卒，年五十八。

高飖者，自云太尉駢之後，前蜀時卽羈旅兩川。性多忤物，每求官不遂，輒徧告人曰：「何不還我羅城來！」羅城，故駢所築也。後歷仕高祖、後主爲顯官。廣政末隨後主降宋，除太府卿。

羅濟，華陽人。事後主，歷官寧江軍都巡檢判官。宋師陷夔州，夔帥高彥儔以符印授濟而死。濟降宋，累遷太常丞。

子處約，有才思，常作黄老先六經論，人多重之。

孫降衷，眉山人。博學，慷慨有識量。廣政時以事至洛陽，見宋太祖於未遇之時，知其非常人，傾心事之。及後主降宋，宋太祖召見降衷，授眉州□□，賜田遣歸，市書萬卷而還。

李稠，京兆人。仕高祖、後主爲□□□□。孫建中，入宋，舉太平興國中進士甲科。

李遵懿，廣政時爲朝官，舉止多有婦態。及降宋，宋太祖曰：「遵懿乃有此態邪！」命以氈頭箭射之，正中其腹，遵懿不爲之動。太祖曰：「外柔内勁。」授以供奉官。已而握兵江潍，人號之曰鐵漢。又昭武軍都監李奉虔，會嘉陵江溢出浸城，奉虔置堰洩水，城池克完。或以謂卽遵懿族人。

曹光實，雅州百丈人。父嶹，事後主爲静南軍使。光實嗣職，遷永平軍節度，管内捕盜遊奕使。宋將王全斌既入西川，俄而盜賊蠭起，彝人張忠樂者常羣行攻刦，且憾光實殺其徒黨，中夜奄至，環其居鼓譟並進。光實負母，揮戈突圍以出。賊殺光實族三百口，又發塚墓，遂據雅州。光實詣全斌，具以事白，誓雪冤憤，圖雅州地形要害，兼陳攻取之策。全斌壯其志，令率兵先導，果克城，獲忠樂而甘心焉。宋授光實知黎、雅二州都巡檢使，累擢銀、夏、綏、麟、府、豐、宥州都巡檢使。久之，爲李繼遷所害，年五十五。

全師雄　上官進

全師雄，成都人也。廣政末，官文州刺史。兩川既爲宋滅，宋帥王全斌不恤軍務，晝夜酣飲，且部曲漁奪無厭，蜀人不堪其苦。會宋太祖檄蜀兵赴汴，詔優給稟食，全斌不卽奉命，蜀兵含憤而行。道過綿州，遂刦屬邑作亂，衆至十餘萬，號「興國軍」，得師雄，推以爲帥。師雄乃率兵攻彭州據之，自稱興國大王，分守要害。兩川民争應師雄，日絡繹不絶。全斌方出戰，爲師雄所敗，退保成都。於是師雄勢益張，分扼綿、漢間，緣江置砦，爲持久計，而邛、蜀等十六州及成都屬縣皆稍稍舉兵應之，兩川復亂。時宋乾德三年三月也。

未幾，宋太祖命客省使丁德裕領兵致討，復以康延澤爲東川七州招安使。而師雄是時方屯新繁，劉光義、曹彬等已麾兵進擊，已又走灌口，全斌復逆破其軍。師雄遂走金堂病死。師雄自起兵至走死日，凡九月有奇，兩川復平。

上官進，梓州人，故後主軍校也。國亡，嘯聚亡命三千人，劫村民，夜攻梓州城。是時宋臣馮瓚知州事，謂衆曰：「進乘夜奄至，此烏合之衆，以箠梃相擊耳，可持重以鎮之，待旦自潰矣。」瓚坐城樓，密令促更籌，未夜分，遽擊五鼓。進部下兵驚遁，遂爲瓚所擒。

十國春秋卷第五十六

後蜀九　列傳

韋縠　歐陽炯　顧敻　令狐嶠　向瓚　句中正　孫逢吉　鹿虔扆

閻選　趙元拱　王中孚　文谷　楊九齡　何光遠　韓保昇

蒲虔軌　張立

韋縠少有文藻，夢中得軟羅纈巾，由是才思益進。仕高祖父子，累遷監察御史。已又陞□部尚書。縠常輯唐人詩千首，爲才調集十卷，其書盛行當世。縠才調集序曰：余少博羣言，常取得志，雖秋螢之照不遠，而雕蟲之見自佳。古人云自聽之謂聰，内視之謂明也，又安可受誚於愚鹵，取譏於書厨者哉！暇日因閲李、杜集，元、白詩，其間大海混茫，風流挺特。遂採摭奥妙，并諸賢達章句，不可備録，各有編次。或閒窗展卷，或月榭行吟，韻高而桂魄争光，詞麗而春色鬬美。但貴自樂所好，豈敢垂諸後昆。今纂諸家歌詩，共一千首，每一百首成卷，分之爲十目，曰才調集。庶幾來者不謂多言，他代有人，無嗤薄鑒云爾。

歐陽烱，蜀人。事高祖、後主，歷官武德軍判官、翰林學士、中書舍人。烱善文章，尤工詩辭。唐張素卿嘗繪十二真人像，世稱其妙；安思謙得素卿本，乃於明慶節上獻後主，命烱爲之贊，裝潢成帙，其見重多此類也。

烱著有武信軍衙記、花間集序傳世，序曰：「鏤玉雕瓊，擬化工而迴巧；裁花剪葉，奪春豔以争鮮。是以唱雲謡則金母詞清，挹霞醴則穆王心醉。名高白雪，聲聲而自合鸞歌；響遏青雲，字字而偏諧鳳律。楊柳大堤之句，樂府相傳；芙蓉曲渚之篇，豪家自製。莫不争高門下，三千玳瑁之簪；競富樽前，數十珊瑚之樹。則有綺筵公子，繡幌佳人，遞葉葉之花牋，文抽麗錦；舉纖纖之玉指，拍按香檀。不無清絶之辭，用助嬌嬈之態。自南朝之宫體，扇北里之倡風。何止言之不文，所謂秀而不實。有唐已降，率土之濱，家家之香徑春風，寧尋越豔；處處之紅樓夜月，自鎖常娥。在明皇朝，則有李太白應制清平樂詞四首。近代温飛卿復有金筌集。邇來作者，無愧前人。今衛尉少卿趙崇祚，〔一〕以拾翠洲邊，自得羽毛之異；織綃泉底，獨殊機杼之功。廣會衆賓，時延佳論。因集近來詩客曲子詞五百首，分爲十卷。以烱粗預知音，辱請命題，仍爲序引，乃命曰花間集。將使西園英哲，用資羽蓋之歡；南國嬋娟，休唱蓮舟之引。」文，故廣政三年作也。

又小辭十七章，人亦時時稱道之，漁父歌尤爲辭家所倡和。漁父詞云：擺脱塵機上釣船，免教榮辱有流年。無繫絆，没愁煎，須信船中有散仙。風淡寒溪照膽明，小君山上玉蟾生。荷露墜，翠煙輕，撥刺遊魚幾箇驚。

顧敻，□□人。前蜀通正時，以小臣給事内庭。會禿鶖鳥翔摩訶池上，敻作詩刺之，禍幾不測。久之，擢刺史，已而復仕高祖，累官至太尉。

敻善小辭，有醉公子曲爲一時艷稱。尤善恢諧，常於前蜀時見隸武秩者多拳勇之夫，戲造武舉諜以譏之，人以爲滑稽云。諜曰：大順年，侍郎李吒叱下進士及第三十餘人：姜癩子、張打胸、李嗑咀、李破肋、李吉了、樊忽雷、王號驰、郝牛矢、陳波斯、羅鑾子等，試亡命山澤賦、到處不生草詩。太尉醉公子曲有二闋，其一闋道本事者，云：「岸柳垂金線，雨晴鶯百囀。家住緑楊邊，往來多少年。馬嘶芳草遠，〔三〕高樓簾半捲。斂袖翠蛾攢，相逢爾許難。」其一似秋閨，并録於此：「漠漠秋雲淡，紅藕香侵檻。枕倚小山屏，金鋪向晚扃。睡起横波慢，獨望情何限。衰柳數聲蟬，魂銷似去年。」

令狐嶠，仕高祖父子，官至秘書監。工吟咏，兼擅敏才，口占詩句，多所謿誚，好事者時傳其詩。嶠一日遇明慶節，散後，贈左右兩街命服僧玄詩曰：「却羨僧門與道門，無年今日紫衣新；可憐州縣祁評事，盡向荷衣老却身。」

向瓚初事高祖，爲行軍司馬，後累加僕射。亦以詭詞著名，常有詠乘煙觀蔣鍊師詩。蔣狀貌甚偉，不類婦人，瓚詩頗嘲之，一時絶倒。詩曰：「怪得盤跚不上昇，白雲踢綻紫雲崩。龍腰鳳背猶嫌軟，須問麻姑借大鵬。」

句中正，字坦然，成都華陽人。明德中，授崇文館校書郎，復舉進士及第。中正精於字學，凡古文、篆、隸、行、草諸書，無所不工，常與宰相毋昭裔書文選等書行世。國亡，歸宋，補曹州録事參軍、汜水令。又爲潞州録事參軍。太宗時，常獻八體書，召授著作佐郎，直史館，詳定篇韻。歷著作郎。與徐鉉重校定説文，模印頒行。太宗問中正：「凡有聲無字有幾何？」中正退，條爲一卷以獻。太宗曰：「朕亦得二十一字，可并録也。」時又命中正與吴鉉、楊文舉同撰定雍熙廣韻，加太常博士，書成凡一百卷。特拜虞部員外郎。淳化時，累遷屯田郎中。常以大小篆、八分三體書孝經摹石。咸平三年，表上之。真宗召見便殿，賜金紫。時乾州獻古銅鼎，狀方而四足，上有古文二十一字，人莫能曉。命中正與杜鎬詳驗以聞，援據甚悉。卒年七十四。

中正喜藏書，家無餘財。子希古、希仲並進士及第。

孫逢吉，成都人。廣政時，累官國子毛詩博士。校定石經，分刻蜀中，逢吉與句中正之功爲多。

鹿虔扆，一作虔扆。不知何地人。歷官至檢校太尉。與歐陽炯、韓琮、閻選、毛文錫等，俱以工小詞供奉。後主時，人忌之者號曰「五鬼」。虔扆思越人辭，有「雙帶繡窠盤錦薦，淚侵花暗香消」之句，辭家推爲絶唱。思越人全闋：「翠屏欹，銀燭背，漏殘清夜迢迢。雙帶繡窠盤錦薦，淚侵花暗香消。珊瑚枕膩鴉鬟亂，玉纖慵整雲散。若是適來新夢見，離腸爭不千斷！」

閻選，故布衣也。酷善小詞，有臨江仙詞云「畫簾深殿，香霧冷風殘」，又云「猿啼明月照空灘」。時人目爲閻處士。臨江仙全闋云：「十二高峯天外寒，竹梢輕拂仙壇。寶衣行雨在雲端。畫簾深殿，香霧冷風殘。欲問楚王何處去？翠屏猶掩金鸞。猿啼明月照空灘。孤舟行客，驚夢亦艱難。」

趙元拱，有良史才。廣政時，授職方員外郎。會宰相李昊監修國史，請置史官。後主乃以元拱爲修撰，未幾，修前蜀書，復命元拱等董其事。國亡，降宋，除虞部員外郎。元拱所纂輯有唐諫諍集十卷。

王中孚，仕後主，爲成都主簿。雅有才識，長於史學。李昊監修國史，中孚時與雙流令崔崇搆爲直館。已而修前蜀書，復與事焉。

文谷，成都温江人。漢文翁之裔有龜年者，唐乾符中明經及第，任彰明令，谷卽其孫也。谷篤學博聞，以詞章顯於世。事後主，歷官員外郎、侍御史、山南道節度判官。廣政末，隨王昭遠巡邊，至文州，見唐都虞候文和之墓，谷用昭遠命作文，厚瘞之，人皆以爲有隱德焉。谷所撰備忘小抄十卷，雜鈔子史一千餘事，以備遺忘，世多傳寫之。

先是，谷常詣中書舍人劉光祚，會有青城道士劉雲，雲昇宮客沈默者繼至。光祚出桃核盃，視之，盃闊尺餘，文采燦然，蓋蟠桃實也。光祚爲言：「少時遊華嶽，逢道士，以此核取瀑泉盥漱，卒以半片見授，卽斯盃矣。」一云得于陳摶。已而雲出一白石，云：「於麻姑洞石穴得之。」形絶類雞子，有紋如畫，乃二童子持節引，仙人眉目、毛髮、冠履、衣被，纖悉具足。默亦出石，闊一寸五分，長二寸五分，上隱出盤龍鱗角、爪鬣，無不周備，云得於巫峽山間。谷一日盡覩奇物，亦一異也。

谷兄弟五人，一居漢州，一居梓州，一居綿州，一居邛州，一居温江。再傳曰大章，官至宋國子祭酒。

楊九齡，蜀人。擅儁才。撰蜀桂堂編事二十卷，中紀廣政舉試事，載詩賦策題及知貢舉登科人姓氏，且言科舉起於隋開皇，或以爲自唐太宗始者，非也。又撰要録十卷，亦爲士林所稱道。

何光遠，字輝夫，東海人也。好學嗜古。廣政初，官普州軍事判官。撰聶公真龜記。又常著鑑誡録十卷，纂輯唐以來君臣事蹟可爲世法者。又有廣政雜録三卷，皆行於世。

韓保昇，潞州長子人，太尉保貞弟也。廣政時，積官至翰林學士。博洽無所不窺，尤詳於名物之學。後主命保昇取唐本草參校增註，爲圖經二十卷。後主自爲製序，謂之蜀本草。

蒲虔軌，蜀人也。著易軌若干卷，不知所終。

張立，雅善吟詠，性樸直無忌諱。後主常於羅城上徧植芙蓉，每至秋間，四十里盡鋪錦繡，高下相照，立作詩以豳風七月爲刺。詩曰：四十里城花發時，錦囊高下照坤維。雖粧蜀國三秋色，難入豳風七月詩。及廣政末，朝政已亂，立又作詩規諷，詩曰：去年今日到成都，城上芙蓉錦繡舒。今日重來舊遊處，此花憔悴不如初。國人稱爲「詩諫」。

黃筌 子居寶　居寀　居實　阮知誨　張玫　蒲師訓　高從遇　姜道隱　李文才　石恪　徐德昌　景煥　夏侯延祐　趙忠義　杜敬安

黃筌字要叔，成都人也。以善畫，早得名。年十七事前蜀後主爲待詔。前蜀後主常詔筌內殿觀吴道玄鍾馗繪本，謂筌曰：「道玄畫鍾馗，以右手第二指抉鬼目，不若以拇指爲有力。」令筌改進，筌於是不用道玄本，别以拇指改進。前蜀後主怪其不如旨，筌對曰：「道玄所畫眼色意思俱在第二指，臣所畫眼色意思俱在拇指。」前蜀後主悟，乃喜。

及廣政時，加檢校少府監，賜金紫，累遷如京副使。會南唐賜後主六鶴，遂命筌寫六鶴於便坐之壁，一曰唳天，二曰警天，三曰啄苔，四曰舞風，五曰疏翎，六曰顧步。名曰六鶴殿。又曰：都之西樓，樓有堂，筌畫雙鶴、花竹、怪石，衆謂之雙鶴廳。由是豪貴請爲圖軸者接踵，時諺云：「黃筌畫鶴，薛稷減價。」常繪野雉於八卦殿，有五坊使呈鷹殿下，鷹見雉，掣臂數四。後主令翰林學士歐陽炯作文記之。又寫白兔於縑素，後主常懸於坐側。

國亡入宋，與江南布衣徐熙同隸圖畫院。宋秘閣所藏，每以李贊華千角鹿、筌白兔爲上品云。

筌花竹師滕昌祐，鳥雀師刁光，山水師李昇，鶴師薛稷，龍師孫遇，而筆意豪贍，脫去格律，過諸人爲多。先是唐廣明中，處士孫位始出新意，畫奔湍巨浪，盡水之變，筌與同郡孫知微皆得其遺法。知微初欲於大慈寺壽寧院壁作湖灘水石，四堵營度，經歲終不肯下筆。一日倉皇入寺，索筆墨甚急，奮袂如風，須臾而成，作輪瀉跳蹙之勢，淘淘欲崩屋也。筌亦以爲不及。筌子五人，以畫名者居寶、居寀、居實，弟惟亮亦能畫。

居寶字辭玉，筌次子也。與父同事後主，爲待詔，後累遷水部員外郎。入宋，隸翰林圖畫院。居寶工畫花、鳥、松、石，兼善八分書，年未四十而卒。先是，道士張素卿曾於青城山丈人□畫五嶽四瀆真形，并十二溪女數壁，後主數遣居寶父筌手摸之，終不相類。後有持素卿八仙真形圖獻者，後主歎曰：「非神仙之能，無以爲神仙之質！」乃命居寶以八分書題之。

居寀字伯鸞，筌季子也。工畫花、竹、翎毛。事後主，爲翰林待詔，與筌同被恩寵。圖畫殿庭、牆壁、宫闈、屏障不可勝紀。廣政十五年，後主命往葛仙山，回至彭州，棲真南軒，繪水石一堵，自未越酉而畢，觀者歎其敏妙。又常奉後主命與筌同畫秋山圖，以答江南信幣，學士徐光溥作秋山圖歌以美之。國亡，隨後主入宋，宋太祖習其名，累授朝請大夫、寺丞、上柱國，賜紫金魚袋。太宗更加眷遇，屬居寀搜訪名畫，詮定品目，一時皆爲斂手。居寀狀太湖石，尤過於父。

居實，不知筌第幾子，有會禽圖一卷傳世。

阮知誨，一作阮知悔，圖畫見聞誌又作阮知晦。成都人。善繪事，兼長寫貌。前蜀時，寫先主真，稱首出。乾德中，寫後主像於大聖慈寺。高祖明德初，復寫帝像於三學院，及繪皇后、玉清公主二像於内庭。知誨事兩朝，多畫皇姑貴戚影像，累授翰林待詔、銀青光禄大夫、檢校尚書左僕射、兼御史大夫、上柱國。

子惟德，有父風，事後主爲翰林待詔，尤善狀宫闈禁苑、帝戚富貴之事，有宫中賞春、公子夜宴、按舞、熨帛等圖。

張玫，亦成都人。玫父故，授翰林寫貌待詔，賜緋。玫超父之藝，尤精寫貌。高祖明德元年，於大聖慈寺三學院置真堂，招集畫士。玫曾於東川傳董璋真，高祖惡之，乃命阮知誨肖己貌，而文武臣僚之像玫筆居多焉。授翰林祗候，賜紫金魚袋。玫著古君臣象三卷。有長門醉客、按樂、擣衣諸圖。

蒲師訓，蜀人也。初師房從真，繪人物、鬼神、蕃馬。常攜繪本詣從真，從真拊膺曰：「子所得，非吾所授。」高祖改元，興修諸廟，命師訓畫江瀆廟、諸葛廟。及高祖晏駕，繪陵廟鬼神、蕃漢人物、旗幟兵仗、車馬禮服，縱橫浩瀚，莫不周至。授翰林待詔，賜紫金魚袋。養子延昌，與師訓同時爲待詔，工畫佛道鬼神，尤精師子。

高從遇，成都人，道興子也。事高祖父子，爲翰林待詔。常於宫中大安樓下繪天王對佛圖，甚奇偉。

子文進，工畫佛道，深得曹、吴之筆。國亡入宋。宋太宗時在潛邸，文進往依焉。後授翰林待詔。未幾修相國寺，命文進倣高益舊本，畫西廡變相及太一宫、壽寧宫、啓聖院、開寶塔下諸畫壁，率皆稱旨，畫院諸臣多宗之。

姜道隱，居綿竹山中，不事談論，不與人往還，及冠帶跪揖，謂之搔頭，人皆指曰野人，道隱因以野人自名。生平研究莊、老家言，而性好圖龍。興至，卽畫百尺之狀，縱意揮毫，稍稍不愜意，輒抹之，不啻千餘軀。已而雲氣磅礴，勢若蜿蜒，遂擲筆撫掌，自爲怡逸，其適意有如此。宰相李昊常稱其爲人。所著筆訣三卷，傳於世。

李文才，華陽人也。工畫松石，尤善寫貌。事後主，爲翰林待詔。一云後主授以司議。廣政中，荆南文獻王遣使請文才寫義興門内雙石筍，既畢，并徵其故實焉。圖畫見聞誌云：文才又常寫蜀主并名臣真像於大慈寺。

石恪字子惠，成都人也。善滑稽，有口辨，工畫道釋人物。始師張南本，後筆畫縱逸，不專規矩，尤喜繪詭形殊狀，以譎怪見奇。國亡入宋，常被旨圖相國寺壁，授以畫院之職；不就，固請還蜀，許之。有唐諸賢象及五丁開山、巨靈劈太華、新流新羅角力等圖傳世。

徐德昌，成都人，廣政時爲翰林祗候。工寫人物士女，墨彩輕媚，爲時所稱。

景焕，一名朴，成都人也。自稱匡山處士。素善畫，工文章。與翰林學士歐陽炯爲忘形交，一日聯騎遊應天寺。先是唐僖宗幸蜀，扈從畫士孫位常於寺門左壁繪天王及部從鬼神，形製詭異，世莫與比；至是焕遂揮筆畫右壁天王以對之。炯歎重其能，輒爲長歌數百言，不移刻而就。繼有草書僧夢歸一作夢龜後至，因請書於廊壁。書畫歌行都稱神妙，成都人號爲應天三絶。焕尤好畫龍，有野人閒話五卷，中間一篇頗叙畫龍之事。焦氏類林云：焕卜築玉壘山下，常造墨五十團，印文曰香壁，陰篆曰副墨子。

夏侯延祐，蜀人。工畫花、竹、翎毛，師黄筌，得其要領。廣政時，充翰林待詔。歸宋，爲圖院藝學。

趙忠義，長安人。父元德，天復中入蜀，雅善繪鬼神、山水。忠義廣政時爲翰林待詔，後主常令畫關將軍。起玉泉寺閣，垂昂疊栱，向背無失，命匠氏較之，無一差者，其精妙如此。

杜敬安，齯龜子也。事後主，爲翰林待詔。善繪事，以傅彩見長。成都大慈寺多存其遺蹟。

論曰：予閲景煥所作書，中言蜀主好事，故藝能之士精書畫者衆矣。若沙門曇域、曉䜌工於書，工部員外郎昭緅做韓擇木八分書，黄少監筌師邊鸞雀竹，處士滕昌祐、梁廣化、野人姜道隱本張藻松石，李司議文才繼閻立本寫真書畫，八人皆妙絶當代。今取其可徵者及畫譜所記諸人稍次於篇，而事軼與前蜀已載者，則不槩見云。

校勘記

〔一〕今衛尉少卿趙崇祚　「趙崇祚」，今花間集序（李一氓校本，人民文學出版社出版）作「字弘基」。

〔二〕馬嘶芳草遠　「芳草」二字原缺，據李一氓校本花間集補。

十國春秋卷第五十七

後蜀十　列傳

周仲明　胡韞　虞洮

周仲明，未詳其世系。居成都，以術數擅名。明德元年，高祖病且危，司空趙季良召仲明問高祖壽幾何。仲明曰：「帝合爲真王，食蜀中二十年。既登九五，於壽無益。」季良曰：「可爲金縢乎？」曰：「此天數也，非人力可爲。」季良又問國祚修短，仲明曰：「二紀外有真人出，天下一統。」後其言皆驗。

胡韞，精天官之學。明德初，除司天少監。三年，會熒惑犯積尸，後主以積尸蜀分也，懼欲禳之，召韞問焉。韞對曰：「按十二次起井五度至柳八度，爲鶉首一次。鶉首，秦分也。蜀雖屬秦，乃極南之表爾，前世火入鬼，其應多在秦晉。咸和九年三月，火犯積尸；四月，雍州刺史郭權見殺。義熙十四年，火犯鬼；明年，雍州刺史朱齡石見殺，而蜀皆無事。」後主乃止。

虞洮，蜀人。習靈素家言，有名。高祖鎮西川，時董璋久患渴疾，遣押牙李彥來求醫，高祖命洮往。洮既至梓州，璋曰：「璋之所患，經百醫而無微瘥，何也？」洮曰：「公之疾非惟渴漿，而實渴士，得士則不藥愈矣。」璋大悦。時璋有據東川之志，故洮陽以言誂之，而璋不悟也。洮又曰：「洮聞天有六氣，降爲六淫。淫生六疾，害於六腑者陰、陽、風、雨、晦、明也，是以六淫隨焉。六疾者，寒熱入腹惑心也，是以六腑隨焉。故心爲離宮，腎爲水，藏晦明勞疫，百疾生焉。大都視聽至煩，皆有所損。心煩則亂，事煩則變，機煩則失，兵煩則反，五音煩而損耳，五色煩而損目，滋味煩而生疾，男女煩而減壽，古者男子莫不戒之。公今日有萬思，時有萬幾，樂淫於外，女淫於內，渴之難療，其由此乎！」璋稱善，遣之歸。

楊千度

楊千度，本優也。善戲猴於闤闠中，常飽養十餘頭，習人言語。一日，內廐猢猻維絶，走殿上閣，後主令人射之，不中，乃命千度執之。千度謝恩訖，猴十餘頭皆向殿上叉手拜揖；後主大悦，賜千度緋衫錢帛，收入教坊。有内臣問猢猻何以能人言語，對曰：「猴乃獸，實不解人言。千度時時餌以靈砂，變其獸心，然後可教。」内臣深訝其説。有好事者祖其意，多以靈砂飼鸚鵡、犬鼠等以教之。

梁守珍

梁守珍，後主時宦官也。廣政中，每值臘月，内官各獻羅體圈金花樹子，以極璀璨之盛。守珍欲得後主心，乃採忘憂花，縷金於花上，號曰獨立僊。衆皆以爲不及。

安思謙　王昭遠　趙彦韜

安思謙，初事高祖爲茶酒庫使。後主踐阼，與張公鐸等譖殺李仁罕，由是稍稍進用。未幾，擢山南西道節度使。廣政中，復從臾誅張業於都堂。已又謀盡去舊將，欲代趙廷隱之位，因密告廷隱謀反，以李廷珪力救，事得解。俄將兵救鳳翔，師久無功，請先運糧以爲後圖。後主雖發興州米饋之，心始疑思謙矣，謂左右曰：「觀思謙，安肯爲朕進取。」頃之，思謙待罪鳳州，後主釋不問。已而歸成都，領左匡聖馬步都指揮使、保寧軍節度使，思謙自是漸慚懼不安。會宫門戒嚴，思謙以爲將圖己也，發言不遜，且典宿衛兵，復多所誅戮，以示威福。是時有衛士以壯年而爲思謙所斥者，後主命仍留隸籍，思謙坐以他罪殺之。後主積不能平，而思謙子扆、嗣、裔等，皆倚藉父威，恣横國中。思謙入朝，遂命力士撲殺之，并誅其子，時十七年春二月也。

王昭遠，成都人。幼孤貧，年十三，依東郭僧智諲爲童子。高祖鎮西川，飯僧於府署，昭遠持巾履從智諲入，高祖愛其惠同慧黠；時後主方就學，卽留昭遠給事左右，頗見親狎。後主嗣皇帝位，以爲捲簾使，稍遷茶酒庫使。

廣政十一年，樞密使王處回勒歸私第，後主以樞密使權重難制，乃以昭遠爲通奏使，知樞密院事，機務一以委之，府庫金帛恣其所取不問。加領眉州刺史，出爲永平軍節度使。不數月，昭武李繼勳以目疾不能視事，議以閒地處之；昭遠遽以永平讓繼勳。歲餘，授寧江軍節度使。李太后常從容言昭遠不可用，後主不從；未幾，兼領山南西道節度使，同平章事。及入謝，求解通奏職，遂以左街使張仁貴爲副使、知樞密以代之。

昭遠好讀兵書，頗以方略自許。先是後主欲通使於宋，昭遠固争以爲不可。會判官張廷偉説昭遠通好并州，令發兵南下，我黄花子午谷出兵應之。昭遠然其言，勸後主潛約北漢以撓宋。及宋師入境，昭遠與趙崇韜帥兵拒戰。始發成都，後主命左僕射李昊等餞郊外，昭遠酒酣，攘臂曰：「吾是行，何止克敵。當領此二三萬雕面惡少兒，取中原如反掌。」比行，手執鐵如意指麾軍事，意氣揚揚，自方諸葛亮。將至漢源，聞劍門已破，遂股慄色戰，發言失次。崇韜布陳將戰，昭遠據胡牀不能起。俄崇韜敗，乃免胄棄甲走投東川，匿倉舍下，悲嗟流涕目盡腫，惟誦羅隱詩曰：「運去英雄不自由。」俄爲追騎所執，送汴京，宋太祖詰之曰：「爾何誘昶而結劉鈞？」昭遠曰：「臣愚無知，但忠於本國耳。」太祖釋之，授左領軍衛大將軍。

初昭遠巡邊至文州，見古冢有屍如生，乃大中年文州步軍都虞候文和墓也。昭遠命重葬之，夜夢和謂曰：「我已爲太乙真人侍者，子當有兵刀之厄，既葬我，可以免禍。」至是遂驗。昭遠開寶中卒。

趙彥韜，興州順政人。爲本州義興軍裨校。廣政末，後主遣與興國軍討擊使孫遇及楊蠲爲諜於宋。及至汴，彥韜潛取後主與北漢蠟丸帛書以告，因言兩川可取之狀。宋太祖并赦遇、蠲，舉兵西入，且以彥韜爲嚮導。未幾陷興州，即以爲本州馬步軍都指揮使。已又遷本州刺史，移澧州。性兇率，所爲多不法，部民有訴被盜劫財物，鞫之不實，彥韜手殺之，探取心肝；民家詣汴訴冤，宋太祖大怒，杖配蔡州。

論曰：思謙忌功傾軋，繼以跋扈，其凶終宜也。昭遠人非卧龍，妄儗諸葛，漢源之敗，出涕沱若，殆易所云負且乘者乎。彦韜輸情敵國，召寇桑梓，二心之罪，要不可逭矣。

僧曉微　僧可朋　僧仁顯　僧曇城　僧曉巒

僧曉微，有道行，結廬隆州之地。明德元年，立碑寶林院西。

僧可朋，丹稜人。能詩，好飲酒，貧無以償酒債，或作詩酬之，遂自號曰醉髡。少與盧延讓、方干爲詩友，來蜀與歐陽炯相善，炯比之孟郊、賈島，力薦於後主。後主賜錢帛有加等。是夏，炯與同僚納涼淨衆寺依林亭，列樽俎，衆方歡飲自若，寺外有畊者，曝背烈日中，耘田擊鼓，罷歊不休。可朋在坐，乃作耘田鼓詩獻炯曰：「農舍田頭鼓，王孫筵上鼓。擊鼓兮皆爲鼓，一何樂兮一何苦？上有烈日，下有焦土。願我天公降之以雨，令桑麻熟，倉箱富。不饑不寒，上下一般。」言雖淺近，而極於理。炯遽命衆賓撤飲。

可朋有詩千餘篇，號玉壘集。其題洞庭湖云：「水涵天影闊，山拔地形高。」又有詩云：「虹收千嶂雨，潮弄半江天。」皆佳句也。

僧仁顯，博雅工文章。居荷澤院，爲僧，勤於著述。廣政中，撰華陽記，中辨關羽墓在草場，廟在荷聖寺。前人缺誤，多是正焉。

僧曇城，申天師高弟也。幼精六書，常學李陽冰篆法，遂臻其妙。

僧曉巒，爲□夢龜弟子。攻草書，得張旭筆意，與曇城一時並稱。

杜仁傑　楊僊公　黃萬户　申天師　馬僊　彭曉　丁元和

韋昉　屈突無爲

杜仁傑，善導氣烹煉之術。高祖鎮西川時，仁傑來蜀，留詩至真觀壁間，詩曰：「坤所載，乾所燾，象與形，孰朕兆。緯五行，環二曜，流而川，峙而山，亦多號。神有嶽，山有嶠。粤天壇，極道妙。巉孤撐，未易到。日出没，見遺照。偃東西，絶海徼，倏光怪，來熠燿。大龍燭，細螢爝，不恆出，赴感召。笙嘹亮，鶴窈窕，羽人路，屯其要。青螺堆，玉簪峭，左參井，右丹竈。揭青虛，不二竅，昔王人，往昭告。始軒轅，未徽廟，接柴望，咸親燎。莽劫灰，起天燒，摧棟宇，失朱縹。羣鹿豕，雜蓬藋，予何爲，一來弔。不勝廢，乃大造，聖之作，賢者紹。矧元元，語秘奥，探逾遠，理益燿。微是理，萬有耗，文雖徑，實非剽。庶今來，永爲詔。」

楊僊公，淄齊間道士也。世莫知其年壽，時或有白頭翁，往往言自兒時見之，常就鍛工家假鐵椎，自擊其頂，又令人奮力舂之，了無所損。間入山，與虎豹戲，以手狎之，皆馴服而去。高祖改元前一歲，僊公來蜀，居峨眉山，後不知所終。

黃萬户，少爲高唐觀道士。學六丁法於道士張君，常投一鐵鞭療疾，輒驗。時戎州刺史文思輅亦有幻術，能剪楮爲魚，投盆内如生，已而收萬户鐵鞭歸去。道由涪州，鞭忽亡歸萬户。高祖召入宫，以諸皇子示之，萬户乃指後主爲太子，高祖大奇之。萬户又能投符化鐵而食，其他術皆類此。

申天師者，唐玄宗之裔也。修道青城山，有奇驗。廣政末，後主頗耽情苑囿，奇花異卉，盛極一時。天師輒進紅梔子種兩粒，其花斑紅，六出，香氣襲人。後主甚愛重之，令圖寫於團扇，繡於衣服，或以絹索鷺毛做作首飾，號曰紅梔子花。詔賜天師束帛，天師隨手散盡，竟不知其所之。天師著有怡神論若干卷。又服氣要訣一卷。一云名迅。

馮僊，果州人。父勝爲□□將軍。勝子修煉於岳門山。一日辭父母僊去，勝立堂楹於得僊處，爲子僊觀，遂名其山曰子僊山。

彭曉字秀川，永康人也。廣政初，授朝散郎，守尚書祠部員外郎，賜紫金魚袋。善修煉養生之道，別號真一子。常分魏伯陽參同契爲九十章而註之，以應火候九轉，上卷分四十章，中卷分三十八章，下卷分十二章。餘鼎器歌一篇，以應真鉛得一，且爲圖八環，謂之明鏡圖。今有參同契分章通真義三卷、明鏡圖訣一卷行世。參同契通真義後序云：參同契者，參雜也，同通也，契合也，謂與諸丹經理通而契合也。凡修金液還丹，先尋天地混元之根，次究陰陽分擘之象。明水火相生，反爲父子。故有男兼女體，則鉛内產砂，女混男形，則砂中生汞。日者陽也，日中有烏，陽含陰也，月者陰也，月中有免，陰含陽也。此天地顯垂真象，令達者則之，可謂真陰陽也。復有陰陽反復之道，水火相須之理，造化生成之徑。既知其徑，須原其根，根者則天地混元之根也。既得其根，須取其象，象者則陰陽分擘之象也。既得其象，須循動靜，既循動靜，須知其數，既知其數，須依刻漏，既依刻漏，須明進退，既明進退，須分龍虎，既分龍虎，則南北之界定矣，金木之形全矣，大道之丹成矣。復有内外法象，内外水火，有壇竈焉，有鼎室胞胎焉，有爻象焉，有水火之候焉，有抽添之則焉，有擣駕之模範，〔一〕有離合之形體，此皆頭頭俱備，闕一不可。志士又須徹聲色，去嗜慾，棄名利，投靈山，絶常交，結仙友，隱密漕溪，晝夜無怠，方可期望。或不如是，則虚勞勤爾。故陰真君曰：莫辭得失，一志而修，還丹可冀也。時孟蜀廣政十年歲次丁未，九月初八日，昌利化飛鶴山真一子彭曉叙。

丁元和，未詳其何人。廣政時，投後主詩曰：「九重城裏人中貴，五等諸侯閫外尊；争似布衣雲水客，不將名利挂乾坤。」

韋昉，蜀人。昉常夜泊涪陵江，遇龍女，以騎迎入官。已而登第十年，出知簡州。一夕龍女遣信相召，暴卒。事聞於朝，敕命昉充北海水僊。

屈突無爲，成都人。有神僊之術，自號神和子。越百年，尚著靈異云。宋張詠常遇道士於鄭州，謂詠曰：「我神和子也，異日見子于成都。」後詠守成都，忽于天慶觀壁上畫一道人，肖鄭州所見，視其題曰神和子，詠悵然自失。瑯琊代醉編云：屈突無爲字無不爲，與郭無爲名字同，未審是非。

校勘記

〔一〕有擣駕之模範　「駕」，周易參同契通真義後序（續金華叢書本）作「駕」，似是。

十國春秋卷第五十八

南漢一

烈宗世家

烈宗姓劉，名隱。祖安仁，上蔡人也。冊府元龜云：彭城人，仕唐爲潮州長史。後徙閩中，商賈南海，因家於泉州之馬鋪，死遂葬焉。何喬遠閩書作汰口山劉店。父謙，爲廣州牙將。十國紀年云：劉謙望字德光，亦名知謙，後止名謙。咸通中爲廣州牙將，韋宙以兄女妻之。唐乾符五年，黄巢攻破廣州，去略湘、湖間，廣州表謙封州刺史、賀江鎮遏使，以禦梧、桂以西。歲餘，有兵萬人、戰艦百艘。謙三子，曰隱、台、巖。巖未幾改名陟。

乾寧元年冬，謙卒。隱居喪於賀江，士民百餘人謀亂，隱一夕盡誅之。嶺南節度使劉崇龜按舊唐書，崇龜官清海軍節度、嶺南東道觀察處置等使。召隱補右都押牙兼賀水鎮使，未幾表爲封州刺史。會崇龜死，二年，薛王知柔代爲清海軍節度使。三年冬十二月，行至湖南，廣州牙將盧琚、譚弘玘作亂，知柔不敢進。而弘玘出守端州，深結隱，許妻以女。隱陽許之，詭言親迎，遂以封州兵伏舟中，夜入端州，斬弘玘；復襲廣州，斬琚。具軍容迎知柔入視事，知柔表隱清海行軍司馬。

光化元年冬十二月，韶州刺史曾衮與廣州將王懷合謀攻廣州，隱一戰破之。韶州將劉潼復據湞、浛，〔一〕隱以部下兵殲焉。居數年，唐以太保、門下侍郎徐彦若代知柔，彦若表隱節度副使，委以軍政。

天復元年冬，彦若卒，遺表薦隱權留後。虔人盧光稠者，有衆數萬，據州自爲刺史；又取韶州，使其子延昌守之。已而進圍潮州，隱稍稍擊走之，欲悉師以争韶州，隱弟陟曰：「延昌有虔州之援，擊之，虔人必應，應則首尾受敵，此不宜直攻，而可以計取。」隱不聽。會江水漲，餽運不繼，而光稠果引兵自虔來，其將譚全播伏精兵萬人山谷間挑戰，隱縱驅，伏發，我兵大敗於城南，僅以身免。

天祐元年，唐命兵部尚書崔遠爲清海軍節度使。遠至江陵，聞嶺南多盜，且畏隱不受代，不時至。隱乃遣使者入朝賂梁王朱全忠以自固，全忠乃奏隱爲清海軍節度使，隱是年以佛哲國、訶陵國、羅越國所貢香藥進於唐。二年，唐加隱同平章事。後二年，梁王全忠改名晃，稱皇帝，改元開平。初，隱屢上書勸進，至是以擁戴功，夏五月己卯，加隱檢校太尉兼侍中，封大彭王；是月，梁詔改潘州茂名縣爲越常縣。冬十月，獻助軍錢二十萬於梁，又進就龍腦、腰帶、珍珠枕、玳瑁器百餘副，他物稱是。是歲，靜海節度使曲裕卒。梁以裕子行營司馬權知留後顥起復爲安南都護，充節度使。

開平二年冬十月辛酉，梁命膳部郎中趙光裔、右補闕李殷衡充官告使，詔王爲清海、靜海等軍節度使、安南都護，王留光裔、殷衡不遣。

開平三年夏四月庚子，梁改封王爲南平王。

開平四年春二月，王命弟陟帥兵攻高州，防禦使劉昌魯拒之，我兵敗績。又移兵攻容州，寧遠節度使龐巨昭拒之，亦不克。是歲，二州皆入於楚。夏四月，梁進封王爲南海王。按通鑑及東都事畧，無封南海王事。宋史但云開平初封南海王，無初封大彭、南平事。歐陽史則云乾化元年進封隱南海王。五代會要又云開平四年四月，進封劉隱爲南海王；今從之。

乾化元年春正月，梁加王兼中書令。三月，王病，亟表其弟清海、靜海節度副使陟權知留後。丁亥薨，按五代會要云：梁乾化元年五月，清海軍節度使、守侍中、兼中書令劉隱薨，輟朝三日，百僚詣閤門奉慰。以三月爲五月者，蓋以聞赴之日爲斷也。時年三十八，謚曰襄。乾亨元年追尊曰襄皇帝，廟號烈宗，陵曰德陵。

烈宗父子起封州，遭世多故，數有功於嶺南，遂有海南。性復好賢下士，是時天下已亂，中朝人士以嶺外最遠，可以避地，多遊焉。唐世名臣謫死南方者，往往有子孫，或當時仕宦遭亂不得還者，皆客嶺表。王定保、倪曙、劉濬、周傑、楊洞潛之徒，烈宗皆招禮之，而趙光裔、李殷衡以奉使往，俱辟置幕府，待以賓客，後卒用此數人致治云。

高祖本紀

高祖，五國故事作先主。名龑，初名巖，代祖庶子也。母段氏，生巖於外舍，武皇后殺段氏，養爲己子。及長，善騎射，身長七尺，垂手過膝。烈宗爲行軍司馬，巖亦辟薛王府諮議參軍。已而更名曰陟。烈宗兼兩鎮節度使，表陟爲副使。是時交州曲顥、桂州劉士政、邕州葉廣畧、葉一作華。容州龐巨昭分據諸管，盧光稠據虔州以攻嶺上，其弟光睦據潮州，子延昌據韶州，高州劉昌魯、新州劉潛及江東七十餘寨多不能制，烈宗因盡以兵事授陟，陟悉平諸寨，或降或走，間更置官屬以雄長嶺表。及烈宗彌留之際，陟遂奉遺命權知清海軍留後，時乾化元年三月也。

夏五月甲辰，梁以陟爲清海軍節度使，陟復名巖。按胡賓王劉氏興亡録：高祖巖皇考葬段氏，得石版篆文曰「隱台巖」，因以名其諸子，是高祖先名巖也。梁太祖實録：乾化元年五月，以清海節度副使劉陟爲節度使，是繼名陟也。又十國紀年云：太祖授陟清海節度使，陟復名巖。而吴越備史載制詞亦云「彭城巖」。蓋嗣節度使後復名巖矣，今從之。又五國故事云：先主名巖，後名俊，又改名龑。名俊之説不知何據。巖多延中國人士於幕府，出爲刺史，由是刺史無武人。

冬十一月，廣州獲白鹿，巖圖形獻於梁，耳有兩缺。

十二月，巖聞虔州譚全播病，發兵攻韶州，破之，刺史廖爽出奔楚。戊午，梁以靜海留後曲承美爲節度使。是月巖遂取容管及高州。

是歲，閩遣員外郎崔□□祭我先王。祭文曰：惟靈五羊奥區，番禺巨壤，漢爲列郡，唐作雄藩。總百蠻五嶺之殷，有出將入相之盛。是故地啓嘉數，天生大賢，濬六韜三略之才謀，擅五袴二天之政術。俾其於家受詔，衣錦禡牙，控二十四州之繁難，當二十八齒之美茂，光揚千古，冠絶一時。至若恢張霸業，揚簸清波，臺陟九層，靡媿郭隗，劍提三尺，授自吕虔。爰持副貳之雄姿，遂領節旄之重寄。繇是澤施甘露，金肅秋霜，掀文房武庫以連雲，騰逸氣英風而偃草。上榻則阮瑀，下賢則左車，從善則軾閭，宣威則斷案。故得越伏波之銅柱，獻款而來，感鄂公之鐵鞭，呈祥以見。火山改色，珠浦生光，無煩處默之酌泉，大鄙趙佗之累土。然後鳴鐘出入，調鼎升聞，致交阯之封疆，歸石門之教化。九遷渥澤，克居浴鳳之池；雙立節旄，遠過跕鳶之水。雖士鮪列弟兄三地，山簡兼荆湘四州，語未同年，事推曠世。嗚呼！是何才德之若彼，功業之如此，而彼穹者天，不壽其齒。天子方欲使降皇華，恩宣金册，表裏東周之盛，旌崇南越之隆。胡二豎之亟攻，竟三醫之莫救。泰山頹壞，俄興孔氏之歌；漢水凄涼，遽罷羊公之市。實國家之不幸，實藩鎮之不幸。審知早塵與國，旋忝睦鄰，雖瓊樹之未親，若銅盤之已接。方定金蘭之至分，豈期幽顯之驟殊。況以幸結良姻，累交專介，幕下崔員外，昨馳禮幣，常詣門牆。爰蒙執手之懽，宏敍親仁之旨。今則遽悲存殁，益歎彭殤，故將萬舉征塵，躬申薄奠，九泉注望，於歎逝以難勝；五月指期，表同盟之必至。嗚呼！曩馳羔雁，今遣蘋蘩，伊人事之有兹，顧痛傷而何極。然則荀龍賈虎，大馮小馮，雖嗟松壠之長歸，終慶荆枝而繼茂，永言懽好，寧怠初終。幸明靈之一臨，鑒此丹赤。嗚呼哀哉！

二年夏四月，梁以我兵與楚相攻，遣右散騎常侍韋戩等爲潭、廣和叶使，復加巖檢校太保、同平章事。

是歲，遣使貢金銀、犀角、象牙、雜寶貨、名香等於梁，價凡數十萬。梁命客省引進使韋堅報之，堅還，復以銀茶等上獻，估直合五百餘萬。廣州言白龍見。

三年春正月，梁加巖檢校太傅。

二月，梁主鍠卽帝位，除巖清海、建武節度使，兼中書令，襲封南平王。

冬十月，求楚王女爲昏，楚王殷許之。

乾化四年春二月，王遣供軍巡官陳用拙如吴越。是時，鬱林州寶圭洞即勾漏正洞迎玉宸道君及葛真人石像於南海，置之石室。

貞明元年秋八月，王如楚逆婦，楚使永順節度使、王弟存送之。冬十一月乙丑，梁改元貞明，是歲梁主更名曰瑱。王以吴越王鏐爲國王，而己獨爲郡王，求梁封南越王及加都統，梁主不許。王謂僚屬曰：「今中國紛紛，孰爲天子！安能梯航萬里，遠事僞庭乎！」由是貢使遂絶。

貞明二年。

乾亨元年秋八月癸巳，王即皇帝位於番禺，國號大越，大赦，改元乾亨。以梁官告使趙光裔爲兵部尚書，節度副使楊洞潛爲兵部侍郎，節度判官李殷衡爲禮部侍郎，並同平章事。又以唐太學博士倪曙爲工部侍郎，已又改尚書左丞。署百官，建三廟，追尊祖安仁曰太祖文皇帝，父謙曰代祖聖武皇帝，兄隱曰烈宗襄皇帝。改廣州爲興王府；分南海爲二縣，曰咸寧、常康。又徙循州治龍川縣，置禎州於循州歸善縣，以歸善、海豐、博羅、河源四縣屬焉。升興寧縣爲齊昌府；立常樂州於合浦縣地，兼置博電、零緑、鹽場三縣爲屬。封峻靈山爲峻靈王，儋州昌化縣山爲鎮海廣德王。

冬十月，帝遣客省使劉瑭使於吴，告卽位，且勸吴王稱帝。

是歲，閩王爲其子延鈞來娶婦，帝嫁其女清遠公主於閩。鑄「乾亨重寶」錢，李孝美錢譜曰：「乾亨重寶」，徑七分，重六銖。洪遵泉志曰：此錢止重三銖六參。建玉堂珠殿。

乾亨二年冬十一月，帝祀南郊，大赦，改國號曰漢。是時以國用不足，又鑄鉛錢，十當銅錢一。泉志曰：鉛錢有二品，輪郭鍥薄，文曰「乾亨重寶」，大者徑寸，重三銖九參；重寶二字傳形；小者徑九分，重三銖六參。傳形，反書也。

乾亨三年春正月，册立越國夫人馬氏爲皇后。

秋九月丙寅，梁削帝南平王官爵，檄吴越兵來討；吴越王受命，不行。

乾亨四年春三月，帝從兵部侍郎楊洞潛之請，始立學校，置選部，貢舉，放進士、明經十餘人，如唐故事，歲以爲常。

冬十二月，遣使通好於蜀。

是歲，割興王府之湞陽縣置英州，韶州之保昌縣置雄州。廣東志又云：析韶州含、洸、湞陽三縣爲英州，始興、保昌二縣爲雄州。今從五代史職方考。是歲，文德殿成，著作郎陳光乂獻賦，賜珠數升。

乾亨五年夏六月丁卯朔，日有食之。是歲，以尚書左丞倪曙同平章事。

乾亨六年夏四月，帝用術者言，出巡避災，如梅口鎮。閩將王延美將兵襲之，會偵者以告，帝宵遁得免。是時，帝製平頂帽冠之，國人一變，率以安豐頂爲尚。

乾亨七年夏四月己巳，晉王李存勗卽皇帝位，國號大唐，改元同光。冬十月辛未朔，日食。是月，復改越常縣爲茂名縣。五代會要作茂明。

乾亨八年夏四月，帝自將兵侵閩，屯汀、漳境上，爲閩人所擊，敗歸。是歲作南宮，王定保獻南宮七奇賦以美之。廣東志云：宮在今仙湖白蓮池，其前爲藥洲。

乾亨九年春正月，遣宮苑使何詞使於唐，稱「大漢國王致書上大唐皇帝」，且覘强弱。

二月甲申，詞至魏，還言唐主驕淫，帝大悅，自是不復通中國。帝酷喜夸大，嶺北商賈至南海者，多召之，使升宮殿，示以珠玉之富，自言家本咸秦，恥王蠻土。呼唐天子爲洛州刺史。

夏四月癸亥，日有食之。

冬十二月，有白虹化爲白龍，見於南宮三清殿。帝改乾亨九年爲白龍元年，五國故事曰：乾亨九年八月，白虹入三清殿中，頗懷憂畏。會有詞臣王宏欲悅巖，乃以白虹爲白龍見，上賦以賀之，巖大悅，乃改元白龍。今從通鑑爲十二月。更名曰龑。長和國驃信鄭仁旻通鑑作鄭旻，滇載記亦無仁字，今從滇志。遣其布燮鄭昭淳致朱鬃白馬以求昏，帝以襄帝女增城公主一作縣主妻之，長和卽唐南詔也。職官分紀云：南詔獻朱鬣馬，中書舍人王翃獻賦。

白龍二年，夏四月，唐主遇弑殂，李嗣源卽皇帝位，改元天成。

秋八月乙酉朔，日食。

白龍三年，秋八月乙卯朔，日有食之。

冬十二月，帝如康州。

大有元年春二月丁酉朔，日食。

三月，楚大舉水軍入寇，圍封州，帝以周易筮之，遇大有，於是大赦，改元。命左右街使蘇章將戰艦百艘救封州，大敗楚兵於賀江。帝遷章爲封州團練使。是時欽州民掘羅浮山，得古劍以獻，篆曰：「己與水同宮，王將耳口同，尹來居口上，山岫護重重。」後宋平南漢，解者云太宗以己亥降誕，是己水同宮也，於文耳口王爲聖，尹口爲君，重山爲出，蓋己亥年聖君出云。

是歲，長和鄭仁旻服丹藥死。

大有二年

大有三年秋九月，遣將梁克貞、李守鄘伐交州，拔之，執靜海節度使曲承美，以其將李進守之。

冬十月，克貞入占城，取其寶貨以歸。承美至南海，帝登儀鳳樓受俘，詔承美曰：「公常以我爲僞庭，今面縛，何也？」承美叩首請死，乃赦其罪。按史纂左編云：梁末，交州土豪曲承美據有十二州之地，南漢遣將攻承美，執之，置交趾節度使。又考馭交記，但言梁克貞、李守鄘取交州，不言置交趾節度使。未詳孰是。

大有四年冬十一月甲申朔，日食。

十二月，愛州將楊廷藝叛攻交州。先是，廷藝養假子三千人，密圖復交州，守將李進受其賂，不時聞，至是帝遣承旨程寶將兵往救，未至而城陷。進遁歸，帝殺之；寶圍交州，戰死。

大有五年夏四月庚辰，熒惑犯積尸。

是歲，帝立其子耀樞爲雍王，歐陽史作邕王，今從通鑑。龜圖爲康王，弘度爲賓王，歐陽史作秦王，今從通鑑。弘熙爲晉王，弘昌爲越王，弘弼爲齊王，弘雅爲韶王，弘澤爲鎮王，弘操爲萬王，弘杲爲循王，弘暐爲恩王，歐陽史作息王，今從通鑑。弘邈爲高王，弘簡爲同王，弘建爲益王，弘濟爲辨王，弘道爲貴王，弘照爲宣王，弘政爲通王，弘益爲定王；未幾，徙弘度爲秦王。是年立十九子爲王。五國故事云封其子十有八人爲王，非也。

大有六年秋九月辛巳，太白犯右執法。

大有七年春□月，帝作殿於內宮，曰昭陽殿。殿用金爲仰陽，銀爲地面，簷楹榱桷皆傅白金，殿下設水渠，浸以真珠。又琢水精琥珀爲日月，列於東西玉柱之首，五國故事云列於東西二樓之上。親題其牓於上。

秋七月，遣左僕射何瑱致祭於吴越國王。

冬十二月辛巳，皇后馬氏殂。

是歲，帝命秦王弘度判六軍，弘度狎昵羣小，同平章事楊洞潛切諫於帝，不聽，洞潛謝病歸，久之不召，卒。

大有八年春三月，四星聚斗。

大有九年夏四月，帝遣將孫德威歐陽史作德成，廣東志作德晟，今從通鑑。侵楚蒙、桂二州，楚王自將步騎禦之，我兵自蒙州引還。

冬十月，以宗正卿、兼工部侍郎劉濬爲中書侍郎、同平章事。

十一月丁酉，契丹主立石敬瑭爲天子，國號晉，改元天福。

大有十年春三月，帝以疾愈，大赦。交州牙將皎公羨殺安南節度使楊廷藝而代之。

冬十月，唐遣使來告即位。

大有十一年春正月己酉朔，日食。

冬十月，楊廷藝故將吴權一作孫權，今從馭交記。自愛州舉兵攻皎公羨，公羨以賂來乞師；帝欲乘亂取之，以子萬王弘操爲静海軍節度使，徙封交王，將兵救之。帝自帥師屯於海門，以爲聲援；命弘操統戰艦自白藤江趣交州。會權已殺公羨，引兵逆戰，先於海口多植大杙，鋭其首，冒之以鐵，俄遣輕舟乘潮挑戰，復陽遁去以誘我，我兵尾舟追之。已而潮落，戰艦皆礙鐵杙不得返，我師大敗，溺死者無算，弘操戰死。帝大慟，收餘衆引還。

大有十二年秋七月庚子朔，有日食之。□月，遣諫議大夫李紓使於楚，以通舊好，楚亦遣使來聘。是歲，門下侍郎、同平章事趙光裔卒，帝復以其子翰林學士承旨、尚書左丞損爲門下侍郎、同平章事。

大有十三年冬十月，遣都官郎中鄭翽如唐，賀仁壽節。

十一月丁丑望，月食。是歲同平章事趙損卒，以寧遠節度使王定保爲中書侍郎、同平章事，尋亦卒。

大有十四年夏五月，遣太尉工部侍郎盧膺、尚儀謝宜清、尚衣高素清如吴越，求聘故王弟傳璛之室馬氏，不克。至十二月，帝寢疾，有番僧言：「讖書：『滅劉氏者龔也。』上名殊不利。」帝乃更造「龑」字名之，採用周易「飛龍在天」之義，讀若「儼」焉。是歲，遣使區延保聘於唐。

大有十五年春三月，帝不豫，以子秦王弘度、晉王弘熙皆驕恣，而越王弘昌頗孝謹，與右僕射兼西御院使王翷歐陽史作王翻，今從通鑑。謀，出弘度鎮邕州，弘熙鎮容州，而立弘昌。議已定，會崇文使蕭益問疾，帝以其事訪之，益執立嫡以長之義甚堅，遂止。丁丑殂。五國故事曰：巖天福壬寅歲夏四月，避暑於甘泉宮，時長星見，乃宋孝武萬歲之説，未幾而殂焉。今從通鑑死於三月，非四月也。年五十四，謚天皇大帝，廟號高祖，陵曰康陵，在興王府城東二十里之漫山，陵中以鐵錮之，不可啓。

高祖初生時，有日者視之，謂代祖曰：「公諸子，少者最貴耳。」爲人辨察，多權數。性好奢侈，悉聚南海珍寶、翠羽以飾宫室，建殿閣秀華諸宫，務極瓌麗。晚年作南薰殿，柱皆通透刻鏤，礎石各置爐燃香，有氣無形，顧左右曰：「隋煬帝論車燒沉水，却成麄疎，争似我二十四具藏用僊人，縱不及堯、舜、禹、湯，亦不失作風流天子。」又用刑殘酷，果於殺戮。設湯鑊鐵牀諸具，有灌鼻、割舌、支解、刳剔、炮炙、烹蒸之法。間聚毒蛇水中，以罪人投之，謂之水獄。或投湯鑊之後，更加日曝，沃以鹽酢，肌體腐爛，尚能行立，久之乃死。至若鎚鋸互作，血肉交飛，冤痛之聲充沸庭廡，必垂簾便殿視之，垂涎呀呷，不覺朶頤，有司竢其復常，方引罪人而退，人以謂真蛟蜃也。後尤猜忌，以士人爲子孫計，故專任閹人，由是國中宦者大盛。

論曰：予采南漢逸事，至先主每視殺人不勝其喜，復創爲水獄、湯鑊、鋸解、剥炙之刑，不禁掩卷歎曰：十國世家有云，「牢牲視人，嶺蜑遭劉」，豈虚語哉！夫時當五季，中原迭變，民不聊生，困已極矣。區區廣南之地，不務施德，而虐及無辜，將天不厭亂，特假手以毒此一方民邪？不然，傳國三世，卜年六十，吾不能爲彭城氏解矣。

校勘記

〔一〕湞浛　「湞」原作「滇」，據通鑑卷二六一改。胡三省注：「湞、浛當在韶州湞昌縣界。」

十國春秋卷第五十九

南漢二

殤帝本紀

殤帝，五國故事作第二主。名玢，高祖第三子也。初名弘度，封賓王，已改封秦王。母趙昭儀，素無寵。是時弘度兄耀樞、龜圖皆先死，弘度以次當嗣立。而高祖以弘度不類己，陰與王翷謀欲出弘度及其弟弘熙於邕、容二州，逾次立越王弘昌。會蕭益力諫不得行，由是高祖晏駕，弘度卽皇帝位，更今名。改大有十五年爲光天元年。

光天元年春三月，尊母昭儀趙氏曰皇太妃，以弟晉王弘熙輔政。

夏四月，遣使蕭規如唐告哀，已又遣法物使孫惠告卽位於唐。

秋七月，循州人張遇賢反，自稱中天八國王，改元永樂。帝以弟越王弘昌爲都統，循王弘杲爲副，以討之。我師敗於錢帛館，二王爲遇賢所圍；指揮使萬景忻、陳道庠力戰救之，獲免。是月改邕州爲誠州。未幾復爲邕州。

八月，葬天皇大帝於康陵，上廟號曰高祖。

九月，命滕紹英如唐，賀仁壽節。

冬十月丙子，張遇賢陷循州，刺史劉傳死之。

光天二年春三月丙戌，帝遇弑殂。帝驕奢，不親政事。高祖在殯，召伶人作樂飲酒，宮中裸男女以爲樂。或衣墨縗，與倡女夜行，出入民家，由是山海間盜賊競起，帝莫能省。左右忤意，輒死，無敢諫者，惟越王弘昌及内常侍吴懷恩屢諫，不聽。而晉王弘熙日益進聲伎，誘帝爲荒恣。帝亦頗疑諸弟圖己，敕宦官守宮門，入者皆露素。帝酷好手搏，弘熙令指揮使陳道庠引力士劉思潮、譚令禋、林少彊、林少良、何昌廷五人，聚晉府習爲角觝以獻。是夜，帝與諸王宴長春宮閲之，帝大醉起，道庠因與思潮等掖帝，拉殺之，盡殺左右侍從之人。帝立二年，年二十四，謚曰殤。

中宗本紀

中宗名晟，五國故事作第三主晟，又云晟本二名，上一字犯宣祖諱去之，據此則名弘晟矣。初名弘熙，封晉王。既令力士弑殤帝，明旦百官諸王莫敢入宮，越王弘昌乃帥諸弟臨於寢殿，迎弘熙，即皇帝位。更今名，改光天二年爲應乾元年。

應乾元年春三月丁亥，以弟弘昌爲太尉兼中書令、諸道兵馬都元帥，知政事，循王弘杲爲副元帥，參預政事。陳道庠及劉思潮等皆賞賚有差。廣東志云：封劉思潮等爲功臣。

夏四月戊申朔，日有食之。

五月，帝殺其弟循王弘杲。帝既弑兄，立不順，懼衆不服，乃益峻刑法以威衆。已而弘杲屢請討賊，陰勸誅劉思潮等以止外議，思潮等反譖弘杲有二心，遂及於禍。是月，建武節度使齊王弘弼求入朝，許之。

秋七月，指揮使萬景忻敗張遇賢於循州，遇賢逾嶺而北。

冬十月，命弟韶王弘雅致仕。

十一月丁亥，祀天南郊，大赦，改元乾和，羣臣上尊號曰大聖文武元德大明至道大廣孝皇帝。歐陽史作大聖文武大明至道大光孝皇帝。今從碧落洞天記。

乾和二年春三月，帝使盜殺其弟越王弘昌於昌華宮，時弘昌謁襄帝陵於海曲，遂遇害。辛卯，以户部侍郎陳偓同平章事。

夏六月乙巳，幽齊王弘弼於私第。

秋九月庚子朔，日食。

冬十月，鳳凰見邕州。丙午，帝殺其弟鎮王弘澤於邕州。

乾和三年秋八月甲子朔，日有食之；帝殺其弟韶王弘雅。

九月，劉思潮、林少彊、林少良、何昌廷伏誅。五代史云殺思潮等五人，而通鑑無譚令禋名，今從之。帝以左僕射王翷常謀立越王弘昌，〔一〕出爲英州刺史，尋賜死於路，内外皆懼，不自保。是時封惠州水東廟二神曰興祚王、泰民王。

乾和四年春二月壬戌朔，日食。

秋九月，劉道庠伏誅，并族其家及其友鄧伸。五國故事作鄧申，今從五代史。是時，割潮州之程鄉縣置敬州。文獻通考作恭州，蓋避宋諱也。

乾和五年春二月辛未，北平王劉知遠自立爲帝，更稱天福十二年。

六月，晉主知遠改國號曰漢。

秋九月，帝殺其弟齊王弘弼、貴王弘道、定王弘益、辨王弘濟、同王弘簡、益王弘建、恩王弘暐、宜王弘照，盡殺其男，納其女，充後宫。帝恐諸弟與其子争國，故同日見殺。是歲置湯鑊、鐵牀、刳剔等刑，號曰「生地獄」。

乾和六年夏六月戊寅朔，日食。

秋八月，帝遣工部郎中、知制誥鍾允章求昏於楚，楚王希廣不許。帝怒，問允章：「馬公復能經略南土乎？」允章對曰：「楚兄弟方争亡不暇，安能害我？」帝曰：「然。希廣懦而吝嗇，其士卒忘戰日久，此乃吾進取之秋也。」

冬十二月辛巳，遣巨象指揮使吴珣、内常侍吴懷恩將兵擊楚，攻賀州。楚遣决勝指揮使徐知新將兵五千來救，未至，我師已拔賀州。珣鑿大穽於城下，覆以竹箔，加土，楚兵逼城，悉陷穽中，死者無算。懷恩乘勝陷昭州，珣復侵桂州境，轉掠全州以歸。

乾和七年夏六月癸酉朔，日食。

冬十二月，帝如英州，受神丹於野人，隨御雲華石室以藏焉。

乾和八年冬十一月甲子朔，日有食之。

是歲，以宮人盧瓊仙、黄瓊芝爲女侍中，一作女學士。朝服冠帶，參決政事。宗室勳舊，誅戮殆盡，惟宦官林延遇等用事，外内專恣，帝不復省。

乾和九年春正月，郭威即皇帝位於大梁崇元殿，國號周，改元廣順。

冬十一月，以内常侍吴懷恩爲西北招討使，將兵屯桂州境。上密謀攻楚，楚遣指揮使彭彦暉屯龍峒以備我。時楚王弟希隱知桂州，潛召蒙州刺史許可瓊，可瓊畏我兵之逼，即棄蒙州趣桂州；懷恩乘勢取蒙州，進兵侵掠，桂管大擾。是月，帝遺希隱書，大畧言：「唐兵已據長沙，桂林必爲所得。本朝世爲與國，重以昏姻，覩兹傾危，忍不赴救！已發大兵水陸俱進。」希隱得書，遲回不決。丙寅，懷恩引兵奄至城下，希隱及可瓊奔全州，桂州遂陷。懷恩因以方畧定宜、連、梧、嚴、富、昭、柳、龔、象等州，始盡有嶺南之地。

十二月，遣内侍省丞潘崇徹、將軍謝貫將兵攻郴州，唐將邊鎬發兵來援，崇徹敗唐兵於義章，遂取郴州，所俘敗卒盡減一臂以歸之。帝自是愈得志，陰令巨艦指揮使暨彦贇以兵入海，掠商賈金帛。作離宮遊獵。益修葺南宮、大明、昌華、一作昭華。甘泉、玩華、秀華、玉清、太微諸宮，凡數千，不可勝紀。殿側皆置宮人以候曉，名曰「候窗監」。每宴會，帝獨處殿庭間，侍宴臣僚皆結綵亭，列坐殿之兩隅。宴酣，則有司以檻獸而進，兩旁翼以戈戟，帝親持弓矢下殿，有司引獸檻而前，逡巡獸出，移庭而上，帝挽弓射之，兩旁戈戟並進，獸乃斃。其爲樂皆此類也。常夜飲，大醉，以瓜置伶人尚玉樓項，拔劍斫之以試劍，因并斬其首。明日酒醒，復召玉樓侍飲，左右白已殺之，帝歎息而已。

是歲，唐除全、道二州刺史，以備我師。

乾和十年夏四月丙戌朔，日有食之。是月，唐統軍使侯訓、全州刺史張巒寇桂州，我兵伏於山谷待之。唐兵至城下，伏兵四起夾擊，訓敗死，巒奔全州。

冬十二月，湖南王逵將兵及洞蠻五萬寇郴州，內侍省丞潘崇徹帥師往救，遇於蠔石，崇徹登高望，曰：「湖南兵罷而不整，可破也。」縱擊大破之，伏尸八十里。是時，省宜州之崖山、東璽二縣。宜州，舊領龍水、崖山、東璽、天河四縣，今併爲二。

乾和十一年春正月，分兵侵湖南全、道、永三州。

秋九月，帝寢疾，立子繼興爲衞王，璇興爲桂王，慶興爲荆王，保興爲禎王，崇興爲梅王。癸亥，大赦。

乾和十二年春正月丙子朔，周改元顯德。壬辰，周主殂。丙申，晉王榮嗣皇帝位。是月，帝親耕藉田，以吴昌文爲静海軍節度使兼安南都護。初，吴權據交州，權死，子昌岌立；昌岌卒，弟昌文立，稱臣於我，故有是命。時遣給事中李璵以旌節招之，璵至白州，昌文使人止璵，曰：「海賊爲亂，道路不通。」璵不果行。

夏四月戊午，帝殺其弟高王弘邈於邕州。

乾和十三年春二月庚子朔，日食。

夏六月戊午，帝殺其弟通王弘政於禎州。是時，博白縣緣舍村民自言：「山谷深邃，人迹少，至斗米一二錢。」有鳳大如鶩，五色有冠，而尾甚長。有司以聞。

乾和十四年春三月乙未，甘泉宫使林延遇卒。延遇陰險多筭，帝誅滅諸弟皆出延遇之謀，至是國人相賀。延遇病革時，復薦内給事龔澄樞自代，帝即日擢澄樞知承宣院及内侍省。是時周遣使來聘，帝欲盛誇嶺南之强，館接者遺使者以茉莉，文其名曰「小南强」，蓋譏之也。宋時後主入汴，諸臣不識牡丹，有朝臣謂之曰：「此名大北勝。」蓋報此語。

乾和十五年冬十二月，中書侍郎、同平章事盧膺卒。

是歲，帝聞唐兵屢爲周人所敗，憂形於色，遣使入貢中朝，復爲湖南隔之，乃治戰艦，修武備；既而曰：「吾身得免，幸矣，何暇慮後世哉！」又常自言知星，會月食牛女間，出書占之，歎曰：「吾當之矣！」因縱酒爲長夜之飲。是時，廢儋州之富羅縣、萬安州之富雲博遼二縣。儋州舊領義倫、昌化、感恩、洛陽、富羅五縣，萬安州舊領萬安、陵水、富雲、博遼四縣。

乾和十六年春□月，卜葬域於興王府城北，運甓爲壙，帝親臨視之。秋八月辛巳，帝殂，年三十九。諡曰文武光聖明孝皇帝，廟號中宗，陵曰昭陵。

十國春秋卷第六十

南漢三

後主本紀

後主名鋹，初名繼興，封衞王，中宗長子也。乾和十六年八月辛巳，襲位，更今名，改是年爲大寶元年。帝時年十六，委政於宦者龔澄樞、陳延壽一作延受及才人盧瓊僊等，臺省官僅充員而已，機密事多不與。又踵祖、父之奢，立萬政殿，飾一柱，凡用白金三千鋌。又以銀爲殿衣，間以雲母，無名之費日有千萬。是歲，建天華宮於羅浮山。初，帝夢神人指羅浮山之西，去延祥寺西北，有兩岸相疊，一洞對流，可以爲宮；及訪其地，則金沙洞也，遂築宮焉。已又夢金龍起於宮所，復改名曰黄龍洞。

大寶二年秋□月，擢中書舍人鍾允章爲尚書右丞、參政事，一作左丞、參知政事。帝以允章藩府舊僚，甚加委任。允章請誅亂法者數人，以正綱紀；帝不從，宦官聞而惡之。

冬十一月，内侍監許彦真誣鍾允章謀反，龔澄樞、李託證成之，帝殺允章并其二子。辛亥，帝祀圜丘，大赦，以玉清宫使龔澄樞爲左龍虎觀軍容使、内大師，軍國事俱取決焉。

帝性愚，以羣臣自有家室，顧子孫不能盡忠，惟宦者親近可任，至羣臣欲進用者俱自閹，然後用。澄樞等既專政，帝乃與宫婢波斯女日淫戲後宫，甚嬖之，賜號曰「媚豬」，自稱「蕭閒大夫」，不復出省事。中官至七千餘，一云近二萬人。加三公、三師者，不一而足。女官亦有師傅、令僕之目。陳延壽又引女巫樊胡子，自言玉皇降胡子身。帝於内殿設帳幄，陳寶貝，胡子冠遠遊冠，衣紫霞裾，坐帳中，宣禍福，呼帝爲「太子皇帝」，國事多叩於胡子。盧瓊僊及澄樞等争附之。胡子乃詐言瓊僊、澄樞、延壽皆上天使來輔太子，不可輕加以罪，其誕妄多此類。又有梁山師、馬媪之徒，出入宫掖，宫中婦人皆具冠帶，以領外事。

大寶三年春正月甲辰，周禪位於宋。宋改元建隆。内常侍邵廷琄言：「真主已出，必將盡有海内，其勢非一天下不已。」勸帝修兵爲備，不然悉珍寶奉中國，遣使以通，帝懵然莫以慮，惡其言直，深恨之。

三月，帝殺其弟桂王璇興。先是，陳延壽進謀曰：「先帝所以得傳陛下者，由盡殺羣弟也。」帝領之，由是璇興死。上下咸怨，而紀綱大壞。

夏四月，賀乾德節。後主誕日也。驩州牙將丁部領領交阯事，號大勝王。初，吴昌文卒，其參佐吕處玶與峯州刺史喬知祐争搆亂，丁部領率其子璉擊敗處玶，遂爲衆所推。

是歲，帝命荔支熟時設紅雲宴，以樂後宫，歲以爲常。

大寶四年夏四月癸巳朔，日有食之。

是歲，野蕈一作芝菌生於宫殿，野獸觸寢門，狐鳴鬼哭。又苑中羊吐珠，御井旁石自立，行百餘步而仆。樊胡子謬以爲符瑞，諷羣臣入賀。

大寶五年冬十二月，以宦者李託爲内太師、六軍觀軍容使。初，帝納託養女，長爲貴妃，次爲美人，有寵；至是，詔國政皆稟託而後行。

是歲，族誅許彦真。彦真既讒殺鍾允章，惡龔澄樞居己上，頗欲以計誅澄樞，澄樞使人告彦真反，因有是命。是時，城以内行乾亨鉛錢，城以外行乾亨銅錢，犯禁者罪至死。凡百官俸禄給銅錢者，多出自上恩焉。十國紀年漢史曰：乾和後多聚銅錢，城内用鉛，城外用銅，禁其出入，犯者抵死。俸禄非特恩，不給銅錢。

大寶六年冬十一月，宋改元乾德。是時，帝作燒煮剥剔、刀山劍樹之刑，或令罪人鬭虎抵象。又賦斂煩重，邕民入城者，人輸一錢。瓊州斗米税五錢。置媚川都於合浦縣，定其課，令入海五百尺採珠。所居宫殿以珠、玳瑁飾之，益置魚英託鏤、椰子立壺壺四隻，各受三斗。諸寶器於其中。魚英者，故魚腦骨熔冶之成器，嶺海人以爲希有也。中官陳延壽作諸淫巧，動糜斗金，離宫數十，帝不時遊幸，常至月餘或旬日，率以豪民爲課户，供千人饌。

大寶七年春正月，遣師侵宋潭州，爲防禦使潘美所敗。

三月，命宫人鬭花内殿，帝向晨時先啓後苑，集衆採擇，俄敕扃户，還宫膳訖，角勝於殿中。令宦者抱關置樓羅歷，以驗宫人出入，法制甚嚴，號曰「花禁」，負者獻耍金耍銀買燕。

秋九月，宋將潘美、尹崇珂帥兵入寇郴州，戍將暨彦贇、刺史陸光圖死之，郴州遂陷，餘衆退保韶州。帝憶邵廷琄言，始以廷琄爲招討使，帥舟師出洸口，以拒宋。

大寶八年春三月，交阯亂，丁部領死，詔以子璉爲交州節度使。

夏六月，賜招討使邵廷琄自盡，以忌功者誣其謀反也。時宋師退舍，廷琄屯洸口治兵，招徠亡叛，修輯武備，國人少安。有投無名書誣以謀反，帝遣使賜死，士卒冤之。

大寶九年□□月，常康縣民妻生子兩首四臂。

是歲，封博泉神曰龍母夫人，尊南海神曰昭明帝，廟曰聰正宮。

大寶十年夏四月，敕造千佛寶塔於興王府。今廣州光孝寺鐵塔是也。其文曰：大漢皇帝以大寶十年丁卯歲，敕有司用烏金鑄造千佛寶塔壹所七層，并相□蓮花座高二丈二尺。保龍□有慶，祈鳳曆無疆。萬方成□於清平，八表永承於交泰。□□善資三有，福被四恩。以四月乾德節設齋慶讚。謹記。

大寶十一年春正月，宋改元開寶。

秋九月，興王府見衆星皆北流。知星者言，當舉國歸中原之兆。一云大寶十三年九月八日夕，衆星北流。未詳孰是。帝命範銅爲己象，並諸子象於玄妙觀，一作天慶觀。視形未肖者，即殺冶工，凡三易乃成。

大寶十二年□□月，有兵過蒙州，遇獵者牽黄犬逐鹿以來，就刺之，人犬與鹿皆化爲石，鼎峙道旁。

大寶十三年秋九月，帝遣兵侵道州，宋道州刺史王繼勳言我國「肆爲暴虐，數出盜邊，請師南發」。宋帝欲舉兵未決，詔江南國主以書諭我稱臣，歸湖南舊地，帝不從。江南國主乃遣給事中龔愼儀持書遺帝，畧曰：

僕與足下叨累世之盟，雖疆畿阻闊，休戚實同，敢奉尺書，敬布腹心。昨大朝伐楚，足下疆吏弗靖，遂成釁隙。初爲足下危之，今敝邑使臣入貢皇帝，幸以此宣示曰：「彼若能幡然改圖，華車之使造廷，則百萬之師不復出矣，不然將有不得已者。」僕料大朝之心，非貪土地也，怒人不賓而已。且古之用武，不計强弱小大，而必戰者有四：父母宗廟之讎，一也；彼此烏合，民無定心，二也；敵人進不捨我，退無守路，戰亦亡，退亦亡，三也；彼有敗亡之勢，我乘進取之機，四也。今足下與大朝，無是四者，而坐受天下之兵，決一旦之命，安國家、利社稷者，固如是乎！

夫强則南面而王，弱則玉帛事大，屈伸在我，何常之有？違天不祥，好爭危事，天方相楚，尚未可爭，而況今日之事邪？地莫險於劍閣而蜀亡矣，兵莫强於上黨而李筠失守矣。竊意足下國中必有矜智好謀之臣，獻尊主强國之策，以謂五嶺之險非可遽前，堅壁清野，絶其饟道，依山阻水，射以强弩，彼雖百萬之兵，安能成功，不幸而敗，則輕舟浮海，猶足自全，豈能以萬乘之主，而屈於人哉！此說士之常談，可言而不可用，異時王師南伐，水陸並舉，百道俱進，豈暇俱絶其饟道，盡保其壁壘。或用吳越舟師，自泉州航海，不數日至足下國都矣！人情恟恟，則舟中皆爲敵國，忠義敢死之士，未易可見。雖有巨海，孰與足下俱行乎？

近奉大朝諭旨，以爲足下無通好之心，必舉上秋之役，卽命敝邑，速絶連盟。雖善鄰之心期於永保，而事大之節焉敢固違。恐煜之不得事足下也。臣子之情，尚不逾於三諫；煜之極言，於此三矣。是爲臣者可以逃，爲子者可以泣，爲交友者亦惆悵而遂絶矣。此書本陸游南唐書，今按東都事略及宋史所載，與此詳略不同，并附記之。宋史曰：「煜與足下叨累世之睦，繼祖考之盟，情若弟兄，義同交契，憂戚之患，曷常不同。每思會面抵掌，交議其所短，各陳其所長，使中心釋然，利害不惑，而相去萬里，斯願莫申。凡於事機不得款會，屢達誠素冀明此心，而足下謂書檄一時之儀，近國梗槪之事，外貌而待之，汎濫而觀之，使忠告確論如水投石，若此則又何必事虛詞而勞往復哉？殊非宿心之所望也。足下今則復遣人使罄中鄙懷，又慮行人失辭，不盡深素，是以再寄翰墨，重布腹心，以代會面之談與抵掌之議也。足下誠聽其言如交友諫爭之言，視其心如親戚急難之心，然後三復其言，三思其心，則忠乎不忠，斯可見矣，從乎不從，斯可決矣。昨以大朝南伐，圖復楚疆，交兵已來，遂成釁隙。詳觀事勢，深切憂懷，冀息大朝之兵，求契觀仁之願，引領南望，於今累年。昨命使臣入貢大朝，大朝皇帝果以此事宣示，〔一〕曰：『彼若以事大之禮而事我，則何苦而伐之；若欲與我而爭我，則以必取爲度矣。』見今點閱大衆，仍以上秋爲期，令敝邑以書復敍前意，是用奔走人使，遽貢直言。深料大朝之心非有唯利之貪，蓋怒人之不賓而已；足下非有得已之事，與不可易之謀，殆一時之忿而已。覩夫古之用武者，不顧大小强弱之殊而必戰者有四：父母宗廟之讎，此必戰也；彼此烏合，民無定心，存亡之幾，以戰爲命，此必戰也；敵人有進，必不捨我，求和不得，退守無路，戰亦亡，不戰亦亡，奮不顧命，此必戰也；彼有天亡之兆，我懷進取之機，此必戰也。今足下與大朝非有父母宗廟之讎也，非同烏合存亡之際也，既殊進退不捨、奮不顧命也，又異乘機進取之時也。無故而坐受天下之兵，將決一旦之命，既大朝許以通好，又拒而不從，有國家、利社稷者當若是乎？夫稱帝稱皇，角立傑出，今古之常事也；割地以通好，玉帛以事人，亦古今之常事也。盈虛消息，取與翕張，屈伸萬端，在我而已，何必膠柱而用壯，輕禍而爭雄哉？且足下以英明之姿，〔二〕撫百越之衆，北距五嶺，南負重溟，藉累世之基，有及民之澤，衆數十萬，表裏山川，此足下所以慨然而自負也。然違天不祥，好戰危事，天方相楚，尚未可爭。若以大朝師武臣力，實謂天贊也。登太行而伐上黨，士無難色；絶劍閣而舉庸蜀，役不淹時。是知大朝之力難測也，萬里之境難保也。十戰而九勝，亦一敗可憂；六奇而五中，則一失何補！況人自以我國險，家自以我兵强，蓋揣於此而不揣於彼，經其成而未經其敗也。何則？國莫險於劍閣，而庸蜀已亡矣；兵莫强於上黨，而太行不守矣。人之情，端坐而思之，意滄海可涉也，及風濤驟興，奔舟失馭，與夫坐思之時，蓋有殊矣。是以智者慮於未萌，機者重其先見，圖難於其易，居存不忘亡，故曰計禍不及，慮福過之。良以福者人之所樂，心樂之，故其望也過；禍者人之所惡，心惡之，故其思也忽。是以福或修於慊望，禍多出於不期。又或慮有矜功好名之臣，獻尊主强國之議者，必曰：『愼無和也。五嶺之險，山高水深，輜重不並行，士卒不成列，高壘清野而絶其運糧，依山阻水而射以强弩，使進無所得，退無所歸。』此其一也。又或曰：『彼所長者，利在平地，今舍其所長，就其所短，雖有百萬之衆，無若我何。』此其二也。其次或曰：『戰而勝，則霸業可成，戰而不勝，則汎巨舟而浮滄海，終不爲人下。』此大約皆説士孟浪之談，謀臣捭闔之策，坐而論之也則易，行之如意也則難。何則？今荆湘以南，庸蜀之地，皆是便山水、習險阻之民，不動中國之兵，精卒已逾於十萬矣。況足下與大朝封疆接畛，水陸同途，殆雞犬之相聞，豈馬牛之不及？一旦緣邊悉舉，諸道進攻，豈可俱絶其運糧，盡保其城壁？若諸險悉固，誠善莫加焉；苟尺水横流，則長堤虚設矣。其次曰，或大朝用吴越之衆，自泉州泛海以趣國都，則不數日至城下矣。當其人心疑惑，兵勢動摇，岸上舟中皆爲敵國，忠臣義士能復幾人？懷進退者步步生心，顧妻子者滔滔皆是。變故難測，須臾萬端，非惟暫乖始圖，實恐有誤壯志，又非巨舟之可及，滄海之可遊也。然此等皆戰伐之常事，〔三〕兵家之預謀，雖勝負未知，成敗相半。苟不得已而爲也，固斷在不疑；若無大故而思之，又深可痛惜。且小之事大，理固然也。遠古之例不能備談，本朝當楊氏之建吴也，亦入貢莊宗。恭自烈祖開基，中原多故，事大之禮，因循未遑，以至兵交，幾成危殆。非不欲憑大江之險，恃衆多之力，尋悟知難則退，遂修出境之盟，一介之使纔行，萬里之兵頓息，惠民和衆，於今賴之。自足下祖德之開基，亦通好中國，以闡霸圖。願修祖宗之謀，以尋中國之好，蕩無益之忿，棄不急之爭，知存知亡，能强能弱，屈己以濟億兆，談笑而定國家，至德大業無虧也，宗廟社稷無損也。玉帛朝聘之禮纔出於境，而天下之兵已息矣，豈不易如反掌，固如太山哉？何必扼腕盱衡，履腸蹀血，然後爲勇也。故曰：『德輶如毛，鮮克舉之，我儀圖之。』又曰：『知止不殆，可以長久。』又曰：『沉潛剛克，高明柔克。』此聖賢之事業，何恥而不爲哉？況大朝皇帝以命世之英，光宅中夏，承五運而乃當正統，度四方則咸偃下風，獫狁、太原固不勞於薄伐，南轅返旆更屬在於何人。又方且遏天下之兵鋒，俟貴國之嘉問，則大國之義斯亦以善矣，足下之忿亦可以息矣。若介然不移，有利於宗廟社稷可也，有利於黎元可也，有利於天下可也，有利於身可也。凡是四者無一利焉，何用棄德修怨，自生讐敵，使赫赫南國，將成禍機，炎炎奈何，其可嚮邇？幸而小勝也，莫保其後焉，不幸而違心，則大事去矣。復念頃者淮、泗交兵，疆陲多壘，吴越以累世之好，遂首爲厲階，惟有貴國情分愈親，驩盟愈篤，在先朝感義，情實慨然，下走承基，理難負德，不能自已，又馳此緘。近奉大朝諭旨，〔四〕以爲足下無通好之心，必舉上秋之役，即命敝邑速絶連盟。雖善鄰之懷，期於永保；而事大之節，焉敢固違。恐煜之不得事足下也，是以惻惻之意所不能云，區區之誠於是乎在。又念臣子之情，尚不逾於三諫，煜之極言，於此三矣。是爲臣者可以逃，爲子者可以泣，爲交友者亦惆悵而遂絶矣。」

東都事畧曰：「頃者天朝南伐，因復楚疆，交兵以來，遂成釁隙。詳觀事勢，深切憂懷。冀息大朝之兵，永契親仁之願，引領南望，於今累年。累命使臣入貢大朝，大朝皇帝果以此事宣示，云：『且彼若以事大之禮而事我，我則何苦而伐之；若與興戎而争我，則以必取爲度矣。』見今大振師旅，仍以上秋爲期。深料大朝之心，非有惟利之命，蓋怒人之不賓，而足下非有不得已之事與不可易之謀，殆一時之忿而已耳。夫古之用戰，而必戰者有四：父母宗廟之仇，此必戰也；彼此烏合，民無定心，存亡之機，以戰爲命，此必戰也；敵人有進不捨，我求和不得，退守無路，戰亦亡，不戰亦亡，奮不顧命，此必戰也；彼有死亡之兆，我懷進取之機，此必戰也。今足下與大朝，非有父母宗廟之仇也，非同烏合存亡之際也，既殊進退不捨，奮不顧命也，又異乘機進取之時也。既大朝許以通好，又拒而不從，狥國家、利社稷者當若是乎？況大朝皇帝以命世之英，光宅中夏，方且遏天下之兵鋒，候貴國之嘉問，則大國之義斯重善矣，足下之心亦可息矣。若介然不移，有利於宗廟社稷可也，有利於黎元可也，有利於天下可也，有利於身可也；若無一利焉，何用棄德修怨，自生仇敵，使赫赫南國，將成禍機，炎炎奈何，其可嚮邇？煜近奉大朝諭旨，以爲足下無通好之心，必舉社稷之從。雖善鄰之心期於永保，而事大之節焉敢固違。恐煜之不得事足下也。」

周必大二老堂雜誌云：太祖皇帝常令江南李煜作書諭廣南劉鋹，令歸中國，煜命其臣潘佑視草，文甚辨麗，累數千言，今藏之太祖實録。饒州董氏刻佑集，亦有之，然皆不載最後十句，蓋私禮不敢以聞也。予年十餘歲，因隨侍至廣州，常得其全文，其辭曰：「皇帝宗廟垂慶，清明在躬，冀日廣徽猷，時膺多福，徒切依仁之戀，難窮報德之情。望南風而永懷，庶幾撫我；指白日以自誓，夫復何言！」

帝得書，囚愼儀，驛書答江南國主，詞多不屈。宋帝乃命潘美爲桂州道行營都部署，尹崇珂爲副，以入寇。師次白霞，賀州刺史劉守忠告急於朝。時舊將多以讒搆誅死，宗室剪滅殆盡，掌兵者惟宦官數輩。且自中宗來，耽於遊宴，城壁壕隍大半飾爲宮館池沼，樓艦兵器多所毀敗，至是聞有宋師，内外震恐。帝乃遣龔澄樞守賀州，郭崇岳往桂州，李託往韶州，〔五〕晝守禦之策。

前鋒至芳林，澄樞遁還，美遂圍賀州。諸大臣皆請起故將潘崇徹，帝不從，遣伍彥柔將兵援賀。美聞彥柔至，潛以奇兵伏南鄉岸。彥柔夜泊南鄉，艤舟岸側，遲明挾彈登岸，方踞牀指揮，伏兵猝起，我軍大亂，死者千人。彥柔遂爲美所擒，斬之，梟其首示城中。翌日，賀州陷。美等督戰艦，聲言順流趣廣州。帝計無所出，乃以潘崇徹爲都統，將兵五萬宋鑑作三萬，今從宋史。屯賀江。

冬十月，美等次昭州，破開建砦，殺砦卒數百人，擒我砦將靳暉。崇徹但擁衆自保，昭州刺史田行稠遁去，城遂陷。桂州刺史李承進亦棄城走。

十一月，連州陷，招討使盧枝一作收率衆退保清遠。帝聞之，謂左右曰：「昭、桂、連、賀，本屬湖南，今北師取之足矣，吾知不復南也。」是月，帝以李承渥爲都統。

十二月，美等攻韶州，承渥將兵十餘萬陳於蓮花峯下。初，我師教象爲陳，每象載十數人，皆執兵仗，凡戰必置陳前，以壯軍威。至是與美遇，美盡索軍中勁弩布前以射之，象奔踶，乘象者皆墜，反踐我軍，承渥大敗，僅以身免。韶州遂陷，擒我刺史辛延渥、諫議大夫鄭文遠。是時成都人權秘書少監丁明字汝晦，同潘美征南漢，以功領韶州刺史，充廣東道轉運使。韶故嶺南北門也，帝聞韶破，益窮蹙不知爲計，始令塹興王府東壕，顧諸將無可使者，宮媪梁鸞真薦其養子郭崇岳可用，帝署崇岳爲招討使，與大將植延曉統軍六萬屯馬逕，列栅以拒之。崇岳無謀勇，惟日禱鬼神爲事。

大寶十四年春正月，宋將潘美等陷英、雄二州，都統潘崇徹以其衆降。翼日，美等進次瀧頭，帝遣使請和，且求緩師，美不許。瀧頭山水險惡，美等疑有伏兵，乃挾我使速渡諸險。二月，美等進兵馬逕，去興王府城十里，砦於雙女山下。帝方取舶船十餘艘，載金寶、妃嬪欲入海，未及發，會宦官樂範與衞兵千餘盜舶船走。美等將至城，帝懼，遣左僕射蕭漼奉表詣軍門降。美諭以宋帝意，卽令人送漼赴汴，宋師遂頓城外。帝又遣弟禎王保興率文武出迎，郭崇岳止之，乃復爲扞禦之計，遣保興率國内兵拒戰。已而植廷曉戰死，崇岳奔還栅，美謂諸將曰：「彼編竹木爲栅，若篝火焚之，必擾亂，因而夾擊，此萬全策也。」遂乘風縱火，煙埃坌起，我軍大敗，崇岳死於亂兵。龔澄樞、李託相與謀曰：「北軍來，利吾珍寶耳。今盡焚之，使得空城，必不能久駐。」乃縱火燔其宮殿、府庫，一夕皆盡。明旦，宋師次白田，帝素衣白馬出降。

美等入城，俘澄樞、託與薛崇譽及宗室文武九十七人，同帝縻於龍德宮。保興逃於民家，亦獲之，悉部送汴京。是時，有宦者百餘輩，盛服請見，美曰：「是椓人多矣，吾奉詔伐罪，正爲此等。」悉斬之。一云斬閹工五百人。

是役也，宋凡得州六十、縣二百四十、一作二百一十四。時宋省洊水縣入懷集縣。戶十七萬二百六十三。宋史作十七萬，今從通鑑長編。宋帝加潘美山南東道節度使。

三月丙申，宋詔廣南有買人男女爲奴婢轉傭利者，並放免；舊政有害於民者，悉以聞除之。

後主至宋京師，舍於玉津園，宋太祖遣參知政事呂餘慶問以翻覆及焚府庫之罪，後主歸罪澄樞、託、崇譽。明日，有司以帛係後主頸及其官屬獻太廟、太社。時宋吏部尚書張昭，博學習典故，昭於乾德元年已致仕。至是擒劉鋹至，太祖遣近臣就問獻俘禮，遂如其所議。宋太祖御明德門，遣攝刑部尚書盧多遜宣詔責後主，後主對曰：「臣年十六僭僞位，澄樞等皆先臣舊人，每事臣不得專，在國時臣是臣下，澄樞等是國主。」遂伏地待罪。太祖命攝大理卿高繼申引澄樞、託、崇譽斬於千秋門外，一作午門外。釋後主罪，賜襲衣、冠帶、器幣、鞍勒馬，授金紫光祿大夫、檢校太保、右千牛衛大將軍、員外置同正員，封恩赦侯，朝會班上將軍之下。以禎王保興爲右監門率府率，左僕射蕭漼爲太子中允，中書舍人卓惟休爲太僕寺丞，餘並署諸州上佐、縣令、主簿。

初，高祖命周傑筮易，得比之復，東都事畧云遇復之豐，歐史亦同，今從宋史周克明傳。傑以卦有二土，得二五之數，語詳傑傳中。計唐天祐二年，烈宗爲廣州節度使，至後主大寶十四年國滅，凡六十七年，要斷自高祖乾亨元年爲始，實五十五年也。又高祖開國，營搆宮室，得石讖，有古篆十六，其文曰：「人人有一，山山值牛，兔絲吞骨，蓋海承劉。」解者以人人有一，大人也；山山，出也；值牛者，高祖建漢國，歲在丑也；兔絲者，中宗襲位，歲在卯也；吞骨者，滅諸弟也；越人以天水爲趙，蓋海指宋國姓也；承劉者，受劉氏降也。大寶時令民家置貯水桶，號防火大桶。識者謂：房者，宋分也；「防」與「房」、「桶」與「統」同音。又興王府童謠曰：「羊頭二四，白天雨至。」宋師入城之日，適辛未年二月四日，而雨者王師如時雨之義，青箱雜記又云：乾和中，童謠曰：「羊二四日天雨至。」解者云：天雨猶天水，斥宋朝之姓也。夫固有豫徵焉。

未幾，宋太祖詔後主，月給增錢五萬、米麥五十斛。宋開寶八年，江南平，遷後主左監門衛上將軍，進封彭城郡公。太平興國初，又進衛國公。五年，薨，年三十九。太宗廢朝三日，贈太師，追封南越王。或云歸葬於韶州之越王山。廣東志云：韶州越王山，在州之口，俗呼曰虎山，世傳鋹墓在焉。

後主體質豐厚，眉目俱踈。有口辨，性絶巧，其貨寶燔爇之餘，尚存美珠四十六甕。常以珠結鞍勒爲戲龍之狀，極其精妙，名曰「珠龍九五鞍」，進獻宋太祖。太祖詔示諸宮官，皆駭伏，遂以錢百五十萬給其直，謂左右臣曰：「鋹好工巧，習以成性，倘以習巧之勤移於治國，豈至滅亡哉！」

後主有國時，多置酖毒臣下。一日，宋太祖乘肩輿從數十騎幸講武池，從官未集，後主先至，賜以卮酒。後主疑有毒，泣曰：「臣承祖父基業，違拒朝廷，勞王師致討，罪固當誅。陛下既待臣以不死，願爲大梁布衣，觀太平之盛。臣未敢飲此酒。」太祖曰：「朕推赤心於人腹中，安有此事！」命取其酒自飲，而别酌以賜後主，後主大慚，頓首謝。太宗將討晉陽，召近臣宴，後主預之，自言：「朝廷威靈及遠，四方僭竊之主，今日盡在坐中，旦夕平太原，劉繼元又至，臣率先來朝，願得執挺爲諸國降王長。」太宗大笑，賞賜甚厚。其詼諧皆此類也。

子四人，守節、守正、守素、守通。

校勘記

〔一〕果以此事宣示　「果」原作「累」，據宋史卷四八一南漢世家改正。

〔二〕英明之姿　「姿」原作「資」，據宋史卷四八一南漢世家改。

〔三〕戰伐之常事　「事」字原缺，據宋史卷四八一南漢世家補。

〔四〕近奉大朝諭旨　「奉」原作「負」，據宋史卷四八一南漢世家改正。

〔五〕李託往韶州　「韶」原作「昭」，據新五代史卷六五南漢世家、宋史卷四八一南漢世家改。

十國春秋卷第六十一

南漢四　列傳

武皇后韋氏　段氏
高祖皇后馬氏　太妃趙氏
中宗麗姬李氏　李蟾妃
後主貴妃李氏　美人李氏素馨　波斯女　盧瓊仙

武皇后韋氏，唐丞相韋宙從女也。宙出鎭南海，代祖時爲小校，氣宇殊異，宙欲以后妻之，宙夫人以貴賤非耦諷幕僚諫止，宙曰：「若人狀貌非常，他日吾子孫或當依之。」新唐書作韋宙弟岫之言，今從北夢瑣言。卒以后歸代祖。后旣生烈宗，而聖武皇帝側室段氏，復生高祖於外舍，后素妬，聞之怒，伏劍於中門，使取兒至，殺之，家人不敢匿，乃持去。及見而悸，劍輒墮地，良久曰：「此我家之寶也。」遂殺段氏，而養高祖爲己子。后先封□國夫人，乾亨初追尊爲武皇后。

段氏，高祖生母也。武皇后既育高祖爲子，遂殺段氏而隱其事。代祖葬段氏，得石版，有篆文曰：「隱台巖。」因以名諸子。

高祖皇后馬氏，楚武穆王女也。貞明初，高祖迎后於楚，楚使王弟存送之，優禮有加。后既歸嶺南，高祖改元乾亨，稱越帝，封后爲越國夫人。明年，更國號曰漢。三年，册爲皇后。大有七年殂。

太妃趙氏，殤帝生母也。有殊色，事高祖，頗擅寵。大有時，進位昭儀。殤帝嗣帝位，尊爲皇太妃。

麗姬李氏，中宗之幸姬也。與内侍監許彥真表裏用事，後彥真卒用此敗事。具彥真傳中。李燾續資治通鑑長編作李麗妃。

李蟾妃，事□□得殊寵。南海有蘇氏園者，雅稱幽勝，□□攜蟾妃微行至此，憩酌綠蕉林中，大書蕉葉，曰「扇子仙」。後人搆亭於上以志異，名爲扇子亭云。

後主貴妃李氏，宦者李託養女也。後主納託二女於後宮，長者册爲貴妃，凡國政稟託以行。

美人李氏，亦託養女。後主既立託長女爲貴妃，復以其次女充美人之職，一時並寵，宮中稱極盛焉。

又同時有宮人素馨，以殊色進，性喜插白花，遂名其花曰「素馨花」。

波斯女，失其名氏。黑腯而慧，光艷絶人。性善淫，後主甚嬖之，賜名媚豬。後主荒縱無度，益求方士媚藥爲淫褻之戲。又選惡少年，配以宮婢，使褫衣露偶，扶波斯女循覽爲樂，號曰「大體雙」，卒以此亡國。

盧瓊仙者，故中宗宮人也。乾和中，與黄瓊芝並爲女侍中，朝服冠帶，參決政事。後主嗣位，進瓊仙秩爲才人，復以朝政決於瓊仙，凡後主詳覽可否，皆瓊仙指之。瓊仙與女巫樊胡子、宦官龔澄樞等，內外爲奸，朝臣備位而已。

高祖子雍王耀樞　康王龜圖　越王弘昌　齊王弘弼　韶王弘雅　鎮王弘澤　萬王弘操　循王弘杲　恩王弘暐　高王弘邈　同王弘簡　益王弘建　辨王弘濟　貴王弘道　宜王弘照　通王弘政　定王弘益

高祖十九子，耀樞其長子也。大有五年封雍王，無何薨。

龜圖，高祖之次子。大有五年封康王，亦早薨。

弘昌，高祖第五子也。大有初，封越王。爲人孝謹，有知識，高祖絶憐愛之。會高祖病卧寢中，時雍、康二王皆早死，殤帝以次當立。高祖召右僕射王翷與語，呼殤帝及中宗小字曰：「壽、雋雖長，然皆不足任吾事，惟弘昌類我，吾欲立之。奈何吾子孫不肖，後世如鼠入牛角，勢當漸小爾！」因泣下歔欷。翷遂謀立弘昌爲太子，議已定，用蕭益言而止。及殤帝嗣位，驕淫失德，左右輒以無罪死；弘昌屢諫，不聽，已而爲劉思潮等所弑。弘昌乃帥兵迎中宗於寢殿，論擁戴功，加太尉兼中書令、諸道兵馬都元帥，知政事。未幾，中宗謀盡誅諸弟，以弘昌賢而得衆，尤忌之。乾和二年，遣弘昌祠襄帝陵於海曲，至昌華宮，使人掩其不備而斃之，以盜殺聞。

弘弼，高祖第六子。大有五年，封齊王。中宗卽位，出爲建武節度使。及弘杲得罪，弘弼自以居大鎮，恐罹不測之禍，請束身入朝，許之。未幾，中宗殊不釋於諸弟，命幽弘弼私第。乾和五年，與弘暐、弘簡、弘建、弘濟、弘道、弘照、弘益同日被殺，盡納其女而殲其子。

弘雅，高祖第七子也。與弘昌、弘弼等同時封韶王。應乾時，勒令致仕。乾和三年被殺。

弘澤，高祖第八子。大有時封鎮王，已而出鎮邕州，有善政。中宗切忌之。乾和二年，會鳳凰見邕州，中宗益怒，使人酖殺之，以暴卒聞。

弘操，高祖第九子也。與弘澤等同日封萬王。居數年，交州牙將皎公羡殺楊廷藝自立，廷藝故將吴權舉兵攻交州。公羡懼不敵，來乞師，高祖以弘操爲静海節度使，徙封交王，出兵白藤以攻之，乃自以兵駐海門。會權已殺公羡，逆戰海口，先植鐵橛海中，權兵乘潮而進，復僞遁以引弘操。弘操乘勢逐之，潮退，舟還轢橛者皆覆，弘操遂大敗，溺死。

弘杲，高祖第十子。以大有五年封循王。應乾初，與兄弘昌同心翊戴，加副元帥，參預政事。中宗之立也，國中議論訩訩，弘杲屢請討賊，陰勸斬劉思潮等，以止外議。思潮等聞之，譖弘杲謀反，有異心，中宗大怒，遣使者夜召弘杲。弘杲知不免，乃留使者，入具沐浴，詣佛前祝曰：「弘杲誤念，來生王宫，今見殺矣！後世當生民家，以免屠害。」涕泣與家人訣别，然後赴召，至則賜死。一云弘杲方宴客，思潮與譚令禋帥衛兵突入，斬之。

弘暐，以大有初封恩王，高祖第十一子也。乾和五年，與弘弼等爲中宗所殺。

弘邈，高祖第十二子。故封高王。中宗時，出爲雄武節度使，鎮邕州。弘邈以齊、鎮二王相繼死邕州，固辭，求宿衛，不許。弘邈素柔懦，無所短長，至鎮時委政僚佐，日飲酒禱鬼神以爲常。有何人上書，誣弘邈謀作亂，中宗遣甘泉宫使林延遇賜酖殺之，時乾和十二年四月也。

弘簡，高祖第十三子。大有時封爲同王，後與弘弼等同日被殺。

弘建，高祖第十四子。大有時封益王，後爲中宗所殺。

弘濟，封辨王，高祖第十五子也。乾和五年，中宗殺諸弟八人，弘濟遂遇害。

弘道，高祖第十六子也。大有五年封貴王，與弘弼等八人同被殺。

弘照，封宣王，高祖第十七子也。乾和五年被殺。

弘政，高祖第十八子也。年差長於弘益，與諸兄同時封通王。乾和十三年爲禎州節度使，是歲夏被殺。於是，天皇之諸子盡矣。

弘益，高祖第十九子。大有初封定王。乾和五年，與弘弼八人同遇害。

論曰：天皇支子十七人，而爲中宗所戕者，凡十三人。推刃同氣，俾無遺育，雖癸、辛之暴，不是過矣。豈父子窮凶，禍生門內，固亦天之巧於報施者乎！

中宗子桂王璇興　荊王慶興　禎王保興　梅王崇興

璇興，中宗次子也。乾和十一年，封桂王。後主卽位，宦官陳延壽進謀曰：「先帝所以得傳陛下者，由盡殺羣弟也。宜稍誅諸王，以杜後患。」後主領之。未幾，璇興被殺。中宗子凡五人，長爲後主，次璇興、慶興、保興、崇興。

慶興，中宗第三子，與兄璇興同時封荊王。

保興，以乾和中封禎王，與後主頗相友愛。宋師至城下，後主遣保興率百官奉迎，爲郭崇岳所遏，不得進。已而與宋將潘美戰，敗績，逃於民家，被宋軍鹵去。宋太祖署保興右監門率府率，終於其官。

崇興，中宗少子也。乾和十一年封梅王，後事闕。

後主子守節　守正子克昌　國昌　守素　守通

後主子四人，守節其長子也。入宋，官崇儀副使。

守正，後主第二子。入宋，亦爲崇儀副使，卒。宋太宗聞其家貧，詔月給萬錢。子克昌，爲三班奉職，國昌爲借職。

守素，後主第三子。宋咸平中，官侍禁。家亦貧，真宗賜白金百兩，語宰相曰：「諸僞王子孫率多窘迫，蓋僭侈之後，不知稼穡艱難所致也。」後累官至内殿崇班。天禧中，又録爲閤門祇候。

守通，後主少子也。官宋供奉官。〔一〕

烈宗女增城公主

增城公主，一作縣主。烈宗女也。乾亨九年，長和驃信鄭仁旻遣使致朱鬃白馬以求昏，使者自稱皇親母弟清容布燮兼理賜金錦袍虎綾紋攀金裝刀、封歸仁慶侯、食邑一千户、持節鄭昭淳。昭淳好學有文辭，高祖與遊宴賦詩，羣臣多不能逮，遂以公主妻仁旻。明年，仁旻服丹藥死，公主竟終於其國。又高祖清遠公主適閩主璘，傳見閩春秋。

校勘記

〔一〕官宋供奉官 「官」上原有「供」字，據周昂校語删，昂謂此「供」字衍。

十國春秋卷第六十二

南漢五　列傳

趙光裔　楊洞潛　李殷衡　倪曙　何澤　劉濬

趙光裔，字焕業。京兆奉天人，僑居洛陽。一云洛陽人。父隱，唐尚書左僕射。光裔少力學修行，與兄光逢、弟光胤皆第進士。舊唐書云：光逢乾符五年登進士第，光裔光啓三年進士擢第，光胤大順二年進士登第。乾寧中，光逢以中書舍人爲翰林學士承旨，光裔累遷司勳郎中、弘文館學士，改膳部郎中、知制誥，賜金紫。兄弟對掌内外制命，時論榮之。後俱仕梁，會梁太祖敕烈宗爲清海静海節度使，命光裔以舊職充官告使，烈宗遂留之不遣。辟置幕府，已奏爲節度副使。

及高祖稱帝、改元，進兵部尚書，改門下侍郎，與楊洞潛、李殷衡同平章事。居數年，楚勢益張，光裔言於高祖曰：「自馬后崩，未常通使於楚，親鄰舊好，不可忘也。」因薦諫議大夫李紓有使臣才，可以將命。高祖從其言，楚亦隨遣使報聘。

光裔爲相二十餘年，府庫完實，政事清明，輯睦四鄰，邊境無恐，當時號稱賢相。又兄光逢相梁，弟光胤相後唐，及子損相繼爲相。五季之時，一家四相，當世莫不歆羡。初，光裔自以中朝甲族，恥事霸國，常怏怏思歸。高祖乃習爲光裔手書，遣使間道至洛陽，召其二子損、益并其家屬皆至，光裔殊驚喜，出不意，故爲之盡心。

楊洞潛，字昭元，始興人也。先世自唐祭酒潤生遂寧太守回，回生勉，由蜀逾嶺，因家焉。勉生垂，垂生軫，軫生洞潛。幼好經史，開爽有政畧。唐末爲邕管巡官，秩滿客南海，烈宗師事之，表薦試大理評事，清海建武節度判官。時時爲烈宗畫策，取湖南容管，頗爲楚人所懼，由是顯名。

高祖繼立，洞潛首言刺史不宜用武流，當廣延中州人士置之幕府，選爲刺史，俾宣政教，則民受其福，從之。是時鎮南將黎求者，一作球。殺其帥盧延昌自立，無何求暴死，牙將李彦圖代知留後事，洞潛力請興師取韶州。刺史廖爽遂戰敗，奔楚。已而楚武穆王又來爭嶺南西道，高祖復用洞潛等謀，累戰俱捷，遂盡有五管諸地。以功表洞潛爲節度副使、御史中丞。

居二年，梁以右散騎常侍韋戩來和楚、漢之難，洞潛力勸高祖聯姻楚國，以靖邊隅。乾亨元年，高祖卽皇帝位，擢兵部侍郎、同平章事。洞潛以梁使趙光裔故宰相光逢之弟，遜使位，居己上；高祖嘉其意，從焉。洞潛遂乘間陳吉凶禮法，請立學校，開貢舉，設銓選，國家制度，粗有次敘。

頃之，高祖作水獄以毒罪人，洞潛極諫不聽。大有中，又命秦王弘度募宿衛兵千人，中多市井無賴子弟，洞潛諫曰：「秦王，國之冢嫡，宜親端士，使治軍旅，已過矣，況昵羣小乎？」高祖曰：「小兒輩教以戎事，乃過煩公慮。」一日，衛士掠商人金帛，商人不敢訴，洞潛見之，歎曰：「政亂如此，安用宰相爲！」因謝病歸，久之，不召卒。

李殷衡，世爲趙郡人，唐相德裕孫也。仕梁太祖，爲右補闕。開平二年，充嶺南官告副使。至，則烈宗留之幕府，署節度判官，不時遣還。乾亨初，官禮部侍郎、同平章事，居無何，終於其職。

先是，故唐宰相劉瞻者，殷衡姊壻也，有子贊，幼孤而性不慧，殷衡教之讀書，每督以箠楚，不進。一夕，贊遁入嵩山，遇白衣叟，語之曰：「與汝開心，聰明必過人十倍。」自是日誦一卷，兼有文藻，俄登進士第。梁時充崇政院學士，猶數數念殷衡不忘，亦一異云。

倪曙，字孟曦。福州侯官人。唐中和時及第，有賦名，官太學博士。黄巢之亂，避歸故鄉。會閩王從子延彬刺泉州，雅好賓客，曙與徐寅、陳郯等賦詩飲酒爲樂。未幾，西遊嶺表，烈宗招禮之，辟置幕中。高祖卽位，擢爲工部侍郎，進尚書左丞。乾亨五年，詔同平章事。無何，以病卒。所著賦一卷行世。

何澤，韶州曲江人也。事烈宗，爲清海軍從事。長於詩賦，有俊才。子成裕尤工小詞。入周，與陶穀齊名。按通鑑註及歐陽史，唐莊宗時洛陽令何澤，係廣州人。先時清海節度使劉陟薦於梁，擢進士第，後歷唐、晉，官至太常少卿，中間爵里不同，似非一人也，姑爲闕疑。

劉濬字伯深，其先滑州胙人也。父崇望，相唐昭宗世，父崇龜，大順時出爲清海軍節度、嶺南東道觀察處置等使。濬從崇龜流寓廣州，因占籍焉。烈宗據番禺，辟濬居幕府，議論多所商定，與周傑等同爲賓客。高祖卽位，拜宗正卿兼工部侍郎。

乾亨中，高祖練兵於潮，欲以侵閩，濬言於楊洞潛，力行諫沮，高祖不聽，引兵侵閩，屯於汀漳境上，爲閩人所敗而歸。大有九年，洞潛既病死，乃擢濬中書侍郎、同平章事以代之。濬在位清簡執持，勸高祖養民息兵。子孫在廣南多有顯者。

論曰：五季時，中原擾攘，獨嶺海承平小安，民不受兵，光裔、洞潛之功居多。殷衡爲衛公之後，左右霸主，無咎無譽。曙、澤用文采顯，濬以清執稱，聲施百粵，亦庶幾名臣選焉。

陳用拙　王定保　周傑　趙損　黄損

陳用拙，本名拙，連州人，用拙其字也。少習禮樂，工詩歌，長遂以字顯。唐天祐元年擢進士第，授著作郎。心惡梁王全忠所爲，假使節南歸，加烈宗清海節度、同平章事，烈宗留用之。未幾，梁王全忠篡位，改元開平，用拙力勸仍奉天祐年號，烈宗多其義而不能用。遂掌書記，攝觀察判官。比烈宗病革，用拙撰表請高祖權知留後，高祖繼立，益信任之。乾化四年，奉使吴越，吴越武肅王與語，嘉其專對，賚以金帛甚厚，用拙遜謝，歸以獻高祖。高祖自立爲皇帝，擢用拙吏部郎中，知制誥。久之，卒。

有詩集八卷傳於世。尤精音律，著大唐正聲琴籍十卷，中載琴家論操名及古帝王名士善琴者。又以古調缺徵音，補新徵音譜若干卷。

王定保，南昌人。舉唐光化三年進士第。南遊湖湘，不爲馬氏所禮。已而爲唐容管巡官，遭亂不得還，烈宗招禮之，辟爲幕屬。及高祖欲稱帝，憚定保不從，先遣定保出使荆南。及即位，而定保回，知其心未善也，預使倪曙迎勞之，且告以建國事。定保曰：「建國當有制度，吾入南門，清海軍額猶在，其不見笑於四方乎？」高祖笑曰：「朕備定保久矣，而不思此，宜其譏也。」大有初，官寧遠軍節度使。十三年冬，代趙損爲中書侍郎、同平章事，不逾年卒。

定保善文辭，高祖常作南宫，極土木之盛，定保獻南宫七奇賦以美之，一時稱爲絶倫。所著摭言十五卷。

定保妻吴氏，唐侍郎子華女也。定保既無北歸意，吴遂緇服終身，誓不改適。

周傑精於曆筭。唐開成中登進士，起家弘文館校書郎，擢水部員外郎，遷司農少卿。常以大衍曆數有差，因敷衍其法，著極衍二十四篇，以究天地之數。時天下方亂，傑以天文占云：「惟嶺南可以避地。」乃遣弟鼎求爲封州録事參軍。天復中，傑攜家來南。烈宗習其名，招至幕府，待之上賓，數問天道災變，傑自以年老，常策名中朝，恥以星術事人，時或稱疾不起，烈宗亦未之罪也。

高祖卽帝位，强起之，令知司天監事，命占國祚享年幾何。傑以周易筮之，遇比之復，斷曰：「卦有二土，土數生五，成於十，二五相比，以歲言之，當五百五十。」一云傑筮易，得復之豐，曰：「凡二卦皆土，爲應土之數五，二五十也，上下各五，將五百五十乎。」高祖大喜，賜賚有加。逮後主降宋，適得五十五年，蓋傑舉成數以避害，謬稱十爲百也。大有中，遷太常少卿。卒年九十餘。子茂元，有傳。

趙損，光裔長子也。仕高祖爲翰林學士承旨、尚書左丞。及光裔歿，高祖復以損爲門下侍郎、同平章事。大有十三年卒。

黄損字益之，連州人。少負大志，棲隱靜福山，罕與俗接。爲學以該通擅長，尤工詩賦，遇佳山水，留題殆遍。自謂所學未廣，乃擔囊遊洞庭諸名勝，結交天下士，意豁如也。常著三書，類陰符、鬼谷之言，號曰「三要」。梁初應進士舉，徧投三書公卿間，識者謂此王佐才也。已而登龍德二年進士第，歸自京師，適嶺南，與中朝隔絶，遂家居不復入汴。

高祖既嗣立，頗加親任。損獻十策，乞居幕府自效，中間多指切權貴，衆皆疾之。逾年，授永州團練判官，累進尚書、左僕射。高祖取湖南諸州，其策皆自損出也。未幾，高祖建南薰殿，雕沉香爲龍柱，務極工巧，少不如意，輒誅工匠，前後十餘人。損極諫，致忤高祖意。會宰相缺，羣臣多推損，高祖謂左右曰：「我殊不喜此老狂！」無何嬰足疾，退居永州北滄塘湖上，詩酒自娛，竟病卒。或曰一夕遁去，莫知其存亡。子若孫肖像事之。越三十二年，損忽歸家，索筆題詩而出，人皆以爲神仙云。

先是，損學於廬山，與桑維翰、宋齊丘友善，每論天下事，二人自以爲不及。常同遊五老峯，暫憩盤石上，遇老叟長嘯而至，指維翰曰：「公當位宰相，然而狡狡，則不得其死。」謂齊丘曰：「亦至宰相，然而忍忍，則不得其死。」獨異損曰：「子有道氣，可隱居，若求富貴，不過偏方一名宦爾。」後卒如叟言。

損常與都官員外郎鄭谷、僧齊己定近體詩諸格，爲湖海騷人所宗。有桂香集若干卷、射法一卷。

論曰：用拙欲遵天祐之號，定保不與建國之謀，傑恥言星術，溷迹羲和，矯矯之風，俱有足嘉者。趙損繼秉國鈞，不永所事。黄損才大遇嗇，未展其能，惜哉！

十國春秋卷第六十三

南漢六　列傳

蘇章　梁克貞李守鄘　程寶　孫德威

蘇章，以牙校事高祖，積功至左右街使。大有初，楚人舉水軍侵封州，章將神弩三千、戰艦百艘往救。既至賀江，章沉鐵絙於水中，爲巨輪兩岸，上築堤以隱之。因輕舟迎戰，陽敗而奔。楚人以爲怯也，逐之。章舉巨輪挽絙鎖楚舟，楚舟不得進退，用强弩夾江射之，楚人大敗，解圍遁去。高祖改章封州團練使。章驍勇善戰，而行軍多合古法，遂爲一時名將。子五人俱爲中郎將，豪俠任氣，當世號「五郎將」云。

梁克貞，與章同時用兵，雖不盡善，而勇畧頗亞於章。大有三年，交州亂，高祖命克貞征之，俘其節度使曲承美。已又入占城，取寶貨而回。由是南蠻大恐，讋服兵威，實克貞力也。時共事者爲李守鄘，功亦與克貞埒。

程寶，不知其所自起。高祖時，官承旨。大有四年，楊廷藝圍交州，寶將兵往援，未至而城已陷，遂攻廷藝於交州，寶竟以戰敗死。

孫德威，勇敢有氣力，數從高祖征伐戰鬬，常冠軍。大有九年，將兵侵楚蒙、桂二州。已而爲楚文昭王所逼，遂自蒙州引還。後數年卒。

論曰：蘇、梁、李三將，皆嶺表之虎臣也。斬將搴旗，章功爲最，克貞、守鄘次之；若寶與德威，或死或走，雖未竟厥用，而輿尸左次，要豈盡戰之罪哉！

王宏　梁嵩　王詡　張瀛

王宏，□□人。少穎異，能工詩賦。乾亨時，由進士官翰林學士承旨，珥筆左右，甚被親信。會白虹化爲白龍，見三清殿。宏爲白虹化白龍賦上之，文采鉅麗，辭旨暢洽。高祖悦，改元白龍，深加欣賞。已又撰昭陽殿賦，亦見稱於時。

梁嵩，潯州平南人。白龍元年，舉進士第一，仕至翰林學士。見時多虐政，乞歸養母，因獻倚門望子賦以見志。高祖憐之，聽其去，錫賚皆却不受，請蠲本州一歲丁賦，從之。及殁，州人感德，歲祀不絕。或云嵩常乘白馬遊東壕墟，過渡，溺水死，至今有白馬廟，其遺蹟云。

王翃，一作翊。南海人也。及高祖改縣名，遂爲咸寧人。乾亨初舉進士，拜中書舍人。會白龍見南宮，翃進白龍頌，文采斐然。大有七年昭陽殿成，翃又著昭陽殿賦上之，其序曰：「皇帝基搆乾坤，十有八歲矣。甲午春，始作兹殿云云。」詞多散失，不録。是時獻賦者數十百人，稱翃爲第一。每賜予稍緩，翃必揚言曰：「吾賦字字作金聲，何受賜之晚也！」其自負如此。

張瀛，□□人。父碧，雅有詩名。瀛能世其學，累官至□曹郎。常爲長歌贈琴棋僧，同列稱之曰：「非其父，不生其子。」

何瑱　劉瑭　何詞　李紓　鄭翺

何瑱，仕高祖爲左僕射。有容觀姿貌，饒文采。大有初，吴越武肅王薨，瑱承命致祭於吴越，言論舉止大得嗣王心，高祖深喜之。

劉瑭，乾亨時官客省使。高祖既自立爲帝，命瑭聘於吴，以卽位告，且勸吴王隆演稱皇帝。未幾，自江南歸復命，不知所終。

何詞，累官至宫苑使。唐莊宗滅梁，高祖聞之懼，遣詞覘中朝强弱，稱大漢國主致書大唐皇帝，頗講鈞禮，不爲屈。詞還，言：「唐主驕淫無政，不足畏也。行且亂矣，惡能及遠乎？」高祖自是不復通中國。逾年，莊宗被弑，人皆多詞有先知之哲。

李紓，大有時爲諫議大夫。雅有風采，文辭占對，觀者傾竦。會宰相趙光裔言楚本昏姻之國，不可忘舊好；且薦紓有才，可將使命。於是遣紓將命於楚。楚文昭王見紓，大喜，深加款渥，隨遣使報聘，以復二國之好。是役也，睦鄰封，續舊姻，寧邊鄙，弭敵兵，謀出光裔，而紓實有以成之。

鄭翶，□□人。累官至都官郎中。大有中，高祖與江南和好，使問不絶。是時，南唐烈祖以誕生日爲仁壽節，遂遣翺銜命往賀。逾年歸，終於其職。

論曰：講信修睦，以通鄰好，端惟使臣是賴。凡此諸臣，皆翩翩皇華之選也。康陵之時，行李往來，常勤聘問，區區嶺外，晏然小安，夫亦藉行人力邪？

侯融　蕭益　王翺

侯融，□□人。事高祖，官著作佐郎。爲人慷慨喜直言。高祖初年，數窮兵黷武，以征伐爲事，融因乘間勸其弭兵息民，用安南土，高祖稍稍從之。已而交州之亂，交王弘操死焉。高祖以國兵不振，實融去兵之言所致，時融已死數年矣，於是追咎融，剖棺以暴其尸。

蕭益，故唐相倣之孫也。大有初，累官崇文使。時交州亂，皎公羨與吳權相攻，高祖欲乘其亂取之。命子弘操爲交王，將兵救公羨。益曰：「吳權桀黠，誠未可輕。今霖雨積旬，海道險遠，大軍當持重，多用鄉導，然後可進，否則兵未戢也。」高祖不聽，弘操果敗死。未幾，高祖病革，與右僕射王翺謀出秦、晉二王於外，而立第五子弘昌。制命將行矣，會益入問疾，高祖告之故，益諫曰：「立嫡以長，違之必亂。少者若立，禍自此始。」由是殤帝卒得立。

王翽，大有末積官至右僕射、兼西院御史。高祖疾篤，時以越王弘昌賢，欲逾次立之，謀於翽。翽爲高祖畫策，謂：「當出秦王鎮邕州，晉王鎮容州，因立越王爲太子。此萬全計也。」秦王乃殤帝，晉王卽中宗是也。已而，蕭益力止之，事遂不行。中宗時，進左僕射。乾和三年，追翽廢長立少之罪，出爲英州刺史。尋賜死於道。

論曰：論者謂越王有賢行，而殤帝、中宗皆淫暴主，假王翽之計得行，未必非國福。然立嫡以長，大居正之義也，益之持議，要不可易矣。侯融力勸弭兵，乾亨之際切中機宜，固與蕭倪汰兵有殊焉。横遭斲棺，其亦遇人不淑乎？

蕭規　孫惠　滕紹英　萬景忻

蕭規，未詳何郡縣人。光天元年，規奉殤帝命告哀於南唐。後事闕。

孫惠，事高祖父子，爲法物使。光天元年，繼蕭規告卽位於金陵，大得使臣體，時人稱其才。

滕紹英，□□人。時南唐烈祖仁壽節，高祖輒遣使往賀，歲以爲常。殤帝嗣位，擇使臣修故事，朝臣咸薦紹英有專對才，紹英遂將命以往。

萬景忻，少以驍勇爲牙校。大有時，積功至指揮使。殤帝初立，循州賊張遇賢作亂，殤帝命越王弘昌、循王弘杲征之。師敗績，二王困圍中，不得出。時景忻隸王戲下，在行間，與指揮使陳道庠挾持弓弩，馳馬畧陳力救，二王得免。應乾元年，景忻復敗遇賢於循州，遇賢遂逾嶺而北，不復還。循州之平，景忻功爲第一。

十國春秋卷第六十四

南漢七　列傳

陳偓　盧膺　鄧伸　李璵

陳偓，史失其世系。歷官至户部侍郎。乾和二年，知政事。越王弘昌既遇害，中宗於是擇相於朝臣，遂以偓同平章事。偓居職無所短長，充位而已。

盧膺，仕高祖爲工部侍郎。大有中，加太尉。與謝宜清等出使吴越，求聘錢傳璛之室爲繼后，無功而還。膺才藻俊茂，酷有體裁。中宗时，拜中書侍郎、同平章事。乾和十五年冬，卒於官。

鄧伸，乾和時官至特進。父璫，與指揮使陳道庠舊友也。道庠既引力士劉思潮等弑殤帝，及思潮等伏誅，道庠輒懷懼，不自適。伸以父友故，遺以荀悅漢紀諷之，道庠詰其由，伸曰：「憨獠！此書有誅韓信、醢彭越事，宜審讀之。」中宗聞之，族道庠，并及伸。

李璵，事中宗爲給事中。乾和時，交州吴昌文來稱臣，中宗假以静海節鎮、兼安南都護，令璵持旌節招焉。昌文意中變，璵方抵白州地，遽使人止之，曰：「海寇竊發，道途阻塞。」璵遂還。後數年卒。

吴懷恩 吴㖃 謝貫

吴懷恩，番禺人也。光天時，官内常侍。殤帝驕淫無度，懷恩屢切諫，不聽。中宗即位，懷恩進開府儀同三司。乾和中，楚王希廣與庶兄争國，中宗以懷恩爲西北面招討使，將兵擊楚，拔賀州，已而復陷昭州。未幾帥兵北征，盡得蒙、桂、宜、連、梧、嚴、富、昭、柳、象、龔十一州之地，當时稱善戰者咸推懷恩爲首。同时復有吴㖃、謝貫。

吴㖃，一作珣。爲將善出奇計。乾和時，歷官至巨象指揮使。既與吴懷恩共拔賀州，楚人來救，㖃先鑿大穽於城下，覆箔於上，以土傅之，楚將徐知新等逼城，㖃遣人自穴中發機，楚人悉陷穽中，死者無算，知新等遁歸。恂侵桂州境上，掠全州以還。

謝貫，積功爲將軍，素有膽勇，喜鏖戰，取名一時。乾和九年，與潘崇徹攻郴州。會唐兵來援，敗其將邊鎬於義章，卒陷郴城。由是嶺表土地益廣。

論曰：懷恩畧地攻城，勢同拉朽，如熊如羆，斯云無忝。恂相機規畫，神算無遺，有將畧焉。貫負勇烈之名，郴陽一戰，耆定疆土。要之昭陵奮武，所嚮無前，諸臣則其首庸矣。

簡文會　鍾允章

簡文會，南海人。乾亨元年，改南海爲咸寧、常康二縣，遂爲咸寧人。文會幼穎異，工詩，性耿直。高祖初，開進士科，擢第一人及第，累官尚書右丞。乾和時，切諫中宗暴酷，中宗大怒，謫禎州刺史。盡心民事，卒於官。所居里有「簡狀元井」。明時倫文敍居其地，亦狀元及第。

鍾允章，其先邕州人，徙家番禺。一曰宣化人。博學贍文辭，爲人侃直，不畏强禦。高祖時設科取士，允章以進士及第。累遷至中書舍人。尤爲中宗所知，凡誥敕碑記多命允章屬草。允章文思敏捷，操筆立就，由是聲名藉甚。常從游羅浮山，應制爲詩，動見褒賞，拜工部郎中、知制誥。

乾和中，使楚求昏，楚王希廣未之許也。中宗怒，問允章：「馬公復能經畧南土乎？」是時楚恭孝王起兵武陵，湖南大亂，允章具言楚兄弟方争可取狀。中宗於是毅然發兵，攻拔賀、昭等州，所至克捷，實允章一言力也。中宗嘉其功，賞賚不可勝紀。居頃之，有司奏：「允章名儒，宜傅儲貳。」遂承命輔導後主。已而中宗晏駕，後主嗣皇帝位，以允章藩府舊僚，頗加敬禮，擢尚書左丞、一作右丞。參知政事。

允章素疾宦官用事，且性戇不善作隱語，至是直請誅亂法者數人，以正綱紀，後主不能從，而宦官輩已人人切齒矣。大寶初，會後主將祀圜丘，前三日，允章與禮官登壇，四顧指麾，設神位，内侍監許彦真望見之，以謂是可誣允章而殺之也，陽言曰：「此謀反耳！」乃拔劍升壇，允章迎叱彦章，彦章卽馳告允章反。後主曰：「朕待允章厚，豈有此邪？」龔澄樞、李託等共證以爲然。後主乃下允章獄，遣宦官與禮部尚書薛用丕雜治之，遂族誅允章。是日，天色慘淡，國人以允章素忠鯁，皆爲掩涕。及彦真被殺後，始收葬焉。自是宦官益横，而國亦因以亡。

允章詩文甚富，乾和七年撰碧落洞天雲華御室記，甚爲文士所稱，辭曰：

大漢享國之三十有三祀，龍集己酉，季冬，蓂開十四葉，上以萬機有暇，四海無波，時屬祈寒，節當冬狩，九卿扈駕，百司隨鑾，巡英州，舍於閬石。翼日，排儼仗，整翠華，羽衛星羅，旗幢雲布，嶽靈警蹕，風伯清塵。上衣龍章絳袍，曳鳳文翠綬，佩流黃鏤金之劍，御飛靈凌崖之輿，幸茲盤龍石室者也。

伏惟大聖文武元德大明至道大廣孝皇帝陛下，聖惟天縱，功格帝堯，味道探玄，奉真元之化；端拱垂衮，返淳朴之風。百度惟貞，九圍承式。因訪清虛之景，爰追汗漫之遊。斯山之勝槩也，得非玄化興機，巨靈運智，丹臺璿室，真爲上帝之居；乳竇芝房，宛是長生之境。白犬吠而壺天晝永，幽禽語而洞壑雲深。神草含華，元泉瀉瑞。於是拂石牀而設御，停玉輦以凝旒，遂感龜鶴呈祥，河宗效器。

俄頃，有一道流，衣短褐，歛容而至，自稱野人，本無姓名，云昔時葛先生於此石室煉丹砂，藥成息焰，躡雲而舉，令野人且伏火延神，秘丹於靈府；并云後五百載，當有真人降此，子宜以其還丹呈獻。昨畧算之，起重光單閼之歲，迄屠維作噩之年，將四百九十祀，果令金德主來幸，驗其君之言明矣，野人因匐匍而來。上喜聞所陳，問仙者靈丹何在？野人曰：「咫尺耳！」遂捫蘿於峭壁中，取出一小石函，函上有金書古篆，題「九蜕之丹」四字，内有神丹七粒，大如黍粟，光影射人。仙者開函取丹，躬自持獻，野人遽旋踵隱入石縫間，罔知厥止。

時有近臣奏曰：「聖上德契玄微，感茲靈異，尚以兆民係念，四海爲心，雖獲還丹，未宜輕服。」上然所奏，遂屏去左右，迺召從臣吴懷恩捧丹隨御，於石室深邃處，鑿石秘之，衆莫知矣。擇日亟命道衆，設壇場，陳齋醮，以申告謝靈貺。由是龍顏開豁，圓蓋舒情，緩撫瑶琴，弄流泉之激越；親灑宸翰，奮睿思之縱横。奏九成之簫韶，煙霞縹緲；感百獸之率舞，洞府喧闐。羣后子來，皆朝於禹會；衆仙萃至，競祝於堯齡。微臣榮列紫垣，獲隨鑾輅，紀仙靈秘奥之事，媿乏好辭；頌聖朝焕赫之功，慚無麗藻。拜承綸旨，伏積兢惶。

餘文多散佚不傳。

論曰：文會、允章之起家也，俱以文辭擢高第。而鯁直性生，侃侃不撓，殆所云松栢之姿，經霜彌茂與。或則謫死外郡，或則族及妻孥，處衰亂之朝，其能免於僇辱者，鮮矣！

劉博古　曾芳　謝傑

劉博古，不知其家世。乾和中，官潯州刺史，有惠政，民多愛之。博古常植橘於陸公井傍，潯人稱曰：「橘井」，蓋誌其遺澤如此。

曾芳，未詳何地人，故漢時有爲廣州刺史者，芳其後也。仕□□爲程鄉令，政清刑簡，以仁愛聞。時程鄉民苦瘴癘，芳給藥以濟之，遠近求者日千百計，踵相接也。芳乃以大囊盛藥置井中，令病者汲飲，皆霍然而起。後人名其井曰「曾井」，立祠井傍，邑人祀之者飲水，愈疾如初。後宋仁宗降詔追封芳爲忠孝公，又飛白書「曾氏忠孝泉」五字以旌之。

謝傑，□□時爲高州刺史。境多虎，夜入郭中爲暴，人不寧居。傑一日沐浴詣城隍神，舉酒祝曰：「愚民何辜而虎暴之，此刺史無德化。願虎但食刺史，無傷愚民。」因屏去左右，獨宿殿庭。是夜，漏三下，廟東南隅忽有物吼聲如雷，良久乃止，遲明視之，數虎悉斃。

十國春秋卷第六十五

南漢八　列傳

暨彥贇　陸光圖　邵廷琄

暨彥贇，不知其家世，或云吴暨豔後也。乾和時，累官巨艦指揮使，常以兵入海掠商人金帛，爲中宗離宫之費。已而率兵戍郴州，捍禦邊境，頗以方畧稱。大寶七年，宋師南侵，陷郴地，彥贇死之。

陸光圖，四會人也。祖東升，爲烈宗裨將，守端州。及高祖建國，累遷兵部侍郎。父昂，桂州刺史，領静江軍節度使。光圖生長華胄，讀書知大義，歷仕至閤門副使。後主時文武百官多入知内侍省，光圖獨堅求外郡，後主惡其意，遂出爲郴州刺史。至郴，周恤窮民，招輯兵士，民皆呼爲「陸父」。宋師臨境，光圖遣兵栅騎田嶺，會雨漲，黄溪溢，宋將潘美順流破柵，光圖同暨彥贇力戰，敗績被執，抗罵不屈，俱遇害。其子孫多居端州。

光圖有故吏龐姓者，失其名，常奏事見後主，後主雅識之，及後主入宋，過騎田嶺，龐伏地迎，後主驚曰：「爾何近在此邪？」對曰：「陛下之國邊境至此已極，非有萬里之遠也。」先是，後主意郴在窮荒北邊，故徙光圖居之，不知特逼處南隅耳。其爲昏騃如此。

邵廷琄，事後主，官內常侍。大寶初，宋已易周祚，廷琄乘間言於朝曰：「我國承唐亂，居此五十餘年，幸中國多故，干戈不及，而我益驕於無事，致兵不識旗鼓，人主不知存亡。夫天下亂久矣，亂久而治，自然之勢也。比聞真主已出，必將盡有海內，其勢非一天下不已。請飭兵備，且遣使通好於宋。一云否則宜歛兵自守。」後主惡廷琄言直，深恨之。未幾，宋將潘美等陷郴州，始思廷琄言，詔廷琄爲招討使，率舟兵屯洸口以拒宋師。廷琄招輯亡叛，訓士卒，修戰具，國人賴以少安。有譖者投無名書，誣廷琄將圖不軌，後主遽遣使賜廷琄死；士卒排軍門見使者，訴廷琄無反狀，不能救，乃相與立廟洸口祀之。南海古蹟記云：東莞鎮象塔，禹餘宮使邵廷琄造。禹餘宮，漢離宮也。廷琄官名，更見於此。

論曰：當宋師南征，昭州陷，則靳暉被擒，田行稠潛遁；桂州破，則李承進棄城走；韶州潰，則辛延渥、卿文遠就縛；其他二三守臣，望風納欵，比比皆然。若彥贇、光圖之守郴也，抗詈不屈，慷慨殉難，可不爲烈哉！至廷琄進謀於徙薪，喪身於貝錦。言之其臧則具是違，言之不臧則具是依，真後主之謂乎。赫赫長城，君自壞之，嗚呼！南漢之亡，亦何待素衣白日邪？

潘崇徹 伍彥柔 盧枝 李承渥 郭崇岳 植廷曉

潘崇徹，咸寧人。初事高祖，爲內侍省局丞。頗讀兵書，立戰功。乾和中，取郴州有功。中宗常命大將吳懷恩伐桂州，平之，已而懷恩召歸宿衞，命崇徹代其任。後主時，加西北面都統。歲餘，後主頗疑崇徹，遣薛崇譽使其軍以察之。崇譽還，白崇徹日以伶人八百餘，衣錦繡，吹玉笛，爲長夜之飲，不恤軍政。後主怒，召歸，奪其兵柄，自是居常怏怏。宋師入境，後主復召崇徹領兵五萬戍賀江，崇徹不爲效命，擁衆自保而已。未幾，宋將潘美克英、雄二州，崇徹以其衆降；宋太祖特赦其罪，授汝州別駕，卒。

伍彥柔者，史失其爵里、世系。大寶時，宋將潘美圍賀州，後主遣彥柔將兵援賀。美聞彥柔至，潛以奇兵伏南岸，爲三覆以待之。彥柔未之知也，夜泊南鄉，艤舟岸側，遲明，挾彈登岸，左右四顧，自謂敵在目中矣，踞牀指麾，殊有矜色。頃之，伏兵猝起，水陸俱進，彦柔軍大亂，被殺。

盧枝，以大寶十三年爲招討使，將兵扼騎田嶺，嶺號咽喉地，宋師來攻，皆敗走。會叛將李廷珙引兵出春陵，屯平陽，去枝屯百餘里，聞枝堅壘相拒，請於宋帥潘美曰：「枝衆皆廷珙故部曲，願輸忠久矣，招之必下。」美許之。乃單騎招枝兵降。枝兵稍稍解去，遂退保清遠，燒壘而遁。

李承渥，大寶中積功至大將。宋師連破昭、桂、連、賀諸州，後主署承渥爲都統，將兵十餘萬人，屯韶州之蓮花峯下。嶺南兵常布象爲陳，凡出戰，先令兵士操器械乘象前進，每象輒載十數人，以鼓士氣。至是，宋帥潘美集勁弩射象，象不能當，率奔踶反走，乘象者皆傾側墮地，自相蹂躪，軍遂大潰。承渥得僅免。

郭崇岳，宮媪梁鸞真之養子也。宋師破韶州，後主用鸞真薦，以崇岳爲招討使，與大將植廷曉帥軍屯馬逕，以遏宋師。崇岳素懦，無謀勇，惟日祈鬼神却敵，廷曉謂崇岳曰：「北軍乘席捲之勢，其鋒不可當，吾士旅雖衆，然皆傷罷之餘，今不驅策而前，將坐受其斃矣。」乃自領前軍，扼水以陳，令崇岳殿後。已而宋兵濟水逼城下，後主欲命文武迎降，崇岳固止之，廷曉遂力戰，不勝死。崇岳亟奔還栅内。宋將潘美謀篝火焚栅，乃分遣丁夫，人持二炬，會暮夜天大風，萬炬俱發，煙埃紛起，兵遂大敗，崇岳亦死焉。

廷曉，□□人，明洪武時興寧教諭植士謙，正統時文昌知縣植謙，皆其後裔也。

論曰：崇徹擁衆不戰，志在懟君，二心之臣也。枝與彦柔、承渥斗筲之流，未嫺武畧，假敵非潘帥，其能免於轍亂旗靡乎！崇岳志大器小，輿尸再辱，非不幸也。若廷曉者，抑所云鐵中之錚錚者與！

鍾有章　薛用丕　王珪　黄德昭

鍾有章，尚書左丞允章之弟也。少有文學，與允章齊名，累官翰林學士、中書舍人。後主初嗣位，建天華宫於羅浮山，又立雲華閣及甘露、羽蓋等亭，命有章爲之記，辭采宏贍，雅稱作者。居數月，先允章卒，未幾而允章之禍作。

薛用丕，大寶初爲禮部尚書，與左丞鍾允章有舊好。許彥真之告變也，後主命宦者與用丕雜治允章，用丕揣宦者意，告以必不免，允章執用丕手泣曰：「天乎冤哉！老夫今日猶机上肉耳，分爲仇人所烹。但恨邕、昌幼，不知我冤，俟其長，公可爲我告之！」邕、昌者，允章二子名也。彥真聞之，罵曰：「反賊！欲使兒子報仇邪？」復入白後主：「允章實與二子共登壇，潛有所禱。」并捕二子繫獄，族誅之。

王珪，事後主爲諫議大夫。國亡後，宋太祖遣使問宦官李託等率衆拒戰及縱火焚府庫事，託默然不言，珪直責之曰：「昔在廣州，機務並爾輩所專，火又自內起，今天子遣使按問，爾復欲推過何人？」遂唾而批其頰。

黄德昭，大寶末累官至學士。從後主入宋，路由江陵，邸吏龐師進迎謁於道。時德昭侍後主，後主問：「師進何人？」德昭曰：「本國人也。」後主曰：「何爲在此？」德昭曰：「先主歲貢大朝，輜重比至荆州，乃令師進至邸，於此造車，以給饋運爾。」後主歎曰：「我在位十四年，未常聞此言。今日始知祖宗山河及大朝境土也。」因泣涕久之。

蕭漼　卓惟休　周茂元　馮元　李廷珙　周渭　唐承裕　駱崇璨

蕭漼，歷官左僕射。爲人依違，鮮所可否。大寶十四年，宋師度馬逕，後主遣漼奉表詣軍門降，宋將潘美宣太祖意，先使人送漼至汴京。已而授漼太子中允。李燾續長編作蕭漼。

卓惟休，寶大時官中書舍人。宋師南征，從後主入宋，改授太僕寺丞。

周茂元者，知司天監事，傑之子也。茂元生而穎異，能繼父志，世其學。事高祖，至司天少監。及後主降宋，茂元從之，授監丞而卒。子克明，精曆律、天官、五行、讖緯及三式風雲龜筮之書，隨父至宋。開寶中授司天六壬，改臺主簿，轉監丞，稍遷春官正。

馮元字道宗。其先始平人也，四代祖官廣州，以黃巢之亂不敢歸，而烈宗據南海，僑斷士人，故三世居嶺南，爲日御。大寶末，元父子從後主朝宋，元父某授保章正。元由大中祥符元年進士，累官翰林侍讀，遷户部侍郎，卒，年六十三。謚曰章靖。事具宋史，不具録。

李廷珙，連州人。父處顔，博學善屬文，事後唐明宗，累功爲武安節度幕府，掌文翰。處顔殁，廷珙猶在襁褓，寄食母家，幼岐嶷不羣，其舅器之，曰：「此千里駒也。」乾和中，除番禺簿。後主初立，擢士軍知兵馬使。是時屠戮忠良，廷珙知其必亡。大寶九年四月降宋，授郴州指揮使、檢校工部尚書、兼御史大夫、春州刺史。明年，獻平嶺表策。及潘美南侵，廷珙爲宋師嚮導，擢廣西總管招討使。後論功，宋太祖改所居爲奉化里。累遷刑部尚書。

周渭，恭城人也。大寶時苦於繁賦，因率鄉里逾嶺，將避地零陵。中道爲賊所掠，竄身走汴京。上書宋太祖，陳時務，太祖奇之，擢贊善大夫。嶺南平，渭始還鄉里，奏去後主無藝之征；鄉人德之，爲立祠。

唐承裕，世爲□□人。自中原之亂，避地德昌縣。即桂州全義縣，後改名。大寶十四年，國亡，承裕入宋，爲顯官，今其地猶傳唐家宅。

駱崇璨，仕後主，爲□□，有能名。宋既平嶺南，命周仁浚知瓊州。既至，擇崇璨等四人列上，分知儋、崖、振、萬安四州，因其俗而治之，綽有政績，時以爲得人。

胡萬頃　林楚材

胡萬頃，□□人。幼神悟，精九宮三元之法，占事多奇驗。撰六壬軍鑒式三卷、太乙時紀陰陽二遁立成曆一卷，術數家多宗之。

林楚材，故番禺布衣也，不測其爲何人。大寶末，有稻田自海中浮來上魚藻門外，民聚觀之。楚材見而歎曰：「水魚湫湫兮！」南時好事或有記其語者。及宋師至，潘美爲都部署，方悟爲「潘」字。

陳志女　莫筌　譚氏二女　牢氏

陳氏，禎州人。父志，年八十，惟依一女。及志卒，氏哀毀不自得，未幾亦死。鄉人以其死孝，摶像於龍華寺祀之，禱雨輒驗。烈宗封爲昌福夫人。

莫筌，周渭之妻也。渭出奔時，不暇與筌訣。二子方在孩抱間，父母欲嫁之，筌泣誓曰：「渭必能自奮，筌有二心者，有如皎日。」於是躬親蠶績，碓舂以給朝夕。久之，爲二子娶婦。凡二十六年而渭歸。

譚氏二女，昭州人。大寶初，於誕山下修黄老術，不知所之。一日，同里以不雨爲憂，二女至，謂里翁曰：「汝能餉我，卽可得雨。」翁第餉之，未信也。二女甫去，果大雨如注。翁追覓不復見，山下呼則上應，山上呼則下應。循至一巨石，四周無草木，二女之衣帶在焉。是後，恆見二女於石上櫛髮，因立廟祀之。

牢氏，尚書左丞鍾允章妻也，有賢行。允章號名臣，而性吝嗇，歲獲賜賚甚厚，未嘗分遺故人，牢乘間語允章曰：「妾昔事君子家，無釜鬵，止用一銚，猶且款接賓友。今寶貨盈室，而義路榛塞，卽富貴何足尚也。」乃出銚以示允章，允章大慚，自是稍稍揮散矣。

十國春秋卷第六十六

南漢九　列傳

林延遇　龔澄樞　許彥真　陳延壽　李託　薛崇譽

林延遇，閩清人。爲人陰險多計數，少以宦者給事閩惠宗。惠宗娶高祖女清遠公主，使延遇置邸於番禺，專掌國信。高祖賜以大第，稟賜甚厚，數問以閩事，延遇不對。退謂人曰：「去閩語閩，去越語越，處人宮禁，可如是乎？」高祖聞而賢之，以爲內常侍使，鉤校諸司事。已聞閩惠宗被弒，求歸不許，素服向本國三日哭。中宗時爲甘泉宮使，大加倚任，誅滅諸弟，延遇實與其事。乾和十四年，病卒。粵人方舉國相賀，而龔澄樞繼延遇用事。

龔澄樞，廣州南海人也。乾亨初，分南海爲咸寧、常康二縣，是爲咸寧人。性廉謹，不妄交遊。幼事高祖，爲內供奉官。累遷內給事，無所顯名。中宗襲位，甘泉宮使林延遇頗預政事，及病將死，言於中宗曰：「臣死，惟龔澄樞可用。」卽日擢知承宣院、兼内侍省，已改德陵使、兼龍德宫使，進玉清宫使。

後主嗣立，謂羣臣多自有家室，顧子孫，惟宦者親近足任，遂委其政於澄樞輩，加澄樞特進、開府儀同三司、萬華宫使、驃騎大將軍，改上將軍、左龍虎軍觀軍容使、内太師，軍國之務，一出於澄樞。澄樞與陳延壽引女巫樊胡子，内外作奸，凡大小事多諮決以行。胡子又數爲後主言：「澄樞等乃上天使來輔天子，有罪不可問。」澄樞因與李託、薛崇譽置酷法之具，以震讋國中，民甚苦之。

宋師入境，澄樞謀於託曰：「北師來，利吾國寶貨爾。燬爲空城，師不能駐，當自還也。」由是縱火焚府庫、宫殿殆盡。宋將潘美至，執澄樞頌繫龍德宫中，〔一〕已而送汴京，斬於千秋門外。初，高祖改名龑，有僧人以讖書進言不利，宋史又云：有術者言，不利名龑。遂改名龔，至後主，用澄樞，卒以其姓亡國。識者以爲有先兆。

許彦真，仕中宗父子，爲内侍監。既讒殺尚書左丞鍾允章，與龔澄樞用事國中，久之，争權不協。會有告彦真通先朝李麗姬者，澄樞將按其事，彦真懼，與其子謀殺澄樞，澄樞使人告彦真謀反，下獄，族誅。續通鑑長編云：澄樞遣西班將軍王仁遇告彦真父子反。

陳延壽，未詳其家世。以宦官事後主。與龔澄樞輩朋比弄法，作諸淫巧，日費數萬金，以蠱惑後主心。桂王璇興之死，實自延壽從臾之。

先是，高祖雖寵任中官，其數裁三百餘，位不過掖庭諸局令丞而已。中宗時，益廣至千餘人，畧增內常侍、謁者之稱。逮後主，信任宦者，凡羣臣有才能及進士狀頭或僧道可與談者，皆先下蠶室，然後得進，亦有自宮以求用者，亦有免死而宮者，由是奄人漸十倍於乾和時。通鑑綱目云，宦者近二萬人。諸使名不翅二百，有三師、三公等官，稍加內字以別之，因謂士人爲門外人。卒以此亡國。

李託，封州封川人。少習騎射，以謹愿事高祖，爲內府局令。中宗襲位，遷內侍省內侍，充宮闈諸衞押番、兼秀華宮使。後主立，改玩華宮使、內侍監、兼列聖景陽二宮使。託納二養女於後主，長爲貴妃，次爲美人，政事皆訪託而後行。加特進、開府儀同三司、甘泉宮使、兼六軍觀軍容使、行內中尉，遷驃騎上將軍、內太師。宋師既陷韶州，統軍使李承渥敗死，節度副使辛延渥間道遣信勸後主納款，託堅沮其議，及就擒至許田，宋太祖馳使問：「託等昨已約降，復率衆來拒戰，及軍敗，又縱火燔府庫，誰爲之謀者？」託俛首不能對。諫議大夫王珪復詰責之，託乃引伏。後至汴京，被戮。

薛崇譽，韶州曲江人。善孫子五曹算。中宗署爲内門使，兼太倉使。後主嗣位，遷内中尉、特進、開府儀同三司、簽書點檢司事。宋師陷興王府，崇譽舉火焚倉廪。擒送汴京，與李託等駢斬。

論曰：自古禍人國者，惟宦官爲甚。其結主也，以善柔而情，常昵於不可解；其毒人也，以險鷙而患，每發於有所忽。粵漢及唐，其較著者也。劉氏自乾和以後，奄寺至七千餘人，而舞法擅政者，若延遇之陰狡善謀，澄樞之險詐亂國，彥真之殘忍妬賢，延壽之淫巧惑上，託則納女以操國柄，崇譽則握算以竊主權，議出多門，内外朋比，君既不恤，國亦隨之。雖昔伊戾禍宋，豎刁亂齊，未有若此之烈也，要其所從來漸矣。嗚呼！知此可以論世云。

余延業　趙純節

余延業，宋鑑作韓延業，今從東都事畧及宋史。大寶中爲内常侍。宋師陷郴州，獲後主内品十餘人，延業其一也。及至汴，太祖問延業：「若在嶺南何官？」延業對曰：「臣不才，備扈駕弓箭之職。」太祖令取弓矢授之，延業極力控弦，不能開。太祖因笑問後主爲政之迹，延業具言：「後主作燒煑剥剔、刀山劍樹之刑，令有罪者搏象擊虎，以爲笑樂。又置媚川都，入海採珠，所居宫殿，輒以明珠、玳瑁飾之。瓊州米計斗定税五錢，邕州民入城者，輸錢一。又内宫陳延壽作奇技淫巧，日費金錢鉅萬。宫城左右離宫數十，遊幸無虚日，率以豪民爲課户，供宴犒費。」太祖大驚，曰：「吾當救此一方民！」時方謀下蜀，未遑也，而嶺南之師，延業實有以啓之。

趙純節，大寶時官内侍監，稱貴璫。雅與龔澄樞、陳延壽同事，而絶不侵攬朝政。性情澹遠，酷喜芭蕉樹，凡軒窗館宇咸植之。時號純節爲「蕉迷」。

張遇賢

張遇賢，禎州博羅縣小吏也。縣之刻杉鎮，有神降於民家，所言禍福輒驗。遇賢往禱之，因留奉事甚謹。會羣盜大起，莫相統一，共祈於神，神大言曰：「張遇賢是第十六羅漢，當爲汝主。」於是共推遇賢爲中天八國王，攻陷循州，改元永樂，署置百官，皆衣絳衣。遇賢年少，無他方畧，賊帥各以便宜剽掠州縣，告其進退而已。

殤帝遣越王弘昌、循王弘杲討之，戰不利，爲遇賢圍於錢帛館，裨將萬景忻、陳道庠力戰，挾二王潰圍而走，時光天元年也。未幾，遇賢屢爲州兵所窘，復告於神，神曰：「可過嶺，取虔州，當成大事。」遇賢遂襲南康。唐百勝軍節度使賈浩始輕之，不爲備，已而連陷諸州縣，浩戒嚴守城。遇賢據白雲洞造宮室營署，命他盜四出攻劫。久之，唐通事中書舍人邊鎬、洪州屯營都虞候嚴思一作嚴思禮帥師出援，遇賢遂大敗。復告於神，神不復語，因棄營潛遁。賊將李台知其無神也，執遇賢及其副黃伯雄、謀主僧景全送唐，並斬建康市。

論曰：吳大帝時，羅陽有人自稱王表，言語飲食畧與人同，而不見其形，及觀遇賢之事，何相類也。要之盛世其鬼不靈，而衰季神異雜見，英畧如吳主，猶未免有惑，況盜賊輩乎！明此可悟宣尼不語之旨矣！

陳道庠

陳道庠，端州人也。殤帝時，官指揮使，錢帛館之役，援二王有功，由是日加親密。中宗爲晉王時，道庠常蒙非望，陰布腹心，遂承旨引力士劉思潮五人弑殤帝於寢門。已而思潮等被殺，道庠內不自安，特進鄧伸與之善，私遺以漢紀，語詳伸本傳。中宗聞其事，即族道庠家。

廣南僧　僧如敏　僧文偃　僧子祥

廣南僧，失其名。烈宗出獵，左右報大王來，請起，僧曰：「非但大王來，佛來亦不起。」烈宗問：「佛豈不是汝師？」僧曰：「是。」烈宗曰：「見師爲何不起？」對曰：「未足酬恩！」一日法眼代云。

僧如敏，福州人，住韶州靈樹山。烈宗、高祖累加欽重，署爲知聖大師。或問佛法至理若何，如敏展手而已。又問年多少，答曰：「今日生，來朝死。」居嶺表四十餘年，頗有異迹。高祖初立，有事於師旅，將詣院決臧否，如敏已先知，恬然坐逝。及高祖至，驚問：「何時得疾？」對曰：「師無疾，適授一緘，令呈大王。」開函，得一帖子，云「人天眼目，堂中上座」，高祖悟其意，遂寢兵。乃召第一座登堂說法，卽雲門文偃也。賜如敏號曰靈樹禪師。

僧文偃，嘉興人。姓張氏，幼依空王寺志澄律師出家。敏質生知，慧辨天縱，最後抵靈樹，參如敏禪師。初如敏住山，二十年不立首座，一日令擊鐘三門外，速延首座。及衆僧出迓，則文偃來也。後繼如敏開堂。高祖親臨請益，文偃曰：「目前無異路。」高祖大加欣賞。文偃倡道靈樹、雲門凡三十年，機緣語句，實立雲門宗之始。以中宗乾和七年四月十日卒，塔全身於方丈。後十七載，示夢阮紹莊曰：「與吾寄語秀華宫使特進李託，奏請開塔。」於是後主敕迎内庭供養，逾月方還，因改寺曰大覺，謚大慈雲匡真宏明禪師。

僧子祥字性實，文偃之法嗣也。居韶州白雲山，大闡雲門宗乘。初住慈光院，中宗召入，問祖意、教意是同是别，子祥應對稱旨。及將示滅，白衆曰：「去此卽他方相見。」言訖而逝。

又韶州有章禪師者，中宗問如何是禪，良久不置對，中宗莫測其旨，因署號曰禪想，亦文偃弟子。

黄步松　黄勵　甘佃　莫公

黄步松，隱身不仕。常修煉山中，遇僊人點悟，丹成，羽化而去。後人名其所居曰「遇僊洞」。或云乾和初中宗所遇道流，卽步松也。

黄勵，大有末官禎州刺史。時高祖淫刑峻法，勵棄官入羅浮山，築書院於水簾洞左，居焉。久之，聞雲華野人之名，亦自號曰黄野人。嘗逢仙真指授丹法，修煉得道，時時服黄衣，繫皁條，腰懸玉瓢，遇病者投以藥，輒效。宋高宗時，勵猶存。紹興中，封真達先生。大觀中，有魚肉道人者，兩手攣縮而瘖，遇異人，以藥一粒納口中，遂能言語、動作，知隱匿事。他日，遇武當孫垣先生曰：「羅浮山黄野人，五代時棄官學道，宜往謁之。」道人至羅浮，緣藤上崖，見野人踞坐，拜而拱立。野人曰：「子可教。」取魚肉與之，道人自此能食生肉。

甘佃，象州人。家素富，四方告匱者，隨探囊中金乞之，滿所欲而去。性特靈異，人有決禍福者，無不奇中。一日，聚鄰里，告曰：「吾已厭世矣。」因教衆以修身事親大節，言訖，瞑目而逝。鄉人肖形祠之，號曰甘大將。

莫公，失其名，别號爽朗道人。家居昭州之富川縣，七歲辭母，入石巖中，跏趺静坐，卒莫窺其所爲。居人相率伺巖外，一夕俄不見，皆以爲翀舉去云。

校勘記

〔一〕執澄樞頌繫龍德宫中　周昂校語謂「頌」字疑有誤。

中國史學基本典籍叢刊

十國春秋

三

〔清〕吴任臣 撰
徐敏霞 周瑩 點校

中華書局

十國春秋卷第六十七

楚一

武穆王世家

武穆王林宗禧廟碑作武威王，今從五代史十國世家。姓馬，名殷，字霸圖，許州鄢陵人也。三楚新録云：殷，上蔡人。通鑑云：扶溝人。自云伏波之後。唐中和時，忠武決勝指揮使孫儒與龍驤指揮使劉建鋒，或作峯，非。新唐書云：建鋒字鋭端，蔡州朗山人，爲忠武軍部將。戍蔡州，拒黄巢，殷隸軍中，以勇聞。及秦宗權叛，儒等皆從焉，宗權乃遣儒、建鋒將兵萬人，屬其弟宗衡畧地淮南，而殷實在行間。

時宗衡方攻楊行密於揚州，未克，會汴兵急攻宗權，宗權召儒等，儒不欲還，宗衡屢趣之，儒怒，殺宗衡，自將其兵取高郵，遂逐行密。行密據宣州，儒以兵圍之，久不下，遣殷與建鋒掠食旁縣。儒戰敗死，殷等無所歸，乃收餘衆七千人，推建鋒爲帥，殷爲先鋒指揮使，以行軍司馬張佶爲謀主，轉攻豫章，畧虔、吉，遂有衆十餘萬。

乾寧元年，入湖南，次醴陵。武安節度使鄧處訥發邵州兵守龍回關，建鋒等至，降其將蔣勳。建鋒取勳鎧甲被先鋒兵，張其旗幟，直趣潭州。至東門，東門守者以爲關兵戍還，開門內之，建鋒徑入府，處訥方宴，擒斬之，自稱留後。

明年，僖宗授建鋒檢校尚書左僕射、武安軍節度使，殷爲內外馬步都指揮使。通鑑載此事在乾寧二年四月戊戌。蔣勳求爲邵州刺史，建鋒不與，勳率兵攻湘鄉，建鋒遣殷擊勳於邵州。

建鋒庸人，不能帥其下，既得志，卽嗜酒不事事，常與部曲等狎飲歡呼。軍卒陳贍妻有色，一云新息小史陳贍，爲建鋒御者。建鋒私之，贍怒，袖鐵檛擊殺建鋒，斷其喉。北夢瑣言云：湖南節度使劉建封婬其牽櫳官陳某之婦，陳爲同列所戲恥，伺便以蒺藜擊殺之。馬氏有其位，於今禁蒺藜。今從歐陽史。軍中推張佶爲帥。佶將入府，馬忽踶齧，傷左髀。是時殷攻邵州未歸，佶謝諸將曰：「馬公勇而有謀，寬厚樂善，吾所不及，真乃主也。」諸將乃共殺贍，磔其尸，遣姚彥章迎殷邵州。三楚新録云：殷處卒伍，隨渠帥何氏南侵長沙，據之。殷戰頻有功，何乃擢爲裨將，命爲邵州刺史。殷寬厚大度，得士死力。何氏卒，諸將在外者皆擁兵歸，以爭其位，惟殷素服發喪，識者謂之知禮。未幾，衆軍各殺其帥，使人迎殷爲主。其說無據，今不從。

方值夜，殷猶豫未行，比曉，忽睹一人黑色執大棒趣報曰：「軍國內外平安。」俄而不見。

殷以爲嘉兆，語所親曰：「此行未必不爲福。」因使親從都副指揮使李瓊留攻邵州，徑詣潭州。既至，佶肩輿入府，坐受殷拜謁，已，乃命殷升聽事，以留後讓之，即趣下帥將吏拜賀，蓋乾寧三年五月也。秋九月，唐授殷潭州刺史、判湖南軍府事。

光化元年三月，命殷知武安留後，未幾，進本軍節度使。時湖南管內七州，賊帥楊思遠據衡州，唐世旻據永州，蔡結據道州，陳彥謙據郴州，魯景仁據連州，路振九國志曰：唐旻、蔡結，皆以郡人聚兵據郡。陳彥謙桂陽人，殺刺史黃岳，據郴州。魯景仁本從黃巢，以病留連州，遂據之。殷所得惟潭、邵二州而已。邵州爲蔣勳所據，是年二月張佶克邵州，擒勳。五月，姚彥章請取衡、永、道、連、郴五州。殷以李瓊、秦彥暉爲嶺北七州遊奕使，張圖英、李唐副之，將兵攻衡州，斬師遠，引兵趣永州，圍之月餘，世旻走死，即以李唐爲刺史。

二年，遣唐攻道州，蔡結聚羣蠻，伏兵於隘以邀之，大破我兵。唐曰：「蠻所恃者山林耳，若戰平地，安能敗我！」乃命因風燔林，光燭天地，蠻兵驚遁，遂拔道州，斬結。十一月，復遣李瓊攻郴州，取陳彥謙，誅之。進攻連州，魯景仁自殺，湖南悉平。

三年冬十月，靜江節度使劉士政聞殷盡收嶺北，頗內懼，命副使陳可璠率兵戍全義嶺。殷遣使聘於士政，使者至境上，可璠不納；殷怒，令彥暉、瓊等將兵七千攻之。兵至全義，士政又遣指揮使王建武屯秦城，以爲聲援。會可璠掠民耕牛犒軍，民怨之，請爲我兵鄉導，言：「西南有小徑，僅通單騎，距秦城裁五十里耳。」於是彦暉遣瓊以六十騎從、步兵三百人，由小徑襲秦城，中宵，踰垣入，擒建武，縶之以練，直造可璠壁示之。可璠未之信，卽斬其首投壁中，桂人震恐。瓊因勒兵大擊，執可璠等及其兵二千餘人殲焉。〔一〕秦城以南二十餘壁，望風犇潰，遂圍桂管，降士政，九國志楚世家云光化二年殷克桂州，非是。盡取其所屬桂、宜、巖、〔二〕柳、象五州。殷以瓊爲桂州刺史，未幾，表授桂管觀察使。通鑑作静江節度使，今從楚世家。

天復二年春三月，唐帝使李儼宣諭江、淮，加殷同平章事。

三年夏四月，吴王行密遣使來言梁王全忠跋扈，請絶之。大將許德勳曰：「全忠雖不道，然挾天子以令諸侯，未可輕絶。」

五月，荆南節度使成汭赴援鄂州，殷假救杜洪之名，遣德勳將舟師同澧朗兵承虚襲江陵。庚戌，陷之，大掠而回。十國紀年云：成汭救杜洪，未至鄂渚，江陵已陷，將士念其家，皆無鬬志。壬子，汭敗死。北夢瑣言云：湖南及朗州軍入江陵，俘載軍人、百姓、職掌、伎巧、僧道、伶官，並歸長沙。道經岳州，刺史鄧進忠具牛酒犒師，以城歸附。按九國志楚世家：天祐二年七月，岳州刺史鄧進忠帥其衆來降。又許德勳傳云：天祐二年，領兵畧地荆南，還經岳州，刺史鄧進忠以城歸附。然天祐二年十月，朱全忠謀討襄州趙匡凝，九月克襄州，始命楊師厚攻荆南，則七月許德勳何由畧地荆南，九國志之誤明矣。惟馬氏行年記曰：天復三年，自荆南振旅還，遂入岳州，降刺史鄧進忠。此所謂荆南者，乃成汭也。其説爲允。至湖湘故事言開平中收荆南回，進忠以城降，亦非。殷以德勳爲岳州刺史，改進忠爲衡州刺史。

天祐元年，淮南遣殷弟賨歸長沙，殷表賨爲武安軍節度副使。二年，我兵侵淮南，爲淮南牙内指揮使楊彪所敗。三年春三月，淮南將陳知新陷岳州。七月，吉州刺史彭玗來降。明年，梁王全忠改名晃，卽皇帝位，改元，殷遣使修貢，且有勸進功。夏四月辛未，梁太祖拜殷侍中、兼中書令，封楚王。

開平元年五月，梁敕改桂州純化縣曰歸化。

是月，弘農王渥以鄂岳觀察使劉存爲西南面都招討使，岳州刺史陳知新爲岳州團練使，廬州觀察使劉威爲應援使，别將許立應爲監軍，統水兵三萬入寇。王有懼色，静江軍使楊定真賀曰：「我軍勝矣。臨敵而懼，必勝之道也。」王命在城都指揮使秦彦暉將兵拒上流，水軍副指揮使黄璠以舟三百伏瀏陽口。

六月，存等遇大雨，引兵還越提，屢戰不勝，乃遺我書詐降。王欲許之，彦暉以爲不可信，急擊之，存等退走，璠以瀏陽舟截江合擊，大破之，擒存與知新，淮南兵死者無算，獲戰艦八百艘。威以餘衆遁去。彦暉遂取岳州。王釋存、知新之縛，慰諭良久。二人駡曰：「丈夫以死報主，肯事賊乎？」王趣斬之。

是月，王遣兵會吉州刺史彭玕攻洪州，不克。梁武貞節度使雷彦恭會我兵攻江陵，荆南節度使高季昌預屯兵公安，絶彦恭糧道，彦恭敗走，我兵亦遁。

秋七月，彦恭襲我岳州，以有備而反。

八月辛亥，梁加王兼武昌軍節度使，充本道招討制置使。

九月丙申，梁削雷彦恭官爵，命王與高季昌討之，以彦恭焚掠荆湖，又附淮南也。

冬十月，遣秦彦暉與荆南將倪可福攻朗州。彦恭乞降於淮南，淮南命將冷業屯昌江，李饒屯瀏陽以援之。王遣岳州刺史許德勳拒其師，未幾，執業於鹿角鎮，執饒於瀏陽寨而歸，斬之市中。

是年，淮南將吕師周來奔。

開平二年夏五月，静江節度使、同平章事李瓊卒，王以弟永州刺史存知桂州事。乙亥，遣兵攻鄂州，爲淮南將秦裴所敗。

是月，秦彦暉克朗州，雷彦恭奔廣陵，鹵其弟彦雄等七人，送於梁。奏改武貞軍爲永順軍。澧州刺史向瓌來降。瓌與彦恭相表裏，至是納款，我始得澧、朗二州之地。

六月，判官高郁請聽民售茶北客，收其征以贍軍，從之。

秋七月，王奏梁於汴、荆、襄、唐、郢、復諸州置回圖務，運茶河之南北，以易繒纊、戰馬，仍歲貢茶二十五萬斤，梁主詔曰「可」。由是屬内民皆得摘山筭茗筭，募户置邸閣以居，茗號曰「八牀主人」，歲收數十萬，國用遂足。

九月，荆南兵屯漢口，絶我朝貢之路。王遣許德勳擊之，兵至沙頭，荆南求成。又遣步軍都指揮使呂師周伐嶺南，與清海節度使劉隱十餘戰，取其昭、賀、梧、蒙、龔、富六州。王土地既廣，息民禮士，湖南遂安。

開平三年夏六月，危全諷自稱鎮南節度使，攻洪州。時淮南將劉威守其地，全諷請兵於我，王遣指揮使苑玫會袁州刺史彭彦章玕之兄也。圍高安以助全諷。

秋七月，苑玫與淮南將米志誠、呂師造等戰於上高，我師敗績。吉州刺史彭玕來奔，王表玕爲郴州刺史，且爲子希範娶其女。

開平四年夏六月，王表求天策上將，歐陽史楚世家云：殷乃請依唐太宗故事，開天册府，置官屬。今從通鑑。梁加王天策上將軍。王始開天策府，以弟賨爲左相，存爲右相。歐史云：殷以廖光圖等十八人爲學士。又云：希範開府承制，如殷故事，文士廖光圖等十八人皆故殷時學士。今依通鑑以十八人之數屬希範。

是月，侵荆南，敗於油口。吴水軍指揮使敖駢圍彭城於赤石，遣兵擊駢以救瑊，已而鹵駢歸。

冬十二月，辰州蠻宋鄴寇湘鄉，溆州蠻潘金盛寇武岡，王命昭州刺史吕師周將衡州兵五千討之。先是，宋鄴破溆州，潘金盛恃其所居深險，數爲邊擾，至是俱入寇。寧遠節度使龐巨昭以容州、高州防禦使劉昌魯以高州内附，王命姚彦章、張可求湘湖近事作可球。將兵迎之，隨以彦章權知容州事，昌魯爲永順節度副使。

乾化元年春正月，吕師周入飛山洞襲潘金盛，擒送武岡斬之，移兵擊宋鄴。

冬十二月乙卯，梁以王弟朗州留後賨爲永順軍節度使、同平章事。清海節度使劉巖攻梁韶州，陷之，刺史廖爽來奔，王表爽爲永州刺史。癸亥，梁敕静江行軍司馬姚彦章爲寧遠節度副使，權知容州，從王請也。未幾，劉巖發兵寇容州，王命都指揮使許德勳以桂州兵救之；彦章不能守，巖遂取我容州，又取高州。是時開冶鑄天策錢，文曰「天策府寶」，銅質渾厚，徑寸七分，重三十銖二參。董逌錢譜曰：馬殷據湘南八州地，建天策府，因鑄「天策府寶」。

乾化二年春二月，辰州蠻宋鄴、溆州蠻昌師益帥衆降，王以鄴爲辰州刺史，師益爲溆州刺史。

夏四月癸丑，梁以王爲武安武昌靜江寧遠等軍節度使、洪鄂四面行營都統。甲戌，梁主聞我與嶺南相攻，命右散騎常侍韋戩等爲潭、廣和叶使。

六月，梁郢王友珪弒其主晃而自立。

冬十一月，吴將陳璋襲岳州，執我刺史苑玫，王遣水軍都指揮使楊定真救之。璋復進攻荆南，吴恐我師往救，遣劉信帥江、撫、袁、吉、信五州兵屯吉州，爲璋聲援。

乾化三年春正月，吴陳璋兵還，我兵會荆南兵於江口邀之，璋駢艘夜過，追之不及。

三月，梁均王友貞討賊，友珪伏誅，友貞立於大梁，更名瑝。

秋八月，姚彦章侵吴鄂州，吴以池州團練使呂師造爲水陸行營應援使，未至而我兵解還。

冬十月，南平王劉巖求昏，許之。

乾化四年夏四月，吴袁州刺史劉崇景舉州來附，許貞以師援之，吴將柴再用、米志誠帥師討之。

是月，岳州都指揮使王環襲吴黄州，執其刺史馬鄴。

五月，吴柴再用等破劉崇景於萬勝岡，崇景遁去，許貞師敗歸，復失袁州。

貞明元年秋八月，南平王巖來逆婦，王遣弟永順節度使存送女於廣南。

冬十一月，梁改元。是歲梁主改名瑱。册府元龜作項。

貞明二年冬十二月，通好於晉，晉亦遣使來聘。

貞明三年三月，〔三〕王遣弟存攻吴上高，俘獲而還。

貞明四年秋八月，吴軍攻虔州，防禦使譚全播來乞師，王命張可求將萬人救之。吴劉信遣其將張宣夜帥兵三千襲可求於古亭，我師敗績。

是月，梅山蠻寇邵州，守將樊須擊走之。

貞明五年夏五月，王遣兵攻荆南，荆南求救於吴，吴命鎮南節度使劉信率洪、吉、撫、信步兵自瀏陽寇潭州，武昌節度使李簡率水軍趣復州。信等至潭州東境，我師釋荆南引歸。簡入復州，執知州鮑唐。

貞明六年冬十二月，吴越王鏐爲其子傳璛一作琇。來求昏，許之。

龍德元年夏五月丙戌朔，梁改元。

秋七月，命掌書記李峴、馬匡送女於吴越。

是歲，辰、溆蠻入寇，姚彦章討平之。

龍德二年□月，始取永、道、郴諸州民丁錢絹米麥。李心傳朝野雜記曰："馬氏據湖南，始取永、道、郴州、桂陽軍、茶陵縣民丁錢絹米麥。

龍德三年夏四月己巳，晉王存勗稱皇帝於魏州，國號大唐，改元同光。

冬十月朔，日有食之。唐主入大梁，遂滅梁。王遣子牙内馬步都指揮使希範入覲，納洪鄂行營都統印，上本道將吏籍。唐主問洞庭廣狹，希範對曰："車駕南巡，財堪飲馬爾。"唐主大悦，既而撫其背曰："比聞湖南必爲高郁所圖，有子如此，高郁何能可得邪！"郁故謀臣，唐欲去我爪牙，佯爲流言以間之。三楚新録曰：馬希範入覲，途經淮上。時桑維翰旅遊楚、泗間，知其來，遽謁之曰：「僕聞楚之爲國，挾天子而令諸侯，其勢不可謂之卑也。加以利盡南海，而公室大富。足下之來，非傾府庫之半，則不足以供芻粟之費。今僕貧者，敢以萬金爲請。」希範輕薄公子，覩維翰形短而腰長，語魯而且醜，不覺爲之絶倒。既而贈與數百緡，維翰拂衣而去。及希範立，時維翰已爲宰相，奏削去半仗。其事似未可信，録以備考。

是月，復以桂州之歸化縣爲純化縣。

是歲，避唐廟諱，改岳州昌江縣曰平江。

同光二年夏四月乙亥，唐加王兼尚書令。

冬十月，進羅浮柑子於唐，又遣使賀唐主萬壽節，進銀龍鳳陷花漆浴斛一事，盤龍御衣、龍鳳鏨金鞸腰、龍鳳裝箭箙、龍鳳朱背弓、紅絲弦、金鍍頭箭冬一副，白金一千鋌。

同光三年冬十一月，王聞蜀亡，大懼，表求致仕，畧曰：「臣已營衡麓之間，爰爲菟裘之地，願歸印綬以保餘齡。」唐主璽書慰勞，優詔不許。

是時王關市無征，四方商旅聞風輻凑。湖南地故産鉛鐵，用都軍判官高郁策，鑄鉛錢，以十當銅錢一；通鑑云湖南專用錫錢。已又鑄鐵錢，圍六寸，文曰「乾封泉寶」，用九文爲貫，以一當十，「乾封錢」，其文自上而右而下而左，獨泉字作篆文。湖南故事曰：馬殷置鐵冶鑄錢，可六寸圍，重非銖兩，用九文爲貫，文曰「乾封泉寶」，其文上乾，其數上九，遂通用焉。洪氏泉志曰：此錢徑寸七分，重十七銖，圍五寸半，文曰「乾封泉寶」。而湖南故事以爲鐵錢，豈當時鑄銅鐵二種邪？流行境內。商旅出境，無所用錢，輒易他貨去，故能以本土所餘之物，易天下百貨，國以富饒。十國紀年云：馬殷始鑄鉛錢，行於城中，城外卽用銅錢。賈人多銷鉛錢持過江北，高郁請鑄鐵錢，圍六寸，文曰「乾封泉寶」，以一當十。錢既重厚，市肆以券契借垛交易。又湖南不事桑蠶，郁勸王令輸稅者以帛代錢，由是機杼大盛。

同光四年夏四月，唐主嗣源立，改元天成。王遣使修貢并賀卽位，唐加王守尚書令。

天成二年春正月癸丑朔，唐主更名亶。

三月，王會唐兵伐荆南，遣都指揮使許德勳屯岳州。

夏五月丁卯，唐賜王鞍馬玉帶，命饋糧於行營，王不卽奉詔。

是月，遣中軍使史光憲入貢於唐，唐主賜王駿馬十，美女二。道過江陵，南平王季興執光憲而奪其物。

六月，王請建行臺。丙申，唐封王爲楚國王。唐有司言無封國王禮，請如三公用竹册。

五代會要云：先是，天成元年七月，中書門下奏湖南節度使馬殷封楚國王，禮文不載國王之制，請約三公之儀，用竹册。從之。今取歐史及通鑑年月日。

秋八月，唐册禮使、尚書右丞李序至於潭州。序一作光序。册府元龜云：李光序爲散騎常侍，後唐時與右拾遺曹琛往湖南馬殷册命。先是梁中使往，如鄰國禮，或稱臣，呼殷爲殿下，賓幕皆有丞郎給舍之目。光序等至，客司先會謁殷之禮，須遵梁朝舊事，琛謂之曰：「豈有湖南一令公稱藩唐室，復欲天使稱臣哉！如不受唐册命，改圖，即任所爲。」既見殷，但呼公而已。其餘學士、舍人但呼爲判官、書記。序持節奏朝廷朱書御札，許自開國立臺、承制置官屬，分天子之半仗焉。

是月，王始開國，以潭州爲長沙府，立宮殿，置百官，皆如天子制，而微更其名，翰林學士曰文苑學士，知制誥曰知辭制，樞密院曰左右機要司，羣下稱之曰殿下，令曰教。以弟賓爲静江軍節度使，子希振武順軍節度使，次子希聲武安軍節度副使，判長沙府。姚彦章爲左丞相，許德勳爲右丞相，李鐸爲司徒，崔穎爲司空，拓跋恆爲僕射，馬珙爲尚書，張瑶、張迎判機要司，潘起爲吏部侍郎，何致雍户部侍郎，黄損兵部侍郎。凡管内官屬皆稱攝，惟朗、桂節度使先除後請命。

是歲上三代尊謚，曾祖筠曰文肅，祖正曰莊穆，父元豐曰景莊，立三廟於長沙。

天成三年春二月丁丑朔，日有食之。

三月，王如岳州，遣六軍使袁詮、歐陽史作銓，今從通鑑。副使王環與子監軍希瞻將兵擊荆南，大破其軍於劉郎洑，進逼江陵。南平王季興請成，以史光憲來歸。王讓副使環不卽取荆南，環言：「宜存江陵以爲扞蔽。」王悦。

是月，大舉水軍擊漢，圍封州，爲漢將蘇章所敗，我師遁還。

夏四月，吴右雄武軍使苗璘、静江統軍王彦章寇岳州，王命許德勳禦於君山。丁亥，敗吴兵於道人磯，鹵璘及彦章以還。

五月，吴遣使求和，王歸璘、彦章於吴。

六月，唐詔王討荆南，王遣許德勳攻之，決勝副指揮使廖匡齊殺高從嗣於陳。明日，南平王季興請成。

秋九月，荆南敗我兵於白田，執我岳州刺史李廷規以獻吴。

冬十二月，南平王季興薨，吴以其子從誨爲荆南節度使。

天成四年春三月，王命次子希聲知政事，總録内外諸軍事，先行後聞。

夏四月，下教，國内銅錢一直錫錢百。丙午，王環敗荆南兵於石首。

秋七月，王子希聲矯王令殺其臣高郁。王聞驚惋累日。

八月，唐主敕中書門下，凡署將相敕牒，宜落吴越王鏐及王官位。五代會要云：天成四年八月敕，朝廷每有將相恩命，准往例，諸道節度使帶平章事兼侍中、中書令，並例銜於敕牒後側書使字，今兩浙節度使錢鏐是元帥、尚父，與使相名殊，承前列銜，久未改正。湖南節度使馬殷，先兼中書令之時，理宜齒於相位，今守太師、尚書令，是南省官資不合列署敕尾，今後每署將相牒敕，宜落下錢鏐、馬殷官位，乃永爲常式。

長興元年冬十月，王寢疾，遣使詣唐請傳位於子希聲。唐疑王已殁，辛亥，命王子希聲爲起復武安節度使兼侍中。

十一月己巳，王薨，年七十九。九國志云：殷以大中六年歲在壬申生，享年七十九。蓋自大中壬申至長興元年庚寅，實七十九年，爲得其實。湖湘故事運曆圖亦云殷長興元年卒，獨五代舊史云長興二年卒，年七十八，似誤。遺教諸子，兄弟相繼，寘劍於祠堂，曰：「違吾命者戮之！」諸將議遣兵守四境，然後發喪，兵部侍郎黄損曰：「喪君有君，何備之有？宜遣使詣鄰道告終稱嗣，禮也。」唐主詔曰：「馬殷官爵俱高，無以爲贈，可諡曰武穆。」明年十二月庚申，葬於衡陽之上潢。湖廣總志云：馬殷墓，在衡陽上潢水側。

論曰：國家之興，豈不藉有師武臣力哉？武穆奮迹行伍之中，龍驤前驅，司馬推轂，此固屬有天幸，而瓊之驍悍，郁之謀畫，德勳以威斷稱，彦暉以果毅著，環則智深勇沉，恆則慷慨切直，皆一代將相才也。攀鱗附翼，共啓霸圖，遂爾據湘潭，跨桂嶺，南抵柳、連，北震江、漢，假非渤海偪處於門户，彭城密邇於比鄰，偏方之大勢成矣。奈何克家無人，適符衆駒争棧之言，功臣寃死，國亦隨衰，垂裕後昆，武穆其有慚德焉。

校勘記

〔一〕二千餘人　「千」原作「十」，據新五代史卷六六楚世家改正。

〔二〕巖　原作「嚴」，據通鑑卷二六二改正。

〔三〕貞明三年三月　三月之「三」字原爲空缺。今查通鑑卷二六九，載馬存攻吴上高，俘獲而還，在貞明三年三月，故據以補「三」字。

十國春秋卷第六十八

楚二

衡陽王世家

衡陽王名希聲，字若訥，武穆王次子。武穆王子數十人，嫡子希振長而賢，其次希聲與希範同日生。希聲母曰袁德妃，希範母曰陳夫人，而德妃有美色，希聲竟以母寵得立。長興元年十一月丙戌，襲位，稱遺命，去建國之制，復藩鎮之舊。十二月，唐進希聲爲武安、靜江等軍節度使，加兼中書令。

希聲居喪無戚容，常聞梁太祖嗜食雞臛，私心慕之，命庖人日烹五十雞以供膳。二年冬，武穆王將葬於衡陽，且發引矣，希聲不入泣，頓食雞臛數器而起。朝臣潘起譏之曰：「晉代阮籍居喪食蒸豚，世故不乏賢者！」三年秋七月，湖南大旱，希聲命閉南嶽及境內諸神祠門，竟不雨。辛卯，希聲薨，追封衡陽王。王性惡而好貨，海商有鬻犀帶者，直數百萬，晝夜有光，洞照一室，王殺商而取之，逾月光遂滅。

文昭王世家

文昭王名希範，字寶規，武穆王第四子也。希範初爲鎮南節度使，希聲既殁，六軍使袁詮、潘約等迎希範於朗州而立之。長興三年秋八月，希範至長沙。辛酉，襲位。九月，唐以希範爲武安軍節度使兼侍中。冬十月癸酉，進唐銀、茶，請頒戰馬，唐明宗賜馬五十匹，歸貢物。四年春正月乙卯，唐加希範爲武安武平等軍節度觀察等使、檢校太尉、兼中書令，行潭州大都督府長史，封扶風郡侯。是年，追怨衡陽王嗣位不讓，幽其母弟希旺不得預兄弟之數。應順元年春正月壬辰，唐閔帝封希範爲楚王。夏四月，唐潞王從珂廢其主從厚而自立，尋弑之。改元清泰。是歲，唐正使兵部尚書李鏻、副使馬承翰來聘。五代史云：鏻愍帝時奉使湖南，聞廢帝立，喜以爲必用己爲相，還過荆南，謂高從誨曰：「士固有否泰，吾不爲時用久矣，今新天子即位，我將用矣。」乃就從誨求寶貨入獻以爲賀，從誨與馬紅裝拂二，猰㺄皮一，因爲鏻置酒，問其副使馬承翰：「今朝廷之臣，孰有公輔之望？」承翰曰：「尚書崔居儉、左丞姚顗，其次太常盧文紀也。」從誨笑，取進奏使報狀示鏻，顗與文紀皆拜平章事矣。鏻大慚，還，獻其皮拂，廢帝終不用。

清泰三年春三月，王弟希杲鎮桂州，有善政，監軍裴仁煦言其收衆心，王頗疑之。

夏四月，漢將孫德威寇蒙、桂二州，王命弟武安節度副使希廣權知軍府事，自將兵巡桂州，漢兵自蒙州退走。徙弟希杲知朗州。

秋七月庚寅，王自桂州北還。

冬十一月，契丹主立石敬瑭爲大晉皇帝，改元天福。是時命修黃陵廟致祭。日涉編云：每歲以六月六日致祭。

天福二年□□□月，王表聞壺關剖木六字，實爲大晉開基之讖。先是梁開平中，潞州軍前李思安奏壺關縣庶穰鄉人因伐樹，分爲兩片，內有六字曰「天十四載石進」，乃圖其狀以獻，仍付史館。及唐莊宗由晉王登位，自謂應之。至是石氏國號晉朝，與木文允合，因解釋以進。稽神録云：開平二年，梁將李思安攻潞州，營於壺口，伐木爲栅，破一大木，木中隸書六字，曰「天十四載石進」。思安表上之，梁臣皆賀，以爲十四年必有遠方入貢。司天少監徐鴻獨謂所親曰：「自古無一字爲年號者，吾以爲丙申之年當有石氏王此地者。」移四字中兩竪書置天字左右，卽丙字也；移四之外圍以十字貫之，卽申字也。後至丙申歲，晉高祖以石姓起并州，如鴻之言。

夏五月，晉敕青草湖廟安流侯改封廣利公，洞庭湖廟□□□改封靈濟公，磊石廟昭靈侯改封廣利威顯公，黃陵二妃懿節廟改封烈祖，從王奏也。

冬十二月，晉詔加王江南諸道都統、制置武平静江等軍事，改賜功臣號，增食邑有差。是歲，置義寧鎮於靈川縣地，尋改爲義寧縣。

天福三年冬十月，順賢夫人彭氏薨。夫人治家有法，王甚憚之，既歿後，王始縱聲色，爲長夜之飲。

十二月乙酉，王貢晉御輦一乘，金漆柏木鏤金花版，銀裝真珠車渠，紅絲網囊悉備，又進謝恩除江南諸道都統，絹二千疋，又進謝改功臣、加食邑，銀鈔鑼四十面，重二千兩，土絹、土絁、吉貝布共三千疋，麩金五十兩。

天福四年夏四月，晉加王天策上將軍，賜印綬，開府，置官屬。

是月，王奏改湘川縣爲清湘縣。新舊唐書志但有湘源，而無湘川，然歐陽史職方考云以湘川縣爲清湘縣。輿地廣記云：隋置湘源縣，唐因之，後改爲湘川，楚又改爲清湘，而置全州。五代會要則云以湘川縣置全州，仍置清湘縣。今從之。仍置全州，治清湘。湖廣志云：僧全真，郴州人，唐至德初來遊湘源，創淨土院。宋州刺史韋宙遣使禮請，翌日卽至，四門各見其人。及宙出道迎，惟見一人而已。其神通不可具述。卒年一百三十二。五代時因全真多神異，改湘源爲全州。并割灌陽縣隸之。

秋八月，黔南巡内溪州刺史彭仕然通鑑作彭仕愁，歐陽史作彭士然。今按李宏臯銅柱銘作彭仕然，宏臯乃希範學士，當無謬誤，從之。引錦、溪州蠻萬餘人寇辰、澧二州，焚掠鎮戍，遣使乞師於蜀，蜀主以道遠不許。

九月辛未，王命左静江指揮使劉勍、決勝指揮使廖匡齊帥衡山兵五千討之。歐史云：希範遣劉勍、劉全明等以步卒擊士然。今從通鑑。

冬十一月，王始開天策府，置護軍中尉、領軍司馬等官，以諸弟及將校充其職；又倣唐太宗天策府文學館，立學士員，以武安軍節度判官拓跋恒、都統掌書記李宏臯、江南觀察判官廖匡圖、昭順軍觀察判官徐仲雅、都統判官李鐸、静江府節度判官潘起、一作玘。鎮南軍節度掌書記衛曮、九國志作曹棁，今從五代史補。鎮南軍節度判官李莊、昭順軍節度判官徐牧、澧州觀察判官彭繼英、裴頏、桂管觀察推官何仲舉、武安軍節度巡官孟元暉、容管節度推官劉昭禹、静江府掌書記鄧懿文、武平軍節度掌書記李松年、九國志作李宏節，今從五代史補。武平軍節度推官蕭洙、一作銖。昭順軍觀察度支使彭繼勳十八人爲之。是月，劉勍等進攻溪州，彭仕然兵敗，棄州走，保山寨，石崖四絶，勍爲梯棧上圍之，廖匡齊戰死。

十二月，漢諫議大夫李紓來聘，隨遣使報聘。

天福五年春正月，劉勍進攻彭仕然寨，火箭焚之。仕然帥麾下逃入溪、錦深山；乙未，遣其子師暠帥諸蠻納溪、錦、奬三州印，請降。

二月，敕班師還長沙，王徙溪州於便地，表仕然爲溪州刺史，以勍爲錦州刺史。溪州西接牂牁、兩林，南通桂林、象郡，王素稱漢馬援苗裔，效伏波將軍故事，以銅五千斤鑄柱立之溪州，柱高丈二尺，入地六尺，名山紀云：銅柱在辰州府城西北一百一十里，會溪城對江。命學士李宏皐銘之，勒誓狀於上。自是寧州蠻莫彦殊以所部温那等十八州、都雲蠻尹懷昌率其昆明等十二部、牂牁蠻張萬濬率其彝播等七州，皆前後來附。郡縣釋名云：天福五年，羅甸王普露附楚。戊申，王貢卧輦一乘、御衣一襲、鳳文韡龍文帶各一具。

三月，晉山南東道節度使安從進邀貢物於襄陽。

天福六年秋八月甲寅，貢晉金銀器及方物。

冬十月，遣使貢諸色香藥蠟面含膏茶於晉。

十一月，晉安從進舉兵反。丁酉，遣使貢晉吉貝等三千疋、白蠟一萬斤、硃砂五百斤，别進漆器萬餘事。

十二月，晉以高行周知襄州，行府事，詔王出師討襄州，王遣天策都軍使張少敵以舟兵趣漢陽，仍漕米五萬斛以饋軍。

是歲，蜀主貽七寶鐘爲王壽，王以賜岳州君山寺。名山記云：岳州府君山有七寶鐘，高六尺，廣二尺五寸。蜀孟昶以此七寶所鑄鐘壽楚馬希範，希範賜之寺中。

天福七年夏五月，遣使賀晉重午節，貢白金、茜緋、簟扇等物。

夏六月，晉主殂，齊王重貴立。

冬十月，王大興土木功，建天策府於長沙城西北，作天策、光政等一十六樓，天策、勤政等五堂，極棟宇之盛，欄檻皆飾以金玉，塗壁率用丹砂，凡數十萬斤；地衣，春夏以角簟，秋冬以木棉爲之。先是，主者以丹砂非卒致之物，有憂色，未幾東境山崩，涌丹砂如丘陵，於是收用之頗足。僚吏升殿者，但覺丹砂之氣藹然襲人。

是歲，晉敕改道州延唐縣爲延喜縣，避高祖諱也。

天福八年夏四月戊申朔，日有食之。

十二月，〔一〕王置銀槍都八千人。楚地多産金銀茶穀，比年財貨豐殖，王奢欲無厭，遂自誇大，爲長槍大槊，盞以白金，募富民年少者充之。是歲作九龍殿，刻沈香爲八龍，飾以金寶，各長百尺，抱柱相向，作趨捧之勢，己居其中，自言身一龍也。製襆頭脚長丈許，以象龍角。向晨將御殿，先焚香龍腹中，煙氣鬱然而出，若口吐焉。又建會春園、嘉宴堂、金華殿，其費鉅萬，間攜子弟僚屬於會春園遊宴，學士徐仲雅等賦詩上觴，晝夜無節。湖湘故事曰：馬氏作會春園，開宴，徐東野作詩，有數聯當時所稱，云「珠璣影冷偏粘草，蘭麝香濃却損花」。「山色遠堆螺黛雨，草稍春戛麝香風」。「衰蘭寂寞含愁緑，小香妖嬈弄色紅」。用度不足，因加賦國中。王每遣使者行田，以增頃畝爲功，民不勝租賦而逃。王曰：「但令田在，何憂無穀！」已而命營田使鄧懿文籍逃田，募民耕藝，民捨故從新，僅能自存，自西徂東，各失其業。又聽人入財拜官，以財多少爲官高卑之差，富商大賈布列在位。外官遷者，必責以貢獻爲殿最。民有罪，富者輸財，强者爲兵，受刑惟貧弱者而已。又置函於府門，使人投匿名書互相告訐。復用孔目官周陟議，令常税外，大縣貢米三千斛，〔二〕中縣千斛，小縣七百斛，無米者輸布帛以抵之。天策學士拓拔恆切諫以爲不可，王大怒，終身不復見恆。

開運元年秋七月辛未朔，晉大赦，改元。

九月庚午朔，日有食之。

開運二年秋七月，王殺其弟希杲。

冬十月，遣使獻供御紬絹六千疋、白羅一百疋、筒卷白羅十疋、錦綺褥面十牀、錦綺背十合於晉。

十二月，囚湘陰處士戴偃，削天策副都軍使丁思瑾官，偃以詩涉刺譏，思瑾以上書切諫獲罪。是時遣廖法正聘於唐，及還，語人曰：「東朝天子，粹若珠玉；南嶽真君，恐未如也。」

開運三年春三月，升桂州全義縣爲溥州，仍改全義縣爲德昌縣，並割桂州之靈川、廣明、義寧等三縣隸之，從王奏也。按歐陽史職方考無有溥州，此據五代會要所載，當是歐陽史失記之。

秋九月，王知晉王好侈靡，屢以珍玩爲獻，求加都元帥。甲辰，晉詔王爲諸道兵馬都元帥。

冬十二月，契丹執晉主重貴以北。

是歲，晉客省使王筠來聘，以國亂未歸。

開運四年春二月丁巳朔，契丹主下制稱大遼會同十年，大赦，遣使册王爲尚父。五代史補云：契丹聞山湧丹砂之事，以爲希範非常人，遽册爲尚父。王以契丹相推奉，益自矜喜。是月辛未，劉知遠卽皇帝位，更稱天福十二年。按是年六月，知遠改國號爲漢，始以天福年號徧諭藩鎮。六月以前，中原隔絶，使命未通，猶稱開運年號。

夏五月，王命母弟武安節度副使、天策府都尉、領鎮南節度使希廣判内外諸司事。壬辰，王薨，年四十九，謚曰文昭。先是己丑，王方置酒臨江觀競渡，忽驚起曰：「高郁來！」王弟希廣曰：「郁死久矣，大王勿妄言。」亟趣駕歸。血自鼻端迸出，彌留之際，郁復晝見，竟以是不起。或言武穆王時王自洛京歸，具述莊宗聞馬家社稷必爲高郁所取之言於武穆王，武穆王笑曰：「主上戰爭得天下，全以機數馭人，以郁資吾霸業，必欲間之，使我國如梁罷王彦章兵權也。今若去郁，正墮彀中。」王不信，退而從臾衡陽王，卒致之死，故郁數爲厲云。

王好學，善詩，頗優禮文士，然性剛愎，且奢靡而喜淫，先王妾媵，多加無禮；又令尼僧潛搜士庶家女，有容色者，强委禽焉，前後數百人，猶有不足之色，曰：「吾聞軒轅御五百女以升天，吾其庶幾乎？」有商人妻美而艷，輒殺其夫奪之，妻誓不辱，自經死。初王命修長沙城，開壕畢，忽得一物，長十餘丈，狀若土山，無頭尾手足，自北出，泳游水上，久之入南岸而没，或謂之土龍。無何王遂殂，而楚亦大亂。

論曰：文昭以穎敏之姿，讀書禮士，天策羣英幾於梁苑、鄴下之選焉。乃驕僭性生，怙侈滅義，肆情土木，鬬靡九龍，抑何志之卑也！馬子離羣，禍有由始，又寧竢鬩牆爭國時哉。悲夫！

校勘記

〔一〕十二月　「十二」二字原爲空缺。今查通鑑卷二八三，載楚置銀槍都在天福八年十二月，據以補入。

〔二〕大縣貢米三千斛　「三」，通鑑卷二八三作「二」。

十國春秋卷第六十九

楚三

廢王世家

廢王名希廣，字德丕，文昭王同母弟也。武穆王第三十五子。性謹順，文昭王絶憐愛之。文昭王生平惡拓跋恆切諫，常令閽人止恆不得入謁，及卧病，始思恆，召之，屬以希廣。文昭王既薨，將佐未知所立；都指揮使張少敵、都押牙袁友恭，以武平節度使、知永州事希萼於先王諸弟爲最長，宜嗣位；而長直都指揮使劉彦瑫、天策學士李宏臯、鄧懿文、小門使楊滌，皆於希廣有恩，欲立希廣。拓跋恆亦數勸希廣以位奉希萼。彦瑫等皆曰：「今日軍政在手，天與不取，使他人得之，異日吾輩安所自容乎！」希廣不能自決，彦瑫等遂稱遺命，共奉希廣權軍府事。時越文昭王薨之四日乙未也。十國紀年云：希範得疾，集國官告以傳位希廣。湖湘故事云：希廣猶豫之間，羣輔明日衆口勸上，乃受位。軍府排衙賀之，以其事奏朝廷，託以希範臨終之日遺言，以付希廣。二說不同，今從歐陽史及通鑑。

夏六月，晉主知遠改國號曰漢，仍以天福年號遣使告諭。秋七月甲午，漢主以希廣爲天策上將軍、武安軍節度使、江南諸道都統，兼中書令，封楚王。

天福十二年冬十月，王兄希蕚自朗州來奔喪。乙巳，至趺石，王用劉彦瑫言，遣侍從都指揮使周廷誨將水軍逆希蕚，命將士釋甲而後入。廷誨與張少敵白王曰：「王能與之則已，不然，宜早除之。」王泣曰：「吾兄也，焉忍殺之？分國而治可也。」乃止之於碧湘宫，不聽入見，厚賂以遣之。希蕚憤然而去。

是冬，遣晉客省使王筠還漢。

乾祐元年春正月乙卯，漢大赦，改元。己未，漢主更名暠；丁丑，殂於萬歲殿。

二月辛巳，周王承佑嗣皇帝位。

秋八月，南漢主遣知制誥鍾允章來求昏，王不許，南漢主怒，問允章：「馬公復能經略南土乎？」對曰：「馬氏方内争不暇，安能害我。」南漢主曰：「希廣懦而吝嗇，士卒忘戰日久，正吾進取之秋也。」

是月，王兄希蕚屢訴於漢，請與王各修職貢，以求封爵，置邸稱藩。王用歐宏練、張仲苟謀，厚賂漢執政，使竟拒其請。

九月，漢諭王「兄弟宜相式好」，并别賜王兄希萼詔書，勸其輯睦。

冬十月丁酉，王貢漢除夜遊春圖、女俠畫障、真珠枕，及端午金銀雕牀物色。

十二月辛巳，南漢西北面招討使吴懷恩寇賀州，王遣決勝指揮使徐知新、任廷暉將兵救之。會南漢已拔賀州，鑿大穽於城外，覆以竹箔，復自塹中穿穴達穽爲機軸，知新等至，引兵攻城，南漢兵自穴中發機，我兵悉陷，死者以千數。知新等敗歸，王怒斬之。南漢兵復陷昭州。癸未，王兄希萼獻漢銀器千五百兩，漢主降詔慰諭曰：「所修職貢，舊有規程，念航深梯險之勞，重違卿意，在誘善勸忠之道，本實朕心。今後凡有進獻，可與希廣商量，庶叶雍和，不爽體制。」希萼不能從。

乾祐二年春正月，戍將徐進敗蠻於風陽山，斬首五千級。

夏五月，太白晝見。

六月癸酉朔，日有食之。

秋八月，希萼悉調朗州丁壯爲鄉兵，號静江軍，造戰艦七百艘，謀攻潭州。王聞之，曰：「朗州，吾兄也，不可與争，當以國讓之。」劉彦瑫、李宏臯固以爲不可，乃命岳州刺史王贇爲都部署戰棹指揮使，以彥瑫監其軍。己丑，大敗希蕚於僕射洲，獲其戰艦三百艘。贇追希蕚，幾及之，王遣使召之曰：「勿傷吾兄！」贇遂引兵還。希蕚自赤沙湖遁歸，妻苑氏知希蕚必罹禍，赴井死。

秋九月，王獻漢絹二萬疋，白金一萬五千兩，玳瑁寶裝龍鳳牀一具，盤龍椅子、蹋牀子各一合，戲龍二，銀食器六十八事，真珠花、銀果子共千兩。

冬十月，漢加王太尉。丁亥，王弟静江節度使希瞻卒。

乾祐三年夏六月，希蕚誘辰、溆州及梅山蠻以攻益陽。蠻素聞長沙帑藏之富，争出兵赴敵。王遣指揮使陳璠拒之，戰於淹溪，璠敗死。

秋八月戊戌，希蕚又以羣蠻破迪田，殺我鎮將張延嗣。王遣指揮使黄處超救之，處超敗死；復遣牙内指揮使崔洪璉率兵七千屯湘鄉玉潭以遏諸蠻。是月，漢封蒙州城隍神爲靈感王，從王請也。

九月辛巳，希蕚請漢别置進奏務於京師，漢主優詔不許，又賜玉璽書解和，勸以敦睦。是月，希蕚以朝廷偏佑於王，大怒，遣使稱藩於唐，乞師來攻。唐加希蕚同平章事，以鄂州今年之租税賜焉；又命楚州刺史何敬洙濟師助希蕚。

冬十月丙午，王告急於漢，且言：「荊南、嶺南、江南連兵，欲分湖南之地，乞發兵屯澧州，以扼江南、荊南援朗之路。」丁未，王以劉彥瑫爲戰棹都指揮使、朗州行營都統。彥瑫入朗州境，戰艦過則運竹斷其後。會希萼遣朗兵及蠻兵六千、戰艦百艘來，戰於湄州，彥瑫乘風縱火，頃之，回風反火，彥瑫還走，江路已斷，士卒戰亡及溺死者數千人。湖湘故事，彥瑫敗在九月十三日。十國紀年載彥瑫敗於十月，今從之。王聞之，涕泣不知所爲。王居恆罕頒賜，至是大出金帛以邀士卒心。或告天策左司馬王弟希崇流言惑衆，反狀已明，請殺之。王不忍，曰：「吾自害其弟，何以見先王於地下？」馬軍指揮使張暉將兵自他道擊朗州，至龍陽，聞彥瑫敗，退屯益陽。希萼又遣指揮使朱進忠等急攻益陽，暉紿其衆曰：「我以麾下出賊後，汝輩留城中待我，相與合勢圖之。」既出，遂自竹頭市逃歸長沙。進忠知城中無主，急擊之，士卒九千餘人皆死。

十一月甲子朔，日有食之。王遣僚屬孟駢說希萼，還報曰：「大義絶矣，非地下不相見也！」朱進忠請希萼自將兵取長沙。辛未，希萼留其子光贊守朗州，悉發境内之兵入寇。湖湘故事云希萼以十月二十一日直往湖南，十國紀年云十一月希萼發兵趣長沙，今從之。自稱順天王。歐陽史云自號順天將軍，今從通鑑。王大懼，乞師於漢，漢議發兵來援，以朱令温爲都部署，會内難作，師不果出。是時蠻兵圍玉潭，朱進忠引兵助之，崔洪璉敗歸長沙，玉潭遂陷。希萼泝江而上，攻岳州，刺史王贇堅城不戰。希蕚責贇有貳心，贇曰：「願君王入長沙，不傷同氣，臣其敢不盡節。」希蕚引兵去。

辛卯，經湘陰，焚掠而過。及至長沙，希蕚軍於湘西，步兵洎蠻兵軍於嶽麓。進忠自玉潭來會，亦營於江西。王遣劉彥瑫召水軍指揮使許可瓊，帥戰艦五百艘屯城北津，屬於南津，以弟希崇爲監軍；又遣馬軍指揮使李彥温將騎兵屯駝口，扼湘陰路；步軍指揮使韓禮將二千人屯楊柳橋，扼栅路。時强弩指揮使彭師暠登城望水西軍，入白王，請與許可瓊水陸夾擊之，王許之。而可瓊已陰送款希蕚，遂沮其計。王未知可瓊心，猶命諸將受其節度。可瓊常開壘，不令士卒知朗軍進退，間或詐稱巡江，與希蕚會水西，約爲內應。久之潭州大雪盈四尺，兩軍苦不得戰。王深信巫覡及沙門之語，乃摶土爲鬼神形於江上舉手，以却朗兵，又作大像於高樓，手指水西，怒目視之。又命衆僧日夜誦佛經，王自被緇衣膜拜，念「寶勝如來」，謂之禳災。

甲辰，朗州步軍指揮使何敬真以蠻兵三千陳於楊柳橋，何敬真，九國志、湖湘故事俱作何景真。望見韓禮旌旗紛錯，曰：「彼衆已懼，易破也。」時朗人雷暉衣潭卒之服，潛入禮寨，手劍擊禮不中，一軍驚擾，敬真乘亂擊之，我軍大敗。禮被創，走至家卒。於是朗兵水陸急攻長沙，希蕚攻長樂門，牙將吴宏、楊滌戰於門中，希蕚少衂。已而可瓊舉全軍奔希蕚，宏、滌聞之皆潰，長沙遂陷。王率夫人與王子匿於慈堂，朗兵及蠻兵大掠三日，殺吏民，焚廬舍，自武穆王父子所積寶貨，盡入蠻落，宮殿屋宇咸爲灰燼焉。李彥温進攻清泰門，不克，與劉彥瑫各將千餘人奉文昭王及王諸子，趣袁州奔唐。張暉降於希蕚。吴宏、彭師暠見希蕚，皆釋不殺。希崇帥將吏詣希蕚勸進。

乙巳，希蕚入府視事，閉城分捕王及掌書記李宏臯、弟宏節、都軍判官唐昭胤與鄧懿文、楊滌等，盡獲之。希蕚詰王曰：「承父兄之業，寧無長幼乎？」王曰：「將吏見推，朝廷見命，非予意也。」希蕚惻然曰：「此鈍夫也，豈能爲惡，徒爲左右惑之爾。」命囚之。明日，臠食宏臯、宏節、昭胤、滌，斬懿文於市。已而顧其下曰：「吾欲活希廣，何如？」皆不對。朱進忠常爲王所笞，對曰：「大王三年血戰，始得長沙，一國不容二主，他日必悔之。」戊申，賜王死。三楚新録云：尋爲希蕚縊之。杖王夫人某氏死於市。王臨刑，猶誦佛書；彭師暠葬之瀏陽門外。胡氏通鑑辨誤曰：史炤釋文云瀏陽縣名，屬潭州，余謂潭州固有瀏陽縣，而瀏陽門則潭州城門，各自潭州城，出瀏陽者謂之瀏陽門，出醴陵者謂之醴陵門。

先是，潭州多夾道植槐，廢王時盡易以柳幹，又居人向夜争織草屩爲業，聲聞内外。童謡云：「湖南有長街，栽柳不栽槐。百姓任奔竄，搥芒織草鞵。」識者以爲長街者，内外路也；不栽槐者，兄弟失孔懷也；草鞵者，遠行所服，百姓逋逃之義也。其豫兆有如此。

論曰：諺有之：「當斷不斷，反受其亂。」僕射洲之勝，朗州幾不能支，廢王則曰：「勿傷吾兄。」希崇貳於我，僉云大義滅親，廢王則曰：「吾害其弟，何以見我先王。」慕宋襄之虛文，釀袁譚之實禍，君子謂其喪身滅國也宜哉！

恭孝王世家弟希崇

恭孝王學海作後廢王。名希蕚，武穆王庶子也。第三十子。剛狠無禮，而希蕚同母弟希崇者，性尤狡險。廢王希廣既襲位，時希崇爲天策左司馬，陰遺書希蕚，言劉彥瑫等違先王之命，廢長立少，以干大倫，意欲有以激希蕚也。希蕚果大怒，興師爭國。及長沙已陷，希蕚命內外巡檢侍衛指揮使劉賓禁止焚掠，希崇復從臾推戴，希蕚遂自稱天策上將軍，武安、武平、靜江、寧遠等軍節度使，楚王。以希崇爲節度副使，判軍府事。湖南要職，悉以朗人爲之。時漢乾祐三年，爲唐保大八年十一月丁未也。已又命子光贊爲武平留後，以何敬真爲朗州牙內都指揮使，將兵戍之。復召拓跋恆，欲用之；恆稱疾不起。是歲，潭州置龍喜縣。

保大九年春正月，周主威卽皇帝位，改元廣順。希蕚奉唐正朔，稱保大年號。

二月甲辰，王遣掌書記劉光輔入貢於唐。唐餘紀傳云：正月，希萼遣使貢方物。今從通鑑。又光輔，湖湘故事作光瀚，今從十國紀年。

三月，唐以王爲天策上將軍，武安、武平、静江、寧遠等軍節度使兼中書令，封楚王，以右僕射孫晟、客省使姚鳳爲册禮使。

是月，光輔至金陵，唐主待之厚。光輔密言：「湖南民疲主驕，可取也。」唐主乃以營屯都虞候邊鎬爲信州刺史，將兵屯袁州，潛謀侵邊。王既得志，多思舊怨，殺戮無度，縱酒荒淫，悉以軍府事委希崇，希崇復多私曲，刑政紊亂，朗州舊將亦頗有離心。又小門使謝彦顒，三楚新録作謝延澤，湖湘故事作謝彦欽，十國紀年作謝彦顒，今從之。本王家僮也，以首面得寵，至與嬪御雜坐，常肩隨希崇，或拊其背，希崇銜之。故事，府宴，小門使執鈇在門外，王使彦顒與坐，或列諸將上，諸將皆不平。王以府舍焚蕩，命朗州静江指揮使王逵、副使周行逢帥朗兵治宫室，勞苦而無犒賜。壬申旦，逵、行逢帥其衆逃歸朗州，時王醉未醒；癸酉，王始遣湖南指揮使唐師翥追之。逵等伏兵縱擊，師翥僅以身免。逵等黜王子留後光贊，奉王兄子光惠知州事，尋立爲節度使。

夏六月，王逵等以光惠愚懦嗜酒，推辰州刺史劉言權武平留後，表求旄節於唐，唐人未許，亦稱藩於周。

秋九月，王疑許可瓊觖望，出爲蒙州刺史。遣馬步都指揮使徐威、左右軍馬步使陳敬遷、水軍都指揮使魯公綰、歐陽史作魯綰。牙内侍衛指揮使陸孟俊立栅以備朗兵，不加存撫。戊寅，王置酒端陽門，威等不預，希崇亦辭疾不至。威等遂作亂，十國紀年作丁丑。湖湘故事在十九日，其日戊寅也，今從之。使人先翦䮰馬十餘匹入府，以壯士執檛隨之，突入其府，劫庫兵縱橫擊人。王踰垣走，威等執囚之；復執謝彦顒，剉頂及踵而死。立希崇爲武安留後。希崇遣彭師暠幽王於衡山縣。劉言聞希崇立，遣兵趣潭州，聲言討篡奪之罪。壬午，軍於益陽西。希崇懼，癸未，發兵二千拒之，又遣使於朗州請和，約爲鄰藩。言幕僚李觀象説言曰：「希萼舊將佐猶在，未可圖也。不若檄希崇取其首，湖南可兼有已。」言從之。希崇畏言勢，卽斷都軍判官楊仲敏、掌書記劉光輔、牙内都指揮使魏師進、都押牙黄勍等十餘人首，遣前辰陽令李翊齎送朗州，至則腐敗莫辨，言與王逵皆佯言非仲敏等首級，翊皇恐自殺。希崇既襲位，亦稍稍縱酒荒淫，國人不附。

丙戌，衡山指揮使廖偃與彭師暠共立王爲衡山王，以縣爲府，斷江爲栅，編竹爲戰艦。王以師暠爲武清軍節度使，召募徒衆，數日至萬餘人，遣判官劉虚已求援於唐。徐威等見希崇所爲必無成，又畏朗州、衡山之逼，欲殺希崇以自解。希崇覺之，大懼，密遣客將范守牧表請兵於唐。唐主命邊鎬自袁州將兵萬人趣長沙。

冬十月辛卯，鎬引兵入醴陵。癸巳，希崇遣使犒軍。壬寅，遣天策學士拓跋恆奉牋詣鎬降。癸卯，希崇等從鎬入城，鎬舍於瀏陽門樓，湖南將畢賀。時湖南饑，鎬大發倉粟賑之，楚人大悦。癸丑，唐武昌節度使劉仁贍取岳州，撫納降附，人忘其亡。

是月，邊鎬趣希崇帥其族朝唐，宗人聚族相泣，欲重賂鎬，乞留居長沙。鎬微哂曰："國家與公家世爲仇敵，殆六十年，未敢有意窺公之國。今公兄弟鬩閱，困窮自歸，若復二三，恐有不測之憂。"

十一月辛酉，盡遷文肅以下諸族及將佐千餘人於唐，悲慟登舟，送者皆號泣，響振川谷。初童謡云："鞭打馬，馬急走。"至是遂驗。辛未，鎬遣先鋒指揮使李承戩將兵如衡山，趣王入唐。庚辰，王與部下萬餘人自潭州東下。

十二月，唐主以王爲江南西道觀察使、守中書令，鎮洪州，仍賜爵楚王；以希崇爲永泰軍節度使、兼侍中，鎮舒州，仍居揚州。十年冬十二月，王入覲唐主，唐主留之數年，薨於金陵，謚曰恭孝。周世宗征淮南，揚州陷，詔撫安馬氏子孫。已而唐復揚州，希崇率其兄弟十七人奔於周，拜右羽林統軍，餘皆爲大將軍及節度行軍司馬。

先是，馬氏富强，雄於列國，諸院公子長幼凡八百餘人，咸以侈靡爲務，時稱酒囊飯橐，多非刺之。荆湘近事云：周行逢常言馬氏諸子恣縱奢僭，文武之道未常留意，時人皆謂之酒囊飯袋。公子輩聞而不平，有國師張氏紿之曰：「彼所見非者，恐國祚不永也。以君昆弟之衆，使更迭而治，亦足撫有八百年，何憂何懼爲乎？」時復有鄧翁者，聞而歎曰：「文武之道，未常介意，而更納虚誕之説以自安，吾見其死溝壑有日矣！」及邊鎬師至，奔散寒餒而斃者過半焉。

楚自唐乾寧三年歲在丙辰武穆王自立於湘南，至唐保大九年辛亥而滅，中原爲廣順元年。九國志以乾祐三年爲辛亥，非是。凡五十七年。當武穆王入湖南，掘地得石讖曰：「龍起頭，猪掉尾。」世皆以爲有先兆。青箱雜記云：劉建峯定長沙，遣馬殷領衆浚城濠，得石碣，有古篆十八，其文曰：「龍舉頭，猳掉尾；羊爲兄，猴作弟；羊歸穴，猴離次。」解者以殷乾寧三年丙辰歲代立，乃龍舉頭也；至乾祐辛亥歲國亡，乃猳掉尾也；殷子希範以己未歲生，又以開運丁未歲薨，乃羊歸穴也。又子希崇壬申歲生，後爲江南所俘，乃猴離次也。又民謡曰：「三羊五馬，馬子離羣，羊子無舍。」識者謂湖南與淮南國祚實應之。

十國春秋卷第七十

楚四　列傳

劉言　王逵　周行逢子保權

劉言，廬陵人也。初事吉州刺史彭玕，從玕奔楚，事文昭王，爲辰州刺史。會恭孝王與弟爭國，以土木功虐用靜江兵士，靜江指揮使王逵等因衆怨，回武陵，黜留後王子光贊，已又逐節度使王孫光惠，以言驍勇得蠻人心，欲迎立爲帥。一云迎爲副使。言知逵等難制，曰：「不往，將攻我。」乃單騎赴之。既至，推言權武平留後。俄而潭州將徐威作亂，南唐中主命邊鎬經畧朗州，遷馬氏於金陵，因并召言。言不行，遣逵與行軍司馬何敬真等攻鎬，大敗之，言遂盡取湖南故地，惟郴、連入於南漢。奉表周朝以邀封爵，凡貢獻賣茶，悉如馬氏故事；又言長沙不可居，請移治所於武陵，時周廣順二年也。太祖皆許之，乃升武平軍在武安軍上，除言節度使、同平章事，因以武安授逵。

逵自以言己所迎立，不肯爲折節，二人始稍稍不相能。逵謀曰：「言將可用者，不過何敬真、〔一〕朱全琇爾，召而殺之，言可取也。」是時南漢常擾梧、桂、宜、蒙等州，逵因紿言召敬真等會兵攻敵。言信之，以敬真爲南面行營招討使，全琇爲先鋒使，往會潭州兵，至，則陷逵計中見殺。逵乃舉兵襲朗州，幽言別館，尋殺之。歐陽五代史楚世家云王進逵乃舉兵襲武陵，執言殺之，不云幽言，今從通鑑。言鎮湖南凡三年。先是朗人謂言爲劉皷牙，一作皷樂。馬氏將亂，湘中童謡曰：「馬去不用鞭，皷牙過今年。」及邊鎬俘馬氏，鎬爲言所逐，而言亦被害。

王逵，周世宗實録及歐陽五代史皆作王進逵，今從通鑑。武陵人。少爲靜江軍卒，事恭孝王爲靜江指揮使。恭孝王之攻長沙也，以逵爲先鋒，及城陷，命逵與副使周行逢帥所步兵千人營緝長沙府舍，執役甚勞，兵皆愁怨，曰：「囚免死則役作之，我輩從大王出萬死取湖南，何罪而囚役爲也？且大王終日酣歌，寧知我輩作苦乎！」逵與行逢聞之，相謂曰：「衆怨深矣，不早爲計，禍且及。」詰旦昧爽，因擁衆以長柯巨斧斫關，奔歸朗州。恭孝王方醉，不能省，次日始遣將唐師翥追之，及於武陵，師翥大敗而還。逵遂黜留後王子光贊，而奉王孫光惠爲節度使，已又廢光惠送於唐，推辰州刺史劉言爲帥，而自爲其副。

及邊鎬經略朗州，且徵劉言朝，逵白言曰：「武陵負江湖之險，帶甲數萬，安能拱手受制於人。鎬撫字無方，士民不附，可一戰擒也。」言乃以逵與周行逢、牙將何敬真、張倣、滿公益、朱全琇、宇文瓊、彭萬和、潘叔嗣、張文表十人，皆署指揮使；部分發兵，攻鎬於長沙。鎬敗走，言奉表臣周，周以言爲武平節度使，亦以逵爲武安節度使。未幾，逵恃推立功，謂言非我不至此，勢不爲之下，由是漸有隙，而陰欲相圖矣。

先是逵克潭州，以何敬真、朱全琇爲静江、武安副使，二人者，言驍將也。至是，敬真與逵不協，謀同全琇作亂。周行逢謂逵曰：「劉言素不與吾輩同心，敬真、全琇又恥爲公屈，盍早爲之所。」逵曰：「微君言，逵敢忘乎？」乃陽言南漢見侵，檄二將帥兵禦之。言性椎，不知其誑己，卽遣敬真、全琇往。及至長沙，逵謬爲恭敬出郊迎，宴飲連日，多貽美伎以餌之，敬真等因淹留不進。逵乘敬真醉，使人詐爲言使者，責以不亟禦寇，專務荒宴，命械歸西府；全琇隨亡去，亦遣兵追獲，皆斬首以狥。廣順三年六月，逵於是率大兵攻武陵，殺其指揮使鄭玫，囚劉言於別室。八月，上表於周，誣言謀以朗州降唐，衆共廢之，且請移使府復治潭州。甲戌，周太祖遣通事舍人翟光裔來湖南宣撫，卽授逵武平軍節度使、兼中書令。無何，言被殺。

顯德元年四月，逵又請使府仍徙朗州。三年，周世宗征淮南，拜逵南面行營都統，命攻唐鄂州。逵素雄豪，得志之後，不復問禮節，車服制度，儗於王者。時過岳州界，團練使潘叔嗣，逵故時同列也，待逵甚謹。逵左右多就叔嗣求賂，叔嗣吝不與，左右遂譏其短，逵信而面詈之。叔嗣慚恨，語其下曰：「逵戰勝而還，吾屬無噍類矣。」逵入鄂州，方攻下長山，執唐將陳澤等；二月，叔嗣以兵襲朗州，逵聞之，遽輕舟歸，與叔嗣戰，敗死。三楚新録曰：逵領兵侵南越，留周行逢知留後事，行逢因謂所親曰：「王公必不返，然以後事付吾者，所謂以雲雨資蛟龍也。」及逵至桂陽，果爲越兵所破，僅以身免，竟死於路。湖湘故事曰：王逵奉詔伐吳，有蜜蜂無萬數進逵傘。蓋周行逢內喜濳，與潘叔嗣、張文表等謀曰：「我覩王公妖怪入傘，他時忽落别人之手，我輩處身何地？我等若三人同心，共保馬氏舊基，同取富貴，豈不是男兒哉！」周世宗實録云：顯德三年二月丙寅，朗州王進逵言領大軍入淮南界。庚寅，言入鄂州界，攻下長山寨。癸巳，荆南高保融言進逵自岳州領兵復歸本道。又云：潘叔嗣爲先鋒，行及鄂州，叔嗣回戈襲武陵。進逵聞之，倍道先入武陵。叔嗣攻其城，進逵敗走，爲叔嗣所殺。通鑑考異云：逵命行營副使毛立爲袁州營統軍使，潘叔嗣、張文表爲前鋒。軍次醴陵，縣吏請具牛酒犒軍，立不許，叔嗣、文表因士卒之怒，縛立送於行逢，以兵叛告逵。逵大懼，乘輕舟奔朗州，叔嗣追至朗州，殺之。丁璹馬氏行事記曰：五月五日，叔嗣殺逵於朗州。諸説多不足據，今從歐陽史及十國紀年。

逵鎮湖南亦三年，與言同。初，南唐有術士言南楚氣色甚佳，將有王氏起焉。時除永州刺史王温，中主疑卽其人，遣使拜温征南將軍，賜以印綬巾帶，密於巾中寘毒。使至，温拜命，著巾，俄腦裂而死。未幾，逵舉兵襲長沙據之，卽其應也。

周行逢，朗州武陵人。少無賴，不事家人生產，常犯法，配發静江軍卒。以驍勇，累遷裨校。王逵攻邊鎬，行逢别破益陽，殺唐兵二千餘人，執其將李建期。當是時，隸朗州劉言戲下者指揮使十人，咸以知兵名，行逢能謀，張文表善戰，潘叔嗣果敢，三人多相須成功，而行逢與王逵則又情款甚昵焉。及逵爲武安節度使，拜行逢集州刺史，爲逵行軍司馬。逵與劉言有隙，行逢爲畫謀策，遂襲殺言，逵據朗州，行逢據潭州。

顯德元年，拜行逢武清軍節度使，權知潭州軍府事。潘叔嗣既殺逵，或勸其入朗州，叔嗣曰：「吾殺逵，救死而已，朗地非吾利也。」乃還岳州，遣其客將李簡率朗人迎行逢爲帥。行逢入城，自稱武平留後，告於周。或請以潭州與叔嗣，行逢曰：「叔嗣殺主帥，罪當死，若與武安，是吾使之殺主公也。」召以爲行軍司馬。叔嗣怒，稱疾不至。行逢曰：「是又欲殺我矣。」乃陽以武安與之，召使至府受命。至則遣人執之立庭下，責之曰：「汝爲小校，無大功，王逵用汝爲團練使，一旦反殺主帥。吾未忍斬汝，乃敢拒吾命乎！」遂殺之。

三年二月，行逢自稱武平武安留後，奉表告周。七月，世宗授行逢武平軍節度使，制置武安靜江等軍事。宋初，加兼中書令。建隆三年十月卒，追封汝南郡王。

行逢，故農家子，起微賤，知民間疾苦，勵精爲治，公而無私。壻唐德求補吏，行逢曰：「汝才不堪爲吏。吾今私汝，則可矣；汝居官無狀，吾不敢以法貸汝。」與之農具而遣之。辟署僚屬，皆取廉介之士。約束簡要，吏民便之。其自奉甚薄，每曰：「馬氏父子窮奢極靡，不恤百姓，今子孫乞食於人，尚足效乎？」行逢以坐事故，面有文，或請用藥滅之，恐爲朝廷使者噲。」行逢曰：「吾聞漢有黥布，不害爲英雄，吾何恥焉！」

又性勇敢，果於殺戮，將士恃功驕慢者，一以法繩之。大將十餘人，謀爲亂；行逢召宴諸將，酒半，呼壯士曳下斬之，一軍皆畏服。民過無大小俱死，妻勛國夫人嚴氏諫曰：「人情有善惡，安得一槩濫殺。」行逢怒曰：「此外事，婦人何知！」嚴氏不悦，紿曰：「家田佃户，以公頗貴，不力農，請往視之。」至則營居以老，歲時衣青裙押佃户送租入城，行逢行止之，不從曰：「稅，官物也，若主帥自免其家，何以率下？」一日，行逢往就之，勞曰：「吾貴矣，夫人何自苦？」嚴氏曰：「公思作户長時乎？民租後時，常苦鞭扑，今貴矣，奈何忘隴畝間邪？」行逢命羣妾强擁升肩輿，嚴氏卒無留意，因曰：「公用法太嚴而失人心，所不欲留者，倉卒禍起，田野間易逃死爾。」行逢爲之少損。

嚴氏，秦人，父廣遠仕馬氏爲評事，因以女適行逢。通鑑作鄧氏，三楚新録及宋史作潘氏，皆非。今從九國志。行逢死，而保權立。按通鑑綱目：顯德元年，湖南大飢，行逢開倉賑之，全活甚衆。附記於此。

保權，行逢子也。初爲武平軍節度副使，行逢卒，保權年十一，頗英爽有膽氣，宋太祖授以起復檢校太尉、朗州大都督、武平軍節度使。

先是，行逢病革時，召將吏，以保權屬之，曰：「吾起隴畝爲團兵，同時十人，皆以誅死，惟衡州張文表獨存，然常怏怏不得行軍司馬。吾死，文表必亂，宜以楊師璠討之。諸公善佐吾兒，無失土宇。必不得已，當舉族歸朝，無令陷虎口。」至是建隆三年十二月，文表果作亂，保權命師璠率衆討文表，別遣使乞師於宋。會江陵高繼沖亦先以其事聞，明年春，宋太祖遣中使趙璲齎詔諭文表，而保權之奏繼至，乃遣山南東道節度使慕容延釗爲湖南道行營都部署，宣徽院使李處耘爲都監，率淄州刺史尹崇珂、申州刺史聶章、郢州刺史趙重進、判四方館事武懷節、氈毯使張繼勳、染院副使康延澤、内酒坊副使盧懷忠等南征，又發安、復十州兵會襄陽。

師及江陵，趙璲方至潭州，而文表已大敗於平津亭，爲師璠所執，臠而食之。保權牙校張從富輩以爲文表已平，而宋師繼進不已，懼爲襲取，相與拒守。延釗乃令閤門使丁德裕先路安撫，比至城下，從富輩拒而不納，盡撤部内橋梁沉舫，伐樹塞路。德裕以不奉詔，退軍以須。久之，延釗奏聞，宋太祖遣中使來諭曰：「本發大軍以拯爾難，妖孽既殄，是我有大造於爾，反拒王師，何也？爾無自取塗炭，重擾生民！」急命延釗進師。保權出軍於澧州南，未及交鋒，望風而靡，復還朗州，焚廬舍廩庫，居人奔竄山谷，城郭爲之一空。宋師因長驅克朗州城，獲從富於西山下，梟首南市。

先是，李處耘擇所俘體肥者數十人，令左右啗之，黥其少健者縱歸武陵。武陵人聞被擒者宋師相率斆食，俱大恐而潰。保權爲大將汪端所劫，攜家屬亡匿江南岸，宋將田守奇獲以歸。時四年三月壬寅也。於是武懷節分兵克岳州，端猶擁衆寇略，未幾亦就擒，磔於市，湖南悉平。周氏鎮湖南凡二世八年。是役也，宋得州十五，歐陽史作十州，宋太祖紀作州十四，今從宋地理志。監一，縣六十六，户九萬七千三百八十八。

保權至宋，上章待罪，太祖優詔釋之，賜襲衣、金帶、鞍勒馬、茵褥，銀器千兩，帛二千匹，錢千貫，授千牛衛上將軍，葺京城舊邸院爲第，令居焉。仍命朗州增築汝南王行逢之墓。乾德五年，保權累遷右羽林統軍。太平興國元年，知并州，賜錢三百萬。雍熙二年卒，年三十四。

初行逢以淫祀爲患，管内祠廟非前代有功及民者，皆拆毁之。及保權立，酷信釋氏，每歲設大會齋僧者凡四，所耗國用不貲；又度僧建寺無虚日，復召羣僧於府中講唱，自爲執爐焚香以聽，見被緇之輩，雖三尺童子必搶地伏拜之，君子知其不克永世焉。又行逢將死時，湖南婦女悉著不縫帬，名曰「散幅」，或謂福既破散，其能久乎？已而身歿地亡，遂成符讖。

論曰：恭孝王之歸唐也，湖南半壁已爲唐有，而將帥失人，乖於撫馭。長沙釁起，武陵揮戈，遂使十餘年間，區區數州，更易三姓，倏得倏失，興廢靡常。戡亂保國，端在人謀，寧不信哉！

校勘記

〔一〕何敬真　「敬」，九國志卷十一劉言傳、新五代史卷六六劉言傳皆作「景」，似是。

十國春秋卷第七十一

楚五　列傳

武穆王德妃袁氏　夫人陳氏　夫人華氏
衡陽王夫人楊氏
文昭王順賢夫人彭氏
廢王夫人某氏
恭孝王夫人苑氏

武穆王德妃袁氏，衡陽王其所生也。有殊色，見寵於武穆王，累封德妃。文昭王心怨衡陽王先立，襲位日，頗督責於衡陽王母弟希旺，且不爲德妃禮。德妃憂憤無所出，久之，先希旺薨。

夫人陳氏，文昭王母也。偕袁德妃、華夫人事武穆王，被寵用事。文昭王誕蓐時，正與衡陽王同日，及衡陽王先立，無遜辭，夫人内懷觖望，由是與德妃有隙。

夫人華氏，希杲母也。希杲鎮桂州，有善政，文昭王疑忌之。夫人内懼，願削封邑贖子罪，王謬爲慰藉，而心實不善也。未幾，夫人卒，希杲竟不良死。

衡陽王夫人楊氏，長沙人。武穆王時父諡爲節度行軍司馬，夫人蓋其中女也。按薛氏舊五代史，楊諡仲女爲衡陽王夫人。衡陽王嗣位，諡子昭惲因夫人故擢衡州刺史，自以地連戚里，積財貨，建大第。二子俱爲牙内都將，少長豪富，任氣淩下，士大夫多惡之。及長沙兵亂，指揮使陸孟俊怒曰：「楊氏怙寵滅義，爲國患久矣！」於是族滅其家，夫人竟不知所終。孟俊滅昭惲之族而取其財，時楊氏有女美，獻於王弟希崇。及周將韓令坤入揚州，希崇以楊氏女遺令坤，令坤嬖之。後孟俊仕於唐，爲令坤所擒，將械送於周主，楊氏女在簾下，忽搥膺慟哭曰：「孟俊在潭州殺妾家二百口，今日請復其冤。」令坤乃殺之。

文昭王順賢夫人彭氏。父玕，官唐吉州刺史，梁開平末爲吴所敗，帥衆奔武穆王，武穆王憐其忠，表領郴州，且爲文昭王娶其女。文昭王繼立，彭氏累封秦國順賢夫人。天福二年薨。夫人貌寢陋，而治家有法，文昭王頗嚴憚之；及歿後，王始縱情聲色，爲長夜之飲，國事遂至中衰。先是夫人常上香報恩禪院，報恩僧問曰：「夫人何家婦女？」夫人以其辭之忽也，遽索檐子疾歸，且以其言告文昭王，王笑曰：「此釋氏禪機耳，何不答以彭家女、馬家婦，則禪機立解矣。」夫人慚服曰：「是妾無見性之過也。」其通達多此類。

廢王夫人某氏，恭孝王陷長沙，廢王率夫人與王子匿於慈堂，已而廢王遇害，夫人亦被杖死市中。國人傷之。

恭孝王夫人苑氏，桃源人，相傳齊大夫苑何忌之後。夫人素有賢行。廢王時恭孝王調朗州丁壯爲鄉兵，且造戰艦，將攻潭州。夫人諫曰：「兄弟相攻，勝負皆爲人所笑。」恭孝王不聽。已而王贇等大破朗兵於僕射河，恭孝王輕舟遁歸。夫人泣曰：「禍將至矣，余不忍見也。」赴井而死。

武穆王弟賨　存

賨，武穆王弟也。性沉勇，知書史。初從秦宗權於淮西爲盜，已又事孫儒爲百勝指揮使。儒敗，賨爲吴兵所執，吴武忠王收儒餘兵，號黑雲都，署賨指揮使。

賨從吴武忠王數有功，未常自矜。新唐書云：與錢鏐戰數有功。夜卧常有光怪。武忠王心愛之，從容問賨誰家子，賨曰：「馬殷弟也。」武忠王大驚曰：「汝兄貴矣，吾今歸汝，可乎？」賨不對。他日，又問之，賨泣謝曰：「臣孫儒敗卒，幸公待以不死，非殺身不足報。湖南鄰境，朝夕聞殷動静足矣，不願去也。」武忠王歎曰：「昔吾愛子之貌，今吾得子之心矣。然勉爲吾合二國歡，通商賈易有無以相資，亦所以報我也。」厚禮遣賨歸。武穆王殊出望外，大喜，表賨武安節度副使。

居久之，武穆王議入貢天子，賨曰：「楊王地廣兵强，與吾郡接，不若與之結好，大則緩急可援，小亦通利商旅。」武穆王作色曰：「楊王不事天子，一旦朝廷致討，罪且及吾。汝休矣，當置此論勿道。」開平末，武穆王開天策府，以賨爲左相。俄爲朗州留後，尋拜永順軍節度使、同平章事。天成初，武穆王建楚國，改賨静江軍節度觀察使。唐明宗制曰：「爾賨名尊四輔，位冠三師，既非品秩升遷，難以井田增益。」時人以爲多溢語云。北夢瑣言以賨爲爾，未詳是非。

存亦武穆王弟，從武穆王征討，積功至永州刺史。開平中，會静江節度使李瓊卒，武穆王以存知桂州事，已而王開天策府，命存爲右相。未幾，領永順軍節度使，送王女於廣南。後數年，攻吴上高，俘獲有功。無何，卒。

武穆王子希振子光惠　希旺　希杲　希瞻　希能　希貫　希隱　希濬

希知　希朗

希振，武穆王嫡長子也。歷官至武順節度使，加侍中。工詩句，躭吟咏，常延詩僧虚中於齋閣，酬答不厭，頗築别墅，憩息以爲樂。虚中常題其池亭云：「嘉魚在深處，幽鳥立多時。」蓋紀其實也。衡陽王故希振庶弟，用母寵得立，希振遂棄官爲道士。清泰中卒，葬長沙之陶浦，掘得石碣，其文曰：「亂石之壤，絶世之岡，谷變庚戌，馬氏無王。」蓋馬氏諸子於辛亥歲遷江南，而其國之變實在庚戌也。希振子光惠。

光惠，廣順初爲王逵等所推，權武平節度使，而逵與何敬真及諸軍指揮使張倣參決軍府事。恭孝王具以狀言於唐，唐中主遣使以厚賞招諭，逵等納其賞，縱其使，不答其詔，唐亦未敢詰也。然光惠性愚懦，嗜酒廢事，不能服衆心，未幾仍爲所廢，送金陵。

希旺，衡陽王同母弟也。官至親從都指揮使。文昭王怨衡陽王先立，及嗣位，頗督責希旺，不爲禮。希旺母袁德妃請納希旺官爲道士，文昭王不許，罷其軍職，令居竹屋草門，不得預兄弟燕集。會德妃薨，希旺亦憂憤而卒。

希杲，武穆王第□子也。文昭王時累官静江節度使、同平章事。希杲有善政，監軍裴仁煦數譏其短於王，且言希杲收衆心，不圖將有尾大之患。王心動，會南漢侵蒙、桂二州，文昭王自將兵指桂州。希杲不自安，屬母華夫人逆王于全義嶺，謝曰：「希杲爲治無狀，致寇戎入境，辱殿下親涉險阻，皆妾罪也。願削封邑，洒掃掖庭，以贖希杲罪。」王曰：「吾久不見希杲，聞其治行尤異，故來省之，無他也。」頃之，漢兵引去，徙希杲知朗州，仍領静江節鎮如故。久之，加侍中。後十年，希杲復得朗人心，文昭王數數令人伺動静，希杲愈益懼，稱疾求歸，不許。俄遣醫視疾，因酖殺焉。朗人莫不悲之。

希瞻，武穆王庶子也。天成三年監袁詮軍，敗荆南兵於劉郎洑，有功。未幾，授静江軍節度使。會恭孝王與嗣王希廣爭國，二王皆希瞻兄也，遣使切諫，繼以痛哭，二王不從。希瞻知馬族必覆，不勝其憂，疽發於背卒。

希能，武穆王子也。國亡歸唐，居揚州。及周陷揚州，下詔安撫。已而揚州復入於唐，希能等遂歸周，授左屯衛大將軍。

希貫，武穆王第□子。國亡入唐，同希能等居揚州，後歸周，授千牛衛大將軍。

希隱，武穆王第□子也。通鑑云少子，今從五代史之序。文昭王立，署希隱靜江軍節度副使。是時恭孝王與嗣王希廣交兵，南漢中宗乘其衰也，密遣內侍使吳懷恩爲西北招討使，屯南境以伺進取，嗣王亦命指揮使彭彥暉屯龍峒備之。會恭孝王自衡山遣使擢彥暉爲桂州都監，在城外內巡檢使，判軍府事。希隱心惡之，潛遣使檄蒙州刺史許可瓊來桂州。懷恩遂進據蒙州，侵桂管，西南大擾。希隱、可瓊不知所爲，但相與飲酒對泣。南漢中宗乃遺希隱書曰：「武穆王奄有全楚，富强安靖五十餘年。正由三十五舅、三十舅兄弟尋戈，自相魚肉，舉先人基業，北面仇讎。今聞唐兵已據長沙，竊計桂林繼爲所取，當朝世爲與國，重以昏姻，覩兹傾危，忍不赴救？已發大軍，水陸俱進，但令相公舅永擁節旄，常居方面。」希隱得書，與僚佐議降，支使潘元珪以爲不可。未幾，懷恩奄至城下，希隱率將士斬關奔全州，嶺北之地遂盡爲南漢所有。希隱後入唐，已又歸周，授節度行軍司馬。

希濬，武穆王第□□子也。國亡入唐，隨兄希崇居揚州。顯德三年，周世宗下揚州，優詔安撫。未幾揚州復爲唐地，希崇率兄弟等歸周，周授希濬節度行軍司馬，終於其職。

希知，武穆王第□□子。同兄弟十七人歸周，官節度行軍司馬。久之，卒。

希朗，武穆王少子也。國亡降唐，已而又入於周，周世宗授希朗行軍司馬。

武穆王子凡三十餘人，今見史籍者衡陽四王而外，希振、希旺、希杲、希瞻、希崇、希能、希貫、希隱、希濬、希知、希朗，不過十餘人而已。

文昭王諸子　廢王諸子　恭孝王子光贊

文昭王子，失其名數。恭孝王陷長沙時，馬軍指揮使李彦温與戰棹都指揮使劉彦瑫同奉王子趣袁州奔唐，終於金陵。

廢王子，亦失其名數。朗兵陷長沙時，王子匿於慈堂，不得出，後不知其所在。李彥温、劉彥瑫又别奉王衆子奔唐，終於金陵。

光贊，恭孝王子也。恭孝王趣長沙，留光贊守朗州。已而長沙既陷，署光贊武平軍留後，命何敬真爲朗州牙内都指揮使，帥兵戍焉。及王逵之亂，推光贊從兄光惠知州事，光贊遂被黜。

十國春秋卷第七十二

楚六　列傳

張佶　蔣勛　姚彦章

張佶，長安人。初爲宣州幕僚，惡觀察使秦彦爲人，〔一〕棄官去。過蔡州，秦宗權留爲行軍司馬。佶謂忠武軍將劉建鋒曰：「秦公剛鷙而猜忌，亡無日矣。吾屬何以自免？」建鋒方自危，遂深相結納。佶後在孫儒軍爲指揮使，儒敗，衆推建鋒爲節度使。及陳贍殺建鋒，羣推佶爲帥，佶將入府，乘馬輒踶齧傷佶髀，佶卧病，語諸將曰：「吾非汝主也。馬公英勇，可共立之。」諸將乃共殺贍，迎武穆王於邵州。武穆王至，佶乘肩輿入府，武穆王拜謁庭中如平時。佶隨召武穆王上，乃率將吏下北面再拜，以位與之。已代武穆王將兵攻邵州。居數年，武穆王奏升朗州爲永順軍，表佶節度使，終於其官。

蔣勛者，本唐邵州指揮使。乾寧時，武穆王與劉建鋒引兵至澧陵，勛同鄧繼崇將步騎三千守回龍關。武穆王先至關下，遣使詣勛，勛等以牛酒犒師。武穆王使説勛曰：「劉龍驤智勇兼人，術家言當興軫翼間。今將十萬衆，精鋭無敵，而君以鄉兵數千拒之，難矣。不如先下之，取富貴還鄉里，不亦善乎？」勛然之，謂衆曰：「東君許吾屬還。」士卒皆歡呼，棄旗幟鎧仗遁去，武穆王因徑度回龍焉。已而勛求邵州刺史不得，據州以亂，武穆王遂攻破定勝寨，帥師城下討之。

姚彦章，汝南人。少沉勇，有智畧。累官湖南聽直軍將。節度使劉建鋒死，軍中推張佶爲帥，佶以馬傷左髀，遣彦章迎武穆王於邵州。武穆王猶豫未行，彦章曰：「公與劉龍驤、張司馬，一體人也。今龍驤遇禍，司馬傷髀，天命人望，舍公誰屬哉？時不可失，願公勿疑。」武穆王乃意決，徑詣長沙。及事定，彦章請取衡、永、道、連、郴五州，且薦李瓊可大用，武穆王悉從其言，果刻期而湖南平。授彦章澧州刺史，尋署静江行軍司馬。

乾化初，遷寧遠節度副使，權知容州。會劉巖兵寇容州，彦章不能守，徙州民及府庫，奔長沙。已又攻吴鄂州，無功。居數年，辰、溆蠻作亂，彦章指授方畧，悉削平之。天成中，武穆王建楚國，文武進官有差，彦章以功拜左丞相。

論曰：佶甘心北面，折節英雄，推賢讓能，司馬具有之矣。彥章具述天人，指畫進退，贊襄之力居多。勛雖不終，而開關撤備，實啓霸圖。要之，皆武穆功臣也。

許德勳　李瓊　秦彥暉　王環　高郁

許德勳，蔡州朗山人。〔二〕事武穆王爲大將。唐昭宗時，淮南約武穆王共絶朱全忠，德勳曰：「全忠雖無道，然挾天子以令諸侯。明公奉王室，未可輕絶也。」時謂德勳知大體。天復三年，領兵畧地荆南，還過岳州，諭刺史鄧進忠禍福，進忠以城來附，舉族遷長沙。武穆王改進忠衡州，即以德勳爲岳州刺史。

天祐二年，淮南取岳州，德勳奔還。開平初，長沙兵會荆南伐雷彥恭，時淮南將泠業、李饒統兵救朗州，武穆王命德勳拒之。德勳先使善泅者五人，以木枝葉覆其首，持長刀巨斧，浮江而下，中夜犯業營，猝舉火，譁聲若雷。淮人殊不測，一軍盡驚擾。德勳乃麾大軍進擊，大破之。追至鹿角鎮，擒業，又破瀏陽寨，擒饒，隨掠上高、唐年數十壁，斬業、饒長沙市中。

久之，拜右丞相。吳使苗璘、王彥章統水軍來寇岳州，武穆王命德勳將兵禦於君山。德勳謂左右曰：「吳人掩吾不備，見大軍驟至，必鳥獸散，師無益也。」乃匿水軍於角子湖，使王環夜伏戰艦二千艘屯楊林浦，以絶吴歸路。遲明，吴人進軍荆江口，將會荆南兵來攻岳州。師出道人磯，德勳命戰棹虞候詹信帥輕舟三百潛邀吴軍後，而已以大軍壓其前，先後夾擊，鏖戰一晝夜，吴師大敗，斬獲無算，鹵璘與彦章以歸。已而吴人求和，武穆王許遣二人還廣陵，即令德勳餞之。德勳語之曰：「楚國雖小，舊臣宿將故在也，願吴朝勿以爲念。他日竢衆駒争皂棧，後可圖耳。」時武穆諸子驕奢，故德勳及之。未幾，加侍中，卒。子可瓊，有傳。

李瓊，三楚新録作李勳，誤。故孫儒軍將，儒死，從武穆王入湖南，隷帳下爲親從都副指揮使。驍勇饒膽畧，冠絶一時。及武穆王詣潭州知軍府事，留瓊代攻邵州。光化元年，姚彦章薦瓊可爲大將，署爲嶺北七州遊奕使，將兵攻衡州，斬楊師遠，有功。已圍永州，唐世旻走死。明年，又攻郴州，殺其守將陳彦謙；進攻連州，魯景仁自殺。不一歲，連、邵、郴、衡、道、永六州悉平，皆瓊力也。

未幾，桂管劉士政懼師入其境，命親校陳可璠、王建武等率兵守全義嶺。武穆王遣使聘於士政，至境上，可璠閉關不内。武穆王怒，令瓊與秦彦暉將兵七千攻之。會可璠掠縣民耕牛以犒軍，縣民怨甚，願爲前鋒鄉導，密言西南有小徑，距秦城裁五十里，可通單騎。瓊統步騎兵三百，銜枚夜襲秦城，逾垣而入，遂擒建武還；比明，絏以匹練，造可璠壁下示之。可璠猶未信，斬其首投壁中，桂人皆震恐。瓊因勒兵進擊，鹵可璠及其將士三千人，悉阬之，隨引兵趣桂州。自秦州南二十餘壁，望風奔潰，遂迫士政降，盡取其所屬桂、宜、巖、柳、象五州之地，亦瓊力也。武穆王嘉其功，卽遷瓊桂州刺史。未幾，表爲靜江軍節度使，已加同平章事。天祐二年卒。

瓊善飲食，每一飯，肉十數斤，割大臠而啖之，軍中謂之李老虎。先是，桂州兒童每聚戲，輒呼曰：「大蟲來！」號呼而走。及瓊拔桂管，識者以爲應。

秦彥暉，秦宗權之族弟也。初與武穆王等從孫儒掠地淮南，已而事王爲親校。當李瓊破桂州時，彥暉同爲大將，統諸軍實在行所，斬捕功已多，改在城都指揮使。

開平初，淮南將劉存等帥師擾邊，武穆王命彥暉率水軍東下。彥暉與存戰於越堤，淮南師敗績。存等屢不勝，遺書武穆王求和，王欲許之，彥暉曰：「淮人多詐，將怠我師，不可信。」急擊之，夾水而陳。存遥呼曰：「殺降不祥，公獨不爲子孫計邪？」彥暉曰：「賊入吾境而不擊，奚顧子孫！」麾兵大進，鹵存等，遂拔岳州。未幾，會荆南兵攻朗州，時朗帥雷彥恭引沅江環州城以自守。彥暉使裨將曹德昌帥壯士夜入，自水竇內外舉火相應，彥暉鳴金鼓大譟，壞門而入，彦恭奔廣陵，遂執其弟彦雄等以還。於是澧州向瓌、辰州宋鄴、溆州昌師益等盡統溪洞諸蠻來附，不數年，湖南畧平，彦暉功爲最焉。後累官□□□□卒。〔三〕

王環，爲人勇悍，善兵法。從武穆王數征討有功，乾化中，授岳州都指揮使。時刺史許德勳將水軍巡邊，夜分，南風暴起，環乘風趣黃州，以繩登城，徑奔州署，執吴刺史馬鄴，大掠而回。德勳曰：「鄂州將邀我奈何？」環曰：「我軍入黃州，鄂人不知，奄過其城，彼方自救不暇，安敢邀我？」乃展旗鳴鼓，揚帆大進。鄂人殊出不意，果恇擾不敢逼。天成三年，改六軍副使。與荆南戰於劉郎洑，荆南大敗請和。武穆王讓環不卽取荆南，環曰：「江陵在中朝及吴、蜀之間，四戰之地也，宜存以爲吾扞蔽，安可徒快一時心而自失脣齒之形乎？」王以爲識時勢，大悦之。

環前後凡六破吴兵，再破荆南兵，聲震一時。環每戰身先士卒，與衆同甘苦。常置鍼藥在左右，戰罷，索傷者於帳前，親爲傅治。士卒隸戲下者，相賀曰：「吾屬得死所矣。」故所向克捷。不數年，卒。子贇，有傳。

高郁，揚州人。明敏多筭。乾寧初，武穆王爲湖南留後，以郁爲謀主，署都軍判官，心相得也。王初畏淮南、荆南、廣南之强，議以金帛結之，郁曰：「成汭地狹兵寡，不足爲吾患。劉龔志在五管而已。楊行密，公之仇讎，雖以萬金賂之，不能得其歡心。莫若上奉天子，下撫士民，訓卒厲兵，以修霸業，則誰與爲敵矣。」於是王始修貢京師，四境寧輯。

開平時，郁復勸王自京都至襄、唐、郢、復等州徧置邸務售茶，利幾十倍；又令民得自造茶以通商旅，而收其筭，歲入凡萬萬計。郁又私計湖南爲商旅輻凑之地，地多鉛鐵，諷王鑄鉛鐵錢，與銅錢間行。商旅出境，無所用鉛鐵錢，悉易他貨而去，百貨流通，國日益以富。復命民輸税者用帛代錢，湖南民素不習蠶桑事，至是機杼遂槩於吴越。武穆王地大力完，得邀封爵，以與諸鎮抗者，郁謀居多；而内外疾郁功者，亦人人得甘心之矣。

先是唐莊宗入洛，武穆王遣子文昭王入貢，莊宗愛其警敏，佯言曰：「比聞馬氏當爲高郁所奪，有子如此，郁安能得之？」南平王季昌亦屢造流言以間郁，不可得，乃寓書衡陽王希聲，盛稱郁功名，願爲兄弟。蓋衡陽王時爲節度副使，居中用事也。復令諜者語之曰：「高公聞楚用郁，大喜，以爲亡馬氏者必郁。」衡陽王素愚，輒以爲然，而文昭王又以莊宗言爲疑，頗懷去郁意。天成中，會國戚楊昭遂謀代郁有日矣，數數讒郁之短，衡陽王因乘間見武穆王請誅郁，且言郁奢僭不法，外結鄰藩，不除將有尾大患。王曰：「成吾大業者，郁也。汝休矣，勿爲此言。」衡陽王固請罷其兵柄，乃左遷郁行軍司馬。郁怒曰：「吾事君王久矣，亟營西山，將老焉。猘子漸大，行能咋人！」衡陽王聞之益怒，四年七月，矯令殺郁於府舍，牓諭中外，誣郁謀叛，并誅其族黨。武穆王老，不復省事，莫知郁死。是日大霧四塞，王怪之，語左右曰：「吾昔從孫儒，儒每殺不辜，多致茲異，豈馬步獄有冤死乎？」已而吏以狀白，王拊膺大慟曰：「吾老耄，政非己出，使勛舊橫罹冤酷！」顧近侍曰：「吾亦不久於此矣！」

郁有才而性貪，頗尚奢侈，常以所食井不潔，用銀葉護其四方，命曰「拓裏」，故忌者得乘其機害之。又辰州民向氏者，因爇火燒，起一龍，四面風雷急雨不能撲滅，尋爲煨燼，而角不化，瑩白如玉。向氏寶而藏之，郁以價强取之。有術士曰：「高司馬其禍乎，安用不祥之物以速戾？」未幾，遂被誅。郁後於陰晦之日，多見形爲祟。

論曰：楚介在蠻方，北臨吴會，南偪嶺表，中間江陵，征討捍禦，故非諸臣莫爲功。許、李、秦、王，皆桓桓虎臣，允矣干城之選也。郁劻勷帷幄，富國裕財，雖古之計然何加焉。横遭屠僇，自棄忠良，鳥盡弓藏，痛深行路，哀哉！

李唐　楊定真　袁詮　吕師周　苑玫　李鐸　何致雍

李唐，素隸武穆王戲下爲牙將。秦彦暉等平嶺北，唐與張圖英實副之，未幾，破永州，卽遷唐永州刺史。明年，進攻道州。是時蔡結據道州，伏蠻兵於箐隘以待唐兵，唐先爲所敗，因撫膺思曰：「蠻所恃者獨山林險阻處耳，若平地，烏能勝我！」由是順風縱火，光燎於天，四望無際，不可嚮邇。道州蠻皆鳥獸散，唐遂陷道州，斬結首。霸業之興，稱名將者，唐爲許德勳、李瓊之亞。

楊定真，事武穆王爲靜江軍使。開平初，淮南將劉存等入寇，兵容甚盛，王頗有懼色。定真賀曰：「我軍勝矣。」王問故，定真曰：「夫戰，懼則勝，驕則敗。今淮南兵直趨吾城，是驕而輕敵也；而王有懼心，是以知其必勝。」後果獲存，殺之，王服其有先見。俄遷水軍都指揮使。乾化時，吳將陳璋寇岳州，執刺史苑玫，王命定真統師往救璋，卒無功而遁，後不知所終。

袁詮，武穆王時爲六軍使，與副使王環敗荆南兵於劉郎洑，有功。及衡陽王薨，詮與潘約等迎文昭王於朗州，以正嗣位。倉卒之時，軍府鎮定，詮與有力焉。後累官□□□□，久之卒。

呂師周，揚州人也。豪健義俠，粗通緯候、兵書。父珂，事吳武忠王，拜黑雲都指揮使；珂卒，師周代之。路振九國志云：師周代父爲黑雲都指揮使。歐陽史作袁州刺史，非。弘農王時，師周將兵屯上高，自言三世將家，懼不能免，常恣爲盃酌，與酒徒聚飲，醉則起舞悲歌，慷慨泣下。弘農王聞之，疑其有異志，使人偵動靜。師周益懼，謂裨將綦母章曰：「吾與楚人爲敵境，吾常望其營上雲氣甚佳，未易敗也。吾聞馬公長者，待士有禮，吾欲逃死於楚，可乎？」章曰：「公自圖之。章舌可斷，語不泄也。」師周以兵獵境上來奔，章縱其孥隨之。

武穆王聞師周至，大喜曰：「吾方南圖嶺表，得此人足矣。」以爲馬步軍都指揮使。率兵攻嶺南，與清海節度使劉隱十餘戰，盡取昭、賀、梧、蒙、龔、富六州，表授師周昭州刺史。後二年，辰州蠻宋鄴寇湘鄉，溆州蠻潘金盛寇武岡，武穆王檄師周將衡山兵拒之。師周攀藤緣崖，引兵入飛山洞，襲金盛營，擒送武岡，隨移兵擊鄴。鄴與蠻昌師益帥衆來降，蠻洞悉平。師周後以病卒。

苑玫，蔡州人。武穆王時積功至指揮使，撫州危全諷攻洪州，乞師於武穆王，王命玫會袁州刺史彭彥章出師援之，未幾爲淮南將米志誠所破。已而遷岳州刺史。淮南節度副使陳璋來襲岳州，遂執玫以去。玫敢勇多膽氣，竟以數奇至於敗。

李鐸，事武穆王爲從事，起家都統判官。及開國，承制置官屬，改鐸爲司徒。衡陽王用藩鎮之儀，仍爲判官。文昭王立天策府學士，鐸亦與其選。

何致雍，賈人子也。幼而英爽好學，常隨從父泊舟皖口，從父夢有人若官吏狀，乘馬冠蓋，數往來岸側，點録舟中人物之籍，俄一人自後呼曰：「何僕射在此，勿遽驚之！」對曰：「諾，不敢。」已而從父寤，訪舟中人，無一何姓者。翌日，風濤大作，旁舟多覆没，惟致雍舟如故。從父謂致雍曰：「我家世貧賤，吾復老矣，何僕射必汝也，善自愛。」未幾，致雍受知武穆王，起家節度判官。及王開國，除致雍户部侍郎、翰林學士。文昭王爲武安節度使，復改致雍判官。累官檢校僕射，卒於官，竟如皖口神之言。致雍善文章，所著天策寺碑銘，楚人常稱道之。今傳者有曰：「乃克桂林，乃襲荆渚，彼岳之陽，全師而取。」云云。

黄損　潘起

黄損，不知其何郡縣人，武穆王時官兵部侍郎。王既卽世，遺令諸子昆弟相繼，諸將議發兵守邊徼，然後舉喪，損曰：「吾喪君有君，何備之有！」因勸衡陽王宜遣使朝廷及諸鎮，告哀稱嗣，正其始終，人皆多損識大體云。

潘起，一作玘。□□人。仕武穆王，累官静江節度判官、吏部侍郎。性戇直，不少假借。衡陽王居喪，日殺雞五十爲膳，及發引，猶頓食雞臛數器。起譏之曰：「昔阮籍居喪而食蒸豚，世豈乏賢邪！」文昭王立天策府學士，起亦與十八人之列。

校勘記

〔一〕秦彦　九國志卷十一張佶傳作「秦彦暉」。

〔二〕蔡州朗山人　「蔡州朗山」字原爲空缺。九國志卷十一許德勳傳載德勳爲蔡州朗山人，今據以補入。

〔三〕後累官□□□□卒　九國志卷十一秦彦暉傳載：「收功奏加檢校太傅。……朗州平，遷道州刺史，乾化中代歸，卒。」

十國春秋卷第七十三

楚七　列傳

彭玕　唐世旻　劉昌魯　龐巨昭

彭玕，江南野史作玗，又作旴，九國志亦作玗。今從通鑑、唐書。世爲廬陵人。通鑑云赤石洞蠻。今從江南野史。當唐末時，天下阻兵，以門籍爲胥吏，有大志，常怏怏不樂於吏事，同曹多心厭之。一日，同曹吏李氏者私集儕屬燕飲，而玕不之召，自往赴之，見十數輩已畢會，而李不具饌。玕知其忌己也，陽遺席帽去，行數里，復來取帽，見同曹吏飲啗自如，遂含笑走，歎曰：「大丈夫當取富貴，列鼎俎食，何必狎此鼠輩而聚飲啜乎！」玕婦聞之，曰：「請以箱奩資易酒饌，以致報何如？」玕從之。於是治供具，盡召李氏坐中主客，酒酣，謂衆客曰：「玕不才，不能從事諸君，請自此決，退耕壠畝矣。」

既歸，鄉里有山名王嶺，益破家鬻産，治鐵爲兵，宰牛練楮爲甲胄，與兄弟倡率義師，以自衞鄉黨爲名，得勇力無賴者五百餘人。玕乃立偏裨，設號令，雄於一鄉。會羣盜數千掠撫州，時鎮南節度使鍾傳統江西八郡，不能制，而南城人危全諷兄弟亦起義師，連玕，併力攻之，斬其賊帥，衆盜遂奔潰。傳聞之，表全諷撫州刺史，玕吉州刺史。

玕歸本州，益廣城池，務農訓兵，尤禁博錢。玕常切齒李氏，至是陰令人博於其家，盡誅其妻子數十人。有裨將袁大蟲等私語曰：「使君今位重，皆吾輩力也，而諸將竟無分祿之地，奈何？」玕聞之，因大雪，伏甲幕下，夜會諸將飲，酒醉，盡殺之。其急眦睚類如此。

及傳死，洪州已入於淮南，玕獨强項不爲屈，通好武穆王以乞援師。復與全諷及信州危仔昌、虔州盧光稠等深相結納，圖進取江州。未幾，與淮南將周本逆戰象牙潭，爲本所敗。玕退走，命兄弟輩立寨於新淦二十里風岡拒之。時寨中得玉笥山道士劉守真，能驅役鬼神，每淮兵掠寨，守真噀水調角，風雨雷電，忽然而起，淮人頗畏之。一夕，守真死，玕連戰不利，棄寨而還。已又舍州退保朱川，盡徙百姓户口千餘家奔郴、衡。武穆王表玕郴州刺史，且爲文昭王娶其女。一云又改全州，兄弟皆蒞縣邑。迨十年而玕卒。

玕通左氏春秋，嘗募求西京石經，厚賜以金。揚州人至相語曰：「十金易一筆，百金易一篇，況得士乎！」故士人多往往依之。玕歿後，蠻人龍寶光者裂裳爲旗，呼内外曰：「有欲返江南者，請從此行！」凡得數百户，執大斧長刀以走，追者不敢逼。初玕來湖南時，吳人掘其先世之冢，惟見大蛇長二丈許，目未開，遂殺之。最後馬氏遷金陵，江南餘民多隨之入唐，惟玗子孫恥而不返，人多稱其賢焉。

唐世旻字昌圖，零陵人。素驍勇，狀貌英偉，眼環齒露。黄巢起，世旻團結鄉兵自捍。劉建鋒同武穆王入潭州時，舉爲永州刺史，已而據州不服王命。李唐等攻永州，殺其守將鄭封。城陷，世旻力戰死之。民頗思世旻保障功，摶像以祀。

劉昌魯，鄴人也。唐僖宗時，黄巢寇嶺南，昌魯爲高州刺史，帥羣蠻據險拒之，巢衆不敢入。唐嘉其功，擢本州防禦使。及南平王劉隱奄有嶺南，命弟陟攻高州，且數召昌魯，欲籍其家，昌魯輒大破之。然自度非隱敵，乃刺血致書武穆王，具述懸急，請歸於王。王大喜，遣捉生指揮使張可求湖湘故事作可球。部轄兵馬於界首，應接三千餘口來歸。時王命姚彦章迎龐巨昭於容州，亦令彦章至高州趣可求早發。昌魯至長沙，王署爲永順軍節度副使。無何，卒於官。廣東志云：乾化三年，劉巖擊取高州，殺劉昌魯。此志之誤也。

龐巨昭，湖湘故事作巨曦。本唐末邕容等州防禦使，一云容州刺史。累遷寧遠節度使。開平末，南平王劉隱遣弟陟攻容州，巨昭力拒之，得解去，因遣小吏間路納款於武穆王。王命澧州刺史姚彥章領馬步軍八千人迎之。時容南指揮使莫彥昭説巨昭曰：「湖南兵遠來罷乏，宜棄城潛山谷待之。彼入城，而我以全軍掩其不備，楚將可擒也。」巨昭曰：「吾中宵獨占氣象，馬氏合五十餘年興霸湖外。今雖勝，後必成仇讎，不若具牛酒逆之便。」彥昭不從。是夜，斬彥昭於私第以降。彥章至高州，遣兵護巨昭之族及士卒千人歸長沙。巨昭善星緯之學，或問湖南與淮南國祚長短，巨昭曰：「自今以後，馬氏當五主，楊氏當三主。」蓋得之童謠云。後皆如其言。

論曰：彭玕舍吴奔楚，爲國姻戚，夫固有天意存焉。世旻狥城不屈，與玕較殊，保障之功，似亦足多者。昌魯、巨昭，去就斷然，能擇其主，倘所謂知廢知興者非歟？

拓跋恆　徐仲雅　劉勍　張少敵　廖匡圖弟匡齊

拓跋恆，本姓元，避景莊王偏諱，改今姓。少以才學見稱，武穆王時以學士兼僕射。衡陽王罷建國之制，降稱節度判官。文昭王開天策府，乃以廖匡圖、李宏皐等十八人爲天策府學士，而恆首與其選。匡圖輩多佻薄，飲酒歡呼，語涉狎昵，獨恆沈默長者，切直强諫。天福八年，文昭王用孔目官周陟議，令常税外，大縣貢米二千斛，中千斛，小七百斛。

恆上書曰：「殿下長深宮之中，藉已成之業，身不知稼穡之勞，耳不聞鼓鼙之音。馳騁遨遊，雕牆玉食。府庫盡矣，而浮費益甚；百姓困矣，而厚斂不息。今淮南爲仇讎之國，番禺懷呑噬之志，荆渚日圖窺伺，溪洞待我姑息。諺曰：『足寒傷心，民怨傷國。』願罷輸米之令，誅周陟以謝郡縣。去不急之務，減興作之役。無令一旦禍敗，爲四方所笑。」王大怒。他日入謁，王呼閽者止恆曰：「吾不欲見此人，勿復内也。」恆對客將歐宏練惆悵者久之。王益怒，遂謝絶恆。及卧病，始思恆言，以爲忠，召之託以廢王希廣。希廣，文昭王同母弟也。

文昭王既薨，衆莫知所立，而是時恭孝王希蕚爲武平節度使，於諸弟爲最長，恆語都指揮使劉彦瑫曰：「三十五郎雖判軍府之政，然三十郎居長，請遣使以讓之；不然，必起争端。」彦瑫等卒立廢王。恆又數勸廢王以位奉其兄，王復不從。恆於是與張少敵皆稱疾，杜門不出。居數年，恭孝王果争國，湖南大亂。及邊鎬入醴陵，恭孝王母弟希崇命恆奉牋詣軍門降，恆歎曰：「吾久不死，乃爲小兒送降狀！」後希崇入南唐，恆不知所終。

徐仲雅字東野，其先秦中人，徙居長沙。有雋才，長於詩文。起家昭順觀察判官。文昭王開天策府，以僚佐拓跋恆等十八人爲學士，仲雅年十八，與其列焉。楚人以爲榮。時湖南豪靡侈汰，上下成風，仲雅因語及公府制度，奢僭太過，引典故以規正之，文昭王爲首肯，而卒不能用。及廢王希廣之變，仲雅閉門不出。唐邊鎬入潭州，益屏迹荒遯，不免凍餒。

周行逢爲武安節度使，非能真知仲雅也，而浮慕其名，署爲節度判官。仲雅曰：「行逢昔趨事我，奈何以幕吏辱我！」辭以疾。行逢固迫脅之，面受文牒，仍辭不往。行逢怒，放之邵州。既而召還，會行逢誕生日，諸道各遣使致賀，行逢有矜色，謂仲雅曰：「吾奄有湖湘，兵强俗阜，四鄰其懼我乎？」仲雅曰：「公部内司空滿川，太保徧地，孰敢不懼！」蓋譏其署官冗濫也。初王逵起兵，能應募者置司空、太保以誘，自是武陵村落廛市，豪横之輩稱司空、太保者無筭。未幾，行逢大宴僚吏，席間呼音多誤，仲雅性滑稽，戲曰：「不於五月五日剪舌，致使乖錯如此。」行逢大怒，復放之邵州，以仲雅故名望，未敢加誅。

仲雅結廬山寺，暇日覩羣僧剃櫻樹，咏以見志，曰：「葉似新蒲緑，身如亂錦纏。任君千度剥，意氣自衝天。」其負氣不屈，皆此類也。

劉勍者，史失其何郡人，累官静江指揮使。當文昭王時，溪州刺史彭仕然引蠻兵寇辰、澧州，勍同廖匡齊帥兵擣溪州，仕然走保山砦，危巖斗絶，不可猝登。勍造作梯棧，圍之三匝。匡齊力戰死，而勍度無可如何，因風投火，繼以火矢，燔其營寨。仕然窮迫，竄入溪錦蔦山中。勍復爇火赭山，仕然始遣子師暠送款，勍班師長沙。王乃徙溪州於便地，官仕然刺史，而立銅柱，以表後世，改勍錦州刺史。是役也，平蠻之功，以勍爲第一。

張少敵，永順節度使佶之子也。文昭王時官都指揮使，與袁友恭同爲王所親密。安州李金全、襄州安從進叛，晉高祖詔王出兵，王遣少敵以舟兵趨漢陽，漕米五萬斛饋軍。金全等敗，少敵乃旋。居無何，文昭王卽世，將吏議所立，時恭孝王知永州事，於諸弟齒爲差長，少敵請迎之，而劉彥瑫、李宏臯等固欲立天策府都尉希廣，且言都尉爲嫡嗣，當襲位。少敵曰：「國家大事，非一途可拘也，變而能通，斯能持久，何嫡庶足云乎？永州齒長而性剛，必不爲都尉之下明矣。且與武陵九溪蠻往來相得甚歡，必引蠻軍爲亂。若奉都尉，當思長策以制永州，使帖然不動；不然，社稷危矣。」彥瑫等不能從。少敵退曰：「禍其始此乎！」稱疾不出。

廖匡圖，歐陽史避宋諱作光圖。虔州虔化人。父爽，事鎮南軍留後盧延昌爲將，延昌表於梁，授爽韶州刺史。武穆王時爲廣南所攻，舉族來奔，部曲隨至者數千人。王以其豪而衆多，將拒不內。或諫曰：「廖者料也，馬得料必肥，是家國强霸之兆，何拒爲？」王遂遇以恩禮，表爽爲永州刺史。匡圖故年少，善文辭，授江南觀察判官。文昭王時選爲天策府學士，與徐仲雅、李宏皐等同在十八人之列。居數年，卒於官。有集一卷。

匡圖弟匡齊，以功署決勝指揮使。會溪州蠻作亂，匡齊戰死。文昭王遣弔其母，母不哭，謂使者曰：「廖氏三百口，受王温飽之賜，舉族效死，未足以報，況一子乎？願王無以爲念。」文昭王以母爲賢，厚恤其家。

論曰：拓跋恆批鱗切諫，不愧古之遺直。仲雅秉志靡屈，卒全始終。勍溪州之役，無讓伏波，而勒銘銅柱，侈矣。少敵嗣位之議，利害瞭然，綽有厥父風。若廖氏一家，彬彬文武，或殉其軀於文昭，殆有榮施焉。

丁思覲　戴偃

丁思覲者，通鑑作思瑾，五代史補作思僅，今從歐陽史。失其世系，文昭王牙將也。累官天策副都軍使。是時中原大亂，文昭王奢欲無厭，縻費工作，思覲上書切諫曰：「先王起卒伍，以攻戰而得此州，倚朝廷以制鄰敵。傳國三世，有地數千里，養兵十萬。今天子蒙塵，朝廷無主，真霸者立功之時。誠能悉國之兵，出荆襄以趣京師，倡義於天下，桓、文之業也。奈何耗國用而窮土木，爲兒女子樂乎？」王怒，削其官爵。思覲瞋目直視王曰：「孺子終不可教！」乃扼喉而死。五代史補云：「丁思僅素有才畧，爲馬氏騎將。以希範受契丹命，因謂希範曰：「今朝廷失守，正忠臣義士奮發之時，時不可失，願大王急圖之。」希範本無遠畧，加以興作府署未畢，不忍棄去。思僅不勝其憤，謂所親曰：「古人疾没世而名不稱，今遭逢擾攘，不能立功於天下，反顧戀數間屋子乎？」自是思僅常怏怏。今從楚世家。

戴偃，金陵人。少工吟詠，不求仕宦，自稱玄黃子，人多號曰處士。唐末避亂湘陰，會文昭王務窮侈靡，國中不勝其苦，偃作漁父詩百篇諷之。有云：「總把咽喉吞世界，盡因奢侈致危亡。」又曰：「若須抛却便抛却，莫待風高更水深。」王得詩大怒，一日顧賓佐曰：「戴偃何如人？」時賓佐未測王指，遽曰：「偃故詩人，深爲流輩推許。今方貧悴，大王置之參軍、主簿間足矣。」王曰：「日來獻吾詩，大類魚釣者流，宜賜碧湘湖居之。」卽日令遷居湖上，戒公私不得與通。偃用是窮餓益甚，謂妻曰：「予與若結髮，舉一兒一女，今勢不能兩全，宜分兒遁去。」遂舉骰子，與妻約曰：「采多得兒，采少得女。」既而偃采少，乃攜女慟哭而別。偃將奔嶺南，至永州，聞文昭王已薨，乃止。一云偃坐譏刺繫獄，竟餓死。楚人與思覲並稱。

論曰：思覲絶喉，偃亦窮餒。言之其臧，則具是違，豈文昭王謂邪？其不及身亡也幸矣。

何仲舉　劉昭禹　石文德　林崇禧　路洵美

何仲舉，營道人也。美姿容，俊邁絶倫。少時，母常夢挾仲舉入月。年十三，家貧，輸稅不及限，李宏皋爲營道令，怒之，命荷校頌繫獄中。或言仲舉雅能文，且工敏，宏皋遽召問曰：「若能詩，吾當貸汝。」仲舉援筆立就，有「似玉來投獄，抛家去就枷」之句。宏皋大驚異，延之聽事，與講鈞禮。仲舉由是鋭意力學。

天成中入洛，會秦王從榮爲河南尹，傾身下士，仲舉與張抗、江文蔚同遊其門，逾年遂登進士第。時公舉數百人，獨以仲舉爲擅場。仲舉因獻秦王詩曰：「碧雲章句裁離手，紫府神僊盡點頭。」秦王大悦，稱賞不已，故一舉上第。賜所居鄉曰進賢，里曰化龍。

未幾，歸事文昭王，爲桂管觀察推官。會王承制建天策府，置十八學士，而宏皋方柄用，仲舉感私恩，雖策名中朝，事宏皋益恭，宏皋遂加引薦，同與十八人之數。久之，出爲全州刺史，已又改衡州，以壽終。

先是楚地多詩人，最著者有沈彬、廖凝、劉昭禹、尚顔、齊己、虚中之徒，而仲舉實伯仲諸子間。獨宏皋推轂仲舉爲甚，往往對衆吟秋日晚望詩，有云：「樹迎高鳥歸深野，雲傍斜陽過遠山。」以足頓地歎曰：「何仲舉故詩家之高逸者也！」其見重如此。

劉昭禹字休明，桂陽人。一云婺州人。起家湖南縣令，事武穆王父子，歷官容管節度推官、天策府學士，終嚴州刺史。有詩三百篇，爲集一卷行世。

昭禹少師林寬爲詩，刻苦不憚風雨。平居論詩曰：「五言如四十賢人，不亂著一字，屠沽輩也。」又云：「索句如獲玉匣，精求必得其寶。」嘗有詩云：「句向夜深得，心從天外歸。」又有送休上人之衡岳、經費冠卿舊居二章，甚稱於時。昭禹善詩，而好折節下賢，一日見石文德詩於坐中，駭服曰：「君文苑之雄也！」力薦於文昭王，同隸天策府。其虛懷多此類。

石文德，連州人。形質寢陋短小。酷好學，博覽墳史，經目不忘。常讀范曄後漢書，摘其瑕疊數百條辨駁之，識者謂史通不能過也。素不善草隸詩律，一日得晉帖數紙，及閱殷璠詩選，極力摹倣，久之迥出儕輩，遂工於詩。遨遊湘、漢間，無所知名。文昭王時，僦屋長沙，累獻詩丐用，王以貌寢，故不加禮，文德用是頗窮悴。會有南宅王子者，素重士，延致門下。王怒甚，欲庭辱文德而逐之。未幾，值端午宴集，文德賦艾虎長篇，學士劉昭禹見之，大爲稱許，力言於王，王亦未之奇也。秦國夫人薨，天策學士輩各撰挽詞以進，文德亦獻十餘章，其一云：「月沈湘浦冷，花謝漢宮秋。」王得詩，大驚曰：「文德負此才，吾但以貌而忽之，乃不如南宮小兒却能知人邪！」遂品爲挽歌第一，承制授水部員外郎，甚親重之，名其鄉曰儒林。他日會燕長春堂，王出玉杯賞賦詩者，李宏皐詩先成，得之；文德繼進，加美焉，王復賚以玉蟾滴，由是諸學士多疾其能。尋中讒出爲融州刺史。一作副使。

時文昭王營建征討無虛日，徵諸州梗枏皮鎧，動至千萬計。文德上書切諫，幾觸王怒，賴劉昭禹力救獲免。無何卒。文德性剛介，不苟合。晚年尤喜著述，撰大唐新纂十三卷，事頗可采，世以多聞許之。

林崇禧，博雅善文章，流輩推服。官至武安節度掌書記。所撰武威王廟碑，楚人多相傳誦。碑有曰：「我王臨位五歲，而桂林歸款。」云云。見通鑑註。

路洵美，祁陽人，唐相巖三世孫也。巖貶死嶺外，其子琛避地湘潭間，遂家焉。洵美雅善文章，王子希杲鎮靜江時，薦授連州從事。居久之，謝病，終於家。

子振，性穎異，十歲聽講陰符經，裁百言而止，洵美俾卒其業，振曰：「百言演道足矣。」洵美大奇之。後入宋，舉進士第。

十國春秋卷第七十四

楚八　列傳

李宏皋　李宏節　鄧懿文

李宏皋，□□人。武穆王時由營道令累遷都統掌書記，文昭王開天策府，宏皋遂與十八學士之列。王既威服諸蠻，於溪州界立銅柱爲表，高丈二尺，命宏皋銘之。宏皋爲文曰：

粵以天福五年，歲在庚子，夏五月，楚王召天策府學士宏皋謂曰：「我烈祖昭靈王，漢建武十八年平徵側於龍編，樹銅柱於象浦，銘曰『金人汗出，鐵馬蹄堅，子孫相連，九九百年』。是知吾祖宗之慶緒綿遠，則九九百年之運，昌於南夏者乎？今五溪輯寧，羣帥內附。古者天子銘德，諸侯計功，大夫稱伐，必有刊勒，垂諸簡編，將立標題，或昭恩德。敢繼前烈，爲吾紀焉。」宏皋承教濡毫，敬載厥事。

蓋聞牂牁接境，五溪遺風，上古以之要服，中世漸爾羈縻。師號滑夫，相名姎氏。

漢則宋均甫肇靖溪山，唐則楊興師遂開展境。邇來豪右，時恣陸梁，去就在心，否臧由己。溪州彭仕然世傳郡印，家總州兵，布惠立威，識恩知勸。故能立三四代，長百萬夫，非德教之所加，豈簡書而可畏；亦無辜於大國，必不虐於小民。多自生知，因而善處。無何忽承間隙，俄至動摇。王每示含宏，常加姑息。漸爲邊患，深入郊圻，擾掠耕桑，侵暴辰澧。疆吏告逼，郡人失寧，非萌作僞之心，偶昧戢兵之法。焉知縱火，果至自焚。時晉天子大創丕基，倚注雄德，以文皇帝之徽號，繼武穆王之令謨，册命吾王開天策府，天人降止，備物在庭。方振聲名，又當昭泰，眷言僻陋，可俟綏懷。而邊鄙上言，各效命士。乃以靜江軍指揮使劉勍率諸部將士，以偏師鉦鼓之聲，震動溪谷。彼乃棄州保嶮，結阻馮高，惟有鳥飛，謂無人到。而劉勍虔遵廟筭，密運神機，跨壑披崖，臨危下瞰。梯衝既合，水泉無汲引之門；樵採莫通，糧糗乏轉輸之路。□□□□，因甘矜恤。彭師暠爲父輸誠，束身納款，我王愍其通變，爰降招攜。崇虎感德以歸周，孟獲畏威而事蜀。王曰：「古者叛而伐之，服而柔之，不奪其財，不貪其土。前王典故，後代蓍龜。吾伐叛懷柔，敢無師古，奪財貪地，實所不爲。」乃依前奏，授彭仕然溪州刺史，加檢校太保。諸子、將吏，咸復職員，錫賚有差，俾安其土。仍頒廩粟，大賑貧民。乃遷州城於平岸，溪之將佐，銜恩向化，請立柱以誓焉。

於戲！王者之師，貴謀賤戰，兵不染鍔，士無告勞。肅清五溪，震讋百越，居平疆理，保乂邦家。爾宜無擾耕桑，無焚廬舍，無害樵牧，無阻川塗。勿矜激瀨流湍，勿恃懸崖絶壁。苟君親之厚德，我不徵求；感天地之至仁，爾懷寧撫。苟違誠誓，是昧神祇。垂予子孫，庇爾族類。鐵碑可立，可忘賢哲之蹤；銅柱堪銘，願奉祖宗之德。宏皋仰遵王命，謹作頌焉。其辭曰：

昭靈鑄柱垂英烈，手執干戈征百越。誕今鑄柱庇黔黎，指畫風雷開五溪。五溪之險不足恃，我旅争登若平地。五溪之衆不足平，我師輕躡如春冰。溪人畏威思納質，棄汙歸朝求立誓。名山記作「溪人畏威仍感惠，納質歸朝永立誓」。今從廖道南楚紀。誓山川兮告鬼神，保子孫兮千萬春。

及文昭王薨，張少敵議立恭孝王，宏皋固争之，且怒曰：「吾聞立嗣以嫡。先大王與都尉希廣同爲嫡嗣，舍此不立，而欲立老婢兒，可乎？」蓋恭孝王，故庶妾子也。少敵退而歎曰：「惜哉李公，禍自此始矣！」未幾，朗兵破長沙，宏皋爲所執。恭孝王詰責之曰：「吾雖生於庶孽，然託體先君，皆馬氏子也。汝何見毁而不吾立邪！」宏皋無以對。命壯士臠殺之。宏皋有表狀一卷，傳於世。

宏節，宏皐弟也。少有文學，與宏皐同居幕府。同光初，武穆王拜江南諸道都統，唐莊宗詔賜戰馬數百匹，王屬宏皐草謝表。會宏皐文思艱澁，顧謂宏節曰：「『馬有旋風之隊』，那得一事作對？」宏節曰：「獨不聞『軍有偃月之營』邪？」宏皐欣然捉筆云：「尋當偃月之營，擺作旋風之隊。」表成，王大稱賞。其警敏如此。文昭王置天策府學士，宏節亦與其數。或以爲武平節度書記李松年，非宏節也。宏節後與宏皐同死於朗兵。

鄧懿文，□□人。以文學雄楚中。仕文昭王爲静江府掌書記，俄擢天策學士。已又兼領營田使，籍逃田募民耕藝。文昭王薨，懿文與劉彦瑫輩力主立廢王希廣。朗兵入，爲恭孝王所殺。

王贇　孟駢　歐宏練

王贇，都指揮環之子也。累官岳州刺史。恭孝王引兵攻廢王希廣，廢王命贇爲都部署、戰棹指揮使，大破朗兵於僕射河。明年，朗兵至岳州，贇堅城不戰。恭孝王呼贇曰：「公非馬氏臣乎？不事我，欲事異國邪！爲人臣而懷二心，寧不辱其先人！」贇曰：「亡父爲先王六破淮南兵，今大王兄弟不相容，竊恐淮南坐收其敝。一旦以遺體臣淮南，誠辱先人耳。

願大王入長沙不傷同氣，臣其敢不盡節而有二心。」恭孝王有慚色，亟引兵去。未幾，改永州刺史。國亡歸唐，湖南諸將佐皆次第入朝，而贇獨遷延後至。唐中主心不善也，毒殺之。

孟駢，居廢王幕府，頗時時以謀畧進。恭孝王稱藩於唐，駢受廢王指，往說恭孝王曰：「公忘父兄之讎，北面事唐，何異袁譚求救於曹公邪！」恭孝王將斬之。駢曰：「古者兵交，使在其間。駢若愛死，安肯此來。駢之言非私於潭人，實爲公謀也。」乃釋歸。

歐宏練，仕文昭王爲客將，稍遷天策府内都押牙。宏練多幹才，頗忠於國家。一日，拓跋恆與語曰：「王遑欲而愎諫，行見千口飄零矣。」蓋以宏練有同心也。及恭孝王之難作，宏練事廢王，無他志。會恭孝王請封於漢，宏練與進奏官張仲荀謀厚賂執政，拒其所請。漢遂降詔諭恭孝王兄弟輯睦，凡武平所貢，必附武安以聞。馬氏得以少延歲月者，宏練與有力云。

吴宏　楊滌

吴宏、楊滌，皆廢王希廣將也。宏爲步軍指揮使，滌爲小門使，於軍中素無顯名。朗兵攻長沙急，二人相謂曰：「以死報國，正其時矣。」各引兵出戰。宏出清泰門，掠陳不利。潞乃執大斧出長樂，大呼索戰曰：「殺來，此爾我畢命日也！」自辰至午，凡往復數十圍，朗兵小却。潞方鼓勇進兵，而許可瓊輩有異心，按軍不救。頃之，潞士卒饑，罷退就蓐食，可瓊舉軍投款，未幾而長沙陷矣。將吏共詣恭孝王謁賀，宏戰血濺染盈褏，直入見恭孝王曰：「不幸爲許可瓊所誤，今日死不愧先王矣。」會彭師暠亦請死王前，恭孝王歎曰：「皆鐵石人也。」貸不死。潞竟以抗師，爲朗人臠食，左右莫不痛之。

彭師暠　廖偃

彭師暠者，黔南溪州刺史仕然之子也。文昭王時，仕然命師暠率諸蠻來降，王徙溪州於便地，仍表仕然刺史如故。而師暠事廢王希廣，官強弩指揮使，領辰州刺史。是時國人多惡師暠獷直，廢王心獨憐之，待遇有加，故師暠常欲爲廢王死。及恭孝王引兵攻長沙，師暠時登城望，入白廢王曰：「武陵兵驕，雜以蠻蜒，其勢易破。請令許可瓊陳山前，臣以步兵三千自巴溪渡江趨岳麓後，夜擊之，希萼坐成擒也。」廢王以爲然。而可瓊有二心，謂：「師暠與梅山諸蠻皆族類，安可信？」竟沮其議。未幾，長沙陷，師暠投槊請就死，恭孝王嘉其忠，僅笞背，罷爲民。師暠遂藁葬廢王瀏陽門外以歸，而心實常懷恭孝王不殺恩也。

居無何，恭孝王與弟希崇復爭國，恭孝王敗，見執。希崇意師暠與王有舊怨，且避殺兄名，於是命師暠幽恭孝王衡山，使甘心焉。師暠歎曰：「留後欲使我弒君邪？吾豈爲是哉！」至衡山，廖偃在焉，相與護視恭孝王甚謹，未常失人臣禮。希崇意不快，召恭孝王歸長沙，師暠乃與偃奉王爲衡山王。後歸唐，授殿直都虞候，卒。

廖偃一名仁勇，天策學士匡圖之子。少倜儻，喜奇節，通左氏春秋、班固漢書。事武穆王父子，自秘書郎爲裨將，戍衡山縣。會恭孝王爲弟希崇所執，希崇遣彭師暠囚王衡山，偃與其叔凝謀曰：「吾家世受馬氏恩，今王希蕚長而被黜，盍相與輔之。」乃擇勇士百人執兵衛王，晝夜擊柝，以警非常。遂築行府，與師暠奉王爲衡山王，斷江爲界，編竹爲戰艦。王署師暠武清節度使，召募徒衆，數至萬餘人，州縣稍稍應之。隨遣判官劉虛己求援於唐，唐將邊鎬帥水兵趣長沙，恭孝王遂入朝於金陵。偃、師暠俱從行，而偃爲部署輜重指揮使，尤勤瘁。恭孝王流涕曰：「吾逐於逆豎，非偃盡忠，豈能免禍。」

至金陵，唐中主召見歎奬之，授偃左殿直軍使、萊州刺史，使守道州，以備南漢。俄而朗州叛，潭州亦潰，偃所部多潭人，中夜作亂，偃率親卒力戰，不能支，極罵而死。唐中主下詔哀悼，贈右領衛大將軍、寧州刺史，謚曰節。

論曰：彭師暠、廖偃之事，言人人殊。江表志則云師暠且從王弟希崇指，害恭孝王，賴偃衛之，而寢其謀。五代史則謂希崇遣師暠與偃囚恭孝王，而師暠奉之衡山，竟不言偃功。惟十國紀年及陸氏南唐書稱師暠、偃同心推戴。而唐保大時豐城令劉虛己亦常移書史館，明偃大節。要之兩人皆忠於故君，而偃功爲多，固不可没也。嗚呼！史之傳謁失實者，獨兩人事已哉！

劉彦瑫　許可瓊

劉彦瑫者，事文昭王爲長直都指揮使。王薨，彦瑫與學士李宏皐等共立都尉希廣。無何，王弟希崇貽書恭孝王，畧言彦瑫違先王命，廢長立少，義所不容。恭孝王内含怨望，而未有以發也。會自永州來奔喪，彦瑫復遣周廷誨將水軍往逆，令永州將士皆釋甲入館，不聽恭孝王與廢王相見。恭孝王歸居二年，悉調朗兵入犯。廢王希廣曰：「朗州，吾兄也，不可與争，當以國讓之。」彦瑫固以爲不可，王乃命王贇爲帥，而以彦瑫監其軍。

明年，潭兵屢不勝，嗣王憂形於色。彦瑫白王曰：「朗州兵不滿萬，馬不滿千。都府精兵十萬，何憂不勝？願假臣兵萬人，戰艦百五十艘，徑入朗州，縛取希萼，以解大王憂。」廢王悅，署彥瑫朗州行營都統。彥瑫入朗境，父老爭以牛酒犒師，曰：「百姓不願從亂，望都府之兵久矣。」彥瑫厚賞之，乃與逆戰朗兵於湄州，乘風縱火，以焚其艦。頃之風回，火爇潭兵皆自焚。彥瑫還走，江路已斷，士卒死者無算。已而恭孝王引兵掠湘陰，隨攻長沙，及城陷，彥瑫趣袁州，奔於南唐，終焉。

許可瓊，侍中德勳子也。積功至水軍指揮使。朗兵內侵，廢王希廣命可瓊帥戰艦五百艘屯城北津，屬於南津，戰有日矣，而恭孝王陰遣使啖以厚利，約分湖南地。可瓊心動，遂力沮彭師暠夾擊之謀，事見師暠傳。且謂廢王：「臣世爲楚將，必不負大王，希蕚竟何能爲！」廢王頗倚可瓊爲腹心，日賜可瓊金，屢過其營密議。可瓊常閉壘不使士卒知朗軍進退。廢王故椎愚，歎曰：「可瓊真將軍也，吾復何憂！」可瓊因得爲姦，常夜乘單舸稱巡江，潛與恭孝王會水西，約內應。一日，師暠見可瓊，瞋目叱之，入見廢王曰：「可瓊將叛國，人盡知之，請速誅無遺後患。」廢王曰：「可瓊故許侍中子，寧有是邪！」未幾，朗軍攻長沙益急，可瓊不復爲拒敵計。俄蠻兵自城東縱火，可瓊遂舉全軍降。

恭孝王既入長沙，賞不及於可瓊，頗疑其觖望，出爲蒙州刺史。會王弟希隱爲靜江節度副使，與指揮彭彥暉不相容，密遣人告可瓊。可瓊方畏南漢之逼，即棄蒙州趣桂州，與彥暉搏戰。彥暉奔衡山，而南漢吴懷恩復據蒙州，掠桂管，可瓊遂帥衆走全州，卒。

論曰：彥瑫措置乖方，禍遺君父，竄身鄰國，百死莫贖矣。可瓊受閫外之寄，以國予敵，隕厥家聲，視宏、滌諸臣，有愧焉。要皆所謂馬氏之罪人與。

十國春秋卷第七十五

楚九　列傳

李令　侯元亮　王仝　邵岳

李令，江南人也。故唐時累任大邑，假秩至評事。世亂年老，無復宦情，築室於廣陵法雲寺西，爲終焉之計。常夢束草加首，口銜一刀，兩手各持一刀，入水而行。意甚異之。未幾，孫儒陷廣陵，儒將李瓊屯兵法雲寺，恆止令家，父事令，情好甚篤。武穆王入湖南，瓊從之，挾令與俱行。瓊後累官桂管觀察使，薦令爲荔浦令，與前夢遂合云。

侯元亮，仕武穆王爲湘潭縣令，退居長沙。雅好賓客，宴會無虛日，人目之曰鬧侯。

王仝，湘鄉人。武穆王時爲江華指揮使，與蠻將戰，死。里人立廟於安化東，號王司徒，至今有司徒嶺。

邵岳，京兆人。唐末大亂，挈家來湖南。彭玕刺史全州時，辟岳爲判官。會賊魯仁恭寇連州，遷岳國子司業，知州事，遂家於桂陽。子崇德，官道州録事參軍。

朱葆光　陶英　黄匪躬

朱葆光，其先京兆人，徙家南陽。朱氏篡唐，葆光與顔蕘、李濤輩復攜家來湖南，僑居潭州。每遇元會、長至節，必整衣立南嶽祠前，北望號慟，殆二十年。後濤歸中原，葆光遂卜築衡山，家焉。長沙既陷，子昂入宋，官工部侍郎。昂少與熊若谷、鄧洵美同學，時朱遵度號爲朱萬卷，因目昂爲「小萬卷」。蕘亦没於湖南，常自草墓誌，以序交遊之得失。

陶英字世民，世爲青州人。唐末累官太尉。天祐二年，上書言事，指斥時政，忤梁王朱全忠，因授征南將軍，領兵八萬，出鎮昭州以疎之。明年唐亡，英懼禍，隱於昭州之誕山，挈家以居。武穆王開國，英絶迹不與通。同時有李太尉者，後與英累代締姻，人名其山下峒曰「陶李峒」。

黄匪躬，連州人。幼負詩名，與同郡張鴻、邵安石、吴靄並有才華，登唐光啓三年進士。後仕梁，掌江西鍾傳幕奏記，武穆王雅傾慕之。會匪躬以使事來湖南，王大喜，盡蠲其門户租役。匪躬固辭。王曰：「老夫常恨不一挹清風，今幸得見，惟恐不足以奉湯沐。」其見重有如此。北夢瑣言云：匪躬妻母俱在，三十年不返鄉里。

孟賓于　翁宏　廖融　王元　伍彬

孟賓于字國儀，連州人。少孤力學，事母以孝聞。郡國雅談云：賓于卜珓華山神，有如一年乞一珓，凡六擲，得大吉。後六舉及第。會中朝工部侍郎李若虚來湖南，賓于以詩數百章命爲金鰲集獻之，若虚稱善，譽諸朝，由是聲名益振。晉天福中，登進士第，未幾，以離亂還鄉。會文昭王開府，辟爲零陵從事，亦不顯用。及恭孝王入金陵，賓于自歸南唐，授豐城簿，遷塗陽令。坐贜貨論死。時宋翰林學士李昉，賓于同年進士也，遺之以詩。唐後主見詩貸死，復其官。俄致仕，隱於玉笥山，自號羣玉峯叟。逾年，以水部員外郎起官。金陵平，復歸老於連州。年八十七，〔一〕卒。有集一卷。

賓于負詩才，喜奬拔後進，士林多之。然操行頗不潔，爲世所譏。初歸江南，舉一子，名歸唐，亦能詩，肄業廬山國學，與鄰房生同得佳句，遂交訟於江州。宋開寶時累官大理丞，時人猶指之曰：「此乃訟詩生也。」

翁宏字大舉，桂州人。寓居昭、賀間，以能詩名。咏曉月云：「漏光殘井甃，缺影背山椒。」送人云：「萬木殘秋裏，孤舟半夜猿。」又宫詞：「落花人獨立，微雨燕雙飛。」最爲當時所稱。

同邑有裴諧者，唐人裴説之弟，武穆王時隱於桂嶺，亦工於歌咏。湘江吟云：「風回山火斷，潮落岸冰高。」亦佳句也。

廖融字元素，隱居衡山，與逸人任鵠、王正已、凌蟾、王元游。所著夢仙、題檜、退宫妓諸詩，嘖嘖一時。當武穆、文昭二王時，避亂不仕，竟終於南嶽。

王元字文元，桂林人。隱居不出，工於詩。登祝融峯云：「勢疑撞翼軫，翠欲滴瀟湘。」贈廖融云：「伴行惟瘦鶴，尋寺入深雲。」俱爲文人所折服。後終於長沙。

伍彬，邳陽人。素能詩。初仕□□王。國亡後入宋。有解官詩曰：「蹤迹未辭鴛鷺侶，夢魂先到鷓鴣村。」

又有劉章者，亦仕於□□王。世傳蒲䩥詩，辭林多稱賞焉。

朱遵度　劉昌嗣　何景山　鄧洵美　江禮　李觀象　曹衍

朱遵度，青州人也。家多藏書，周覽畧遍，當時推爲博學，稱曰朱萬卷。避耶律德光之召，挈妻孥，攜書，雜商賈來奔，文昭王待之甚薄，遵度杜門却掃。諸學士每爲文章，先問古今首末於遵度，國人號爲「幕府書廚」。後徙居金陵，高尚不仕。著鴻漸學記一千卷、羣書麗藻一千卷、漆經若干卷。時有蕭處鈞者，長沙人，官衡州司馬。心知馬氏將亂，棄其官奔江南，不願仕，賜田百頃於袁州新喩縣，家焉。

劉昌嗣，湘鄉人。初仕漢隱帝，爲磁、相二州刺史。隱帝遇害，昌嗣避地衡山。恭孝王在衡山，數以賓禮相招，不至。周行逢據潭州，逼爲幕僚。昌嗣曰：「吾常致身漢朝，縱不能爲夷、齊，獨不可效梅福乎？」乃易姓范，號愚叟，躬耕以終其身。

何景山，故唐進士，少有文名。入湖南，爲王逵掌書記。居恆輕周行逢爲人，行逢恨之，未有以發。及據有潭州，署景山益陽縣令，俄因事縛而投之江，曰：「汝常佐王逵，今逵死，且爲我告龍君，勿復還也。」

鄧洵美，廣東志作恂美，今從三楚新録。連州人。江南野史又云郴郡人。有敏才，工詩賦。時湖南朱昂號博學，一時士無當意者，獨遜洵美，以爲不如。天福中，與孟賓于並爲李若虛所薦，入洛陽，登晉進士第。後還鄉，上牋周行逢，署館驛巡官。

洵美貌寢而背傴，時謂之鄧駄。又性迂僻，不爲同事者所喜，於是行逢禮遇漸薄，雖處府僚，而時憂空乏。同年生王溥、李昉爲中朝顯官，溥聞洵美不得志，貽以詩曰：「綵衣我已登黄閣，白社君猶困故廬。」行逢稍稍優給之。未幾，昉爲給事中，來楚，相見話舊，不覺悲泣，因與唱和，款論竟日。行逢疑其泄己陰事，貶爲易俗場官，已而使人詐爲山賊，突入官舍殺之。一云昉請賫致洵美京師，周氏餞之，遇鴆而卒。聞者無不痛惜。後李昉再奉命祠南岳，徒步百里訪洵美墳，弔之曰：「今日向君墳下過，不勝懷抱暗酸辛。」

洵美晚娶無子，有三女，頗貧瘁。澧陵人盧氏聞洵美名，憐而迎之歸，妻於儒家。先是，江南太常丞陳度有薛孤延聞雷賦，雅爲時彦所推尚，而洵美集中亦有此作，語句皆同，首末小異，竟未定誰氏之筆。

江禮，清流人也。周氏時任潭州判官。乾德元年，宋師入湖南，將吏多勸保權迎降，禮獨率鄉兵二千人拒慕容延釗於湘陰，力戰而死。清流人義之，立祠以祀。

李觀象，桂林人。初事劉言，掌書記。時恭孝王弟希崇幽王於衡山，言遣兵趣潭州討其篡奪之罪，觀象説言曰：「希崇舊將猶在長沙，此必不欲與公爲鄰。不若先檄希崇，取其首，然後圖潭州，可坐而有也。」言從其計。於是希崇送楊仲敏等首於軍前，而言已駸駸有得湖南之勢矣。

言既死，復事周行逢，爲節度副使。行逢性嚴酷，懼及禍，乃陽寢椐幕，卧椐被，以結行逢心。行逢果信用之，凡軍府事，無輕重皆取決焉。疾革時，命子保權事以師禮。無何，張文表之亂作，文表滅而宋師繼至不止。保權召觀象議之，觀象曰：「夫請師以討文表也，文表已破，而師不還，豈非朝廷將有事南土乎？我國所恃者，江陵之在北境耳，今江陵已束手不能自救，欲與相拒，所謂魚入沸鼎，而更鼓鬣掉尾，其可免乎？惟公善圖之，無失子孫萬世利也。」保權不得已，乃出郊迎。宋太祖嘉觀象勸降功，大加超擢。

觀象饒才畧，性多嫉忌，好蔽人之善。零陵儒士蔣密喜吟咏，得風騷之旨，嘗題桑云：「綺羅因片葉，桃李漫同時。」爲作者所許。觀象聞之，謬驚曰：「此僕詩也，何密之能爲！」士林以此薄之。

曹衍，□□人。少以文辭知名，偃蹇不遇。周行逢據湖南日，仕進專尚門廕，衍以布衣子屢獻文章，不見用，退居鄉里教授，及張文表之叛，辟衍爲幕職，事敗逃去，會赦，乃敢出。窮困無以自進，采摭舊聞，撰湖湘馬氏故事二十卷，詣宋上之。宋太宗閔其貧老，授將作監丞。

蕭某　卒長

蕭某，臨江人。仕□□王爲將校，坐事當斬，與其妻亡命出境。王捕之急，會夜阻水，不能去，匿旅舍霤槽中。湖湘間謂霤爲筧，天將旦，有叩筧，語之曰：「君夫婦速走，捕者且至矣！」因疾行得脱。蕭以爲神物，乃世世奉祀，謂之「筧頭神」。嗣後楚人呼爲「筧頭神蕭家」。

雞狗坊卒長，未詳其姓氏。當馬氏時，善種子母蔗，灌蒔有法，繁殖蔓衍，遂爲湖南圃人冠。蔗凡三種：曰蠟蔗，曰荻蔗，曰赤崑崙蔗，一時稱絶盛焉。

校勘記

〔一〕年八十七 「七」，馬令南唐書卷二三孟賓于傳作「三」。

十國春秋卷第七十六

楚十　列傳

符彥通

符彥通，溆州蠻帥也。恭孝王率羣蠻破長沙，府庫累世之積，皆爲彥通所得，彥通由是富强，稱王於谿峒間。及劉言攻邊鎬，欲召彥通爲援，周行逢曰：「蠻貪而無義，前年從馬希萼入潭州，焚掠無遺。今兵以義舉，往無不克，惡用彼爲哉！」言乃止，復命劉瑫爲鎮遏使，以備彥通侵逼之患。瑫故土團都指揮使，羣蠻所素憚也。

明年，王逵得湖南，欲遣使撫之，募能往者，帳下牙將王虔朗請奉檄以行。比至溆州，彥通盛侍衛見之，禮貌甚倨。虔朗厲聲責之曰：「足下自稱符泰苗裔，宜知禮義，有異於羣蠻。昔馬氏在湖南，足下祖父皆北面事之。今王公盡得馬氏地，足下不早往乞盟，致使者先來，又不接以禮，異日得無悔乎？」彥通慚懼，起執虔朗手謝之。虔朗知其可動，因說曰：「谿峒之地，隋唐皆爲州縣，著在圖籍。今足下上無天子之詔，下無使府之命，晏然自王於山谷之間，不過蠻方一部長耳；曷若去王號，自歸於王公，王公必上奏天子，授足下節鎮，與中國侯伯等列，豈不尊榮哉！」彦通大喜，即日除王號，因虔朗獻銅鼓數枚於逵。逵曰：「虔朗一言勝數萬兵，真國士也！」承制以彦通爲黔中節度使。

顯德時，周行逢命鍾志存爲溆州刺史，及行逢死，志存奔武陽，溆州蠻楊正巖遂以十洞稱徽、誠二州，或言即彦通諸部云。

何敬真　孫朗　張倣　張文表

何敬真，敬一作景。武陵人也。事恭孝王爲朗州步軍指揮使。長沙之役，列陳於楊柳橋，進擊韓禮軍，有功。王既陷長沙，遷朗州牙内都指揮使，將兵戍武陵。已而與王逵等共迎劉言於辰州，言帳下指揮使凡十人爲親校，敬真蓋其一也。

未幾，從逵克潭州，逵自稱武平節度副使，權知軍府事，而署敬真行軍司馬。逐唐將邊鎬，斬首五百級，復有功，除静江節度副使。居頃之，言命敬真爲南面行營招討使，與先鋒朱全琇合潭兵以拒南漢。二人至長沙，逵出郊迎，相見甚歡，日飲酒高會，餌以伎女。敬真未知逵之誘己，輒留連不去，而先發朗州將李仲遷率兵三千人趣嶺北。都頭符會等心怨敬真，遂劫仲遷以歸逵，於是乘敬真醉，詐爲言使者，械繫之獄中，隨斬焉。時周廣順三年二月辛亥也。久之，全琇亦殺死逵，即以其事告言，言不得已，誅會等數人以爲解。

先是，逵入長沙，敬真與全琇各置牙兵，與逵分堂視事，每遇宴集，使酒紛拏，無復上下之分，逵心銜之。會周行逢、張文表事逵多盡禮，逵益與敬真不相協。敬真辭歸朗州，又不能事言，言頗疑逵使敬真伺己，將討逵，行逢因説逵早圖敬真等爲便。逵曰：「共除凶黨，同治潭、朗，夫復何憂也。」由是除敬真意遂決。論者謂敬真之禍，實萌於行逢一言云。

孫朗者，初與曹進從家城鎮將咸師朗降南唐，南唐以其兵爲奉節都，授朗、進奉節指揮使。

未幾，隨邊鎬取湖南，行營料糧使王紹顔多減士卒糧賜，朗、進怒曰：「昔吾從咸公降唐，唐待我豈如今日湖南將士之厚哉？今有功不增禄，反減之，不如殺紹顔，與鎬據楚地以抗中原，富貴可圖也。」於是廣順二年正月，朗等帥其徒作亂，攻長沙府門，不克，來奔朗州，歸王逵。逵問朗曰：「昔吾從武穆王與淮南戰屢捷，淮南兵易與耳。今欲以武陵之衆，恢復湖南，可乎？」朗曰：「頃居金陵，備覩唐政，朝無賢臣，軍鮮良將，忠佞罔别，賞罰不分，得保一隅幸矣，何暇兼人。朗請爲公前驅，取楚地如拾芥也。」逵大悦，厚加禮遇。是冬十月，濟師潭州，即以朗、進爲先鋒使，鎬果遁去。

張倣，不知何地人，起家諸軍指揮使，與王逵等共立恭孝王從子光惠於朗州，同參軍府事。已而劉言署指揮使十人號親軍，倣居其一焉。稍遷武平節度副使。王逵之殺何敬真、朱全琇也，尤忌倣威勇，周行逢因乘閒白逵曰：「敬真故倣姻戚，臨行時輒以後事屬倣。蜂蠆有毒，未可忽也。公宜備之。」逵於廣順三年四月庚申，遂召倣醉飲而殺之。

張文表，朗州人。與周行逢、潘叔嗣同隸劉言戲下，累官衡州刺史。行逢且死，遺言：「文表即叛，討之者必楊師璠也。」文表聞行逢沒，果怒曰：「我與行逢俱起微賤，立功名，今日安能北面事小兒乎！」會周保權遣兵代永州戍，文表遂驅之，以襲潭州。知留後廖簡易文表，不爲備，謂軍吏曰：「黄口子至而擒之，何憂爲！」伐鼓飲酒如初。文表徑入府中，簡被殺，坐閒遇害者凡十數人，遂據長沙。又將取朗陵，保權時年方幼，聞叛，歎曰：「先君誠知人矣，僕雖懦，安可使軍國落賊手！」遽命師璠帥萬人討之。將發，保權揮涕對三軍，曰：「先令公墳土未乾，而兇賊逞逆，實保權不孝所致，敢以勞諸君。諸君未忘先令公之故，戮力同心，滅此賊於地下，足矣。」辭氣激昂，義形於色，軍中無不感泣。師璠亦泣，顧左右曰：「汝見郎君乎？年未成人，而賢若此！」軍士奮然，咸思自効。未逾旬，大破文表於平津亭，臠食之，餘黨悉平。

初文表將叛，猶豫不定，有從者夜夢文表頷上繞一龍，文表大喜曰：「此天命也。」於是決意舉兵。及敗，識者以龍神物，而出於頷，是禍將作、神去焉之兆也。文表滅，而周氏亦隨亡。

僧居遁　僧洪道　報慈長老　僧虛中　至聰禪師　彭幼謙　伊用昌

僧居遁字證空，撫州人也。少參翠微，又問臨濟，復走洞山，就正良价禪師。一日，叩祖師西來意，良价曰：「待洞水逆流，即向汝道。」居遁始大悟。居久之，武穆王延住潭州龍牙山，大闡宗風。順寂時，有大星隕方丈前。

僧洪道，不知何許人。能通內外諸典，道行尤高，大爲時人所重。天福中，居衡州石羊鎮山谷。文昭王聞其名，徵爲報慈住持，洪道不應召，王堅欲致之，使者相望於路，洪道乃率弟子輩轉徙深山中。會百鳥和鳴隨之，衆遂踪跡其處，再拜曰：「大王願與師相見，今不輒應命，遯入巖谷，和尚即得計矣，奈符檄疊至，百姓繹騷何？」洪道頷之曰：「吾爲汝行矣。」比至府，王待以國師禮。久之，固乞歸山，不知所終。初洪道入山時，有虎蹲山，乳二子，弟子皆大駭，洪道呪曰：「無懼，彼行當移去。」言訖，虎銜二子趨出。

報慈長老，失其姓名，素有道行，能入定觀人休咎。文昭王問曰：「孤於富貴無遺恨，所不知者壽耳。」對曰：「大王無憂，當與佛齊年。」王薨時正四十九歲。

僧虛中，宜春人。遊瀟湘山，一作居玉笥山。同沙門齊己、尚顏、栖蟾之徒爲詩友。已而住湘西栗成寺，與王子希振情好甚篤。希振迎虛中，納之詩閣。虛中喜爇火，每煙燎閣際彩翠，希振復加髹䑋，不以爲忤。嘗題希振池亭，多佳句，詩云：「嘉魚在深處，幽鳥立多時。」希振大加稱賞。又時時貽詩司空圖，圖亦推重。圖有詩云：「十年華嶽峯頭住，只得虛中一首詩。」著有碧雲詩一卷傳世。

同時湘南僧文喜、乾康，亦以詩名。文喜失鶴詩、乾康咏雪詩，皆甚傳湖南。

至聰禪師，不知所自來，居祝融峯，清修數十年，戒行具足，大有所得。一日，下衡山，見女子紅蓮者，睇視良久，悦之，遂宿於其家。詰旦披衣起沐浴，與女子俱化，人咸異之。

彭幼謙，湘陰人也。寒暑惟一羽褐。文昭王時，自言常葺丹壇、丹竈，得大藥一丸餌之，歷年百有四十餘歲。後不知所之。

伊用昌，南岳道士也。有異術，學士廖匡圖九國志作光圖。母病思鱠，值江水暴漲，魚不可得。用昌探懷，得木獺長三寸許，投江中；須臾，波浪騰沸，擒一巨鱗出，作鱠食匡圖母，病尋愈。

十國春秋卷第七十七

吴越一

武肅王世家上

武肅王姓錢，名鏐，字具美，杭州臨安人也。後改爲安國縣。唐大中六年二月十有六日，生於邑臨水里。

先是邑中旱，縣令命道士東方生起龍以祈雨，生曰：「茅山前池中有龍起，必大異。」令乃止。明年復旱，生乃遽指鏐所居曰：「池龍已生此家。」時鏐實誕數日矣。始誕之夕，鏐父寬方他適，鄰人急奔告曰：「適過君家後舍，聞甲馬聲甚衆。」寬疾馳歸，而鏐已生，復有紅光滿室。寬怪之，將棄於水丘氏之井。鏐大母知非常人，固不許，因小字曰婆留，而井亦以名。羅隱婆留井頌曰：「於惟此井，渟育坎靈。有莘有郃，實此儲英。時有長虹，上貫青冥。是惟王氣，宅相先徵。爰啓霸王，蕤綏蒼氓。沛膏漸澤，配德東溟。」井故武肅王外大父所甃也。

里中有大木，鏐幼時常與羣兒戲木下。杭州志云：木在臨安衣錦山，武肅王微時常戲於此，又常避難於其下。後貴顯，封爲「將軍木」。更有稱號，見後。鏐坐大石，指麾羣兒爲隊伍，號令頗有法，羣兒皆敬憚之。未幾，鏐祖宙死，將葬，夜，會大風拔樹於野，詰旦，術者謂鏐父曰：「此拔樹之穴，是天啓也。宜以葬。」已而撫鏐背曰：「當貴此孫。」稍長，遊徑山，有道人洪湮者，每僻地相迎，不期而遇。鏐問故，湮曰：「君非常人，故預知耳。」

及壯，無賴，不事家人生産，以販鹽爲盜。縣録事鍾起子數人輒與鏐飲博，起常禁其諸子，諸子多竊從之遊。豫章人工天官者，望斗牛間有王氣，斗牛，錢塘分也。因遊錢塘，占之，在臨安，乃之臨安，以相法隱市中，陰求其人。起與豫章人善，私謂起曰：「占君邑有貴人，求之市中不可得。視君相貴矣，然不足當之。」起乃置酒，悉召邑中賢豪爲會，陰令偏視之，皆不足當。一日，豫章人過起，鏐適從外來，見起，反走。豫章人望見之，大驚曰：「此真貴人也！」起笑曰：「吾傍舍錢生耳。」豫章人召鏐至，熟視之，顧起曰：「君之貴者，因此人也。」乃慰鏐曰：「子骨法非常，願自愛。」遂與起訣曰：「吾求其人者，非有所欲，直欲質吾術爾。」起始縱諸子與鏐遊，時時貸其窮乏。

鏐善射與槊，驍勇絶倫，畧通圖緯諸書。邑中山有石，徑二尺七寸，其光如鏡，鏐遊此，顧其形服冕旒如王者狀，甚秘之。石鏡在衣錦山。太平寰宇記謂鏡起悚戰云云。

乾符二年，浙西鎮遏使王郢作亂。郢自蘇、常歷浙江，寇沿海諸郡，浙西節度使裴璩密招降其黨。乾符三年，郢因温州刺史魯實請降，至明州，鎮遏使劉巨容射殺之。石鏡將董昌募鄉兵討賊，表鏐偏將，擊郢破之，鏐時年二十四也。及昌至杭州，鏐因事道餘杭，有瞽者以摸骨相集龍光橋，鏐請相，竟無一言；未幾歸，復贄金請相。瞽者曰：「旁無人乎？」乃引臂歎曰：「天下亂矣，期時之内，再遇貴人。」言訖而去。

五年，羣盜朱直管、曹師雄、王知新等剽掠宣、歙間，鏐率兵討平之，以功授石鏡鎮衙内知兵馬使，遷鎮海軍右職。

六年，黄巢擁衆二十萬，大掠州縣，兵將及石鏡鎮，我衆財三百人，鏐謂昌曰：「賊以數萬之衆，逾越山谷，旗鼓相遠，首尾不應，宜出奇兵邀之。」乃與勁卒二十人伏草莽中。巢先鋒度險皆單騎，鏐伏弩射殺其將，巢兵亂，鏐以勁卒蹂之，斬首數百級。鏐曰：「此可一用耳，若大衆至，何可敵邪？」乃引兵趨八百里。八百里，地名也。告道旁媪曰：「後有問者，告曰臨安兵屯八百里矣。」巢衆至，聞媪語，不知其地名，皆曰：「嚮十餘卒，不可敵，況八百里乎？」遂急引兵過。都統高駢聞巢不敢犯臨安，壯之。

廣明元年，杭州始建八都：餘杭陳晟，於潛吴文舉，鹽官徐及，新城杜稜，唐山饒景，富陽文禹，一作聞人宇。龍泉淩文舉，各聚數千人以衞鄉里，而臨安則爲董昌，而鏐副焉。杭州府志周寶傳云：寶發杭州兵戍縣鎮，判八都，石鏡都董昌主之，清平都陳晟主之，於潛都吴文舉主之，鹽官都徐及主之，新登都杜稜主之，唐山都饒京主之，富春都文禹主之，龍泉都凌文舉主之。杜稜傳又云：稜爲東安都將，與臨安董昌、錢塘劉孟安、阮結、富陽聞人宇、鹽官徐及、餘杭凌文舉、臨平曹信號八都。所説不同，今從吳越備史。

既而高駢召昌與鏐俱至廣陵，駢視鏐謂左右曰：「此人他日爵禄，必過於我。」久之，駢無討賊意，昌等不見用，辭還。駢表昌杭州刺史，鏐都知兵馬使、太子賓客。

是時天下大亂，昌乃團練八都兵，以鏐統之。中和二年秋七月，浙東觀察使劉漢宏與昌有隙，遣弟漢宥、馬軍都虞候辛約屯兵西陵，以圖浙西。鏐率八都兵往討。會夜分，星月皎然，兵不可渡，鏐掬江沙，呑而祝曰：「吾以義兵討賊，願助陰雲蔽月，以濟我師。」頃之，雲霧晦暝，即渡江，竊取軍號，斫其營。營中驚擾，因焚之，漢宥等皆走。冬十月，漢宏又遣登高鎮將王鎮將兵七萬屯江干。鏐率儒童鎮將徐靖、浙江都遊奕使阮結銜枚宵濟，復大破之，鎮走諸暨，獲漢宏所署僞敕二百餘道。是月，唐帝詔鏐兼侍御史。

三年春三月，漢宏分兵屯黄嶺、巖下、貞女三鎮，及山洞凡九十三所，以圖大舉。鏐將八都兵自富陽擊之，破黄嶺，擒巖下鎮將史弁、貞女鎮將楊元宗。夏四月，漢宏自領兵屯諸暨古剎嶺，至於亭山、龜山之下，鏐又擊破之。五月，漢宏復遣將何肅、黄珪等率本道排門軍，營蕭山、諸暨等地。鏐逆戰，破賊一萬餘人，生獲都虞候章公直。冬十月，漢宏又遣弟漢容與辛約、巴立、李萬敵等會兵十餘萬，從西陵大出戰船，謀夜渡。鏐自新沙由漁浦攻之，殺其將何肅，遂趨蕭山。是月戊午，鏐親與漢宏遇，自午至戌，破賊，大敗之。漢宏易服，持膾刀而遁，追者及之，誑曰：「我宰夫也。」舉刀以示，得免。未幾，漢宏收餘衆四萬復戰，鏐又破之，斬其弟漢容及將辛約、譚昇、巴立、李萬敵，仍獲漢宏僞淮海招討使印一鈕，漢宏遂遁歸越。

四年春，王鎮執婺州刺史黃碣，降於鏐。漢宏乃遣其將婁賚殺鎮而代之。夏四月，浦陽鎮將蔣瓌復召鏐兵，共攻婺州，擒賚而還。是時，唐帝遣中使焦居璠爲杭、越通和使，詔昌與漢宏罷兵，皆不奉詔。漢宏因殺王人，命其將朱褒、韓公玟、施堅實等以舟兵屯望海，圖水陸並進。秋七月，唐授鏐國子祭酒，兼御史大夫、右千牛衛將軍。

光啓元年冬十月，授鏐檢校散騎常侍、右武衛將軍。

二年春正月，鏐謂董昌曰：「除惡務去根本，不爾當爲後患。願以全師討漢宏。」卽日，以諸都兵馬使阮結守梅市，監陣使錢爽守雙童，遏後使駱團守平水，降將使章可周、唐晟、王公備等守蘭頭，江海遊奕使崔則守羊石。辛亥，鏐出平水城，及夜，率奇兵開道五百里。癸丑，破朱褒等於曹娥埭。甲寅，進屯豐山，施實堅等執漢宏右直將張師及降。丙辰，進拔越州，漢宏走台州。辛酉，戮漢宏妻母弟姪及其黨史惠、史侃、都虞候蔡約於軍門。冬十二月，台州刺史杜雄執送漢宏至，命斬於會稽市。十國紀年作十二月丙午，杜雄執漢宏。通鑑云：十二月，杜雄誘劉漢宏，執送董昌，斬之。按十二月丙子朔，無丙午。今從通鑑，不紀日。漢宏斥刑者曰：「吾廉察也，非汝輩可殺！吾常夢手捧金錢，殺吾者錢公也。」乃請鏐親刃焉。是月，儒童鎮將徐靖俘掠居人，鏐命戮於市。北關鎮將劉孟安與弟孟宿輒起府庫散本部，鏐責之，孟安因卽席謀鏐，鏐立斬以狥，悉有其衆。越人諸將皆推鏐爲主，鏐固讓董昌，昌遂權涖於越，杭人復請鏐代董氏。時浙西節度使周寶寶字上珪，平州盧龍人。承制以鏐權知杭州軍州事，兼杭州管内都指揮使。未幾，唐授鏐檢校尚書。

三年春正月，唐帝在興元，敕授鏐杭越管内都指揮使、上武衞大將軍，充杭州刺史；昌爲越州觀察使。三月，潤州客司軍將劉浩與後樓兵逐其帥周寶，寶奔常州，推度支催勘官薛朗爲留後。夏四月，六合鎮將徐約攻陷蘇州。唐書云：約，曹州人。淮南高駢爲其下畢師鐸所囚，淮南大亂。五月，鏐遣東安都將杜稜、浙江都將阮結、靖江都將成及等攻常州，取周寶以歸。鏐具軍禮郊迎，館寶於樟亭驛。先是，寶涖丹陽，州人凡有期，必曰「待錢來」，斯之應也。寶尋病卒。一云鏐殺之，年七十四，贈太保。冬十二月，鏐命杜稜爲常州制置使，遣阮結等進攻潤州。是歲，唐加鏐檢校户部尚書。

文德元年春正月，我師克潤州，生擒薛朗，剖其心以祭寶。劉浩走免。鏐命阮結爲制置使，又命築嘉興縣城。三月，唐加鏐檢校司空，又授鏐父寬威勝軍節度推官、檢校尚書，賜緋魚袋。秋九月，鏐遣從弟銶率兵討徐約於蘇州。約盡驅州人守城，文其面，曰「願戰南都」。從事軍事衙推陳佐車謂人曰：「南都者，國都之稱，杭州其終建國乎？」

龍紀元年春三月，我師破徐約，約敗走入海，中箭死。鏐命海昌都將沈粲權知蘇州事。夏四月丁丑，築安衆營於臨安。五月甲辰，潤州制置使阮結爲叛兵所辱，病卒，鏐以其弟右驍衞將軍阮綽領其本部，仍命成及代之，及盡誅其叛兵。秋七月，唐授鏐金紫光祿大夫、檢校司空、本州防禦使。冬十月，唐除給事中杜儒休唐書作孺休。爲蘇州刺史，以沈粲爲制置指揮使。十一月，宣州楊行密遣將田頵、李友一作宥。等陷常州，執我杜稜而去。十二月，淮南孫儒遣其下劉建鋒一作封。陷潤州，成及奔歸。

大順元年秋七月，李友備史作宥，今從通鑑。陷蘇州，〔一〕制置使沈粲害刺史杜儒休及兄延休一作述休。而奔杭州。新唐書云：鏐密遣粲害孺休。始孺休見攻也，曰：「勿殺我，當與爾金。」粲曰：「殺爾，金焉往！」與兄述休同死。鏐以其失備，將誅之，粲遂奔孫儒。八月，唐加鏐吴興郡開國男。閏九月，鏐命築新城，環包氏山洎秦望山而迴，凡五十餘里，皆穿林駕險而版築焉。鏐常親勞役徒，因自運一甓，役徒無不畢力。冬十二月，唐遣使高品賜官誥，加鏐檢校司空、同平章事。是歲，孫儒與楊行密争常、蘇間，戰鬭不休。

二年春正月，儒自淮南復入姑蘇，將乘勝以圖我，鏐出舟師禦之，儒遂絶南顧。

秋七月，城東安鎮。羅隱東安鎮新築羅城記曰：「天下自懿考、僖皇之後，綱領不振。卽以龐勛觝觸於前，王仙芝踐踏於後，尋乃黄巢大掠於京城，所以齊寇攘臂一噪，四海瓦解。自爾枝牽蔓引，耳聞口呋，其或一壘之不謹，一版之不嚴，則剺劙之不暇。雖十室之邑，三户之鄉，必壁塹以備之，籬落以抗之，況大藩之襟帶，吾土之翳倚者乎？杭之别郡，舊有八都之目，其所以破山偷旌，八將之功所致也。而東安主領太師杜公，尋以擒逆賊薛朗於京口，破丁從實於毘陵，天子寵之，拜常州刺史，遂屬其兵於子弟焉。撫於内者曰建思，禦於外而弭寇摧凶者曰建威。洎太師解印而歸，淮叛淝偷，連壓封部。元帥、大丞相、彭城王始授君以板築之要，濠塹之廣袤，地里之横亘，皆取則於丞相。一之日，鳩其民人，相其險易，惟帥有令，衆克從之。二之日，度其資費，卜其力用，經之營之，厥晝惟禀。三之日，命其將李可球、胡僅等曰：『汝常從役於杭，必能識大丞相意，善匠事，勿令不如丞相。』指揮曰倖汝工；曰温汝率鐸令等二十一將翼倖以進。曰鄂洎儼，汝督防遏備禦二都之士卒，以介於倖之左右；曰勛，汝司吾儲禀，謹吾出入城者，若有墜，惟汝之咎。起大順辛亥年秋七月壬戌，訖於明年夏四月庚寅，蟠東矗西，離連坎接，隆者就之，窪者盈之，民不弛擔，時不妨農。夏五月，太師犒羣帥於城下，若杵若畚者皆與焉。不三四年，淮南節度楊氏行密以稱盗豕突獼銜，擾我疆境，而東安尤爲其所忌。行密減安仁義之精鋭，分田頵、陶雅、金威之敢勇，以攻東安城。樓櫓翔空，矢石交迸。翊日，我軍憑其城，斃賊將於城下者，其數盈千，濠塞塹堙，自是羣寇不復有圖南之意。是知人非城則無以爲捍，城非人則無以自固。不有城也，人何以安？不有將也，城何以堅？於時紫溪、窟堡、火口、建寧不守，静江無將，奔我而活者，四鎮之生聚焉。噫！天下之無事也，吾鄉則有河間凌準宗一、濮陽吴降下已、汝南袁不約還朴以文學進；天下之有事也，吾鄉則有太師建徽伯仲及諸將佐以武藝稱。豈文武之柄，倚伏而然也，抑江山禀受，與時消息者乎？隱亦常以先師之道，干名貢府，進取未半，九鼎羹沸。文既不用，武非所習。今則老矣，高謝三軍。太師以鐫金勒石見徵，不敢堅遜。乾寧五年六月二十一日記。

冬十二月，孫儒燒掠蘇、常，遂逼宣州，因圍楊行密。行密遣使求救於我，鏐出糗糧甲兵以助之。是月，常州甘露鎮使陳可立據本州，鏐遣師復平姑蘇。

景福元年春二月，鏐命從弟銶爲蘇州招緝使。夏四月，唐陞杭州爲武勝軍，授鏐本軍防禦使。六月，鏐出師會宣州兵，敗孫儒於宣城，行密遂斬儒，傳首京師，隨以沈粲歸我，戮於市。是時唐陞越州爲威勝軍，以董昌爲節度使，封隴西郡王。又越州有裴氏書樓，昌悉取其書以貢，授諸道採訪圖籍使。

二年夏閏五月，唐授鏐本軍團練使、蘇杭等處觀察處置使，進封彭城郡開國侯，食邑七百户。

秋七月丁巳，鏐率十三都兵八都外有紫溪、保城、龍通、三泉、三鎮，是爲十三都。洎役徒二十餘萬衆新築羅城，自秦望山由夾城東亘江干，薄錢塘湖、霍山、范浦七十里。武肅王杭州羅城記曰：大凡藩籬之設者，所以規其内；溝洫之限者，所以虞其外。華夏之制，其揆一焉。故魯之祝邱，齊之小穀，猶以多事，不時而城，况在州郡之内乎？自大寇犯闕，天下兵革，而江左尤所繁併。余始以郡之子城，歲月滋久，基址老爛，狹而且卑。每至點閱士馬，不足迴轉，遂與諸郡聚議，崇建雉堞，夾以南北，矗然而峙。餱藏得以牢固，軍士得以帳幕，是所謂固吾圉。以是年上奏天子，嘉以拙政，優詔褒飾，以爲牧人之道，其盡此乎？俄而孫儒叛蔡渡江，侵我西鄙，以剪以逐，蹶於宛陵，勁弩之次，泛舟之助，我有力焉。後始念子城之謀，未足以爲百姓計；東眄巨浸，輳閩粵之舟櫓；北倚郭邑，通商旅之寶貨。苟或侮劫之不意，攘偷之無狀，則向者吾皇優詔，適足以自策。由是復與十三都，經緯羅郭，上上下下，如響而應。爰自秋七月丁巳，訖於冬十有一月某日。由北郭以分其勢，左右而翼，合於冷水源，綿亘若干里。其高若干丈，其厚得之半。民庶之負販，童髦之緩急，燕越之車蓋，及吾境者，俾無他慮。千百年後，知我者以此城，罪我亦以此城。苟得之於人而損之己者，吾無媿歟！城門凡十，曰朝天門，西湖志曰：朝天門，樓臺叠石，高四仞有四尺，東西五十六步，南北半之。中爲通道，橫架交梁，承以藻井，牙柱壁立，三十有四。西閱門對闢，名曰武臺，平敞可容兵士百許。臺左右北轉登石級兩，曲達於樓上。樓之高六仞有四，連基而會，十有一仞，貯鐘鼓以司漏刻。曰龍山門，曰竹車門，曰新門，曰南土門，曰北土門，曰鹽橋門，曰西關門，亦名涵水門，曰北關門，曰寶德門。其營屯凡六，曰白壁營、寶劍營、青字營、福州營、馬家營、大路營。按白壁營在今城南上隅，寶劍營在今鍾公橋北，青字營在今鹽橋東，福州營在今梅家橋東，馬家營在今修文坊內，大路營在今褚家塘。

九月，唐授鏐鎮海軍節度使、潤州刺史。乾寧元年春二月，鏐命成及權蘇州刺史。三月，唐詔鏐自光祿大夫、檢校司徒，進充本道營田招討鹽鐵制置發運等使。夏五月，唐遣中使劉延鉅特授鏐開府儀同三司、同中書門下平章事。六月，唐遣中使賈居蟾賜鏐私門立戟。錢氏家乘云：詔加鏐父寬朝散大夫、檢校禮部尚書，賜第茅山，子姓一十六枝並立門戟。

二年春二月，進封鏐開國公，食邑一千户。

是月，威勝軍節度使董昌反。昌數愚，不能決事，臨民訟命，以骰子擲之，勝者爲直。

既而恣爲誅戮，越州白樓門外故行刑之地，守者恆聞鬼哭不絕。凡軍中制度，多所改易。隸中軍者衣黃，隸外軍者衣白，背印「威儀」二字。其器玩無大小，盡號以「元」字。軍中文臂者亦如之。識者以爲元者錢文也，終當歸錢氏。昌建生祠，諸郡置土馬，有誑言馬嘶發汗者，畢受賞。又王守貞者，俗謂之王百藝，性極機巧，命彫刻將吏木偶，悉用長釘鉗其足，曰「更二三百年免有顛踣」。至是盈滿愈甚，遂圖僭亂。妖人應智、王温、巫韓媪等以妖言惑昌，有老人獻僞謡曰：「欲識聖人姓，千里草青青。欲知天子名，日從日上生。」昌贈老人百縑。復有道士朱思遠詭言天符夜降，碧楮朱文，不可識，大約言天命在董氏也。於是俗吏致龜魚符瑞者，日不下百數。昌乃集無賴子，斷腕截耳，號曰「感恩都」，以備腹心。牙將倪德儒謂昌曰：「曩時謡言有羅平鳥，四目三足，主越人禍福。民間多圖其形禱祠之，視王書名與圖類。」因出圖示昌，昌大悦，而僚佐都虞候李暢之、掾吏吴瑶、秦昌裕輩復從臾昌，言王常求爲越王，曷若爲越帝。

昌遂自稱皇帝，國號大越羅平，舊唐書云昌僭號稱平羅國，似誤。改元順天，署城樓曰天册之樓。羅隱吴越行營露布曰：「羅平者，啓國之名；順天者，建元之始。」又曰：「將軍門稱天册之樓，以會府爲宣室之地。」據此則昌之年號，稽神録以爲天册，舊唐書以爲大聖，皆非也。命羣下稱己曰聖人。會稽録載乾寧二年二月二日，昌僭袞冕儀衛，登子城門樓，赦境內，稱僞號，令官屬將校皆呼聖人萬歲，俯而言曰云云。詞畢，復欲舞蹈，昌連聲止之：「卿道得許多言語，壓得朕頭疼也。」時人聞者皆大笑之。土人所製天冠稍重，故有是言。繡中軍外軍之衣曰「歸我」。僭立時，凡年月日時皆用卯，蓋按古讖書「江東岸上重日生」，昌既以名應之，復取卯以符日出義也。一云：昌曰：「讖言兔上金牀，我生於卯，明年歲旅其次二月朔之明日，皆卯也。我以其時當卽位。」又稽神録云：是時州寢有光，長十餘丈，虺長尺餘，金色，見思道亭。昌署寢曰明光殿，亭曰黃龍殿以自神。

副使黃碣切戒昌曰：「今王室雖衰，天人未厭。大王興於畎畝，位兼將相，富貴極矣，何忽爲滅族之計？」昌使人斬碣，持其首至，詬曰：「此賊負我，好聖明時三公不肯作，乃求死邪！」投之圊中。會稽令吴鐐言：「大王不爲真諸侯，乃欲假天子以取滅亡！」山陰令張遜亦言：「大王建節浙東二十年，何效李錡、劉闢之所爲。」昌皆殺之。以婺州刺史蔣瓌爲宰相，遂移書於鏐，告以權卽羅平國位，印文曰「順天治國之印」，以鏐爲兩浙都指揮使。

鏐得書，召賓客議曰：「董氏，昔吾鄉黨也，今吾鄰藩也。其豐功茂績，崇名厚禄，又吾所以贊成也。今採聽妖妄，甘心叛亂，吾受朝廷將相，當徵兵以討之。」先貽昌書曰：「與其閉門作天子，與九族百姓俱陷塗炭，豈若開門作節度使，終身富貴？」昌不聽。鏐以反狀聞，仍親率兵至迎恩門望樓，再拜曰：「董氏於吾有恩，不可遽伐。」遣幕客沈滂諭之曰：「大王奄有數州，非不貴矣，非不富矣。一旦顛倒兵柄，改易臣節，自貽伊戚，禍不旋踵。今率諸兵至城下，俟大王改過。苟不見聽，則天子赫怒，羽林黃頭，濟江而襲大王之城，非惟大王有累卵之危，實鄉黨生靈偕歸鼎鑊矣。」昌以錢二百萬犒軍，執應智等送軍前，自將待罪。鏐遂誅應智等而還，復表其事。時越州都指揮使馬綽、指揮使駱團出降，俄而唐帝詔鏐討昌，又敕遣中使高品李重密來勞我師，仍削奪昌官爵。

夏四月辛卯，蘇州雨雪。乙巳，鏐父寬卒。錢氏家乘云：寬字宏道，乙卯四月十八日卒，年六十一。唐遣祭，贈寬尚書左僕射。

六月，唐授鏐檢校太傅、彭城郡王、浙江東道招討制置兩浙鹽鐵發運等使。初咸通中，京師有望氣者，言錢塘有王者氣，乃遣侍御史許渾、中使許計賫璧來瘞秦望山之腹以厭之。使回，望氣者言必不能止，至是遂驗。又郭璞撰臨安地志云：「天目山前兩乳長，龍飛鳳舞到錢塘。海門山起橫爲按，五百年生異姓王。」至是亦驗。

是月，王起師討董昌。秋七月，唐授王起復雲麾將軍、上金吾衛大將軍，員外置同正員。八月，董昌復拒我師，求援於淮南弘農王楊行密。九月，弘農王行密遣將臺濛等困圍蘇州以應昌。

冬十月，弘農王行密又遣安仁義、田頵等攻我鎮戍。昌遣裨將陳郁、鍾福屯香嚴寺，又遣李蕙、崔温屯於石候。王命武勇都指揮使顧全武、馬步軍都知兵馬使王球率兵往逐之，遂戮蕙、温等。未幾，昌復搆湖州刺史李師悦率兵四千餘人侵我封境，又遣徐淑困我嘉興。

王命内衙都虞候方密襲之，不克，更命顧全武率所部禦之，因破烏墩、光福二砦。會大江沙路平漲，賊得布游兵往來。王謂全武等：「賊若有我江壖，襟帶甌越，則不可當也。汝善禦之。」

十一月，衢州刺史陳儒卒，弟岌嗣。時顧全武遣偏將孟寶、蔣燔率兵屯於西陵。是月，唐敕王依前起復檢校太傅、兼侍中，加食邑一千户。

是歲，王奏封胥江伍子胥爲惠應侯；先是作羅城時，江濤勢激，板築不能就，王禱之，沙漲一十五里，故有是命。

乾寧三年春正月，安仁義從湖州將渡江以應董昌，王遣顧全武及武勇都知兵馬使許再思守西陵以禦之，仁義竟不敢渡。

是月，昌遣徐珣、李元賓等據肅清、四朴、九鄉之地，王命顧全武、王球擊之，徐珣等來降。昌又遣將湯舊通鑑作湯臼，今從吴越備史。領兵守石城，石城山在山陰縣東北三十里。袁邠領兵守永寧。時昌鎮遏使朱威與賀蘭風、招緝使孫仲殷等並投款於王，威等由海道而至。

二月，王命顧全武、許再思自西陵趨石城，與湯舊遇，遂破石城，舊等走還。

三月，我師復攻餘姚，袁邠因大戰，賊黨逃溺者相半。時明州刺史黄晟遣指揮使梁從晊率兵來應我師，邠堅壁自固，昌益兵以救之。顧全武遣武勇隊主劉彦章截其衝要，生擒賊將徐宣，斬首二百餘級。昌又遣暨陽鎮將陳郁自南秦了口至於富陽漁浦等處屯聚，王命王球等擊之，郁率其黨來降。

夏四月，我師執袁邠及偏將潘薦等凡二千餘人。王以朱威復爲永寧鎮使。是月，顧全武進圍越城。

五月辛巳，董昌親閱戰於五雲門，仍懸玉帛以誘我師。顧全武、許再思等奮擊之，其黨大敗。昌愕視而退，始懼，自去其帝號。次日，王命分兵進攻，以全武充諸軍都虞候、東面都知兵馬使，與指揮使孟寶等攻五雲門；王球充右副指揮使，與蔣燔等攻亭山及申光門；陳璋充右副指揮使，與錢顔攻闞子門；再思充馬軍都虞候、北面都知兵馬使，攻昌安門；駱團充四面都指揮使，攻迎恩門。癸未，越城垂拔，會臺濛等陷我姑蘇，刺史成及被執，王乃召全武議，將分兵西陵以備北寇。全武上言曰：「賊之根本，繫於甌越，豈以失一姑蘇，遂逭天討。願先拔越城，然後復茂苑未遲。」王從之。

乙未，董昌猶據牙城拒我兵，王始云：「奉詔令大王致仕，歸臨安。」昌乃送牌印，出居清道坊。全武使上武勇都監使吴璋執昌至而斬之。歐陽史云：全武執昌歸杭州，行至西小江，昌顧左右曰：「吾與錢公俱起鄉里，吾常爲大將，今何面復見之乎？」左右相對泣下，因瞋目大呼，投水死。今從備史。越州平，王命散府庫金帛以賞將士，開倉廩以賑貧乏。昌積米三百萬斛。又斬僞宰相李邈、蔣環等十餘人，以下脅從者悉宥之。昌有五千餘姓，當族誅，因貸其死而厚養之，名爲感恩都。

秋八月，唐帝授王檢校太尉、兼中書令，加食邑一千户，實封一百户，賞去僞功也。仍遣供奉官甯全道賜王旌節，又遣中使韓彝範來宣諭，將授王越州。王辭讓久之，唐遂除宰相王溥鎮越州，王復諷兩浙吏民上表，請以己兼領浙東。

冬十月，唐帝敕改越州威勝軍爲鎮東軍，授王領鎮海、鎮東等軍節度使。

十一月戊子，湖州刺史李師悦卒，子繼徽嗣。〔二〕是月，安仁義由南蕩率餘黨攻東陽，刺史王壇堅壁自固。

乾寧四年春正月，王命行軍司馬杜稜、都監使吴璋率兵救東陽。安仁義復攻睦州。一夕，大風雨，賊衆驚擾而遁。

夏四月，命顧全武與王弟鎮武勝軍，都指揮使沈夏、陳璋、高遇、許再思等率兵自海道以救嘉興。時諸將皆欲緩進，惟全武請倍道兼行，王從之。一日，師次嘉興，嘉興圍逼已久，遥見我旗號，皆大悦。是日，遂内外夾擊，擒賊李宗禮、偏將顧金等二十餘人，乘勝大破賊寨十有八所，又擒賊將魏約、張宣、楊燔、閻建等士卒三千餘人，嘉興平。全武等又乘勝逐田頵於驛亭埭，適電火焚頵營，震折威鎗，頵由吴興而遁。於時大水，我師逐之，斬馘沉溺者幾數十里。

六月己酉，王如越州，受鎮東節鉞。

秋七月庚寅，王至自越州，還治錢塘，號越州爲東府。命顧全武率師復蘇州。乙未，拔松江。戊戌，拔無錫。辛丑，拔常熟、華亭。

八月，我師屯崑山。唐敕王起復，加食邑一千户，又遣中使焦楚鍠賷鐵券至，券文曰：「維乾寧四年，歲次丁巳，八月甲辰朔四日丁未，皇帝若曰：咨爾鎮海鎮東等軍節度、浙江東西等道觀察處置營田招討等使、兼兩浙鹽鐵制置發運等使、開府儀同三司、檢校太尉、兼中書令、持節潤越等州刺史、上柱國、彭城郡王、食邑五千户實封一百户錢鏐，朕聞銘鄧隲之勳，言垂漢典；載孔悝之德，事美魯經。則知褒德策勛，古今一致。頃者董昌僭僞，爲昏鏡水，狂謀惡跡，漸染齊人，爾能披攘兇渠，盪定江表，忠以衛社稷，惠以福生靈。其機也氛祲清，其化也疲羸泰。拯於粤粤應作越於塗炭之上，師無私焉；保餘杭於金湯之固，政有經矣。志獎王室，績冠侯藩。溢於旂常，流在丹素。雖鍾繇刊五熟之釜，竇憲勒燕然之山，未足顯功，抑有異數。是用錫其金板，申以誓辭，長河有似帶之期，泰華有如拳之日。惟我念功之旨，永將延祚子孫，使卿長襲寵榮，克保富貴。卿恕九死，子孫三死。或犯常刑，有司不得加責。承我信誓，往惟欽哉！宜付史館，頒示天下。」王謝表曰：「臣鏐言，伏承恩旨，賜臣金書鐵券一道，恕臣九死，子孫三死者，出於睿券，形此綸言。録臣以絲髮之勞，賜臣以山河之誓，鐫金作字，指日成文，震動神祇，飛揚肝膽。伏念臣爰從筮仕，迨及秉麾，每自揣量，是何叨忝。所以行如履薄，動若持盈，惟憂福過禍生，敢忘慎初護末。豈期初志，上感宸聰，憂臣以處極多危，慮臣以防微不至，遂開聖澤，永保私門，屈以常刑，宥其不死。雖君親屬念，皆云必恕必容，而臣子爲心，豈敢傷慈傷愛。謹當日慎一日，戒子戒孫，不敢因此而累恩，不敢乘此而買禍。聖主萬歲，愚臣一心。」

是月，唐封胥江惠應侯爲吴安王。先是，安仁義將沿江入寇，一夕驚濤，沙路盡毁。王感其神異，請而封之。

九月，湖州刺史李繼徽以州附淮南，牙將沈攸拒之，繼徽遂出奔。乙未，王親巡湖州，收繼徽家屬而還，湖州平。王命海昌鎮將高彦爲湖州制置使。

冬十月，淮南以臺濛守蘇州。

十一月己卯，台州刺史杜雄卒。

乾寧五年春正月，命師救蘇州，生擒淮南將李近思，斬首一千餘級，殺其將梁琮、張顒等。淮南將李簡復率兵五千餘人屯無錫，我師攻之，獲其偏將陳益等而還。

是月，王以越州指揮使駱團爲台州制置使。

二月，唐帝敕移鎮海軍於杭州，從王請也；又授都押衙董匡等恩命有差。

三月，淮南將周本救蘇州，顧全武擊破之，淮南將秦裴以兵三千拔崑山而戍之。

秋七月，唐授王檢校太師，賜號定亂安國功臣。

八月，唐改元光化。

九月，顧全武攻蘇州，臺濛、李德誠等棄城走，遂復取蘇州。追敗周本於望亭，進拔崑山，降其將秦裴。

是月，婺州刺史王壇遣將攻東陽，王以息民故，命使諭之。

冬閏十月，王以嘉興都將曹圭權蘇州制置使，尋命爲本州刺史。

是月，王壇抗命，王遣師伐之。唐敕王兼兩浙安撫使，加食邑一千户，實封一百户。

十一月，衢州刺史陳岌貳於我，請降於淮南，王遣顧全武等討之。

十二月，淮南以成及易魏約，許之。先是，陸郢之叛，及爲淮南所鹵，至是歸。

光化二年春正月，我師大敗陳岌於龍丘。

二月，唐遣高臨、周道安，改王本縣石鏡鄉爲廣義鄉，臨水里爲勳貴里，所居安衆營爲衣錦營，仍賜兩浙行軍司馬杜稜以下一百二十人並號贊忠去僞功臣。

三月，王壇求救於淮南。

夏四月，唐敕升杭州爲大都督府。是月，淮南田頵遣行營都指揮使康儒等來應東陽，王命副指揮使方密、羅聚等濟師於婺州及蘭谿、義烏等縣。

五月庚戌，儒敗我兵於龍丘，偏將王球被鹵，未幾釋歸。

秋七月，淮使自衢州還者，爲我師所殺，仍獲陳岌送楊氏地圖州印以歸。

是歲，奏封蕭山縣神孔大夫爲惠人侯。隋大業中，有孔大夫者爲陳仁杲裨將，討東陽賊婁世幹，降之，立廟黄山。至是王上其事，封以侯爵。

光化三年春正月，淮南將康儒、徐從臯等攻睦州，王命從弟銶拒之。

夏五月，唐遣中使王金峯賫詔封王爲南康王，加食邑一千户，實封一百户。王表陳讓。

秋七月，重修大滌山天柱觀。武肅王天柱觀記曰：天柱觀者，因山爲名。按傳記所載，皆云天有八柱，其三在中國，一在舒州，一在壽陽，洎今在餘杭者皆是也。又按道經云，天地之内，有十大洞天，三十六小洞天，如國家之有藩府郡縣，遞相稟屬。其洞天之内，自有日月分精，金堂玉室，仙官主領，考校災祥。今天柱山卽真誥所謂大滌洞天者也。

內有隧道，暗通華陽，林屋皆乘風馭景，倏忽往來，羣真杳冥，非世俗所測。而況大江之南，地兼吴越，其峯巒西接兩天眼之龍源，次連石鏡之嵐岫，東枕浙江之迢派，可謂水清山秀，兼通大海，及諸國往還。此外又有東天目、西天目及天竺之號，得非抗蒼涯於穹昊，聳絶壑於雲霄，立天爲名，以標奇特耶？若乃登高遠望，則千巖萬壑，金碧堆叠，龍盤虎踞，靈粹滋孕，代生異人，非山秀地靈之所鍾襲，其孰能與於此乎？就中天柱，風清氣和，土腴泉潔，神蛇不螫，猛獸能馴。自漢武帝酷好神仙，標顯靈迹，乃於洞口，建立宫壇，歷代祈禳，悉在此處。東晉有郭文舉先生，得飛化之道，隱居此山，羣虎來柔，史籍所載。乃於蝸廬之次，手植三松，虬偃鳳翔，蒼翠千載，今殿前者是也。洎大唐創業，以元元皇帝爲祖宗，崇尚玄風，恢張道本。天皇大帝握圖御宇，授籙探符，則有潘先生宏演真源，搜訪神境。弘道元年，奉敕創置天柱觀焉，仍以四維之中，壁封千步，禁彼樵採，爲長生之林。中宗皇帝玉葉繼昌，玄關愈闢，特賜觀莊所，以結香燈。於是臺殿似匪人工，廊檻皆疑化出，星壇月砌，具體而微。則有被褐幽人，據梧高士，挹澄泉之味，息青蘿之陰。葉天師法善、朱法師君緒、吴天師筠，暨天師齊物、司馬天師承禎、夏侯天師子雲，皆繼踵雲根，棲神物表。骨騰金鎖，名冠瑶編。出爲帝王之師，歸作神仙之侣。金錯標字，翠珉流芳，昭析具存，不俟詳籙。其餘三泉合派，雙石開扉，藥圃新池，古壇書閣，各有題品，足爲耿光。鏐此際蒙聖朝叠安藩閫，綰闔閭之封畧，統勾踐之山河，寵極蕭、曹，榮兼渾、郭。緬懷斯地，實邇維桑，素仰真風，備詳前事。但以此觀創置之始，本對南方，後有朱法師相度地形，改爲北向。雖依山勢，偏側洞門，其洞首陰背陽，作道宫而不可，致左右崗壠，與地勢以相違。背洞門而不順百靈，使清泉却侵白虎。致使觀中寥落，難住賢能，皆爲尊殿背水激衝之所致也。乾寧二年，鏐因歷覽山源，周遊洞府，思報列聖九重之至德，兼立三軍百姓之福庭，於是齋醮之餘，徧尋地理，觀其尊殿基勢，全無起發之由，致道流困窮，二時而不辦香燭，竟歲而全無醮閱。遂抗直表，上聞聖聰，請上清道士閭邱方遠與道衆三十餘人主張教跡，每年春秋四季，爲國焚修。鏐特與創建殿堂，兼移基址，山勢有三峯兩乳，兼許邁先生丹竈遺跡猶存，遂乃添低作平，減高爲下，改爲甲向，是五音第一之方。而乃添培乳山，却爲主案，尋卽一二年內法主兩霑渥恩，道侶益臻，常住咸備。青牛白鹿，堪眠琪樹之陰；絳節霓幢，不絕星壇之上，得不因移山勢而再振玄風者哉？尋又續發薦章，奏閭邱君道業。聖上以仙源演慶，真派流輝，方瑶水以遊神，復華胥而入夢，欲闡無爲之教，欣聞有道之人。敕賜法號爲妙有大師，兼加命服。雖寒栖帶索之士，不尚寵榮，在法橋勸善之門，何妨顯赫。其次畢法道士鄭茂章，生自神州，久棲名嶽，玄機契合，負笈俱來。鏐幸揖方瞳，常留化竹，副妙有大師三元八節，齋醮同修。福既薦於宗祧，惠頗霑於軍俗。尋發特表，蒙鴻恩繼賜紫衣，焚修於此。其大殿之内，塑天尊真人，龍虎二君，侍衛無闕。其次別創上清精思院，爲朝真念道之方；建堂廚，乃陳鼎擊鐘之所。門廊房砌，無不更新。天風每觸於庭除，地籟時聞於窗户。兼爲親隸觀額，以炫成功，非矜八體之能，貴立永年之志。妙大師閭邱君靈芝稟異，皓鶴標奇，誕德星躔，披靈霓洞。朝修虔懇，科戒精嚴。實紫府之表儀，乃清都之輔弼。加以降神之地，卽舒州之天柱山也。遊方有志，躡屩忘疲。自生天柱之前，駐修天柱之下，察其符契，信不徒然。乃此修崇，實爲搜抉，所謂道無不在，代有其人。爰自開基，至於功畢，備仙家之勝槩，暢聖祖之真風。遂録畫圖，封章上進。奉光化二年十一月二十七日詔旨，敕錢鏐，省所奏進重修天柱觀圖一面，事具悉。我國家集慶仙源，遊神道域，普天之下，靈迹甚多。然自兵革薦興，基址多毁，况兹幽邃，豈假修營。卿考輯圖經，知列聖崇奉，親臨勝槩，重葺仙居，仍選精愨之流，虔備焚修之禮，冀承元貺，來祐昌期。豈惟覩好事之方，抑亦驗愛君之節。既陳章奏，披翫再三，嘉歎無已，想宜知悉。冬寒，卿比平安好。遣書指不多及。懿夫地出靈阜，天開洞宫，三皇之前，真聖非一，莫非乘虚躡景，出有入無。雖或挂於傳聞，不可知其名氏，皆分洞天而理，卽大滌居其一焉。天柱觀卽漢以來，迄於唐室，修真之士，繼躡清塵。當四方俶擾之時，見一境希幽之趣。今也仙宫嶽立，高道雲屯，六時而鐘磬常鳴，八節之修齋罔闕。有以保國家之景祚，福兩府之烝黎。鏐今統吴越之山河，官超極品，上奉宗社，次及軍民，莫不虔仰神靈，遵行大道。時也聖明當代，四海歸心，忝蒙委以東南，封爵功臣，兼頒金券，家山衣錦，兼兩道之油幢，上承一人倚注之恩，次荷正真護持之力，元元至聖，崇敬福生，大道真科，是無爲化致，乃及身於此，合刊貞石，用俟後賢。時光化三年七月十五日記。

八月，唐授王行軍司馬杜稜檢校太子太保。庚申，龍鬬於浙江，因過郛郭，壞廬舍，或吸居人浮空而去，數里方墜，有至死者。

是月，我師敗淮南兵於軒渚，遂絕其糧，康儒等由清溪而遁。

九月，王壇弃宣州。辛卯，王親巡婺州，命浙西營田副使沈夏權婺州刺史。壬辰，東陽鎮將王永伏誅。永，東陽人也。在鎮治城壁，置鼓角，糚樓舞榭，甍棟相接。又采妖妄，立十瑞亭，將規本郡。及王壇攻之，王以前年婺民爲安仁義所撓，遣使諭壇罷兵，將追永歸於府城，而壇不從命，故伐之。事平，責永以不敬，斬之以謝百姓。甲午，王巡衢州，陳岌降，王以岌爲浙東安撫副使，命顧全武權知衢州事。

是月，龍鬬浙江水中。

冬十月，唐遣中使取王形圖凌煙閣，王寫容以進。

十一月，劉季述等幽唐帝於問安宮，立德王裕爲帝，遣使進王爲東安王，王不受命。

是月己酉，葬皇考於臨安縣鍠北鄉清風里。

是歲，王建鎮海軍使院。羅隱記曰：惟天子建國，必惟九牧，九牧既序，區分局署。兩漢三公，府有掾屬；魏晉而降，則置行臺。若魏以秦王儀鎮中都，高齊以辛術監治東徐州事，皆行臺之任也。其官屬則令僕以至於尚書丞郎。唐制，由行臺而置採訪使，殆今節制之始也。鎮海軍舊治京口，大丞相以錢塘之衆，東戡漢宏，西殲逆朗，天子不欲易其土，故自符竹四命，然後移軍於錢塘。生物以宜，租賦以便，斥去舊址，廣以新規。廊開閈閎，拔起階級，俾幢節之氣色，貔虎之出入，得以周旋焉。庚申年，始闢大廳之西南隅，以爲賓從晏息之所。左界飛樓，右劘嚴城，地聳勢峻，面約背敞。肥楹巨棟，間架相稱，雕焕之下，朱紫苒苒，非若越之今而潤之舊也。彊埸之事，則議之於斯；聘好之禮，則接之於斯；生民之疾痛，則啓之於斯；軍旅之賞罰，則參之於斯；非徒以酒食騈羅，而語言嘲謔者也。其府屬已下，或八都舊將，或從公於征，或稟之於朝廷，或拔之於鄉里。故天子用清宫傳道之選以佐之，輟教民論道之任以副之。其餘省秩卿曹，職領相次。自我朝藩服官屬之盛無加也。噫！大丞相之勳德，既藏之天府，而攀鱗附翼者非鐫刻礫石，其可久乎？是年冬十月，始命觀察判官羅隱爲記。

光化四年春正月，唐帝反正，敕遣供奉官吐突令鐸來宣諭，仍賜國信。

二月，王親巡衣錦營，大會故老賓客，山林樹木，皆覆以錦幄，號其幼所常戲大木曰「衣錦將軍」。命指揮使陳璋爲衢州制置使。

夏四月丁丑，唐大赦，改元天復。是日，王親巡東府。

五月，唐授王守侍中，進彭城王，加食邑一千户，實封一百户，仍陞王所居衣錦營爲衣錦城，封石鏡山爲衣錦山，大官山爲功臣山。

秋八月，唐遣使授王子傳瓘禮部尚書，遥領卲州刺史。

九月，王以衢州制置使陳璋爲本州刺史。壬子，王妣秦國太夫人水丘氏薨。

冬十月，淮南將李神福等入寇，王命顧全武、方密率師禦之；全武等遇伏兵於青山，被執。神福進攻臨安，秦昶率衆降之。

十一月，唐帝狩於鳳翔，王聞之悲泣，遣使奔問。帝嘉之，賜王御服夾襖子一副，仍降御札於衣襟焉。

十二月，王與李神福和，神福受犒賂而還。

是月，唐敕王起復雲麾將軍、上金吾衛大將軍，員外置同正員。

天復二年春正月，閩遣使來致祭。祭文曰：維天復二年歲次壬戌，敬祭於故秦國太夫人之靈。夫生帝王，則若文母方鍾至聖；生人臣，則若陶母方降大賢。信夫韜昴宿之耀於胸襟，掬嵩山之氣爲懷抱，豈容易哉！伏惟明靈，天資婦道，神授母儀，金石不足喻其貞明，芝蘭不足表其芳馥。訓逾孟織，智邁謝閨。顏氏子則提育聖人，曹大家則師資諸女。既作閨門之上瑞，乃生英傑於皇家。立曠代之鴻勛，擁兩藩之龍節。食則萬錢調膳，禄則三世及親。見綵衣則衣錦之姿，見冰鯉則和羹之味。騰輝女史，興詠國風。推於古今，實無倫比。乃由懿德，致此大榮。嗚呼！靈藥難求，流光易謝，本冀霜松而永壽，忽驚風燭以斯零。竟成舉世之悲傷，空切至誠之號慕。審知幸攀令嗣，獲忝親鄰，論交既契於金蘭，抹泣乃同於親屬。輒陳薄奠，用表悲誠，敢冀明靈，依稀歆鑒。

三月，癸丑至乙卯，三日，浙右大雪盈丈，文獻通考作天復二年三月，浙西大雪，平地三尺。雪氣如煙而味苦。

夏四月，淮人以顧全武、方密歸我，王亦以秦裴報之。

是月，唐加王食邑一千户，實封一百户。

五月望日，唐封王爲越王，制曰：「惟天作元后，所以保茲黎元；惟王親諸侯，所以建我藩屏。蓋一人不能以獨任，故列辟布於四方。自昔權輿，匪今作俑。檢校太師、守尚書侍中、兼中書令、上柱國、彭城郡王錢鏐，浙江孕靈，天目鍾秀，武足以安民定亂，文足以佐理經邦。屬天步之維艱，投筆而起；憤皇靈之弗振，枕戈不忘。人方效忠，天未厭亂。漢宏託金刀之讖，董昌借越鳥之妖。爾獨憂僭僞之爭強，共行天討；雪朝廷之深憤，自造地維。屢挫淮封，式遏廣寇。俾兩浙郡邑，永保金湯之固；屬部人民，永享衽席之樂。爾四國有西歸之望，予一人無東顧之憂也。昔平王東遷，庸依晉鄭；典午南渡，允賴并涼。卿之封地，朕在不蔽，援番君之故事，環勾踐之舊疆。建爾真王，尹茲東夏。於戲！節制兩藩，車徒萬乘，有予奪死生之權，驕心易滿；有人民社稷之奉，侈心易生。不存忠義之心，曷保功名之盛。書曰『惟命不於常』，又曰『常厥德，保厥位』。欽哉欽哉，勿替朕命。可進封越王，增食邑一千户，實封一百户，餘如故。」庚戌，温州刺史朱褒卒，兄敖代之。中和元年，永嘉朱褒寇温州。二年，浙東觀察使劉漢宏招之，因奏褒爲温州刺史。大順元年，褒兄誕爲温州刺史。乾寧元年，褒兄著爲温州刺史。天復元年，褒再任刺史。二年，褒卒，兄敖自爲温州刺史。兄弟互據，凡二十二年。見温州府志。

秋七月，王親巡衣錦城治溝洫。八月丙戌，將還府城，親饗將校。武勇右都指揮使徐綰謀爲不利，辭以疾，王惡之，命綰先還。次日，王發自衣錦城，綰還作亂，武勇左都指揮使許再思以兵迎綰同叛，將及內城，王子傳瑛一作元瑛與三城都指揮使馬綽、牙將陳爲等發懸門以禦之。王次龍泉，聞變，疾驅至城北。時牙將潘長與綰遇，斬首二百餘級，綰退營於龍興寺。王微服至德勝門，牙將周肅遣鍾審以舟迎王，王遂沿江至內城東北，踰城而入，人莫有知者。北門直更卒憑鼓而寐，王親斬之；隨命都監使吳璋、三城都指揮使馬綽守北門，內城都指揮使王榮、武安都指揮使杜建徽守南門，又命指揮使顧全武率兵衛屯東府。全武上言：「東府不足慮，綰勢急必召田頵，王當以難告楊公。」杜建徽亦言：「楊氏常由王脫孫儒之難，彼丈夫者，豈不能報王！」王遂命全武攜子傳璙求昏於吳。是時湖州刺史高彥遣其子渭偕指揮使屠瓌智入援，綰伏兵靈隱山，渭等被害。王命渭所部營城南。

九月，徐綰召田頵攻杭州，頵引兵赴綰，遣客吏何饒謂王曰：「相公請大王東之越府，虛府署以相待。」王復曰：「軍中叛亂，何方無之。公爲節帥，乃助爲逆乎？」既而頵至，泊於北門，以旗鼓自蔽。王登城，注弩中其執旗者。頵見王城中大鼓噪，懼，退還營，遷逼於西北隅。頵伺夜梯橦畢集，城中矢石如雨，賊墜溝洫者不可勝計，遂拔營而退。

十一月，頵復具舟楫，將渡江，絕西陵，王命副指揮使盛造、朱郁大破之。吳王亦使人召頵，曰：「不還，吾且使人代鎮宣州。」既而頵遂率徐綰、許再思歸宣州，王致犒師錢一百億以送之。通鑑云頵徵犒軍錢二十萬緡，今從吴越備史。頵慮爲我師所逐，請質王子傳瓘而去。

十二月，浙右又大雪，江海冰。一作三年十二月。

是月，温州裨將丁章逐刺史朱敖，敖奔福州，章遂據郡。

是歲，有白烏棲於安固縣之集雲山，事聞於朝，詔改安固爲瑞安縣。

天復三年夏四月，温州丁章爲木工李彦所殺，裨將張惠據温州。是月，城婺州。

秋七月，睦州刺史陳詢叛，舉兵攻蘭溪，王遣指揮使方永珍等率師討之。

九月，田頵、安仁義叛淮南，吴王行密乞師於我。王命方永珍率師屯潤州，從弟鎰率師屯宣州，以應淮南；又命指揮使楊習代永珍於睦州。

冬十一月，田頵敗死，頵母奉王子傳瓘來歸。是時王建亭於虛白堂之基，曰八會亭，以平吴定越、講武計議，凡八會於此也。未幾更名都會堂，又建閣於設廳之後，名曰蓬萊。按直儀門曰設廳。

天復四年春正月，唐帝發長安。

三月，唐遣衞尉卿許渾來宣諭，仍賜國信。

是月，王子傳璙與其婦楊氏并顧全武至自淮南。

夏四月，唐帝至洛陽，大赦，改元天祐。王求封吴越王，唐帝不許，梁王全忠爲言於執政，乃遣給事中鄭祁、一作祈。刑部員外郎楊承休一作永休，又作永承，今從歐陽修文集。進封王爲吴王，敕曰：「朕嗣登大寶，統理萬方，有推誠待人之心，少撥亂反正之略。京畿叛亂，宗廟震驚，采周公宅洛之謀，定商王遷殷之業。當兹更始，式表殊勳。檢校太師、守兼中書令、上柱國、越王錢鏐，一代偉人，三朝元老。定哀救亂，素存忠義之心；濟世經邦，夙擅英雄之志。鄉兵一起，義聲四馳；黄鉞初麾，江表大定。包茅時登乎天府，版籍歲貢於有司。日月塵昏，牛女尋常拱北。淮河鼎沸，浙江日夜朝東。用徙於越之封，大畀勾踐之境。爾其糾率侯服，翼戴中朝，選將練兵，務農積粟，進可參桓文之烈，退可守吴越之區，寧俾古人，專美前史。於戲！夫差適顛沛之際，罔替尊周；仲謀方爭攘之時，猶知有漢。況爾名德，殿此大邦，必能宏濟艱難，一匡天下。予一人，實有賴焉。詩不云乎，『幹不庭方，以佐戎辟』。爾尚勉旃。可徙封吴王，加食邑二千户，實封二百户，餘如故。」

秋八月，唐帝崩，太子卽位，謚帝曰昭宗，遣使來宣告。王素服舉哀於軍門。

是月，淮人檻送徐綰歸我，王命剖心以祭高渭。

九月壬戌朔，大風寒如仲冬，浙東西大雪。

冬十月朔，日有食之。癸酉，大雪平地丈餘。

十二月，衢州制置史陳璋殺羅城使葉讓，叛降於淮南。

天祐二年春正月，唐授王子傳瓘官爵。

是月，我兵圍陳詢於睦州，吴王行密遣西南招討使陶雅，同閭鋌等來據新安，王命從弟鎰與指揮使顧全武、王球禦之，我師不利，鎰及球等被執。

夏四月，陳璋會睦州兵及淮南將陶雅等同攻東陽，王命弟鏢率師討之。

秋八月，處州刺史盧約使其弟佶攻陷温州，張惠奔福州。王命方永珍濟師於東陽，會師討賊。

九月，陳璋、陶雅陷東陽，執我刺史沈夏。吴王行密以雅爲江南都招討使、歙婺衢睦觀察使，璋爲衢婺副招討使。璋復分兵與淮南將許野鶴等犯我暨陽，王命楊習逐之，璋兵大敗，習遂攻東陽。

冬十月，有獸入吴興，一角而麟趾。

十一月，王命建功臣堂於府門之西，樹碑紀功，仍列賓寮將校，賜功臣名氏於碑陰，凡五百人。

十二月，睦州刺史陳詢奔淮南，陶雅入據睦州。中和四年，陳晟據睦州，至詢而敗。

天祐三年春正月丙寅，唐帝命所司擇日備禮册王。舊唐書云：制：定亂安國功臣、鎮海鎮東節度、浙江東西道觀察處置等使、開府儀同三司、守侍中、兼中書令、杭越兩州刺史、上柱國、吴王、食邑九千户、實封五百户錢鏐，總領兩鎮，制撫三吴，道途阻艱，未行册命。宜令所司擇日備禮。是月，淮南將陶雅引兵歸歙州，我兵復取睦州。宣州觀察使王茂章來奔，王以爲鎮東節度副使，更其名曰景仁。

二月辛卯，王如睦州，陳璋自婺州退保衢州，方永珍、楊習等取婺州，進攻衢州。

三月，命浙西營田副使馬綽權睦州刺史。

秋八月，陳璋導淮南將周本、吕師造等入衢州，爲我師所逐，遂奔淮南。

九月，周本等率其黨歸信州，王命方永珍爲衢州制置使。

是月，唐遣使臣王鉅、吴越備史作右散騎常侍王矩。裴筠備史作司勳郎中裴矩均。授王吴王竹册。册文曰：皇帝若曰：惟后法天以降命，式協無私；惟臣體國以垂功，乃興厥后。周裂宗盟之土，漢分子弟之邦，非劉式論於諸儒，同姓亦議於太史。疇庸懋賞，是曰能君。顧兹眇躬，實屬多難，允賴元勳，廓清寰宇。憫予怠荒，保我不嗣，舉同心協力者無虚日，推秘畧宏謀者無間時。俾列疏封，以昭勳績。況江山右地，吴越名區，百雉則前朝舊都，會稽則夏后遺址。

宜旌社土，以統藩維。咨爾檢校太師、守侍中、兼中書令、上柱國錢鏐，大昴流精，維嵩孕祉。萃東南秀異之氣，鍾文武英畧之資。奮兹不羣，卓爾有立。自總戎二紀，作奠兩藩，崇名輝於廟堂，茂績策於盟府。處股肱執政之寄，服貂璫清道之榮。行必求人，動無任己。勝殘務理，經遠詢謀。不怙貴以專刑，不矜能而肆志。深厚廓公侯之度，剛明執忠孝之風。威加敵國而愈謙，化被鄰封而垂訓。以百當千之銳卒，勇且知方；育幼與老之編氓，恭而好禮。負戡難濟時之術，蘊天資神授之機。而設燎探微，築臺請益。詩盈鼓篋，傳癖横經。比飯均羹，席上盡雕龍之客；投醪散庫，營中皆搏虎之人。勁節貫於雪霜，至誠格於天地。頃者浙人蟻市稱霸，蚊雷振妖，爾則統仗順之師，整争先之旅，飈馳勇敢，冰泮渠魁。書於鼎彝，焕若縑素。近則淮人作孽，傖僧無君，拒抗王師，邀截貢賦，竊據州縣，斷絶梯航。先皇上賓之時，不展號弓之慕，羣后咸秩之日，莫申執幣之儀。神人共憤其侵陵，華夏争誅其干犯。爾則痛主辱以疾首，冀師貞以適志，共粉巨盜之骨，必甚元兇之顙。是用金璽昭德，彤弓報功，示王澤之非濫，表臣勳之益崇。麟符出征，鶩冕專祭，真爾修之，克有終也。今遣使臣中大夫、上柱國王鉅，副使朝議郎裴筠，册爾爲吴王。於戲！加王爵之極號，標封建之殊名，往盡乃心，永服徽命。

冬十一月乙丑，湖州刺史高彦卒，子澧嗣。唐命王本道建三代私廟。

閏十一月，王命弟鏢爲婺州制置使。

十二月，王表薦行軍司馬王景仁，唐帝詔景仁領寧國軍節度使。舊唐書云：天祐三年十二月己卯朔，詔淮南僞署宣歙觀察使、檢校司徒王茂章，可金紫光禄大夫、檢校太保。從錢鏐請也。今從備史。

是歲，割睦州分水縣南新、寧善、新登、廣陵、銅峴等五鄉隸杭州臨安縣。

天祐四年春三月，唐敕升衣錦城爲安國衣錦軍。王遣王子傳璙、傳瓘討盧佶於温州。夏四月，佶將水軍拒於青澳。傳瓘曰：「佶精兵盡在此，不可與戰。」乃自安固捨舟間道襲温州。戊午，温州潰，斬佶而還。王以都監使吴璋爲温州制置使，命傳璙等移兵討盧約於處州。

是月，梁王晃稱皇帝，國號梁，改元開平。遣上金吾衛將軍石彦辭、刑部郎中薛昭序來宣諭。

五月，盧約以處州降，中和元年約據處州，至是而亡。王以爲浙江安撫副使，命指揮使俞浩爲處州制置使。

是月，梁遣金吾衛大將軍安崇隱進封王爲吴越王，增食邑二千户，實封三百户，仍賜號啓聖匡運同德功臣。客有勸王拒命者，王笑曰：「吾豈失爲孫仲謀邪！」遂受之。鎮海節度判官羅隱亦勸王舉兵討梁，王心義之而不從。

六月，梁遣中使來宣諭。

秋七月，梁敕賜王管内刺史，並授官爵，仍賜母妻封邑。

八月辛亥，梁加王兼淮南節度使、揚州大都督，充淮南四面招討制置使。一云充本道招討制置使。

九月，梁封鎮東軍神祠爲崇福侯，從王請也。吴越備史云：梁封衣錦軍神祠號崇福侯。今從五代會要明集禮。敕曰：「鎮東軍牆隍神龐玉，前朝名將，劇郡良材。頃因剖竹之辰，實有披榛之績。創修府署，綏輯吏民。豈獨遺愛在人，抑亦垂名終古。況錢鏐位隆三鎮，功顯十臣，能求福而不回，致效靈而必應。願加懿號，以表冥符。宜旌炭業之功，用顯優隆之澤。宜賜號崇福侯。」仍付所司。武肅王鎮東軍牆隍神廟記曰：若夫冥陽共理之規，人神相贊之道，傳於史册，今昔同符。切以浙東地號奥區，古之越國，當舟車輻湊之會，是江湖衝要之津。自隋末移築子牆，因遷公署，據卧龍之高阜，雉堞穹崇；對鏡水之清波，風煙爽朗。緬惟深固，宜叶冥扶。故唐右衛將軍總管龐君諱玉，頃握圭符，首臨戎政。披榛建府，吐哺綏民。仁施則冬日均和，威肅則秋霜布冷。堵牆愛戴，黔庶謳謡。尋而罷軍興嗟，餘芳不泯，衆情追仰，共立嚴祠。鎮都雉之岡巒，宰軍民之禍福。殿堂隆邃，儀衛精嚴，式修如在之儀，仰託儲靈之廕。往載釁生劉氏，妖起羅平，予躬稟睿謀，恭行天討，數年擐甲，兩復越牆，皆資肸蠁之功，以就戡平之業。特爲重增儀像，嚴潔牲牢。邇來四野無塵，重門罷柝，丁卯歲揚旌東渡，巡撫軍民，躬奠椒漿，目瞻靈像。每暢吴風越俗，共欲道泰人安。昔爲兩鎮之疆，今作一家之慶。遂馳牋表，請降崇封，所冀朝恩與漢牧齊標，美稱共泰巒對聳。尋蒙天澤，果賜允俞，頒崇福，立嘉名，昇五等之尊爵，其所奉敕命，具列如左。嗚呼！人惟神祐，神實人依。爰自始建金湯，肅陳祠宇，奠兹中壘。三百年來，雖享非馨，未登列爵。今則值予佐國，連統藩維，啓吴越之雙封，爲東南之盟主。況遇金星應籙，梁德克昌，道既泰於君臣，澤遂加於幽顯。獲申奏薦，遽降徽章。今則象軸焕新，龍綸遠至，表勳名於萬代，昭靈感於千秋。固當永荷皇靈，長垂幽贊。衛我藩宣之地，遏清災沴之源。保泰斯民，乂吾土。烜矣赫矣，永作輝華。今當吴越雙封，一王理事，亦仗土地陰隲，冥力護持。神既助今日之光榮，予亦報幽靈之焕耀。但慮炎涼改易，星歲徂遷，不記修崇，莫原事始。聊刊貞珉，以示後來。時大梁開平二年，歲在戊辰□月，啓聖匡運同德功臣、淮南鎮海鎮東等軍節度使、檢校太師、守侍中、兼中書令、吴越王錢鏐記。

冬十月，梁授王子傳瓘金紫光禄大夫。

十二月，江西危全諷爲淮南所敗，信州危仔倡乞師於我。

是歲，建千頃院。築温州子城，周三里十五步。唐會要載是年太常禮院奏兩浙節度使錢鏐受册訖，舊立門戟一十二枝，合準禮例，更添四枝，仍五年一易。從之。

校勘記

〔一〕大順元年秋七月李友陷蘇州　按通鑑卷二五八，載此事在大順元年八月，疑此處「七」字誤。

〔二〕子繼徽嗣　「繼」，通鑑卷二六〇作「彦」，似是。

十國春秋卷第七十八

吴越二

武肅王世家下

天寶元年春正月，遣兵攻淮南甘露鎮以救信州。梁敕改臨安縣爲安國縣，廣義鄉爲衣錦鄉。按舊五代史，梁開平二年，改臨安縣廣義鄉爲衣錦鄉，猶冠以臨安者，縣名與鄉名同時改也。

夏六月，梁授王檢校太師、守中書令，增食邑一千户，實封一百户。

秋八月，梁敕改唐山縣爲吴昌縣，歐陽忞輿地廣記作金昌。唐興縣爲天台縣；順存録云：開平三年，改唐興爲新興。今從吴越備史。又敕升杭、越等州爲大都督府。王遣寧國節度使王景仁奉表詣大梁，陳取淮南之策。梁主問進奏吏曰：「錢王平生有所好乎？」吏曰：「好玉帶、名馬。」梁主笑曰：「真英雄也！」乃以玉帶一匣、打毬御馬十匹賜王。是月，復改新城縣曰新登，長城縣曰長興，樂成縣曰樂清，避梁諱也。

九月，梁授鎮東軍節度副使成及爲保大軍節度使、同平章事，副使餘如故。淮南將周本、吕師造攻蘇州，王命從弟鋸討之。

是月，張仁保襲取常州之東洲，淮南以陳璋爲水陸行營都招討使，率柴再用等將兵來救，仁保敗績於魚蕩，復失東洲。梁封故隋司徒陳仁杲爲福順王。仁杲常以陰兵助王，王崇報之，請封於梁，且令諸州皆立廟。蔡京京南雙廟記作福順賢德王，他書又作福順武德王。王改吴山紫極宫爲真聖觀。一云乾符中建真聖觀，王改兩浙老君廟。

是歲，王以中原喪亂，改元天寶，私行於境中；既而復通中國，或諱而不稱。

天寶二年夏四月，梁授王守太保，增食邑二千户，實封二百户。

是月，淮南兵圍蘇州，守將孫琰拒之甚力，王命弟牙内指揮使鏢、五代史云：遣其弟鋸、鏢救之。行軍副使杜建徽、江海遊奕都虞候何逢、司馬福等率師救姑蘇，内外夾攻，生擒淮南將何朗、閭邱直等凡三千餘人，獲兵甲生口三十萬，戰船二百餘艘，周本、吕師造等夜遁，又追敗於皇天蕩。

五月甲寅，王親巡蘇州，遣其將梅世忠、李開山屯兵於許浦之上游，封故唐曹王明爲昭靈侯。明爲唐太宗子。淮人圍姑蘇時，守將禱於其廟，輒自潰去，故加封焉。

是月丁巳，明州刺史黃晟卒。辛酉，王自蘇州復如東府。辛巳，巡明州，因城望海鎮，一作定海鎮。命子元球爲明州制置使。信州危仔倡爲其下應淮人而叛，遂奔於我，王以爲淮南節度副使，更其姓曰元氏。

六月壬寅，王發明州。梁遣刑部尚書姚洎、錢氏家乘作垍。禮部員外郎羅衮授王吴越王册禮。册文曰：皇帝若曰：迺者有唐告終，王政日紊，婦寺亂常於内，蠻貊犯順於邊。列鎮張膽而相攻，大臣捫心而無措。惟思家族，遑恤朝廷。朕起自兵戎，歷階節度，憂皇天之不弔，閔黎庶之倒懸，誓衆興師，爲民請命。東征西怨，共徯我后來蘇；簞食壺漿，咸若厥角墜地。竟以數州之力，大剪諸國之鋒。歷試諸艱，遂叨九錫，稽舜禹之禪，法隋唐之敕。天步多艱，人情習亂。因商民之思紂，嗾桀犬以吠堯。職具不共，何所不至。咨爾上柱國、吴越王錢鏐，山川毓秀，二五儲精，以不世出之才，行大有爲之主。納交伯府，翼戴中朝。靖淮甸之邪氛，不得紊我王氣；斬羅平之妖鳥，不得鳴我王郊。迨乎受禪之初，首遣宣諭之使，頗知天命，不效狂謀。匪兼二國之封，曷獎尊王之義。今遣使金紫光禄大夫、尚書、上柱國姚垍、使副尚書禮部主客員外羅兖，持節備禮，胙土分茅，册爾爲吴越國王。嗚呼！車徒萬乘，何戎狄之不可膺；節制三方，何强梁之不可伏。矧百粤夏后駐蹕之地，三吴泰伯肇封之疆，勾踐用之以親周，夫差因之而駕晉。方賴率三軍而挺荆楚，糾列國以平淮戎，允爲東海屏藩，永保中原重鎮。毋姑息以敗事，毋誇大以墮功。欽哉其聽朕命。

戊申，王至自東府。是役也，王行次餘姚丈亭鎮，舟湊巨石，不能進。既而大雨震電，有二龍負王舟，鎮遏使翁元軻拽舟而進，二龍自舷升焉。

秋閏八月，梁授王守太尉，加實封二百户，制曰：「集非常之事，必有挺非常之才；建第一之功，必有居第一之位。朕膺圖受命，負扆開階，未常以真太尉之官輕於擬議，大司□之職易於簡求。蓋由其爵尊，其任重，不有英佐，孰當異恩。啓聖匡運同德功臣、淮南鎮海鎮東等軍節度使、淮南浙江東西等道管内觀察處置、充淮南四面都統營田安撫、兼兩浙鹽鐵制置發運等使、開府儀同三司、檢校太師、兼中書令、杭越等州大都督府長史、上柱國、吴越王、食邑一萬五千户、實封一千户錢鏐，海岳騰英，星雲誕秀，契君臣咸一之德，有文武兼備之才。宣慈惠和，忠正廉毅。敦詩説禮，樹百行於藩籬；去暴除奸，敵萬人於帷幄。弼予與運，明乃嘉謨。頃屬淮彝不賓，王化自爾，益封吴會，兼鎮廣陵，追擒每盡於隻輪，覆溺連收其巨艦。復聞奸宄，屢擾巡封，謂天蓋高，若水可恃，爾又横戈憤悱，獨力支吾，妙運神機，大殲戎醜。玄雲陣起，雄風驅下瀨之師；白露團開，沴氣散常州之化。再安生聚，重復土疆。薛公之三刺咸明，漢主之一奇斯在。況早攀鱗翼，備見肺腸，同德同心，二紀密參於締搆；惟忠惟孝，四方咸則於儀刑。苟非劇恩，何以加賞。是用鏤於彝鼎，册以輅車，擬吕望之尊崇，正列侯之貴重。仍加真食，復寵兼官，式是獎酧，且旌忠烈。於戲！進以正，大易所以經邦；慎厥終，格言用之居位。勉思遵守，克荷寵靈，服予訓辭，錫爾繁祉。可守太尉，加實封二百户，餘並如故。」錢氏家乘載此制爲昭宗天復元年所賜。

是月，梁敕置蘇州吴江縣、明州静安縣，一作望海縣，又改定海縣。從王請也。

冬十月，湖州刺史高澧貳於我，遣其黨焚義和、臨平等鎮，王命弟鏢帥師討之。

十一月乙酉，發運使羅隱卒。以蔣渙爲温州刺史。繼渙者爲季廣琛。是歲，術者言安吉縣東有王氣，王命鑿其地，忽四鴿飛出，化爲四龍，賜名曰四龍湖。命建雙仁祠，祀唐顏真卿，以從父兄杲卿並饗。王幸海鹽金粟寺，命寺僧設衆施茶。

天寶三年春二月，湖州刺史高澧導吴將李簡、陳璋等入其境，都將盛師友、沈行思閉城不納；王遣子傳璙濟師禦之，吴人挾澧而遁。

三月癸巳，王巡湖州，命弟鏢爲刺史。癸卯，至自湖州。

五月，奏改西府富陽縣爲富春縣，東府暨陽縣爲諸暨縣，處州松陽縣爲長松縣，婺州浦陽縣爲浦江縣，惡楊氏也。歐陽忞輿地廣記云：「朱梁時，楊氏據江淮，於是吴越錢氏上言：『以淮寇未平，恥聞逆姓，請改松陽爲長松。』」按，改縣皆天寶元年事。又割湖州武康縣隸杭州。

秋七月，王表監軍宦者周廷誥已下二十五人於梁，言其非劉、韓之黨，乞原之。通鑑：開平四年，吴越王鏐表「宦者周延誥等二十五人唐末避禍於此，非劉、韓之黨」。上曰：「此屬吾知其無罪，但今革弊之初，不欲置之禁掖，可且留於彼，諭以此意。」今從吴越備史，延誥作廷誥。

八月，始築捍海石塘，塘外植滉柱十餘行，以折水勢。先是江濤洶湧，板築不時就，王於疊雪樓架强弩五百以射潮，射潮軍，即水犀軍也。既而濤頭趨西陵，潮爲頓斂，遂定其基，以鐵組貫幢幹，用石楗之，而塘成。昭勳録云：王築捍海塘，怒潮急湍，版築不就，乃採山陽之竹，法矢人造爲箭三千隻，羽以鴻鷺之羽，飾以丹朱，鍊剛火之鐵爲鏃，命强弩五百人以射濤頭，人用六隻，每潮一至，射以一隻，射及五隻，潮乃退，東趨西陵，餘箭埋於候潮通江門濱，鎮以鐵幢，誓云「鐵壞此箭出」。又以大竹破之爲籠，長數十丈，中實巨石，取羅山大木長數丈植之横爲塘，依匠人爲防之制，又以木立於水際，去岸二九尺立九木，作六重，象易既未濟卦。由是潮不能攻，沙土漸濆，岸益固也。一統志云：吴越王箭所射止處，常立鐵幢，因名鐵幢浦。臨安志云：初立幢時，塘猶未成，慮潮盪幢，用鐵輪護其址，而以鐵組貫幢幹，且引組維於塘上下之石楗，然後實土築塘，故幢首出。此説爲近之。贊寧傳載略云：先是江心有石，即秦望山脚，横截波濤，中呼爲羅刹石。我國八月既望，迎潮設祭，必動樂鼓舞其上，尋命呼鎮江石。開平辛未，漸平沙漲，遂作木闌圍頂，今祭江亭是也。武林梵志曰：武肅王築塘時，致禱於胥山祠，仍爲詩一章，其末句曰：「爲報龍王及水府，錢江借取築錢城。」函鑰置海門山。既而潮水避錢塘，東擊西陵云。建候潮、通江等城門，又置龍山、浙江兩閘以遏江潮入河。

冬十月戊寅，王親巡衣錦軍，有鄰媪年九十餘攜壺漿迎王，曰：「錢婆留寧馨富貴。」王下車拜之。王置酒高會父老，男婦八十歲以上者金尊，百歲者玉尊。王執爵上壽，製還鄉歌曰：「三節還鄉兮挂錦衣，碧天朗朗兮愛日暉。功臣道上兮列旌旗，父老遠來兮相追隨。家山鄉眷兮會時稀，今朝設宴兮觥散飛。斗牛無孛兮民無欺，吴越一王兮駟馬歸。」時父老不能解，王復高揭吴音爲歌，舉坐賡之，叫笑振席。丙戌，王至自衣錦城。湖州巡校將沈行思以罪伏誅，命湖州都將盛師友權婺州刺史。

是歲，廣杭州城，大修臺館，築子城，南曰通越門，北曰雙門。按，隋開皇九年建杭州府，治於鳳凰山柳浦西，唐因之，吳越國治卽在此，後宋高宗以爲行宮。錢塘富庶由是盛於東南。有何人夜署府門曰：「没了期，没了期，修城財了又開池！」王出見之，命易其句云：「没了期，没了期，春衣財罷又冬衣。」士卒嗟怨者遽息。

是年，梁追封王曾祖宣州旌德縣令、吏部尚書、左僕射沛爲洪勝王，錢氏家乘云：沛字子霧，父碩亶於朱梁時贈尚書、檢校司空，娶陳氏，子三，曰湛、曰涀、曰沛。沛年七十八卒。唐以武肅功贈禮部郎中，加諫議大夫，梁追贈尚書左僕射，謚宏聖王，今從吳越備史。曾祖妣童氏爲齊國太夫人，錢氏家乘云：沛娶東苑童氏，贈趙國太夫人，建廟武林，子二，曰宇、曰宙。祖太尉宙爲建初王，錢氏家乘云：宙字遵古，喜讀揚子太玄，卜築於鏡山，寢疾時武肅已鵲起，侍醫藥不脱帶，竟終於錦軍城，唐贈太府卿，加太尉、同中書門下平章事，梁追謚建初王，子一曰寬。祖妣楚國太夫人水丘氏爲晉國九華太夫人，考威勝軍節度推官、職方郎中、太府少卿、禮部尚書、開府儀同三司、守太師、中書令寬爲英顯王，錢氏家乘作開平四年追贈太師，謚英顯王。妣秦國太夫人水丘氏爲趙國太元太夫人，錢氏家乘作乾化四年追贈太元太夫人。敕建三世祖廟於安國衣錦軍。

天寶四年春正月丙戌，日有食之。

夏四月，梁制，命王守尚書令、兼淮南宣歙等道四面行營都統，增食邑二千户，實封一百户。又遣刑部侍郎李光嗣建王生祠於衣錦軍，仍敕翰林學士李琪爲碑文，從僚吏將校請也。

五月朔，梁改元乾化。是月，築松江南北二城，鎖柵畢備。

秋七月，梁敕命淮南、兩浙幕府將吏五百人，並賜贊政安國功臣。

冬十月辛亥朔，湖州刺史王弟鏢酗酒擅殺防戍指揮使潘良，一作長。推官鍾安德。遂奔吴。

是歲，仁王廢院掘地得大錢，王以爲瑞應，命建大錢寺，於其地設寶幢二。又捨安國縣宅基爲寺，請額於梁，曰「光孝明因」。

天寶五年夏六月，梁主遇弑，郢王友珪僭位。

秋七月，友珪遣刑部尚書李皎册尊王尚父。

八月己丑，城西陵。是時改蘇州虎疁曰滸墅，避王名也。國人謂「石榴」爲「金櫻」，「留住」爲「駐下」，改「劉氏」曰「金氏」，「留氏」曰「田氏」。

天寶六年春正月，梁友珪改元鳳曆，肆赦。

二月，梁均王友貞舉兵誅友珪，遂卽位於汴京，更名瑱，復稱乾化，敕遣供奉官楊彥賓來宣諭。

三月，梁授王尚父，册禮。是月，吳行營招討使李濤率兵二萬自千秋嶺寇我衣錦軍，王命子湖州刺史傳瓘爲北面應援使救之，又命子睦州刺史傳璙爲招討收復都指揮使，攻東洲以分其勢。

夏四月，傳瓘伐木以斷吳兵，遂擊之，生擒李濤等八千餘人，傳璙獲敵將李師愈、姚延環等三千餘人而還。是月，梁增王食邑三千户，實封二百户。

五月，吳宣州刺史花虔會廣德鎭遏使渦信，將復寇衣錦軍，王子傳瓘將兵討之。

六月，師克廣德縣，獲虔、信及吏卒七千餘人以歸。辛卯，彰義軍節度使、檢校太尉、兼侍中成及卒。

秋九月，王遣子傳瓘、傳璙、傳瑛攻吳常州，營於潘葑，吳將徐温帥兵赴之，與別將陳祐夾擊我軍，傳瓘等大敗。

冬十月，梁加王子傳瓘開國爵邑。乙酉，大同軍節度使、駙馬都尉、王子傳瑛卒，王命子傳璙權蘇州刺史，加封安國縣神濟安侯爲永定王。先是，乾寧二年，王奏乞追封臨安晉虞府君爲濟安侯。是時，築城屯戍於德清之憾山，號曰奉國城。又遣兵戍烏程之東九十里，曰「烏戍」。卽烏鎮墩，見鄭蟠吳興鏡見録。

天寶七年夏六月，梁授王子傳瓘開國侯，食邑。

七月，清海軍節度使劉巖遣供軍巡官陳用拙奉禮幣請兄事於王，王納之。

是歲，改温州横陽縣曰平陽，表封錢塘龍君爲廣潤龍王。累封靈淵博濟侯。

天寶八年春正月，梁授王子傳瓘以下官爵有差。甲午，王親巡衣錦軍。

二月，梁遣給事中韋象、金部郎中李發選王子傳珍爲駙馬都尉。

閏二月己亥，王至自衣錦軍。

冬十一月乙丑，梁改元貞明。吳越備史云：壬辰朔，改元，大赦。今從薛氏舊五代史。是時，置都水營使以主水事，募卒爲都，號曰「撩淺軍」，亦謂之「撩清」；命於太湖旁置「撩清卒」四部，凡七八千人，常爲田事，治河築堤，一路徑下吳淞江，一路自急水港下澱山湖入海，居民旱則運水種田，澇則引水出田。又開東府南湖，即鑑湖。立法甚備。元知水人潘應武云：錢王時，於太湖旁置「撩淺軍」四部。曾鞏開鑑湖說云：南湖，歷錢王鏐父子，立法甚詳。

天寶九年春正月，梁授浙東營田副使、常州刺史杜建徽爲涇源節度使。

夏五月，遣浙西安撫判官皮光業自建、汀、虔、郴、潭、岳、荆南道入貢於梁。時以淮南道梗故。

秋七月，梁加王諸道兵馬元帥。梁臣多言王入貢利於市易，不宜假以名器。翰林學士竇夢徵至執麻而泣，坐貶蓬萊尉。

冬十二月，建浮圖於城南。

是歲，王命子牙内先鋒都指揮使傳珦逆婦於閩，自是與閩通好。錢塘縣節度討擊副使方鉄，造石幢於福慶菴。鉄同衆共造石幢一具，鐫大佛頂尊勝陀羅尼咒於上，其文畧曰：「布金設像，寶刹交輝，土淨曇生，宛如佛國。」是時，婺州道士周某獻赤松澗仙米於王，王密遣張思敏按所產之地賜以紫衣金帛。米故仙種，止五十區，穗重香濃，鼠則野狐爲之驅，鳥則蒼鷹爲之逐。

天寶十年春三月，梁敕授王子贊正安國功臣、鎮海軍北面水陸都指揮使、金紫光禄大夫、檢校大保、守湖州刺史、大彭郡侯、食邑一千户傳璙，贊正安國功臣、鎮海軍節度副使、土客諸軍都指揮使、金紫光禄大夫、檢校太保、大彭縣開國侯、食邑一千户傳球，贊正安國功臣、鎮東軍東面水陸安撫都指揮使、光禄大夫、檢校太保、守溫州刺史、大彭縣男、食邑三百户傳璲，贊正安國功臣、鎮東軍西面安撫都指揮使、光禄大夫、檢校太保、守睦州刺史、大彭縣男、食邑三百户傳懿，贊正安國功臣、鎮東軍親從都指揮、兼土客諸軍安撫副指揮使、銀青光禄大夫、檢校司徒、守竇州刺史傳璀，贊正安國功臣、鎮海軍上右廳都指揮使、兼土客諸軍安撫副指揮使、金紫光禄大夫、檢校司徒、前明州刺史元球，贊正安國功臣、衣錦軍防遏都指揮使、金紫光禄大夫、檢校司空、守義州刺史傳琫，贊正安國功臣、鎮海軍牙内先鋒指揮使、金紫光禄大夫、檢校司空、守峯州刺史傳珦，贊正安國功臣、鎮海軍節度上押衙、充安國衣錦軍親從副指揮使、兼兩直都虞候、金紫光禄大夫、檢校尚書右僕射、守繼州刺史傳琰，贊正安國功臣、鎮海軍節度右押衙、充上直都知兵馬使、銀青光禄大夫、檢校尚書左僕射傳璛等，各授官秩階爵，及遥郡有差。按吴越備史總云十一人，今史載止十人，未敢妄增。

夏四月，梁詔諸道兵馬元帥府開幕除吏一同天策上將軍府故事。

是月，復以峯州刺史傳珦守檢校太保，餘如故。

冬十月己亥，梁遣吏部尚書李燕、中書舍人韋説加王天下兵馬都元帥。先是，梁使至，拜謁甚恭，説獨長揖不拜。

是月，黄龍見於卞山之金井洞，命立瑞應宫。一作祚應宫。

是歲，王建崇善王廟於蓬萊閣之西。故卧龍山神祠也。浦江人何千齡四代同居，有司上其事。

天寶十一年春三月朔，四星聚斗。王開元帥府，置官屬。梁授兩浙行軍司馬、秦州節度使、平章事馬綽守檢校太尉、同平章事，餘如故。

秋七月，吴招討使劉信攻虔州，譚全播乞師於我，王遣子統軍使傳球爲西南面行營應援使，帥鮑君福等將兵攻信州以救虔州。君福斬吴將李師造。或云：當作吕師造。按鄱陽開福院有武義二年銅鐘，安國寺有順義三年鐘，皆勒吕師造官階，則吕師造不應先死也。李師造疑別是一人，或謂傳年月未可知也。擒偏將馮敏等吴越備史作馮一。一千餘人至城下，刺史周本張虚幕於門内，召僚佐登樓作樂宴飲，我兵疑有伏，遂解圍。

八月，吴以前舒州刺史陳璋將兵侵蘇、湖。是月傳球自信州南屯汀州，時吴師大破楚兵，復遣梁詮擊我兵，傳球引還。梁授涇源節度使杜建徽守檢校太傅、同平章事。

冬十一月，吴圍虔州，刺史盧光儔來告，王命徵兵援之，未及境，而虔州滅，貢道遂絶，始由海道出登、萊，入貢京師。是月，後百濟王甄萱遣使進馬，王報聘授萱中大夫，餘如故。是時，立晉分水令朱徹廟於新登縣，封徹通靈侯。

天寶十二年春三月，梁詔王大舉兵伐吴。王以子節度副大使傳瓘爲諸軍都指使，帥戰艦五百艘，自東洲擊吴。

夏四月，與吴人戰於狼山江，大敗吴兵，斬其百勝軍使彭彦章，生獲士卒千餘人。梁以湖州刺史、大彭開國子、王子傳璙爲宣州寧國軍節度使、同平章事。

六月，吴人敗我兵於沙山。

秋七月，王遣子傳瓘將兵三萬攻常州，吴徐温來拒我師，命陳璋以水軍下海門出我後。壬申，戰於無錫，指揮使何逢、吴建死焉，遂班師。王見逢所乘馬，悲不自勝，將士以此心附之。

八月，吴歸無錫之俘，遣客省使歐陽汀來請通好，王納之，息民故也。自是休兵二十餘年。

九月，梁以南海僭號，詔我師伐之。王雖受命，而山川隔越，請以事寢。

吴王及徐温屢遺書勸王建國，王不從。

冬十一月丁亥，吴越國正德夫人吴氏薨。是時，封安國縣獨山神爲鎮水山王。

天寶十三年春二月，梁授宣州節度使、同平章事、王子傳璙以下並起復雲麾將軍、上右金吾衛大將軍，員外置同正員，餘如故。

三月，王命元帥府判官皮光業使於吴。

秋七月，王以子睦州刺史傳懿爲婺州刺史。

冬十一月，王遣使爲其子傳璛通鑑作琇，今從備史。求昏於楚，楚王殷許之。

天寶十四年春三月，吴遣王從弟龍武統軍鎰歸，王以鎰爲鎮海軍節度副使，王亦歸李濤以報之。

夏五月，梁改元龍德。

六月乙卯朔，日有食之。

秋七月，楚遣掌書記李崑、馬匡送女歸於都知兵馬使、檢校尚書左僕射、王子傳璛。

冬十月，梁授王子傳瓘檢校太傅、同中書門下平章事，充清海軍節度使，自是賜王書詔不名。

是歲，建上方多福院；又建天真院於天真山後，舊名登雲臺，亦名拜郊臺。蓋郊天之所。

天寶十五年春正月，梁授王子傳瓘以下並起復，加爵邑有差。

秋七月，王建天下元帥府於國門之右。

八月，兩浙行軍司馬、秦州雄武軍節度使、同平章事馬綽卒。

冬□月，王晝寢，夢青衣人捧簿書以前，告曰：「大王明年錢塘官滿。」及寤，頗惡之。

是歲，割錢塘、鹽官各半及富春之長壽、安吉二鄉置錢江縣。後忠懿王納土，改錢江爲仁和。杭州府志云：錢江縣治在今武林門内梅家橋南。

天寶十六年春二月，梁遣兵部侍郎崔協、一作曄。刑部員外郎夏侯昭册封王爲吴越國王。丁卯，王始建國。按武原志載朱行先墓誌銘，題曰義忠國，是吴越建國亦稱爲義忠國矣。儀衞名稱多如天子之制，謂所居曰宫殿，府署曰朝廷，教令下統内曰制敕，將吏皆稱表疏，稱吴越國而不言軍。置百官，有丞相、侍郎、郎中、員外郎、客省等使。以子清海軍節度使兼侍中傳瓘爲鎮海、鎮東留侯，總軍府事。

夏四月乙巳，晉王即皇帝位，國號唐，改元同光，是月梁亡。乾寧中，有耕者得傳國璽以獻於王，王謂非人臣家所宜畜，至是獻焉。

五月，唐遣宣諭使通事舍人吴韜走馬自淮甸至，賜王名馬、玉帶、香藥。

六月，我國文士朴巖由新羅投高麗。東國通鑑云：新羅景明王七年，吴越國文士朴巖投高麗。按，巖降高麗爲春部少卿，是年使於唐。

冬十月辛未朔，日有食之。

十二月，王以行軍司馬杜建徽爲左丞相。是時，畜馬三萬餘匹，號曰「海馬」。後人名其地爲西馬塍。建閱禮堂於宮中。

寶大元年春二月癸卯，金吾衞大將軍置同正員、檢校司空、明州刺史、王子傳瓘卒。

秋九月，王遣使錢詢貢唐方物，銀器、越綾、吴綾，及龍鳳衣、絲鞵履子，又進萬壽節金器、盤龍鳳錦織成紅羅縠袍襖衫段、秘色甆器、銀裝花櫚木廚子、金排方盤龍帶御衣、白龍瑙紅地龍鳳錦被、紅藤龍鳳箱等。王既厚貢獻，復賂唐權要，求金印、玉册、賜詔不名、稱國王。有司言：「故事惟天子用玉册，又非四裔，無封國王者。」唐主皆曲從王意。

冬十月，唐授王依前天下兵馬都元帥、尚父、尚書令、吴越國王，授王子傳瓘檢校太師、兼中書令、充兩浙節度觀察留後。

十一月，陞蘇州爲中吴軍，領常、潤等州。薛史錢鏐傳云：鏐恃崇盛，分兩浙爲數鎮，其節制署而後奏。又，薛史曰：唐莊宗三年，升蘇州爲中吴軍。今從吴越備史。是月，唐授鎮東軍節度、檢校太保、兼中書令、大彭郡侯、王子傳璙充中吴軍節度使。

是歲，王於嘉興置開元府，割華亭、海鹽二縣屬焉。移安國縣法華院於縣東北隅。以鍾尚書府地建立。開慈雲嶺，建西關城宇。

寶大二年夏四月癸酉朔，日有食之。

五月，王獻二孔雀於唐，又遣使王浩貢重午簟扇、龍鳳紗紋厨有差。

秋八月，唐命吏部侍郎李德休等賜王黄金印、玉册，仍賜紅袍御服一副及沿身禮物衣冠、劍等。其印文曰「吴越國王之印」，册曰：「維同光三年，歲次乙酉，八月辛酉朔，二十七日丁亥，皇帝若曰：王者惠濟黎元，輯寧方夏，重名器，任股肱，忠而能力則禮崇，賞不失勞則人勸，所以啓周公之土宇，裂漢祖之膏腴者，録彼茂勳，寘之異數，登進賢哲，焜燿事功也。天下兵馬都元帥、尚父、守尚書令、吴越國王錢□，朝海靈源，承天峻岳，以英風彰德望，以勇氣贊忠貞。往因義舉之徒，盛推韜畧，遂著龔行之績，高步藩維。挺魚鯤鳥鳳之姿，擁岸虎水龍之衆，居方面任，將五十年。宣導休聲，攘除兇醜，摧堅奮鋭，鄙許東固。臯之謀臯，俗頒條廣，冀北安居之頌，環塹浙江之要，雲滋星紀之墟。説禮敦詩，位崇元帥，前茅後勁，名重中權。守畫一之規，奉在三之節。信立靡移於風雨，義行曷倦於津塗。效珍則不顧險難，薦幣則常歸宰府。振英謨而端右弼，鍾懿號而異列藩。可謂職貢不乏，梯航時至，翼戴天子，加之以恭也。載念尊奬，爰示徽章。今遣正議大夫、守尚書吏部侍郎、上柱國、贊皇縣開國男、食邑三百户、賜紫金魚袋李德休，使副朝議郎、守起居郎、充史館修撰、賜緋魚袋聶璵，持節備禮，胙土苴茅，册爾爲吴越國王。於戲！地畫數圻，賦過千乘，壘守閩閭之境，軌圍句踐之封。子弟量才，序進多分於棨戟；土疆漸海，方輸豈限於魚鹽。貴盛富强，雖古之封建諸侯，禮優夾輔，不加於此。慎厥初，圖厥終，無以位期驕，無以欲敗度。欽承賜履，翼予一人。」是時册禮既備，左右猶具竹册、銅印，唐主曰：「尚父元老，不當待以人臣，况已封建乎？」因特加殊禮。五代會要：同光三年六月，太常禮院奏：「吴越國王錢鏐將行册命，按禮文合用竹簡。」敕宜令有司修製玉册，俾稱元勳。議者以玉册帝王所用，不合假令人臣。蓋當樞密院承旨段佪受錢鏐之賂，曲隨其請，樞密使郭崇韜不詳典禮故也。段佪，歐史作段徊。是月，王起玉册、金券、詔書三樓於衣錦軍，遣使册新羅、渤海王，海中諸國，皆封其君長。

冬十月，鎮海鎮東留後王子傳瓘、中吴軍節度使王子傳璙各貢唐錦綺千件及九經書史四百二十三卷，又貢佛頭螺子青一、山螺子青十、婆薩石蟹子四、空青四。

十一月，唐授土客諸軍都指揮、檢校太保、兼鎮海軍節度副使王子傳球守檢校太尉、兼侍中，充静海軍節度使。

閏十二月，王遣沈瑫以受玉册封吴越國王告於吴，吴以其國名與己同，不受書，仍戒境上無得通我使者及商旅。是時，建上清宫於秦望山，有巨石二十餘株自然成行，名曰金洞門。

寶正甲子會紀作寶員，誤。元年夏四月，王有疾，如衣錦軍，命子傳瓘監國。吳徐温遣使問疾，左右勸王弗見，王曰：「温名問疾，實覘我也。」强出見之。温果聚兵欲襲我，聞王疾瘳而止。丙午，唐主嗣源即位。甲寅，改元天成。

秋七月庚寅，王至自衣錦軍。

九月，唐加王子傳瓘食邑一千户，實封一百户；又授中吳軍節度使王子傳璙開府儀同三司，加食邑五百户。

冬十二月，唐授静海軍節度使王子傳球開府儀同三司，食邑五百户。

是歲大水，中吳軍尤甚，水中生米大如豆，民取食之。

寶正二年春正月，唐主更名亶。

冬十一月，遣尚書班□爲通和使，如高麗及後百濟甄萱，時萱與高麗王搆兵也。東國通鑑新羅景哀王紀載：甄萱三十六年，是爲高麗太祖十年。冬十二月，萱貽書於高麗求和，曰：「前月七日，吳越國使班尚書至，傳王詔旨」云云。明年春正月，高麗王答萱書，曰「伏奉吳越國通和使班尚書所傳詔書一道，兼蒙足下辱示長書敍事者」云云。

是歲，徑山僧景文望南山有佳氣，結廬山顛，大理評事俞壽因捨山爲寺，發土得金銅佛像三座，名曰寶林院。王建惠因寺於玉岑山北。是時浚柘湖及新涇塘，由小官浦入海，又以錢塘湖葑草蔓合，置撩兵千人芟草濬泉。

寶正三年春二月朔，日有食之。唐遣監門衛上將軍烏昭遇賜王湯藥、國信。按通鑑作供奉官烏昭遇，蓋監門衛上將軍特借官耳，今姑從十國紀年、吳越備史之文。

夏六月，大旱，有蝗蔽日而飛，晝爲之黑，庭戶衣帳悉充塞，王親祀於都會堂。是夕大風，蝗墮浙江而死。葆光録云：寶正中，當秋成，一旦蝗翳日而蜚，武肅王虔祝畢，投於浙江，不可勝紀。

秋八月，王欲立中子傳瓘爲後，顧諸子：「各言爾功，功多者卽立王子。」傳懿、傳璙、傳璟皆盛推傳瓘，乃奏唐請以兩鎮授傳瓘。

閏月，唐詔傳瓘爲鎮海、鎮東兩軍節度使。王使袁韜進唐白金五千兩、茶二萬七千斤，謝恩。

是月，王命浚上虞縣舜井，得讖記寶物及重華石等。先是，旌教寺僧義恩奏云：按圖經，西北去三十五里，有舜井二口，深三丈，舜子生時，井爲湧泉，卽淘金之處也。世傳秦始皇封塞，今作兩墩存焉，各高一丈，相去三十餘丈。晉、宋以來，僧爲佛寺，鄉人或遇耕鋤，多得古塼甃石。南去半里有舜廟，北去半里爲百官橋，東去二百步有機證院，唐僖宗朝賜額。寶正三年閏八月初九日奏上，當月十四日，王差西都上直官五十人、東都上直官五十人，賫大糧畚鍾至井所開掘，得讖記寶物一百二十餘件。都抽領西都上直廂虞候盛瑗、都上直廂虞候孫宏、西都隨身虞候閭邱稔勾當拜祭內直殿十將於軒。十六日鑿西井，十九日得銀環六、赤珠一、金合一、古文錢二千三百四十、琥珀珠一、當十大錢三、當五十大錢二十四、太平百錢直百三銖二十四、大錢二百五十四、五銖錢九百六十、貨泉錢二百八十、半兩錢三十、石獅子一。鐫其背曰重華井天明可開，腹內有水晶珠一。東井得銀塔一，高一尺，五層，內有金瓶舍利二顆、散金瓶二、金鈴六、銅鈴一、銀環六、銀鈴一、水精珠十四、琥珀珠九、雜珠大小三十五、小琥珀獅子三十、瑪瑙珠七、玉人一、玉環一、銅鏡三、銅爐一、小瑪瑙珠六、玉瓶一，以上共三十四件，並有石匣盛之，題云：「唐元徽四年於此造塔。」鎮井西有重華石一片，闊三尺，厚九寸，左右有索痕深二寸，宮中令造深沙神一軀，足履四石。寶正四年六月廿九日，差錢文殷祭神，鐫云：「吳越國王寶正三年八月十九日重開舜井，收得重華石一片，切恐年移代遠，莫測端由，特令鐫刻，用記年月。己丑歲林鍾之月二十九日，天下都元帥吳越王記。」

寶正四年春二月，唐授王子傳瓘杭越等州大都督長史，增食邑，實封中吳軍節度使；王子傳璙增食邑五百户，實封一百户，靜海軍節度使；王子傳球兼中書令，餘如故。

秋七月，台州大水，請軍儲三十萬斛。

八月，唐賜烏昭遇自盡。先是，昭遇之來使也，與供奉官韓玫有隙，昭遇每以國事私於我，見王輒拜舞稱臣，謂王爲殿下；使還，玫具述其事。又王常寓書樞密使安重誨，云「吳越王致書於某官執事」，辭甚倨嫚，而重誨復多要求不克，心銜之，至是奏昭遇失使臣之禮，遂有是命，因誣王大不敬。五代史安重誨傳云：重誨遣其嬖吏韓玫、副供奉官烏昭遇使於鏐。而玫恃重誨勢，數凌辱昭遇，因醉使酒，以馬箠擊之。鏐欲奏其事，昭遇以爲辱國，固止之。及玫還，返譖於重誨曰：「昭遇見鏐，舞蹈稱臣，而以朝廷私事告鏐。」昭遇坐死御史獄。

九月癸巳，唐主詔王以太師致仕，自餘王爵、尚父皆削之，凡進奏官、使者及綱吏，令所在繫治。王令子傳瓘上表訟冤，不省。

是歲，所在地震，居人有壞廬舍者。建天王院於東府。本董昌生祠，王因夢建焉。

寶正五年春二月，唐改元長興。

夏六月朔，日有食之。

冬十月，王因唐册閩王使者裴羽還，先是，唐吏部郎中裴羽、右散騎常侍陸崇使於閩，爲海風所飄，至錢塘，王與安重誨有隙，唐方絶王朝貢，羽等遂被留。經歲而崇以疾卒。至是羽還，求載崇尸與俱歸；王初不許，羽以語感動王，王惻然許之。附表引咎，王子傳瓘等復遣人以絹表間道自陳。癸卯，唐敕聽兩浙綱吏自便。

是歲，改台州樂安縣曰永安。

寶正六年春三月，唐遣監門衛上將軍張籛、兵部郎中盧重賜王國信、湯藥，起王致仕，復元帥、尚書令、國王如故，依前不名，仍示安重誨矯誣之罪，敕曰：「天下兵馬都元帥、尚父、尚書令、吴越國王錢□，久列王公，恆輸愛戴。朕方禮加元老，恩遇遠方，安重誨掇瑕疵，遽行阻絶，使錢傳瓘拜闕上章，傾懷請罪，言皆激切，事且憑虛，情不可恕，罪不可逭，今已誅之，以雪其冤。故告。」五代會要：長興二年四月，詔曰：「周崇吕望，有尚父之榮，漢重蕭何，有不名之禮。錢鏐冠公侯之位，疏吴越之封，宜示異恩，俾當縟禮。其錢鏐宜賜不名。」

秋七月，有象入信安境，王命兵士取之，圈而育焉。

冬十一月，重修防風山靈德王廟成，王敕撰廟記。記曰：蓋聞天地氤氲，序寒暑而滋品彙；幽靈肹蠁，司土地而福生民。神祇理在於相須，顯晦期臻於感契。雖先聖著難明之説，而禮經垂嚴祀之文。爰自五運相仍，百王理化，或以勞定國，或盡力勤王，或利濟及於蒸民，或勳烈光於史策，並皆立嚴祠於境土，享廟食於春秋，而況江浙古區，魚鹽奥壤，歷象則區分牛斗，封維乃表裏江山。昔年霸越强吴，今日雙封列國，曠代之靈蹤不少，前賢之廟貌實多。寡人自定亂平袄，勤王佐命，五十年撫綏軍庶，數千里開泰土疆。四朝叠受册封，九帝拱扶宗社。改家爲國，興霸江南。一方偃息兵戈，四境粗安耕織。上荷元穹眷佑，次翳神理護持。統内凡有往帝前王，忠臣義士，遺祠列像，古跡靈壇，悉皆褒崇重峻於深嚴，祀典常精於豐潔，冀承靈貺，同保軍民。其有風山靈德王廟，本係屬城，近歸畿甸。考諸舊記，即是武康縣風山。又按史記云「汪罔氏之君，守封禺之山」，今在吴興武康縣。稽立廟之初，則年華渺邈，詳圖牒之説，則詞理異同。唯有元和年再搆簷楹，見存碑記。彼既已具敍述，此固不復殫論，聊書封置之繇，直述旌崇之意。丙戌年春，寡人以王册叠膺於祀典，清宫樂展於嚴禋，遂輟萬幾，暫歸錦里。尋屬節當炎暑，猶未却回。（下缺）陸仁璋佐國（下缺）心懸扈從，徧祝靈祇。以風山靈德王昔年因舉兵師，曾陳禱祝，無虧響應，顯有感通。遂懇悃告虔，許崇堂殿。洎清秋却歸，□□披覩□陳，既忠誠感動神明，行褒贈先酬靈貺。次乃親分指畫，委仗腹心。按山川，展拓基，垌順岡阜，增添塽塏。形勝並皆換舊，規模一槩從新。居中而殿宇崇嚴，四面而軒廊顯敞。周迴户牖，甃砌堦墀，搆之以杞梓楩楠，飾之以玄黄丹漆。外則浚川源之澄澈，内則添竹樹之青蒼。至於廣厦神儀，崇軒侍衛，車輿僕從，帳幄簾櫳，鼎飪庖厨，籩箸器皿，請福祈恩之所，獻牲納幣之筵，並極鮮華，事無不備。丙戌年八月二十四日起首，至是十一月畢功。土木皆是精新，禋祀嘗嚴豐潔。仍展牲牢簫鼓，慶樂迎神，耀威靈而萬古傳芳，標懿號而千秋不朽。一則酬忠臣之啓願，二則答陰騭之匡扶，唯冀明神，永安締搆，稟元化而□垂恩福，鎮土疆而蔭護軍民，保四時風雨順調。（下缺）永絶天災地沴，常歡俗阜時康。巍乎焕乎，美哉盛矣！今則功用既就，良願已酬，用勒貞珉，聊書摭實。所貴後來賢彦知士，精敬神明，不假繁文，粗記年月。時□□六年重光單閼爲相之月，二十有三日記。」按，一統志云：防風氏廟，唐元和中建，錢鏐致禱有應，封顯德王。今從廟碑，爲靈德王。

是歲，封巨石山爲壽星寶石山，山高六十三丈，周一十三里，一云封落星石爲壽星石。石大數十圍，塊然無根，望之如斲。歐陽史又云：封落星石爲寶石山。武林梵志云：巨石山又名石甑山。羅隱有封山記。浚中興寺戒壇院井。井九十九眼，號錢王井。是時，王改衢州龍丘縣曰龍游，惡丘爲墓不祥也。又改須江縣曰江山。

長興三年春正月，唐升楚州爲順化軍，以王子明州刺史傳珦領節度使。楚州時屬楊氏，傳珦蓋鎮明州，而遥領楚州節耳。

二月，唐遣吏部侍郎盧詹、刑部郎中楊薰賜王國信、湯藥等。

三月己酉，夜大雪，王寢疾，謂將吏曰：「吾疾必不起，諸兒愚懦，不足任後事。吾死，公等自擇之！」衆將泣下，皆曰：「兩鎮令公仁孝有功，孰不愛戴！」王乃悉出印鑰授子傳瓘，曰：「諸將許爾矣。」又曰：「子孫善事中國，勿以易姓廢事大之禮。」庚戌薨，年八十一。在位四十一年。

唐主聞訃，廢朝七日，詔曰：「天下兵馬大元帥、尚書令、吴越國王錢□，本朝元老，當代勳賢，位已極於人臣，名素高於簡册。贈典既無其官爵，易名宜示其優崇。」仍令所司定謚曰武肅。一作忠烈，非。仍以王禮葬，詔工部侍郎楊凝式爲碑文。五代史補曰：李瀚有逸才，每作文則筆不停輟，而性嗜酒。楊凝式常受詔撰錢鏐碑，自以作不逮瀚，於是多市美酒召瀚飲，俟其酣，且使代筆，經宿而成，凡一萬五千字，莫不詞理典贍，凝式歎服久之。

夏四月庚午，奉靈輴殯於衣錦軍。

應順元年春正月壬午，葬安國縣衣錦鄉茅山之原，是年建廟於東府。按備史載：唐敕建廟在清泰三年，蓋先立廟而後奏允也。越二年，奉真像入廟。皮光業吴越國武肅王廟碑文曰：粤以唐長興三載壬辰春季蓂凋十三莢，天下兵馬都元帥、尚父、守尚書令、吴越國王棄捐宫館，以是歲明宗皇帝降太常博士段顒定謚，議曰武肅。尚書工部侍郎楊凝式撰神道碑文，宣翰林待詔張季恭至吴越，書於刊石。後二年，歲在敦牂，天下兵馬元帥、嗣吴越王建廟貌於始封之越國，禮與境内，樂之罔極，孝思也。蓋聞神道設教，莫大於郊社嚴禋；明德惟馨，無逾於祖考孝享。是以百代相襲，六籍盛稱。報劬勞則天保是徵，展欽若則王假是訓。況建除難靜亂之業，揚武烈之威名；振剛德尅敵之風，成肅恭之懿號。陳力四紀，光奉八朝，生爲有土之君，薨爲象朝之廟。足可睢盱召畢，齷齪桓文，磬華永而日月齊，簡册編而今古在。矧夫堂成王搆，家繼國肥，壓璧寶以知來，出玉林而嗣位。高陽號里，無媿前賢；夏屋登山，常遵治命。爰自鄭緇始襲，晉墨未除，不忍一日之離，遂立千年之祀。金輅陽邁，已成像於吴宫；香刻旃檀，復祔神於越國。恭惟先天下兵馬都元帥、吴越國武肅王，殷朝錢祖，仙萼分枝。唐代鄴公，靈源真派。簪纓軒冕，禮樂詩書。叠慶連華，交光翊葉。應劬七世，累爵重官；羅企一門，惟忠及孝。其降神也，亘飛蜀國，始見殊祥，魚躍汾河，是生奇表。赤光耀室，黄氣浮空。石龜殞下於官山，□人來歸於寶器。其英姿也，鳳文龍藻，奂出精神，白琥蒼珪，琢爲標格。加之薛璘整峻，謝安風華，俯仰可觀，進退有度。慕容德偃日月角，光影鑠人；李子賢匿犀龜文，威儀鎮俗。其辭韻也，音容灑落，智辯鏗鏘，元善抑揚，張暢詳雅。至若討論國計，談畫兵籌，接對使伻，撫御將下，所謂五湖奔注，百谷奔騰，玉虹起而雲霧鎖，金虎嘯而風飈動。揣摩勝負，赫連勃口授懷慚；捭闔興亡，蘇季子舌端有愧。其氣度也，志高建木，量等大瀛，含垢匿瑕，罔知邊際。求賢接士，無怠寅昏。重仁義若邱山，視玉帛如咳唾。翹翹車乘，惟在得人；幢幢往來，皆鍾和氣。所以皋皮豹舄，鶴列犀渠，咸願殺身，用酬大惠。變家爲國，誠由萬化生身；以德聚民，所謂八風從律。其英雄也，能知否泰，善侯雲雷，動必有成，舉無遺策。蛟龍得雨，莫測變通；鵰鶚出林，可知意度。其間文武迭用，仁義宏敷。常平之列戟持矛，並能取舍；元勰之掬虵騎虎，不覺艱難。奄有具區，廓成霸業。設使庾翼復出，必不妄譽以桓溫；阮籍重生，安敢輕言於廣武。其文學也，家承儒範，世尚素風，侍絳紗帳於先生，授白綸巾於神女。才通夢寐，鳳吐是來；志在典經，龍闢不顯。所以博覽七緯，精究三元，盡得津涯，皆昇堂奧。其於篇詠，尤著功夫。思風起而繡段飄，言泉淘而金沙見。其札翰也，花隨腕下，星逐毫飛，靄若游雲，細疑垂露。鈎刀向背，未饒素肉，芝筋點畫，方圓高掩。崔肥趙瘦，就中濡染，牌額益見，呈露鋒鋩，四方仰其神蹤，一代稱爲墨寶。王逸少若見，甘避雁行；蕭子雲如逢，大慚蟬翼。其建大功也，唐季乾符之末，中和之初，海鳧乍揚，天黿初伏。塵飛野馬，四郊之壘漸多；霧暗騰蛇，五賊之機共搆。其始者，王仙芝結釁中土，首搆禍階，雖已誅夷，猶殘支黨。自此蘩林烏合，草澤蜂飛，偎薄者因是披攘，謹厚者亦爲慓悍。江南則朱直叛亂於唐山，孫端寇孽於安吉，西侵宛水，東患苕溪，郡縣則終日登陴，生民則長時伏莽。王時郊居葛圃，嘉遁茅山，方當枕石漱泉，尚是裒衣博帶，覩茲多事，慨然究懷，顧謂朋友曰：「丈夫尚須撥亂平奸，豈可懷安端坐！」是日乃奮戎服，挂彼儒冠，大散家財，廣招勇士。中令纔舉，行伍肅然。手仗義旗，身當勍敵。一月之內，二寇殄平，靜千里之山川，救兩郡之塗炭。是王之初立功也。其次黃巢來從五嶺，直下三衢，展梟翅則雹布星離，張鯨牙則山連岳峙。所遭蹂踐，並作塵灰。王乃獨領偏師，橫行險地，既逢大憝，遂設奇兵。敵望草木叢林，皆是干矛旌幟；我則左右翼陣，點化如神。當下追奔，尚賈餘勇，長虵封豕，便出他疆。新市下江，保安數邑。是王之功也。其次彭城漢宏，據南鎮之重地，守東越之名區。黃巢既犯兩京，僖皇乃巡二蜀，漢宏不思奔問，便廢貢輸，恃險阻於浙河，欲覬覦於浙岸。先於漁浦黿口，翼張下營，蕭山西陵，鱗次列砦。烽燧交應，鼙鼓相聞。時我諸軍，實有難色。王乃潛趨間道，夜濟長江，仰告昊天，乞昏朗月。當下寒雲布野，殺氣凝空，楚廟陰兵，旁隨霧合；晉臣黑幔，闇與山連。我師忽震於雷霆，彼砦俄驚於魂夢。風號貔虎，爭傳破竹之聲；陣卷龍蛇，競集建瓴之勢。賊將殷輪不暇，漂杵有餘，僅身免以奔歸，乃塞門而自守。遡後大小百戰，首尾四年，方清鏡水之波，始有蘭亭之地。弔其生聚，大布仁慈，誅彼渠魁，不煩天討。是王之功也。次則有薛朗逐出周寶，自據朱方，南襲毘陵，西侵建業，恣其剽掠，務在殺傷，將乘中國之危，擬扼長江之險。王乃命二麾上將，期一月報功，指其山川，授以韜略。

蹄轂並舉，水陸兼行，曾不旬時，討平窟穴。裹南宮萬於犀革，視以囚人；梟崔慧景於鮪籃，彰其叛主。是王之功也。次則有徐約，比是六合鎮使，遠忝三吳郡符，玉帛是求，徵歛無度。長時習戰，齊民因被雕黥；比屋爲軍，魯儒亦遭翦刺。惟王聞其暴虐，奮激神威，發上谷之精兵，命下江之賢將，授以九天九地之訣，傳以訓辭訓典之規。扼斷咽喉，清其郊野。任約之龍果睡，王彌之豹徒飛。食窘朝饑，無由撫土；計窮宵遁，遂至潰圍。松陵之烟水重清，香徑之黎元再活。是王之功也。次則有孫儒恃有數萬兵甲，不守淮南，直欲別遷土疆，遂奔江左。刲人民爲糧食，墮舍宇爲薪蘇。餓鶻饑鷹，飛揚京口；貪狼乳虎，踐踏吳門。漸逼由拳，將窺霅水。王乃張天網於險阻，闢地穽於要衝，發水犀之驍雄，設燧象之奇計。青雀摩壘，赤兔致師。將持久以待之，俟勢窮而必取。守陣皆哭，無食何爲，鳴鼓而攻，脱身遂去。向使不施神略，不振王威，則翼翼最靈，皆成膏血，茫茫勝槩，盡作烟煤。所謂劬勞爲時，廣大及物者，是王之功也。次則有董庶人始鎮石鎮，便牧杭州，因破漢宏，遂居越土，自形成象，從纖至洪。並是王之環甲執兵，左提右挈，以至手持旄節，身爵王侯。既滅頂於彝倫，乃垂涎於神器。銅符金匱，祥瑞亂興，玉璽珠袍，妖訛競起。王以早同楚歃，夙共晉盟，書尚緘縢，血猶濡劍，殘函旁午，誘勸交馳。諫既閉於屬垣，禍遂成於覆族。是時兩河倔强，三輔紛紜，萬象雖拱於北辰，一人不遑於南顧。王請奉行天討，所統便是國兵，不費上供資財，不役諸道將帥。果見桓玄計窘，抽玉簪以求生；王莽勢窮，轉銅斗而厭勝。喉既舂於富父，骨復專於會稽。瀦其故宮，焚其法物，復我正朔，清我寰瀛。五石補而天鏡明，六合完而地維正。是王之功也。

王以平妖立霸時之業，戡難建蓋世之功，律呂宮商，鏘洋史籍，丹青金玉，奂爛國華。所以僖宗天子，仰我文昭，睠我武烈，龍光壓壘，急使星馳，綸綍便蕃，大王風起。尋以耿純試理，盧植兼才，披錦衣以耀家鄉，握珪符而光松梓。洎於昭皇，飛昇大寶，禮遇元勳，龍悦居雲，梟忻得藻。嘉功賞德，金鳳之詔連飛；表異旌優，玉麟之符遂刻。移南徐之藩翰，就錢塘之江山。節竦靈犀，帳開神虎。三千珠甲，光爛星辰；十二牙旗，文生組繡。碧幢纔建，黃閣又開。乃兼鎮於越藩，遂對持於漢節。中天辰像，雖分牛斗之疆；夾岸烟嵐，映出東西之宅。四縣既食，萬户累加。棨戟立門，赤油羅列。山河誓券，金字熒煌。生祠之籩豆鏘鏘，衣錦之城隍黯黯。而又特逾漢制，封我吴王，茅分夏社之鄉，桐翦周王之手。昔也龍蛇起陸，蹈湯火以戰争，此際山川出雲，見君臣之際會。逮夫濟陰王既傳天寶，梁太祖遂應元苞。於王不易范張之故情，請結秦晉之嘉好，恨無殊禮，得展異恩。於是追呂望之高風，擬山甫之美躅，師尚父統攝三老，作帝股肱；尚書令總務萬機，爲天喉舌。仍頒瑞節，復陟高壇，建牙兼鎮於揚州，分閫遥臨於楚甸。尋命兵部尚書姚洎躬持鳳册，遠泛鯨波，備周官之典儀，封越國之土宇。八鸞四馬，耀鏤鍚以振鈎膺；三節一王，秉桓圭而垂玄玉。及龍德嗣君卽位，禮稱伯舅，尊曰父師，寅敬列光，益虔顧命。是遣吏部李尚書燕奉持綸誥，繚遠湖湘，授天下兵馬都元帥。洞庭彭蠡，漸無不順之臣；北狄西戎，將有後予之歎。昔韓信對漢高祖曰：「陛下能將將，臣能將兵。」是知元帥非人臣之職曹，蓋帝王之兵柄。推之前代，隋煬帝自晉王淮南行臺尚書令爲行軍元帥，而無天下之號；國朝肅宗皇帝駐蹕靈武，因命代宗皇帝自廣平王而爲之，德宗皇帝自魯王而爲之，梁太祖授九錫後而爲之；斯天下元帥之故實也。其後龍德帝復命兵部崔侍郎協齎持簡册，浮汎風帆，揚往典於明庭，促及時而建國。奉召康公之命，得以專征；授唐叔虞之封，良由吉夢。未久，金行運息，土德中興，莊宗皇帝鵬起幷汾，龍飛宋汴，當寧不逾於旬朔，臨軒宣諭於公卿，曰「吴越國王五十年來，常作橧天之柱；三千里外，每爲捧日之雲。今若將致小康，實在敬尊元老」。於是鸞臺進擬，麟趾摛詞。典瑞獻功，琢白圭而册文燦爛；職金供命，鎔紫磨而印篆盤珊。重封吴越國王，再授天下元帥。馬遷十代，史内固是絶倫；柳習萬卷，書中必無往例。其建國也，大君有命，明試以功。自癸未而至壬辰，備戰器而修王道。先是中朝名士，在野遺人，或負笈擔簦，來投霸府；或折襦爲袴，而詣軍門。奮袖於嘉納堂中，曳履於靈鈞臺上。至此水鏡裁鑒，金秤等量，並列庭臣，皆居省署。鐕裾列侍，文物齊光。張伯仁陳宗廟之儀，鄭子産獻公侯之禮。豈謂難窮者大數，莫究者彼蒼，俄脱履於具區，遽徹縣於正寢。金山霧掩，誰知帝召王喬；玉海波空，實痛神辭李廣。況十三州疆場，百萬户黔黎，咸長養於恩膏，悉生成於化澤。淚洒而晴空散雨，愁凝而杲日沈雲。鳥獸悲哀，草木慘怛。明宗皇帝宣太常而定謚法，詔貳卿而撰誄文。鸞輅龍旂，贈禮優於鄧禹；梓宫黄屋，異數等於霍光。得謂盡始盡終，極榮極貴，享九九之仙壽，近帝位於一爻；感萬萬之人心，歆神道於千祀。有後如此，又何缺焉。我天下兵馬元帥吴越王，當燕族之多奇，承趙宗之後世，嵩衡泰華，秀氣俱騰；淮濟江河，榮光並結。是時胤主，誕我國祥，紹經文緯武之基，襲積德累仁之業。開襟奮臆，伏雄傑於周瑜；誓衆臨戎，統人豪於張袞。風儀則懸星溢背，紫電揚瞳，霜雪凝肌，魚龍入鬢，仙應有分，貴不可知。宋弁聲姿，尤閑進對；竇融詞氣，惟是卑恭。加以青雲常在於言談，畏日不離於顧盼。徐行緩步，褚彦回却是趨蹌；散幘斜簪，王文憲殊非蘊藉。智略則鮑叔錐矢，應手而來；德器則顧和珪璋，遇機方露。遠者大者，一剛一柔，静則心照鏡而貌懷冰，含和六氣；動則火炎山而湯沸海，慴懼萬人。機變則管葛才高，孫吴術妙。身文虎豹，隱見不常；義府戈矛，短長迭用。三雋才既爲己任，六奇策固是無遺。郤縠詩書，經綸國計；項羽雷電，振動兵籌。徐睇而莫測金泉，旁窺而罔知珠岸。詞藻則青霜皓月，絡繹綵牋，芳草落花，飄颻鏤管。織成夢錦，散出神霞。英變屢奇，張融之言信矣；凌顔鑠謝，元葉之論宜然。札翰則早受義方，曾傳掣筆，鸞回鵲反，氣勢驚人。金錯銀鈎，縱横入木。桉牘無非墨陣，宫室争耀寶碑。崔宏之本草無光，張育之折蒲失色。立功則我王初離太學，始統親兵，鄭世子方欲平齊，汝陽王正思安漢。屬鄰國侵軼，命將曰李濤，僅二萬兵，下百里砦，圍逼安國，涎啄餘杭。我王虔奉訓辭，遂昇上將，清風受式，黄石傳書。親蒙韓奕之黄熊，躬伏封文之白虎。攻東南而備西北，事在機先；掩五壘而出三門，别馳神筭。於是崩摧大陣，擒獲萬人，道路隘於俘囚，山川積於戈甲。餘敵作氣既竭，方遁於潛；我則乘勝追奔，又平廣德。未出一百里之境，復降五千乘之戎。唱凱歌而喜氣連郊，整班師而雄風掠地。尋卽大統龍艦，遠泛鰲溟，巡江陰而收東州，入海門而覩北固。彼境遂陳舟楫，遠出枝梧，我則陳二廣於浪港沙前，設三覆於石牌灣内。零陵石灰風便，爭投於蛟蜃窟中；沁水火栰油燃，倏葬於鯨鯢腹裏。一戰定霸，二紀無虞。寰海具瞻，將相迭耀。聲光丕顯，裴松爲廊廟之人；功業升聞，段襄居骨鯁之任。爰自嗣承國構，纘奉王基，況當跪箭之初，又在寢苫之内。芝蘭龍鳳，二千餘口之家風；鐵石虎貔，二十萬人之軍府。誠難撫御，豈易輯綏。我王以孝爲模，用仁作範，無所不可，惟言是從。嘉惠寵靈，供承花蕚。油雲膏雨，潤澤闔門。此外習武益兵，輕刑慎罰，德無脛而遠屆，名無翼而遐飛。果動大朝，繼踵異寵。三年之内，兩册連封，雙龍之金節齊行，四馬之寶車並輾。玉佩冠劍，見王者之尊崇；織文旂常，覩國容之貴盛。我王因兹顯赫，益動孝思，無以答先后之恩，無以報昊天之德，且曰，武肅王有大功及天下，大名振寰中，庇生民則百萬有餘，築城壘僅五十來處，豈可不建廟貌，不像真容，爲星紀之福宫，作地户之神主。爰命興武忠直都虞候姚敬思於馬臻湖畔，勾踐城中，選闤闠形勢之中區，得顯敞高平之勝址。於是鍬杵俱下，畚鍤齊興，隱隱雷聲，轟轟岳振。不十旬而展役，布千丈之隆基。大梓文柟，非自秦山伐得；宏梁巨棟，非由漳水漂來。雕鐫者王母元圖，甃砌者赫連繡石。斤揮斧運，削出銀葩，水塹沙磨，方成玉碣。符玄武之嘉兆，應神蓍之吉辰。始乃架險梯虛，雲搆山矻，陰虬廻抱，陽馬奔趨。虎牙銜而枅栱連，龍脊褭而欒櫨轉。瓊瑶耀壁，丹漆明簷。鴛鴦之瓦縫界成，芙蓉之塼文印出。即以丙申歲秋八月十有七日，我王備鹵簿鼓吹，車輅旂常，北司侍臣，南班舊列，奉迎真像，而入祠宫。白檀雕出聖容，黄金鏤成寶座。儀形酷類，神彩如生。鳳目龍章，顔猶不改；垂旒被衮，人見興悲。禮器則俎豆犧尊，軒懸則柷敔鏞磬。後殿翬衣雉服，文母賢妃，露幔珠屏，蝦簾象榻。不異昔時祔寢，皆同曩日深宫。前則廣厦交陰，芳亭對搆。紫石伏狻猊之影，朱欄交菡萏之光。正啓重門，並立神將。侍衛兵仗，矛戟森然。文武官班，簪裾肅列。直出甬道，千步有餘。河枕投醪，波通射的。蓮芰遶於水閣，桐桂夾於星橋。左則廻抱粉廊，連延綺棟，並圖曹署，各列司存。乃至早世勛臣，無禄公子，皆塑儀像，並配薦羞。右則修廡飛甍，緑窻丹牖，陰兵神馬，見雷電而没風雲；明牢淨厨，備粢盛而烹肥腯。景物則高山矮桂，粉竹金松，夾砌名花，連階瑞草。烟嵐蓊蔚，便是陰宮；雲霧濛籠，居然神府。我王昔以致君之業，累殄寇戎；今立顯考之祠，而修孝敬。所以天朝繼封王爵，以耀國章，金印輝煌，丹書赫煜。元帥帥天下侯伯，拱戴中朝，位冠諸藩，勳高列辟。卓絕殊猷鴻業，懋哉兩地參天。設使書剡川九萬之牋，不能盡紀；勒華山五千之仞，亦恐難窮。光業也詞不容於王椽，才匪量於曹斗。擬奚斯之頌，或恣蠡心；對豫章之碑，豈合惜手。但以二紀幕客，十載廷臣，不求孫綽擅名，豈望楊修絕妙。所希編述，用答恩知。追感先王，恭爲銘曰：崧高嶙峋，是生哲人；上天獅子，出澤麒麟。纘尊殷祖，鄴胤唐臣。衣冠表裏，文武經綸。廣運將新，大盜斯起。雁象欻驚，梟毛亂委。紫蓋蒙塵，黃金多壘。既斁憲章，又裂文軌。武肅英王，提劍東方。龍行雲雨，虎變文章。孛氣沃酒，妖雪歸湯。洗滌星紀，整頓天常。告功狼居，圖形麟閣。桐珪聯編，茅土續索。三道犀幢，八朝鳳幄。丹券家門，錦衣城郭。元帥天下，國王具區。六瑞琢册，三品鑄符。尚父四履，尚書萬樞。峗峨高壽，曦赫霸圖。我王奉天，爲時而出。傳寶應金，繼輝照日。國士無雙，風華第一。削樹平戎，夢禾受秩。功既挺世，德又動天。襲封二册，嗣位三年。金應國寶，元帥兵權。忠無瑕纇，孝絕雕鐫。未褫墨縗，乃建清廟。卧龍之城，會稽之嶠。嵐界廻廊，粉明周繚。廣殿霞開，重門岳峭。瑞玉禮器，香檀聖容。民之祀主，我之神宗。秉翟報籥，特磬編鏞。然蕭焫膟，奠幣輸琮。於穆祠中，煥然陰府。五齊恆馨，六佾常舞。餚薦房蒸，歌隨路鼓。令子懿孫，光今顯古。

王歷事四朝，累加定亂安國啓聖昌運同德守道翊戴功臣、天下兵馬都元帥、開府儀同三司、尚父、尚書令、兼中書令、上柱國、吴越國王，賜劍履上殿，詔書不名。凡功臣、諸子領節制，皆署而後請命。王居處務期節儉，衣衾雜用細布，常膳惟甆漆器，寢帳敝，恭穆夫人欲易以青繒，不許。十國紀年云鏐居室服御窮極侈靡，末年荒恣尤甚，似未確。常歲除夜，會子孫，鼓琴未數曲，遽止之，曰：「聞者以我爲長夜之飲。」

少在軍中，夜未嘗寐，倦極則就圓木小枕，或枕大鈴寐，輒欹而寤，名曰「警枕」。置粉盤於卧內，有所記則書盤中。又時彈銅丸於樓牆之外，以警直更者。一夕，微行，叩北城門，吏不肯啓關，曰：「大王來亦不可啓。」明日，召吏厚賜之。稍暇則命諸子孫諷誦詩賦，或以所製詩賜丞相、將吏，亦問能書寫、畫墨竹，然不以呫嗶廢正務。或有述李頻詩於王，曰：「只將五字句，用破一生心。」王曰：「此心何所不用，而破於詩句，惜哉！」反復議論，由是往往達旦。天福中，近侍李詠因監契丹，驛中有判官謂詠曰：「武肅王常夜不睡。」詠詰其所知，答曰：「嘗聞五臺王子太師言浙中『不睡龍』，今已歸矣。」訪其所聞，乃壬辰之後也。僧贊寧傳載，略云：武肅王常時詣諸院。孫敏利者，老姥監，直聽更。一宵，銀枝燈有大蜥蜴沿油缸而吸，視之將竭，倏然不見。明日，王曰：「昨夜夢麻膏充腸而飽，是何祥也？」宮中或有對者，王亦微哂而已。

又幼時倜儻有大度，志氣雄傑，機謀深遠，每處衆中而神采有餘。居家庭，極盡人子禮，純孝本於天性，開國後遇春秋薦享，必嗚咽流涕，曰：「今日貴盛，由積善所致，但恨祖母不能見耳！」

是時中原多事，西川王氏稱蜀，廣陵楊氏稱吴，南海劉氏稱漢，長溪王氏稱閩，皆竊大號。或通姻戚，或達聘好，咸以龍衣、玉册勸王自帝，王笑曰：「此兒輩自坐爐炭之中，又踞吾於上邪！」却之不納，而諸國主亦無不以父兄事之。王負知人之鑒，尊賢下士，惟日不足。名其居曰握髮殿，取周公吐餔握髮之意。後人謂爲惡發殿。常使畫工數十人居淞江，號鸞手校尉，伺北方流移來者，咸寫貌以聞，擇清俊福厚者用之。胡岳方渡江時，畫工以貌奏，王覩而歎曰：「面有銀光，奇士也。」卽時召見。幕客羅隱雅好譏評，雖及王微時事，怡然不怒，人咸稱其寬大。後庭有鄭姬者，父坐法當死，左右冀其獲宥，且言斯人有息女預侍，王曰：「豈可以一婦人亂我法！」出其女而斬之。其公正不私，又多此類也。

論曰：歐陽氏五代史謂錢氏有改元而無稱帝之事，然獨得其封落星石制書稱寶正六年辛卯一節耳。及宋末，於臨安府得吴越尊勝幢，有云「天寶四年歲次辛未」，是朱梁篡唐之明年戊辰，已改元天寶矣。又靈隱尊勝幢云「寶大二年歲次乙酉」；婺州觀音院鐘刻云「寶大二年乙酉」，而朱府君墓誌亦言「寶大元年歲次甲申」，是唐之同光二年，在吴越爲寶大元年也。元至正時，海寧州發吴越臣許俊墓，內署寶正三年於石，而招賢寺幢及貢院橋柱皆題寶正年月，不一而足，則武肅王之改元斷矣。獨是越州牆隍廟碑既奉梁敕爲梁主父名諱，且上書開平二年，歲在戊辰，又杭州真聖觀碑後署開平二年八月，豈立碑在改元之月之前，抑武肅王於中原正朔，或遵或廢，陽用而陰違邪？至於台州壁記有錢鎰天祐十九年之紀，而瑪瑙水月寺幢復有言作寶貞年號者，載籍傳譌，卒不可得而明也。閻自若唐末汎聞録又作保正，亦誤。姑舉其大端，以爲吴越改元之證云。或言羅隱新城縣記署寶大元年於癸未歲，與諸石刻小異，以此爲疑。任臣按：新城已改新登，何得復云新城，卽曰梁亡之後不爲梁主父諱，或仍舊稱，未可知。然隱卒於天寶三年，安得癸未年尚撰縣記乎？此必僞作明矣。

十國春秋卷第七十九

吴越三

文穆王世家

文穆王名元瓘，字明寶，初名傳瓘，及襲位更今名，武肅王第七子也。母陳氏，唐光啓三年冬十一月十有二日生傳瓘於杭州東院。先是，有僧持玉羊，大可數寸，獻武肅王，且曰：「得此當生貴兒。」傳瓘果以歲丁未生焉。乾寧元年二月，授鹽鐵發運巡官，稍遷金部郎中，賜金紫。天復元年八月，改授禮部尚書，遥領邵州刺史。

徐、許之亂，田頵要質於我，武肅王歷選諸子，不應命，傳瓘奮然請行。莊穆夫人聞之，泣曰：「置我兒於虎口也。」傳瓘曰：「忘身以紓家國之難，雖死無恨。」遂從數人縋北門而下，武肅王奇而送之。已而頵叛於吴，吴忠武王會我兵攻頵，頵每戰敗歸，輒欲殺傳瓘，頵母及頵婦弟郭從師常加保護。後頵將出，語左右曰：「今日不勝，必斬錢郎。」是日頵戰死，傳瓘得歸。

天祐二年，制授傳瓘檢校右僕射。八月，處州刺史盧約弟佶寇永嘉。四年四月，傳瓘承王命伐永嘉。時佶列巨舟四十艘於清澳海門以邀我師，傳瓘謂諸將曰：「賊鋭卒盡在此矣，姑弗與戰，當由他道徑襲賊壘，出其不意，必成擒也。」於是自安固江登陸而襲之，遂斬佶。是時梁已篡唐，師還，承制改内牙都指揮使、檢校尚書右僕射。冬十月，授金紫光禄大夫、檢校司空。明年，武肅王改元天寶。四年秋七月，梁賜傳瓘號贊正安國功臣，進授司徒，守湖州刺史。

六年夏四月，淮南將李濤寇衣錦軍，傳瓘率師討之，乃盡伐樹木絶其歸路，爲三覆以待。時徐知誥在敵中，與傳瓘騎相逼，幾獲之。俄而，知誥易服乘白騾而竄。壬辰，獲濤及偏將咸知進等八千餘人，兵甲生口稱是。是行也，營中有氣如龍虎狀，賊人望之曰：「霸者之氣也。」五月，復率騎兵攻廣德縣城。六月己卯，城陷，傳瓘手刃二百餘人，獲敵將花虔、渦信及吏卒七十餘人以還。冬十月，梁敕授檢校太保，依前湖州刺史、大彭縣開國男、食邑三百户。七年夏六月，梁授傳瓘特進、光禄大夫、開國侯、食邑一千户。秋九月，命統師攻常州無錫縣。丁未，克之，獲其將朱超等五百餘人。八年，梁授傳瓘鎮海軍節度使、土客諸軍都指揮使，湖州刺史如故。

十年夏六月，加檢校太保、食邑五百户。十二年，梁詔傳瓘帥水師大小龍形戰艦五百艘，自東洲發艦，竟趨淮甸。夏四月乙巳，大戰吴人於狼山江。將戰之夕，傳瓘召指揮使張從寶計曰：「彼若徑下，當避其初以誘之，制勝之道也。」乃命軍中宿理帆檣，每舟必具灰豆江沙以隨。翼日昧爽，吴人果乘風自西北而下，危檣巨艦，勢若雲合，我師輒先避去。敵舟既高且巨，不復能上，我乃反乘風逐之，及吴兵廻舟而鬭，舳艫相接，因揚灰散豆，吴兵目眩不可視，戰血既漬，踐豆者靡不顛踣。隨進火油焚之，斬其將百勝軍使彭彦章，鹵獲無筭，自江及岸數千里皆殷焉。先是，舟次浪山江之石牌灣，有石幢大署其文曰：「向後有木龍五百。」至此其言遂驗。秋七月，傳瓘復戰於無錫縣，會偏將曾雲奔於吴，我軍失利。已而傳瓘馬逼高岸，吴人追垂及，乃舉策私誓曰：「天必助我，馬當躍上，不然，則墜我於此！」馬果一躍登岸。頃之，復整行伍破敵而歸，吴自是遂求通聘。

十三年，梁遣衛尉卿兼通事舍人陳琮授傳瓘檢校太尉、同中書門下平章事，充清海軍節度使，餘如故。十五年春正月，加特進、檢校太尉、兼侍中，增食邑三百户，仍賜匡扶定亂立正至道功臣。寶大元年冬十月，唐授傳瓘開府儀同三司、檢校太師、兼中書令，依前清海軍節度使，兼充兩浙節度使、觀察留後，遣進奉使婁輯將命。寶正元年夏，武肅王不康，因如衣錦軍，命傳瓘監國，仍俾便宜行事。及王至自衣錦軍，中外無所專命，王心喜，嘉歎久之。九月，唐加傳瓘食邑一千户，實封一百户。初，傳瓘夢神人賣骨易其頂，遂有是命。三年秋七月己巳，第六子弘佐生。閏八月，唐遣閤門通事舍人李韞授傳瓘鎮海、鎮東等軍節度使。四年春，復加杭州、越州大都督長史，增食邑一千户，實封二百户。秋八月己酉，第九子弘俶生。五年夏五月，唐又增食邑一千户，實封一百户。

唐長興三年春，武肅王既薨，傳瓘哀慟終日，四日不食，左右勉進以粥。其行喪也，傳瓘與諸昆弟同幄，指揮使陸仁章扶傳瓘就異幄，且告將吏：「禁諸公子從者無得入。」夏四月己未，傳瓘改名，嗣立，以遺命去國儀，用藩鎮法，仍遵中朝年號稱長興三年。罷開元府諸屬，復隸中吴軍。除民田荒絶者租税，中外班賚有差。命處州刺史曹仲達權知政事。置擇能院，以浙西營田副使沈崧領之，掌選舉殿最。先是，孟春至夏陰晦彌時，至是澄霽，國人咸悦。

是月庚午，殯先王靈輴於衣錦軍之正寢。内牙指揮使劉仁杞與陸仁章用事久，衆害其能；一日，詣府門請誅之，元瓘使從子仁俊戒諭諸將：「無逞私恨以殺人。」乃以仁杞爲湖州刺史，仁章爲衢州刺史。秋七月己丑，唐加元瓘守中書令。是歲，丞相許明舍富春宅爲寺，名曰許明寺。

長興四年春正月，契丹使者拽剌迪德還國，遣使從貽寶器。

三月，唐遣將作監李鍇、光祿少卿張袞來歸我先王之賵，又遣引進使楊彥珣授元瓘起復雲麾將軍、上金吾衞大將軍、員外置同正員、中吳軍節度使，元璙檢校太師、兼中書令、清海軍節度使，元懿檢校太傅、同中書門下平章事，餘如故。

夏四月，吳客省使許確、百濟國太僕卿李仁旭各來祭我先王。

秋七月丁亥，唐遣郎中張絢封元瓘爲吳王。是月，漢左僕射何瑱亦來祭我先王。王兄元璙自蘇州入見，王待以家人禮，介觴爲壽，慰勞甚至，元璙泣謝而退。

九月，唐遣吏部侍郎張文寶來宣諭。

冬十一月，唐主殂，宋王從厚嗣位。

十二月庚戌，寧國軍節度使、同平章事、檢校太傅、王兄元璣卒。

是歲，順化軍節度使、判明州、王弟元珦，驕縱不法，每請事於王府，不獲輒上書悖慢；又以鐵牀炙屬吏，臬滿城郭。王遣牙將仰仁詮召還，幽之別室。封漢餘杭令陳渾爲太平靈衞王，建祠於國城外北山。

應順元年春正月，唐主改元，大赦，敕遣鞍轡庫使王延縞來宣告，仍賜國信。壬午，奉葬先王於茅山。甲午，唐遣散騎常侍孔昭序、駕部員外郎張鑄册王爲吳越王。

是月，大雪，平地五尺。

夏四月，潞王從珂廢唐主爲鄂王而自立，改元清泰。

六月，敕遣給事中張延雍、兵部員外郎馬義册王爲吴越王。

秋九月辛酉，王獻唐白金五千鋌、絹五千疋；静海軍節度使、檢校太保、中書令、王弟元球等四人共貢唐白金七千鋌、綾絹七千疋。

清泰二年春三月己酉，唐贈王母陳氏爲晉國太夫人，授王弟元球守太師。

秋七月甲辰，西方慶雲見。是月重建開元宫，追福於先王也。

九月，王貢唐錦綺五百、連金花食器二千兩、金稜秘色甆器二百事。

冬十一月，唐敕杭州護國廟改封崇德王，城隍神改封順義保寧王，銅官廟改封福善通靈王，湖州城隍神封阜俗安城王，越州城隍神封興德保闉王，從王奏請也。闉皇城使李倣伏誅；倣部兵焚啓聖門，奪倣首來奔。

是歲，王建寺於府城外前百步，起樓號曰奉恩，請寺額於唐，畧云：「襲爵數年，曾無報效，受鳳池之真命，降龍册以雙封。乞賜龍册爲名，用昭曠典。」唐主不允，錫名曰「千春」。詔曰：「錢元瓘效忠建寺，比爲誕節齋僧，龍册爲名，未稱勤懇，宜號千春寺。」又建瑞隆院於七寶山。

清泰三年春正月，唐遣禮部尚書李懌、户部郎中姚遐賚奉吳越王金印至，歸舊物也。

秋七月，唐敕建先王廟於東府。是月，唐授王部將保順軍節度使鮑君福檢校太尉、同平章事。

冬十一月，契丹立石敬瑭爲晉皇帝，改元天福。

十二月，晉授王天下兵馬副元帥。淳祐時，林屋洞得金簡，曰「天下兵馬副元帥吳越錢王」。

天福二年春正月朔，日有食之。晉遣供奉官周彦環賜國信。

二月，王廢其弟順化節度使、同平章事元珦爲庶人。

是月己酉，夜，暴雨自西北起，連日至。壬子，有海魚二各長五十餘丈，一死於桐廬，一死於餘姚江。

三月戊午，王殺其弟元球、元珦，許以公禮葬之，麾下卒伍悉從宥不坐。

夏四月，晉以禮部尚書程遜、兵部員外郎韋稅爲加恩使，進封王吳越國王，仍賜天下兵馬副元帥，金印。是歲，程遜還京，溺海死。通鑑繫此事於十一月戊辰。今從備史。甲午，王卽位、建國，一如天寶故事。即位者，即國王位也。國王與王不同，通鑑以即位、開國在前，而進爵在後，亦未爲允。丙申，仍赦境内今年租税之半，立子弘傳爲世子，以曹仲達、沈崧、皮光業爲丞相，鎮海軍節度判官林鼎掌教令。

秋七月，晉削元球、元珦在身官爵，任便處置。

八月辛巳，大閲於北郊。戊申，新建五廟於城南。

九月乙卯，王親視五廟。

冬十月，貢晉天和節大排方龍座金腰帶一、御衣十三事。乙丑，金陵徐誥稱大齊皇帝，遣使來告即位。

是歲，建相嚴院於國城西。高麗遣使張訓來聘。

天福三年春正月朔，日有食之。

二月乙亥，丞相沈崧卒。

冬十月丙戌，貢晉謝恩金器五百兩、白金一萬兩、吴越異紋綾八千疋、金條紗三千疋、絹二萬段、綿九萬兩、大茶腦源茶二萬四千斤，又進大排方通犀瑞象腰帶一副。

十一月，晉遣使賚捧吴越國王玉册及沿身法物等至，册曰：「唯天福三年，歲次戊戌，十一月甲戌朔，五日戊寅，皇帝若曰：王者握圖立極，崇德報功，或開國以建邦，或苴茅而錫壤。乃樹藩屏，式奬忠勳，古先哲王，率由斯道。惟朕薄德，敢忽彝章。況夫奠南服之奥區，鎮東甌之重地，懋績雖高於列土，殊榮未繼於肯堂。得不申加等之恩，降非常之命，用紀代天之業，特頒鏤玉之文。乃擇吉辰，爰敷盛典。咨爾興邦保運崇德志道功臣、天下兵馬副元帥、鎮海鎮東等軍節度、浙江東西等道管内觀察處置兼兩浙鹽鐵制置發運營田等使、開府儀同三司、檢校太師、守中書令、杭州越州大都督府長史、上柱國、吴越王、食邑一萬五千户、實封一千五百户錢元瓘，嶽靈稟粹，天象儲精，藴文武之兼材，受乾坤之間氣。寵承吴越，功邁桓文。運妙畧以平兇，用奇兵而制變。祗嗣基構，表率英雄，淮彝之屏氣銷聲，海嶠之波澄浪息。而況興我昌運，竭乃忠規，懋勳庸而首列韓壇，奉玉帛而誠先禹貢。語尊奬則獨標大節，顧封崇則未稱鴻名。宜舉徽章，俾奉先正。矧其天文當南斗之分，地志控勾踐之都，眷兹舊封，允屬全德。是用異章服於羣后，盛簡册於列藩。正二國之土疆，錫九天之寶瑞。表予嘉命，纘乃舊邦，大振家聲，夾輔王室。今遣使太中大夫、尚書右丞、上柱國、賜紫金魚袋王延，使副中散大夫、尚書司門郎、中柱國、賜紫金魚袋張守素，持節備禮，册爾爲吴越國王。於戲！服衮衣而佩玄玉，位壓羣侯；駕戎輅而握兵符，名尊九伐。馭貴之重，象賢之榮。爾其祇荷天光，勉清國步，往綏厥位，永孚於休。戒之愼之，勿忝前烈。」

十二月，大閱馬步軍，泊艛艫於碧波亭。

是歲，建淨空院於國城之北山，又建昭慶律寺。廣陵郡王元璙請析嘉興縣之西鄙義和鎮爲崇德縣，從之。

天福四年春二月，晉授世子弘僔爲果州團練使。

是月，齊徐誥改姓名李昪，稱大唐。

夏四月，遣左衛上將軍沈韜文如唐賀南郊。

秋八月戊申，建世子府於城北。是日，白龍見處州長松縣，遂更爲龍泉縣。

是月，晉敕建温州爲静海軍節度，從王請也。

九月，又敕升婺州爲武勝軍，授王兄元懿爲節度使。

是月，保大軍節度使、同參相府事陸仁章卒。

冬十月壬子，吴越國恭穆夫人馬氏薨。〔一〕

是月，晉遣刑部尚書李懌、禮部郎中崔鈞授王天下兵馬元帥，通鑑作八月己酉。增食邑五千户，實封五百户，仍賜御服紅羅真珠戰袍、金瑣甲各一副。

十一月，契丹遣其臣遥折來聘。

十二月辛酉，葬恭穆夫人於衣錦軍慶僊鄉。

是歲，僧道翊得奇木於前澗，斲爲觀世音法身，王命建天竺道場。釋氏紀録云：天福己亥，僧道翊一夕見山間光明，往視之，得奇香木，命良工刻成觀世音菩薩像，白光煥發，繼以晝夜。乾祐戊申，有僧從勳以古佛舍利置毫相中，舍利時現冠頂，晝放白光。王常夢白衣人求葺其居，寤而有感，遂建天竺觀音看經院。又建天長淨心寺於國城。是時，晉諫議大夫段希堯來使。希堯過海，遭大風，左右皆恐懼，希堯曰：「吾生平不欺，汝等恃吾，可無恐也。」已而風亦止。

天福五年春二月甲辰，温州刺史王子弘僎卒。是月，王延政自立於建州，閩中大亂，求救於我。壬戌，王遣内牙統軍使仰仁詮、都監使薛萬忠將兵四萬救之；丞相林鼎切諫，不聽。

三月，奏嘉興縣置秀州，以嘉興、海鹽、華亭、崇德隸焉。時又析東府剡縣十三鄉爲新昌縣。紹興府志云：開平元年，析剡立新昌縣。未審是非。已又改剡縣爲贍縣，惡「剡」有二火一刀之説，爲不祥也。順存録言：天慶觀有錢氏時都公移，稱兩都都軍糧帖，撿先據贍縣奏云云。錢氏時稱杭爲西都，越爲東都，因號兩都。壬申，晉遣右諫議大夫高延賞、兵部尚書李元龜授王天下兵馬都元帥。

夏四月癸卯，鎮海軍行軍司馬、兼侍中、同平章事、太尉鮑君福卒。甲子，世子弘僔薨。仰仁銓等兵至建州，王延政以福州兵已敗去，奉牛酒請班師，仁詮等不從。延政懼，復乞師於閩王曦，曦以兄子泉州刺史繼業爲行營都統，將兵救之，且移書責我，別遣輕騎絕糧道。

會久雨，我兵食盡；五月，延政遣兵出擊，俘斬以萬計，我師敗績。癸未，仁詮等遁還。

是月，四星聚斗。

秋八月，以世子府爲瑶臺院。

冬十月，王貢晉謝恩金器三百兩、白金八千兩、金條紗五百疋、綿五萬兩。

十二月，王以子弘佐爲内牙諸軍都指揮使。

是歲，蘇、湖、秀三州大水。

天福六年春三月丙寅，晉遣太子賓客聶延祚、吏部郎中盧撰册授王守尚書令。

夏五月，漢遣攝太尉工部侍郎盧膺、尚儀謝宜清、尚衣高素清來逆我故王弟傳璛之室馬氏，以爲繼室，不克遣。

六月，寧國軍節度使、同參相府事仰仁詮卒。是月，建甘露寺於南山。有泉一泓，若甘露，可啜，故名。

秋七月甲戌，麗春院災，延於內城，燬宮室，府庫幾盡。王避之，火輒隨發，遂驚懼，發狂疾，遷居瑤臺院。是月，唐主遣使來唁，且賙其乏。

八月，王寢疾，語內都監章德安曰：「弘佐尚少，當擇宗人長者立之。」德安對曰：「弘佐雖少，羣下服其英敏，願王勿以念。」王曰：「汝善輔之，吾無憂矣。」辛亥，王薨於瑤臺院之綵雲堂，年五十五，在位十年。

晉主令所司定謚曰莊穆，敕改謚曰文穆。或作忠順，非。命宰相和凝撰神道碑。碑文曰：雲起龍驤，化爲侯王；鴻騫鳳翥，鶚立鷹揚。凜然勍氣，綽爾雄鋩。大名之後，五世其昌。武肅開基，奄有吴越，恩洽百城，名馳雙闕。既委招懷，復專征伐，燾土苴茅，秉麾仗鉞。尚父棄代，元帥承家，傳榮襲慶，奕葉重葩。有典有則，去甚去奢。威名烜赫，事望光華。譚藪縱横，詞泉浩渺。曹植思遲，崔傂書少。月夕花朝，猿巖雁沼。筆落彩牋，風清緑篠。神傳射訣，天富兵鈐。龜文月角，燕頷虬髯。威能伏獸，名可愈痁。撫衆以惠，待士持謙。事必有恆，政皆求理。扶弱遏强，先人後己。但見偃風，莫聞狎水。阜康蒸黎，廓清邊鄙。量陂素廣，德岳彌高。禮延耆碩，令肅權豪。庭趨忠烈，府集英髦。講論韜畧，奬勸勳勞。自靖稱藩，益勤述職。虔布詔命，動遵楷式。每陳貢輸，常逾萬億。表率方隅，匡扶社稷。功庸罕對，渥澤無倫。禮優伯舅，位極人臣。鎔金鏤玉，龜紐龍綸。永承當代，莫繼芳塵。禁暴戢兵，取威定霸。方賴控臨，忽聞薨謝。雲慘長空，星沉永夜。號慟軍民，涕泗華夏。初聞訃奏，尋輟視朝。深嗟旦奭，不及松喬。倍加贈襚，久罷簫韶。君臣分至，水陸程遥。間傑淪亡，英賢繼襲。擗踴悲摧，無所追及。益務撫循，加之周給。人情既安，兵威自戢。一方肅静，三世輝榮。朝宗事大，誓志傾城。欲光家世，上奏聖明。顧書貞石，用顯聲名。金玉令人，鼓旗良帥。德盛功崇，文經武緯。述之莫窮，言之無愧。庶幾乎萬歲千秋，人見之而墮淚。

七年二月癸卯，葬於國城龍山之南原。八年四月丁卯，二十日。立碑石於隧道。

王志量恢廓，識度宏遠，雖少嬰軍旅，尤尚儒學。事武肅王孝敬小心，未常有懈。武肅王性嚴急，每召輒須時至，王乃製闊袴大韈以便之。晚年政事一委參決，簿書填積，皆躬親批署，手爲胼胝。復效武肅王故事，置粉盤於榻首，夜有所憶，卽書其上，詰朝以備顧問。時屬重盜賊及詐僞誹謗法，犯者必死，王皆力救獲，宥者甚衆。常北征，師次平望，蚊蚋尤甚，左右請施帷帳，王曰：「三軍皆在此，我獨何避？」竟不許。

寶正中，武肅王將選諸子爲嗣，王兄中吳軍節度使傳璙、弟清海軍節度使傳璹、寧國軍節度使傳璟等皆言王功德高茂，是宜委副，故遂以兩鎮相屬。及武肅王寢疾，一日出玉帶五，賜王兄弟，命王先擇之，王乃取其狹小者，武肅王大悦，曰：「吾有汝，瞑目無恨矣！」纘嗣之後，更示以明恕，人情翕然。凡中外封章相搆者，積而毁之，悉置不問。王舅陳氏歷職不過戍遏，每加厚賜，而未常遷授。恭穆夫人之弟馬充常以使役求免，王廷責之，遂下獄，尋黜於剡溪。其恪遵治命，保慎名器，足守一代之霸業焉。

論曰：錢氏五王，惟武肅有改元事，而廟號則史所不載。間讀余公綽閩王事跡，云永隆三年吳越世宗文穆王薨；林仁志王氏啓運圖，云永隆二年吳越世皇崩，子成宗嗣。雖二人所紀年歲不同，至廟號稱宗則二書脗合，似非竟無可據者。今兩浙民間猶謂武肅王爲錢太祖，豈當日果實稱宗，而其後漸諱之邪？當闕疑以附「夏五郭公」之例。按武肅王浚舜井記有東都上直官、西都上直官等文，是明以西府、東府爲兩都已。又王順伯家藏吳越忠懿王一判語，其狀云「臣贊寧，右臣伏奉宣旨，撰文疏，今進呈，乞給下，取設齋日五更前上塔。臣自宣却，欲重進，乞於仁政殿前夜化却，不然便取聖旨」，云云。此進呈聖旨諸語，亦與天子畧同。由是以推，則吳越雖無稱帝之事，而當日臣下尊之者，詞多僭儗，亦未必盡無也。又建炎以來朝野雜記云：羣臣欲稱光堯廟號「成宗」者，尤袤曰：「此吳越錢元瓘僞號也。」是又以成宗爲文穆廟號已，不知何據。

校勘記

〔一〕恭穆夫人馬氏　「恭穆」原作「莊睦」，據通鑑卷二八二改。又見下文周昂校語亦謂「莊睦」疑是「恭穆」。

十國春秋卷第八十

吴越四

忠獻王世家

忠獻王名弘佐，五代史、宋史作佐，表忠觀碑作仁佐。字元祐，文穆王第六子。母許氏，以寶正三年七月二十六日己巳生弘佐於功臣堂。初，孝獻世子居監撫，文穆王治其府於城北，將俾居之。一日，世子與弘佐戲采於青史樓，遽謂弘佐曰：「君王方爲我營府署，願與若博之。」比四擲，而弘佐得六赤，世子失色，弘佐從容曰：「五哥入府，弘佐當將符印之命。」因再拜，世子竟不懌，投骰盤於樓下而去。俄而世子不禄，弘佐授鎮海、鎮東節度副使、檢校太傅。

先是，内牙指揮使戴惲爲文穆王所親任，文穆王養子弘侑者，其乳母故惲婦黨戚也。文穆王既薨，或告惲謀立弘侑，章德安秘不發喪，與諸將伏甲士幕下；明日，惲入府，執而殺之，廢弘侑爲庶人，復其姓孫氏，幽之明州，蓋天福六年秋八月壬子日也。

是日，將吏奉文穆王遺命，承制以弘佐爲鎮海、鎮東兩軍節度使，時年十有四歲。歐陽史云年十三，今從通鑑。

九月庚申，弘佐卽王位於僊居堂，赦境内，班賚有差，命丞相曹仲達攝政事，軍中或言賜與不均，舉仗不受，仲達親諭之，乃解。辛未，王遷於思政堂，命境内給復一年，諸關梁禁制悉從除減。又命田園有隸道宮佛寺比入賦税者，悉免之。

冬十月，長星見。

十一月，唐遣使祭我先王，晉授王起復鎮國大將軍、右金吾衞上將軍、員外置同正員、領鎮海鎮東等軍節度、檢校太師、兼中書令、吴越國王，食邑一萬户，實封一千户，仍賜保邦宣化忠正功臣。王命刑部侍郎楊巖如唐賀仁壽節。是時凡官名左者，悉改爲上，避王諱也。

天福七年春正月，閩人來祭我先王。

二月癸卯，晉敕葬先王於龍山之南原。

三月，晉遣太中大夫李鶚來歸先王之賵。乙丑，中吴建武等軍節度使、廣陵郡王、王世父元璙薨，子文奉嗣。壬申，晉加王食邑七千户，仍改賜保邦宣化忠正翊戴功臣。

秋七月，王以内牙指揮使章德安、李文慶爲内牙上右都監使。按册府元龜：是月，晉詔改州縣名與高祖諱相犯者，杭州錢塘縣爲錢江縣，唐山縣爲横山縣，台州唐興縣爲台興縣。然吴越備史載：開平二年，改唐山爲吴昌，唐興爲天台。順存録又言：龍德二年，割錢塘、鹽官之半爲錢江縣。與此不同，有説見地理表。

冬十月，以都指揮使闞璠、備史作燔，今從通鑑。胡進思爲内牙上右統軍使。

十一月，王遣使貢晉鋌銀五千兩、絹五千疋、絲一萬兩，謝封國王恩；又進細甲弓弩箭、扇子等物；又貢蘇木二萬斤、乾薑三萬斤、茶二萬五千斤，及秘色甆器、鞵履、細酒、糟薑、細紙等物。

十二月，命右武衛大將軍蔣璠使於唐。己巳，以龍山武功堂爲文穆王廟。是時，晉太常卿龍敏來聘，長揖不拜。

天福八年春正月癸未，重建功臣堂。

二月丙辰，丞相皮光業卒。

秋七月乙巳，貶内牙都監使章德安於處州，李文慶於睦州。王初立，優待諸將，上統軍使闞璠與胡進思用事，璠彊戾排斥異己，德安數與之争，文慶不附於璠，故有是譴。

冬十月，晉遣使授王吴越國王玉册，册曰：「惟天福八年，歲次癸卯，十月丙午朔，六日辛亥，皇帝若曰：「在天成象，拱辰分將相之星；惟帝念功，啓士列侯王之國。朕所以法昊穹而光宅，稽典禮以疏封，而況世著大勳，時推令器，探寶符而嗣位，仗金鉞以宣威。羽翼大朝，藩籬東夏，宜列諸侯之上，特隆一字之封。簡自朕心，叶於輿論。咨爾保邦宣化忠正翊戴功臣、起復鎮國大將軍、右金吾衛上將軍、員外置同正員、檢校太師、兼中書令、杭州越州大都督、充鎮海鎮東等軍節度、浙江東西等道管内觀察處置、兼兩浙鹽鐵制置發運營田等使、上柱國、吴越國王、食邑一萬七千户、實封四千户錢弘佐，爲時之瑞，命世而生，負經文緯武之才，蘊開物成務之志。英華發外，精義入神。亞夫繼社稷之勳，顧榮擅東南之美。眷言祖考，志奉國朝。清吴越之土疆，執桓文之弓矢。天資厥德，代有其人。荷基搆以克家，事梯航而述職。殊庸斯在，信史有光。是舉彝章，爰行盛典。土茅符節，方推翼世之賢；黻冕輅車，更重策勳之禮。斯爲異數，允屬真王。今遣光禄大夫、檢校司徒、行太子賓客、上柱國、太原縣開國男、食邑三百户王玫，使副正議大夫、行尚書吏部郎中、柱國、賜紫金魚袋趙熙等，持節備禮，册爾爲吴越國王。於戲！周寵元臣，四履錫命；漢封異姓，八國始王。指河岳以誓功，俾子孫而襲爵。爾纂服舊業，朕載考前文。勿忘必復之言，更廣無窮之祚。懋昭前烈，爾惟欽哉！」

十一月辛巳，王駕遷於功臣堂。癸未，丞相曹仲達卒。戊子，〔一〕納元妃仰氏。

是歲，建報國千佛院，又賜晉郭文祠額曰碧沼寺。是時，浙地兒童聚戲，動以「趙」字爲語助，云「得」則曰「趙得」，云「可」則曰「趙可」。晉末趙延壽貴盛，浙人謂必應讖，後延壽爲契丹所執，而謡益盛；洎宋祖受禪，忠懿王納土，始符其兆。

開運元年春正月壬寅，丞相林鼎卒。

三月，晉敕授王落起復，增邑三千户，實封一千户。

夏四月丙午，王親祀五廟。

秋七月辛未朔，晉少主改元開運。

九月朔，日有食之。南船務石井有物形如守宫，尾長七尺許，鬣且角，獲之置於安溪潭。

冬十一月，王命從兄東府安撫使弘俊爲内外馬步都統軍使，弟弘保爲東府安撫使。

是歲，捨瑞萼内園建龍華寶乘院，仍造傅大士塔。又建寶相寺華藏院於國城。

開運二年，春三月丙午，王從祖順化軍節度使鏵卒。

秋七月，修武肅王廟於城西，奉旃檀神象而致焉。

八月朔，日有食之。

冬十月，晉遣太子賓客羅周岳、右庶子王延濟册王守太尉。

十一月朔，王大閲於北郊。乙卯，誅内牙都監使杜昭達。己未，誅内牙上統軍使、明州刺史闞璠。庶人孫本賜死，貶都統使王兄弘俊東府安置。先是，昭達與璠皆好貨，錢塘富人程昭悦以金寶結二人，得侍左右。昭悦爲人狡佞，愛特逾於舊將，璠不能平；昭悦知其意，詣璠叩首謝，璠不爲意。昭悦欲出璠於外，私謂胡進思曰：「今欲除公及璠各爲本州使，可乎？」進思許之。乃以璠爲明州刺史，進思爲湖州刺史。璠怒曰：「出我於外，是棄我也！」進思曰：「老兵得大州，幸矣，何爲不行？」乃受命。既而，復以他故留進思統軍使，因誣璠、昭達奉弘俊作亂，下獄鍛錬成之，因有是處分。昭悦治闞、杜之黨，凡意所忌者，誅放百餘人，國人皆側目，獨進思重厚寡言，昭悦以爲戇，獲免。

是歲，建鷲峯禪院於國城之北山。延伏虎光禪師居之。

開運三年春二月，日有食之。

三月，晉授王東南面兵馬都元帥，增食邑二千户，實封五百户，仍改賜推誠匡運忠亮威德功臣。

秋七月庚寅，吴越國夫人許氏薨。

八月，重建天寵堂。壬申，葬仁惠夫人於國城西山之原。

冬十月，閩大亂，李宏達更名達，遣客將徐仁宴、李廷諤等奉表稱臣，乞師於我。王召諸將計事，諸將皆不欲行，惟內牙都監使水丘昭券以爲當救。王曰：「脣亡齒寒，春秋明義。吾爲天下元帥，曾不能恤鄰難，將安用之！諸將躍馬食肉，獨不肯以身先我乎？有異議者斬！」命昭券專掌用兵，內都監使程昭悦掌應援餽運，而以軍謀委丞相元德昭。壬午，遣統軍使張筠、趙承泰將兵三萬，水陸救福州。是行也，宿衛武肅王廟庭者，聞甲馬聲，凡數夕而止；後接戰時，唐人視我師徧郊野，人皆丈餘，蓋靈助也。

是月，獻晉謝恩白金五千兩、綾五千疋、腦源茶三萬四千斤、笴箭一萬莖，蘇木乳香他物稱是。又進啓聖節金大排方坐龍腰帶一條、御衣一襲，十六事。

十一月己酉，我兵至福州，自罾浦南潛入州城，唐兵進據東武門，李達與我兵共禦之，不利。自是內外斷絶，城中益危。

十二月，王命弟弘偡爲湖州刺史。

是歲，議鑄鐵錢，王弟牙內都虞候弘億上疏以爲不可，從之。建寶勝院於北山。

開運四年春正月，契丹主入東京，稱會同十年，肆赦天下，廢晉少主爲負義侯，遷於黃龍府。

二月庚午，有雉集於玉華樓。辛未，晉劉知遠稱帝於河東，仍稱天福十二年。吳越是時用會同年號。

是月，王命內牙指揮使諸溫伺內都監使程昭悅歸第，執送東府。己卯，誅昭悅。釋王兄仁俊之囚，以昭悅多聚賓客、蓄兵器與術士遊也。

三月庚寅，命王弟弘俶出鎮台州。戊戌，王遣將余安自海道救福州。己亥，兵至白蝦浦。海岸泥淖，方布竹簀以行，唐軍聚射之，簀不得施。唐監軍馮延魯曰：「相持不戰，徒老我師，不若縱其登岸盡殲之，則城不攻自降矣。」裨將孟堅曰：「登岸則浙兵致力於我，鋒不可當，安能盡殲乎？」延魯不聽。我兵既登岸，大呼奮擊，延魯不能禦，棄衆而走，堅戰死。我師乘勝而進，城中出兵夾擊，大破唐兵，鹵其將都指揮使楊匡業、蔡遇等，獲器械數十萬。安遂引兵入福州，李達舉所部授之，歸附於我。先有謠曰：「風吹楊葉鼓山下，不得錢郎戈不罷。」至是果驗。丙午，張筠、余安班師。王遣東南面安撫使鮑修讓將兵戍福州，以弟東府安撫使弘倧爲丞相。

夏四月，李達遣弟通來請入覲，從之。五月，我師凱旋，王饗將帥於光册堂，賞賚有差。

是月，晉授王諸道兵馬都元帥、開府儀同三司、尚書令，增食邑五千户，實封五百户，仍改賜資忠緯武恭懿翊戴功臣。

六月乙卯，王薨於咸寧院之西堂，年二十。在位七年，遺令以弟丞相弘倧爲鎮東軍節度使兼侍中。按錢塘大慈山甘露院牒稱會同十年七月，有吴越國王押字，及鎮東軍節度使印文。蓋是時吴越與契丹信史不絶，故吴越奉其正朔，在諸州鎮之先，其改而從漢，則在八月受漢制之後也。又忠獻王薨，止以鎮東節度使授弘倧，至八月，漢始制授宏倧鎮海、鎮東節度使，卽牒文可證。備史云遺令以弘倧爲鎮海、鎮東節度使者，誤也。

是月，晉主知遠改國號曰漢。

秋八月，敕謚王曰忠獻。表忠觀碑作忠顯。令太常卿張昭撰神道碑文，葬於龍山之西南原。

王英明果斷，權變不測。初嗣位，尚少，温柔好禮，恭勤政務，發摘姦伏，人不敢欺；諸校驕恣者，多優容之；及被譴，皆不知覺。兵籍使錢丞德家火，俯邇内城，命親軍援之，王登而望，有伺便攘竊者，亟命斬之，衆因悉力，火遂滅。開運中，將益車徒，下令募軍中及民間子弟，逾時無至者，乃命大糾之，令曰：「糾而得之者，糧賜皆蠲半。」翌日，投書雨集，遂加精訓，南方之捷，多其力也。民有獻嘉禾者，王問倉吏蓄積幾何，對曰：「十年。」王曰：「然則軍食足矣，可以寬吾民。」命復其境内租税三年。

忠遜王世家

忠遜王名弘倧，字隆道。文穆王第七子，孝獻世子同母弟也。誕生之夕，文穆王夢人以黄金一篋獻者，因字之曰萬金。襁入府中時，武肅王方病目，摩其頂曰：「眼大小？」左右曰：「眼小。」武肅王默然。起家内牙指揮使、檢校司空。開運元年冬十一月，出爲東府安撫使，累授檢校太尉，尋拜丞相。天福十二年六月丙寅，卽王位於天册堂，猶稱會同十年。

秋七月，王召弟台州刺史弘俶同參相府事。庚子，有雉升於天册堂之戟門，旋歷廊廡，久而獲之。閩帥李達來覲，以其弟通爲福州留後，王承制加達兼侍中，更其名曰孺贇，賜達弟名曰孺賓。

閏月，李孺贇以金筍雜寶賂統軍使胡進思求歸，進思爲請，王命孺贇復任福州，親餞於碧波亭。

八月，葬忠獻王於國城西原。是月，漢以王爲東南兵馬都元帥、鎭海鎭東節度使兼中書令、吴越王。遂遵漢主正朔。

冬十月，王弟弘俶至自台州。

十一月，王大閱水兵於碧波亭，統軍使胡進思諫以頒賞太厚，王怒擲筆水中，進思大恩。

十二月，威武軍節度使李孺贇復貳於我，東南面安撫使鮑修讓攻孺贇，戮之，族其家。己酉，傳首國城。王命丞相吳程知福州威武軍事。

庚戌，（家王故事云：晉開運四年十二月，晦也。）內牙統軍使胡進思同指揮使諸溫、斜滔等作亂。自忠獻王時，諸校驕慢，雖旋加誅殛，而在位者皆遇以寬大。及王纘嗣，性既嚴急，誅杭、越侮法吏三人。而進思恃迎立功，干預政事，王惡之，每有僭逾，多所裁抑，進思頗不自安。已而王欲授進思一州，進思不可。會李孺贇叛，王以進思建議，遣之歸，更加責讓，進思益憤恨。屬內牙指揮使何承訓希旨，請逐之，復密謀於都監使水丘昭券，王方猶豫未決。承訓懼事露，反洩謀於進思。時王府夜宴將吏，進思疑爲圖己，遂統內牙親兵戎服入見，王叱之不退，猝愕入義和院。進思鎖其門，矯稱王命，告中外曰：「驟得風疾，傳位於弟同參相府事弘俶。」因帥諸將士迎弘俶於私第而立焉，且言於丞相元德昭。德昭至，立簾下，不拜，曰：「俟見新君。」進思亟出褰簾，德昭始下拜。進思稱王命，承制授弘俶鎮海、鎮東節度使兼侍中。弘俶曰：「能全吾兄，乃敢承命。不然，當避賢路。」進思許之，方視事。進思遂殺昭券及進侍鹿光鉉。光鉉，王之舅也。〔二〕明年，遷王於衣錦軍。進思日請害王，忠懿王爲譬說百端，且疑進思有他變，乃遣都頭薛溫護王，戒曰：「若有非常處分，當以死拒。」未幾，進思遺方安等圖王，溫悉甃之於庭。

廣順中，徙王東府。忠懿王命東府以官物充王取給；西寢之後，卽卧龍山，爲王置園亭於上，栽植花木，周遍高下，遇良辰美景，王被道士服，擁伎樂，旦暮登賞。每元夜，張燈徧於山谷，用油數千斤；七夕，結綵樓於山巔。諸節時費用稱是。王常於山亭擊鼓，聲達於外，守衛者遽聞忠懿王，忠懿王曰：「吾兄以閒適爲懷，非鼓樂不歡。」乃命裝金魚水鼓四面奉之。王能爲詩，亭榭之上紀録皆滿，居二十年始薨。家王故事云：廢王開寶中以疾終。宋史云：錢倧疾殂東府。以王禮葬會稽秦望山之原。紹興府志：忠遜王墓在昌源。謚曰忠遜，或曰讓王。年四十四。子四人。

初，王將卽位，近侍陳禹夢以金鈔鑼承日輪，加王之頂，而手持二鐶，頂之墜地。既而以夢語人，人曰：「汝主將有非常之事。然其二鐶，不過二旬之事耳。」及卽位，又以黃金一鎰命近侍袁文昌鑄巨錢，文昌意其求讖，且懼不就，乃宿謀於冶匠，別鑄一以爲備。翼日，以所授金鑄之，王臨視，果不就，因潛以宿鑄者獻，至是皆符其兆。大中祥符六年六月，宋真宗贈讓王爲尚書令，誥曰：「朕以茂對景靈，誕敷明命，乃眷育材之地，首推錫類之恩，特示寵章，用旌元烈。咨爾直集賢院、上輕騎都尉錢易父太師、中書令、吳越國王錢倧，早襲王爵，克成世功，大庇吳越之民，實隆軒冕之緒。廉剛正之德，不媿前人；敷友讓之風，自臻多福。遺芳景行，踵厥後昆。允彰燕翼之謀，宜錫褒崇之命。納言華秩，位冠天臺，賁諸山原，永耀門閟。可贈尚書令。」天聖三年六月，宋仁宗贈讓王敕曰：「朕昨者虔陟嘉壇，恭承大祀，協巽風而施令，法解雨以推恩。眷惟綸掖之近僚，式沛漏泉之新命。矧於勳烈，宜爾褒崇。中大夫、上柱國、彭城郡開國侯錢易父故檢校太師、兼中書令、吳越國王錢倧，位襲真王，功聯册府，明敏嚴毅，國史具書。人臣極隆，天爵自奉。襲齊桓之業，挺忠孝以無遺；振泰伯之風，敦揖讓而斯在。果鍾佳嗣，爲我詞臣，得之本心，克濟其善。雖風樹之感，常切於疚懷；而密對之封，是膺於異渥。總師綿宇，玆乃世官，舉而贈之，尚冀歆奉。可特贈天下兵馬都元帥，仍封讓王，餘贈如故。」尚有真宗天禧五年、仁宗天聖元年兩敕。

論曰：吳越甘露院牒之稱會同十年也，在天福十二年七月，曷以不稱開運與天福也。蓋前此吳越與契丹通使，不一而足；至是既布詔州鎮矣，而漢使未至，寧有不奉其正朔者。間讀福州雙石祠記，有云會同十年以閩府承平，復封爲安境侯。時福州新附吳越，故亦稱會同也。所疑者，契丹以是年二月改元大同已，故遼史會同無十年，而吳越猶紀十年者何？蓋契丹降赦則稱會同，而改元則曰大同，改元之後不三月而德光卒，故大同之號不行於南土，則吳越之稱會同於丁未七月也，又奚疑焉！

校勘記

〔一〕戊子　「子」字原爲空缺，今據通鑑卷二八三補。

〔二〕王之舅也　「舅」原訛作「舊」，今據通鑑卷二八七改。

十國春秋卷第八十一

吴越五

忠懿王世家上

忠懿王名俶，字文德，初名弘俶。文穆王第九子也。寶正四年八月二十四日生於功臣堂。母曰吴氏。天福四年十二月，承制除内牙諸軍指揮使、檢校司空。忠獻王時累授特進、檢校太尉。開運四年春三月庚寅，出鎮台州。忠遜王立，徵弘俶同參相府事。會僧德韶者亦勸弘俶急歸，不然將不利，秋九月甲戌，遂發台州。是日，大風，東南有雲如樓閣之象，識者異之。冬十月，至國城，居南邸。未幾，有胡進思之變。進思乃召諸大校及軍庶迎弘俶嗣位，弘俶見府僚將校於元帥府之外簾，謙讓者三，諸將士皆拜手言：「太尉素有德望。」俯伏稱賀。卽日以鎮海、鎮東等軍節度使、檢校太尉兼侍中蒞事元帥府南序，時十二月庚戌日也。是時湖州民朱神佐以重價購紫鳶獻瑞，中道而鳶殞，國人嘲之日半瑞。

乾祐元年春正月，漢大赦，改元。乙卯，弘俶即王位於天寵堂。赦境内租税，班賚有差。以弟弘億爲丞相。自前年季冬浹於正旦，陰晦彌月，是日雲物澄霽，人情大悦。壬戌，遷故王弘倧於衣錦軍。丙子，漢主殂，少主承祐即位。

二月辛卯，王親祀五廟。乙未，内牙指揮使何承訓伏誅。初，承訓預胡進思之事，至是復請誅進思，王惡其反覆，因有是命。

三月，漢遣中書舍人張誼來歸忠獻王之賵。是時，胡進思屢請殺廢王弘倧以絶後患，王不許。已又矯王命令都頭薛温害之，温拒曰：「受命之日，未聞此言，不敢妄發。」由是進思憂懼日積。丙寅，進思死。

夏四月，大閲馬步兵。

六月朔，日有食之。

冬十一月，下令每歲租賦逋者悉蠲之，仍歲著爲令。

是歲，王以漢使張誼輕肆，奏其過於朝，及其副使馬承翰。

乾祐二年春三月，匡武都連名輒舉求職，王命斬狀首二人，坐黜者二十餘人，餘宥之。

三月，漢敕授王東南面兵馬都元帥、鎮海鎮東等軍節度使、浙江東西等道管内觀察處置兼兩浙鹽鐵制置發運等使、開府儀同三司、檢校太師、中書令、杭州越州大都督、上柱國、吴越國王，食邑一萬户，實封一千户，仍賜匡聖廣運同德保定功臣。

夏四月，太白晝見。乙亥，城西上清宫災。

五月，内牙指揮使鈄滔以罪黜於處州。滔，胡進思之黨也。

秋七月，王命弟弘億爲明州刺史。

冬十月，漢遣散騎常侍張煦等持節備禮，册王爲吴越國王，仍賜玉册、金印、法物等，册曰：「惟乾祐二年，歲次乙酉，十月庚午朔，十九日戊子，皇帝若曰：我先帝順天致罰，大拯黎元，享萬靈於無主，解兆庶之倒懸，較定世勳，以吴越居右。伊朕眇末，虔奉先訓，嗣位之始，卽酬懋功。前命爲元帥，按地圖授武節，東南之境得行征伐；今册爲真王，駕大輅執桓圭，牛斗之鄉盡荒土宇。詢於有位，僉曰克諧。咨爾匡聖宋史作爾聖。廣運同德保定功臣、東南面兵馬都元帥、鎮海鎮東等軍節度使、浙江東西等道管内觀察處置兼兩浙鹽鐵制置發運營田等使、開府儀同三司、檢校太師兼中書令、杭州越州大都督、上柱國、吴越國王、食邑一萬户、實封一千户錢弘俶，象緯炳靈，公王襲慶，横江負海者三千里，開國承家者六十年，而能望辰極以駿奔，奉天朝之師律。充庭納貢，則外府告盈；下瀨宣威，則前茆獻捷。忠信著於羣后，禮讓行於一方。故玄冕九章，爲王之服，昭其名也；朱輪駟馬，爲王之馭，昭其器也。而又三吳百越，列土分疆，有民人焉，有社稷焉。恢祖禰之令圖，實典禮之鉅著。勸夫忠孝，以御邦家。今遣正議大夫、守右散騎常侍、上柱國、賜紫金魚袋張昫，左補闕崔頌，持節備禮，册爾爲吳越國王。嗚戲！品秩甚尊，名數尤重。肅廣庭而備物，練吉日以覃恩。爾其正厥位，事大以敬，教民以順，馭衆以恩，神其福之。禮曰惟王建國，諸侯所以守舊邦；書曰惟帝念功，王者於是出好爵。匡我堯緒，永爲漢藩。浙江如帶，稽山如礪，福禄無窮，貽厥百世。汝往欽哉，對揚我休命。」

是月，内牙指揮使諸温以罪黜於温州。

十一月甲寅，王遣判官貢漢御衣、犀帶、金銀裝、兵仗、綾絹、茶香、藥物、秘色甆器、鞍屐、海味等物。封龍泉縣神爲匡濟將軍。開寶中避宋太祖諱，改康濟。

是歲，募民能墾荒田者，勿取其税，由是境内無棄田。或請糾遺丁以增賦，王杖之國門。又置營田卒數千人，以淞江闢土而耕。一云：吳越時開墾田土，修理水利，米一石不過錢數十文。按，宋高宗時知揚州晁公武言：吳越墾荒田而不加税，故無曠土，此可知穀賦之由。又按：吳越每身錢三百六十，是丁錢又最重矣。其說未審是非。

乾祐三年春二月甲申，唐劍州刺史陳誨寇福州，執我守將馬光進等。庚寅，唐永安軍留後查文徽至福州，知威武軍吳程、指揮使潘審燔令閩人詐降，遂生擒文徽及唐行軍判官楊文憲等三十餘人於城下，斬馘萬計，陳誨等敗走。

是月甲午，丞相、昭化節度使、同平章事、鄖國公杜建徽卒。

三月，漢授王守尚書令，增食邑二千户，實封五百户。

夏四月，王以查文徽等獻於五廟。丙午，王親享五廟。

六月，漢授王兄東府安撫使弘儇知福州威武軍事。

秋七月戊寅，王命弟弘億爲東府安撫使。是月，唐歸馬光進等以易查文徽。

冬十月，王遣文徽歸金陵。

十一月二日，王以誕日，飯僧。乙亥，王貢漢謝恩綾絹二萬八千疋、銀器六千兩、綿五萬兩、茶三萬五千斤、御衣二襲、通犀帶戲龍金帶各一團。

廣順元年春正月，周主卽位，改元，大赦。

三月，周加王諸道兵馬都元帥，增食邑一千户，實封三百户，仍降尚書册禮。

夏四月，王奉故王弘倧居東府，繕園圃亭苑、花卉山石以娱之，歲時供饋甚厚。

夏六月丙午，武勝清海等軍節度使、王世父元懿卒，以其子仁俶嗣。是月，王命復從兄前内外馬步都統軍使仁俊官爵。

是歲，建空律寺，捨舊苑爲靈芝寺，因芝生苑内，故名。

廣順二年春二月，周授王天下兵馬元帥，敕曰：「古之王者，啓邦經野，分職設官，酬建殊庸，懋昭大德。我有重臣，世膺王爵，雖任一方之帥，未超極品之榮。漢法非劉不王，唐制元帥爲重，兹惟大任，寧授非人。用錫名藩，永扶昌運。咨爾檢校太師、守尚書令、上柱國、吴越國王錢弘俶，乾坤間氣，海嶽孕靈，爲民物之綱維，實朝廷之藩屏。承家保國，奕世羨堂搆之賢；治亂持危，四方推英豪之主。梯航時登乎丹陛，兵革靡及乎蒼生。才足以尊主而庇民，德足以移風而易俗。肆歸建極，不替忱誠。有齊桓尊周之心，而忠義或逾乎齊；有晉悼翼楚之畧，而功名不忝乎晉。建之都督，則百辟允諧；使之元戎，則三軍用命。表海受一方之寄，真王啓萬户之封。匪爾令名，曷兼衆職。爾其不墜善始，永圖令終，承我履言，毋忝厥位。可特授天下兵馬都元帥，餘如故。」按備史載：廣順二年二月，周授王天下兵馬元帥。顯德元年七月，授天下兵馬都元帥。宋史亦云世宗卽位，授天下兵馬都元帥。而此敕在廣順二年三月一日授王爲天下兵馬都元帥，中必有誤。增食邑二千户，實封五百户，改賜推誠保德安邦致理宋史作致治忠正功臣。

夏四月戊戌朔，日有食之。王改衢州刺史叔元璝知福州威勝軍事，弟弘偓爲衢州刺史。

六月乙未，王妣吴越國順德太夫人吴氏薨。

秋八月丁酉，葬恭懿夫人於國城慈雲嶺之西原。

九月甲寅朔，丞相裴堅卒，以台州刺史吴延福同參相府事。是時，國内禁酒。宋人陳止齋曰：「國初諸路未盡禁酒，吴越之禁，自錢氏始。」

廣順三年春二月，湖州所隸建州降卒鄭懷嵩等十一人以刺史散香於資福寺，遂率其黨二百餘人作亂，卽日盡誅之。

三月，周授王起復鎭東大將軍、左金吾衞上將軍、員外置同正員。王以兄弘僎爲温州刺史。

夏四月，建報恩元教寺於城北，薦王妣也。王親閲内外諸軍，非驍勇者咸停放之。

冬十月，大閲馬步軍艛艪於碧波亭。

十一月，命弟弘仰爲台州刺史。

是歲，東陽有大象自南方來，陷陂湖而獲之。境内大旱，邊民有鬻男女者，命出粟帛贖之，歸其父母；仍令所在開倉賑邺。

顯德元年春正月丙子朔，周主祀圜丘，改元。是月，周主殂，晉王卽位。

夏五月辛巳，王命鑄恭懿太夫人銅容二致於奉國、金地二尼寺。

秋七月丁丑，周遣使加授王天下兵馬都元帥，賜號崇仁昭德宣忠保慶扶天翊亮功臣，仍賜金印。

冬十一月，周命進奏使章思忠歸諭機密事，舟覆，思忠溺焉。

是歲，建慧日永明院，迎僧道潛居之。

顯德二年，春二月朔，日有食之。

三月，周加王食邑一千户，實封四百户。

夏四月庚子，王親祀五廟。

五月，周詔寺院非敕額者悉廢之。檢杭州寺院，存者凡四百八十。

秋七月庚午，有虹入天長樓，樓在内城之東。王避寢於思政堂。

九月，復居於天寵堂。

閏月丁酉，王子惟濬生。即稱世子。

冬十一月，周命司空李穀伐唐。

十二月，王遣元帥府判官陳彦禧入貢於周，周諭我出兵會擊金陵。

顯德三年春正月，周主東征，詔王以國兵分路進討。是月，南擊場門樓火。

二月，周師入淮南，唐静海軍制置使姚彦洪率家屬軍士户口等一萬餘人奔於我。癸未，王命丞相吴程、前衢州刺史鮑修讓、中直都指揮使羅晟攻常州。癸巳，遣都指揮使路彦銖侵宣州，羅晟督水師次江陰，以竢周師。既而周遣殿直薛有光來宣諭，仍賜沿身衣冠法物。

三月，我師克常州，生擒刺史趙仁澤、偏將諸承、向重霸等一百餘人。壬子，唐右武將軍柴克宏襲吴程於常州，我兵大敗。先是，唐遣中書舍人喬匡舜來使；至是，克宏幕船以匿甲士，聲言迎匡舜，程曰：「兵交，使在其間。」殊不爲備。唐兵登岸，徑薄我兵營，會羅晟、鮑修讓與程福州有隙，晟以此不力救，且縱之趣程帳。程裨將邵可遷力戰，子死馬前，猶戰不顧，程僅以身免，死者萬計。程遁歸，王怒，悉奪其官。乙卯，路彦銖攻宣州不克，聞程敗，亦引還。

是月，王命從兄知中吴軍節度事文奉爲水陸應援諸軍都統使，屯於本州，備徵發。

夏五月丙申，福州兵與唐永安軍節度使陳誨戰於南臺江，我師敗績，指揮使馬進、姚章等被執。未幾誨亦宵遁。

六月，王命從兄仁俊知彰武軍事。周廣順元年，改福州爲彰武軍。

秋九月癸卯，王親閱於龍山教場。

冬十一月丙辰，王貢周白金五千兩、綾一萬疋，又進天清節金花銀器一千五百兩。是歲，始括境内民丁以益師旅，王弟弘億手疏切諫，乃止。

顯德四年春正月，始議鑄錢。

三月，周師大敗唐人於壽春。

夏四月，周宣諭使薛有光航海歸於京師。

秋七月庚子，王命弟弘信爲衢州刺史。

八月，周遣諫議大夫尹日就、吏部郎中崔頌來使，賜王生辰御服紅袍一副，道由登萊汎海入浙，周主諭之曰：「朕此行決平江北，卿等還當陸來也。」

冬十一月，唐清源軍節度使留從效請修貢於周，附我以聞，許之。是時，紫芝生於永嘉之西山。

顯德五年春正月丁未，前衢州刺史王弟弘偓卒。

二月，周主幸揚州。丁卯，遣殿直趙誨來宣諭，仍出戰艦於瓜步迎鑾鎮、長風涉等處，以圖濟江。壬辰，王進御衣犀帶，又進供軍稻米二十萬石，仍命上直都指揮使邵可遷、路彦銖帥艦四百艘、水師二萬以會周師，江北諸州畧平。

三月，王不康。丙午，周遣翰林學士都承旨陶穀、司天監趙修己賜王羊馬槖駞；每歲班賜，自此始也。

是月，唐主奉表於周，盡獻江北地，周師乃罷。初金陵之將附周也，王亦飛書諭之，既而附我以誠款聞，周主詔從之。

夏四月辛酉，城南火延於内城，官府廬舍幾盡，王出居都城驛，壬戌旦，火將及鎮國倉，王親率左右至瑞石山，命酒祝之，曰：「不穀不德，天降之災。倉廩積儲，實師旅之備也，若盡焚之，民命安仰？」乃令從官伐林木以絶其勢，火遂止。宋史云：世宗聞之，遣内侍賫詔恤問。是時，被火燬者凡一萬七千餘家，王謂左右曰：「吾疾因災而愈。」衆心頓安。丁卯，王命弟弘儀復爲東府安撫使。周遣天下都軍頭周廣來宣諭，仍賜邵可遷以下及將士衣服有差。

是月，王進周綾絹各二萬疋、白金一萬兩，謝賜國信。

五月辛巳朔，日有食之。唐主景去帝號，奉周正朔。

六月戊寅，前台州刺史王弟弘仰卒。

秋閏七月癸丑，遣使朝周，貢白金五千兩、絹二萬疋、細衣段二千連。

八月，貢周白金五千兩、絹一萬疋；賀車駕還京，又進龍舟一艘、天禄舟一艘，皆飾以白金。壬辰，周命上閤門使曹彬賜王騎兵鋼甲、步兵軍甲、旗幟等物。

冬十月乙巳，王遷於思政堂。

十二月，進賀正錢一千貫、絹一千疋於周。

是歲，周師克静江軍，尹日就等由陸還。

顯德六年春二月，周主敕升湖州爲宣德軍，從王奏也。以王弟弘偡爲節度使。

夏六月，周主榮殂，子梁王宗訓立，賜王崇仁昭德宣忠保慶扶天翊亮功臣。

建隆元年，春正月癸巳，周殿前都點檢趙匡胤稱帝，國號宋。大赦，改元，遣使來宣諭。

三月乙巳，宋改郡縣犯御名廟諱者，王以名犯宋宣祖偏諱，去「弘」，以俶單行。甲寅，

大慶堂成，堂廣大凡百間，王舊邸也。丙辰，遣使貢御服錦綺金帛，賀宋即位。

夏四月，宋授王天下兵馬大元帥，加食邑一千户，實封五百户。

五月，周昭義軍節度使李筠舉兵，丁巳，宋帝親征。

六月甲午，宋敕加吴越國賢德夫人孫氏爲賢德順睦一作穆夫人；又授兩軍節度副使王

世子惟濬金紫光禄大夫、檢校太保，充本軍節度使。

秋七月庚子，潞州平，宋遣通事舍人武懷節來宣諭。

九月，周淮南節度使李重進舉兵，宋帝自將東征，王遣上直都指揮使孫承祐率師至潤州以應之。庚申，寧國軍節度使王舅吴延福等有罪，並除名配外郡。

冬十一月丁未，揚州平，宋遣通事舍人王繼筠、丁德裕來宣諭，仍賜國信。庚申，宋復遣西上閤門副使武懷節來宣諭。甲子，王命弟衢州刺史信入貢；自宋革命，王貢奉有加常數，奇器精縑，皆製於官，以充朝貢。

十二月，王遷於功臣堂。

是歲，王重創靈隱寺，立石塔四。

建隆二年春三月，宋遣丁德裕送王弟信回，仍賜馬二百疋、羊五百口、橐駞二十頭。宋史作羊五千、橐駞三十，今從備史。

秋七月丁亥，宋昭憲皇太后崩，遣使來宣告。自五月不雨至於是月，王命取龍湫於天台山以祈雨。

九月，始榷酤。

冬十二月，王命弟信復爲衢州刺史。是時，海舶獻沉香翁一具，高尺餘，剜鏤若鬼工，王號爲「清門處士」。又高麗舶主王大世選沉水千斤疊爲「旖旎山」，象衡岳七十二峯，王許以黃金五百兩，竟不售。

建隆三年春二月，宋遣右殿直王著來宣諭，仍賜國信。是月，王遣使聘於清源軍節度使留從效，會從效卒，子紹鎡夜燕我使，統軍使陳洪進執紹鎡送於唐。

夏五月，婺、衢、睦三州民災；戊辰，王遣使賑卹。

秋七月壬戌，大風拔木。

八月，陳洪進推副使張漢思權知清源軍事。

九月庚戌，夜，所在地震，響如雷。

冬十月庚寅，宋遣上殿直景德倫授兩鎮節度使、王世子惟濬爲邕州建武軍節度使。庚子，宋遣西上閤門副使武懷節至，以張漢思不禀朝命，俾王責之，王遣使往責漢思，遂從命焉。

乾德元年春正月，王以白金萬兩、犀牙各十株、香藥十五萬斤、金銀、真珠、瑇瑁器數百事貢宋。

三月朔，日有食之。

夏四月丁未，張漢思爲四門指揮使一作副使陳洪進所幽，洪進歸命於金陵。已又附王請命於宋，遂授洪進平海軍節度使、檢校太傅。

秋七月丁巳，重建天寵堂。壬申，大閱戰艦於西湖，賜内外將校服帶有差。

冬十月甲申，獲巨魚於江壖，長九丈六尺。

十一月甲子，宋有事於南郊，改元，大赦。王命從子昱入貢，宋遣引進使丁德裕來宣諭，仍加王食邑一千户，實封四百户，改賜承家保國宣德守道忠貞宋史作忠正恭順功臣。又加建武軍節度使、王世子惟濬檢校太尉。

十二月，宋孝明皇后崩，遣使來宣告。

是月，命從子郁爲秀州刺史。

乾德二年春正月戊寅朔，大雨震電。

二月戊申朔，日有食之。

三月，宋制王落起復天下兵馬都元帥，加食邑一千户，實封四百户。

夏四月，重建城南寶塔寺，奉武肅王、文穆王、忠獻王銅容入内。

秋八月庚申，王駕復天寵堂，謂丞相以下曰：「頃以寡德，遂貽災釁，曾未十年，中外如斯，實宗廟之休，公等之力。然作之者勞，吾不敢忘，更賴公以輔不逮。」丞相以下咸稱大慶。

冬十一月，宋師伐蜀，王命親從都指揮使、行軍司馬孫承祐等率師會焉。

是歲，建千光王寺。

乾德三年春正月乙酉，西川平。

二月乙丑，王命從子台州刺史昱入賀於宋。

秋七月，有虎出於龍山，凡傷數十人，捕之逾旬而獲。

八月癸卯，重建寶塔寺於城北。是月，宋遣通事舍人張延通來宣諭，仍賜生辰禮物。

甲寅，丞相吴程卒。

冬十一月，王以前知福州彰武軍事叔元瓚爲睦州刺史，從子昱復爲台州刺史。

是歲，建天龍寺。奉鏡清禪師居之。宋敕鑿杭州之虎頭巖。虎頭巖者，山頭突出如虎首，然望氣者云「杭州有王氣」，故有是命。

乾德四年春二月乙亥，王兄宣德軍節度使、吴興郡王偡薨。

夏五月丙戌，王從兄婺州刺史仁倣卒。

六月，宋授王子内牙都指揮使惟治爲容州寧遠軍節度使、金紫光禄大夫、檢校太保。

九月壬寅，王避正寢於功臣堂，以計都入須女也。癸卯，知福州彰武軍事王兄偡卒。

冬十一月甲寅，王命弟信知婺州武勝軍事。

是歲，王迎阿育王舍利歸南塔寺奉之。先是，明州阿育山有靈鰻井，至是鑿井南廊，鰻忽見焉。僧贊寧有記。

乾德五年春二月丁卯，王除睦州刺史叔元璝知福州彰武軍事。戊辰，王弟奉國軍節度使億卒。壬申，宋敕祀禹祠於東府，置守陵五户。己卯，王從兄温州刺史仁俊卒。

三月，五星聚奎。

是月，王世子惟濬入貢而還，賫宋所賜吴越國賢德順睦夫人珠翠冠帔等。

夏四月，王命子寧遠軍節度使惟治兼判奉國軍事。

秋七月，宋授王弟儀依前鎮東軍安撫使、金紫光禄大夫、檢校太保。

冬十月，王遣元帥府掌書記黄彝簡入貢於宋。是月，宋遣使至，賜王生辰禮物。

十一月辛酉，大閱於教場，仍宴將帥。

是歲，都邑務文朗、副貳陳紹珠等率安國縣南新、寧善、新登、廣陵、銅峴鄉衆，乞以五鄉人户別置一場，就彼徵科輸送爲便。王是之，命特置南鄉場，入其賦。建淨心院於北山。

十國春秋卷第八十二

吴越六

忠懿王世家下

開寶元年春三月乙酉，丞相元德昭卒。乙巳，建奉先寺於城西，薦文考也。

是月，宋封王爲吴越國王，加食邑一千户，實封一百户，敕曰：卿顯著事功，已書簡册，雖將印盛列於鼎鐘，極恩久懸於制誥，每懷中正，常用款嘉。今封卿爲吴越國王，加食邑一千户，實封一百户。見命使臣兼行册禮，故先詔示，俾咸知悉。

夏六月戊午，蘇州長洲縣民王安妻産三子。壬辰，知福州彰武軍事王叔元璸卒。

是月，宋遣使賜王生辰禮物。

冬十月辛酉，命世子建武軍節度兩軍副大使惟濬、兩浙行軍司馬孫承祐入貢於宋，助郊祭也。

十一月，宋南郊，大赦，改元。

十二月己酉朔，日有食之。辛亥，宋賜王誥曰：「朕惟上天助祐，四海晏清，車書混一於華夷，雨露滋榮於稼穡。幸歲時之大稔，政庶務之小康。順一陽而再陟郊壇，結三獻而恭陳告謝。荷神心之昭格，覃慶澤於幽遐。乃眷保臣，方膺重寄。表率恒高於華夏，鎮臨久蒞於列藩。我有異恩，特垂殊寵。咨爾天下兵馬大元帥、檢校太師、尚書令、吴越國王錢俶，爾既推誠而奉朕，朕當開懷而奬爾。是用擇兹吉日，降以殊恩，錫吴越之兩藩，兼都督之名位。命爾令子，爲予守臣。授雙節於天朝，所以顯元帥之隆重；效一方之職貢，豈不表臣子之忠誠。井田更易於初封，品秩彌光於舊物。不煩多訓，用稱彝章。加食邑三千九百户，食實封三百户，吴越國王功勤如故，符至奉行。」

開寶二年秋八月，宋遣使至，賜生辰禮物并御衣紅袍一副、金鎖甲一副，及馳馬百頭。是時王貢秘色窑器於宋。錢氏有國日供奉之物，不得臣下用，故曰「秘色」。又云越州燒進。

開寶三年春三月，王親饗五廟。

秋九月，遣世子惟濬入貢於宋。

是月，宋詔王出師伐富州，王將起行，尋以道遠詔止之。是時宋命翰林學士陶穀使於我，王宴以水族數百器，又令膳人烹蝤蛑至蟚螁十餘種以進。順存録云：陶穀來使，忠懿王宴之，因食蝤蛑，詢其族類，王命自蝤蛑至蟚螁，凡十餘種以進。穀曰：「真所謂一解不如一解。」蓋以譏王也。王因命進葫蘆羹，曰：「此先王時有此品味，庖人依樣造者。」穀在中朝，或作詩嘲之曰：「堪笑翰林陶學士，年年依樣畫葫蘆。」故王以此戲焉。又云，穀使於我，王因舉酒令曰：「白王石，碧波亭上迎仙客。」穀對曰：「口耳王，聖明天子客錢塘。」一云林攄奉使事。又王置金鐘宴穀，會穀臥病，請之，贈以十副，穀謝詩云：「乞與金鐘並眼明。」及出境，復有「井蛙休恃險」句。人謂其狡譎。

開寶四年秋九月，宋遣使賜生辰禮物衣冠、劍佩等。

冬十一月，宋有事於南郊，〔一〕制加王食邑二千户，實封六百户，仍改賜開吴鎮海一作鎮越崇文耀武宣德守道功臣。

開寶五年春三月，王世子惟濬貢奉歸，賫宋賜吴越國賢德順睦夫人珠翠冠帔各一副。

秋九月，王遣元帥府掌書記黄彝簡入貢，宋帝諭曰：「汝歸語元帥，江南倔强不朝，我將討之。元帥當練兵甲助我，無惑人『脣亡齒寒』之言！」宋史云：黄彝簡入貢，上謂之曰：「汝歸語元帥，當助我。無惑人言云『皮之不存，毛將安傅』。」特命有司造大第於薰風門外，連亘數坊，棟宇宏麗，儲偫什物，無不悉具，因召進奏使錢文贇謂之曰：「朕數年前令學士承旨陶穀草詔，比來城南建離宮，令賜名『禮賢宅』，以待李煜及汝主，先來朝者以賜之。」詔以草示文贊，賜俶戰馬及羊，諭旨於俶。王密表謝，且請師期。

冬十月，王親饗五廟，復謁寶塔寺，拜先王銅容。

開寶六年秋八月，宋遣使賜王玉帶、御衣及生辰禮物。是月，王寓書於宋宰相趙普，饋海物十器。

冬十一月，大雪之氣如烟。

是歲，命南山建總持寺。

開寶七年春二月庚辰朔，日食。

夏五月，宋敕進奏使錢文贊賜王襲衣、玉帶、玉鞍勒馬各一事，金器二百兩、銀器三千兩、錦繡一千段。

秋七月，宋詔王伐江南，畧曰：「禁衞出軍，雲臺選將，尅期攻取，直抵昇州。卿任重統戎，心專蕩寇。早者會披章奏，具述事宜，今驗姦兇，果符陳請。開茲討伐，必罄忠勤。」

是月，王密遣行軍司馬孫承祐入奏機事。九月，承祐至自京師，宋遣內客省使丁德裕賜王生辰禮物。

冬十月，宋授王東南面招討制置使，宋史云：遣丁德裕齎詔，以俶爲昇州東面招撫制置使。今從備史補遺。賜劍甲、鞍馬，仍命丁德裕爲行營兵馬都監，又以雲騎、雄捷等指揮步兵凡千人輔王進攻常州。庚申，王親率鎮國、鎮武、親從、上直等都指揮使王謌等五萬餘人發自國城，丁德裕爲先鋒使。癸亥，次秀州，有氣黑色，形如覆舟，當行府之上，占者曰：「王氣也。」丙寅，王率諸軍入常州，有獲巨龜於旌門之下，占者曰：「玄武之應也。」戊辰，王克關城，常人以牙城自守，王營於九僊墩，命親從指揮使凌超等分營四門，鎮國都指揮使王謌攻江陰，鎮武都指揮使金彦滔攻宜興。

十一月，宋遣弓箭庫使王文寶來宣諭，仍賜湯藥。是月，王遷行府於敵城南門。金彦滔師次宜興，拔之，獲其令尉等官。十二月癸亥，王親率軍將攻常州牙城，殺敵兵二千餘人。甲子，獲江南人馬，尋拔呂城。辛未，敗援兵於城北，江南大將盧絳宵遁。翼日，命鈐轄使沈承禮告捷於宋。是歲，以從子昱爲福州刺史，昱築福州夾城，自光順門而西，東武門而北，又自東武門而南，凡九百餘丈，高丈有六尺，厚半之，開沿城河三千餘尺。

開寶八年春二月，宋遣内直使陳理勞王，别以戎服五萬副賜王軍卒。

夏四月，王復親攻常州牙城，江南知常州軍州事禹萬誠遣觀察推官鄭簡納款於軍門，王從其請，遂拔常州，江南國主貽王書，王不答，以其書陳宋。

五月，宋授王守太師、尚書令，加食邑六千户，實封九百户。是月，宋詔客省使丁德裕權知常州，又敕遣上侍禁李輝賜王襲衣、玉帶、玉鞍勒馬各一事，金器二千兩、銀器一萬兩、錦綵一萬段，詔王歸國。王遣兩浙諸軍都鈐轄使沈承禮等率兵隨宋師平潤州，進討金陵。

冬十一月，江南平，王奉表稱賀，且請入覲。先是，宋太祖召進奏使汪知杲，令諭旨於王曰：「元帥克毗陵，有大功。俟平江南，可暫來與朕相見，以慰延想之意，即當遣還，不久留也。朕已三見上帝，豈食言乎！」又與黄彝簡言，亦畧同此意，故王有此請。

十二月，宋論功，遣東頭供奉官徐靖賜王綵錦御衣、金盔甲、御酒、驄馬等物，仍賜優詔褒焉，加王麾下孫承祐平江軍節度使，沈承禮寧海軍節度使，餘授防禦使三人、刺史六人。是月，宋詔許王入覲。

開寶九年春正月，王發自國城。先是宋帝因王入覲，敕遣供奉官張福貴等開古河一道，自瓜州口至潤州江口，達龍舟堰，以待王舟楫。

二月辛丑，王次寶應，宋遣引進使翟守素賜王湯藥。甲辰，次泗州。辛亥，宋遣内司賓賜王夫人孫氏湯藥、法酒。是日次近畿，宋帝詔皇子德昭迎勞。翼日，王至京師，賜宴於迎春苑。尋詔王居禮賢宅。王未至前，宋帝幸其宅，躬自閱視，異數也。戊午，王朝見於崇德殿，進賀平江南及允朝覲表，貢奉犀玉帶，別史載：忠懿入朝，進寶犀帶於藝祖，藝祖曰：「朕有三條，與此不同。」忠懿請宣示，藝祖笑曰：「汴河一條，淮河一條，揚子江一條。」忠懿愧服。及寶玉金器五千餘事、上酒一千缾，遂賜宴長春殿，中席就幄次賜黃金照匣、黃金鈔鑼及缾盤等。己未，王進謝，復詔宴於後苑。丙寅，宋帝幸禮賢宅，賜金二千兩、銀三萬兩、絹二萬疋，又賜王世子惟濬及通儒學士崔仁冀等絹帛有差。是日，王遣世子惟濬進通犀帶、金玉寶器，又貢白金十萬兩、絹五萬疋、乳香五萬斤以助郊祭。

三月庚午，宋帝詔曰：「古者宗工大臣，特被隆眷，或劍履上殿，或詔書不名，率由豐功，待以殊禮。今我兼其命數，用奬勛賢，輝映古今，允爲優異。咨爾吴越國王錢俶，功德隆茂，器識深遠，撫奥區於吴會，勒洪伐於宗彝。昨以江表不庭，王師致討，委方面之兵柄，克常、潤之土宇，輔翼帝室，震疊皇靈。而乃執圭來庭，垂紳就列，罄事君之誠慤，爲羣后之表儀。爰峻徽章，以旌元老。可特賜劍履上殿，書詔不名。妻賢德順睦夫人孫氏爲吴越國王妃。」仍詔内臣賜王妃湯藥、法酒、茶果等五百餘事，封王女爲彭城郡君。王獻白金六萬兩、絹六萬段爲謝。

宋帝數詔王與世子惟濬宴射後苑，汎舟池中，時惟親王預席，王拜謝久之，宋帝令內侍掖起，手酌酒以賜王，王伏地感泣，且曰：「子子孫孫，盡忠盡孝。」宋帝曰：「但盡我一世耳，後世子孫亦非爾所及也。」一日，召王內宴，獨晉、秦二王在坐，酒酣，宋帝命王與二王敍昆仲之禮，王叩頭涕泣固讓，乃止。又常宴宮中，出內伎彈琵琶，王獻詞曰：「金鳳欲飛遭掣搦，情脈脈。」宋帝遽起，拊王背曰：「誓不殺錢王。」會宋帝將以四月幸西京，王懇請扈從，不許，已而留世子惟濬侍祠，令王歸國。啓行之時，先期，宋帝宴餞於講武殿，〔二〕賜窄衣、玉束帶、玉鞍勒馬、玳瑁鞭、金銀錦綵二十餘萬、銀裝兵器八百事，謂王曰：「南北風土異宜，漸及炎暑，卿可早發。」王涕泣言：「願三歲一朝。」宋帝曰：「川陸迂遠，當竢詔旨卽來。」次日，王妃入辭中宮，賜金器三百兩、衣著二千疋、銀二千兩。臨發，宋帝特賜導從儀衛之物，鮮華奪目，自禮賢宅至迎春苑，絡繹道路不絕。又親賜黃袱一束，封緘甚固，戒王曰：「途中宜密視。」

是月甲戌，王離京師，宋帝詔秦王屆期賜宴於迎春苑，敕遣引進使翟守素押翰林御厨儀鸞送至睢陽；次日，復遣內使乘驛至，賜王湯藥二金盒、王妃湯藥一金盒。戊子，王再拜啓所賜黃袱，視之，皆宋臣乞留王章疏，王甚感懼。

夏四月丙辰，王至國城；丙寅，命子惟治詣宋謝恩。常視事功臣堂，一日，命坐於東偏，曰：「西北者，神京在焉，天威不違咫尺，敢居乎！」每修貢，必焚香而遣。是月二十一日，宋又降制曰：「漢酇侯以第一論功，方賜劍履上殿；唐汾陽以累贈元老，乃命詔書不名。斯越其章，乃殊乎禮。咨爾吴越國王錢俶，岳重雄名，神符妙畧。横江負海，世爲開國之臣；履信資忠，位襲仗君之節。爵位崇極，逾三十年。昨以吴人不庭，致使王師問罪，付東南之兵柄，盪常潤之寇塵。始則兵鉞親臨，早平邊壘；次則師徒適至，克彼江城。洎僭國之傾亡，亦純誠之贊助。望闕入覲，執圭來朝。當妖氛未平，按彤車而發憤；及兇徒盡掃，望金闕以來奔。爲臣及兹，其節可尚。天朝典禮，汝特爲優，帶劍不名，所尊非過，朕今議賞，惟爾攸宜，所以異乎羣僚，殊彼恒品。」云云。兹按帶劍不名，前已有詔，今又降制也。

五月，宋加王食邑三千户，實封一千户。

夏六月癸卯，王進宋銀絹綿以萬計。

秋八月，宋遣進奏使江知杲賜國信及生辰禮物。

冬十月癸丑，宋帝崩，晉王光義卽位，遣侍御史雷德驤來告哀，王帥府僚將校等發哀，王二日不食，十一日不視事。

十一月，王遣元帥府牙内都指揮使子惟渲賁通天犀帶、金器五百事、玳瑁五百事、塗金銀香龍等巨萬詣宋稱賀。

是月，宋遣樞密都承旨武珍制加王食邑五千户，實封一千户，仍賜龜魚寶帶襲衣等物。

吴越國王妃孫氏薨。

十二月己亥，宋改是歲爲太平興國元年。

太平興國二年春二月，宋遣給事中程羽來歸王妃之賵，謚王妃曰□□。

三月，宋授王尚書令兼中書令，敕曰：「干戈之役，所以宣弔伐之功；雨露之恩，所以示旌嘉之寵。其有任分憂寄，績著簡編，一心稟奉於朝廷，半載勤勞於師旅，用酬丕績，特舉徽章。咨爾吳越國王錢俶，天賦純誠，神資秘畧。玉鈐金匱，生知戰伐之機；列鼎鳴鐘，世襲公王之位。斧鉞之威權素重，梯航之職貢惟勤。特授大謀，共除殘孽。訓驍雄之士卒，所向無前；指要害之州城，期於必取。涉歷寒暄之候，辛勤寇敵之威。簡自朕心，豈忘嘉獎。捷書纔至，賞典亟行，載徵耆老之文，俾盡優崇之禮。爾其恭膺休命，善撫奧區，知荷寵以難忘，思審終之爲美。庇民尊主，傳帶礪於無虞；翼子貽孫，保箕裘而不墜。扶成昌運，永光令圖。可特授尚書令兼中書令、天下兵馬大元帥，散官如故。」

夏五月，王下令，文軌大同，封疆無患，凡禦敵之制悉除之，境内諸城有白露屋及防城物，亦令撤去。

秋八月，宋遣翰林學士都承旨李昉賜王生辰禮物。

是月，王遣兩軍節度使世子惟濬入朝於宋修覲禮，王貢品物鉅萬，又請歲增常貢，宋帝不許。

太平興國三年春正月，以皮光鄴爲温州刺史。

二月，王發國城。

三月，次揚州，宋遣閤門使梁迥、内班閤承翰來賜王湯藥茶酒。己酉，朝見宋帝於崇德殿，宋帝命親王迎接，賜宴於長春殿，令恩赦侯鋹、違命侯煜陪坐，王進上法酒五百缾、金銀器物三千兩、綾綿一萬、龍鳳香等二萬事。翼日，宋帝賜王生料羊二百口、法酒三百缾、粳米二百石、雜買錢一萬緡，又賜從行將校等官錢三萬緡。已又詔王宴後苑，王復進寶玉金銀酒器等三千餘兩、通犀帶一條、龍鳳龜魚帶六事。時宋帝命射，每中的，王即進金銀器三百兩，帝中的凡六焉。

夏四月，宋帝復宴王於崇德殿，已又宴於苑中，時世子惟濬侍宴。明日，王奉表謝，略曰：「御苑深沉，想人臣之不到；天顏咫尺，惟父子以周親。」未幾，又宴王於南郊御莊，王又上金銀酒器無筭，酒酣，至暮而歸。翼日，宋帝遣内司賓賜王御衣紅袍寶帶御馬一匹、儀鸞一副。會是時閩帥陳洪進納土，王上言：「臣伏有懇誠，貯於肺腑，幸因入覲，輒敢上聞。蓋虞神道之害盈，必冀天時之從欲。除本道軍甲器已曾奏納外，所有封吳越國王及天下兵馬大元帥職名并乞解罷。凡頒詔命，悉願名呼，庶聖朝無虛授之恩，微臣免速亡之禍。」宋帝優詔不許。

五月乙酉，丞相崔仁冀勸王納土，不然禍且立至。王遂決策，上表云：「臣慶遇承平之運，遠修肆覲之儀，宸眷彌隆，寵章皆極。斗筲之量，實覺滿盈；丹赤之誠，輒茲披露。臣伏念祖宗以來，親提義旅，尊戴中京，略有兩浙之土田，討平一方之僭逆，此際蓋隔朝天之路，莫諧請吏之心。然而稟號令於闕庭，保封疆於邊徼，家世承襲，已及百年。今者幸遇皇帝陛下嗣守丕基，削平諸夏，凡在率濱之內，悉歸輿地之圖。獨臣一邦，僻介江表；職貢雖陳於外府，版籍未歸於有司。尚令山越之民，猶隔陶唐之化；太陽委照，不及蔀家；春雷發聲，兀爲聾俗，則臣實使之然也。願以所部十三州、一軍、八十六縣，户五十五萬六百八十、兵一十一萬五千三十六，獻於下執事。」宋帝答詔曰：「卿世濟忠純，志遵憲度，承百年之堂搆，有千里之湖山。錢氏家乘内此尚有「自朕纂臨，聿修覲禮，覩文物之全盛，嘉書軌之混同」。顧親日月之光，遽忘江海之志。甲兵樓櫓，既悉上於有司；山川土田，又盡獻於天府。舉宗效順，前代所無。書之簡編，永彰忠烈，所請宜依。」

王朝退，將吏始知之，皆慟哭曰：「吾王不歸矣！」宋帝隨賜王誓書。略曰：皇帝錫命吴越國王錢俶：自朕纂臨以來，獨持短表，自獻封疆，將三千里錦繡山川，十三郡魚鹽世界，皆歸皇宋，盡屬有司。誓書到日，率土之濵，皆不問罪犯輕重，各出囹圄。錢氏之家，恐係遠房，或高曾祖至曾玄孫以下，議杖邜傷遇死，一人至七人者放，七人以上者奏；無居址者，遇所屬州軍縣邑僧寺道觀，令自措躬安歇；無官者可以蔭資，有官者重躋極品。妄議讒言，奉持滅剥，並不如命。錢氏到日，如朕親行。今給此書，永爲照據，與國同休。

丁亥，宋升揚州爲淮海國，制王依前守太師、尚書令兼中書令，改封王爲淮海國王，食邑一萬户，實封一千户，仍充天下兵馬大元帥，改賜寧淮鎮海崇文耀武宣德守道功臣，以王弟儀信並爲觀察使，以王世子惟濬爲節度使兼侍中，王子惟治爲節度使，惟演爲團練使，惟灝及王從子郁昱並爲刺史，仍賜禮賢宅爲永業，詔曰：「漢寵功臣，聿著帶河之誓；周尊元老，遂分表海之邦。其有奄宅勾吴，早綿星紀，包茅入貢，不絶於累朝，羽檄起兵，備嘗於百戰。適當輯瑞而來王，爰以提封而上獻。宜遷内地，别錫爰田，彌昭啓土之榮，俾增書社之數。吴越國王錢俶天資純懿，世濟忠貞，兆積德於靈源，書大勳於策府。近者慶沖人之踐祚，奉國珍而來朝，齒革羽毛，既修其常貢；土田版籍，又獻於有司。顧宿衞於京師，表乃心於王室。眷兹誠節，宜茂寵光。是用裂西楚之名區，析長淮之奥壤，建兹大國，不遠舊封，載疏千里之疆，更重四征之寄。疇其爵邑，施及子孫，永夾輔於皇家，爰對揚於休命。」又授王麾下將校孫承祐、沈承禮並爲節度使等官，賓幕宰相而下拜官者二千五百人。

是歲秋七月，中元節，汴京張燈，宋帝令有司於王宅前設燈山，陳聲樂以寵之。越數日，復宴王於崇德殿，命王世子惟濬侍焉。

八月，宋帝令王緦麻以上親屬及管内官吏悉歸京師，凡千四十四艘，隨命以杭州伶人馬迎恩等四十五人賜王，俾備旦夕宴樂。宋史云：杭州送伎樂人凡八十有一人，詔以三十六人還杭州，四十五人賜俶，俶上表謝，上親畫付中書送史館。

九月九日，大宴王於長春殿。

冬十一月朔，南郊禮畢，宋帝詔加食邑二千户，實封一百户。

四年春二月朔，王入朝，大宴於苑中。宋帝顧王甚厚，飲必命釂，及罷，拜不能興，宋帝命以金裝擔子送王歸第。王小心畏愼，每晨趨闕，必先至宫門假寢以待。一日，夜漏四鼓，清蹕啓行，時風雨大作，諸節鎮無一人至者，宋帝見王與世子惟濬，稱歎久之，謂王曰：「卿中年，宜避風冷。自今入見，不須太蚤。」仍輟御前四大燭賜焉。是月，宋帝征太原，王請從行。

夏四月，北漢主劉繼元降，宋帝御連城臺，誅軍中先亡命於太原者，顧謂王曰：「卿能保全一方以歸於我，兵不血刃，深可嘉也。」仍賜紅袍、玉鞍轡馬，王頓首謝。秋七月，宋帝凱旋，大行封賞，加王食邑二萬户，實封二千户。

五年春正月，宋帝御朝元殿受朝賀，王以劍履升殿，觀者榮之。三月，清明節，宋帝御大□殿，召王乘馬擊毬，仍以毬杖引毬授王，俾王擊之，命王曰：「卿中年，宜以此娛。」夏四月，王以風疾乞假，宋帝遣御醫中使一日三至第。六月，宋帝親幸禮賢宅，撫慰再四，賜金器一千兩、錢一萬索、銀一萬兩、綾絹一萬疋，王遣子惟治進謝。秋九月，王進朝崇德殿，上金裝定器二千事、水晶瑪瑙寶裝器皿三十事、珊瑚樹一枝。冬十月，宋帝宴王於朝元殿。

六年，王風眩復作，自是賜王免朝。夏五月，宋帝遣中使賜王文楸碁局、水精碁子，且諭曰：「朕機務之餘，頗曾留意，以卿在假，可用此自怡。」一日，內臣趙海過王，探懷中藥百粒以進，王方命茶，盡餌之，海既去，家人皆泣，蓋有所疑也。王笑曰：「主上待我厚，中貴必良藥耳。」宋帝聞之，大驚，卽杖海，流之遠郡。冬十月，王朝謝於文德殿，宋帝携手撫問良久，遂賜宴於長春殿。

八年夏五月，宋帝遣內使賜王珍珠黃羅繖一、龍香涼茶二十斤。秋八月，王遣世子惟濬貢宋帝白龍腦香一百斤、金銀陶器五百事。

冬十一月，王表求罷職。表曰：「臣以蕞爾之軀，蒙被恩寵，賦祿百萬，兼職數四。元帥之任實本於兵權，國王之號蓋屏於帝室。尚書總百揆之重，中書掌八柄之繁，維師冠於上台，開府當於極品。臣之孱瑣，罔克負荷。邦國之制，式著等威；名器之間，固有涯分。徒速罪戾，以取顛隮。伏望聖旨，特從省罷。」宋帝不許。及表三上，乃優詔褒之，但罷兵馬大元帥，餘如故，仍加食邑三千户，實封五百户。詔曰：「分茅胙土，所以彰世家之榮；大輅繁纓，所以表名器之重。至若褒寵勳德，度越典常，咨於舊章，爰推異數。乃有體好謙之德，形固讓之辭，敦諭再三，確乎不拔，用曲至公之論，式光知止之風。淮海國王錢俶，方岳炳靈，風雲通感，奄有勾吴之地，不忘象魏之心，掃境來朝，舉家宿衛，籍其土宇，入於朝廷，式昭職貢，胙之淮海，居天子二老之任，啓真王萬户之封，併加寵章，用答忠順。而乃屢形表疏，願避官榮，發於深衷，誠不可奪。若以靈臺偃伯，武庫櫜兵，天下一家，書軌之無外，五侯九伯，征伐之不行，願寢元帥之名，勉徇由衷之請。其乃世祚明德，存於帶礪之盟；帝賚良弼，寵以台輔之任。極馭貴之爵，增衍食之封，非足疇庸，適以昭德，勉膺渥澤，克副眷懷。可罷天下兵馬大元帥，餘如故。

雍熙元年春二月，宋帝幸太乙宫，路由禮賢宅，王力疾出見於道旁，宋帝駐輦撫諭。是冬，郊禋禮畢，改封王爲漢南國王，加食邑二千户，實封四百户，仍改賜寧海鎮國崇文耀武宣德守道功臣。

二年春，宋帝取王草書以進，詔賜金匣玉硯及龍鳳墨、紅緑筆、蜀牋盈丈紙皆百數。秋九月，王奉宋帝命，扶疾宴於崇德殿。冬十月，宋帝遣内使賜王夫人龍鳳珠冠兼賜幕府將校幣帛，授王子惟治等九人官爵有差。

四年春，出王爲武勝軍節度使，改封南陽國王。王久被病，宋帝詔免入辭，將發，賜玉束帶、金唾壺、椀盎等。夏四月，王赴南陽，宋帝命王子惟渲、惟灝隨行。已而，王四上表讓國王，宋帝遣給事中崔灝改封王爲許王，加食邑一萬户，實封二千户，仍改賜安時鎮國崇文耀武宣德守道功臣。

端拱元年春二月，徙封鄧王，加食邑一萬户，實封三千户。是秋，宋帝遣皇城使李惠、河州團練使王繼恩賜生辰器幣，王與使者宴飲極歡。晡時，王於西軒命左右讀唐書數篇，又令諸子孫誦詩，未訖，風眩復作，至漏四下而薨。是夕有流星墜於正寢之上，光燭滿庭，年六十。王既以己丑歲八月二十四日誕生，至是復於八月二十四日卽世，更與文穆王薨日同，人皆異之。訃聞，宋帝爲廢朝七日，敕中使王繼恩、賈繼勳護喪歸京師，追封秦國王，謚曰忠懿。仍正衙備禮發册，册曰：「皇帝若曰：昊穹眷祐，賢哲挺生，稟象緯之純精，負經綸之盛業。作民父母，爲國翰垣。其存也冠中臺而長諸侯，其没也峻徽章而崇禮命。咨爾故安時鎭國崇文耀武宣德守道功臣、武勝軍節度、鄧州管内觀察處置等使、開府儀同三司、守太師、尚書令、兼中書令、使持節鄧州諸軍事、行鄧州刺史、上柱國、鄧王、食邑九萬七千户、食實封一萬六千九百户、賜劍履上殿，詔書不名錢俶。嗣祖考之舊德，奠東南之奥區，開國承家，本仁祖義，以忠孝而保社稷，以廉讓而化人民，勤翼戴於累朝，克惠綏於一境，世傳威畧，志慕聲名。當武庫戢兵，洞閲詩書之府；洎秣陵問罪，雄張犄角之師。致區宇之同文，賴忠良之協力。逮予纂紹，益享崇高，藴明哲而保身，務傾輸而竭節，盡獻土壤，來歸闕庭。予嘉乃功，洊錫殊寵。而道隆簡退，志尚謙沖，屢辭却轂之權，難奪范宣之讓。朕深惟動舊，俾就養頤，爰出殿於大邦，庶聿臻於眉壽，式繫元老，永輔眇躬。何天道之難諶，嗟梁木之斯懷！長沙既往，空存中令之勳；征鹵云亡，但見雲臺之像。賵賻從於異等，嗟悼廢於臨朝；寧酬柱國之勛，未極君臣之分。〔三〕庸加典册，以厚始終。今遣使大中大夫、尚書工部侍郎、上柱國、汾陽郡開國侯、食邑一千户、賜紫金魚袋郭贄一作贇持節贈爾爲秦國王。嗚呼！德無不報，予敢忘於格言；魂而有知，爾尚歆於天命。」

二年春正月丁酉，宋帝遣使押翰林儀鸞，鹵簿鼓吹，葬王於洛陽縣之賢相里陶公原。

真宗朝，特詔尊王尚父。

先是武肅王時，有術者告曰：「王如廣牙城，改舊爲新，有國止及百年；若填築西湖以爲公府，當十倍於此。」武肅王笑曰：「豈有千年而無真主者乎？」卽於治所增廣之。及王歸宋，計三世五王，總九十八年，果不盈百云。先是太平興國初，有僧歌於市曰：「還鄉寂寂杳無踪，不挂征帆水陸通，踏得故鄉田地穩，更無南北與西東。」或問故，但云「明年大家都去」。未幾，果有納土之應。又忠懿王將内附，決於天竺大士，夢大士以綵繩圍繞其宅，歸宋之意始定。後子孫遂金紫不絶。又戊寅歲，永嘉縣人伐木，破其中，有文曰「天下太平」，凡五片皆然，是亦天下渾一之兆也。

王任太師、尚書令、兼中書令、國王，凡四十年，爲元帥三十五年，位極富貴，善始善終，福履之盛，近代無比。

頗知書，雅好吟咏，有詩數百首，曰政本集，國相元德昭、宋翰林學士陶穀爲之序。惟演搜其遺文，刻行於世，共十卷。性謙和，未曾忤物。自奉頗薄，常服大帛之衣。崇信釋氏，前後造寺無筭；入宋後，又以愛子爲僧。爲人寬洪大度，常大會賓客，食鼈臛，而得庖人濡血紙於器中，王遽藏之褏，顧左右曰：「勿令掌膳者知。」太平興國末，趙普再入相，與盧多遜不相能。一日，普召王世子惟濬謂曰：「朝廷知多遜求取元帥財物，今未鞫劾者，恐累元帥耳。請具所遺之物列狀上聞。」惟濬歸白王，王曰：「我入朝時，荷主上殊常之遇，故左右大臣咸有饋物，非獨盧相也，豈可見人將溺而加石焉！」普聞之，深自歎服。李至碑文曰：「王事文穆，晨昏定省，一杯之藥，必經其手，一俎之羞，必嘗其味。當時物議，翕然稱之。年十三，先君捐館，哀若成人，泣血絕漿，殆無生意。廣順中，丁內艱，杖而後起，氣息纔屬，有識增感，行路傷情。」又曰：「從効向化，盡平宿憾。欣容假道，俾效輸琛。陳洪進繼遣行人，亦由王境，王皆豐其館穀，假以舟車。恩禮不衰，殆將二紀，其樂人事大如此。」

子八人：惟濬、惟治、惟演、惟灝、惟溍、惟濟、惟渲、惟□。惟灝至賀州團練使，惟渲韶州團練使，惟溍左龍武將軍、奬州刺史，惟演、惟濟皆童年，爲宋帝所稱，召見慰勞，並起家諸衛將軍。惟演子冀國公暄，暄子會稽郡王景臻，景臻子榮國公忱，封爵世世不絕。先是武肅王與戰士多賜己姓，忠懿王歸宋皆稱同宗。淳化三年，太宗詔令復本姓。又浙中劉氏改爲金氏者，亦令還故。

景德中，有司請以禮賢宅爲司天監，真宗以先朝所賜，不許。大中祥符八年，惟演等復表上之，賜錢五萬貫，仍賜宅各一區。熙寧時，知杭州軍州事趙抃言：「錢氏父祖、妃夫人、子孫墳廟，在錢塘者二十有六，在臨安者十有一，願以龍山妙因院爲觀，使錢氏之孫爲道士曰自然者居之，治其祠墳。」神宗命賜名曰表忠觀。理宗給田三百畝，付觀旌功焉。按歐陽五代史言：吴越自武肅王以後，常重斂其民，下至雞魚卵鷇，必家至而户取，諸按吏多持簿量爲笞數，人不堪其苦。又順存録曰：錢氏凡欠一斗者，多至徒罪。徐瑒常使吴越，云三更已聞獐麂，號叫達曙，問於驛吏，乃縣司起征科矣。江表志云：吴越時，民多赤體有敝葛褐者，多用竹篾繫腰間，執事非利不行，吏胥雖貧者，亦家累千金。疑或傳聞過甚云。錢氏家乘：忠懿葬河南洛陽縣賢相里。

論曰：錢氏據有兩浙，幾及百年，武肅以來善事中國，保障偏方，厥功鉅矣。宋興後，王益傾資修貢獻，宋祖曰：「此吾帑中物，何用獻爲！」常讀宋兩朝供奉録，中間稱忠懿王入貢，如赭黄犀、龍鳳龜魚、仙人鰲、山寶樹等物，及通犀帶七十餘條，皆希世之寶；而金飾玳瑁器至一千五百餘事，水晶碼碯玉器至四千餘事，珊瑚十高三尺五寸，金銀飾陶器一十四萬餘事，金銀飾龍鳳船舫二百艘，銀裝器械七十萬事，白龍腦二百餘斤，玉帶二十四，紫金獅子帶一，金九萬五千餘兩，銀一百一十萬兩，錦綺色綿以萬萬計，而舉朝文武閹寺多所饋遺。竭十三州之物力以供大國，務得中朝心，國以是而漸貧，民亦以是而得安。諺曰：「皮之不存，毛將安附。」嗚呼！殆非所以論吴越矣。諸詔敕俱從唐書、五代史、宋史及錢氏世譜校。

校勘記

〔一〕十一月宋有事於南郊　按，據宋史卷四八〇吴越世家，載此事在開寶五年，非開寶四年。

〔二〕講武殿　「武」字原缺，據宋史卷四八〇吴越世家補。又見畢沅續資治通鑑卷八。

〔三〕未極君臣之分　「極君」二字原爲空缺，今據宋史卷四八〇吴越世家補。

十國春秋卷第八十三

吴越七　列傳

趙國太夫人水丘氏，武肅王母也。先是，英顯王娶於母族，故兩世皆爲河南水丘氏。以武肅王貴，初封河南太君，進封吴興郡太夫人，再封秦國太夫人。王事母至孝，常遊後庭層樓，太夫人春秋高，不能上，王親負而登焉。天復元年九月薨，葬於錦南鄉，武肅王命吴仁璧作志銘，不從，殺之，事具仁璧傳。天寶初，梁追封趙國太元太夫人。

莊穆夫人吴氏，安國縣人也。父仲忻，浙西觀察判官，累贈吏部尚書。初，武肅王議昏，仲忻家咸以王豁達大度，不事産業，將不許，而夫人世父負知人之鑒，固趣成焉。及歸室，閨門整肅，孝敬盡禮。武肅王性嚴急，常怡顔以諫之，撫愛諸子，有如一體。歷封燕、晉二國，至吴越國正德夫人。夫人常遊奉國寺，王命載帛百縑以備散施，夫人曰：「妾備嘗機杼之勞，遽以遊賞靡費，非恤民之道。」遂不受而罷。夫人每歲春必歸衣錦軍以爲恆，武肅王語之曰：「陌上花開可緩歸。」時人用其語以爲歌曲，至今傳之。天寶十二年薨，年六十二，謚曰莊穆。有子十三人。

又錦南鄉慈智寺西，有梁國夫人墳、扶風夫人墳、韋夫人墳，或云皆武肅王夫人也。其名號不具見史册，姑爲闕疑云。按文苑英華載莊穆進封晉國制，錢珝筆也。今不録。

昭懿夫人陳氏，文穆王母也。清泰初薨，贈晉國太夫人，謚曰昭懿。文穆王性極孝，尊禮母黨，厚加賜與，而未常遷官授以重任，故陳姓無有以功名顯者。

恭穆夫人馬氏，安國縣人。父綽，雄武軍節度使。綽初以舊恩娶武肅王女弟，未幾武肅王復爲文穆王娶綽女，是爲夫人。夫人性聰慧，勤於職，武肅王常禁中外畜聲伎，而文穆王年逾三十無子，夫人爲之請，武肅王喜曰：「我家宗祀，幸汝得主之矣。」乃聽文穆王納諸姬。鄜氏生弘僔、弘倧，許氏生弘佐，吳氏生弘俶，衆妾生弘偡、弘億、弘偓、弘仰、弘信；既長，夫人皆均養之，常置銀鹿於帳前，坐羣兒於上而弄之，喜動顏色。初封越國，加封吳越國莊睦夫人。天福四年薨，年五十，敕謚曰恭穆。葬於衣錦軍之慶僊鄉良山村。

恭懿夫人吳氏，名漢月，錢塘人。父珂，官中直指揮使。幼以婉淑侍文穆王，忠懿王蓋其所出也，恭穆夫人絕憐愛之。夫人善鼓琴，性慈惠而節儉，頗尚黃老學，居常被道士服，惟布練而已。每聞王決重刑，必顰蹙以仁恕爲言。母家或有遷授，多峻阻之；及入見，時加訓勵，間以督責，故諸吳終夫人之世不甚驕恣。乾祐二年十一月封吳越國順德太夫人。五代會要曰：封贈之制，婦人有國邑之號，死有謚。近梁朝賜張全義妻儲氏爲賢懿夫人，又改莊惠，蓋當時特恩也。據此則吳越莊睦、順德之號，乃特典，非舊例也。廣順二年六月薨，年四十，謚曰恭懿。五代會要云：追封故順德太夫人吳氏爲恭懿夫人。今從吳越備史註，以恭懿爲謚。是秋，敕葬於慈雲嶺西原；明年，忠懿王建報恩元教寺以資冥福。已又鑄銅象二，致奉國、金地二尼寺，志孝思焉。

寧國節度使吳延福，太夫人弟也。建隆初，延福兄弟五人有異圖，左右勸王誅之，王曰：「先夫人同氣，安忍寘於法！」言訖，嗚咽流涕，但黜延福等於外，而不加刑。按西湖志：吳延爽請東陽善導和尚舍利建塔於山顛，附以佛廬，開寶初賜額曰崇壽院。又武林梵志云：吳越相吳延爽，開寶中建崇壽院，內有九級浮圖，名應天塔。延爽，疑卽延福諸弟也。

仁惠夫人許氏，名新月，台州人也。雅善音律，文穆王後庭樂部悉命夫人掌焉。初，魯國夫人生孝獻世子，侍御咸尊禮之，有女僧契雲者司香火於麗春院，素名能知人，至是謂夫人曰：「彼鄜夫人遠不能及也，夫人宜自愛。」文穆王襲位，敕封吳越國夫人。開運二年薨，年四十四，謚曰仁惠。

忠獻王夫人杜氏，內牙都監使杜昭達之姑也。未幾，以病薨。

元妃仰氏，湖州人。父仁詮，以牙將事文穆王有功，積官至寧國軍節度使。天福八年冬，忠獻王納爲元妃，未幾薨，葬於國城外之小麥嶺。武林舊事：仰妃墓在小麥嶺下。

忠懿王妃孫氏，名太真，錢塘人。泰寧節度使承祐之姊也。端重敏慧，延接姻親及宗屬皆曲盡恩禮。好學讀書，通毛詩、魯論大義。少事忠懿王甚謹，一以儉約爲訓，非宴會未嘗爲盛飾。忠懿王征常州，妃居國城内，時時遣内侍撫問諸將及從征將帥之家，國人稟畏如奉王旨。

漢制拜夫人，周敕封吴越國賢德夫人。宋開寶五年進封賢德順睦夫人。九年，王與妃及世子惟濬入覲，加封吴越國王妃，令惟濬賫詔賜之。宰相言：「異姓無封妃故事。」太祖曰：「行自我朝，表特恩也。」王獻金幣以謝。未幾，妃辭謝，中宫錫金器衣著無算。是歲，歸國，薨，葬石人嶺下；明年，宋遣程羽來歸王妃之賵，謚曰□□妃。常以一物施龍興寺，形如朽木箸，寺僧未之珍也；偶出示舶上，波斯人曰：「此日本龍蕊簪。」遂以萬二千緡易去。

又有俞氏，失其家世、封號，忠懿王之繼妃也。宋太宗時，進金銀十餘萬、犀二十株、通犀頳犀玉帶三十二條、水晶佛像十二事，其貢獻頗不貲云。

復有黄妃者，常於南屏山雷峯顯嚴院建塔，奉藏佛螺髻髮，始以百丈十三層爲率，尋以財力未充，姑建七級，已又用形家言，止存五級，名黄妃塔。淨慈志作黄妃塔，或作王妃塔，誤。後以地産黄皮木，遂譌爲黄皮塔，俗稱雷峯塔焉。塔高四十許丈，兀立層霄，金碧璀璨，飛甍懸鈴，種種嚴飾。建塔時，以石刻華嚴經鱗甃其下，楷法絶類歐陽率更。忠懿王有建塔記。吴越國王錢俶建黄妃塔碑記曰：敬天修德，人所當行之，矧俶忝嗣丕圖，承平兹久，雖未致全盛，可不上體祖宗，師仰瞿曇氏慈忍力所沾溉邪！凡於萬幾之暇，口不輟誦釋氏之書，手不停披釋氏之典者，蓋有深旨焉。諸宮監尊禮佛螺髻髮，猶佛生存，不敢私秘宮禁中。恭率瑶具，創窣堵波，於西湖之滸以奉安之，規橅宏麗，極所未見，極所未聞。宮監宏願之始，以千尺十三層爲率。爰以事力未充，姑從七級。梯昊初志，未滿爲慊。計甎灰、土木、油錢、瓦石，與夫工藝像設金碧之嚴，通緡錢六百萬，視會稽之應天塔。所謂許玄度者，出没人間凡三世，然後圓滿願心，宮監等合力，於彈指頃幻出瑶坊，信多寶如來分身應現使之然耳。顧玄度有所不逮，塔成之日，又鐫華嚴諸經圍繞八面，真成不思議劫數，大精進幢。於是合十指爪以贊歎之。塔曰黄妃云。吴越國王俶拜手謹書於經之尾。

武肅王弟鏢　鐸　楚國公鏵　從弟鎰　銶

鏢，武肅王同父弟也。少驍勇善戰。天祐初淮南將陶雅攻婺州，命鏢將兵往救，無功。天寶中，吴兵攻蘇州，鏢以杜建徽往援，圍得解，已而高澧叛湖州，鏢以指揮使稟王命討澧。明年，武肅王巡湖州，署鏢爲刺史。鏢嗜酒殺人，懼王之督己也，遂以四年冬殺都監潘長、推官鍾德奔吴；吴武義初，以爲右龍武統軍，終於其職。方鏢出奔時，有子二人，長者生五年矣，次者未周晬，武肅王憐之，養於宮，令與諸子同研席。名其長曰可團，次曰可圓，冀其父得歸聚云。

鐸，亦武肅王同父弟。累官睦州刺史，領安南軍節度使、同平章事。

鏵字輔軒。英顯王有五子：長武肅王，次錡，次鏢，次鐸，次鄅鏵也。生而有文在手，曰「王」，及長漸滅。既生，而英顯王即世，武肅王多方鞠育。及武肅王薨，鏵請服通喪以報之。性多藝，善繪畫，圖繪寶鑑云錢鏵善丹青。尤精音律。承制累授温、明二州刺史、檢校太尉，奏遷恩州防禦使。文穆王時，除兩浙行軍司馬，拜命之日，儀注特甚。尋奏改本州團練使、順化軍節度使，封楚國公。開運二年卒，年五十五，謚曰忠簡。

鎰，武肅王從父弟也，積功爲龍武統軍。田頵叛楊氏，武肅王命鎰屯宣州以待變。及陳詢叛睦州，吴遣陶雅入寇，而鎰與顧全武、王球實在行間，遂爲吴人所鹵。未幾，我軍獲吴將李濤。天寶十四年，吴乃遣鎰以易濤。鎰歸，署爲鎮海軍節度副使。

銶，武肅王從弟也。龍紀時，淮南六合鎮遏使徐約已得蘇州，武肅王命銶將兵攻之，約驅民盡墨鑱其彨，曰「願戰南都從事」；已而勢寖窘，遂與其下泣別，入海死，銶由是拔蘇州。未幾州復陷，王又遣師平之。久之，授銶蘇州招緝使，備史作安撫使。頗以戰功稱。

又衢州刺史鋸、睦州刺史鎮，亦武肅王從弟，其名時時見於史籍焉。

武肅王子寧國公元璣　雲國公傳瑛　金華郡王元懿　廣陵郡王元璙子文奉文炳　餘姚侯傳瓘子仁俊　大彭侯傳球　扶南侯元球　淮陰侯元珦　新安侯傳璛　雩國公傳璟　吳興侯元琳　寧明王元璝　元弼

元璣，武肅王第二子也。母慶安夫人胡氏。元璣性氣寬厚，沉靜寡言，多尚儒釋，不喜奢侈，遍歷中外，所在黎庶安之。累官寧國軍節度使、同平章事、檢校太傅，封宛陵侯，晉封寧國公。長興四年十二月卒。元璣早喪妻，終不繼娶，無嗣。

傳瑛，武肅王第三子。一曰長子。母莊穆夫人吳氏。原名傳鍇，未幾，易鍇爲瑛。天性英敏，頗敦儒學，聚書數千卷，善騎射，工草隸。徐、許之叛，與三城都指揮使閉門拒寇有功。時城中有錦工二百餘人，皆潤人也，傳瑛慮其爲變，乃詐傳王令百工悉免今日工作，遂發懸門放之出。王聞其事嘉之。尋授兩浙副大使。

天祐四年九月九日，唐哀帝以壽昌公主選王子錢傳瑛爲駙馬，詔敕吳越國王：「朕念尊敬元老，禮無出於父師；崇樹華姻，事莫先於婚媾。故金章貴族，方膺下嫁之榮；齊家大邦，始稱和鳴之兆。恭惟先帝，與卿素同盟約，誓掃寇讎，遠裨締搆之功，終集興隆之運。雖崇資厚祿，酬勳已極於當時；而懿戚周親，結分思聯於奕世。尋期愛女，欲配高門，三邊未息於戎機，百兩遂稽於宿諾。今朕祇膺天眷，獲嗣皇圖，欲三年無改之規，思二姓好逑之重，願遵先旨，特舉令儀。況傳瑛驪頷奇光，鳳毛異彩，不俟折笄之訓，已當壓鈕之祥。嬀汭名門，雅稱大姬之匹；張敖顯族，宜承元女之姻。是用先降徽章，特加異數，擅齋壇之斧鉞，兼台室之鈞衡。既明必復之徵，且展維私之分。料卿精識，體朕至懷。今授傳瑛大同軍節度使、檢校太傅、同中書門下平章事、駙馬都尉，兼加食邑八百户。」公主未及降而卒。備史作開平三年，梁選王子兩浙副使傳瑛爲駙馬都尉，似誤。

傳瑛夢與公主語，因得鬼疾；久之，將兵攻常州，無功，無何卒，年三十六。贈太尉，一作太師。封雲國公。

元懿字秉徽。初名傳璹，已又名傳懿，後更今名。武肅王第五子也，生而燕頷。起家鎮海軍右直都知兵馬使，尋授安國衣錦軍防遏指揮使，陞檢校兵部尚書。

元懿性至孝，母李氏一作金氏常侍武肅王不稱旨，被捶成疾；疾動，每經旬月，元懿躬親廁牏，稱藥量水，夜不解帶者久之。常出治睦州，民間一夕輒數驚火起，巫楊韞者陽爲刻期，曰：「某日某所復當火。」已而皆如其言。元懿曰：「火如巫言，巫爲火也。」命斬韞於市，火遂絕。天寶中，自睦州判東陽。東陽之南有神曰白砂神，邑人多畏奉之；歲三月必大作風雨，由白砂過州城，壞民廬舍無筭，相傳神故龍也，每歲一復東海爲怪。至是，元懿臨其境，夢朱衣來言：「白砂王慮震驚相國，已由南山而去。」人咸異之。元懿頗喜遊宴、彫飾之事，文穆王襲位，禮敬尤篤。元懿飲酒恆及半而傾於地，王因宴，致鈔鑼於元懿前諷之，元懿悔悟，遂稍稍改云。累官賓、睦二州刺史，清海、武勝等軍節度使，太傅、同中書門下平章事，進太師、中書令，封金華郡王。廣順元年薨於婺州，年六十有六。謚曰宣惠。墓在金華縣東北六里。元懿治郡三十年，初涖新定時，有卜士方氏者，時人號曰「龜精」，常以卜數貽之，曰：「太乙接天河，金華寶貝多。郡侯六十六，別處不經過。」至是，其言果驗。

子仁倣，官婺州刺史、武勝軍節度使。

元璙字德輝，武肅王第六子也。一曰第四子。初名傳璙。儀狀瑰傑，風神俊邁。起家沂王府咨議參軍、宣武節度判官，累遷散騎常侍，賜金紫。尋屬軍旅事，乃改馬軍廳事指揮使。

武勇都之變，徐綰召淮南兵入寇，顧全武謂：「楊公，大丈夫，今以難告，必閔我，羣公子誰可行者？」武肅王曰：「吾常欲以傳璙昏楊氏，今其時矣。」乃遣傳璙微服爲全武僕詣廣陵，比及望亭，有逆旅媪輒識之；至潤州，團練使安仁義亦知其非常，或云愛其清麗。將以其下十人相易，全武賂閽吏宵遁，乃得脱。已而見吴王行密，傳璙指陳逆順之理，吴王爲之動容，歎曰：「此龍種也。生子當如錢郎，吾子真豚犬耳。」遂以女妻之。卽日召田頵還軍。

未幾，逆婦歸錢塘。累征縉雲、睦州，皆陷陣有功，授邵州刺史，復征湖州高澧。及攻東洲，授睦州刺史，尋遷蘇州。累敕授中吴、建武等軍節度使，蘇、常、潤等州團練使，太傅、同中書門下平章事。文穆王立，更初名，諸兄弟盡易「傳」爲「元」，而傳璙亦以元璙名。

元璙在蘇州三十年，性儉約而恭靖，便弓馬。文穆王時，以王兄尤加禮遇。初，璙自姑蘇入覲，王以家人禮事元璙，親奉觴爲壽，曰：「此兄位，而小子居之，兄之賜也。」元璙俯伏曰：「大王功德高茂，先王擇賢而立，至公也。君臣位定，惟知恭順而已。」因相顧感泣。進檢校太師、中書令、開府儀同三司。作金谷園以娱老。又建烟雨樓於滮湖之上。久之，晉敕封廣陵郡王，封不及受命而薨，宣旨於柩前，時天福七年三月也，年五十六。葬以王禮，謚曰宣義。子文奉、文炳。

文奉，字廉卿，廣陵王第二子。精騎射，能上馬運槊。涉獵經史，音律、圖緯、醫藥、鞠擊皆冠絶一時。以廕爲中吴軍牙内都指揮使，改節度副使，幾三十年。天福中，嗣元璙爲節度使，累加至檢校太尉、兼中書令。

文奉於郡中建南園東莊，九國志謂之東墅。爲吴中之勝，奇卉異木，及其身見，皆成合抱。又累土爲山，亦成巖谷，延接賓旅，任其所適。自號曰知常子。飲酒兼數人，時時乘白騾，披鶴氅，緩步花逕，或汎舟池中，遠近聞賓客笑語聲，則就飲爲樂。所聚圖籍、古器無筭，雅有鑒裁，一時名士多依之，而禪流法齊輩亦藉以取給焉。時有丁、陳、范、謝四人，丁守節、陳贊明、范夢齡、謝崇禮。皆廣陵王客也，文奉署爲節度推官。

先是元璙夢登烏鵲橋，見禽獸充牣，旁人云：「此二郎祿料也。」又，文奉常叩祿命於天台僧德韶，德韶云：「明公己巳八十一。」至開寶二年己巳歲八月十一日卒，其言始驗。謚曰威。

文炳，廣陵王第□子也。開寶初，文炳常葬妻丘於報恩寺側，發古墓，得丈夫遺骸長丈許，東列銅鐺，西有寶劍、玉環，文炳方取劍，會黑蜂遽螫之，暴卒。子知元，號擗昏眩，久之始蘇，自言丈夫，稱是「帝堯之臣繇余氏，佐禹治水，以功封吴，獲葬於兹。若父奈何發吾版石，奪吾玉椳。今雖擊死，方隸吾籍，其勿悼念」。好事者比於貳負之臣之尸，多傳其事焉。

傳瓘，武肅王第八子，母濟南夫人童氏。傳瓘性仁厚，明敏好學。治郡大得政體，累授鎮東軍親巡都指揮、土客諸軍安撫使、光禄大夫、賓州刺史，進金吾衛大將軍、員外置同正員、檢校司空，改明州刺史，封餘姚侯。寶大元年卒，年三十。傳瓘在東府時，酷好植牡丹，成叢列樹者，顔色葩芳，率皆絶異，人號爲「花精」。海録碎事又云：「忠懿王從兄仁傑，酷好種花，人號爲「花精」」，未詳是非。子仁俊。

仁俊警敏，有智畧。文穆王繼立，諸將多恃强，詣府請誅劉仁杞等，王命仁俊宣教，音詞宏亮，意旨曉暢，諸將皆慴服去。王以爲仁俊能，大奇之。及元球、元珦獲罪於王，王欲按將吏與交通者，株連未已，仁俊諫曰：「昔光武克王郎，曹公破袁紹，皆焚其書疏，以安反側。今宜效之。」由是中外得以帖然。

忠獻王時，仁俊爲内外馬步都統軍使。而仁俊母，故杜昭達之姑也。富人程昭悦者，以私憾誣闞璠與昭達謀奉仁俊爲亂，王於是殺璠、昭達，而奪仁俊官，幽之東府。昭悦復收仁俊故吏慎温其，使證仁俊之罪，每上考時，五毒備至，温其堅守不屈，王嘉温其節，擢爲顯職。未幾，昭悦伏誅，釋仁俊之囚。廣順元年，忠懿王以仁俊無罪，復其官爵。歷仕威武軍節度使、檢校太保。卒，謚安簡。

傳球，武肅王子也。當武勇都之變，傳球年尚幼，淮南將田頵徵質子於我，王欲遣以行，傳球不可；王怒，將殺之。及事平，王奪其內牙兵印，後封大彭縣侯。

扶南侯元球、淮陰侯元珦，皆武肅王子也。元珦以順化節度使、同平章事，判明州，按舊五代史：長興三年，昇楚州爲順化軍，以明州刺史錢元珦爲本州節度使。楚州時屬揚州，元珦蓋鎮明州而領楚州節也。驕恣不法，文穆王廢爲庶人，幽之別室。而元球爲武肅王愛子，數有軍功，且賜以兵仗，累官土客馬步都指揮使、靜江節度使兼中書令。文穆王時，恃恩驕橫，增益軍馬，頗不平於王。王使人諷元球，請輸還兵仗，出判溫州；元球未之許也。於是銅官廟吏承王指，密告元球遣親信禱神求爲吳越主，又爲蠟書從水竇出入，與元珦謀議，圖危社稷。文穆王遂馳騎召元球宴宮中，至則左右陽稱元球有刃墜於懷，謀爲不測，卽格殺之，并殺元珦。按晉高祖實録、十國紀年作元球、元珦以罪誅。今從吳越備史、九國志作元球。

傳璛，一作琇。武肅王第十四子也。起家鎮海節度右押牙，充上直都知兵馬使、檢校尚書左僕射。已而出爲湖州刺史，進太傅，封新安侯。天寶十四年，娶楚武穆王女馬氏，未幾，傳璛死，馬氏誓不欲生。天福中，南漢主命侍郎盧膺偕楚使歐陽練來逆馬氏爲繼室，蓋漢主后故馬氏女兄也。至是欲續舊姻，楚文昭王實內主之，馬氏涕泗迸至，誓不再適，遂終其身於吳越。

傳璟，武肅王第十五子。初授湖州刺史，唐天祐四年，哀帝選爲駙馬，敕武肅王曰：「卿功高鼎鉉，爵極土茅，光紀年繫月之書，等巢閣負圖之瑞。朕自惟寡薄，猥荷基扃，惟於舊勳，敢墜先志。所以再謀選尚，用洽姻親。男傳璟學禮聞詩，資忠履孝，前代則何郎風貌，克著嘉名；近朝則郭令功崇，爰推愛子。既臻具美，須降明恩，俾升右揆之榮，兼正九卿之秩。奉車增貴，鳴玉趨朝，騁騏驥之修途，契鳳凰之吉兆。眷戀之外，慰沃良深。今授傳璟檢校尚書右僕射、守司農卿、駙馬都尉。」傳璟後封霅國公。

元琳，武肅王第二十三子。歷官右千牛衛大將軍。今慈溪錢氏，其苗裔也。

元璝，武肅王第二十八子。少强直，好詩學武，及長，從征有功。歷官至知福州彰武軍事，號令嚴明，麾下無有敢犯者。元璝處兄弟不疑，侍文穆及忠懿諸王皆盡臣禮，由是上下卒用和睦。建隆六年卒，年六十有七。追封寧明王。

元弼，亦武肅王子也。文穆王初置秀州，以元弼爲刺史。元弼蒞政有方，用最課名一時。

武肅王親子三十八人，見於史傳者文穆王暨元璣諸王子外，又有永嘉侯傳璲、金華侯傳琈、錢塘侯傳琰，而失其封爵者，則有駙馬都尉傳球、静海軍節度使元祐及元璉、元玩、元琢、元璞、元璫、元珣、元瑞、元琛、元瑾、元裕、元璠、元昜、元禧，凡得三十三人。而寶正、長興時，又有温州刺史元祁、元珪，未詳其所出云。按陶九成輟耕録云：吾鄉錢叔琛賓，乃武肅王諸孫也。常示所藏鐵券，形宛如瓦，高尺餘，闊二尺許，券辭黄金商嵌一角有斧痕，蓋至元丙子天兵南下，其家竊負而逃，死於難，券亦莫知所在。越再丙子，漁者網得之，乃在黄巖州澤庫深水内，漁意寶物，試斧擊之，則鐵焉。有報於叔琛兄者，用十斛穀易得。又七修類藁云：明太祖下禮官議鐵券之制。有奏唐和陵時賜錢鏐者，其孫尚藏，因取爲式。武肅之裔在台州者，未審幾族，姑附録於此。

文穆王子孝獻世子弘僔　瓊山侯弘僎　弘儇　吴興郡王弘偡　弘億

彭城侯弘儀　弘偓　弘仰　儼

孝獻世子弘僔，文穆王第五子也。與忠遜王同出魯國夫人鄜氏。初，梁沙門寶誌銅碑記云：「有一真人在冀州，開口張弓左右邊，子子孫孫萬萬年。」自是南唐以弘冀名子，而文穆王諸子皆連「弘」字以應之，弘傅所由名也。王年四十，家嗣未建，及弘傅生，特爲鍾愛，累奏授兩浙副大使、果州團練使、檢校太尉。國建立，爲世子。先是，王治世子府，謡言曰：「何處有鹿脯？」及將殁，又有人題所居屏障曰「四月二十九日大會羣仙」，凡署字數處。天福五年，果以病薨，年十六歲。追謚曰孝獻，葬錢塘天竺之前山。楓林塢旋改世子府爲瑶臺院。九國志：太平興國中，宋以錢倬爲慎、瑞、師三州觀察使，蓋倬常爲僧，復好睡，故戲之也。疑倬亦文穆王諸子。

弘僎，文穆王長子。歷任静海軍節度使、温州刺史，封瓊山侯，卒。文穆王子十四人，弘僎以下，次弘倧，次弘佐，次弘俶，次孝獻世子，次忠獻王，次忠遜王，次弘偡，次忠懿王，次弘億，次弘儀，次弘偓，次弘仰，次儼，即弘信。而弘佐則又其養子也。

弘倧字智仁，文穆王第二子，本名弘偁。性喜簡儉，善騎射，能書有文而自晦。筮仕上直副兵馬使、檢校尚書右僕射。年二十餘遷東府安撫使，洞曉政術，吏不敢欺。文穆王嘉之，賜金酒器一副，因命兼領睦州。時福州初歸附，將校有釁隙者率多相誣，弘倧謂左右曰：「人各有憾，誣搆一啓，疑懼交至，豈國家推心懷遠之道邪！」悉置不問。尋爲静海軍節度使、判軍州事，均繇役，罷淫祀，盡放所畜聲伎，每食不過鮑魚、菘菜。顯德中，常入覲西府，永嘉人謂其將代也，卧轍阻之，弘儇先以籃輿載侍妾出，衆疑弘儇在中，遽擁而迴，其爲民所感悦如此。久之，改彰武軍節度使、知福州事，温人皆行啼巷哭，曰：「願公早回。」亦有携家以從者，謂之隨使百姓。亦曰隨使户。承制累授太尉，拜丞相。乾德四年卒於閩。神柩經温州，歸會稽，三州之民爲號踊者甚衆。終年五十有四，謚節惠。

弘儇有弟弘□，文穆王第三子也，封西安侯，居衣錦軍者多其後。又弘偓官至秀州刺史，工於畫藝，或言亦文穆王養子云，見圖繪寶鑑。

弘偡字惠達，文穆王第八子也，母陳氏。起家内牙諸軍都知兵馬使、檢校司空。年十八，出爲湖州刺史，有妖巫登衙門大樹，恣爲鬼神語，州人驚畏。弘偡曰：「妖由人興。」命注弩而射，巫果乞命，因抶之百，投於境外，一州大服。弘偡明吏術，能爲詩，頗有奇句。忠懿王嗣位，恭敬尤篤。顯德間，王城災，悉以器用服玩上之。累奏授特進、檢校太尉、宣德軍節度使，封吴興郡王。建隆初，宋敕授同中書門下平章事。尋以飲酒過度薨，年三十八，謚曰恭義。忠懿王哭之慟，撫弘偡諸子，恩禮有加。先是，大星隕於西北，月餘而弘偡逝焉。

弘億字延世，文穆王第十子。母沈氏，初孕，文穆王夢僧入寢帳，已而生弘億，故小字曰和尚。天資俊拔，善屬文。年二十，官內牙諸軍左右都虞候、檢校左僕射。開運間，興師救福州。忠獻王欲鑄鐵錢，以益將士祿，弘億諫曰：「鑄錢有八害：新錢既行，舊錢皆流入鄰國，一也；可用於吾國，而不可用於他國，則商賈不行，百貨不通，二也；銅禁至嚴，民猶盜鑄，況家有鐺釜，野有錍犂，犯法必多，三也；閩人鑄鐵錢而亂亡，不足爲法，四也；國用幸豐，自示空乏，五也；祿賜有常，無故益之，以啓無厭之心，六也；法變而弊，不可遽復，七也；錢者，國姓，易之不祥，八也。」王善其言而止。

未幾，爲忠懿王丞相。會內牙指揮使鈄滔謀亂，辭連弘億，左右勸王窮其事，王以弘億故不欲顯治，貶滔處州，而出弘億爲明州刺史。弘億居明州，頗著善政，凡一切科率舊制悉除之。顯德中，王命括民丁以益軍旅，州縣長吏因之多所殘刻，弘億手疏其弊，辭理切直，王感悟，乃罷。王常與丞相以下論民之勞逸都由人君奢儉，裁詩二章以寓志，弘億亦謂北方侯伯多貢淫巧蠱君心，因獻詩風刺，王嘉歎久之，仍賜詩褒美。弘億女故常字王舅吳氏子者也，已而諸吳驕縱日甚，弘億遂絕不與通，人咸稱其強正焉。建隆初，升奉國軍節度使、檢校太保。以名犯宋宣祖諱，改名億。末年，夢金甲神告其死期，因署壁曰：「奉國節度使，只年三十九。」大會賓客，飲酒，與之訣，卧疾三日而終。謚曰康獻。順存錄、杭州志俱作忠獻。

弘儀，文穆王第十一子。建隆初，避宋諱，改名儀。起家鎮東軍安撫使。乾德時，奏授越州觀察使；歲旱，租不登，儀以私財八百代賦，越民無不德之，故再任幾三十年所。深信内典，在越多營佛事，與雲門僧重曜交相得。宋太宗卽位，加金紫光禄大夫、檢校太保，封開國彭城侯。忠懿王入朝，儀自東府至，太宗詔改慎、瑞、師三州觀察使，已又改金州觀察使。太平興國四年，卒於京師之賜第，年四十八。贈安化軍節度使，葬京城東之臨汴鄉邊公原。

儀工草書，善奕碁，皆及上品；曉音律，能造新聲，尤工琵琶，妙絶當世。忠懿王常宴集兄弟，欲使儀彈，而難於面命，乃别設一榻，置七寶琵琶於上，覆以黄錦；酒酣，儀果白王曰：「此非忽雷乎？」願奏一曲爲王壽。」時王叔元璫亦知音，王命之拍，曲終，王大悦，賜儀北綾五千段，元璫錢千緡，當時以爲美談。儀終之歲，重曜夢儀被天人服乘雲而至，曰：「弟子已生天矣。」重曜寤，貽書具述其夢，且云：「觀公之操履，雅叶斯兆，然世禄無幾，願益進修。」函未達，而儀已逝焉。後十年，墓爲盗所發，貌如生人。故吏吴元素舁柩還越，葬於秦望山重曜之塔側。妻何氏，累封廬江夫人。

弘偓，字贊堯，文穆王第十二子也。性仁孝，事母陳氏以恭勤聞。及任衢州刺史，爲政寬恕厚重，民多愛之。時屬歲旱，部民將逐食他州，不忍輒去，共詣聽事告白而行，弘偓爲之流涕。忠懿王立，友愛甚至。顯德五年卒，中外無不歎惜，終年二十五。

子昭度，字九齡，仕至供奉官。俊敏，工爲詩，多警句。有集十卷行於世。

弘仰，文穆王第十三子。母周氏。弘仰善騎射，通儒術，尤精書法。累官台州刺史，性雖嚴急而政事寬簡，吏民畏服。顯德五年二月卒，年二十有四。謚曰成顯。

子昭序，字著明。好學喜聚書，書多親寫。入宋，知通利軍，以勤幹聞。

儼，字誠允，文穆王第十四子，忠懿王異母弟也。本名弘信，後又去弘名信，宋淳化初改今名焉。儼生之夕，母崔夫人合瞑時見一僧坐帳前，既寤，彷彿如覩，乃生儼。文穆王喜，命鑄金銀大錢爲洗兒具。甫及周晬，府中籤鑰字，一見卽能記憶。文穆王大漸時，儼在別院，忽驚啼，謂食母曰：「適夢白髮翁呼我速詣王所。」因大號泣，言未卒而訃聞矣。儼幼年爲沙門，及長謹愼好學，雖祈寒溽暑，未嘗暫輟圖籍。忠懿王襲國，命領鎭東軍安撫副使。顯德四年，奏署衢州刺史。已又知婺州武勝軍事，晉光禄大夫，封開國伯。宋太祖平揚州，遣儼入賀，太祖命閤門副使武懷節賫詔迎勞；及歸，賜玉帶、名馬、錦綵、器皿。開寶三年，代兄偡知湖州，充宣德軍安撫使。忠懿王攻常州，命儼督漕運。太平興國二年，隨忠懿王朝宋，侍祠郊宮，詔儼班列於節鎮下。太宗常幸天駟監，賜從臣馬，敕主者曰：「錢儼儒者，宜擇馴馬給之。」累授新、嬀、儒州觀察使，仍知湖州，又爲隨州觀察使。頃之，代兄儀爲金州觀察使，出判和州。真宗嗣位，加檢校太傅。累階至特進。在職十七年，咸平六年卒，年六十七。贈昭化軍節度使，謚曰靜宣，葬和州。子昭慈，亦有文名。

儼博涉多聞，少夢人遺以大硯，自是文辭敏達富贍。當時國内文章向推羅隱、崔仁冀，而儼能與之頡頏。太宗朝，常獻皇猷録；咸平時，又獻光聖録。所著有前集五十卷，後集二十四卷，吴越備史、遺事、忠懿王勳業志、錢氏戊申英政録若干卷，又作貴溪叟自序傳一卷。善飲酒，百巵不醉，居外郡，常患無敵，或言一軍校差可倫擬，儼問其狀，曰：「飲益多，手益恭。」儼曰：「此亦變常，非善飲也。」儼鎮湖州時，後圃芙蓉枝上穿黄玉玦一枚，枝梢交雜，不知從何而貫，儼截幹取玦以獻，人謂真仙來遊，留此以驚世者，亦異事云。

忠獻王子富水侯昱　西平侯郁

忠遜王子昆　易

忠懿王子世子惟濬　彭城郡王惟治　英國公惟演　惟濟

昱字就之，忠獻王長子也。忠獻王薨，昱在襁褓間，國人立忠遜王，遂以昱爲咸寧、大安二宮使。忠懿王嗣位，承制授秀州刺史。宋太祖御極，昱入貢，與江南使同侍宴射於後苑，江南使先中的，令昱解之，應弦而中，賜以玉帶。錢氏家乘云：太祖命太宗於中南府置宴，習射後苑，太宗中的，昱亦中的，太宗解玉帶賜之。今從宋史。

及宋平蜀，昱復入賀。歸爲台州刺史，領德化軍節度使、唐僖宗光啓三年，升台州爲德化軍。本路安撫使。俄領静海軍節度使、温州刺史，轉彰武軍節度使。宋師討江南，昱爲東西水陸行營應援使，從忠懿王朝宋，授白州刺史。昱上太平興國録一卷，求換臺省官，太宗賞其才，詔學士院試麻制三篇、答高麗書一道，除秘書監，判尚書都省。時新葺省署，昱撰記奏御，又常以鍾、王墨迹八卷爲獻，有詔褒美。又聞昱善書，令進筆札，賜御書金花扇二、急就章一、御翰三十軸。出知宋州，改工部侍郎，歷典壽、泗、宿三州，率無善政。至道中，郊祀，當進秩，太宗曰：「昱貴家子，不宜任丞郎。」進郢州團練使。咸平二年，表入朝，以病不及陛見。卒，年五十七。贈太師，封富水侯，葬開封府汴陽鄉。

昱與從父儼皆以文章知名，中朝比之二陸。又雅善琴畫，聰明，能覆碁，飲酒至斗餘不亂。尤好學，喜聚書，多所吟咏，恆與中朝卿大夫唱酬。一日，對沙門贊寧隸竹事，迭錄所記，昱得百餘條，因集爲竹譜三卷。生平交舊，昱終日談宴，未常犯家諱。有貳卿文稿二十卷。末年貪猥縱肆，無名節可稱。

子百人。涉，登雍熙進士第；絳，至内殿承制，累典郡，頗以幹力稱。

郁，忠獻王第二子。累官鎮東軍節度副使、秀州刺史。入宋，改知全州，至太保。卒，追封西平侯。

忠獻王羣從中，又有仁熙者，頗讀書，能丹青，尤工水牛，多寫於紈扇上。錢氏子弟俱擅文采，逸興豪舉，常取霅上瓜，各言子之的數，言定，剖視，負者張宴，謂之瓜戰，至今傳爲雅謔。

昆，字裕之，忠遜王子也。歸宋，登進士第。累遷至三司度支判官，歷知七州，治尚寬簡，以秘書監致仕。卒，年七十六。昆善爲詩賦，又工草隸，有文集十卷。性嗜蠏，常求補外職，曰：「但得有蠏、無通判處，足慰素願也。」昆又工畫，常繪寒蘆沙鳥於團扇，人競寶之。

易字希白，忠遜王子。忠懿王入宋，羣從悉補官，易與兄昆不見錄，遂刻志讀書。年十七，舉進士，試崇政殿三篇，日未中而就；言者惡其輕俊，罷之。再舉進士，府試第二，自謂當第一，乃上書言試朽索之馭六馬賦，意涉譏諷，真宗降爲第二，補濠州團練推官，改光祿寺丞。時惟演參台席，實易爲草制，朝廷以爲美談。未幾，擢知制誥，判登聞鼓院。卒，年五十九。易才學敏贍，數千百言援筆立就。又善尋尺大書行草，喜觀佛書，檢道藏。有金閨瀛州西垣制集一百五十卷，青雲總錄、青雲新錄、南部新書、洞微志一百三十卷。又有錢氐家話一卷。

世子惟濬，字禹川，忠懿王嫡子也。顯德二年，惟濬生，卽稱世子，表授鎭海鎭東兩軍節度副大使、檢校太保、鈐轄兩浙管內土客諸軍事。建隆七年，加檢校太傅。三年，領建武軍節度使。乾德初，加檢校太尉。是年冬朝宋，六年復朝宋，侍郊祀。開寶二年，充鎭東等軍節度、浙江東西道觀察處置、兩浙制置營田發運等使。未幾，朝京師，宋太祖召宴苑中，令黃門奏簫韶樂，與諸王同席坐，賜玉帶珠綴衣、水精勒御馬。四年，又朝宋，寵待有加。宋兵征江南，惟濬從忠懿王下常州，以功加同平章事。太宗卽位，加兼侍中。太平興國二年，丁母妃憂，起復，加鎮東大將軍、右金吾衛大將軍、員外置同正。

忠懿王將入朝，惟濬先貢方物，太宗召户部郎中侯涉至泗州迎勞之。三年，忠懿王獻地改封，惟濬亦徙淮南節度使，用郊祀恩加檢校太師，從平太原，征幽薊，已又隨幸大名。雍熙中，歷鎮安州。端拱初，宋太宗藉田，封蕭國公。忠懿王薨，起復，加兼中書令。惟濬與諸王子，共進上綾羅、犀玉帶笏、犀角、象牙、丁香、瑪瑙、鞍勒、金玉珠翠、首飾器皿，凡數十萬計。又進女樂十人，太宗不納，各賜錦綵三十段，遣還。淳化初，杭州上武肅諸王唐、梁以來累朝所賜玉册、竹册各三副、鐵券一、詔誥百餘函，太宗詔還惟濬。未幾暴卒，年三十七。追封邠王，（備史表作祁王。）謚曰安僖。葬汴京之南。惟濬輕財好予，頗湎於酒，故不享遐年焉。

子守吉、守讓。守吉，官宋西京作坊使。守讓字希仲，累任至宋東染院使，頗勤學，有文集二十卷。子恕，娶曹王元偁女長安縣主。

惟治字世和。本忠遜王長子，忠遜王初遷於東府，而惟治生，忠懿王酷愛之，養爲己子。幼好讀書，八歲授兩浙牙内諸軍指揮使、判軍糧營田事，又改德化軍使，遷檢校太保、台州團練使。乾德四年，宋制授寧遠軍節度使、檢校太尉，仍兼牙職，與世子惟濬節旄同日至，國人榮之。宋師伐江南，惟治從忠懿王帥兵下常州，策勳，改奉國軍節度使，忠懿王朝宋，命惟治權發遣軍國事。王還，令惟治入貢，惟治私獻塗金銀香獅子、香鹿、鳳鶴、孔雀、寶裝髹合、釦金甆器萬事，吴繚綾千匹。辭日，宋太祖賜襲衣、玉帶、塗金鞍勒馬、金銀器、繒綵逾萬計。太宗嗣位，進檢校太尉。

忠懿王再入覲，又權國事。會廐中火，惟治率兵臨高下視，令親信十數輩仗劍申令，敢後顧者斬，頃之火息。妻族有隸帳下者，恃親犯法，命杖背於府門。王既納土，宋命考功郎中范旻知杭州，惟治奉兵民圖籍帑廩管籥授旻，與其弟惟渲、惟灝歸宋，改領鎮國軍節度使。

惟治草隸擅絶，尤好二王書，每曰：「心能御手，手能御筆，則法在其中矣。」常以鍾繇、王羲之、唐玄宗墨蹟，凡七軸，裝潢爲獻。太宗常與翰林賀丕顯評惟治書，曰：「諸錢皆效浙僧亞棲之蹟，故筆無骨，獨惟治工耳。」

雍熙三年，太宗大舉征幽州，命惟治知真定府兼兵馬都部署。前一日，曲宴内殿，惟治獻詩，太宗覽之悦，酒半，遣小黄門密諭北面之寄，至則訓兵享士，頗勤政務。初，惟濬雖忠懿王嫡嗣，然以其放蕩無檢，故王雅器惟治，一夕忠懿王暴疾，王妃悉斂符鑰付之。及王薨，起復檢校太師，累上表請罷節鎮，不許。後坐心病，家事不肅，而僮奴以姦私殺人於廷，真宗爲停按鞫，止貶右監門衛上將軍。晚年貲用頗竭，真宗憐其貧，特轉右武衛上將軍，月給奉十萬，累加左驍衛上將軍、左神武統軍。卒，年六十六，贈太師，追封彭城郡王，葬洛縣邙山先王之塋。

惟治好學，家聚法帖圖書萬餘卷，多異本，生平慕皮、陸爲詩，有集十卷，又有寶子垂綏連環詩，迴文詩也，寶子卽香爐。世多稱之。書跡恆爲人藏弆。娶祁國夫人元氏，再娶瑯琊郡夫人水丘氏。子丕，幼篤學，仕宋，終光祿少卿。惟治初鎮明州，夢神人披甲，謂曰：「我西嶽神，公面有缺文，卽捧土塡之。」後遂領華州節鉞二十年。

惟演字希聖，忠懿王次子。歸宋，歷右神武將軍。博學能文，召試學士院，以笏起草立就，真宗稱善。歷翰林學士、工部侍郎、樞密副使、會靈觀使兼太子賓客，更領祥源觀，晉秩工部尚書。

仁宗立，進兵部尚書。未幾，以太后姻家罷爲保大軍節度使，知河陽。逾年，請入朝，加中書門下同平章事、判許州。冀朝廷復用，留滯京師，爲臺臣奏劾，乃亟去。天聖初，改武勝軍節度使。明年來朝，上言：「先壠在洛陽，願守宮鑰。」卽以判河南府，再改泰寧軍節度使。

惟演雅意柄用，抑鬱不得志。及仁宗耕藉田，求侍祠，因留爲景靈宫使。太后崩，落平章事，爲崇信軍節度使。居無何，特贈侍中，追封英國公。太常張瓌請謚文墨，已乃改文僖。其本末多詳宋史，兹不具録。

惟演文辭清麗，名與楊億、劉筠相上下。於書無所不讀，家儲文籍侔秘府。尤喜獎厲後進。所著典懿集三十卷，又著金坡遺事、飛白書敍録、逢辰録、奉藩書事若干卷。常曰：「吾平生不足者，惟不得於黄紙上押字爾。」蓋未常歷中書也。

子暧、晦、暄，從弟易。易子彦遠、明逸。父子兄弟相繼以制策登科，爲錢氏一時之盛。經藉志載惟演記其父事，有家王故事一卷。

惟濟字巖夫，忠懿王第六子。錢氏家乘云第八子。生七歲，王徙封漢南，奏補本府元從指揮使，歷諸衛將軍，領恩州刺史，改東染院使，真拜封州刺史。嗣後請試郡，宋真宗命知絳州。民有植條桑者，盗奪桑不能得，乃自創其臂，誣桑主欲殺人，久繫不能辨。惟濟取盗與之食，視之，盗以左手舉匕箸，惟濟曰：「以右手創人者上重下輕，今汝創特下重，正用左手傷右臂，非爾自爲之邪？」盗乃服誣妄罪。

未幾，遷永州團練使，改知成德軍。仁宗時，加檢校司空。民有僞作白金質取緡錢者，其家來告，惟濟曰：「第言被盜，示以重購，質者當來責餘直，卽得之矣。」已而果然，杖配之。〔一〕改吉州防禦使，除虔州觀察使，旋知定州。升武昌軍節度觀察留後。惟濟喜賓客，豐宴犒，家無餘貲，所負公使錢至七百餘萬。卒，贈平江軍節度使，謚曰宣惠，賜賻錢三百萬、絹千匹。所著有玉季集二十卷。

惟濟多吏才，而性苛忍，所至牽蔓滿獄。重囚棄市，或至斷手足，探肝膽，以爲常。知定州時，有婦人待前妻子不仁，至燒銅錢灼臂，惟濟命取所生兒置雪中，械婦人往視兒死。其慘毒多此類。

忠獻、忠懿二王親從子凡六十八人，今見傳記者不過十餘人，他不可得而詳也。安國縣法華院有僧賜號普照大師，傳爲錢王第十九子，疑卽忠懿王子云。

校勘記

〔一〕杖配之　「配」原作「死」，據宋史卷四八〇吴越世家改。

十國春秋卷第八十四

吴越八　列傳

羅隱

羅隱字昭諫，新城人也；後改新城爲新登，亦爲新登縣人。祖知微，唐福唐縣令；父修古，應開元禮。隱本名横，貌寢陋，凡十上不中第，遂更今名。少能詩，與族人虬、鄴齊稱，時人謂之三羅。

初寓池州梅根浦，刺史竇濻營墅居之，因自號江東生，尋爲唐相鄭畋、李蔚所知，卧病長安。會天旱，詔大京兆祈雨作法，隱上疏切諫，詞涉規諷，竟不用。疏畧曰：夏五月，京畿旱，癸巳日，聞詔大京兆用器水罏香蒲蕭絳幡輩致於坊市門，將所以用舊法而召雨也。臣聞水旱與天地同出，苟時或然，不可以倉卒除去。今秦地旱已逾月矣，而陛下禱祠亦以頻矣，天之高，地之厚，五嶽之綿亘，四瀆之宏遠，陛下命百執事啓祈外，何常不以心祝之，雖莖槁苗乾，而百姓不怨嗟者，其感陛下之誠深也。今以蒲蕭輩爲請者，豈陛下以其靈於嶽瀆者乎？夫嶽瀆視陛下之公輔，裂陛下之土田，苟陛下憂，則嶽瀆亦宜憂矣。受祭據封者尚未能爲陛下出力，彼蒲蕭輩復何足以動天，臣爲陛下不取也。

已而遇羅尊者，以相術勸隱曰：「君志在一第，官不過簿尉耳。若能罷舉，東歸霸國，富貴必矣。」隱由是從事湖南，歷淮、潤諸鎮，復多齟齬不合。隱與顧雲等謁淮南高駢，隱見駢酷好仙術，潛題后土廟刺之，連夕挂帆而返。巫者告駢，駢怒，發急棹追之，不及。後駢遇害，隱著妖亂志以非之。

是時招討使宋威征賊不時進，隱詣軍門上書，言：「王仙芝、尚君長等，凌突我廬壽，燖剥我梁宋，天子因處分十二州，取將軍爲節度，非方鎮之無帥，非朝廷之乏主，蓋以將軍跳出隴右，不二十餘年，三擁節旄，謂將軍必能知恩用命耳。今聞羣盜已拔睢陽二城，大梁亦板築自固，彼望將軍，猶沸之待沃，壓之待起也。而將軍朱輪大旆，優游東道，不知朝廷以八十三州奉將軍侍衞者乎？抑將俾將軍旦夕剪此草寇也。」威得書，甚病其言。

久之，歸杭州，謁武肅王，懼王不納，乃以所爲夏口詩標卷首，中有「一箇禰衡容不得，思量黄祖漫英雄」句。王覽詩大笑，加殊遇，貽以書曰：「仲宣遠託婁荆州，都緣亂世；夫子辟爲魯司寇，只爲故鄉。」隱曰：「是不可去矣。」武肅王初授鎮海節度使，令沈崧草謝表，盛言浙西繁富，成以示隱，隱曰：「今浙西兵火之餘，日不暇給，朝廷執政方切於賄賂，此表入奏，執政豈無意要求邪？」迺請更，其畧曰：「天寒而麋鹿常遊，日暮而牛羊不下。」朝廷見之曰：「必羅隱辭也。」及昭宗易名曄，隱爲賀表，云「左則虞舜之全文，右則姬昌之半字」，京師稱爲第一。梁既篡唐，欲以虚爵縻强藩，進武肅王吴越兩國，且以諫議大夫召隱。隱不行，請舉兵討梁，曰：「王唐臣，義當稱戈北嚮，縱無成功，猶可退保杭、越，自爲東帝，奈何交臂事賊，爲終古羞乎！」王始以隱不遇於唐有觖望心，及聞其言，雖不能用而心竊義之。

王待隱日隆，時西湖日納魚數斤，號使宅魚，會王召隱題磻溪垂釣圖，隱借詩寓意，遽蠲其征。詩曰：呂望當年展廟謨，直鉤釣國更何如；若教生在西湖上，也是須供使宅魚。又一日，寢疾，王親臨撫問，因題詩於壁：詩云：黃河信有澄清日，後代應難繼此才。隱爲續末二句，幕紅紗於上，以誌恩遇焉。

隱性不喜軍旅，而料事多中。初武肅王城西府，命賓寮巡覽，顧謂左右曰：「百步一敵樓，足言金湯之固。」隱徐曰：「敵樓不若內向爲佳。」及武勇都之變，援兵多自外攻內，人皆以爲先見。世傳隱出語成讖，閩中書筒灘、玉髻峯皆留異迹，而黃滔贈隱詩亦云「三徵不起時賢議，九轉丹成道者言」。

累官錢塘縣令，授鎮海軍掌書記、節度判官、鹽鐵發運副使，除著作佐郎、司勳郎中，歷遷諫議大夫、給事中、發運使，賜金紫。天寶三年十一月卒，年七十有七。葬新登縣界，沈崧誌其墓。任臣按：研北雜志：謝皐父常至新城，聞故老言羅隱給事家在縣界徐村之水隝，冢碣猶存。梁開平四年沈崧志。又錢塘縣志云：隱墓在定山鄉居山里。紹興府志云：隱寓居蕭山，卒，墓在許賢鄉。一統志云：隱墓在涇縣東七十里。江西通志曰：羅隱墳在樂安縣羅家潭。所說不同，未詳孰是。

隱爲文章多氣力，而性傲睨。常值韋貽範於舟次，素昧生平，隱直呼舟子曰：「是何朝官！我脚問夾筆，可敵得數輩！」貽範慚恨，卒以此沮之。又作詩文及諢語，常涉刺譏。顧雲依淮南高駢，隱譏之。夏飲於海風亭，雲曰：「青蠅被扇扇離席。」隱遽曰：「白澤遭釘釘在門。」隱在浙幕，沈崧得新榜示隱，隱題其末曰：「霸陵老將無功業，猶憶當時夜獵歸。」又昭宗欲以甲科處隱，有大臣舉隱華清宮詩，云：「也知道德勝堯舜，争奈楊妃解笑何！」其事遂寢。有吳越掌記集三卷，江南甲乙集十卷，江東後集三卷，湘南應用三卷，靈壁子、兩同書十篇，又有讒書五卷、淮海寓言七卷，多散失不傳。

先是，隱適魏，謁鄴王羅紹威，將入境，先寓書敘家世，以紹威爲從子行。幕府吏皆怒曰：「隱一布衣，而姪視大王，可乎！」紹威素重士，且曰：「隱名振天下，王公大人多爲所薄，今惠然肯顧，得爲從子，幸矣。」遂擁旆郊迎，執禮甚恭，隱亦不讓。比行，贈錢百萬，仍以書抵武肅王，稱爲季父。紹威喜學隱詩，號其文曰偷江東集。而青州王師範亦常遣信賫禮幣求詩，及得隱詩，大喜。又令狐滈登進士，隱賀以短章，滈父綯曰：「吾不喜兒得第，喜得羅公一篇耳。」其取重當世有如此。唐末時，新城罾江恆有二氣亘江上，晝夜不滅，至隱與杜建徽生，二氣不復見，識者以爲文武秀氣焉。

子塞翁，官鎮海節度推官，善繪羊，超絶妙於一時。

論曰：語云「士用則爲虎，不用則爲鼠」，豈不信哉！方隱屢躓進士第，徧歷諸州，馳驅擾攘之中，憊矣！及遭逢霸主，文采爛然，聲施後世，可不謂得時而駕邪！雖然，以彼義形於色，勸興兵伐無道梁，藐眡强藩，畜以從子，大義侃侃，又寧獨以文士見哉！

顧全武　杜稜　成及　馬綽　阮結

顧全武，餘姚人也。後武肅王爲親校，與杜稜、阮結等常侍左右。久之，授武勇都知兵馬使。董昌作亂，昌將徐淑會淮南將魏約共圍嘉興，全武將兵往救，破烏墩、光福二寨，有功，還守西陵，以遏淮南安仁義之師。已而敗昌將湯舊於石城，復攻餘杭，擒昌將徐章，又降袁邠，圍越州，昌嬰城自守，遂去帝號。會蘇州陷，成及爲淮南所鹵，武肅王急徵全武趣西陵，使備淮南。全武曰：「越州，賊之根本，奈何垂克而棄之？請先取越，後復姑蘇爲便。」而是時昌有兄子真者，驍勇善戰，全武攻之，逾年不能下。真與其裨將刺羽有隙，羽譖殺真，昌兵乃敗；全武執昌殺之。是役也，先登陷陣、設伏捕鹵、圍城降敵，全武之功爲多。

明年，全武復由海道至嘉興，破淮南十八營，鹵淮南將魏約。頃之，拔松江，破無錫，連取常熟華亭，逐海寇王騰。時騰據華亭。已又攻蘇州，走臺濛，敗周本，所向無敵，遂克蘇州，陷崑山，降其將秦裴。裴之守崑山也，全武帥萬人圍之，裴屢出戰，使弱者披甲執矛，壯者彀弓弩，全武每爲之却，至是勢迫降。武肅王命設千人饌爲餉，裴出羸兵不滿百人，王怒曰：「軍弱如此，何敢久拒。」對曰：「裴義不負楊公，今力屈而降，非心降也。」全武力勸王宥之，時人頗稱其長厚。

天復元年，有傳武肅王爲盜所殺，吴王遣李神福帥師取杭州。全武列八寨以待，而神福與全武相持久，縱杭俘使出入卧内，陽謂諸將曰：「杭兵尚强，我師且當夜還。」杭俘走告全武，全武不意其詐也。薄暮，神福故令羸兵先行，而使都將吕師造伏兵於青山下，神福親殿其後。全武素輕神福，引兵追之；伏發，爲神福所擒。王聞之驚泣曰：「喪我良將！」會明年吴以秦裴故，遣全武來易，全武由是得歸國，而武勇都之變作。

初，徐綰叛，王使全武備東府，全武曰：「東府不足慮，可慮者淮南耳。綰急，必召淮兵至，患不細矣。楊公大丈夫，今以難告，必閔我。」王以爲然。全武曰：「獨行，事必不濟〔一〕，擇諸公子可與俱行者。」王曰：「吾常欲以傳璙昏楊女。」迺使隨全武如廣陵。綰果召田頵於宣州。全武等至廣陵，吴王以女妻傳璙，趣徵頵，頵怏怏而還。是時微全武力爲聯姻楊氏，杭越幾殆。未幾，陳詢叛睦州，淮南遣陶雅助兵，全武時爲指揮使，復與王球共禦雅，失利。居數年，卒。

先是，全武建宅越地，畢工之際，梁棟户牖皆出水，竟不得入居而死，時人謂之宅泣。或言全武少落魄無行，常髠髮爲沙門，故左右以僧爲諱。當圍崑山日，全武檄秦裴降，裴封函納款，全武大喜，亟召諸將發函，則佛經一卷，全武大慚，曰：「裴不憂死，迺戲我乎！」由是攻益急，引水灌城，而城遂破。

杜稜字騰雲，新城人。父仲明，不仕，累贈水部員外郎。方廉杜將軍廟記曰：杜自漢御史大夫延年起家，迨唐亂爲永嘉太守，五子分適他郡，少子册居錢塘，遂爲錢塘人。後有仲明仕水部員外郎，實生稜。

當唐乾符、廣明間，盜賊充斥，寇掠兩浙，無虛日，杭州練諸縣鄉兵討之。稜時爲東安都將，更號武安營，與董昌、徐及、凌文舉等稱杭州八都，推昌爲長，而以武肅王副之，武肅王功業日盛，僖宗拜爲杭州刺史。稜謂諸子曰：「吾每責人，不過十罰，則爲之傷心。觀錢公，每有斬決，皆談笑自若。成大事者，必此人也。」遂傾心事之。

潤州牙將劉浩逐其帥周寶，寶奔常州，浩推薛朗爲帥，武肅王命稜與成及、阮結討之，敗其將丁重德、趙君度，一作李君睢。取常州，奉寶歸杭，奏除稜常州制置使。稜屬其兵於諸子，建思治内，建徽禦外，建孚則往來經度其間，皆以武藝稱焉。

龍紀元年，宣州將田頵、李友一作宥。來攻，鑿穿地道，甲兵俱從土中夜入稜寢室，執稜於卧榻而去，已而縱之歸。大順二年，武肅王以淮南數侵邊境，令稜築東安城自固，稜相險易，度資用，因山爲城，環地爲池，越十月而訖事。昭宗以武肅王領鎮海節度使，卽以稜充副使。乾寧二年，武肅王奉命討董昌，昌乞師淮南。淮南將田頵、安仁義率衆攻東安，稜憑城自守。會乏水，穿井百尺不得泉；稜默禱於神，泉卽湧地出。是時，頵與仁義號淮南勇將，樓櫓翔空，矢石交迸，稜隨機拒敵，日斃淮南兵於城下者無筭。淮南兵百端攻之，不可下，由是紫溪、保城、建寧、靖江四鎮，皆聚保東安，民懷其恩，因目其井曰杜公井。明年，董昌伏誅，改威勝軍曰鎮東，唐拜武肅王鎮海鎮東節度使，進稜兩浙諸軍都指揮使、行軍司馬。一云許在鄉建立生祠

又明年，安仁義來攻婺州，武肅王命稜將兵救之，仁義移兵攻睦州，竟不克。稜累官潤州刺史。卒，墓在新城縣北三里官塘之原。命立祠新城縣西。今名杜將軍廟。後以子建徽貴，贈太師。

初孫儒死，士卒多奔浙西，武肅王愛其驍悍，以爲中軍，號武勇都，稜諫曰：「狼子野心，他日必爲患。請以士人代之。」王不聽。及徐綰之亂，命使祭稜，以旌其先見。建思、建孚、建徽後悉以功名顯，建徽別有傳。

成及字宏濟，錢塘人。祖克評，唐嘉王府長史；父貞，唐國子博士。及性篤厚，爲鄉里所重。乾符中，代聞人宇隸八都之一，遂以富陽鎮稱靜一作靖江。都將劉漢宏作亂，從武肅

王討平有功。俄武肅王拜團練使，隨以及爲副使。

及與武肅王同事，攻討密謀多出於及。及因爲子仁璹娶王女，情好甚篤。會北關鎮將劉孟安有貳心，卽席奮劍犯王，及舉繩牀蔽之，得免，偏將盛造旋執孟安，誅死。以功奏遷散騎常侍，復爲靜江鎮將。光啓中，奉命征薛朗。時常州刺史丁從實具牛酒以犒浙師，仍遺美女於諸將，及取而斬之，餘悉不納，遂克常州。尋平潤州，奏授兵部尚書，充本州防禦使。龍紀二年，代阮結爲潤州制置使，累遷檢校司空。

乾寧三年，改蘇州刺史。是時淮南兵圍蘇州，常熟鎮使陸郢、巡檢郭用一作周與其黨趙邯以城應弘農王楊行密，邯手刃其母妻子而盟。城陷，及倉卒被鹵。弘農王聞及家所蓄惟圖書藥物，大加欣賞，歸署行軍司馬。及拜且泣曰：「及百口在錢公所，失蘇州不能死，敢求富貴乎！願以一身易百口之命。」引佩刀欲自殺，弘農王遽執其手，止之，館於府舍。明年，淮南將士魏約等爲浙所獲，弘農王計留及無益，遣及歸以易約爲辭，武肅王許之。除及鎮海軍節度副使，奏授司徒，至太傅。

武勇都之變也，先是軍中以治溝洫過勞，有怨言，及亟請罷役，不聽，已而亂驟作。武肅王自衣錦軍回，不得入，及假建王旗鼓，高牙大蓋，擁節先驅，與徐綰等戰，而王得微服進城，部署軍卒，大亂畧平，及功居多焉。武肅王性嚴急，每有撿發，必亟加斬決，或及至，雖盛怒，輒爲之霽容，其寵遇如此。累陞贊正安國功臣、保大彰義等軍節度使、開府儀同三司、檢校太尉、贈太師、兼侍中。卒，年六十七。

及，天寶初避梁廟諱，改姓爲咸，梁太祖父烈祖，名誠。子孫時仍稱本姓。

馬綽，餘杭人也。爲人淳直，居恆以忠節自許。初與武肅王俱事董昌，昌常使王閱部伍，亡其名籍，王歷唱之，存亡健悴，都無所失。綽密語王曰：「老子素猜忌，駭公强記，當必相圖。」迺以白㲲數番陽授王，若代軍籍者，王感其意，深德之，因以從妹歸綽。九國志云：綽以女弟妻鏐，鏐復爲元瓘取綽女。今從備史註。

綽尋隨昌於越州，昌僭號，綽棄家來奔，奏授諸城都指揮使。徐、許之亂，綽有發懸門功，武肅王隨命文穆王納綽女，是爲恭穆夫人。綽累職鎮東軍節度副使、兩浙行軍司馬、睦州刺史。已又進雄武軍節度使、薛史作秦州節度使，卽雄武軍也。檢校太傅、同平章事。天寶十一年，加檢校太尉。久之，卒，年七十一。

阮結字韜文，錢塘人。唐末杭州建八都，結亦與爲副焉。結出入武肅王左右，號親校。中和二年，以征劉漢宏功，奏授散騎常侍。光啓三年，征常州，又平潤州，累加户部尚書。

四年，充潤州制置使，加刑部尚書。初，徐約黨三千餘人來降，結撫之失所，因散香甘露寺，輒爲亂，投結於江，遂成疾而卒，年四十六。

論曰：武肅以驍雄之資，崛起草間，羣策羣力，一時景附。若全武、及者，洵能擇其主已。稜子濟美奕世，綽女作配王家，視豐沛故人，膺寵爲獨厚。結遭悍卒之變，未竟其用，忠誠靡貳，亦詎出諸公下焉。

杜建徽　鮑君福　曹圭　屠瓌智

杜建徽字延光，稜之季子也。彊勇不與諸昆類，常在山墅，私署軍州押牙，紀於楝，鄉里見焉，驚聞稜，稜加督責。建徽對曰：「大丈夫何止一軍事押牙邪！」始從軍，無事人志，及稜歸武肅王，迺以父命盡心於王。累從征伐，所至輒立功，軍中謂之「虎子」。乾寧初，隨討董昌，被箭中左肩，建徽猶能軍，無退志。無何，稜遷常州制置使，建徽代爲武安都將，會稜爲淮南鹵，及歸，見建徽軍中嚴整，無改其制，甚稱之。稜將歿，散家財與衆子，惟授建徽一笏，一作劍。曰：「此吾歷諸任所秉者，獨汝能傳之，故乞汝。」徐綰、許再思之亂，建徽時爲武安都指揮使，自新城入援；賊聚木將焚北門，建徽悉鈎奇其言而止。

勸王渡江保越州者，建徽按劍叱之曰：「事苟不濟，同死於此。豈可復東渡售命於賊乎！」王取其木燬焉，賊爲氣奪。頃之，武肅王由衣錦城歸，遣建徽及馬綽、王榮等分屯諸門。或有

天復三年，睦州刺史陳詢叛，詢與建徽兒女姻也，王頗疑其有他志，密命馬綽伺建徽意。建徽曰：「陳氏負恩背義，自貽覆敗，建徽既爲姻婭，誼當見疑。然累書敦諭，皇天后土實鑒臨之，惟拔城獲書，庶明此心耳。」已而詢親吏來奔，得建徽抵詢書，皆責以大義，無逆辭，迺知建徽長者，王宿疑頓解，賜錢一百萬緡。建徽兄建思，與建徽不相能，至是告變，言建徽私蓄兵仗，亂且不測；武肅王急命親校索之，建徽方具食不顧，聽使者入卧内，絕無所得，王以是益加親重，遷浙東營田副使、常州刺史、行軍司馬，爲搆第城南，親與規畫。

天寶八年，送王子傳珍進京師，尚梁壽春公主。未幾歸，進涇源節度使。十六年，王建吳越國如天子制，以建徽爲左丞相，每朝會，王必以目送之，曰：「今日忝竊一方，杜丞相力也。」建徽歷仕四王，累官國子祭酒、涇源昭化諸軍節度使、丞相、兼中書令，封鄖國公。乾祐三年卒，年八十有八。贈太師，謚曰威烈。

建徽子孫兄弟朱紫盈門，而性尚儉素，導從不過數人，財物多散鄉里親族。忠獻王時，孫昭達爲内牙都監使，盛治第宅，强建徽觀之，曰：「乳臭子，不諳事乃爾！」俄昭達果以

罪誅。

少驍悍，臨敵輒單衣入陣，不介馬而馳。從王弟鏢援姑蘇，與敵遇河梁斷處，鞭馬徑度，及岸，馬斃而建徽自若也，因瘞其馬，號曰「馬冢」。至老不廢騎射，常擊毬廣場，與酣，有宿中箭鏃自臂中飛出，時人壯之。

鮑君福字慶臣，唐太子少保防之裔也。後遷越，遂爲餘姚人。祖興，父琛，俱不仕。君福少羈貧，爲人沉默少言，純厚有膽畧。餘姚有井面廣丈餘，每恣卧其上，無懼色，鄉黨異之。及從軍，以驍果稱。初隸劉漢宏部爲牙將，曹娥埭之役，來歸武肅王，武肅王使領一軍，號向明都。

君福常側兜牟臂弓注束矢馬上，輪雙劍如飛，出入陣中，望之若流電，人皆呼曰鮑鬧。累積戰功，爲衢州應援指揮使。屬刺史陳璋叛，淮南人入其境，脅君福爲郡職，君福不納，武肅王慮其遇害，密賜帛書令姑受命以緩旦夕死。終堅拒不肯從，伺守者李元嗣醉，遂馳歸。尋授衢州刺史。吴將周本守信州，屢侵信安境，君福時時率數騎往追之，本卽遁去。天寶十一年，王子傳球攻信州，從斬吴將李師造，擒偏將馮敏等，功爲諸軍之冠。文穆王領清海節度使，辟爲副使。及將罷郡，武肅王勞曰：「比在任，戰敵而已，未足以盡副使才。」因復命之任。

君福在衢州凡一十二年，後遷湖州，累職鎮海軍節度副使、浙西行營司馬，奏授登州刺史、保大保順等軍節度使、檢校太尉、同平章事、兼侍中。天福五年卒，年七十七。贈開府儀同三司，謚忠壯。君福有賜田在錢塘，今所爲「鮑家田」是也。田近玉泉。子修讓，別有傳。

曹圭，本歙州人。父信，知嘉興監事，尋由歙徙杭，爲臨平鎮將。八都建時，信因保嘉興東界，遂家臨平焉。圭之將生也，信夢一丈夫謂曰：「我當爲爾子，有二千石。」已而生圭。圭少負膽氣，唐末事武肅王爲嘉興都將。淮南兵圍嘉興，圭與族人師魯環城固守，淮人望氣者曰：「此雖孤城，中有貴人，未可圖也。」是時戎馬充斥，晝夜戒嚴，圭日與師魯登城樓，張樂豪飲，矢石交下，處之晏如。未幾圍解，圭以功超遷蘇州制置使。天寶初，淮南兵復圍姑蘇，會正月望夜，圭及師魯等盛陳燒燈之席，凡賊俘頌繫者悉縱觀之，以示從容。已而圍亦解。久之，以浙西營田副使、檢校太傅終於蘇州。

師魯形短而多智，武肅王常稱曰：「今晏嬰也。」人因號爲曹晏嬰，竟居鎮而卒。

圭子仲達，有傳。

屠瓌智字寶光。其先河東人，晉將軍擊之後也。祖某，避地歙川，遂爲海鹽人。母顧，夢抱璧有光而生，故名瓌智。

瓌智姿貌偉傑，夙有勇畧，更善屬文。唐時累舉不第，武肅王初起，鄉兵逐黄巢，瓌智仗劍相從，數數以籌畫進，得參幕府謀議。董昌僭號，瓌智首勸討賊，昌誅，以功授指揮使。乾寧四年，同顧全武副王弟鎮自海道救嘉興，生擒賊將楊勝、頓金等二十餘人，計功遥領常州刺史。明年春，再遷越州指揮使。光化元年，衢州刺史陳岌叛，瓌智又同全武等討平之。三年，調守湖州。

徐綰、許再思之亂也，刺史高彦遣子渭與瓌智入援，渭曰：「今日不利。」彦曰：「赴君父之難，何以吉辰爲？」瓌智排案起，曰：「違主命不忠，畏縮不前無勇，死忠死勇，丈夫分也。」偕渭直抵靈隱山賊壘，敵勢方張甚，合圍數匝，二人自朝至日晡，轉戰數里，身創百處，時或奮刀一呼，手搏賊魁數人，即馬上刃之。矢盡援絶，以空拳拒敵，伏發，竟同爲所害，時年五十有二。武肅王閔其忠，命以衣冠招魂而葬。墓碑云：葬開云府海鹽縣南三十六里歙川之青山德政鄉歸仁里開化村。天寶五年，特贈忠義軍匡國功臣、武康節度使、銀青光禄大夫、檢校尚書右僕射、開府儀同三司、上柱國。子龍驤，歙水鎮遏使；昱，□□節度使；晟，湖州判官。墓碑云：瓌智娶錢氏，子龍驤娶聞人氏，昱娶鄭良女，晟娶許氏。

瓌智常有咏志詩曰：「輕身都是義，狥主始爲忠。」至是遂符其讖。丞相皮光業屠將軍墓誌銘曰：「河山毓瑞，帶礪鍾英。徒步奮跡，赫聲濯靈。么麽叛梗，九首馮陵。磨牙王國，吮血蒼生。公怒飈發，撻伐擊膺。矢屠猰貐，以身殉君。功高盟府，猷壯干城。光啓前烈，垂裕後昆。忠孝纘襲，勳土褒旌。連崗崇窆，妥綏義魂。桓赳世選，焜燿貞珉。」

論曰：鄖國出入將相，允文允武，儈圭錫爵，獲躋遐年，非倖也。君福善戰，圭善守，有古名將風。瓌智奮不顧生，卒以身狥，至今猶稱忠烈不衰焉。

校勘記

〔一〕事必不濟　「必不」原作「不必」，今據九國志卷五顧全武傳、新五代史卷六七吴越世家乙正。

十國春秋卷第八十五

吳越九　列傳

高彦子渭　朱行先　黄晟　司馬福　孫琰　吴敬忠　滕彦休

高彦，海鹽人。初與同縣沈夏受武肅王意，密謀誅都將徐及，以其首歸王。前後從征，多顯功，擢海昌鎮將。會湖州刺史李繼徽棄郡奔淮南，彦隨王親巡其地，王由是雅屬意彦，題詩嬰蘭堂壁，云：「須將一片地，付與有心人。」及去，語彦曰：「我以此州授汝矣，汝宜善撫之。」奏遷湖州制置使，旋升本州刺史，遥領費州，加檢校司空、渤海公。彦性淳厚，居湖十一載，政尚寬簡，民頗便之。天祐三年冬，與道場山僧如訥訣别而卒。如訥口能容拳，手過膝，彦常以師禮事之。

渭，彦長子也。初從彦於湖州。武肅王巡衣錦城，會有徐、許之亂，焚掠郛郭，將及內城。彦聞變，亟遣渭赴難，渭遂率所部徑趨靈隱山，伏發，遇害。後淮南檻送徐綰歸王，命剖心祭渭。

朱行先字藴之，海鹽人也。燕頷虎頭，猨臂善射，時人稱曰小由基。起家建寧都將，事湖州刺史高彦，屢立戰功，武肅王擢爲節度左押牙親衛第三都指揮使。及彦子澧敗，率衆自歸，賜號協力觀王功臣，再加佐正匡國功臣，晉秩檢校尚書右僕射、御史。尋爲静海鎮遏使，在鎮恩威並行，甚著聲譽，凡十有五年。寶大元年七月，卒於官，年七十二。贈銀青光禄大夫、上柱國。

弟三人：行存、行勤、行忠。子從訓、智紹，不仕；元晟、元杲，俱節度正散將；元昇，節度下將；元寶、元勝、元贇，凡八人。墓碑云：行先娶汝南周氏、隴西彭氏、清河張氏，三夫人。

黄晟，明州鄞人也。初應募於望海鎮，鎮中立表，以魁梧者爲入格。晟短小，貌寢陋，不中選，乃隸鎮都虞候林膺，已而潛還本鄉募衆，據平嘉埭，時權知州楊僎召署爲平嘉浦將，有衆千餘人。先是劉漢宏以台州賊婁文知明州事，文爲僎所敗，其黨杜宗自寧海鎮率鄉民屯奉化，晟自平嘉埭以所部兵擊之，鹵獲甚衆。居頃之，餘姚鎮將相嘉侵越州，董昌禦之不利，明州刺史鍾季文檄晟統兵攻嘉，殺之。昌以平賊功，奏授晟左散騎常侍，充浙東道東西副指揮使。季文卒，晟遂爲本州刺史。九國志云：會刺史鍾文季卒，遂據其郡。今從吴越備史作季文。

晟頗尚禮士，辟前進士陳鼎、羊紹素爲賓客，江東儒學多依之。號其里曰措大營。昌僭號改元，晟亦移書規諭，及武肅王舉師，晟率衆應之。在任十八年，卒，時天寶二年也。遺疏不請子爲嗣。凡府庫所蓄，必題曰送使，其忠順如此。

司馬福，蘇州人。始隸武肅王水軍，爲遊奕都虞候。天寶二年，淮人圍蘇州，内外阻絶，王濟師莫知音問；福没水中三日，進内得報，復出而援兵，遂與城中弓矢相應。是役也，淮人爲水柵環城，繫鈴於網，沉水底，斷潛行者。福善泅水，先以巨竹觸網，淮人聞鈴聲，舉網，福乃過入城中，其出也亦然，衆莫不以爲神。福故多髯，至是截鬚爲卜者，敵人卒不能識。進官都指揮使。武肅王城吴江，置軍鎮，命福主之，遂老於其職。

孫琰，臨海人。驍勇有智，時人謂之孫百計。積功至牙將，守蘇州。天寶二年，淮南將周本、吕師造圍蘇州，攻法凡百出，不可窮，最後推洞屋攻城，若帲幪然。琰隨機應敵，置輪於竿首，垂組投錐以揭之，攻者盡露。及礮至，則張網以拒，礮遇網輒止，竟無所施，淮南兵遂夜遁。

吴敬忠，於潛人也。從武肅王以八都兵討劉漢宏有功，及王出師助淮南討田頵，敬忠先登陷陣，卒奏捷而歸。梁太祖既封王吴越兩國，敬忠亦以積功授正國功臣、浙西營田副使，累加太師。兄順，以功擢鎮海軍保城都指揮使、檢校司空。弟訢，官太傅。子八人，仕本國皆貴顯。杭州府志：吴敬忠墓在於潛縣南五里豐國後鄉東村。

滕彦休，□□人。幼岐嶷，有辨才。天寶八年，出使於契丹，大得契丹心。明年復報聘，會契丹兵攻梁蔚州，敵樓無故自壞，衆軍乘之，不逾時而破，契丹主引彦休環城以視，因賜彦休名曰述吕。十三年五月，武肅王復令彦休使契丹，兼饋犀角、珊瑚諸物。契丹主大悦，授彦休官，遣還。彦休往反契丹者數四，沿海泝河，跋涉險阻，輯睦鄰封，爲功居多焉。

論曰：高彦遣子赴難，志存君父，其公爾忘私者，與朱行先束身歸正，比匪靡傷。福、琰、敬忠躬在行間，智勇俱奮，庶於王臣無媿焉。黄晟乃心恭順，滕彦休不辱君命，咸有令聞，善夫！

吴公約　章魯封　饒景　薛居正　謝鶚　鍾匡範　陳長官　童頵

鍾廷翰　楊巖　許俊　孫陟　聞人凝　張瑗　劉甫　蔣勛　王畊

吴公約字處仁，餘杭人也。黄巢之亂，杭州八都既建，已又派而析者號十三都，公約其一也。公約初負膽畧，爲縣豪，會朱直起兵，應募西討，以功署西桂鎮遏使。未幾從董昌禦巢於西鄙，加御史中丞，奏置都額，改硤石爲訓兵之所，摧鋒破鋭，日有聲稱。武肅王破越州，公約驍果先登，兵罷，拜千牛衛將軍、肅政□長。頃之，劉浩平，録功擢散騎常侍。已而徐約陷蘇州，武肅王委公約專征，特授北面諸軍行營招討使。明年春，克蘇州，竟讓軍功，以本都歸。王益嘉其忠，授義和鎮遏使、兼本軍水陸都遊奕使。居無何，淮人侵擾，公約扞禦疆域，屢挫敵鋒，遷工部尚書，俄改刑、户二部。杭州府志又云遷左執法。乾寧四年卒，羅隱銘其墓。餘杭志有吴公約尚書碑。

公約澹於嗜欲，所得軍實，率分賚戲下以爲常。爲將數十年，家無長物，出則督勵將士，入則訓誨子弟，稱一時賢將云。

章魯封，一作魯風。桐廬人也。頻舉進士不第。有儁才，少與羅隱齊名。武肅王既破董昌，辟魯封爲表奏孔目官，魯封拒不受，武肅王命吏笞之，已而勉就職。累官蘇州刺史。著章子三卷行於世。

饒景，一作京。青州淄水人。唐廣明時，杭州建八都，景爲唐山都將。天寶時，事武肅王爲鎮海軍紫溪鎮遏使，累有防禦功。十四年卒，王奏聞於梁，贈太保，遂葬金昌縣之金山鄉。後墓木皆高百尺，合抱，有犯之者，輒爲異物所怖，卽止。

薛居正，錢塘人。仕武肅王，官太尉。卒，謚貞顯。葬於靈石山之麓，冢前常有紫藤，遍繞三峯。按居正三世孫昂仕宋，爲尚書左丞，人謂冢前紫藤之瑞應。

謝鶚，南康人。舉唐進士。兒時夢浴溪中，有人以珠一器遺之曰：「吞此則明悟矣。」鶚吞細珠六十餘顆。及長，善爲詩，有文名，仕武肅王爲□□□□。寶大時，朱行先勤王事而歿，鶚爲撰墓誌銘，文章雅贍，一時推許。銘曰：「挺生英特，邈爾奇形。素蘊豹畧，能精武經。戈鋋再舉，氛祲廓清。從兹勇冠，大播家聲。盛績既彰，威名遂振。静守謙敬，動知逆順。惟此侯王，賞其忠信。不有殊功，疇遷劇鎮。匡吴志大，佐越功全。一人注意，百辟推賢。方務剖竹，宜分重權，孰謂梁木，俄隨逝川。生作忠臣，没留遺策，眷彼令嗣，恭承帝澤。丹旐斯引，元宫已闢，萬歲千秋，芳塵永隔。」進士裴説選其詩之善者六十餘篇，行於世。

鍾匡範，唐鎮南節度使傳第二十子也。鍾氏既滅，匡範同母來歸，甚爲武肅王所禮。時匡範獻王雲鶴通天離水犀帶一圍及玉盂一事。玉盂常覆五雀雛於内，熾炭久然，比啓視，而雀雛已飛去，是一異也。武肅王受盂反帶，贈錢二萬緡。匡範因攜帶往碧波亭，命許彦方繫帶行水中，水開七尺許，遂至瑞石山登岸，國人大爲驚異。或云帶故唐明皇御玩，遺在西川，川客獻與鍾傳，傳常寶之。

陳長官，事武肅王爲寧海縣令，會王命增州縣賦税，長官上書極諫，王大怒，逮之獄。長官以死争之，得免。寧海故稱劇縣，租税視諸邑爲獨輕者，皆其力也。至今猶廟祀焉。

童頵，青溪人也。素有勇力，武肅王時多著勤勞，拜西扇都巖將，王賜誥曰：「制：左軍同十將充西扇都巖將頵，早係轅門，久居巖界，星霜屢换，警察無欺。寡人自襲丕圖，廣施慶澤，睠兹勤瘁，宜示陟遷。克固前修，更期後獎。可銀青光禄大夫、檢校太子賓客、兼監察御史、上柱國，充十將，餘如故」。及卒，葬於青溪仁壽鄉。又青溪王延壽，叔唐太尉克儉，與武肅同事征伐，延壽官吴越主簿。

鍾廷翰，□□人。流寓湖州，素有賢名。武肅王命攝安吉主簿，牒曰：「廷翰儒素修身，早升官緒，寓居霅水，累歷星霜。克循廉謹之規，備顯温恭之道。今者願求録用，特議掄材，安吉屬城，印曹闕吏，俾期差攝，勉効公方。倘聞佐理之能，豈吝超昇之奬。」後不知所終。

楊巖，弘農人也。父承休，官唐刑部員外郎，天祐時，副給事中鄭祁册封武肅王爲吴王，會淮南道阻，不克歸，遂留杭州。初承休之行也，挈巖與俱，巖歷仕武肅王父子，累官至丞相。

子鄲，以任子歷官尚書職方員外郎。鄲子蠙，蚤卒。蠙子侃，年十歲，能作雪賦。忠懿王入宋，鄲率侃以其族隨行，僑居宋州。

許俊，鹽官人。年十八，從武肅王，以驍勇稱，屢積戰功，官至節度使都押牙兼御史中丞。寶正三年卒。

孫陟，新城人。武肅王時，歷官杭州刺史，加檢校尚書，已而防禦常州，調兵督戰，歿於陣。以郵禮歸葬於邑之太平鄉，贈銀青光禄大夫、上柱國。又慈溪人馮叔和仕吴越，官至尚書，附記於此。

聞人凝，天寶十六年爲富春令，重建縣治，有興廢功。

張瑗，事武肅王，累官至司空，出鎮華亭。普照寺僧某者，不識物情，以蔬食進焉，瑗頷之，密啓王於寺後鑿三河，訖爲運道，而寺用不寧。

劉甫，其先泉州人，徙居閩縣。□□王時甫舍閩來仕，遂不復還，鄉閭稱其廉孝。子若虚，亦知名於宋。

蔣勛，晉吴郡太守樞之後也。唐末避地婺州之東陽，仕□□王爲金紫光禄大夫、檢校司空兼御史大夫，遂家焉。

王眘，□□人。善畫，尤精牡丹，遂爲一時丹青之冠，不知所終。

沈夏 沈行思

沈夏，海鹽人。初武肅王同董昌討劉漢宏於越州，鹽官都將徐及遣夏與高彥率本部來會師，王見之甚悦，延入卧内，謂曰：「我東征師旅已衆，渡江之役，無勞爾輩。但徐及素强梁，終非我所蓄，以我東渡，必爲後患。汝爲我殺之，當以郡牧相報。吾非誨人爲逆，惟是境土苦於干戈，不仁者宜盡驅除，用息生聚耳。」夏等再拜聽命。王厚遣歸。既歸，告及曰：「董公與錢公以兵討賊，聞將軍遣所部見助，喜動顔色，然時時以東北爲慮，設有竊發，復勞後顧。夏等實託將軍，以爲後據。」及有軍師某者，頗疑夏，勸及爲備，不聽。夏遂與其下謀殺及，及死，其衆遂分。

夏性兇暴，不即來歸，乃以所得衆七千餘人聚臨平山下，擇幼弱者盡殲之，遂得三千人，往嘉興刼吴公約入海爲亂。未幾，縱公約歸，始復奔於杭，武肅王優容之，累從征伐，奏授武勝軍都指揮使，遥領彝州刺史，加檢校司空。至任，輒以殺戮爲事，左右不任用者，即加屠害，王頗惡其所爲。夏復搆私第於北郭，制度與公府埒。長子有過，手刃之，王以其噬子，滋不悦，出爲婺州刺史。會淮南將陶雅侵其境，王不時救，頃之東陽陷，夏遂被執，尋遇害。

沈行思一名行瑜，□□人。積功爲湖州巡校將。初，高澧出奔，行思與都將盛師友同有閉城功，武肅王巡湖州，乃命師友從行，而行思頗有牧守之望，謂同職陳環曰：「盛君來，豈不佩印綬歸邪！不然我後安處，君爲我裁之。」時環已得密旨，俾遣行思歸國，乃給之曰：「二人功本無優劣，且王情尚未可測，宜亟詣府城面較功績，以決其可否。」行思遂來覲王，王亦優待之。環隨送行思之家，至，行思始悟其詐，深銜環，遂懷觖望。王將及國城，行思與環俱候北郊，行思自取巨槌擊殺環，奔王舟以陳其前功，復言師友與環毁誾之狀。是時師友方從，亟引以相證，行思輒奪威鎗刺師友，左右遂擒之。王曰：「吾早以汝强梁，故不欲任汝。繼念閉城功，將牧以他郡。今所爲若此，疇能容之。」命斬於龍丘山，許其家收葬。而師友竟擢婺州刺史。

論曰：吴越開國諸將，隸麾下者多恂恂和雅，慕祭遵、羊祜之遺風。沈夏獨恣睢嗜殺，戮及愛子，洵天資刻薄人也。行思覬覦專城，鞅鞅自失，戕害同官，自取罪戾，倘所云匹夫之勇非邪！

十國春秋卷第八十六

吴越十　列傳

沈崧　皮光業　曹仲達　林鼎　仰仁詮

沈崧字吉甫，閩人也。祖輅，唐大理評事，賜緋；父超，福州長溪縣令。崧初生時，有大蛇墜榻前，引首注視，久而方去。既七日將浴，忽風雨震壞浴盤，人咸異之。乾寧二年，刑部尚書崔凝知貢舉，登進士第者二十五人，崧與焉。已而昭宗御武德殿，命翰林學士陸扆、秘書監馮偓覆試，凡落十人，是日崧再入選。閩書云：崧，乾寧三年丙辰狀元。羅江東外紀云：崧與羅隱從事浙江幕下，主公出伎，衆稱殊麗便是姮娥。崧曰：「姮娥甚陋，安可及？」主公驚曰：「書記識姮娥否？」曰：「崧兩度到月宫，何爲不識？」崧蓋以是譬隱云。

尋歸閩，道由淮甸，淮帥辟之不就，遂經杭州，武肅王留爲鎮海軍掌書記，除浙西營田副使，奏授秘書監、檢校兵部尚書、右僕射，凡書檄表奏，多崧所出。後唐莊宗即位，改元同光，武肅王問其祚修短，崧曰：「觀此號，爲國不成，止一口耳。」文穆王立，雅好儒學，置擇能院，選吳中文士録用之，命崧領其職。國建，拜崧丞相。天福三年二月卒，年七十六。謚曰文獻。有集二十卷。按仁和縣志：縣東二十五里沈家塘，卽崧宅。

皮光業字文通，世爲襄陽竟陵人。父日休，有盛名，唐末爲蘇州軍事判官、太常博士，遂家焉。光業生於姑蘇，十歲能屬文，及長以所業謁武肅王，與沈崧、林鼎同辟幕府，累署浙西節度推官，賜緋。

天寶九年，王欲通誠於梁而難其人，且中隔淮南，輒繞道爲苦，於是以光業爲才使，自建、汀逾虔、郴，越潭、岳、荆南入貢。梁均王大喜，加王天下兵馬大元帥，開府置官屬，特賜光業進士及第，仍賜秘書郎，授右補闕内供奉，賜金紫。

未幾，淮人來求好，王以光業報聘，及還，贈錢三百萬，復禁其出，且曰：「可以市易。」光業曰：「我使介也，豈賈豎也。」乃委置而去，淮人亟載隨之。尋兼兩浙觀察使。文穆王嗣立，命知東府事。天福二年，國建，拜光業丞相，與曹仲達、沈崧同日受命，凡教令儀注多所考定。光業美容儀，善談論，見者或以爲神仙中人。性嗜茗，常作詩以茗爲「苦口師」，國中多傳其癖。八年二月丙辰卒，年六十七。謚曰貞敬。所撰皮氏見聞録十三卷行世。又有妖怪録五卷。

初，光業微時，夢亭上偶人皆列拜，覺而自負。又旅遊會稽，有神降於里巷，光業往視之，神輒不語，及去，衆詰之，曰：「皮秀才此土地主，我小神，不當遽見。」梁選王子傳珍爲駙馬都尉，光業奉命如京師，及歸經靖海，山陰令滕文規故光業舅也，日暝，見有黃衣吏報曰：「皮補闕今已及靖海。」俄失所在，其異徵多此類。

弟光鄴，官溫州刺史。子璨，或作文燦，非。官元帥府判官，著有鹿門家鈔詩詠。三世皆以文雄江東，識者榮之。

曹仲達，圭之子也。本名弘達，後避孝獻世子諱，更今名。仲達生於臨平，當母坐蓐時，室有紫光，家人咸異之。稍長，圭欲其習勞，品膳悉與僕隸等，卽嚴冬尚未挾纊，又日令運甓以苦筋骨。尋爲鎭東軍押牙。圭在蘇州日，常乞婚於睦州陳詢，至是遣仲達親迎，卜之，曰：「陳非耦也，當聘他族，以致榮顯。」已而道過錢塘，武肅王奇其貌，遂以王妹儷焉。累授台、處二州刺史。

文穆王立，命仲達權知政事，及建國，拜丞相，與沈崧、皮光業同秉國鈞。忠獻王卽王位，仲達復攝行軍府事。時大賚諸軍，軍中言賜予不均，輒大譁，舉仗不受賜，諸將不復能制，仲達親出階諭之，辭旨曉暢，皆釋仗而拜。仲達性仁厚好施，食不兼味，文穆王雅重之，每呼丞相而不名。卒，年六十二。謚曰安成。

林鼎字涣文，侯官人。父無隱，有詩名，流寓明州，刺史黄晟頗好禮士，無隱依之。鼎生於明州之大隱村，及長，謁武肅王，王以爲觀察押牙。尋辟文穆王幕府，文穆王以其才行累薦，不見用，一日復密薦之，武肅王曰：「鼎骨法非常，真輔相器。然我不驟貴者，欲汝貴之，庶盡心於汝也。」文穆王襲位，署鎮海軍掌書記、節度判官。

鼎性讜正而强記，能書，得歐虞筆法，比中年，讀書必達曙，所聚圖籍悉手鈔數過，卽殘編斷簡，亦較讎補綴，無所厭倦。國建，命掌教令，尋拜丞相，凡政事有不逮者，鼎必極言，罔忌諱。天福中建州之役，鼎指陳天文人事，累疏切諫，王不用鼎言，卒無成功，人多鼎有先見云。開運元年正月卒，年五十四。謚曰貞獻。有吴江應用集二十卷。

仰仁詮，湖州人也。事文穆王爲牙將，以練達稱。王弟元珦不法，文穆王命仁詮詣明州召之，左右慮元珦難制，勸衷甲以往，仁詮竟常服造聽事，偕元珦還杭州，神氣優暇，略無周章，時皆服其度量。久之，建州刺史王延政與閩主相攻，乞師於杭，仁詮奉命往救，師久不旋，隨爲延政所敗。及忠獻王立，納仁詮女爲元妃。累官寧國軍節度使，同參相府事。

未幾，卒。

弟仁謙，隨忠懿王歸宋，授太子舍人，出知永嘉縣。

論曰：崧王質金相，黄中通理；光業文章爾雅，黼黻邦家；仲達、鼎鬱然人望，遇事能斷，聯鑣競爽，出入端揆，彬彬乎皆華國之選也。仁詮雅有幹畧，雖失利南征，而蓋愆末路，亦過不掩功者與。

陸仁章　章德安　郭師從　唐仁恭

陸仁章，睦州人也。少微賤，有大志，以窮困爲武肅王園卒，時人未之知也。武肅王常遊府園，見仁章樹藝有智而志之。及淮南兵圍孫琰於蘇州，繞城三匝，無路可通，武肅王使仁章設計入城，果得琰報而出，由是益加稱賞，以諸孫輩畜之。累遷兩府軍糧都監使，俄轉內牙指揮使。及武肅王薨，文穆王已承制統軍府事矣，方與兄弟同幄行喪，仁章進曰：「令公嗣先王霸業，將吏旦暮趨謁，當與諸公子異處。」乃命主者更設一幄，扶文穆王居之，告將吏曰：「自今惟謁令公，禁諸公子從者，無得妄入。」晝夜警衞，未常休息。

寶正末年，左右皆附文穆王，仁章獨數數以事相犯，至是勞之再三，仁章曰：「先王在位，仁章不知事令公，今日盡節，猶事先王也。」文穆王嘉歎久之。自是仁章與指揮使劉仁杞居中用事。仁章性剛，仁杞好毀短人，頗爲衆切齒。一日，諸將詣府請誅二人，文穆王使從子仁俊諭曰：「二將事先王久，吾方圖其功，汝曹迺欲逞私憾殺之，可乎？吾爲若主，若當禀吾命，不然當歸安國以避賢路。」衆懼而退，遂以仁章爲衢州刺史，仁杞爲湖州刺史。仁章歷官至保大軍節度使，同參相府事。天福四年卒。仁杞，富春人。按富陽舊志：天成三年，縣令陸仁章禱宋明王廟有應，請封爲通聖侯。仁璋與仁章豈卽一人歟，存以俟考。

章德安，處州麗水人。累官至內都監。文穆王寢疾時，察德安忠直能斷大事，欲屬以後事，語之曰：「弘佐尚少，當擇宗人長者立之。」德安曰：「弘佐雖少，羣下服其英敏，願王勿以爲念。」王曰：「汝善輔之，吾無憂矣。」已而，文穆王薨。內牙指揮使戴惲者，與文穆王養子弘侑比，蓋弘侑養母，惲妻之私親也。或言惲謀立弘侑，德安秘不發喪，伏甲士於幕下，殺惲，廢弘侑爲庶人，復其孫姓而幽之。居無何，上統軍使闞璠彊而横，排斥異己，忠獻王不能制，德安數與之争，璠遂以計貶德安於處州。右都監李文慶亦不附璠，同時貶睦州。文慶，故睦州人也。

郭師從，合肥人。田頵婦弟也，隸頵部下爲都虞候。文穆王質宣州時，頵每戰不利，輒顧左右索錢郎殺之，師從與頵母多方保護，得不死。頵敗，師從隨歸杭州，武肅王德其人，署爲鎮東都虞候，數從文穆王破廣德，征無錫，有功，累遷浙西營田副使。忠獻王時，拜同參相府事。卒，年八十四。

唐仁恭，其先世自晉昌徙餘杭。唐天復中，有建威推官希顔者，卽仁恭父也。仁恭事文穆王爲唐山縣令，有能聲。子渭，仕宋，官職方郎中。

論曰：仁章誼無狥私，德安忠以事主，當文穆授受之際，仁章正其始，德安正其終，大義斷然，雖古名臣何加焉。師從保全王躬，託魚服於豫且之網，得膺壽考，宜矣。仁恭擅良吏才，撫循一邑，殆所云豈弟君子、民之父母者邪。

水丘昭券　薛温

水丘昭券，安國人。漢有司隸校尉水丘岑者，昭券蓋其後也。性沉厚，知書，能文章。武肅王母出自水丘氏，昭券以國戚故，事忠獻王爲内都監使。唐攻福州急，福州使者乞師於杭，諸將多以道險遠爲解，昭券言：「救鄰恤災，古今通義。」勸王宜亟濟師，與王意頗合，從之。忠獻王之誅程昭悦也，令昭券夜率甲士千人圍其第，昭券曰：「昭悦家臣也，有罪當顯戮，不宜夜興兵。」王以爲知大體。

及忠遜王立，忿統軍使胡進思橫甚，與指揮使何承訓及昭券密謀逐之於外，昭券以爲進思黨盛，未可猝去，不如姑容之，以俟後圖，王猶豫未決。會承訓懼事發相及，反洩其謀於進思。居數日，王夜宴將吏，進思疑圖己，輒戎服執兵帥親兵百人入見王於天册堂，曰：「老奴無罪，何故見圖？」遂錮王義和院廢之，并殺昭券及進侍鹿光鉉。光鉉，忠遜王舅也。進思妻聞昭券死，泣下曰：「他人猶可殺，昭券君子也，奈何殺之？」

薛温，錢塘人，以武勇爲親軍都頭。天福十二年，統軍使胡進思既廢忠遜王而迎忠懿王，領兩軍事。明年春，遷忠遜王於衣錦軍私第，進思日請圖害，譬説百端不止；忠懿王慮其有他變，遣温將親兵衛之，且誡曰：「是行也，委爾保全廢王，若有非常處分，皆非吾意，當以死捍之。」進思果潛謀於温，温拒而不許，復夜使方安等二人踰垣入忠遜王第，温帥衆救之，斃安等於庭中。已而進思死，忠遜王獲考終，温之力也。温累官鎮國都指揮使、睦州刺史。乾德三年，捨地爲吉祥律寺，未幾卒，謚正顯。一作正獻。

論曰：昭券志期包荒，事同裕蠱，當斷不斷，身殞奸邪。易言君不密則害臣，臣不密則害身，其水丘氏之謂乎！薛溫保衞故主，矢志靡他，俾二君兄弟式好，克全天倫，厥功爲多焉，所由與終始易慮者有間矣。

十國春秋卷第八十七

吴越十一　列傳

元德昭　吴程　裴堅　沈虎子

元德昭本姓危，字明遠。撫州南城人。父仔倡，信州刺史，爲淮南兵所逐，來奔於杭。武肅王待以賓禮，尋署爲淮南節度副使。惡危姓，因更其姓曰元氏。德昭起家鎮東節度巡官、錢塘縣令。累授睦州軍事判官，知台州新亭監。始在信州，仔倡出諸子，命日者徧視貴賤，日者指德昭曰：「獨此子非武官。」及學文，師爲避席者數矣，曰：「子誠宰相器，勉自愛也。」文穆王襲國，任教令者頗乏員，林鼎以德昭薦，王與語久之，謂鼎曰：「德昭有輔弼才，吾子孫無憂矣。」遂命掌文翰機密事。及事忠遜王，用師南閩，兵畧要務悉以委德昭。尋拜丞相。忠懿王立，恩遇彌至。顯德二年，常州之役，吴程執趙仁澤送西府，德昭力救，曰：「此强團練，宥之足以勸忠。」得不死。六年，偕吴延福入貢於周，專對稱旨，禮待有加。

德昭厚重多謀，臨事尤能果斷，每屬國政議者盈庭，德昭至，則他論皆息。軍中有不循法度者，德昭以理諭之，無不聽服。先是胡進思迎忠懿王於邸第，德昭立簾下不拜，曰：「俟見新君。」進思亟出褰簾，迺下拜，其遇變得大體如此。性嗜酒，雖沉醉無所怠事。晚年衰耗，忠懿王見之，謂左右曰：「吾向見德昭容色衰倦，必一旦不諱，人誰輔我！」因泣下。德昭處家以孝友聞，常時序置酒環列几席間者凡四從，遂咏「滿堂羅綺，四代兒孫」之句，以志喜焉。及卧疾，先自爲埋文治後事。乾德六年三月己酉卒，年七十有八。贈太保，謚曰貞正。

吴程字正臣，山陰人。祖可信，唐定州虞唐縣令；父蜕，大順中登進士，解褐鎮東軍節度掌書記、右拾遺，累官禮部尚書。程筮仕校書郎，武肅王承制，歷授檢校户部員外郎，借緋。寶正末，王女將選婚於士族，時孟粲、於葆暨程三人旅見王庭，武肅王熟視程久之，迺選焉。遷金部郎中，借金紫。以程有吏術，令提舉諸司公事。文穆王襲國，奏授職方郎中、觀察支使、節度判官。天福中，王子弘儇遥典睦州，命程知州事。忠遜王時，以程判西府院事，尋拜丞相。福州李孺贇伏誅，授程威武軍節度使。

乾祐三年，南唐侵福州，程密示諸軍方畧，獲其將查文徽。初，唐人薄閩城，時浙兵方授甲，將卒充溢庭廡，紛然不可遏。程登檻瞋目叱之，由是一軍皆股栗。歸與元德昭同爲丞相。忠懿王以國用繁廣，尋命兼掌屯田榷酤事。

周世宗之伐江南也，徵我兵西擊唐，蘇州營田副使陳滿告程曰：「周師南征，唐舉國驚擾，常州無備，易取也。」會唐主下詔撫安江陰吏民，滿復言周詔書已至，趣出兵，程爲言於忠懿王，期勒兵以出。元德昭曰：「唐大國，未可輕。若我入唐境，而周兵未至，誰與併力，能無危乎？」程固爭，以爲時不可失，王卒從程議。而程以異議故復不能無望於德昭，於是陽激將士怒，以爲元丞相不欲出師，且從臾將士，以擊德昭爲辭。王匿德昭府中，而捕言者程不相能，至是程抑之甚，愈忿怒，當唐兵薄晟營，晟不力戰，敵遂直趣程帳，程大敗，僅以頗急，歎曰：「方出兵，而士卒欲擊丞相，何不祥也！」程迺督鮑修讓、羅晟而去，二人者素與身免。王怒，悉奪程官，而程自是屈矣。

先是程在東越，以父廕不事苦學，有謂程曰：「覩子骨法，與羣儒類，但恨他日登將相不長談論耳。」程自是頗勤學。文穆王時，西府院官臘擕者常夢程化爲赤龍，望南方而去，擕因語夢於人曰：「吳氏子非我所測也。」及爲福州，始驗其兆。乾德初，程夢一羽人布筴於前，曰：「計子之筭，而所遺者三。」後三年，程卒，年七十有三。王命復原官，謚曰忠烈。

裴堅字廷實，湖州人。父光庭，累官至中書令，有術士張景葳能言休咎，輙以紙大書怠字，貽光庭，不旬日，果貶台州刺史，大有政聲。堅幼而明敏，善屬文，及長，有知人之鑒。事文穆、忠遜、忠懿諸王，多善政，條教有方。累官禮部尚書、中書令，拜吳越國丞相。廣順二年九月甲寅卒，年五十六。謚曰文憲。

沈虎子，仕忠懿王爲丞相，王受宋命攻江南之常州，虎子諫曰：「江南，國之藩蔽，今大王自撤其藩蔽，將何以衛社稷乎？」王不從，卒進兵拔常州。已而虎子隨王入宋，授□□□，終於其位。按張端義貴耳録曰：吳越王入朝時，宋太祖謀下江南，王許以擧兵援助，歸語其臣沈倫，倫云：「江南是兩浙之藩籬，藩籬撤，堂奥豈得安也？大王指日納土矣！」通鑑作丞相沈虎子之言，今從之。

論曰：德昭當倉卒之際，俟覲新君，克定大寶，可謂安社稷臣矣。程奏捷閩徼，有武功焉；毘陵之役，義昧和衷，輿尸辱國，何前後之較殊邪！堅雍容廟堂，政有體要。虎子懷虞虢之憂，進唇齒之論，雖時勢畧與古異，其説固不可易也。

鮑修讓　曹杲　沈韜文　陸超　杜叔詹　劉彦琛　俞公帛　盛豫

林克己　司馬球　孫顯忠

鮑修讓，君福子也。少寡言語，治軍嚴整，有法度。累官上直指揮使，遷衢州刺史。天福十二年，爲戍將，護李孺贇於福州。孺贇叛，修讓隨殺之，傳首杭州。顯德三年，從吴程攻常州，以應周世宗之師。建隆元年，知福州彰武軍事，復改上直諸軍都鈐轄使，同參丞相府事，卒。

曹杲，真定人。文穆王時官金華令，會婺州兵叛，杲以計平之，就擢本州刺史。忠懿王朝宋，杲填撫國中，即城隅浚三池，引湖水入城，以通舟楫。王歸，嘉其功，賜池名曰湧金，立石池上。順存録云：湧金池，乃守將曹杲引西湖水爲池，吴越王元瓘書三字刻石，識其旁。今從西湖志。納土後，宋授杲威遠軍節度使，無何卒。見神於豐豫門，有五風滅火之異，士人立祠肖像，迄今歲祀不絶。

沈韜文，湖州人。父攸，常州刺史。韜文性介潔，好學能屬文。□□王時爲元帥府典謁，參畫軍務，時時有所裨益。累官左衛上將軍，改湖州刺史，甚有清名。

陸超，錢塘人。□□王時以功擢衢州刺史，有惠政，衢人多稱之。

杜叔詹，秦人也。開寶中，繼孫承祐爲平江軍節度使，仁惠循良，興賢愛士，常重建孔子廟以鼓厲學者。已又除静海軍節度使。忠懿王納土歸宋，叔詹授户部尚書。

劉彦琛，安國人也。爲忠懿王將，多戰功，官衢州刺史，卒於官，因葬其地。子仁祚，有志節。忠懿王降宋，宋常求諸有功於吴越者録其官，仁祚竟辭以疾，不往仕。

俞公帛，杭州人。□□王時官户部尚書，董營田使者，頗著異績。道婺州，愛義烏土風，遂家焉。其後代有聞人。

盛豫，餘杭人。事忠懿王，授檢校太傅。奉使於宋，由汴京歸，人曰：「盛太傅無憂色，吾屬安矣。」歸宋，後卒，贈太師。二子京、度。又沈陵，武康人，官奉國軍鎮遏使；沈承慶，錢塘人，官營田使，入宋改大理寺丞，亦與豫同時。

林克己，錢塘人。忠懿王時官通儒院學士，博洽善文章。宋隱士逋，卽其孫也。

司馬球，仕□□王，以御史中丞爲崑山鎮遏使，因家焉。球有捍禦功，邑人頗稱述之。後子孫隱居不仕，止稱馬氏云。

孫顯忠，錢塘人。事□□王爲名將，金沙灘有履泰將軍廟，卽其人也。宋嘉熙中，禱雨有驗，封天澤侯。

黃彝簡　沈承禮　孫承祐　崔仁冀

黃彝簡字明舉，福州人。父延樞，爲閩太祖從事，甚被親遇，閩惠宗以女妻之。忠獻王得福州，延樞來降，署光禄卿。彝簡少孤好學，爲王子惟治明州判官，有聲。開寶初，宋加忠懿王功臣號，王使彝簡謝宋；將歸，太祖謂彝簡曰：「歸與元帥言，朕已於薰風館外建禮賢宅，以待李煜與元帥。今煜倔强不朝，吾將討之。元帥助我乎，無爲他謀所惑，俟江南平，可暫來見，保無他阻。朕執圭幣，三見於天，豈敢自誣。」彝簡歸，語忠懿王。未幾，隨王入朝，授從官，爲王掌書記。後改王淮海國王，又封許王，彝簡皆爲其府判官，加倉部員外郎。累遷檢校秘書監、平江節度副使。彝簡能文，尤工詩，老而不輟，以壽終。

沈承禮，湖州烏程人。武肅王辟置幕府，署處州刺史。文穆王妻以女，除府中右職，出爲台州刺史。忠獻王時，以承禮掌親兵。忠懿王襲位，命知威武軍節度使。

宋師征江南，忠懿王以爲兩浙諸軍都鈐轄使，率水陸數萬人助平常州，因攻潤州。城中兵夜出焚外栅，諸將皆欲馳救，承禮曰：「兵法，擊東南而備西北，此之謂也。」命士卒皆擐甲蓐食，堅壁不動，他壘不設備者悉驚擾，獨承禮所部，敵人不敢窺焉。丹陽平，遂從宋師攻金陵，時冬至，軍中皆聚飲，承禮謂將士曰：「城中以我節序必燕享，備我怠矣，宜出不意以圖之。」迺召敢死士千人，爇火薄城下，陷其東門，士多攀壘而登，江南遂降宋，録功授寧海軍節度使。一云真授福州節制。

太平興國中，王獻地，徙承禮鎮密州。八年卒，年六十七。太宗廢朝二日，贈太子太師，中使護葬。初秦王廷美之敗，宋有司按驗忠懿王與王世子惟濬、孫承祐、陳洪進常有贈遺，獨承禮無焉。

孫承祐，杭州錢塘人。忠懿王納其女兄爲妃，因擢處要職，累遷浙江東道鹽鐵副使、鎮海鎮東兩軍節度副使、知静海軍節度事。開寶初，官鎮東鎮海等軍行軍司馬，隨世子惟濬入貢於宋，宋太祖詔授光祿大夫、檢校太保，未幾忠懿王署爲中吳軍節度使。七年，王復遣承祐貢於宋太祖，賜襲衣玉帶、鞍勒馬、黄金器五百兩、銀器三十兩、雜綵五千匹，且令諭旨於王，將有事於江表。已而從王克常州，功居多，會宋詔改中吳爲平江，即授承祐鎮平江軍。太平興國初，王盡獻吳越地，徙承祐泰寧軍節度使。五年，從幸大名，留知府事。雍熙二年，改知滑州，數月卒。贈太子太師。

承祐在浙日，憑藉親寵，恣爲奢侈，每一燕會，殺物命千數，家食亦數十器方下箸，設十銀鑊，搆火以次薦之。常饌客，指其盤曰：「今日，南之蚌蝤，北之紅羊，東之鰕魚，西之嘉粟，無不畢備，可云富有小四海矣。」又用龍腦煎酥製小樣驪山，復千金市石綠一枚，治爲博山香爐峯，尖上作一暗竅出煙，呼曰「不二山」。忠懿王常以大片生龍腦十斤賜承祐，承祐即對使者索大銀爐，作一聚焚之，曰：「聊以祝王壽。」其豪貴如此。後歸宋，扈從太宗北征，以橐駞負大斛貯水養魚，自隨至幽州南村落間，日已旰，西京留守石守信與其子駙馬都尉保吉諸人尚未朝食，適遇承祐，即延所止幕舍中，膾魚具食，窮極水陸，人皆異之。

承祐少時嘗夢人以蓍草一本增其一而授之，既寤，語所親曰：「大衍之數五十，其用四十有九，今增其一，我壽止於此乎！」果五十而終。

子誘，仕宋駕部郎中，出爲淮南節度行軍司馬。

崔仁冀字子遷，錢塘人也。少篤學，有文采，事忠懿王爲通儒院學士。王罷沈虎子政事，以仁冀代之。宋太祖常諭忠懿王入朝，仁冀告王曰：「主上天資英武，所向無敵。保族全名，上策也。」王然之。

太平興國二年，王在汴京，會陳洪進納土，王疏言願罷所封吴越國王及天下兵馬大元帥職名，宋太宗優詔不許。仁冀復從臾王曰：「朝廷意可知，大王不速納土，禍且至。」左右争言不可，仁冀厲聲曰：「今已在人掌握中，去國千里，惟有羽翼，迺能飛去耳！」王遂決策，奉境内十三州、一軍、八十六縣闕下，太宗以仁冀歸誠功，授淮南節度使，累擢衛尉卿、判大理寺，移知撫州，卒。

先是有侍郎鮑約者，頗從臾忠懿王納土，而同官胡穀、劉韔俱力言不可。及王歸宋，約竄處海上，王使人以詩追之，云：「東遐追兮西遐追，鮑約何如罷釣歸！」迄今有遐追廟焉。

論曰：宋藝祖兄弟繼興，龍飛虎變，削平羣雄，中原混一，太陽出而爝火熄，固知帝王自有真也。諸臣力贊歸誠，臣主俱榮，不可謂不知幾焉。以視金陵拒敵，番禺稱戈，蓋不無順逆勞逸之異矣。

余萬頃　江景防　陸崇扆

余萬頃字九疇，睦州人。事忠懿王爲武林檢校，察諸軍事，左右親軍靡不畏憚。國亡入宋，遷侍御史，有言無隱，人目爲「殿上虎」。改授户部侍郎、榮禄大夫，卒。

萬頃從子元嘉，亦仕忠懿王，至宋，累遷賜緋魚袋、中奉大夫。

江景防字漢臣，常山人。事忠懿王，官侍御史。當五代時，吴越以一隅捍四方，費用無藝，其田賦市租山林川澤之税，悉加故額數倍。宋既平諸國，賦税恒仍舊籍以爲斷。忠懿王入朝，景防以侍從，當上圖籍，歎曰：「民苦苛斂久矣，使有司仍其籍，民困無已時也。吾寧以身任之！」遂沉圖籍於河。詣闕，自劾所以亡失狀，宋太宗大怒，欲誅之，已而謫沁水尉，遂屏居田里以卒。未幾，太宗命右補闕王永均吴越田税，舊率畝税五斗，永更定爲一斗。其減税之由，人以謂實兆端於景防沉籍云。景防子孫後相繼擢正科者四十人，貴顯不絶。宋侍御史躋溥、輔臣萬里，皆景防之裔。

陸崇扆，其先吴郡人，後徙福州侯官縣。父景遷，仕忠懿王爲驍騎上將軍、檢校太傅。崇扆累官威武軍觀察推官，有能名。從忠懿王歸宋，官至殿中丞。

十國春秋卷第八十八

吳越十二　列傳

吳仁璧　方昊　孫郃　石延翰　宋榮　嚴永　范贊時

吳仁璧字廷寶，蘇州人也，一曰秦人。少習星緯黄白家言。唐大順中登進士第，已而入浙。家貧，常伴狂乞於市，武肅王聞其名，待之客禮，叩以天象，仁璧辭非所知，欲辟幕職，又以詩固辭。及秦國太夫人薨，具禮幣請爲墓銘，仁璧堅不肯屬草，武肅王大怒，投仁璧於江中死。有詩一卷行世。先是，仁璧學於廬山道士數年，道士曰：「能學仙乎？」仁璧固陳求名之志。道士曰：「一第猶拾芥耳，但他年勿干英雄。」至是遂驗。仁璧有女年十八，能詩，精於天官之學，居恒戒仁璧慎出入，無罹羅網。及仁璧被繫，女泣曰：「文星失位，大人其不免乎！」未幾，王併沉之東小江。

方昊字太初，青溪人。昊生於唐末，唐亡，恥非所仕，遯隱巖谷中。武肅王常招之，不肯往，聚徒講學於上貴精舍，以終其身。鄉人化之，稱爲靜樂先生。

孫郃，〔一〕明州奉化人也。自幼負氣岸，博學高才。唐末爲左拾遺。朱全忠篡唐，著春秋無賢人論，卽脱冠裳，服布衣，歸隱於奉化山，著書紀年，悉用甲子，以示不臣之義。

石延翰，明州人。父渝，兄延俸，皆應辟，用顯貴。延翰獨恥仕强藩，隱居沃州山白雲谷，以書史自娱，後贈白雲先生。

宋榮，婺州義烏人。隱居本州覆釜山下，通尚書、春秋。廣順中，忠懿王累徵不就，學者私謚曰文通先生。

嚴永，温州永嘉人也。初仕南唐，歷顯官。一日，避地歸，藏衣冠於平陽青華山穴中，爲人傭作自給。使者以□□王命，物色得之，永不得已，於穴間取衣冠以行，已復遯去，不知所之。士人名其處曰嚴公巖。

范贊時，蘇州人。父夢齡，與廣陵王子文奉交善，官中吳軍節度推官。贊時博洽善著書，所輯資談六十卷，世多藏弆之。一云文奉之客著資談三十卷。子墉，事忠懿王，有能名，國亡隨王入宋，終武寧軍掌書記。按宋臣范仲淹即墉子。

論曰：吳仁璧不草王母墓銘，或譏其太過，鮮周身之哲，而余謂不然。匹夫有志，終始不移，士譬富貴而囁嚅佞王，前者比比已，若仁璧可不謂烈哉！方、孫、石、嚴，高蹈巖谷，宋、范怡情墳典，其人咸有足多者焉。

毛勝

毛勝字公敵，晉陵人也。仕忠懿王爲功德判官。性善詼諧，喜雅謔。自以生居水國，饜享羣鮮，號天饞居士。又以地產魚鰕海錯，四方所無，因造水族加恩簿，假以滄海龍君之命，品敍精奇，文章典贍，其辭曰：「令：咨爾獨步王江珧，江瑤之文名。鼎鼐仙姿，瓊瑤紺體，天賦巨美，時稱絕佳。宜以流碧爲靈淵國，追號玉桂仙君，稱海珍元年。令：章丘大都督忠美侯滄浪頭，章舉。隱浪色奇，八甌稱最。杜口中郎將白中隱，車螯。負乃厚德，韜其雄姿。殊形中尉兼靈□尹淡然子，蚶菜。體雖詭異，用實芳鮮。玉德公季遐，鰕魁。純潔內含，爽妙外濟。

滄浪頭可靈淵國上相無比，白中隱可含珍大元帥豐甘上柱國兼脆尹，淡然子可天味大將軍遠勝王，季遐可清綃內相頡羹郡王。令：多黃尉權行尺一令南寵，蠘。截然居海，天付巨材，宜授黃城監、遠珍侯。復以爾專盤處士甲藏用，蝤蛑。素稱蠘副，衆許蟹師，宜授爽國公圓珍巨美功臣。復以爾甘黃州甲杖大使咸宜作解蘊中，蟹。足材腴妙，螯德充盈，宜授糟丘常侍兼美君。復以爾解微子，彭越。形質肖祖，風味專門，咀嚼謾陳，當寘下列，宜授爾郎黃少相。令：合州刺史仲扃，蛤蠣。重負雙宅，閉藏不發，既命之爲含津令，陞之爲慤誠君矣，粉身功大，償之實難，宜授紫暉將軍、甘鬆左右丞監，試甘圓內史令。靈蜕先生，文。外無排脇之皴，內無鯁喉之亂，宜授紅鐺祭酒、清腴館學士。令：惟爾清臣，鱸。銷酲引興，鮮鬣之鄉，宜授澄虀録事，守招賢使者。令：珍曹必用郎中時充，鯽。鐺材本美，妙位無高，宜授諸衙効死軍使、持節雅州諸軍事。令：惟爾白圭夫子，鱖。貌則清臞，材極美梭，宜授骨鯁卿。令：甘鼎，黿。究詳爾調鼎之材，嚇舌潮津，宜封醉舌公。令：甲拆翁，鼈。挾彈於中，巧也；負擔於外，禮也；介冑自防，不問寒暑，智也；步武懦緩，不踰規繩，仁也。故前以擐甲尚書榮其跡，顯其能，宜授金丸丞相、九肋君。令：長尾先生，鼈。惟吳越人以謂用先生治醫，華夏無敵，宜授典醫大夫、仙衣使者。令：元鎮，石首。區區枕石，子孫德甚富焉，宜授新美舍人。令：和羹長朱子房，石決明。酒方沉酣，臭薰一座，挑筋少進，神明頓還，至於七孔賦形，治目爲最，宜授懷寄令史。令：甘盤校尉，烏賊。吐墨自衛，白事有聲，宜授噀墨將軍。令：元介卿，龜。爾卜灼之効，吉凶了然，所主大矣，宜授通幽博士。令：惟爾借眼公，水母。受體不全，兩相藉賴，宜授同體合用功臣，左右衛，駕海將軍。令：藏珍，真珠。照乘走盤，厥價不貲，班希，玳瑁。裁簪製器，不在金銀珠玉之下，藏珍宜授圓輝隱士，班希宜授點化使者。令：房叔化，牡蠣。粉厠湯丸，裹護丹器，屈突通，梵響。振聲遠聞，可知佛樂，阮用光，砑光。運體施功，物皆滑瑩，維幼文，珂。類乎貝孫，點綴鞍勒，粲然可觀，小有文采，叔化可豪山太守，樂藏監固濟，突通可曲沃郎，梵響參軍，攝玉塔金舍，用光可檢校大輝光，宜充掌書紀，幼文可馬衣丞。令：惟爾田青，螺螄。微藏淺味，無所取材，世或烹調，以爲怪品，申潔，蛙。蒼皮癮疹，矮股跳梁，江伯彝，鱁鮧。宋帝酷好，鰾則別名，屯江小尉，江豘。漁工得雋，亦號甘肥。田青授具體郎，申潔宜授濟饌都護，行水樂令，伯彝宜授宋珍都尉，南海詹事，屯江小尉宜授追風試湯波太守。令：以爾錦袍氏，鱖。骨疎肉緊，體具文章，宜授蘇腸御史，仙盤遊奕使。以爾李本，鯉。三十六鱗，大烹允尚，宜授跨仙君子，世美公。以爾鮮於羹，鯽。砍鱠精妙，見稱杜陵，宜授輕薄使，銀絲省饜德郎。以爾楚鮮，白魚。隱釜沉糟，價傾淮甸，宜授傾淮別駕。以爾縮項仙人，鯿。鬼腹星鱗，道亨襄漢，宜授槎頭刺史。以爾食寵侯，鱘鰉。支節班駁，標致高爽，宜授添厨太監。以爾單長福，鱓。曲直靡常，鮮載具美，宜授泥蟠掾。以爾管統，蔥管。省象菜伯，可備煎和，宜授長白侯，同盤司箸局平章事。以爾備員居士，東崇。腥粗無狀，見取俗人，宜授鍊身公子。以爾唐少連，崇連。池塘下格，代匱充庖，宜授保福軍節度使。令：黄薦可，河豘。爾澤嫩可貴，然失於經，治敗傷厥毒，故世以醇疵隱士爲爾之目，特授三德尉，兼春榮小供奉。令：新餐氏，鰒。爾療饑無術，清醉有材，莽新妖亂，臨盤肆餮，物以人污，百代寧洗，爾之得民，累有由矣，宜特補輔包生令。蓋頑生乎泥沙，薄有可采，宜授表堅郎。」

葉簡　李咸　朱景環　顧規　目醫　喻皓

葉簡，不知何郡縣人，善占候，尤精風角，武肅王辟居幕中。徐綰、許再思之亂，王在龍泉聞變，召簡筮之，簡曰：「賊無如我何。」王曰：「淮人將同惡乎？」簡曰：「淮人不來，宣城當濟賊耳，然宣城亦當敗於明年，今不足慮。」如期皆驗。天寶元年五月，有旋風南來，遶案三匝，王召簡問曰：「此何祥也？」簡曰：「法應楊渥死，速遣弔祭使往，彼當自不爽。」王曰：「生辰使方發，寧可便申弔祭？」簡曰：「第遣之，吴問何由預知，答以貴國動靜，敝邦皆刻期前定，不問毫髮。」王悉如其言。生辰使前一日至，而吴景帝爲徐温所弑，會次日弔祭使隨至，楊氏左右殊出不意，皆驚以爲神。又術士楊知，武肅王時亦有奇驗，見陳纂葆光録。

李咸與葉簡同在武肅王幕府。徐、許之變也，王召咸占之，咸曰：「大王霸業方永，但分野小災耳！請弗慮，不然大王當有疾。」王曰：「寧我有疾，豈宜害百姓邪？」後卒如咸言。天寶十六年，梁册王爲吴越國王，先一日雨雪，王召咸卜以他日，咸曰：「大王雙受封册，惟天所相，雨雪必霽，固可卜社稷之延永矣。」武肅王從之。卽夕果星斗明麗，詰朝遂成禮焉。

朱景環，筭術神妙。天寶中，廣陵王元璙鎮中吴軍，景環居盤門驛，上書云：「蒞任後法當三十年安寧。」元璙以其説甚遠，未之奇也，隨命燭爇去。至天福子丑間，忽憶其事，亟召景環叩之，曰：「筭數定矣，願大王計後事。」已而竟如其言。

顧規者，本蘇之玉工也，廣陵王元璙常令於便室解玉。元璙數召術士朱景環，問奇禽遁甲事，規性穎悟，時時竊聽而疏記之。一日以所記質於景環，景環授以學，規因盡得其傳。忠獻王常欲親饗五廟，規上書輒言：「翌日漏下五鼓之前利丑，〔二〕必欲用寅，則杜門在南，不可出入。」詰朝，王以寅時出車於南門，會鎖牡有忤，久之不能啓，遂破鑰而出，由是知名。忠獻王擢爲軍師。

目醫胡某者，不知所從來，自云累世療内外障眼，鍼法獨神。武肅王末年患目疾，召使治之，醫曰：「目易治耳，然大王非常人，殆天所以爲大王患者，若療之，是違天也，恐無益於壽。」王曰：「吾起身行伍，跨有方面，富貴極矣。但得兩眼見物，爲鬼不亦快乎！」既而應手豁然。王喜，賜物以萬計，醫悉不受。明年，王果薨。

喻皓，有巧思。武肅王常於杭州梵天寺建七級木塔，方登數層，而塔動不止。匠師密訪於皓，皓曰：「此易耳，但逐級布板訖，傅以實釘，則塔定不摇矣。」國人服其精練。

徐綰　陳詢　陳璋　高澧　胡進思

徐綰，故孫儒將也。儒死，綰帥士卒來奔，武肅王愛其驍勇，以其兵爲中軍，號武勇都，而署綰爲右都指揮使。行軍司馬杜稜常切諫之，請以士人代，武肅王不許。天復二年，武肅王巡衣錦城，命綰帥衆治溝洫，副使成及頗聞士卒怨言，請罷其役，復未之許也。已而武肅王臨饗諸將，綰謀於坐中作亂，不果，稱疾先出，武肅王怪之。居數日，命綰將所部先歸杭州，及外城，綰縱兵焚掠，而左都指揮使許再思者以迎候兵應之，進逼牙城，王子傳瑛及其將馬綽、陳爲、潘長等閉門拒敵。武肅王歸，至北郭門，不得入，成及代武肅王與綰戰，斬首百餘級，綰退屯龍興寺，王乃得微服入城，遣馬綽、王榮、杜建徽等分屯諸門，復使顧全武詣廣陵説吴武帝，且以子爲質，綰果召田頵於宣州。會吴武帝趣頵還，頵取武肅王錢百萬質文穆王而歸，綰與再思皆隨頵至宣州。後頵敗，吴獲綰，載以檻車歸浙，武肅王剖其心祭高渭。

陳詢，餘杭人，睦州刺史晟之弟也。晟在州十八載而卒，子紹權嗣。詢黜紹權而自立，懼非武肅王所命，内不自安，屬徐、許之亂，迺私通田頵。頵敗，益懼。及王命桐廬縣隸使府，且徵軍賦，詢遂不聽命，天祐二年奔淮南。

陳璋者，孫儒黨也，兵敗降武肅王，以從征董昌功，遂被任用，稍遷衢州制置使。天復初，田頵入寇，築壘絶往來之道，募能奪其地者賞以州，璋將兵奮擊，直據其壘，卽日擢衢州刺史。赴州時，王親餞於江干，恩禮加等。

會徐綰作亂，越州客軍指揮使張洪以綰黨自疑，迺率步卒三百人奔璋，璋遽納之。未幾，丁章叛永嘉，宣州田頵使其下戚滔招之，璋復假道以遣。王聞之，心未善也，密令衢州羅城指揮使葉讓殺璋。事洩，璋殺讓以叛，陷東陽，犯暨陽，自署衢、婺二州刺史。久之爲浙師所逐，遂奔淮南，歷官右龍武統軍，加平章事。死之日，所乘馬悲鳴數月而斃，人咸異焉。初武肅王命璋城衢州，工畢，齎圖獻王，王視西門樟樹，謂左右曰：「此樹不入城，陳璋當非吾所蓄也。」其先見有如此。

高澧，湖州刺史彥第三子也。初彥常夢羽人持刀入卧內，驚問其故，羽人答曰：「來爲君之子報數千人冤耳。」已而生澧。年十三四，即酷暴自用，及天祐末嗣父職，恣行誅戮，好使酒殺人而飲其血，旦暮必掠行人食之，將吏侵晨入署，多與妻子泣別。澧每登消暑樓眺望，則州城東西水陸行人皆絶迹。一日召鄉丁爲牙軍，悉文其面，衣青衫白袴，以緋抹額，凡所指令，必鞠躬仰首如夜叉狀。又與州人約，三日盡當黥面，過限者誅。澧躬自雕額塗頰，傅之粉。既而州人黔畢，澧乃稍稍滌去如故形，其狂誖多此類也。

晚年將敗，忽召郡吏議曰：「我欲盡殺百姓，可乎？」吏對曰：「百姓租賦所出，殺之供億何辦？願求他可殺者。」澧默然。是時澧括諸縣之三丁抽一，立都額爲三丁軍，凡三千餘人。會有言其怨望者，澧盡集於開元寺，紿曰：「將饗汝。」因閉三門之半而納之，人者輒殺，死將及半，而在外者始覺，遂奔逸爲亂。澧盛怒，閉城大索，戮之無遺。武肅王惡其兇虐，謀治兵問罪，澧遂導淮南將李簡等入其境，王遣子傳璙禦之，簡等挾澧而遁。澧至淮南，屢取倡姬入私室食之，竟爲淮人所害。

先是僧如訥與高彥臨訣，退謂衆曰：「高公將殂，我亦當逝。蓋有白面夜叉治此郡矣，若輩宜避之。」俄而澧代其父，白面者澧故未黥面也。

又澧延太常博士邱光庭校書樓中，澧一夕履韈登樓，光庭忽回顧，見青面鬼形者，遂大呼，頃之見澧，澧密言曰：「博士愼勿言。」吴興人皆以澧爲夜叉精云。僧贊寧傳載畧云：初湖州南有漁人採浦至一高塘，蘆葦夾道，漁者舍舟，百餘步，見一大宅，登堂，一人荷鐵爐，炎炎火起，呼漁人曰：「汝勿奔走，寄語高澧，吾是黄巢文武，誅戮天下，爲不入湖州，藉汝之手，速殺之。」

胡進思，湖州人。故屠牛爲業，已從軍隸鎮海軍戲下。文穆王質於宣州田頵所，進思與戴惲親隨左右，履危機者數矣。文穆王立，推舊恩，用進思爲大將，稍遷右統軍使。及忠獻王繼王位，王年少，進思以舊將自待，甚見尊禮，始與闞璠暱，恃權專横。已又與程昭越密謀，出璠於外，其弄權反復，蓋天性然也。

忠遜王嗣立，性剛嚴，頗早侮進思，進思不能平。會忠遜王大閱水軍，賞賜倍於舊日，進思固諫以爲太厚，忠遜王怒，擲筆水中，曰：「以物與軍士，奚多少之限邪！」進思大恨而退。進思常有所謀議，忠遜王數面折之，進思還家，設忠獻王位，被髮慟哭。民有殺牛者，吏按之，引人所市肉近千斤。忠遜王顧進思曰：「牛大者肉幾何？」對曰：「不過三百斤。」王曰：「然則吏妄也。」因問進思何能知其詳，進思踧踖曰：「主臣臣昔常從事於此。」進思以忠遜王知其素業，故辱之，益慚恨。又進思初建議遣李孺贇歸閩，俄孺贇叛，忠遜王切責之，進思益不自安。及歲暮，畫工獻鍾馗擊鬼圖，忠遜王以詩題圖上，進思見之大悟，知王決於殺己矣。

會忠遜王與水丘昭券、何承訓謀逐進思，而承訓反洩之進思，進思遂擁內牙兵錮忠遜王於義和院，迎忠懿王立之，忠懿王畏忌進思，曲意爲之下。進思數請除廢王，忠懿王不許，進思於是亦內憂懼，居無何，疽發背卒。南宋龔茂良有湖州靈昌廟記，言胡進思事與正史畧殊，附録於此。記曰：公諱進思，字克開，家於霅川，容貌雄偉，目光如電。甫四歲，能讀書，七歲知爲文。十七歲舉進士，不第，毅然棄其業，學劍。稍結豪賢，知畧邁衆，膂力過人。從錢武肅王鏐軍中，累功拜內衙統軍使、兵部尚書左丞。長興三年，武肅王卒，子文穆王襲位。文穆王卒，子忠獻王佐襲位。忠獻王卒，弟倧襲位。倧暴戾荒淫，公數以直諫見疏，懼禍及己，乃廢倧，迎其弟俶立之，是爲忠懿王。公歎曰：「位將相，困偏方，此爲恨耳。老不即去，吾族赤矣。」遂謝病不出。王數至第强起之，公以顧命不獲去，乃命諸子悉渡江散處台寧間。公次子慶因度奉化童公嶺，得石樓、蓬島之勝，始定家焉。公請告歸霅川，躬率子弟力稼穡，暇則教以經史騎射。夫人杜氏亦以紡織率內，家底饒裕，賑鄉里貧乏，及喪葬弗能舉者，分田廬以安他邑來依者。息爭訟，化姦頑，禮俗相讓。既又以錢氏自相圖位，內難將作，不得已，復之杭。至公署，已聞變，時年九十八歲，發疽而殞。長子工部尚書璟，奉棺歸葬焉。鄉父老咸思德義，立祠祀之。祠成，鄰人陳什醉舞庭下，輒嘔血幾死，公子慶再拜得甦。醉者降曰：「姑試耳。」後過客敬禮，莫敢正視。遇水旱疾疫，禱之如響。宣和間，睦寇方臘起，上命童貫爲浙江、淮南宣撫討之，裨將楊可世便道取疾，駐兵祠下。是夜夢神告曰：「我當贊公一戰。」旦謁祠下，乃夢中所見神也。兵至睦城，見甲兵擁白馬前導，大敗賊兵，擒臘而歸。因奏其績於朝，敕廟額曰「靈昌」。淳熙中，父老復請敕賜靈昌廟。夫人杜氏贈邢國夫人，官爲祀之。

論曰：徐綰狼子野心，終成亂階，豈武肅智出杜司馬下乎？胡進思挾兵廢主，爲罪之魁，獲逭天誅，卒死於牖下，幸矣。澧肆其凶惡，遂墜家聲，父子兄弟，何忠逆之不侔邪？要性生有固然耳。二陳傾危反覆，動懷貳心。嗚呼！難與言君臣之義已。

校勘記

〔一〕孫郃　「郃」原作「郈」，全唐文卷八二〇同。新唐書卷六〇藝文志四集録別集類有孫子文纂四十卷、孫氏小集三卷，總集類有文格二卷，皆題作孫郃撰。岑仲勉讀全唐文札記謂新唐書藝文志之孫郃卽十國春秋之孫郈，而應以作「郃」爲是。今據改。

〔二〕五鼓之前利丑　「丑」原作「耳」，據周昂校語改。

十國春秋卷第八十九

吳越十三　列傳

僧文喜　僧無作　僧昭　僧幼璋　僧自新　僧全付　僧道忿　僧靈照
僧德韶　僧行修　僧羲寂　僧延壽　僧贊寧　僧儀晏　僧彌洪　僧清聳
僧契盈　僧道潛　僧希辨　僧志逢　僧願齊　釋巖　僧德倫　僧彙征

僧文喜，嘉興義和鎮人也。本姓朱氏。七歲爲僧，戒律精嚴。往叅洪州仰山禪師，言下頓了。久之禮五臺，築室千頃山。會黃巢之亂，避地湖州，住仁王院。唐光啓三年，武肅王請住龍泉寺，已又住聖果，表薦賜紫，加號曰無著。光化二年，又徙居無著院，忽告衆曰：「三界心盡，卽是涅槃。」言訖，跏趺而逝，葬於靈隱之西塢。徐綰之叛，田頵縱兵大掠，因發文喜塔，肉身如故，髮爪盤繞，異之。武肅王命裨將邵志重封瘞焉。同時有虛受、鴻楚、從禮、惠明諸僧，皆爲王所尊禮。

僧無作字不用，姓司馬氏，蘇州人也。母戴，始妊時，夢有沙門稱徐姓者，本住持流水寺，欲寄此安居，心竊異焉，已而誕。無作幼聰穎絶倫，乞舍身出家，父不許。未幾，薙髮參學於閩僧義存，深入堂奥。武肅王仰重，召居明州，因便辭歸，留詩云：「銜恩雖入國，辭病却還山。」

僧昭，通術數，大爲武肅王所重，號曰國師。一日，昭謁王，有宫中小兒嬉於側，墜錢數十文，王令之曰：「速收，恐人踏破汝錢。」昭笑曰：「汝錢欲踏破，須是牛方可。」後忠懿王舉族入宋，因而國除。王生年爲丑，是牛踏錢之應云。

僧幼璋，故唐相國夏侯孜從子也。大中初年，孜出鎮廣陵，幼璋方七歲，隨行，遊慧照寺，聞誦法華經，堅求出家。咸通十三年至江陵，騰騰和尚戒曰：「若往天台，尋静而棲，遇安卽止。」未幾值憨憨和尚，撫而記曰：「汝却後四十年，有巾子山下菩薩王於江南，當此時，吾道昌矣。」幼璋尋抵天台山，於静安創福唐院，其言頗驗。已又住隱龍院。天祐三年，武肅王遣使童建賫衣服香藥，敦延西府，署志德大師，館於功臣堂，日親問法。幼璋請每歲於天台山建金光明道場，大會諸郡。久之，將辭歸，王卽於府城建瑞龍院，文穆後改爲寶山院。祈請開法。是時禪門興盛，後與懸記相應。寶正四年四月乞壙塔於王，王乃命陸仁章於西關選勝地創院，改天台隱龍爲隱迹。塔畢，幼璋入府辭王，屬以護法，遂尅期逝焉。

僧自新，故異僧也，常衣楮衣住廣德山院。天寶間淮南將李濤將寇衣錦軍，文穆王奉命爲應援使，將兵禦敵。至其地，衆皆遁去，而自新巋然晏坐軍中，問其故，曰：「左右皆兵耳，去將安適！」時文穆王在衆中，衣服與士卒伍，自新忽歛衣致敬，與語久之。及文穆王還，載與俱歸，從容問當時何以見識，曰：「微僧無他術，但覩公骨法非常，確似咸通皇帝御容，故幸得一識也。」又有日者視文穆王曰：「此人手刅百人，當大貴。」其術與自新類。

僧全付，會稽人。隨父爲估客，至豫章，聞禪會之盛，求出家，遂抵宜春仰山禮南塔。已而還東府，文穆王特加禮重，賜紫方袍，不受，改賜衲衣，號純一禪師。全付曰：「吾非飾詞，恐後人效吾而逞欲耳！」天福二年，東府戎將爲闢雲峯山建院，名曰清化。開運中坐亡，有大風振林木，逾時乃定。

僧道忲字順德，永嘉陳氏子也。六歲不茹葷，親黨强啖以枯魚，輒吐去，因薙髮於本州開元寺。既而抵閩謁雪峯禪師，妙契宗旨，時謂之小忲布衲。歸住東府鏡清寺，倡雪峯之法，學者奔湊。副使皮光業辭學宏贍，屢擊難之，退謂人曰：「忲師之高論，人莫窺其極也。」文穆王命主天龍寺，後創龍册寺，延請居焉。天福初示滅，塔於龍册山。

僧靈照，高麗人。初入閩中，得雪峯禪師妙旨，平居惟一衲，服勤細事，閩人謂之「照布衲。」已而來居杭之龍華寺。天福中，卒於大慈山。

僧德韶，處州龍泉陳氏子也。母葉，常夢白光觸體，因而有娠，及誕，生尤多奇異。年十五，有梵僧見之，推其背曰：「汝當出世，塵俗中無置汝所也。」迺薙髮，受滿分戒於開元寺。一日造龍牙禪師居遁問：「天不蓋，地不載，此理如何？」居遁曰：「合如是。」德韶惘然。已又見僧文益，平生凝滯，涣若冰釋。是時文益立法眼宗，謂德韶曰：「汝向後當爲國王所師，大宏吾道。行矣自愛。」於是遊天台，觀智者遺蹤，如故居。德韶與智者同姓，時謂之後身。

開運時，忠懿王鎮台州，德韶語王曰：「他日爲霸主，無忘佛恩。」又曰：「此地非君治所，當速歸國城，否則不利矣！」王急歸，果有胡進思之變。及襲位，迎德韶入杭州，尊爲國師。德韶説法簡要，絶去支蔓，常曰：「眼中無色識，色中無眼識，眼識二字俱空，何能令見色是眼。」其立説多此類也。開寶四年，山頂西峯忽摧，聲震一山，德韶曰：「吾非久矣。」明年六月，大星殞於峯頂，林木變白，德韶乃示疾於蓮華峯，參問如常，未幾集衆言别，跏趺而逝。

僧行修，泉州人，本陳氏子。生而異香滿室，長耳垂肩。迨七歲猶不言，或曰瘂邪，忽應聲曰：「不遇作家，徒撞破煙樓耳！」長遊方外，至金陵瓦棺寺，祝髮受具，參雪峯、義存。武肅王天寶時，行修至四明山中獨棲，松下説法，天花紛雨，又趺坐龍尾巖，結茅爲蓋，百鳥銜花飛繞。

寶大元年，來杭之法相院，依石爲室，禪定其中，乏水給飲，卓錫巖際，清泉迸出。乾祐初，忠懿王以誕辰飯僧永明寺，行修徧體疥癩，徑據上座，王見大不敬，遣之去。齋罷，僧延壽告王曰：「長耳和尚，定光佛應身也。」王趣駕參禮，行修默然，但云永明饒舌。俄頃，跏趺而化。久之益脂膚津澤，爪髮復長，月必三淨。寺僧恐其久而毁也，乃髹塗其骸體。後賜號宗慧大師。又武林梵志言：行修幼勤課誦，雪峯、存公曳其耳至於肩。入城，士女每牽其耳結於頤間，修惟默笑。或勸修福能遮百醜，永明壽語錢王：「此定光佛。」修聞之曰：「彌陀饒舌。」遂坐化云云。

僧義寂，居天台國清寺，善宏教法。忠懿王常閱永嘉集，有「同除四住，此處爲齊若伏無明三藏」之句，不曉其義，馳問國師德韶，德韶曰：「義寂必解此語。」王乃召義寂詰焉，義寂曰：「此智者大師妙元中文。時遭安史兵殘，近則會昌焚毁，中朝教藏殘闕殆盡，今惟海東高麗闡教方盛，全書在彼。」王卽遣國書贄幣使高麗，求取一家章疏。高麗君乃命國僧諦觀報聘，以天台教部還歸於我。諦觀既至，稟學義寂於螺谿之上，王爲建定慧院，賜義寂號淨光大師。東還，教藏悉付於義寂，未幾卒，追謚九祖。釋典又言義寂嘗語德韶，智者之教惟新羅有善本，願藉大力致之。德韶以聞忠懿王，乃遣使航海，傳寫而還。所傳與此畧異。

僧延壽字沖立，本姓王，餘杭人也。七歲誦法華經，七行俱下，羣羊有跪聽者。年十六，時文穆王鎭餘杭，延壽獻齊天賦，衆咸欲官之。至二十八歲，爲華亭鎭將，以官錢放生坐死，文穆王赦之，聽其出家。衣不繒纊，食無重味。久之住天台智者巖習定，有斥鷃巢于衣裓褌襯中，見觀音以甘露灌其口，遂獲辨才。已謁僧德韶，聞墮薪而有悟，德韶謂曰：「汝與元帥有緣，他日大興佛事。」

建隆元年，忠懿王重創靈隱寺，命延壽主其事。後遷永明道場，以心爲宗，以悟爲旨，度弟子一千七百人。著宗鏡録一百卷，期每日行一百八善。又註心賦一卷，又感通賦一卷。著抱一子若干卷。有云「寧作心師，不師於心」；又云「數盡則羣有皆虚，名廢則萬象自畢」。賜號智覺禪師。開寶八年卒，謚曰永明宗照大師。

延壽聲被異國，高麗王常投書問道，執弟子禮，奉金絲織成伽梨、水晶數珠金澡瓶等，遣僧三十六人親承印證，相繼歸國，各化一方。

僧贊寧，本姓高氏，其先渤海人，隋末徙居德清縣。祖瑁，父審，皆隱德不仕。寶正中，捨身杭州靈隱寺爲僧，一云出家祥符寺。已而入天台山，受具足戒，習四分律，通南山律，著述毘尼，時人謂之「律虎」。王禹偁通慧大師文集序云：文穆王時，大師聲望日隆，文學益茂。時錢氏公族有若忠懿王俶、宣德節度使偡、奉國節度使億、越州刺史儀、令州觀察使儼、故工部侍郎昱，與大師以文義切磋。時浙中士大夫有若衛尉卿崔仁冀、工部侍郎慎知禮、内侍致仕楊惲，與大師以詩什倡和。又得文格於光文大師彙征，受詩訣於前進士龔霖，由是大爲流輩所推。時錢塘名僧有若契凝者，通名數一支，謂之論虎；常從義者，文章俊健，謂之文虎；大師多毘尼著述，謂之律虎，故時稱四虎焉。遂署監壇，又爲兩浙僧統。是時江潮或溢出石塘，贊寧與延壽建塔於江干鎮之，小麥嶺有贊寧塔。潮由是復循故道。

太平興國三年，忠懿王入宋，贊寧奉舍利真身塔以朝。太宗聞其名，召對滋福殿，賜紫方袍，尋賜號曰通慧。時宋帝常幸相國寺，問贊寧曰：「朕見佛當拜乎？」對曰：「現在佛不拜過去佛。」宋帝大喜，遂爲定禮。命充翰林史館編修，纂高僧傳三十卷、内典集一百五十卷、外學集四十九卷，又著鷲嶺聖賢録一百卷、僧史畧三卷。聽歸杭州舊寺。居無何，徵入汴京，住天壽寺。參知政事蘇易簡奉詔撰三教事迹，奏贊寧與太乙宫道士韓德純分領其事，制署左街講經首座。至道元年，知西京教門事。咸平元年，充右街僧録。年八十餘，卒，謚曰圓明大師，葬龍井。

贊寧博物多識，辨説縱横。徐鉉仕江南日，常襆被入直澄心堂，至飛虹橋，馬輒不進，裂鞍斷轡，掣韁却立。鉉遣信諮贊寧，贊寧曰：「下有海馬骨，水火俱不能毁，惟漚以腐糟隨毁者是也。」鉉斸土，果得巨獸骨若段柱然，積薪焚三日不動，以腐糟漚之，遂爛焉。徐知諤得繪牛一軸，晝則嚙草欄外，夜則歸卧欄中，持以獻江南後主，後主馳驛貢宋，太宗羣臣無能辨其理者，贊寧曰：「南倭海水或減，則灘磧微露，倭人拾方諸蚌，腊中有餘淚，和色著物，則晝隱而夜顯。沃焦山或風撓飄擊，有石落海岸，得之滴水，磨色染物，則晝明而夜晦。此二形殆二物所繪也。」羣臣以爲無稽。贊寧曰：「事載張騫海水異物記，公等特未見耳！」後杜鎬撿三館書目，果於六朝舊本得之。贊寧又著通論，有駮董仲舒、難王充、斥顔師古、證蔡邕、非史通等説，及筍譜、物類相感志諸書，王禹偁深歎服之。年七十八，與至道九老會。王處訥常推其禄命，曰：「師病孤貧，法無貴壽，喜生時正得天貴臨門。」贊寧曰：「母謂我生。」時武肅王往衣錦軍拜塋，過門，雨作，駐於茅簷甚久，此其應也。按王禹偁序云：母周氏，以梁貞明七年己卯生師於金鵞山別墅。

僧儀晏，湖州許氏子也，生於唐乾符三年。誕育之時，異香滿室，紅光如晝。光啓中，隨父某鎮信安，强爲娶婦，儀晏不從，遂遊歷諸方。已而省父母歸舍，舍旁陳司徒廟有凜禪師像，儀晏往瞻禮，遽失其所在。一日湖州守展祀祠下，見儀晏入定於廟後叢竹間，蟻蠹其衣，敗葉没脛，或者云：「是許鎮將子也。」自是詣括蒼，參僧德嚴，遂薙髮焉。常摘桃山間，浹旬不歸，忽見攀桃倚石，泊然在定。

開運中遊江郎巖，覩石龕，謂弟子慧興曰：「予入定此中，汝當壘石塞門，勿以吾爲念。」慧興如所戒。明年啓視，儀晏素髮被肩，胷尚煖，徐自定起，了無異容。已復回信安烏巨山。侍郎愼知禮鎮衢州，命僧守榮詰其定相，儀晏殊不與辨。守榮禮像，得舍利數枚，歎曰：「晏公眞不可以淺鮮測也。」忠懿王一夕夢師來，見遣使圖像至，適王患目疾，展像作禮，隨雨舍利，目疾頓瘳，因賜號開明禪師。宋太宗召入，對便殿，從容言禪定事，深契上旨，久之得請還山。淳化元年卒，壽一百五十歲。

僧彌洪，夙有道行。開運元年，結菴於杭州煙霞洞口，遇神人指曰：「山後有勝蹟，何不顯之？」彌洪尋於洞內見石刻羅漢者六，遂虔祀之。已而彌洪死，忠懿王一夕夢僧告云：「吾兄弟一十八人，今方有六，王盍爲我聚焉。」王夢覺，命侍臣訪至洞，遂補刻一十二像，以符所夢云。

僧清聳，福州人也。初參法眼禪師文益，文益謂曰：「滴滴落在上座，眼裏清聳。」初不喻旨，後因閲華嚴經，感悟。止明州四明山卓菴，節度使王弟弘億執師事之禮。忠懿王命於衣錦軍兩地開法，最後居國城靈隱上寺，署了悟禪師。開寶四年，忠懿王閲華嚴經，因詢天冠菩薩住處，大會高僧，無有知者，清聳習聞其處，遂遣使至閩支提山得華嚴經八十二本，髣髴見天冠千軀，金燈四耀，隨奏王捐金建寺，鑄天冠銅容，循海而來。會颶風作，舟人以半沉水，及抵寺，其半投水者已至，國人莫不異之。

僧契盈，閩人，通内外學。常遇仙教，以絶三彭之法。三彭者，三尸也。廣順中來居杭之龍華寺，賜號廣辨周智禪師。契盈性尤敏速，一日侍忠懿王遊碧波亭，時潮水初滿，舟楫輻湊，望之不見其首尾，王喜曰：「吴越國去京師三千里，誰知一水之利如此邪！」契盈答曰：「可謂三千里外一條水，十二時中兩度潮。」時人稱爲駢切。時江南未通，兩浙貢賦率由海達青州，故云。

僧道潛，河中人也，本姓武氏。少詣臨川，僧淨慧一見以爲法器，曰：「吾道東矣。」已又謁法眼禪師文益，文益曰：「子向後有五百毳徒，爲王侯所重。」尋結廬衢州古寺，閱大藏經。顯德初忠懿王迎入西府，受菩薩戒，賜號慈化定慧禪師，居慧日永明院。道潛常欲從忠懿王求羅漢銅容，未白也，王忽夢十八巨人隨行。五燈會元作十六尊者。明日，道潛以請，王奇而許之。仍於道潛賜號中加「應真」二字，以表異焉。道潛坐永明時，登堂問法者恆五百人，文益之言至是遂驗。

僧希辨，蘇州常熟人。一曰忠懿王子，疑非。幼出家，禮本邑僧啓祥，落髮具戒。已而詣楞伽山聽講僧律，尋謁天台受心印，與同時德韶齊名。乾德初，忠懿王命住東府清泰院，署慧智禪師。太平興國初，王入覲於宋，希辨隨寶塔至，見太宗滋福殿，大加慰諭，賜紫衣，號曰慧明。端拱中乞還，頒御製詩及御書急就章、逍遥詠、秘藏銓太平聖方二百三十卷以寵

之。創浮屠於常熟山院，凡七級，高二百尺●

僧志逢，餘杭人也。通貫三學，了達性相。顯德時結茅於五雲山。一日晏坐，忽有神人跽於前，志逢問曰：「若爲誰？」曰：「護戒神也。」志逢因言：「吾患宿愆未殄，汝知之乎？」曰：「師有何罪？惟傾棄滌鉢水，亦小過耳！」言訖而隱。志逢自是盡飲滌器水，積久成脾疾，十載乃愈。大將凌超特創華嚴道場日，靜慮菴延主席焉。乾德初，忠懿王召賜紫衣，爲築雲棲寺居之。雲棲塢素多虎，志逢每攜大扇乞錢，買肉飼虎，虎遇之輒馴伏，故世稱伏虎禪師，一號大扇和尚。後謚曰普覺。

是時又有僧紹巖，號了空大智常照禪師；僧清昱，賜號圓通妙覺禪師；僧支蟾，賜號慈悟禪師；又報恩禪師姓蔣氏，命住資崇院，盛講元妙正宗。僧行明，延住六合寺；僧慧居，命主龍華寺；僧永安，令居報慈寺。餘不具述。

僧願齊，姓江氏，錢塘人。初與忠懿王參天台德韶，尋往遊雁蕩山，結廬平陽縣。常登坐，或問夜月舒光，碧潭無影，願齊曰：「何爲弄影？」其人趨西立，又曰：「不惟弄影，無乃怖頭。」王甚欽重之。爲建普照道場，以平陽一鄉之賦贍焉。

釋巖，居錢塘湖心寺，專誦法華經，期滿萬部，得生淨土。會有蓮華生陸地，巖誓焚身以龕西方三聖，忠懿王力止之。一日，忽見蓮華光照體，越三日，欣然坐逝。

僧德倫，永嘉人，世稱錐刀尊者。常以錐刀自隨，人有丐之者，曰：「錐刀從我覓邪？此刀墮地，則天下太平。」未幾，忠懿王納土，人以爲驗。相傳國城西河，故德倫所鑿。

僧彙征，善詩文，有集七卷。忠懿王時命爲僧正，賜號光文大師。吴越僧，又有處默，能詩多奇句，羅隱見其「到江吴地盡，隔岸越山多」之聯，詫曰：「此吾句也，乃爲師所得邪！」

錢朗　閭邱方遠鶴衣道人　韓必吴崧　張契真　暨齊物　朱霄外

錢朗，洪州人。少以五經登科，仕唐累官光禄卿。文宗朝，歸隱廬山，得補腦還化之術。武肅王延至西府，以師禮事之。時朗曾玄孫數輩，皆以明經官邑令，皤然皓首，拜於堦下，而朗貌若童子，人咸異之。一夕，忽語家人曰：「適爲上清所召，今去矣。」俄氣絶。數日，顏色如生，及舉棺，尸已解去。時年一百七十餘歲。

閭邱方遠，舒州人也。一云青州。生州之天柱山下。幼辨慧，年二十九，師香林左元澤、廬山陳元悟，傳法籙於天台葉藏質，皆曉暢大義，甚得真傳。方遠故精黃老術，而又酷喜儒業，博學多聞，常詮太平經十三篇行世。唐龍紀初，累召不起。景福中，遍遊名山，至餘杭天柱，異而止焉。武肅王厚加禮遇，常與相度洞霄宮形勢，改天柱觀南向，因奏請，賜紫，重建太極宮居之，賜號洞元先生。又云妙有太師。天復中，一日，異香繞室，忽作控鶴狀，怡然而逝，後有復見於仙都山者，人皆以爲尸解。

先是，羅隱就方遠授子書，方遠必瞑目而授，餘無他論。弟子夏隱言謂方遠曰：「羅記室令君上客，先生何不與之語？」方遠曰：「隱才高性下，吾非授書，不欲輒及他事也。」其嚴介如此。

同時有鶴衣道人者，不知何郡縣人，亦無姓名，日醉卧處州鳳凰山下，忽爲里婦所詬辱，噀衣爲鶴，跨之而去，竟莫知其何術。後人建祠祀之，卽今報恩光孝宮是也。

韓必、吴崧者，唐末與吴琪、吴頊、皮光業、林昇、羅隱、何肅同居長城八座山，號曰八友。已而稍稍散去。武肅王時，兩人偕隱於洛塢，日以煉丹爲事。遣羅隱招之，兩人隱入石壁中，至今名爲「二仙石壁」。

張契真，錢塘人。生有異相，青骨方瞳，形如瘦鶴。幼負篋從胡法師遊，已而道遇朱天師，一見喜曰：「子骨法應得仙也。」授以要訣。未幾，復受樊先生靈寶籙，獨處真聖宮數年，緇繹蕋笈琅函之秘，深得微旨。忠懿王命主三籙齋事。歸宋，太宗選居太乙宮，召對，賜紫，令校道書，賜號元靜大師。一日，見朱衣吏持符檄契真趣職，頃之，沐浴，卒，火葬。後得青黑色珠數升。

暨齊物，一作物齊，又作濟物。字子虛，杭州人也。師玉清觀朱君緒受法籙神符祕方，救物不怠。後隨入大滌山中，依巖洞爲室。又搆垂象樓，貯道書幾千卷，朝夕討論，貫穿精微，聽者莫不忘倦。忠懿王欲爲賜度弟子，齊物對曰：「樂靜已久，不願有也。」所居室壁東西各置一隟，采日月光華，久之，忽語左右曰：「吾將復往羅浮石樓間矣。」遂不知所之。

朱霄外，台州道士也。素有道術，爲忠懿王所知，遂命葺台州之白雲菴爲棲霞宮，以霄外主之。

十國春秋卷第九十

閩一

司空世家

司空姓王，名潮，字信臣，光州固始人也。五代祖曄，爲固始令，民愛其仁，留之，因家焉。及父恁，業農，頗以貲顯。按于兢忠懿王廟碑云：曾祖友，贈光禄卿；王父藴玉，贈秘書少監；父恁，贈光州刺史，繼贈太尉。

唐末，僖宗入蜀，羣盜起江、淮，壽春屠者王緒與妹壻劉行全聚衆五百，據壽州。未幾，衆萬餘，自稱將軍，復取光州，劫豪傑置軍中。時潮爲縣佐史，通鑑以潮爲固始縣佐。新唐書、五代史以潮爲縣史，皆非也。按唐制，諸縣丞簿尉之下，有司功佐、司倉佐、司户佐、司兵佐、司法佐、司士佐，通謂之縣佐。縣佐皆有史。路振九國志曰：潮少爲縣佐史。今從之。與弟審邽、審知以材氣知名，邑人號曰「三龍」。緒署潮爲軍正，主廪庾，士推其信。

是時，蔡州秦宗權方募士以益兵，緒提二州籍附宗權，宗權以緒爲光州刺史，召其兵會擊黄巢，緒遲留不行。宗權發兵攻緒，緒率衆南奔，新唐書云：他日賦不如期，宗權切責，緒懼，與劉行全拔衆南走。今從五代史。略潯陽、贛水，取汀州，陷漳浦，皆不能有也。初以糧少，故兼道馳，約軍中曰：「以老孺從者斬！」潮與二弟時奉母行，緒切責潮，欲斬其母，潮等請先母死，會諸將士皆爲請，遂舍之。新唐書云：會母死，不敢哭，夜殯道左。疑非。有術士望軍氣，言軍中當有暴興者，緒益猜忌，潛視部下，魁梧雄傑者多因事誅之，劉行全亦死焉，衆懼曰：「行全親也，且爲軍鋒之冠，猶不免，況吾屬乎！」按閩書：行全與弟德全，待全戮力行間，王緒忌而殺之；王審知有國，悼其死非罪，爲立廟漳州。行次南安，潮説其前鋒將曰：「吾屬棄墳墓妻子而爲盜者，爲緒所脅耳，豈其本心哉！今緒猜刻不仁，將吏之材能者，必死軍中，方不保朝夕，豈能圖成事哉！且子美須眉，才絶衆，吾不知子死所矣！」前鋒將大悟，與潮相持而泣，乃選壯士數十人伏篁竹間，伺緒至，躍出擒之，一軍皆呼萬歲。按新唐書，縛王緒者，即劉行全，非也。今從通鑑及九國志。潮推前鋒將爲主，前鋒將曰：「生我者潮也，請以爲主。」潮苦讓，不克，乃除地剸劍，祝曰：「拜而劍三動者，我以爲主。」至審知，劍躍於地，衆以爲神，皆拜之。審知讓潮，自爲副。緒歎曰：「我不能殺是子，非天乎！」後潮幽緒於別館，緒慙，自殺。潮令於軍曰：「天子蒙難，今當出交廣，入巴蜀，以幹王室。」於是悉師將行。

會泉州人張延魯等以刺史廖彦若貪暴，聞潮治軍有法，帥耆老奉牛酒迎潮，留爲州將，潮乃引兵圍泉州。時光啓元年八月也。明年八月，拔泉州，殺彥若，遂有其地。新唐書紀：王潮陷泉州，劉彥若死之。按諸書皆作廖彥若，新紀作「劉」，恐誤。

先是，黃巢將竊有福州，時建州刺史李乾祐棄城走，後守李彥聖與戰死。建寧人陳巖聚衆千餘人，號九龍軍，率衆拔之，福建觀察使鄭鎰奏爲團練副使。左廂都虞候李連驕慢不法，縱其徒爲郡人患，巖將按誅之，連奔溪洞中，合衆攻福州，巖擊破之。鎰表巖自代，拜觀察使，至是潮遣使降之，巖表潮爲泉州刺史。潮既得泉州，招懷離散，均賦繕兵，吏民悅之。

大順二年，巖病劇，遣使以書召潮，欲授以軍政，未至而巖卒。巖妻弟都將范暉諷將士推己爲留後。按五代史云：巖，景福元年卒。蔣文懌閩中實錄云：大順中，巖薨。十國紀年在大順二年，通鑑從之。昭宗實錄在明年三月，今從十國紀年。又新唐書、薛史、閩書、閩中錄，皆云范暉，巖壻，餘書則云妻弟。林仁志王氏啓運圖載監軍程克諭表，云妻弟。此爲得實，今從之。

巖舊將多歸潮，言「暉可取」，通鑑云：暉驕侈失衆心。潮乃以從弟彥復爲都統，弟審知爲都監，攻福州，彌年不下。通鑑云：民自請輸米餉軍，平湖洞及濱海諸蠻皆以兵船助潮。潮常駐輜重於武安場，宿重兵守之，名曰柳營。暉乞援於威勝節度使董昌。昌與巖姻好，發温、台、婺州兵五千救之，彥復等以援師且至，請班師，不許，又請潮自臨軍，且益兵。潮令曰：「兵盡益兵，將盡益將，兵將盡則吾至矣。」於是彥復等急攻暉。景福二年五月，暉以印授監軍，棄城走。庚子，彥復等入城。辛丑，暉爲將士所殺，潮入福州，自稱留後，素服葬巖，以其女妻其子延晦，厚撫巖家。

建州人徐歸範以州應潮，刺史熊博死之。何喬遠閩書云：熊博，建陽人。有才勇，尚氣節。徐歸範據州應王潮，博遂遇害。稽神録云：博本建安津吏，岸崩出一古冢，有石銘云：「欲陷不陷被藤縛，欲落不落被沙閣，五百年後遇熊博。」博使平光寺僧葬之。博後至建州刺史。汀州刺史鍾全慕舉籍聽命，嶺海間羣盜二十餘輩皆降潰，潮乃盡有五州之地。九月戊戌，唐帝以潮爲福建觀察使。新唐書云：昭宗假潮福建等州團練使，俄遷觀察使。今從通鑑。

乾寧初，黄連洞蠻二萬圍汀州，潮遣將李承勳將萬人擊之，蠻解去，承勳追至漿水口，破之，閩地畧定。潮乃創四門義學，還流亡，定租税，遣吏巡州縣，勸課農桑，交好鄰道，保境息民，人皆安焉。

三年九月庚辰，唐升福建爲威武軍，拜潮節度使、檢校尚書左僕射。

四年冬，潮有疾，按于競碑記云：乾寧三年，僕射遘疾。今從通鑑。審知知軍府事。十二月丁未，潮薨，表聞於朝，贈司空。開平時，爲潮立廟，稱曰水西大王。潮沈勇有智畧，弟審知爲觀察副使，有過輒加捶楚，不以爲嫌，審知亦無怨色。寢疾時，捨子延興、延虹、延豐、延休等，而託審知以大事，世咸服其能知人。

太祖世家

太祖名審知，字信通，錢昱忠懿王廟碑又云字詳卿。潮季弟也。身長七尺六寸，紫色，方口隆準，常乘白馬，軍中號「白馬三郎」。所居處恆有紫氣羃其上。潮一日使日者視己兄弟，曰：「一人勝一人。」審知方侍潮側，沾汗而退。乾寧時，爲福建觀察副使，有僧涅槃者於衆中駭而指之曰：「金輪王第三子降人間，專生殺柄。」已而潮病，命審知權知軍府事。及潮歿，讓其仲弟泉州刺史審邽，審邽以審知有功，不受。審知乃自稱福建留後，表於朝。

光化元年春三月己丑，唐以審知充威武軍留後、檢校刑部尚書。新唐書云：詔審知節度觀察留後。冬十月癸卯，授金紫光祿大夫、右僕射、本軍節度使。

三年春二月壬申，加同中書門下平章事、檢校右僕射。唐書云：審知厚事朱全忠，全忠薦爲節度使、同中書門下平章事。俄改光祿大夫、檢校司空、特進、檢校司徒。天復時，唐帝在鳳翔，賜審知朱詔，自三品皆得承制除授。二年，唐賜審知武庫戟十二枝列於私門，非恆例也。是歲，築福州外羅城四十里。

天祐元年夏四月，唐遣右拾遺翁承贊加審知檢校太保，封瑯邪王，食邑四千户，食實封一百户。

先是，蕭梁有王霸者，王氏遠祖也，居福州怡山爲道士，常云吾子孫當王於此方，乃爲讖瘞壇下。光啓中，爛柯道士徐元景斸地，獲其辭，曰：「樹枯不用伐，壇壞不須結，不滿一千年，自有系孫列。」又曰：「後來是三王，潮水蕩禍殃。巖逢二乍間，未免有銷亡。子孫依吾道，代代封閩疆。」解者以「潮水蕩禍殃」謂潮除禍患，開基業也；「巖逢二乍間」謂陳巖逢潮，未幾而亡也；「代代封閩疆」謂潮與審知，兩世也。閩書云：光啓丁未歲，衢州爛柯山道士徐景立取土仙壇東北隅，得瓷瓶七口，各可容七升水，中悉有炭，上總蓋一青甎，讖文云云。又閩人謠云：「潮水來，巖頭沒，潮水去，矢口出。」「矢口」，「知」字也。巖死而潮立，潮死而審知繼之，其言遂驗。黃滔集又云：晉郭璞記曰，南臺江沙合，卽有宰輔相公之登台席也，江沙契焉。

是歲，建報恩定光多寶塔於福州，薦考司空妣秦國太夫人；伯兄，司空也。海上黃崎波濤爲阻，審知禱於海神，一夕風雨雷震，擊開爲港，閩人以爲德政所致。唐帝賜號曰甘棠港，封其神曰靈顯侯。一作顯應侯。三山志云：五代史謂閩人號甘棠港。誤。是時，命管內軍州搜遺書繕寫以上。

天祐二年夏四月，王藏佛經於壽山，凡五百四十一函，總五千四十八卷。唐學士韓偓挈族來奔。佛齊諸國來賓。

是歲，築南北夾城，謂之南北月城，合大城而爲三，周二十六里四千八百丈。大城之門八，曰福安門、清平門、清遠門、安善門、通遠門、通津門、濟川門、善化門。南月城之門二，曰登庸門、以登庸名門者，應郭璞合沙之讖。門有橋曰合沙橋。道清門。北月城之門二，曰道泰門、嚴勝門。舊有嚴氏，居邇於壕，家鬻米，取贏極薄。會天旱，刺史夢神告之曰：「必得如嚴者使禱。」刺史致嚴，遂得雨，因以名門。復塑北方毘沙門天王以鎮之。命唐國子四門博士黄滔爲碑文，以紀其事。碑文略曰：公之築城也，恢守地養民之本，隆暫勞永逸之策。其名舉一而生三，法陽數也。曰大城焉，南月城焉，北月城焉。周圍二十六里四千八百丈，基甃於地十有五尺，杵土胎石而上，上高二十尺，厚十有七尺，甃以瓴，凡一千五百萬片。上架以屋，其屋曰廊。其大城之廊也，一千八百有十間。自廊凸而出之爲敵樓，樓之層者二十有三。又角立之樓六，其二者層復層焉，皆欄干鉤聯，參差煥赫。而廊之若干步一鋪，又各以皷而司更焉，凡三十有六，謂之更鋪。其四面之門八，其南曰福安門，福安之東曰清平門，西曰清遠門，其西北曰安善門，安善之東曰通遠門，其東曰通津門，通津之北曰濟川門，其西曰善化門，皆鐵扇銅扃，開陽闔陰。門之上仍揭以樓三間，兩挾兩噏，修廊雙面。遠碧門之左右又引而出之爲之亭，兩門一廈。又匪樓之門九，曰暗門焉。又水門三，其二樹櫺篩波，卸帆入舟，鳴舷柳浦，迴環一郊，堤諸萬户，注之以堰二，渡之以橋九，鏡瑩虹横，交舫走蹄，斯大城之制也。粤南月城也，東貯九仙、西盛烏石之二山，嘉樹蓄雲，茂草藏獸。城上之廊一千有三間，敵樓四十有九。樓之層者三，其門二，曰登庸門、道清門。其上之樓，其下之扉，左右之引亭，建暗門八，水門二，其堰一，其橋五，及廊之更鋪二十，悉與大城類。其外之東西復距而出之，謂之横城。其東也，城上之廊四十二間，五廈，其門一，斯南月城之制也。伊北月城也，城上之廊六百四十二間，敵樓二十有六。樓之層者十，其門二，曰道泰門、嚴勝門。其上之樓，其下之扉，左右之引亭，建暗門四，水門二，其橋一，及廊之更鋪十有四，復與南月城類。又觜而出之謂之横城，城上之廊五間一厦，其門一，斯北月城之制也。其東畫長川以爲洫，西連平南盤別浦以爲溝，悉通海鰌，朝夕盈縮之波，底澤鱗介，岸泊艓艛，北截越王之故山，派西湖之爲隍，若鼇之負，如甌之置，軒軒然，翼翼然，天設之府，神開之地也。

唐以梁王全忠奏，賜王建祠福州，勒功於石。唐侍郎于競撰碑文曰：粵自範金合土之制，雲師火紀之名，禹別九州，堯咨四嶽，莫不簡求良輔，宏濟兆人，彰克勤克儉之能，垂可久可大之業，嗣大叔寬猛之政，循仲尼富庶之言。既茂勳勞，宜標篆刻。公名審知，姓王氏，瑯琊人也。其胙土命氏，疏源演派，代濟其美，史不絕書。後以太祖就禄光州，因家於是郡焉。曾祖友，贈光禄卿；王父蘊玉，贈秘書少監；父恁，贈光州刺史，繼贈太尉。公卽太尉季子也。初公兄潮志尚謙恭，譽藹鄉曲，善於和衆，士多歸之。福建節度使陳巖卽嚮其名，又以所屬泉州求牧，乃遣禮而請之。及到任，頗著嘉聲。後巖在軍病甚，不能視事，軍士等懼無統御，願有依從，泉牧遂以郡委於仲弟審邽，而與公偕赴。至則積惡者屏去，爲善者獲安，因詔授節度使，累加檢校右僕射。於是剗其訛弊，整其章條，三軍無譁，萬姓有奉。乾寧三年，僕射遘疾，且付公以戎旅，仍具表奏，尋加刑部尚書、威武軍留後，俄授金紫光禄大夫、右僕射、本軍節度使。公器局端雅，識理融明，稟崧嶠之真精，得圯橋之妙畧。及膺帝命，寵陟齋壇，細柳連營，旌旗動色。蒲盧蒞政，草樹逢春。一年而足食足兵，再歲而知禮知義。方隅之內，仰止攸同。曩以運屬艱虞，人罹昏墊，農夫釋耒，工女下機，公既統藩垣，勵精爲理，强者抑而弱者撫，老者安而少者懷，使之以時，齊之以禮，故得汙萊盡闢，雞犬相聞，時和年豐，家給人足。版圖既倍，井賦孔殷，處以由庚，取之合徹。夫述職之道，底貢爲先，九江爰序於厥苞，五霸是徵於縮酒。雖甸服之近，江漢之中，或遇阻艱，亦絕輸賦。惟公益堅尊奬，慎守規程，松栢後凋，風雨如晦，地征旁午，天庫充盈，共仰勤劬，咸知匡戴。常以學校之設，是爲教化之原，乃令誘掖童蒙，興行敬讓，幼已佩於師訓，長皆賓於國庠。俊造相望，廉秀特盛。閩川以南，地雖設險，人尚爭雄，或因饑饉洊臻，或以刻剥爲苦，萑苻易聚，巢穴難探。公感之以恩，綏之以德，且曰吏實爲虐，爾復何辜。示以寬仁，俾之柔服。遂使數十年之氛祲，遽致廓清；一千里之封疆，旅覿昭泰。張綱以單車入壘，虞詡用絳縷擒姦，以古況今，彼猶懷愧。爰自天寶艱難之後，經費實繁，聚斂之臣名額滋廣，卽山鳩利，任土庀財，峻設隄防，頗聞賙贍。洎纏烽燧，仍患崎嶇，三司之職務空存，四海之輪蹄鮮至。公按其程課，令以權衡，盡叶舊規，尤彰宏業。而又奉大雄之教，崇上善之因，象法重興，導師如□，虹梁雕栱，重新忉利之宫；鈿軸牙籤，更演毘尼之藏。而又盛興寶塔，多捨淨財，日麗飛甍，雲攢彩檻。頑豔迴向，遠邇歸依。用俾羣緣，皆同妙果。佛齊諸國，雖同臨照，靡襲冠裳，舟車罕通，琛賮罔獻。□者亦逾滄海，來集鴻臚。此乃公示以中孚，致其內附，雖云異俗，亦慕華風。宛土龍媒，寧獨稱於往史，條支雀卵，諒可繼於前聞。自燎熾西秦，烟飛東觀，魯壁之遺編莫捄，周陵之墜簡寧存。亟命訪尋，精於繕寫，遠貢劉歆之閣，不假陳農之求。次第籤題，森羅卷軸。夫四鄰共守，蓋當偃草之期；七德方修，必假禦衝之備。蓋以恢張制度，固護基扃，程功而莫匪子來，作事而適當農隙。立崇墉之百雉，表巨屏於一方。巖邑湯池，曾何足數，折筋縈帶，固不可憑。未若暫勞，致兹永逸，兵戈洊起，帑庾多虛。凡列土疆，悉重征稅，商旅以之而壅滯，工賈以之而殫貧。公則盡去繁苛，縱其交易，關譏鄽市，匪絶往來，衡麓舟鮫，皆除守禦，故得眞郊溢郭，擊轂摩肩，竟敦廉讓之風，驟覩樂康之俗。閩越之境，江海通津，帆檣蕩漾以隨波，篙檝崩騰而激水，途經巨浸，山號黃崎，怪石驚濤，覆舟害物。公乃具馨香黍稷，薦祀神祇，有感必通，其應如響。祭罷一夕，震雷暴雨，若有冥助。達旦則移其艱險，別注平流。雖畫鷁爭馳，而長鯨弭浪，遠近聞而異之，優詔奬飾。乃以公之德化所及，賜名其水爲甘棠港，神曰顯靈侯。與夫召神人以鞭石，驅力士以鑿山，不同年而語矣。於戲！辨眞金於大冶，認勁草於疾風，不有良臣，誰康澤國？尋就加平章事，檢校右僕射如故。腰懸相印，手握兵符，益壯軍聲，彌新殊渥。又改光祿大夫、檢校司空、特進、檢校司徒。然而物議輿詞，功厚賞薄，以爲爵祿未稱疇庸，於是異姓分封，仍加井邑，轉檢校太保、瑯琊郡王，食邑四千户，食實封一百户。公之仲兄審邽自守泉郡，一紀於兹，黠馬皆調，疲人盡泰。公性惟雍睦，氣稟中和，韻契塤篪，政侔魯衛，可謂高明輝映，超絶一時者也。公以天下兵馬元帥、太尉、中書令梁王勳格穹昊，德服華□，奉大國之歡盟，爲列藩之表率。今節度都押衙程贇及軍州將吏百姓耆老等久懷化育，願紀功庸，列狀上聞，請議刊勒。元帥梁王以公如河誓著，匪石情堅，累貢表章，顯陳保證，朝廷冀宏誘勸，特示褒持，將建龜趺，合徵鴻藻。兢謬居清列，曾乏雄文，頃歲常詠皇華，往宣宸旨，已於視聽，親飫徽猷。今之執簡濡毫，得以研精覃思，備陳懿績，實無媿詞。乃作斯銘曰：日月麗天，舟楫濟川，内外克乂，股肱惟賢。淮水長清，緱嶺方寧，慶隨祚遠，材爲時生。伯氏雄特，泉人仰德，求瘼斯勤，頒條有則。冠軍被疾，付以師律，政教翕張，士庶寧謐。懿被閩越，師實英傑，地列周封，心馳魏闕。聖澤汪洋，元戎啓行，有典有則，爲龍爲光。高懸秦鏡，理道自静，比屋懷仁，連營稟令。航海梯山，貢奉循環，務其輸委，毋憚險艱。周征之術，公田什一，約以有程，守而勿失。輕徭薄賦，謳歌載路，高掩龔黄，遐追召杜。鄉校皆逝，童蒙來求，雅道靡靡，儒風優優。惟虺吹毒，久依山谷，罔恣陸梁，竟忻柔服。法寶梵宇，勝因所主，崇搆斯精，福慶攸聚。佛齊諸國，綏之以德，架浪自東，驅山拱北。墜簡遺編，繕寫精研，麟臺蠹爾，武觀森然。畚鍤其勤，雉堞連雲，永制爾敵，用壯我軍。關譏不稅，水陸無滯，遐邇懷來，商旅相繼。黄崎之勞，神改驚濤，役靈祇力，保千萬艘。劉騏荀龍，塤篪雍雍，維邦維翰，以侯以公。元帥梁王，武步龍驤，挺彼七德，削平四方。公能事大，推心斯在，風雨無渝，歲寒不改。殊勛茂績，盡瘁宣力，國之丹青，邦之柱石。位冠台鼎，任隆兵柄，重以徽寵，分□異姓。優詔銘功，萬古英風，貞珉是勒，垂之無窮。

是時王以俸泉爲直進，三司之運如故。兵興以來，天下以三司之泉皆名直進，獨王以俸泉爲直進，闕廷大稱其美。

天祐三年秋七月乙丑，鑄金銅佛像一，高丈有六尺。丁亥，鑄菩薩像二，高丈有三尺。冬十二月丙申，迎像於開元寺壽山塔院。黄滔丈六金身碑曰：釋氏之稱釋迦牟尼佛千百億化身，而古今之世，以諸佛菩薩，其或鑄成塑成刻成，其或壁繪幅繪于像，不可勝紀，況多應現感通之自其非之乎？我公粤天祐三年丙寅秋七月乙丑，鑄金銅像一丈有六尺之高，後二十有三日丁亥，繼之鑄菩薩二丈有三尺高。銅爲内肌，金爲外膚，取法西天，鑄成東越，巍巍落落，毫光法相。初我公登壇之三年己未秋，一夕雨歇天清，風微月明，瑶兔無烟，銅龍有聲，俄夢天之西際，燿以照物，綵雲罅裂，大佛中座，嶽嶽以覯止，熙熙而啓言，曰：「斷予一臂，衞子一方。」既覺而思，現乎形昭像也；斷一臂，誓誠也；衞一方，保衆也。始嘉其異，姑默其事。後創其意，乃命自賓席之逮將校，將校之逮步乘，步乘之逮衆庶，其有植信根之深者，映惠燭之明者，許一以金，投吾倖中，將櫝于肆，俟以銅易，而後鳩工鴻鑪，卜境擇日，鑄斯佛于九仙山定光多寶塔之右古仙徐登上昇之地。其日圓空境然，江山四爽，橐籥之上，騰爲烟雲，盤旋氤氳，五色成文。又有羣鳥，或若鴻鵠，或如鸑鷟，交翔而間鳴，自寅而及午，斯佛也，一寫而成。翌日，我公禮閲之，乃與夢中一類，其形儀長短大小無少差。其一臂，工以之别鑄，而會我公神之而露其夢。於是迎入府之别亭，磨瑩雕飾，克盡其妙，朝夕瞻拜，時不之怠。冬十有二月丙申，會僧千禾，以幡以幢，以鐘以磬，引歸于開元寺壽山之塔院，獨殿以居之，翼二菩薩于左右，三十二相足，八十種好具。螺髼髼以成髻，珠隱隱以炫額，檀信及門而膝地，童耋遍城而掌膠。夫如是豈非千百億化身之一乎？不然者，焉得入乎夢而如乎神，成乎形而如乎夢，夢不之告、工以之缺者哉？其應現感通復爲之殊矣大矣哉！且先天地生之謂道，後天地設之謂象。道也者，以無爲爲志之也，授心印於虚空；象也者，以有爲爲志之也，叠惠力於報應。論者或以之爲風馬，曾不謂象猶道之轂也，無象，道不行矣。始者摩騰、竺法蘭二梵僧，不慎其像，東其道且西耳，惜乎不與三皇五帝同世而出。設與三皇五帝同世而出，必能從容朴素，遲回仁義，詐僞未之亟蠹也，奈何天將後之，豈徒然哉！豈不以仁義之生也，曰堯與舜，仁義之亡也，曰癸與受。至於列國之際，強秦之立，癸受之悖，亹亹其躅，天謂仲尼之祖述堯、舜，憲章文、武，終不能獨制之，故東釋迦牟尼於中土，大陳出生入死之理，天堂地法之事，以警戒之。雖人世之風波，萬態逆翻，而幽府之鐵縲，一無苟免。上智聞之，若鏡之磨，中智聞之，若泉之澄，下智聞之，若火之燒。謂之爲有，則河沙芥子之説虛誕難測；謂之爲無，則應現感通之事尋常立驗。故能銷嗜慾，更禍福，一貴賤，則爲裨教化之一源，湛然不動感而遂通者也。而以金厥地，蓮厥宮，張法橋以度人，無刑網以束俗。世之敬之可也，怠之可也，黷之可也。繇是有委之國君，委之大臣之旨，既而委之，則人非常人，道非常道。我公曠代之生也，有神僧識仗鉞之雄也，應江沙期，合仙人識，築城之盛也，契菩薩説。夫神通爲佛，魂交曰夢，神非夢而罕通，夢非神而不感。我公之慶鍾也，其如是矣。其明年正月十有八日乙未，設二十萬人齋，號無遮以落之。是日也，綵雲纈天，甘露粒松，香花之氣撲地，經梵之聲入空。座客有右省常侍隴西李公洵，翰林承旨、制誥、兵部侍郎昌黎韓公偓，中書舍人瑯琊王公滌，右補闕博陵崔徵君道融，大司農瑯琊王公標，吏部郎中譙國夏侯公淑，司勳員外郎王公拯，刑部員外郎弘農楊公承休，宏文館直學士弘農楊公贊圖，宏文館直學士瑯琊王公倜，集賢殿校理吴郡歸公傳懿，皆以文學之奧比偃商，侍從之聲齊褒向。甲乙昇第，巖廊韫望，東浮荆襄，南游吴楚，謂安莫安於閩越，誠莫誠於我公。依劉表，起襄漢，其地也交輸及館。值斯佛之成，斯會之設，俱得放心猿于菩提樹上，歇意馬于清涼山中。我公乃顧幕下者某，俾刻貞石以碑之。某以甲科，忝第盛府，蒙招刊勒之職，不敢牢讓，謹推于厥旨。經云，作佛像之功德，斗量海以有盡，塵碎刼以無窮。至若青黛之畫辟支，一金之補毘婆，戲爲之而以草木，思見之而刻旃檀。其猶蜕現其生，羽金其報，而況今乃儼至誠，從靈感，銅乎萬萬，金乎千千，虡皷鑄于神仙之山，卜貞吉于火土之數，其積功累德，豈可以邊以涯而言之哉！或曰梁武帝之隆釋氏，古今靡倫，奚報應之昧乎？對曰：

梁武帝隆釋氏之數，不隆釋氏之旨，所以然也。夫帝王之道，理世也；釋氏之教，化人也。理世之與化人，蓋殊路而同歸。彼宵旰于萬有，故一夫不獲，若己隕諸隍中；此濟度於觸類，故欲凡一有情，悉皆成佛。梁武帝則不然，以民之財之力，刹將三百，祈功覬德，則歸諸己，啼億兆而不乳，削頂額以言覺，所以私所以然也。今我公爲邦則忠孝於君親，牧人則父母於生民。造塔四，其一曰壽山，以昭皇帝辛酉歲西巡發誓，願以祝熊羆乞車駕之復宮闕；其二曰報恩多寶定光，追薦於先世；其三其四，大中神光，爲軍旅也，爲人民也。繕經五藏，其二進於上，其三附於壽山、定光。大王意同乎塔，月三其齋，或千僧，或千佛。疏乎誠，首則君親，次則軍旅人民，而己後焉。況斯佛已之而不已，故其地出明珠，海出珊瑚，幾於蓮花妙品之繁，車渠馬瑙幡幢瓔珞周乎多寶之湧也。夫其元貺之如彼，靈感之若此，則斷一臂衛一方，斯昭昭矣，豈與彼而論哉！某是輒奮筆而無媿也。其詞曰：託人佳夢，鑄成鴻鑪，毫光法相，銅肌金膚。恍惚現形，昭彰合符，不有爲也，其如是乎？唐一其字，越百其區，伊閩之設，於地之殊。西城甌初，東塹鰲隅，匪德莫處，惟仁靡逾。懿其橐籥，飛作醍醐。焦山草木，不得不蘇。若海波瀾，不得不枯。仙花罔謝，惠日寧徂，永茲一方，盤石其都。

是時，西天國聲明三藏來賓。築還珠門。

天祐四年春正月乙未，設二十萬人齋於開元寺殿，號曰無遮。

夏四月，梁王晃卽皇帝位，國號梁，改元開平。

五月己卯，梁加王兼侍中。

冬十一月，梁封福州閩縣玷琦里古廟爲昭福祠，從王請也。

是歲，以九仙山萬歲寺請爲梁主祝釐，表額曰壽山。

開平二年春正月，梁詔改福州福唐縣曰永昌。

開平三年夏四月庚子，梁加王中書令、福州大都督長史，進封閩王。五代會要作開平四年。秋八月，淮南遣使張知遠來聘，舉止倨慢，王斬之，上其書於梁，始與淮南絶。王雖遽有一方，府舍卑陋，未常葺居，恆常躡麻屨，寬刑薄賦，公私富實，境内以安。歲自海道登、萊入貢於汴，没溺者什四五。通鑑註云：自福州洋過温州洋，取台州洋過天門山，入明州象山洋，過涔江，掠洌港，直東北度大洋，抵登、萊岸，風濤至險，故没溺者衆。

開平四年□□月，命員外郎崔□□聘於南海。是時大濬侯官縣西湖，廣至四十里，灌溉民田無筭。

乾化元年春正月丙戌朔，日有食之。夏五月，梁大赦，改元。

冬十月，置閩清縣於梅溪場，隸福州。五代會要云：閩清移就梅溪場置。宋白續通典曰：唐貞元元年，割侯官縣十鄉爲梅溪場，梁乾化元年改爲閩清縣。

是歲，遣使致祭於南平王，改長樂縣曰安昌，同光初復舊。以劍州爲延平鎮。

乾化二年夏四月，月掩心大星。壬申，彗出於張。

六月，梁主疾革，郢王友珪反。戊寅，梁主遇弑殂。友珪改元，曰鳳曆。

乾化三年春二月，梁友珪伏誅。均王卽位於東都，復稱乾化三年，遣使者來宣詔。

乾化四年□□月，天雨豆於境內。

貞明元年冬十一月乙丑，梁改元貞明。

是歲，王奏封龍驤侯爲宏潤王。故閩越王郢第三子也，禱雨輒應，唐咸通時封龍驤侯。置鉛場於汀州寧化縣。十國紀年云：寧化縣出鉛，置鉛場。

貞明二年冬，王與吳越爲昏，吳越牙內先鋒指揮使錢傳珦來逆婦。是歲，鑄鉛錢與銅錢並行。

貞明三年冬十一月丙子朔，日南至。是歲，王爲子牙內都指揮使延鈞娶越王巖之女。

貞明四年夏六月，吳將劉信攻虔州，譚全播來乞師，王出兵屯雩都以救之。秋八月，聞楚敗，引還。

貞明五年□□月，王夢梵僧數百輩，奕奕有光，所至處有雙檜，並池而秀，一僧前跽曰：「王能飯吾于此乎？」及旦，訪得其地而築室焉。命池曰「浴聖」，檜曰「息聖」。王氏雅重佛法，增閩僧寺凡二百六十七。後屬吳越，首尾二十七年，復建寺二百二十一。

貞明六年冬十一月，誅僧浩源及其黨。先是，王承制加從子泉州刺史延彬領平盧節度使，延彬治泉十七年，吏民安之。會得白鹿及紫芝，僧浩源以爲王者之符，由是延彬驕縱，與浩源通謀，遣使浮海貢於梁，求爲泉州節度使；事覺，浩源等獲罪，黜延彬歸私第。

龍德元年夏五月丙戌朔，梁改元。

六月乙酉朔，日有食之。

龍德二年□□月，鑄大鐵錢，以「開元通寶」爲文，仍以五百文爲貫，陶岳貨泉録曰：王審知鑄大鐵錢，闊寸餘，甚粗重，亦以「開元通寶」爲文，以五百文爲貫，俗謂之銠[illegible]，與銅錢並行。[illegible]音賀。

龍德三年，夏四月己巳，晉王存勗即皇帝位，國號大唐，改元同光。

冬十月，梁亡。

是歲，王於城西南張爐冶十三所，備銅鐵三萬斤，鑄釋迦、彌勒諸像，唐主賜額曰「金身報恩之寺」。王又泥金銀萬餘兩，作金銀字四藏經各五千四十八卷，旃檀爲軸，玉飾諸末，寶髹朱架，納龍腦其中以滅蠹蟫。翁承贊爲碑銘。仍改永昌縣曰福唐，避唐廟諱也。

同光二年春二月，王遣使入貢於唐。

夏四月，漢主引兵入寇，屯汀、漳境上；擊之，敗歸。

五月丙午，唐加王檢校太師、守中書令。

冬十月，進萬壽節并賀皇太后到京金銀、象牙、犀珠、香藥、金裝寶帶、錦文織成菩薩幡等物於唐。

同光三年夏五月，王寢疾，命子威武節度副使延翰權知軍府。

冬十二月辛未，王薨。錢昱忠懿王廟碑云：王薨於十二月十二日。任臣按：通鑑目録，十一月庚寅朔，則十二月當爲庚申朔，辛未日正十二日也。又福州志云：閩王審知以五月五日卒，是日罷節事，相沿至今，郡人猶用初四日爲節。此志之誤耳。在位二十九年，王以乾寧四年丁巳嗣威武節度使，至同光三年乙酉薨，實二十九年。九國志、舊五代史皆以爲元年卒者，非也。運曆圖云同光三年卒，其説爲允。年六十有四。謚曰忠懿，葬於福州城北鳳池山。明年尊曰昭武王。

長興三年，改葬蓮花山。有後唐所賜神道碑，張文蔚撰文。明宣德五年，種屯軍三十人盜發閩王冢，冢門堅甚，而竅上隅。入之，壙廣如屋，前祀王繪像，几列五供，悉用金玉珍寶器，後寢紅棺二，王夫人也。諸偷以分物不均，訟於懷安尉，尉得其金跳脱、玉帶，亦罷。已而訟於臺司，副使李素魯、僉事鄒穆補治之，尉遂自首，上跳脱及帶，而諸生王琨者自言王後，當領所盜物，且出其家譜，壙中物皆備載焉。於是按譜徵物，舉王繪像懸堂中，則方面大耳，巨目弓鼻，紫面修髯，儼然可畏。四圍朽盡，獨中心如故。內一水椀，其底寸許如橄欖，瑩如金色，召回回辨之，曰：「此玻瓈椀。」乃歸琨像及壙中物十之一，而委庫吏鄭浩爲王治塚，浩言：「壙中懸棺，推之可動。」蓋已被發。墳前石人、石獸製極工巧云。

龍啓初，追謚昭武孝皇帝，册府元龜作武皇帝。廟號太祖，陵曰宣陵。

宋開寶七年，吴越國王以太祖舊第爲忠懿王廟，摶太祖像及孟咸等二十六人像，以侑享焉。

錢昱忠懿王廟碑文曰：若夫非常之人，必有非常之事者，衆所聞矣，其或功及於國，道濟於民，生居土茅，没饗廟食者，求諸前史，罕有其倫。是以黄石立祠，皆因遺跡；沔陽致祭，實表舊功。故聖人之制也，法施於民則祀之，以勞定國則祀之，苟無所稱，實曰誣祭。惟忠懿王非誣祭歟。公名審知，字詳卿，姓王氏，本瑯琊人，秦將翦三十四代孫。高祖曄，唐貞元中爲光州定城宰，有善政以及民，因遷家於是郡，遂世爲固始人矣。曾祖友，贈光禄卿；王父蘊玉，贈秘書少監；父恁，累贈至太尉、光州刺史。十圍巨木，始從厚地以盤根；九曲洪河，本自仙源而析派。若匪降神之氣，豈生命世之才。公即太尉季子也，形質魁秀，機辨明敏。負英雄之氣者，必相交友；學韜鈐之畧者，咸詢智謀。懸知五典之書，暗合萬人之敵，遠近服其義勇，鄉里推其孝弟。常有善相者詣公之門，視其昆弟三人，曰：「富壽皆一體也，而季當位極人臣。」自是公竊負之。尋遇陟岵興悲，在原軫念，恭事孟仲，嚴若父焉。乾符末，鯨綱全疎，鳧毛屢落，摩牙吮血，中原正苦於傷殘；脱耒裂裳，四海盡疲於征戰。公蓄慷慨之氣，負縱横之才，每或撫髀，暗驚彎弧，自誓曰：「大丈夫不能安民濟物，豈勞虚生乎！」於是以俟時待價之□，抱拯溺救焚之志。豪俠相許，寢食不忘。雖大鵬未飛，已具垂天之勢；而神馬一躍，終同追電之踪。屬王緒者憑巢寇之戈矛，盜霍邱之土宇，遽言得志，遂啓無厭，但思於弱吐强吞，豈顧其幸災樂禍，因乃大掠部屬，旁□□□。復收士民，以廣隊伍。於是公之昆季咸與焉。及秦宗權竊弄五兵，遍侵四境，緒內乏嬰城之計，外無善鄰之助，遂率衆以作竄，欲避地而偷安，玉石俱焚，孰能分别，豺狼當路，無匪縱横。幸豫章懦怯之中，偶番禺殘害之後，凡經藩翰，靡或支吾。自潮陽抵漳浦，百姓畏其塗炭，五馬避其鋒刃。豈知兵忌不戢，人慎無恆，狃蒲騷者終至敗亡，妨草竊者焉能長久。動蓄自疑之志，轉乖同義之心。適當軍衆不賓，遂爲部下所害。公素敦誠信，累涉艱危，既負出羣之才，仍諳武事之術。且兵不可以無主，將不可以失人，衆遂推公而立之。公居下惟謙，事長必順，雖輿情之有屬，在公論以不忘，乃曰：「予早事二兄，常若嚴訓，豈有弟爲大將，兄居其下者乎？」遂奏長兄潮以帥其衆，仍獲清源爲所理之地。公由是惡道途之多梗，憤貢賦之不通，實欲致理一方，剋平羣盜，外惟征繕，中則經營，運籌之勝負預知，攬轡之澄清可待。大順冬，□□□□廉察遽亡，兵馬使范暉奪符印以自尊，奉題緘而不遜。恣行誅戮，罔事綏懷。人既類于倒懸，時合當於逆取。公比緣觀釁以因得徵詞，遂舉勤王之師，以伸弔民之義。躬事戈甲，身臨矢石，一年而圍□□□□，□年，而堅壁遂陷。范暉扁舟欲遯，疎網難逃，遂爲海人梟首以獻。公既殲元惡，乃布優恩，凡曰脅從，悉命宥過，用仁信以御下，行慈惠以恤民。會未浹旬，已聞致理，百姓愛之如父母，三軍畏之如神明。又能成功不居，讓德無媿，遂迎長兄潮遷理是郡，復請仲兄邽迭居舊邦。武肅王表率諸侯，蕩平大憝，吳越盡歸於賜履，江淮咸奉於專征。以其能務忠勤，遠求薦擢，遂奏授本道廉察及泉州符印借命焉。尋朝廷以寰海挺災，久勞我武，東南靖亂，獲庇吾民，俾提旄鉞之權，□□襦袴之惠，遂升本州爲威武軍，授潮節度觀察處置等使，仍以公爲節度副使，獎勳績也。洎元昆殂謝，衆庶歸依，公乃躬受遺言，式俟朝命。明年春，帝恩遠降，人欲是從，初授公檢校刑部尚書、威武軍節度兵馬副大使，將委什連之任，攸居貳職之勞。一之日，訓習驍雄，二之日，蘇息疲瘵，用心數月，善政聞天。於是進端揆之資，正元戎之位。齋壇高築，軍幙大開，分州司屏翰之權，握從□鼓鼙之任。未幾顯居使相，特錫户封，方隆推轂之寄，尤藉秉鈞之力。當多難未弭，聊同指臂之相須；及具瞻有歸，實賴股肱之別用。式資補袞，俾重褰帷。天復元年，載正乾綱，重光帝座，言念七閩之地，□符八柱之功，特頒渥恩，用越倫等，賜武庫戟十二枝列於私門，非恆例也。自是日鍾百禄，歲逢九遷。公致君愈勤，述職無怠，萬里輪貢，川陸不繫其賒；一心尊戴，風雨不改其志。昭皇累嘉忠節，別錫異數，欲酧懋德，豈限彝章。天祐元年夏四月，封瑯瑘郡王，食實封一百户。尋屬龍蛇起陸，戎馬生郊，人心不厭於有唐，天命已歸於新室。公知微不爽，居闇罔欺。梁祖之即位也，纔傾作解之恩，繼舉疇敷之典，三公互拜，萬户連封。吕尚帝師之尊，官榮既極；子儀中令之貴，考限惟同。尋復進封閩王，加福州大都督長史。追莊宗之建王業也，神京克復，寓縣咸寧，欲敦柔遠之心，先下念功之詔。遂增井賦，仍改功臣，式覃北闕之恩，用係南門之寄。公方推拱極，既效安邊，惟治民素屬於憂勤，而得疾遽從於綿篤。百齡無效，五福先全。以同光三年十二月十二日薨於正寢，饗年六十有四。朝廷素欽盡節，俄覽遺文，既增慭老之悲，豈慳錫終之典。册贈尚書令，謚曰忠懿，禮也。公生當離亂之運，出值艱難之秋，割據一方，蓄養百姓，得深溝高壘之固，有披堅執鋭之衆。贍水陸之産，通南北之商。鑄銅於蜀山，積粟於洛口者，不足言其富也；連臨淄之袂，投淝河之箠者，不足言其庶也。至若外涵大度，内用小心，慎刑既及於精詳，舉事悉從於簡畧。犯則不教，令比秋霜之嚴；恩本無私，惠如冬日之煖。民惟道化，吏以法繩，此可以稱善爲政矣。言必皆中，行罔自欺，非正詞不入於聽，非公事不宣於口。居常無聲色之樂，平生以禮義自守。念十家之産者，躬行節儉；懷五子之歌者，心誡荒唐。每當爍石之威，未常操扇；纔屬雞鳴之後，早見嚴裝。以德報恩，遠逾萬里；至誠感物，動契百神。此可以稱善立身矣。興崇儒道，好尚文藝，建學校以訓誨，設厨饌以供給。於是兵革之後，庠序皆亡，獨振古風，鬱更舊俗。豈須齊魯之變，自成洙泗之鄉。此得以稱善教化矣。懷尊賢之志，宏愛客之道，四方名士，萬里咸來，至有蓬瀛謫仙，鴛鴦舊侶，或因官而忘返者，或假途而借去者，盡赴築金之禮，皆歸簪珥之行。其餘草澤蒐羅，魚車待遇者，固不可勝紀，此得以稱善招納矣。尊天事地，奉道饗神，無非克誠，足以監德。然而素欽釋典，大廓法門，衆善皆臻，何德不報。無漏上智，苾蒭散布於諸方；有作良因，伽藍徧滿於樂國。煉卽山之堅固，鑄六丈金身；鎔麗水之光輝，寫五千秘藏。事非爲己，願乃庇民。此得以稱善求福矣。功惟理亂，志在盡忠，安不忘危，常爲持險之誡；小當事大，罔違與國之道。以至覆盂數郡，高枕三邊，雖昆彭致霸之儔，未能繼踵；在佗變自尊之患，固不同風。此得以稱善守位矣。且天惟祐德，民本懷仁，公饗富貴者三十年，傳册封者四五世，遺愛銘於人口，忠節出於國史，臣子之盛不亦大乎！迨茲陵谷變遷，箕裘廢墜，寂寞闕以時之薦，凄涼同乏祀之悲。士農工商，慕舊政以如在；潢汙蘋藻，望遺廟以不存。丙午歲，我師恤鄰，闔境嚮化，遇今大元帥吴越國王位鍾壓紐，運偶負圖，當保大定功之初，行興滅繼絶之義。既克寧於民庶，思咸悦於鬼神。每念閩川所歸，本由王氏而盛，雖子孫異代，已同薰爐之香；而春秋二時，宜陳籩豆之禮。遂命以公舊第爲忠懿王廟，仍參常祀之數，霸主爰修於廢祭，藩侯遂立於叢祠。行馬戟枝，尚存故物，豚肩尊酒，蚤薦惟馨。塑山庭月角之容，立偕老于飛之像。庭廡未同於工績，槐檀旋改於光陰。舊徑難尋，已絶羅含之蘭菊；重門長閉，但多仲蔚之蓬蒿。既乖與發之儀，殊缺致誠之所。大宋開寶七年秋九月，大元帥吴越國王以時和歲豐，家給人足，俾答福謙之祐，遂申咸秩之典，凡曰祠廟毁廢，競出錢帛修完，乃命衙直將躬授人工，旁摎材植，補遺基而皆備，易舊物以咸新。曾出逾時，已云告畢。奢儉得以中度，規制得以合禮。朱軒粉壁，隨晚霽以生光；修竹喬松，向寒霜而叶色。挺曹筆則陰兵欲動，聞郢工則神馬欠嘶。步從悉周，精靈如在。矧以故鄉將吏，開幕賓僚，當其草昧干戈，屢經勞苦，洎自拊立臺構，盡饗崇高。乃塑都押衙建州刺史孟威等二十六人，以配享焉。斯廟也，前瞰清流，右連淨剎，一路自無於塵雜，四鄰皆屬於幽奇。曉霧纔開，先露列窗之岫，疎鐘雖近，不驚繞樹之禽。公昔也常游宴於斯，今也復祠祭於此，始易宅而爲廟，矧將廢而能興。苟非陰德不衰，令名未朽，又豈能身殁之後，有如此之盛乎？昰叨居是藩，獲畢斯事，仰嘉猷之未遠，聽遺愛以長新。爰屬短裁，庶存實録。燕然敍事，雖有謝於孟堅；峴首感人，亦未多於叔子。乃爲銘曰：極天曰嶽，惟嶽有神，蓄是英氣，生爲異人。干霄利劍，瑞世祥麟，爰當季運，實庇蒸民。唐德將衰，羣雄欲出，陰霧垂地，秋氣蔽日。豺豕猖獗，蕉蒲縱逸，苟非偉才，焉濟王室。權爲臣盜，緒亦朋姦，欲亂中夏，首屠光山。誰爲英傑，同罹險艱，終則竄跡，能無厚顏。爰率部民，同徂萬里，緒爲衆惡，公得衆美。因戮兇人，遂奉君子，立功著名，自此而始。漳浦既寧，清源復平，遂以政事，授於難兄。孝實至性，謙惟直誠，靜可揖讓，亂則經營。憤彼閩川，拊茲裨將，苛虐漸篤，政刑俱喪。鋭旅大驅，凱歌連唱，克定一方，式諸衆望。始參貳職，已播殊勛，屏翰之美，朝廷備聞。迨居重鎮，繼事明君，盡忠竭節，松茂蘭薰。偃仰大藩，蔭庥五郡，雖曰功庸，亦由時運。二柄齊舉，七德兼訓，令子令孫，當年振奮。真王重望，上相清規，陵谷雖變，馨香不衰。俯緣甲第，遂立嚴祠，年禩屢易，籩豆或虧。霸主推恩，良時有待，舊廟克新，遺蹤不改。奐爾金碧，儼然神彩，靈貺芳名，千秋如在。

太祖雖起盜賊，而爲人儉約，常衣紬袴敗，乃取酒庫酢袋而補之。一日，有使南方回者，以玻璃瓶爲獻，太祖視玩久之，自擲於地，謂左右曰：「好奇尚異，迺奢侈之本。今沮之，俾後代無爲漸也。」酷好禮下士，唐公卿子弟多依以仕宦。又拓四門學以教閩中秀士閩書云：王氏義學，在留暉門外。招來海中蠻裔商賈，資用以饒。時四方竊據，有勸其稱帝者，太祖曰：「我寧爲開門節度使，不作閉門天子也。」或曰惠宗僭號，以御服被於太祖之廟；太祖寓夢於惠宗責之，不肯服，其靈爽有如此。

論曰：太祖昆弟，英姿傑出，號稱「三龍」。據有閩疆，賓賢禮士，衣冠懷之，抑亦可謂開國之雄歟。迺卒之臣服中原，息兵養民，大指與吳越畧同，豈非度量有過人者遠哉！

十國春秋卷第九十一

閩二

嗣王世家

嗣王名延翰，字子逸，太祖長子也。太祖既薨，延翰自稱威武留後。汀州民陳本，聚衆三萬圍汀州，延翰遣右軍都監柳邕等將兵二萬討之。未幾，本爲邕等所斬。通鑑：天成元年正月，破陳本。

延翰爲人長大，美皙如玉，而好讀書，通經史。同光四年春二月，唐莊宗得延翰權知軍府事奏，三月辛酉，薛史作辛亥。授延翰威武軍節度使。已而莊宗遇弑，明宗改元天成，夏五月甲戌，加同平章事。冬十月，延翰乃取司馬遷史記閩越王無諸傳示將吏，曰：「閩自古王國也。吾今不王，何待之有？」於是軍府將吏上書勸進。己丑，自稱大閩國王，立宮殿，置百官，威儀文物皆擬天子制，羣下稱之曰殿下。赦境内，追崇考忠懿王曰昭武王，改延平鎮曰永平，而猶稟唐正朔。

王自是驕淫奢侈，跨城西西湖築室十餘里，號曰水晶宮。每攜後庭游宴，從子城複道以出。又殘暴蔑棄兄弟，襲位裁逾月，即出弟延鈞爲泉州刺史。而建州刺史延稟者，故太祖養子，素與王不協。時王多取民間女充後庭，采擇不已，延鈞上書極諫有隙，而延稟以采擇事復書不遜，王益大怒。

十二月，延稟遂與延鈞合兵襲福州。延稟順流先至，福州指揮使陳陶帥衆拒之，兵敗，陶自殺。是夜，延稟帥壯士百餘人趣西門，梯城而入，執守門者，發庫取兵仗。及寢門，王驚匿別室。辛卯旦，延稟執之，暴其罪惡，且稱王與妃崔氏共弒先王，五國故事云：或言忠懿暴終，博陵之鴆故也。告諭吏民，斬於紫宸門外。

惠宗本紀

惠宗名鏻，通鑑作璘，今從五代史及閩書。初名延鈞，太祖次子也。延稟之寇福州也，既弒嗣王，而延鈞是日始至，歐史閩世家云，明日璘兵始至，今從通鑑。延稟開門納之，自以養子，推延鈞爲威武留後。

天成二年春正月戊辰，延稟還建州，延鈞餞於郊，延稟臨訣謂延鈞曰：「善繼先志，勿煩老兄再下！」延鈞銜之，遜謝甚恭而色變。

夏五月癸丑，唐明宗以延鈞爲本道節度使、守中書令，封瑯琊王，册文曰：「威武軍節度觀察留後、起復雲麾將軍、檢校太傅、使持節舒州諸軍事、守舒州刺史兼御史大夫、柱國、瑯琊縣開國伯、食邑七百户王延鈞，拱北華星，圖南巨翼，五馬之聲光首出，八龍之價譽相高。既綰珪符，俄從金革。在原無惠，咸推晉后之賢；當璧有徵，大叶楚人之望。而又心傾皎日，義惡浮雲，建溪之誓帶如河，閩嶺之礪山齊嶽。父風宛在，臣節彌堅。是命高建牙璋，洞開玉帳，錫以油幢瑞節，廣其緑水紅蓮。寵冠阿衡，貴同緹騎。尊以師而表敬，實其户而增封。併示貞榮，仍加懿號，勉膺殊渥，永保令終。可依前授起復雲麾將軍、右金吾衛大將軍、員外置同正員、檢校太師、守中書令、福州大都督府長史，充威武軍節度、福建管内觀察處置兼三司發運等使，封瑯琊王。」

冬十一月，貢犀牛、香藥、海味等於唐。

天成三年秋七月戊辰，唐遣吏部郎中裴羽、右散騎常侍陸崇進封王爲閩王。

冬十二月，度民二萬爲僧，由是閩地多僧。王弓量田土第爲三等，膏腴上等以給僧道，因有寺田之名。其次以給土著，又其次以給流寓。科取之法，大率倣唐兩税而加重焉。是時，巨蟒見侯官烏石山，長六七丈，色如黄金，王命運土塞之，鎮以佛殿。

天成四年冬十月戊戌，進謝恩銀器六千五百兩、金器一百兩、錦綺羅三千疋於唐，并犀牙、玳瑁、真珠、龍腦、笏扇、白氎、紅氎、香藥等。

十二月，奉國節度使、知建州王延稟册府元龜又云：王延鈞表兄延稟爲建州節度使，累官中書令。稱疾退居里第，請命於唐，以建州授其子繼雄。庚子，唐詔繼雄爲建州刺史。

長興元年春二月，唐改元長興。

夏六月癸巳朔，日有食之。

冬十月，王遣使賀唐郊禮畢，白金七千兩及蕉牙、香藥、金器百兩。是時，以太祖元從爲拱宸、控鶴二都。按五國故事：威武軍，忠懿王之親兵也，以軍額而名之。今又爲拱宸、控鶴都，豈即威武軍而改邪？

長興二年夏四月，王延稟聞王有疾，以次子繼昇知建州留後，帥建州刺史繼雄將水軍襲福州。癸卯，延稟擊西門，繼雄攻東門，王遣從子樓船指揮使仁達拒於南臺江；仁達伏甲舟中，僞降，繼雄登舟撫慰，仁達乘機斬其首，梟於西門。延稟方縱火攻城，見之慟哭，仁達出兵擊之，衆潰，左右以斛㪷延稟走。甲辰，追擒之。王見延稟曰：「果煩老兄再下！」延稟慚不能對。王囚之別室，遣使者如建州招撫其黨，其黨殺使者，奉繼㪷及弟繼倫奔吳越。

五月，斬延稟於市，復其姓名曰周彥琛，命弟都教練使延政如建州撫慰吏民。

六月，作寶皇宮，以道士陳守元爲宮主。先是，福州有王霸壇、煉丹井。壇旁皂筴木久枯，一旦忽生枝葉；井中復有白龜浮出，會掘地得石銘，有「王霸裔孫」之文。王以謂應己，遂於壇側建宮，極土木之盛，而巫者徐彥朴、盛韜與守元皆用左道以進。

秋七月，唐封故閩越王無諸爲富義王，從王請也。

冬十二月，陳守元稱寶皇之命，語王曰：「王避位受道，當爲天子六十年。」丙子，王命長子威武節度副使繼鵬權軍府事，遜位受籙，道名元錫。

長興三年春三月甲辰，王復位。

夏六月，王酷信神仙之術，遣陳守元問寶皇：「六十年天子後將安歸？」守元傳寶皇語：「六十年後爲大羅仙主。」徐彥等亦附會曰：「北廟崇順王常見寶皇，其言與守元同。」王益自負，始謀稱帝，上表於唐，言：「楚王殷、吳越王鏐皆爲尚書令，今已薨；請授臣爲尚書令。」唐不報，遂絶朝貢。閩海叢談云：閩王鏻日祈太乙神册，逾年，雙鶴徘徊而下，遂謀僭號。

龍啓元年春正月，黄龍見真封宅，王更命其宅曰龍躍宫。又造東華宫，窮工極麗，宫中供匠作者萬人。遂詣寶皇宫受册，備儀衛，入府，卽皇帝位，國號大閩，大赦，五國故事云：赦書有日行五十里之説，聞者哂之。改元龍啓，更名鏻。時金陵人魄綾於閩，易其名曰花絹，意避其諱，亦戲之也。追尊父祖，立五廟，封高蓋山爲西嶽。後吴越得閩地，封支提山爲東嶽。以僚屬李敏爲左僕射、門下侍郎，子節度副使繼鵬爲右僕射、中書侍郎、同平章事，以親吏吴勗爲樞密使。帝初不欲盡兼尊稱閩國皇，翰林學士周維岳進曰：「陛下欲稱國皇，臣亦止稱翰林學生。」乃止。又卽位時，帝既被衮冕，怳惚不能自知，久而方蘇，許飯僧三百萬、繕經三百藏，尋少安。五國故事云：後於諸寺賽所許願文疏中明其事。是月，唐册禮使裴傑、程侃適至海門，遂以傑爲如京使，侃固求北還，不許。帝以國小地僻，常謹事四鄰，由是境内差安。

夏四月，封繼鵬爲福王，充寶皇宫使。

五月，福州地震，帝避位修道，命福王繼鵬權總萬幾。初，昭武帝府舍皆庳陋，至是大作宫殿，所費不貲。

秋七月戊子，帝復位，以中軍使薛文傑爲國計使。文傑以聚歛求媚，建州土豪吴光入朝，文傑利其財，將求光罪治之，光怨怒，帥衆萬人奔吴。

九月，帝從子繼圖謀反，伏誅。是月，殺樞密使吴勗。

冬十一月，尊魯國太夫人黄氏爲皇太后。

十二月，以福州爲長樂府，改閩縣爲長樂縣，升永貞鎮爲永貞縣，感德場爲寧德縣，歸化場爲德化縣，大同場爲同安縣，桃林場爲桃林縣，又改侯官縣曰閩，舊長樂縣曰侯官。族誅從子親從都指揮使仁達。

是歲，吴光請兵於吴，吴信州刺史蔣延徽不俟朝命，引兵會光攻建州，帝遣使求救於吴越。

龍啓二年春正月，上元節，御大酺殿，召弘文館直學士王倜等觀燈，賜宴。

是月，吴蔣延徽敗我兵於浦城，遂圍建州。帝遣上軍使張彦柔〔一〕、從弟驃騎大將軍延宗將兵萬人救之。延宗軍及中塗，士卒不進，請薛文傑臠食之。帝亟遣使赦之，不及。延徽攻建州垂克，徐知誥以延徽與臨川王濛善，恐奉濛以圖興復，召之歸。延徽引兵以北，我兵追擊，敗之。已而遣使來求成。

冬十一月，幸泉州，如皇太后母家。詔沿海居民屋瓦悉得黏土。

是歲，有野鹿入東門，帝曰：「朕土地雖小，不可屬東鹿也。」時閩語以兩浙爲東鹿，故及之云。後福州卒歸吴越，人謂有先兆。

永和元年春正月丙申朔，大赦，改元。立淑妃陳氏爲皇后。帝兩娶劉氏，皆美而無寵。后本昭武帝侍婢金鳳，帝嬖之，以其族人守恩、匡勝爲殿使。

二月，設傾筐會於甘露堂。時甘露堂前茶樹二，鬱茂婆娑，宫人呼爲清人樹。春時嬪嫱戲摘新芽，堂中設傾筐會。

夏六月，以宫人李春鷰賜福王繼鵬。

冬十月，帝素得風疾，后與幸臣歸守明、百工院使李可殷私通，國人惡之，莫敢言。可殷常譖皇城使李倣於帝，而后族人匡勝復無禮於福王繼鵬，繼鵬又與弟繼韜久相惡，因與倣密圖數人。己卯，帝疾甚，繼鵬有喜色。倣以帝必不起，使壯士持白梃殺可殷於家。庚辰，帝疾少間，后訴之，帝力疾視朝，詰可殷死狀，倣懼而出，與繼鵬率皇城衞士鼓譟入宫。帝聞變，匿九龍帳中，亂兵刺之，不殊，宛轉未絶，宫人不忍其苦，爲絶之。后、繼韜及歸守明、陳守恩、匡勝皆爲倣所殺，帝立凡十年。薛氏五代舊史本傳云在位十二年，路氏九國志云在位十一年，閩王列傳、紀年通譜皆云在位十年，蓋惠宗以天成元年自立，是歲丙戌，至永和元年乙未，正當十年，而五代舊史、九國志俱誤也。又惠宗改元永和實在唐清泰二年，是歲冬見殺，而五代舊史、九國志、運曆圖皆無永和之號，又運曆圖書惠宗見殺在天福元年丙申，亦誤也。諡曰齊肅明孝皇帝，廟號惠宗。歐史作諡惠皇帝，廟號太宗。今從通鑑。惠宗未殂之先，有赤虹入其室，飲以金盆水，吸之立盡；又芝生於殿門，占者以謂不祥，未幾遇弒。

康宗本紀

康宗名繼鵬，惠宗長子也。惠宗既殂，明日，辛巳，繼鵬稱皇太后令監國，是日，卽皇帝位，更名昶。上先皇帝尊謚。既而自稱知福建節度事，遣使奉表於唐。大赦境內，立李春鷰爲賢妃。以李倣判六軍諸衞事。倣有弒君罪，心常自疑，多養死士。帝患之，與拱宸指揮使林延皓陰圖倣，延皓詐附倣，倣待之甚厚。

冬十一月壬子，帝大享軍，延皓伏衞士於內殿，俟倣入，執斬之。倣部兵攻應天門，不克，焚啓聖門，奪倣首奔吳越。詔暴倣弒君及殺后與繼韜等罪，告諭中外。以弟建王繼嚴權判六軍諸衞，弟繼恭爲威武軍節度使。以六軍判官葉翹爲內宣徽使、參政事。未幾，以直言放翹歸永泰。九國志又作永春。

十二月，賜洞真先生陳守元號天師。

是歲，。復改長樂縣曰閩，閩興縣曰侯官，侯官縣曰長樂。又改桃林縣爲永春縣，建明威殿。

通文元年春正月，帝改元，立賢妃李氏爲皇后，尊皇太后曰太皇太后。

冬十一月丁酉，契丹立石敬瑭爲大晉皇帝，改元天福。辛巳，唐主自焚玄武樓，唐亡。國人聞之，歎曰：「潞王之罪，天下未之聞也，將如我君何！」

是歲，詔以金錢市馬，得良馬五，賜號曰金鞍使者、千里將軍、致遠侯、渥洼郎、驥國公。

通文二年夏四月，作紫微宮，以水晶飾之。通鑑云：土木之建倍於寶皇宮。遣使詣諸州，伺人隱匿。

夏六月，方士言白龍夜見螺峯，詔建白龍寺。命吏部侍郎、判三司蔡守蒙納賂除官，籍貨來上。是月，令醫工陳究以空名堂牒鬻官。詔民有隱年者杖背，隱口者死，逃亡者族。果菜雞豚皆重征之。

冬十月，命弟威武節度使繼恭上表告嗣位於晉，且請置邸都下。庚子，齊主誥遣使來告卽位。是時，國人貢建州茶膏，製以異味，膠以金縷，名曰「耐重兒」，凡八枚。

通文三年春正月己酉，日有食之。

□月，遣内客省使朱文進如齊賀卽位。

冬十月乙丑，遣弟繼恭進奉天和節，并賀重午節白金五十兩於晉。又進金器六事、金花細縷銀器三千兩、真珠二十斤、犀三十株、銀裝交牀五十副、牙二十株。又進大茶八十斤、香藥一萬斤、朱笴銀纏槍二百條、通簡笴三萬莖。又進五色桐皮扇子、海蛤、麖韡、細蕉藥、木瓜等物。

十一月，晉以左散騎常侍盧損充册禮使，封帝爲閩國王，賜帝赭袍。戊申，晉封威武節度使繼恭爲臨海郡王。

是月，諫議大夫黄諷與妻子辭訣入諫，帝欲杖之，諷不受杖，黜爲民。帝聞之，遣進奏官林恩白執政，以既襲帝號，辭册命及使者。

是時諸州各計日筭錢，謂之身丁錢，民年十六至六十免放，後漳、泉二州折米五斗。宋時取官斗較量，閩時五斗得七斗三升。凡江湖陂塘皆有賦。文獻通考云：先時淮南、江浙、荆湖、廣南、福建當僭僞之時，應江湖及池潭陂塘聚魚之處，皆納官錢，或令人户占賣輸課，或官遣吏主持。宋太宗聞其弊，詔除之。又有橘園、水磑、社酒、蓮藕、鵝鴨、螺蚌、柴薪、地鋪、枯牛骨、溉田水利等名，皆僞國舊制，累詔廢省。

通文四年春二月，盧損至長樂府，帝辭疾不見，令弟繼恭主之。又遣中書舍人劉乙勞損於館，損他日頗誚乙，帝怒，損還，無所答。繼恭遣禮部員外郎鄭元弼隨損入貢於晉。

三月，命六宫設三昧宴。清異録：「閩昶春餘宴後苑，飛紅滿空，昶曰：『彌陀經云雨天曼陀羅華，此景近似。今日覩化工之雨天三昧，宜召六宫設三昧宴。』」以道士譚紫霄爲正一先生。

是月有虹見於宫中。

夏四月，巫者林興傳神言宗室將爲亂之兆，帝乃命興率壯士殺叔父延武、延望并其五子。作三清殿於内庭，五代史云起三清臺三層。鑄寶皇大帝、無始天尊、太上老君像，從道士陳守元言也，凡用黄金數千斤，日焚龍腦、薰陸諸香無筭，作樂臺下，晝夜不輟，云如此可求大還丹，政無大小皆與傳寶皇命決之。

六月，罷建王繼嚴判六軍諸衞，更其名曰繼裕，以季弟繼鎔五代史作繼鏞，今從通鑑。判六軍，去諸衞字。未幾，林興詐覺，流泉州。望氣者言宫中有災，乙未，徙長春宫。歐史云從南宫避災。帝爲長夜之飲，强羣臣酒，醉則令左右伺其過失；從弟繼隆以醉失禮，輒斬之。又屢用猜怒誅宗室。左僕射、平章事延羲，帝叔也，陽爲狂愚避禍，賜以道士服，置武夷山中，尋召還，幽於私第。

秋七月乙巳，北宫火，焚宫殿殆盡。初帝募勇士二千人爲腹心，號宸衞都，賜予給賞獨厚於控宸、控鶴二都，或言二都怨望，將爲亂，帝欲分隸漳、泉二州，二都益怨望。五國故事云：昶立，而忠懿王之勛舊悉屏棄之，衙兵先號威武軍者亦棄不用，因召市井屠輩別立宸衞軍名，衣以羅襦銀帶，飲食之器悉皆中金，所給俸賜復數倍於威武，威武頗怒。控宸軍使朱文進、控鶴軍使連重遇又數爲帝所侮慢，內懷不平，常以微言激其軍。至是，帝命重遇帥營兵除餘燼，且求賊不得，頗疑重遇知縱火之謀，欲誅之，內學士陳郯洩其言於重遇。

閏月辛巳夜，重遇入直，率二都兵焚長春宮作亂，使人迎延義於瓦礫中，呼萬歲。五國故事又云：匣劍取延義於私第而立之。復召外營兵共攻帝。時獨宸衞都拒戰，帝與后等如宸衞都。比明，亂兵焚宸衞都，宸衞都敗績，餘衆千餘人奉帝及后等出北關，歐史云：昶挾愛姬、子弟、黃門、衞士斬關而出，宿於野。至梧桐嶺，衆稍稍逃散。延義命從子繼業追及於村舍，帝素善射，引弓殺數人。頃之，追兵大集，帝知不免，投弓於地。繼業與俱還，至陁莊，飲以酒，醉而縊之，后及諸子繼恭皆死。陳守元易服將逃，亦死於兵。宸衞餘衆奔吳越，重遇執蔡守蒙，數以賣官之罪，斬之。永隆初，謚帝曰聖神英睿文明廣武應道大宏孝皇帝，廟號康宗。

帝性狂躁，卽位之初，常欲練兵襲吳，乃於殿庭設大沙鑼於射堋，示衆曰：「一發中之，當平定江南。」射堋去階際裁數十武，沙鑼復甚寬廣，果一發命中，左右同聲賀曰：「此一箭定天下矣！」帝大悅，遂發兵至境上。吳人聞之，無所詬責，第曰：「慼其有大志耳！」蓋實戲之也。

校勘記

〔一〕上軍使　「上」原作「土」，據通鑑卷二七八改。

十國春秋卷第九十二

閩三

景宗本紀

景宗名羲，初名延羲，太祖第二十八子也。五代史曰：王審知少子。先是，被幽私第時，有白烟一穗忽起庭石之上，逾時方散，延羲懼，密召天師陳守元禳之，守元曰：「未必不爲嘉兆也。」陳鳴鶴閩中考云：延羲故宅即今慶城寺，天福七年捨爲永隆金身羅漢院。未幾，連重遇將兵來迎延羲，謂景宗使收之，急逃厠中，久之乃出。及康宗遇害，延羲自稱威武節度使、閩國王，更今名，時通文四年閏七月壬午也。

是月，改通文四年爲永隆元年。按十國紀年、薛氏舊五代史、周世宗實録、唐餘録、南唐烈祖實録、吳越備史、運曆圖、紀年通譜，皆云通文四年，延羲自稱威武節度使，改元永隆。惟林仁志閩中啓運圖云：通文四年己亥閏七月，延羲立，明年庚子，改元永隆。今不從。赦繫囚，頒賚中外。託以宸衛弑先主赴鄰國，且移書以改元，告曰：「六軍踴躍於門前，羣臣歡呼於日下。」又遣商人間道奉表稱藩於晉，然在國置百官皆如天子之制。以太子太傅致仕李真爲司空兼中書侍郎、同平章事。遣使誅林興於泉州。

冬十月，使者鄭元弼至大梁，致康宗書求用敵國禮，晉主大怒，詔却貢物及福、建諸綱運，并令元弼與進奏官林恩部送速歸。已而，用兵部員外郎李知損言，知損言：「王昶僭慢，宜質留使者，籍没其貨。」下元弼、恩於獄。

十二月，王作新宫，徙居之。

永隆二年春正月，晉主詔釋鄭元弼等。初通文中，常越海通使於契丹，至是契丹主聞晉囚使臣，降詔曰：「閩國禮物並付喬榮，放其使人，令還本國。」故晉有是命。

是月，王與弟建州刺史延政有隙，通鑑云：閩王曦既立，驕淫苛虐，猜忌宗族，多尋舊怨。弟延政數以書諫之，曦怒，復書罵之。後鄴翹、杜漢崇二人争掊延政陰事告於曦，由是兄弟積相猜恨。遣親吏鄴翹監建州軍，教練使杜漢崇監南鎮軍。閩置南鎮軍於福、建二州界，扼往來之要。一日，翹與延政議事不協，訶延政曰：「公反邪！」延政欲斬翹，翹奔南鎮，延政發兵攻之，翹與漢崇奔福州，西鄙戍兵皆潰。

二月，遣統軍使潘師逵、吴行真將兵四萬擊延政。師逵軍建州城西，行真軍建州城南，皆阻水爲營，焚城外廬舍。延政乞師於吴越。壬戌，吴越命寧國節度使仰仁詮、内都監薛萬忠率兵四萬援建州。

三月戊辰，師逵分兵三千，遣都軍使蔡宏裔將之出戰，延政遣其將林漢徹敗我兵於茶山，斬首千餘級。丁丑，延政募敢死士千餘人，夜涉水，潛入師逵壘，因風縱火，城上鼓譟應之，戰棹都頭陳誨殺師逵，衆遂大潰。戊寅，復引兵攻行真寨，建人未涉水，行真及將士先遁走，死者萬人。延政乘勝取永平、順昌二城。自是建州兵始盛。丙戌，遣使聘於唐。

夏四月，吴越兵至建州，延政以我兵已解，奉牛酒，請班師；仰仁詮等不從，營於城之西北。延政懼，復乞師於王，王以從子泉州刺史繼業爲行營都統，將兵二萬救之；且移書詰吴越出師之故，別遣輕兵絶其糧道。會久雨，吴越食盡。

五月，延政大破吴越兵於城下，俘斬萬計。癸未，仁詮等宵遁。

是月，唐主遣客省使尚全恭諭王與延政連和。

六月，延政遣牙將及女奴持誓書香爐來福州，與王盟於宣陵。已而猜恨如故。

秋七月，城福州西郭以備建人。乙丑，晉賜鄭元弼等帛，遣歸。

是月，度僧萬一千人，民避重賦者多與焉。

冬十月，王因商人奉表於晉以自理。通鑑註云：言己未常稱大號，實王昶爲之也。

十一月甲申，晉以王爲威武軍節度使、兼中書令，封閩國王。

十二月，遣客省使葛裕如唐賀仁壽節。建文德殿。閩中考云：當繼鵬、延曦時，又有文明殿、九龍殿、長春宫、東清門、金德門諸名。

永隆三年春正月，延政城建州，周二十里，請以建州爲威武軍，自領節度使。王以威武本福州軍名，不許，乃以建州爲鎮安軍，以延政爲節度使，封富沙王。延政復改鎮安曰鎮武而稱之。

夏四月，王以子亞澄同平章事、判六軍諸衞，封瑯琊王。庚辰，遣將軍許仁欽以兵三千如汀州，執弟延喜以歸。時延喜爲汀州刺史，疑與延政通謀也。

六月，召從子泉州刺史繼業還，賜死福州郊外，并殺其子於泉州，王聞延政以書招繼業也。明日族誅司徒兼門下侍郎、同平章事楊沂豐。宗族、勳舊相繼被戮，自是人不自保。諫議大夫黄峻舁櫬極諫，貶漳州司户。加國計使陳匡範禮部侍郎，匡範增商筭之法，請日進萬金，因有是命。已而歲入不登，匡範貸省務錢足之。未幾，匡範卒。事覺，命剖棺斷尸，棄之水中，以黄紹頗代爲國計使。紹頗請令人輸錢除官，從之。

秋七月，王自稱大閩皇，領威武軍節度使，與富沙王延政治兵相攻，福、建之間暴骨如莽。鎮武節度判官潘承祐請延政息兵修好，延政不聽。

是月，以從子泉州刺史繼嚴得衆心，罷歸，酖殺之。

九月，以瑯琊王亞澄爲威武軍節度使，改號長樂王。

冬十月壬子，使者至汴，貢晉白金四千兩、象牙二十株、葛五十疋、乾薑、蕉、乳香、沉香珠瑁、諸物，謝恩加官。又進重午節白金一千兩、細葛二十疋、海葛韡扇等物。癸丑，獻晉度支商税葛八千八百八十疋。

是月，王卽皇帝位。同平章事李敏卒。延政自稱兵馬元帥。

永隆四年春正月，立司空李真女李氏爲皇后。

閏月，遣尚食使林宏嗣聘於唐。

三月，進封長樂王亞澄爲閩王。

夏六月乙丑，晉主殂。丁卯，富沙王延政寇汀州，帝發漳、泉兵五千救之。又遣將林守亮入尤溪，大明宮使黄敬忠屯尤口〔一〕，令乘虛襲建州；國計使黄紹頗將步卒八千爲二軍聲援。

延政攻汀州，凡四十二戰，不克。秋七月，解去。其將包洪實、陳望將水軍以禦我師；丁酉，兵遇於尤口。黄敬忠將戰，占者言時刻未利，按兵不動；洪實等引兵登岸，水陸夾攻，敬忠爲建兵所殺，俘斬二千級，林守亮、黄紹頗皆遁歸。

八月，遣使以手詔及金器九百事、錢萬緡、將吏敕告六百四十通，求和於富沙王延政，延政不受。丙寅，宴羣臣於九龍殿，以減酒殺從子繼柔并贊酒者一人。鑄「永隆通寶」大鐵錢，一當鉛錢百。五代史曰：「王延羲鑄大鐵錢，以一當十。」洪氏泉志有永隆錢，又云此錢徑寸四分，重十銖二參，文曰「永隆通寶」，字文平漫，製作不精，以銅爲之。

是月，以同平章事余廷英爲泉州刺史。廷英常矯詔掠取良家子，帝下御史劾之。廷英詣帝自歸，獻買宴錢萬緡；一作千萬。明日，又獻皇后錢鉅萬，乃得不劾。未幾，復召爲相。

冬十二月，以鹽鐵使、右僕射李仁遇爲左僕射兼中書侍郎，翰林學士、吏部侍郎李光準爲中書侍郎兼户部尚書，並同平章事。仁遇帝甥也，以姿容得幸。光準常侍夜宴，以醉忤旨，命執送都市斬之；吏不敢輒殺，頌繫獄中。明旦，視朝，召復其位。五國故事又云：延羲一夕醉甚，命以宰相李準棄市，而準方大醉，卧於市中，唯呼其婢春鶯已。行刑者不敢殺，因致之非所。明日延羲視朝，使召準，左右因夜來之命對之，延羲都不能知。是夕，又宴侍臣，收翰林學士周維岳下獄。吏拂榻待之，曰：「相公昨夜宿此，尚書勿憂。」已而醉解，釋之。他日，帝又曲宴，羣臣皆醉去，獨維岳在坐，帝曰：「維岳身甚小，何飲酒之多？」左右曰：「酒有别腸，不必長大。」帝欣然命捽維岳下殿，剖視酒腸，旁有解之者曰：「殺維岳，無人侍陛下劇飲。」乃舍之。帝好爲牛飲，荒淫無度，常鍛銀葉爲杯，賜羣下飲，銀葉既柔弱，因目之爲冬瓜片，又名曰醉如泥。酒既盈，卽不復置他所，惟飲盡始得釋手，羣臣醉不勝，以酒過被殺者無筭。

冬十二月，遣徐績如唐賀仁壽節。

是歲，貢晉鋌銀二千兩、花鼓六面、象牙十株、紅蕉二百疋、蟬紗二百疋、餅香沉香煎香六百斤、胡椒六百斤、肉豆蔻三百斤；又進白金四千兩、海蛤十斤，貢蕉二十疋，充端午天和節。

永隆五年春正月，富沙王延政稱帝，改元，國號殷。

三月，帝立尚氏爲賢妃。己卯，唐主殂，遣使如金陵弔祭。

夏四月戊申朔，日有食之。殷將陳望等寇福州，入於西郛，既而敗去。

六月，發故相王倓冢，斬其尸。校書郎陳光逸直諫；鞭數百，懸頸於樹以死。

是月，帝嫁女□□公主，朝士有不賀者十二人，笞之。御史中丞劉贊坐不糾舉，將加笞，諫議大夫鄭元弼切諫，乃得釋，贊竟以憂卒。

是歲，侯官縣薛老峯一夕風雨，如數千人諠噪狀，旦則三字倒立。先是，咸通中薛逢爲侯官令，創亭，烏石山人書其峯曰薛老峯。

以復。

永隆六年春正月，唐遺書責我兄弟尋戈，帝引周公誅管、蔡，唐太宗誅建成、元吉以復。

三月，拱宸都指揮使朱文進、閤門使連重遇，既獲罪康宗，時懼國人見討，相與結昏自固。帝果於誅殺，常遊西園，醉殺控鶴指揮使魏從朗。從朗，朱、連黨也。又常酒酣詠白居易詩以誚文進、重遇，詩云：「惟有人心相對間，咫尺之情不能料。」因舉酒屬二人，二人起，流涕再拜，曰：「臣子事君父，安有他志！」帝不應。二人大懼。會皇后害尚賢妃之寵，欲圖帝而立其子亞澄，乃使人告文進、重遇曰：「主上殊不平於二公，奈何？」乙酉，后父真有疾，帝如真第問疾。文進、重遇使拱宸馬步使錢達拉於馬上而弒之。五代史又云：六月三日，曦出遊，醉歸，重遇遣壯士拉於馬上而殺之。復殺王氏宗族五十餘人。鄭元弼抗辭不屈，將奔建州，亦被殺。已而葬帝於福州之□□，謚曰睿文廣武明聖元德隆道大孝皇帝，廟號景宗。

先是，太祖克福州日，桃林村中一夕地震，有聲如鳴鼓數百面，比旦視之，禾稻皆倒插土下，厥後奄有全閩之地；至是，桃林復有鼓聲，禾稻亦倒懸土下，不數月遇禍，而王氏隨滅，興亡之兆如一轍焉，識者異之。

天德帝本紀

天德帝名延政，冊府元龜作延正。景宗弟也。歐史閩世家云審知子。景宗立，拜延政建州節度使，封富沙王。景宗肆爲酗虐，延政數貽書切諫，景宗怒，舉兵相攻，兄弟遂成讎敵。久之，延政以建州開國，自立爲帝，國號曰大殷，改永隆五年爲天德元年。升將樂縣爲鏞州，以永平鎮爲龍津縣，尋置鐔州。延平鎮嗣王延翰已改爲永平，通鑑云以延平鎮爲鐔州，似小誤。立皇后張氏。以節度判官潘承祐爲吏部尚書，節度巡官楊思恭爲兵部尚書，未幾，以承祐同平章事，思恭遷僕射，録軍國事，然牙參及接鄰國猶如藩鎮禮。

夏五月，潘承祐上書陳十事，命削官爵勒歸私第。

是歲，加封故靈昭王延稟爲武平威肅王。

天德二年春正月，鑄「天德通寶」大鐵錢，一當百。董逌錢譜曰：建州王氏錢面文「天德重寶」，背文穿上有殷字。洪氏泉志曰：按王延政以建州建國，稱殷，故幕文爲「殷」字。通寶、重寶之異，亦當時鑄此二品耳。

是月，唐遣使以書來問：「兄弟何故相尤？」隨答書斥唐奪楊氏國，唐主怒，遂絶和好。

三月，朱文進、連重遇弒其君，文進遂自立爲閩王。帝遣統軍使吳成義討之，不克。

秋八月癸丑，晉以朱文進爲威武軍節度使，知閩國事。

冬十月，帝遣陳敬佺將兵三千屯尤溪及古田，盧進將兵二千屯長溪。

十一月，泉州指揮使留從效與王忠順、董思安執泉州刺史黄紹頗，斬之。請皇從子繼勳主軍府事，遣副兵馬使陳洪進來獻捷，且函紹頗首至。洪進過尤溪，福州戍兵數千人遮道，洪進紿之曰：「義師已誅朱福州，吾倍道逆嗣君於建州，爾輩尚守此何爲？」衆遂潰，大將數人從洪進詣建州。帝以繼勳爲侍中、領泉州刺史，從效及忠順、思安、洪進皆署都指揮使。漳州將程謨殺刺史程文緯，奉皇從子繼成權州事。汀州刺史許文稹賫表來降。

十二月癸丑，晉加朱文進同平章事，封閩國王。文進聞黄紹頗死，大懼，遣統軍使林守諒、内客省使李廷鍔攻泉州，鉦鼓相聞數百里。一作五百里，疑誤。帝遣大將軍杜進將兵救泉州，留從效開門與福州兵戰，大破之，斬守諒，執廷鍔。帝復遣統軍使吴成義帥戰艦千艘攻福州，文進乞援於吴越，遣子弟以爲質。

是月，唐以洪州營屯都虞候邊鎬爲行營招討諸軍都虞候，將兵同樞密副使查文徽、翰林待詔臧循入寇，文徽自建陽進屯蓋竹，聞漳、泉、汀三州已降於我，而鏞州將張漢卿復將兵八千人將至，文徽退保建陽，循屯兵邵武，邵武民導我兵襲破循軍，執循歸建州斬之。吴成義聞唐兵至，詐使人告福州吏民曰：「唐助我討賊臣，大兵至矣！」福人大懼。乙未，朱文進遣同平章事李光準來獻國寶。丁酉，南廊承旨林仁翰刺殺連重遇於第，福人復殺文進，迎成義入城，於是函二首送建州。

天德三年春正月，臣民共迎帝歸長樂府。帝以方有唐兵，未暇徙都，詔以福州爲南都，八閩通誌及閩書皆作東都。以從子門下侍郎、同平章事繼昌督南都内外諸軍事，鎮福州；以飛捷指揮使黃仁諷爲鎮遏使，將兵衞之。復國號曰閩，發南都侍衞及兩軍甲士萬五千人，福州侍衞之外，有左、右軍，置軍使以領之。一曰：兩軍，謂拱宸、控鶴兩都。詣建州以拒唐。

二月，唐查文徽請益兵，唐主以天威都虞候何敬洙爲建州行營招討馬步都指揮使，將軍祖全恩爲應援使，姚鳳爲都監，會兵數千人寇，自崇安進屯赤嶺。帝遣僕射楊思恭、統軍使陳望將兵萬人拒之，列柵水南，旬餘不戰，唐人不敢戰。思恭以帝命督望戰，趣之再三，望不得已，涉水與唐戰。全恩等以大兵當其前，別使奇兵出我師後，我師敗績，望戰死，思恭僅以身免。帝大懼，嬰城自守，召董思安、王忠順將兵五千來建州，分守要害。

三月，著作郎陳繼珣、指揮使李仁達合謀潛入南都，説鎮遏使黃仁諷入府，執皇從子繼昌及吴成義殺之。先是繼珣叛奔福州，爲景宗畫策取建州，至是不自安，故仁達要與同謀。閩王列傳、九國志、閩中實録皆云四月殺繼昌，今從十國紀年。己亥，仁達立僧卓巖明爲天子，稱藩於晉。帝聞之，族仁諷家，命統軍使張漢真將水軍五千，會漳、泉兵討巖明。

夏四月，漢真至南都，攻東關，仁諷聞家誅滅，開門力戰，大破我兵。漢真被執，死之。通鑑云：執漢真入城，斬之。仁達既立巖明，自判六軍諸衞事，仁諷屯西門，繼珣屯北門。仁諷從容謂繼珣曰：「人之所以爲人者，以有忠、信、仁、義也。吾頃常有功於富沙，中間叛之，非忠也；人以從子託我而與人殺之，非信也；屬者與建兵戰，所殺皆鄉曲故人，非仁也；棄妻子，使人魚肉之，非義也。此身十沈九浮，死有餘媿！」因拊膺慟哭。繼珣曰：「大丈夫狥功名，何顧妻子！宜置此事，勿以取禍。」仁達聞之，使人告仁諷、繼珣謀反，皆殺之。由是兵權盡歸仁達。

五月丁巳，仁達請巖明大閱戰士，陰令人刺殺之，陽狼狽驚走；已乃自稱威武留後，用保大年號，奉表稱藩於唐，亦遣使人貢於晉。

是月，唐兵圍建州，屢破泉州兵。許文稹敗唐兵於汀州，執其將時厚卿。

秋七月，或告福州援兵有叛志，是歲正月，赴建州拒唐之兵。帝收其鎧仗，遣還，伏兵於隘，盡殺之，死者八千餘人，脯其肉以歸爲食。唐將邊鎬拔鐔州，帝遣使稱臣於吳越，請爲附庸以乞師。

八月，唐兵圍建州久，建人離心。有謂董思安：「宜爲去就計。」思安誓不負王氏，衆感其言，無叛者。丁亥，唐先鋒橋道使王建封先登，建州城陷。春明退朝録云：李璟發兵攻建州王延政，城有白虹貫城，未幾城陷，舍宇焚爇殆盡。帝出降。王忠順戰死，思安整衆奔泉州。初，唐兵來，建人苦王氏之亂與楊思恭之重斂，爭伐木開道迎之。及城破，縱兵大掠，焚宫室廬舍幾盡；是夕寒雨，凍死者枕藉於道，建人失望。

九月，許文稹以汀州、皇從子繼勳以泉州、繼成以漳州，皆降唐。唐置永安軍於建州。

冬十月，盡遷王氏之族於金陵，唐以帝爲羽林大將軍。斬楊思恭以謝建人。

保大五年，改帝安化軍節度使，降封鄱陽王，鎮饒州。九年，徙封光山王。五國故事云封自在王，尋改光山王，疑非是。未幾，薨，贈福王，謚曰恭懿。閩傳七主，凡五十三年。按歐史以閩歷國五十五年，運曆圖則云五十六年，五代舊史閩王列傳、紀年通譜、閩中實録皆云六十年，五代史註又云六十一年，諸説紛紛不一。惟是閩亡之歲，南唐書、江南録、通鑑則云開運二年爲唐保大三年，歐史則云開運三年爲唐保大四年，此所未詳云。

論曰：太祖開國時，相傳有僧陳「騎馬來騎馬去」之讖，説者遂以司空拜泉州刺史爲丙午歲，而五代史諸書載唐兵破建州爲保大之四年，與讖語頗合。至司馬公所紀司空爲福建觀察使始於景福二年，而天德帝歸金陵則在開運二年，與彼所稱傳國六十一年及五十五年何至不侔也，今略依涑水編年，以次其大槩云。

校勘記

〔一〕大明宮使　「明」字原爲空缺，據通鑑卷二八三補。

十國春秋卷第九十三

閩四　列傳

留從效　陳洪進子文顯　文顥　文顗　文頊　陳應功　陳齊鶴　陳仁璧　劉昌言

徐熙　徐昌嗣附

留從效，五代史、五國故事、唐餘紀傳、南唐書皆作從效。今從通鑑。泉州桃林人，後改永春縣，遂爲永春人。父璋，蚤死。幼孤，事母兄以孝弟聞。畧知書，好兵法。朱文進之僭立也，從效時爲泉州散指揮使，與其黨王忠順、董思安及所親蘇光誨相與圖議興復。一日，謂同列曰：「朱文進屠滅王氏，遣腹心分據諸州，吾屬世受王氏恩，而交臂事賊，有如富沙王克復福州，吾屬死有餘媿。」衆以爲然。頃之，從效引軍中所善壯士夜飲於家，紿之曰：「富沙王已平福州，密旨令吾屬討僞刺史黄紹頗。諸君狀貌皆非久處貧賤者，從吾言，富貴可圖，不然禍且立至。」於是募敢勇壯士，得副兵馬使陳洪進等五十二人，夜持白梃逾城而入，擒紹頗，斬焉。泉州有繼勳者，故武肅王諸孫也，卽持印詣之，請主軍府，從效等三人自署平賊統軍使，洪進等皆爲指揮使。

是時，唐元宗遣將討王氏之亂，圍福州，會吴越發兵援文進，於是唐將但克汀、建而歸，福州遂爲吴越所有。從效乘機竊其地，乃以兵劫繼勳送江南，自領漳、泉二州留後。唐元宗即以泉州爲清源軍，授從效節度使、漳泉等州觀察使。閩中五州之分自此始也。未幾，累授同平章事、兼侍中、中書令，封鄂國公，進封晉江王。

從效在郡，專以勤儉養民爲務，常衣布素，置公服於中門，出視事則服之，入則復衣敝布，自言：「我素貧賤，不可忘本也。」民甚愛之。天德帝有二女在郡，從效事之如故，資給甚厚。每歲取進士、明經，謂之秋堂。

及唐人淮甸失守，從效因吴越奉表於周世宗，世宗以割地故，不納。宋建隆初，唐元宗遷都南昌，從效大懼，以爲見討，乃遣子紹基一作錤，又作鏸。貢唐。又遣使假道吴越入貢於宋，宋太祖特命使厚賜以撫之，使未至而從效發疽薨。五國故事云：建隆壬戌歲，從效自五月發疽，至於七月不愈，中外音問不通，羣校頗有異議。一日，先鋒指揮使王亡名請入省疾，而從效危篤，乃以□貽之。從效死，衆立張漢思爲帥，以陳洪進副之。使王亡名出守漳州，不聽，又遣戍莆田，亦不聽，因使衆擊之垂困，送同安縣羈縻之，未幾而斃。年五十有七。唐贈太尉、靈州大都督。

從效無嗣，以兄從願之子紹基、紹鎡爲子。從效寢疾時，從願守漳州，紹基入金陵，紹鏻尚幼；及其殁也，州人立紹鏻。未幾，統軍陳洪進執紹鏻歸於唐，其將召吴越爲叛，於是推立副使張漢思，事具洪進傳中。

從效再從弟仁謙，宋淳化中爲泗州長史，雖藜藿不充，未嘗妄干人；太宗聞之，召赴闕，特遷揚州觀察支使。

陳洪進字濟川，先世本臨淮人，已而遷泉州，居仙遊縣之楓亭，遂爲仙遊人。幼有俠節，頗讀書，習兵家言，長以材勇隸兵籍，從攻汀州，先登，補副兵馬使。從留從效殺黄紹頗，以首送建州。天德帝命爲本州馬步行軍都校，已又爲統軍使，與副使張漢思同領兵柄，累立戰功。

從效既殁，少子紹鏻典留務，月餘，洪進推漢思爲留後，自爲副使，一作四門指揮使。時宋建隆三年也。漢思年老，不能治事，軍務皆決於洪進。漢思諸子並爲牙將，内懷不平，潛有去洪進意。明年夏四月，漢思大享將吏，伏甲於内，將害洪進。酒數行，地忽大震，棟宇將傾，坐立者不自持。同謀者以告洪進，洪進亟去，衆驚悸而散。漢思事不成，慮洪進先發，常嚴兵爲備。

洪進子文顯、文顥皆爲指揮使，勒所部欲擊漢思，洪進不許。一日，洪進袖銀鐺，從二子，常服安步入府中，直兵數百人，皆叱去之。漢思方處内齋，洪進即扃其門，使人叩門謂漢思曰：「郡中軍吏請洪進知留務，衆情不可違，當以印見授。」漢思惶懼不知所爲，即自門間出印與之。洪進即日遷漢思別墅，遣使請命於江南。江南以洪進爲清源軍節度、泉南等州觀察使。

時宋平澤潞，下揚州，取荆湖，洪進大懼，遣牙將魏仁洛間道奉表納款，貢白金千兩，乳香、茶葉皆萬計。太祖遣使撫諭，且以其事詔江南，江南後主聽命。於是乾德二年，宋改清源軍爲平海軍，授洪進節度、泉漳等州觀察使、檢校太傅，賜號推誠順化功臣，鑄印賜之。以文顯爲平海軍節度副使，文顥爲漳州刺史。是年夏，洪進丁家艱，旋起復理軍府事。洪進以每歲修貢朝廷，多厚斂於民，民貲百萬以上者，令爲試協律、奉禮郎，蠲其丁役。

及江南平，吴越忠懿王朝宋，洪進不自安，遣子入貢，太祖因下詔召之，遂入朝，道聞太祖晏駕，歸鎮發哀。太宗即位，加檢校太師。太平興國三年四月，朝京師，禮遇優渥，又增食邑，加其子文顯爲團練使，文顗、文頊並爲刺史。洪進因上表言：「臣遠辭海嶠，入覲天墀，獲親咫尺之顔，疊被駢蕃之澤。六飛遊幸，每奉屬車之塵；三殿宴嬉，屢挹大罇之味。浹旬之内，雨露洊臻，至於童男，亦荷殊獎，恩榮若此，報效何階。願以所管漳、泉兩郡獻於有司。」太宗嘉納之，凡爲縣十四、户十五萬一千九百七十八、兵萬八千七百二十七。遂授洪進武寧軍節度使、同平章事，留汴京奉朝請，諸子皆授以近郡優賜之；後封杞國公，進封岐國公。洪進年老，富貴已極，上言求致仕，優詔免朝請。居無何，病卒，年七十二，贈中書令，謚曰忠順。

洪進在泉州日，方晝，有蒼鶴翔內齋，引吭向洪進，洪進視之，有魚鯁其喉，卽以手探取之，魚猶活，鶴馴擾齋中數日而後去，人多異焉。

洪進弟銛，爲泉州都指揮使，開寶中官漳州刺史。

文顯字仲達，歷泉州馬步軍都軍使、右軍押衙。宋命爲平海節度副使，累加檢校太保。及洪進朝宋，授通州團練使，知泉州，未幾代還。又爲青齊廬壽西京水南北陝州四州都巡檢使。文顯與諸弟不睦，咸平初爲言者所劾，詔戒諭之，以疾改通許鎮都監，卒。

文顥初爲泉州衙內都指揮使，俄權知漳州，宋命爲漳州刺史。數年求還泉州，署行軍司馬。洪進朝宋，授房州刺史，改康州。端拱初，出知同州。咸平初知耀州，徙徐州，坐用刑失入貶官。已而以洪進納土功，復遷康州刺史。祥符東封，命知濮州，馳道所出，供億頗勤至，詔褒之。改衡州，代還，以老疾請致仕，卒。

文顗始爲泉州衙內都指揮使，知漳州，宋初擢滁州刺史，俄召歸京師奉朝請。景德中改光州，以久次領和州團練使。歷知數州軍，所至無能稱。

文項頗知書，工畫。本文顥子也。洪進在泉州日，有相者言：「一門受祿，當至萬石。」時洪進與三子皆已領州郡，而文項始生，洪進欲應其言，乃取爲己子，錫名與諸子齒。文項歷衙內都監使，宋命領順州刺史，歸朝爲通州刺史，改舒州，卒。

陳應功，莆田人。弱冠，忠義自許。宋太平興國初，陳洪進尚據漳、泉，應功詣洪進，條陳古今天下分合之由，備述天命人心歸屬之意，洪進傾耳聽之，遂納土於宋。其年游洋鎮竊發，應功至軍前，請爲先鋒，竟爲賊所殺。

陳齊鶻，莆田人，事陳洪進爲指揮使，常勸洪進輸誠納土，兩全忠孝。後洪進卒歸於宋，齊鶻與有力焉。

陳仁璧，莆田人也。仕陳洪進爲泉州別駕。洪進既納土，豪猾有負險爲亂者，仁璧徒步謁轉運使楊克巽畫策平之，宋改仁璧爲陽翟主簿。

劉昌言字禹謨，泉州南安人也。七歲能屬文，辭藻靡麗。陳洪進辟功曹參軍。洪進遣子文顥入貢汴京，令昌言偕行，宋太祖親勞之。太宗時，洪進歸朝，召謂曰：「覽洪進表，委命盡心，非卿潤色邪？」洪進改鎮徐州，又辟昌言推官，後舉宋進士，判審官院，未百日爲樞密副使，累官工部侍郎。咸平二年卒，贈尚書。有文集三十卷。太宗時有言昌言閩語，恐奏對難會。太宗怒曰：「我自會得！」其眷注如此。昌言嘗作下第詩云：「惟有夜來蝴蝶夢，翩翩飛入刺桐花。」人皆稱之。

徐熙字大雅，南安人。父居讓，從陳洪進爲清溪令。洪進奇熙文，以弟女妻之，署以府職，辟不就，著楚雁賦見志。尋辟掌牋奏。洪進歸宋，熙應進士舉，官終越州通判。熙好學善談，精筆札。後以狷躁罷職，憤恚而卒。常撰三酌酸文，世稱精絕，畧曰：「渭川凝碧，早抛釣月之流；高嶺排青，不逐眠雲之客。」又曰：「年年落第，春風徒泣於遷鶯；處處羈遊，夜雨空悲於斷雁。」

徐昌嗣，莆田人，以明經除秘書郎。陳洪進辟掌書記，首勸納土，洪進欲害之，昌嗣潛走汴京。江南平，洪進始悟其忠，乃命其弟昌圖與陳仁愿奉表歸宋。

論曰：朱文進誅屠王氏，少長無遺，已晏然據神器矣。而從效以區區牙校，削平賊黨，奄有漳、泉，比至洪進納土，再傳兩姓，雖曰人謀，亦運會使然哉！迄今傳永春從效故居，其地有名「留變」者，抑其流風猶有未泯者與。

十國春秋卷第九十四

閩五　列傳

秦國太夫人董氏

太祖后任氏　龍啓太后黄氏

嗣王夫人崔氏

惠宗后劉氏　繼后金氏　后陳氏

康宗元妃李氏　后李氏

景宗后李氏　賢妃尚氏

天德皇后張氏

太夫人董氏，太祖之母也。王緒入閩，令軍中無得以老弱自隨，違者斬，惟太祖昆弟扶母從軍，緒責之曰：「軍皆有法，未有無法之軍，汝違吾令而不誅，是無法也。」太祖等曰：「人皆有母，未有無母之人。將軍奈何使人棄其母？」緒怒，命斬太夫人，太祖等曰：「我等事母如事將軍，既殺其母，安用其子！請先母死。」將士皆爲之請，乃舍之。後以太祖貴，累封秦國太夫人。天祐元年，太祖建報恩定光多寶塔，以薦司空暨太夫人冥福。龍啓時，惠宗立五廟，復追崇太夫人，上尊謚云。

太祖后任氏，不知其世系。太祖時，封□國夫人。居數年，薨，葬福州之鳳池山，後太祖亦合葬焉。龍啓初，追崇曰□□皇后。

太后黄氏，泉州人，故威武節度推官滔之族女。父訥裕，官工部侍郎。太祖聘爲側室，惠宗其所出也。唐明宗封魯國夫人，惠宗貢白金五千鋌以謝。龍啓初，尊爲皇太后。二年，十一月癸丑。惠宗謁黄氏家廟，田鋪緹錦，木被綵繒，因名里曰錦里，驛曰錦田，居曰錦第，溪曰錦溪，墓院曰錦溪院。是役也，惠宗命鑴書於靈秀山，曰：「凡登山有道，徐行則不困，措足平穩之地則不跌。」又太后族子克家言地濱海，遇秋日輒如城郭之狀，惠宗因命沿海屋瓦悉得黏土，其加厚太后家如此。薛文傑之死，太后與有力焉。通文元年，尊爲太皇太后。卒，葬靈秀山，名之曰美女峯。

嗣王夫人崔氏，博陵人。或云補闕崔道融□女。黃滔祭道融文有云：「賢王之結嘉姻，時議之期良輔。」貌陋而淫，性極妒。嗣王多選良家子爲宮人，夫人輒搜其美者幽之别室，繫以大械，刻木爲人手，批其頰；又以練束侍婢而鞭之，練染血赤乃止；復爲鐵錐刺人面，或錐其臂；一歲中死者三十四人。後夫人病，見以爲祟而薨。或云太祖暴終，實夫人鴆之。一日，雷震，死庭中。五國故事云：一旦盛暑，天無纖雲，而霆電擊博陵，斃於中庭。

夫人雅信佛法，奉福州僧慧稜爲師，自稱曰練師。五燈會元載：閩帥夫人崔氏，遣使送衣物與慧稜禪師，曰：「練師就大師請回信。」師曰：「傳語練師，領取回信。」須臾使却來，師前揖便回。師明日入府，練師曰：「昨日謝大師回信。」師曰：「却請昨日回信看。」練師展兩手，帥問師曰：「練師適來呈信，還愜大師意否？」師曰：「猶較些子。」

惠宗后劉氏，本南漢清遠公主。貞明三年，太祖爲惠宗娶之。南漢已有傳。

惠宗繼后金氏，賢而不見答，自陳后立，而后寵益衰，後事不槩見。

后陳氏，福唐人也。金鳳外傳云：福清萬安鄉人。父侯倫，少年美豐姿，唐末事福建觀察使陳巖，以色見嬖，得出入卧内，與巖妾陸氏通，有娠。未幾，巖卒，妻弟范暉自稱留後。陸託於暉，生一女，是夕夢飛鳳入懷，因小字金鳳，冒姓陳，即惠宗后也。太祖入閩，攻殺暉，金鳳流落民間，族人陳匡勝收養之。

開平三年，太祖選良家女充後宫，時金鳳年十七，性度窈窕，善歌舞，通鑑又云陋而淫。太祖召爲才人，通鑑云本審知侍婢。其寵幸與黄夫人比。常築水晶宫於西湖旁，列亭榭十餘里。金鳳時扈從，由子城複道中出遊，然不及蕩。

惠宗時御紫宸門宣見，大悦，封爲淑妃，甚嬖之。龍啓元年立爲皇后，追封其假父陳巖威武軍節度使，母陸氏長樂郡夫人，族人守恩、匡勝爲殿使。

始築長春宫居之。惠宗數於其中爲長夜之飲，每宴輒燃金龍燭數百枝環左右，光明如晝，敕宫婢數十，擎杯盤，多金玉、瑪瑙、琥珀、玻璃之屬，以次遞進，不設几筵，酒酣，裸逐嬉笑以爲樂。外傳云：「延鈞張長枕大牀，擁金鳳與諸宫女裸卧。又遣使於日南造水晶屏風，周圍四丈二尺，與金鳳淫狎於内，令宫女隔屏覘之。二月上巳，延鈞修禊桑溪，金鳳偕後宫雜衣文錦，列坐水次，流觴娱暢，沉麝之氣，環珮之香，達於遠近。途中絲竹管弦，更番迭奏。端陽日，造綵舫數十於西湖。每舫載宫女二十餘人，衣短衣，鼓楫争先，延鈞御大龍舟以觀。金鳳作樂遊曲，使宫女同聲歌之。曲曰：『龍舟摇曳東復東，采蓮湖上紅更紅。波澹澹，水溶溶，奴隔荷花路不通。』又曰：『西湖南湖鬭綵舟，青蒲紫蓼滿中洲。波渺渺，水悠悠，長奉君王萬歲遊。』遊人士綺繡夾岸，雜沓如市。

惠宗晚年得風疾，后遂與幸臣歸守明私。百工院使李可殷少與守明狎，因守明以通於后，出入殿内。惠宗常命錦工造鏤金五綵九龍帳於長春宮，一云：織八龍帳外，以己爲一龍。既成進之，守明日宿於内。國人歌曰：「誰謂九龍帳，惟貯一歸郎。」李倣作亂，后與匡勝、守明俱見殺。

康宗元妃李氏，故惠宗甥女，同平章事敏之女也。累封梁國夫人。康宗嬖李后，遇夫人甚薄，終於其位。

康宗后李氏，本惠宗宮人，名春鷰。一云李倣之妹，疑非。金鳳外傳云：延鈞爲春燕造東華宮，以珊瑚爲棁榆，琉璃爲櫺瓦，檀楠爲梁棟，真珠爲簾幙，範金爲柱礎。有色，康宗烝焉。惠宗已病，康宗因陳后以求春鷰，惠宗怏怏與之。康宗嗣位，立爲賢妃，行則同輿，坐則同席。及通文改元，復立爲皇后，別造紫薇宮爲皇后遊幸之所，土木之盛逾於東華。

連重遇之亂，康宗同后出北關，至梧桐嶺，爲皇從子繼業所殺。一云觸牆死，時通文四年七月十三日也。葬蓮花山側，冢上有樹，生異花，似鴛鴦交頸，時人名曰鴛鴦樹。先是，陳后與惠宗亦葬是山，後南唐師敗李仁達於古城，亂兵發諸陵，剔取寶玉，后及陳后容色如生，鮮血流潰，山爲之赤，世遂呼其山曰胭脂山。

景宗后李氏，司空李真女也。永隆四年，册立爲皇后。嗜酒剛愎，景宗寵而憚之。朱文進之亂，實后激成之。已而見殺。

賢妃尚氏，金吾使保殷之女也。閩録作尚可殷之女。今從十國紀年。永隆初立爲賢妃。妃有殊色，景宗最憐寵焉。醉中，妃所欲殺則殺之，所欲宥則宥之。

天德皇后張氏，故富沙王妃也。天德元年，富沙王稱殷帝，立爲皇后。

武肅王審邽子延彬　延美　延武　孫繼崇　繼勳

太祖從弟彥復　想

太祖子延喜　延武　延望　延宗子繼業

從子延興延虹　延豊　延休附　族子延嗣

審邽五國故事作圭。字次都，太祖仲兄也。乾寧元年，權泉州刺史；三年實授。四年，加工部尚書。五年，加金紫光禄大夫、檢校户部尚書。光化二年，加兵部尚書、瑯琊郡開國男。三年，加左僕射，進開國侯，尋授威武軍節度副使。天復二年，加司空；三年，加司徒，進封開國公，食邑七百户。

在政十二年。爲人喜儒術，通春秋，善吏治。流民還者，假以牛犁，興完廬舍。中原亂，公卿多來依閩，審邽遣子延彬作招賢院禮之，振賦以財，如唐右省常侍李洵、翰林承旨制誥兵部侍郎韓偓、中書舍人王滌、右補闕崔道融、大司農王標、吏部郎中夏侯淑、司勳員外郎王拯、刑部員外郎楊承休、弘文館直學士楊贊圖、王倜、集賢殿校理歸傳懿，及鄭璘、鄭戩等，皆賴以免禍。卒，謚武肅王。葬於晉江皇積山，徐寅撰墓碑文。碑文有「皇者天皇，積者勳績」之語，人以爲獻諛。

子延彬、延美、延武。

延彬，天祐初，太祖承制加平盧節度使，權知泉州軍州事，二年實授。開平三年，加金紫光禄大夫，轉右僕射，封瑯琊郡開國男，尋轉司空。四年，加雲麾將軍。乾化二年，授特進階，加檢校太保，進封開國伯。五年，加檢校太傅，權知泉州刺史。四年，加檢校太尉。

延彬再任泉州，前後歷二十六年，一云十七年。吏民安之。每發蠻舶，無失墜者，時謂之「招寶侍郎」。會得白鹿、紫芝，僧浩源以爲王者之符，延彬由是漸驕縱，密遣使浮海貢梁，求泉州節鎮。事覺，太祖誅浩源及其黨，黜延彬歸私第，卒，贈雲州節度使兼侍中，葬雲臺山，閩人亦謂之「雲臺侍中」。

延彬多藝，工詩歌，頗通禪理，而性豪華，巾櫛冠履必日一易，解衣後輒以龍腦數器覆之。

先是，延彬生泉州佛舍，始生時，有白雀巢於堂中。凡三十年，迄延彬歿，遂失所在，人咸異之。五國故事云：延彬日亭午方起，雅能爲詩，辭人、禪客謁見，多爲所屈。宅中聲伎皆北人，將求伎，必圖己形而書其歌詩於圖側，題曰：「才如此，貌如此。」以是冀其見慕也。進士徐寅常爲人生幾何賦，後因修合求藥於延彬，延彬卽書賦辭於札尾報之，其風流多此類也。延彬有詩曰：「兩衙前後訟堂清，軟錦披袍擁鼻行。雨後綠苔侵履跡，春深紅杏鎖鶯聲。因攜久醞松醪酒，自煮新抽竹筍羹。也解爲詩也爲政，儂家何似謝宣城！」人多誦之。

延美，龍啓二年官泉州刺史，無何卒。

延武，永和元年任泉州刺史，有能名。尋加太傅，進開國伯，通文元年改建州刺史。

繼崇，延彬之子也。長興元年，惠宗墨敕權判泉州事；三年，加檢校司空。龍啓元年，加檢校太保，封瑯琊開國男。

繼勳，延美之仲子也。留從效復泉州，持州印詣其第，請主軍府事。時天德帝已稱殷國，卽命繼勳爲侍中，領泉州刺史。明年，繼勳納款於唐，會李弘義爲唐威武節度使，繼勳致書修好，宏義以泉州故隸威武軍，怒其抗禮，遣弟弘通治兵相攻，通鑑：開運三年四月，李弘義遣弟弘通將兵萬人伐繼勳。是時從效爲都指揮使，蓄異志，陽以言怵繼勳曰：「弘通兵勢甚盛，士卒以使軍賞罰不當，莫肯力戰。使君宜避位自省。」乃廢繼勳歸私第，代領其事。隨勒兵擊弘通，破之，表聞於唐。唐召繼勳歸金陵。

彥復，太祖從弟也。景福初，彥復爲都統，同太祖攻范暉於福州，親犯矢石，指授方畧，遂陷福州城，暉走死。頃之，官泉州刺史，終於其職。

想，亦太祖從弟，隨太祖入閩，以銀青光祿大夫、上柱國攝福州長樂縣令。頗負幹材，縣事以治。

延喜，太祖庶子也。永隆中，官汀州刺史。景宗疑延喜與富沙王通謀，遣將許仁欽執之以歸，後爲朱文進所殺。

延武，太祖之子也。于惠宗爲諸弟。通文時，官建州刺史。會巫者林興與延武不相能，託鬼神語云延武及延望將爲變，遂被殺，并及其子。

延望，太祖子也。通文時，官户部尚書。與延武同爲林興所誣，因被殺，并及其子。

延宗，太祖子也。任汀州刺史，有聲，已遷驃騎大將軍。太祖凡二十八子，史册所見者，嗣王、惠宗、景宗、天德帝而外，止延喜、延武、延望、延宗數人，其行次亦復不可考云。延宗子繼業。

繼業嗣守汀州，亦以治績聞。連重遇之亂，繼業追康宗於梧桐嶺，康宗投弓謂之曰：「卿臣節安在？」繼業曰：「君無君德，臣安得有臣節？新君叔父也，舊君昆弟也，孰親孰疎？」遂弑康宗於陁莊。永隆初，改泉州刺史。已而爲行營都統，將兵救建州；吴越兵遁，還。明年，建州以書招之，或告繼業與楊沂豐潛通富沙王，會繼業還福州，賜死郊外，并殺其子於泉州。

延興，太祖伯兄司空子。延興有弟延虹、延豐、延休，司空皆舍之，而讓太祖知軍務事。後不知所終。又延晦亦司空子，疑先卒。

延嗣，太祖族子也。爲人慨切好直言，以道義自任，當時目爲「唐五經」。光啓初，隨太祖入閩。梁篡唐，封太祖爲閩王，延嗣諫曰：「義不帝秦，此其時也。」是時强藩巨鎮多僭號稱帝，太祖不無心動，延嗣反復極諫，力言不可。太祖雖不樂其言，然終身不失臣節，延嗣亦與有功云。

惠宗子繼韜　繼鎔　臨海郡王繼恭　建王繼嚴　從子仁達　繼圖

景宗子閩王亞澄　從子繼柔　繼隆

天德帝子繼沂　從子繼昌　繼成

繼韜，惠宗次子也。康宗爲福王時，與繼韜不協。李倣之變，同陳后死焉。

繼鎔，惠宗第三子也。康宗既罷繼嚴兵柄，以繼鎔判六軍。繼鎔一作繼鏞。

繼恭，惠宗子也。歐陽五代史及册府元龜皆以繼恭爲景宗子，誤。通文中，官威武節度使，康宗使上表告嗣位於晉。明年，晉封繼恭臨海郡王。連重遇之亂，繼恭與諸王並死於陁莊。

繼嚴，亦惠宗子。康宗時封建王，判六軍諸衛事，得士卒心，康宗内忌之。俄罷其兵柄，更其名曰繼裕。永隆時，仍名繼嚴，授泉州刺史，復得衆，爲景宗所惡，鴆死。

仁達，惠宗從子也。積功至樓船指揮使。王延稟再攻福州，仁達伏甲舟中，僞立白幟請降，因斬延稟子繼雄，復縱兵擊其衆，左右舁延稟走，爲仁達所獲。仁達既有大功，隨典親兵，性慷慨，言事無所避，惠宗心忌之。一日，謂仁達曰：「趙高指鹿爲馬，以愚二世，果有之邪？」仁達曰：「秦二世愚，故趙高指爲馬，非高能愚二世也。今陛下聰明，朝廷官不滿百，起居動静陛下皆知之，敢有作威福者，族滅之而已。」惠宗慚，賜與金帛，慰安之。退而謂人曰：「仁達智畧，在吾世猶可用，不可遺後患。」卒誣以罪，殺之。

繼圖，惠宗從子也。永隆中，官同平章事，判六軍諸衛，封瑯琊王。居數月，遷威武節度使兼中書令，改號長樂王。

連重遇、朱文進之亂也，亞澄母李后實以語激成之，事具本紀中，而亞澄亦死於其難。

繼柔，景宗從子也。景宗常宴羣后於九龍殿，繼柔不勝杯勺，私減其酒；景宗怒，並賛酒客將俱斬之。

繼隆亦景宗從子。一日，以醉失禮，爲景宗所殺，國人冤之。

繼沂，天德帝之子也。國亡後居廣陵。周世宗得揚州，撫存有加。

繼昌，天德帝從子也。天德帝建殷國，以繼昌爲門下侍郎、同平章事。未幾，改殷爲閩，以福州爲南都，以繼昌鎮其地，督南都内外諸軍事。繼昌暗弱嗜酒，不恤軍士，李仁達作亂，□與戍將吴成義同死於府舍。

繼成，天德帝從子也。朱文進滅王氏，繼成與繼勳二人以疎遠獲全。及留從效以泉州奉繼勳，漳州將程謨亦殺刺史程文緯，立繼成權州事。繼成納款於唐，久之，唐徙繼成和州刺史，遂終於其官。

太祖女某郡主

郡主，失其封號，太祖女也。福州之北嶺有胭脂團，周匝二百餘步，膏潤不毛，四時作殷紅色，相傳郡主梳粧樓在焉。

十國春秋卷第九十五

閩六　列傳

韓偓　崔道融　楊沂豐

韓偓字致光，京兆人。唐龍紀元年進士，累遷諫議大夫、翰林學士。昭宗幸鳳翔，進兵部侍郎承旨。昭宗反正，勵精政事，偓處分機密，率與意合，欲相之，屢讓不受。朱全忠忌偓，貶濮州司馬，昭宗執偓手，流涕曰：「左右無人矣！」再貶榮經尉，徙鄧州司馬。昭宗被弒，哀帝復召爲學士，還故官，偓不敢入朝，挈族來依太祖，僑居南安。天祐三年，復有前命，偓又辭爲詩曰：「豈獨鴟夷解歸去，五湖漁艇且餔糟。」已而梁篡唐，乾化三年，復召，亦辭不往。

龍德三年，卒於南安龍興寺，葬葵山之麓。所著有內庭集、金鑾別紀。自貶後，以甲子歷歷自記所在，其詩皆手寫成帙。歿之日，家無餘財，惟燒殘龍鳳燭一器而已。子寅亮，終於閩。南唐近事云：韓寅亮，偓子也。常言偓捐館日，溫陵帥聞其家藏箱笥頗多，而緘鐍甚密，使親信發觀，惟得燒殘龍鳳燭、金縷紅巾百餘條。有老僕泫然言：「□公爲學士日，常視草金鑾殿，深夜方還。翰苑當時皆宮妓秉燭炬以送，公悉藏之。」後延平有老尼亦說斯事。尼即偓之妾也。

崔道融，荆州人。以徵辟爲永嘉令，累官右補闕。避地來閩依太祖，未幾，病卒。道融素與黄滔善，其卒也滔爲文祭之，有云：「識通龜策，耀握靈珠，國風騷雅，王佐謀訏。袁安之涕泣泫然，劉氏之宗祧莫扶。」

楊沂豐，歐陽五代史作楊沂。唐宰相涉從弟也。遭亂，依太祖，與徐寅、王淡同居幕府，以風雅倡和，閩士多宗之。太祖諸孫繼業爲汀州刺史，沂豐爲士曹參軍，雅相親善。永隆時，繼業賜死，或告沂豐實與謀，沂豐方侍宴，景宗麾左右收之，繫獄中，明日斬於市，族其家。時年八十餘，國人哀之。淡，故唐相溥子。

論曰：昭武立國，賓至如歸，唐衣冠卿士跋涉來奔，若李洵、韓偓、王標、夏侯淑、王淡、楊承休、王滌、崔道融、王拯、楊贊圖、王倜、楊沂豐、歸傳懿諸人，未易指屈，今畧采其可考者著於篇，餘則不具録焉。

陳嶠　黄滔　徐寅　翁承贊

陳嶠字延封，遠祖邁，唐初爲莆田令，家焉。後數世有南安尉真，真生蕘，蕘生齊，齊有九子，嶠其長也。弱冠能文，與高陽許龜圖、江夏黄彦修居莆田北巖精舍，未幾，復居北平山讀書。光啓三年登進士第，釋褐攝京兆府參軍。太祖兄弟入閩，辟爲大從事，遷大理評事兼監察御史，已又奏授大理司直兼殿中侍御史。光化三年十月卒，年七十五。所著表記奏牘凡三百篇。嶠爲人謹信，居家純孝，事繼母盡禮。齊死，廬墓三年，鄉人稱之。黄滔陳司直墓志云：嶠兩娶，林夫人、潘夫人。子三：仲、田、記。

黄滔字文江，泉州莆田人。一云侯官人。唐乾寧二年，崔凝知貢舉，得及第進士張貽憲等二十五人，昭宗覆試於武德殿，黜落者甚衆，而滔被留。光化中，除四門博士。天復元年，受太祖辟，以監察御史裏行充威武軍節度推官，旋使錢塘，與羅隱相得甚歡。梁時强藩多僭位稱帝，太祖據有全閩，而終其身爲節將者，滔規正有力焉。中州名士避地來閩，若韓偓、李洵數十輩，悉主於滔。

滔文贍蔚典則，詩清淳豐潤，有貞元、長慶風。馬嵬、館娃、景陽、水殿諸賦，雄新雋永，稱一時絶調。有集十五卷，泉山秀句集三十卷。時金石誌銘及國中大著作，多爲滔屬草。滔善律賦，如明皇回駕經馬嵬賦云：「日慘風悲，到玉顔之死處；花愁霧泣，認朱臉之啼痕。褒雲萬疊，斷腸新出於啼猿；秦樹千層，比翼不如於飛鳥。」風調不在徐寅之下。

徐寅黄滔集、正字、釣磯集俱作夤，今從五代史。字昭夢，莆田人。登唐乾寧進士第，試止戈爲武賦，一燭裁盡已就，有「破山加點，擬戍無人」之句，禮部侍郎李擇覽而奇之。是歲，釋褐授秘書省正字。

常遊大梁，以賦謁梁王全忠，誤觸其諱，梁王變色，寅狼狽出，欲遁去，恐不得脱，乃作過大梁賦以獻，畧曰：「千金漢將，感精魄以神交；一眼儈夫，望英風而膽落。」九國志載大梁賦云：客有得意還鄉，遊於大梁，遇郊坰之耆舊，問今古之侯王。父老曰：「且説當今，休論往古，昔時之功業誰見，今日之聲名有覩。」中一聯云：「遂使千年漢將，憑吉夢以神符；一眼儈夫，望英風而膽喪。」梁王得賦大喜，遺縑五百疋。蓋全忠曾夢淮陰侯指授兵法，而晉王克用則眇一目者也。

已而走歸家里，太祖辟掌書記。唐滅梁，閩使賀莊宗登極，莊宗遽問使曰：「徐寅無恙乎？歸語爾主，父母之讎，不共戴天。寅指斥先帝，爾國何以容之？」使回，具以告。太祖曰：「如此，則上直欲殺徐寅爾，今但不用可矣。」卽日戒閽者，不得引接。寅拂衣去曰：「丈尺之水，前陂後堰，安能容萬斛之舟乎！」九國志又云：王審知禮待簡畧，內不能平，一旦拂衣去。尋舊隱釣磯處，慨然有長往志，寅妻字月君，與寅偕隱。寅有贈內詩云：「神傳尊聖陀羅咒，佛授金剛般若經。」見湧幢小品。竟卒於長壽之別墅。

初，太祖從子延彬刺泉州，寅每同遊賞，及陳郯、倪曙等賦詩酣酒爲樂，凡十餘年。常被病，求藥物於延彬，延彬答書：「善自調護，亦可自開豁，三皇五帝，不死何歸！」蓋舉寅人生幾何賦語以戲之也。賦云：「七十戰争如虎豹，竟到烏江；三千賓客若鷲鴻，難尋珠履。」又云：「南陵公子，緑鬢改而華髮生；北里豪家，昨日歌而今日哭。」又云：「常聞蕭史王喬，長生孰是？任是三皇五帝，不死何歸。」

寅賦膾炙人口，渤海高元固來，言：「本國得斬蛇劍賦、御水溝賦及人生幾何賦，家家皆以金書，列爲屏障。」其珍重如此。寅才思敏絶，黄滔爲威武節度推官，太祖餽以魚，會滔與寅方接譚，即請寅爲謝牋，寅殊不經意，援筆疾書，曰：「銜諸斷索，裁從羊續懸來；列在珻盤，便到馮驩食處。」時人大稱之。

有探龍集一卷、雅道機要并詩八卷，亦曰釣磯集。又有賦五卷。其最著者過驪山賦，畧曰：「宅彼岡巒，光斯陵闕，猶驅六宫以殉葬，豈言蔓草之縈結。嫌示儉於當時，更窮奢於既歿。融銀液雪，疏下地之江河；帖玉懸珠，皎窮泉之日月。業業層層，不騫不崩，斯高之喉舌方滑，劉項之雲雷忽興。帜道一朝，璽獻漢家之主；驪山三月，火燒秦帝之陵。」斬蛇劍賦畧曰：「磨霜礪雲兮，熒煌錯落。伊逐鹿之英聖，有斬蛇之鋒鍔。蓋以麾正乾坤，劃分善惡，楚國之姦雄，徒爾烹若窮鱗；常山之首尾，胡爲斷如朽索。斯劍也，哭白帝之亡，符赤帝之昌。雖行大義，亦假雄鋩。龜文龍藻，玉鏤金裝，世亂將用，時清則藏。十二年兮如我淬，七十陣兮摧而剛。空山吞象之虵，豈鈚蓮鍔；大澤銜珠之血，不污星光。」勾踐進西施賦畧曰：「寶馬騰龍，香車輾風，迎織女於銀漢，聘姮娥於月宮。炫燿雲外，喧闐洞中。粧成而瑞玉凝彩，服麗而朝霞剪紅。曉别越溪，暮歸吴苑；越慮計失，吴嫌進晚。歌一聲兮君魄醉，笑百媚兮君心卷。坐令佞口，因珠翠以興言；立遣謀臣，棄洪濤而不返。勾踐乃走電驅雷，星馳箭摧，投醪而士卒皆醉，嘗膽而胷襟洞開。虎噬骨碎，山崩卵摧，楚腰銜鬉化爲鬼，鳳閣龍樓燒作灰。於是命屠蘇之酒，上姑蘇之臺，伊霸業以何去，俄英風而聿來。」御溝水賦畧曰：「重輪而瑞蘸紅日，五色而光摇彩霞。時時而翡翠隨波，飛穿禁柳；往往而鴛鴦逐浪，銜出宫花。」他賦多類此。

翁承贊字文堯，福唐人也。父巨隅，榮王府諮議參軍。承贊舉唐乾寧三年進士，擢宏詞科，任京兆府參軍，累官右拾遺、户部員外郎。天祐元年受詔，册封太祖爲瑯琊王，賜金紫，以行易其居處名，號曰文秀亭、光賢閣、晝錦堂，黄滔爲詩榮之。有「建水閩水無故事，長卿嚴助是前身」句。已，仕梁爲諫議大夫。開平三年，復爲閩王册禮副使，滔復贈以詩。尋守右諫議大夫、福建鹽鐵副使，就加左散騎常侍、御史大夫。承贊既依太祖，太祖待之殊厚，遂以爲相。承贊勸太祖建四門學，以教閩士之秀者。自號狎鷗翁。歿，葬建安新豐鄉。弟承祐，舉光化中進士。子鑑載、希愈，宋時皆入仕。

論曰：陳、黃、徐、翁，皆閩産也。嶠以老成爲邦司直，滔負威鳳之才，寅擅雕龍之質，分鑣競爽，要云無媿。承贊榮施鄉里，興學右文，其亦大有造於閩矣。

張睦子廡　孟威

張睦，光州固始人。唐末從太祖入閩。太祖封瑯琊王，授睦三品官，領榷貨務。睦搶攘之際，雍容下士，招來蠻裔商賈，斂不加暴，而國用日以富饒。累封梁國公。卒，葬福州赤塘山。後以薛文傑代其職，閩人益思睦，立社城中祀焉。

廡字居仁，性孝友謙抑。官至殿中侍御史，彈劾百僚，甚有風采。及王氏政衰，謝事歸田里，立宗法，建祧廟，修祀事，鄉邦式之。

孟威，一作咸。□□人。天祐中從太祖爲都押牙，任建州刺史，有能名。開寶中，吳越忠懿王請於宋，爲太祖立祠福州，乃以威與張睦等二十六人配享廟庭，一時稱允。

論曰：昭武帝崛興閩徼，攀鱗附翼，濟濟多人。然尚論功臣，僉以睦、威爲首庸焉，侑食廟庭，要非誣也。惜事軼不甚傳，第稍次其大端如此云。

劉山甫　鄭良士　章仔鈞

劉山甫，彭城人。太祖入閩，署山甫威武軍節度判官。時海口黄崎岸横石巉峭，常爲舟楫之患，太祖思去之，憚於力役。乾寧中，夜夢金甲神，自稱吴安王，許助開鑿，因命山甫躬往設祭，具述所夢事。三奠未畢，海内靈怪俱見。山甫乃憩僧院，憑高視之，風雷暴興，見有黄鱗赤鬣非魚非龍者。凡三晝夜，風雷始息，已別開一港，甚便行旅，即所賜號甘棠港者是也。

山甫故中朝舊族，有才藻，著金谿閒談十二卷；常譔徐寅墓誌銘，情文兼至，爲世所稱。官終威武軍、殿中侍御史。山甫常隨父任嶺外歸，泊舟青草湖，登岸，詣北方毘沙門天王廟，見庭宇摧頹，鐙薌不續，作詩諷之。詩云：「自是神明無感應，盛衰何得却由人。」是夜夢神云：「我非天王，故南嶽神也。主張此地，何由見侮！」俄驚寤，風濤頓作，倒檣絶纜。山甫遽起悔過，毁詩牌，乃已。

鄭良士，舊名昌士，字君夢，仙遊人也。博學，善屬文。唐昭宗景福二年，獻詩五百篇，授國子四門學士，累遷康、恩二州刺史，兼御史中丞。天復元年，棄官歸隱。貞明元年，應太祖辟命，轉左散騎常侍。沉厚寡言，太祖稱其長者。有白巖文集、詩集十卷，中壘集若干卷。

子八人：元弼，有傳；元恭，□宗時官秘書省校書郎；元素，別駕；元龜，第宋進士，官至司馬；元禮，推官；元振，員外郎；元瑜，秘書郎；元忠，正字。兄弟俱能文篤學，時號「鄭家八虎」。海録碎事又云：鄭昌有八子，皆以詞學聞，號「鄭氏羣虎」。

章仔鈞，浦城人也。先世居汴，至宋兵部尚書巖，元嘉初來守泉州，始家於南安。唐康州刺史及由南安徙浦城。及生福州軍事判官修，修生仔鈞。

深沉有大度，年逾四十，晦迹不仕。乾寧時，太祖代司空鎮閩，奉表修貢。仔鈞以太祖尚知有唐，乃詣軍門上謁，投戰攻守三策。先是，獻策時，仔鈞登嶺上卜天，其夕地湧神瀵。既至，太祖果大喜，館爲上賓，執仔鈞手曰：「何相見之晚邪！」奏授高州刺史、檢校太傅、西北面行營招討制置使。選步騎卒五千，命屯戍浦城西巖山。會南唐將盧某假道過山下，忽鼓譟攻壘，仔鈞堅守弗與戰，遣二校乞援師於建安。及兵退，二校失期不至，將斬之，妻練氏止之曰：「時危未靖，公奈何殺壯士？」仔鈞曰：「如廢法何！」練曰：「法固不可廢，不若縱之，使自逸耳。」仔鈞悟，置不問。或云，二校者，邊鎬與王建封也。仔鈞累加光禄大夫、持節高州諸軍事，卒。後贈金紫光禄大夫、上柱國、武寧郡開國伯、忠憲王。

弟仔釧。子仁坦、仁嵩、仁燧、仁昉、仁澈、仁郁、仁政、仁愈、仁鑑、仁肇、仁激、仁耀、仁祐、仁聞，多至顯官。練氏别有傳。

陳師先　鄒磬　虞雄　陳霸先　伍昌時子德普　王定簡

陳師先，未詳其何地人。太祖入閩時，師先摧堅陷陳，爲先鋒將。追賊至連江白塔嶺，馬踣死之，縣尉程成之立廟以祀。

鄒磬，光州固始人。以宣府校尉從太祖入閩，平汀寇，有功。未幾，鎮雁石，卒。

虞雄，隸太祖戲下爲牙將，以敢戰名。後戰殁於福唐漁溪，士人立廟祀焉。

陳霸先，羅源人。居太祖戲下爲先鋒將，戰勝攻克，一軍稱爲忠義勇敢。久之，追賊白塘嶺，馬仆而死，士人立廟祀之。

伍昌時，汀州寧化人。父夢授，事太祖，官左僕射。昌時生而武勇多謀，事太祖爲偏將軍，戰輒有功。

子德普，少積學，隱居教授，終身以漁釣爲樂。

王定簡，世爲汴州人。祖護，父伸，始遷福之侯官縣。太祖時，定簡被署爲安遠使，頗有勞烈，甚著名。及太祖薨，遂置其官以老。

程贇　蔡儼　黄子稜　李灝　鄒勇夫

程贇，□□人。天祐時事太祖爲威武節度都押牙，雅有幹材，太祖以心腹畜之。常同將吏百姓列太祖功德於朝，願建祠勒石，已而得允。朱文進僭位，署贇漳州刺史。已而爲留從效所殺。

蔡儼字仁嶠，晉江人。節儉好施。太祖辟爲户部郎中，頗能其職。終永春主簿。九國志：儼爲主簿，秩滿就選，試合格，未擬官而卒。儼，諸子中最少而俊爽，人多惜之。

終焉。

黄子稜字元威，洛陽人。隨父入閩，事太祖父子，累官侍御史。後避亂居建陽之東，

李濡，古田人。自云唐室之裔。幼而禮遜，孝事父母。仕太祖父子，官大録事。

鄒勇夫，光州固始人。以單騎從太祖兄弟入閩，始終無二心。及太祖封閩王，勇夫官僕射，爲太祖敷陳利害，勸其奉梁正朔。後南唐蓄吞併之志，歸化鎮適當要衝，景宗命勇夫往鎮之。至則民户凋殘，道路榛塞，勇夫招集流亡，完葺宅舍，民稍稍越境來歸。是時干戈日尋，而歸化獨晏然不被兵燹，人物蕃阜，勇夫實有力焉。子相遂家於其地。

十國春秋卷第九十六

閩七　列傳

黃諷　林省鄒　葉翹　鄭元弼　王倓　黃峻　陳光逸　潘承祐

黃諷，□□人，以康宗淫暴，與妻子辭訣，入見，康宗欲杖之，諷曰：「臣若迷國不忠，死亦無怨。直諫被杖，死不受也！」黜爲民而歸。

林省鄒，福州人。累舉不第，慷慨好直節。通文時政事日非，會晉使盧損來聘，省鄒私謂損曰：「吾主不事其君，不愛其親，不恤其民，不敬其神，不睦其鄰，不禮其賓，其能久乎！余將僧服而北逃，行當相見上國耳！」後不知所終。

葉翹，永泰人。博學質直，惠宗擢爲福王友，官六軍判官，命福王以師傅禮待之，宮中稱曰國翁，遇事多所裨益。

福王既嗣帝位，是爲康宗，進翹內宣徽院使，參政事。康宗漸驕縱，不與翹謀議。一日，方視朝，時翹衣道士服，過庭中，趣出。康宗召還，拜之，曰：「軍國事殷，久不接對，孤之過也。」翹對曰：「老臣輔道無狀，致陛下無一善可稱，願乞骸骨。」康宗曰：「先帝以孤屬公，政令不善，公當極言，奈何棄孤去？」厚賜金帛慰之。元妃梁國夫人者，李敏女也，賢妃李春鷰被寵，夫人頗不見答於康宗，翹至是諫曰：「夫人先帝之甥也，陛下聘以禮，奈何因新愛而棄之如遺乎！」康宗不能從，殊爲不平。未幾，翹復上書言事，遂署其楮尾曰：「一葉隨風落御溝。」放歸永泰，以壽終。

鄭元弼，事康宗爲禮部員外郎。通文時，元弼貢方物於晉，康宗遺執政書，辭旨不遜，略曰：「閩國一從興運，久歷年華，見北辰之帝座頻移，致東海之風帆多阻。」又求用敵國禮致書往來。晉高祖大怒，以元弼屬吏。獄具，引見，元弼奏曰：「王昶蠻裔之君，不知禮義。陛下方示大信，以來遠人，臣將命無狀，願伏斧鑕，以贖昶罪。」晉高祖奇之，賜帛遣歸。

未幾，景宗立，元弼官諫議大夫。景宗常因事欲杖御史中丞劉贊，贊將自殺，元弼諫曰：「古者，刑不上大夫，中丞議刑百僚，不宜加箠楚。」景宗正色曰：「卿何如魏鄭公，乃敢彊諫！」元弼曰：「陛下似唐太宗，臣爲魏鄭公可矣！」景宗喜，釋贊不答。居無何，元弼遷禮部尚書、判三司。朱文進弑君自立，元弼抗辭不屈，黜歸田里，將奔建州，爲文進所殺。

王倓，□□人。通文中，積官至同平章事。爲人剛直，不畏强禦。是時，景宗官左僕射，已倔彊有異志，倓往往因事折之，景宗亦憚倓，不敢有所發。會新羅國遣使來聘，且獻寶劍，康宗舉以示倓曰：「此將何爲？」倓曰：「斬爲臣不忠者。」景宗居旁色變，爲不寧者累日。景宗既立，新羅復獻劍，景宗忽憶倓前言，而倓已死，追恨不已，命發塚，戮其尸。倓面如生，血流被體。聞者莫不痛之。

黄峻，仕景宗爲諫議大夫。永隆時，家室多以無罪死，峻曰：「淫刑以逞，亡可立待也。」乃舁櫬詣朝堂極諫。景宗曰：「老物狂發矣。」貶漳州司户參軍。峻又常謂人曰：「國事如此，合非永隆，恐是大昏元年。」坐是以憂卒。

陳光逸，亦景宗臣，歷官校書郎。景宗既發王倓冢戮尸，光逸謂其友曰：「主上失德至此，亡無日矣。吾欲以死諫，何如？」其友止之，不聽，遂上書疏景宗大惡五十餘事，叩頭流血，勸以改過。景宗大怒，命衛士鞭之數百，不死，以繩繫頸挂於木，久而乃絶。

潘承祐，晉安人。初仕吴，爲光州司法參軍。因争郡大獄不得，棄官歸閩，仕至大理少卿。天德帝爲富沙王時，領鎮武節度使，辟承祐爲度支判官；時與景宗搆隙，治兵相攻，承祐極諫，不納。會福州使至，富沙王大閲甲卒以誇示之，辭氣益悖，承祐長跪切諫，富沙王怒，顧左右曰：「汝可爲我食判官肉！」承祐曰：「與其不義而生，孰若抱義而死。事勢如此，早死爲幸。」久之，乃解。

及王稱殷帝，以承祐爲吏部尚書，俄加同平章事。是時，幸臣楊思恭用事，承祐復與争。又陳奏十事，大略言：「兄弟相攻，逆傷天理，一也；賦歛煩重，力役無節，二也；發民爲兵，羈旅愁怨，三也；楊思恭奪人衣食，使怨歸於上，羣臣莫敢言，四也；疆土狹隘，多置州縣，增吏困民，五也；除道裹糧，將攻臨、汀，曾不憂金陵、錢塘乘虚相襲，六也；括高貲户，財多者補官，逋負者被刑，七也；延平諸津，征菜魚米，獲利至微，歛怨甚大，八也；與唐、吴越爲鄰，卽位以來，未嘗通使，九也；宫室臺榭，崇飾無度，十也。」書上，削承祐官爵，勒歸私第。唐查文徽破建州，以禮致之，唐元宗署爲衛尉少卿，遷鴻臚卿，委以南方之事。升降人物、制置郡縣，數用其言。薦陳誨、〔二〕林仁肇、許文稹、陳德誠、鄭彦華，多著功效。老病，乞骸骨，以禮部尚書致仕。隱於洪州西山，卒。

子慎修，風度醖藉，博涉文史，入宋，爲翰林侍讀學士。有集五卷。

論曰：諷鯁切不撓，省鄰孤憤無諱，翹極諫被黜，元弼激烈成仁，皆濁世之僅見者也。倓以剛方，光逸以戇直，並遭淫刑，横罹非罪，視峻憂死爲酷矣。承祐備陳十弊，侃侃直譚，盡心所事，忠而見尤。王氏之不克永祚也，宜哉！

湛温　董思安王忠順　林仁翰　劉瓊

湛温，光州人。嗣王時，官御史大夫、國子祭酒。是時，太祖養子延稟守建州，與嗣王有隙，遣使來覘虚實。嗣王命温往餞，且鴆之；温懼開釁，道經高安山西嶺，飲鴆自斃。國人哀之，名其地曰祭酒嶺。

董思安，莆田人。身長九尺，勇冠一時。與王忠順友善。朱文進既弑景宗，署其黨黄紹頗爲泉州刺史，思安因與忠順爲泉州軍將留從效合謀復王氏，遂殺紹頗，迎天德帝從子繼勳主軍府事。會南唐兵攻建州急，思安與忠順將兵赴難，戰數不利，或説二人當以去就計，思安曰：「吾輩世爲王氏臣，今危而叛去，天下其誰容我！」麾下感其言，無有叛者。城陷，忠順力戰死，思安全軍歸泉州。後南唐以爲漳州刺史，思安辭以父名章，元宗因改漳州曰南州。時從效弟從願爲副使，竟酖殺思安，自領州事。忠順，晉江人。

林仁翰，仕景宗爲南廊承旨。江南野史云：仁翰爲王延羲内兒，謂之南廊承旨。朱文進與連重遇弑景宗而自立，仁翰謂其徒曰：「吾曹世事王氏，今受制賊臣，富沙王至，何面目見之！」帥其徒三十人，被甲趣重遇第。重遇方嚴兵自衛，三十人者望之稍稍遁去，仁翰執槊直前刺之，斷其首以示衆，曰：「富沙王且至，汝輩族矣。今重遇已死，何不亟取文進以贖罪。」衆踴躍從事，遂斬文進，迎殷將吴成義入福州。已而仁翰覲天德帝，賞賜頗薄，仁翰終未嘗自言其功，人以此多之。

劉瓊，固始人。天德初，爲永平鎮將。南唐侵建州，瓊統兵入援，師至鏞州，聞天德帝已降唐，衆兵欲推瓊爲王，瓊義不肯受，自刎死。部將收其尸，葬山麓，鄉人建祠祀之。宋時賜額曰「威寧」。

論曰：湛温自鴆以弭釁，其志有足哀者。董、王、林、劉捐身爲國，雖或生或死不同，約其大指，皆王氏忠臣也。語云「疾風知勁草」，吾於四人見之矣。

顏仁郁　賈郁　方仁岳　陳洪濟　林揆

顏仁郁，泉州人。仕太祖爲歸德場長。時土荒民散，仁郁撫之。一年襁負至，二年田萊闢，閱三歲而民用足。有詩百篇，宛轉回曲，歷盡人情，邑人途歌巷唱之，號顏長官詩。其勸農詩曰：「夜半呼兒趁曉耕，羸牛無力漸艱行。時人未識農家苦，敢道田中穀自生。」

賈郁字正文，侯官人。以文策於太祖，補仙遊主簿，秩滿爲令。峭直不容人過，正身奉法，以風賕吏，吏多畏憚之。有客饋新果，郁曰：「此獨非民間物邪！」却不受。客曰：「某家新果，人衆未知。」郁曰：「君有子弟未？」曰：「昆仲三人，豚子數輩。」郁曰：「古人畏四知。君兄知弟知，子攜來者知，是倍於古人也。」客大慚而退。及受代，一吏酣醉於庭，郁怒曰：「吾當再典此邑，以懲汝！」吏揚言公欲再來，猶造鐵船渡海。惠宗卽位，擢郁贊善大夫，再令仙遊。會醉吏爲庫史，盜官錢數萬，郁署牘尾曰：「竊銅鏹以潤家，非因鼓鑄；造鐵船而渡海，不假爐鎚。」竟抵罪。九國志作決杖遣徒。已而改福清，滿考，召爲御史中丞。

方仁岳，歙人。父廷範，唐末歷長□、古田、長樂三令，僑居泉州莆田縣。六子皆仕太祖父子。仁岳官秘書少監，以稱職名。

陳洪濟，□□人。初令同安，繼令晉江，皆興學教士，爲王氏循吏之冠。

林揆，建州人。天德時，爲永順場官。當干戈相尋之際，政尚簡易，民甚便之。及南唐得建州，升場爲順昌縣，仍以揆爲令。

校勘記

〔一〕陳諭　「諭」，馬令南唐書卷十潘承祐傳作「誨」。

十國春秋卷第九十七

閩八 列傳

王仁饋 楊廷式 翁郜 黄岳 盧皓林甲 李崇禮 蕭孔沖 廉若 柳崇

王仁饋，福唐人。少有志操。太祖聞其賢，命試大理評事，仁饋恥事强藩，固辭，隱居龍山，終其身。

楊廷式字□□，泉州人。唐末明經登第，除太子舍人。黄巢之亂，避歸黄浦村中，以清苦名節自立。太祖鎮威武軍，屢辟不至，人皆稱之。按此與吴國楊廷式同名而異人者也。九國志合以爲一，疑非是。

翁郜字季長，長安人。唐昭宗朝，官至尚書左僕射、河西節度使。梁篡唐，郜恥事二姓，以父、祖官閩，知其地偏僻可避亂，遂攜家來建陽居焉。後徙義寧莒口。

黄岳，福州感德場人。博通經典，尤邃易象曆數之學。唐末，由鄉貢入太學。黄巢寇閩，避地者無所衣食，岳好施予，鮮倦容，從之者如市。太祖爲威武節度使，聞其名，累辟爲屬，力辭不就。無何，太祖受王封，必欲起岳，岳度不能拒，遂投淵而死。岳妻林曰：「夫能爲忠臣，妾獨不能爲忠臣婦乎！」亦投淵從之。邦人爲立祠祀於其地。一云：岳死時，父母、妻子、二弟、一白犬皆赴水死。又，來徵岳者崇、舒、趙、田四人亦死。

盧皓、林甲者，故二隱士也。當太祖王閩時，兩人避地而釣，愛福唐小練山山水，誅茅隱焉。後二姓繁盛，遂爲福州巨族。

李崇禮，唐莊宗弟也。封薛王，按五代史唐家人傳：存禮封薛王，不知所終。今從閩書作崇禮，或傳譌及後易名，未可知。值郭從謙之亂，匿名避難，樂延平鎮山水，留居焉，結廬坑口，罄橐中金以賑貧乏。病革，出封誥示人，人始知其出處。

蕭孔沖，建安人。登同光時進士第，不樂仕進。入連江縣之兑峯，翦髮爲頭陀，志行堅苦，能伏虎豹。既歿，邑人祀之。

廉若，建州建寧人。與妻楊氏隱居縣東，教授鄉黨，以行誼稱。

柳崇字子高，建陽人也。以儒學著名，終身御布衣，稱處士。天德帝據建州，習聞其名，召補沙縣丞，力謝不往。後諸子仕宋，法當推恩，崇戒之曰：「不可奏請以奪吾志。」未幾，卒。宋累贈工部侍郎。子宣、宜、寘、宏、寀、密、察，俱爲顯官。

論曰：王仁續、楊廷式、柳崇，力謝徵書，確乎不拔，潔身之道備矣。黄岳兩辭辟召，何至夫婦湛身哉，忠與清兩兼之矣！若翁郜以下諸人，抱鴻冥之曠懷，矢鳳隱之逸操，其人故未易常情測也。

劉乙　詹敦仁子琲

劉乙字子真，泉州人。通文時，官鳳閣舍人。晉使盧損來聘，康宗遣乙勞之，已而棄官隱鳳山，與詹敦仁爲友，所爲詩有「掃石雲隨帚，耕山鳥傍人」之句。敦仁常命子琲訪乙，贈以詩，至今傳之。詩云：「掃石耕山舊子真，布衣草履自隨身。石崖壁立題詩處，知是當年鳳閣人。」

乙常乘醉與人爭妓，既醒慚悔，集書籍因酒致失者，編以自警，題曰百悔經。自後不飲，至於終身。何喬遠閩書云：予讀五代史，晉天福二年閩王昶遣使朝貢，高祖遣散騎常侍盧損入閩，封昶爲王。王令繼恭主之，遣中書舍人劉乙勞於館。乙見損衣冠偉然，騶僮甚盛，他日遇諸塗，布衣芒屩而已。損使人誚之曰：「鳳閣舍人何傴下之甚也。」乙羞愧，以手掩面而走。心竊疑之。夫乙故高士，閩王遣之勞晉使，蓋明欲藉以爲重，成禮而退，遂返初服，正隱者之高致。羞媿掩走，必損惡昶託疾，歸言其主，文致之詞，而歐陽仍之耳。抑損以上國之使，入閩何得無騶從前呼，必待其至前方見而反走邪！

詹敦仁字君澤，固始人。避亂來隱仙遊植德山下。上康宗書，累數百言。康宗召之飲，且欲留之，命決參軍事，敦仁謝以詩。有「周粟縱榮寧忍食，葛廬頻顧謾勞思」句。强以袍笏，不受，已復杜門不出。

清源節度使留從效再辟之，乃求監小溪場，既至，請升場爲縣。未幾，畢王直道自代，隱居佛耳山，自號清隱。敦仁清隱堂記曰：去邑西逾百餘里，有山曰佛耳，峭絶高天，遠跨三郡，有田可耕，有水可居。予卜而築之，榜堂曰清隱。若夫烟收雨霽，雲捲天高，山聳髻以軒騰，風梳木而微動，寒泉聒耳，戛玉鳴琴，非宮非商，不調自協，非絲非桐，不撫自鳴。春而耕，一犁雨足；秋而斂，萬頃雲黄。饑餐飽適，遇酒狂歌，或咏月以嘲風，或眠雪而瀨石。

敦仁素號博雅，從效常問以南漢主劉龑取名義，敦仁爲詩答云：「伏羲初畫卦，蒼氏乃製字，點畫有偏傍，陰陽貴協比。古者不嫌名，周人始稱諱，始諱猶未酷，後習轉多忌。或援他代易，或變文迴避，濫觴久滋蔓，傷心日益熾。孫休命子名，吳國尊王意。𩅦莔𩃎𢁥僻，壾昷𥨷㒄異。梁復踵已非，時亦迹舊事。𧨿杰自其一，蜀闖是其二。鄗哉仉胥名，陋矣趀𪒠義。梁四公。大唐有天下，武后擁神器，私制迄無取，古音實相類。𠀑𡈘𡆠𡴁星，𢘑𢘑𠁈丙埊，𠡦圀及𡔈𡘒，作史難詳備。唐祚值傾危，劉龑懷僭僞，吁嗟毒蛟輩，睥睨飛龍位。龑儼雖同音，形體殊乖致，廢學媿未宏，來問辱不棄。奇字歎雄博，摛文伏韓智。因誦鄗所聞，敢布諸下吏。」從效得詩，大加歎服。居數年卒。

子琲，有父風，隱於鳳山，號鳳山山人。陳洪進薦之朝，固辭不去。

論曰：閩季官匪其人，任職者率寡廉鮮恥，不足道。劉乙拂衣鳳山，詹敦仁高蹈佛耳，洵遺世而獨立者也。易云「鴻漸于逵，其羽可用爲儀」，二君其當之矣。

陳乘　陳郁　江爲　陳致雍

陳乘，仙遊人。唐乾寧初擢進士第，官秘書郎。黄巢之亂，退居里中，與侍中延彬、徐寅、鄭良士輩，以詩相唱和，閩士多以風雅歸之。

陳郁，亦仙遊人。少篤學，博覽羣書，手不釋卷。事景宗爲諫議大夫，奉朝請。每休沐在第，鍵户焚香誦經，未常關預機務，故得免於禍。年八十一卒。

江爲，其先宋州人，避亂徙建陽，遂爲建州人。遊廬山白鹿洞，師處士陳貺二十年，尤工於詩，有風人之體。爲常有吟隋堤柳詩：「錦纜龍舟萬里來，醉鄉繁盛忽塵埃。空餘兩岸千株柳，雨葉風花作恨媒。」盛傳於時。

會福州亂，有故人任福州官屬者恐禍及，將亡去江南，間道謁爲，爲與草投江南表。其人未出境，爲邊吏所禽，得囊中所撰表章，於是收爲與奔者，俱械至刑所。爲臨刑辭色不撓，且曰：「嵇康之死也，顧日影彈琴。吾彈賦一篇足矣！」乃索筆爲詩而死，聞者傷之。詩集一卷傳世。按馬令南唐書，爲有題廬山白鹿寺詩云：「吟登蕭寺旃檀閣，醉倚王家玳瑁筵。」元宗南遷，駐於寺，見其詩，稱善久之。爲由是傲肆，自謂俯拾青紫，乃詣金陵求舉，屢黜於有司，怏怏不能自已，欲束書亡吳越。會同謀者上變，按得其狀，伏罪。據此則爲被南唐所殺，未審是非。

陳致雍，莆田人也。博洽善文辭，憲章典故，尤所諳練。仕景宗，爲太常卿；入南唐，以通禮及第，除秘書監。未幾，致仕還家，陳洪進辟掌書記。撰晉安海物異名記及閩王列傳、一作閩王事迹。五禮儀鑑諸書，好事者復編其議禮諸論爲曲臺奏議二十卷。雍海物異名記云：荒餘之產，郭璞未詳，張華不載。臨海記、稽聖賦、古今注以及諸家集在此卷。

李相　林安　陳寅

李相，壽州人。少跅弛，好走馬屠博。母李媪家素豐，酤酒市中。王緒未起兵時，從媪貰酒，數負責，又醉毀媪酒舍，相怒欲毆之，媪躡相足曰：「天下方亂，此壯士也。」遂與爲刎頸交。

緒舉兵，相隸緒部下。已而從入閩，前鋒將殺緒，相匿其遺孤建齊於山中，以其少子與建齊易名而呼。晉安逸志云：時緒子建齊方四五歲，相抱建齊枕緒尸而哭之。仰謂王潮曰：「天乎，天乎，將軍誠自賈禍，予固北面事之矣。其已甚乎，且其孤，何罪也，請活之。」潮曰：「諾。」相遂抱建齊而歸，謂其妻曰：「潮忍人也，今佯許之，後必復索之，奈何！吾終不令王氏絶嗣矣。」乃以其子與建齊易名而呼，云云。居三日，軍中果索建齊，少子應曰諾，遂被殺。相卒與建齊從軍居閩縣，而建齊竟冒李姓數世。

林安，福清人。事母至孝；母死，廬墓旁，有石自裂而泉湧。太祖異之，以其廬爲寺，賜名曰湧泉。安六世孫正華，當宋時亦以孝聞，故世號湧泉大小孝子。

陳寅，莆田人。福建觀察使巖之從子也。好善樂施，有隱德，年至九十餘，未卒。先一日，歷言百年事，皆驗。土人廟祀不絶。

論曰：李相匿遺孤，雖陳嬰何以加焉。林安孝親而感應流泉，謂非純孝不可也。陳寅慷慨好施，其亦無媿於義俠矣夫。

石氏二女　練嵩　鄭氏　謝氏

石氏二女，福州永貞鎮人也。長曰月華，次曰雪英，有國色，涉獵書史。太祖時處州青巾賊亂，略地至鎮，二女遇賊不屈，投水死。水傍故有飛來石，人因名曰石八娘巖。

練寯，章仔鈞妻也。生而肉髮，深沉端毅，知識過人，終日不苟言笑。仔鈞以寯言釋二校，語具仔鈞傳中。當是時，寯使諸子諭二校曰：「宜急去，無受戮於市。」且以金跳脱遺其行，二校望拜感泣，仰天誓曰：「夫人之恩苟不報，有如日。」遂奔南唐。久之仔鈞死，寯居建州城。建州之破也，二校實在行間，一爲行軍招討使，或云卽邊鎬。一爲先鋒橋道使。或云卽王建封。私念練夫人再生恩，遣使持金帛貽寯，授以白旗，曰：「吾且殲此城，夫人宜植旗於門，已戒士卒，勿犯矣。」寯却金帛，反其旗，曰：「公今見報，獨活我家耳，豈足爲義邪！闔城之人不下十萬，未必皆有罪也。公若思舊德，願全此城；必欲屠之，吾家與衆俱死，不獨生也。」二校感其言，遂止，曰：「夫人之仁，使鬼爲人。」竟不復屠城。

寯後累封渤海郡賢德越國夫人。有子十五人，章氏世系碑又云十八子。孫六十八人，宋相章得象，亦其孫也。皆躋顯貴。長子仁坦，仕南唐至檢校太傅、武都郡開國伯；三子仁燧，仕南唐至檢校司徒、建州刺史，尤爲早達。時以爲活人之報。

余敬洪妻鄭氏，建州人也。敬洪爲建州將，南唐師下建州，裨將王建封得鄭氏，以其有色而自持，不敢犯，脅之刃亦不屈，轉獻大將查文徽。文徽欲納之，鄭大罵曰：「王師弔伐，當褒録節義，以勵風化。王司徒出行伍，無怪也。君侯爲國上將，亦若是邪！速殺我！」文徽慚，亟訪其家歸之。樂善録爲余洪敬、王建峯，鄭又有「早充君庖」等語。

林廿五妻謝氏，家居福州感德場。龍啓元年，升場爲寧德縣，有逞其私者謀建桓門，將歿廿五居，且平其冢。時謝方新寡，襁其幼子，徒步至長樂府，坐肺石下三日，得訴符下邑，而家舍與墳墓得弗壞。

十國春秋卷第九十八

閩九　列傳

陳峴　薛文傑　陳郯　林興　蔡守蒙　陳匡範　黄紹頗　佘廷英

李仁遇　楊思恭

陳峴，爲人有心計，初事太祖爲孔目吏，時開府多事，經費不給。峴獻計，請以富人補利市官，恣所徵取，薄酬其直，富人苦之，峴由是得寵，遷支計官。居數年，有二吏執官牒詣峴里，問陳支計家所在，人問其故，對曰：「峴獻計置利市官，坐此破家者衆，水西大王使來追耳。」明日，峴暴卒。太祖常立廟祀兄司空，號水西大王廟，故云。

薛文傑，事惠宗爲中軍使。性巧佞，善應對。惠宗奢侈，文傑以聚斂求媚。俄改國計使，多伺民間陰事，致富人罪，而籍其貲以佐用。被榜箠者胷背分受，仍以銅器貯火熨其足，國人怨之。

又薦妖巫盛韜，曰：「陛下左右多姦臣，不質諸鬼神，將爲亂。」惠宗使韜視鬼宮中。文傑惡内樞密使吴勗。吴勗，五代史作吴英。勗病在告，文傑紿勗曰：「上以公居近密而屢以疾告，將罷公。」勗曰：「奈何？」文傑因教勗曰：「卽上遣人問公疾，當言頭痛而已，無他苦也。」明日，諷惠宗使巫視勗疾。巫言入北廟，見勗爲崇順王所訊，曰：「汝何敢謀反？」以金鎚擊其首。惠宗以語文傑，文傑曰：「未可信也，宜問其疾如何。」勗果以頭痛對，卽收下獄。遣文傑及獄吏雜治之，勗自誣伏，見殺。勗常主軍政，得士卒心，士卒聞勗死，皆怒，會吴人攻建州，惠宗遣弟延政救之，兵行在道不肯進，曰：「得文傑乃進。」惠宗惜之不與，太后及福王泣曰：「文傑盜弄國權，枉害無辜，上下怨怒久矣。今淮南兵深入，士卒不進，社稷一日傾覆，留文傑何益！」遂以檻車送文傑軍中。文傑善數術，自占過三日可無患。送者聞之，疾馳二日而至，軍士踴躍，磔文傑於市，市人争以瓦石投之，臠食立盡。明日，赦使至，已不及矣。

初，文傑以古制檻車疎闊，乃更其制，令上下通，中以鐵芒内嚮，動輒觸之，既成，首被其毒，並誅盛韜。

陳郯，泉州莆田人。家貧，頗力學，通五經，惠宗從子仁達辟掌書記。惠宗以事誅仁達，並收鄴屬吏，尋籍没仁達家，惟得鄴歌詩一卷，釋不誅，擢爲宣徽使，充内學士。鄴素便佞，善迎人主意。通文中遷檢校太傅。時術者言宫中當有災，康宗徙南宫避火。已而宫中火，康宗疑控鶴都將連重遇之兵所縱，因以語鄴，鄴反洩於重遇，重遇遂夜率衛士爇南宫，康宗走死，鄴漏言之罪居多。

林興，不知何地人。通文初，以巫見幸，與陳守元相表裏，事無大小，輒以寶皇語命之而後行。三年夏，虹見宫中，興傳神言：「此宗室將爲亂之兆。」康宗卽遣興率壯士殺太祖子延武、延望及其子五人。景宗立，興伏誅於泉州。

蔡守蒙，侯官人也。通文中，歷官侍判三司。康宗一日謂守蒙曰：「聞有司除官皆受賕，信邪？」守蒙對曰：「浮言不足信。」康宗曰：「朕知之久矣。今以委卿擇賢而授，不肖及罔冒者勿拒，第令納賂籍而獻之。」守蒙素廉，以爲不可，康宗大怒，守蒙懼而從之。連重遇作亂，執守蒙，數以賣官之罪，見殺。

陳匡範，南安人。永隆時，官國計使。景宗淫侈無度，貲用不支，匡範請日進羨餘萬金，景宗以爲能，加禮部侍郎。匡範增筭商賈數倍，務以聚歛得上心，人不堪其苦。景宗常宴近臣，舉酒屬匡範曰：「明珠美玉，求之可得；如匡範人中寶，不易得也。」無何，商賈之筭不能供日進數，復貸諸務錢足之，恐事覺，憂懼而卒。賜祭葬甚厚。會諸省務以匡範貸帖聞，景宗大怒，斲棺，斷其尸，棄水中，以黄紹頗代其職。

黄紹頗，連江人。爲人刻深多計數。既代陳匡範爲國計使，請令：欲仕者自非蔭補，皆聽輸錢授官，以資望高下及州縣户口多寡爲差，自百緡至千緡，量增減其直焉。天德帝爲富沙王時，以兵圍汀州，紹頗將步兵八千爲林守亮聲援，已而爲羽林統軍使。朱文進篡位，紹頗附文進，得爲泉州刺史。未幾，留從效反正，遣壯士執紹頗斬之，函首送建州。

余廷英，侯官人也。仕景宗，累官同平章事，已而出爲泉州刺史。貪穢非常，詐稱受詔采擇，掠良家子；事覺，遣御史按之。廷英懼，詣景宗自歸，獻買宴錢萬緡。明日召見，景宗曰：「宴已買矣，皇后貢物安在？」廷英復獻錢李后，乃遣歸泉州。自是皆别貢後宫以爲例，未幾復爲相。

李仁遇，父敏官同平章事，而仁遇故景宗甥也。年少美姿容，以色得幸於景宗，官鹽鐵使、右僕射，已又兼中書侍郎、翰林學士、同平章事，左右多鄙之。

楊思恭，建州建陽人。初爲富沙王節度巡官，已而王稱殷帝，思恭爲兵部尚書，尋遷僕射，録軍國事。是時，殷雖建國，實一州也，土狹民貧，軍旅不息。思恭以善聚斂得幸，由是累增田畝山澤之税，至於魚鹽蔬果，無不倍征，國人號曰楊剥皮。

及唐兵攻建州急，思恭將兵督統軍使陳望戰，望曰：「江淮兵精將勇，國之安危繫此一舉，必計出萬全而後可動。」思恭怒曰：「唐兵深侵，陛下目不交睫，委之將軍。今唐兵不出數千，將軍擁衆萬餘，不乘其未定而擊之，有如唐兵懼而自退，將軍何面目見陛下乎？」望不得已，引兵涉水與唐戰，望死，思恭僅以身免。無何歸唐，唐中主斬思恭以謝建人。先是，唐兵入寇，建人苦思恭重歛，争伐木開道以迎。閩之亡，實思恭爲罪首云。

論曰：峴、文傑、鄭、興，皆小人之尤者也。守蒙素有廉名，而中道改節，何哉！匡範、紹頗、廷英，先後以利要君，永隆不競，職此之由。仁遇因美色得相，較董賢爲醜焉。至思恭掊克剥民，用又雠歛，區區小國，遂至不祀，欲保其首領得乎！

王延禀　李倣

王延禀本姓周，名彦琛。太祖養以爲子，賜今姓名。眇一目，人亦謂之獨眼龍。累官左金吾衛將軍、檢校刑部尚書。貞明四年，知建州軍州事，尋授刺史。會嗣王延翰命延禀采擇後宫，延禀復書不遜，遂有隙。未幾，將兵弑嗣王，推惠宗而立之。已而還建州，五國故事作還泉州，誤。惠宗餞於郊，臨訣，輒大言：「無使老兄復來！」惠宗深憾之。尋拜奉國軍節度使，知建州，同中書門下平章事、通鑑作兼中書令。檢校太尉、侍中。天成四年稱疾，退居里第，請以建州授其子繼雄。

居二年，聞惠宗疾，乃以次子繼昇知建州留後，帥兵寇福州，攻西門，使繼雄轉海攻東門。惠宗遣從子仁達將水兵拒之。仁達伏甲舟中，僞立白幟請降。繼雄喜，屏左右登舟，伏發，斬繼雄，懸其首於西門。延禀見繼雄首，大慟。仁達縱兵大擊西門，兵皆潰去。已而執延禀，斬於市。五國故事又云：延鈞憾延禀之言，後因詐疾，以死訃於延禀，延禀復來，遂以兵迎於南臺江，斃之舟中，取其首至，而責之曰：「果煩老兄再至矣！」因梟之無諸市。復其姓名繼昇。及延禀季子繼倫聞敗，皆奔錢塘。

初，延禀自光山起兵，至建州，入一山寺鹵掠，有僧誦法華經，不時起，延禀怒，殺之。後常於目中見僧形，細視之，則惠宗也。由是頗疑惠宗卽僧後身，至是竟驗其寃。後二年，立廟建州，立廟之故未詳。封靈昭王。天德元年加封武平威肅王。宋人余良弼撰英烈王廟記，所載延稟事與正史略異，附記於此。記曰：「惟王姓王，諱延稟，忠勇剛正之節，五代史世家章矣，圖經又加詳焉。爰自朱梁正明四年知建州軍州事，尋授刺史。逮唐天成初，王延鈞嗣閩王位，拜奉國軍節度使、同中書門下平章事、檢校太尉、侍中。長興二年，提兵往福唐，未班師而薨。後二年，立廟於建城，封靈昭王，實延鈞。龍啓二年，當末帝清泰元年也。晉天福末，王延政據建州，改元天德，加封武平威肅王。厥後閩地併入南唐，保大三年封宏烈王。皇朝乾興之元，以避宣祖廟諱，改英烈王。圖碑所載，率與史氏及二碑相表裏，其所表見，端不虛也。」

李倣，不知其何人，累官皇城使。永和時，歸守明、李可殷私通宮掖，國人皆惡之，而可殷常譖倣於惠宗，倣內怨之而不言。又惠宗次子繼韜，時與康宗不相能，交相圖也。冬十月，惠宗饗軍大酺殿，坐中昏然，言見延稟來，倣以爲病已甚，乃令壯士先殺可殷於家。翼日晨朝，惠宗故無恙，問倣殺可殷何罪；倣懼而出，與康宗率皇城衛士入，遂弑惠宗，併殺繼韜及陳后、守明。通文初，以倣判大軍諸衛事。倣既立康宗，而心常自疑，多養死士以爲備；康宗患之，因大饗軍，伏甲擒倣，殺之，梟其首於市。倣部曲千人叛，燒啓聖門，奪倣首，奔錢塘。

朱文進連重遇

朱文進，永泰人；連重遇，光山人。初，惠宗以太祖元從爲拱宸、控鶴二都，命文進爲拱宸都將，重遇爲控鶴都將，號親兵。及康宗立，更募勇士爲宸衛都以自衛，其賜予視二都爲獨厚，文進、重遇遂以此激怒其軍。時北宫火，求賊不獲，康宗命重遇將内外營兵掃除餘燼，日役萬人，士卒多苦之。又疑重遇軍士縱火，稍語内學士陳郯；已而語洩，重遇懼，帥二都兵縱火焚南宫。康宗挾愛姬子弟、黄門衛士斬關出，宿於野次，重遇迎景宗爲君，而康宗遂不免。

重遇既負罪，日夜懼國人見討，益與文進相親密，結爲婚姻。居無何，景宗頗内疑，常以語誚重遇等，重遇等流涕自辨。會李后與尚賢妃争寵，欲圖景宗而立其子，陽使人以語訹重遇等，景宗遂被弑。事具本紀中。重遇乃召百官集朝堂，告之曰：「太祖昭武皇帝親冒矢石，光啓閩國。今子孫淫虐，荒墜厥緒，天厭王氏，當求有德，以安此土。」衆莫敢言。重遇乃掖文進升殿，被衮冕，率羣臣北面再拜稱臣。文進自稱閩主，悉誅王氏宗族延喜以下五十餘人。以重遇總六軍、禮部尚書、判三司。下令出宫人，罷營造，盡反永隆之政。以鮑思潤同平章事，黄紹頗守泉州，程文緯守漳州，許文稹守汀州。已而文進遣使如唐。唐囚其使，將伐之。文進復自稱威武留後，稱藩於晉，晉以文進爲威武軍節度使，知閩國事。未幾，加同平章事，封閩國王，時晉開運元年也。會林仁翰殺重遇，挈其首示衆，衆又殺文進，傳二首送建州，而福州略平。居數月，復有李仁達之亂。

李仁達

李仁達，光州人。仕惠宗爲元從都指揮使，十五年不遷職。景宗之世，叛奔建州，爲軍將朱文進篡立，復叛奔福州，陳取建州之策。文進惡其反覆，黜居福清，鬱鬱不得志。及天德帝得福州，遣從子繼昌守之，仁達不自安，潛結陳繼珣，說鎮遏使黄仁諷曰：「唐兵攻建州，富沙王不能自保，其能有此土邪！昔王潮兄弟，光山布衣耳，取福、建如反掌，況吾輩乘此機會，自圖富貴，何患不如彼乎！」乃擒繼昌，殺之，欲自立，懼衆不附，謬以神光寺僧卓巖明示衆曰：「此非常人。」率諸將吏北面而臣之。已而又殺巖明，乃自立，送款於唐，唐中主以仁達爲威武軍節度使，更其名曰宏義。

唐破建州，遣人召宏義入朝，宏義不從，復改名宏達，奉表於晉，加宏達同平章事。無何，唐兵入據外城，宏達緩急無所恃，復更名達，稱臣於吴越。已而與浙兵大敗唐師福州城下，太祖時，有謡云：「風吹楊葉皷山下，不得錢來兵不罷。」至是錢塘兵至，而江南圍解，獲其將楊匡業，乃其應也。吴越忠遜王愳藉良厚。達自詣錢塘謁謝，承制加達兼侍中，更其名曰孺贇。未幾，孺贇内悔，懷金筍二十枝賄吴越臣胡進思求歸。及歸，而與吴越戍將鮑修讓不相協，復謀殺修讓以降唐，修讓勒兵誅孺贇，遂族其家。先是，王氏甃城曰陶甎者悉以錢文印之，隨命剗去，而錢文愈明，至是福州爲錢氏所有，人以爲先兆云。弟通，知福州留後，亦見殺。

論曰：李仁達陰陽反覆，所至稱臣，屢變名字，卒殃其身。漢呂布、晉劉牢之，視仁達爲近之矣。

卓巖明

卓巖明，九國志、舊五代史、吴越備史、唐餘傳、五國故事，俱作儼明。今從啓運圖及閩録。莆田人也。本名偃，已而落髮神光寺爲僧，一云雪峯寺。改名體明。福州之亂，李仁達未敢遽自立，以體明素爲衆推重，乃詐言體明在神光寺常寐中有赤虵出入其鼻，異人也。又言其目重瞳子，手垂過膝，真天子相。遂與陳繼珣、黄仁諷等共立爲帝，因更名曰巖明。隨解衲衣，被以衮冕，將吏伏地拜之，時天德三年三月己亥也。巖明稱天福十年，遣使稱藩於晉。天德帝聞之，遣統軍使張漢真將兵致討。巖明無他方略，但作法殿上，噀水散豆，以召鬼兵爲辭，復迎其父於莆田，尊爲太上皇。五月丁巳，仁達大閱戰士，請巖明臨視，陰令軍士突前登階刺殺巖明，遂據有巖明之坐。

十國春秋卷第九十九

閩十 列傳

僧智廣　僧文炬　僧義存　上藍和尚　僧備　僧慧球　僧道熙　僧義收　夢筆和尚　僧神晏　僧知玲　僧元衲　僧文超　僧文展　僧師解　僧道閒　僧慧稜　僧義英　僧從展　僧藻光　僧從允　僧元應　建州僧僧行雲

僧智廣，陳姓。行日月中，常有十二影隨身。浴潭水，水輒暖。一日，浴不暖，聞山中有鞭扑聲，若責其不燀者，智廣自是不復浴於潭矣。太祖入閩，問：「十世可知邪？」智廣曰：「騎馬來，騎馬去。」識者謂太祖與司空，以光啓丙午有閩，至天德帝歸唐之明年丙午，而繼勳、繼成始離閩土也。又曰：「功下田，刀交連，井底坐，二十年。」後留從效據有泉州，皆如其言。光啓二年卒，年八十。世謂其龍樹化身。乾寧中，謚正覺禪師。

僧文炬字子薰，一字湼槃。福州黄氏子，唐末人。生時火裏開蓮。既長，爲縣獄卒，時時棄役往禪院聽講，吏不能禁。後出言成讖，歷歷如券。太祖入閩時，文炬避迹莆田邑中，常云：「吾去世六十年後，當有無邊身菩薩來治此國。聽吾偈曰：小月走爍爍，千落及萬落，處處鳳離穴，家家種葵藿。」又語邑人曰：「吾所居地不動干戈。」光化□年，卒。五燈會元云：乾寧中示滅。後人解其語云：「小月走」者，「趙」也；「爍爍」，火德，王也；「鳳離穴」，藩鎮散也；「種葵藿」，人耕耘也；「無邊身」，廣大也。宋藝祖登極以建隆庚申，距其示滅於光化戊午，蓋六十有二年也。五季時，莆田不及兵，留從效、陳洪進先後歸順，故言不動干戈云。先是，文炬詣西院法堂，輪竹杖而入，會有五百許僧染時疾，文炬以杖次第點之，各隨點而起。太祖甚加禮重，創崇福院於泉州以居之，號慧日禪師。

僧義存，泉州南安人。姓曾氏，家世奉釋典。義存在襁褓間，聞鐘梵聲，輒爲動容。年十二，從父遊莆田玉礀寺，見慶元律師，遽拜曰：「我師也。」遂留焉。十七薙髮，謁禪僧宏照，宏照撫而器之。已，往幽州寶刹寺，受具足戒。咸通中回閩，登象骨山創院。乾符間，僖宗賜號真覺大師。太祖入閩，問義存象骨山何奇。答曰：「山頂暑月猶有積雪。」太祖曰：「可名雪峯。」雪峯遂由是名。一云雪峯乃咸通時名。

太祖常延義存與僧，備問達磨所傳秘密心印，義存云：「須是見性。」太祖云：「何爲見性？」義存云：「見自本性。」太祖曰：「有形狀否？」義存云：「見自本性，無物可見。」太祖又問：「備此一真心本無生滅，今此一身，從何而有？」義存曰：「從父母妄緣而生，便卽傳命，身有輪迴也。」是時義存等與太祖對答，内尚書三人隔帳後録之。太祖又常封柑橘各一枚，馳使問：「一般顏色，爲何名字不同？」義存仍舊函進上，其玄機皆此類，人莫之測也。住閩四十餘年，門下常千五百人，稱之曰雪峯和尚。黄滔雪峯碑銘云：其庶幾者若干人，其一號師備，擁徒於元沙；其二號可休，擁徒於越州洞巖；其三號智孚，擁徒於信州鵝湖；其四號慧稜，擁徒於泉州招慶；五號神晏，府之鼓山也。

後太祖館於府之東西甲第。開平二年三月，得疾，太祖命醫往視，答曰：「吾非疾也。」竟不服藥。夏五月二日，卒，年八十七。太祖命養子刑部尚書延稟陳祭，爲設齋焉。

同時有僧亞存，居崇安，亦有名。當時與諫議大夫翁承贊友善。義存常預造南提塔，自序曰：「夫從緣得者，始終成壞，非從緣得者，歷劫常堅。堅則在，壞則損。」又雪峯山有古杉，相傳太祖與義存手植，皆數十圍，義存植者直而參天，太祖植者樛而逮地。又談藪云：義存没後，在函中，每月其徒出之，髮爪皆長，輒爲落薙以爲常，經百餘年不廢。後因兵火亂，始封而灰之。此皆當時遺事，附記之。

上藍和尚，失其名，少居洪州上藍院，精究術數，豫章人咸名曰上藍。上藍常於唐末著讖云：「石榴花發石榴開。」蓋暗伏晉、漢之姓也，再言石榴者，明享祚不過二世也。時鍾傳爲洪州節度使，雅重之。太祖與司空假道洪州，傳陰有相圖意，上藍迎傳謂曰：「老僧觀王潮與福建有緣，若必殺潮，公之福去矣。」傳由是厚加賫送。

及太祖封閩王，吳王楊行密常欲吞據東南，太祖遣人賫金帛遺上藍，號曰送供，且問國休咎，上藍以十字報曰：「不怕羊入屋，只怕錢入腹。」太祖歎曰：「羊者，楊也；腹者，福也。得非福州之患不在行密，而在錢氏乎？」後數十年，福州果爲兩浙所有。上藍疾篤時，鍾傳叩以後事，上藍作偈云：「但看來年二三月，柳條堪作打鐘槌。」擲筆而逝。明年，淮南兵陷洪州，人始悟打鐘之義。

僧備，閩謝氏子也。幼好垂釣，汎小艇於南臺江，狎諸漁者。咸通初，年方三十，忽棄舟落髮，一云備姓姚氏，父以漁爲業，墮水死，因棄髮。與義存爲禪友，義存嘉其苦行，輒呼曰「頭陀」。備常攜囊出嶺外。一日，傷足流血，豁然而悟，遂止不出嶺，依雪峯咨決，義存問曰：「何不徧參去？」備曰：「達磨不來，西土二祖不往西天。」義存深然之，歎曰：「備頭陀再來人也。」備初住普應院，後遷福州元沙。太祖及監軍韋某時時過從，待以師禮。學徒凡八百餘人。時西天國有聲明三藏至，太祖請備辨驗。備以鐵火箸擊銅爐，問：「是何聲？」三藏曰：「銅鐵聲。」

備曰：「大王莫受外國人謾也。」三藏無對。開平二年，卒，太祖爲之樹塔，號宗一禪師。

僧慧球，泉州莆田人。慧球爲僧備首座，常問備曰：「如何是第一月？」備曰：「用汝箇月爲何？」慧球遂大悟。開平二年，備疾瀕危，太祖遣王子問疾，仍請密示繼踵説法者，備曰：「球子得。」太祖默記之。至開堂日，官寮與僧侶大會法筵，太祖忽問衆曰：「誰是球？」上座衆指之，太祖遂請升座，以續元沙之席。

僧道熙，漳南人。初與潭州保福禪師獻書王從子延彬，延彬時加太尉，刺史泉州，問：「漳南和尚，近日還爲人也無？」道熙曰：「若道爲人，卽屈著和尚；若道不爲人，又屈著太尉。」延彬良久又問：「驢來，馬來？」道熙曰：「驢馬不同途。」其機辯如此。

僧義收，少薙髮爲僧，有道行，居閩之萬歲寺。貞明三年，閩自春不雨至於五月，義收以膏爇指，不雨，積薪通衢，約七日自焚，及期舉炬而天雨，莫不神之。晉安逸志又云：義收以膏然指而呪之；時方烈日，俄頃有黑雲從鉢中起，大雨立注，十刻，黑雲復歸鉢內，烈日如初。後遊洪州，將歸，人共遮留，乃截左臂付之，曰：「去後不雨，出禱必應。」已而果然。晉安逸志又云：洪州旱，詣寺來請，義收截左臂與之曰：「出此以禱，必應。」及臂入境，雷雨大作，臂隨飛去。是日，義收在寺，閉關入定，比出關，兩臂宛然。

夢筆和尚，太祖時居建州，夢筆山，因名。太祖常召見，問：「還將得筆來否？」曰：「不是稽山繡管，慚非月裏兔毫。」又問：「如何是法？」曰：「此非夢筆家風。」

僧神晏，汴州人，姓李氏。幼不茹葷，樂聞鐘梵。年十二時有白氣數道騰於所居屋，神晏題詩壁間，氣隨滅。越數年，遘疾甚亟，夢神人與藥一丸，頓愈。明年，又夢梵僧告曰：「出家時至矣。」遂依白鹿山規禪師披削。太祖習其名，創鼓山禪院以居之，傾貲給施，時詢法要，神晏常與太祖瞻佛像，太祖問：「是甚佛神？」晏曰：「請大王鑒。」太祖曰：「鑒即不是佛。」云云。加號興聖國師。

先是，唐會昌時，除佛汰僧，有村民於鼓山靈源洞旁鑿井三丈餘得古甎，刻「僧晏興法」四字，以獻於州，至神晏居此，大興法教，而甎文始驗。山又有喝水巖，相傳水穿石壁，神晏厭其嘈聒，喝轉之，水逆東流，而西澗遂涸。其靈異不勝述云。

僧知玲，泗州人，俗姓王氏。少落髮，事觀音甚謹，預知休咎。已，居泉州開元寺，王從子延彬刺史泉州，問寺近何祥，曰：「寺西地湧者數十尺，一二年矣，莫省謂何。」未期月，太祖來造七級木塔於此，延彬嘉歎。初，知玲感痞疾，塑觀音檮於堂，日誦其名萬，一夕，夢人嚥以丸藥。既覺，得遺丸牀蓐間，痞疾頓失。

僧元衲，高麗人。太祖從子延彬建福清寺於南安以居之。延彬問：「如何是家乘？」元衲叱之。一僧問：「如何是物？」「物上辨明。」元衲展示一足。其說法多此類也。

僧文超，福建人。博通內外學，聲聞朝野。太祖從子延彬時爲泉州刺史，以文超雅善詩，搆院於開元寺殿東，曰清吟，延之居焉。門弟子多賢者，無晦文章尤知名。

僧文展，秉戒高潔。太祖從子延彬招之，不就，積薪自焚，屬弟子以骨投筍江。既焚，舍利自飛江上。

僧師解，出家福州之壽山。太祖問：「壽山年多少？」對曰：「與虛空齊年。」又問：「虛空年多少？」對曰：「與壽山齊年。」

僧道閒，長溪陳氏子也。太祖延居福州羅山，號法寶禪師。臨終時，上堂曰：「歸去也，歸去也。」莞爾而寂。

時又有僧寶聞著續寶林傳四卷。僧神禄住福州蓮華山，僧慧覺居福州報慈院，皆深曉宗旨，爲太祖父子所優禮。

僧慧稜，杭州鹽官人。姓孫氏，稟性淳澹。年十三，祝髮蘇州通元寺。唐末，往來雪峯、元沙間，凡二十九載。天祐三年，太祖從子延彬守泉州，請住招慶院。開堂日，延彬衣朝服，聽說法。未幾，太祖又請居長慶院，號超覺大師。嗣王時，夫人崔氏自稱練師，時與往復論難。長興三年，卒。惠宗爲建塔。

僧義英，泉州人，陳姓。勵精釋典，浹洽空妙。太祖造金銀二藏經，聞義英善筆札，致之繕寫，厚賚之。義英不得辭，乃買田歸粥院，爲千人結夏，其疏詞畧曰：「天邊之無免無鳥，斯緣方泯；世上之有僧有佛，此會長新。」緇流多傳誦之。

僧從展，福州人也。姓陳氏。年十五，禮雪峯、義存爲師。已而遊吳楚間，復歸侍雪峯。貞明四年，漳州刺史王□□創保福院，迎居之。開堂日，刺史以下禮跽三請，躬自扶掖。一日，太祖遣使送朱記至院，從展上堂提印，曰：「去卽印住，住卽印破。」其玄語甚多，不具録。後傳太祖奏加命服，忽示微疾而逝。

僧藻光，翁承贊季子也。母孟，夢比丘荷錫求宿，人指謂曰：「是辟支佛也。」已而生藻光。少出家，神悟絶倫。常參義存於瑞巖院，院前有溪，溪側有伏虎巖，相傳藻光馴虎於此。遇冬輒扣冰而浴，時人稱曰扣冰和尚。義存大奇之，謂曰：「子異日必爲王者師。」天成三年，惠宗召見，留十月，以疾辭。是歲十二月，二日。沐浴升堂，告衆而逝。焚骨得舍利五色，謚曰妙應法威慈濟禪師。先是，扣冰住瑞巖，及赴惠宗之請，別大衆於松門，曰：「二百年後再歸掃堂。」宋宣和六年，翁中丞彥國請祖鑒大師住院，至東嶺，猛省曰：「此吾重來地。」扣冰體魁梧，遺有故袈裟，長丈餘，祖鑒披之，適稱人。遡松門別語，恰年二百後，以臘月二日坐逝，亦扣冰證聖之日云。

僧從允，泉州人。清慎寡欲，夜誦晝習。長興三年，省詢禪師來閩，從允參謁，一言而契，省詢奇之。嗣後心境洞如，諠靜一致。通文二年五月，取筆寫伽陀像而歿。火浴，後得舍利數百粒。

僧元應字清豁，永泰人也。姓張氏。龍啓初，受戒於國師神晏，聞油鐙聲，作偈有悟。已而參禪師道溥，與相證明，道溥深許之。南唐保大末住泉州開元上方院。未幾，留從效延主漳州保福院。宋建隆三年，辭衆曰：「聚如浮沫散如雲，君原是我我非君。」遂行涉三嶺，歸至貴湖居焉。刺史陳洪進奏賜紫方袍，號性空禪師。

建州僧，不知其名。常如狂人，言動多有徵驗。邵武邑前臨溪有大盤石，去水猶百步，一日忽以墨畫其半，趺坐其上，持竿爲釣魚狀。明日，山水大發，適至其墨畫而退。天德元年，盡斫去臨路樹枝之向南者，人問之，曰：「免礙旗旛。」又曰：「要歸一邊。」後南唐兵入，皆行其下。又城外僧寺，大署其壁某地若干人，及軍至城下，分據僧寺，以爲栅所，安置人數，一無所差。已而僧竟爲南唐兵所殺。先是永隆時，國内多難，民不聊生，或問僧：「世何時安？」答曰：「須待儂去。」既死而閩平，如其言。又有僧善揣骨，永春主簿蔡儼問之，僧曰：「短簿。」儼笑曰：「吾試及格，寧復爲縣佐邪？」後數日果卒。

行雲，福州僧也。得異術，言未來事奇中，陳洪進甚尊禮之。一日，指泉州謂洪進曰：「君當主此山河。」又曰：「世報莫不前定，苟懷疑殺人，鮮得令終。」後洪進幽張漢思別室，卒得善終，行雲一言力也。行雲常謂人曰：「陳氏有五侯之象，去此五年後，有戎馬千萬輩，前鼓後舞入泉州城。」未幾，洪進入宋獻地，改鎮徐州。子文顥通州團練使，文顥、文顗及文頊並受諸州刺史。宋師入城，作笳鼓爲樂，悉如其言。

陳守元靖姑　譚紫霄　吴翁　虞皐　林顧女

陳守元，閩縣人。已而爲道士，以左道見信於惠宗，惠宗作寶皇宫居之。守元謬爲大言，稱：「寶皇命王少避其位，後當爲六十年天子。」惠宗欣然遜位，令長子主府事，道名元錫。既而復位，遣守元問寶皇：「六十年後將安歸？」守元復謬傳寶皇語曰：「六十年後當爲大羅仙主。」惠宗乃即皇帝位，受册於寶皇，賜守元號洞真先生。康宗繼立，尊守元爲天師，愈信重之。凡更易將相、刑罰選舉，多與之議。守元受賕，請託靡所不至。益勸康宗作三清殿於禁中，以黄金數千斤鑄寶皇及無始天尊老君像，晝夜作樂，焚香禱祀。政無大小，皆傳寶皇命決之，一國若狂。連重遇之亂，守元易服將逃，爲亂兵殺死宫中。

靖姑，守元女弟也。常餉守元於山中，遇餒，嫗發簞飯飯之，遂授以秘籙符篆，與鬼物交通，驅使五丁，鞭笞百魅。永福有白虵爲孽，數害郡縣，或隱迹宫禁，幻爲人形。惠宗召靖姑驅之，靖姑率弟子作丹書符，夜圍宫，斬虵爲三，虵化三女子潰圍出，飛入古田井中。靖姑圍井三匝，乃就擒。惠宗詔曰：「虵魅行妖術，逆天理，隱淪後宫，誑欺百姓。靖姑親率神兵，服其餘孽，以安元元，功莫大焉。其封靖姑爲順懿夫人，食古田三百户，以一子爲舍人。」靖姑辭讓食邑不受，乃賜宫女三十六人爲弟子。後數歲，逃居海上，不知所終。

譚紫霄，泉州人也。與陳守元相善。守元斸地得木札數十，貯銅盎中，皆漢張道陵符篆，朱墨如新，藏弆而不能用，以授紫霄。紫霄盡皆通之，遂自言得道陵天心正法，劾鬼魅治疾病多効。康宗奉爲師，封正一先生，月給山水香焚之。閩亡，寓廬山棲隱洞，學者百餘人。

有道術，醮星宿，事黑煞神君，禹步魁罡，祈禳災福，頗知人壽夭。南唐武昌節度使何敬洙寵婢置井中死，人無知者。敬洙遘疾，召紫霄，中夜被髮，仗劍考治，見女厲自訴爲祟之由。詰旦，屏人以語敬洙，乃書丹符遣之，疾良已。廬山僧闢路，有大石堅不可鑱，紫霄往視，曰：「斯固易爾。」索杯水噀之，命工施鑱，應手如粉。南唐後主聞其名，召至建康，賜號「金門羽客」，階以金紫，比蜀之杜光庭；皆讓不受。金陵既下，紫霄年百餘歲，卒於廬山棲隱洞，人謂之尸解。歸葬日，有祥雲白鶴繞之。

吴翁，建州人。以卜隱於五夫里。先是，有張、陳二將者以事奔南唐，天德時從唐師攻建州，屯軍於其地，召翁占之，翁曰：「吉。」未幾，天德帝降，二將班師，道復經五夫里，召翁與語，因名其山曰居賢山，謂翁曰：「吾欲棄人間事，與公爲林泉交，可乎？」翁乃爲二將卜居於山旁，學長生久視之道，後皆百餘歲而卒。今其地猶稱曰將軍巖。

虞皐，福州永貞人。以鬻黄精爲業。惠宗時，永貞朱益公者雅好客，皐以貧甚歸之。又病瘫，是時益公坐中客盡鮮衣袨服，無不人人厭皐，皐愈益豪，居常坦腹卧溪上，吹蘆笛自樂。龍啓初，陳守元以道士貴幸，客有惡皐於守元者，守元怒，使監奴笞數百，益公自是不敢復留皐。

皐既困，故人木當敏卽背皐去，莫顧皐，皐仰天大笑，因去入仙茅山。當敏意皐貧無行，陽爲祖道，微隨之至羅喜洞，洞門忽開，其中玉堂金闕横亘，不知其極，官屬甚盛，建翠旍羽蓋，却行前迎。當敏大駭，叩首流血，皐目笑之。頃之，宴客殿上，更爲當敏賜僕妾之食，坐之堂下。居旬日，當敏歸，過益公門，已丘墟矣，凡歷數百餘年。榕陰新簡云：當敏歸時，皐及賓客皆送之，至洞門，客以尺八擊玉磬，阜和而歌曰：「朝爲雄兮暮爲雌，天地終盡兮人生幾時！」歌畢，忽然俱去，當敏踐荆棘來歸，蓋洪武之十二年也。

林顧女，閩人也。顧事□□官統軍兵馬使。女始生而地色變紫，屢著靈異。幼通秘法，長能乘席渡海，雲遊島嶼，人呼爲神女，又曰龍女。一云顧泛海舟溺，女方織，忽據几而寐者終日，母問之，曰：「父溺舟，兒救父也。」顧歸，叩其事果不妄云。

中國史學基本典籍叢刊

十國春秋

四

〔清〕吴任臣 撰
徐敏霞 周 瑩 點校

中華書局

十國春秋卷第一百

荊南一　歐陽脩五代史作南平，張唐英補九國志作北楚，今從十國紀年及宋史。

武信王世家

武信王，姓高名季興，字貽孫。陝州峽石人也。本名季昌，避後唐獻祖諱，更今名。季昌自言東魏司徒昂之後。少好武，有膽氣，與孔循、董璋俱爲汴州富人李讓家僮。朱全忠鎮宣武時，讓以入貲得幸，養爲子，易其姓名曰朱友讓。通鑑作友恭。又云友恭本李彥威。薛史高季興傳以友恭爲汴之賈人李七郎。友恭傳云：彥威以丱角事太祖。十國紀年又以爲壽州賈人。今從歐史南平世家。季興以友讓故得進見，全忠奇其才，命友讓以子畜之，因冒姓朱氏，補制勝軍使，遷毅勇指揮使。通鑑作親從指揮使。

唐昭宗天復二年，汴兵攻鳳翔，李茂貞堅壁不出，梁王全忠議欲收軍還河中，季興獨進曰：「天下豪傑，窺此舉者一歲矣。今岐人已憊，破在旦夕，而大王之所慮者閉壁以老我師，此可以誘致之也。」梁王壯其言，命季昌募勇敢士，得騎士馬景，季昌授以計，引見梁王。景曰：「此行無還理，願録其後嗣。」梁王惻然止之，景固請，乃行。景以數騎馳叩城門，告曰：「汴兵將東，前鋒去矣。」岐人以爲然，開門出追汴軍，汴軍隨景後以進，殺其九千餘人，景死之。岐後與汴和，昭宗出，贈景官，謚曰忠壯。季昌由是知名。明年，拜宋州團練使，從破青州，徙潁州防禦使，復姓高氏。

當唐之末，襄州趙匡凝襲破雷彦恭於荆南，表其弟匡明爲留後。汴兵攻襄州，匡凝奔於吴，匡明奔於蜀，而彦恭自朗州復來寇荆南。時留後賀瓌閉門自守，梁王謂瓌殊怯，除季昌荆南節度觀察留後以代之，蓋天祐三年十月也。王偁東都事畧云：季興，唐末荆南司馬張環逐其節度使陳儒，自稱留後，環敗而季興守荆南。今從通鑑。

梁開平元年夏四月，太祖即皇帝位。五月，拜季昌荆南節度使。三楚新録云：拜江陵尹，兼管節度觀察處置等使。荆南舊統八州，僖、昭以來數爲諸道蠶食，季昌至，惟江陵一城而已，兵火之後，井邑凋零，季昌招輯撫綏，民皆復業。是月，季昌進瑞橘數十顆於梁。

六月，武貞節度使雷彦恭會楚兵來攻江陵，季昌引兵屯公安，絶其糧道，彦恭敗，楚兵亦走。秋九月，彦恭又攻涔陽、公安，擊却之。丙申，梁詔季昌討彦恭。冬十月，遣牙將倪可福會楚將秦彦暉攻朗州。

二年夏四月，淮南將李厚入寇，季昌敗之於馬頭。秋九月，遣兵屯漢口，絶楚朝貢路。

孝感縣志作九月乙未屯孝昌。楚命許德勳擊我於沙頭，季昌懼而請和。是歲，梁加季昌同中書門下平章事。

三年秋八月，梁叛將李洪侵江陵，倪可福擊敗之，梁復詔馬步都指揮使陳暉會我兵討洪。

四年夏六月，楚將入寇，季昌擊破於油口，斬首五千級，逐北至白田而還。明年，梁改元乾化。二年，季昌潛有據荊南之志，乃治城塹，設樓櫓，奏築江陵外城，增廣□□丈，復建雄楚樓、按江陵志：樓在北城下。唐杜甫有「西北樓成雄楚都」之句，高氏因以名內城樓。或作「楚雄樓」，非。望江樓爲捍敵。執畚鍤者十數萬人，將校賓友皆負土相助。郭外五十里冢墓多發掘，取甎以甃城，畢工之後，數聞鬼泣及見燐火焉。是時，稽課土功於郢城北，土人因名其山曰稽功山。

會梁太祖殂，季昌見梁日衰弱，既得倪可福等爲將帥，梁震、司空薰、王保義等爲賓客，遂謀阻兵自固，以兵攻歸、峽，爲蜀將王宗壽所敗。又發兵，聲言助梁擊晉，因侵襄州，復爲節度使孔勍所敗，自是與勍交惡，乃絶貢賦累年。是歲，吳陳璋寇江陵，遣可福將兵拒之。

三年春正月，璋班師還，我兵會楚師邀之，璋駢舟二百艘爲一列，夜過江口，追之不及。秋八月乙亥，梁主鍠封季昌爲渤海王。一作勃海。賜以衮冕劍珮，於是造戰艦五百艘，修飭器械，爲攻守之具，招聚亡命，交通吳、蜀二國，中朝寖不能制。

乾化四年春正月，王以夔、萬、忠、涪四州舊隸荆南，興兵攻蜀，夔州刺史王成先逆戰。王縱火船焚蜀浮橋，蜀招討副使張武舉鐵絚拒之，船不得進，我兵焚溺死者甚衆。會飛石中王戰艦之尾，王遁還，我兵大敗，俘斬五千級。續蜀藝文志云：永平四年，荆南高季昌侵巫山道，嘉王宗壽敗之瞿唐，疑卽此事。

貞明元年冬十一月乙丑，梁改元。是歲，梁主更名瑱。

貞明二年□□月，嶺南王定保來聘。

貞明三年夏四月，王與梁山南東道節度使孔勍修好，復通貢獻。是時，王築堤自安遠鎮北、禄麻山南至沱步淵，延亘一百三十里，以障襄漢之水，居民賴焉。名曰高氏堤。江陵志餘云：高氏常修築金隄，厥後江勢改，徙隄遷於外，而看花臺一帶數十五里，猶存故蹟，土人呼爲高王古隄焉。

貞明四年。

貞明五年夏五月，楚人入寇，王求救於吴。吴命鎮南節度使劉信帥洪、吉、撫、信步兵，自瀏陽趣潭州，武昌節度使李簡帥水軍攻復州。信至潭州東境，楚兵引去，簡入復州，執其知州鮑唐。

是歲，改建内城東門樓曰江漢樓，又築仲宣樓於荆州城之東南隅。

貞明六年。

龍德元年夏五月丙戌朔，梁改元。

六月乙卯朔，日有食之。

冬十二月，遣都指揮使倪可福督修江陵外郭，王巡城，責功程之慢，杖之。

是歲，以僧齊己爲僧正，給其月俸，禮待於龍興寺禪院。

龍德二年。

龍德三年夏四月己巳，晉王卽皇帝位，國號大唐，改元同光。

冬十月戊寅，梁亡，唐下詔慰諭，司空薰等皆勸王入覲新主，梁震切諫，以爲不可，恐懷王之患復見今日。王曰：「吾已決矣，多言奚爲？」留二子守江陵，以騎士三百人自衛，朝於洛陽，改名季興。

十一月己未，唐加王守中書令。是時，王至京師，唐主待之良厚，而左右伶官求貨無厭，王心頗不平。唐主欲留王，樞密使郭崇韜諫曰：「唐新滅梁得天下，方以大信示人，今四方諸侯相繼入貢，不過遣子弟將吏，季興獨以身述職爲諸侯率，宜加恩禮以諷動來者，而反縻之，示天下不廣，且絶四方内向之意，不可。」唐主乃厚禮而遣之。

唐主常問王曰：「吾已滅梁，今天下負固不服者，惟吴、蜀耳。朕將有事於蜀，而蜀地險阻尤難，江南財隔荆南一水，朕欲先之，何如？」王曰：「蜀地富民饒，獲之可建大利，江南國貧，地狹民少，得之徒無益。宜伐蜀便。臣請以本道兵先進。」唐主大悦，以手拊其背，王因命工繡其手迹於衣，以爲榮耀。

王既行，即倍道兼進，至許州，謂左右曰：「此行有二失：來朝，一失；縱我去，一失。」行已浹旬，唐主殊内悔，遽以急詔命襄州節度使劉訓伺便圖之。王過襄州，就館，而心動，顧從者曰：「梁先輩之言中矣。與其住而生，不若去而死。」遂棄輜重，與部曲數百人南走，至鳳林關，日已旰，斬關而出。薛氏五代史云：過襄州，節度使孔勍留宴，中夜，斬關而去。今從五代史補。王疾驅而詔書夜至，訓度其去遠，不可追，乃止。

十二月丁酉，王至自洛京，握梁震手，悔謝曰：「不用君言，幾不免虎口。」因言：「是行也，入朝，放還，彼此均失。且主上百戰以取河南，對功臣誇手鈔春秋，又曰『我於手指上得天下』，其自矜伐如此，而荒於遊畋，政事多廢，吾可無慮矣。」由是繕城積粟，招納梁舊兵爲戰守之備。

是歲，改修天皇寺。

同光二年春三月丙午，唐加王兼尚書令，五代史補作中書令。進封南平王。王謂梁震曰：「此恐吾與蜀連衡也。」是時王過愚亭，命圖威武王及愚翁象於亭上，亦曰高氏亭。愚翁者，高駢從弟驤也。名勝志云：高崇文之孫驤，號愚翁，隱於唐年縣。

同光三年秋九月，唐以王爲西川一作峽路。東南面行營招討使伐蜀，仍詔取夔、忠、萬、歸、峽五州爲巡屬。一作夔、忠、萬三州，今從南平世家。王常欲取三峽，畏蜀峽路招討使張武威名，不敢進。至是，乘唐兵勢，使其子行軍司馬從誨權軍府事。

冬十月，統水軍上峽取施州。蜀將張武以鐵鏁斷江路，王命勇士駕舟斫之；會風起，舟絓於鏁，爲武所敗，王遁還。夔、忠、萬等州，隨詣魏王繼岌降。

十一月，唐師滅蜀。王方食，聞蜀亡，遽失匕箸，曰：「是老夫之過也！倒持太阿，授人以柄，奈何？」梁震曰：「不足憂也。唐主得蜀益驕，安知不爲我福！」

同光四年春二月，王表請夔、忠等州一作夔、忠、萬三州，見十國紀年。及雲安監隸本道。唐主許焉，詔未下，時門下侍郎豆盧革、同門下中書平章事韋說，實內主之也。

夏四月，梁震薦前陵州判官孫光憲於王，王命光憲掌書記。時王欲攻楚，大治戰艦，光憲以爲荆南士民始有生意，未可與楚交惡。王然其言而止。

是月，唐主遇弑。丙午，李嗣源卽皇帝位。甲寅，改元天成。

六月甲寅，王表求夔、忠、萬、歸、峽五州於唐爲屬郡，畧言：「去冬先朝詔命攻峽內屬郡，尋有施州官吏知臣上峽，率先歸投，夔、忠等州一作夔、忠、萬三州。旦夕期於收復，乃被郭崇韜專將文字約臣回歸，方欲陳論，便值更變。」唐大臣多謂王請自取諸州，而兵出無功，不當以諸州與我。唐主重違王意，不得已許之。

天成二年春二月，王既轄夔、忠等州，復請唐勿除刺史，自以子弟爲之，唐主不允。時夔州刺史潘炕罷官，王遣兵突入州城，殺戍兵而據之。唐除奉聖指揮使西方鄴爲刺史，王拒而不納；復遣兵襲唐之涪州，不克。初魏王繼岌遣押牙韓珙一作𤦺部送蜀珍寶金帛四十萬，浮江而下，王殺珙等十餘人於峽口，盡掠其貲重。至是，唐加詰問，對曰：「珙輩舟行下峽，逾越險阻，凡數千里。欲知覆溺之故，自宜按問水神。」唐主大怒，壬寅，制削王官爵，以山南東道節度使劉訓爲南面招討使、知荆南行府事，忠武節度使夏魯奇爲副招討使，將步騎四萬侵江陵。又命東川節度使董璋充東面招討使，新夔州刺史西方鄴副之，將蜀兵下峽，仍會湖南軍，三面進攻。璋竟未常出兵。

三月，訓兵至江陵，楚遣都指揮使許德勳將水軍屯岳州，王堅壁不戰，乞師於吴，吴人率水軍來援，會江陵卑濕，復值久雨，將士多疾疫，訓亦寢疾。

夏四月，唐主命樞密使孔循來審攻戰之宜。

五月，循至於江陵，攻之百端，不克，遣人入城説王，王語不遜。丙戌，唐遣使賜湖南行營夏衣萬襲。丁卯，又遣使賜楚王殷鞍馬玉帶，督饋糧於行營，竟不能得。庚午，唐詔劉訓引兵還。

是月，楚貢使史光憲自唐歸，唐主賜楚王殷駿馬十、美女二。過於江陵，王執光憲而奪之，請舉鎮附於吴。吴臣徐温曰：「爲國者當務實效而去虚名，高氏事唐久，且洛陽去荆南近，唐人襲之易，我以舟師泝流救之甚難。夫臣人勿能救，寧無媿於心乎！」乃受貢物而辭我稱臣。

六月，西方鄴敗我軍於峽中，復取夔、忠、萬三州。唐詔西川兵防夔州，孟知祥遣左廂邊指揮使毛重威戍之。

秋七月，唐升夔州爲寧江軍，以鄴爲節度使。歐史西方鄴傳云：已而又取歸州，數敗季興之兵。然他書無取歸州之事，今不從。癸酉，唐追與我夔、忠等州罪，賜宰相豆盧革、韋說死。五代史豆盧革傳云：初韋說常以罪竄之南海，遇赦，還寓江陵，與高季興相知。及爲相，常以書幣相問遺。唐兵伐蜀，季興請以兵入三峽，莊宗許之，使季興自取夔、忠、萬、歸、峽等州爲屬郡。及破蜀，季興無功，而唐用他將取五州。明宗初即位，季興數請五州，以爲先帝所許，朝廷不得已而與之。及革、說再貶，因以其事歸罪二人。天成二年夏，詔陵、合州刺史監賜自盡。

八月己卯朔，日食。

冬十月壬午，月犯五諸侯；癸未，地震。

是歲，築内城以自固，名曰子城。江陵志餘云：子城，高氏内城也，倪福可所築。建樓於内城東門上，曰江漢樓。置荊門軍於當陽縣。

乾貞二年春三月，楚遣六軍使袁銓、副使王環、監軍馬希瞻將水軍入寇，王與楚師戰於劉郎洑。先是，希瞻匿戰艦於水港，至是出戰艦横擊，勢不可遏，我師敗績，俘斬以千計。

楚人進逼江陵，王歸史光憲以求成。是役也，楚王責王環不遂取荊南，環曰：「江陵在中朝、吳、蜀間，四戰之地也，宜存之，以爲捍蔽。」楚王是之。

是月，孟知祥請召戍夔之兵還，唐主不許。其將毛重威帥其衆鼓噪遁歸。

夏四月，吳將苗璘、王茂章會我兵攻岳州，爲楚所鹵。

六月辛巳，王以荊、歸、峽三州復稱藩於吳，奉吳正朔。王子從誨切諫不聽，吳封王爲秦王。唐命楚出師問罪，楚王遣許德勳大入，以其子希範爲監軍，師次於沙頭；王從子雲猛指揮使從嗣死之，王再求成，德勳引兵還。

九月辛巳，金火合於軫。敗楚兵於白田，執楚岳州刺史李廷規歸於吳。己亥，唐以武寧節度使房知溫兼荊南行營招討使，知荊南行府事；分使發諸道兵會襄陽，以入寇。

冬十二月壬寅朔，熒惑犯房，金木相犯於斗。

乙卯，月有食之。王寢疾，命子從誨權知軍府事；丙辰，王薨。唐明宗實録：天成三年十一月壬午，房知温奏高季興卒。按陶穀季興神道碑、勃海行年記，皆云十二月十五日卒，今從之。年七十一，謚曰武信。葬於江陵城西之龍山鄉江陵志餘云：城西有高王廟，祀武信王，一稱土主廟。又太白湖口有高陵廟。翰林學士陶穀撰神道碑。

初，王常從梁太祖出征，引軍旦發，至逆旅未曉，有嫗秉燭而迎，執禮甚謹。王疑之，嫗曰：「適夢金甲神排户呼曰：『有王者來，宜速起！』將軍得非其人邪？」王大悅而去，卒符其言。王雖武人，頗折節好賓客，遊士緇流至者無不傾懷結納，詩僧貫休、齊己，皆在所延攬。而貫休以忤成汭故，遞放黔中；後復來遊江陵，王優禮之，館於龍興寺。會有謁宿者言時政不治，貫休乃作酷吏辭刺之，辭云：「霰雨灂灂，風吼如斸。有叟有叟，暮投我宿。吁歎自語，云太苛酷。如何如何，掠脂斡肉。吴姬唱一曲，等閒破紅束，韓娥唱一曲，錦段鮮照屋。寧知一曲兩曲歌，曾使千人萬人哭。不惟哭，亦白其頭饑其族。所以祥風不來，和風不復。蝗兮螽兮，東西南北。」王聞之，雖被疎遠，而亦不甚罪焉。

論曰：武信失策未有如入覲洛京與勸唐伐蜀之二事者。夫以莊宗之猜忍，要何愛乎荆南，乃頓釋狐疑，幸免虎口，危矣。至荆、蜀成脣齒之形，不待智者知之審也，而從臾興師，鼓行前進，狧糠及米，事有固然。假門高之難不作，江陵尚有寧宇邪？雖然，蕞爾荆州，地當四戰，成趙相繼，亡不旋踵，武信以一方而抗衡諸國間，或和或戰，戲中原於股掌之上，其亦深講於縱横之術也哉！

十國春秋卷第一百一

荆南二

文獻王世家

文獻王名從誨，字遵聖。武信王有九子，而從誨其長子也。爲人明敏，多權計。開平中入梁，爲供奉官，累遷鞍轡庫使，賜告歸省武信王。武信王留爲馬步軍都指揮使、行軍司馬。未幾，加忠義節度使、同平章事。武信王既薨，從誨遂襲位，吴睿帝以從誨爲荆南節度使兼侍中。吴太和元年夏四月丙午，楚將王環敗我軍於石首，從誨以父自絶於唐，懼復見討，謂僚佐曰：「唐近而吴遠，舍近臣遠，非計也。」乃遣使聘於楚，楚王殷爲請命於唐。又復遣唐山南東節度使安元信書，求保奏，復修職貢，而從誨亦遣神牙劉知謙奉表内附，自稱前荆南行軍司馬、歸州刺史，進贖罪銀三千兩。明宗納之，是年秋七月甲申，拜從誨荆南節度使兼侍中。追封先王爲楚王，謚武信。己丑，罷荆南招討使。從誨仍奉唐正朔。

長興元年春三月，從誨奉表詣吴，告以墳墓在中國，恐爲唐人所討，吴人援之不及，謝絶之。吴遣兵問罪，不克而返。

二年春正月，唐加從誨檢校太尉、兼中書令、江陵尹。

三年春二月，唐賜爵渤海王。

冬十月，貢銀茶於唐，以求戰馬，唐明宗以荆南内地何煩設備，賜馬二十匹，却王獻。

天成四年冬十一月，唐王亶殂於雍和殿。

十二月癸卯朔，宋王從厚嗣皇帝位。

應順元年春正月戊寅，唐大赦，改元。壬辰，改封王爲南平王。

夏，唐潞王從珂自立爲帝，改元清泰，唐使臣李鏻、馬承翰至自楚，鏻求貨於王，王贈以馬紅裝拂二、猓㹶皮一。

清泰二年春正月，左右稱楚王豪靡，王曰：「馬王可謂大丈夫矣。」孫光憲言：「馬氏奢僭將亡，又何足慕！」王深然之。

是歲，梁震固請退居，王爲築室土洲，震披鶴氅，自稱荆臺隱士。王盡以政事屬光憲。

清泰三年夏四月，王遣使奉牋勸吳臣徐知誥卽帝位。

冬十一月，契丹立石敬瑭爲天子，國號晉；己亥，改元天福。

是歲，迎彌勒瑞像於萬壽寺。江陵志餘云：彌勒瑞像現於高氏。清泰間，隨吳商葉旺船至荆登岸，乃知爲像。高氏迎之，從香烟所指，置城西北隅萬壽寺。右手缺中指，屢鑄不成；後漁人得之高沙湖以補缺處，如生成。

天福二年春正月乙卯，日有食之。

冬十月，吳徐誥稱帝，國號曰齊。庚子，遣使來告卽位。

十一月，王表請於齊，置邸金陵，許之。

十二月乙卯朔，日有白虹二。

天福三年春正月甲子，王遣龐守規如齊，賀卽位。

三月壬子，日有白虹二。

夏五月壬子，月犯上將。是時作僧伽妙應塔。

天福四年春二月，齊主復姓李氏，改國號唐，更名昪。是月，王使王崇嗣如唐賀南郊。

天福五年春三月，晉山南東道節度使安從進謀叛，王陰與之通。

冬十一月丁丑，月有食之。

是歲，晉翰林學士陶穀爲王生辰國信使，來聘於我，王宴穀望沙樓，按仲宣樓在城東南隅，相傳卽高氏望沙樓也。蘇軾詩云：「朱檻城東角，高王此望沙。」卽此。大陳戰艦於樓下，謂穀曰：「吳、蜀不賓久矣，願修武備、習水戰以待師期。」穀還，具道王語，晉主大喜，復遣使賜甲馬百匹。

天福六年夏四月，晉安從進反，求援於我，王遣從進書，陽爲拒絕，從進怒，誣王以他事。王用行軍司馬王保義言，具奏其事於晉，且請助兵討之。

冬十一月，遣使貢晉金器一百兩、御衣段羅綾絹一百五十疋、白龍腦香二斤、九鍊純鋼金花手劍二口，謝恩賜御馬；又別進賀冬至銀五百兩。

十二月丁亥，晉以高行周知襄州行府事，詔我兵會楚兵討襄州。王遣都指揮使李端將舟師數千至南津爲應，且以兵糧助晉。

天福七年夏六月，晉主殂於保昌殿，齊王重貴立。秋八月，晉高行周陷襄州，安從進舉族自焚。王求郢州爲屬郡，晉不許。是時王遣使如蜀，請翰林待詔李文才圖義興門石筍并其故事。

天福八年夏四月戊申朔，日有食之。是時，王鑿江陵城西南隅爲池，江陵志餘云：清風池在城東北隅，方數百步，清深鏡潔，潭而不流，高氏之所鑿也。立亭於上，曰渚宮。先是，城東南舊有渚宮，楚頃襄王之離宮也。王特倣其名而稱之，又置亭於渚宮側，曰迎春。

開運元年秋七月辛未朔，晉大赦，改元。晉學士王仁裕來聘，王出十伎彈琴以樂之。韻府羣玉載：從誨有句云「紅粧齊抱紫檀槽，一抹朱弦四十條」。「紅粧」二句，一云仁裕詩。

開運二年秋八月甲子朔，日有食之。是歲，建杞梓堂，又建木犀亭。

開運三年春二月壬戌朔，日有食之。

冬十二月，契丹執晉主重貴以歸。

開運四年春正月，王遣使入貢於契丹，契丹以馬來賜。亦遣使間道詣太原劉知遠勸進，且言王得天下，願乞郢州爲屬，知遠陽諾之。

二月辛未，北平王知遠卽皇帝位。自言未忍改晉國，又惡開運之名，更稱天福十二年。夏六月，改國號曰漢，仍以天福年號遣使來告諭。王上表賀登極，進金花銀器一千兩、異紋綺錦法錦三百疋、筒卷白羅二百疋、白花羅一百疋、絨毛暖座兩枚、九鍊純鋼手刀一口；仍求郢州，漢主不許，及加恩使至，王遂拒而不受。

秋九月，王聞杜重威叛，發水軍襲漢襄州，爲山南東道節度使安審琦所敗。又攻郢州，州刺史尹實大破我師。一作尹賞。王乃絶漢，附於唐、蜀。

乾祐元年春正月乙卯，漢大赦，改元。己未，漢主更名暠。丁丑，殂於萬歲殿。

二月辛巳，周王承佑嗣皇帝位。

夏六月，王既與漢絶，北方商旅不至，境内貧乏；乃遣使謝罪，乞修職貢，進漢金器二百兩、銀器千兩、細錦五十疋、繡錦六銖五十段、羅二百疋、龍腦香二斤，漢下詔慰撫之。

是歲，漢遣國子祭酒田敏使於楚，假道於我，王問敏中國虛實，以爲契丹之後，兵食皆殫，意欲以誚敏。敏爲言杜重威悉以晉戈甲降契丹，契丹置之鎮州，未嘗以北，而晉兵皆漢有也。王不悅。敏以印本五經遺王，王謝曰：「予之所識，不過孝經十八章爾。」敏曰：「至德要道，於此足矣！」因誦「諸侯」章，曰：「在上不驕，高而不危，制節謹度，滿而不溢。」王以爲譏己，卽以大卮罰敏。荆南地狹兵弱，介於吳、楚爲小國，自吳稱帝，而南漢、閩、楚皆奉中原正朔，歲時貢奉，多假道荆南。於是，武信王及王常邀留其使者，掠取其物，而諸道移書責誚，或發兵加討，卽復還之，而無慚色。其後南漢與閩亦稱帝，惟王所嚮稱臣，利其賜予，故諸國賤之，皆目爲「高賴子」，又曰「高無賴」。俚語謂奪攘苟得無媿恥者，爲賴子也。王性雅好馬，常不惜千金求良駿，竟没世不遇，以此爲恨。

冬十一月，寢疾，命子保融判内外兵馬事。癸卯，王薨，年五十八。

明年十二月，漢主敕曰：「故荆南節度使南平王高從誨，宜太常定謚。」故事，臣下請謚，故吏陳行狀上考功，覆奏下，乃議謚，今降敕，新例也。謚議上謚曰文獻。贈尚書令，葬龍山鄉，翰林學士陶穀撰神道碑。按江陵志：三王神道碑及渤海高公保勗神道碑，皆穀所撰。

貞懿王世家

貞懿王保融馬令南唐書作保庸。字德長，文獻王第三子也。莫知其得立之因。唐長興初，以蔭補太子舍人，賜緋。晉天福中，制授檢校司空、判內外諸軍，俄遷荆南節度副使。開運末，領峽州刺史，累加至檢校太傅。及文獻王薨，保融權知軍府事，是爲漢乾祐改元之十一月也。

十二月丁丑，漢制授起復檢校太尉、同平章事、江陵尹、荆南節度、荆歸峽觀察使。是年，葬先王於江陵之龍山，漢主遣翰林茶酒使郭允明來賜衣幣，允明車服導從如節度使，令人荷御酒數十瓶，宴集，輒厲聲索御酒。乃陰使人步測其城池高下，若爲攻取之計者以動我，國人皆恐。保融重賂允明以遣。

二年冬十月丙戌，漢以三叛平，加保融檢校太師、兼侍中。

三年冬，蜀施州刺史田行皐來奔，保融曰：「彼貳於蜀，安肯盡忠於我！」執而歸之周。

廣順元年春正月，太祖卽皇帝位，保融表賀登極，貢白金一千兩、法錦二十疋，周加保融兼中書令，封渤海郡王。宋史作勃海。正衙命使，禮部尚書王易、副使刑部郎中景範發册，仍賜禮服、冠劍。

廣順二年春二月庚寅，太白經天。

是歲，周主命內臣李廷玉賜王馬，且問所好何馬。王曰：「良馬千萬，無若一駿。倘使坐下坦穩，免勞控制，惟扇庶幾也。扇卽騸。郭崇韜云：至於扇馬，亦不可騎。古皆作扇。既免蹄齧，不假銜枚，兩軍列陣，萬騎如一。苟未經扇，亂氣狡憤，介胄在身，與馬爭力，罄控不暇，安能左旋右抽，捨轡揮兵乎！」一云此文獻王論馬之言。

廣順三年夏六月，遣使貢周白龍腦香及法錦五十疋、鹿胎袴段六、緇襠面等各一百事。

顯德元年春正月丙子朔，周大赦，改元。進封王爲南平王。壬辰，周主威殂於滋德殿。丙申，晉王榮嗣位。是時，王修江陵大堰，改名曰北海。周加王守中書令。

顯德二年。

顯德三年春正月，周主下詔征淮南，王遣指揮使魏璘率兵三千出夏口以爲應，又遣客將劉扶奉牋於唐，勸其内附。

二月丁亥，貢周御衣金帶、九鍊純鋼手刀、弓箭諸物。

冬十二月丁丑，周師取唐泰州。

顯德四年春二月，周主南征。

三月丁未，周師克唐壽州。

顯德五年春正月丁亥，周師取唐海州。壬辰，又陷唐静海軍。丁未，又克唐楚州。王遣魏璘帥戰艦百艘東下，會周伐唐，至於鄂州。

二月甲寅，周師拔唐雄州。

夏五月，唐主李景稱臣於周，周主得王所與唐國牋，大喜，賜絹萬疋。

六月，王遣使勸蜀主稱藩中朝，蜀主報以前歲濮州刺史胡立歸，致書於周，不答。

冬十月，王再遺蜀主書勸稱臣中朝。庚子，王聞周師伐蜀，請以水軍趣三峽，周主下詔褒之。

荆南自後唐以來，數歲一貢京師，而中間兩絶，及顯德時，無歲不修職貢。王又謂器械、金帛皆土地常產，不足以效誠節，乃遣其弟保紳入朝，周主益嘉之。初，武信王之鎮梁也，以兵五千爲牙兵，衣食皆給於梁，洎天成、長興間，歲給以鹽萬三千石，後不復給。至是周平淮南，乃命泰州給之。

顯德六年夏六月癸巳，周主榮殂，梁王宗訓立，加王守太保。

是歲，王奏授長子繼沖爲荆南節度副使。

建隆元年春正月，宋受周禪。王益懼，一歲三入貢於宋，宋帝恩禮有加，加王守太傅。

秋八月，王以疾薨，年四十一。亦葬龍山鄉，至今有高氏三王墓云。訃聞，宋帝廢朝三日，遣儀鸞使李繼超賜賻物，兵部尚書李濤、兵部郎中率汀持節，册贈太尉。太常因革禮云：故推誠奉議同德翊戴功臣、荆南節度、歸峽等州觀察處置等使、特進、檢校太師、守太傅、兼中書令、江陵尹、上柱國、南平王、食邑四千五百户、食實封一千三百户高保融，奉敕可贈太尉。謚貞懿。一作正懿。王迂闊淹緩，無材能，一時政事悉委弟保勗焉。

侍中保勗世家

保勗清異録作保勉。字省躬，文獻王第十子，貞懿王同母弟也。晉天福初，起家領漢州刺史。貞懿王嗣政，令判内外諸軍事。周廣順元年，加檢校太傅，充荆南節度副使。顯德初，從貞懿王之請，加檢校太尉、充行軍司馬、領寧江軍節度使。貞懿王卽世，保勗權知軍府事，奉章以聞，宋太祖卽拜保勗荆南節度使。建隆二年，遣弟保寅入貢。初，貞懿王於紀南城北決江水瀦之〔一〕，凡七里餘，謂之北海，事見前篇。以閡行者。太祖因保寅自汴歸，諭旨令決去，使道路無阻。

保勗少多病，體貌臞瘠，頗有治事才。至是，淫泆無度，日召倡伎集府署，擇士卒壯健者令恣調謔，乃與姬妾垂簾共觀，以爲娛樂。又好營造臺榭，窮極土木之工。有估客自嶺外來，得龍眼一枝，約四十團，共千枚，獻於保勗。保勗命作琅玕檻子置之，名曰「海珠藂」。其玩物多此類也。國政不理，軍民咸怨。從事孫光憲切諫不聽。未幾寢疾，顧梁延嗣曰：「諸兄弟中，孰可畀後事？」延嗣曰：「先王子繼沖長矣！」保勗頷之。卽以繼沖判内外兵馬。

建隆三年十一月，保勗卒，年三十九。宋帝聞訃，廢朝二日，贈侍中，遣御厨使李光睿賻祭。

初，保勗在保抱，文獻王獨鍾愛之，或盛怒，見必釋然而笑，荆人目爲「萬事休」。及保勗之立，藩政離弱，卒裁數月，遂失國，亦預兆也。

侍中繼沖世家

繼沖字成和，宋史及東都事畧云字贊平，今從歐陽史。貞懿王長子也。周顯德六年，以廕授檢校司空，領荆南節度副使。宋建隆三年，保勗疾革，命繼沖權知軍府。保勗既歿，宋除繼沖檢校太保、江陵尹、荆南節度使。

先是，太祖遣盧懷忠來使，謂之曰：「江陵人情去就，山川向背，我欲盡知之。」懷忠還，言：「繼沖甲兵雖整，而控弦不過三萬；年穀雖登，而民困於暴斂。南邇長沙，東距建康，西迫巴蜀，北奉朝廷，其勢日不暇給，取之易也。」會湖南張文表叛，周保權求救於宋，宋太祖謂宰相范質曰：「江陵四分五裂之國，今出師湖南，假道荆渚，因而平之，萬全策也。」乾德元年春正月，乃命慕容延釗帥師平湖南，樞密副使李處耘爲都監，且詔江陵發水軍三千人赴潭州，繼沖卽遣親校李景威將以往。

二月，處耘至襄州，遣其將丁德裕來諭假道之意，三楚新録云：李處耘以路由江陵，慮繼沖不測，遣使諭之曰：「比者王師救應，東道之主誠在足下，然利在急速，故不淹留，但假一鄉道，使於城外經過，幸矣。」景威力言：「城外之約，不可信。」孫光憲叱之，言於繼沖曰：「宋帝規模宏遠，不若早以疆土歸之，不惟免禍，而亦不失富貴。」繼沖乃遣從父保寅奉牛酒犒師於荆門，且覘强弱，處耘待之有加，繼沖以爲無虞也。

是夕，延釗召保寅宴帳中，處耘密遣輕騎數千前進。繼沖聞宋師奄至，卽惶怖出迎，遇處耘於江陵北十五里。處耘揖繼沖，令待延釗，而前鋒遽入州城。宋史李處耘傳云：處耘至襄州，先遣閤門使丁德裕假道荆南，請具薪水給軍，荆人辭以民庶恐懼，願供芻餼於百里外。處耘又遣德裕諭之，乃聽命。遂令軍中曰：「入江陵城有不由路及擅入民舍者斬！」師次荆門，〔三〕高繼沖遣其叔保寅及軍校梁延嗣奉牛酒犒師，且來覘也。處耘待之有加，諭令翌日先還。延嗣大喜，令報繼沖以無虞。荆門距江陵百餘里，是夕，召保寅等飲宴慕容延釗之帳。處耘密遣輕騎數千倍道前進。繼沖但竢保寅、延嗣之還，遽聞大軍奄至，卽惶怖出迎，遇處耘於江陵北十五里。處耘揖繼沖，令待延釗，遂率親兵先入登北門。比繼沖還，則兵已分據城中，荆人束手聽命。卽調發江陵卒萬餘人，并其師，晨夜趨朗州。繼沖亟歸，見旌旗甲馬，布列衢巷，乃以肩輿冪井上，給內人入輿，多墮井死。江陵志餘云：高氏井在子城內，高王後苑之井也。宋兵入城，繼沖以轎覆井，給內人，多墮死，後人哀之，植栢建祠於上。遂詣延釗納牌印，盡籍其境內州府三、江陵府、歸、峽二州。縣一十七、一作十六。户一十四萬三千三百，遣客將王昭濟、蕭仁楷奉表於宋。宋太祖令御厨使郜岳持詔安撫，賜以衣服玉帶、器幣鞍馬。署樞密承旨王仁贍爲荆南都巡檢使，而授繼沖荆南節度使如故。又授繼沖馬步都指揮使，梁延嗣爲復州防禦使，節度判官孫光憲爲黄州刺史，右都押衙孫仲文爲武勝軍節度副使，知進奏鄭景玫爲右驍衞將軍，王昭濟左領軍衞將軍，蕭仁楷供奉官。繼沖籍管內芻糧錢帛之數，及獻錢五萬貫、絹五千匹、布五萬匹於宋。

三月，宋詔鞍轡庫使翟光裔齎官告、旌節賜繼沖，并存問參佐官吏等。又除授貞懿王兄弟、諸父官有差。復命王崇範爲節度判官，高若拙觀察判官，梁守彬江陵少尹，韋仲宣掌書記，胡允修節度推官，州縣官悉仍舊，别賜管內符印。夏五月，保紳等入朝，各賜京城第一區。六月，宋命王仁贍兼知軍府事。

會是歲太祖有事於南郊，繼沖上書願陪祠。九月，具文告三廟，率其將吏、家族五百餘人朝於京師。十月，至闕下，獻金銀器、錦帛、寶裝弓劍、繡旗幟、象牙、玉鞍勒及郊祀銀萬兩，太祖賜賚甚厚。郊禋畢，授繼沖徐州大都督府長史、武寧軍節度使、徐宿觀察使。繼沖鎮彭門幾十年，委政僚佐，部內亦治。

開寶六年，卒，年三十一。東都事畧云年三十六。訃聞，太祖廢朝二日，贈侍中，遣中使護喪，葬事官給。

自梁開平元年武信王據有荆州，旋得歸峽，傳襲四世五帥，至宋乾德改元，國除，凡五十七年。初，乾祐中，貞懿王命工鑿池，江陵志餘作文獻王，未審是非。得石匣，長尺餘，扃鐍甚固，亟屏左右啓之，乃金篆六字，曰「此去遇龍卽歇」。一云焚香啓匣，得石有文，云云。王甚秘其事。

至是高氏立國，果盡於建隆之末。又荆南尚使瓷器，皆高其足，公私競製用之，謂之「高足椀」。及宋軍臨城，舉族東遷，是亦高足讖之應也。

論曰：真人出，四海一，理勢之必然也。天水肇興，羣雄漸削，即無伐虢滅虞之謀，高氏其能常守此土乎？光憲知幾，所由與賣國以徼富貴者異矣。

校勘記

〔一〕紀南城　「紀」原作「絶」，據宋史卷四八三荆南世家改正。

〔二〕荆門　「門」原作「南」，據宋史卷二五七李處耘傳改。又見下文「荆門距江陵百餘里」。

十國春秋卷第一百二

荆南三　列傳

武信王夫人張氏

夫人張氏者，故武信王愛姬，而文獻王之母也。武信王隸梁戲下時，每行軍，必挾夫人與俱。一夕軍敗，誤入深澗中，會夫人方娠文獻王，宛轉不能起，王懼追兵且至，竢夫人熟寢，以巨劍刺兩岸，期岸崩以厭之。既而夫人遽驚呼曰：「適夢泰山頽厭妾身，賴金甲執戈者抵之獲免。」王遂挈之行。未幾，生文獻王，以富貴終。

武信王子從翊　從詵　從讓　從謙　武信王從子從嗣　從義

文獻王子保勳　保正　保紳　保寅　保緒　保節　保遜　保衡　保膺

貞懿王子繼充　武信王五女

從翊，武信王子也。官合州刺史。歸宋，遷右衛將軍。

從詵，武信王第□子，文獻王弟也。繼沖時爲牙將，降宋，改右衙率府率。

從讓，武信王第□子。入宋，授左清道率府率。

從謙，武信王第□子。降宋，擢左司禦率府率。武信王子九人，文獻王而下知其名氏者四人，餘不具見。

從嗣，武信王從子也。爲人驍勇有力，喜馳突，深入敵軍，率以爲常。積功至雲猛指揮使。天成三年，楚武穆王遣許德勳入寇，以其子希範爲監軍，師次沙頭，從嗣恃勇，單騎造楚壁，請與希範挑戰決勝負，爲楚將廖匡齊所殺。王懼，遂與楚和。

從義亦武信王從子也，視貞懿王爲季父行。顯德時，從義謀作亂，其徒高知訓告變，貞懿王命徙於松滋。已而殺之，竟以不良死。

保勳，文獻王第一子；保正，文獻王第二子，皆貞懿王兄也。文獻王十五子，今可考者保勳、保正、貞懿王、保紳、保寅、保緒、保勗、保節、保遜、保衡、保膺十一人而已。

保紳，文獻王第□子也。周顯德時，貞懿王與世宗通好，以爲器械、金帛不足以效忠節，乃命保紳入朝，致歸順之意。世宗大悅，遂詔以泰州鹽給荆南牙兵。保紳歷官江陵少尹。歸宋，擢衛尉卿。

保寅字齊巽，文獻王第□子。晉天福七年，以廕授太子舍人，賜緋，累加檢校司空。貞懿王時，奏授節院使。宋興，保勗既襲荆南節鎮，命保寅入覲汴京。太祖召對便殿，慰藉甚至，授掌書記，遣還。保寅語保勗曰：「真主出世，天將混一區宇，兄宜首率諸國奉土歸朝，無爲他人取富貴資。」保勗不聽。及宋將慕容延釗等征武陵，道出荆口，保寅奉牛酒犒軍。太祖嘉其功，驛召赴闕，除將作監，充内作坊使，賜第一區。俄知宿州。乾德四年，丁母艱，起復，轉少府監。開寶五年，知懷州，歷司農、衛尉二卿。是州本隸河陽，時趙普爲帥，與保寅素有隙，事多抑制，保寅心不能平，手疏請罷支郡之制，宋太宗從之，頗韙其言。又爲西川諸州都巡檢使，改光禄卿，歷知同、汝二州。改光化軍卒，年六十八。訃聞，朝廷賻錢十萬，廢朝一日。

初，保寅在懷州日，蘇易簡、王欽若並童年，始趨學；在同州，錢若水爲從事；在光化軍，張士遜其邑人也。保寅皆加奬拔，許以遠大之器，世多其能知人。子輔政、輔之、輔堯、輔國，並進士及第。

保緒，文獻王第□子。繼沖時，官左衙都將。入宋，擢鴻臚少卿。

保節，文獻王第□子也。生而穎異。官右衙都將，娶功臣王保義女。納土後，宋除爲司農少卿。

保遜，事繼沖爲牙將，文獻王子也。入宋，太祖命爲左監門衛將軍。

保衡，文獻王第□子。累官巴州刺史。及繼沖納土，宋改爲歸州刺史。

保膺亦文獻王子，起家知峽州事。入宋，署爲本州刺史。

繼充，貞懿王之子也。貞懿王二子，長曰繼沖，次曰繼充。繼充官至歸州刺史。又有高繼申者，宋初爲大理卿，疑亦南平諸從也，以世系未詳，姑闕略焉。

武信王五女，失其名。相傳五女俱幼年好道，薙髮爲女僧，各止一處，一曰佛華寺，一曰菩提寺，一曰莊嚴寺，一曰石佛寺，一曰法輪寺。

王保義　司空薰　倪可福　鮑唐

王保義，江陵人。武信王署行軍司馬，與司空薰、梁震同爲賓客，多所裨益。文獻王時，襄州安從進叛晉，結援於王，王外爲拒絕，而陰實與之相通。及從進來乞師，王知大小之勢不敵，遂陽責以大義，且以禍福諭焉。從進不寤，於是誣王有異志。保義力勸王白其狀，願舉兵助晉，以釋晉主之疑，識者韙之。累官武泰軍留後，改平江軍節度使。子貞範、惠範、延範，有傳。

司空薰，其先臨淮人，唐知制誥圖之族子也。武信王鎮荆南，薰與梁震、王保義等偕居幕府，遇事時多匡正。梁亡，唐莊宗入洛，下詔慰諭藩鎮，薰固勸武信王朝京師，用結唐主心。時梁震切諫不可，而武信王卒從薰言，幾不得脱歸。然唐舍江陵而竟先滅蜀者，亦薰一言力也。薰後事不見於史，未詳所終。

倪可福，江陵志餘作倪福可，非。□□人也。唐天祐三年，武信王權荆南留後，而可福時爲駕前指揮使。會朗州雷彦恭屢犯荆南，梁王全忠遣可福率官兵五千人戍之，可福指畫方略，力拒彦恭，朗兵稍稍引去。已而又築寸金堤激水，捍蜀有功。江陵志餘云：寸金隄在西門外，將軍倪可福所築，謂其堅厚寸寸如金也。武信王愛其勇，使隸戲下爲親校，且以女妻可福子，心相得也。

可福摧鋒陷陳，所向克敵。李洪來寇江陵，可福以兵擊敗之，推爲首庸。俄遷都指揮使。龍德時，江陵城圮，可福以卒萬人修外郭，不時築。武信王責功程之慢，杖之百，歸謂女曰：「幸語汝舅，吾欲威衆辦事耳，非示辱也。」以白金百鋌遺之。按楚志云：可福，季興壻也。築城愆期，季興怒，奪其妻，可福併力完之，高乃盛爲裝奩遣還。今從通鑑所載，楚志似誤。可福竟以功名終。賜田於江陵東三十里，子孫聚居其處，號曰諸倪岡。江陵志餘云：諸倪岡有轉魚臺，乃將軍倪可福故宅。又云：倪軍市在城東六十里，倪可福屯軍之所。地有八井，歲久堙沒。又有倪將軍廟在城西五里，以其有修隄功，故祀之。

鮑唐，故梁復州知州。爲吳將李簡所執，已而歸武信王，武信王俾同倪可福隸麾下，遂與可福齊名。

梁震 孫光憲

梁震，卭州依政人也。初名靄，會唐郎中劉象隨僖宗入蜀，震以所業詩詣象，象曰：「君才思敏妙，定成太器，若不更名，將慮小阻。緣製名雨下從謁，以雨謁人，未得輙見。請易震字，震從辰；辰者，龍也，龍遇雨，變化必矣。」因改今名。

未幾，登進士第，流寓京師。梁開平初，歸蜀，道過江陵，武信王喜其才識，留之不遣，欲奏爲判官。震自以唐臣，恥爲强藩屬吏，卽亡去，又恐及禍，乃曰：「震素不慕榮宦，明公不以震爲愚，必欲使參謀議，但以白衣侍樽俎可也。」王心重之，俾與司空薫、王保義同爲賓客，而震獨不受辟署，稱前進士，王亦時時呼爲先輩。

唐莊宗滅梁，薫等咸從臾王朝京師，震堅沮以爲不可，曰：「唐有併吞天下之志，嚴兵守險，猶恐不自保，況數千里入覲乎！且大王梁室故將，安知彼不以讎敵相遇，行當爲鹵爾。」

王不從，而束身朝唐，卒斬關始得出。歸，謂震曰：「不用君言，幾不免虎口。」及唐師滅蜀，王方食，落箸而歎曰：「老夫過也！」震曰：「唐主得蜀益驕，亡無日矣。安知不爲我福！」已而莊宗果罹鄴都之禍，由是益加親信。

明宗時，唐遣房知溫領軍入犯，武信王伺其兵少，欲開城盡殲之，震諫曰：「朝廷禮樂征伐所出，兵雖少而勢甚大，加四方諸侯各以吞噬爲志，若大王不幸，得戰勝，則中朝徵兵四方，其誰不欲仗順而取大王土地邪！爲大王計，莫若致書主帥，且以牛酒爲獻，然後上表自劾，如此庶幾可保。」

會王寢疾不起，文獻王繼立，尤委任震，以兄禮事之，震常謂王爲郎君。一日，王語震曰：「吾自念平生奉養已過，今欲捐一切玩好，以經史自娛，省刑薄賦，境内以安，是吾願也。」震知王克勝厥任，因曰：「先王待我如布衣交，以嗣王屬我，今幸不墜先業。吾老矣，不復事人矣！」固請退居監利。王爲之築室於土洲上。江陵志餘名梁家臺。震披鶴氅，逍遥若仙，自稱荆臺隱士。堯山堂外紀曰：震晚年稱荆臺隱士，題院中壁云：「桑田一變賦歸來，爵禄焉能浼我哉！黄犢依然花竹外，清風萬古凜荆臺。」每詣府，輒跨黄牛至聽事以爲常，王亦時過其家，斗酒相勞，歡敘平生，四時賜予甚厚，遂以是終其天年。所著文集一卷行世。

先是，有薛少尹者，擅相人之術。震同進士董與、杜無隱往叩，薛曰：「梁秀才此舉必捷，然登第後一命不沾也。」後竟如其言。繼震輔政者，則有孫光憲。

孫光憲字孟文，貴平人。北夢瑣言作富春人。家世業農，至光憲獨讀書好學。唐時爲陵州判官，有聲。天成初，避地江陵，武信王奄有荊土，招致四方之士，用梁震薦，入掌書記。王方大治戰艦，欲與楚角，光憲諫曰：「荊南亂離之後，賴公休息，士民始有生意。若又交惡於楚，一旦他國乘吾弊，良足憂也。」王乃止。文獻王立，會梁震乞休，悉以政事委光憲。王居恆羨馬氏豪靡，謂僚佐曰：「如馬王，可謂大丈夫矣！」光憲曰：「天子諸侯，禮有等差。彼乳臭子，徒驕侈僭汰，取快一時，危亡無日，又足慕乎！」王忽悟，曰：「公言是也。」爲悔謝者久之。

光憲事南平三世，皆處幕中，累官荊南節度副使、朝議郎、檢校祕書少監、試御史中丞，賜紫金魚袋。繼沖時，宋使慕容延釗等平湖南，假道於荊，約以兵過城外，大將李景威勸繼沖嚴兵備之，光憲叱之曰：「汝峽江一民爾，安識成敗！中國自周世宗時，已有混一天下之志，況聖宋受命，真主出邪！王師未易當也。」因教繼沖去斥堠，封府庫以待，悉獻三州之地。宋太祖嘉其功，授光憲黃州刺史，賜賚加等，在郡亦稱治。乾德末，卒。

光憲博物稽古。先是，唐元和中，裴宙鎮荊州，掘地得一石，規模悉倣江陵城制，命徙置他所，輒淫雨不止，仍復舊處，天乃霽。一日，文獻王經其地，顧問光憲，光憲曰：「昔伯禹治水，自岷至荆，定彼泉源之穴，慮萬世下或有汎濫，爰以石屋鎮之耳。」王大加歎賞，益重之。性嗜經籍，聚書凡數千卷，或自鈔寫，孜孜校讎，老而不廢，自號葆光子。所著有荆臺集、橘齋集、玩筆傭集、鞏湖編玩、北夢瑣言、蠶書若干卷。容齋三筆載有貽子録，疑亦光憲輩撰。又撰續通曆紀事，頗失實，太平興國初，詔毀之。

光憲素以文學自負，處荆南，怏怏不得志，常慕史氏之作，頗恨居諸侯幕府，不足展其才力，每謂知交曰：「寧知獲麟之筆，反爲倚馬之用。」光憲又雅善小詞，蜀人輯花間集，采其辭至六十餘篇。子謂、讜。光憲常諫保勗曰：「宋有天下，詔書皆合仁義，湯、武之君也。公宜克勤克儉，勿奢勿僭，上以奉朝廷，中以嗣祖宗，下以安百姓。」見長編。

論曰：南平起家僕隸，而能折節下賢。震以謀略進，光憲以文章顯，卒之保有荆土，善始善終。區區一隅，歷世五主，夫亦得士力哉！

十國春秋卷第一百三

荆南四　列傳

李載仁　倪從進　王貞範　王惠範弟延範　康張　魏璘　王昭濟　王崇範

李載仁，唐室之遠裔也。開平初，避亂來江陵，武信王署爲觀察推官。自負才學，深爲王所嘉賞，從容接待，禮遇有加，然性迂緩，頗不厭衆心。文獻王時，稍遷至郎中。一日赴王召，甫上馬而部曲相毆，載仁怒，急命於厨中索飯及豕肉，令毆者對食，仍戒曰：「苟再犯，必當於豕肉中加酥。」聞者咸以爲笑。又與妻閻異室而處，一日閻忽叩閤至，載仁亟取百忌曆視之，大驚曰：「今夜河魁在房，那可就宿？」其舉止多此類也。

及孫光憲掌書記，牋奏書檄皆出載仁右，載仁充位而已，由是與光憲有隙，光憲稍稍避之，人以光憲爲長者。載仁常爲光憲言，曾目睹梁相張策弟篯輕易道教，因脱褻服挂天尊臂上，戲云「爲我掌之」。

俄頃，精神恍惚，似遭毆擊，痛叫狼狽，歸至別業而卒。亦異事也。

倪從進，武信王之子婿也。父可福，爲武信王大將。從進以蔭得官，復娶王女，甚貴寵，一時皆艷慕之。功臣子與王家爲婚姻，可知者王保義子惠範及可福子從進，凡二人云。

王貞範，平江節度使保義子也。事文獻王爲推官，累官少監。素精於春秋，有駁正杜預左傳註數百條，人多訝之。獨與同官孫光憲説春秋義合，兩人心相得也。

女弟故所稱荆南仙女者，恆時夢異人授琵琶樂曲二百餘調，命曰：「此曲譜屬元昆製序，當刊石於甲寅之方。」於是貞範如女弟指爲製序，刊所傳曲，有：道調玉宸宮、夷則宮、神林宮、蕤賓宮、無射宮、元宗宮、黄鍾宮、散水宮、仲呂宮；商調獨指泛清商、紅銷商、風商、林鍾商、醉吟商、玉仙商、高雙調商；角調醉唫角、大呂角、南宮角、中宮角、蕤賓角；羽調鳳吟羽、風香羽、應聖羽、玉宸羽；香調、大呂調。而曲名間有同人世者，如涼州、渭州、甘州、綠腰、〔一〕莫靼、傾盆樂、安公子、水牯子、阿泛濫之屬。摹本流傳，一時咸詫以爲異。

王惠範，亦保義子也。善修飾，喜讀書，以門蔭爲文學，遷觀察推官。文獻王妻以女，且以惠範本將家子，命掌幕中內外軍政。惠範豪邁不羈，頗以簿書符牒爲俗務，入告王辭之。自是以王爲不知己，凡軍府大事皆不參預，但以金帛購古書圖畫，日披玩爲志焉。弟延範，形貌奇偉，性任俠，家富於財，好施不倦。文獻王署爲太子舍人，後從繼沖入宋，官大理丞，知泰州。太平興國中，爲廣南轉運使。

康張，事文獻王爲硤州長陽令。有良吏才，一邑稱治。與少監孫光憲時相往還云。

魏璘，不知其家世。事貞懿王爲指揮使，勇略絕倫。顯德中，周世宗南征，徵兵於王，王命璘帥兵三千人趣夏口，以會周師。居二年，周與唐搆兵，璘復統戰艦五百艘，駐鄂州以助戰。周主嘉貞懿王功，優詔慰諭。荆南自倪可福、鮑唐之後，故推璘爲名將，同時又有客將陸扶者驍果亦亞於璘。

王昭濟，故客將也。宋師既入江陵，繼沖命昭濟與蕭仁楷奉表納土。宋太祖嘉其功，署昭濟左領軍衛將軍，仁楷亦除供奉官，後不知所在。

王崇範，事繼沖爲支使，納土後遣崇範詣闕，貢金器五百兩、銀器五千兩、錦綺二百段、龍腦香十斤、錦繡帷幕二百事。宋太祖擢崇範節度判官，終於其職。

李景威　梁延嗣

李景威，荆州長陽人也。文獻王時，未知名，及仕貞懿王，擢水手都指揮使。繼沖代保勗節鎮，景威時爲帳下親校。會湖南張文表之亂，周保權求救於宋，宋命慕容延釗等往討，復詔江陵發水軍赴潭州，繼沖遣景威將兵三千人以待。未幾，宋師假道荆南，聲言兵過城外，景威曰："兵尚權譎，城外之約，其可信乎？以臣觀之，直欲乘釁伐我耳。方今精卒數萬，訓練甚備，莫若嚴兵整旅以禦之。臣雖不才，願盡以相付。"少監孫光憲固謂不可，景威出而歎曰："吾言不用，大事去矣，何用生爲！"因扼吭而死。宋太祖聞之，曰："忠臣也。"命王仁贍厚邺其家。

先是，景威語繼沖云："舊傳江陵諸處九十九洲，滿百則王者興。武信王之初，江心深浪中忽生一洲，今此洲遽爾漂没，若可憂也。"繼沖殊不爲意，遂至於亡國。

梁延嗣，京兆長安人。三楚新録云復州景陵人。唐同光中，將兵守復州監利。按五代史云：監利故屬復州，梁割隸江陵。據此則武信王得監利之後，始屬荆州矣。武信王之朝唐也，莊宗欲陰圖之，既疾趨歸，遂以兵攻監利、星沙二縣，延嗣兵敗，爲王所獲。至文獻王立，擢爲大校，承制授歸州刺史。已又領復州團練使，仍掌親軍。歷事貞懿王及保勗。

保勗疾革，召延嗣語之曰：「我疾遂不起，兄弟中孰可寄後事者？」延嗣曰：「公不念貞懿王乎？先王寢疾，以軍府付公，今先王子繼沖長矣！」保勗曰：「子言是也。」卽以繼沖判内外兵馬。繼沖之得立，延嗣功居多焉。

及繼沖納土，延嗣與孫光憲實勸之，宋以歸順功，授復州防禦使，充湖南前軍步軍都指揮使兼排陳使。後因郊禮，自復州入朝，太祖慰撫之曰：「使高氏不失富貴，爾之力也。」改濠州防禦使，有善政，詔書褒美。延嗣頗知書，好接士。常暴疾，禳於城隍神，是夕，夢神人告以九九之數，俄疾愈。年八十一，卒。

延嗣起家行伍，居恆諱健兒士卒之語。一日，與孫光憲同赴毬場，光憲上馬，左右掖之者頗衆，延嗣在後戲曰：「孰謂大卿年老而彌壯邪？良由扶持力爾！」光憲回顧曰：「非是衆扶，蓋是老健。」延嗣不勝怒，論者少之。

論曰：江陵之失也，景威絶吭以殉，可謂忠矣。延嗣力勸納款，俾高氏終保富貴，其殆譙周之流歟。然而爲延嗣易，爲景威難，事故未可成敗論也。景威真濁世之佼佼者哉！

温克修　王處士

温克修，故江陵司藥庫吏也。唐天復中，與術者向隱處，隱告以：「江陵更變，且無定主。五年後東北上有人，依稀國親，鎮此邦二十年。」他日，又曰：「東北來者，二十年後更有一人，五行不管，此程更遠。」及武信王爲荆南留後，先是賜姓曰朱，隨復本姓，果符國親之説。

天成二年，唐軍圍江陵，時文獻王以王子守城，克修因以隱言白之，文獻王未之信也。明年，武信王薨，凡二十一年，而文獻王襲位，人以爲其言有驗。

王處士者，不知何許人。文獻王時，居江陵，以善卜名。周晉王柴榮之未貴也，以布衣與大商頡跌氏貨殖荆南，一日過處士卜，方布卦，忽一蓍躍出，卓然而立，處士大驚曰：「吾家筮法，十餘世矣，每受高曾遺言，凡卜筮自躍而出者，其人貴不可言。況復卓立不傾，得非爲天下主乎！」遽起，再拜。榮雖陽爲詰責，而私心甚喜，後果承郭氏之後，踐皇帝位，一如處士言。

僧齊己 僧文了 荆南僧

僧齊己，益陽人，本佃户胡氏子也。俗名胡得生。七歲，居大潙山寺，與諸童子牧牛，天性穎悟，常以竹枝畫牛背爲詩，詩句多出人意表，衆僧奇之，勸令落髮爲浮圖。時都官鄭谷在袁州，以詩名，齊己携所詩往謁，有云：「自封修藥院，别下著僧牀。」谷覽之曰：「將改一字，方可相見。」經數日，再過，稱已改得，云「别掃著僧牀」，谷嘉賞焉，結爲詩友。又齊己有早梅詩，中云「昨夜數枝開」，谷爲點定曰：「數枝非早，不若一枝佳耳。」人以谷爲齊己一字師。

久之，居長沙道林寺。湖南幕府號能詩者，徐仲雅、廖匡圖、劉昭禹輩，靡不聲名藉甚，而仲雅尤傲忽，雖王公不避，獨見齊己必悚然，不敢以衆人相遇。齊己故贅疣，至是，愛其詩者或戲呼之曰「詩囊」。無何，將遊蜀，武信王習齊己名，遮留之。龍德元年，禮齊己於龍興寺，署爲僧正，時降手牘，慰藉良厚。然居恆多鬱鬱不樂。僧虚中貽詩云：「老負峨嵋月，閒看雲水心。」蓋傷其志也。

齊己既託迹江陵，惟事筆墨自娱，乃作渚宫莫問篇十五章以述懷。頃之，唐秦王從榮召入侍，中秋大宴，齊己竊從榮藏異志，有「東林莫礙漸高勢，四海正看當路時」之句，幾以諷刺得罪。已而脫歸荆南，賴武信王匿之獲免，其不屈節侯王類如此。梁震晚年酷好吟咏，尤與齊己善，互相酬答。齊己竟終於江陵，自號衡嶽沙門。一云齊己於豫章西山金鼓寺寂，有塔存焉。龍盤，其書堂也。有詩八百首，孫光憲序之，命曰白蓮集。

齊己常於溈山林下遇一僧，於指甲下出二劍，凌空躍去，蓋劍俠也。時時爲人道之。又同僧仰山住豫章觀音院，作粥疏曰：「粥名良藥，佛所讚揚。義冠三檀，功標十利。更祈英哲，各遂願心。既備清晨，永資白業。」禪流稱其辭，謂當與食時五觀並傳。

文了，吳僧也。雅善烹茗，擅絕一時。武信王時來遊荆南，延住紫雲禪院，日試其藝，王大加欣賞，呼爲湯神，奏授華定水大師。人皆目曰「乳妖」。

荆南僧，失其名氏，以鬻香爲業。清泰中，貨平等香，貧富無二價。居常絕不市香和合，而篋中所貯都梁鬱金，輒取售無算，人莫測其從來，皆疑爲仙者。

荆南仙女

荆南仙女者，平江節度使王保義女也。兒時聰穎不凡，五歲通黄庭内外經；及長，善琵琶。一夕夢涉水登山顛，見金銀宫闕中有仙人披羽服，自稱曰麻姑，傳以樂曲。自是每夕輒夢遇之，卽指授音律，歲餘得百餘調，都非人間所曾有。其尤者，名獨指商，以一指彈一曲，更爲擅奇。已而適文獻王子保節，復夢麻姑至，曰：「卽當相邀。」明日，庭中聞雲鶴音樂，仙女奄然而逝。

校勘記

〔一〕緑腰　原作「緣賫」。按曲名有「六么」，此當爲「緑腰」之形訛，今改正。

十國春秋卷第一百四

北漢一 五代史作東漢。十國紀年及通鑑作北漢，今從之。

世祖本紀

世祖，姓劉名旻，高祖之母弟也，同爲章懿皇后所出。薛史云，崇，高祖從弟。晉陽見聞要録云仲弟。今據歐陽史曰母弟。初名崇。爲人美鬚髯，目重瞳子。少無賴，嗜酒好博，常黥爲卒。高祖事晉爲河東節度使，署崇馬步都指揮使。高祖卽帝位，除太原尹。未幾，遷北京留守、同中書門下平章事。隱帝時，改河東節度使，累加兼中書令。

隱帝年少，政在大臣，郭威爲樞密使，有大功，而與崇素不相能。崇與屬吏鄭珙謀，乃罷上供征賦，籍民爲兵以自固。乾祐三年，隱帝遇弑，崇業謀舉兵，會樞密使威反狀已白，而隱帝諸大臣不卽推尊之，故未敢卽立，謬請立崇子贇爲嗣。是時，人皆知威非實意，而崇獨私心喜曰：「吾兒爲帝，吾又何求！」乃罷兵。按漢隱帝實録：初議立徐帥，太后遣中使馳諭劉崇，請崇入纘大位。崇知立其子，上章謙遜。恐無此事，今不取。

威少賤，黥其頸上爲飛雀，世謂之郭雀兒。至是，見崇使者，具道所以立贇之意，因自指其頸以示使者曰：「自古豈有雕青天子？幸公無以我爲疑。」崇益喜，信以爲然。太原少尹李驤勸其以兵下太行，控孟津俟變；崇大罵驤離間父子，命牽出斬之，并殺其妻。以其事白於太后，以明無他。已而威果代漢，是爲周太祖，降封贇湘陰公。崇遣牙將李䛒奉書於周，求贇歸太原，周主報以：「湘陰比在宋州，今方取歸京師，必令得所，公勿爲憂。但能同力相輔，當加王爵，永鎮河東。」崇知贇不得歸，始有自立意。

乾祐四年春正月戊寅，帝卽位於晉陽，仍用乾祐年號，所有者并、汾、忻、代、嵐、憲、隆、沁、遼、麟、石諸州之地。按通鑑：劉崇所有者并、汾、忻、代、嵐、憲、隆、蔚、沁、遼、麟、石十二州之地。歐史職方考則云：自太原以北十州爲東漢，而無隆、蔚二州之名。要而論之，晉高祖割山前七州、山後九州以畀契丹，而蔚州實在其中，則通鑑以蔚州爲北漢有者，誤也。至隆州乃北漢所置，傳載地理表中，今列其名以補歐史之闕。以節度判官鄭珙爲中書侍郎，觀察判官趙華爲户部侍郎，並同平章事。以次子承鈞爲侍衛親軍都指揮使、太原尹，以節度副使李存瓌爲代州防禦使，裨將張元徽爲馬步軍都指揮使，陳光裕爲宣徽使。

是日，周殺湘陰公贇於宋州。帝以地狹民貧，祭祀祖禰略如家人禮，不建宗廟，月俸宰相百緡，節度使三十緡，其餘薄有資給。

是時遼將潘聿撚稱君命遺書皇子承鈞，帝令承鈞復書，言本朝淪亡，紹襲帝位，願循晉室故事，求援北朝，許之。丙戌，發兵屯陰地、黃澤、團柏。丁亥，以承鈞爲招討使，與副招討使白從暉、都監李存瓌將兵萬人侵周晉州。帝聞湘陰公死，大慟哭，爲李驤立祠，歲時祭之。

二月戊戌，我兵五道攻晉州，周節度使王晏閉城不出。承鈞令將士蟻附登城，晏伏兵奮擊，我師敗績，副兵馬使安元寶降周。癸卯，移軍攻隰州，周隰州刺史許遷遣步軍都指揮使孫繼業迎擊於長壽村，執我牙將程筠，殺之。未幾，我兵薄州城，攻數日，不克，遂引還。丁巳，遣通事舍人李讋使於遼，乞兵爲援。

三月甲戌，讋至於遼，遼主兀欲即遼世宗也，通鑑作永康王。與帝約爲父子之國，使拽刺梅里來報聘。己卯，周遣敗卒二百六十餘人還太原，各賜衫袴巾履。

夏四月，遼遣使來告周使田敏約歲輸錢十萬緡，帝命宰相鄭珙以厚賂謝遼，自稱「姪皇帝致書於叔天授皇帝」。

五月辛未，珙卒於遼。甲戌，定難節度使李彝殷稱藩於我。

六月，遼主遣燕王述軋、政事令高勳遼史作燕王牒蠟、樞密使高勳。册命帝爲大漢神武皇帝，妃爲皇后。又以黃騮九龍十二稻玉帶報聘。帝更名旻。

秋七月，翰林學士衞融等詣遼謝册禮，且請兵。

九月，招討使李存瓌自團柏擊周，遼欲引兵來會，與諸將議於九十九泉。諸將皆不欲南行，遼主强之，癸亥，行次新州之西火神淀，燕王述軋及偉王之子太寧王漚僧作亂，弑其君兀欲。丁卯，齊王述律代立，上尊號曰天順皇帝，改元應歷。自火神淀入幽州，遣劉承訓來告哀。帝命樞密直學士王得中如遼，賀卽位，復以叔父事之，請兵以擊晉州。隨遣使如遼，行弔禮。

冬十月辛卯，周潞州巡檢使陳思讓敗我兵於虒亭。甲辰，遼遣彰國節度使蕭禹厥率兵五萬來會，帝帥兵二萬出陰地關攻晉州。五代史王峻傳曰：「劉旻攻晉州，峻爲行營都部署，至陝州，留不進。太祖遣使者翟守素馳至陝州，諭峻欲親征。峻屏左右，謂守素曰：『晉州城堅不可近，而劉旻兵鋭亦未可當，臣所以留此，非怯也，蓋有待爾。且陛下新卽位，四方藩鎮，未有威德以加之，豈宜輕舉！而兗州慕容彦超反迹已露，若陛下出汜水，則彦超入京師，陛下何以待之？』守素馳還，具道峻言。是時，太祖已下詔西幸，聞峻語，遽自提其耳曰：『幾敗吾事！』乃止不行。」丁未，軍於城北，三面置寨，周巡檢使王萬敢、龍捷都指揮使史彦超、虎捷指揮使何徽共拒之。

十二月乙巳，王峻引兵救晉州。晉州南有蒙阬最險要，峻憂我兵據之，是日聞前鋒已度蒙阬，喜曰：「吾事濟矣！」王峻傳曰：峻軍出自絳州，前鋒報過蒙阬，峻喜，謂其屬曰：「蒙阬，晉、絳之險也。旻不分兵扼之，使吾過此，可知其必敗也。」帝攻晉州，久不克。會大雪，我軍乏食。契丹兵思歸，聞峻至，燒營宵遁。峻入晉州，乃遣行營都指揮使仇宏超等將兵追於霍邑，縱兵奮擊，我兵大敗，墜崖谷死者無算。周將藥元福曰：「劉旻悉發其衆，挾契丹而來，志吞晉、絳。今氣衰力憊，狼狽而遁，不乘此剪撲，必爲後患。」王峻遣使止之，遂解去。契丹兵至晉陽，士馬什喪三四，禹厥恥無功，釘大將一人於市，旬日而斬焉。帝始息意於進取。是時，內供軍國，外奉契丹，賦役繁重，民不聊生，逃入周境者甚衆。

乾祐五年春正月，遣兵侵周府州，爲防禦使折德扆所敗。殺二千餘人。

二月庚子，德扆入寇，陷岢嵐軍，以兵戍之。是月，帝置寧化軍於嵐州界，又置雄勇鎮於其北，備周師也。

夏四月丙戌朔，日食。

六月壬寅，帝以周人犯邊，遣使求援於遼，遼主命中臺省右相高模翰赴之。

冬十月甲申朔，遣使於遼，進葡萄酒。

十二月癸未，高模翰及我兵圍晉州。

是歲，麟州刺史楊崇訓歸款於周。初，崇訓父信受命於周爲刺史，及信卒，崇訓以州來降，至是爲羣羌所圍，叛去。後復歸於我。

乾祐六年春閏正月壬午，遣使謝遼，以高模翰却周軍故也。

三月庚辰朔，南唐遣使貢遼，因附書於我，遼主詔達其貢。丁酉，遣使進遼袞衣及馬。

夏五月壬寅，遣使如遼，言石晉樹嗣聖皇帝聖德神功碑，爲周人所毁，請再刻，許之。

秋八月，遣使如遼，乞援。

九月庚子，貢藥於遼。

十一月，遼葬貞烈皇太后於祖陵，帝遣使會葬。

冬十二月，喬贇侵周府州，折德扆拒於城下，我師敗績。

乾祐七年春正月，周主殂於滋德殿。丙申，晉王榮卽皇帝位。帝聞周主晏駕，遣使於遼，謀大舉伐周。

二月，遼遣武定節度使、政事令楊袞，遼史作政事令耶律敵。將鐵馬萬騎及奚諸部兵五六萬人，號稱十萬，來會於晉陽。晉陽見聞録云：衮帥騎六七萬，號十萬，來會。帝自將兵三萬，以義成節度使白從暉爲行軍都部署，武寧節度使張元徽爲前鋒都指揮使，周世宗實録作張暉領三千騎爲前鋒，非是。與契丹兵南出團柏。丁巳，我兵屯梁侯驛，昭義節度使李筠遣牙將逆戰於太平驛，張元徽斬其將穆令均，筠遁歸上黨。

三月，我兵乘勝逼潞州，引兵而南。是時周主新即位，以謂我國幸周有大喪，必不能出兵，宜自將以擊其不意，周臣多勸其山陵有日，人心易摇，不宜輕動。周主曰：「以吾兵力之强，破旻如泰山壓卵耳！」五代史馮道傳：劉旻攻上黨，周世宗曰：「劉旻少我，謂我新立，而國有大喪，必不能出兵以戰。且善用兵者出其不意，吾當自將擊之。」道乃切諫，以爲不可。世宗曰：「吾見唐太宗平定天下，敵無大小，皆親征。」道曰：「陛下未可比唐太宗！」世宗曰：「劉旻烏合之衆，若遇我師，如山壓卵。」道曰：「陛下作得山定否？」世宗怒，起去，卒自將擊旻。遂鋭意親行。

癸巳，前鋒與我兵遇於高平南之高原，周世宗實録云：甲午，賊陳於高平南之高原。今從十國紀年，作癸巳。我兵少却，周主趣諸軍亟進。帝以中軍陳於巴公原，張元徽居東偏，楊衮軍西偏。而周師亦列爲三陳，李重進、白重贊將左，樊愛能、何徽將右，向訓、史彦超居中央，張永德以禁兵衛周主。周主介馬自督戰。衮望周師，謂帝曰：「勍敵也，未可輕動。」帝奮髯曰：「時不可失，請公勿言。」衮怒而去。時東北風方盛，俄而遽轉南風，副樞密使王延嗣使司天監李義白帝云：「時可戰矣。」帝從之，號令東偏先進。王得中叩馬諫曰：「義可斬也！南風勢急，非北軍之利，宜少待。」帝怒，卽麾元徽戰，元徽擊右軍。兵始交，周將愛能、徽引騎兵先遁，右軍潰，於是步卒數千餘人棄甲來降，元徽呼萬歲，聲振川谷，敵兵大駭。周主忽赫怒，躍馬入陳，引五十人直衝帝之牙帳。帝方張樂飲酒，示閒暇；及其奄至，殊驚惶失次。周主因親犯矢石，督戰士，士莫不以一當百，奮勇争先。周將趙匡胤、馬仁瑀、馬全乂及永德等，摧鋒陷陳，勢不可遏。帝趣元徽進兵，會馬蹶，元徽爲周兵所殺，我軍由是氣奪。帝自麾赤幟收軍，軍驟退，不能止，互相蹂躪，遂大敗。日暮，帝收餘兵萬人，阻澗而守。是時，劉詞將周之後軍未至，及戰已勝，而詞軍繼至，復乘勝擊我兵，王延嗣死之，帝又大敗，輜重、器甲、乘輿、服御物皆爲周人所獲。五代會要云：周廣順三年六月，河南、河北諸州，旬日無烏，既而聚澤潞之間山谷中，集於林木，壓樹枝折。至顯德元年，河東劉崇爲周師所敗，伏屍血流，故先萌其兆。

丁酉，周主至潞州。帝自高平被褐戴笠，乘契丹所贈黃騮，率百餘騎，由鵰窠嶺間道馳去，夜失道山谷間，得村民爲鄉導，誤趣晉州，行百餘里，乃覺，遂殺導者。晝夜兼行，所至得食，未舉箸，或傳周兵至，輒倉皇而去。帝衰老力憊，伏馬上馳驟，殆不能支，僅得循他道以歸。是役也，衰畜怒按兵西偏不戰，故獨全軍而返。陶岳五代史補曰：劉崇覩周世宗兵少，詔諸將曰：「吾觀周師易與耳，契丹之衆宜弗使，但以本軍決勝，不惟破敵，亦足使契丹見而心服。」乃使人謂契丹主將曰：「柴氏與吾，主客之勢已見，必不煩足下餘刃，敢請勒兵登高觀之可也。」契丹不知其謀，從之。洎世宗之入陣也，三軍皆賈勇爭進，契丹望而畏之，故不敢救。今從薛氏五代史。帝歸，爲黄騮治廄，飾以金銀，食以三品料，號「自在將軍」。

庚子，帝收散卒，繕甲兵，完城塹以備周。楊衮將其衆北屯代州，帝遣王得中送衮歸，因求救於遼，遼主遣得中還報，許發兵救晉陽。壬寅，周以符彦卿爲河東行營都部署，郭崇副之，向訓爲都監，李重進爲馬步都虞候，史彦超爲先鋒，將步騎二萬發潞州，入寇。又命王彦超、韓通自陰地關入，與彦卿合，又以劉詞爲隨駕都部署，白重贊副之。

是月，昭聖皇太后李氏殂於汴京西宫。

夏四月，盂縣降周。乙卯，汾州防禦使董希顔叛降於周。丙辰，遼州刺史張漢超叛降於周。周主初遣符彦卿等内侵，但欲耀兵晉陽城下。洎周師入境，百姓爭言我國賦役過重，願供軍須，助攻太原，周主始有兼并之意。既而周諸軍數十萬剽掠不已，百姓失望，更保聚山谷。辛酉，憲州刺史韓光愿、嵐州刺史郭言舉城降彦卿。壬戌，周王彦超等陷石州，執我刺史安彦進。癸亥，沁州刺史李廷誨降周。庚午，周主發潞州，趣太原。癸酉，忻州監軍李勍叛，殺我刺史趙臯及遼通事楊耨姑，舉城降周，周以勍爲忻州刺史。

五月乙亥，遼遣南院大王撻烈來援。丙子，周主至太原，旗幟環城四十里。是日，代州防禦使鄭處謙舉城降周。先是，楊袞疑處謙有二心，使騎兵守城門處，謙殺之，閉門拒袞；袞奔歸遼，遼主以其無功，囚之。處謙遂叛。

丁丑，周置靜塞軍於代州，以處謙爲節度使。契丹屯數千騎於忻、代間，爲我援兵。庚辰，周主遣符彥卿擊之；彥卿入忻州，契丹退保忻口。丁亥，周置寧化軍於汾州，以石、沁二州隸焉。

丁酉，撻烈敗彥卿於忻口。周代州將桑珪等誣鄭處謙通遼，殺之。時王得中自遼返，留代州，珪并執送於周軍，周將史彥超與契丹戰死。周主初來攻晉陽，彥卿、彥超北控忻口，以斷契丹援路，而晉陽城方四十里，周師去城三百步圍之匝，百計攻之不能克。彥卿既數爲契丹所挫，至是復以身殉。周主於是徵懷、孟、蒲、陝丁夫數萬，亟攻晉陽。會久雨，士卒皆罷病，乃議引還。按周世宗實録：「會大雨，軍士勞苦，又聞忻口之師不振，帝數日憂沮不食，遂決還京之意。」又晉陽見聞録云：「六月旦，周師南轅反旆，惟數百騎，間之以步卒千人，長槍赤甲，銜趫捷跳梁於城隅，晡晚殺行而抽退。」今從周世宗實録。甲辰，周殺我樞密直學士王得中。

乙巳，周主班師，發太原。周匡國節度使藥元福言於周主曰：「進軍易，退軍難。」周主曰：「一以委卿。」帝出兵追之，元福乃勒兵成列而殿，我師敗績。周盡棄所得州縣，惟桑珪據代州不下，珪既叛我，又不敢歸周，故嬰城自守。帝遣兵攻拔之。是役也，周主與帝相拒於高平，豫令前澤州刺史李彥崇將兵守江豬嶺，遏帝歸路；彥崇聞樊愛能等南遁，引兵退，至是，帝果自其路走太原。周主貶彥崇爲率府副率，指樊愛能、何徽等責之，曰：「若輩累朝宿將，非不能軍，正欲以朕爲奇貨，賣與劉旻耳！」悉斬以狗。

壬申，帝以高平之敗，已而被圍，憂憤成疾，悉以國事委皇子侍衛都指揮使承鈞。

六月癸亥，撻烈獻所獲軍實於遼。

秋七月乙酉，我國人有爲契丹誤掠者，遣使請於遼，遼主詔悉歸之。

九月丙申，以周人盜邊告於遼。

冬十一月，遼彰國節度使蕭敵烈、太保許從贇奏忻、代二州之捷於遼。

是月，帝疾革，命皇子承鈞監國，尋殂。按大定錄：「周顯德二年春，旻病死。」紀年通譜：「乾祐八年冬，崇死。」遼史：「應曆五年十一月乙未朔，漢主崇殂。」皆乙卯年也。又周世宗實錄及薛居正五代史僭僞傳亦云：「顯德二年十一月，劉崇卒。」惟王保衡晉陽見聞要錄云：「甲寅年春，南伐，敗歸。夏，周師攻圍，旻積憂勞成心疾，是冬卒。」保衡，故旻舊臣，言當足信，今從其說。

帝生於唐乾寧三年，乙卯歲，年六十。晉陽見聞要錄云：乙卯生，卒年六十一，當是衍一字。廟號世祖，在位凡四年。

論曰：世謂世祖常致書於周，求立子贇而不得，後方稱帝。推其志，是不以喪君爲讎，而以殺子爲讎也。要之，贇得立，則漢祀未斬，贇故不獨爲世祖子矣，懼劉氏之餒而保一隅以圖存，其志洵有足悲者。高平之戰，僅以身免，所不亡者天耳。然則歷四君而卜年三十，嗚呼，夫豈盡人力也哉！

十國春秋卷第一百五

北漢二

睿宗本紀

睿宗名鈞，初名承鈞，世祖次子也。以後唐天成元年丙戌生。幼而穎異，性孝謹，頗好學，工書。世祖既晏駕，承鈞謂：「服喪，以日易月，非禮也。」始行三年喪禮。奉表於遼，自稱曰男。遼主述律遼穆宗也。答之以詔，呼爲「兒皇帝」，遣驃騎大將軍、知內侍省事劉承訓册命承鈞爲天子，更名鈞。時年二十九也。晉陽見聞要録、九國志，皆云承鈞立時年二十九。仍稱乾祐，不改元。

乾祐八年春二月庚子朔，日食。庚申，遣使如遼，請加上「天順皇帝」尊號，不許。夏六月丁未，蜀主遣使約出兵攻周，許之。

乾祐九年夏四月，葬神武皇帝於交城北山，上廟號。

六月甲子，遣使於遼議軍事。是冬服除，改明年爲天會元年。九國志云：承鈞立服喪三年，至乾祐九年服除，改十年爲天會元年。

天會元年春正月己丑朔，大赦。以子繼恩爲太原尹，翰林學士衞融爲中書侍郎、同平章事，內客省使段常一云本作恆，宋避諱也。爲樞密使，侍衞都指揮使蔚進掌親軍。潛結江南、西川爲外援。

夏五月辛卯，遣使貢方物於遼。

秋七月，初立七廟於高祖舊第，號顯聖宮。七廟，當是前漢高祖邦、文祖湍、德祖昂、翼祖僎、顯祖琠、高祖暠、世祖旻也，未審是非。又天福十二年，祖廟中有光武皇帝亦在不祧，今七廟數不知與否。

冬十月癸亥，麟州刺史楊崇訓舉城降周，周以爲麟州防禦使。

十一月，遼遣大同節度使、侍中高勳將兵會李存瓌擊周，〔一〕至潞州城下而還。帝知契丹不足恃而不敢遽絶，贈勳甚厚。

十二月，唐使者陳處堯自契丹來遊太原，十國紀年作唐兵部郎中段處常。晉陽見聞録云：陳處堯如契丹乞兵，因來遊。今從其說。帝厚禮之，留數日，北還。

天會二年春正月丙子，周建雄節度使楊廷璋敗我兵於隰州城下。時周隰州刺史孫議暴卒，廷璋檄都監、閑廄使李謙溥權知州事。未幾，我兵至，攻城久不下，廷璋潛與謙溥約，各募死士百人襲我營，我兵驚潰，遂解還。

夏六月壬子，周昭義節度使李筠寇石會關，遂拔六寨。乙卯，周李謙溥陷孝義。

冬十一月，遣使如遼，告周復來侵。乙丑，再遣使如遼。

十二月庚辰，又遣使如遼。是冬國中大雪，國人唱曰：「生怕赤真人，都來一夜春。」人以爲宋受命之應。

天會三年夏四月戊戌，遼以南京留守蕭思温爲兵部都總管，擊周師。是月，周攻契丹，拔益津、□橋、淤口三關，遼主遣使來告急。

五月乙巳朔，周師陷瀛、莫二州，帝諭發兵撓周邊，遣使日馳七百里，會周主南歸，乃止。

庚戌，周李重進將兵出土門，入寇。己巳，敗我兵於百井，斬首二千餘級。

六月，周李筠入寇，陷遼州，獲我刺史張丕。辛巳，周楊廷璋侵邊，降我堡寨十三。

是月，周主殂，梁王宗訓立。

冬十一月，遼師謀會我兵攻周鎮、定二州。

天會四年，春正月乙巳，周禪位於宋，宋改元建隆。

夏四月，周昭義節度使李筠起兵拒宋，遂殺澤州刺史，據其城。已而遣牙將劉繼沖、左編又作衙校劉忠。判官孫孚奉表稱臣，執其監軍周光遜、閑廄使李廷玉送於我，乞兵爲援。帝欲謀於遼，繼沖述筠意，請無用契丹兵，帝卽率本國兵自將出團柏谷，羣臣餞於汾水，僕射趙華獨言筠舉事輕易，未可爲恃。帝至於太平驛，封筠西平王。一作隴西郡王。筠見帝儀衞不備，非如王者，心甚悔，因自陳受郭氏恩，不敢愛死。帝與周世讎，亦不悅其說，遂使宣徽使盧贊監其軍。筠心益不平，與贊多不協，乃留長子守節居潞，而自引衆南向。帝聞贊與筠異，遣平章事衞融和解之。

是月，遣河陽節度使范守圖將兵援筠。

夏五月乙亥朔，日有食之。癸卯，宋將石守信敗李筠於長平。壬子，以潞州歸附，遣使告遼。丁巳，宋帝親征筠。丁卯，宋石守信、高懷德大破筠兵，盧贊死焉。筠走保澤州，宋帝列柵圍之。

六月辛未，澤州陷，李筠赴火死，衞融被執，宋帝以鐵撾擊融首，不死，釋之。後擢爲太府卿。帝懼，引師歸。乙酉，宋帝攻潞州。丁亥，李守節以潞州降宋。甲午，宋將折德扆敗我兵於沙谷砦。斬首五百級。

是月，宋兵圍石州，帝遣使告遼，遼詔阿剌率四部來援，復命蕭思溫以三部兵助之。

秋九月壬寅，宋昭義節度使李繼勳寇平遥縣，俘獲甚衆。

十月乙酉，宋晉州兵馬鈐轄荆罕儒襲汾州，死焉。石進二十九人，坐不救死。

天會五年冬十二月乙未，李繼勳大敗我兵，執遼州刺史傅廷彦及其弟勳。是時，帝結代北諸部侵麟州，夏州李彝興遣李彝玉會諸鎮兵來禦，乃引還。

天會六年春二月，我兵侵晉、潞二州，爲宋守將所敗。

三月，宋詔我降人，徙家於邢、洺，計口給粟。

夏四月，宋命郭進控西山，武守琪戍晉州，李謙溥守隰州，以備我師。是月，太原民潛逃，降宋者四百七十人。

秋七月，捉生指揮使路貴等十一人降宋，宋並補内殿直。

天會七年春二月，遣使如遼，言我國欲巡邊徼，乞張聲援。

秋七月，宿衛殿直行首王隱、劉紹、趙鸞一作劉昭、趙鑾。等謀亂，事覺伏誅；辭連樞密使段常，出常爲汾州刺史，尋縊殺之。

是月，以宋師將侵邊告遼。

八月，宋王全斌宋史作邢州王全賓。入寇，攻樂平。拱衛指揮使王超散、指揮使元威、侯霸榮，率所部千八百人降之。侍衛都指揮使蔚進、馬軍都指揮使郝貴超與契丹悉兵往救，三戰皆敗績，樂平遂陷。宋改樂平爲平晉軍，以降卒爲效順軍，賜以錢帛，由是靜陽十八砦相率降宋。

九月，我以契丹兵攻平晉軍，宋雒州防禦使充西山巡檢郭進將兵來擊，契丹兵遂引歸。是役也，初有軍校自西山詣汴，誣訟郭進不法事，宋太祖送進，令殺之。會我兵侵平晉軍，進語其人曰：「汝敢論我，信有膽氣。今貰汝罪，汝能掩殺敵兵，即當薦汝；如敗，可自投河東。」其人踴躍赴戰，遂敗我兵，進即奏聞，以還其職。

冬十月丙申，以宋侵告遼。以抱腹山人郭無爲同平章事。帝自潞州之敗，日懼宋師至，既以趙宏爲相，又召無爲參議中書，復以五臺山僧繼顒署鴻臚卿，參預國政。已又以宏與無爲議論不合，乃出宏汾州，而機務悉委無爲掌之。

十二月，帝遣從子侍衛親軍使劉繼文如遼，遼拘之不遣。先是，世祖凡舉事，必稟命於遼，歲使不絕，及帝立，禮文多畧，遼主乃遺書來責擅改元、援李筠、殺段常三罪。宋史云：契丹主遣使責鈞，曰：「爾不稟我命，其罪三：擅改年號，一也；助李筠有所覬覦，二也；殺段常，三也。」帝惶恐，遣繼文謝曰：「父爲子隱，願赦之！」自是契丹使不來，而使往輒見留，羣臣悉以使北爲懼。乙亥，衞州刺史楊璘爲宋折德扆所擒。

是歲，宋改元乾德。

天會八年春正月，宋帝謀取我國，宰相趙普諫曰：「太原當西北二面。太原既下，則二邊之患，我獨當之，不如俟削平諸邦，太原彈丸黑子之地，將何所避。」從之。戊戌，帝以宋將來襲，馳告遼。

二月，宋遣曹彬會李繼勳及兵馬鈐轄康延沼、馬步軍都軍頭尹訓率兵入寇，攻遼、石二州。帝遣郝貴超往援，戰於遼州城下，我師大敗，遼州刺史杜延韜與拱衞都指揮使冀進、兵馬都監侯美籍部兵三千人舉城降宋。按宋太祖本紀，杜延韜降，在二月戊申朔。宋賜延韜等襲衣、銀帶、器幣、鞍勒馬，命降卒以效順、懷恩爲名。壬子，遼西南面招討使撻烈以六萬騎來援。壬申，我兵敗宋兵於石州，遣使告遼。

三月，耀州團練使周審玉等四人叛降宋，一作周玉，今從宋史。宋賜審玉襲衣、金帶、絹千

四、銀五百兩、鞍勒馬，仍賜名承瑨，以爲左千衛大將軍，領汾州團練使。

夏四月乙巳，以擊退宋軍，遣使謝遼。宋遣馬軍都校劉光戉潞州，以備我師。

是歲，蜀主昶遣使齎皇書，通好於我，畧曰：「早歲曾奉尺書，尋達睿聽，丹素備陳於翰墨，歡盟已保於金蘭。洎傳弔伐之嘉音，實動輔車之喜色。」至境上，爲宋疆吏所獲。

天會九年春二月壬寅朔，日當食不虧。

天會十年春正月，宋安國節度使羅彦瓌等敗我兵於靜陽，執守將鹿英以歸。

夏六月甲辰，月犯心前星。

秋七月，遣使貢遼金器鎧甲。

冬十月，帝母皇太后□氏殂。庚辰，遼遣使來賻弔。

十二月，復取宋遼州。戊辰，遣使貢於遼。

天會十一年春三月，五星聚奎。招收指揮使閻章以石盆砦詣宋鎮州降。

夏四月，鴻唐砦招收指揮使樊暉殺監軍成昭叛降宋。

六月戊午朔，日有食之。

天會十二年春正月，偏成砦招收指揮使任恩等百五十人詣宋晉州降。

三月，宋鎮州守將破我馬鞍山砦。

秋七月，烏玉砦主胡遇等百三十九人詣宋鎮州降。帝自李筠敗，狼狽而歸，又失遼之歡心，勢力窘弱，憂瘁得疾，卧勤政閣，召郭無爲，執手以後事畀之。戊申，遂殂，遼史作秋七月辛丑，漢主殂。年四十三，養子繼恩立。上謚曰孝和皇帝，廟號睿宗。

帝嗣位之後，勤於爲政，愛民禮士，故雖兵戈不息，而境内粗安。初，宋太祖常因界上諜者謂帝曰：「君家與周世讎，宜其不屈。今我與爾無所間，何謂困此一方民？若有志於中國，宜下太行以決勝負。」帝遣諜者復命曰：「河東土地兵甲，不足以當中國之十一。然鈞非家世叛者，區區守此，蓋懼漢氏之不血食也。」太祖哀其言，笑謂諜者曰：「爲我語鈞，開爾一路以爲生。」故終其世，不至大舉加兵焉。諜者，十國紀年作邢州人蓋留。

少主本紀

少主繼恩，本姓薛氏。父釗，晉初爲護聖營卒，娶世祖女，生繼恩。高祖典禁兵，以釗從子婿也，除其軍籍，置之門下。釗無才能，但衣食之而無所用。高祖後領方鎮，爵位通顯，妻以世祖女，視永寧公主故姊妹行也。高祖女封永寧公主，宋承渥尚公主。常貴倨居中，釗罕得見。釗怏怏，一日乘醉求見，引佩刀刺之，世祖女奮衣得脱，傷而不死，釗卽自裁。時繼恩尚幼，世祖以睿宗無嗣，令養爲子。已而世祖女再適何氏，生繼元，未幾何死，世祖女亦殁，睿宗復撫繼元爲子。睿宗平日恆語郭無爲：「繼恩殊非濟世才。」繼恩事孝和盡恭，及爲太原尹，選軟不治。無爲默然不對。睿宗既殂，繼恩告哀於契丹，後嗣皇帝位。

帝服縗裳視事，寢處居勤政閣，而孝和帝故執事百司宿衞皆在太原府廨。帝怨無爲初不助己，且惡其專政，加守司空，外示優禮，而内實疎之。時天會十二年七月也。是月，遼遣使來弔祭。

八月戊辰，宋聞我國有喪，以内客省使盧懷忠等二十二人，將禁兵赴潞州。昭義節度使李繼勳爲行營前軍都部署、侍衞步軍都指揮使党進副之，宣徽使曹彬爲都監，棣州防禦使何繼筠爲前鋒部署，懷州防禦使康延沼爲都監，建雄節度使趙贊爲汾州路部署、絳州防禦使司超副之，隰州刺史李謙溥爲都監，帥兵大入。

九月庚子，帝命劉繼業、馬峯等領軍扼團栢谷。峯至銅鍋河，宋史作洞渦河，今從宋史紀事本末。李繼勳前鋒將何繼筠擊破我兵，斬首二千級。遂奪汾河橋，薄太原城下，焚延夏門。

左勝軍使李瓊叛降宋，宋賜瓊襲衣、金帶、鞍勒馬，帝大懼。

帝欲逐郭無爲，月餘不能決，帝時獨處一室行喪，左右親信無得從者，或勸召之，帝猶豫不決。己酉，供奉官侯霸榮率十餘人挺刃入閤，反扃其户。帝驚起，繞屏走，霸榮以刃揕其胷，弒之。歐陽史云：「繼恩置酒會諸大臣、宗子，飲罷卧閤中，侯霸榮率十餘人挺刃入閤，閉户而殺之。」今從宋史。無爲使人梯屋入，殺霸榮并其黨。帝立裁六十餘日。并人疑無爲授意於霸榮，亟殺之以滅口，而左右卒莫能明也。無爲與羣臣議立帝之弟繼元，平章中書事張昭敏獨曰：「少主非劉氏，故嗣位不終。今宜立宗姓以慰民望。世祖嫡孫繼文，久留契丹，歷險危，宜迎立之，可以固宗社，結强援。」無爲不從，以繼元易制，遂立之。李燾長編云：「繼恩皤腹多髯，長上短下，乘馬即魁梧，徒步即侏儒。昏定晨省無違禮。」

英武帝本紀

英武帝繼元，當天會初，授檢校司徒、歸義府都督。已而加太保，遷右金吾衛大將軍，充大内都點檢。少主時，復進太師、兼太原尹。既襲位，仍稱天會，不改元。復修好契丹，於十二年十一月，遣使告卽位，且乞師。遼主兀律乃遣撻烈爲兵馬總管，將諸道兵救之。宋亦詔諭我國令降，約以平盧節度使授帝。又别賜郭無爲，詔許以安國節度使。無爲得詔色勳，勸帝納款，帝不從。初，宋使諜者惠璘，詐稱殿前指揮使，負罪來奔；無爲知其謀，署爲供奉官。至是宋師入境，璘卽奔赴至嵐谷，爲候吏所獲，送太原，帝命無爲鞫之，釋不問。會有李超者，發璘奸狀上聞，無爲怒，并超斬之以滅口。未幾，宋李繼勳等聞契丹兵來，皆引去。我兵因大掠晉、絳二州。

是月，帝疑孝和后郭氏殺其故后段氏，遂遣嬖臣弒后於喪次。帝爲人殘忍而無禮，宮中嬪御遭罹逼辱無復嫌，間而世祖子十人鎬、錯等皆以幽囚死。

天會十三年春二月，宋帝將發自汴，先遣李繼勳、趙贊、郭進、司超等帥兵赴晉陽。是役也，宋帝問其臣魏仁浦曰：「朕欲親征太原，何如？」仁浦對曰：「欲速則不達，惟陛下重之。」宋帝不聽。

三月，宋帝至於太原，以我太谷令梁文陟爲太子洗馬，祁令張續爲右贊善大夫。及城下，李繼勳已先敗我兵，宋帝命築長連城圍之，立砦於城四面，繼勳軍於南，趙贊軍於西，曹彬軍於北，党進軍於東。帝命劉繼業等乘晦突門犯東西砦，戰敗遁歸。宋帝又命壅汾、晉二水以灌城，并人大恐。會城中有積草漂出，塞之，得無害。郭無爲復勸帝出降，帝猶恃遼爲援，未之許也。一日，因宴羣臣，無爲痛哭於庭曰：「奈何以空城抗百萬之師乎？」引佩刀欲自刺，冀動衆心，帝遽降階，執其手，引升坐而止。甲寅，遣使乞封册於遼，且趣援師。甲子，遣使進白麃於遼。

是月，宋又遣海州刺史孫方進圍汾州，〔三〕守陴者聲言旦夕契丹兵至。

夏四月，契丹兵分道入援，宋何繼筠逆戰於陽曲北，韓重贇一作重斌。逆戰於定州，契丹兵大敗，宋帝命以所獲首級、鎧甲示太原城下，憲州判官史昭文、宋史作推官。嵐州刺史趙宏，各以城降宋。

五月，遣李匡弼、李元素等如遼賀天清節。按遼史有劉繼文，然繼文尚留契丹，至十四年放回，今不從。

閏月，遼主遣韓知璠遼史作知範。册立帝爲大漢皇帝。知璠習兵事，居圍城中，晝夜督察，盡心固守。宋驍將石漢卿等多戰死，我兵亦屢敗。一日，我兵自西長連城出，將焚其攻戰之具，反爲宋師擊卻之，斬首萬餘級。是夜，諜者忽傳呼壁外帝降，宋帝令衞士擐甲，將開壁門，八作使趙璲曰：「受降如受敵，詎可中夜輕出？」宋帝乃止。契丹復遣南大王來援，宋都指揮使李懷忠曰：「敵勢已困，若選勁兵急攻，破在旦夕。」殿前都虞候趙廷翰請先登，以盡死力，宋帝不許，曰：「汝曹皆我所訓練，無不以一當百，所以備肘腋、同休戚也。我寧不得太原，豈忍驅汝曹冒鋒刃蹈必死之地乎？」衆皆感泣。

時宋師頓兵甘草地中，會暑雨，軍士多疾，太常博士李光贊請班師，曰：「蕞爾晉陽，豈須親討，重勞飛輓，取怨黔黎。豈若回鑾汴都，屯兵上黨，使夏取其麥，秋取其禾，既寬力役之征，便是蕩平之策。」宋帝以問趙普，普亦以爲然。乃分兵屯鎮、潞，遷太原民萬餘户於山東、河南，遂引兵還。帝命決城下水注之臺駘澤，水已落，而城多摧圮。韓知璠歎曰：「宋師之引水浸城也，知其一，不知其二。若先浸而後涸，則并人無噍類矣！」帝又籍宋所棄軍儲，得粟三十萬、茶絹各數萬，喪敗之餘賴此少濟。

是月，郭無爲伏誅。初，太原之圍，南城爲汾水所陷，宋帝至長隄觀焉。無爲謀出降，因請自將夜擊宋師，帝選精甲千人付無爲，自登延夏門送之。無爲行至北橋，值風雨而止。至是閹人衞德貴告其事，且言無爲獻地之謀蹤跡屢露，罪不可赦，乃有是處分。

天會十四年春正月，契丹歸我使臣十六人，仍詔世祖孫繼文爲平章事，李匡弼爲樞密使。時韓知璠歸國，言我國庶事多梗，而無輔臣。政事令趙高勳亦言：「晉陽爲父子國，盡拘其使，無謂也。」遂有是命。已而左右譖繼文，帝乃出繼文爲代州刺史，李匡弼爲憲州刺史。繼文隨遷雁門節度使。

夏四月辛未朔，日食。

冬十二月，以僧繼顒爲太師兼中書令。庚午，遣使貢於遼。

天會十五年冬十月癸亥朔，日有食之。癸未，遣使貢於遼。十二月，遼主子隆緒生。

天會十六年春二月癸亥，以遼主皇子生，遣使往賀。

秋九月丁巳朔，日食。

冬十二月乙卯，大雨雪。

是歲，大饑。

天會十七年春正月，遣使貢於遼。

夏六月，遣使以宋事告遼。

冬十二月，帝殺其從兄一作弟。大内都檢點繼欽。戊戌，帝將改元，遣使稟命於遼。

是歲，僧繼顒卒，追封定王。

廣運元年春正月，改元。

二月庚辰朔，日有食之。是月，遼命涿州刺史耶律昌朮貽書於宋之雄州，請通好，宋命知州孫全興答書許之。

廣運二年春二月癸亥，遣雁門節度使皇從兄繼文貢遼方物。

三月，遼與宋求成，遼遣克沙骨慎思以書如宋，結成，宋遣郝崇信、吕端報聘，自是吉凶慶弔，並遣使往還。遣使來告，命我通好於宋，無妄興師。帝聞命慟哭，謀出兵攻契丹，宣徽使馬峯固諫，乃止。

夏六月，遼主册帝爲大漢英武皇帝，賜御衣、玉帶、鞍馬等物。甲子，彗星見東方，長四丈。

秋七月辛未朔，日食。是時，築隆州城於祁縣東三十里，備宋師。

廣運三年秋八月癸卯，遣使於遼，言天贊皇帝天清節，我國設無遮會飯僧祝釐。己酉，以宋事告遼。

是月，宋侍衛都指揮使党進、宣徽北院使潘美，及楊光美、牛思進、米文義、一作宋文義。率兵分五道入寇。又遣郭進、郝崇信、王政忠、閻彦進、齊超、孫晏宣、安守忠、齊延琛、穆彦超一作璋。等，分寇忻、代、汾、沁、遼、石等州，宋史云：郭進入忻代路，郝崇信、王政忠入汾州路，閻彦進、齊超入沁州路，孫晏宣、安守忠入遼州路，齊延琛、穆彥璋入石州路。諸將所至克捷，敗我兵於太原城北。是時，我諜者趙訓爲宋青州將所擒，宋帝釋之，給服裝放歸。

九月壬午，帝乞援師於遼，遼主命南府宰相耶律沙、冀王敵烈來援。戊子，復遣駙馬都尉盧俊至遼告急。

是月，我師遇党進於太原城北，敗績，失其兵馬千餘，郭進鹵我山北民三萬七千人。

冬十月，宋遼州監押馬繼恩入太原境，燒播四十餘砦，鹵牛羊數千；郭進陷壽陽，鹵我民九千人；穆彥超入太原境，鹵我民二千人；党進又敗我兵於太原城下。

是月，宋帝崩，晉王光義卽位，改元太平興國，召諸將還。辛丑，以宋師退，遣使謝遼。

十二月丁未，以宋師復至，鹵掠軍儲，告遼，且乞賜糧爲助。

廣運四年春三月癸亥，耶律沙、敵烈歸，獻援師所獲宋俘。戊辰，遼主詔以粟三十萬來助。

宋史新編云：契丹主發粟二十萬斛，助北漢。

夏五月，遣使謝遼，且以宋事告。

秋七月壬申，以宋人侵我告遼。丙子，遼遣使助戰馬。

八月，貢遼葡萄酒。

冬十月乙酉，復遣使以宋事告遼。

是歲，胡桃砦指揮使史温等叛附宋，宋帝謂齊王延美曰：「太原，我必取之。」夏州定難節度使李□睿來侵吳堡砦，斬首七百級，鹵牛羊千計，執我砦主侯遇。

廣運五年。

廣運六年春正月，宋始議興兵，宋臣薛居正等多以爲不可。宋史云：宰相薛居正曰：「昔周世宗舉兵，太原倚契丹之援，堅壁不戰，以至師老而歸。及太祖破契丹於雁門關南，盡驅其民分布河、洛之間，雖巢穴尚存，而危已甚，得之不足以闢土，舍之不足以爲患，願熟慮之。」太宗曰：「今者事同而勢異，彼弱而我强。昔先王破契丹，徙其人而空其地者，正爲今日事也。」曹彬曰：「以國家兵甲精鋭，剪太原之孤壘，如摧枯拉朽爾！」宋帝意乃決。先是，宋太祖方征河東，白雲先生陳摶諫止之，會軍已興，及兵還，果無功，至是摶復來，始云河東可取。命潘美爲北路都招討使，帥崔彥進、李漢瓊、劉遇、曹翰、米信、田重進分道圍汾、沁、嵐諸州。又以郭進爲太原石嶺關都部署，以斷燕薊援師。時夏州定難節度使李繼筠亦遣將李光遠、光憲統番、漢兵渡河畧太原境，以張宋軍之勢。乙酉，遼遣撻馬長壽使宋，問興師侵我之故，宋帝曰：「河東逆命，所當問罪。若北朝不援，和約如故，不然則戰。」

二月甲子，宋帝自帥師來攻，發汴京，令齊王光美扈從。丁卯，帝以宋師壓境，遣使乞援於遼。戊寅，宋帝次澶州，有太僕寺丞宋捷者迎謁道左，宋帝見其姓名，喜曰：「吾其捷矣！」

三月庚辰朔，遼主遣南府宰相耶律沙爲都統，冀王敵烈爲監軍，來援，又命南院大王斜軫以所部從樞密副使耶律抹只督之。丙戌，遼主詔北院大王奚底、乙室、王撒合等以兵戍燕。

己丑，帝復以蠟丸帛書告宋兵入境於遼。遼命大將軍韓侼、大同節度使耶律善補以本路兵南援。

丁酉，耶律沙等與宋將郭進遇於白馬嶺。時契丹兵阻大澗，沙與諸將欲待後軍至而戰，冀王敵烈、監軍抹只等以爲急擊之便，沙不能奪。敵烈等以先鋒渡澗，未半，爲宋人所擊，兵潰，敵烈及其子蛙哥、沙之子德里、突呂不部節度使都敏、一作令穩都敏。黃皮室詳穩唐筈等五將俱没，士卒死傷甚衆。會南院大王斜軫兵至，萬矢俱發，敵軍始退。是時，宋田欽祚護石嶺屯軍，恣爲姦利，郭進不能禁，欽祚復數加凌侮。進武人，剛烈不能堪，遂縊而死，欽祚以卒中風眩聞。宋太宗悼惜良久，贈安國節度使。尋詔以牛思進代之。

夏四月辛亥，帝以行軍事宜奏遼，駙馬都尉盧俊自代州馳狀於遼告急。宋帝發鎮州，宋行營都監折御卿分兵攻岢嵐軍，遂陷嵐州。癸亥，宋解暉等陷隆州。

庚午，宋帝次太原，駐汾東行營。辛未，至於太原城，潘美等屢敗我兵，進築土城，長圍四合，矢石如雨，晝夜不息。宋帝督益急，城無完堞，我師外援弗至，餉道又絶，國人大懼。宋帝屢以手詔諭帝降，使者至城，守陴者輒不納。壬申，宋帝至城西督諸將士薄城下，列陳於前，蹲甲交射，矢集城上如蝟毛。時宋捕我城中人，告云：「帝以十錢購一矢，凡聚百餘萬。」宋帝笑曰：「此爲我畜也。」

五月庚辰，宣徽使范超叛降宋，爲宋兵所殺。壬午，馬軍都指揮使郭萬超叛，逾城降宋。自是親信之臣多亡，城中益危迫。宋帝移城南，復手詔諭帝，曰：「越王、吴王獻地歸朝，或授以大藩，或列於上將，臣僚子弟皆享官封。繼元速降，當保富貴。」城上有蒼白雲如人狀。九國志載：宋築長堤，壅汾灌城。俟考。

癸未，前樞密使馬峯入見，流涕歷數興亡之理。是夜，帝乃遣客省使李勳奉表請降，宋帝賜勳襲衣金帶、銀器錦綵、銀鞍勒馬，復遣通事舍人薛文寶齎詔答之。夜漏未盡，宋帝至城北，張樂宴從臣於城臺。

甲午，遲明，帝率官屬，縞衣紗帽，待罪臺下。宋帝釋之，賜襲衣玉帶、金銀鞍勒馬三匹、金器五百兩、銀器五千兩、錦綵二千段，文武官各賜衣金銀帶、器幣、鞍勒馬。詔升臺，帝叩頭言：「臣聞車駕親征，卽願束身歸罪，蓋亡命者懼死，逼臣不得降爾。」宋帝籍軍中亡投我者數百人，選其巨室，以從軍法，餘賜服及錢帛，分隸諸將。授帝檢校太師、右衛上將軍，封彭城郡公。宰相李惲等授官有差。皇從兄繼文、駙馬都尉盧俊，皆出奔於遼。宋館帝於行宮，所給賜甚厚，命中使康仁寶監之。帝獻官伎百餘人於宋，以賜將校。宋凡得州十、軍一、縣四十一或作州十、縣四十，今從李燾續通鑑長編。戶十三萬五千二百二十、兵三萬。命劉保勳知太原府。改太原爲平晉縣，宋帝因作平晉詩，令從臣和焉。又命撰平北漢碑文。

先是，宋太宗將至晉陽，語侍者：「我以端午日當置酒高會於太原城中。」及帝降，果五月五日也。太原前臨臺駘澤，後倚懸甕山，堅而難拔，太宗隨命毁舊城，以杜尾大之患。陸游筆記曰：太平興國四年，平太原，降爲并州。廢舊城，徙州於榆次。今太原則又非榆次，乃三交城也。城在舊城西北三百里，亦形勝之地，本名故軍，又常爲唐明鎮，有晉文公廟甚盛。平太原後三年，帥潘美奏乞爲并州，從之。於是徙晉文公廟，以廟之故址爲州治，又徙陽曲縣於三交，而榆次復爲縣。又以榆次縣爲并州，遣使分部徙太原民居之，縱火焚太原廬舍，老幼趨城門不及，焚死者甚衆。

未幾，令康仁寶護劉氏親屬百餘人赴汴，所過給食，賜京城甲第一區，歲時優賚有加。太平興國六年，太宗詔加彭城公、開府儀同三司。雍熙三年，建房州爲保康軍，以帝爲節度使。淳化中薨，遺奏以六歲子三豬爲託。贈中書令，追封彭城郡王，賵賻加等。三豬賜名守節，授西京作坊副使。東京事略作西京作坊使。世祖自乾祐四年稱帝，歷四主，二十九年而亡。

英武帝美風儀，善談論，頗通禪學，居潛邸時，常假僧繼顒紫檀如意，每接僧則頂帽具三衣，秉此揮譚，名爲「握君」。踐阼後御下最刻，臣下有忤意，必族其家，其被殺傷者，自故相張昭敏以下，不可勝紀。及窮蹙，始降宋。太宗終保全之，嘗謂近臣曰：「晉司馬昭以劉禪思蜀之對，戲之云：『何乃似却正之言？』此不仁之甚也。亡國之君，皆暗懦所至，苟有遠識，豈至滅亡，此可愍傷，何反戲侮乎！劉繼元，朕所鹵者，待之若賓客，猶恐不慰其意爾。」

守節後爲崇儀使，改右屯衞將軍。天禧四年，特遷右武衞將軍，改右驍衞將軍。

論曰：歐陽五代史言孝和帝殁於天會十三年，英武帝嗣位，即改元廣運，皆非也。常稽定王劉繼顒碑文，爲右諫議大夫楊夢申所撰，中云「天會十二年，今皇帝踐阼之初年也，十七年繼顒卒」，末署廣運元年，歲次甲戌，九月丙午朔。而李惲千佛樓碑銘亦署廣運二年，歲次乙亥八月庚午朔。夢申與惲本北漢臣，此最可信者。予故得據之以編漢年云。至兩主踰年皆不改元，蓋當時漢隱帝、周世宗、孟蜀後主已行其事，於北漢又何異焉。

校勘記

〔一〕侍中高勳　「高」，通鑑卷二九三作「崔」。

〔二〕汾州　「汾」原作「滄」，據宋史卷四八二北漢世家改正。

十國春秋卷第一百六

北漢三　列傳

睿宗后郭氏　郭姬

英武帝后段氏馬氏

睿宗后郭氏，天會時常養英武帝兄弟爲子。會英武帝故后段氏以小過被譴，既而遇他疾死，帝疑后寘之死也，內頗不平。及卽位，遣嬖臣范超圖弒后。后方縗服，哭孝和帝於柩前，超執而縊殺之，并滅劉氏子孫，無遺類。

郭姬者，故醫僧女。僧與嫠婦通而生姬，有殊色，睿宗納之宮中，嬖之。將册立爲妃，樞密使段常以姬所出非偶，恐貽笑鄰國，遂中止。姻族親戚又多阻抑不盡用，姬時時望於執政。常之獲罪，人以爲姬有力焉。

英武帝后段氏，素與孝和后不相協。未幾，以病薨。英武帝嗣位，追封爲皇后。

繼后馬氏，左僕射峯女也。不知所終。

湘陰公贇附鞏廷美　楊温

湘陰公贇，世祖子也。高祖愛之，以爲己子。路振九國志云：劉崇之長子曰贇，少慧黠，高祖憐之，録爲己子。乾祐元年，拜武寧軍節度使。二年，加同平章事。

郭威既敗慕容彦超於北郊，隱帝遇弒，威入京師，謂諸大臣密相推戴。及見宰相馮道等，道殊無意，威不得已，見道下拜，而道猶受拜如平時，徐勞之曰：「公行良苦。」威意色皆沮，以爲大臣未有推己意，又難於自立，因與王峻入白太后，推擇漢嗣，羣臣乃共奏曰：「武寧節度使贇，高祖愛以爲子，宜立爲嗣。」乃遣太師馮道率百官往迎。周太祖實録云：□月己丑，太祖奏遣前太師馮道往彼諭旨。太祖將奉表於徐州，未知所遣，樞密直學士王度請行，許之。宰臣百寮表秘書監趙上交齎詔，同日首塗。

道揣威意不在贇，直前問曰：「公此舉由衷乎？」威指天爲誓。道既行，語左右曰：「吾平生不作謬語人，今謬語矣！」五代史闕文曰：按道廉智自將，陽愚遠禍，恐不肯觸周祖未發之機，其徒欲歸美而云耳。道見贇，傳太后意召之。贇行至宋州，威已自澶州爲兵士擁還京師。王峻慮贇左右生變，遣侍衞馬軍指揮使郭崇威以兵七百騎衞贇。崇威至宋州，贇登樓問崇威所以來之意，崇威曰：「澶州軍變，懼未察之，遣崇威護衞，非惡意也。」贇召崇威，崇威不敢進，馮道出與崇威語，崇威乃登樓見贇。時護聖指揮使張令超帥步兵爲贇宿衞，判官董裔説贇曰：「觀崇威視瞻擧措，必有異謀。道路皆言郭威已爲天子，而陛下深入不止，禍其至哉！請急召令超，諭以禍福，使夜以兵劫崇威所屬士卒，明日掠睢陽金帛，募士卒北走太原。彼新定京邑，未暇追我，此策之上也。」贇猶豫未決。

是夕，崇威密誘令超歸郭氏，盡奪贇部下兵。郭威以書召道先歸，留其副趙上交、王度奉贇入朝太后，道乃辭贇先還。贇謂道曰：「寡人此來，所恃者以公三十年舊相，是以不疑。」道默然。贇客將賈貞等數目道，欲圖之，贇曰：「勿草草，事豈出於公邪！」道已去，崇威乃幽贇於外館，殺賈貞、董裔及牙內都虞候劉福、孔目官夏昭度等。

郭威已監國，太后乃下誥曰：「比者樞密使威，志安宗社，議立長君；以徐州節度使贇，高祖近親，立爲漢嗣。乃自藩鎭，召赴京師。雖誥命已行，而軍情不附，天道在北，人心靡東，適當改卜之初，俾膺分土之命。贇可降授開府儀同三司、檢校太師、上柱國，封湘陰公。」贇卒以殺死。按通鑑：周廣順元年正月戊寅，殺湘陰公於宋州。五代史曰幽死。

初，贇自徐州入也，命右都押牙鞏廷美、一作延美，非。元從教練使楊温守徐州。廷美、温聞贇不得立，乃奉贇妃董氏閉城拒命。周太祖拜王彦超權武寧節度使，下詔諭廷美、温，許以刺史，復貽湘陰公書曰：「爰念斯人，盡心於主，足以賞其忠義，何由責以悔尤？公可達意，更示委曲。」廷美、温不從。乾祐四年三月，彦超克徐州，廷美、温皆見殺。

論曰：歐陽公言，常見周招廷美等詔書四，皆言廷美等曾已送款於周，後懼罪而復叛。然廷美等款狀卒不見，則周詔亦不足據也。當周、漢革命之時，中原已非劉氏有矣，而廷美、温獨以區區孤城爲贇堅守，以死跡其始終，亦何媿死節之士哉！朱子作通鑑綱目，書曰「湘陰公故將鞏廷美等舉兵徐州」，其深得春秋之旨夫！

世祖諸子鎬　錡　錫　鍇　銑

世祖孫彭城郡王繼文　繼欽

世祖子十人，見於史籍者，湘陰公、孝和帝外，曰鎬，曰錡，曰錫，一作承錫。曰鍇，曰銑，於英武帝皆爲諸父。鎬與錡、錫視諸昆弟最有賢行。英武帝用羣小譖，幽之別室，未逾年俱瘐死，鍇亦隨被殺，獨銑以佯愚獲免。錡或作鐃，一曰錡與鐃爲二人云。

繼文，世祖嫡孫也。爲人魁梧，有氣局，沉毅寡言。歷官侍衞親軍使。天會時，契丹來問罪，輒拘繫行人數輩，睿宗乃命繼文往賀，因請命，亦被留不發。未幾，遼主怒解，盡歸使者十六人，厚禮以遣，而繼文與焉。時英武帝嗣位三年也。遼主仍移書，令以繼文同平章事。繼文歸秉國政，左右害其寵，多譖毀之。已而出爲代州刺史。國亡，復奔契丹，封彭城郡王，終於其國。

繼欽，世祖諸孫也。累官大內都檢點。初，睿宗以英武帝弟兄幼弱，委繼欽掌禁衞事以爲副。及英武帝立，親舊多所誅放，繼欽謝病請罷。英武帝曰：「繼欽但事先帝，豈肯爲我盡力邪？」黜居交城，尋遣人殺之。

論曰：鎬、錡、錫、銑，賢足亢宗；繼文、繼欽，才堪禦侮。孝和舍昆從之羣英，立異姓以爲後，卒至本支既撥，邦國淪亡。莒人滅鄫，實有以自取之矣。

定王繼顒　劉繼業　劉繼忠

繼顒，故燕王劉守光子也。守光之死，以孽子得不殺，削髮爲浮圖，後居五臺山。爲人多智數，善商財利，自世祖時，頗已賴之。睿宗嗣位，用宗姓，例拜鴻臚卿。繼顒能講華嚴經，手執香如意，紫檀鏤成，芬馨滿室，四方争爲供施，多積畜以佐國用。五臺當契丹界上，繼顒常得其馬以獻，號「添都馬」，歲率數百匹。又遊華巖，見地有寶氣，乃於團栢谷置銀冶，募民鑿山，取礦烹銀，官收十之四，國用多於此取給，卽其地建寶興軍。英武帝立，繼顒知後宫多内寵，獻首飾數百副，加都統，進太師兼中書令。天會十七年卒，追封定王。

劉繼業，本姓楊氏，太原人。父信，事高祖爲麟州刺史。繼業弱冠，事世祖，以驍勇聞，屢立戰功，國人號爲「楊無敵」。睿宗賜劉姓，比於諸子。累官建雄軍節度使。廣運時，繼業捍太原城東南面，殺傷宋師無算。及英武帝降宋，繼業猶據城苦戰，宋太宗素聞其勇，欲生致之，諭英武帝令招繼業，隨遣親信往，爲開陳禍福，繼業乃北面再拜，大慟釋甲，入汴京。太宗撫慰良久，復其姓，止名業，授左領軍衞大將軍。頃之，拜代州刺史。敗契丹兵於雁門，殺其將蕭咄李。後數年，與契丹耶律斜軫戰陳家谷，敗死，贈太尉。子六人：延朗、延浦、延訓、延瓌、延貴、延彬，事具宋史。續通鑑又云：繼業本名楊重貴，世祖賜今姓名。

劉繼忠，少宗之弟也。亦睿宗養子，賜姓劉氏。睿宗疾革，郭無爲建議盡斥公族，出繼忠守忻州。繼忠自稱：「嘗使契丹，得冷痼病。定襄地寒，願留養晉陽。」時少主監國，責其觀望，趣令就道，繼忠頗有怨語。或以白少主，尋縊殺之。

十國春秋卷第一百七

北漢四　列傳

李驤　鄭珙　趙華　李光美　李存瓌　張元徽　白從暉

李驤，真定人。起家河東幕僚，慷慨善談兵，饒技畧。天福十二年，高祖以世祖爲太原尹，擢驤少尹以佐之。居無何，隱帝遇害，侍中郭威遣馮道等迎湘陰公贇於徐州，是時人皆知威非實意，世祖心獨喜，以爲：「吾兒爲帝，夫何患！」驤因是陰說世祖曰：「知幾其神，時不可失。郭公舉兵犯順，其勢不能爲漢臣，必不爲劉氏立後。公不如疾引兵逾太行，據孟津，俟徐州相公卽位，然後還鎮，則郭公不敢動矣。不然，且爲所賣。」世祖大罵曰：「驤腐儒，欲離間我父子！」命左右牽出斬之。驤呼曰：「吾負經濟才，而爲愚人畫計，死誠宜矣。然吾妻病，不可獨存，願與俱死。」卽并戮其妻。已而威果自立爲皇帝，弒湘陰公於宋州，世祖大哭曰：「吾不用忠臣之言，至於此。」爲驤立祠太原。

鄭珙，青州人。少有異才。世祖行太原尹時，辟珙留守判官。乾祐初，政在大臣，樞密使郭威新討三叛，立大功，而與世祖有隙。世祖頗不自安，謂珙曰：「主上幼弱，政由權門，而吾與郭公不協，如何？」珙曰：「漢政將亂矣。晉陽兵雄天下，地形險固，十州征賦足以自給。公爲宗室，不以此時爲計，後必爲人所制。」世祖曰：「子言正合吾意。」遂表募兵四指揮以備契丹。於是收豪傑，籍民益兵，與威隱若敵國。然未幾卽位於太原。除珙中書侍郎，與趙華並同平章事。而遼世宗兀欲與世祖約爲父子國，世祖乃以珙爲禮部侍郎，奉使於遼，自稱「姪皇帝致書於叔天授皇帝」，請行册禮。兀欲性豪儁，諸使臣至，輒以酒肉困之。珙既魁岸善飲，兀欲益虐以酒，灌注無有所避。珙素有疾，一夕强之飲，腐脅而卒，遂至輿尸復命。

趙華，滎陽人。隱帝時爲河東觀察判官。世祖卽位，擢户部侍郎、同平章事，已又加僕射。天會初，李筠奉表稱臣，乞師於睿宗。睿宗自將出團柏谷，羣臣餞之汾水上，華曰：「李筠舉事輕易，陛下空國興師，臣實憂之。」不聽。已而監軍盧贊、宰相衛融率先後不還，睿宗謂華曰：「不聽公言，幾至於敗，然失融、贊二人，殊以爲恨耳！」由此益重儒者。

李光美，河南人。世祖自立於太原，署光美客省使。光美常爲直省，素諳前後典故；至是庶事草創，朝廷制度儀注一出於光美之手。綱舉目張，頗得大體。時人比於晉王彪之、唐裴冕云。

李存瓌者，唐莊宗之從弟。李克寧子。仕明宗爲供奉官。存瓌故孟知祥甥也；長興三年，明宗遣存瓌入蜀宣慰知祥，賜詔曰：「董璋狐狼，自貽族滅。卿丘園親戚，皆保安全，所宜成家世之美名，守君臣之大節。」存瓌奉詔敦諭，大得知祥心，明宗稱其能。已又仕晉，授趙州刺史。高祖時，以世祖爲北京留守，署存瓌副留守，而以少尹李驤、馬步指揮使蔚進佐之。未幾，改河東節度副使。

乾祐四年，世祖卽皇帝位，除代州防禦使，進都監。世祖常顧存瓌言：「今日忝稱位號，事非得已。」因命孝和帝攻晉州，而以存瓌將步騎萬人副焉。居數月，通事舍人李䛒如遼乞援兵，世祖復以存瓌爲招討使，將兵由團柏伐周，有功。天會中，累官忠武節度使、同平章事，與契丹將高勳攻上黨，無所得而還，後不知所終。

張元徽，武安人也。世祖鎮太原，元徽爲裨將。及卽位，改馬步軍都指揮使，已遷武寧節度使。世祖嘗語元徽等曰：「朕以高祖之業，賫之冤，義不爲郭公屈爾，期與公等勉力以復家國之讎。至於稱帝一方，豈獲已也。顧我是何天子，汝曹是何節度使邪！」

未幾，周太祖殂，世祖大舉伐周，署元徽前鋒都指揮使，同契丹兵自團柏趣潞州，與周將穆令均遇於太平驛，陽不勝以誘之，已而伏發，斬令均，鹵獲無算。久之，世祖將兵陳巴公原，元徽軍其東，楊袞軍其西，元徽帥千騎擊周右軍，周將樊愛能、何徽引兵先遁，右軍潰，解甲盡降，世祖軍中呼萬歲。是役也，愛能、徽控弦南走，周世宗親犯矢石，僅而得免，元徽陷陳之力居多，世祖親加褒賞，獎慰有加，復趣其乘勝進兵。元徽素驍勇，且屢勝，氣益驕，直前畧陳，馬倒，爲周兵所殺。元徽爲國之大將，至是將士皆氣奪，而兵遂不振。

白從暉，吐谷渾人。周大同節度使承福、遼雲州觀察使可久，皆其宗姓也。從暉少勇敢，多謀畧。開運初，仕晉爲冀州刺史，敗契丹兵於衡水上，始知名。乾祐四年，世祖自立爲天子，命孝和帝攻周晉州，以從暉與李存瓌爲副招討使，竟無成功。久之，授義成節度使。潞州之役，從暉爲行軍都部署，與前鋒都指揮張元徽自團柏濟師。已而高平大戰，元徽既敗亡，從暉無何亦病卒。

論曰：神武父子建號晉陽，抗拒强敵，文武襄贊，蔚然雲蒸。若驤之謀畫，珙之奇偉，華料事多中，光美諳習朝儀，存瓌之歷仕數朝，雍容都雅，皆彬彬一時選也。而元徽驍雄，從暉果毅，亦有名將材焉。乃或殞軀於醉飽，或輕敵以捐生，惜哉！至少尹忠言見違，反罹誅戮，無辜横及，自棄良臣，河東之得以苟存者，幸也！

王得中　段常　衞融　盧贊

王得中，上黨人。世祖時，官樞密直學士，奉詔賀遼穆宗述律卽位，未幾，還太原。乾祐七年，世祖與周師戰，王延嗣使司天監李義白世祖云：「時可戰矣。」得中叩馬諫曰：「南風甚急，非北軍利也。豈助我者邪？」世祖怒曰：「老措大，無妄沮吾軍！」已而兵果失利。世祖乃遣得中送遼將楊衮還，因乞師；遼穆宗命得中歸報，許發兵救晉陽。會代州將桑珪殺防禦使鄭處謙，得中道經其地，珪械得中送於周。周世宗賜以帶馬，問：「契丹兵何時當至？」得中曰：「臣受命送楊衮，他無所知。」或謂得中曰：「契丹許公發兵，而公不以實告，契丹兵旦暮至，公得無危乎？」得中太息曰：「吾食劉氏禄，有老母在圍中，若以實告，周人必發兵據險而拒之，如此家國兩亡，吾獨生何益！不若殺身以全家國，所得多矣！」居數日，契丹敗符彦卿於忻口，周世宗責得中欺妄，殺之。

段常，或云「常」本爲「恆」，歐陽史避宋真宗諱，作常，後人因之。□□人。事睿宗爲内客省使，雅有幹才。天會改元，擢樞密使，頗勤於其職。七年，王隱等作亂，辭連常，出爲汾州刺史，已而睿宗用郭姬言縊殺之。是歲，遼穆宗來詰責，頗以常死爲專殺之罪。其辭曰：「段常，爾父故吏，本無大惡，一旦誣害，誅及妻子。婦言是聽，非爾而誰？我務敦大義，曲容瑕垢，爾宜率德改行，無自貽伊戚也。」

衛融字明遠，青州博興人。晉天福初第進士，調南樂主簿，歷齊澶二州從事、忠武軍掌書記。高祖時，爲太原觀察支使。世祖稱皇帝，授翰林學士，詣契丹謝册禮，且請兵。天會元年，遷中書侍郎、同平章事。四年，睿宗遣盧贊監李筠軍，贊與筠不相能，詔融至潞州和解之。會筠敗，融爲宋人所擒，宋太祖責之曰：「若何故勸劉鈞舉兵助李筠反邪？」融曰：「犬吠非其主。臣四十口受劉氏豐衣美食，不忍背之。陛下縱不殺臣，臣亦不爲陛下用，終當間道走河東爾。」太祖怒，命以鐵撾擊其首，血流被面，融大呼曰：「大丈夫死或重於太山，或輕於鴻毛，臣今得死所矣！」太祖顧左右曰：「此忠臣也。」釋之，以良藥傅其創，賜襲衣金帶、鞍勒名馬。既而欲放融回國，移書於睿宗，約以融易周光遜等。光遜諸人者，故李筠所俘，以來獻者也。睿宗久不報，宋乃官融太府卿，賜第汴京。

乾德改元，郊祀，融獻郊禋大禮賦，改司農卿，出知陳、舒、黄三州。開寶六年，卒，年六十九。子偁、儔，孫齊，並進士及第。

盧贊事睿宗，積官至宣徽使。周臣李筠之降，睿宗使贊監其軍，筠内頗不平，謀事多與贊忤，睿宗命衛融中解之，而卒未能降心相從也。無何，宋將石守信大破筠軍，贊遂以身殉，左右莫不哀之。

論曰：得中乃心故主，不以貪生賣國事，節莫大焉。融慷慨不撓，視死如歸，忠矣；乃卒授職宋廷，郊禋獻賦，何哉？若常與贊，一則厲階長舌，一則釁起援鄰，不可謂非孝和實殺之也。

蔚進　郝貴超郝惟慶　張崇訓鄭進　衛儔　高仲曦

蔚進，事睿宗爲侍衛都指揮使，掌親兵，勇冠一軍。天會中，與郝貴超將兵救樂平，師敗而還。進與郭無爲不協，睿宗卧疾，無爲出進守代州。

郝貴超，失其家世，事世祖、睿宗爲大將，屢立戰功。天會四年八月，宋晉州鈐轄荆罕儒來侵汾州，貴超適鎮汾地，潛出師襲其營，罕儒竟戰死。罕儒於宋爲驍將，宋太祖痛惜之，斬其部將不用命者二十餘人。貴超後救樂平，援遼州，皆無功，久之，死。

同時又有禁帥郝惟慶者，疑貴超宗人也，爲人椎無文，不識物情。時諸方物産未通，賈客自閩、粵來，以橄欖子獻於世祖，詰旦，分頒大僚。惟慶曰：「此果類吾鄉竹青棗，食久方少得味，官家何用賜，臣所喜者金稜畧綽盤耳。」聞者大噱。

張崇訓、鄭進、衛儔，皆睿宗宿將也。累從征伐，有大功。英武帝時，以譖言先後被殺。

高仲曦，□□人也。事英武帝爲樞密使。亦以中讒，不良死。

論曰：善人，國之紀也。張、鄭、衛、高後先殞命，英武其天資刻薄人邪！進與貴超效力孝和，克保終始，可不謂幸焉。區區小邦，淫刑以逞，嗚呼！難言之矣。

張昭敏　馬峯　盧俊

張昭敏，事睿宗，積官至平章中書事。爲人慨直敢言，不畏强禦。少帝既遇害，朝臣各議所立，日中不決，昭敏獨排案言曰：「少主非宗姓，故天位不永。今當立劉氏以慰天下心。繼文久留契丹，爲世祖皇帝嫡孫，若迎立之，外可結鄰國之援，內可固宗社之本，立主無有逾繼文者。」時郭無爲憚繼文發其謀，必欲立英武帝以示恩。未幾，昭敏見殺。

馬峯，太原人。仕睿宗父子，官宣徽使。廣運初，契丹傳令通好於宋，無妄侵伐，英武帝聞命慟哭，謀出兵攻契丹，峯切諫以爲不可。俄遷樞密副使、左僕射致仕。宋師圍太原甚急，國人猶欲堅守，峯適病居於家，舁入見英武帝，流涕以興亡諭之，英武帝乃出降。太原平，宋太宗以峯爲將作監，轉太府卿，分司西京。峯善服餌養生，體强無疾，性鄙吝，頗好持論。宋雍熙元年卒，年八十餘。

盧俊，尚□□公主，爲駙馬都尉。廣運三年，宋師壓境，俊詣遼乞師有功。白馬嶺之役，遼相耶律沙將趣太原，會俊以國亡出奔，言太原已陷，遂勒兵還。俊至遼，署同政事門下平章事。明年，遼景宗以公主淑哥下嫁俊。淑哥，景宗第四女也。復拜駙馬都尉；久之，與淑哥不協，詔離之，改適蕭神奴，遂出俊爲興國軍節度使，終於其國。

論曰：嗚呼！力屈勢窮，背城借一，守國之大義也。乃論者以峯勸降爲知幾，蓋亦權其勢，不衡其義矣。昭敏立君之説，洞如觀火，假其言或用，未必非漢福也。俊出亡鄰國，不事仇讎，倘猶合於孤臣行遯之旨乎！

十國春秋卷第一百八

北漢五　列傳

郭忠恕

郭忠恕字恕先，宣和畫譜云：恕字國寶。洛陽人。幼敏慧，七歲童子及第，富有文學，尤工篆籀。常有人於龍門得鳥跡篆示之，忠恕一見輒誦，有如宿習。乾祐初，湘陰公贇鎮徐州，辟爲推官。隱帝遇弑於北岡，侍中郭威命宰相馮道迎贇，比至宋州，威已爲三軍所推戴，忠恕知事變，乃正色責道曰：「令公累朝大臣，誠信著於天下，四方譚士無賢不肖皆謂之長者。今一旦反作脱空漢，前功並棄，令公之心安乎？」道無以對。忠恕因勸贇殺道以奔河東，贇猶豫不決，遂及禍。忠恕竄迹山野。

周初徵爲周易博士。歸宋，與監察御史符昭文争忿於朝堂，貶乾州司户。秩滿去官，遂不復仕宦，縱放岐、雍、陜、洛間，逢人無貴賤輒口稱「猫」。值佳山水，卽旬日不去，或絶粒不食。盛夏暴體日中，不沾汗，大寒鑿冰而浴，旁冰澌釋。

尤善畫，工於屋木，王公有設紈素求圖寫者，必拂衣而起。一日，衢中下馬，召役夫入茗坊同啜，役夫固辭，忠恕曰：「吾常所接公卿、士大夫，皆子類也，何怪哉！」太宗素習其名，特召歸闕，入館於内侍省竇神興舍。忠恕長髯而美，忽盡薙之，神興驚問其故，忠恕曰：「聊以效顰耳！」神興大怒，白太宗以其少檢。除國子監主簿，出館於太學。益縱酒肆言時政，頗有謗讟語，上聞，決杖配流登州，至齊州臨邑，謂部送吏曰：「我逝矣！」因掊地爲穴，度可容面，俯窺焉而卒。藁葬於官道之側。後數月，故人發其尸改葬，惟衣衾存焉，識者曰：「此尸解也。」有佩觿集三卷行世。

論曰：忠恕以大節責道，義行於色，辭氣激昂，可不謂忠於所事哉！卒之展轉遯荒，浮沉周、宋，託志神僊，佯狂侮世，用心亦良苦矣。諸書載忠恕在徐州日，與同府記室董裔不合，遂謝去，非實録也。予録其大槩，蓋得之五代史補云。

趙宏　李惲　楊夢申　王保衡　王景絶

趙宏，薊州漁陽人。父玉，常客滄州，依節度判官呂兖。劉守光破滄州，收兖親屬盡戮之。兖子琦年十四，玉負之以逃，至太原，變姓名，丐衣食以給琦。琦，後唐同光初爲藩郡從事。當是時燕、趙義士以玉能存呂氏之孤，翕然稱之。明宗時，琦官職方員外郎知雜。清泰中，琦爲給事中、端明殿學士，玉已卒矣。

宏入洛舉進士，琦薦於主司馬裔孫，擢甲科，歷徐、兗、陳、許四鎮從事。高祖時爲河東掌書記。宏給捷，善戲謔，世祖雅愛之，及稱帝，累官至翰林承旨、兵部尚書。天會四年，授中書侍郎、同平章事，轉門下侍郎兼樞密使，加司徒。居頃之，郭無爲與相，左出知汾州，已又徙嵐州。

宋太祖來侵晉陽，遣偏師畧地嵐州，圍之數重，宏危蹙請降，待罪行營，太祖命釋之，賜襲衣、玉帶、金鞍勒馬、器幣甚厚，其官屬賜物有差。以宏名犯宣祖偏諱，賜名文度。師還，授檢校太傅、安國軍節度使。歲餘改華州，不宣制而告敕，同宣制之例。再調耀州，凡歷三鎮。宋開寶七年卒，年六十有七，〔一〕即英武帝之廣運元年也。

宏善爲詩，人多諷誦，有觀光集若干卷。又雅善音律，常與同州節度使宋□會飲，命樂官吹採蓮、送盞，皆他工所不知，已又索笛自吹，聲調清越，聽者驚服。宏之降也，其母在太原，世以不能死節罪之。

子昌圖，仕宋，至内殿崇班、閤門祇候。

李惲字孟深，汴州陽武人。乾祐初第進士，客遊嵐州。會世祖卽位，署州從事，擢知制誥、翰林學士。歷仕睿宗父子，累官至推誠佐命保祚功臣、特進、守尚書左僕射兼中書侍郎、平章事、上柱國、隴西郡開國公、食邑三千戶。

時母在鄉里，惲不知存亡，居常戚戚，以弈棋沉飲爲務，政事多廢。英武帝頗以爲言，惲殊不介意。後方與僧弈，帝命近侍直抵惲前，取局焚之，惲恬然，徐詣謝，英武帝因切責之，明日別造新局，弈棋如故。宋太宗陷太原，惲降命爲殿中監，始知母亡，表求追服母喪，不許。出知廣州，遷司農卿，連知許、孟二州。以足疾求解，授忠武軍行軍司馬。端拱元年卒，年七十有三。

惲性躁達，〔二〕善談名理。年少時好滑稽，及爲相，頗事持重。初與王溥、李昉同年登第，國亡，相見敍舊，情好益固，論者美之。

子存誠，仕宋，駕部員外郎；存信，宋左侍禁、閤門祗候。又惲文詞駢麗，見推流輩，英武帝時天龍寺千佛樓成，詔惲撰碑銘，而命翰林令劉守清、王廷譽勒文於石，一時無不歎絕。其辭曰：〔三〕帝宅之西五里而遠，羣山邃谷，延袤縈擁。北自乾坎，南距申酉，蒼崖峭壁，怪石靈泉。薜蘿蔭乳竇以夏寒，蘗桂嚮晴暘而冬綠。澗溜清泚，自激輕音；蔓草芃茸，本無毒螫。洞穴窈窕，煙嵐閉虧。隔雲聞雞犬之聲，度嶺接樵蘇之徑。大哉！氣通斗極，崆峒帶多武之鄉；地劃參墟，晉野樂深思之俗。況乎刑政之經不紊，霸王之器具存，紀都邑卽天下之浩壤，養士馬卽域中之精勇。往者北齊啓國，後魏興邦，雖未臻偃伯之稱，且咸正事天之位。時或俙重城之宴處，選面勝之良游。各營避暑之宮，用憩鳴鑾之駕。亦猶秦之阿房，晉之虒祁，楚之章華，漢之未央，古基摧搆，往往存焉。年歷寖遥，率多改作。蓋以翼翼都會，豪右富民，因舊圖新，增制惟錯。於是乎金人塔廟，老氏宫觀，星布於巖石矣，懿哉！坤維之上，一舍之遥，羣木陰翳，奇峯崷崒。上有平址，東西僅五十步，北倚石壁，有彌勒閣，内設石像，侍立對峙，容旨温□，其鐫磨之巧，代不能及。昔睿宗皇帝再加添設，功用宛然。次東有池水甚潔，澄湛凝碧，覩之恐聳。國人儼其堂宇，偶以神位，每角亢方中，雷雨未施，卽雩禱咸萃矣。馴嶺西下，□□約三百步，有高寺榜曰天龍，故易義云，夫龍者潛卽勿用，飛卽在上。天龍之名，固其宜矣。今英武皇帝應千齡之運，居九重之尊，比自舞象執經，齒胄學優於庠序；問安侍膳，□□□□於庭闈。動叶咨詢，行符典則。負對日之辨，似不能言；□秤象之智，果而勿伐。肅肅然煌煌然，偉量知幾，深不可測。立德在閒平之右，承家繼文武之基，自非道濟艱危，孝安宗社，孰能與於此乎？天會中，睿宗皇帝以道□□□□□□□□□出閤，授檢校司徒、歸義府都督。時年尚幼沖，躬親官次，寡辭斂德，務簡刑清，吏不敢欺，府無留事。嘗以公退休暇，與叔季諸王，方駕接軫，禮謁精藍，一歲之中，□□□數。上獨於東序塑觀音像一堂，其內幡花寶蓋，供飾之用，靡不嚴潔，於兹日新，每具齋禱，罔不乾乾惕惕，潛發明誠。所志者延鴻祚於邦家，弭袄氛於區宇，因心愛敬，不忘斯須。□□甚嘉，羣論歸美。攸是罷解公府，特恩加檢校太保，授右金吾衛大將軍，充大內都點檢。貞幹服勤，中外嚴勅，宜威敬事，動叶聖謨。及皇帝踐阼，加太師，行太原尹，階勳爵邑，悉稱公台。尋領侍衛親軍事。未幾值倉卒之變，震駭非常，上獨執雄斷，入平内難，時戊辰秋九月，嗣昇宸極，立定傾危。赫然大□，垂裕終古。自是潔念，恆切歸依，每屆良辰，必親行幸。至壬申歲十二月二十二日，詔有司於大殿後正面造重樓五間，尋遣良冶鑄賢刼，自拘留孫如來已降，鐵佛千尊，□範金審，像□□容，光相圓明，等無差別。如是勻分龕室，各安上級。時詔宣徽北院使、永清軍節度使、檢校太保范超自始監修，應期成就。基砌柱礎，廣檻飛甍，丹彩相望，□□□□。巍乎窗扉下瞰於雲端，棟宇勃興於地表。金爐曉炷，惟聞薝蔔之香；玉磬晨鳴，不假蓮花之漏。議者曰，樹超世之果，圖不朽之功，必依惟睿之謀，宜享終天之禄。豈比夫望祭□□□□□禱之功，駕騁瑶池，徒縱盤遊之樂者哉！上御宇之八年乙亥歲，天贊皇帝義敦天性，禮叶彝章，洎春末夏初，累飛詔示，必以備物典册，將加徽號洪名，□□君親之恩，敬修迎受之禮。至夏六月十六日，果降貴近，昭宣□容。尋於正殿□□英武皇帝兼頒龍衣玉帶，駟馬雕鞍，别賜神旗皷吹，殊和異將，衆心悦隨，羣后稱慶。寶函金簡，揚命舜命禹之書；馭朽持盈，盡爲子爲臣之敬。禮之大者，帝載無窮。先是英武皇帝以今歲攝提，建月青風，□□□□□昇，寒氣將退，嚴整儀衛，親率公卿，駕蒼虬之騤騤，衣赭袍之熠熠。雲韶寅導，和樂□□□□□曲之居，悞居初禪之境。臣幸陪天仗，親奉德音，既成□福，□□□□□□之祐。遽兹承詔，俾誌勝緣。將紀洪猷，潛思祕祝。所冀龍華會上，側聆善囑之言；星宿刼中，偏覩青蓮之相。歡心有待，謹作銘云：覺皇遞興，大教垂世。成位有期，壞空相繼。大哉賢刼，千佛重光。六度萬行，軌躅相望。浩刼迢遥，一念可攝。勿謂難逢，聲塵相接。惟彼陶唐，上列參墟。莓莓沃野，煌煌帝居。天啓亨會，神輪瑞圖。英武之難，後來其蘇。一人有作，撫寧邦域。治民事天，允釐庶績。金像玉樓，伊帝之力。普濟蒼生，永奠皇極。

楊夢申，□□人。天會時，累官右諫議大夫。夢申能文章，尤長於碑記。十七年，奉敕撰定王繼顒神道碑文，文不加點，典而有則，朝士多稱賞之。

王保衡，仕英武帝爲中書舍人，直翰林院。保衡博學有文名，所著晉陽見聞要録若干卷行世。

王景絶，太原人。少客燕地，感家世儒者，不當用材武進，乃南遊嵩、洛。得譚用之爲友，以文章相砥礪，寖以文稱。天會中，還家，至境上，會睿宗據太原，歎曰：「天下將定，以區區一方拒天下兵，此危國也！」遂止上黨，潞州帥延致幕府。景絶自是不復作吏，時時購四方書鈔之，晚年集書數千卷。國亡入宋，端拱中終於汴京。

郭無爲　侯霸榮　范超

郭無爲字無不爲，青州千乘人也。一云棣州人。方頴鳥喙，好學多聞，善談辨，常衣褐爲道士，居武當山。乾祐初，郭威討李守貞河中，無爲詣軍門上謁，詢以當世之務，大奇之，將留館門下。或謂威曰：「公爲大臣，握重兵居外，而延縱横之士，非所以防微慮遠也。」由是不納。遂拂衣去，隱太原抱腹山。

睿宗卽位，内樞密使段常薦其才，召爲諫議大夫，尋遷吏部侍郎，參議中書事。與趙宏同秉政，意好不協。及宏出知汾州，而常復以獲罪死，遂以無爲爲左僕射、同平章事兼樞密使，機務一以委之。睿宗常卧病，與無爲語及皇子繼恩，謂：「繼恩純孝，然非濟世才，恐不能了家事。」無爲默然不對。及少主繼恩立，怨無爲不助己，欲逐之而未果。月餘，侯霸榮入閣弑少主，無爲復遣人登屋入殺霸榮，故霸榮之亂，人皆謂實受意於無爲，隨殺之以滅口也。

英武帝嗣立，宋太祖遣李繼勳等濟師，仍賜詔無爲，許以安國軍節度使。無爲捧詔色動，從臾納款，而國人及諸臣皆欲堅守以拒宋。未幾，宋太祖身在行間，督兵攻晉陽。長圍既合，會英武帝曲宴羣臣，契丹使亦在焉，無爲仰天慟哭，拔佩刀欲自裁，爲左右所持。英武帝自下執其手，延之上坐。無爲曰：「奈何以孤城抗百萬之師！」蓋欲摇動并人，而并人守意益堅。已而無爲計無所出，遂密通於宋，請將兵夜襲圍自拔，值天陰雨而止。後宦者衛德貴發其事，英武帝遣人縊殺之，以謝國人。

侯霸榮，邢州龍岡人。多力善射，走及奔馬，常爲盜并、汾間。睿宗用爲指揮使，戍樂平。天會初，率所部降宋，宋太祖補霸榮内殿直。未幾，復來奔，睿宗赦其罪，又署爲供奉官。少主既嗣位，霸榮謀持少主首獻宋，遂乘其無備，白晝挺刃而入，反扃其户；少主繞屏走，霸榮以刃揕胷弑之。或曰郭無爲實使之也。無爲隨遣卒登梯入殺霸榮。

范超，失其世系。天會中，奉内旨圖弑孝和后。爲英武帝所嬖，累遷宣徽北院使、永清軍節度使、檢校太保。十六年，監修千佛樓，鑄象範容，帝復稱其能。廣運時，宋師圍太原，超破圍請降，攻城者誤以超爲出戰，擒而戮之。英武帝遂斬超妻子，投其首城外。

李筠

李筠，太原人。善騎射。初隸後唐秦王從榮麾下，從榮難作，筠騎從至天津橋，射殺十數人，已而棄馬遁去。清泰初，應募爲内殿直，遷控鶴指揮使。

開運末，契丹滅晉，其將趙延壽聞筠勇悍，召寘帳下。及延壽被執，契丹將耶律解里者尚統二千騎留鎮州，筠與諸將謀伺間擊之，控鶴左廂都校白再榮持兩端，匿室中不時應，筠拔佩刀破幕引臂逼再榮行，殺傷相當，解里遂棄城去。高祖立於晉陽，再榮以鎮州送款，授再榮留後，而以筠爲博州刺史。

郭威鎮大名，表筠先鋒指揮使，又爲北面緣邊巡檢。洎起兵入汴，筠與郭崇威從戰，敗慕容彥超於留子陂，有功。威革漢祚，是爲周太祖。太祖論開國功，遷筠昭義軍節度使、檢校太傅、同平章事。居數年，周累與世祖搆兵，筠以奇兵擊敗契丹之援晉陽者，加兼侍中。周恭帝立，進太尉。

宋太祖受禪，遣使加兼中書令，諭以入朝。筠卽欲拒命，左右爲陳曆數推遷之理，不得已下拜，及延使者升階，置酒張樂，遽索周太祖畫像懸壁，涕泣迸至。賓佐殊惶駭，告宋使曰：「令公被酒失其常性，幸勿爲訝。」未幾，遣牙將劉繼沖等稱臣於睿宗，睿宗以蠟書約與伐宋。筠雖外陽附宋，而內實欲得甘心以報周也。是時筠子守節爲宋皇城使，泣諫不聽。宋太祖又遣之諭旨曰：「歸語汝父，我未爲天子時，任自爲之，既爲天子，獨不能臣我邪！」筠謀愈益急，遂起兵。從事閭邱仲卿獻策曰：「大梁兵甲精鋭，難與争鋒。我孤軍舉事，其勢甚危，倚援河東，終未得力，不如西下太行，直抵懷、孟，塞虎牢，據洛邑，東向争天下，計之上也。」筠曰：「吾周朝宿將，與世宗義同昆弟，禁衛皆舊人，必倒戈歸我。況有儋珪槍、撥汗馬，何憂天下哉！」儋珪，筠愛將，有勇力，善用槍；「撥汗」，筠駿馬，日馳七百里，故筠誇焉。頃之，使人殺澤州刺史張福，據其城。睿宗乃率兵來援，筠以臣禮上謁於太平驛。時睿宗兵衛寡弱，筠内甚悔，而事已不可中止。睿宗乃封筠西平王，召與語，筠自陳受郭氏大恩，敢愛死，不痦周與漢爲世讎也。睿宗默然，由是心疑之，命宣徽使盧贊監其軍。筠益怏怏不自得，留子守節守上黨，而自引衆南向。宋太宗遣石守信等討之，敕曰：「勿縱筠下太行，急進師扼其隘，破之必矣。」

太祖遂親征，山路多石不可行，太祖先於馬上負數石，羣臣六軍皆負之，卽日平爲大道。與守信等會，破筠衆於澤州南，殺監軍贇，筠走還保澤州。太祖親督戰，拔其城，筠赴火死。隨進兵潞州，守節降，釋罪，賜襲衣、金帶、銀鞍勒馬。是日宋太祖宴從官，守節與焉，隨除單州團練使，時天會四年六月也。

筠初名榮，避周世宗諱，改之。宋史云：筠稍知書，頗好調謔。改名時，或令名「筠」，筠曰：「李筠，李筠，玉帛云乎哉。」性雖暴，事母甚孝，每怒將殺人，母屏風後呼筠，筠趨至，母曰：「聞將殺人，可免乎？爲吾曹增福爾！」遽舍之。筠有愛妾劉氏，欲俱死，筠以其有娠，麾令去。左編云：劉氏隨筠至澤，時被攻城危，劉謂筠曰：「城中健馬幾何？」筠曰：「爾安問此？」劉曰：「孤城危蹙，破在俄頃。今誠得馬數百，與腹心潰圍，出保昭義，求援河東，猶愈於坐待死也。」筠然之。召左右計馬，尚不減千匹，以是夕將出。或謂筠曰：「今帳前計議，皆云一心，縣門既發，不可保矣。倘劫公而降，悔其何及。」筠猶豫不決。明日城陷，筠將赴火，劉欲俱死，筠以其有娠，麾去之。守節購得，果生子焉。

論曰：筠故周臣，繫以漢傳者何？蓋太平驛之役，筠業以臣禮事孝和，雖情懷觖望，而俛首委質，未可謂非劉氏臣也。況捐軀舊主，矢志靡它，固人人樂得之爲臣者乎！夫然而繫之漢傳，誰云不宜。

校勘記

〔一〕年六十有七　「七」，宋史卷四八二趙文度傳作「一」。

〔二〕惲性躁達　「躁」，宋史卷四八二李惲傳作「疏」。依文義，當以作「疏」爲是。

〔三〕其辭曰　按李惲此文載於全唐文卷九〇〇，題作大漢英武皇帝新建天龍寺千佛樓碑銘。十國春秋所載，字多缺漏，今據全唐文校補，凡校補處不另出校。全唐文亦有缺字，則仍以空格標出。

十國春秋卷第一百九

十國紀元表

十國稱帝者七，改元者八，而楚、荆南則行中朝年號，然吳越惟武肅三改元，文穆以下無聞焉。若荆南文獻王、楚恭孝王亦間奉吳與南唐正朔，而吳越、閩兩國又遵契丹會同之號者一年，彼此參錯，易於傳譌。今斷始於梁開平丁卯，終於宋太平興國己卯，凡七十三年，中間各國紀年頗有　考，余得而備列之，作十國紀元表。

		吳	蜀	南漢	楚	吳越	閩	荆南	北漢
907 丁卯	梁太祖 開平元年	烈祖 天祐四年	前蜀高祖 天復七年	烈宗 開平元年	武穆王 開平元年	武肅王 天祐四年 四月後用開平年號	太祖 開平元年		
908 戊辰	開平二年	天祐五年 是歲高祖立	武成元年	開平二年	開平二年	天寶元年	開平二年		

909 己巳	910 庚午	911 辛未	912 壬申	913 癸酉	914 甲戌	915 乙亥	916 丙子
開平三年	開平四年	乾化元年	乾化二年	乾化三年 末帝二月即位	乾化四年	貞明元年	貞明二年
天祐六年	天祐七年	天祐八年	天祐九年	天祐十年	天祐十一年	天祐十二年	天祐十三年
武成二年	武成三年	永平元年	永平二年	永平三年	永平四年	永平五年	通正元年
開平三年	開平四年	乾化元年 三月高祖權知留後	乾化二年	乾化三年	乾化四年	貞明元年	貞明二年
開平三年	開平四年	乾化元年	乾化二年	乾化三年	乾化四年	貞明元年	貞明二年
天寶二年	天寶三年	天寶四年	天寶五年	天寶六年	天寶七年	天寶八年	天寶九年
開平三年	開平四年	乾化元年	乾化二年	乾化三年	乾化四年	貞明元年	貞明二年
				武信王 乾化三年	乾化四年	貞明元年	貞明二年

	917	918	919	920	921	922
	丁丑	戊寅	己卯	庚辰	辛巳	壬午
	貞明三年	貞明四年	貞明五年	貞明六年	龍德元年	龍德二年
	天祐十四年	天祐十五年	是歲即吳國王位改武義元年	武義二年 睿帝六月嗣位	順義元年	順義二年
	天漢元年	光天元年 後主六月即位	乾德元年	乾德二年	乾德三年	乾德四年
	乾亨元年 是歲八月高祖即帝位改元	乾亨二年	乾亨三年	乾亨四年	乾亨五年	乾亨六年
	貞明三年	貞明四年	貞明五年	貞明六年	龍德元年	龍德二年
	天寶十年	天寶十一年	天寶十二年	天寶十三年	天寶十四年	天寶十五年
	貞明三年	貞明四年	貞明五年	貞明六年	龍德元年	龍德二年
	貞明三年	貞明四年	貞明五年	貞明六年	龍德元年	龍德二年

公元	干支									
923	癸未	龍德三年 唐莊宗同光元年	順義三年	乾德五年	乾亨七年	龍德三年 同光元年	天寶十六年	龍德三年 同光元年	龍德三年 同光元年	
924	甲申	同光二年	順義四年	乾德六年	乾亨八年	同光二年	寶大元年	同光二年	同光二年	
925	乙酉	同光三年	順義五年	咸康元年 是歲國亡	乾亨九年 十二月改白龍元年	同光三年	寶大二年	同光三年 是歲十二月嗣王延翰立	同光三年	
926	丙戌	同光四年 明宗天成元年	順義六年	後蜀高祖天成元年	白龍二年	同光四年 天成元年	寶正元年	同光四年 天成元年	同光四年 天成元年	
927	丁亥	天成二年	是歲即帝位改乾貞元年	天成二年	白龍三年	天成二年	寶正二年	天成二年 是歲十二月惠宗立	天成二年	
928	戊子	天成三年	乾貞二年	天成三年	大有元年	天成三年	寶正三年	天成三年	天成三年	
929	己丑	天成四年	太和元年	天成四年	大有二年	天成四年	寶正四年	天成四年	文獻王太和元年	

公元	干支									
930	庚寅	長興元年	太和二年	長興元年	大有三年	長興元年 衡陽王十一月襲位	寶正五年	長興元年	長興元年	
931	辛卯	長興二年	太和三年	長興二年	大有四年	長興二年	寶正六年	長興二年	長興二年	
932	壬辰	長興三年	太和四年	長興三年	大有五年	長興三年 文昭王八月襲位	長興三年 文穆王四月嗣位	長興三年	長興三年	
933	癸巳	長興四年 愍帝十二月即位	太和五年	長興四年	大有六年	長興四年	長興四年	龍啓元年 是歲正月惠宗即帝位	長興四年	
934	甲午	應順元年 廢帝四月立改清泰元年	太和六年	是歲閏正月即帝位明德元年後主七月嗣位	大有七年	應順元年 清泰元年	應順元年 六月稱清泰元年	龍啓二年	應順元年 清泰元年	
935	乙未	清泰二年	天祚元年	明德二年	大有八年	清泰二年	清泰二年	永和元年 康宗十月嗣位	清泰二年	

936	丙申	晉高祖天福元年	天祚二年明年十月國亡	明德三年	大有九年	清泰三年天福元年	清泰三年十二月稱天福元年	通文元年	清泰三年	
937	丁酉	天福二年	南唐烈祖昇元元年	明德四年	大有十年	天福二年	天福二年	通文二年	天福二年	
938	戊戌	天福三年	昇元二年	廣政元年	大有十一年	天福三年	天福三年	通文三年	天福三年	
939	己亥	天福四年	昇元三年	廣政二年	大有十二年	天福四年	天福四年	通文四年景宗六月立改永隆元年	天福四年	
940	庚子	天福五年	昇元四年	廣政三年	大有十三年	天福五年	天福五年	永隆二年	天福五年	
941	辛丑	天福六年	昇元五年	廣政四年	大有十四年	天福六年	天福六年忠獻王八月嗣立	永隆三年	天福六年	

公元	干支									
942	壬寅	天福七年 出帝六月即位	昇元六年	廣政五年	大有十五年殤帝三月嗣位改光天元年	天福七年	天福七年	永隆四年	天福七年	
943	癸卯	天福八年	昇元七年 元宗三月嗣位改保大元年	廣政六年	光天二年 三月中宗立改應乾元年十一月爲乾和元年	天福八年	天福八年	永隆五年 是歲富沙王以建州稱帝國號殷改元天德	天福八年	
944	甲辰	開運元年	保大二年	廣政七年	乾和二年	開運元年	開運元年	永隆五年 天德二年	開運元年	
945	乙巳	開運二年	保大三年	廣政八年	乾和三年	開運二年	開運二年	天德三年 是歲王氏滅	開運二年	
946	丙午	開運三年	保大四年	廣政九年	乾和四年	開運三年	開運三年		開運三年	

947 丁未	948 戊申	949 己酉	950 庚戌	951 辛亥
開運四年漢高祖天福十二年	乾祐元年隱帝二月即位	乾祐二年	乾祐三年	周太祖廣順元年
保大五年	保大六年	保大七年	保大八年	保大九年
廣政十年	廣政十一年	廣政十二年	廣政十三年	廣政十四年
乾和五年	乾和六年	乾和七年	乾和八年	乾和九年
天福十二年嗣王希廣二月立	乾祐元年	乾祐二年	乾祐三年	恭孝王保大九年是歲恭孝王遷金陵馬氏絶
開運四年六月忠遜王立又稱會同十年忠懿王十月嗣立	乾祐元年	乾祐二年	乾祐三年	廣順元年
		留從效保大七年	保大八年	保大九年
天福十二年	乾祐元年貞懿王十二月繼立	乾祐二年	乾祐三年	廣順元年
				乾祐四年

公元	干支									
952	壬子	廣順二年	保大十年	廣政十五年	乾和十年	劉言 廣順二年	廣順二年	保大十年	廣順二年	乾祐五年
953	癸丑	廣順三年	保大十一年	廣政十六年	乾和十一年	廣順三年 是歲八月王逵立	廣順三年	保大十一年	廣順三年	乾祐六年
954	甲寅	顯德元年 世宗正月即位	保大十二年	廣政十七年	乾和十二年	顯德元年	顯德元年	保大十二年	顯德元年	乾祐七年 睿宗冬嗣位
955	乙卯	顯德二年	保大十三年	廣政十八年	乾和十三年	顯德二年	顯德二年	保大十三年	顯德二年	乾祐八年
956	丙辰	顯德三年	保大十四年	廣政十九年	乾和十四年	顯德三年 是歲周行逢立	顯德三年	保大十四年	顯德三年	乾祐九年
957	丁巳	顯德四年	保大十五年	廣政二十年	乾和十五年	顯德四年	顯德四年	保大十五年	顯德四年	天會元年

958 戊午	顯德五年	中興元年三月改交泰元年五月稱顯德五年	廣政二十一年	乾和十六年後主八月即位改大寶元年	顯德五年	顯德五年	中興元年交泰元年顯德五年	顯德五年	天會二年
959 己未	顯德六年恭帝六月即位	顯德六年一云聘獻用中國年號本國仍稱交泰	廣政二十二年	大寶二年	顯德六年	顯德六年	顯德六年	顯德六年	天會三年
960 庚申	宋太祖建隆元年	建隆元年	廣政二十三年	大寶三年	建隆元年	建隆元年	建隆元年	建隆元年是歲太尉保勗權知軍府事	天會四年
961 辛酉	建隆二年	建隆二年後主六月嗣立	廣政二十四年	大寶四年	建隆二年	建隆二年		建隆二年	天會五年

962	963	964	965	966	967
壬戌	癸亥	甲子	乙丑	丙寅	丁卯
建隆三年	建隆四年 十一月改 乾德元年	乾德二年	乾德三年	乾德四年	乾德五年
建隆三年	乾德元年	乾德二年	乾德三年	乾德四年	乾德五年
廣政二十五年	廣政二十六年	廣政二十七年	是歲正月國亡		
大寶五年	大寶六年	大寶七年	大寶八年	大寶九年	大寶十年
建隆三年 是歲行逢子保權立	建隆四年 三月周氏亡				
建隆三年	乾德元年	乾德二年	乾德三年	乾德四年	乾德五年
	陳洪進 乾德元年	乾德二年	乾德三年	乾德四年	乾德五年
建隆三年 是歲侍中繼沖權知軍府事	建隆四年 五月國亡				
天會六年	天會七年	天會八年	天會九年	天會十年	天會十一年

968	969	970	971	972	973
戊辰	己巳	庚午	辛未	壬申	癸酉
乾德六年十一月改開寶元年	開寶二年	開寶三年	開寶四年	開寶五年	開寶六年
開寶元年	開寶二年	開寶三年	開寶四年	開寶五年	開寶六年
大寶十一年	大寶十二年	大寶十三年	大寶十四年是歲春國亡		
開寶元年	開寶二年	開寶三年	開寶四年	開寶五年	開寶六年
開寶元年	開寶二年	開寶三年	開寶四年	開寶五年	開寶六年
天會十二年少帝七月嗣位九月遇弒英武帝立	天會十三年	天會十四年	天會十五年	天會十六年	天會十七年

公元	干支									
974	甲戌	開寶七年	甲戌歲				開寶七年	開寶七年		廣運元年
975	乙亥	開寶八年	是歲十一月國亡				開寶八年	開寶八年		廣運二年
976	丙子	開寶九年十月太宗即位改太平興國元年					開寶九年太平興國元年	開寶九年太平興國元年		廣運三年
977	丁丑	太平興國二年					太平興國二年	太平興國二年		廣運四年
978	戊寅	太平興國三年					太平興國三年是歲歸宋	太平興國三年是歲洪進歸宋		廣運五年
979	己卯	太平興國四年								廣運六年是歲國亡

十國春秋卷第一百十

十國世系表

夏書言「惇叙九族」，大雅稱「本支百世」，誠以子姓蕃衍，篤親親而别昭穆也。十國譜牒多散亡，迺子孫昆弟名號時時見於他書，故秩然不紊焉。稍次其原流行輩，作十國世系表。

吴世系

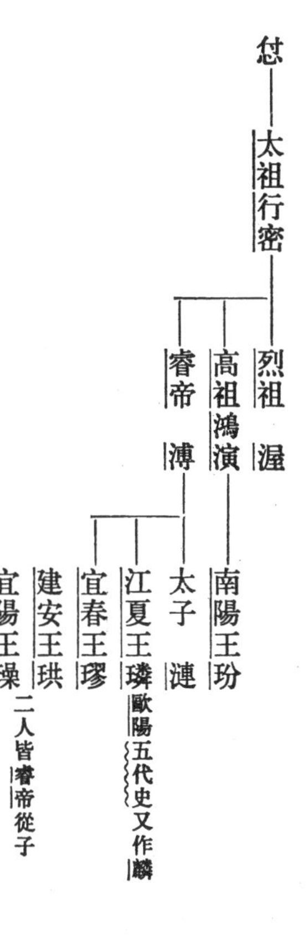

南唐世系

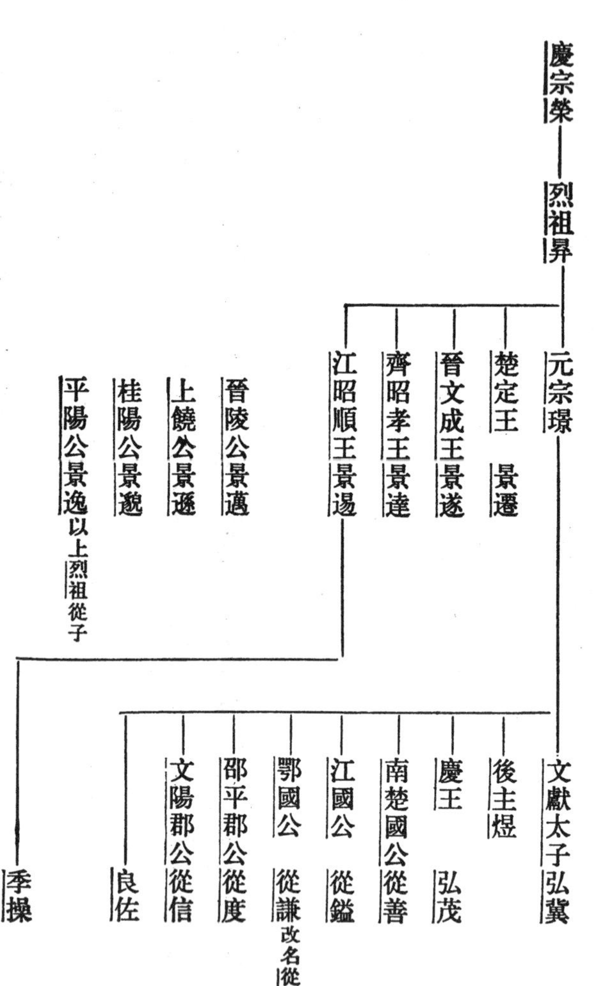
慶宗榮
烈祖昪
元宗璟
楚定王景遷
晉文成王景遂
齊昭孝王景達
江昭順王景逷
晉陵公景邁
上饒公景遜
桂陽公景邈
平陽公景逸以上烈祖從子
文獻太子弘冀
後主煜
慶王弘茂
南楚國公從善
江國公從鎰
鄂國公從謙改名從讜
邵平郡公從度
文陽郡公從信
良佐
季操

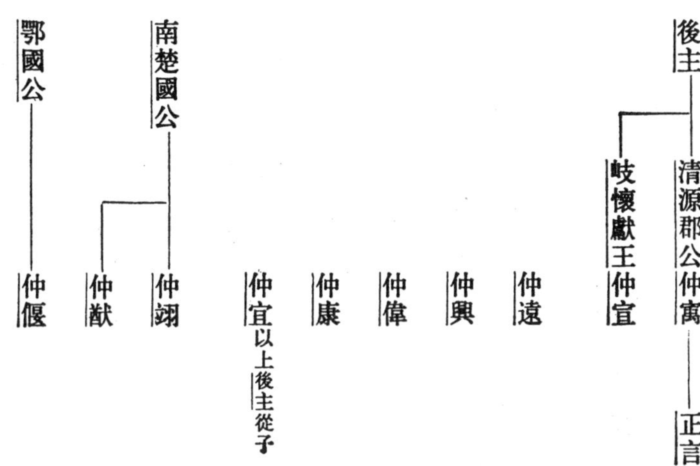
後主
清源郡公仲寓
正言
岐懷獻王仲宣
仲遠
仲興
仲偉
仲康
仲宜以上後主從子
南楚國公
仲翊
仲猷
鄂國公
仲偃

前蜀世系

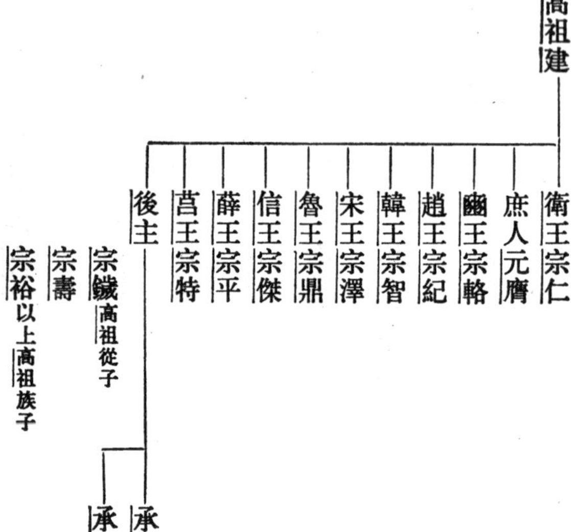
高祖建
衛王宗仁
庶人元膺
幽王宗輅
趙王宗紀
韓王宗智
宋王宗澤
魯王宗鼎
信王宗傑
薛王宗平
莒王宗特
後主
承祧
承祀
宗鐬高祖從子
宗壽
宗裕以上高祖族子

後蜀世系

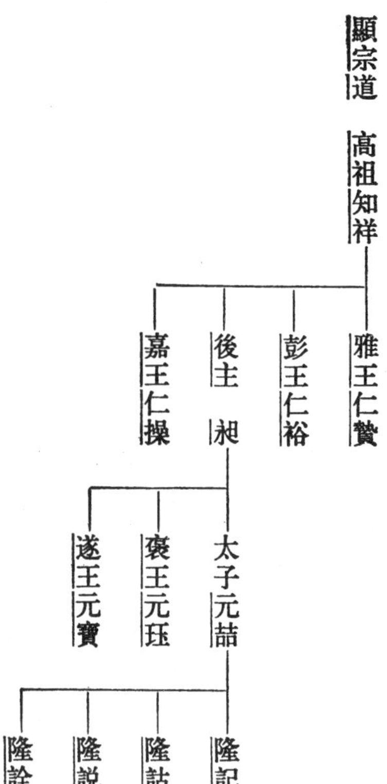

南漢世系

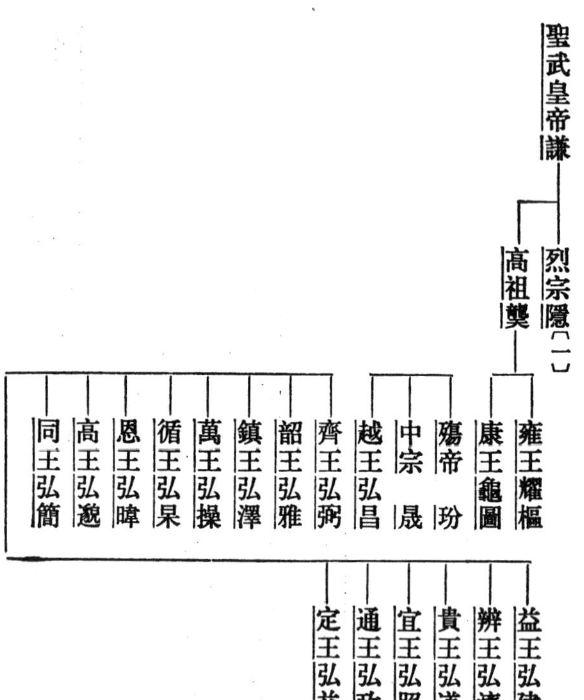
聖武皇帝謙
烈宗隱〔一〕
高祖龔
雍王耀樞
康王龜圖
殤帝玢
中宗晟
越王弘昌
齊王弘弼
韶王弘雅
鎮王弘澤
萬王弘操
循王弘杲
恩王弘暐
高王弘邈
同王弘簡
益王弘建
辨王弘濟
貴王弘道
宜王弘照
通王弘政
定王弘益

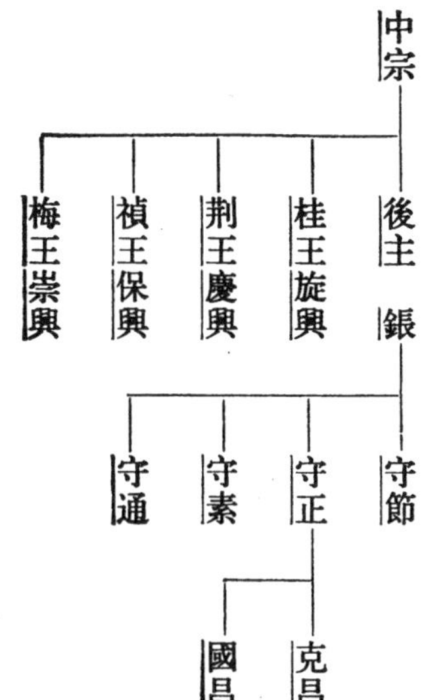
中宗
後主　鋹
桂王旋興
荆王慶興
禎王保興
梅王崇興
守節
守正
守素
守通
克昌
國昌

楚世系

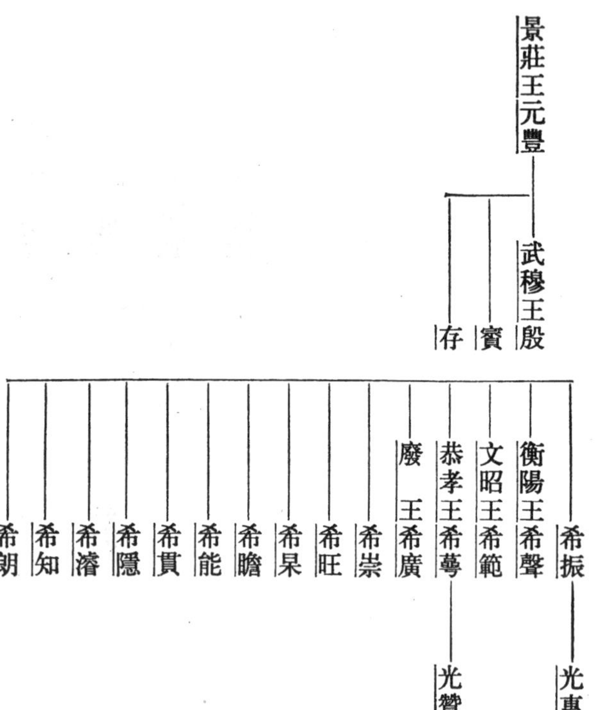
景莊王元豐
武穆王殷
賓
存
希振
光惠
衡陽王希聲
文昭王希範
恭孝王希萼
光贊
廢　王希廣
希崇
希旺
希杲
希瞻
希能
希貫
希隱
希濬
希知
希朗

吴越世系

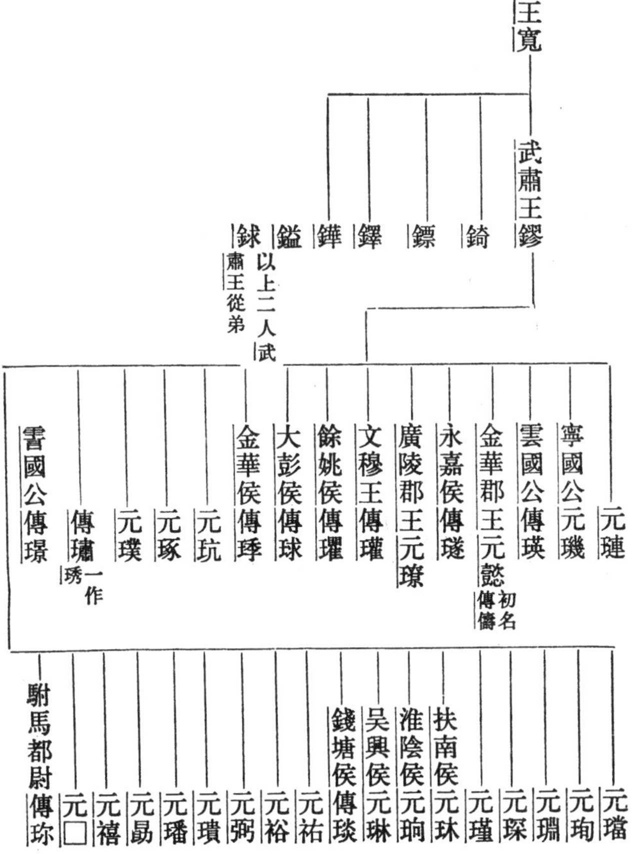
英顯王寬
武肅王鏐
錡
鏢
鐸
鏵
鎰
鋉
以上二人武肅王從弟
元璉
寧國公元璣
雲國公傳瑛
金華郡王元懿 初名傳僖
永嘉侯傳璲
廣陵郡王元璙
文穆王傳瓘
餘姚侯傳瓘
大彭侯傳球
金華侯傳琈
元玩
元琢
元璞
傳璛 一作琇
霅國公傳璟
元璫
元珣
元瑂
元琛
元瑾
扶南侯元球
淮陰侯元珦
吴興侯元琳
錢塘侯傳琰
元祐
元裕
元弼
元璝
元璠
元勗
元禧
元□
駙馬都尉傳琮

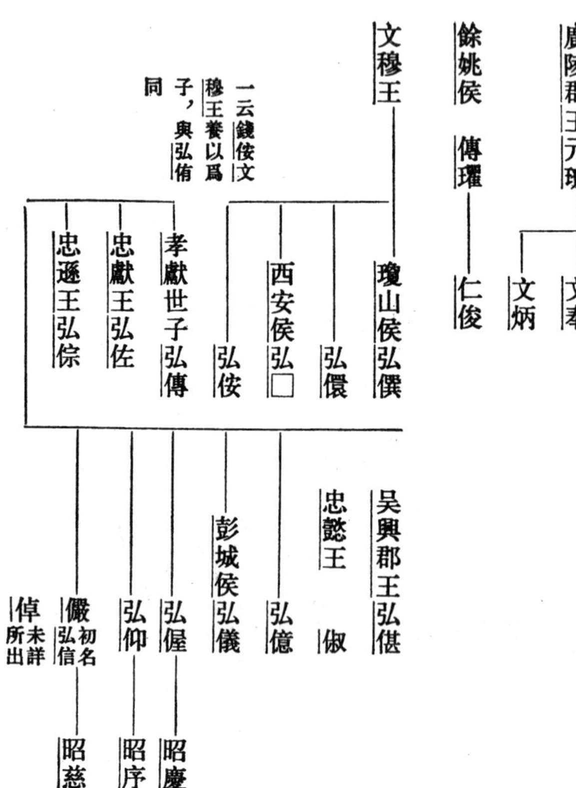
廣陵郡王元璙
文奉
文炳
元祁
元珪
二人未詳所出
餘姚侯　傳瓘
仁俊
文穆王
一云錢侒文穆王養以爲子，與弘侑同
瓊山侯弘僎
弘儇
西安侯弘□
弘侒
孝獻世子弘傳
忠獻王弘佐
忠遜王弘倧
吳興郡王弘偡
忠懿王　俶
弘億
彭城侯弘儀
弘偓
昭慶
弘仰
昭序
儼
初名弘信
昭慈
倬
未詳所出

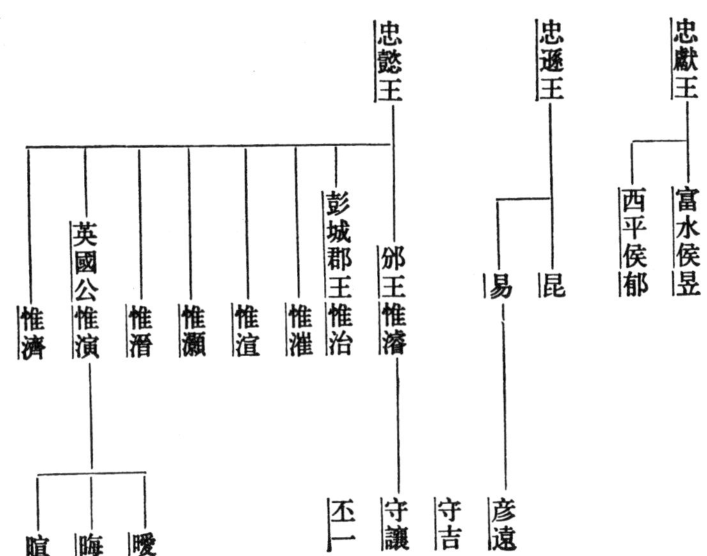
忠獻王
富水侯昱
西平侯郁
忠遜王
昆
昜
彥遠
守吉
忠懿王
邠王惟濬
守讓
彭城郡王惟治
丕一
惟灌
惟渲
惟灝
惟滑
英國公惟演
曖
晦
暄
惟濟

閩世系

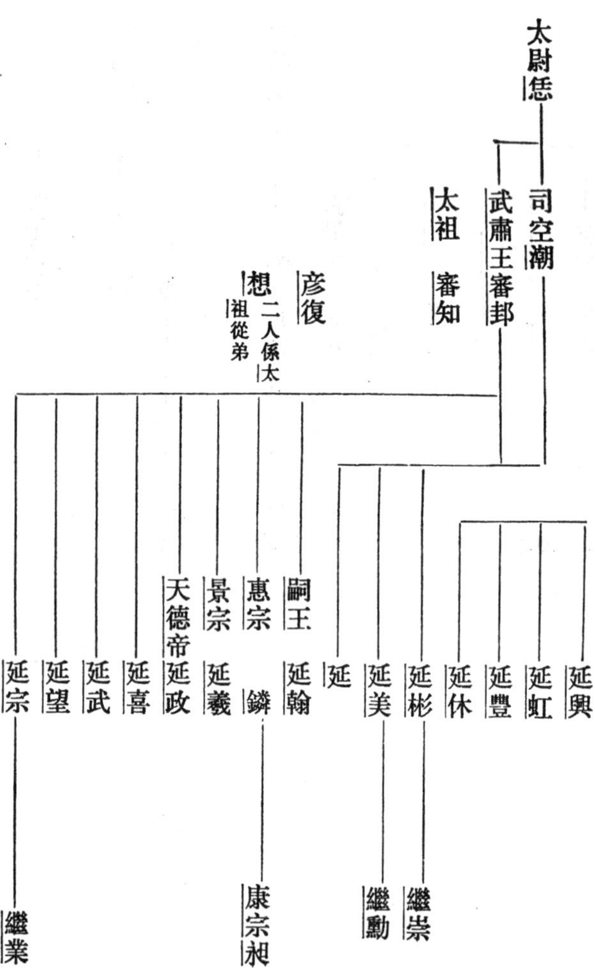
太尉恁
司空潮
武肅王審邽
太祖審知
彥復
想 二人係太祖從弟
嗣王延翰
惠宗鏻
景宗延羲
天德帝延政
延喜
延武
延望
延宗
延
延美
延彬
延休
延豐
延虹
延興
康宗昶
繼業
繼勳
繼崇

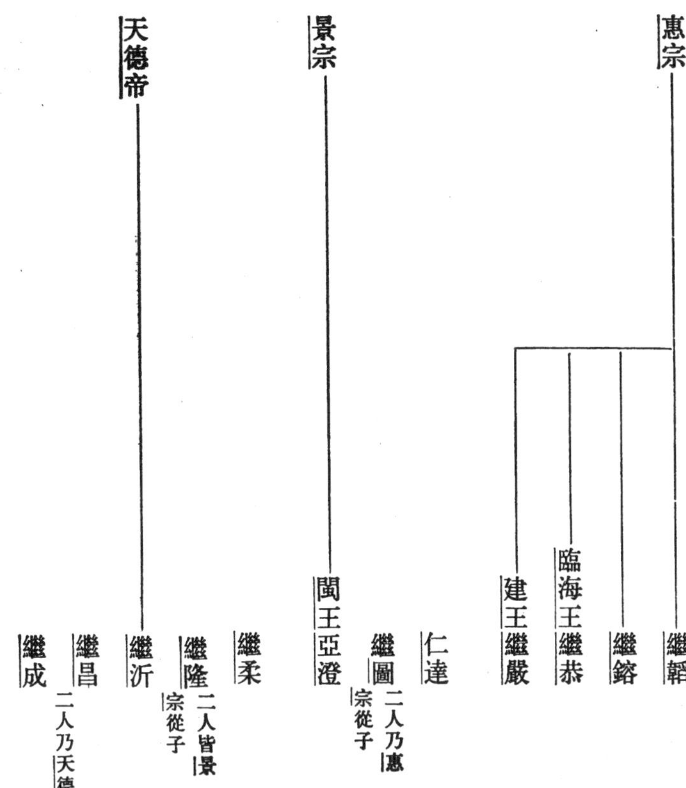
惠宗
繼韜
繼鎔
臨海王繼恭
建王繼嚴
仁達
繼圖　二人乃惠宗從子
景宗
閩王亞澄
繼柔
繼隆　二人皆景宗從子
天德帝
繼沂
繼昌　二人乃天德帝從子
繼成

荊南世系

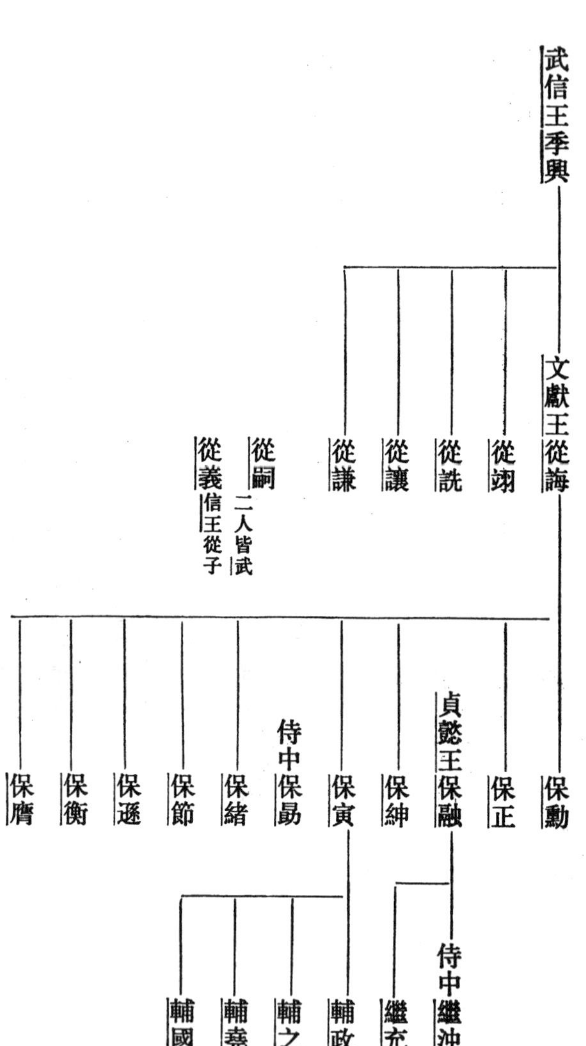
武信王季興
文獻王從誨
從翊
從詵
從讓
從謙
從嗣
二人皆武
信王從子
從義
保勳
保正
貞懿王保融
保紳
保寅
侍中保勗
保緒
保節
保遜
保衡
保膺
侍中繼沖
繼充
輔政
輔之
輔堯
輔國

北漢世系

- 顯祖琠
  - 高祖暠
  - 世祖旻
    - 湘陰公贇
    - 睿宗承鈞
      - 少王繼恩 睿宗養子
      - 英武帝繼元 亦養子
        - 守節
    - 鎬
    - 錡
    - 錫
    - 鍇
    - 銑
  - 信

彭城王繼文

繼欽 皆世祖孫

校勘記

〔一〕烈宗隱 「宗」原作「祖」。按本書卷五十八分目及文内皆作「烈宗」，今據改。

十國春秋卷第一百十一

十國地理表上

五代時輿圖剖裂，諸國各霸偏方，務相雄長。自江淮以南諸州爲吴，而南唐因之。領浙東西十三州、一軍，爲吴越。併東西兩川以及山南西道，爲前後蜀。越湖以南數州，爲楚。逾嶺南，連東西，爲南漢。跨太原以北諸州，爲北漢。割江陵府洎歸、峽二州，爲荆南。據七閩以抗衡列國，爲閩。地偪則虎眡鴟張，國多則蟬聯蠶食，其大較然也。中間郡邑紛更，時多建置，要非盡屬唐季之舊。是用徵其沿革得失，作十國地理表。

府州名軍監附	梁	唐	晉	漢	周
江都府 本揚州，吴改府建都，南唐建東都。	吴	吴	南唐	南唐	中朝
金陵府 本昇州，吴爲府，南唐改江寧府，建西都。	吴	吴	南唐	南唐	南唐
雄遠軍			南唐	南唐	南唐

南昌府本洪州，南唐爲南昌府，建南都。	吳	吳	南唐	南唐	南唐
雄			南唐	南唐	中朝
建武軍			南唐	南唐	中朝
楚	吳	吳	南唐	南唐	中朝
泗	吳	吳	南唐	南唐	中朝
滁	吳	吳	南唐	南唐	中朝
和	吳	吳	南唐	南唐	中朝
光	吳	吳	南唐	南唐	中朝
黃	吳	吳	南唐	南唐	中朝
舒	吳	吳	南唐	南唐	中朝
蘄	吳	吳	南唐	南唐	中朝
廬	吳	吳	南唐	南唐	中朝
壽	吳	吳	南唐	南唐	中朝
海	吳	吳	南唐	南唐	中朝

泰	吳	吳	南唐	南唐	中朝
濠	吳	吳	南唐	南唐	中朝
潤	吳	吳	南唐	南唐	南唐
常	吳	吳	南唐	南唐	南唐
江陰軍	吳	吳	南唐	南唐	南唐
宣	吳	吳	南唐	南唐	南唐
歙	吳	吳	南唐	南唐	南唐
鄂	吳	吳	南唐	南唐	南唐
池	吳	吳	南唐	南唐	南唐
饒	吳	吳	南唐	南唐	南唐
信	吳	吳	南唐	南唐	南唐
江	吳	吳	南唐	南唐	南唐
撫	吳	吳	南唐	南唐	南唐
建武軍			南唐	南唐	南唐
袁	吳	吳	南唐	南唐	南唐

吉	吳		吳	南唐	南唐	南唐
虔	中朝	吳	吳	南唐	南唐	南唐
筠				南唐		
成都府本益州，蜀爲府。	前蜀		中朝後蜀	後蜀	後蜀	後蜀
漢	前蜀		中朝後蜀	後蜀	後蜀	後蜀
彭			中朝後蜀	後蜀	後蜀	後蜀
灌	前蜀		中朝後蜀	後蜀	後蜀	後蜀
蜀	前蜀		中朝後蜀	後蜀	後蜀	後蜀
綿	前蜀		中朝後蜀	後蜀	後蜀	後蜀
眉	前蜀		中朝後蜀	後蜀	後蜀	後蜀
嘉	前蜀		中朝後蜀	後蜀	後蜀	後蜀
劍	前蜀		中朝後蜀	後蜀	後蜀	後蜀
梓	前蜀		中朝後蜀	後蜀	後蜀	後蜀
遂	前蜀		中朝後蜀	後蜀	後蜀	後蜀
果	前蜀		中朝後蜀	後蜀	後蜀	後蜀

閬	前蜀	中朝 後蜀	後蜀	後蜀	後蜀
普	前蜀	中朝 後蜀	後蜀	後蜀	後蜀
陵	前蜀	中朝 後蜀	後蜀	後蜀	後蜀
資	前蜀	中朝 後蜀	後蜀	後蜀	後蜀
榮	前蜀	中朝 後蜀	後蜀	後蜀	後蜀
簡	前蜀	中朝 後蜀	後蜀	後蜀	後蜀
邛	前蜀	中朝 後蜀	後蜀	後蜀	後蜀
黎	前蜀	中朝 後蜀	後蜀	後蜀	後蜀
雅	前蜀	中朝 後蜀	後蜀	後蜀	後蜀
維	前蜀	中朝 後蜀	後蜀	後蜀	後蜀
茂	前蜀	中朝 後蜀	後蜀	後蜀	後蜀
文	前蜀	中朝 後蜀	後蜀	後蜀	後蜀
龍	前蜀	中朝 後蜀	後蜀	後蜀	後蜀
黔	前蜀	中朝 後蜀	後蜀	後蜀	後蜀
施	前蜀	中朝 後蜀	後蜀	後蜀	後蜀

夔	前蜀	中朝後蜀	後蜀	後蜀	後蜀
安	前蜀	中朝後蜀	後蜀	後蜀	後蜀
忠	前蜀	中朝後蜀	後蜀	後蜀	後蜀
萬	前蜀	中朝後蜀	後蜀	後蜀	後蜀
興	前蜀	中朝後蜀	後蜀	後蜀	後蜀
利	前蜀	中朝後蜀	後蜀	後蜀	後蜀
開	前蜀	中朝後蜀	後蜀	後蜀	後蜀
通	前蜀	中朝後蜀	後蜀	後蜀	後蜀
涪	前蜀	中朝後蜀	後蜀	後蜀	後蜀
渝	前蜀	中朝後蜀	後蜀	後蜀	後蜀
瀘	前蜀	中朝後蜀	後蜀	後蜀	後蜀
合	前蜀	中朝後蜀	後蜀	後蜀	後蜀
昌	前蜀	中朝後蜀	後蜀	後蜀	後蜀
巴	前蜀	中朝後蜀	後蜀	後蜀	後蜀
蓬	前蜀	中朝後蜀	後蜀	後蜀	後蜀

集	前蜀	中朝後蜀	後蜀	後蜀	後蜀
壁	前蜀	中朝後蜀	後蜀	後蜀	後蜀
梁	前蜀	中朝後蜀	後蜀	後蜀	後蜀
潾	前蜀	中朝後蜀	後蜀	後蜀	後蜀
戎	前蜀	中朝後蜀	後蜀	後蜀	後蜀
興元府本梁州	前蜀	中朝後蜀	後蜀	後蜀	後蜀
洋	前蜀	中朝後蜀	後蜀	後蜀	後蜀
源	前蜀	中朝後蜀	後蜀	後蜀	後蜀
金	中朝前蜀	中朝後蜀	中朝	中朝	中朝
秦	岐前蜀	中朝	中朝	後蜀	中朝
鳳	岐前蜀	中朝	中朝	後蜀	中朝
階	岐前蜀	中朝	中朝	後蜀	中朝
成	岐前蜀	中朝	中朝	後蜀	中朝
興王府本廣州，南漢改府。	南漢	南漢	南漢	南漢	南漢
韶	南漢	南漢	南漢	南漢	南漢

潮	南漢	南漢	南漢	南漢	南漢
禎	南漢	南漢	南漢	南漢	南漢
循	南漢	南漢	南漢	南漢	南漢
齊昌府			南漢	南漢	南漢
封	南漢	南漢	南漢	南漢	南漢
端	南漢	南漢	南漢	南漢	南漢
英		南漢	南漢	南漢	南漢
雄		南漢	南漢	南漢	南漢
敬		南漢	南漢	南漢	南漢
康	南漢	南漢	南漢	南漢	南漢
恩	南漢	南漢	南漢	南漢	南漢
思	南漢	南漢	南漢	南漢	南漢
瀧	南漢	南漢	南漢	南漢	南漢
勤	南漢	南漢	南漢	南漢	南漢
新	南漢	南漢	南漢	南漢	南漢

高	南漢	南漢	南漢	南漢	南漢
潘	南漢	南漢	南漢	南漢	南漢
雷	南漢	南漢	南漢	南漢	南漢
羅	南漢	南漢	南漢	南漢	南漢
辨	南漢	南漢	南漢	南漢	南漢
邕	南漢	南漢	南漢	南漢	南漢
春	南漢	南漢	南漢	南漢	南漢
貴	南漢	南漢	南漢	南漢	南漢
巒	南漢	南漢	南漢	南漢	南漢
横	南漢	南漢	南漢	南漢	南漢
賓	南漢	南漢	南漢	南漢	南漢
欽	南漢	南漢	南漢	南漢	南漢
潯	南漢	南漢	南漢	南漢	南漢
容	南漢	南漢	南漢	南漢	南漢
牢	南漢	南漢	南漢	南漢	南漢

白	南漢	南漢	南漢	南漢	南漢
廉	南漢	南漢	南漢	南漢	南漢
常樂		南漢	南漢	南漢	南漢
黨	南漢	南漢	南漢	南漢	南漢
繡	南漢	南漢	南漢	南漢	南漢
鬱林	南漢	南漢	南漢	南漢	南漢
藤	南漢	南漢	南漢	南漢	南漢
竇	南漢	南漢	南漢	南漢	南漢
義	南漢	南漢	南漢	南漢	南漢
禺	南漢	南漢	南漢	南漢	南漢
順	南漢	南漢	南漢	南漢	南漢
瓊	南漢	南漢	南漢	南漢	南漢
崖	南漢	南漢	南漢	南漢	南漢
儋	南漢	南漢	南漢	南漢	南漢
萬安	南漢	南漢	南漢	南漢	南漢

振	南漢	南漢	南漢	南漢	南漢
思唐	南漢	南漢	南漢	南漢	南漢
交	南漢	南漢	南漢	南漢	南漢
長沙府本潭州，楚爲府。	楚	楚	楚	楚	周行逢
衡	楚	楚	楚	楚	周行逢
澧	楚	楚	楚	楚	周行逢
朗	楚	楚	楚	楚	周行逢
岳	楚	楚	楚	楚	周行逢
道	楚	楚	楚	楚	周行逢
永	楚	楚	楚	楚	周行逢
邵	楚	楚	楚	楚	周行逢
全			楚	楚	周行逢
辰	楚	楚	楚	楚	周行逢
融	楚	楚	楚	南漢	南漢
郴	楚	楚	楚	南漢	南漢

桂陽監	楚	楚	楚	南漢	南漢
連	楚	楚	楚	南漢	南漢
昭	楚	楚	楚	南漢	南漢
宜	楚	楚	楚	南漢	南漢
桂	楚	楚	楚	南漢	南漢
潯			楚	南漢	南漢
賀	楚	楚	楚	南漢	南漢
梧	楚	楚	楚	南漢	南漢
蒙	楚	楚	楚	南漢	南漢
嚴	楚	楚	楚	南漢	南漢
富	楚	楚	楚	南漢	南漢
柳	楚	楚	楚	南漢	南漢
龔	楚	楚	楚	南漢	南漢
象	楚	楚	楚	南漢	南漢
錦		楚	楚	楚	周行逢

溪		楚	楚	楚	周行逢
敘		楚	楚	楚	周行逢
西府杭州	吴越	吴越	吴越	吴越	吴越
安國衣錦軍	吴越	吴越	吴越	吴越	吴越
東府越州	吴越	吴越	吴越	吴越	吴越
蘇	吴越	吴越	吴越	吴越	吴越
湖	吴越	吴越	吴越	吴越	吴越
温	吴越	吴越	吴越	吴越	吴越
台	吴越	吴越	吴越	吴越	吴越
明	吴越	吴越	吴越	吴越	吴越
處	吴越	吴越	吴越	吴越	吴越
衢	吴越	吴越	吴越	吴越	吴越
婺	吴越	吴越	吴越	吴越	吴越
睦	吴越	吴越	吴越	吴越	吴越
秀			吴越	吴越	吴越

長樂府本福州，閩改府，建南都。	閩	閩	吳越	吳越	吳越
泉	閩	閩	南唐留從效	南唐留從效	南唐留從效
建	閩	閩	南唐	南唐	南唐
汀	閩	閩	南唐	南唐	南唐
南本漳州，南唐改今名。	閩	閩	南唐留從效	南唐留從效	南唐留從效
鏞		閩	南唐	南唐	南唐
劍閩置鐔州，南唐改今名。			南唐	南唐	南唐
江陵府荆州	荆南	荆南	荆南	荆南	荆南
荆門軍	荆南	荆南	荆南	荆南	荆南
歸	荆南	荆南	荆南	荆南	荆南
峽	前蜀	荆南	荆南	荆南	荆南
太原府并州	後唐	中朝	中朝	中朝	北漢
汾	後唐	中朝	中朝	中朝	北漢
嵐	後唐	中朝	中朝	中朝	北漢
岢嵐軍					北漢

憲	後唐	中朝	中朝	中朝	北漢
忻	後唐	中朝	中朝	中朝	北漢
代	後唐	中朝	中朝	中朝	北漢
寶興軍					北漢
遼	後唐	中朝	中朝	中朝	北漢
沁	後唐	中朝	中朝	中朝	北漢
隆	後唐	中朝	中朝	中朝	北漢
石	後唐	中朝	中朝	中朝	北漢

吳　南唐

東都江都府。揚州，吳改大都督府，爲江都府，建都。南唐昇元元年建東都，領縣四。

江都。舊縣。廣陵。舊爲江陽縣，吳因之，南唐改。永貞。舊爲揚子縣，吳因之，南唐改今名。吳順義四年，以本縣白沙鎮爲迎鑾鎮。高郵。舊縣。吳江都府有海陵、興化、天長爲屬，南唐以海陵、興化屬泰州，以天長置軍。

西都江寧府。昇州大都督府，吳武義二年七月改爲金陵府，南唐改江寧府，建西都，領縣十。鳳凰臺記事云：六朝舊城近覆舟山，去秦淮五里，至楊吳時改築，跨秦淮南北，周迴二十五里。上元。舊屬潤州，唐光啓三年屬昇州。江寧。舊縣。歐陽忞又曰：唐既改江寧爲上元，南唐復析上元置江寧，分治郭下。句容。舊屬潤州，唐光啓三年隸昇州。溧水。舊屬宣州，唐光啓三年改隸昇州。溧陽。舊屬宣州，唐光啓三年隸昇州。廣德。舊屬宣州，南唐時來屬。蕪湖。本漢縣，後廢，南唐析當塗縣置。銅陵。南唐置，初隸池州，已而來屬。繁昌。本晉縣，隋省，入當塗，南唐析當塗復置。青陽。舊屬池州，南唐初以宣之當塗屬江寧府，及當塗爲雄遠軍，復以池之青陽來屬。

雄遠軍。舊爲當塗縣，南唐置新和州，後改雄遠軍。

南都南昌府。洪州，南唐交泰二年十一月改州爲南昌府，建南都，領縣七。

南昌。舊縣。豐城。舊爲豐城，楊氏初改爲吳皐，後復爲豐城。郡縣釋名曰：豐城縣，朱梁曰吳皐。建昌。舊縣。奉新。舊爲新吳，南唐改今名。郡縣釋名曰：李昪以國號唐，諱楊吳所稱，更新吳爲奉新也。分寧。舊縣。武寧。舊縣。靖安。本晉建昌縣地，唐置靖安鎮，吳改爲場，南唐割建昌、奉新、武寧三縣地，升爲縣。

清江。南唐昇元二年八月戊寅陞洪州瀟灘鎮爲清江縣，不隸州。

雄州。南唐割揚之六合、天長，置雄州，俄罷，以六合隸江都府。按歐史職方考云：南唐以天長爲軍，六合爲雄州。陸游南唐元宗紀云：雄州，天長縣也。今從南唐州軍總音釋。

建武軍。南唐以揚州天長縣置軍，曰建武。又馬令南唐書作天長軍，文獻通考復謂南唐置建武軍，又改雄州，周改天長軍，未詳是非。

楚州。領縣四。
山陽。舊縣。盱眙。舊縣。淮陰。舊縣。寶應。舊縣。
泗州。領縣六。
臨淮。舊縣。宿遷。舊縣。下邳。舊縣。漣水。舊縣。虹。舊縣。徐城。舊縣。
滁州。領縣三。
清流。舊縣。全椒。舊縣。來安。舊爲永陽縣，吴因之，南唐改曰來安。後有八石山、來安水。
和州。領縣三。
歷陽。舊縣。烏江。舊縣。含山。舊縣。
光州。領縣五。
定城。舊縣。固始。舊縣。光山。舊縣。仙居。舊縣。殷城。舊縣。
黄州。領縣三。
黄岡。舊縣。黄陂。舊縣。麻城。舊縣。
舒州。領縣五。
懷寧。舊縣。宿松。舊縣。望江。舊縣。太湖。舊縣。桐城。舊縣。
蘄州。領縣四。

蘄春。舊縣。黄梅。舊縣。蘄水。舊縣。廣濟。舊縣。

廬州。領縣五。

合肥。舊縣。慎。舊縣。巢。舊縣。廬江。舊縣。舒城。舊縣。

壽州。領縣五。按南唐壽州即此地。周顯德四年移州於潁州下蔡縣，仍以下蔡縣爲倚郭，以舊壽州爲壽春縣。

壽春。舊縣。安豐。舊縣。霍邱。舊縣。來化。舊爲盛唐縣，梁開平二年八月改爲灊山縣，後唐同光元年十月復爲盛唐，晉天福七年改曰來化。按壽州爲吴與南唐所有之地，梁、唐、晉所改者疑亦遥改其名耳，吴與南唐未必遵之也。今姑從其説，以竢博考。霍山。舊縣。

海州。領縣四。

朐山。舊縣。東海。舊縣。沭陽。舊縣。懷仁。舊縣。

泰州。吴置海陵制置院，南唐昇元元年升爲泰州，領縣五。

海陵。舊縣。海陵東境南唐置静海制置院；又有東洲鎮，周置海門縣。興化。吴置，舊屬江都府，南唐時來屬。鹽城。舊縣，吴屬楚州，南唐時來屬。泰興。南唐置。如皋。本晉縣，隋時省，唐析海陵地置如皋鎮，南唐升爲縣。

濠州。領縣三。

鍾離。舊縣。招義。舊縣。定遠。舊縣。

潤州。領縣四。南唐置丹陽宫，尋罷。

丹徒。舊縣。丹陽。舊縣。延陵。舊縣。金壇。舊縣。

常州。領縣四。

武進。舊縣。義興。舊縣。無錫。舊縣。晉陵。舊縣。

江陰軍。唐武德三年以晉陵郡之江陰縣置，暨以九年廢，吴復以其地置江陰軍。

宣州。吴仍唐舊，南唐分當塗、廣德入江寧府。領縣七。

宣城。舊縣。涇。舊縣。太平。舊縣。旌德。舊縣。南陵。舊縣。綏安。舊縣。寧國。舊縣。

歙州。領縣六。

歙。舊縣。休寧。舊縣。績溪。舊縣。黟。舊縣。祈門。舊縣。婺源。舊縣。

鄂州。吴領縣七，南唐益置嘉魚、永安、通山、大冶四縣。領縣十一。

江夏。舊縣。永興。舊縣。吴太祖治冶于羊山鎮，征其賦。唐年。唐舊爲唐年縣，吴改崇陽縣，以邑有崇陽河也。梁改臨夏縣，晉天福七年改臨江縣，南唐復改曰唐年。漢陽。舊縣。武昌。舊縣。蒲圻。舊縣。汊川。舊縣。嘉魚。南唐置。按湖廣志曰：吴改唐鮎漬鎮爲場，昇元初改爲縣，保大中改鮎漬縣爲嘉魚縣，以地有魚嶽山，取詩「南有嘉魚」之義。永安。江夏南，境有永安鎮。楊吴改爲永安場，南唐保大十三年割江夏南境三鄉之地升爲縣。通山。唐永興縣地之新豐鄉，吴越鐵冶置羊山鎮，南唐置通山縣。宋史地理志云太平興國二年，升羊頭鎮爲通山縣者，誤。湖廣志曰：蓋于青山、通華二鎮中摘二字義建通山縣。大冶。唐置永興地，爲大冶青山場院，南唐升爲大冶縣。按湖廣志，保大十三年分陽新、武昌三鄉置大冶縣。文獻通考謂宋乾德五年置大冶縣，疑非是。

池州。舊有青陽、銅陵二縣，後改隸江寧府。領縣三。

貴池。本隋秋浦縣，五代時吴改爲貴池。石埭。舊縣。建德。舊爲至德，楊吴改建德。

饒州。領縣五。

番昜。舊縣。樂平。舊縣。德興。本樂平縣地，唐置德興場，南唐升爲縣。餘干。舊縣。浮梁。舊縣。

信州。領縣五。

上饒。舊縣。貴溪。舊縣。弋陽。舊縣。玉山。舊縣。鉛山。本唐撫、建二州之地，南唐始置縣。山産銅鉛，故名。縣西南七里有鉛山，舊名桂陽山，又名楊梅山，南唐常置鉛場於此。

江州。領縣六。

德化。唐潯陽縣，吴因之，南唐改曰德化。境内有落星石，楊吴置星子鎮。德安。本隋湓城縣南境，唐爲蒲塘場，吴升爲德安縣。文獻通考又云南唐縣。瑞昌。孫吴程普駐兵於此，有赤烏來鳴，讖曰翼日必有祥。既得赤壁之報，遂名其地曰赤烏鎮，又曰瑞昌鎮。唐立爲赤烏場，南唐升爲瑞昌縣。湖口。舊湖口鎮，南唐升爲縣。彭澤。舊縣。東流。唐爲東流場，南唐置縣。又陸游南唐書云：東流尋屬池。按文獻通考，宋太平興國三年以東流屬池州，陸氏説非是。

撫州。領縣四。

臨州。舊縣。唐時縣有上幕鎮，南唐於鎮立金谿場，又有宜黄場。南城。舊縣。崇仁。舊縣。南豐。舊縣。

建武軍。南唐以撫州南城縣置建武軍。宋太平興國四年改建昌軍。或於五代作建昌軍，非。

袁州。領縣三。

宜春。舊縣。萍鄉。舊縣，有萍實橋，在縣西，楊吴時建。新喻。舊縣。

吉州。領縣六。

廬陵。舊縣。郡縣釋名又云：南唐割廬陵縣置吉水。按文獻通考，吉水乃宋雍熙元年置，故不從。解大紳云：南唐保大八年置吉水縣，旋廢，後宋雍熙年間仍置。新淦。舊縣。寰宇記云：有紫淦山，淦水經其下。天祐七年吴於新淦置制置院。太和。舊縣。南唐徐鍇有白鶴觀碑記云：隋時邑産嘉禾，以爲和氣所生，故名。安福。舊縣。龍泉。舊遂興縣，楊吴析置龍泉場，南唐置縣。縣有萬安鎮，南唐始立鎮時，闢地得石符一帙，有漢八分書云「地界兩川，神秀所蟠，更爲都邑，萬民以安」，故名。永新。舊縣。

虔州。領縣十一。

贛。舊縣。虔化。舊縣。南康。舊縣。雩都。舊縣。瑞金。本雩都縣地，楊吴以縣之象湖鎮置瑞金監，南唐升爲縣，以掘地得金名。信豐。舊縣。龍南。唐爲信豐縣地置百丈鎮，尋改曰虔南，楊吴改爲虔南場，南唐升爲縣。石城。本虔化縣之石城場，南唐置縣。上猶。本南康縣地，楊吴析置上猶場，以地有猶水故名。南唐升爲縣。大庾。舊縣。安遠。舊縣。

筠州。唐武德七年置靖州，改爲米州，又改筠州。八年，州廢，屬洪州。南唐保大十年正月復置筠州於高安縣，領縣四。

高安。楊吴屬洪州，南唐保大時來屬。境内有廢宜豐縣，南唐於其地立鹽步鎮。上高。唐僖宗時鍾傳以故望蔡縣在高安上游，置上高鎮，南唐保大中置縣。萬載。本漢建城縣地，孫吴析置陽樂縣，南唐置萬載縣。一云，楊吴置萬載縣，屬袁州，南唐時來屬。輿地廣記又作萬歲縣。清江。本高安縣蕭灘鎮，南唐昇元三年八月戊寅升鎮爲清江縣，不隸州。保大十年來屬。歐陽忞作清口，誤。

馬令南唐書云：南唐州三十有五：昇、潤、常、歙、宣、江、洪、撫、袁、吉、虔、筠、揚、鄂、池、饒、信、楚、泗、滁、和、光、黄、舒、蘄、廬、壽、海、泰、濠、建、汀、劍、漳、泉。自鄂至濠十七州，皆顯德五年入周。取之而復失者十一州：福州，保大三年取羈縻而已，四年入吴越；潭、衡、澧、朗、岳、道、永、邵、全、辰皆保大九年取，十年失。陸游南唐書云：南唐州軍凡三十八：昇、揚、雄、楚、泗、滁、和、光、黄、舒、蘄、廬、壽、海、泰、濠、通、潤、常、宣、歙、池、饒、信、江、洪、鄂、筠、撫、袁、吉、虔、建、汀、劍、南、泉、雄遠軍。任臣按：通州後周所置，載於南唐，非是，今去通州，而建、汀五州則繫之於閩云。

前蜀　後蜀

成都府益州，領縣十。

成都。舊縣。華陽。舊縣。郫。舊縣。犀浦。舊縣。新都。舊縣。温江。舊縣。新繁。舊縣。雙流。舊縣。靈池。舊縣。廣都。舊縣。

漢州。領縣五。

雒。舊縣。德陽。舊縣。通計。舊爲什邡縣，前蜀永平元年改曰通計，以縣民郭迥獻銅牌故也。綿竹。舊縣。金堂。舊縣。按册府元龜，晉天福七年改漢州金堂爲漢城，要亦遥改之云。

彭州。領縣四。

九隴。舊縣。導江。舊縣。濛陽。舊縣。唐昌。五代會要云：梁開平八年改唐昌爲歸化縣，後唐同光元年十月復爲唐昌。册府元龜云：晉天福七年改彭州唐化爲彭山。按此時蜀已不奉梁、晉約束，其更改邑名不過遥改以美觀耳。又彭州無唐化縣，而眉州則有彭山縣，中間有誤；或又易名，未可知也。

灌州。按郡縣釋名：孟蜀置灌州於導江灌口鎮。然前蜀武成元年灌州奏武部郎中張道古卒，則灌州爲名已久，當不自後蜀始矣。又宋史地理志云：導江縣灌口鎮，唐置鎮静軍。

蜀州。領縣五。

晉原。舊縣。青城。舊縣。永康。文獻通考云：前蜀析青城置永康軍。輿地廣記云：永康縣本青城縣之横渠鎮，孟蜀廣政中置永康縣，屬蜀州。合二書斷之，當是王氏時爲軍，孟氏時爲縣矣。唐興。輿地廣記曰：唐光天元年名唐安，後又曰唐興。五代會要云：梁開平二年八月改唐興爲陶胡縣，蓋前蜀武成元年也。後唐同光元年十月復爲唐興縣，晉天福七年避廟諱改唐興爲鄉城，是爲後蜀廣政五年。此時晉遥改之耳，孟氏未必遵也。新津。舊縣。按唐書地理志已有此縣，宋史地理志謂新津爲唐唐安縣，開寶四年改者非是。

綿州。領縣八。

巴西。舊縣。彰明。舊爲昌明，前蜀因之，後唐同光時改曰彰明，避廟諱也。後蜀從今名。魏城。舊縣。

羅江。舊縣。神泉。舊縣。龍安。舊縣。鹽泉。舊縣。西昌。舊縣。

眉州。領縣五。

通義。舊縣。彭山。舊縣。青神。舊縣。丹稜。舊縣。洪雅。舊縣。

嘉州。領縣七。

龍游。舊縣。犍爲。舊縣。玉津。舊縣。夾江。舊縣。平羌。舊縣。羅目。舊縣。綏山。舊縣。

劍州。領縣九。

普安。舊縣。武連。舊縣。陰平。舊縣。梓潼。舊縣。黄安。舊縣。劍門。舊縣。臨津。舊縣。永歸。舊縣。普成。舊縣。

梓州。領縣八。

郪。舊縣。射洪。舊縣。通泉。舊縣。鹽亭。舊縣。按輿地廣記：蜀置招葺院於鹽亭。文獻通考作招葺縣，疑誤。又有謂蜀明德初析鹽亭置東關縣者，按宋乾德四年改静戎軍置東關縣，非孟蜀所置也。飛烏。舊縣。元武。舊縣。銅山。舊縣。永泰。舊縣。

遂州。領縣五。

方義。舊縣。青石。舊縣。長江。舊縣。蓬溪。舊縣。遂寧。舊縣。

果州。領縣五。

南充。舊縣。相如。舊縣。岳池。舊縣。流溪。舊縣。西充。舊縣。

閬州。領縣九。

閬中。舊縣。蒼溪。舊縣。晉安。舊縣。西水。舊縣。奉國。舊縣。南部。舊縣。新井。舊縣。新政。舊縣。岐平。舊縣。

普州。領縣六。

安岳。舊縣。安居。舊縣。普康。舊縣。樂至。舊縣。崇龕。舊縣。普慈。舊縣。

陵州。領縣五。

仁壽。舊縣。貴平。舊縣。井研。舊縣。始建。舊縣。籍。舊縣。

資州。領縣八。

盤石。舊縣。資陽。舊縣。内江。舊縣。内江志云：唐初縣治内江，後移盤石。王蜀時又移内江縣，孟蜀徙盤石。銀山。舊縣。丹山。舊縣。龍水。舊縣。月山。舊縣。隋溪。舊縣。

榮州。領縣六。

旭川。舊縣。威遠。舊縣。公井。舊縣。應靈。舊縣。洛官。舊縣。和義。舊縣。

簡州。領縣三。

陽安。舊縣。金水。舊縣。平泉。舊縣。

邛州。領縣七。

臨邛。舊縣。火井。舊縣。蒲江。舊縣。依政。舊縣。安仁。舊縣。臨溪。舊縣。大邑。舊縣。

黎州。有木瓜關，前蜀高祖所築。領縣二。

漢源。舊縣。舊有飛越縣，五代時省入漢源。通望。舊縣。

雅州。領縣五。

嚴道。舊縣。盧山。舊縣。名山。舊縣。百丈。舊縣。榮經。舊縣。

維州。領縣二。

保寧。舊爲薛城縣，孟蜀改今名。小封。舊縣。

茂州。領縣四。

汶山。舊縣。石泉。舊縣。汶川。舊縣。通化。舊縣。

文州。領縣一。

曲水。舊縣。

龍州。領縣二。

江油。舊縣。清州。舊縣。

黔州。領縣六。

彭水。舊縣。黔江。舊縣。杜洪。舊縣。洋水。舊縣。信寧。舊縣。都儒。舊縣。

施州。領縣二。

清江。舊縣。建始。舊縣。

夔州。領縣三。

奉節。舊縣。巫山。舊縣。大昌。舊縣。

安州。舊爲雲安縣，後置雲安監，屬夔州。前蜀永平時升安州。

忠州。領縣五。

臨江。舊縣。豐都。舊縣。墊江。舊縣。南賓。舊縣。桂溪。舊縣。

萬州。領縣二。

南浦。舊縣。梁山。舊縣。縣有務，曰石氏屯田務。

興州。領縣二。

順政。舊縣。長舉。舊縣。

利州。領縣五。

綿谷。舊縣。葭萌。舊縣。益昌。舊縣。嘉川。舊縣。胤山。舊縣。

開州。領縣三。

開江。舊縣。萬歲。舊縣。新浦。舊縣。

通州。領縣九。宋史地理志作達州。按宋乾德三年始改達州。

通川。舊縣。縣有通明院，蜀置之以催科稅賦。永穆。舊縣。三岡。舊縣。石鼓。舊縣。東鄉。舊縣。宣溪。舊縣。新寧。舊縣。巴渠。舊縣。閬英。舊縣。

涪州。領縣五。

涪陵。舊縣。賓化。舊縣。武龍。舊縣。樂温。舊縣。温山。舊縣。

渝州。領縣五。

巴。舊縣。萬壽。舊縣。南平。舊縣。江津。舊縣。壁山。舊縣。

瀘州。領縣五。

瀘州。舊縣。富義。舊縣。江安。舊縣。綿水。舊縣。合江。舊縣。

合川。領縣六。

石鏡。舊縣。晉天福七年改合州石鏡爲仙覽，疑亦晉遥改其名，孟氏未必遵也。漢初。舊縣。赤水。舊縣。巴川。舊縣。銅梁。舊縣。新明。舊縣。

昌州。領縣三。

大足。舊縣。昌元。舊縣。永川。舊縣。

巴州。領縣九。

化成。舊縣。盤道。舊縣。清化。舊縣。曾口。舊縣。歸仁。舊縣。始寧。舊縣。其章。舊縣。恩陽。舊縣。七盤。舊縣。

蓬州。領縣七。

大寅。舊縣。儀隴。舊縣。伏虞。舊縣。咸安。舊縣。大竹。舊縣。良山。舊縣。宕渠。舊縣。

集州。領縣四。

難江。舊縣。道平。舊縣。大牟。舊縣。嘉川。舊縣。

壁州。領縣五。

渃水。舊縣。廣納。舊縣。通江。舊縣。白石。舊縣。東巴。舊縣。

渠州。領縣五。

流江。舊縣。潾水。舊縣。潾山。舊縣。亦爲潾州，註見下。大竹。舊縣。渠江。舊縣。

潾州。通鑑：魏王繼岌至興州，山南節度使王宗威以梁、開、通、渠、麟五州降。胡三省註云：渠州潾山縣，唐武德元年置潾州，八年州廢，以潾山縣屬渠州，當是蜀復置潾州也。麟當作潾。

戎州。領縣五。

南溪。舊縣。義賓。舊縣。僰道。舊縣。開邊。舊縣。歸順。舊縣。

興元府。梁州，亦曰褒州。領縣五。

南鄭。舊縣。褒城。舊縣。西。舊縣。三泉。舊縣。城固。舊縣。

洋州。領縣四。

興道。舊縣。西鄉。舊縣。黄金。舊縣。真符。舊縣。

源州。本州建置之由無考，按通鑑，蜀源州都押牙文景琛據城叛。又薛氏舊五代史，後蜀潘仁嗣授武定節度使、源壁等州觀察營田處置等使。周師攻秦鳳，孟貽業駐軍平利，爲褒源之援，則蜀置源州屬武定軍無疑。胡三省曰源州蓋蜀所置，而尋廢，此其所以無傳。同光之克蜀也，得州六十四，見於歐陽氏職方考者五十三州而已，如源州等蓋皆六十四州之數。

金州。領縣五。前蜀得金州，已而入於唐；後蜀復得金州，未幾入於晉。

商城。舊縣。石泉。舊縣。安康。舊縣。洵康。舊縣。洧陽。舊縣。平利。舊縣。

秦州。領縣五。秦、鳳、階、成四州先爲岐所有，前蜀高祖攻岐得之，後唐破蜀，已而復失，惟得秦、鳳、階、成四州。漢初四州又入於蜀，後爲周世宗所取。

成紀。舊縣。天水。舊縣。隴城。舊縣。長道。舊縣。清水。舊屬鳳翔府，後唐時來屬。

鳳州。領縣四。

梁泉。舊縣。兩當。舊縣。河池。舊縣。黄花。舊縣。

階州。領縣二。

福津。舊縣。將利。舊縣。

成州。梁時改汶州，後唐時復故。領縣二。

同谷。舊縣。栗亭。後唐天成時置。

十國春秋卷第一百十二

十國地理表下

南漢

興王府。廣州。高祖乾亨元年改廣州爲興王府，領縣十三。

咸寧。舊爲南海，乾亨元年分咸寧、常康二縣。按宋史地理志：南海，隋縣，後改常康，開寶五年復。歐陽忞輿地廣記云：開寶五年省咸寧、常康入南海。其說不同，今從廣東志。常康。見上。番禺。舊縣。增城。舊縣。四會。舊縣。化蒙。舊縣。懷集。舊縣。東莞。舊縣。縣西有鎮象塔，禹餘宮使邵廷琄造。又城内有九曜石，相傳劉氏集方士煉丹處。俱見吴萊南海古蹟記。清遠。舊縣。浛水。舊縣。浛洭。舊縣。新會。舊縣。義寧。舊縣。

韶州。領縣五。

曲江。舊縣。始興。舊縣。郡縣釋名云：南漢乾和四年分韶之始興、湞昌二縣置雄州，配英州。按宋開寶四年始興方屬南雄州，此説非是。仁化。舊縣。翁源。舊縣。樂昌。舊縣。

潮州。領縣二。

海陽。舊縣。潮陽。舊縣。

禎州。南漢以循州歸善縣置禎州，以歸善、海豐、博羅、河源四縣來屬。歐史職方考作惠州。按宋天禧時以州名犯太子名，始改爲惠，五代時未嘗有惠州也。

歸善。舊縣。海豐。舊縣。博羅。舊縣。河源。舊縣。

循州。南漢改舊循州爲禎州，而別立循州於北境。領縣一。

龍川。舊爲雷鄉縣，南漢改今名。歐陽忞又云：龍川本秦縣，唐省入河源，南漢復置以爲循州治。

齊昌府。乾亨元年升循州之興寧縣爲齊昌府。

封州。領縣二。

封川。舊縣。開建。舊縣。

端州。領縣二。

高要。舊縣。平興。舊縣。

英州。高祖割廣州之湞陽縣置。

湞陽。舊縣。

雄州。高祖割韶州之保昌縣置。

保昌。舊縣。

敬州。乾和時割潮州程鄉縣置敬州。或作恭州，非。恭州乃宋避廟諱而稱之。

程鄉。舊縣。

康州。領縣四。

端溪。舊縣。晉康。舊縣。悦城。舊縣。都城。舊縣。

恩州。領縣三。

楊江。舊縣。恩平。舊縣。杜陵。舊縣。

思州。領縣四。

務川。舊縣。寧彝。舊縣。思卬。舊縣。思王。舊縣。

瀧州。領縣五。

瀧水。舊縣。開陽。舊縣。鎮南。舊縣。安遂。舊縣。建水。舊縣。

勤州。領縣二。

富林。舊縣。銅陵。舊縣。

新州。領縣二。

新興。舊縣。永順。舊縣。

高州。領縣三。

良德。舊縣。電白。舊縣。保定。舊縣。

潘州。領縣三。

茂名。梁開平元年五月改曰越常，南漢乾亨七年十月復改茂名。一名茂明。南巴。舊縣。

潘川。舊縣。

常州。領縣三。

海康。舊縣。遂溪。舊縣。徐聞。舊縣。

羅州。領縣五。

石城。舊縣。吴川。舊縣。南河。舊縣。招義。舊縣。零緑。舊縣。

辨州。唐天祐元年朱全忠以辨、汴聲近，更名勳州，後復故。領縣二。按辨州至宋太平興國五年改曰化州，是化州故辨州也。且化州之名，五代所未有，歐史職方考既有辨州，復列化州，其誤可知。今不從。

石龍。舊縣。陵羅。舊縣。

邕州。舊爲邕州，領縣七。光天元年，即晉天福七年也，改爲誠州，避廟諱，未幾復故。

宣化。舊縣。武緑。舊縣。晉興。舊縣。朗寧。舊縣。思龍。舊縣。如和。舊縣。封陵。舊縣。

澄州。領縣一。

上林。舊縣。

春州。領縣三。

陽春。舊縣。羅水。舊縣。流南。舊縣。

貴州。領縣四。高祖封子弘道爲貴王，即此州。

鬱平。舊縣。懷澤。舊縣。義山。舊縣。潮水。舊縣。

巒州。領縣三。宋開寶五年始廢州入横州。歐史職方考不列其名，誤。

永令。舊縣。武羅。舊縣。靈川。舊縣。

横州。領縣三。

寧浦。舊縣。淳風。舊縣。樂山。舊縣。

賓州。領縣三。

領方。舊縣。琅邪。舊縣。保城。舊縣。

欽州。領縣五。

欽江。舊縣。靈山。舊縣。遵化。舊縣。内亭。舊縣。保京。舊縣。

潯州。領縣二。

平桂。舊縣。宣化。舊縣。

容州。領縣四。

北流。舊縣。普寧。舊縣。陵城。舊縣。渭龍。舊縣。

牢州。領縣三。

南流。舊縣。定川。舊縣。岩川。舊縣。

白州。領縣四。

博白。舊縣。建寧。舊縣。周羅。舊縣。南昌。舊縣。

廉州。領縣四。

合浦。舊縣。封山。舊縣。蔡龍。舊縣。大廉。舊縣。

常樂州。高祖乾亨元年立常樂州，及置博電等三縣。歐陽忞輿地廣記云：常樂州，南漢立，開寶五年廢州省縣，以其地置石康縣。

博電。乾亨初置。零綠。乾亨初置。鹽場。乾亨初置。

黨州。領縣四。

善勞。舊縣。撫安。舊縣。善文。舊縣。寧仁。舊縣。

繡州。領縣三。宋開寶五年始廢州入容州普寧縣，歐史職方考不列其名，誤。

常州。舊縣。阿林。舊縣。羅繡。舊縣。

鬱林州。領縣五。

石南。舊縣。鬱林。舊縣。興業。舊縣。興德。舊縣。潭栗。舊縣。

藤州。領縣四。

寧風。舊縣。感義。舊縣。義昌。舊縣。鐔津。舊縣。

竇州。領縣四。

信義。舊縣。懷德。舊縣。潭峩。舊縣。時亮。舊縣。

義州。領縣三。

岑溪。舊縣。永業。舊縣。連城。舊縣。

禺州。領縣三。宋開寶五年始廢州入容州。

峩石。舊縣。陸川。舊縣。扶桑。舊縣。

順州。唐大曆八年析禺、羅、辨、白四州置，南漢因之。領縣四。

龍化。舊縣。温水。舊縣。南河。舊縣。龍豪。舊縣。

瓊州。領縣三。州舊有曾口、顔羅二縣，南漢省。

瓊山。舊縣。容瓊。舊縣。樂會。舊縣。

崖州。領縣四。

舍城。舊縣。澄邁。舊縣。文昌。舊縣。臨高。舊縣。

儋州。領縣四。州舊有富羅縣，南漢廢。

義倫。舊縣。昌化。舊縣。感恩。舊縣。洛陽。舊縣。

萬安州。領縣二。州舊有富雲、博遼二縣，南漢省。

萬安。舊縣。陸水。舊縣。

振州。領縣二。州舊有延德、臨川、落屯三縣，南漢廢。

寧遠。舊縣。吉陽。舊縣。

思唐州。

交州。高祖封子弘操爲交王。

楚

長沙府。潭州。武穆王以潭州爲長沙府。潭至辰十州周時屬周行逢，已而爲南唐所取。領縣九。

長沙。舊縣。湘潭。舊縣。湘鄉。舊縣。益陽。舊縣。醴陵。舊縣。瀏陽。舊縣。攸。舊屬衡州，朱梁時來屬。一云漢乾祐時仍屬衡。龍喜。漢乾祐三年，楚王析長沙縣置。茶陵。原隸衡州，石晉時屬潭州。見湖廣舊志。

衡州。領縣五。

衡陽。舊縣。衡山。舊縣。湖廣志云：晉天福五年改屬潭州，後復來屬。縣有安仁場，唐清泰二年割邑之宜陽、熊耳二鄉益之。場有馬井，相傳馬王太子繫馬於此，馬渴蹴地，水湧出成井，因名。湘潭。舊縣。耒陽。舊縣。常寧。舊縣。

澧州。領縣四。

澧陽。舊縣。安鄉。舊縣。石門。舊縣。慈利。舊縣。

朗州。領縣三。

武陵。舊縣。龍陽。舊縣。橋江。舊爲沅江，乾寧中改橋江，屬岳州，五代時來屬。

岳州。五代初屬安武軍節度，已而隸湖南，後屬武平軍節度。領縣四。

巴陵。舊縣。廣順元年，南唐取之，尋復歸楚。縣有王朝場，清泰間置。華容。舊縣。湘陰。舊縣。

平江。舊爲昌江，後唐同光時避諱改。

道州。領縣四。

營道。舊縣。延喜。唐爲延唐，朱梁改爲延昌，後唐同光時復名延唐，晉天福七年更名延喜。一作延熹。

江華。舊縣。永明。舊縣。

永州。領縣二。

零陵。舊縣。縣有東安場，石晉時馬氏析縣置。祁陽。舊縣。

邵州。石晉時改邵州爲敏州。領縣二。

邵陽。舊爲邵陽縣，石晉時改敏政縣，漢復立邵陽縣，屬敏州。武岡。舊縣。

全州。晉天福四年四月文昭王奏以湘川爲清湘縣，置全州，并割灌陽縣隸之。歐陽忞又作天福三年置，今從五代會要。

清湘。舊爲湘川，隸永州，文昭王改。灌陽。舊屬永州，天福中來屬。

辰州。領縣五。

沅陵。舊縣。漵浦。舊縣。辰溪。舊縣。盧溪。舊縣。麻陽。舊縣。

融州。領縣二。後歸南漢。

融水。舊縣。武陽。舊縣。州舊有黄水縣，後併入武陽。

郴州。舊領郴、南亭、資興、義章、藍山、義昌、高平、臨武八縣。晉天福初文昭王奏改敦州，廢臨武、高平二縣，以其地入桂陽監，又廢資興縣爲資興寨。漢乾祐時復爲郴州，後南漢乾和九年遣將潘崇徹敗南唐兵於宜章道，取郴入焉。

郴。舊縣。南亭。舊縣。義章。舊縣。藍山。舊縣。郴義。舊爲義昌縣，後唐同光中避廟諱更名曰郴義。

桂陽監。唐於郴州境置監，掌鑄錢。晉天福初以臨武、高平二縣益其地。

連州。領縣三。乾祐三年入南漢。

桂陽。舊縣。陽山。舊縣。連山。舊縣。

昭州。領縣三。乾祐三年入南漢。

平樂。舊縣。永平。舊縣。恭城。舊縣。

宜州。領縣四。後入南漢，省二縣。

龍水。舊縣。崖山。舊縣。南漢廢。東璽。舊縣。南漢廢。天河。舊縣。

桂州。領縣十。後入南漢。

臨桂。舊縣。理定。舊縣。靈川。舊縣。陽朔。舊縣。荔浦。舊縣。修仁。舊縣。純化。梁開平元年五月改爲歸化，後唐同光元年十月復故。永福。舊縣。永寧。舊爲豐水縣，梁時改。古。舊縣。

溥州。晉開運三年文昭王奏立溥州於全義縣，改縣名曰德昌，并割桂州廣明、義寧二縣隸之。

德昌。舊爲全義，屬桂州，開運中改德昌，後復故。廣明。舊屬桂州。義寧。本臨川地，馬氏置義寧鎮，後爲縣。舊屬桂州，開運時來屬。

賀州。領縣六。後入南漢。

臨賀。舊縣。桂嶺。舊縣。馮乘。舊縣。蕩山。舊縣。富川。舊縣。封陽。舊縣。

梧州。領縣三。乾祐三年入南漢。

蒼州。舊縣。戎城。舊縣。孟陵。舊縣。

蒙州。領縣三。後入南漢。

立山。舊縣。東區。舊縣。正義。舊縣。

嚴州。領縣三。乾祐三年入南漢。

來賓。舊縣。歸化。舊縣。修德。舊縣。

富州。領縣三。乾祐三年入南漢。

龍平。舊縣。思勤。舊縣。馬江。舊縣。

柳州。領縣三。乾祐三年入南漢。

馬平。舊縣。柳城。舊縣。洛容。舊縣。

龔州。領縣六。後入南漢。按唐置龔州，南漢乾和八年吴懷恩定宜、連、梧、嚴、富、昭、柳、龔、象等州之地，至宋紹興六年始廢州入潯州。歐史職方考不列其名，豈南漢得龔州後以避高祖諱而廢之邪？然宋史載開寶四年平廣南，得州六十，已有蒙、龔之名，此所未解也。

平南。舊縣。武林。舊縣。隋建。舊縣。大同。舊縣。陽川。舊縣。寧風。舊縣。

象州。領縣二。乾祐三年入南漢。按輿地廣記，唐時州有武化縣，五代時省。

陽壽。舊縣。武仙。舊縣。

錦州領縣五。

盧陽。舊縣。洛浦。舊縣。招喻。舊縣。常豐。舊縣。渭陽。舊縣。

溪州。領縣二。

大鄉。舊縣。三亭。舊縣。

敍州。一作溆，秦、漢黔中地也。唐爲播、敍二州之境，後周時周行逢死，敍州刺史鍾存志奔武陽，而楊正巖以十洞稱徽、誠二州，卽其地。一云溪洞誠州，楚文昭王有其地，是誠州又與敍州各爲一地已。存以竢考。本州領縣三。

渠陽。舊縣。三江。舊縣。羅蒙。舊縣。

吴越

西府杭州。唐大順元年新夾城三十餘里，景福二年作羅城七十里，光化二年四月升爲都督府，吴越謂之西府，天寶元年梁敕升大都督府，後國中亦稱西都。領縣十一。

錢塘。舊縣。錢江。吴越天寶十五年割錢塘、鹽官各半置錢江縣，割富春之長壽、安吉二鄉入錢江。樂史太平寰宇記言唐麟德二年析錢唐、鹽官二縣爲錢江，非是。又册府元龜云：晉天福七年敕州縣名有與高祖諱犯者悉改之，改杭州錢塘爲錢江。歐陽忞輿地廣記亦云晉天福中避高祖名，改錢塘爲錢江，後别置錢塘，與錢江分治。未審孰是。鹽官。舊縣。餘杭。舊縣。武肅王重築縣城，周六百二十步，後徙溪南，號清平軍。富春。舊爲富陽，吳越天寶元年改富陽曰富春。時武肅王與楊氏有怨，凡縣名有陽字者皆易之。富春城，武肅王以地偪江隅，乃壘甎石爲之。桐廬。舊縣。按宋史地理志云：嚴州桐廬縣，太平興國二年自杭州來隸。是五代時桐廬本屬杭州。於潛。舊縣。有閔武寨，吳越置以禦敵，在縣北五十里。安國。舊爲臨安，唐天祐三年割睦州分水縣之南新、寧善、新登、廣陵、銅峴等五鄉來屬。吳越天寶元年正月，梁敕改爲安國縣，以尊武肅王。縣城依太廟山，武肅王築。新登。舊爲新城，吳越天寶元年梁避廟諱敕改新登縣。有杜稜城。橫山。舊爲唐山，吳越天寶元年梁敕改金昌，後唐復改爲唐山。晉天福七年避高祖諱敕改曰橫山。郡縣釋名曰：晉又改橫山爲吳昌。吳越備史又云梁改唐山爲吳昌。武康。舊隸湖州，武肅王時來屬。順存録云：梁開平元年割武康隸杭州。

安國衣錦軍。唐光化三年改臨安縣安衆營爲衣錦營，天福五年升爲衣錦城，天祐四年三月升衣錦城爲安國衣錦軍。宋史：太平興國四年改順化軍。

東府越州。唐乾寧四年武肅王號越州爲東府，後國中亦稱東都。吳越天寶元年梁敕升越州爲大都督府，領縣八。

會稽。舊縣。山陰。舊縣。諸暨。初改暨陽，天寶元年仍奏改諸暨。縣城，武肅王遣王永修築。贍。本爲剡縣，後因古語二火一刀之説，惡其不祥，故爲贍。有贍都鎮。餘姚。舊縣。蕭山。舊縣。有西興鎮，古西陵也。武肅王屯兵，惡陵字，改曰興。上虞。舊縣。新昌。故剡縣十三鄉地，晉天福時文穆王奏置。

蘇州。領縣五。

吳。舊縣。長洲。舊縣。崑山。舊縣。常熟。舊縣。吳江。吳越天寶二年閏八月奏於松江置縣曰吴江。

湖州。領縣四。

烏程。舊縣。德清。舊縣。安吉。舊縣。長興。舊爲長城縣，吴越天寶元年八月改長興，避梁諱也。

温州。領縣四。

永嘉。舊縣。瑞安。舊爲安固縣，唐天復三年□月有白烏栖縣之集雲閣上，武肅王聞於朝，詔改今名。平陽。舊爲横陽縣，武肅王時敕改平陽。郡縣釋名曰：横陽，取横嶼及横陽江之義。後梁乾化間横陽既平，故曰平陽。樂清。舊爲樂城縣，吴越天寶元年避梁主父諱改。

台州。領縣五。

臨海。舊縣。黄巖。舊縣。台興。唐爲唐興縣，吴越天寶元年梁敕改天台，有説，見忠獻王世家注。任臣又按，歐陽忞云：唐興，朱梁改爲天台，後復故，石晉改爲台興。邑名屢改，故前後易溷，理或然也。又順存録載開平三年改唐興爲新興，未詳是非。永安。唐爲樂安縣，吴越寶正五年改今名。寧海。舊縣。

明州。領縣六。吴越天寶二年明州刺史黄晟卒，武肅王巡之，遂有其地，因城望海鎮。

鄞。故鄮縣，吴越改鄮曰鄞。奉化。舊縣。慈谿。舊縣。象山。舊縣。望海。本吴越静海鎮，一作望海鎮。武肅王天寶二年閏八月奏置望海縣。吴越備史又作静海縣，後改曰定海。順存録云梁改定海，文獻通考云宋改定海，未知孰是。翁山。舊縣。

處州。領縣六。

麗水。舊縣。龍泉。舊縣。遂昌。舊縣。縉雲。舊縣。青田。舊縣。白龍。故唐松陽縣，吳越天寶三年五月上言於梁，以淮寇未平，恥聞逆姓，請改爲長松。晉天福四年歲旱，縣令陳時祈雨百仞山，有白龍見，以聞，文穆王遂改長松曰白龍。

衢州。領縣四。

西安。舊縣。江山。本唐須江縣，吳越改今名，以邑有江郎山也。太平寰宇記曰：江郎山有五色石，日照炫耀。龍游。舊爲龍丘縣，寶正末惡丘爲墓不祥，改今名。輿地廣記作龍遊。常山。舊縣。乾德四年，忠懿王析常山西境置開化場。

婺州。領縣七。

金華。舊縣。東陽。舊縣。義烏。舊縣。蘭溪。舊縣。永康。舊縣。武義。唐初爲武義，後改武成，天祐末復曰武義，疑避朱全忠父諱也。浦江。故浦陽縣，吳越天寶三年，武肅王惡楊氏，奏改浦江。順存錄又作梁貞明三年改。

睦州。領縣五。天福三年四月城睦州。

建德。舊縣。壽昌。舊縣。遂安。舊縣。分水。舊縣。青溪。舊縣。

秀州。吳越寶大元年，武肅王於嘉興置開元府，割華亭、海鹽二縣屬焉。後唐長興三年罷開元府，晉天福五年三月，文穆王奏以嘉興、海鹽、華亭置秀州，又置崇德縣。五代會要作天福三年十月置秀州，與吳越備史略異。

嘉興。唐光啓三年城嘉興縣。先是，縣屬杭州，已而屬中吳軍，晉天福中置秀州。輿地廣記云：嘉興縣，五代屬杭州。五代會要云：兩浙錢元瓘奏以杭州嘉興縣置秀州。歐陽五代史亦云，秀州，錢元瓘置，割杭州之嘉興縣爲屬。惟文獻通考言吳越王奏以蘇州嘉興、海鹽、華亭置秀州。愚按唐貞觀八年復置嘉興縣，屬蘇州，梁初改屬杭州，未幾置開元府，及府罷，縣屬中吳軍，已又置秀州。此諸說所以有隸杭隸蘇之不一也。海鹽。舊屬蘇州。

華亭。舊屬蘇州。崇德。本嘉興西鄙義和鎮。天福三年，廣陵王元璙鎮中吳，請析嘉興之崇德等九鄉爲縣治，義和遂以鄉名縣。

閩

南都。一作東都。長樂府。福州。唐天復時王氏築羅城，其門七，南利涉，東南通津，東海晏，東北延遠，北永安，西北安善，西南清遠，西金斗。梁開平元年又築夾城，在羅城外，其門六：南寧越，東南美化，東北井樓，北嚴勝，西北遺愛，西迎仙。貞明六年，升爲大都督府。閩龍啓元年改長樂府，天德二年以福州爲南都，領福、泉、建、汀、漳、鏞、鐔七州。福州領縣十一。南唐保大三年取福州，明年入於吳越。按吳越得福州，以尤溪、德化隸福州，福州共領縣十三。乾祐元年二縣失於唐，仍領縣十一。閩中考云：閩王審知築福州南北夾城，陶甎悉印錢文，後城歸吳越，人以爲先兆。

閩。舊縣。按何喬遠閩書：閩縣，隋以前曰原豐，開皇十二年改曰閩，五代唐長興四年王氏改爲長樂，清泰二年仍舊，晉天福六年王氏又改爲長樂縣。據此，則閩龍啓元年、通文二年俱以舊閩縣爲長樂縣。侯官。舊縣。閩龍啓元年改舊侯官縣曰閩興，三年復舊。長樂。舊縣。乾化元年改曰安昌，同光初復爲長樂，龍啓元年改長樂曰侯官，三年復舊。連江。舊縣。長溪。舊縣。福清。舊爲福唐，閩改福清。任臣按：册府元龜、舊唐書、輿地廣記諸書，唐聖曆二年析長樂置萬安，天寶元年改爲福唐，朱梁開平二年改爲永昌，後唐同光元年復爲福唐，晉天福七年避高祖諱遥改爲南臺，實閩之永隆四年也。此時閩自立，已更名福清。或云閩龍啓時厭唐號改爲福清，然則晉又何以避諱遥改乎？古田。舊縣。永泰。舊縣。閩清。舊爲梅溪場，乾化元年十月閩置。永貞。本羅源場，咸通時號永貞鎮，閩龍啓元年升爲縣。寧德。舊爲感德場，閩龍啓元年升爲寧德縣。海録碎事云：寧德縣，閩王時號爲鶴場。

泉州。領縣九。復入南唐。

晉江。舊縣。南安。舊縣。莆田。舊縣。仙遊。舊縣。同安。舊爲大同場，閩龍啓初升爲縣。清溪。南唐保大十三年使詹敦仁監小溪場事，以小溪可置縣，請於清源節度使留從效，遂置縣曰清溪，以縣治前溪水環遶也。文獻通考以爲王氏置，誤。永春。舊爲桃林場，龍啓元年改爲□□縣，一曰桃源縣，通文時改永春。德化。舊爲歸德場，長興三年閩惠宗立，爲歸德縣，屬南樂府。南唐保大七年屬清源軍，割尤溪之常平、進城二縣益之。長泰。唐乾符三年邑長張思始置武德場，以便輸納。文德元年改爲武勝，尋改武安。南唐升爲長泰縣。一云閩永隆五年置，非。

建州。領縣七。後入南唐。

建安。舊縣。縣有崇安場。邵武。舊縣。閩書云：唐嗣聖五年析邵武及綏城地置將樂縣，唐末爲王氏所據，晉天福初復爲邵武。一云晉元康元年改昭武爲邵武，避司馬昭諱也。閩通文元年復改邵武爲昭武，宋復爲邵武。又光澤、鸞鳳二鄉，唐置洋寧鎮，南唐改財演鎮。浦城。舊縣。建陽。舊縣。按宋白續通典：縣東北三里南唐保大九年割爲崇安場，宋時方置崇安縣。九城志謂崇安縣亦王氏所置，非也。松源。初爲吳越處州東鄉，閩太祖奪而有之，以爲松源鎮，南唐升爲縣。輿地廣記作松溪，文獻通考亦作松溪，謂王氏增置。郭子章云宋始改源爲溪。縣北境有關隸鎮。按周禮秋官有閩隸，蓋其里之人，周時常爲閩隸，疑後人字譌而爲「關隸」云。歸化。舊爲歸化鎮，南唐保大元年廢鎮爲場，中興元年升爲縣。建寧。舊爲黃連鎮，唐末黃巢亂，邑人陳巖以鎮兵禦之，表爲義寧軍，置鼓角，賜牌印，治永安。南唐罷爲永安鎮，又改永安場。建隆元年，南唐析置建寧縣，從建寧之舊也。

汀州。領縣二。後入南唐。

長汀。舊縣。縣南境有上杭場。郡縣釋名云：南唐保大十三年徙上杭場於秋梓保。又王閩時有武平場，本唐武平鎮也。閩書云：故唐時以汀州西南地爲南安、武平二鎮，至閩併南安爲武平場。又縣西四十里有古城，恭懿王延政城此以備江南兵。寧化。舊縣。

南州。閩爲漳州，後爲南唐所取。保大四年以董思安知州務，思安以父名章，辭之，命改南州。宋乾德四年復改漳州。領縣三。一云南唐以泉州長泰來屬，未詳是非。

漳浦。舊縣。龍溪。舊縣。龍巖。舊縣。

鏞州。舊爲將樂縣，屬建州，天德元年升縣爲鏞州。閩書云：將樂縣，王延政升爲西鏞州，南唐尋爲縣。

劍州。唐原爲劍州，閩太祖改延平鎮，嗣王延翰改永平鎮，鄱陽王延政自立於劍州，升爲龍津縣，尋置鐔州。南唐拔鐔州，以爲制置鎮，明年改劍州，析建州之南平、劍浦、富沙三縣爲屬。保大六年復以福之尤溪、汀之沙縣來屬，升永昌場爲順昌縣。領縣六。南唐書及唐餘紀傳云：保大三年升建州延平津爲劍州。

南平。一作延平。歐陽忞云：延平，晉屬建安郡，後省，五代置。今從閩書作南平。劍浦。閩爲龍津縣，南唐置劍浦。歐陽忞云：南唐立劍州，初治延平，後徙劍浦，而延平省入。富沙。初屬劍州，南唐時來屬。鄱陽初封富沙王，即此地。尤溪。舊縣。閩屬福州，南唐得尤溪，以爲制置鎮，已又割隸劍州。縣有沈溪，溪上沈姓者居之。後避閩太祖諱改名尤，而沈姓亦更尤。沙。舊縣。原隸汀州，南唐時來屬。文獻通考謂閩以沙縣屬劍州，非是。順昌。何氏閩書云：南唐以永昌場置。一云保大六年置順昌縣於建州永昌場。又宋白續通典云唐景福二年置將水鎮，改爲永順場，尋立爲順昌縣。任臣按：閩永隆二年王延政取永平、順昌二城，是順昌之名似不自南唐始也。

荆南

江陵府。荆州。五代時改爲府。領縣八。

江陵。舊縣。有高氏井，即繼沖以轎覆井故蹟。枝江。舊縣。松滋。舊縣。監利。舊屬復州，梁時來屬。縣南五里有古堤院，文信王築以防水患。石首。舊縣。當陽。舊縣。公安。舊縣。長林。

舊縣。

荆門軍。五代更荆門縣爲軍，治當陽，尋省。按唐貞元二十一年析長林置荆門縣。湖廣志云：高季昌以荆門縣爲軍，文獻通考又作宋開寶五年事，未詳孰是。

歸州。梁時屬蜀，後唐時爲高氏所有。領縣三。

秭歸。舊縣。巴東。舊縣。興山。舊縣。

峽州。梁時屬蜀，後唐時爲高氏所有。領縣四。

彝陵。唐天寶八載省入長陽，五代時復置。宜都。舊縣。長陽。舊縣。遠安。舊縣。

北漢

太原府。并州。領縣十三。

太原。舊縣。青陽。舊縣。文水。舊縣。陽曲。舊縣。樂平。舊縣。清源。舊縣。太谷。舊縣。祁。舊縣。榆次。舊縣。盂。舊縣。壽陽。舊縣。廣陽。舊縣。交城。舊縣。

汾州。領縣五。

温城。舊縣。平遥。舊縣。介休。舊縣。孝義。舊縣。靈石。舊縣。

嵐州。領縣四。北漢置勇雄鎮。

宜芳。舊縣。合河。舊縣。嵐谷。舊縣。静樂。舊縣。

岢嵐軍。北漢以嵐谷縣建爲軍。按宋太宗自府州會兵攻北漢，先克岢嵐軍，則岢嵐軍不自宋始也。馬端臨謂太平興國五年置，非。又宋史載太平興國四年平太原，得州十、軍一，謂寶興軍也，不以岢嵐軍入數者，豈僅存其名而實廢，抑廢之而宋復置邪？顧氏方輿紀要云寶興軍或曰卽岢嵐軍也。未審是非。

憲州。宋白續通典曰：憲州，故樓煩監牧，唐昭宗龍紀元年李克用表置憲州，漢、北漢因之。領縣三。

樓煩。舊縣。元池。舊縣。天池。舊縣。

忻州。領縣二。

秀容。舊縣。定襄。舊縣。

代州。領縣五。

雁門。舊縣。唐林。舊縣。五臺。舊縣。繁峙。舊縣。崞。舊縣。

寶興軍。五臺縣。劉繼顒於栢谷置銀冶取鑛烹銀，卽其冶建寶興軍。

遼州唐爲儀州，梁改爲遼州，漢、北漢因之。領縣四。

遼山。舊縣。榆社。舊縣。和順。舊縣。平城。舊縣。

沁州。領縣三。

沁源。舊縣。綿上。舊縣。和川。舊縣。

隆州。按祁縣東三十里有隆州故城，乃劉繼元築以拒周者。戍河東記云：太平興國四年春，王師克嵐州，亞次隆州。卽此地也。又胡三省通鑑注云：宋太宗之平太原，折御卿自府州會兵攻劉繼元，先克岢嵐軍，次克隆州，次克嵐州。則隆州蓋晉、漢間所置，其地在岢嵐、嵐谷之間。

石州。領縣五。

離石。舊縣。臨泉。舊縣。平口。舊縣。方山。舊縣。定口。舊縣。

通鑑載北漢據有十二州，中有蔚州之名。按晉以十六州與契丹，蔚州已在十六州之數，北漢安得復有蔚州？此所未詳也。今不列其名。

十國春秋卷第一百十三

十國藩鎮表

十國撫有一隅，競相夸侈，大抵國内多設節度，周徧諸州，以示幅員之廣，而軍、監不與焉。今畧采軍額名目，作十國藩鎮表。

吳　南唐

建康軍

昇州。　馬令南唐書：徐温建節，升昇州爲建康軍。

靜淮軍

泗州。　吳天祐十□年建靜淮軍，以朱瑾爲節度使。

昭順軍

廬州。　吳以廬州爲昭順軍節度。

保信軍

廬州。南唐改昭順軍爲保信軍。按馬令南唐書，昇元六年，以周鄴爲保信軍節度留後。或云周改保信軍者，非。

清淮軍

壽州。按五代史，壽州唐故曰忠正軍節度，天成二年升壽州爲中正軍節度，則吳之乾貞元年也。歐陽職方考又云南唐改曰清淮，馬令南唐書亦載昇元六年以姚景爲清淮軍節使，今從之。陸游南唐書又作清順軍。

定遠軍

濠州。

靜海軍

海陵東境，南唐置靜海制置院。按中興元年春正月丙戌，周師陷海州；壬辰，陷靜海軍。則靜海軍其來久矣。若通州則周所置也，非南唐州名。或以通州置靜海軍，非。

鎮海軍

潤州。按唐龍紀二年九月，以錢鏐爲鎮海軍節度使。乾寧五年，遷鎮海軍於杭州。然五代史世家，吳天祐八年，徐温爲潤州刺史、鎮海軍節度使。是吳於潤州仍爲鎮海軍也。

建武軍

南唐昇元六年閏正月，改天長制置使爲建武軍。

寧國軍

宣州。　歐陽忞輿地廣記云：吳升宣州爲寧國節度。

武清軍

鄂州。

武昌軍

鄂州。　湖廣通志云：鄂州，唐武昌軍，後唐遥改爲武清軍，南唐復改武昌軍。　任臣按：馬令南唐書，保大二年以神武統軍韋建爲武清節度使，似南唐亦稱武清也。　周廣順元年，拜周行逢武清節度使，疑即鄂州。

康化軍

池州。　南唐昇元二年六月甲申，升池州爲康化軍節度，後爲軍事。

永平軍

饒州。

奉化軍

江州。　吳□□□年，升江州爲奉化軍。

鎮南軍

洪州。　唐本鎮南軍，吳、南唐因之。

昭武軍

撫州。九域志云：吴置昭武軍於撫州，治臨川。

百勝軍

虔州。□□年改昭信軍。

永安軍

建州。南唐保大三年，取建州，升爲永安軍節度，俄改忠義軍。

清源軍

泉州。南唐保大三年取泉州，升爲清源軍。又閩書云：南唐兵拔鐔州，以爲延平軍制置鎮。按南唐改爲延平鎮，非軍也，故不取。

昌化軍

威武軍

以上二軍不知其地。通鑑載吴昌化節度使同平章事徐知訓、威武節度使知撫州李德誠。又按唐以福州爲威武軍，但不屬吴境内，以此爲疑。豈遥授之而空繫其名邪？

前蜀　後蜀

武德軍

梓州。　前蜀永平二年，改劍南東川曰武德軍。

武信軍

遂州。　唐光化二年夏五月甲午，詔置武信軍於遂州，以遂、合等五州隸焉，前後蜀因之。

永平軍

前蜀邛州，後蜀雅州。　唐文德元年，割邛、蜀、黎、雅，置永平軍，以前蜀高祖爲節度使，治邛州。　大順二年十月甲申廢永平軍，□□□□年復。　後蜀□□□年升雅州爲永平軍節度。　又四川總志云雅州孟知祥置永寧軍，非是。

武泰軍

黔州。　王氏以黔州爲武泰軍節度，天復三年徙武泰軍於涪州，從王宗本奏也。

鎮江軍

忠州。　前蜀天復末置鎮江軍於忠州，領夔、忠、萬三州。　歐史職方考又以鎮江隸夔州下。

寧江軍

後蜀夔州。　五代會要云：後唐天成二年七月升夔州爲寧江軍節度。　一統名勝志又云：王、孟二蜀以施、夔、忠、萬置鎮江軍，後唐改寧江軍節度。

山南西道節度

興元府。

天義軍

興元府。　王蜀初改山南西道爲天義軍，後復故。

武定軍

洋州。　兩蜀同。

天雄軍

前蜀秦州。

武興軍

前蜀鳳州。　永平五年置武興軍於鳳州，割文、興二州隸之。

威武軍

後蜀鳳州。　廣政十八年正月戊子升鳳州爲威武軍節度。

昭武軍

利州。　輿地廣記云：利州，王蜀昭武軍節度。文獻通考又云：利州，孟蜀昭武軍節度。是兩蜀軍額皆同。　按後唐破王蜀，得節度十，謂武德、武信、永平、武泰、鎮江、山南、武定、天雄、武興、昭武也。西川節度爲蜀都，不與焉，故今不列劍南西道節度。

保寧軍

後蜀閬州。　五代會要云：天成四年十月升閬州爲保寧軍節度。一云割閬、果二州置保寧軍。

永寧軍

後蜀果州。　廣政二十一年正月庚戌置永寧軍於果州，以通州隸之。

戎昭軍

前蜀金州。　金州故爲昭信軍，天復五年十月唐昭宗改戎昭軍。

雄武軍

前蜀金州。　天復五年，高祖命王宗朗爲金州觀察使，割渠、巴、開三州隸之，是爲雄武軍節度。　歐史職方考又作武雄。

威勝軍

後蜀金州。

鎮靜軍

彭州。　按宋史地理志，彭州，唐置鎮靜軍，宋改爲永康軍。是後蜀時彭州當爲鎮靜軍矣。

威戎軍

彭州。　田令孜以彭州爲威戎軍，前蜀高祖起兵時，威戎節度使楊晟常饋之食，後廢。今附記於此。

南漢

清海軍

廣州。

建武軍

邕州。　輿地廣記云：南漢升邕州爲建武軍節度。

寧遠軍

容州。　按歐陽忞謂南漢升容州爲寧遠軍節度。馬端臨謂容州宋屬廣西路，爲寧遠節度，然開平初已有寧遠節度使龐巨昭，始知寧遠之爲軍其來久矣。　一作寧武軍。

靜海軍

交州。　高祖常以子弘操爲靜海節度使。　亦作安南節度。

禎州節度

禎州。　乾和十三年以通王弘改爲禎州節度使。

楚

武安軍

潭州。

永順軍

朗州。　唐昭宗時以澧、朗二州爲武貞軍，梁開平時武穆王攻雷彦雄等，送之梁，梁改朗州曰永順軍，武穆王以子希振爲永順軍節度使。　五代史世家又作武順軍。

武平軍

朗州。　後唐以朗州爲武平軍，以文昭王爲武安武平節度使，周廣順二年升武平在武安軍上，以劉言爲節度使。

靜江軍

桂州置靜江軍節度、桂管防禦觀察使。　時桂州爲下都督府，故亦稱靜江府。　天策學士，有靜江府掌書記鄧懿文。

武清軍

廖偃、彭師暠立衡山王，自置武清軍，衡山王以師暠爲武清軍節度使。　厥後周以周行逢爲武清節度使。

吴越

鎮海軍

杭州。　唐昭宗初年以杭州爲武勝軍，命武肅王爲防禦使。　歐史作武陵軍，非。　景福元年升威武軍，乾寧五年移鎮海軍于杭。

鎮東軍

越州。　唐昭宗初年以越州爲威勝軍。　歐史作武勝軍，非。　乾寧三年十月改威勝軍爲鎮東軍節度。

宣德軍

湖州。　顯德六年四月升湖州爲宣德軍節度。

中吴軍

蘇州。寶大元年十一月升蘇州爲中吴軍節度，領常、潤等州。開寶時宋詔改中吴爲平江，以孫承祐爲平江節度使。

武勝軍

婺州。天福五年三月升婺州爲武勝軍節度。祝穆方輿勝覽云：婺州，石晉時改爲武勝軍。

奉國軍

明州。吴越備史：建隆六年二月升明州爲奉國軍節度。一作元年六月。又輿地廣記云朱梁升明州爲望海軍節度，未審是非。

静海軍

温州。天福八年升温州爲静海軍節度。

德化軍

台州。唐光啓二年升台州爲德化軍節度。德化軍判官魯洵作杜雄墓碑，常紀其事。又忠懿王時錢昱以德化軍節度使、本路安撫使兼知台州，時乾德元年也。

彰武軍

福州。顯德間改威武爲彰武軍。一云廣順元年改威武軍曰彰武。陳洪進及錢氏納土，仍爲威武軍。

武康節度

按屠將軍墓志，屠瓌智，天寶五年特贈武康節度使。是吳越國有武康節度矣。豈卽於武康縣置鎭邪？姑附於此以竢考。

閩

威武軍

福州。

鎭武軍

建州。富沙王請於景宗，欲以建州爲威武軍，自爲節度使。景宗以威武軍，福州也，乃以建州爲鎭安軍，富沙王改鎭安曰鎭武而稱之。

平海軍

泉州。宋建隆三年，留從效卒，泉、漳二州爲其將陳洪進所奪。乾德二年改清源軍爲平海軍，以洪進爲節度使。

荆南

荆南節度

江陵府。

北漢

河東節度

并州。

鴈門節度

代州。

寧化軍

嵐州。文獻通考云：本嵐州地，劉崇置軍。是寧化軍，故世祖所置。又五代會要云：顯德五年，升汾州爲寧化軍節度，以初歸順故也。此乃周所置，與北漢無涉。又顯德元年升代州爲靜塞軍節度，以初歸降故也，亦周所置，故不取。

十國春秋卷第一百十四

十國百官表

十國官制，大畧多仍唐舊，間有與六典異名者。吳之大卿，吳越之進侍，閩之國計使，楚之機要司，僅一二見焉。而南漢內三師、內三公，則又不足道者也。余取史册諸所常見者，輒采録其名，而書所失紀，都爲闕如。至文武階勳，如開府、特進、金紫、銀青、驃騎、雲麾、柱國、都尉之類，唐志固可例觀，則不復備載云。作十國百官表。

吳	南唐	前蜀
太師太傅太保	太師太傅太保	太師太傅太保
太尉司徒司空	太尉司徒司空	少師少傅少保
大丞相	大司徒	太尉司徒司空　大司馬
同平章事　參政事參知政事	左丞相　平章事同平章事	宰相　同平章事

內樞使	樞密院使貶制改光政院　副使	內樞密使　判樞密院　樞密使
承宣院使	宣徽院使　副使	宣徽南院使　宣徽北院使
尚書省	尚書省貶制改司會府　尚書令參判尚書都省　知尚書省事　判尚書二省　判三司	
左僕射右僕射　左司郎中員外郎　右司郎中員外郎	左僕射右僕射　左丞右丞　左司郎中員外郎　右司郎中員外郎	左僕射右僕射
吏部尚書　侍郎　郎中吏部司封司勳考功　員外郎同上	吏部尚書判吏部銓　侍郎兩省侍郎　郎中吏部司封司勳考功　員外郎同上	六部尚書　侍郎　郎中　員外郎俱同吳、南唐，惟兵部有武部郎中，與二國小異。
户部尚書　侍郎　郎中户部度支金部倉部　員外郎同上	户部尚書　侍郎　郎中　户部度支金部　倉部　員外郎同上	
禮部尚書　侍郎　郎中禮部祠部膳部主客　員外郎同上	禮部尚書　侍郎　郎中禮部祠部膳部主客　員外郎同上	

兵部尚書　侍郎　郎中兵部 職方駕部庫部　員外郎同上	兵部尚書　侍郎　郎中兵部 職方駕部庫部　員外郎同上	
刑部尚書　侍郎　郎中刑部 都官比部司門　員外郎同上	刑部尚書　侍郎　郎中刑部 都官比部司門　員外郎同上	
工部尚書　侍郎　郎中工部 屯田虞部　水部　員外郎同上	工部尚書　侍郎　郎中工部 屯　田虞部水部　員外郎同上	
門下省 侍中　侍郎	門下省貶制改左內史府　侍中 侍郎　左散騎常侍　左諫 議大夫	門下省判門下省　侍中　侍 郎　左散騎常侍　左諫議 大夫
給事中	給事中　左補闕　起居郎 左拾遺	給事中　左補闕
翰林學士	翰林院學士後改文館　侍讀學 士　侍講　校書郎　博士 待詔　內供奉　司藝畫苑學士 文理院待詔　弘文館校書	翰林學士承旨

中書省　中書令　侍郎	中書省貶制改内右史府　中書令判中書省　侍郎後改内史侍郎	中書省判中書門下事　中書令　侍郎
知制誥	知制誥　右散騎常侍　右諫議大夫　右補闕　右拾遺	知制誥　右散騎常侍　右諫議大夫　右補闕
中書舍人　通事舍人	中書舍人後改内史舍人　起居舍人　通事舍人　集賢殿學士　直學士　侍讀學士　侍講　校書　正字　史館修撰　校理　勤政殿學士　光政殿學士承旨　清輝殿學士　直學士　澄心堂承旨　殿前承旨	文思殿大學士
閤門使	閤門承旨　中門使　武功殿使	閤門使　閤門南院使

秘書省　監　少監　秘書郎　正字	秘書省　監　少監　丞 秘書郎　校書郎　正字 著作局郎　著作佐郎 司天臺　監　少監 殿中省　監　少監 内侍省　監	秘書監　少監 司天監 内侍監　内給事　内飛龍廄使
御史臺 御史大憲（又作大卿）　侍御史 知雜事　主簿	御史臺（貶制改司憲府） 御史大夫　中丞　侍御史（知雜） 殿中侍御史　監察御史	御史臺 中丞　侍御史
太常卿	太常寺卿　少卿　丞　博士　奉禮郎	
光禄卿	光禄寺卿　少卿 衛殿寺卿　少卿　丞 宗正寺卿　宗正郎 太僕寺卿　少卿	衛尉卿　少卿

辭狀司	大理寺貶制改詳刑院 卿判大理寺 少卿 司直 評事	
客省使 典客 禮儀使	客省使貶制改延賓院 引進使	客省使
司農卿	司農寺卿判司農事 少卿	
國子監 司業 太學博士	國子監 司業 助教 博士	
	太府卿 少府監 少監	
		將作監 尚食使 御食厨 支計院
	太醫令	
	園苑使瓊林使 光慶使	
王府子城使一作宮城使	昭慶宮使、德昌宮使 莊宅使	
羅城使 左街使	左右街使	

	丹楊宮使	
	太子太師太傅太保　太子少師少傅少保　太弟太保　太子少保　太子賓客　太子詹事　太子左右庶子	太子太師太傅太保　太子少師少傅少保
太子中允	司議郎　太子左右諭德　太子洗馬　東宮使	太子洗馬
	崇文館直學士	永和府官　崇賢府官屬後改天策府　天策府掌書記
天下兵馬大元帥　副元帥　元帥府左右司馬	諸道兵馬大元帥　諸道兵馬元帥　諸道副元帥	
齊國左右丞相　齊國內樞使　齊國內樞判官　齊國內史舍人		

金吾衛大將軍　左右衛上將軍　左右驍衛大將軍將軍　左右雄武大將軍統軍　都指揮使　軍使　左右龍武大將軍　統軍　左右威衛大將軍　將軍　左右監門衛將軍　左右宣威統軍　左右牙都指揮使　左右牙指揮使　牙內馬步都指揮使　牙內指揮使　左右軍都軍使　內外馬步軍都指揮使　副指揮使　控鶴都虞候　控鶴軍使　拔山都指揮使　黑雲都指揮使　指揮使　黑雲都將　黃頭都虞候　內外馬步都軍使　副使　元從指揮使

左右衛上將軍　大將軍將軍　左右監門衛上將軍　大將軍　將軍　左右千牛衛上將軍　大將軍　將軍　千牛備身　左右金吾衛大將軍　左右神武衛大將軍　統軍　左右羽林軍大將軍　左右神衛使　左右衛聖統軍　侍衛都軍使　侍衛諸軍都虞候　侍衛軍虞候　龍武軍都虞候　天威軍統軍　天威軍都虞候　神衛軍都虞候　諸衛巡官　馬步都校

統軍　上將軍　將軍　判六軍　左右都押牙　馬步都指揮使　左右龍武軍都指揮使　左右神勇軍使　左右金吾大將軍　將軍　京城內外馬都指揮使　御營使　保鑾軍使　決勝都知兵馬使　決雲軍虞候　定戎團練使　防城使　武勇軍使　永寧軍使　懷勝軍使　大昌軍使　左右定遠軍使　刁子都虞候　天武神機營使

左右廂馬步都虞候　左右都押牙		
征南大將軍	冠軍大將軍	東院開府
鎮西大將軍	鎮國將軍	西院開府
平南大將軍		
安西大將軍		
鎮東大將軍		
諸道都統　副都統　諸道行營副都統　都尉　都督中外諸軍　都招討使　副招討使　行營招討使　行營都指揮使　統軍使　諸軍都虞候　應援使　遊奕使　都知兵馬使　馬步軍	大都督　諸軍都監　行營諸部署　行營招討使　營屯都虞候　諸軍虞候　行營糧料使　行營應援使　監軍使　先鋒橋道使　戰棹指揮使　戰棹都虞候　屯營使　巡檢使　統軍使	諸路行營都統　行營都制置使　都招討　招討副使　第一招討　第二招討　第三招討使　第四招討使　應援招討使　招付馬步使　招討判官　行營安撫使　行營兵馬使　開道都指揮

都指揮使　先鋒指揮使　樓船軍使　監軍　都統判官　馬步判官	沿淮都巡檢　沿江都部署　凌波都虞候　都押牙軍使　都城烽火使	使　隨駕清道指揮使　清道指揮使　排陣使　捉生將
節度使（知軍府事）　副大使　行軍司馬　行軍副使　判官　掌書記　推官　巡官　衙推　館驛巡官	節度使　副大使　知節度使（留後）　行軍司馬　副使　判官　支使　掌書記　推官　（軍事推官）　巡官　衙推　館驛巡官	節度使　留後　副使　判官
制置使	制置使	制置指揮使
觀察使　判官　推官	觀察使　副使　判官	觀察使
團練使　副使	團練使　副使　判官	團練使
	安撫使	
	巡撫使	
	諸路屯田使　糧料判官　營田判官	糧料司

鹽鐵使　判官	防禦使	防遏使			金陵尹	江都尹　少尹		刺史　副使　司馬　參軍　司功司倉司户司田司兵司法司士
鹽鐵院使　判官　回運務使 鑄錢使	防禦使	指揮使	東都留守院留守　副留守	南都留守院留守　副留守	江寧尹　少尹	江都尹　少尹	南昌尹　少尹	刺史　司馬　別駕 通守　錄事　參軍 司功司倉司户司田司兵司法司士掾　文學　從事
					成都尹			刺史　司馬　參軍 同南唐　從事

令			
令　丞　主簿　尉	右街僧錄		如京使　宣諭使　獻納使　進表使
令　主簿　尉	僧籙	教坊使	通好使　開江防送進奉使

後蜀	太師太傅太保	太尉司徒司空	同平章事	樞密使　知樞密院副使
南漢	太師太傅太保	太尉司徒司空	平章事同平章事　知政事　參知政事	簽書點檢司事
楚		太尉司徒司空	左相右相　左丞相　右丞相　同平章事	
吳越	太師太傅太保	太尉司徒司空三師三公官皆承制加檢校	左右丞相　同參相府事　進侍	

宣徽南院使 宣徽北院使	知承宣院	左右機要司 都軍 判官	
尚書判三司 左僕射 右僕射 左丞 右丞左司郎中 右司郎中 左司員外郎 右司員外郎	尚書 左僕射 右僕射 左丞 右丞	尚書 僕射	尚書 左僕射 右僕射 左丞 右丞亦承制加檢校
吏部尚書判吏部三銓 侍郎 郎中 員外郎	吏部尚書 侍郎 郎中吏部	吏部侍郎	六部尚書 侍郎 郎中 員外郎俱同後蜀六部尚書侍郎皆承制加檢校
户部尚書判户部判鹽鐵判度支使 侍郎 郎中 員外郎	户部尚書 侍郎 郎中		
禮部尚書 侍郎 郎中 員外郎	禮部尚書 侍郎 郎中		

兵部尚書　侍郎　郎中職方　員外郎	兵部尚書　侍郎　郎中	兵部侍郎	
刑部尚書　侍郎　郎中都官比部司馬　員外郎	刑部尚書　侍郎　郎中		
工部尚書　侍郎　郎中水部　員外郎	工部尚書　侍郎　郎中工部都官		
門下省　侍中　侍郎　左散騎常侍　左諫議大夫　給事中　左補闕	門下省　侍中　侍郎　諫議大夫　給事中	侍中	侍中承旨加　侍郎　散騎常侍　諫議大夫　給事中
翰林院　承旨　侍	翰林學士　承旨	文苑學士	

詔 學士院 翰林使 弘文館大學士 崇文館校書郎	中書省　中書令 侍郎	知制誥　右散騎常侍　右諫議大夫 右補闕　中書舍人	史館修撰　直館
	中書令　侍郎	知制誥 中書舍人	集賢殿學士
文學館學士		知辭制	
	中書令承制加檢校　侍郎	右補闕	通儒院學士　領擇能院

中門使	閤門使　閤門副使		
秘書省監　秘書郎　校書郎	著作佐郎		秘書監　秘書郎　著作佐郎
司天監　少監	司天監知司天監　丞　日御		
殿中省監尚儀尚衣			
御史臺　中丞　侍御史　監察御史	御史大夫　中丞		御史大夫承制加　中丞　侍御史　監察御史
太常卿　少卿	太常卿		
光禄卿			
衛尉卿			
	宗正卿		

	大理卿		
客省使			客省使　表奏孔目
國子監　博士毛詩、尚書、周易、三禮			國子祭酒
太府卿　少卿			
少府監　少監			
將作監			
醫官			
宮苑使	宮苑使		
左街使　染院使　功德使　修奉太廟禮儀使　宣慰使　如京使　如京副使　通奏使　進奏	左右街使　西御院使　文房院使　文房院副使　法物使　崇文使		功德判官　進奏使　內供奉　咸寧宮使　大安宮使

官　大程官　供奉官　捲簾使　崇聖宮使　豐德庫使　普豐庫使　廣義庫使　茶酒庫使			
太子太師太傅太保　太子少師少傅少保　太子賓客　太子左右贊善大夫　太子鳳儀闕舍			太子太師太傅太保　太子賓客以上東宮官皆承制加檢校
諸王宮侍			
		天策府學士　左司馬　右司馬　天策府都尉　天策軍使　天策副都軍使　天策府內押牙	元帥府牙內都指揮使　判官　掌書記　典謁

判六軍諸衛　六軍副使　左右威衛將軍　左右領軍衛將軍　都知殿直　左右廂馬步軍都指揮使　奉鑾肅衛都指揮使　奉鑾肅衛馬步都指揮使　左右匡聖馬步都指揮使　左右衛聖諸軍馬步都指揮使　捧聖控鶴都指揮使　左右驍鋭馬軍都指揮使　衙內馬步都指揮使　牙內都指揮副使　親衛馬步都指揮使　左右千牛

上將軍　將軍
指揮使

順天將軍　六軍使　六軍副使　親從都指揮使　牙內都指揮使　內外巡檢侍衛指揮使　牙內侍衛指揮使　長直都指揮使　在城都指揮使

金吾衛大將軍承制加官　右千牛衛大將軍承制加官　右武衛大將軍　右驍衛將軍　武勇都指揮使　武勇都知兵馬使　上武勇都監使　武勇隊主　武勝軍都指揮使　武安都指揮使　內城都指揮使　三城都指揮使　內牙諸軍都指揮使　內牙指揮使　牙內先鋒都指揮使　內都監使　內牙上右都監使　右都監　都監使　親

衛上將軍　左街都巡檢使　奉鑾肅街都虞候　義軍指揮使　義勝軍左右牙指揮使　義勝都頭　殿直四番都知領　定遠左右指揮使　左右衝山指揮使　左右飛棹指揮使　義寧指揮使　左右牢城指揮使　西班將軍　左右肅邊指揮使　牙内指揮使　静南軍使　都虞候　緣邊諸砦屯駐都指揮使　緣邊諸砦都指揮副使

從都指揮使　鎮國都指揮使　鎮武都指揮使　内外馬步都統軍使　内牙統軍使　内牙上右統軍使　龍武統軍使　兩浙諸上統軍使　上直軍都鈐轄使　武諸軍都鈐轄使　林檢校察諸軍事親衛第三都指揮使　馬親巡都指揮使　土軍廳事指揮使　保客諸軍安撫使　羅城城都指揮使　親軍都頭指揮使　都押牙都抽領

護聖控鶴都指揮使　兩川牙內馬步都軍事	大都督　行營都統　都總轄　行軍馬步都部署　行營副部署　兵馬都監　都押牙　押牙　行營招收討伐使　行營招討使　都招討
	諸道兵馬都元帥　兵馬元帥　副元帥　都統　副都統　統軍使　土軍都知兵馬使　招討使　巨象指揮使　巨艦指揮使　決勝指揮使
	護軍　中尉　領司馬　監軍　行營都統判官　掌書記　都押牙　都指揮使　副指揮使　中軍使　指揮使　水軍都指揮使　水軍副指
內直殿十將右直都知兵馬使　上直都指揮使　中直都指揮使　上直都知兵馬使　上直副兵馬使　內牙都虞候　牙將　十將　都將　巖將　永寧鎮使　鸞手校尉吳越後避忠獻王諱，凡官名左者皆作上，如上統軍使、上內都監使是也。	招討收復都指揮使　四面都指揮使　北面都知兵馬使　東面都知兵馬使　馬步都知兵馬使　指揮使　右副指揮使　諸軍都虞候

<table>
<tr><td>使　副招討使　監
押　先鋒都指揮使
先鋒指揮使　先
登指揮使　馬軍都
指揮使　步軍都指
揮使　戰櫂都將
都巡檢制置招討使
馬步使　軍事判
官</td><td>節度使知軍府　留
後判某軍事　行軍司
馬　副使　判官
掌書記</td></tr>
<tr><td>供軍巡官</td><td>節度使　副使　掌
書記　判官</td></tr>
<tr><td>揮使　戰棹都指揮
使　決勝指揮使
決勝副指揮使　馬
步軍指揮使　軍使</td><td>節度使留後　副使
判官　掌書記　推
官　巡官</td></tr>
<tr><td>馬軍都虞候　行營
應援使　水陸都遊
奕使　江海遊奕都
虞候　防遏指揮使
客軍指揮使　行
營司馬</td><td>節度使　副大使知
某軍　知某節度事
留後　行軍司馬
行軍副使　節度
討擊副使　副使
判官　推官　節度
都押牙　節度左右
押牙　節度散將下
將　軍事判官</td></tr>
</table>

制置使	觀察使　判官　推官	處置使	團練使	營田使	都巡檢使　判官　巡檢使
	觀察使　判官		團練使		
制置使	觀察使　判官　推官　觀察度支使			營田使	
制置使	兩浙觀察使　觀察支使　觀察押牙		團練使	浙西營田使　副使	巡檢使　東南面安撫使　浙東安撫使　副使　浙西安撫使　副使　判官　都水營使　浙東道鹽鐵使　副使　發運使　副使

防禦使			防禦使
鎮遏使			鎮遏使
捕盜遊奕使			招緝使
	安南都護		
成都府尹			提舉諸司事 判西府院事 西府院官 東府安撫使 知東府事 兩府軍糧都監使 西都上直官 西都上直廂虞候 西都隨身虞候
刺史 別駕 錄事參軍司户	刺史	刺史 知某州事知州 小門使 從事	刺史判某州 知州事
令 丞 主簿 尉	令	令 尉	令 主簿 尉 僧正

内侍省知府侍省　丞
内府局令　局丞
内常侍　内太師
内太傅　内太保
内太尉　内司徒
内司空　内給事
内供奉官　六軍觀軍容使　左右龍虎軍觀軍容使　内中尉　德陵使　萬華宫使　玉清宫使　列聖宫禹餘宫使　景陽宫使　秀華宫使　玩華宫使　甘泉宫使　龍德宫使

閩	荆南	北漢
太師太傅太保		太師太傅太保
太尉司徒司空		司徒
平章事同平章事　參政事　判		宰相　平章事同平章事　參
三司侍判三司		議中書
録軍國事		
内樞密使樞密使		樞密使　副使　樞密直學
		士
内宣徽院使宣徽使		宣徽使　宣徽北
左僕射　右僕射		尚書　左僕射　右僕射
吏部尚書　侍郎　郎中		吏部尚書　侍郎
員外郎		
户部尚書　侍郎　郎中		户部尚書　侍郎
員外郎		

禮部尚書　侍郎　郎中　員外郎		禮部尚書　侍郎
兵部尚書　侍郎　郎中　員外郎		兵部尚書　侍郎
刑部尚書　侍郎　郎中　員外郎		刑部尚書　侍郎
工部尚書　侍郎　郎中　員外郎		工部尚書　侍郎
門下省　侍中　侍郎　左散騎常侍　諫議大夫		門下省　侍郎　左諫議大夫
翰林學士　校書郎　宏文館直學士		翰林學士　承旨　直學士　令史
中書省　中書令　侍郎　右散騎常侍　右諫議大夫		中書省　中書令　侍郎　右諫議大夫　中書舍人

中書舍人　鳳閣舍人 內學士		通事舍人
閤門使　南廊承旨		
秘書監　秘書郎 校書郎　正字		
		司天監
御史大夫　中丞　侍御史 殿中侍御史　監察御史 監察御史裏行		
大理卿　少卿　司直　評事		
		鴻臚寺卿
客省使　內客省使		客省使　內客省使
		供奉官

國子監祭酒　四門博士		
國計使　支計官孔目吏　度支判官		
殿使		
皇城使		
大□宮使		
寶皇宮使		
如京使		
進奏官	知進奏	
王友		
判六軍諸衛事　判六軍六軍判官	都指揮使　水手都指揮使	大内都點檢　駙馬都尉

大將軍　上軍使　都押牙
　羽林統軍使　大金吾衛
將軍　拱宸都指揮使　控
鶴都指揮使　牙内都指揮
使　親從都指揮使　元從
都指揮使．四門指揮使
督南都内外諸軍　統軍使
　統軍副使　兵馬使　副
兵馬使　散指揮使　右軍
押牙　軍將
行營都統　行營招討制置
使　馬步行軍都校　馬步
軍都軍使　中軍使　飛捷
指揮使　樓船指揮使　都
教練使　監軍

雲猛指揮使　指揮使　右
都押衙　客將　左衙都將
右衙都將

侍衛親軍都指揮使　侍衛
親軍使　拱衛都指揮使
拱衛指揮使　左勝軍使
左右金吾衛大將軍　宿衛
殿直行首　散指揮使　呰
主
都督　都統　行軍都部署
　都監　兵馬都監　招討
使　副招討使　馬步軍都
指揮使　兵馬使　副兵馬
使　監軍　前鋒都指揮使
　招收指揮使　捉生指揮
使

節度使 留後知軍州 副使 掌書記 判官 推官 巡官 大録事 大從事	節度副使 行軍司馬 掌書記 判官	節度使 判官 推官
		觀察使
		團練使
鹽鐵使	支使	
防遏使		防禦使
	江陵少尹	太原尹
刺史持節刺史 知某州判州事 別駕 參軍司户 士曹	刺史 知某州事 文學	刺史
令 丞 主簿 尉	令 丞 主簿 尉	令 尉
場官 長		
	僧正	

十國春秋卷一百十五

拾遺

吴

吴太祖，性儉約。暨卒，遺令縠葛爲衣，桐瓦爲棺，夜葬山谷，人不知所在。

吴太祖入廣陵，張守一爲諸將合大還丹，未就，時發運使院胥伍諷、發運使康知柔贓罪二十餘事，諷及知柔俱繫於獄，守一爲知柔請於太祖，曰：「願入財以贖罪。」太祖以三人罪狀皆不可原，殺之。

吴太祖時，孫儒攻宣州，有黑雲如山漸下，墜儒營上，狀如破屋。占曰：「此營頭星也。」

吴太祖常在楚州見王茂章營第，曰：「天下未定，而茂章居寢鬱然，渠肯爲我忘身邪！」茂章遽毁之。

吴崔太初多疑好察，每通街交會之所，牆必置耳，謂人曰：「還聞牆有耳否？非牆耳，乃吾耳。」

燕人何福進以玉枕賣之淮南以鬻茶，其家僮告福進以枕遺吴主，福進棄市。

吴石幢在郡城北，徐知誥時，郡守陳師錫移置府第。鄉人夜過河，近者多見鬼物，乃相與請於州，復置舊處，其怪遂絶。

僞吴漣水軍使秦進崇修城，發一古冢，棺槨皆腐，得古錢破銅鏡數枚，復得一瓶，中更有一瓶，黄質黑文，成隸字，云：「一雙青鳥子，飛來五兩頭，借問船輕重，寄信到揚州。」明年周師伐吴，進崇死之。

李宗爲舒州刺史，重造開元寺。工徒始集，將浚一廢井，主者忽夢一人前致詞曰：「我昔遭亂，旅寓兹寺，僧輩利我行資，殺我投此井中，骸骨具在。爲我白李公，幸葬我，無見棄也。」主者以告。翌日發之，果得骸骨，設祭葬之。葬日，伍伯仆地，作鬼語曰：「爲我謝李公，幽魂處此三十年，藉公之惠，今九州社令已補我爲土地神，配食於此矣。」

虔化縣令王瞻罷任，歸建業，泊舟秦淮，病甚，夢朱衣吏執牒至，曰：「君命已盡，今奉召。」瞻曰：「命不敢辭，但舟中狹隘，欲假之使得登岸卜居，無所憚也。」吏許諾，以五日爲期，至日平明，且當來也。既寤，便能下牀，自出僦舍營辦凶具，教其子哭踊之節，召六親爲別。至期登榻安卧，向曙乃卒。

僞吳春坊吏郭仁表，居冶城北。甲寅歲，因得疾沉痼，忽夢道士衣金花紫帔，從一小童自門入，坐其堂上。仁表初不甚敬，因問疾何時可愈，道士色厲曰：「甚則有之！」既寤，疾甚。數夜，復夢前道士至，因叩頭遜謝，久之，道士色解，索紙筆，仁表以爲疏方，即跪奉之。道士書而授之，其辭曰：「飄風暴雨可思維，鶴望巢門斂翅飛。吾道之宗正可依，萬物之先數在兹，不能行此欲何爲？」夢中不曉其義，將問之，童子摇手曰：「不可。」拜謝，道士自西北而去，因爾疾愈。

僞吳鄂帥王璵，少爲小將，從軍圍潁州，夜夢道士告之曰：「旦有流星墮地，能避之，當至將相。」明日，衆軍攻城，城中矢石如雨，璵仗劍倚栅木而督戰。俄有大石正中其栅木及璵鎧甲之半，皆糜碎，而璵無傷，因歎曰：「流星正爾邪！」由是自負，卒至大官。

吳周本，少倜儻。有猛虎爲暴，本與二兄往視之，遇於篁竹之間，奮躍前搤虎，二兄同擊之，虎死於穴，由是知名。

徐温子知訓，在廣陵作紅漆柄骨朶，選牙隊百餘人執以前導，謂之「朱蒜」。天祐末，廣陵人競服短袴，謂之「不及秋」。後三年六月，知訓爲朱瑾所殺，朱蒜不及秋之應也。

天復甲子歲，豫章居人近市者夜恆聞街中若數十人語聲，向市而去，就視則無人。如是累夜，人皆惴恐，夜不能寐。頃之，詔盡誅閹官，豫章所殺凡五十餘人，驅之向市，驟語喧噪，如先所聞。

建康吏黄廷讓嘗飲酒於親戚家，迨夜而散，不甚醉，恍然而身浮，飄飄而行，不能自制。行可數十里，至大宅，寂然無人，堂前有小房，房中布牀，廷讓困甚，因寢牀上。及寤，乃在蔣山前草間，逾重城複塹矣。恍惚得疾，歲餘乃愈。

李漢雄嘗爲欽州刺史，罷郡居池州。善風角推步之奇術，自言當以兵死。天祐丙子，遊浙西，始入府，歎曰：「府中氣候甚惡，當有兵亂，期不遠矣，吾必速回。」既見府公，厚待之，留旬日不得去。一日晚出逆旅，四顧而歎曰：「禍在明日，吾不可留。」翌日晨，入府辭，坐客位中良久，曰：「禍卽今至，速出猶或可出。」至府門遇害。

僞吴玉山主簿朱拯赴選，至揚州，夢入官署，堂上一紫衣正坐，旁一緑衣。紫衣起揖曰：「君當以十千錢見與。」拯拜，許諾，遂寤。補安福令，既至，謁城隍神，廟宇神像皆如夢中，其神座後屋漏棟壞，拯歎曰：「十千錢豈非此邪？」卽以私財葺之，費如數。

庚寅歲，江西節度使徐知諫以錢百萬施廬山使者廟，潯陽令遣一吏典其事。此吏嘗入城召一畫工俱往，畫工負荷丹彩雜物從之。始出城，吏昏然若醉，自解腰帶投帶，畫工以爲醉而隨之。須臾，復脱衣棄帽，比至山中，殆至裸身。近廟澗水中有一卒，青衣白韋蔽膝，吏至，乃執之。畫工救之曰：「此醉人也。」卒怒曰：「交交加加，誰能得會！」竟擒之，坐於水中。工知其非人也，走往廟中告人，競往視之，卒已不見，其吏猶坐水中，已死矣。乃閲其出給之籍，則乾没已過半。進士謝岳親見之。

天祐中，陶雅爲歙州刺史，既克婺源，令朱某考亭之先。將兵三千人戍連同，是爲制置茶院。事載朱子茶院世譜，連同在婺源城北三里，南唐時婺源城徙建蚺城。

吉州龍漁觀有巨鐘，上有文曰：「晉元康年鑄。」鐘頂有一竅，故老相傳則天時聲震長安，詔鑿之，其竅是也。天祐年間，忽一夜失鐘所在，至旦如故，見蒲牢有血痕并蒜草。蒜草者，江南水草也，葉如薤，隨水深淺而生。觀前大江，數夜居人聞江水風浪之聲，至旦有漁者見江心有一紅旗，水上流下。漁者棹小舟往接取之，至則見金鱗光耀，波濤洶湧，漁者急回，始知蒲牢鬭傷江龍也。

僞吴楊氏，初定廣陵，居人稀少。有康氏僦一舍於太平坊空宅中。康晨出未返，妻生子方席藁，忽有一人赤面朱衣冠，據門而坐，驚叱之，乃走如舍西，踣然有聲。康適歸，將至家，路左有錢五千、羊半胛，尊酒在焉，伺之，久無行人，因持歸。妻告以所見，即往舍西尋之，乃一金人卧草間。自是日以富贍，奉爲家寶。江都令李濤訪之，父老爲言如此。

高審思爲壽春節度使，時汝陰人崔景唐市得玉鞍，欲獻之。先是有道士姓梅者，客於崔所，崔辭梅詣壽春，梅曰：「吾壽春人也，將此訪親戚，比將還矣，君其先往也。久居於此，思有以奉報。君家有水銀乎？」曰：「有。」即以十兩奉之。梅置鼎中煉之，少久成白銀，與崔曰：「以此爲路糧。君至壽春，可於城東訪吾家也。」即與景唐分路而去。景唐至壽春，訪數日不得，村人皆曰：「此中無梅姓，亦無爲道士者，惟南嶽廟有梅真君像，得非此邪？」崔如其言訪之，其像果梅真君也。

徐知誥會客，賦薔薇詩，先成者賜以錦袍，陳濬先得之。杜荀鶴嘗吟詩云：「舊衣灰絮絮，新酒竹篘篘。」或訴於韋莊，莊曰：「我道『印將金鏁鏁，簾用玉鉤鉤。』」莊仕蜀爲相。

鐵笛聖者，吴太祖時人。好吹笛，能役鬼神龍蛇。寓池州乾明寺，及去，以笛留付主事僧，似銅鐵而非，色緑而瑩潤如玉。見陸游入蜀記。

何敬洙帥武昌時，司倉彭湘傑習知膳味，就中脯膳尤殊，敬洙檄掌公厨，郡中號爲「脯掾」。

張崇帥廬，遇生日，設延生大齋，僧道獻功德疏，祈祝之詞，往往上比彭李。有草衣叟聞之，笑曰：「分身夢宅，會歸變滅，革囊汙穢，煩惱所生，何足多戀！」或言於崇，崇以壽日免決，押領出。崇又酷於聚斂，從者數千人，出遇雨雪，皆頂蓮花帽、琥珀衫，所費油絹不知紀極，市人號曰「雨仙」。又崇刺廬州不法，有伶人假爲人死有譴，當作水族者，陰府判焦湖百里，一任作獺。作獺，今吴中方言有之，蓋獺食魚皆半棄其殘者，作獺之義本此。

張翊者，世本長安，因亂南來，吴先主擢置上列。翊好學多思致，嘗戲造花經，以九品、九命升降次第之，時服其允當：

蘭　牡丹　蠟梅　酴醾　紫風流以上一品九命　瓊花　蕙　巖桂　茉莉　含笑以上二品八命　芍藥　蓮　薝蔔　丁香　碧桃　垂絲海棠　千葉以上三品七命　菊　杏　辛夷　荳蔻　後庭　忘憂　櫻桃　林禽　梅以上四品六命　楊花　月紅　梨花　千葉李　桃花　石榴以上五品五命　聚八仙　金沙　寶相　紫薇　凌霄　海棠以上六品四命　散水　真珠　粉團　郁李　薔薇　米囊　木瓜　山茶　迎春　玫瑰　金燈　木筆　金鳳　夜合　躑躅　金錢　錦帶　石蟬以上七品三命　杜鵑　大清　滴露　刺桐　木蘭　雞冠　錦被堆以上八品二命　芙蓉　牽牛　木槿　葵　胡葵　鼓子　石竹　金蓮以上九品一命　清異録併載羅虬「花九錫」之號；其花五宜之説，仍列南唐。

南唐

江南李昪曰：「民各生父母，安用争城廣地，使之膏血塗於野草乎！」自握王權至禪位，凡數十年，止一拒越師，蓋不得已而爲之。

南唐元宗幼年，馮權常給事左右，上深親倖，每曰：「我富貴，當爲爾置銀韉。」保大初，語及前事，上卽賜銀三十斤以代銀鞾，權命工鍛爲鞾着之。時權已官侍中。

江南中主時，有北苑使董源善畫，尤工秋嵐遠景，多寫江南真山，不爲奇峭之筆。後建業僧巨然祖述源法，皆臻妙理。大體源及巨然畫筆，皆宜遠觀。其用筆甚草草，近視幾不類物象，遠觀則景物粲然，幽情遠思，如覩異境。如源畫落照圖，近視無□，遠觀村落杳然深遠，悉是晚景，遠峯之頂，宛有返照之色。

烈祖一日黃昏急須燭，喚小黄門：「掇過我金奴來。」左右竊相謂曰：「烏莮、金奴，正好作對。」

李璟時，朝中大臣多蔬食，月爲十齋，至明日大官具晚膳，始復常珍，謂之「半堂食」。其後周師至淮，取濠、泗、揚、楚、泰五州，而璟又割獻滁、和、廬、舒、蘄、黄六州，果去唐國疆土之半，則「半堂食」之應也。

廬山鶴鳴峯下，居山之絶勝處，中主爲世子時，以萬金買其地爲書堂，既卽僞位，改建僧舍，名曰開先。本朝康熙年間，御書秀峯寺，易舊額。

婺源城北隅，保大年間建棲真觀，至宋改名紫虛。

南唐時，紫陽書院內瑞雲樓之西，移植羅漢古栢一株，歷代枯而復榮者屢，其樹今尚存。

南唐銀青光禄大夫朱寬，嘗讀書於城東南方山，有白鹿菴，其地名朱相公尖，至今墨池猶存。

李後主喜作行書，落筆瘦硬，而風神溢出。宣和御府所藏行書二十有四，有論道帖、招賢詩帖、樂章羅帖。後主命徐鉉以所藏古人之法帖入石，名昇元法帖，在淳化之前，當爲法帖之初。

南唐後主留意筆札，所用澄心堂紙、李廷珪墨、龍尾硯三物，爲天下之冠。硯，歙大溪産也，李氏患溪不可入，斷其流，使由他道。李氏亡，居民苦其溪之回遠，導之如昔，石乃絶。廷珪居歙，其地多美松。時江南又有朱君德、柴詢、柴成務、李父遠、張遇、陳贇著名當時，其制有劍脊圓餅拙墨、進貢墨、供堂墨，其面多作蛟龍，其幕有「宣府」字，或云止「宣」，或著姓氏，或别州府，然傳者絶少。宋嘉祐中，宴近臣於内廷，賜墨，其文曰「新安香墨」。其後翰林諸君承賜者，皆廷珪雙脊龍樣，尤爲佳品。江南主尤重紅絲硯。又一靈壁石硯，亦甚珍焉。

李後主於清微樓上，歌「春寒水四面」，學士刁衍起奏云：「陛下未覩其大者遠者爾！」人疑其有規諷，訊之，云：「風乍起，吹縐一池春水。」又作紅羅亭子，四面栽紅梅花，作艷曲歌之，韓熙載和云：「不須誇爛熳，已輸了春風一半！」時已割淮南與周矣。

南唐宮中賜「洗兒果」，近臣謝表有云：「猥蒙寵數，深愧無功。」李主曰：「此事卿安得有功！」

清涼寺法堂前有德慶堂，牓額乃南唐後主所書。

李後主下屬州，責蚌醬供宗廟，恐滋味醦作冉切䣷而琰切。味薄也。其下惶懼不敢寧。

違命侯李後主於苑中鑿地，廣一頃，池心疊石像三神山，號「小蓬萊」。

李後主嘗於七月十五燃燈長干塔，建盂蘭道場，名曰「聖燈」。

木鵝洲，在安慶府桐城縣大江北。其稅賦屬池州。相傳唐與周世宗劃江爲界，先以木鵝浮江中，隨其所之，以定南北，而木鵝乃循洲入小硤而下，故此洲不隸江南。

婺源硯，唐開元中，獵人葉氏逐獸至長城里，見疊石瑩淨可愛，因攜以歸，刊成硯，溫潤過端溪，由是山下始傳。至南唐後主，精意翰墨，歙守獻硯，并薦硯工李少微，後主嘉之，擢爲硯官。

李後主得青石硯，墨池中有黃石如彈丸，水常滿，終日用之不耗。陶穀見而異之，硯大不可持，乃取石彈丸去。後主索之良苦，陶曰：「要當碎之。」石破，中有小魚跳地上卽死，自是硯無復潤澤。

南唐有寶石硯山，徑長纔逾咫尺，前聳三十六峯，皆如大手指，不假雕琢，有華蓋峯、月巖、方壇、玉笱、翠巒，上洞下洞，三折相通。有龍池，遇天雨則津潤，滴水少許，池內經旬不竭。後主又置墨務官。

江南李後主獵於青龍山，一牝狙墮網，見主，雨泪，屢指其腹，若有所告。主大怪，戒虞人守而勿殺，是夜果生二狙。還幸大理寺，録囚有大辟婦，以孕在獄，未幾誕二子。後主感狙事，罪止於流。

李後主自作祈雨文，曰「尚垂龍潤之祥」。

江南國主鍾愛其女，常從容謂大臣曰：「我止有一女，姿儀、智識，特異於人，不可不爲擇佳婿。須得少年美豐儀、廣才學而門閥高者。」或曰：「洪州劉生爲郡參謀，年方弱冠，豐骨秀美，又大門第，嘗任貳師，博學有文，足以充選。」主命召至，一見大悦。尋尚主，拜駙馬都尉，鳴珂鏘玉，豪華富貴，冠於一時。未周歲，公主忽告殂，國主不勝其哀，怒曰：「吾不欲復見劉生！」一切官物不與，遣歸洪州。生怳疑夢覺，觸目如故。

李後主手題金樓子，曰：梁孝元謂王仲宣昔在荆州，著書數十篇。荆州壞，盡焚其書，今在者一篇，知名之士咸重之，見虎一毛，不知其斑。後西魏破江陵，帝亦盡焚其書，曰：「文武之道，盡今夜矣！」何荆州壞、焚書二語，先後一轍也。詩以慨之曰：「牙籤萬軸裹紅綃，王粲書同付火燒，不是祖龍留面目，遺篇那得到今朝？」書卷皆薛濤紙所抄，「今朝」字誤作「金朝」。徽廟忌之，以筆抹去，後書竟如讖入金也。按後主慨焚書而作詩，後建康不守，澄心堂藏書亦命焚之，不又前後一轍邪？

後主每聞宋出師克捷及喜慶之事，必遣使犒師修貢。南唐後主名煜，故「鸜鴿」改稱爲「八哥」。

昭惠后善音律，能爲小詞，其所用筆曰「點青螺」，宣城諸葛氏所造。

昭惠后「燒槽琵琶」，至宣和間猶存，徽廟極所珍惜，後金兵入汴，失之。南唐樂工所居院曰「仙音」。

昭惠后嘗幸長慶寺，施五色繒百疋爲幡，名「寶勝幢」。

江南李建勳嘗畜一玉磬尺餘，以沉香節按柄叩之，磬極清越。客有談及穢俗之語者，則急起擊玉磬數聲，曰「聊代清耳」，名之曰「泗濱友」。

李建勳出鎮豫章，一日遊西山，田間有老叟教數村童。公觴於其廬，連食數梨。賓僚有曰：「梨號五臟斧，不宜多食。」叟歎曰：「鵾冠子五臟斧乃別離之離，非謂梨也。蓋別離則殘賊胷懷，有若刀斧。」因就架取鵾冠子呈之，公大歎服。

江南神武軍使孫漢威，廐中有馬，夜輒尾上放光，狀若散火，羣馬皆嘶鳴。漢威以爲妖，仗劍斬之。數月，除廬州刺史。

江南軍使王建封，驕恣奢僭，築大第於淮南。暇日臨街坐，見一老嫗攜少女過，衣服襤縷，而姿色絶世。建封呼問之，云孤貧無依，乞食至此。建封曰：「吾納爾女，而給養爾終身，可乎？」嫗欣然。建封卽召入，命取新衣二襲以衣之。嫗及女始脱故衣，皆爲凝血聚於地。旬日，建封被誅。

張易在洛陽，遇處士劉者，有奇術，易恆與之遊。劉嘗賣銀，市人欠其直，劉從易往索之，市人既不酬直，且大詈劉。劉歸謂易曰：「彼愚人不識理，當小懲之，不爾必爲土地神靈所譴也。」夜就寢，劉熾炭燒藥，易寐未熟，見一人就爐吹火，火光中識其面，乃向之市人也，後其人患脣腫，旬日乃愈。劉曾爲梁太祖掘坎致魚，梁祖杖之，遂去，不知所終。

江南刑部郎中張易，少居菑川，病熱困惙甚，恍惚見一神人，長可數寸，立於枕前，持藥三丸，曰：「吞此可愈。」易受而亟吞之，二丸嗛之，一丸落席有聲，因自起求之，不得；家人驚問何爲，具述所見，病因卽愈。

江南吳興沈彬，少好道，及致仕歸高安，以朝服修餌爲事。嘗遊郁木洞觀，忽聞空中樂聲，仰視雲際，見女仙數十冉冉而下，遝之觀中，徧至像前，焚香良久乃去。彬匿室中不敢出，既去，入殿視之，几案上皆有遺香，彬悉取置爐中，已而自悔曰：「吾生平好道，今日見神仙而不能禮謁，得仙香而不能食之，是其無分歟！」初，彬恆誡其子云：「吾所居堂中，正是吉地，卽葬之。」及卒，如其言，掘地得自然甎壙，製作甚精，塼上皆作吴興字。彬年八十餘，卒。後豫章有漁人投生米於潭中捕魚，不覺行遠，忽入一石門，朗然明焕，行數百步，見一白髯翁，諦視頗類彬，謂漁人曰：「此非爾所宜來，速出猶可。」漁父遽出，登岸，云已入水三日矣。

韓熙載形貌皙而美髯，世所謂韓文公畫像者，實熙載也。

韓熙載奉使中原，或問：「江南何不食剥皮羊？」對曰：「江南地産羅紈，故爾。」時皆不喻，迨熙載去，乃悟。

王克正仕江南，歷貴官，歸宋，直舍人院。及死無子，遺一女十餘歲，太祖甚憐念之，詔陳晉公室焉，封國夫人。先是，女縗絰跪爐於像前，會陳摶入弔，出語人曰：「王氏女，吾雖不見其面，但觀其捧爐手相甚貴，嫁卽爲國夫人。」果如其言。

陶穀云，徐鉉兄弟工染翰，崇飾書具，嘗出一月團墨，曰此價值三萬。

徐鉉爲中朝士大夫所重，李尚書穆嘗謂人曰：「江表冠蓋，若中立有道之士，惟徐公近之。」平居自奉寡儉，食無重肉。或問其故，對曰：「亡國大夫，已多矣。」時王師已圍建業，後主欲命使於交兵之間，左右咸有難色，鉉乃徒行。後主撫之泣下，曰：「時危見臣節，汝有之矣。」後太宗詔鉉撰江南録，末云「天命歸於有宋，非人謀之所及」。太宗頗不悦。鉉嘗著稽神録，時方輯太平廣記，鉉以示纂修官宋白，遂悉採録。先是鉉在江南，與弟鍇及韓熙載齊名，江南稱「韓徐」。

江南徐氏兄弟雅善游藝，各有撰述，鍇著射書十五卷，鉉著金谷園九局譜一卷。

徐鉉題南昌陳省躬四眼石硯爲「方相石」。

徐鉉云，幼年得李超墨一挺，長不過尺，細方如筋，與弟鍇共用之，日書不下五千字，凡十年乃盡，磨處邊際如刃，可以裁紙。自後用李氏墨，無及此者。

徐鉉遇月夜，露坐中庭，焚佳香一炷，所親私號「伴月香」。

南唐徐鉉善小篆，映日視之，畫之中心有一縷濃墨正當其中，至屈折處亦當中，無有偏側處，乃筆鋒直下不倒側，故鋒常在畫中，此用筆法也。鉉嘗自謂晚年得竵匾法，凡小篆喜瘦而長。竵匾之法，非老手不能也。

江南徐鉉嘗得一鏡，照面只見一眼。

宋元公嘗問蘇魏公：「徐鍇與鉉學問該洽畧相同，而世獨稱鉉，何也？」魏公言鍇仕江南，早死，鉉得歸本朝，士大夫從其學者衆，故得大其名爾。元兄弟好論小學，得鍇所作説文繫傳而愛之，每欲爲發明，得蘇論，喜曰：「二徐未易分優劣，要以是別之，異時修史者不可易也。」余頃從蘇借繫傳，蘇語及此，亦自志於繫傳之末。

洪州處士陳陶者有逸才，歌詩中似負神仙之術，或睹王霸之説，雖文章之士亦未足憑，而以詩見志，乃宣父之遺訓也。其詩句云：「江湖水深淺，不足掉鯨尾。」又云：「飲冰狼子瘦，思日鷓鴣飛。」又云：「一鼎雄雌金液水，十年寒暑鹿霓衣。寄與東溪任斑鬢，向隅終守鐵梭飛。」諸如此例，不可殫紀。著癖書十卷。或云書乃陳岳所著。

陳陶隱居洪州西，種柑橘，令山童賣之自給。妻子亦知讀書。僧貫書西人陳陶處士隱居詩云：「有叟傲堯日，髮白肌膚紅。妻子亦讀書，種蘭清溪東。白雪有奇色，紫桂含天風。即應迎鶴書，肯羨於洞洪。」又云：「高步前山前，高歌北山北。數載賣柑橙，山資近又足。」

南唐僞德昌宮使劉承勳嗜蟹，但取圓殼而已。親友中有言蟹重二螯，承勳曰：「十萬白八敵一箇黃大不得。」謂蟹有八足，故云。

盧絳從弟盧純以蟹肉爲一品膏，嘗云四方之味，當許「含黃伯」第一。後因食二螯，夾傷其舌，血流盈襟，絳自是戲以蟹爲「夾舌蟲」。

南唐張佖知貢舉，試天雞弄和風賦。佖但以文選中選句爲題，未嘗詳究也。有進士白試官云：「爾雅鶾天雞、螒天雞，天雞有二，未知孰是？」佖大驚，不能對，亟取爾雅檢釋蟲有螒天雞，小蟲黑身赤頭，一名莎雞，一名樗雞；釋鳥有鶾天雞，赤羽。逸周書曰：「文鶾若彩雞。成王時蜀人獻之。」江南人士深於學問如此。

舒雅以戲狎得韓熙載之懽，一日得海螺甚奇，宜用滑紙，以獻於熙載，云：「海中有無心班道人，往詣門下，書材糙澁，逆意可使道人馴之，即證發光地菩薩。」蓋凡紙之昏不染墨，用雨點螺左右三千許，其病亦去矣。

黄山谷言李廷珪墨能削□，墜谷中經月不壞。東坡集，石昌言畜廷珪墨，不許人磨，或戲之曰：「子不磨墨，墨將磨子。」黄山谷於几間取小錦囊，有墨半丸，以示賣墨者潘谷，谷隔囊手之，即置几上，曰：「天下之寶也。」出之，乃廷珪墨。

江南一節使召相者，或云即查文徽。命内子立羣婢中，令辨之。相者曰：「夫人額上自有黄氣。」羣婢皆竊視之，然後告云：「某是。」柁工火兒雜立，使辨何者是柁人，云：「面上有水波紋是。」亦用前術。

江南徐熙、蜀黄筌兄弟，並以畫花竹得名，送圖畫院。其格諸黄妙在賦色，用筆極新細，殆不見墨迹，但以輕色染成，謂之寫生；熙以墨筆畫之，殊草草，畧施丹粉而已，神氣迥出，別有生動之意。筌惡其軋己，言其粗惡不入格，罷之。熙子乃效諸黄格，更不用墨筆，直以粉色圖之，謂之「没骨圖」。工與諸黄不相下，然其氣韻皆不及筌。

趙宋太祖天表神偉，紫黲而豐頤，見者不敢正視。江南主令人寫御容至，見之，憂懼不知所爲。

欒史，宜黄人也。母夢異人授五色珠而生史。力學有文，南唐舉進士第一。入宋，鑠廳試進士，合格，不放第，但陞幕職。史著述極多，在江南有江南登科記、唐孝悌録十五卷、孝悌録二十卷。入宋後，有宋朝登科記一卷、重定登科録十卷、重修登科記二十卷、太平寰宇志二百卷、總仙記一百三十卷、上清文苑四十卷、緑珠傳一卷、楊貴妃外傳二卷。

湯悦逢士人於驛舍，士人揖食，其中一物是爐餅，各五事，細味之，餡料不同，以問士人，歎曰：「此五福餅也。」悦卽殷崇義，入宋避諱改姓名。

薛九，江南富家子，得幸於後主，常侍宫中，善歌稽康。稽康，江南曲名也。學舞於鍾離氏。建業破，零落於江北。□遇於洛陽福善坊趙春舍，飲酣，於是歌稽康，其詞卽後主所製焉。□感激，坐人皆泣。春舉酒請舞，謝曰：「老矣，腰腕瘦硬，無復舊態。」乃强起小舞，終曲而罷。座有王生者，請予爲稽康小舞詞，曰：「薛九三十侍中郎，蘭香花態生春堂。龍盤王氣變秋霧，淮聲哭月浮秋霜。宜城酒煙羃□腹，與君强舞當時曲。玉樹遺辭莫重聽，黄塵刷鬢無前緑。我聞襄陽白銅鞮，荒情古艷傳幽悲。凄涼不抵亡國恨，座中苦淚飛柔絲。洛陽公子擎銀觴，跪奴和曲生幺光。茂陵旅夢無春草，彤管含羞裁短章。」

江南師圍留安，監軍使鍾匡紹所將卒二人發城南一塚，得一椰實杯以獻匡紹，因曰：「某發此塚，開棺見緑衣人，面如生，懼不敢犯。墓中無他珍，惟得此栝耳。」既還營，而緑衣人已坐其房矣，一日數見，意甚惡之。無何，皆戰死。

軍將劉璠，性彊直勇敢，坐法徙海陵，郡守褚仁規嫌之，誣其謀叛，詔殺之。璠將死，謂監刑者曰：「爲我白諸兒，多置紙筆於棺中，吾必訟之。」後數年，仁規入朝，泊舟濟灘江口，夜半聞岸上連呼：「褚仁規，爾知當死否？」舟人盡驚，起視岸上無人。仁規謂左右曰：「爾識此聲否？劉璠也。」命酒食祭而謝之。仁規至郡，以殘虐下獄，獄吏夜夢一人，長大黯面，從二十餘人至獄，執仁規去。既寤，爲仁規所親説之，其人撫膺歎曰：「吾君必死，此人卽劉璠也。」其日中使至，縊於獄矣。

江南大理評事鍾遵，南平王傳之孫也。歷任貪濁。水部員外郎孫岳素知其事，密縱於權要，竟坐下獄，會赦除名。遵既以事在赦前，又其祖嘗賜鐵券，恕子孫二死，因復詣闕自理，事下所司，大理奏贓狀，明日遂棄市。臨刑或與之酒，遵不飲，曰：「吾當訟於地下，不可醉也。」遵死月餘，岳方與客坐，有小青蛇出於楝間，岳視之，驚起曰：「鍾評事，鍾評事！」變色而入，遂病，翌日死。

江南内臣張瑗，日暮過建康新橋，忽見一美人，袒衣猖獗而走。瑗甚訝，諦視之，婦人忽爾回頭，化爲旋風撲瑗，瑗馬倒傷面，月餘乃復。初，馬既起，乃提一足，跛行而歸。自是每過此橋，馬輒提一足而行，竟無他怪。

江南僞右藏庫官陳居讓，字德遇，直宿庫中。其妻在家，五更初忽夢二吏手把文書，自門而入，問：「此陳德遇家邪？」曰：「然。」「德遇何在？」曰：「在庫中。」吏將去，妻追呼之曰：「家夫字德遇耳。有主衣陳德遇者，家近在東曲。」二吏相視而嘻曰：「幾誤矣！」遂去。翼日，德遇晨起如廁，自云有疾，還臥，良久遂卒。二人並居治城西。

江南太子校書周延翰，性好道，頗修服餌之事。嘗夢神人以一卷書授之，若道家之經，其文皆七字爲句，惟記其末句云「紫髯之畔有丹砂」。延翰寤而自喜，以爲必得丹砂之效。從事建業，卒，葬於吳大帝陵側。無妻子，惟一婢名丹砂。

江南司農少卿崔萬安，分務廣陵。常病苦脾泄，困甚，家人禱於后土祠。是夕，萬安夢一婦人，珠珥珠履，衣五重，皆編貝珠爲之，謂萬安曰：「此疾可治，今以一方相與，可取青木香、肉荳蔻等，分棗肉爲丸米，飲下二十丸。」又云：「此藥太熱，疾平即止。」如其言，服之遂愈。

江南內臣朱廷禹言，其親故泛海遭風，舟將覆者數矣，海師云：「此海神有所求，可即取舟中所載，棄之水中。」物將盡，有一黄衣婦人，容色絶世，乘舟而來，四青衣卒刺船，皆朱髮豕牙，貌甚可畏。婦人尋上船，問有好髮髢，可以見與。其人忙怖不復記，但云物已盡矣。婦云「在船後挂壁篋中」。如言而得之。船屋上有脯腊，婦取以食四卒，視其手，鳥爪也，持髻而去，舟乃達。廷禹又言其親自江西如廣陵，攜一十歲兒，行武烏當泊，登岸晚坐，及還船，失其兒，徧尋之，得於茂林中，已如癡矣。翌日乃能言，云：「爲人合去，有所教我。」乃吹指長嘯，有山禽數十百隻應聲而至，毛彩怪異，人莫能識。自爾東下，時時吹嘯，衆禽必至，至白河不敢復入。博訪醫工治之，久乃愈。

南唐昇元元年，城海陵，侵人冢墓。有市儈夏氏，其祖葬已百年矣，開棺惟有白骨，而衣服器物儼然如新，無有損污，有紅錦被文彩尤異，人以善價買之。

昇元七年二月，建康大火。先是，江寧縣廨後有沽酒王氏，以平直稱。火未作前數日，外户將閉，有朱衣數人，僕馬甚盛，奄至户前，叱曰：「開門！吾將暫憩於此。」店人奔走告其主，主出迎，已入座矣。主人設酒食，又犒諸從者。頃有僕夫執細繩百千丈、橛杙數百枚前白，請布圍，紫衣可之。卽出以杙釘，繫繩其上，圍坊曲人家使遍。良久，白事訖，紫衣起至户外，從者曰：「此店亦在圍中。」紫衣相謂曰：「主人相待甚厚，免此一店可乎？」皆曰：「一家耳，何爲不可！」卽命移杙出店於圍外，顧主人曰：「以此相報。」遂去，倏忽不見，顧視繩杙，亦亡矣。俄而巡使歐陽進邏巡至店前，問何故深夜開門，又不滅燈燭。主人具告所見，進不信，執之下獄，將以妖言罪之。居二日，火作，自朱雀橋西至鳳臺山，居人焚燒殆盡，此店四鄰皆煨燼，巋然獨存。

江南軍使蘇建雄，有别墅在毗陵，恆使傔人李誠來往檢視。乙卯歲六月，誠自墅中回，至句容縣西。時盛暑赫日，持傘自覆，忽值大風，飛石拔木，捲其傘蓋而去，惟持傘柄。行數十步，雲雨大至，方憂濡濕，忽有風飄席至其所，因取覆之。俄而雷震地，道傍數家之中捲一家屋室向東北而去。頃之遂霽，其居蕩然無復遺者，老幼十餘人皆聚桑林中，一無所傷。舍前有足跡，長三尺。誠又西行數里，遇一人求買所覆蓆，卽與之。又里餘，復遇一人，求買所持傘柄，誠乃異之，曰：「此物無用，爾何爲者而買之？」其人但乞求甚切，終不言其故，隨行數百步，與之乃去。

江南通事舍人王愼辭，有别墅在廣陵城西，愼辭常與親友遊其上。一日，忽自愛其岡阜之勢，歎曰：「我死必葬於此。」是夜村中聞犬吠，或起視之，見愼辭獨騎徘徊於此，逼之，遂不見。自是夜夜恆至，月餘愼辭卒，竟葬其地。

江南戎帥韋建，自統軍除武昌節度使。將行，夢一朱衣人導從數十來謁韋曰：「聞公將鎭鄂渚，僕所居在焉，棟宇頹毁，風雨不蔽，非公不能爲僕修完也。」韋許諾。及至鎭，訪之，乃宋無忌廟。視其像，卽夢中所見，因新其祠，數有靈驗云。

盧延貴者，爲宣州安仁場官。赴職中途阻風，泊大江次數日。因登岸閒步，不覺行遠，遥望大樹下若有屋室，稍近，見室一物，若人若獸，見人卽行起而來。延貴懼却而走，此物連呼：「無懼！吾乃人也。」即往就之，狀貌奇偉，裸袒而通身有毛，長數寸。自言商賈，頃歲泛舟，至此遇風，舉家没溺，而身獨得，就岸數日，食草根，飲澗水，因得不死，歲餘身乃生毛。自爾乃不飲不食，自傷孤獨，無復世念，結廬於此，已十餘年。因問：「獨居於此，得毋虎豹之害乎？」答曰：「吾以能騰空上下，虎豹無奈何也。恆患身不能速乾，得數尺布爲巾，乃佳也。又得小刀掘藥物益善，君能致之邪？」延貴延之至船，固不肯，乃送巾與刀而去。罷任，復尋之，遂迷失路。後無有遇之者。

江南大理司直邢陶，癸卯歲，夢人告云：「君當爲涇州刺史。」既而爲宣州涇縣令。考滿，復夢其人告云：「宣州諸縣官人來春皆替，而君官誥不到。」邢甚惡之。至明年春罷歸，有薦邢爲水部員外郎，牒下而所司失去，復請二十餘日，竟未拜而卒。

南唐國師何仙，名溥，字會通。嘗參禮昭禪師於松溪，言下未契，退改名慕真，入芙蓉山，結碧雲菴，一坐四十年，遂大悟。宋天禧間卒。

伊用昌，不知何許人也。其妻有殊色，音律女工，皆曲盡其妙。夫雖飢寒丐食，終無愧意。或豪富子弟調笑，常有不可犯之色。用昌狂逸善飲，人呼爲伊風子，多遊江左、廬陵、宜春等郡，愛作望江南詞，夫妻唱和。或宿於古寺廢廟間，遇物即有所詠，其詞皆有旨。詠鼓詞云：「江南鼓，棱肚兩頭欒，釘著不知侵骨髓，打來只是没心肝，空腹被人漫。」江南有芒草，貧民採之織屨。伊至茶陵縣門，大題云：「茶陵一道好長街，兩畔栽柳不栽槐。夜復不聞更漏鼓，只聽鎚芒織草鞋。」衆人毆逐出界。天祐癸酉，夫妻至撫州南城縣，適村中斃一犢，夫妻丐得牛肉一二十斤，於鄉校内烹炙，一夕食盡。至明，夫妻爲牛肉所脹，俱死。鎮民以蘆席裹尸，於縣南路左百許步瘞之。鎮將丁者，江南廉使劉公親隨也。一旦於北市棚下見伊夫妻唱望江南詞乞錢，既相見，甚喜。便敍舊事，執丁手上酒樓，三人共飲數㪷，丁大醉而睡，伊遂索筆題酒樓壁云：「此生生在此生先，何事從玄不復玄。已在淮南雞犬後，而今便到玉皇前。」題畢，夫妻連臂高唱出城。遂渡江，至遊帷觀，題真君殿後，其銜云「定億萬兆恆沙軍國主南方赤龍神王伊用昌」。詞云：「日日祥雲瑞氣連，應儂家作大神仙。筆頭洒起風雷力，劍下驅馳造化權。更與戎夷添禮樂，永教敵騎絶烽煙。列仙功業只如此，直上三清第一天。」題罷，連臂入西山。時人皆見躡虛而行，自此更不復出。丁於酒樓上醉醒，懷内得紫金一十兩，其金並送在淮海南城縣。後人開所瘞處，惟見蘆蓆兩領，裹爛牛肉十餘斤，臭不可近，餘更無別物。熊皦補闕言，六七歲時，猶記識伊風子，或著道服，稱伊尊師。熊嘗於頂上患一癰癤，疼痛不可忍，伊尊師含三口水噀其癰，便潰，並不爲患，至今尚有痕在。十國春秋列之楚。

光州檢田官蔣舜卿，行山中，見一人方採林檎一二枚，與之食，因爾不飢。家人以爲得鬼食，不治將病，求醫甚切，而不能愈。後聞壽春有叟善醫，乃往訪之。始行一日，宿一所旅店，有老父問以所患，具告之，父曰：「吾能救之，無煩遠行也。」出藥方寸，匕服之，此二林檎如新，父收之去，舜卿之飲食如常。既歸，他日復訪之，店與老父俱不見矣。

江南陳濬尚書，自言其諸父性疎簡，喜賓客。嘗有二道士，一黃衣、一白衣，詣其家求宿，舍之廳事前。夜間聞二客牀壞，訇然有聲，久之若無人者。秉燭視之，見白衣卧於壁下，乃銀人也，黃衣不復見矣。自是暴富。

宣州鹽鐵判官彭顒，常病數日，恍惚不樂。每出外廳，輒見俳優、樂工數十人，皆長數寸，合奏百戲，並作朱紫炫目。顒視之，或時懽笑，或時憤懣，無如之何，他人不見也。顒後病愈，亦不復見。

江南宮中有香，名「宜愛香」，因美人字宜愛也。黃山谷易其名曰「意可香」。

「唐國通寶」、「大唐通寶」，皆南唐錢，元宗卽位後所鑄，行之數年，百姓盜鑄，極爲輕小。今考南唐錢式，乃「大通唐寶」，其文右轉。

周世宗征江南，夜遣兵持炬，乘橐駝，絶淮濠；兵驚，以爲鬼乘龍也。後名其洲爲乘龍洲。

南唐茶品，初製研膏，後造蠟面。湯悅有森伯傳。森伯，茶也。

南唐楊文逸爲玉山令時，子大年在孕。有一道士詣門，刺稱玉山人，褐冠秀爽，俄失所在，而大年生。

韓熙載好蒔花，其花五宜之説，蓋謂對花焚香，風味相和也：木樨宜龍腦，酴醿宜沉水，蘭宜四絶，含笑宜麝薝，蔔宜檀。

南唐皇甫暉守清流關，周世宗攻之。趙太祖、太宗俱在行陣，常共棹小舟覘敵，俄而飛矢斃其掌鐐者，太祖、太宗殊不意，急棹而返。

藝祖時，嘗遣使至江南，宋齊丘送於郊次，酒行，語□使者啓令，曰：「須啗二物，各取南北所尚，復以二物，仍互用南北俚語。」使者曰：「先喫鱣魚，又喫螃蟹，一似拈蛇弄蠍。」齊丘繼聲曰：「先喫乳酪，後喫喬團，一似噇膿灌血。」

江南李氏，凡人欲見，先畫像觀其妍媸，然後延入。廖克順面青，江南謂之廖黯子，由是惡之，不得入見。

南唐時，有持龍水圖求貨，或得之，將練以爲服，忽釜中霧蒸起，見二龍騰躍而去。

陳喬食蒸豚，曰：「此糟糠氏，面目殊乖，而風味不淺！」

杜荀鶴庭前椿樹生二芝，次年及第，因名之爲「科名草」。按荀鶴爲唐進士，又卒于梁，不知吴氏何以列於吴志。

淮南統軍陳璋，加平章事，命於朝。李昪時執政，謂璋曰：「吾將詣公賀，且求一女壻於公家，公其先歸，吾將至。」璋馳一赤馬去，中路馬躍而墜。頃之昪至，扶疾而出，昪至，少選卽去。璋召馬，數之曰：「我以今日拜官，又議親事，乃以是而墜我，畜生不忍殺，使牽去，勿與芻秣。」是夕，圉人竊具芻粟，馬視之而已，達旦不食。如是累日，圉人以告，復召，語之曰：「爾既知罪，吾赦爾。」馬跳躍去。璋後罷鎮而薨，馬亦悲鳴而死。

江南吉州刺史張曜卿，有健力。陶俊者，性謹直，嘗從軍，爲飛石所中，因有腰足之疾，恒扶杖行，張命守舟廣陵江口。至白沙市，避雨酒肆，有二書生過於前，顧俊言曰：「此人好心，宜爲療其疾。」與藥二丸，曰：「服此卽愈。」乃去。俊歸舟，吞之，良久覺腹中痛楚甚，頃之痛止，疾如失。

青甆器皆云出自李王，號秘色，又曰出錢王。今處之龍溪出者，色粉青，越乃艾色。唐陸龜蒙有進越器詩，云：「九秋風露越窰開，奪得千峯翠色來。好向中宵盛沆瀣，共嵇中散鬭傳杯。」則知始於江南與錢鏐皆非也。出自李王者，卽今江西窰。清波雜志云：玉牒防禦使仲揖，居饒得數種，云比定州紅甆器尤鮮明。越上秘色器。錢氏有國日，供奉之物，不得臣下用，故曰秘色。

吴俶入宋，上言請令諸轉運使每十年各畫圖，曰：「所冀天下險要，不窺牖而可知；九州輪廣，如指掌而斯在。」

李後主既降宋，太祖問湯悅、張洎等曰：「朕何如卿國主？」洎對曰：「陛下生而知之，國主學而知之；雖學知與生知不同，然其知一也。」

建康保寧寺鳳凰臺，有小碑在亭上，云五言三十韻詩一首，題「鳳凰臺山亭子陳獻司空，鄉貢進士宋齊丘上」：「嵯峨壓洪泉，岝客撐碧落。宜哉秦始皇，不驅亦不鑿。上有布政臺，八顧皆城郭。山蹙龍虎健，水墨螭蜃作。白虹欲吞人，赤驥相搏攫。畫棟泥金碧，石路盤墝埆。倒挂哭月猿，危立思天鶴。鑿池養蛟龍，栽桐棲鸑鷟。梁間燕教雛，石罅蛇懸殼。養花如養賢，去草如去惡。日晚嚴城鼓，風來蕭寺鐸。掃地驅塵埃，剪蒿除鳥雀。金桃帶葉摘，綠李和皮嚼。貞竹無盛衰，媚柳先搖落。塵飛景陽井，草合臨春閣。芙蓉如佳人，回首似調謔。當軒有直道，無人肯駐脚。夜半鼠窸窣，天陰鬼敲椓。松枯不易立，石醜難安着。自憐啄木鳥，去蠹終不錯。晚風吹梧桐，樹頭鳴嚗嚗。峩峩江令石，青苔何淡薄。不聒興亡事，舉首思渺邈。吁哉未到此，褊劣同尺蠖。籠鶴羨鳧毛，猛虎愛蝸月。一日賢太守，與我觀槖籥。往往獨自語，天帝相唯諾。風雲偏不來，寰宇銷一略。我欲烹長鯨，四海爲鼎鑊。我欲取大鵬，天地爲矰繳。安得長羽翰，雄飛上寥廓。」後題云：「前朝天祐八年二月二十一日題，後唐昇元三年二月八日奉勑勒石。崇英殿副使、知院事、檢校工部尚書、兼御史大夫、上柱國王紹顔奉勑書，銀青光禄大夫、兼監察御史王仁壽鐫。大宋治平四年九月望日重摹上石。」後數月，一夕風雨，亭頽倒，石斷裂。據湘山野録載：宋齊丘相江南李先主璟，二世皆爲左僕射。璟愛其才，而知其不正。嘗獻鳳凰臺詩，中有「我欲烹長鯨，四海爲鼎鑊；我欲羅鳳凰，天地爲增繳」之句，皆欲諷其跋扈也，而主終不聽。不得已，上表乞歸九華，其略云：「千秋載籍，願爲知己之人；九朶峯巒，永作乞骸之客。」主知其詐也，試考之。先主昪舊名知誥，爲徐温養子，以天祐九年遷昇州刺史，饒洞天薦宋齊丘於先主。齊丘困於逆旅，鄰娼魏氏女竊賂遺數緡，獲備管幅，遂克投贄。一見先主，賓之以國士。今觀題鳳凰臺山亭子詩陳獻司空，乃鄉貢進士時，豈當時所投贄之時乎？後題天祐八年，恐記事者差一年也。齊丘後爲相而幽死。

李後主嘗於黄羅扇上書，以賜宫人慶奴，云：「風情漸老見春羞，到處魂消感舊遊。多謝長條似相識，强垂煙態拂人頭。」想見其風流也。

李後主在汴宋，作浪淘沙懷舊詞，云：「簾外雨潺潺，春意闌珊。羅衾不煖五更寒。夢裏不知身是客，一晌貪歡。獨自莫凭欄，無限江山，别時容易見時難。流水落花春去也，天上人間。」又作虞美人感舊詞：「春花秋月何時了，往事知多少。小樓昨夜又東風，故國不堪回首月明中。雕欄玉砌應猶在，只是朱顔改。問君却有幾多愁？恰是一江春水向東流。」

此詞卽宋太宗聞之而怒者。

江南後主浣溪紗秋思詞：「菡萏香消翠葉殘，西風愁起綠波間。還與韶光共憔悴，不堪看。　細雨夢回雞塞遠，小樓吹徹玉笙寒。多少淚珠何限恨，倚闌干。」

江南國主既入汴，太祖嘗因曲燕，問：「聞卿在國中好作詩。」因使舉其得意者一聯。煜沉吟久之，誦其詠扇詩云：「揖讓月在手，動搖風滿懷。」上曰：「滿懷之風却有多少！」他日復燕煜，顧近臣曰：「好一箇翰林學士！」

李後主重築建康城，高三丈，因江山爲險固，其受敵惟東北兩面，壕塹重複，皆可堅守。至紹興間已二百餘年，所有不及十之一。後主嘗作詩云：「鶯狂應有限，蝶舞已無多。」未幾失國，蓋詩讖也。

宋宣和間，蔡寶臣致君收南唐後主書數軸來京師以獻蔡絛，其一乃王師攻金陵城垂破時，倉皇中作一疏禱於釋氏，願兵退之後，許造佛像若干身、菩薩若干身、齋僧若干萬員、建殿宇若干所，其數皆甚多，字畫潦草，然皆遒勁可愛，蓋危窘急中所書也。又有看經發願文，自稱蓮峯居士李煜，又有長短句臨江仙云：「櫻桃結子春歸盡，蝶翻金粉雙飛。子規啼月小樓西。玉鉤羅幕，惆悵捲金泥。　門巷寂寥人去，望殘煙草低迷。」而無尾句，劉延仲爲補云：「何時重聽玉驄嘶。撲簾飛絮，依約夢回時。」

馮延巳有一詞賀後主誕節，後主手書之，其詞云：「銅壺漏滴初晝，高閣雞鳴半空。催啓五門金鎖，猶垂三殿珠櫳。階前御柳摇緑，仗下宫花散紅。鴛瓦數行曉日，鸞旗百尺春風。侍臣蹈舞重拜，聖壽南山永同。」江南馮延巳謁金門春閨詞：「風乍起，吹緺一池春水。閒引鴛鴦芳徑裏，手挼紅杏蘂。鬬鴨闌干獨倚，碧玉搔頭斜墜。終日望君君不見，舉頭聞鵲喜。」此二詞是君臣舉以相狎者。

徐鉉撰後主挽詞，宋太宗極加歎賞，每對宰臣稱鉉之忠義。其詩曰：「倏忽千齡盡，冥茫萬事空。青松洛陽陌，芳草建康宫。道德遺文在，興衰自古同。受恩無補報，反袂泣途窮。」「土德承餘烈，江南廣舊恩。一朝人事變，千古信書存。衰挽周原道，銘旌鄭國門。此生雖未死，寂寞已消魂。」李主葬北邙，江南録乃鉉與湯悦奉詔撰，故有鄰國信書之句。

南唐僧文益看牡丹詩云：「擁毳對芳叢，由來趣不同。髮從今日白，花是去年紅。艷色隨朝露，馨香逐曉風。何須待零落，然後始知空。」

江南周則，少賤，以造雨傘爲業，其後戚連椒闈，後主戲問之，言：「臣急於米鹽，日造二傘貨之，惟霪雨連月，則道大亨。」後生理微温，至於遭遇盛明，遂捨舊業。後主曰：「非我用卿而富貴，乃高密侯提攜而起家也。」明年當封，特以爲高密侯實誚之耳。

韓熙載家過縱姬侍，第側建横窗，絡以絲繩，爲觀覘之地。初惟市物，後或調戲贈與，所欲如意，時人目爲「自在窗」。

韓熙載好鰻鱺，庖人私語曰：「韓中書一命二鰻鱺。」

舒雅作青紗連二枕，滿貯酴醾、木犀、瑞香、散蕋，甚溢鼻根。尚書郎秦南運見之，留詩曰：「陰香裝艷入青紗，還與歌眠好事家。夢裏却成三色雨，沉山不敢鬬清華。」

舒雅作鶴賦，有曰：「脊彼軒郎，治兹松府。」

江南中書廚宰相飲器，有燕羽觴，似常盃而狹長，兩邊作羽形，塗以佳漆，云昔有宰相病目，惡五色耗明，凡器用類改令黑。

僞唐褚仁規贓穢，有智民請吻儒爲二詩，皆隱語，凡寫數千幅，詣金陵粘貼，事乃上聞。其詩有「多求囊白味蒼蒼，兼取人間第一黄」句。

僞唐徐履掌建陽茶局，弟復治海陵鹽政，監檢烹煉之亭，牓曰「金鹵」。履聞之潔敞培舍，命曰「玉茸」。

保大中，村民於爛木上得菌幾一檐，狀如蓮花葉，而色赤黄，因呼「題頭菌」。

鍾謨嗜菠薐菜，文其名曰「雨花菜」。又以蔞蒿、萊菔、菠薐爲「三無比」。

陳喬、張佖之子，秋晚並游玄武湖，時羣鷗游泛，佖子曰：「一軸内本蒲湘。」喬子俄顧卒吏云：「此白色水禽可作脯否？」僉議云：「張佖子半莖鳳毛，陳喬男一堆牛屎。」喬子從是得「陳一堆」「白鷗脯」之名。玄武湖在江南，故附入。

前蜀

王蜀主爲禁軍都頭，與其儕於僧院擲骰六隻，次第相重，自么至六，人共駭之。他日霸蜀，因幸興元，訪當時僧院，其僧尚在，問以舊事，此僧具以骰子對。先主大悦，厚賜之。

蜀先主販鹺均、房間，兼小竊。僧處宏勉之曰：「子他日位極人臣，何不從戎，别圖功業，而夜遊晝伏，沾賊之號乎！」建感之，投忠武軍，後霸西蜀。宏擁門徒自東來，先主爲搆精舍以安之，即宏覺禪院。

僞蜀王先主未開國前，西域僧至蜀，蜀人瞻敬如見釋迦，舍於大慈三學院。蜀主復謁坐於廳，傾都士女就院，不令止之，婦女列次禮拜，俳優王舍城颺言曰：「女弟子勤苦禮拜，願後身面孔一切似和尚。」蜀主大笑。

王建爲清道斬斫使，以長劍五百前驅奮擊，駕乃得進。

蜀先主未破成都，謂其諸義兒曰：「成都稱錦花城。城破時，任兒郎輩快活也。」及城下之日，署張勍爲馬步斬斫使，先入城。士卒犯令者，勍執百餘人，皆捶其胸而殺之，積尸於市，衆莫敢犯。時謂劼爲張打胸。

王蜀永平二年，得北邙山章宏道所留瑞文於什邡之仙居山，遂出緡錢，委漢州馬步使趙宏約締搆觀宇。洎創天尊殿，材石宏博，功用甚多。是日將架巨梁，工巧丁役三百餘人縛拽鼓譟，震動遠近。忽有異鳥三隻，一紅赤色，二皆潔白，尾如曳練，長二尺許，棲於梁上，隨絙索上下，工人撫玩之，如所馴養者。梁既上畢，鳥亦飛去。

王蜀先主時修斜谷閣道，鳳州牙將白某掌其事焉。至武休潭，見一婦人浮水而來，意其溺者，命役夫鉤至岸濱，忽爲大蛇，没入潭中。白以爲不祥，因而致疾。愚爲誦岑參賦云：「瞿塘之東下有千歲老蛟，化爲婦人，彩服靚妝，游於水濱。」白聞之，方悟蛟也，厥疾尋愈。又内官宋□昭，自言於柳州江岸，爲二三女人所招，里人呼而止之，亦蛟也。

僞蜀王先主時，有軍校黄承真就糧於廣漢綿竹縣，遇一叟曰鄭山古，謂黄曰：「此國於五行中少金氣，有剥金之號，曰金煬鬼。此年蜀宫大火，至甲申乙酉，則殺人無數。我授我秘術，詣朝堂陳之，倘行吾教以禳鎮，庶幾減於殺伐。救活之功，道家所重，然三陳此術，如不允行，則止亦不免，蓋洩陰機也。子能從我乎？」黄亦好奇，乃曰：「苟稟至言，死生以之。」乃齎祕文謁蜀，三上不達，乃嘔血而死。其大火與乙酉亡國殺戮之事果驗。孫光憲與承真相識，竊得窺其秘緯，題云黄帝陰符。與今陰符不同，凡五六千言。黄云受於鄭叟，一晝一點，皆以五行屬配，通暢亹亹，實奇書也。

蜀王夢一人破帽故襴，龐眉大目，立於殿階，跂一足，曰：「請修理之。」翌日因檢古畫，見是前夕所夢之神，故絹穿，損左足，遂命蒲師訓修之。後夢前神謝曰：「吾足履矣！」

天水邇於邊陲，土寒不產芭蕉，戎帥使人於興元移植二本於亭臺間，每至冬間，即連土掘取埋藏地窟，候春暖再植之。庚午、辛未間，有童謡云：「花開來裹，花謝來裹。」節氣忽亦變而不寒，芭蕉於是開花。秦人不識，遠近看者塡咽街衢，後隴西竟爲蜀有，蓋地氣先應矣。

蜀王衍所造「霞光箋」，即「彤霞箋」，深紅色，蓋以胭脂染色，最爲靡麗。又衍有「百韻箋」，幅長可寫百韻，「學士箋」短於「百韻」；「薛濤箋」短，纔書四韻。

僞蜀少主生日，僚屬將帥捧金營齋，忽下令遣將營齋之費亟修興聖觀，左徒蔵事急如星火，不數日而觀成，丹雘未晞，興聖統師而入。

僞蜀主有王氏子承協，幼承廕，有文武才。性聰明，通音律。門下嘗養一術士，潛授戰陣之法，人莫知之。術士襤褸弊衣，亦不受承協之資鏹。承協後因蜀主講武於星宿山下，忽於主前呈一鐵鎗，重三十餘斤，請試之。由是介馬盤鎗，星飛電轉，萬人觀之，咸服其神異。及入城，又請盤城門下鐵關五十餘斤，兩人舁致馬上，當街馳之，亦如電閃。大賞之，擢爲龍捷指揮使。其諸家兵法，三令五申，懸之口吻，以其年幼，終不付大兵權柄。奇異之術，信而有之。

宋太祖將改元，諭宰相曰：「年號須擇前代所未有者。」及蜀平，蜀宮人入内，宋主見其鏡背有識乾德四年者，召竇儀問之，儀對曰：「此必蜀物，蜀主王衍嘗有此年號。」宋主大悦，曰：「宰相須用讀書人。」按其時正太祖乾德四年，故怪而問之。

閬王宗銖，有海客鬻龍腦蜀中，貯以水晶瓶。殿直李葩市之，海客邀善價，比數倍。葩造宗銖曰：「水晶瓶，爲爾取之。」翌日至其所，宗銖與海客共觀，歎其纖細，久之，□從者挈瓶去。

王宗滌鎮東川，有故人沈尚書因妻悍妬，棄家相依。既至，待之如親兄，特創一第，僕馬、金帛、玩器無有闕者，送姬僕十餘輩，不令歸北。沈亦微訴其事，無心還家。及經年，家信至，其妻遠赴東蜀。沈聞大懼，遂白於主人，及遣人却之。其妻致書，重設盟誓，云：「自此必改從前之性，願以偕老。」不日而至。初亦柔和，涉旬後前行復作，諸姬婢僕悉鞭箠星散，良人頭面皆拏擘破損。宗滌聞之，召沈謂曰：「欲爲兄殺之如何？」沈不可。如是旬日後又作，沈因入衙，精神沮喪。滌知之，密遣一二人提劍牽出帷房，刃於階下，棄尸潼江，然後報沈，沈聞，驚悸失神。其尸住急流中不去，遂使人以竹竿撥之，便隨流來往，日復在舊湍之上，如是者三，滁使繫石縋之，仍如是。蓋怨偶爲讎也。

僞蜀寧江節度王宗黯生日，部下屬縣皆率醵財貨以爲賀禮。巫山令裴垣以編户羸貧，獨無慶獻，宗黯大怒，召裴至，誣以他事，生沉灧澦堆水中，三日尸不流。宗黯遣人命挽而下，經宿逆水復上，卓立波面，正視衙門。宗黯頗不自安，神識煩撓，竟得疾暴卒。

王蜀將王宗儔，帥南縣日，聚糧屯師，日興工鑿山刊木，略不暫停，泛舟運粟，軍人告倦。岷峨之人，酷好釋氏，軍中皆右執凶器，左秉佛書，誦習之聲混於刁斗。時有健卒李延召，繼年役於三泉黑水，以來採斫材木，力竭形枯，不任其事，遂詐投陳狀云：「近者得見諸佛如來，乘輿跨象，出入巖壑之中，飛昇松柏之上，如是之類甚頻。某雖在戎門，早歸釋教，以其課誦至誠，是有如此感應。今乞蠲兵籍，截足事佛，俾將來希證無上之果。」宗儔判曰：「雖居兵籍，心在佛門，修心於行伍之間，達理於幻泡之外。歸心而依佛化，截足以事空王，壯哉貔貅，何太猛利，大願難阻，真誠可嘉。准狀，付本軍除落名氏，仍差虞候監截一足訖，送真元寺收管，灑掃焚修。」比欲矯妄免其役，及臨斷足時，則怖懼益切，於是遷延十餘日，哀號宛轉，避其鋒鋩。宗儔聞之大笑，而不之罪。

王宗信鎮鳳州，有角觝人蘇鐸者，委之巡警。宗信左右孫延膺惡之。宗信嘗登樓，望見鐸錦袍束帶，似遠行狀，訝之。鐸本岐人，延膺因譖曰：「鐸雖受公畜養，包藏禍心，久欲逃去。」宗信大怒，立命擒至，斷舌臠肉，然後斬之。及延膺作逆，被法之狀一如鐸焉。

馮涓，舊唐名士，雄才奥學。登進士第，履歷已高，王氏强縻於幕中。性耿槩不屈，恃才傲物，甚不洽於僞蜀主。知王氏有異圖，輒不相許。或贈繒帛，必鎖櫃中，題云「賊物」。蜀主雖知，憐其文藝，每强容之。時或不可，數揖出院，欲撾殺之，略無懼色。後朱梁遣使致書於蜀，命諸從事韋莊輩具草呈之，皆不愜意。左右曰：「何妨命前察判爲之！」蜀主又有慚色，梁使將復命，不獲已，遂請復職，便亟修回復，涓一筆而成，大稱旨，於是却復前歡，因召諸廳同宴。飲次，涓斂袵曰：「偶記一話，欲對大王説，可乎？」主許之。曰：「涓年少多遊謁諸侯，每行卽必廣賫書策，驢亦馱之，馬亦馱之。初戒途，驢咆哮跳躑，與馬爭路，而先莫之能制；行半日，後抵一坡，力疲足憊，遍體汗流，迴顧馬曰：『馬兄，吾去不得也，可爲弟搭取書。』馬兄諾之，遂併在馬上。馬却迴顧，謂驢曰：『驢弟，我爲你有多少伎倆，畢竟還搭在老兄身上。』」蜀主大笑，同幕皆遭凌虐。及僞蜀開國，終不肯居宰輔。

僞蜀將校韋承皐，有待詔僧名行真，居蜀州長平山，嘗於本州龍興寺搆木塔，凡十三級，費錢銀萬計。尋爲天火所焚，第三次營搆，方就，人謂其有黄白之術。及承皐典眉州，召行真至郡，郡有盧敬芝司馬者，以殖貨爲業，承皐嘗謂之曰：「某頃軍中與行真同火幕，遇一韋處士授以估金術，適來鄙夫老矣，故召行真同修舊藥，藥成當得分惠，謂吾子罷商賈之業可乎？」盧敬諾。藥垂成，韋牧坐罪，貶茂州參軍。臨行，盧送至蟇頤津，韋牧沉藥鼎於江中，謂盧生曰：「吾罪矣。先是授術韋處士者，吾害之而滅口，今日之事，藥成而禍及，其有神理乎！」蜀國之變，以拒魏王師，誅死。

成都有劍南西川安副使馮涓撰重起中興草元寺碑，序會昌、大中年釋寺廢興之事，其略曰：「釋氏不可以終廢者，由學徒之心一也；國令不可以終行者，由時代之意殊也。」儒林公議，稱爲詣理之言。

前蜀韋莊頗讀書，數米而炊，稱薪而爨，炙少一臠而覺之。一子八歲卒，妻斂以時服。莊剥取，以故席裹尸，殯訖，擎其席而歸。其憶念也，嗚咽不自勝。

温顗子郢，魁形克肖其祖，以姦穢而流之。蓋温氏之先飛卿貌陋，時號爲温鍾馗。

僞蜀御史李龜禎，久居憲職。一日出至三升橋，忽覩十餘人叫屈稱冤，漸來相逼。龜禎迴馬徑歸，戒其子曰：「爾等筮仕，勿爲刑獄官。以吾清慎畏懼，猶有冤枉。今雖悔之，何及！」得疾而亡。

盧延讓，舉光化進士。是科得裴格等二十八人，燕曲江。唐御膳以紅綾餅餤爲重，昭宗令大官特作二十八餅餤賜之，盧與焉。後入蜀爲學士，既老，頗爲蜀人所易。延讓詩素平易近俳，乃作詩曰：「莫欺零落殘牙齒，曾喫紅綾餅餤來。」王衍聞知，遂命供膳，亦以餅餤爲上品，以紅羅裹之。至今蜀人工爲餅餤，而紅羅裹其外，公廚大燕，設爲第一。或以詩爲徐寅作。

王仁裕爲漢中從事，畜一猿，名「野賓」，呼之，則聲聲應對，然嘗齧人爲患，仁裕叱之，則弭伏不動。後逸入主帥廚中，撳撲汙穢食器，登屋擲瓦拆墫，主帥使衆箭射之，野賓左右避箭，不能損其一毫。既而召善弄胡孫者，遣大胡孫擒至，則流汗伏罪，帥亦不甚訴怒，衆皆笑之。於是頸上繫紅綃一縷，題詩送之，曰：「放爾丁寧復故林，舊來行處好追尋。月明巫峽堪憐靜，路隔巴山莫厭深。棲宿免勞青嶂夢，攀躋應愜碧雲心。三秋果熟松梢健，任抱高枝徹夜吟。」又使人送入孤雲兩角山，且使縶在山家，旬日後方解而縱之，不復再來矣。後罷職入蜀，行至漢江之壖，有羣猿自峭壁中連臂而下，飲於清流。有巨猿捨衆下，顧紅綃彷彿尚在，從者指之曰：「此野賓也。」呼之聲聲相應，立馬移時，不覺惻然，及聳轡之際，哀叫數聲而去。陟山轉壑，尚聞嗚咽之音。遂繼之一篇曰：「嶓冢祠邊漢水濱，衆猿連臂下嶙峋，漸來仔細窺行客，認得依稀是野賓。月宿縱勞羈絏夢，松餐非復稻粱身。數聲腸斷和雲叫，識是前年舊主人。」後爲石晉學士，年七十餘，精力不衰。每天氣和暖，必乘三驅，從三四老蒼頭，攜照袋，中貯筆硯、韻略、刀子、礪石、箋紙數十幅，并小樂器之屬，備酒炙三五人之具，門生侍行，出郊野，過園亭，有竹樹處，燕賞終日，賦詩品小管，盡醉而歸。仁裕頗解音樂，爲晉學士時，夜直，聞禁中鐘鼓，索索如破裂，後爲晉祚不永之兆。

蜀御史中丞牛希濟，文學超於時輩，自云早年未出學院，以詞科可以俯拾。或夢一人介金曰：「郎君分無科名，四十五已上，方有官禄。」覺而異之。旋遇喪亂，流寓於蜀，依季父以居。大阮卽給事嶠。仍以氣直嗜酒，爲季父所責。旅寓巴南，旋聆開國，不預勸進。又以時輩所排，十年不調。爲先主所知，召對，除起居郎，累加至憲長。

韋昭度招討陳敬瑄時，蜀帥顧彥暉爲副，王先主爲都指揮使，三府各署幕僚，皆是朝達子弟，視先主蔑如也。先主侍從髡髮行䠂，黥面札脱，如一部鬼神。其輩以先主兢肅，顧公詳緩，一時失笑而散。先主歸營，左右以此爲言，先主亦大笑，他日克鄋城，輕薄幕僚皆害之。

唐道襲父峯，閬州人，有墳墓在茂賢草市。峯因負販，與一術人偕行，經其先塋，術士曰：「此墳塋子孫合至公相。」峯曰：「此卽家墳壠也。」士曰：「若是君家，恐不勝福邪！子孫合爲盜賊，皆不令終。」峯志之。後遇蜀先主開國，峯亦典郡，道襲官至節將。

嚴遵美居蜀郡，鄙叟庸夫，時得猜狎。曾爲一僧致紫袈裟，僧來感謝，書記所謝之語於掌中。方屬炎天，手汗模糊，文字莫辨，折腰爲趨，汗流喘乏，只云「伏以軍容」，寂無所道，抵掌視之良久，云：「貌寢人微，凡事無能。」嚴公遜謝而已。嚴卒，蜀贈册命給事，竇融堅不承命，蓋以其內褐故也。士人多之。遵美曾發狂，手足舞蹈，家人咸訝。傍有一猫一犬，猫謂犬曰：「軍容改常也，顛發也。」犬曰：「莫管他，從他。」俄而舞定，自驚自笑，且異猫犬之言。遇昭宗播遷，乃求致仕。

王蜀將田承肇，嘗領騎軍戍於鳳翔。因引騎潛出，解鞍憩於林木之下，面前忽見方圓數尺淨地，中有小樹枝一莖，高數尺，並無柯葉，挺然而立，甚光滑。肇就之玩弄，以手上下摩挲，頃刻間手指如中毒藥，苦不禁。於是鞭馬歸營，臂已粗於桶。時有村嫗善禁急，召視之，嫗曰：「此胎生七寸蛇戲處，噴毒在樹木間，捫者立致斃。」肇曰：「是也。」嫗乃禁勒，自膊漸至於腕，自腕併入食指，蹙成一毬，以利刀斷之，得活。

薛廷珪奉梁祖命，册蜀先主爲司徒。薛疾作，先主遣楊僕射療之，薛致書感謝，書末請借肩輿歸京尋醫。先主訝之，曰：「幸有方藥，何不俟愈而行？」堅請且駐行軒。薛謂客將曰：「夜來聞此醫官殊不識字，可以性命委之乎？」

舒溥者，萬州人，粗解書記事。前恩州刺史李希元往廣州謁祠廣王，歸裝甚豐，於時蜀毛文宴、宋光葆、王洪皆未宦達，舒子竊貲而奉之。後三人繼登顯秩，恃此階緣，多行無禮於恩牧，因笞而遣之。始依王洪奏，授井研令，尋爲王公所鄙，依宋，亦以不恭見棄，轉薦於嘉牧顧珣。珣承奉貴近，誤奏爲團練判官，賜緋，轉員外郎。未久失意，後疎之，俾其入貢，仍假一表，希除畿邑，實要斥遠之。邸吏知意，表竟不行。淹留經年，乃詣堂陳狀，只望本分入貢之恩澤，朝廷以其北面因依，莫測本末，優與擬議，轉檢校工部郎中，所謂三斥三遇也。

蜀東川節度使許存，勳臣也。子承傑，卽故黔使君實之子，隨母嫁許。然其驕貴僭越，少有倫比。作都頭，軍籍只一百二十七人，是音聲伎術卽出同節使行李，凡從行之物，一切奢大，騎碧煖座，垂魚紛錯。每修書題印章，微有寢漬，卽必改换，書吏苦之。流輩以爲話端，皆推茂牧顧叟爲首。許公他日有會，乃謂顧曰：「閣下何太談謗？」顧乃分疏，因指同席數人爲證，顧無以對，乃曰：「三哥不用草草，碧煖座爲衆所知，至於魚袋上鑄蓬萊山，非我唱揚。」席上愈笑，方知魚袋更僭也。刺茂州，入蕃落，爲萬酋所害，存改姓名爲王宗播。

蜀相張格，張濬相國子也。其弟興師，矯譎有父風。幼年時其門僧忘其姓名，傳相國處分，答之，僧莫知何罪。俄而相國召僧坐，見其詞色不懌，因問之，僧以實告，相國驚駭慚謝，以兒子狂騃，幸師慈悲。喚興師怒責之，且曰：「僧何罪，而汝敢造次邪？」對曰：「想其向來隱惡不少，是以笞之。」相國不覺失笑。

陳文惠家，收蜀王衍時太子陶硯，連蓋，蓋上有鳳坐一臺，餘雕雜花草，涅之以金泥紅漆，有字曰「鳳凰臺」。

前進士陳詠，眉州青神人。有詩名，善弈棋。昭宗劫遷，駐蹕陝郊。是歲策名歸蜀，韋書記莊以詩賀之。又有鄉人拓善者，屬和爲詩，其略云：「讓德已聞多士伏，沽名還得世人聞。」譏其比滌器當壚也。繆稱馮副使涓詩，以涓多諧戲故也。或云蜀之拓善者作此詩，假馮公之名也。潁川嘗以詩道自負，謁荆幕鄭準，準亦自負雄筆，謂潁川曰：「今日多故，不暇操染，有三數處回緘，祈爲假手。」潁川自旦及暮，起草不就，蓋欲以高之。其詩卷首有一對，曰：「隔岸水牛浮鼻渡，傍溪沙鳥點頭行。」京兆杜光庭謂曰：「先輩佳句甚多，何必以此爲卷首？」潁川曰：「曾爲朝貴見賞，所以刻於卷首，章都是假譽，求售使然也。」詠雖未仕蜀，然爲蜀人，當前蜀主有國時，以詩名。

楊蘊中，故唐進士也。王建時，嘗因事下獄，夢有一婦人詣前云：「妾卽薛濤也。」吟詩示楊，其詞云：「玉漏聲長燈耿耿，東牆西牆時見影。月明窗外子規啼，忍使孤魂照夜永。」

僞蜀御史陳潔，性慘毒，讞獄以深刻爲務。一日避暑行亭，見蟢子懸絲而前，陳引手接之，成大蜘蛛，啣中指，拂落階下，化爲厲鬼，云來索命。驚訝不已，痛苦十餘日死。

王蜀時，有小朝士裴燦俸薄且閒，或勸求宰一邑，裴曰：「今之畿縣，非有仙骨，何以得？」其愛羨可知也。

僞蜀王氏彭王傅陳絢，常爲邛州臨溪令。縣署編竹爲藩而塗之，署久，泥忽陊落，唯露其竹。侍婢照一物蟠於竹節中，文彩爛然，小虵也。俄而雷聲隱隱，絢疑其乖龍，懼罹震厄，乃易衣炷香，抗聲祈於雷曰：「苟取龍，幸無急遽。」雖狂電若晝，自初夜迨四更，隱隱不發。既發一聲，俄然開霽，向物以失，人無震驚。

資州有姓趙者，以廊廟自期。都虞候閻普敬異之，躬自趨謁，趙迎門磬折，敍寒溫，曰：「伏惟貔貅閻質於先容者。」俾詢之，趙生曰：「若云熊羆，卽須宰相，閻公止於都頭，只消呼爲貔貅。」人聞之咸笑其妄。

卭黎間，有蠻王曰劉、曰楊、曰郝，歲支西川，衣賜三千分，俾偵雲南動靜。雲南亦資其覘成都，持兩端而求利。每元戎下車，率酋長詣府庭，號曰「參元戎」，其未參間，潛稟於都押衙，表裏爲奸。時帥臣多文儒，務爲姑息。蜀先主始鎮蜀，絶其舊賜，斬都押衙山行章以令之。卭峽之南，不立一堠，不戍一卒，十年不敢犯境。末年命大將許存征蠻，爲三王洩漏軍機，於是召三王而斬之。先是唐咸通中，有天竺三藏僧經過成都，以北天竺與雲南接境，欲假途而還，爲蜀察事者識之，縶於成都府，具得所記朝廷次第文字，蓋曾入內道場也。

東川顧彥朗，以蔡叔向爲副使，時幕僚皆輕忽蜀先主。彥朗死，彥暉代之，以叔向與所辟朝士分不相侔，頗掣肘。先主因其隙以間之，宣言：「當去蔡中丞。」叔向因辭職，先主乃舉而代之。術士朱洽謂：「二顧生無第宅，死無墳墓。」後果如其言。

僞蜀護戎王承丕娶宇文氏，蜀之富家也，孀居國之東門。嘗聞寢室上有人行，命僕隷升屋視之，獲得野狸三頭并狸母，宇文氏殺狸母而存其子焉。後王承丕殺判官郭延鈞一家，宇文氏亦坐罪被誅。

前蜀青石鎮陳洪裕妻丁氏，妬殺其婢金卮，瘞於本家埋壍，仍牓通衢，云婢逃走。經年遷居夾江，夏潦飄壞舊居，渠岸見死婢，容質不變，鎮將具狀報州，追勘款伏。屍一夕壞腐，遂置丁於法。

唐鳳州東谷有山人强紳妙於三戒，尤精雲氣。屬王氏初併秦鳳，張黄於通衢，强指謂孫光憲曰：「更十年，天子數員。」又曰：「并汾而來，悠悠梁蜀，後何爲哉！」於時蜀兵初攻岐山，謂其旦夕屠之，强曰：「秦王久思妄動，非四海之主。雖然，死於牖乃其分也。」蜀人終不能克秦，而秦川亦成丘墟矣。」爾後大鹵與王，鳳翔不羈，秦王令終，王氏絶祚，果叶强生言。强有鹿盧蹻術，自云「老夫耄矣，無人可傳其書」。藏在深隱處古杉樹中，因與孫光憲偕詣，開樹皮，發蠟取出一通絹書，選吉辰以授，爲强嫗止之，謂孫少年，服膺三年，方議可否。

僞蜀給事中王允光，性嚴刻，吏民有犯無貸者。及判刑院，本院杖直官張進，因與宅内小奴子誦火井縣令蔣貽恭詠王給事絶句云：「厥父原非道郡奴，允光何事太侏儒。可中與箇皮裩著，擎得天王赤脚無？」奴子記得兩句，時念誦之。允光問誰人教汝，對曰：「杖直官張進。」允光大怒，尋奏進受罪人錢物，遂置極法。後允光病寒熱，但見張進執火炬燒四體，高聲唱索命，允光連叱不去，痛楚備極，數日而終。

僞蜀華陽縣吏郝溥，日追欠税户，街判司勾禮遣婢子阿宜赴縣，且囑溥曰：「不用留禁殘税，請延期輸納。」郝溥不允，決阿宜五下，仍納税了放出。明年，縣司分擘百姓張瓊家物業，郝溥取錢二萬，張瓊具狀論訴，街司追勘，勾禮見溥，大笑曰：「你今日來也，莫望活，千萬一死。」令司吏汝勳搆成罪，遂殺之。不數日，汝勳見郝溥來索命，翌日暴卒。勾禮晨興，忽見郝溥升堂，羅拽毆擊，因患背瘡而死。

蜀孟熙販菓實養父母，父母云：「我雖貧，養得一曾參。」及父亡，絶水漿，哀號幾至滅性，布苫於地，寢處其上，遠近歎服。因見鼠，掘地得黄金數千兩，自此巨富。

僞蜀豐資院使李延福，晝寢公廳，夢烏帽三十人跪於階下，但云「乞命」。驚覺，僕使報門外有村人獻鼈三十頭，因悟所夢，遂放之。

辛酉歲，金水主簿劉峭，因遊雲頂山，覩山廟盛飾一堂，有土偶朱衣據案。峭訝之，請於山主昭訥，昭訥曰：「會三夕連夢見王語近辟一判官，宜設堂宇，塑朱衣一官而祀，故有此作。」峭不之信。明年秩滿，還成都，遇都官員外孫逢吉，言其事。逢吉曰：「頃爲安仲古彌留之際，語長幼，雲頂山王已具書馬聘禮，辟吾作判官。」言猶儼然，端坐長逝。

僞蜀拔山軍卒李夢旗，被俘岐陽，母老悲泣，因瞽雙目。夢旗在岐陽，虔禱切至，顧見慈母，三載方還，乃刺血滴母眼中，卽時明復。

僞蜀廣都縣百姓陳宏泰者，家富於財。嘗有人假貸錢一萬，宏泰徵之甚急，其人曰：「請無慮，吾先養蝦蟇萬餘頭，貨之，足奉價。」泰聞之惻然，已其債，仍別與錢十千，令放蝦蟇於江中。經月餘，泰夜歸，馬驚不進，前有物光明，視之乃金蝦蟇也。

僞蜀金堂縣三學山開照寺，夜羣寇入寺，劫掠緇徒罄盡。寺元有釋迦藕絲袈裟，爲千載之異物也，賊曹分取，與其妻拆而易之，夫妻當時手指節節墮落，鬚髮俱墜。尋事敗，戮於市。

梓州有陽闗神，卽蜀車騎將軍西鄉侯張飛也。靈應嚴暴，州人敬憚之。龍州軍判官王延鎬，納成都美妓人霞卿，甚寵之，攜之赴官。經陽闗神祠前過，霞卿暴卒，惟所生一女，非延鎬之息，倍哀憫之。一日傳靈語，具云爲陽闗神所録，辭而得解，從此又同寢處，寫其貌而憑之，至於盥漱飲食皆如生，乃曰：「俟我嫁女，方與君別。」延鎬將更娶，告之，鬼亦許焉。乃娶沈彥循女。自是或女客列坐，卽有一黑蝴蝶翩翻掠筵席而過，率以爲常。其後延鎬爲新津令，方嫁其女，資送甚備，自是無聞。

王蜀有長鬚長老，自言是宰相孔謙子，白鬚垂腹，擁衆自江湖入蜀，所至甿俗瞻駭儀表，至蜀螺鈸迎焉。先謁樞密使宋光嗣，宋問：「師何不剃鬚？」答曰：「落髮除煩惱，留鬚表丈夫。」宋大恚曰：「吾無髭，豈老婆邪？」遂揖出，俟剃却髭，卽引朝見。徒衆既多，旬日盤桓，不得已，剃髭而入。徒衆恥其失節，悉各散亡。蜀主問曰：「遠聞師有長鬚之號，何得如是？」對曰：「臣在江湖，聞陛下已證須陀洹果，是以和鬚而來。今見陛下將證阿那舍果，是以剃鬚而見。」少主初未喻，首肯之，及近臣解釋，大爲歡笑。後住持靜亂寺，有伶人深慕空門，捨俗落髮，謹事瓶缽，漸見穢濫，詬詈而出，以袈裟挂寺門曰：「吾比厭塵俗，投身清潔，以滌業障。今大師之門甚於花柳，吾不能爲也。」遂復歸於樂籍。蜀人謂師曰：「一事南無，折却長鬚。」

王蜀時，夔州大昌鹽井水中，往往有龍，或白或黃，鱗鬣光明，攪之不動，唯咀沫而已，彼人不以爲異。近者秭歸水濟井鹵槽亦有龍蟠，與大昌無異。識者曰，龍之爲靈瑞也，負圖以升天，今乃見於鹵中，豈能雲行雨施乎？雲安縣漢成宮絶頂有天池，深七八丈，其中有物如蜥蜴，長咫尺，五色備具，躍於水面，象小龍。有高遇者爲刺史，詣宮設醮，忽浮出。或問監官李德符曰：「是何祥也？」符曰：「某自生長於此，且未嘗見漢成池中之物。」高既無善政，諂佛佞神，亦已至矣，安可定其是非也！」夷陵清衾覆水，或浮出大木横塞水面，號爲龍巢。遂州高棟溪潭每歲龍見，一如狠山之事。

王蜀時，梓州有張温者，好捕魚。曾作客館，鎮將夏中攜賓觀魚，偶遊近龍潭之下，熱甚，志不快，自入水舉網，獲一魚，長尺許，鬐鱗如金，撥刺不已，傍岸人皆異之。逡巡晦暝，風雨驟作，温惶駭奔走數里，依然烈景。或曰所獲金魚，卽潭龍也。

王蜀時，杜判官妻張氏，士流之子，與杜齊體。數十年，誕育一子，壽過旬六而殂。洎殯於家，累旬後方窆於外。啓攢之際，覺其秘器搖動，謂其還魂，剖而視之，見化作大蛇，蟠蜿屈曲，骨肉奔散，俄頃徐徐入林莽而去。

王蜀時，有朱少卿者，不記其名，貧賤，客於成都，因寢於旅舍。夢中有人扣扉覓朱少卿，其聲甚厲，驚覺訪之，寂無影響。復睡，夢中又連呼之，俄見一人手中執一卷，云：「少卿果在此。」朱曰：「吾姓卽同，少卿卽不是。」遂卷文書兩頭，只留一行，以手遮上下，果有「朱少卿」三字。續有一人，自外牽馬一疋直入，云：「少卿領取。」朱視之，其馬無前足，步步側蹶，匍匐而前，其狀異常苦楚。朱大驚而覺，常自惡之。後蜀王開國，有親知引薦，累至司農少卿。無何膝上患瘡，雙足自膝下俱落，痛苦經旬，五月五日殂，乃馬夢之徵也。

安道進者，故雲州帥重霸季弟也。性凶險。莊宗潛龍時，爲小校，常佩劍列於翊衞。一日拔而玩之，謂人曰：「此劍可剸鐘切玉，孰敢當吾鋒？」旁有一人曰：「是何利器，妄此誇譚。假使吾引頸承之，安能快斷乎？」道進曰：「真能引頸乎？」此人以爲戲言，引頸而前，遂一揮而斷，旁人皆驚散。道進擕劍南馳，投於梁，梁主壯之，俾隸淮之鎮戍，謂掌庾吏曰：

「古人謂洞其七札爲能，吾之銛鏃，可徹十札。」吏曰：「使我開襟俟之，能徹吾腹乎？」安曰：「試敢開襟否？」吏即開其襟，道進一發殪之，利鏃逕過，植於牆上。安畜一犬、一婢，遂挈而南奔，晝匿蘆荻中，夜則望星斗而竄。淮帥得之，擢爲裨將，賜與甚豐。時兄重霸事蜀，亦爲列校，聞弟在吴，乃告王蜀主，王嘉其意，發一介以請之。迨至蜀，亦爲主將。後領兵戍於天水，營長道縣，重霸爲招討馬步使，駐於秦亭縣。民有愛子託之於安，命曰廳子。道進適往户外，廳子偶經行於寢前，安疑之，大怒，遂腰斬而投於井。其家號訴於霸，傳送招討使王公，王不忍加害，表救活之。後蜀破，道進東歸，明宗補爲諸州馬步軍指揮使。旋以有過，鞭背卒。

王衍伶官家樂侍燕，小池水澄天見，家樂應制，云「一段聖琉璃。」

蜀相許寂至洛，以尚書致政，葺園館，引水爲溪，架巨竹爲橋，號「會龍橋」，謂竹可以化龍耳。

蜀黄萬祐者，修道黔南無人之境，每三二十年一出成都賣藥，言人災福，無不神驗。蜀主建迎入宫，盡禮事之。問其服食，皆秘不言，曰：「吾非神仙，亦非服餌之士，但虚心養氣，仁其行、渺其過而已。」問其齒，則曰：「吾只記夜郎侯王蜀之歲，蠶叢氏都郫之年，時被請出。爾後烏兔交馳，花開花落，竟不記其甲子矣。」一日，南望嘉州曰：「犍爲之地，何其炎炎？」使至嘉州，市肆已爲瓦礫。既而堅辭歸山。建泣留不住，問後事，皆不言。既去，於所居壁間見題處曰：「莫教牽動青猪足，動卽炎炎不可撲。鷩獸不欲兩頭黃，黃卽其年天下哭。」乙亥歲，師取秦鳳諸州，報捷之際，宮內延燒，珍寶煨燼。青猪，乙亥也；不可撲，焚爇之勢也。後歲在戊寅土而建殂。寅，鷩獸，於與納音俱爲土，土黃色，是以云鷩獸兩頭黃也。其言無不皆應。

僞蜀羅城使程彥賓，臨淄人也。攻取遂寧，躬率百夫，直冒矢石。城破獲處女三人，蔚有姿容，彥賓以別室處之。浹旬間，父母持金請贖，公還金歸女，告以全人。父母泣而謝曰：「願公早建旄節。」彥賓笑而答曰：「吾所願壽終無病耳！」後年逾耳順，果無疾而終。

蜀秀才楊鏳，以惡札取人笑玩，投謁王侯門，無不逢迎，雄藩大幕，爭馳車馬迎之。鏳每行，僕馬甚盛，平頭騎從驢攜書袋，偏郡小邑慮其謗讟，尤精意承事之。黔南節度使王茂權，聰明有文武才，四方負藝之士罔不集其門。召鏳至，飭東閣盡禮待之，時令貢惡詩爲歡笑。茂權一日忽屏從謂曰：「秀才客予當州，必欲諮留相伴，至罷鎮同歸，可乎？如可，則當奉爲卜娶，所居奉留。」鏳欣然從之。權令媒氏與問名某氏之屬，至於成迎，筵宴爲備，仍邀諸從事赴會。鏳親見女容質異常端麗，及成禮，遽遭毆辱，左右婢僕皆是扶同，共相毀詈，不勝其苦。乃是茂權詐飭無鬚少年數輩，濃裝艷服以紿之，然後茂權自赴會大笑。此後復屢就茂權乞一邑，初有難色，賓從共諮，方許之，遂命給簡署。及期治行李，擇良日，辭謝本邑，近候人力，自衙門外至通衢，忽有二健步手執一牒，當街趨拽下馬奪去，云有府斷攝官送獄荷校滅耳。茂權遂詐作計贈遺二夫，令脱逃而遁，潛藏旬日，方召出之。軍州大以爲笑。

何法成者，小人也，以賣符藥爲業。其妻微有容色，居比北禪院側。左院有毳衲者，因與法成相識，出入其家，令賣藥銀就其家飲啗而已。法成以其内子餌之，而求其法，此僧秘惜，遷延未得。乃令其妻治容而接之，法成自外還家掩縛，欲報巡吏，此僧驚懼，因謬授其法，并成藥數兩，釋縛而竄。法成聞此術，以致發狂，大言於人，誇解利術。未久，聞於蜀後主，召入苑中，與補軍職；然不盡僧法，他日藥盡，遽屬更變伶仃而已。

西蜀有僧惠進者，姓王氏，居福感寺。早出至資福院門，見一人長身如靛色，迫之漸急，奔走避之，至竹篢橋，馳入民家，此人亦隨至，撮拽牽頓，勢不可解，僧哀鳴祈之。此人問：「汝姓何？」答曰：「姓王。」此人曰：「名同異姓。」乃捨之而去。僧戰慴投民家，移時稍定，方歸寺中。是夕，有與之同名異姓者，死焉。

秭歸僧懷濬，乾寧初到彼駐錫，知來藏往，人以神聖待之。刺史于公以其惑衆，繫而詰之，乃以詩代通狀曰：「家在閬川西復西，其中歲歲有鶯啼。如今不在鶯啼處，鶯在舊時啼處啼。」又詰之，復有詩曰：「家住閩川東復東，其中歲歲有花紅。而今不在花紅處，花在舊時紅處紅。」郡牧異而釋之。後以醫藥有效，南平王高從誨與巾裹，攝府衙推。王師伐荆州，師寄南平王詩云：「馬頭漸入揚州路，□□應須洗眼看。」是歲輸誠淮海，獲解重圍。一日，題庭前芭蕉葉上云：「今日還債，幸州縣無更勘窮。」來日爲人所害，尸首宛然。高公爲茶毗之。

貫休在蜀，國清寺律僧嘗許具蒿脯，未得閒。姜侍中宅設齋，律僧先在，休公至，未揖主人，主人拍手謂律僧曰：「蒿餅子何在？」其率畧如此。

利州廣福禪院，故戎帥張虔釗所創。住持僧靈貴好燒煉。忽一日，取衆僧小便，以大鑊鍊而成霜，穢惡之氣充滿衢路。堂有一僧，元自嘉州來，似不得意，咄咄焉。靈貴覺之，遂請收買衆僧食米，冀其少在院内。不旬月，其僧盡將簿歷、錢物就方丈納之，云：「緣有一小事，暫出近地。」遂欲辭去。其夜於堂内本位跏趺，奄然而逝。僧寺中一僧遷化，例破柴五十束，普請衆僧擎一枝送至郊外，壘而爲棚，焚燒訖，卽歸院集衆，以其所有衣鉢盡歸衆用，以爲常例，名曰坐亡。僧於柴棚之上，維那十念訖，將欲下火，其僧忽然驚起，謂維那曰：「有米錢二貫文，在監行者處。」又合掌謂衆僧曰：「來去是常，謝諸人遠來相送。」瞑目斂手，端然不動。右脇火燃，卽成灰燼，衆咸驚駭。是知圓明真性，死而不亡，或來或去，得大自在者信有之矣。

玉局觀道士趙鴐仙，上官道士，忘其名，住青城山，修齋入壇，行法事。其厮僕卧而驚魘，問尊師何在，人問之，乃曰：「適見四人著緋，自天而下，拽二道士於壇前，鞭背二十。」問者止之，令勿言。比趙鴐仙與上官道士相次患發背而斃。又有何景中作道士，威儀，好食蒜，上壇行法事，時有蒜氣；後於青城山修齋，渡江船覆，溺死。

僞蜀時，成都米市橋酒肆柳條家，偶得患，沉綿經歲，俟死而已。有一道士常來貰酒，柳條每加勤奉，乃留丹數粒，柳條服三粒，後充盛如初。

西蜀道士張素卿，神仙人也。曾於青城山丈人觀繪畫五嶽四瀆真形，并十二溪女數堵，精彩欲活，實畫中之奇絶也。蜀主累遣祕書少監黄筌令取模樣，及下山，終不相類。因生日，或有收得素卿所畫八仙真形八幅以獻，孟昶歎賞久之，且曰：「非神仙之人，無以寫神仙之質也。」賜物甚厚，令僞學士歐陽炯次第讚之，又遣水部郎黄居寶八分題之，亦謂之二絶。八仙者李己、容成、董仲舒、張道陵、嚴君平、李八百、長壽、葛永璝。

蜀韋莊爲奏記，於浣花溪得杜工部舊址，結茅爲室，故其弟藹以名其集。晚年忽咏句曰「誰知閒卧意，非病亦非眠」，及「手從雕扇落，頭任漉巾偏」，皆不祥語也。灼灼者，蜀麗人也。莊聞其貧且老，殂落於成都酒市中，因以詩弔之，云：「嘗聞灼灼麗於花，雲髻盤時未破瓜。桃臉曼長橫緑水，玉肌香膩透紅紗。多情不住神仙界，薄命曾嫌富貴家。流落錦江無問處，斷魂飛作碧天霞。」又有悼亡姬詩，亦極哀艷。

莊幼時常在華州下邽僑居，多與鄰巷諸兒會戲。廣明亂後，再經舊里，追思往事，但有遺蹤，故賦詩云：「曾爲看花偷出郭，也因逃學暫登樓。」云云，蓋道實也。

貫休投蜀先主詩：「河北河南處處哭，惟聞全蜀少塵埃。一瓶一鉢垂垂老，千水千山得得來。秦苑幽棲多勝景，巴渝陳貢愧非才。自慚樸藪龍鍾者，亦得親登郭隗臺。」

後蜀

僞蜀潼江起軍攻取閬州，兵火燒劫，閭里蕩盡。佛寺有一大鐘在地，有一卒運大石擊鐘，令碎而鬻之，鐘破裂流迸，正中卒脛，雙折而死。

孟蜀先主時，靈池縣洛帶村民郝姓者，以醫卜爲業。畫一孫真人，從以赤虎，懸於縣市卜肆中。因及耄年，每日顒坐，瞠目觀畫虎，終日無倦，自兹不見畫虎則不樂，村舍、廳厨、寢室懸挂虎皆遍。有兄見其耽好，因説府城有藥肆養一活虎，拜告其兄，求偕至郡。既見後，頓忘寢食，旬餘方誘得歸。自是一月入城看虎再三，經年惟好食肉，以熟肉不快其意，即啖生肉。明年一日夜分，開莊門出去，有行人説夜來一虎跳入羊馬城内，軍人上城射殺，分而食之。其家訪得虎骨數塊，歸葬之。

僞蜀孟王僭位，諸勳貴競起甲第。僞中令趙廷隱起南宅北宅，千櫟萬栱，奢麗莫之與儔。後枕江瀆池中，有二島嶼，遂甃石循池，四岸皆種垂楊，或間雜木。芙蓉池中種藕，每至秋夏花開，魚躍柳陰之下，有士子執卷者、垂綸者、執如意者、執麈尾者、談詩論道者。一旦岸之隈有蓮一莖，上分兩歧，開二朶。其時太平無事，士女拖香肆艷，遊□者甚衆。廷隱畫圖以進，蜀主歎賞，一時歌詠不少。無何，禁苑有蓮一莖歧分三朶，蜀主開筵燕召羣臣賞之，詞臣以下皆貢詩。有好事者圖以繪事，至今傳之。

後蜀文谷弟文澹，甚有德行，人皆推之。不三四歲，能知前生事。父母先有一子，纔五歲，學人誦詩書，頗亦聰利，無何失足墜井死，父母悲涕不勝。後乃生澹，澹一旦語父母曰：「兒先有銀葫蘆并漆□香囊等，曾收在杏樹孔中，不知在否？」遂與母尋得之。父母知澹乃前子也，憐惜過於諸兄。志學之年，詞藻俊逸，應舉，翰林范學士禹偁榜下及第。

孟蜀有后妃祠堂，其制極偉絶，與今人不類。福州大支提山有吳越王紫袍，寺僧升椅子舉其領，猶拂地，兩肩有汗迹。

太平興國中，祕閣曝畫時，陶穀爲翰長，因展秋山圖一面，令黃居寀品第之。居寀一見動容，曰：「此圖實居寀與父筌奉孟主命同畫，以答江南信幣，絹縫中有寀父子姓名。」視之果驗。

孟蜀後主，每於上巳日，偕諸嬪御，修禊浣花溪。

僞蜀時，有童子能誦書，孟後主召入，嘉其穎悟，賜衣服及墨一丸。後家僮誤墜庭下盆池中，數年，重植盆中芰荷，復獲之，堅硬光膩如舊。

興義門雙石筍故實，皆云真珠樓基，或云是海眼。道士范德昭曰：我聞至人，斯乃蠶叢啓國鎮蜀之碑，中以鐵柱貫之，下以橫石相紐，埋於地際。上有文字，言歲時豐儉、兵革水火之事。諸葛曾掘驗之。真珠樓基、海眼，皆非也。蜀人少知者，云出方圓記。

蜀花蘂夫人有金裝水晶唾壺、百寶鈿奩。

張虔釗，未降蜀前鎮滄州，發倉廩給民，至秋倍徵之。嘗謂人曰：「平生亦自覺言行相違，但見財不能自止。」聞者笑之。

歐陽烱性坦率，守儉素。好爲歌詩，嘗擬何氏諷諫五十篇獻昶，昶歎賞之。

僞蜀歐陽烱，嘗應命作宮詞，淫靡甚於韓偓。江南李坦時爲近臣，私以艷藻之詞聞於主聽。蓋將亡之兆也，君臣間禮先亡矣。

景煥爲壁州白石令，行涉巴嶺，達玉女廟，有巨虺橫亘其前，徑可七尺餘，鱗甲不啻門扇許大，頭尾垂在山下，惟聞折木震響山谷。從者驚駭，莫能前進，於是且駐山穴，因登高望之，竟日乃見其尾。因知吞舟之魚、翳天之鳥，信有之也。

僞蜀彭州刺史安思謙男守範，嘗與賓客遊天台禪院，作聯句詩。守範云：「偶到天台院，因逢物外僧。」定戎軍推官楊鼎夫云：「忘機同一祖，出語離三乘。」前懷遠軍巡官周述云：「樹老中庭寂，窗虚外境澄。」前眉州判官李仁肇云：「片時松柏下，聯續百千燈。」因記於僧壁而去。翌日有貧子乞食，見之，朗言曰：「人道有初無尾，此則有尾無初。却後五年，首頷俱碎，洎不如尾句者。」撫掌大笑。院僧驅逐之，貧子走且告曰：「此後主人，不遠千里，即欲到來。」衆以爲狂，莫測其由。後數年，守範伏法，鼎夫暴亡，此首頷俱碎之義。周與李累授官資，此不如尾句之義也。院主僧尋亦卒，相承住持者來自興元，則主不遠千里也。貧子之説，一無謬焉。

安思謙幕僚進士楊鼎夫，富於詞章，爲時所稱。曾遊青城山，過皂江河，中流風作，同舟沉没，楊獨免。既達岸，有老人以杖接引，且笑曰：「元是鹽裏人，本非水中物。」鼎夫未及致謝，已失老人所在，因作詩以記，然終莫解鹽裏人之義。後佐思謙，判榷鹽院事，遇疾暴亡。男文則，以屬分料鹽百餘斤，裹束上蜀郊營葬，鹽裹之詞方驗。鼎夫舊記詩云：「青城山峭皂江寒，欲渡當時作等閒。棹逆狂風趨近岸，舟逢怪石碎前灣。手攜弱杖倉皇處，命出洪濤頃刻間。今日深恩無以報，令人羞記雀銜環。」

孟蜀鹿太保虔扆，雖與韓、閻等稱「五鬼」，然觀其所作臨江仙宮詞云：「金鏁重門荒院靜，綺窗愁對秋空。翠華一去寂無蹤。玉樓歌吹，聲斷已隨風。煙月不知人事改，夜闌還照深宮。藕花相向野塘中。暗傷亡國，清露泣香紅。」故國黍離之感，不專爲靡靡之音也。

孟蜀工部侍郎劉義度，判雲安日，有押衙覃隲夢與友人胡鍼同在一官署廳前，見有數人引入劉公，五木備體，才然音旨，説理分解，似有三五人質對。久而方退於行廊下，坐見進食者皆是鮮血。覃因問之，旁人答曰：「公爲斷刑錯誤所致，追來數日矣。」遂覺。及早見鍼話之，鍼曰：「余作夜所夢一與君叶，豈非同夢乎？」因共祕之。劉公其日作感懷詩十韻，其一首曰：「昨日方髽髻，如今滿頷髯，紫閣無心戀，青山有意潛。」今其詩皆刊於石上，人皆訝其詩意。不數日而卒。

蜀大理少卿李泳，嘗歸鄉城別墅，過橋見一嬰兒以蕉葉薦之，泳憐其形貌異，收歸哺養爲子。六七年，能書善談笑，父母鍾愛之過於親子。至十二歲，經史未見者皆覽之如夙習，人皆謂之神智。嘗獨居一室中閱書，父母偶潛窺之，見一人持簿書，復有二童子接引呈過，其子便書數行却授之去，父母異之。來日因侍立，泳款曲謂之曰：「吾夜來竊有所覩，汝得非判陰事乎？」曰：「然。」重問，則惟拜不對。泳曰：「陰府、人間事意不同，吾不欲苦問。汝宜善保。」子又拜却。後六年，一旦白父母：「兒只合與少卿夫人爲兒一十八年，今則事畢，來日申時却歸冥司。」因泣下。久之，父母亦爲之出涕，泳問曰：「吾官至何？」答曰：「只在大理少卿。」果來日申時，其子卒。故泳有退閒之志，未久坐事遂罷。

射洪縣朱顯，頃欲婚郫縣令杜集女，甄定後，值前蜀選入宮中，後咸康歸命，顯作掾彭州，散求婚媾，得王氏之孫，亦宮中舊人。朱因與話其欲婚杜氏，嘗記得有通婚回書曰：「但慚南院之貧，曷稱東牀之美。」孫乃長歎曰：「某卽杜氏，王氏冒稱，自宮中出後無所託，遂得王氏收某。」顯殊悲喜，夫妻情好轉篤。

僞蜀度支員外郎何昭翰，嘗在黔南，閒步野經於水際，見釣者，謂昭翰曰：「子可判官乎？」曰：「然。」曰：「我則野人張涉也。余比與子交知久矣，子今忘我也！」翰懵然不省，因藉草坐，謂翰曰：「子有數任官，終於青城縣令，我住青城山，待君官滿，與君同歸山中，今不及到公署也。」遂辭去。翰深志之。後累歷官，及出爲青城縣令，有憂色，釣者亦常來往，翰甚重之。一旦，大軍到城，劫賊四起，釣者與翰相攜入山。何之骨肉盡在城內，賊衆言殺縣令臠而食之。賊首之子號小將軍者，其日尋覓不見，細視縣宰之首卽小將軍之首也，賊於是自相殘害，莫知縣令所至。後有人入山，見何與張同行，何因寄語妻子曰：「吾本不死，却歸此山，爾等善爲生計，無相追憶也。」

方驗。

蜀地無駱駝，人不識之。蜀將亡，權貴人出入宫省者，忽持駱駝杖以爲禮，自是内外效之。杖長三尺許，屈一頭，傅以樺皮，識者以爲不祥。明年北軍至，駱駝塞劍棧而來，至是

蜀宗正少卿孟德崇，燕王貽鄴之子。自恃貴族，脱畧傲誕。嘗太廟行香，攜妓而往。一夕夢一老人責之曰：「且取案上筆。」叱令開手，大書九十字而覺。翌日，與賓客話及此事，自言老人責我，是惜我也，書九十字賜我，壽九十也。客有封璉，戲之曰：「九十字是行書卒字，亞卿其非吉徵乎！」不旬日果卒。

蜀孟知祥之破董璋也，時方炎天，知祥巡行親撫之，三軍之士如熱而濯。

僞蜀大慈寺賜紫慈昭大師紹明，□持文殊閣，常教化錢物，稱供養菩薩聖像，積有星歲，所獲大半入己。後染病，恒見火燒頂至足，週而復始，不勝其苦，悔過懺謝唱施衣，竟不獲免。

僞蜀王時，巫山高唐觀道士黄萬户，村民學白虎七變術，又云學六丁法於道士張君，事蹟畧見本傳。於時有楊希古欲傳其術，坐未安，忽云子家中已有喪穢，不果傳，俄得家訃母亡。萬户惟一女，爲巫山民妻，有男傳授祕訣，將卒，家人勿殮，經七八日再活，不久却殞。

青城縣舊有馬和尚，宴坐三十五年，道德甚高。萬户將卒，謂家人曰：「青城馬和尚來，我遂

長逝也。」是年馬師亦遷化。

孟蜀尚食，掌食典一百卷。有賜緋羊，其法以紅麴煮肉，緊卷石鎮，深入酒骨淹透，切如紙薄，乃進注，云酒骨糟也。

後蜀天師杜光庭作殗和閣，奉行上清紫虛、吞日月氣諸法。

左宫枕，青玉爲之。體方平長，可寢二人。冬温夏涼，醉者破醒，夢者游仙，云是左宫王夫人，左宫以授杜光庭。光庭進之蜀主，與煌明帳爲孱宫二寶。帳色淺紅，恐是鮫綃之類，於皺紋中有十洲三島象，施之大小牀皆稱，夜則燦錯如金箔狀。昶敗，失所在。左宫一作左官。

南漢

南海古蹟記：九曜石在廣州西城内，城有湖長百餘丈，水凝緑，列石嵌奇突兀，類太湖靈壁者九，此南漢劉氏集方士煉丹處。又有鎮象塔，在東莞西南。

南漢之將亡也，劉鋹以海舶十餘艘，載其珍寶、嬪御將入海，宦官樂範竊其舟以逃，遂出降。

荔枝洲在廣州府城東，周迴五十里，南漢劉氏嘗創昌華苑於其上。

楚

王延範爲左道所惑，任廣西轉運日，嘗寓書左拾遺韋務昇，作隱語諷朝廷事。一日以事杖張知霸，知霸恨之，知延範與知州徐休復不協，遂詣知州告其事，徐以聞奏。太宗遣內侍閻承翰，會副使李琯與徐雜鞫之，抵罪，籍收其家，藁葬南海城外。墳土色如紫，纖草不生，禽鳥不泊。後徐知潞州，白日坐廳，忽見延範彀弩射之，矢自頸出於頤，驚呼走入。是夕瘍生於頰，旬餘潰而卒。

又延範嘗以豪傑自許。精於卜者劉昂則許之曰：「君素有偏方王霸之分。」精於筭者徐肇則許之曰：「君當八少一大，貴不可言。」精於風鑑者如田辨則許之曰：「君形如坐天王，眼如嚬伽，鼻如仙人，耳如雌龍，望視如虎，當大有威德。」延範以此益矜負。

祁陽縣白鶴觀有鐘，重數百斤。一夕雷雨，吼躍入江，後有客夜宿昭潭，夢一道流曰：「吾祁陽縣白鶴觀道士，欲歸久矣，幸附後載。」客諾之。遲明解纜，忽有鐘卧水次，客遂載歸。

長沙妓人小東，能詩，得幸於馬氏。後國人爲郡，小東窮於京師里，而人不知，有詢長沙宮中事者，必南望泣涕而後言。宋汝陰王銍爲作小東詩。

至聰禪師悦紅蓮，與俱化，留詩云：「有道禪師號至聰，十年不下祝融峯。腰間所積菩提水，瀉向紅蓮一葉中。」

吴越

武肅王喜作正書，好吟咏，通圖緯。晚歲降己下士，幕客羅隱雅好譏評，怡然不怒，人以大度稱之。狀貌凜凜，亦人間一英物也。所書剛勁結密，似非出用武手，殆未易以學者。其坐鎮東南日，風物殷庶，族系繁侈，浙人俚語目之曰「海龍君」，言其富盛若彼也。宋徽宗御題宗譜。

武肅王省塋壟，延見故老。有鄰媪九十餘，攜角黍壺漿迎於道，鏐下車亟拜。媪撫其背，猶以小字呼之，曰：「錢婆留，喜汝長成。」

武肅還臨安，與父老飲，有三節還鄉之歌，父老多不解，王乃高揭吴音以歌曰：「你輩見儂底歡喜，則是一般滋味子，長在我儂心子裏。」至今狂童游女借爲奔期問答之歌，呼其宴處爲歡喜地。

武肅王命閭邱方遠建下元金籙於東府龍瑞宫，常有黑虎一蹲宫前，及醮畢，遂不見。

武肅王嘗遊虞山，羡西麓寶巖峯巒秀麗，賜黄金五百兩，建琉璃瓦塔一座、禪院一所，命子希辨焚修虔鑄流金嶽帝爲伽藍。迨後武肅、節度相繼薨逝，節度邀宋勅封廣陵王，即爲瑞光寺伽藍，號打供錢總管，塑像塔内。先是武肅當國，緣平江地逼海陬，命子元璙爲平江中吴軍節度使，鎮蘇郡。因海虞二十四浦潮汐二至，挾沙以入，淤塞支港，故遣開江營遣將梅世忠爲都水使。每港募兵丁設鍤港口，按時啓閉，以備旱澇。更虞海濱多警，特創水寨軍，授李開山爲水寨將軍，屯兵於澛浦墹身一帶，召民開市，遂名爲梅李鎮。蘇郡廣濟禪院即瑞光寺也，緣啓土之日，夜降祥光，故名「瑞光」。節度既塑像其内，而李開山亦終於海虞。忠懿之世，命景畧爲旗頭統將，鎮轄海虞，即聚國族於斯，而建梅李鎮塔。既而寶巖塔院燬於兵火，所存流金塔頂，八世孫觀復乃鑄大鐘於邑之慧日寺中。希辨，武肅幼子也。

武肅王辟幕僚吴仁璧，不就，詩曰：「東門上相孰知音，數展臺前郭隗金。罪重雖然容食椹，力微無計報焚林。敝貂不稱芙蓉帳，衰朽仍慚玳瑁簪。十里溪邊一山月，可堪從此負歸心。」

武肅據兩浙，有子跛，鍾愛之。諺謂「跛」爲「瘸」，杭人諱之，遂名「茄」爲「落蘇」。

正德中，湖寇竊發，許公瓚提兵勦寇，計無所出。夜忽夢一金甲神人從天而降，仗劍指揮，衆軍從焉，寇遂披靡；詰旦，督軍進發，果大捷。因詢土人：「此何神也？」曰：「此有故吳越武肅王墓在焉。」公亟展謁，一符夢中所見。乃復修其墓，而令其裔孫隸名學宮，以奉祀云。

武肅夫人嘗以王寢帳墮裂，乃造青絁帳，將易之，王曰：「作法於儉，猶恐其奢，但慮後代皆施錦繡耳。」卒不用。

錢忠懿王能琴，遣人物色求琴材。使者至天台，宿山寺，聞瀑布聲正在簷外。晨起視之，瀑布下瀉石處正對一屋柱，而且向日，私念曰：「若是桐木，即良琴在是矣。」削之，果桐也。即賂寺僧易之，取陽面二琴材以聞，乞俟一年斵之。既成，獻忠懿，一曰洗凡，一曰清絕，遂爲曠代之寶。

吳越忠懿王以天成四年八月二十四日四鼓生，以端拱元年八月二十四日四鼓薨，年正六十。是夕大星流墜於正寢之上，光燭滿庭。

錢惟演甫丱歲，忠懿命賦遠山詩，有「高爲天一柱，秀作海三峯」。王奇之，補牙門將。真宗聞其名，召試學士院，即所持笏書點竄之，少選呈御，帝亟稱賞。

思公生長富貴，而性儉約。閨門用度，爲法甚謹，子弟輩非時不能輒取一錢。公有一珊瑚筆格，平生尤所珍惜，常置之几案，子弟有欲錢者，輒竊而藏之。公悵然自失，乃牓於家庭，以錢十千贖之。居一二日，子弟佯爲求得以獻，公欣然以錢十千賜之。他日欲錢，又竊去，一歲中率五七次，如此公終不悟也。

錢思公嘗謂僚屬，言平生惟好讀書。坐則讀經史，卧則讀小説，上厠則閲小辭，未嘗頃刻釋卷也。

錢思公留守京洛，歐陽公爲推官。歐公一日同寮羣遊嵩山，抵龍門，雪作，登石樓，坐眺洛城次，忽煙靄中有車馬渡伊水者，則思公命厨傳歌妓，且致從容勝賞無卽還歸之意。思公置驛貢花，東坡詩曰：「洛陽相君忠孝家，可憐亦進姚黄花。」

洛陽郭延卿葺幽亭藝花，足不及城市，年八十餘矣。錢思公留守西京，一日率僚屬往遊，去其居一里外，卽屏騎從腰輿張蓋而訪之，不以告名氏。延卿亦莫知其何人也，欣然相接，道服對談，笑謂公曰：「陋居罕有過從，平日所接之人，亦無若數君者，願少留，對花小酌也。」進陶樽果蔌，思公愛其野逸，引滿不辭。既而府史牙兵列庭中，延卿徐曰：「公等何官？而從吏之多也。」僚屬告曰：「留守相公也。」延卿笑曰：「不圖相國肯顧野人。」遂相與大笑。又曰：「尚能飲否？」思公欣然從之。又數杯後，辭去，延卿送之門，曰：「老病不能造謝，希勿訝也。」思公登車，茫然自失。翌日語僚屬曰：「此真隱者也。」歎息累日。

臨安有諺語，凡見人不下禮，呼曰「强團練」，不知所自來。後得之長老云：錢氏有國時，攻常州，執團練使趙仁澤以歸。見王不拜，王怒，命以刀抉其舌至耳。丞相元德昭救解云：「此强團練，宥之足以勸忠。」遂以藥附創，送歸於唐，至今以爲美談。

錢昱少授書，五行俱下。性聰敏，對客飲宴，令五吏旁讀文案，側耳聽之，不妨談笑。發奸摘伏，儼若神明。

宋祖幸趙韓王第，韓王設酒饌，太祖見案頭列十罌，上有標識爲海鮓，問韓王，對曰：「此吴越所遺臣物也。」太祖命啓罌嘗之，發視則瓜子金也。韓王大惶駭，宋祖曰：「公出不知，亦無庸咋也。彼以爲國家事由汝書生，故以此相遺。然却之，則轉生疑貳矣。」

宋太宗嘗與蘇易簡論唐世文人，歎時無李白，易簡曰：「今進士錢易，歌詩殆不下李白。」太宗驚喜曰：「若然，吾當召置翰林。」會盜起劍田，不果。真宗在東宫圖山水，命易作歌，有「好同今日太平年，滿目山河歸掌握」句，賞愛之。

徽宗一夕夢武肅索浙土，云：「以好來朝，何故留我，我當遣第三子居之。」覺而與鄭后言之，后曰：「妾夢亦然。」俄而韋妃報誕，卽高宗也。越三日臨視，戲妃曰：「酷似浙臉。」蓋知爲武肅後身也。

羅隱喜筆工葨鳳，語之曰：「筆，文章貨也，吾當助子取高價。」卽以雁頭箋百幅爲贈，士大夫聞之，懷金問價。

羅隱帽輕巧，簡便省朴，人竊倣學，相傳爲減樣方平帽。

羅隱，唐相鄭畋女覽其詩，諷誦不已，有慕才意。隱貌寢，女一日以簾窺之，自此絕不詠其詩。唐昭宗聞隱名，欲以甲科處之，有大臣奏曰：「羅隱有才，然多輕易。明皇聖德，猶横遭乎譏謗；將相臣僚，豈能免於凌轢！」帝問譏謗之詞，因舉華清宮詩以對。

江南李氏嘗遣使聘吳越，吳越人問見羅給事否。使人曰：「不識，亦不聞名。」越人曰：「四海聞有羅江東，何拙之甚？」使人曰：「金榜上無名，所以不知。」

鍾陵妓雲英，隱與之有舊，下第見之，雲英曰：「羅秀才尚未脫白。」隱贈詩云：「鍾陵醉別十餘春，重見雲英掌上身。我未成名君未嫁，可能俱是不如人。」

羅隱雜著頗多，在越中嘗刻嚴陵釣臺，其文曰：「巖巖而高者，嚴子之釣臺也。寥寥而不歸者，光武之故人也。故人之道，如睨蒼苔以言之，〔一〕尊莫尊於天子，賤莫賤於布衣，龍爭蛇蟄兮風雨相遺，干戈載靡兮悠悠夢思。何富貴不易節，而窮達無可欺，故得脫邯鄲之難，破犀象之師，造二百年之業，繼三尺劍之基者，其惟有始有卒者乎！下之世風俗偷薄，〔二〕禄位相尚，朝爲一旅人，〔三〕暮爲九品官，而親戚骨肉已有差等矣，況故人乎？嗚呼！往者不可見，來者未可期，已而已而。」

吳越孫承祐豪侈，一小飲殺命數萬，取鯉魚腮爲臛，坐客數十皆足，圈鹿數百，庖人不暇斷，惟旋割取鮮腴，一飡羹凡二十品。卧内每夕焚燭二炬，龍腦二兩。後子孫有餓死者。此製始承祐，吴越國戚也。

吴越有「玲瓏牡丹」，鮓以魚葉，鬭成牡丹狀。既熟，出盎中，微紅如初開牡丹。

自錢氏據杭州時。

吴越時，台州有民姓王，常祭厠神。一日至其所，見著黄衣女子，云：「某台州人也，君聞有螻蟻言否？」民曰：「不聞。」遂於懷中取小合子，以指少膏如口脂塗民右耳下，戒之曰：「或見蟻子，側耳聆之，必有所得。」民明旦見柱礎下羣蟻紛紜，聽之，果聞相語移穴去煖處，傍有問之云：「何故？」云：「其下有寶，甚寒，住不安。」民伺蟻出訖，尋之，獲白金十錠。

孫何榜，太宗自定試題巵言日出賦，謂侍臣曰：「比來舉子浮薄，不求義理，務以敏速相尚。今此題淵奥，故使研窮義理，庶澆薄之風可漸革也。」語未已，錢易進卷子，太宗大怒，叱出之，自是科場不開者十年。易後試開封，不得魁薦，曾摘試題訴於朝。真宗時登第以第二，又降居第四。

宋邱繼爲兩浙進奏。開寶十年，廣州牙綱到，吏私藏一牙。繼易得之，命工解笏，得五面，其中三面甚大。工曰：「此笏紅文光瑩，頗殊常等。」有一聶長史者，年過八十，獨善相笏，召使相之。既至，命水洗手，取其大者向日視之，曰：「此王侯笏也，然生人不當秉。」又舉次者曰：「宰相笏也。」又取第三者，熟視之曰：「卿監笏也，亦可爲節度使而非真。」其後忠懿王急須一大笏，繼乃以第一面附歸，蓋欲致之於武肅王祠中，備供養耳；又月餘，沈相公遣堂吏欲致新笏，遂以次者進於相第，執之十餘年。餘第三面，繼以奉錢昭宴，昭宴後除衛尉卿，知滑州，皆如聶之言。

近世釋子多務吟咏，惟贊寧獨以著書立言、尊崇儒術爲佛事，故所著駁董仲舒繁露二篇、難王充論衡三篇、證蔡邕獨斷四篇、斥顏師古正俗七篇、非史通六篇、答雜斥諸史五篇、折海潮論兼明録二篇、抑春秋無賢臣論一篇，極爲王禹偁所激賞。王公與贊寧書曰：「累日前蒙惠顧謏才，辱借通論，日殆三復，未詳指歸，徒觀其潞繁露之瑕，劘論衡之玷，眼瞭獨斷之瞽，鍼砭正俗之疹，折子玄之邪説，泯米顥之巧言，逐光庭若摧枯，排孫郃似圖蔓，使聖人之道無傷於明夷，儒家者流不至於迷復。然則師胡爲而來哉？得非天祚素王，而假手於我師者歟！」

淳安縣水中有拳石浮躍，俗號錢王稱鎚石。

錢氏又有雷威琴，中有題云：「嶧陽孫枝匠成雅器，一聽秋堂，三月忘味。」

暨齊物居大滌山，積書千餘卷，居常以著作爲事。錢王欲爲度弟子，不願而去。

杭州武林山，錢氏有國時，此山在城外，叢薄蒙密，異虎出焉，故名虎林。後訛「虎」爲

「武」。錢塘巧山，錢王嘗乞巧於此山，形圓如珠，亦名龍珠山。武肅又改台州石城山爲南明山。

錢氏所進窰器，龍泉章氏兄弟世業也。其青瓷，兄曰「哥窰」，弟曰「生二窰」。

梁時江淮道梗，吴越泛海通中國，於是沿海置博易務，聽南北貿易。

北夢瑣言載羅昭諫與章魯封俱浙中人，頻舉不第，聲采甚著。錢尚父崛起土豪，號錢塘八都，奄有杭越。章、羅離其籠罩，然其出於草萊，未諳事體，重縣宰而輕郎官，嘗曰：「某人非才，只堪作郎官，不堪爲縣令。」昭諫爲錢塘令，尚父蓋以榮之。

董昌未敗前，狂人於越中旗亭客舍，多題詩句曰：「日日草重生，悠悠傍素城。諸侯逐白兔，夏滿鏡湖平。」初不曉其詞，及昌敗，方悟「草重」、「董」字；「日日」、「昌」字；「素城」，越城，乃楊素所築；「諸侯」者猴，乃錢鏐王申生屬也；「白兔」，昌卯生也；「夏滿」，昌以六月敗也；「鏡湖」，越中也。

羅江東宅在金華府東陽縣。

宋周文璞方泉集有姜堯章金銅佛塔歌，云：「白石招我入書齋，使我速禮金塗塔。我與此塔非世有，白石云是錢王禁中物。上作如來捨身相，饑鷹餓虎紛相向。拈起靈山受記時，龍天帝釋應惆悵。形模遠自流沙至，鑄出今回更精緻。錢王納土歸京師，流落多在西湖寺。錢王本是英雄人，白蓮花現國主身。蛇鄉虎落狗脚朕，何如紅袍玉帶稱功臣。天封坼開卽退聽，兩浙不聞笳鼓競。歸來佛子作護持，太師尚父尚書令。一枚傳到白石生，生今但有能詩聲。同袍秦外銛師兄，哦詩禮塔作佛事，同喫地爐山芋羹，何曾熏陸綺牀供？但見相輪銅綠明。哦詩禮塔猶未畢，蘆葉低飛出雨濕。」

曹勛松隱集有淨慈創塑五百羅漢記，略云：「淨慈山光孝禪寺，錢氏時曰永明寺，慈化定慧師道潛居之。嘗請於忠懿王，求塔下金銅羅漢像。會王夢十六大士從師而行，密符其請，因如所求，歸於精舍。」

錢塘壽禪師，本北郭稅務專知官。每見魚蝦，輒買放生，以是破家。後遂盜官錢，爲放生之用。事發坐死，飲赴市；吴越錢王使人視之，若悲懼如常人，卽殺之，否則捨之，禪師淡然無異也，乃捨之。遂出家，得法眼淨禪師，應以市曹得度，故菩薩乃見市曹以度，以學出生死法，得向死地走過一遭，抵三十年修行。吾竄逐海上，去死地稱近，當於此證阿羅漢果。

杭州龍華寺，本瑞蕚園故址也。園爲武肅王建，後捨爲寺。

嘉興靈光寺，徐恬因夜井發光，捨宅爲寺者也。錢文穆王時，立山門，掘地得一小龜，介甲分明，尾繞身匝，敕改名靈龜寺。

皮光業耽茗飲。一日中表請嘗新柑，纔至，呼茶甚急，題詩曰：「未見甘心氏，先迎苦口師。」

貫休投錢武肅詩：「貴逼身來不自由，幾年勤苦蹈林丘。滿堂花醉三千客，一劍霜寒十四州。萊子衣裳宮錦窄，謝公篇咏綺霞羞。他年名上凌煙閣，豈羨當時萬户侯。」

會稽拖船山坳，有龍瑞宫，錢王古跡也。在香爐峯北山脊，小坳曰拖鹽盆，相傳武肅微時私販，遇邏者追急，遂拖船逾山遁，此其坳跡。

閩

王審知時，謡曰：「風吹楊葉鼓山下，不得錢來兵不罷。」後福州軍校李仁福殺帥自立，而歸款於金陵，而又叛李璟。璟攻之，仁福又求救於錢塘，比錢塘兵至，而江南圍解，獲其將楊匡業，乃其應也。

王審知時，建寧府城東山忽生紫芝，因號紫芝山。

閩奉中原正朔，時常貢士。梁貞明年間，陳逖進士及第；唐同光年間，黄仁穎及第。泉州文宣王廟有皂筴之瑞。龍啓改元，廟與樹俱爲火焚，閩亦不復貢士。

福州郡治，王審知故宫也，便坐極雄麗。郡守至者，莫敢升，稍涉庭階，卽有文身見梁間。郡人言：昔有郡守不之信，至即視事於便坐。須臾有叱聲出屏間，守者曰：「吾以朝命守此便坐，吾所宜居，鬼物若何擾人！」應曰：「吾居此久矣，累政皆見避，公何獨見偪？」守叱之，鬼曰：「吾不汝校，當有與汝抗者。」守不以爲然，自是日升便坐。旬餘，守方據案，有卒被酒，挺刃突閤入，刺守殺之，左右亦殺卒。

韓偓即韓冬郎，義山詩所云「十歲裁詩走馬成」及「雛鳳清於老鳳聲」者也。自號玉山樵人。晁公武云：偓有君子之道四焉。唐末南北分奪，偓雖崔允門生，獨能棄家從上，又不肯致拜朱温。詩曰「風雨如晦，雞鳴不已」，偓之謂矣。

偓抵邵武，閩相急脚相召，蓋即依審知時也。詩云：「訪戴船迴郊外泊，故鄉何處望天涯。半明半暗山村日，自落自開江廟花。數醆緑醅桑落酒，一甌香沫火前茶。」偓香奩集自序云：「遐思宫體，未敢稱庾信工文；却誚玉臺，何必倩徐陵作序。粗得捧心之態，幸無折齒之慚。柳巷青樓，未嘗糠粃；金閨繡户，始預風流。咀五色之靈芝，香生九竅；咽三危之瑞露，春動七情。如有責其不經，亦望以功掩過。」此知制誥時作也。無題詩自云：「在福建寓止，有前東都度支院蘇公暐端公挈淪落詩藁見授，得無題一首，追味舊作，缺亡甚多，惟二四彷彿可記，第三首才得數句而已。」

王延政爲建州節度，延平村人夜夢人告曰：「與汝富。」且入山求之，無所得。爾夕復夢如前，村人曰：「旦已入山，無所得矣！」其人曰：「但求之，何故不得！」於是明日復入，向暮息大樹下，見方丈地獨明淨，試掘之，得赤土如丹，既無他物，則負之歸，堊牆壁，煥然可愛。人聞者，競以善價求售。延政取以飾其宮室，署其人牙門之職，數年建州亦敗。

閩人張緯，入中朝應舉，夢人授長笛一柄，且教之吹，覺而語人，或謂之曰：「子得功名，吹噓之力也。」乃夤緣景進而及第焉。緯仕南唐爲中書舍人。

泉州，故陳洪進所據也。州之便廳，至今郡守不敢登廳階，常有劍影極分明，障之不能掩，削之不能去，郡人神而畏之。近城法石寺，洪進墓在焉。傍小塚，則其女之殯也。女年及笄，未嫁而死。時或形見，遇者輒死。有連江尉龔遂良遊寺，中夜見之，翼日與人言，我體中大不佳，且囑後事，肩輿亟送至家而殂。又士人王宗衡，因至寺中，偶便旋於墓側，即得心疾狂易，逾年乃愈。

漳州裨將林贊堯，殺監軍中使，據郡及保山巖以爲營。掘地得一古塚，棺槨皆腐，中有一女子，衣服容貌皆如生，舉體猶有暖氣，軍士取其金銀釵環而棄其屍。又發一塚，開棺，見一人披髮覆面蹲於棺中，軍士駭懼致死者數人。贊堯旋伏誅。

留從效重築温陵城，植刺桐環繞之。其樹高大，而枝葉蔚茂。初夏開花，極鮮如葉；先萌而花後發，主明年五穀豐熟。

鶴衣道人居鳳凰山，日醉山下，爲里婦所辱，噀紙成鶴，跨之去。

僧楚照，居岐山。刳竹引泉，竹節間生筍，遂成叢竹，後名瑞竹巖。

普聞禪師，唐僖宗子也。入龍湖山建崇刹，號龍湖寺。旁有廣祐廟碑，爲隋温陵太守歐陽祐，牲祀不絕。師與之約曰：「能持不殺戒，乃可作鄰。」是夕父老夢神見告，永斷血食，願爲護法。

道士譚紫霄，有異術。閩王昶奉之爲師，月給山水香焚之。香用精沉，上火半滅，則沃以蘇合油。

僞閩中書吏韋添天字謎云：「露頭更一日，真是艷陽根。」

建州梨山廟，土人云故相李回之廟，回貶建州刺史，没，卒於臨川。卒之夕，建安人咸夢回乘白馬入梨山，及凶問至，因立祠焉，世傳靈應。王延政在建安，與福州搆隙，使其將吳某帥兵向晉安。吳新鑄一劍甚利，將行，攜劍禱於梨山廟，且曰：「某願以此劍手殺千人。」其夕，夢神責之曰：「人不當發惡願，吾祐汝，使汝不死他人之手。」既戰，敗績，左右潰散，追兵將及，自度不免，卽以此劍自刎而死。

唐莊宗詔諭閩王，將害徐寅，寅辭閩王去。其過九鯉湖詩云：「到來峭壁白雲齊，載酒春遊渡九溪。鐵嶂有樓霾欲墮，石門無鎖路還迷。湖頭鯉去轟雷在，樹杪猿吟落日低。回首浮生真幻夢，何如此地傍幽棲。」九鯉湖，閩地。

黄滔詩如「寺寒三伏雨，〔四〕松偃數朝枝」，「青山寒帶雨，古木夜啼猿。」又如聞雁之「一聲初觸夢，半白已侵頭」。與韓致光、吴融輩並遊，未知孰是？滔以詞賦名家，有紅芭蕉、黄蜀葵諸賦，皆膾炙人口。

荆南

高從誨鑿池於山亭，下得石匣，長尺餘，扃鐍甚固。從誨神之，屏左右，焚香以啓，匣中得石，有文云：「此去遇龍即歇。」及宋建隆中，從誨孫繼沖入朝，改鎮徐州。龍、隆音相近。

荆南前遭孫儒之亂，斗米四十千錢，持金寶换易，纔得一合一撮，謂之「通腸米」。

高季昌性褊急，嘗遣使詣汴勸進，與掌書記董者語不洽，詬怒而起。尋召之宴飲，迎謂之曰：「急性情，一切勿言。」仍遺衣段數十匹以安之。

江陵高季昌，唐末爲荆南留後。時宰相韋説、鄭珏，舅甥姻婭也，朱梁太祖時皆得制方面。高氏以貴公子任行軍司馬，常以歌筵酒饌款待數公，日常宴聚，求取無恆，皆優待之。後莊宗過河，奄有中原，天下震懼。高王單騎入覲，韋、鄭二公繼登台席，中朝士族子弟多不達時變，復存舊態。薛澤除補闕，韋經除春秋博士，皆賜緋，咸有德色，匆匆辦裝，卽俟歸朝，視行軍蔑如也。李載仁，韋說之甥，除祕書郎，劉詵，鄭珏之妹夫也，除毛詩博士，賜緋。後韋屢督李入京，高氏欲津置之，載仁遷延，自以先德遺戒，不欲依舅氏，但不能顯言，竟不離高氏門館。劉詵無他才望，性嗜酒，口受新命，殊無行意，高氏宇庇，情敬不衰，卒於荆南。高氏贍給遺孤，頗亦周至。未幾洛下有變，明宗入統，南方强侯久務姑息，韋、鄭二相皆罷去，韋、薛尚跧荆楚。明年保勗嗣襲，辟李爲掌記，他日録其長息爲子壻，第三子皆奏官，一門朱紫韡如也。劉詵三子迭加任遇，三孫女適高氏子弟，三十年間享其禄食，亦足稱也。韋荆州幕而卒，薛攝宰而終。

荆南節度使高保融有疾，幕吏孫光憲夢在渚宫池與同僚偶坐，而保融在西廳獨處，惟姬妾侍焉。俄而高公弟保勗見召，上橋，授以筆硯，令光憲指揮發軍，仍遣廳頭二三子障蔽。光憲不欲保融遥見，逡巡有具櫜鞬將校列行俟命，次見掌節吏嚴光楚鞹而前趨，手捧兩黑物，其一則如黑漆韡而光，其一卽尋常韡也。謂光憲曰：「某曾失墨兩挺，蒙王黜責，今果尋獲也。」良久夢覺。翌日説於同僚，逾月而保融卒，節院將嚴光楚具帖子取處分倒節，光憲請行軍司馬王甲判之。墨者陰黑之物，節而且黑，近於凶象，卽向之所夢倒雙節之謂也。

荆南文獻王將薨前數年，溝港城隍悉開白蓮花。

荆南進士鄭起謁荆南節度高從誨，館於空宅，其夕夢一人告訴曰：「孔目官嚴光楚無禮。」意甚不平。比夕又夢，起異其事，召嚴而説之，嚴命巫祝祈謝，靡所不至，莫知其由。明年，鄭生隨計，嚴愛其宅有少竹徑，多方致之。遷居不數日，以罪笞而停職。

荆南判官劉彧，棄官游秦、隴、閩、粤，篋中收大竹拾餘顆，每有客，則斫取少許煎飲，其辛香如雞舌湯。人堅叩其名，謂之丁香竹。

荆南僧貨平等香，貧富不二價，不見市香和合，疑其仙者。

武肅王大宗譜序以下雜詩文不敍國次

若夫古先垂訓，賢哲修身，莫大於上承祖禰之風，下廣子孫之孝。是故堯舜之化理天下，其先則曰敦睦九族，然後平章百姓，協和萬邦。詩不云乎：「無念爾祖，聿修厥德。」是知爲人子人臣之道，無過於尊奉祖先，揚名立身者也。

念予遠承祖派，紹襲宗風，爰自幼年，志攻學術。屬世道之屯否，憤豪猾之僭昏，擲筆硯於天目之山，練干戈於錢塘之城。推赤心而效順，仗一劍以除奸；勦薛朗於姑蘇，累施擒縱；殄漢宏於甌越，粗展機謀。鎮越安吴，匡君輔國，自兵符而陞郡印，以廉車而建節旄。

綰三鎮之藩方，受六朝之委任，尊居師右，位極人臣，雙封兩國之榮，册掌中臺之任。家藏玉册，手執瓊珪，襲華衮而駕輅車，錫寶券而森門戟。榮光祖禰，寵被親姻，子孫皆忝勳華，宗族盡沾爵禄。長源衍慶，累葉承庥。考本尋根，實由祖德。況賜甲第於茅山之下，改鄉名於故府之前。

尋准敕書，建制私廟，昭三代追崇之盛，耀祖先贈典之榮，存歿光輝，雲仍浹慶。但以歷世綿遠，慮乖次序，余總戎政之暇，考閱譜圖之詳，乃命區分，别爲卷軸。上自少典，次及彭籛，孚公更錢氏之文，讓公爲過江之祖。高曾積善，德厚流光。棣蕚既繁，蘭芽轉茂，遂各堂構，析以諸房。切慮百代之後，流派愈多，難窮婚宦之由，有墜祖宗之業。今則先鋪血脈，次列尊卑，粗明纂襲之風，永奉蒸嘗之道。傳示來葉，勿墮箕裘。武肅又有家訓十餘條，其末條云：「凡公家糧料，早宜輸納，毋得遲延，以速官戾。」當時雄據一方，而其言若此，可知輸貢中朝，具由夙悃也。

宋太祖開寶二年授忠懿王敕

敕錢俶：省所差鎮東軍支使王通今月二十八日走馬到闕，奏今月十五日僞命知常州禹萬誠等歸附已安撫城中事，具悉。卿位高王霸，天付將才，門專衛社之勳，世著勤王之節。昨親提鋭旅，取彼堅城，勢孤而既絶援兵，力盡而遂輸降款。遽歷寒暄之候，遂成克復之功。永增屏翰之光輝，實協君親之委任。故茲獎諭，想宜知悉。

宋太宗封忠懿王爲南陽王制

制曰：王者尚德尊賢，所以昭明大業；加封進爵，所以光寵殊勳。蓋功大者業崇，道隆者禮備，故增以車服之數，俾以藩輔之權。用眷南陽，是爲近甸。屬我元老，惟懋思勳。寧淮鎮海崇文耀武宣德守道功臣、開府儀同三司、守太師、尚書令、兼中書令、淮南國王、賜劍履上殿、詔書不名錢俶，毓粹自天，降神維嶽，懋德處桓文之上，殊勳駕衛霍之先。盡其節以著嘉猷，一乃心以敷盛烈。韓侯戾止，執介圭而入朝；竇融效忠，舉西河而屬漢。雅操自同於金石，至誠宛著於丹青。而以微恙所膺，近妨朝請，宜從頤養，以示優隆。雖論道經邦，式峻三公之位；而文茵暢轂，且先十乘之行。錫以南陽之田，賜以真王之號。於戲！帥臣之位，所以啓迪皇猷；分牧之寄，所以夾輔王室。永惟盛德之著，無煩多訓之詒。可依前太師、尚書、兼中書令，持節鄧州軍州事，行鄧州刺史，充武勝軍節度使、鄧州管內營田觀察處置等使，仍封南陽國王。

前蜀

杜光庭紀道德賦：「道德清虛，玄默生帝，先爲聖則，聽之不聞，搏之不得。至德本無爲，人中多自惑，〔五〕在洗心而息慮，亦知白而守黑。百姓日用而不知，上士勤行而必克。以既鼓鑄於乾坤品物，信充牣乎東西南北。三星高拱兮任以自然，五帝垂衣兮修之不忒。以心體之者，爲四海之主；以身輓之者，爲萬夫之特。有皓齒青娥者，爲伐命之斧；蘊奇謀廣智者，爲盜國之賊。曾未若軒后順風兮清靜自化，曾未若皐陶邁種兮溫恭允塞。故可以越圓清方濁兮不始不終，何止乎居九流五常兮理家理國。豈不聞乎天地非道德也，無以清寧；豈不聞乎道德於天地也，有逾繩墨。語不云乎，仲尼有言，『朝聞道，夕死可矣』。所以垂萬古，歷百王，不敢離之於頃刻。懷古今，云古今，感事傷心，驚得喪，歎浮沉，風驅寒暑，川注光陰。始炫朱顏麗，俄悲白髮侵，嗟四豪之不返，痛七貴以難尋。夸父興懷於落照，田文起怨於鳴琴。雁足淒涼兮傳恨緒，鳳臺寂寞兮有遺音。朔漢幽囚兮天長地久，瀟湘隔別兮水闊煙深。誰能絶聖韜賢，餐芝餌朮；誰能含光遯世，煉石燒金。君不見屈大夫，紉蘭而發諫；君不見賈太傅，忌鵩而愁吟。君不見四皓避秦，峩峩戀商嶺；君不見二疏辭漢，飄飄歸故林。胡爲乎冒進貪名，踐危途與傾轍；胡爲乎怙權恃寵，顧華飾與雕簪。吾所以思抗跡忘機，用虛無爲師範；吾所以思去奢滅慾，保道德爲規箴。不能勞神效蘇子、張生兮，干時而縱辯；不能勞神效楊朱、墨翟兮，揮涕以沾襟。」

後蜀

歐陽炯題景煥應天寺壁天王歌：「錦城東北黄金地，故跡何人興此寺？白眉長老重名公，曾識會稽山處士。寺門左壁圖天王，威儀部從來何方。鬼神怪異滿壁走，當簷颭颭生秋光。我聞天王分理四天下，水晶宫殿琉璃瓦，綵仗時驅狒狖裝，金鞭頻策騏驎馬。毗沙大像何光輝，手擎巨塔凌雲飛。地神對出寶缾子，天女倒披金縷衣。唐朝説著名公畫，周昉毫端善圖寫。張僧由是有神人，吴道子稱無敵者。奇哉妙手傳孫公，能於此地留神蹤，斜窺小鬼怒神目，直倚越狼高半胷。寶冠動總生威容，趨蹌左右來傾恭。臂横鷹爪尖纖和，腰纏鹿皮斑駁紅。飄飄但恐入雲中，步驟還疑歸海東。蟒蛇拖得渾身墮，精魅搦來雙眼空。當時此藝實難有，鎮在寶坊稱不朽。東邊畫了空西邊，留與後人教敵手。後人見者皆心驚，畫爲名公不敢争。誰知未滿三十載，或有異人來問生。匡山處士名稱朴，頭角高奇連五嶽。曾持象簡累爲官，又有蚍珠常在握。昔年長老遇奇蹤，今日門師識景公。興來便請泥高壁，亂搶筆頭如疾風。逡巡隊仗何顛逸，散漫奇彩皆湧出。交加器械滿虚空，兩面劃然如闢敵。聖王怒色覽東西，劍刃一揮皆整齊。腕頭獅子咬金甲，脚底夜叉擎絡鞮。馬頭壯健多筋節，烏觜彎環如屈鐵。遍身蛇虺亂縱横，遶頷髑髏乾孑裂。眉粗眼豎髮如錐，怪異令人不可知。科頭巨卒欲生鬼，半面女郎安小兒。況聞此寺初興置，地脈沉沉當正氣。如何請得二山人，下筆咸成千古事。君不見明皇天寶年，畫龍致雨非偶然。包含萬象藏心裏，變現百端生眼前。後來畫品列名賢，惟此二人堪比肩。人間是物皆求得，此樣欲於何處傳。常憂壁底生雲霧，揭起寺門天上去。」

歐陽炯貫休畫羅漢歌：「西嶽高僧名貫休，孤情峭拔凌清秋。天教水墨畫羅漢，魁岸古容生筆頭。時捎大絹泥高壁，閉目焚香坐禪室。忽然夢裏見真儀，脱下袈裟點神筆。高握節腕當空擲，窸窣毫端任狂逸。逡巡便是兩三軀，不似畫工虛費日。怪石安排嵌復枯，真僧列坐連跏趺。形如瘦鶴精神健，頂似伏犀頭骨粗。倚仙根，傍巖縫，曲録腰身長欲動。看經弟子擬聞聲，瞌睡山童疑有夢。不知夏臘幾多年，一手搘頤偏袒肩。口開或若共人語，身定復疑初坐禪。案前卧象低垂鼻，崖畔戲猿斜展臂。芭蕉花裏刷輕紅，苔蘚文中暈深翠。硬筇杖，矮松牀，雪色眉毛一寸長。繩開梵夾兩三片，線補衲衣千萬行。林間亂葉紛紛墮，一印殘香斷煙火。皮穿木屐不曾拖，筍織蒲團鎮長坐。休公休公逸藝無人加，聲譽喧喧遍海涯。五七字句一千首，大小篆書三十家。唐朝歷歷多名士，蕭子雲兼吴道子。

若將書畫比休公，只恐當時浪生死。休公休公始自江南來，入秦於今到蜀無交親。詩名畫手皆奇絶，覷你凡人爭是人。瓦官寺裏維摩詰，舍衛城中辟支佛。若將此畫比量看，總在人間爲第一。」名畫録云：貫休畫水墨羅漢十八身，并一佛、二大士，巨石縈雲，枯松帶蔓。蜀主歎其筆跡狂逸，供養經月，却令付院中，炯爲此歌以贈。

羅隱暇日投錢尚父詩：「牛斗星邊女宿間，棟梁虛敞麗江闗。望高漢相東西閣，名重淮王大小山。醴設鬬傾金鑿落，馬歸爭撼玉連環。自慚麋鹿無能事，未報深恩鬢已斑。」春日投尚父詩：「正憂衰耄辱金臺，敢望昭王顧問來。門外旌旗屯虎豹，壁間章句動風雷。三都節已聯翩降，兩地花應次第開。若比紫髯分鼎足，未聞餘力有瓊瓌。」「征東幕府十三州，敢望非才忝上游。官秩已明吴品職，姓名兼顯魯春秋。鹽車顧後聲方重，火井窺來焰始浮。一句黄河千載事，郢城王粲漫登樓。」又病中上尚父：「左脚妨行右臂攣，每慚名跡污名賢。縱饒吴主容衰病，爭奈燕臺費料錢。藜杖已乾難更把，竹轝雖在不堪懸。深恩重德無言處，回首浮生淚泫然。」「玉函瑤檢下台司，記得當時指顧時。半壁龍蛇蟠造化，滿筐山嶽動神祇。疲牛舐犢心猶切，陰鶴鳴雛力已衰。穉子不才身抱疾，日窺真跡淚雙垂。」

宋濂題潘佑贈別墨本：「太康陸君子賡喜佛氏言，以内史舍人潘佑贈別序文能發明先佛遺義，近於白下得墨本，承以匡廓，緣以色繒，揭置座右以自省，閒徵予識佑事於下方。

按佑幽州人，能文詞，與徐鼎臣齊名，仕於南唐，自秘書省正字累遷中書舍人。當後主時，國事日蹙，佑憤切，累疏論列，至謂不能與奸臣共事亡國之主。張洎從而擠之，後主乃收佑屬吏，佑遂自剄。前史馬元康誣佑溺淫祀左道，斥爲人妖。陸游作南唐書能辨其妄，固爲甚當，及游論佑則議其學老莊，齊生死，故其上疏，若惟恐不得死者，則又未免涉於深刻也。人之所欲莫甚於生，雖愚不肖，亦不輕以畀人，況賢知如佑者乎！直以忠義所激，乃視死如歸耳。佑之死，其心無白之者，鼎臣作江南録，亦没而不書，及藝祖南征，指殺佑爲殺忠臣，其事始著於後世。嗚呼！爲人如佑，尚不免議者之口，人之不樂善乃至此哉！王介甫嘗作文評鼎臣，至於游之所論，未有指其非者，故因子賡之請而極言之。道院集要亦全載此文，以簡牘爲簡牋，薔芥蒽窘束爲跼促，微有不同，要當以石本爲正。」潛溪集。

解大紳彭氏族譜辨疑云：「鍾傳起鄉兵，策功至通顯，已而驕恣，其下復亂，賴危全諷、彭玗兄弟起而救其弊，粗定一方。傳奏全諷爲撫州，玗爲吉州，雖由傳所薦，實唐室之命也。楊行密既背唐以自爲，則脅江西從，獨全諷及玗不從，仍唐刺史之號，各守境土以拒行密。厥後勢孤援絶，不得已而奔馬殷，殷亦會同盟，以客禮待之。獨鄉之傳問與私家纂録多毁其務報讎，爲剽擊，劫州人往臣於楚。蓋其時全諷死，光稠降，玗既去，而行密盡有江西，鄉人亦有仕於楊氏，玗固楊氏所惡也，則其毁短玗者，非私怨則爲楊氏惡之矣。危素敍其族出於全諷，云撫州之有危氏，猶吉之有彭氏也。又云玕之生當在唐宣宗大中七年癸酉，起兵時纔二十餘耳。州志稱平湖有彭玕疑冢，所居必在長溪豐口之間，其爲吉水人無疑也。譜稱乾符丁酉，鍾傳命鎮王嶺。按嶺在吉水之蘭溪，其上倉廩府庫之迹猶存，前有山曰張欽寨，乃吴將屯兵對壘之所。初玕以門第領胥徒爲州從事，卽棄去歸鄉，與兄弟治兵，王嶺非傳命鎮也。玕乾化初授檢校太保，後唐長興壬辰加太尉，封安定王，以疾作不拜。按乾化時馬殷尚在覊縻，莊宗克梁，殷始入賀，玕不與偕行，其志可見。長興封王之命，猶且辭之，朱温太保之命，其不受可知矣。宋尚書汝礪，其後也。」玕好學不倦，通左氏春秋。

校勘記

〔一〕如睨蒼苔以言之　「蒼苔」二字原爲空缺，據羅隱讒書卷五刻嚴陵釣臺補。

〔二〕風俗偷薄　「薄」字原爲空缺，據羅隱同上文補。

〔三〕朝爲一旅人　「人」字原脱。按下句「暮爲九品官」，二句相對成文，此句亦應爲五字。今據羅隱同上文補。

〔四〕寺寒三伏雨　「寺」字原爲空缺，據全唐詩卷七〇四黄滔遊東林寺補。

〔五〕人中多自惑　「惑」字原作「得」，誤，據全唐文卷九二九杜光庭紀道德賦改。

十國春秋卷一百十六

備考

吴

吴太祖爲廬州步奏官，時典州事者唐相國鄭綮，雖有詩名，本無廊廟之望。太祖嘗有遺闕，鄭笞責之。然其儒懦清慎，弘農常重之。昭宗時吴據雄淮海，朝廷姑息，因盛言鄭公之德，由是登庸，中外驚駭。綮卽謂「詩思在灞橋風雪中驢子上」者也。

嘉祐中，宣州寧國縣人有方璵者，其高祖方虔爲楊行密守將，總兵戍寧國，以備兩浙。虔後爲吴越所擒，其子從訓代守寧國，故子孫至今爲寧國人。有楊溥與方虔、方從訓手教數十紙，紙劄皆精善，教稱委曲，書押處稱使或稱吴王。內一紙報方虔云：「錢鏐此月內已亡歿。」紙尾書正月二十九日。按五代史，錢鏐以後唐長興二年卒，楊溥天成四年已僭卽僞位，豈得長興二年尚稱吴王？溥手教所指揮事甚詳，翰墨印記極有次序，悉是當時親接。

朱瑾守鄆日，黥其卒，名「雁子都」。梁祖亦黥其卒，曰「落雁都」。

南唐

宋太祖將伐蜀，命建第五百間於右掖門之前，下臨汴水，曰：「我聞孟昶族屬多，無使有不足。」昶既俘，即以賜之。召李煜入朝，命作禮賢宅於州南，略與昶等。嘗親幸視役，以江南嘉山水，令大作園池，導惠民河水注之。會煜稱疾，錢俶先請覲，即以賜之。其宅後爲尚書都省。

李煜在國，微行娼家，遇一僧張席，煜遂爲不速之客。僧酒令謳吟吹彈莫不高，了見煜明俊醞藉，氣合相愛重。煜乘醉大書右壁曰：「淺斟低唱，偎紅倚翠。太師鴛鴦寺主傳持風流教法。」久之，僧擁妓入屏帷，煜徐步而出。僧、妓竟不知煜爲誰也。

寇豹、謝觀同入崔裔相公門下，豹辭去，祖席多蠅，觀戲豹曰：「青蠅被扇扇離席。」豹見户上白澤圖，答曰：「白澤遭釘釘在門。」見南唐野史。吴氏以此爲羅隱與顧雲在淮南高駢處，夏飲海風亭時事，未知孰是。

南唐時，吴國楊氏子孫被殺，劉重進得其家水晶盤、翡翠枕以獻。與本紀所載異。

南唐給事中喬匡舜知舉，進士及第者五人，即丘旭、樂史、王則、程渥、陳皐也。皆舉數升降，等甲無名。時以爲喬之榜類陳橘皮，年高者居上。陳橘皮已見本傳，義未晰。

江南宋齊丘，智謀之士也。自以爲江南有精兵三十萬：士卒十萬，大江當十萬，而己當十萬。江南初主本徐温養子，及僭號，遷徐氏於海陵。中主繼統，用齊丘謀，徐氏無男女少長皆殺之。其後齊丘常有一小兒病，閉閤謝客，中主置燕召之，亦不出。有老樂工，且雙瞽，作一詩書紙鳶上，放入齊丘第中，詩曰：「化家爲國實良圖，總是先生畫計謨。一箇小兒抛不得，上皇當日合何如。」海陵州宅之東，至今有小兒墳數十，皆當時所殺徐氏之族也。十國春秋載：伶人爲李德明，紙鳶上書「一子拾不得，如讓皇百口何」，與此小異。

盧絳病痁，夢一白衣婦人謂之曰：「子之疾食蔗卽愈。」詰朝見鬻蔗者，絳探囊中，且乏一鏹，惟有唐韻一册，遂請易之。其人曰：「我乃負販者，將此安用？哀君欲之。」遂貽數挺，食之疾愈。

盧絳夢白衣婦人歌菩薩蠻詞，末句云：「眉黛遠山攢，芭蕉生暮寒。」楊大年談苑中，末句獨不同，云：「獨自憑闌干，衣襟生暮寒。」予嘗謂「芭蕉」句妙甚，與「衣襟」大段相遠，大年必不如此道也。

麝囊花，卽瑞香也。廬山一比丘尼晝卧石上，但聞鼻間異香馥郁，醒而視之，則花開如雪，香烈異常，因號爲睡香。後以花爲瑞，稱瑞香。

二徐名著江左，皆以博洽聞中朝，而騎省鉉又其白眉也。會修述職之貢，騎省實來。

及境，例差官押伴，朝臣皆以辭令不及爲憚，宰相亦難其選，請於藝祖。玉音曰：「姑退朝，朕自擇之。」有頃，左璫傳宣殿前司，具殿侍中不識字者十人，以名入。宸筆點其中一人曰：「此人可。」在廷皆驚，中書不敢請，趣使行。殿侍者慌不知所繇，薄弗獲已，竟往。渡江始燕，騎省詞鋒如雲，旁觀駭愕，其人不能答，徒唯唯。騎省叵測，强聒而與之言，居數日，既無與之讎復者，亦勌且默矣。余按當時陶、竇諸名儒端委在朝，若使角辯騁詞，庸詎不若鉉，藝祖正以大國之體不當如此耳，其亦不戰屈人之上策歟。

龔愼儀爲兒時，戲於道旁，有胡僧過，目之曰：「此兒骨法亦貴，但恨有凶相，不得令終。」後爲盧絳小校熊進所殺。

姪穎先仕江南，入宋爲御史，後知朗州，見丁謂而器之，丁果貴顯。時以穎爲知人。穎憤叛臣盧絳殺其叔愼儀，又害其家。後絳來陛見，舞蹈次，穎遽前以笏擊而踣之。太祖驚問其故，穎曰：「臣爲叔父復讎，非有他也。」因俯伏頓首請罪，極言絳狼子野心，不可畜。太祖卽下令誅絳而赦穎。

江左支戩，餘干人，世爲小吏。戩獨好學爲文，竊自稱秀才。會正月望夜，時俗取飯箕衣之衣服，插箸爲嘴，使畫盤粉以卜。戩見家人爲之，卽戲祝曰：「請卜支秀才他日何官。」乃畫粉，宛成司空字。又嘗夢至地府，閱名簿，至己籍云「至司空，年五十餘」。他人籍不可記，惟記其友人鄭元樞云「貧賤無官，年四十八」。元樞後居浙西廉使，徐知誥賓禮之，將薦於執政，行有日矣，暴疾而卒，年四十八。戩後累官至檢校司空，年五十一終。

前蜀

王建改摩訶池爲龍躍池。建將斃，池有鸂鶒來集。衍卽位，改爲宣化池。摩訶池入王蜀宫中，舊時泛舟入北池，曲折十餘里；至宋世，蜀宫後門已爲平陸矣，然猶呼爲水門也。

王衍侈蕩無節，庭爲山樓，以綵爲之，作蓬萊山，畫緑羅爲水紋地衣，其間作水獸芰荷之類，作折紅蓮隊，□集鍛者於山内鼓橐，以長籥引於地。地衣下吹其水紋鼓蕩，若波濤之起。復以雜綵爲二舟，轆轤轉動。自山門洞中公載妓女二百二十人，發棹行舟，周遊於地衣之上，採所扳運列階前，出舟致辭，長歌復入，周迴山洞。俄而唐莊宗遣使李嚴入蜀，復作此舞以誇之；嚴歸朝貢策，未幾滅王氏。

前蜀時，禿鶖翔摩訶池上。顧太尉敻時爲小臣，給事内廷，潛吟詩曰：「昔日曾看瑞應圖，萬般祥瑞不如無。」

蜀許寂，少學劍，居四明。一夕，有村民夫婦持壺酒訪寂而飲，迭謡以飲寂，飲訖，聞室中戛戛有聲，視之有數劍飛躍。寂懼，夫婦顧之笑曰：「奉以薄伎佐酒，公何懼也。」及舉手叱劍，皆入指端，至夜分乃去。明日，有二僧至，寂以其事告之，僧曰：「此俠也，知君好劍術，欲來相教耳，顧公無好學。凡神仙清淨事異於此，諸俠皆鬼爲陰物，故婦人與僧尼皆學之。」言訖，命水洗足，以淨巾拭之，騰空去。

王蜀時，趙雄武累典名郡，爲一時豪富。精於飲饌，居常不使膳夫，六局之中各有二婢執役，當厨者十五餘輩，皆有窄袖鮮潔衣裝。事一餐，邀一客，必水陸俱備，造大餅，每三斗麵擀一枚，大於數間屋。或大内宴聚，或豪家有廣筵，多於衆賓内獻一枚，裁剖用之，皆有餘矣。雖親密懿分，莫知擀造之法。

前蜀嘉王古鐵鏡篆書十二字：⿰谷㐬、⿰豸巴、萧、⿱二乃、农、⿱穴乇、⿱茲衣、⿱山朋、⿰户欠、⿰冂几、⿰入卩、⿱⺮⿺辶乂。

王承休有美色，恒侍少主寢息，久而專房，多以邪僻姦穢事媚其主，主愈寵之。與韓昭爲刎頸之交。既鎮秦川，請少主臨幸，强取民間子弟，使教歌舞伎樂，令畫工圖真，又録名字，急遞中送韓昭，昭密呈少主。少主睹之心狂，遂決幸秦之計，下制曰：「蓋聞前王巡狩，觀土地之慘舒；歷代省方，慰黎元之徯望。西秦封域，遠在邊隅，先皇帝畫此山河，歷年征討，雖歸王化，未浹惠風。今耕稼既屬有年，軍民頗聞望幸，用安疆埸，聊議省巡。」云云。蒲禹卿上表切諫，不聽。既至鳳州，王承休捷飛騎傳報東師將至，少主曰：「朕恰要親看相殺。」不顧而進。途中與王仁裕、李浩弼等以詩唱和。少主劍門詩曰：「緩轡逾雙劍，行行躡石稜。作千尋壁壘，爲萬祀依憑。道德雖無取，江山粗可矜。回看城闕路，雲疊樹層層。」韓昭和曰：「閉關防外寇，孰敢振威稜。險固疑天設，山河自古憑。三川奚所賴，雙劍最堪矜。鳥道微通處，煙霞鏁百層。」王仁裕和云：「孟陽曾有語，刊在白雲稜。李杜常棲託，孫劉亦恃憑。庸才安可守，上德始堪矜。暗指長天路，濃巒蔽幾層。」又命制秦中父老望幸賦。及迴蹕，則金牛敗卒塞硤而至，蜀師無心鬭戰，遣使遽促，則回槍刺之，曰：「請換取龍武軍相戰，不惟勇敢，況且偏請衣糧。我等揀退不堪，何能相殺。」蓋前此承休爲龍武統帥，獨優厚故也。乃狼狽而歸。晉師至，遂出降，承休亦伏辜。

僞蜀，大軍未至前，自春及夏無雨，螟蝗大作。一旦漢什邡縣石井中，夜有十丈火龍騰躍而出，浩浩升天而去，乃至鱗甲首足明耀爍然。大風吼天，草木俱振，餘燼墮地，延燒數百家。

蜀主理園囿，有青城山叟進花子兩粒，曰紅梔子種。賜束帛，至市散於貧人，遂不知去處。兩載，其葉婆娑，則梔子花矣。其花斑紅六出，其香襲人，蜀主盛愛之。

後蜀

孟蜀主一錦被，其闊猶今之三幅帛，而一梭織成。被頭作二穴，若雲板樣，蓋以叩於項下，如盤領狀。兩側餘錦則擁覆於肩，此之謂錦衾也。本紀駕衾卽此。

僞蜀建武四五年間，有百姓譙本者，兇率人也，不孝不義，鄉里衆皆惡之。少無父，常毁駡母，母每含忍。一日歸自晚，其母倚門而迎，本遥見便駡。母曰：「我只有汝一人，憂汝歸夜，汝反駡我也。」遂撫膺大哭，且歎且怨。本在城巷住，此時便出門，近城沿路上坐，忽大叫一聲，脱其衣，變爲一赤虎，直上城去，至來日猶在城上。蜀主命趙廷隱射之，一發正中其口，衆分而食之。蜀主初霸一方，天雨毛，人變虎，其非吉兆可知矣。

孟蜀待李氏諸子厚，器用局以沉香降真爲鉢，木香爲匙筯，常食堂展鉢，衆僧相謂曰：「我輩謂渠頂相衣服均是金輪王孫，但面前四奇家具，有無不等耳！」

孟蜀時，軍校張敞得一古鏡，模闊尺餘，光照室寢，不施燈燭。將求磨滌之，忽有一士見而作禮曰：「久知寶在蜀中，一見足矣。然此鏡不久當亦歸耳。」敞益珍藏，自得鏡，無疾病。

蜀王昭遠爲巡邊制置使，及文州，遇軍人喧聚，問之，言舊塚内有尸不壞，或以甎石投之，其聲鏗然。昭遠往見，其形質儼如新逝者，塚中得石版云：「有唐故文州馬步都虞候和文，年五十八，大中五年辛未五月五日卒，葬於此。」昭遠致祭，復令掩閉之，於墓側刻石銘之。

孟蜀主母后之宫有衞聖神龍堂，亦嘗修飾嚴潔，蓋卽世俗之家神也。一日別欲廣其殿宇，因晝寢，夢一青衣謂后曰：「今神龍意欲出宫外居，止宜於寺觀中安排可也。」后欲從之，而子未許。后又夢見青衣重請，因選昭覺寺廊廡間特建一廟。土木既就，繪事云畢，遂宣教坊樂自宫中引出，奏送神曲，歸新廟中，奏迎神曲。其日玄雲四合，大風振起，及神歸位，雨卽滂沱。或曰衞聖神龍出離宫殿，是不祥也。逾年國亡滅而去，土地歸廟中矣。按青衣津在嘉定州治南，有青衣神。又益州記云：「神號雷埴，廟卽華陽國志之雷垣也。班固以爲離堆下有石室，名玉女房，蓋此神耳。」

東坡作長短句洞僊歌，所謂「冰肌玉骨，自清涼無汗」者，公自敍云：「予幼時見一老人，年九十餘，能言孟蜀主時事，云蜀主嘗與花蘂夫人夜起納涼於摩訶池，上作洞僊歌令，老人能歌之。予今但記其首兩句，力爲足之。」近見李公彦季成詩話，乃云楊元素作本事記，洞僊歌「冰肌玉骨，自清涼無汗」，錢塘有老尼能誦後主詩首章兩句，後人爲足其意，以填此詞。其說不同。予友陳興祖德昭云：頃見一詩話，亦題云李季成作，乃全載孟蜀主一詩：「冰肌玉骨清無汗，水殿風來暗香滿。簾間明月獨窺人，欹枕釵横雲鬢亂。三更庭院悄無聲，時見疏星渡河漢。屈指西風幾時來，只恐流年暗中换。」云東坡少年遇美人喜洞僊歌，又邂逅處景色暗相似，故檃括稍協律以贈之也。余以爲此說近之。據此乃詩耳，而東坡自序乃云是洞僊歌令，蓋公以此敍自晦耳。洞僊歌調腔出近世，五代及國初未之有也。花蘂夫人宅在灌縣，乃費氏也。

南漢

南漢置兵八千人，專以採珠爲事，名媚川都。每以石硾其足入海，至五七百人，溺而死者相屬也。久之珠充積内庫，所居殿宇梁棟簾箔率以珠飾，窮極華麗。後宋師入，一火而盡。藝祖廢媚川，仍詔百姓不得以採珠爲業。

羅浮黄龍洞卽葛洪西菴故址也，鋹作宮一。

花田在廣州府西，平田彌望，皆種素馨。僞劉葬美人於此，至今花香甚於他處。

楚

湖南武穆王巡邊，回舟至洞庭宜春江口，暴風忽至，波如連山，乃見波中恢詭譎怪，蛟螭出没，雲霧昏蒙，有如武夫執戈戟者，有文吏具襴笏者，有如捧盆盂者，或緋或緑，倏閃睢盱，莫知何物。左右大駭，衣服、器皿悉投之。舟人欲以姬妾爲請，王不聽，移時風定，僅獲存焉。後數年，武穆王薨於位。

楚湖南帥馬希聲在位多縱率，有賈客沈甲者常來往番禺間，廣主優待之，令如北中求寶帶。甲於洛汴間市得玉帶一，乃奇貨也。回由湘潭，希聲竊知之，召甲詣衙，賜以酒食，抵夜送還店，預戒軍巡以犯夜戮之，湘人無不嗟憫。後常見此客爲祟，或在屋脊，或據欄檻，不常厥處。未久希聲暴卒，弟希範嗣立，以玉帶還廣人。

湖南馬希聲嗣位，連年亢旱，祈禱不應，乃封閉南嶽司天王廟及境内神祠，竟亦不雨。其兄希振入諫之，飲酒至中夜而退，聞堂前喧噪，連召希振復入，見希聲倒立於階下，衣裳不披，其首已碎，令親信輿上，以帕蒙首。翌日發喪，以弟希範嗣位。先是大將周達自南嶽回，見江上雲霧中擁執希聲而去，秘不敢言，夕有物如黑幕突入空堂，卽時而卒。

楊行密使王茂章等率舟師攻岳州，彦章入荆，將趣江陵，許德勳以梅花海鶻迅舸進斷木，龍舟蔽江，車弩亂發，執彦章。尋釋之還，德勳謂曰：「爲我謝楊王，僕等數人在湖湘，不可冀也。」

袁居道不求聞達，馬希範開延入府。希範病酒厭膏膩，居道曰：「大王今日便得貧家纏齒羊。」詢其故，則蔬茄。

吴越

武肅時，宣州叛卒五千餘人送款，錢納之，以爲腹心。時羅隱在幕下，屢諫，謂敵國之人不可輕信，武肅不聽。杭州新治城壘，樓櫓甚壯，攜寮客盛觀之。隱指却敵，佯不曉，曰：「設此何用？」武肅曰：「君豈不知，欲備敵耳。」隱謬曰：「審如是，何不向裏設之？」武肅大笑曰：「本欲拒敵，設於内何用？」對曰：「以隱所見，正當設於内耳。」蓋指宣卒將爲敵也。後武肅巡衣錦城，武勇指揮徐琯、許再思挾宣卒爲亂，火青山鎮，入攻中城，賴城中有備。琯等尋敗，幾於覆國。

吴越忠懿王善草書，上遣使謂之曰：「聞善草聖，可寫一二進。」俶以舊所書紺圖上之，賜紅緑象牙筆管等物有差。

錢俶初入朝，既而賜歸國，羣臣多請留俶而使之獻地，太祖曰：「吾方征江南，俾俶歸治兵以攻其後，則吾之兵力可減半。江南既下，俶敢不歸乎？」既而皆如所處。

吴越王「金鳳欲飛遭掣搦，情脈脈」，此詞下尚有「看卽玉樓雲雨隔」句，見許彦周詩話，原本截去末句，文義未足。余邸寓於錢氏之舊鄉，蒼山碧樹，想見衣錦風煙，因念余昔家京邑，每遇南宫城太學左方禮賢宅，未嘗不欽仰忠懿之賢，雖喬木垂楊，朱門雕砌，宛若猶在。

於時子姓貧寒，至有衣食不周者。嘗讀兩朝供奉録，太祖、太宗雖所賜金器六萬四千七百餘兩，銀器四千萬八千八百餘兩，玉石器皿一萬七千事，寶玉帶四十二條，錦綺一千六萬六千三百餘疋，然忠懿入貢，如赭黄犀、龍鳳龜魚、仙人鰲、山寶樹等，皆希世之寶也，玉帶二十四，紫金獅子帶一，金九萬五千餘兩，銀一百一十萬二千餘兩，錦綺二十八萬餘疋，色絹七十九萬七千餘疋，金飾玳瑁器一千五百餘事，水晶瑪瑙玉器凡四千餘事，珊瑚十高三尺五寸，金銀飾陶器一十四萬餘事，金銀飾龍鳳船舫二百艘，銀糚器械七十萬事，白龍腦二百餘斤。及歸國之初，舉朝文武閹寺皆有餽遺，蓋有國以來，所積一空矣。

吴越舊宫攷此與鐵券、鐵箭攷俱從錢氏世譜。

宋行宫卽武肅王舊宫。皇城九里，入和寧門，左進奏院、玉堂，右中殿、外庫。至北宫門，循廊左序，巨璫幕次，列如魚貫。祥曦殿朶殿接修廊爲後殿，對以御酒庫、御藥院、慈元殿、外庫門、內侍省、內東門司、大內都巡檢司、御厨、天章等閣。廊迴路轉，衆班排列。又轉內藏庫，對庫器軍。又轉便門，垂拱殿五間十二架，長六丈，廣八丈四尺，簷屋三門，長廣各丈五。朶殿四，兩廊各二十間，殿門三間，內龍墀折檻。後擁舍七間，爲延和殿，右便門通後殿，殿左一殿，隨時易名。明堂郊祀曰端誠，策士唱名曰集英，宴待奉使曰崇德，武舉及軍班授官曰講武。東宮在麗正門内，南宮門外，本宮會議所之側。入門，垂楊夾道，間以芙蓉，環朱闌。二里至外宮門。節堂後爲財帛、生料二庫，環以官屬直舍。轉外窑子，入内宮門，廊右爲贊導春坊直舍，左講堂七楹，扁新。益外爲講官直舍。正殿向明，左聖堂，右祠堂。後凝華殿。瞻箓堂環以竹，左寢室，右齋，安位内人直舍百二十楹，左彝齋，太子賜號也。接繡香堂，便門通繹已堂，重簷複屋，昔楊太后垂簾於此，曰慈明殿。前射圃，竟百步，環修廊。右博雅樓十二間，左轉數十步，雕闌花甃，萬卉中出鞦韆，對陽春亭、清齋亭，前芙蓉，後木樨。玉質亭梅繞之。由繹已堂過錦臙廊，百八十楹，直通御前。廊外卽後苑，梅花千樹，曰梅岡亭，曰冰花亭。小西湖曰水月境界，曰澄碧，牡丹曰伊洛傳芳，芍藥曰冠芳，山茶曰鶴丹，桂曰天闕，清香堂曰本支百世，佑聖祠曰慶和泗州，曰慈濟鍾吕，曰得眞。橘曰洞庭佳味。茅亭曰昭儉，木香曰架雪，竹曰賞静，松亭曰天陵偃蓋，以日本國松木爲翠寒堂。不施丹雘，白如象齒，環以古松。碧琳堂近之一山，崔嵬作觀堂，爲上焚香祝天之所。理宗時，吴知古掌焚修，每三茅觀鐘鳴，觀堂之鐘應之，則駕興。山背芙蓉閣風帆沙鳥，咸出，履舄下。山下一溪縈帶，通小西湖。亭曰清漣，怪石夾列，獻瑰逞秀。三山五湖，洞穴深杳，豁然平朗，翬飛翠拱。凌虚樓對瑞慶殿、損齋。緝熙崇正殿之東爲欽先、孝思、復古、紫宸等殿，木圍卽福寧殿，射殿曰選德。坤寧殿，貴妃、昭儀、婕妤等位宫人直舍蝕聚焉。東過閣子庫、睿思殿、儀鸞、修內、八作、翰林諸司，是爲東華門。見西湖遊覽志。蓋高宗南渡，卽基地爲行宫，是以後人但知有宋故都，而不知有錢氏耳。

鐵券攷

鐵券形如瓦，方廣約一尺五寸許，蓋鎔鐵而成，鏤金其上者也。唐昭宗以賜彭城郡王鏐，券文凡三百二十二字，晶光閃爍，天語温純，忠懿王入朝，置之廟社，不敢以自隨。宋太宗淳化元年，杭州守臣以前券及竹册、玉册各三副、詔誥百餘函進呈，詔賜還忠懿王子惟濬，藏之汴京。仁宗登極，霸州防禦使晦侍左右，帝問券，欲見之，晦遂進呈，帝覽訖賜還，券藏昭化坊賜第。神宗元豐四年，特令錢氏孫朝奉大夫藻進呈，仍降付本家，永傳後裔。至駙馬都尉景臻尚主，宗器屬焉，券遂藏於都尉之第。靖康元年，金師南侵，公主子榮國公忱奉母出奔，以券行，避地湖湘。紹興元年，遷台，高宗遂卽台之崇和門內賜公主第，由是券藏台之美德坊。宋末，元兵破台，券沉渭水者五十六年。元至順二年，漁人獲而售之宗子世珪家。前明洪武二年，太祖大封功臣，議鐵券制，學士范某奏唐和陵時賜武肅王錢鏐鐵券見在，上遣使卽家訪焉，世珪子尚德捧詔券及王遺像以進。上御外朝，宣李善長等觀之，賜宴中書省，命鏤木爲式，給還券像。二十一年，十六世孫克邦，以大臣薦赴闕引見。上因以錢氏納土，至今子孫尚存，諭北方歸降者，尋授建昌知府。二十三年，卒於官。都察院查勘任内税糧抄劄到京。子汝賢供係吴越王嫡派，有鐵券存照，本院官引見，蒙旨：「著孩子靠前來。五代時天下大亂，各據偏方，爾祖能保兩浙之民，不識兵革，到宋朝來，知道宋太祖是箇真主，便將土地歸附他。知恁祖宗忠孝好處，券與你保守，田產家財都給還汝，欽此。」永樂五年正月二日，禮部奉旨：「唐宋時封吴越王錢鏐的鐵券，他子孫見收著，恁部裏差人馳驛去同他親人將來看，欽此。」差行人曹閏至台，十七世孫廣西參政汝性同行人奉券馳驛進呈。御覽畢，以禮遣還，卽今藏於宗子鳳墀家。雖券字稍有剥落，而千年故物，世守弗墜云。

鐵箭攷

武肅築塘捍江，其初晝夜衝激，版築不就，表告於天，云：「願退一兩日之怒濤，以建數百年之大業。」禱胥山祠云：「願息忠憤之氣，收洶洶之潮。」函詩一首，置之海門，云：「傳語龍王并水府，錢塘借與築錢城。」因採山陽之竹，令矢人造箭三千隻，羽以鳴鷺之羽，飾以丹硃，鍊鋼火之鐵爲鏃。既成，用葦敷地，分箭六處，幣用東方青九十丈，南方赤三十丈，西方白七十丈，北方黑五十丈，中央黄二十丈，鹿脯煎餅，時菓清酒，棗脯茆香，淨水各六分，香燈布置，以丙夜三更子時屬丁日，上酒三行，禱云：「六丁神君，玉女陰神，從官兵若而人，鏐以此丹羽之矢射蛟滅怪，竭海枯淵，千精百鬼勿使妄干。惟願神君佐我助我，令我功行早就。」禱訖，明日募强弩五百人射潮頭，人用六矢，每潮一至，射以一矢。射至五矢，潮乃退，餘箭埋於候潮門通江門之浦，鎮以鐵幢，誓云：「鐵幢壞，此箭出。」又以大竹破之，長數十丈，中實巨石，取羅山大木長數丈，植之横爲塘，依匠人爲防之制；又以木立水際，去岸二九尺，立九木作六重，象易既未濟卦。由是潮不攻岸，塘乃固。

吴越世家辯案

歐陽修作吴越世家，多所貶毁之詞，今録此足爲辯案。

楊用修氏曰：司馬温公通鑑載吴越王錢弘佐年十四卽位，温恭好書，禮士。問倉吏：「今蓄積幾何？」曰：「十年。」王曰：「軍食足矣，可以寬吾民。」乃命復其境内税三年。歐陽永叔五代史乃云：「錢氏自武肅王鏐，常重歛以事奢侈，下至魚雞卵鷇，必家至日取。每笞一人，以責其負，則諸案吏各持簿於庭，凡一簿所負，唱其多少，量爲笞數，笞已，則以次唱而笞之，少者猶積數十，多者百餘，人不堪其苦。」歐陽史、司馬鑑所載不同，可疑也。胡致堂曰：「司馬氏記弘佐復税之事，五代史不載，歐陽修記錢氏重歛之虐，通鑑不取，其虚實有證矣。」予按宋代別記載歐陽永叔爲推官時，昵一妓，爲錢惟演所持，永叔恨之，後作五代史，乃誣其祖以重斂民怨之事。若然，則挾私怨於褒貶之間，何異於魏收輩邪！見丹鉛録。

閩

雪峯寺傍蘸月池有二古杉，一爲閩王審知所植，其一乃真禪師植也。

林愿女生而神異，能言人禍福，没後鄉人立廟興化府東南湄州嶼。宣和中，路允迪浮海使高麗，遇風，諸船皆溺，神降於允迪舟檣，遂安濟。歷代累封至天妃。

閩土東甗之讖，按「東甗」二字，其音義亦不詳。甗，鹿屬，大麌也。傳載略云：或作年紀之紀，自己之己，此皆與甗同音而異義。呼兩浙爲東甗者，直鄙之也。

北漢

宋太祖卽位後，嘗召山人郭無爲於崇政殿説書，後崇政殿説書官由此。按五代時，北漢郭無爲號抱腹山人，史載其爲英武帝所誅，豈其時有兩郭無爲邪！宋初亦未有崇政殿説書之事，説部所載，信疑存而不論可也。

十國春秋拾遺備攷序

吳氏十國春秋，援據該覈，良史家也。其旁搜博引，洵無遺義矣。況以昂之孤陋病惙，又奚從措一詞其間哉。然瀏覽載籍，間有可牽引附會者，則心如耿耿，有所未釋，隨筆劄記，約得三百條有奇，總以拾遺名之。其中二十餘條，如龔慎儀之被殺、盧絳之夢飲蔗漿、許寂之遇劍俠、羅隱之對却敵，彼此不無互異。其或端委未明，則如摩訶池上納涼、張敵得古鏡之類，别名爲備攷，併詩詞與賦附焉。宋、明人之考證，亦附焉。至仕宋之官，如錢惟演、陳彭年等，本傳原有事具宋史之文，似無庸再爲臚列。然錢易、錢昱傳所載，亦皆宋代事，則亦不妨詳録之。若前後蜀與吳及江南，其職官頗有春秋所不載者，摭拾及之，斯則網羅放失之意也。諸所採録，如揄米爲已揚之糠粃，揀金爲已棄之泥沙，且瑣碎者多無可比屬，亦惟是條繫焉而已。

又曰南唐列傳體例，忠佞不分，賢奸錯立，如史虚白與三陳、沈彬、毛炳等，皆高世之士，卽常夢錫、江夢孫尚爲不倫，而係於鍾謨之後，二馮爲唐佞諛之臣，而下乃繼以孫忌、彭師暠、廖偃三人，其淆雜爲何如也。彭、廖二人，南唐書表之，十國春秋又表之，而十國春秋仍歸之楚，從其朔，益以見其忠所事也。李唐時事，吴氏大抵祖述馬、陸，而其例加嚴，然如查文徽與陳、魏、馮、鍾並列，則尚可參酌爾。孟賓于應爲唐臣，亦仍屬楚，豈以楚材不得爲晉用邪？姑從闕疑，質之善讀書者。海虞後學周昂少霞氏識家志伊成十國春秋一書，精研十年，蒐羅最富，多耳目所未見，誠足補歐陽文忠五代史之闕。藏在篋中數年，幸有曹秋嶽、劉山臞、嵇淑子、嚴顥亭、柱峯、顧且菴、徐健菴、果亭、立齋、許酉山、牛漕子、梁冶湄諸先生，同學則柯子翰周、諸子駿男，其及門則姚子贄師、周子雨三，捐貲剞劂，俾懸國門，而宋氏昆季任其半以竣厥事，真不朽盛事也。康熙丁巳夏，五弟農祥謹題。

余校刊吴氏十國春秋，附刻拾遺、備攷二卷，鋟板發坊後復補録數條，亦未印行。年來採摭舊聞，則記載尚有闕如，如至德廟本爲太守麋豹所建，地在閶門外，而錢氏徙置閶門內；白鶴寺改仙泉院；雙塔寺改羅漢堂；臨安縣治即衣錦山，武肅所居九龍堂在焉。李後主用蒸鵝梨蒸沉水香，事雖瑣屑，亦奢淫之一證也。沈粲者，吴越海昌都將也，錢鏐遣弟銶破徐約於蘇州，鏐以粲行刺史事，唐昭宗更命杜儒休爲之，以粲爲制置指揮使，鏐不悦，密遣粲害焉。儒休之見攻也，曰：「勿殺我，與爾金！」粲曰：「殺爾，金將焉往？」遂與兄述休同死。丁、陳、范、謝四君子，皆吴越賓僚。錢氏三世爲中吴軍節度使，開府於吴，四君子所謂節度推官是也。丁諱守節，丞相謂之祖；陳諱啟明，屯田之奇曾祖；范諱夢齡，參政仲淹曾祖；謝諱崇禮，太子賓客濤之父，俱以長者稱。淮南軍將何朗、閭邱直亦不見於楊氏官屬，其被擒於吴越也，則以淮兵圍蘇，吴越兵内外夾攻，大敗其衆，朗與直所率三千餘人皆被擒獲。周本夜遁，追敗之於黄天蕩。鍾泰章將精兵二百爲殿，多樹旗幟於菰蔣中，追兵乃不敢進而還。僧紹宗住廉山，李後主躬入山請謁，大加禮重。僧希辯向謂忠懿王子，吴氏疑其非，但指爲常熟人，查忠懿子出家者乃第十九子，法號普照大師，住臨安化成寺，載筆者俱未可略也。至元璙之封廣陵王，文舉之封威顯公，以追羅隱子塞翁爲中吴從事。臚而列之，貽譏續線。然孜孜矻矻，俱有苦心，閲者諒諸。嘉慶四年杪春少霞老人記。

十國春秋拾遺備攷補

南唐

徐鉉歸宋，卒於邠州。鉉無子，其弟鍇有後，居金陵攝山前，開茶肆，號徐十郎；藏鉉、鍇誥勅，其間有自江南入朝初授官誥，云「□□僞銀青光禄大夫、守太子率更令」云云。知內史，乃江南宰相；銀青，存其官階也。拾遺。

後主所書金字心經，入宋後爲江南僧持歸，置天僖寺相輪中。後寺遭大火，相輪自火中墮落，而經不損。既而金陵寺守王君玉得之，君玉卒，子孫不能保，歸甯鳳子儀家。備攷。

後主嘗買一研山，徑長纔踰尺，前聳三十六峯，皆大猶手指，左右則引兩阜坡陀，而中鑿爲研。及江南國破，研山流轉數十人家，爲米老元章所得。後米歸丹陽，念將卜宅，久未就，而蘇仲恭學士之弟有甘露寺下傍江一古基，多羣木。時米欲得宅，而蘇覬得研，於是王昭彥兄弟與登北固，共爲之和會，蘇、米竟相易。未幾，而研山索入宮禁矣。備攷。

南唐時，中書省多以皂羅糊壁，云以養目也。

後蜀

孟蜀花蘂夫人姓費氏，卽作宮詞者是也。宋平蜀，花蘂夫人隨昶歸中國。昶至且十日，至召夫人入宮中。既而昶死，昌陵遂納之，頗嬖惑，嘗造毒，屢爲患，不能遂。太宗在晉邸時，數諫昌陵，而未克去。一日，從上獵苑中，花蘂夫人在側，晉邸方調弓矢引滿，擬走獸，忽回射花蘂夫人，一箭而死。備攷。

自蜀主好事，故藝能之士精於書畫者衆矣。沙門曇域學李陽冰篆，曇域則申天師門人也；工部員外郎昭嘏，倣韓擇木八分書，昭嘏乃杜光庭門人；僧曉繼攻張草聖，曉繼則龜蒙弟子，皆超本而差肩也。獨黄少監筌師邊鸞雀竹。處士勝昌祐、梁廣化、野人姜道隱本張藻松石。道隱不事譚論，不與人交往，不冠帶不跪，人謂之「搔頭」，相國李昊爲著名道德，常住綿竹山中。李司議文才繼閻立本寫真書畫。八人皆妙絶當代。野人平生討黄老之書，有暇而性好圖龍，興忽至，卽畫百尺之狀，縱意揮畫，苟不稱意，則抹之。不啻千餘軀而已，飄飄然雲陰雨景，似有蜿蜒之勢，擲筆撫掌，自爲怡逸，嘗以爲適意之作。備攷。

僞蜀廣政末，成都人唐李明父，失其名，因破一木，中有紫紋隸書「太平」兩字，時欲進蜀主以爲嘉瑞。有識者解云：「不應此時，須至破了，方見太平爾。」拾遺。

孟蜀多以晚鼓戮人，埋毬場中，故鳴鼓則鬼祟必作，自是蜀中承例不打晚衙鼓。拾遺。

蜀主愛重紅梔子花，或令圖寫於團扇，或綉入於衣服，或以絹素鵝毛做作首飾，謂之紅梔子花。及結實成梔子，亦異於常，用染素則成赭紅色，甚妍翠。備攷。

翰林幸寅遜，頃居青城山古先道院，在一峰之頂，內有塑像黃姑，則六代玄宗之子也。一夕，夢見召寅遜，謂曰：「汝可食杏仁，令汝聰利，老而彌壯，心力不倦，亦資於年壽。□□可有道性，又不終在此，須出山佐理當代。」□遜夢中拜請其法，與怡神論中者同。玄宗孫中天師元有怡神論語，卷下、卷中有神仙秘方三十首，則甘草爲首，右食杏仁法次之，杏仁七個去皮尖，早晨盥漱了內於口中，久之則盡去其皮，又於口中噯之，逡巡爛嚼，和津液如乳汁，乃頓嚥。但日日如法食之，一年必換血，令人輕健安泰。寅遜遂日日食之，至今老而輕健，年踰從心，猶多著述。備攷。

孟知祥之有兩川也，先是蜀人打毬，或一棒便入湖子者，爲猛入，音訛爲「孟入」，得蔭一籌。其後孟冬得兩蜀地，乃潛大號，洎子昶降，乃知蔭一籌者，果一子也。備攷。

吴越

武肅王思欲拓捍海塘，先是江心有石，卽秦望山脚，橫截波濤中，商旅船到此，輒遭傾覆，遂呼爲「羅刹石」。國俗，八月既望，必迎潮設祭，動樂鼓舞於上，尋命更呼「鎭江石」。開平已來，沙漲，遂作木闌圍頂，所謂祭江亭是也。備攷。

温州作蠲紙，潔白堅滑，類高麗紙，東南出紙處最多，此爲第一，然所産少。吴越錢氏時，供此紙者，蠲其賦役，故號蠲云。拾遺。

趙普召錢惟濬到中書，索忠懿所遺盧多遜物數，令列狀上之。惟濬歸白忠懿，忠懿不可，濬堅請，則呼左右將案帳來，「吾與汝審視之」。乃盡取當時所與大臣近密財物之數籍，俟惟濬等退，取火悉焚之。既而，召語曰：「我受主上非常之恩，入朝之初，上所顧遇者，以金帛爲土物耳，且非有他求爲故也。侍中以下皆有之，何獨盧相，豈有見人將溺而加石焉！汝等少年，勿爲此。案籍已焚，禍福吾自當之。」惟濬等惕息而退。備攷。

錢忠懿既歸宋，入朝，命泛舟於宮池，太宗舉御杯賜飲。其謝表略云：「御苑深沉，想人臣之不到；天顔咫尺，惟父子以周親。」備攷。已見本傳。

北漢

宋開寶初，親征僞漢，引汾水灌太原城。時盛夏，藝祖露臂跣足，亦不裹頭，手持刀，坐黄蓋下，督兵吏運土築堤，以堰汾河。城上望見，矢石雨坌，不避也。水浸城者，餘數版而已。又命水軍乘舟焚其譙門，幾陷，會班師獲免。其後有使於僞漢者，見水退而城始大圮，乃笑曰：「南朝知壅水灌城之利，不知灌而決之，則無太原矣。」備攷。

附録

五代帝王，多裹朝天幞頭，二脚上翹。四方僭位之主，各創新様，或翹上而反折於下，或如團扇蕉葉之狀，合抱於前。僞孟蜀始以漆紗爲之。湖南馬希範，二角左右長丈餘，謂之龍角，人或誤觸之，則終日頭痛。至劉漢祖始爲并州衙校，裹幞頭脚，左右長尺餘，横置之，不復上翹，至宋不改其制。拾遺。

《十國春秋》人名索引

凡　例

一、本索引收録《十國春秋》中有紀傳(包括附傳)的人名。志、表、拾遺、備考中人名概不收録。

二、凡同姓名人物,用方括號注明其籍貫、職官等,以示區別。

三、十國帝王以本姓名爲主目,謚號或廟號列爲參見條目。

四、僧人一律仍照本傳稱謂。

五、人名下的數字,前者是卷數,後者是頁數。

例如: 龐福誠

51/763

表示龐福誠見於本書51卷763頁。

六、本索引依四角號碼順序排列,後附筆畫與四角號碼對照表,不熟悉四角號碼的讀者,可據此查索。

1123_2 張

1173_2 裴

1223_0 水

1249_3 孫

2829_4 徐

4024_7 皮

4040_1 幸

4040_7 支

李

7210_2 丘

7421_4 陸

7529_6 陳

筆畫與四角號碼對照表

二畫

橫起

丁 1020_0
刁 1712_0

三畫

直起

上 2110_0
山 2277_0
小 9000_0

四畫

點起

方 0022_7
卞 0023_0
文 0040_0

橫起

王 1010_4
元 1021_1
水 1223_0
尹 1750_7
太 4003_0
支 4040_7
木 4090_0

直起

毌 7755_0

撇起

毛 2071_4
牛 2500_0
公 8073_2

五畫

橫起

玉 1010_3
石 1060_0
司 1762_0
皮 4024_7

直起

北 1111_0
占 2160_0
申 5000_6
史 5000_6
目 6010_1
田 6040_0

撇起

白 2600_0
句 2762_0
丘 7210_2
令 8030_7

六畫

點起

安 3040_4
江 3111_0
米 9090_4

橫起

至 1010_4

直起

呂 6060_0

撇起

伍 2121_7
行 2122_1
仲 2520_6
朱 2590_0
多 2720_7
向 2722_0
仰 2722_0
伊 2725_7
全 8010_4
竹 8822_0

七畫

點起

牢 3050_2
宋 3090_4
汪 3111_4
沈 3411_2
沙 3912_0

橫起

李 4040_7
杜 4491_0
成 5320_0
阮 7121_1

直起

吳 6043_0

撇起

何 2122_0
余 8090_4

八畫

點起

卒 0040_8
房 3022_7
波 3414_7

橫起

武 1314_0
孟 1710_7
邵 1762_7
幸 4040_1
林 4499_0
青 5022_7
拓 5106_0
屆 7727_2

直起

卓 2140_6
尚 9022_7

撇起

季 2040_7
周 7722_0

九畫

點起

宣 3010_6
洪 3418_1
前 8022_1
姜 8040_4

橫起

建 1540_0
查 4010_6
南 4022_7
韋 4050_6
范 4411_2
苑 4421_2
苗 4460_0
胡 4762_0
柳 4792_0

直起

柴 2190_4
咼 7722_7

撇起

信 2026_1
後 2224_7
皇 2610_4
侯 2723_4
秋 2998_0
姚 4241_3
段 7744_7
俞 8022_7

十畫

點起

高 0022_7
唐 0026_7
流 3011_3
窅 3060_8

橫起

夏 1024_7
晉 1060_1
孫 1249_3
耿 1918_0
袁 4073_2
荆 4240_0
郝 4732_7
素 5090_3
秦 5090_4
馬 7132_7
桑 7790_4

直起

虔 2124_0
骨 7722_7

撇起

奚 2043_0
倪 2721_7
殷 2724_7
徐 2829_4
留 7760_2
翁 8012_7

十一畫

點起

鹿 0021_1
康 0023_2
應 0023_1
章 0040_6
郭 0742_7
許 0864_0
淮 3011_4
梁 3390_4

橫起

張 1123_2
連 3530_4
莫 4443_0
梅 4895_7
曹 5560_6
掃 5702_7
陸 7421_4
陳 7529_6
陶 7722_0

直起

處 2124_1
崔 2221_4
崇 2290_1
常 9022_7

撇起

御 2722_0
符 8824_0

十二畫

點起

童 0010_4
庾 0023_7
馮 3112_7
湛 3411_8
温 3611_7
游 3814_7
曾 8060_6
普 8060_1

橫起

鞏 1750_6
彭 4212_2
黄 4480_6
植 4491_7
報 4744_7
盛 5310_7
費 5580_6
屠 7726_4

直起

景 6090_6
掌 9050_2

撇起

喬 2022_7
程 2691_4
舒 8762_2

十三畫

點起

廉 0023_7

靖 0512_7

橫起

雷 1060_8
賈 1080_6
董 4410_4
萬 4442_7
楚 4480_1
葉 4490_4
楊 4692_7

直起

虞 2123_4
路 6716_4

撇起

解 2725_2
詹 2726_1
鄒 2742_7

十四畫

點起

廖 0022_2
廣 0028_6
褚 3426_0

橫起

爾 1022_7
裴 1173_2
翟 1721_4
臺 4010_4
蒯 4220_0
蒲 4412_7
夢 4420_7
綦 4490_3
趙 4980_2
暨 7110_6
閩 7713_6
聞 7740_1

撇起

僧 2826_6
鳳 7721_0

十五畫

點起

潘 3216_9
鄭 8742_7

橫起

鄧 1712_7
蔚 4424_0
蔣 4424_7
蔡 4490_1
增 4816_6
厲 7122_7
閭 7760_6
歐 7778_2

撇起

練 2599_6
魯 2760_3
劉 7210_0
滕 7923_2

十六畫

點起

龍 0121_1

橫起

蕭 4422_7
駱 7736_4
闔 7777_7

直起

盧 2121_7
曇 6073_1

撇起

衛 2122_7
鮑 2731_2
興 7780_1
錢 8315_3

十七畫

點起

謝 0460_0
糝 9392_2

橫起

戴 4385_0
韓 4445_6
薛 4474_1

撇起

鍾 8211_4

十八畫

點起

顏 0128_6

橫起

聶 1014_1

直起

豐 2210_8
瞿 6621_4

撇起

魏 2641_3
簡 8822_7

十九畫

點起

龐 0021_1
譚 0164_6

直起

羅 6091_4

撇起

邊 3630_2

二十畫

點起

竇 3080_6

橫起

蘇 4439_4

直起

嚴 6624_8

撇起

釋 2694_1

二十一畫

點起

顧 3128_6
鶴 4722_7

撇起

饒 8471_1

二十二畫

點起

龔 0180_1

二十七畫

撇起

鑾 2210_9